康明斯 ISM/QSM 11 系列
全电控柴油机维修手册

宋福昌　主编

金盾出版社

内 容 提 要

本书介绍了康明斯ISM/QSM11(ISM为车用、QSM为工程机械和船用)系列全电控柴油机的结构与维修方面的内容。主要内容包括:柴油机和识别与技术性能规范,机械部分、燃油系统、润滑系统、冷却系统、进排气系统、压缩空气系统和电气设备检修,发动机测试,其他机构故障排除,故障代码诊断与排除。

本书可供柴油机维修人员、柴油机工程技术人员和大中专院校相应专业的师生参考阅读。

图书在版编目(CIP)数据

康明斯ISM/QSM11系列全电控柴油机维修手册/宋福昌主编.--北京:金盾出版社,2011.11
 ISBN 978-7-5082-6344-1

Ⅰ.①康… Ⅱ.①宋… Ⅲ.①汽车—柴油机—维修—技术手册 Ⅳ.①U472.43-62

中国版本图书馆CIP数据核字(2010)第059919号

金盾出版社出版、总发行
北京太平路5号(地铁万寿路站往南)
邮政编码:100036 电话:68214039 83219215
传真:68276683 网址:www.jdcbs.cn
封面印刷:北京印刷一厂
正文印刷:北京华正印刷厂
装订:北京华正印刷厂
各地新华书店经销
开本:787×1092 1/16 印张:40 字数:1100千字
2011年11月第1版第1次印刷
印数:1~6 000册 定价:88.00元

(凡购买金盾出版社的图书,如有缺页、
倒页、脱页者,本社发行部负责调换)

前　言

自泵喷嘴系统应用在柴油机上以来，柴油机获得了更好的动力性能和燃油经济性。康明斯 ISM/QSM 11 系列（车用/工程机械用，11L）全电控柴油机就采用了泵喷嘴系统，并使用高度集成化的模块设计，体积小，重量轻。其电控系统具有多项控制功能，可实现故障诊断和自保护，但其检修相对传统柴油机来说复杂得多。为了帮助维修人员更快更有针对性地解决问题，我们编写了本书。

本书共 10 章，介绍了康明斯 ISM/QSM 11 系列全电控柴油机的结构与故障检修步骤，并辅以大量图片，使读者能更直观的将维修过程与实机对应。在最后一章详列了 ISM/QSM 11 系列全电控柴油机的故障代码及检修方法，针对性强，可供维修人员随时查阅。

本书由宋福昌主编，在编写过程中得到了很多单位、个人的帮助，在此一并致谢。

由于作者水平有限，书中错漏和不当之处在所难免，恳请读者批评指正。

作　者

目 录

第1章 M系列柴油机的识别与技术性能规范 ··· 1
  1.1 M系列柴油机的识别 ·· 1
  1.2 M系列柴油机技术性能规范 ·· 2
  1.3 ISM系列柴油机视图 ··· 7
第2章 机械部分检修 ··· 9
  2.1 缸体维修工具 ··· 9
  2.2 发电机轴密封件 ·· 11
  2.3 附件驱动密封件 ·· 13
  2.4 连杆轴承 ··· 13
  2.5 主轴承 ·· 17
  2.6 凸轮轴 ·· 20
  2.7 凸轮轴轴套 ·· 26
  2.8 凸轮轴齿轮(凸轮轴已安装) ·· 28
  2.9 凸轮轴齿轮(凸轮轴已拆卸) ·· 32
  2.10 连杆 ··· 34
  2.11 前曲轴齿轮(曲轴已安装) ·· 36
  2.12 曲轴带轮 ··· 38
  2.13 曲轴前油封 ·· 39
  2.14 曲轴后油封 ·· 40
  2.15 缸体和缸套座 ··· 42
  2.16 缸套 ··· 43
  2.17 前齿轮室盖 ·· 47
  2.18 前齿轮室壳体 ··· 51
  2.19 凸轮轴惰轮 ·· 55
  2.20 液压泵惰轮 ·· 58
  2.21 水泵惰轮 ··· 60
  2.22 活塞 ··· 61
  2.23 活塞冷却喷嘴 ··· 64
  2.24 活塞环 ·· 64
  2.25 减振器 ·· 65
  2.26 缸体水道盖板 ··· 67
  2.27 活塞和连杆总成 ·· 69
  2.28 缸套凸出量测量 ·· 74
  2.29 凸轮轴轴向间隙测量 ·· 77
  2.30 缸盖维修工具 ··· 79
  2.31 缸盖 ··· 79
  2.32 摇臂维修工具 ··· 88

2.33	曲轴箱通风装置	89
2.34	顶置部件调整	89
2.35	摇臂总成	94
2.36	摇臂室盖和摇臂室壳体	99
2.37	凸轮随动件维修工具	100
2.38	凸轮随动件总成	100
2.39	推杆和推管	105
2.40	机械部分维修技术规范	106

第3章 燃油系统检修 … 125

3.1	燃油系统概述	125
3.2	燃油系统技术规范	127
3.3	康明斯发动机所用柴油要求	127
3.4	燃油系统维修工具	128
3.5	燃油消耗量测量	129
3.6	燃油流量测量	131
3.7	燃油泵	133
3.8	齿轮泵单向阀	135
3.9	燃油泵脉冲减振器	136
3.10	燃油切断阀(FSOV)	137
3.11	失速测试	138
3.12	燃油泵压力调节器	140
3.13	失速转速过低检查	141
3.14	失速转速过高检查	141
3.15	喷油器和燃油管	142
3.16	喷油器和燃油管维修工具	144
3.17	燃油中的空气测试	145
3.18	气缸缺火或冒烟测试	146
3.19	ECM冷却板	149
3.20	燃油回油阻力测量	150
3.21	燃油滤清器	151
3.22	燃油进油阻力测量	152
3.23	燃油进油管	153
3.24	静态喷油正时测量	154
3.25	喷油器	158
3.26	燃油系统维修技术规范	161

第4章 润滑系统检修 … 165

4.1	润滑系统概述	165
4.2	润滑系统流程图	166
4.3	润滑系统技术规范	167
4.4	润滑系统维修工具	167
4.5	润滑油和滤清器	168
4.6	润滑油冷却器	169

4.7	润滑油标尺	172
4.8	润滑油标尺管壳体	173
4.9	润滑油滤清器(罐式)	173
4.10	润滑油滤清器(旋装式)	174
4.11	润滑油滤清器座	175
4.12	润滑油高压减压阀	177
4.13	润滑油泄漏检查	178
4.14	油底壳	179
4.15	润滑油压力表	182
4.16	主油道润滑油压力调节阀	183
4.17	润滑油泵	184
4.18	润滑系统加注	186
4.19	润滑油温度表	186
4.20	润滑油节温器	187
4.21	润滑油输油管	188
4.22	润滑油黏度传感器	189
4.23	润滑油污染测试	189
4.24	Centinel 系统	192
4.25	润滑系统维修技术规范	194
第 5 章	**冷却系统检修**	**199**
5.1	冷却系统概述	199
5.2	冷却系统流程	199
5.3	冷却系统技术规范	201
5.4	温度设置	201
5.5	冷却液/防冻液	201
5.6	Fleetguard® Nelson® DCA4 滤清器和液体加注	204
5.7	DCA4、DCA 辅助添加剂(SCA)规格与用量关系	204
5.8	容量不超过 76L 的冷却系统保养周期	204
5.9	容量不超过 1514L 的冷却系统保养周期	205
5.10	使用 CC-2602 测试组件测试 SCA 浓度的说明	205
5.11	测试周期	205
5.12	冷却系统维修工具	206
5.13	冷却风扇驱动带	208
5.14	冷却液温度表	209
5.15	冷却液滤清器	210
5.16	冷却液滤清器座	211
5.17	冷却液加热器壳体	213
5.18	冷却液节温器	213
5.19	冷却液节温器壳体支架	216
5.20	冷却液节温器密封件	219
5.21	冷却液排气管	220
5.22	冷却系统保养与检查	220

5.23	冷却系统中空气或燃气测试	223
5.24	冷却系统诊断	227
5.25	冷却系统首次加注	230
5.26	气动接合式风扇离合器	230
5.27	气动分离式风扇离合器	231
5.28	电动风扇离合器	231
5.29	开关式风扇离合器	232
5.30	粘性风扇离合器	234
5.31	风扇驱动惰轮带轮总成	236
5.32	皮带驱动风扇毂	237
5.33	风扇导风罩总成	239
5.34	风扇隔板和皮带轮	239
5.35	冷却风扇	240
5.36	散热器	240
5.37	散热器软管	241
5.38	散热器压力盖	241
5.39	散热器百叶窗总成	242
5.40	水泵	242
5.41	液力变矩器冷却器	246
5.42	电动风扇离合器导线线束	246
5.43	冷却系统维修技术规范	251

第6章 进排气系统检修 259

6.1	进气系统概述	259
6.2	进气系统流程	259
6.3	进气系统技术规范	260
6.4	进气系统维修工具	260
6.5	进气支管	261
6.6	进气和排气系统空气泄漏检查	263
6.7	空-空中冷器(CAC)	264
6.8	进气阻力测试	268
6.9	涡轮增压器	269
6.10	涡轮增压器轴向间隙测量	273
6.11	涡轮增压器叶片损坏检查	273
6.12	涡轮增压器压气润滑油封泄漏	274
6.13	涡轮增压器径向轴承间隙测量	275
6.14	涡轮增压器涡轮润滑油封泄漏检查	276
6.15	涡轮增压器废气旁通阀执行器	277
6.16	涡轮增压器废气旁通阀阀体	280
6.17	涡轮增压器废气旁通阀控制器	281
6.18	排气系统概述	281
6.19	排气系统流程	282
6.20	排气系统技术规范	283
6.21	干式排气支管	283
6.22	排气阻力测试	285
6.23	进排气系统维修技术规范	286

第7章 压缩空气系统和电气设备检修 …… 292
- 7.1 压缩空气系统概述 …… 292
- 7.2 压缩空气系统流程 …… 293
- 7.3 压缩空气系统技术规范 …… 294
- 7.4 压缩空气系统维修工具 …… 297
- 7.5 空压机积碳清除 …… 298
- 7.6 空压机活塞销孔磨损检查 …… 301
- 7.7 空压机卸荷阀总成 …… 303
- 7.8 空压机 …… 306
- 7.9 空气调节器(空压机不泵气) …… 309
- 7.10 空气调节器(空压机持续泵气) …… 309
- 7.11 压缩空气系统空气泄漏检查 …… 311
- 7.12 电气设备概述 …… 311
- 7.13 电气系统技术规范 …… 312
- 7.14 电气设备维修工具 …… 313
- 7.15 发电机 …… 313
- 7.16 发电机驱动带 …… 315
- 7.17 蓄电池 …… 316
- 7.18 蓄电池电缆的端子 …… 317
- 7.19 起动机磁力开关 …… 317
- 7.20 起动开关 …… 318
- 7.21 起动机电磁线圈 …… 320
- 7.22 起动机 …… 322
- 7.23 电气设备安装螺栓紧固力矩 …… 322

第8章 发动机测试和其他机构 …… 324
- 8.1 发动机测试概述 …… 324
- 8.2 发动机性能曲线和名称术语 …… 324
- 8.3 一般磨合规范 …… 325
- 8.4 在发动机或底盘测功机上进行燃油流量测量 …… 326
- 8.5 发动机测试技术规范 …… 328
- 8.6 发动机测试维修工具 …… 329
- 8.7 测功机工作记录表 …… 331
- 8.8 发动机测试(底盘测功机) …… 332
- 8.9 发动机磨合(底盘测功机) …… 338
- 8.10 发动机磨合(无测功机) …… 341
- 8.11 驱动装置维修工具 …… 341
- 8.12 附件驱动装置 …… 342
- 8.13 附件驱动带轮 …… 344
- 8.14 发电机驱动带轮 …… 345
- 8.15 液压泵驱动装置 …… 345
- 8.16 安装配合件维修工具 …… 349
- 8.17 发动机提升架 …… 350
- 8.18 发动机前支架 …… 351
- 8.19 飞轮 …… 352
- 8.20 飞轮壳体 …… 356

8.21	REPTO 飞轮壳体	360
8.22	飞轮齿圈	365
8.23	发动机支架	365
8.24	膨胀塞	366
8.25	管塞	367
8.26	直螺纹塞	368
8.27	发动机制动器	370
8.28	发动机测试和安装配合件技术规范	373

第9章　M系列柴油机一般故障排除

9.1	空气压缩机系统	379
9.2	发电机充电系统	381
9.3	通信系统	382
9.4	冷却系统	382
9.5	曲轴箱通风系统	385
9.6	起动系统	385
9.7	异响	388
9.8	发动机动力不足	390
9.9	发动机运转不稳	394
9.10	燃油系统	397
9.11	进气系统	399
9.12	润滑系统	400
9.13	排放系统	403
9.14	发动机制动器	405

第10章　M系列柴油机电控系统故障代码诊断与排除

10.1	电子控制燃油系统说明	407
10.2	故障代码212-润滑油温度传感器电路高电压	417
10.3	故障代码213-润滑油温度传感器电路低电压	420
10.4	故障代码216-湿式气罐压力传感器电路高电压	421
10.5	故障代码217-湿式气罐压力传感器电路低电压	423
10.6	故障代码218-湿式气罐压力传感器电路故障	425
10.7	故障代码221-大气压力传感器电路高电压	426
10.8	故障代码222-大气压力传感器电路低电压	428
10.9	故障代码223-燃烧电磁阀故障	430
10.10	故障代码227-传感器电源电路高电位	433
10.11	故障代码234-发动机超速电路故障	438
10.12	故障代码235-发动机冷却液液位低于正常范围-发动机保护	440
10.13	故障代码237-多机同步电路（船用软连接）故障	442
10.14	故障代码241-车速传感器电路故障	449
10.15	故障代码242-车速传感器电路故障	453
10.16	故障代码245-发动机风扇离合器电源电路故障	456
10.17	故障代码249-大气温度传感器电路高电压	460
10.18	故障代码254-燃油切断电磁阀电路故障	463
10.19	故障代码255-燃油切断电磁阀电路故障	466
10.20	故障代码256-大气温度传感器电路低电压	467
10.21	故障代码285-J1939数据通信接口多路通信故障	468

10.22	故障代码286-J1939数据通信接口多路通信故障	474
10.23	故障代码293(工业)-OEM温度传感器电路高电压	475
10.24	故障代码294(工业)-OEM温度传感器电路低电压	478
10.25	故障代码295-大气压力传感器信号错误	479
10.26	故障代码297(工业)-OEM压力传感器电路高电压	480
10.27	故障代码298(工业)-OEM压力传感器电路低电压	483
10.28	故障代码311-1号缸喷油器电路故障	485
10.29	故障代码312-5号缸喷油器电路故障	487
10.30	故障代码313-3号缸喷油器电路故障	488
10.31	故障代码314-6号缸喷油器电路故障	490
10.32	故障代码315-2号缸喷油器电路故障	492
10.33	故障代码319-实时时钟电源电路故障	493
10.34	故障代码321-4号缸喷油器电路故障	496
10.35	故障代码322-1号缸喷油器电路故障	498
10.36	故障代码323-5号缸喷油器电路故障	500
10.37	故障代码324-3号缸喷油器电路故障	502
10.38	故障代码325-6号缸喷油器电路故障	504
10.39	故障代码331-2号缸喷油器电路故障	505
10.40	故障代码332-4号缸喷油器电路故障	507
10.41	故障代码338-点火总线继电器电路高电压	508
10.42	故障代码339-点火总线继电器电路低电压	510
10.43	故障代码341-无开关蓄电池电源电路故障	511
10.44	故障代码343-电子控制模块(ECM)故障	514
10.45	故障代码349-辅助转速调整器电路故障	522
10.46	故障代码352-传感器电源电压低电位	523
10.47	故障代码359-ICON™发动机自动起动故障	527
10.48	故障代码386-传感器电源电压高电位	528
10.49	故障代码387-油门电源电路高电压	529
10.50	故障代码388-发动机制动电源电路故障	531
10.51	故障代码392-发动机制动电源电路故障	532
10.52	故障代码419-进气支管压力传感器信号错误	533
10.53	故障代码422-冷却液液位传感器电路故障	534
10.54	故障代码426-J1939数据通信接口通信数据丢失	538
10.55	故障代码428-燃油含水(WIF)传感器电路高电位	540
10.56	故障代码429-燃油含水(WIF)传感器电路低电位	542
10.57	故障代码431(ISS)-怠速有效开关电路故障	544
10.58	故障代码431(NISS)-怠速有效开关电路故障	547
10.59	故障代码431(SSS)-怠速有效开关电路故障	548
10.60	故障代码432-油门踏板电源故障	549
10.61	故障代码433-进气支管压力传感器电路故障	552
10.62	故障代码434-无开关蓄电池电源电路故障	554
10.63	故障代码435-润滑油压力传感器信号错误	557
10.64	故障代码441-无开关蓄电池电源电路故障	558
10.65	故障代码442-无开关蓄电池电源电路故障	559
10.66	故障代码443-油门电源电路低电压	559

条目	标题	页码
10.67	故障代码465-1号废气旁通阀执行器电路高电压	561
10.68	故障代码466-1号废气旁通阀执行器电路低电压	563
10.69	故障代码469-ICON™驾驶室节温器电路故障	565
10.70	故障代码472-曲轴箱润滑油油位传感器电路故障	568
10.71	故障代码474-起动马达电磁阀锁定继电器驱动电路故障	572
10.72	故障代码475-电子空气压缩机调整器电路低电压	575
10.73	故障代码476-电子空气压缩机调速器电路高电压	577
10.74	故障代码489(工业)-辅助转速输入错误	579
10.75	故障代码491—2号废气旁通阀执行器电路高电压	583
10.76	故障代码492-2号废气旁通阀执行器电路低电压	585
10.77	故障代码527(工业)-开关控制输出A错误	586
10.78	故障代码528(工业)-开关控制输出B错误	589
10.79	故障代码529(工业)-开关控制输出B错误	592
10.80	故障代码536—自动换挡低速挡执行器(锁定电磁阀)电路故障	592
10.81	故障代码537-自动换挡高速挡执行器(换挡电磁阀)电路故障	596
10.82	故障代码538-自动换挡空挡执行器电路故障	598
10.83	故障代码541-ICON™起动马达继电器输入电器故障	600
10.84	故障代码544-最高2挡变速箱电路机械系统故障	603
10.85	故障代码551(ISS)-怠速有效开关电路故障	606
10.86	故障代码551(IVS)-怠速有效开关电路故障	608
10.87	故障代码551(SSS)-怠速有效开关电路故障	609
10.88	故障代码581-燃油进油阻力传感器电路高电压	612
10.89	故障代码582-燃油进油阻力传感器电路低电压	615
10.90	故障代码583-燃油进油阻力传感器电路故障	617
10.91	故障代码588-ICON™起动马达继电器输入电路故障	618
10.92	故障代码589-发动机起动报警器电路故障	621
10.93	故障代码596-电压监测-高电压	623
10.94	故障代码597-电压监测-低电压	624
10.95	故障代码598-电压监测-极低电压	625
10.96	故障代码2291-车速传感器电路故障	626

第1章 M系列柴油机的识别与技术性能规范

1.1 M系列柴油机的识别

1. 发动机铭牌

康明斯 ISM 柴油发动机为车用,QSM 为工程机械用。其铭牌上提供了国有关发动机的详细信息,有发动机的生产序号和零件目录(CPL),为订购零件和服务要求提供了相关信息。

发动机铭牌安装在缸体上燃油泵侧的摇臂室壳体上。在需要与康明斯特约维修站联系时,需要提供发动机的数据,在查找维修零件时,必须按铭牌上的数据提供信息。

图 1-1 为康明斯 ISM/QSM11 发动机外形图,图 1-2 为 ISM/QSM11 发动机铭牌内容。

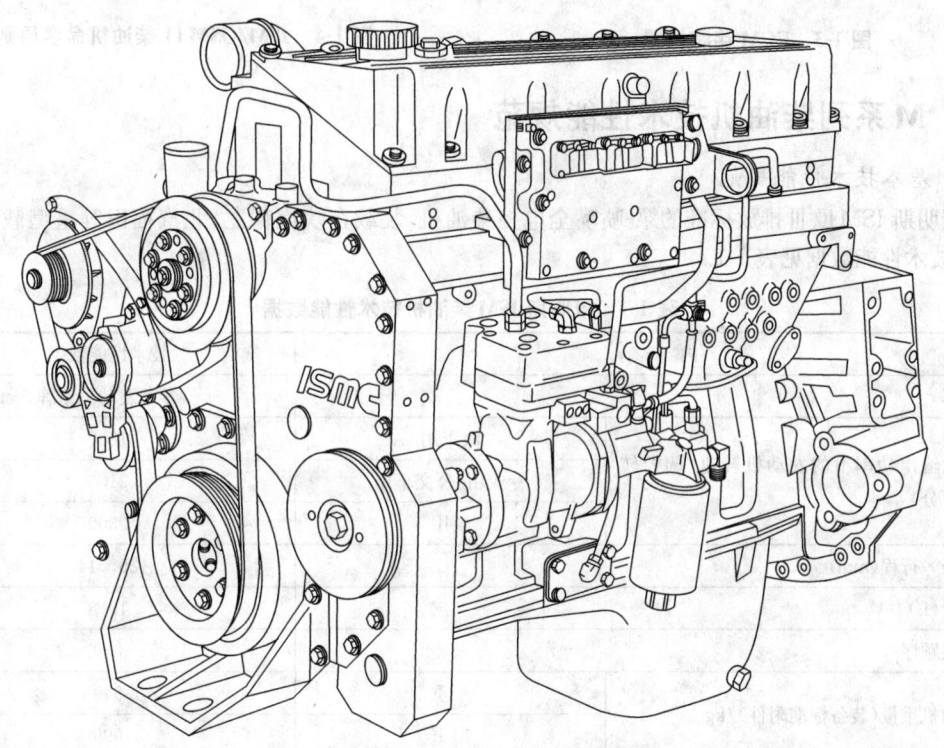

图 1-1 ISM/QSM11 发动机外形

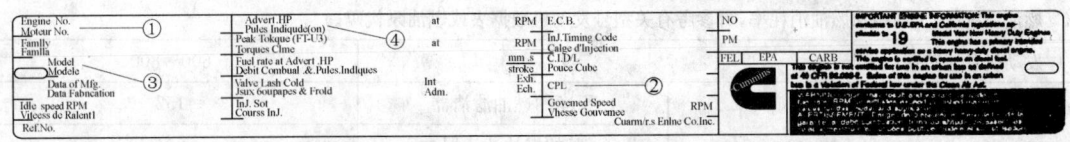

图 1-2 ISM/QSM11 发动机铭牌内容
1. 发动机生产序号(ESN) 2. 零件目录(CPL)
3. 型号 4. 额定功率和转速

2. ECM 铭牌

ISM/QSM 11 电控柴油机 ECM 铭牌位于电子控制模块(ECM)前部,如图 1-3 所示。在 ECM 铭牌上英文缩写解释内容是:P/N—零件号;S/N—生产序号;D/C—日期代码。

3. 发动机命名

康明斯 ISM/QSM 11 电控柴油机的命名原则如图 1-4 所示。

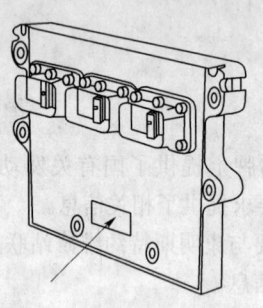

图 1-3　ECM 铭牌位置

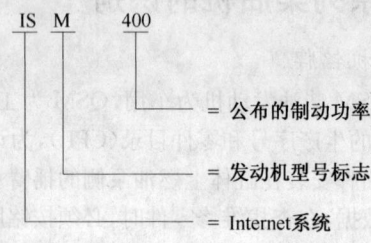

图 1-4　ISM/QSM 11 柴油机命名原则

1.2　M 系列柴油机技术性能规范

1. 基本技术性能规范

康明斯 ISM 欧Ⅲ排放标准的泵-喷嘴全电控柴油机,装载在陕汽德龙、北汽福田等重型载货汽车上,其技术性能数据见表 1-1。

表 1-1　康明斯 ISM 柴油机技术性能数据

内　容		技术性能数据
功率		参考发动机铭牌
最大输出功率下的发动机转速(调控转速、转/分)	汽车用	1800
	专业用/公交车用	2100
	船用	2300
缸径×行程(mm)		125×147
排量(L)		10.8
点火顺序		1—5—3—6—2—4
发动机重量(装备标准附件)/kg	干重	940
	湿重	996
曲轴转动方向(从发动机前方看)		顺时针
燃油系统(关于性能和燃油消耗率,可参考有关型号发动机数据表或燃油泵代码。)		
发动机怠速转速(r/min)		600～800
燃油最大进油阻力(mmHg)	干净的燃油滤清器	152
	脏的燃油滤清器	254
燃油最大回油阻力(mmHg)		89

续表 1-1

内　容		技术性能数据
最低燃油压力(kPa)	起动时	172
	1200r/min 时	827
	调控转速时	1034～1041
最大进油温度(℃)		71
发动机最大起动转速(r/min)		150
燃油切断电磁阀线圈电阻(Ω)，电流 DC12V		7～8
润滑系统		
润滑油压力(kPa)	低怠速时、最低允许值	70
	在 1200r/min 或扭矩峰值转速时	207
发动机润滑油容量(L)		
组合式滤清器	LF9000	3.0
	LF9001	2.6
	油底壳(高—低)	34～26.5
	公交车轴底壳(高—低)	34～30.3
冷却系统		
冷却液容量(L)		9.5
标准节温器调节范围(℃)		82～93
缸体冷却液压力(压力盖已拆下)(kPa)	最小节温器关闭 1800r/min 空载	138
	最大节温器关闭	275
允许的冷却液最高温度(℃)		100
冷却液最低允许工作温度(℃)		70
压力盖的最小压力(kPa)		48
冷却液流入附件内的最大允许流量(L/min)		75.7
冷却液感应风扇控制器	开启温度(℃)	96
	关闭温度(℃)	91
进气系统		
最大进气阻力(mmH$_2$O)	干净的空气滤清器芯	254
	脏的空气滤清器芯	635
环境温度和发动机进气温度之间最大温升(环境温度在℃以上)(℃)		17
从涡轮增压器到进气支管的最大允许压降(mmHg)		152
通过空-空中冷器后的最大允许压降(mmHg)		152
排气系统(排气管和组合式消声器的最大背压)		
无催化转换器	汞柱(mmHg)	76
	水柱(mmH$_2$O)	1010

续表 1-1

内　　容		技术性能数据
带催化转换器	汞柱(mmHg)	152
	水柱(mmH$_2$O)	2082
排气管内径尺寸(mm)		127

电气系统

蓄电池电压

环境温度	0℃		−18℃	
项　目	冷起动电流(A)	储备容量电流(A)	冷起动电流(A)	储备容量电流(A)
12V	1800	640	1280	480
24V	900	320	640	240

1. 在给定的蓄电池尺寸范围内,极板数确定了储备容量。储备容量决定了起动机持续工作时间。
2. 冷起动电流的额定值由两只 12V 的蓄电池串联而成。
3. 电源连接器要求最少有 6.5V 的直流电压,为 ECM 供电。

蓄电池密度

27℃	充电状态
1.260～1.280	100%
1.230～1.250	75%
1.200～1.220	50%
1.170～1.190	25%
1.110～1.130	完全放电

ISM 柴油机气缸位置和点火顺序如图 1-5 所示,进气门和排气门排列位置如图 1-6 所示。

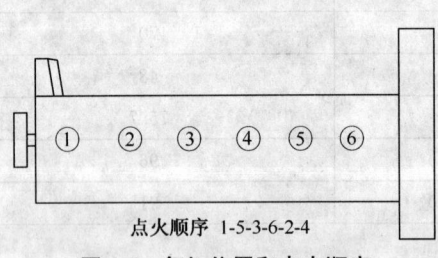

点火顺序 1-5-3-6-2-4

图 1-5　气缸位置和点火顺序

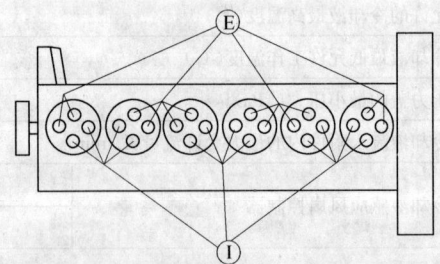

图 1-6　进气门和排气门排列位置
E. 排气门　I. 进气门

2. 英文缩写内容

英文缩写及其含义内容,如表 1-2 所示。

表 1-2　英文缩写及其含义

英文缩写	英文含义	中文含义
ABC	Antilook Brake System	防抱死制动系统
A/C	Air Conditioning	空调
AC	Alternating Current	交流电

续表 1-2

英文缩写	英文含义	中文含义
ALC	Air Cleaner	空气滤清器
AD	Automatic Disconnect	自动脱开
A/D	Analog to Digital	模数转换
ADL	Automatic Door lock	自动门锁
AFC	Air Fuel Control	空燃比控制
API	American Petroleum Institute	美国石油协会
ASA	Air Signal Attenuator	空气信号衰减器
BARO	Barometric PreRRare Sensor	大气压力传感器
ATS	Air Tempereture Sensor	空气温度传感器
ACLS	Auxiliarg Coolant Level Sensor	副冷却液液位传感器
BIP	Beginning of Injection period	喷油始点
CAN	Controllec Area Network	局域网控制器（CAN 总线）
CARB	California Air Resources Board	加利福利亚州空气资源委员会
CS	Cancel Switch	切断开关
CLC	Coolant Level Sensor	冷却液液位传感器
CNG	Compressed Natural Gas	压缩天然气
CTS	Coolant Temperature Sensor	水温传感器
CPS	Coolant Pressure Sensor	冷却液压力传感器
CPS	Crankcase Pressure Sensor	曲轴箱压力传感器
CRFS	Common Rail Fuel System	共轨燃油系统
CL	Closed Loop	闭环
CPS	Cam Position Sensor	凸轮轴位置传感器
CKPS	Crankshaft Position Sensor	曲轴位置传感器
CPU	Central Processing Unit	中央处理器
CTP	Closed Throttle Position	节气门关闭位置
DC	Direct Current	直流电
dB	Decibels	分贝
Dic	Driver Information Center	驾驶员信息中心
DLC	Data Link Connector	数据传输装置
DOHC	Dual Over Head Camshaft	双顶置凸轮轴
DTC	Diagnostic Trouble Code	故障代码
ECM	Electronic Control Module	电子控制模块
ECM	Emission Control System	排放控制系统
EFPA	Electronic Foot Pedal Assembly	电子加速踏板总成
EPS	Engine Position Sensor	发动机位置传感器
ECL	Engine Coolant Level	发动机冷却液液面

续表 1-2

英文缩写	英 文 含 义	中文含义
ECTS	Engine Coolant Temperature Sensor	发动机冷却液温度传感器
EGR	Exhaust Gas Recirculation	废气再循环
FC	Fan Control	风扇控制
FOC	Fuel Data Center	燃油数据中心
FI	Fuel Injection	燃油喷射
FP	Fuel Pump	燃油泵
FRS	Fuel Restriction Sensor	燃油阻力传感器
HP	Horse Power	马力
HPCR	High Pressure Common Rail	高压共轨
IAS	Idle Air Switch	急速开关
IAS	Idle Air Control	急速空气控制
IATS	Intake Air Temperature Sensor	进气温度传感器
kPa	Kilopascal	千帕
ISC	Idle Speed Control	急速控制
KS	Knock Sensor	爆燃传感器
L	Liter	升
Lb	Six Cylinder Engine In-Line	直列六缸发动机
LF	Left Front	左前
LH	Left Hand	左侧
LR	Left Rear	左后
MAT	Manifold Absolute Temperature	进气管空气温度传感器
MAF	Mass Airflow	空气质量流量
MAP	Manifold Absolute Pressure	进气管绝对压力传感器
max	Maximum	最大值
MPa	Megapascal	兆帕
MIL	Malfunction Indicator Lamp	故障指示灯
OEM	Original Eguipment Manafacturer	原始设备制造商
O₂S	Oxggen Sensor	氧传感器
OBD	On-Board Diagnostics	随车诊断系统
OHC	Overhead Camshaft	顶置凸轮轴
OL	Open Loop	开环
OPS	Oil Pressure Sensor	润滑油压力传感器
OTS	Oil Temperature Sensor	润滑油温度传感器
OLS	Oil Level Sensor	润滑油位置传感器
PPm	Parts Per Million	百万分之（几）
PSI	Pounds Per Square Inch	磅/平方英寸

续表1-2

英文缩写	英文含义	中文含义
PTO	Power Takeoff	动力输出
PWM	Pulse Width Modulated	脉冲宽度调制
Rly	Relay	继电器
RPM	Revolutions Per Minute	转/分
SAE	Society of Automotive Engineers	美国汽车工程师协会
SCA	Supplemental Coolant Aaditive	辅助冷却液添加剂
SLS	Starber Lockout Sensor	起动机锁止传感器
SRS	Synchronous Reference Sensor	同步基准传感器(凸轮轴位置传感器)
TRS	Timing Reference Sensor	正时基准传感器(曲轴转速传感器)
TBS	Turbocharger Boost Sensor	涡轮增压传感器
TPS	Throttle Position Sensor	节气门位置传感器
VSS	Vehicle Speed Sensor	车速传感器
VIN	Vehicle Identification Number	车辆识别码

1.3 ISM系列柴油机视图

图1-7为ISM/QSM11柴油机排气侧视图,图1-8为ISM/QSM11柴油机燃油泵侧视图。

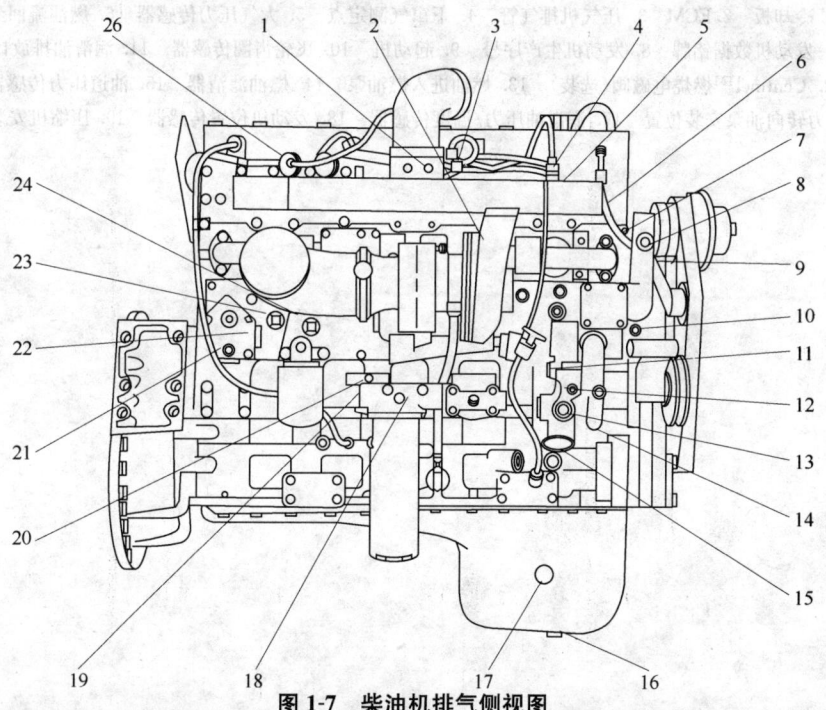

图1-7 柴油机排气侧视图

1. 乙醚接口 2. 空-空中冷器进口 3. 增压温度传感器 4. 进气支管压力传感器 5. 空-空中冷器出口
6. 百叶窗支架 7. 发动机排气(冷却液) 8. 百叶窗支架 9. 风扇传感器 10. 冷却液温度传感器
11. 加热器回流口 12. 冷却液进口处压力 13. 来自散热器的补充水管 14. 水泵压力 15. 冷却液进口
16. 润滑油排放口 17. 油底壳加热器 18. 滤清器出口压力 19. 发动机制动润滑油供给 20. 滤清器进口压力
21. 缸体冷却液压力 22. 冷却液加热器 23. 加热器供给口 24. 冷却液温度传感器 25. 废气旁通阀控制器

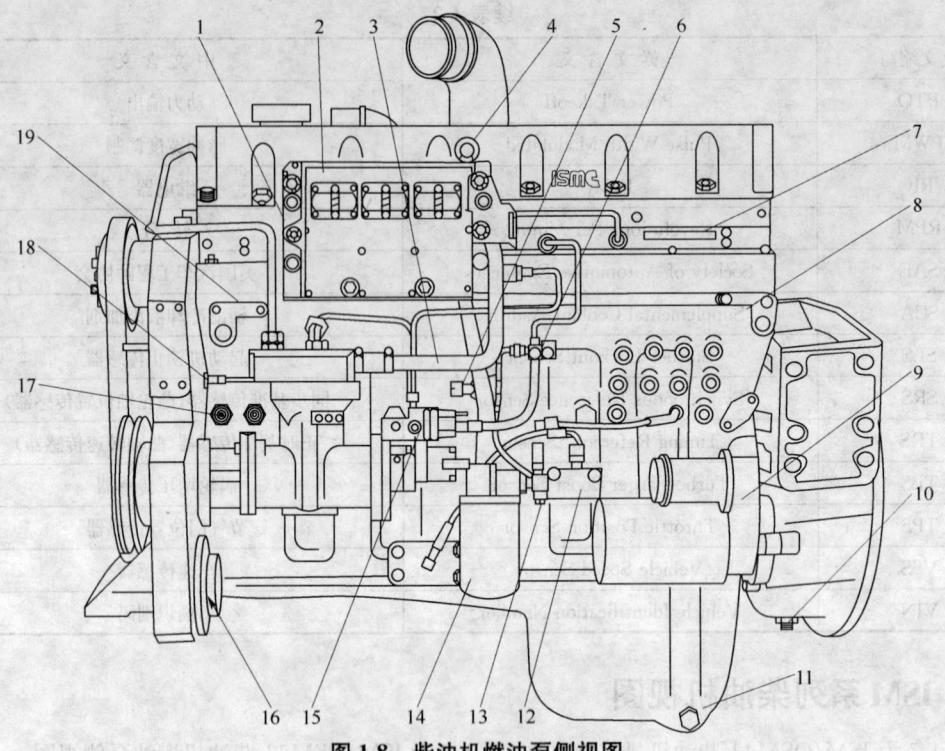

图 1-8 柴油机燃油泵侧视图

1. ECM 冷却板 2. ECM 3. 压气机排气管 4. 下窜气测定点 5. 大气压力传感器 6. 燃油流回到油箱 7. 发动机数据铭牌 8. 发动机生产序号 9. 起动机 10. 飞轮齿圈传感器 11. 润滑油排放口 12. Centinel™ 燃烧电磁阀(选装) 13. 燃油进入燃油泵 14. 燃油滤清器 15. 油道压力传感器 16. 动力转向油泵安装位置 17. 润滑油压力/温度传感器 18. 发动机位置传感器 19. 压缩机安装位置

第 2 章 机械部分检修

2.1 缸体维修工具

缸体维修工具见表 2-1。

表 2-1 缸体维修工具

工具号	工具名称	工具图
ST-647	发动机带轮拉器(拆卸发电机带轮。与两颗 5/16×18×2 inch 的螺栓一同使用。)	
ST-821	活塞环拆装器(拆卸和安装活塞环)	
ST-1178	主轴承盖拉器(拆卸主轴承盖)	
ST-1293	驱动带张力计(测量 V 形驱动带的张紧度)	
3162873	气缸套拉器(需要缸套拉器板配合使用,零件号为 3376649)	
3375840	曲轴齿轮拉器(使用时需要拉器,零件号为 3375834 和夹具,零件号为 3375839)	

续表 1-2

工具号	工具名称	工具图
3376038	连杆导销（在曲轴上拆装连杆时，对连杆起导向作用）	
3376326	带轮安装工具（安装发电机带轮时，使用带轮推压工具，零件号为 3377401）	
3376388	凸轮轴导向套（拆装缸体内的凸轮轴）	
3376488	导销（使用两根导销安装水道盖板）	
3823621	液压拆装组件（与安装/拆卸组件一起使用）	
3823642	拆装组件（用于拆装凸轮轴轴套）	
3376695	导销组件（用于减振器的辅助安装。该组件有两组各 5 根导销，零件号分别为 3376488、3376638、3376696、3376697 和 33766980）	

续表 1-2

工具号	工具名称	工具图
3823309	活塞环压缩器(用于安装活塞环)	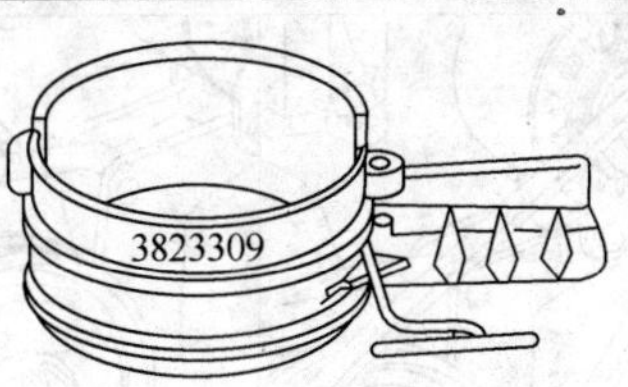
3823495	块规(用于测量缸套在缸体上部的凸出量以及齿轮室壳体在缸体下部的凸出量)	
3823774	滚针轴承拆装组件(用于拆装齿轮室壳体及液压泵连接器中的滚针轴承。安装液压泵滚针轴承时,使用心轴,零件号为3823776)	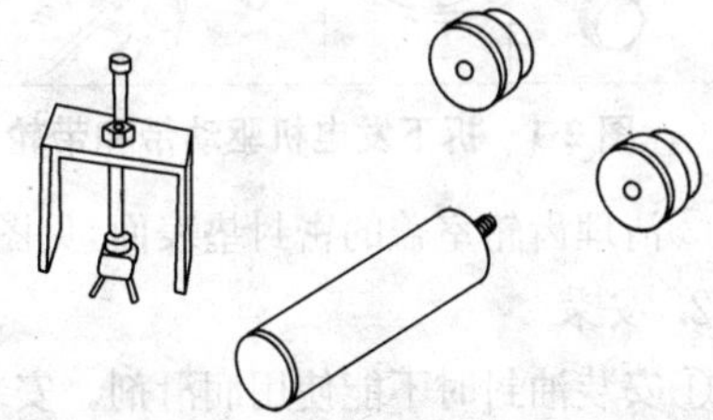
3162895	凸轮轴齿轮拉器(用于拆卸凸轮轴齿轮)	
3824117	滚针轴承安装工具(用于拆装水泵驱动滚针轴承)	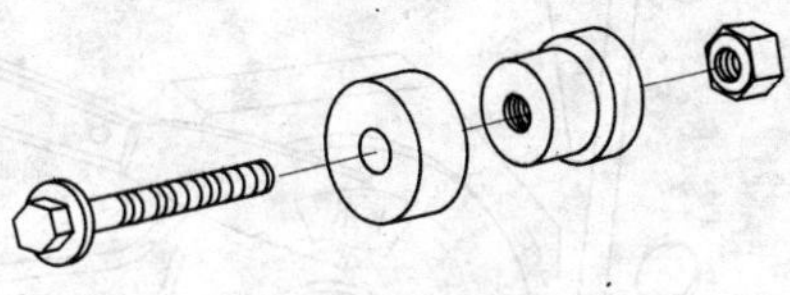
3824270	发动机盘车工具(用于发动机手动盘车)	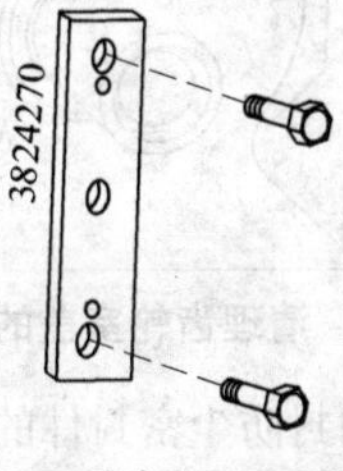
3824272	缸套安装工具(测量缸套凸出量时,用于缸套的就位和固定)	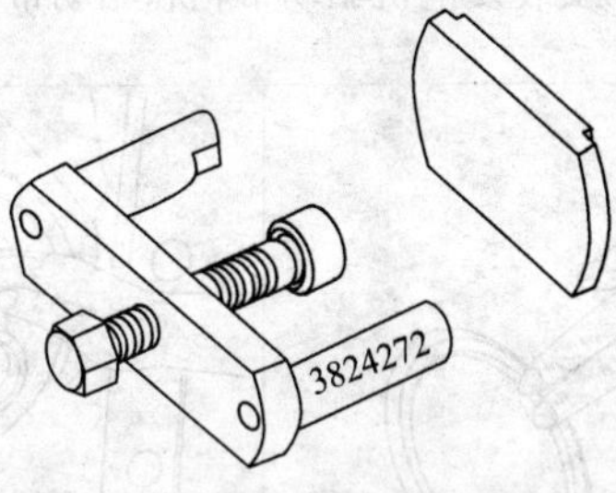

2.2 发电机轴密封件

1. 拆卸和清理

①拆下发电机驱动带和带轮,见图 2-1。

②拆下 5 颗螺栓和压圈,见图 2-2。在拆卸时,应将防尘密封件和油封一同拆下。

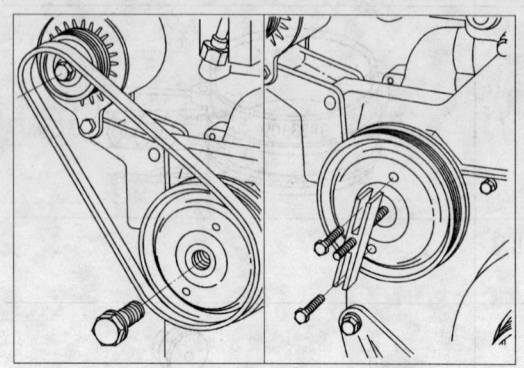

图 2-1 拆下发电机驱动带和带轮

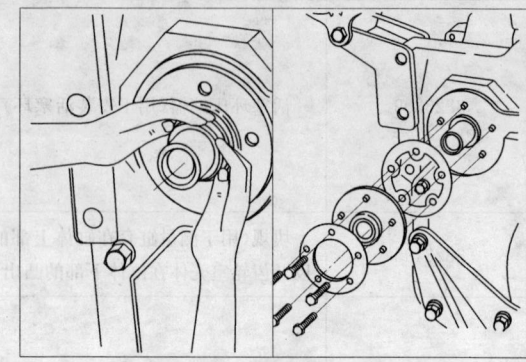

图 2-2 拆下 5 颗螺栓和压圈

③清理齿轮室盖的密封垫表面,见图 2-3。

2. 安装

①安装油封时不能使用润滑剂。安装时,应保持油封唇和轴清洁干燥。见图 2-4。在螺纹处应涂密封胶,用 5 颗 M8-1.25×20 螺栓安装压圈。螺栓紧固力矩,先拧 7N·m,再拧到 20N·m。

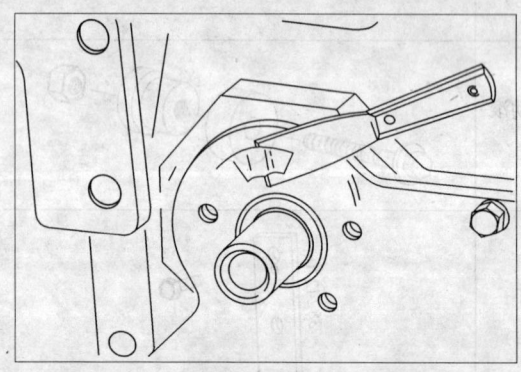

图 2-3 清理齿轮室盖的密封垫表面

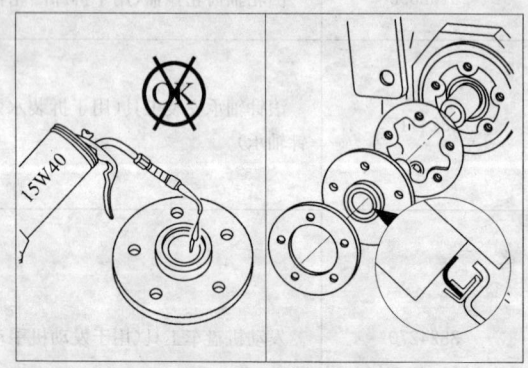

图 2-4 安装油封时不能涂油,应使其保持清洁干燥

②在新油封防尘密封件的内壁涂一层薄润滑油,并将油封安装到轴上,见图 2-5。
③安装发电机驱动带轮和驱动带,见图 2-6。

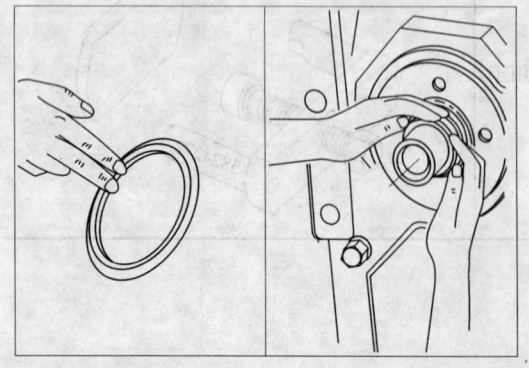

2-5 在防尘密封件的内壁涂润滑油并将油封安装到轴上

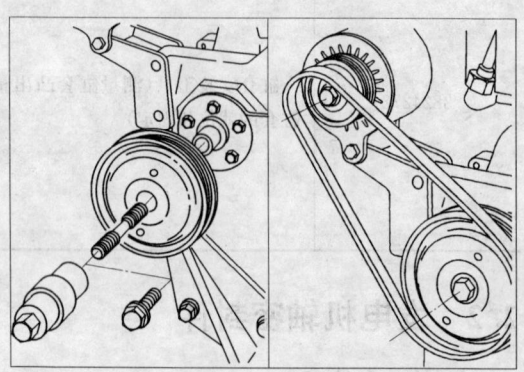

图 2-6 安装发电机驱动带轮和驱动带

2.3 附件驱动密封件

1. 拆卸和清理

①拆下带有驱动带张紧装置的发电机驱动带,见图2-7。
②拆下驱动带轮,见图2-8,并拆下5颗螺栓、压圈、密封件。

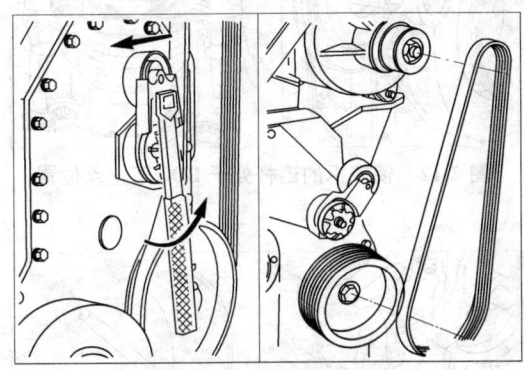

图2-7 拆下发电机驱动带

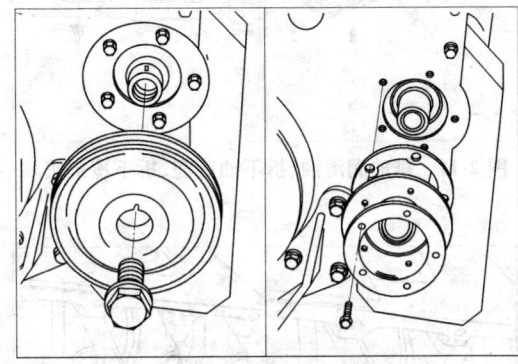

图2-8 拆下驱动带轮

③清理干净安装密封垫的表面,见图2-9。

2. 安装

①安装密封件时不能使用润滑剂,应保持密封件唇边和轴清洁干燥。
②在螺纹上涂密封胶,安装压圈、5个螺栓和紧固力矩,先拧7N·m,再拧20N·m,见图2-10。

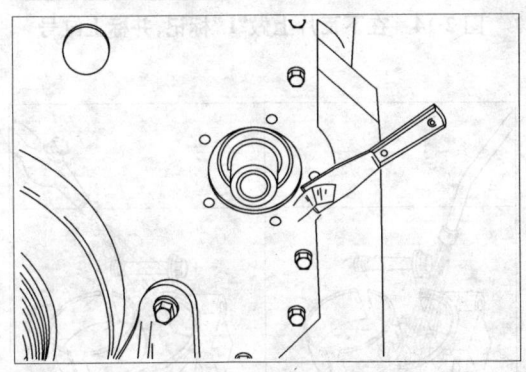

图2-9 清理密封垫安装表面

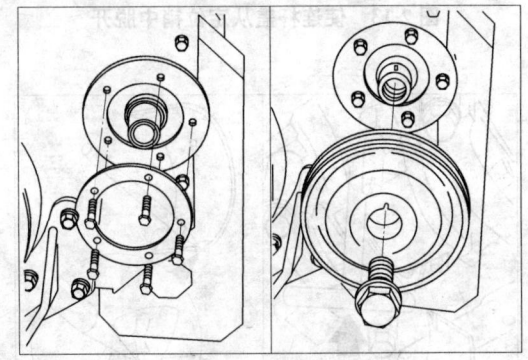

图2-10 安装压圈和螺栓

2.4 连杆轴承

1. 拆卸和清洗

①放掉润滑油并拆下油底壳,拆下活塞冷却喷嘴,见图2-11。
②转动曲轴,使待拆的连杆处于下止点位置(BDC下止点),见图2-12。
③拧松连杆螺栓,用橡皮锤敲打连杆螺栓,使连杆盖从定位销中脱开,见图2-13。
④拆下螺栓和连杆瓦,并在下瓦片上做"L"标记,并标上缸号,见图2-14。
⑤安装连杆导销,零件号为3376038,用"T"型手柄工具将连杆推离曲轴,以便拆下上轴瓦,并在上轴瓦片上做"U"标记,并标上缸号,见图2-15。
⑥清洁连杆盖、连杆瓦和连杆螺栓,见图2-16。

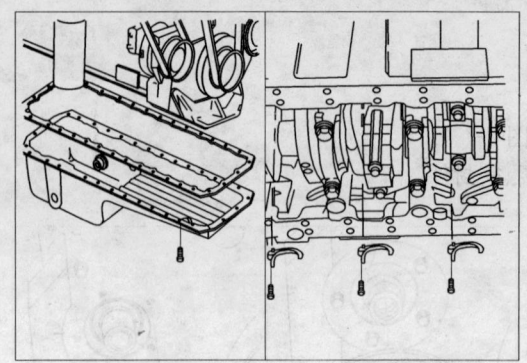

图 2-11　排放润滑油、拆下油底壳、拆下冷却喷嘴

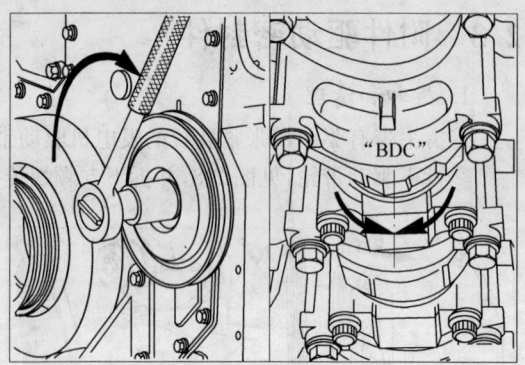

图 2-12　使待拆的连杆处于 BDC 下止点位置

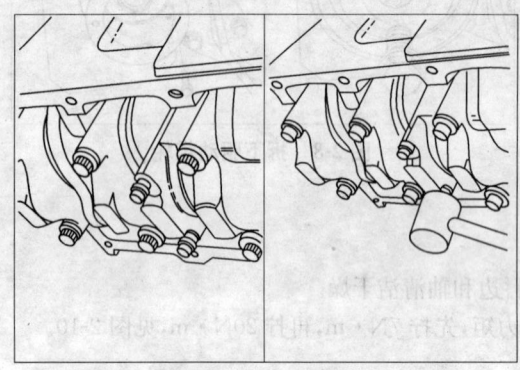

图 2-13　使连杆盖从定位销中脱开

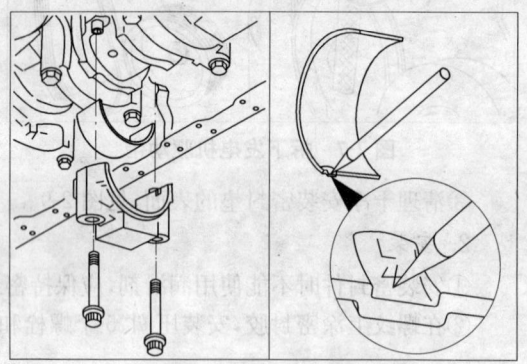

图 2-14　在下瓦片上做"L"标记，并标上缸号

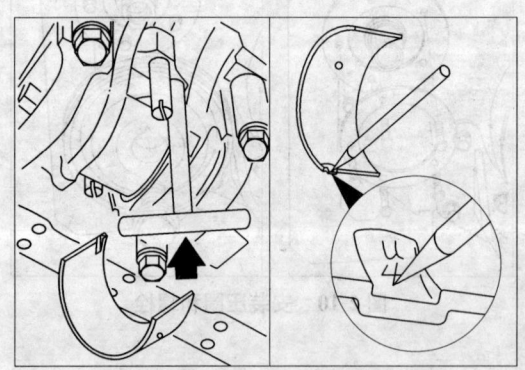

图 2-15　在上轴瓦片上做"U"标记，并标上缸号

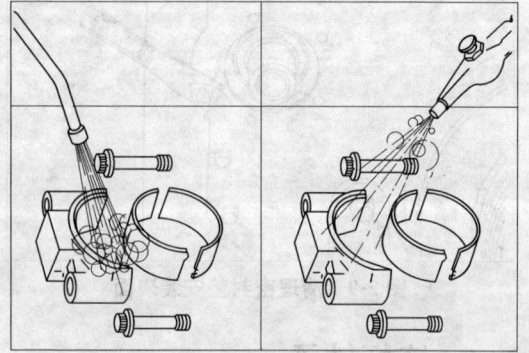

图 2-16　清洁连杆盖、瓦和螺栓

2. 检查性能

①检查连杆盖、轴承座和螺栓有无磨损和损伤，见图 2-17。
②检查轴瓦有无损伤，见图 2-18。
③图 2-19 为轴瓦正常磨损和非正常磨损情况。若发动机运转达 241000km 或 3750h 之前，轴瓦铜衬大面积显露，则应分析原因，排除故障。
④检查瓦座表面有无刻痕或毛刺，见图 2-20。
⑤测量连杆轴瓦的厚度，见表 2-2 和图 2-21。

第 2 章 机械部分检修

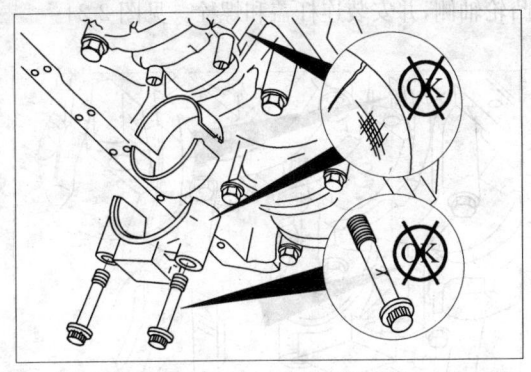

图 2-17 检查连杆盖、轴承座和螺栓有无损伤

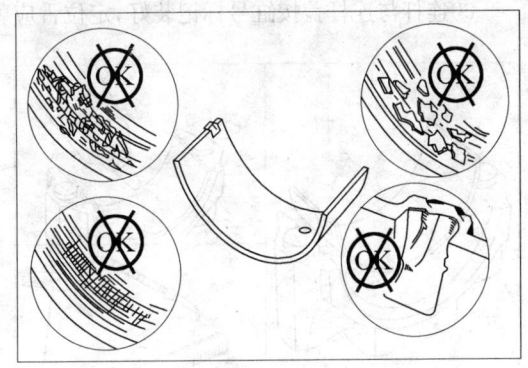

图 2-18 检查轴瓦有无损伤

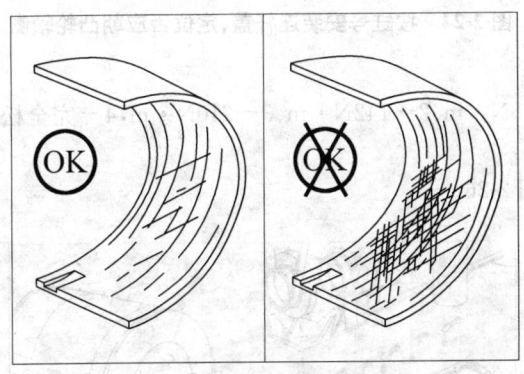

图 2-19 轴瓦两种磨损情况

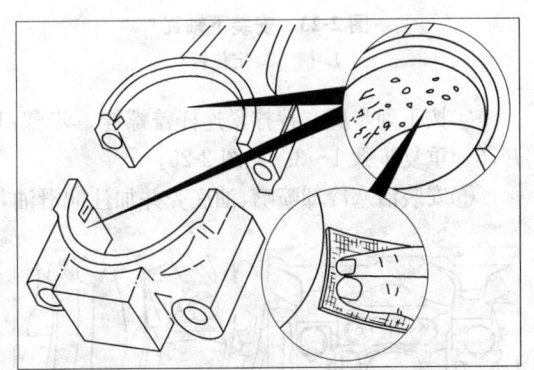

图 2-20 检查瓦座表面有无刻痕和毛刺

表 2-2 标准连杆瓦厚度　　　　　　　　　　　　　　　　　　（单位：mm）

名　称	最　小　值	最　大　值
连杆瓦厚度	2.430	2.473

3. 安装

①将上轴瓦安装到连杆上，使定位舌落入连杆上的槽中，见图 2-22。轴瓦安装前应涂润滑油。

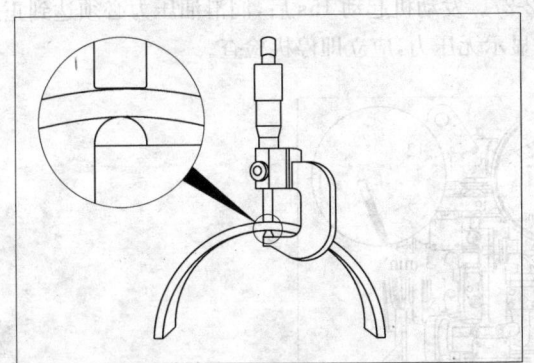

图 2-21 测量连杆瓦厚度

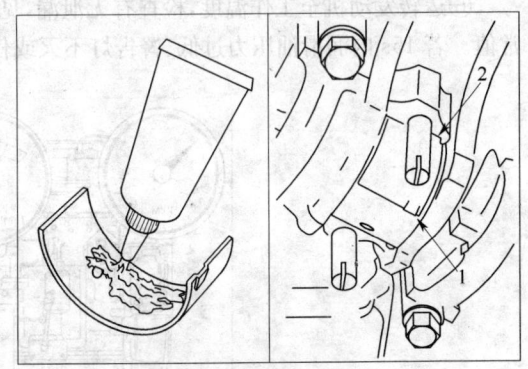

图 2-22 安装上轴瓦
1. 定位舌　2. 槽

②将下轴瓦安装到连杆盖中，使定位舌落入连杆盖上的槽中。在轴瓦内壁涂润滑剂，螺栓和螺纹入涂 15W-40 润滑油。见图 2-23。

③连杆与连杆盖按缸号标记装好,定位舌应朝向凸轮轴侧,并安装连杆盖和螺栓。见图2-24。

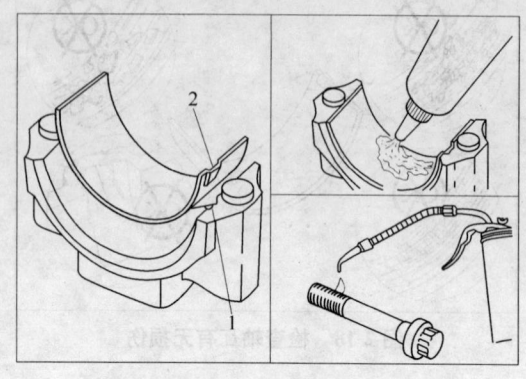

图2-23 安装下轴瓦
1. 槽 2. 定位舌

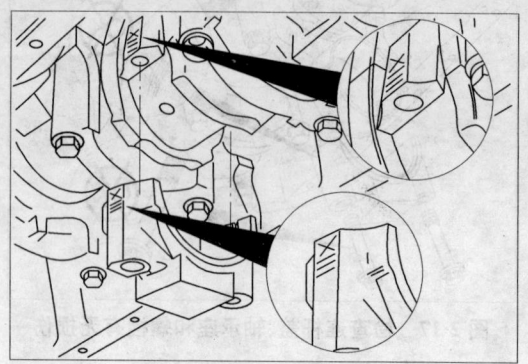

图2-24 按缸号安装连杆盖,定位舌应朝凸轮轴侧

④按下列步骤交替拧紧连杆盖螺栓。步骤:1—68N·m、2—142N·m、3—210N·m,4—完全松开、5—重复步骤1~3。见图2-25。

⑤安装活塞冷却喷嘴、油底壳并加注润滑油,见图2-26。

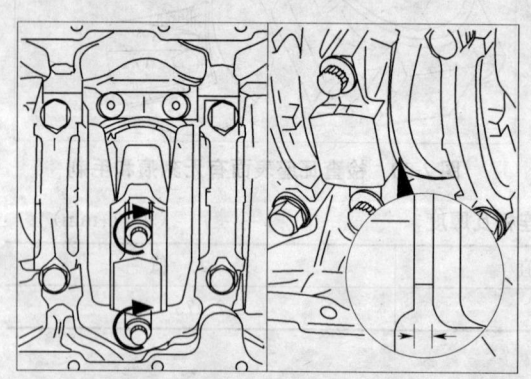

图2-25 按顺序拧紧连杆螺栓

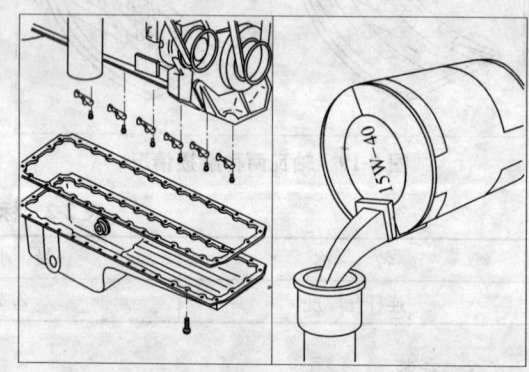

图2-26 安装冷却喷嘴和油底壳并加注润滑油

⑥运转发动机至工作温度,检查有无泄漏,见图2-27。发动机起动15s后,润滑油压力必须达到正常值。若15s内润滑油压力过低、警告灯不灭或仪表显示无压力,应立即停机检查。

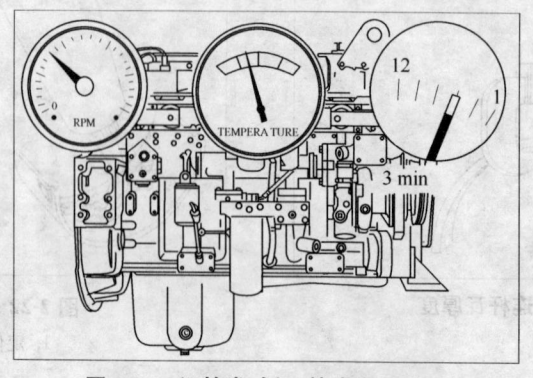

图2-27 运转发动机,检查有无泄漏

2.5 主轴承

1. 拆卸与清洗

①放掉润滑油,拆下油底壳,见图 2-28。一般在更换主轴承的同时应更换止推轴承。
②拆下主轴承螺栓,使用零件号为 ST-1178 的主轴承盖拉器,拆卸主轴承盖,见图 2-29。

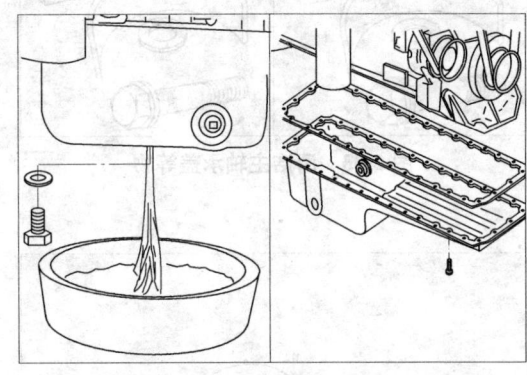

图 2-28 拆下油底壳

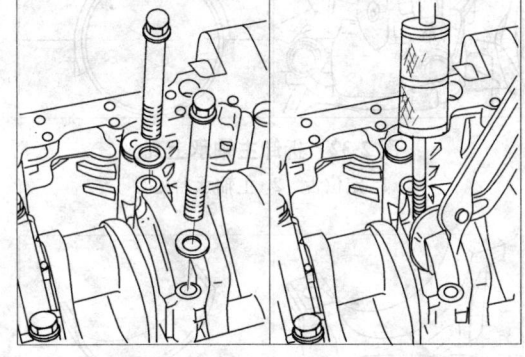

图 2-29 拆卸主轴承螺栓和主轴承盖

③在四号主轴承盖上安装有止推轴承,该主轴承盖由两个定位销固定,止推轴承的拆卸见图 2-30。
④拆下主轴承下瓦,并标上"L"记号以及所属轴颈号码,见图 2-31。

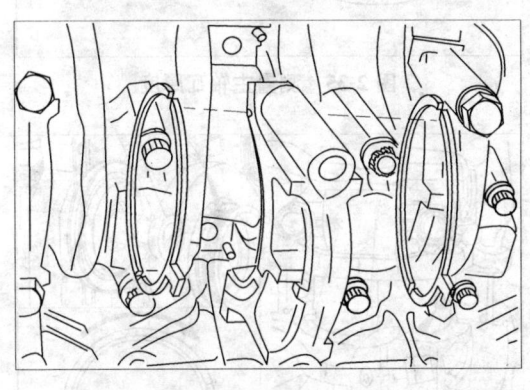

图 2-30 拆卸止推轴承

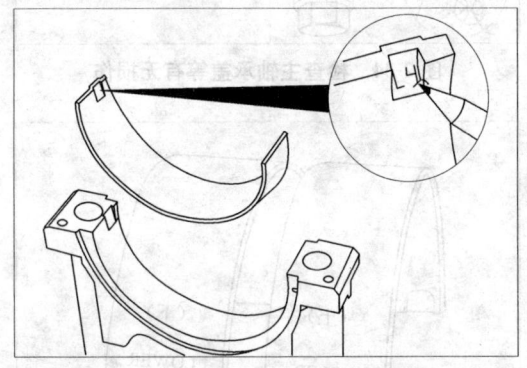

图 2-31 拆下主轴承下瓦,并做标记

⑤拆卸主轴承上瓦时,在主轴颈的润滑油孔中安装零件号为 3823818 的工具。拆卸时,先旋出主轴瓦带定位舌的一侧,转动曲轴,以便拆下主轴承上瓦,见图 2-32。
⑥清洁主轴承盖、螺栓、垫圈和轴瓦,并吹干净,见图 2-33。

2. 检查性能

①检查主轴承盖、螺栓、垫圈和主轴瓦有无损伤,见图 2-34。
②测量主轴瓦厚度,见图 2-35。标准主轴瓦,最小值 3.894mm,最大值 3.945mm。

3. 安装

①上、下轴瓦标记,见图 2-36。上轴瓦有一个油槽,标有"UPPER",下轴瓦标有"LOWER"。
②安装主轴承上瓦,定位舌必须座入槽中,上瓦内壁应涂润滑油,见图 2-37。
③安装主轴承下瓦,定位舌应座入槽中,下瓦内壁应涂润滑油,见图 2-38。

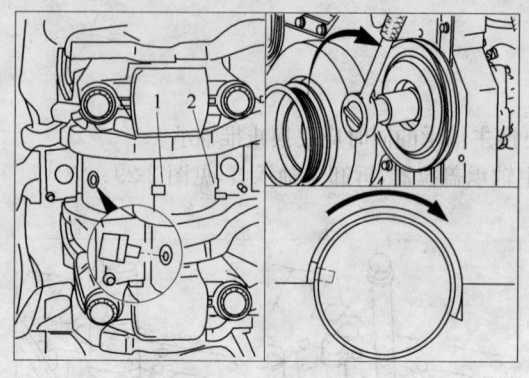

图 2-32　拆卸主轴承上瓦
1. 定位舌　2. 主轴承上瓦

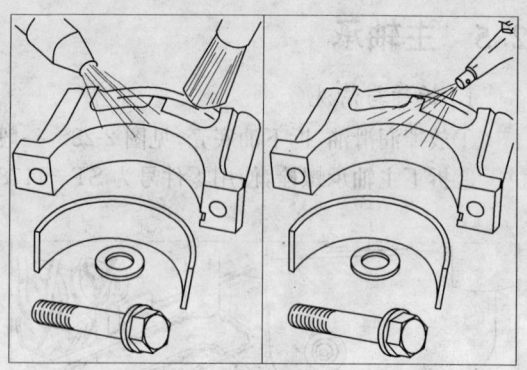

图 2-33　清洁主轴承盖等物

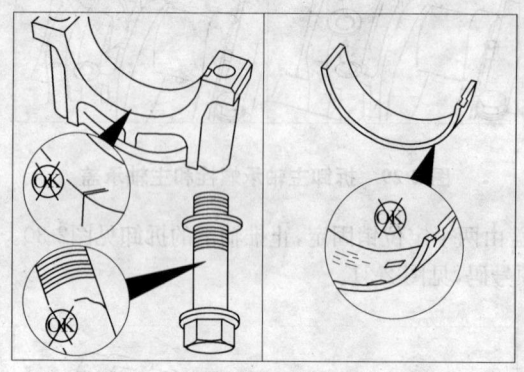

图 2-34　检查主轴承盖等有无损伤

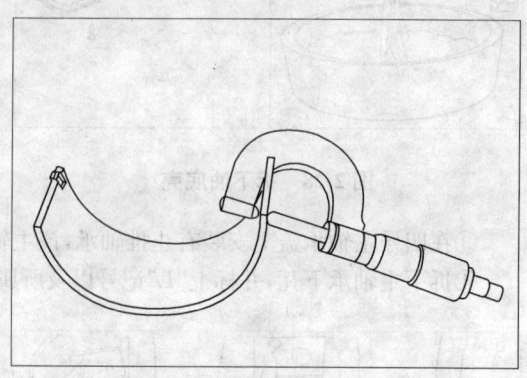

图 2-35　测量主轴瓦厚度

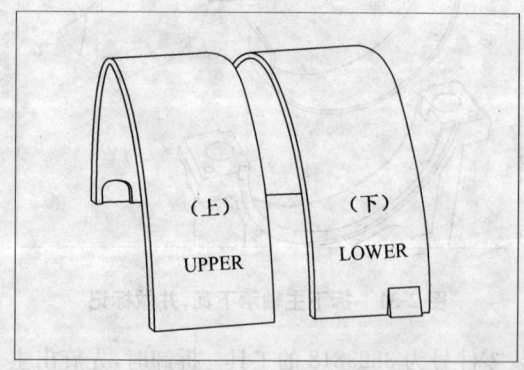

图 2-36　上、下轴瓦标记
UPPER—上瓦　LOWER—下瓦

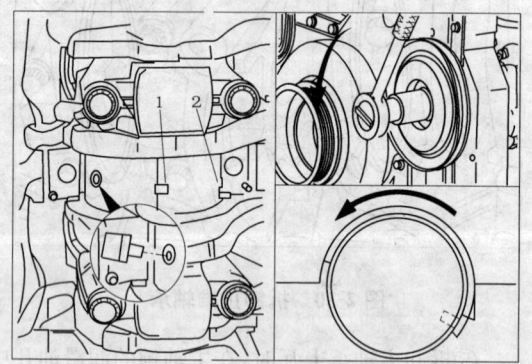

图 2-37　安装主轴承上瓦
1. 定位舌　2. 主轴承上瓦

④在下部止推轴承上涂一层润滑剂 Lubriplate™105，在四号主轴承盖上安装下部止推轴承，止推轴承油槽应朝向曲轴，见图2-39。
⑤在螺栓的螺纹上和垫圈上涂润滑油，见图2-40。
⑥四号主轴承盖应与轴承座上的定位销对准，见图2-41。
⑦安装主轴承盖时，盖上的号码应与缸体上的编号一致，见图2-42。
⑧安装主轴承盖和轴瓦时，不能用锤子敲打主轴承盖，见图2-43。

第 2 章 机械部分检修

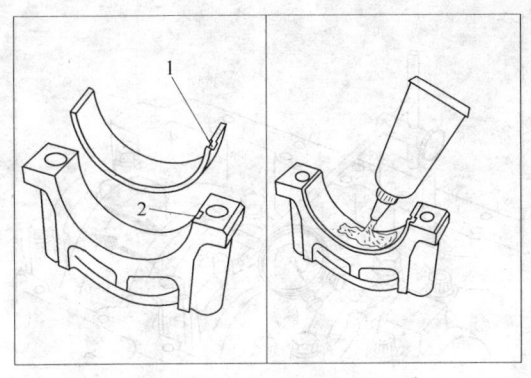

图 2-38 安装主轴承下瓦
1. 定位舌　2. 主轴承盖上的槽

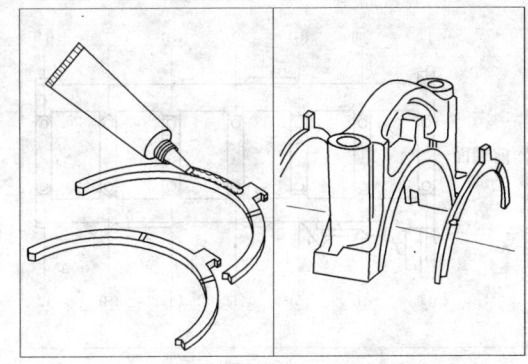

图 2-39 在下部止推轴承上涂润滑剂

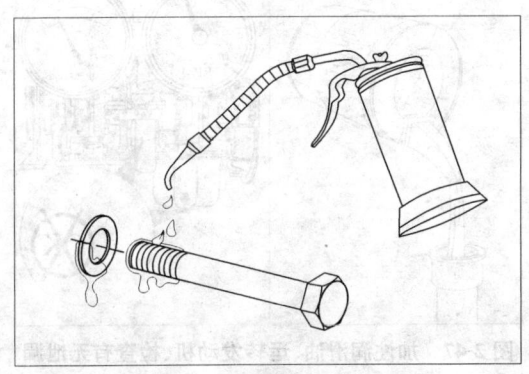

图 2-40 在螺纹部加润滑油

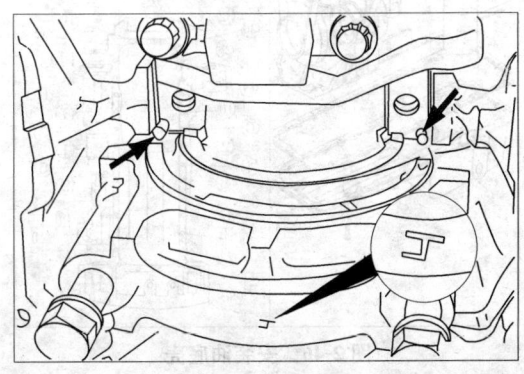

图 2-41 四号主轴承盖与轴承座上的定位销对准

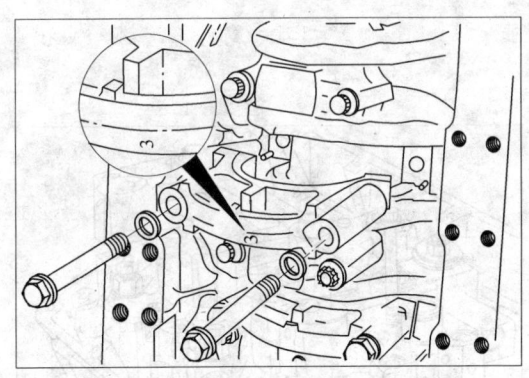

图 2-42 轴承盖应与缸体编号一致

图 2-43 不能用锤子敲打主轴承盖

⑨按下列步骤交替紧固主轴承螺栓,1—68N·m,2—142N·m,3—210N·m,4—完全松开,5—重复1～3步骤,见图2-44。

⑩测量曲轴轴向间隙,其最小值为0.10mm,最大值为0.56mm,见图2-45。

⑪安装油底壳,见图2-46。

⑫加注润滑油,运转发动机,检查有无泄漏,见图2-47。要求发动机起动后15s内应达到足够的润滑油压力。若在15s内油压板警灯不灭,或仪表显示无油压,应立即停机检查。

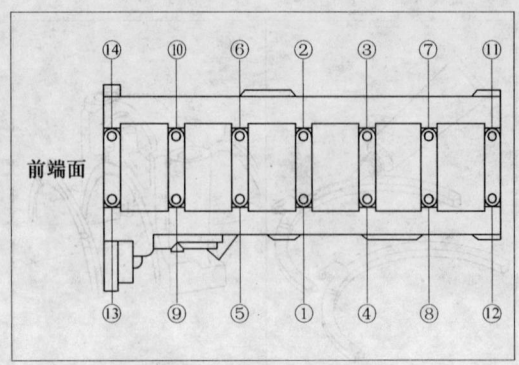

图 2-44　紧固主轴承螺栓

图 2-45　测量曲轴轴向间隙

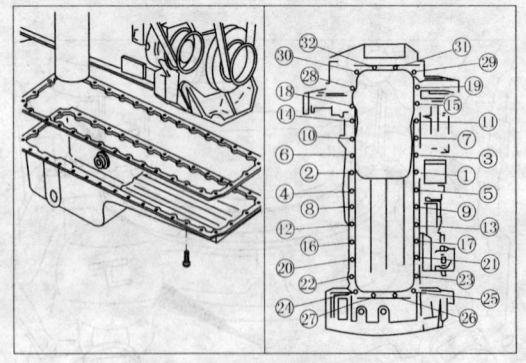

图 2-46　安装油底壳

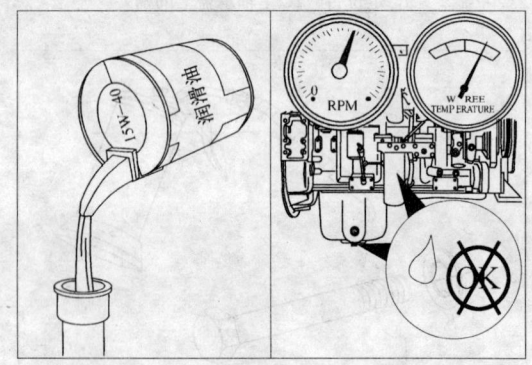

图 2-47　加注润滑油、运转发动机、检查有无泄漏

2.6　凸轮轴

1. 拆卸和清洗

①拆下空气管、拆下摇壁室盖,见图 2-48。

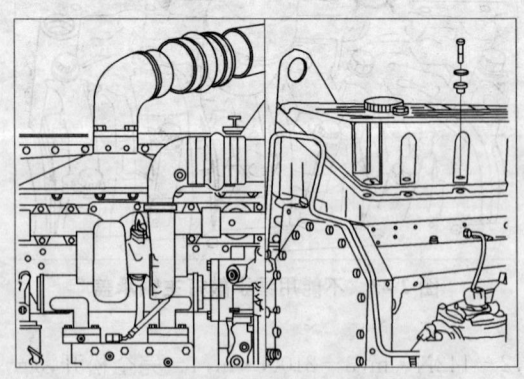

图 2-48　拆下空气管和摇壁室盖

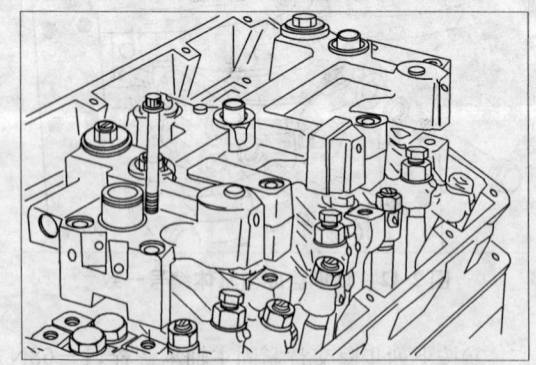

图 2-49　拆下发动机制动器

②拆下发动机制动器,见图 2-49。
③拆下推管和推杆,见图 2-50。
④拆下齿轮室盖,见图 2-51。
⑤拆下凸轮轴惰轮,见图 2-52。
⑥提升凸轮随动件总成,用铁丝系住,使其脱离凸轮轴。转动凸轮轴,使凸轮轴齿轮上的孔对准止

推板螺栓,并拆下止推板螺栓,见图2-53。

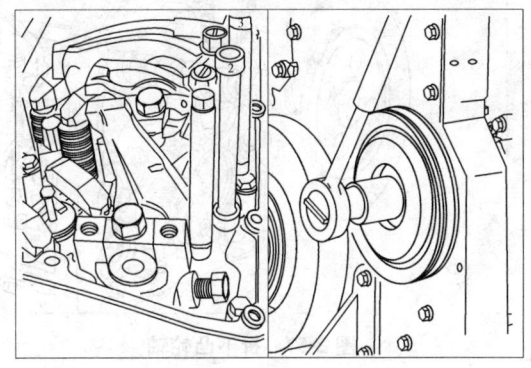

图2-50 拆下推管和推杆

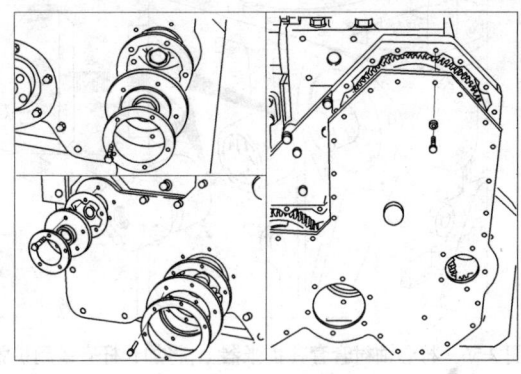

图2-51 拆下齿轮室盖

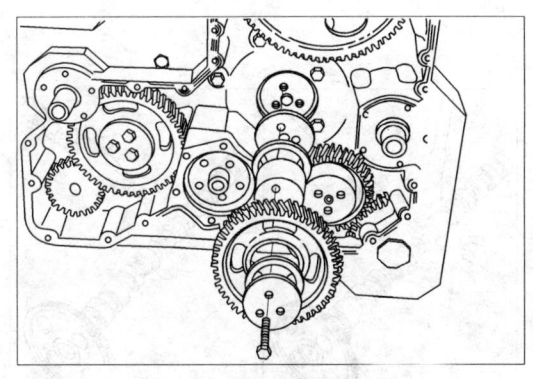

图2-52 拆下凸轮轴惰轮

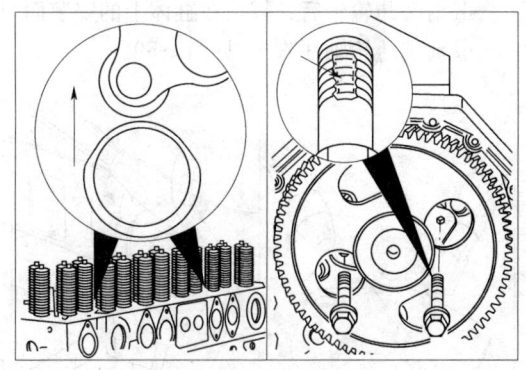

图2-53 拆下止推板螺栓

⑦拆下3颗螺栓和凸轮轴后盖板,见图2-54。
⑧按下列步骤安装凸轮轴导向器,零件号为3376388。穿过后盖板开口,将零件号为3376923的扩张器装入凸轮轴中,顺时针转动扩张器中的螺钉,以扩展膨胀塞,见图2-55。

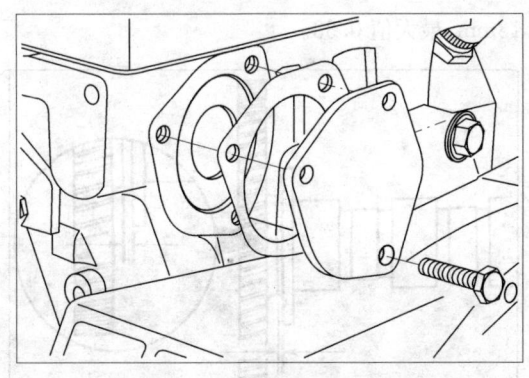

图2-54 拆下3颗螺栓和后盖板

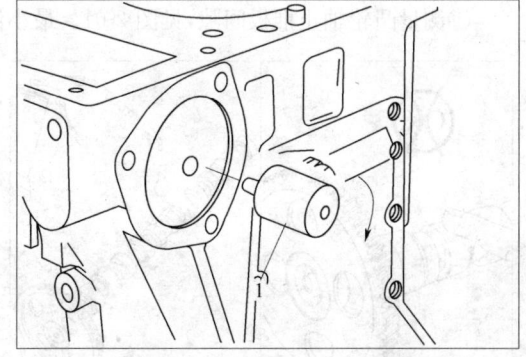

图2-55 安装凸轮轴导向器
1. 扩张器

⑨把心轴衬套套在扩张器上,将定位加长杆安装到扩张器,见图2-56。
⑩转动凸轮轴从缸体中拉出,拆下凸轮轴导向工具,见图2-57。

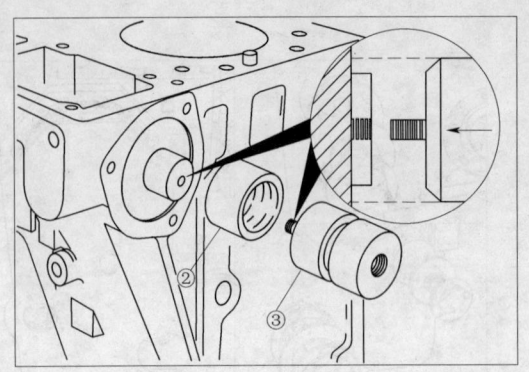
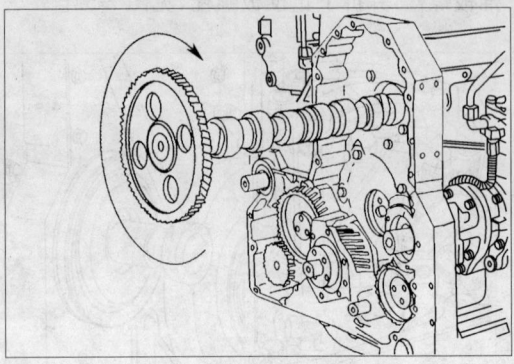

图 2-56 将心轴衬套套在扩张器上,将加长杆安装到扩张壁上
2. 心轴衬套　3. 加长杆

图 2-57 拆下凸轮轴

⑪清洗凸轮轴后盖板及在缸体上的安装面,见图 2-58。
⑫清洗凸轮轴并吹干,见图 2-59。

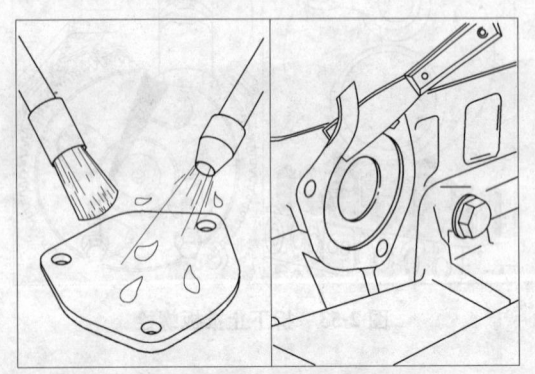
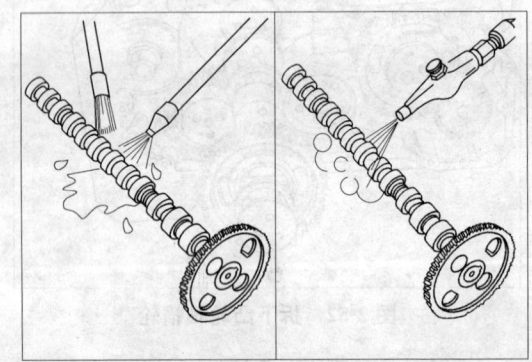

图 2-58 清洗盖板

图 2-59 清洗凸轮轴并吹干

⑬不得用手摸凸轮轴颈表面,在搬动之前,应向凸轮轴上涂润滑油,见图 2-60。

2. 检查性能

①测量凸轮轴止推板间隙,见图 2-61。最小值 0.13mm,最大值 0.33。

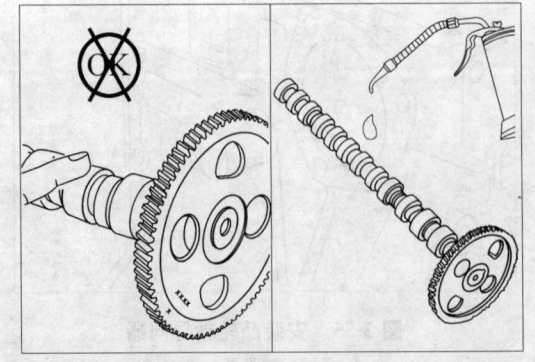
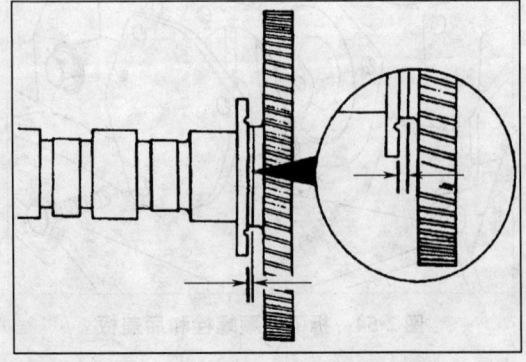

图 2-60 不能用手摸凸轮轴加面,搬动前,应涂润滑油

图 2-61 测量凸轮轴止推板间隙

②测量 7 个凸轮轴轴颈外径尺寸,见图 2-62。凸轮轴轴颈外径,最小值 71.960mm、最大值 72.013mm。

③检查凸轮轴的凸轮有无裂纹等损坏,见图2-63。

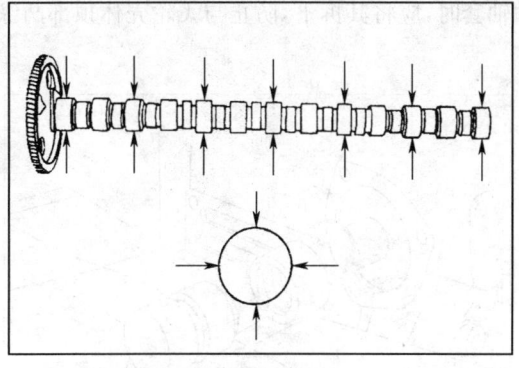

图2-62 测量凸轮轴轴颈外径尺寸

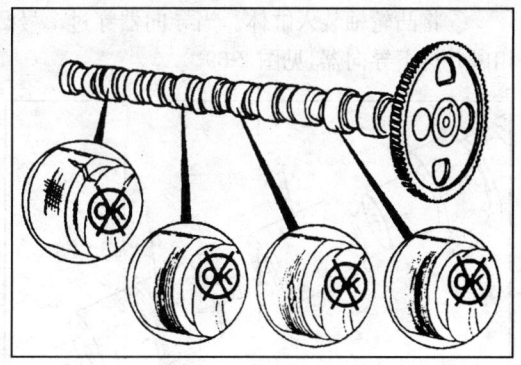

图2-63 检查凸轮有无损伤

④测量凸轮轴轴端、止推板和齿轮有关尺寸,见图2-64。

3. 安装

①安装凸轮轴齿轮,见图2-65。

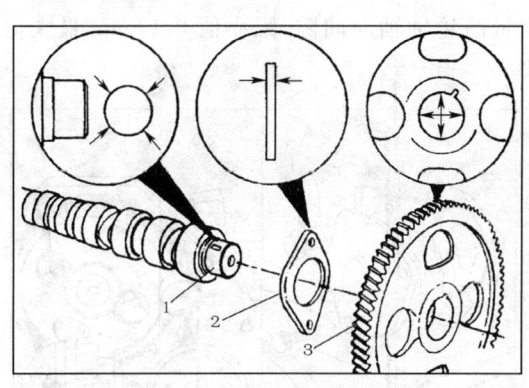

图2-64 测量凸轮轴轴端、止推板和齿轮有关尺寸
1. 轴端 2. 止推板 3. 齿轮

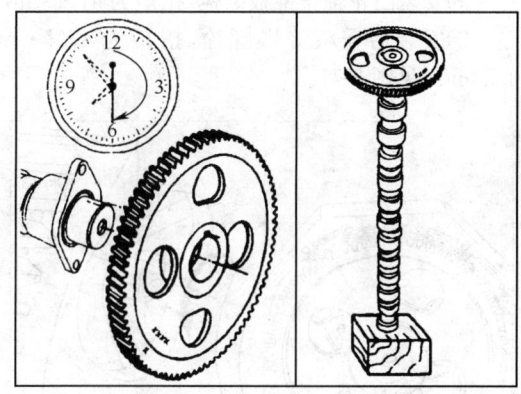

图2-65 安装凸轮轴齿轮

②在凸轮轴轴套和凸轮轴上涂润滑油,见图2-66。
③安装凸轮轴导向器,零件号为3376388 安装扩张器,零件号3376923,见图2-67。

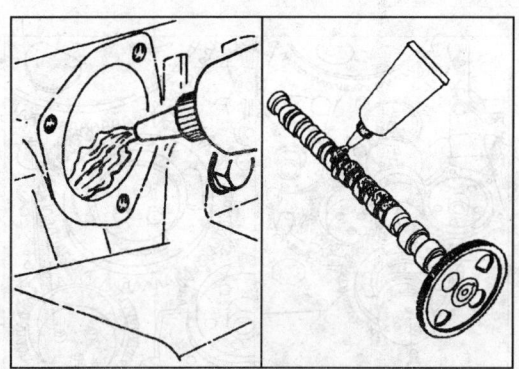

图2-66 在轴套和轴上涂润滑油

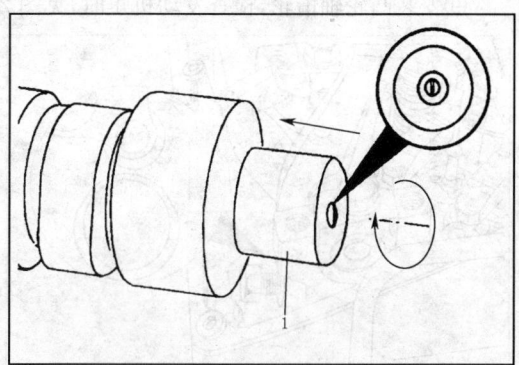

图2-67 安装导向器和扩张器
1. 扩张器

④将心轴衬套套在扩张器上，将定位导向加长杆安装到扩张器上，见图2-68。

⑤将凸轮轴装入缸体。当导向器穿过7号凸轮轴轴套时，应将其拆下，防止与飞轮壳体顶部凸缘相碰并拆下导向器，见图2-69。

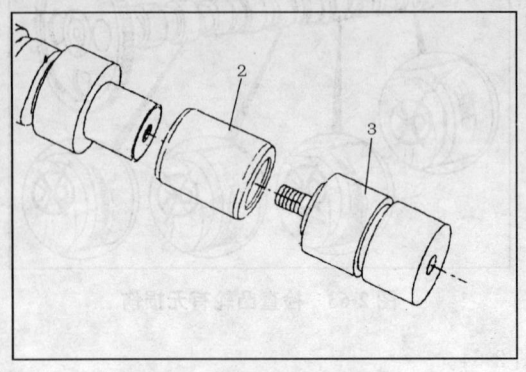

图2-68　安装衬套和加长杆
2. 心轴衬套　3. 加长杆

图2-69　拆下导向器

⑥安装凸轮轴止推板螺栓，扭矩为47N·m，见图2-70。

⑦安装后盖板3颗螺栓，扭矩为47N·m。测量凸轮轴轴向间隙，最小值0.13mm，最大值0.33mm，见图2-71。

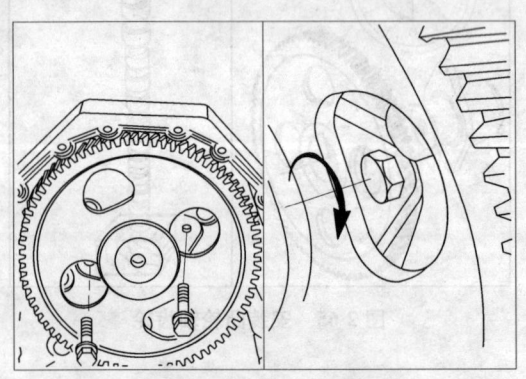

图2-70　安装止推板螺栓

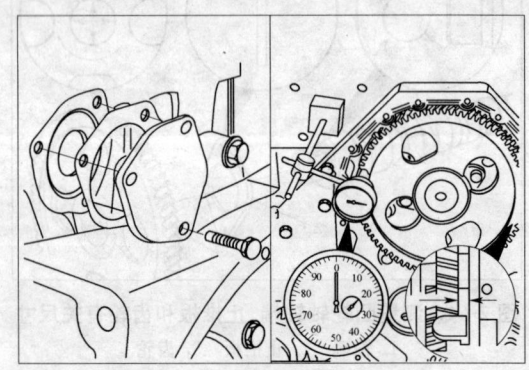

图2-71　测量凸轮轴轴向间隙

⑧将凸轮随动件放到凸轮轴上，见图2-72。

⑨安装凸轮轴惰轮，检查发动机正时，见图2-73。

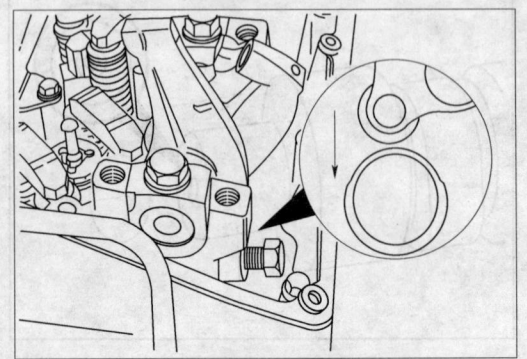

图2-72　把凸轮轴随动件放到凸轮轴上

图2-73　安装惰轮，检查正时

⑩安装齿轮室盖,见图 2-74。
⑪安装推管和推杆,见图 2-75。

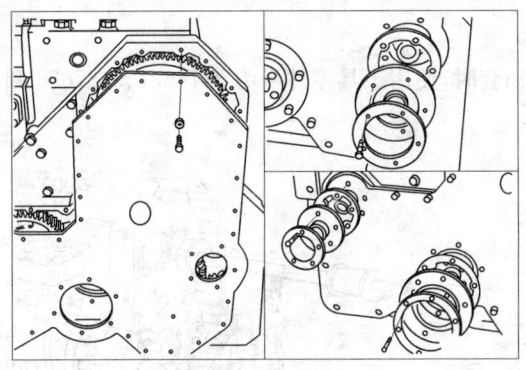

图 2-74 安装齿轮室盖

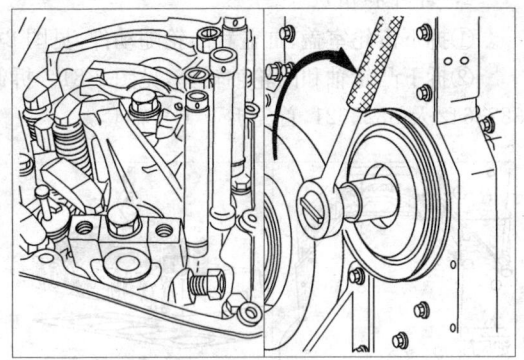

图 2-75 安装推管和推杆

⑫调整气门和喷油器,见图 2-76。
⑬安装发动机制动器,见图 2-77。

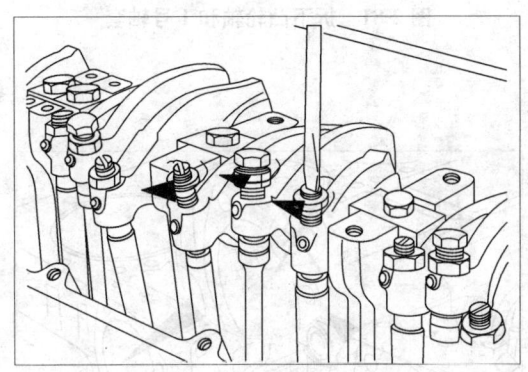

图 2-76 调整气门和喷油器

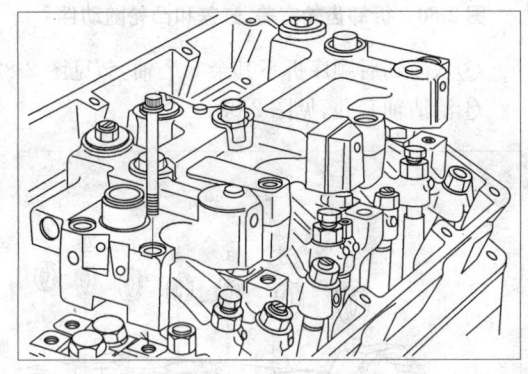

图 2-77 安装发动机制动器

⑭安装摇臂室盖,见图 2-78。
⑮运转发动机至正常温度,检查有无泄漏,见图 2-79。

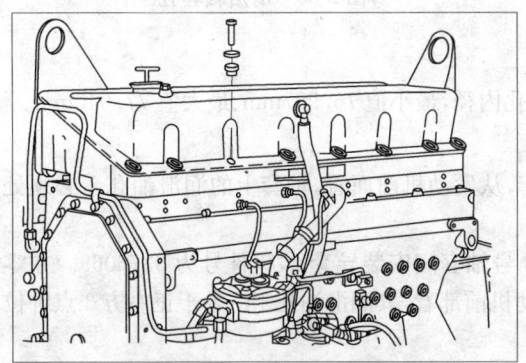

图 2-78 安装摇臂室盖

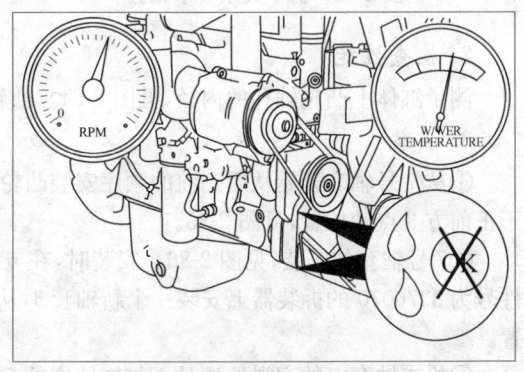

图 2-79 检查发动机有无泄漏

2.7 凸轮轴轴套

1. 拆卸和清洗

①拆下齿轮室盖、缸盖和凸轮随动件,见图2-80。
②拆下凸轮轴和凸轮轴轴套,见图2-81。拆卸下轴套时,使用工具零件号为3376637、3367636和3823642及3823621,首先拆下1号轴套。

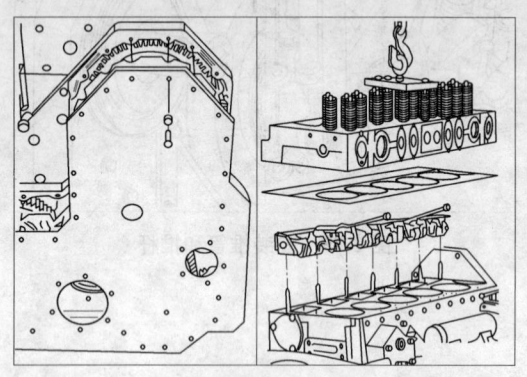

图2-80 拆卸齿轮室盖、缸盖和凸轮随动件

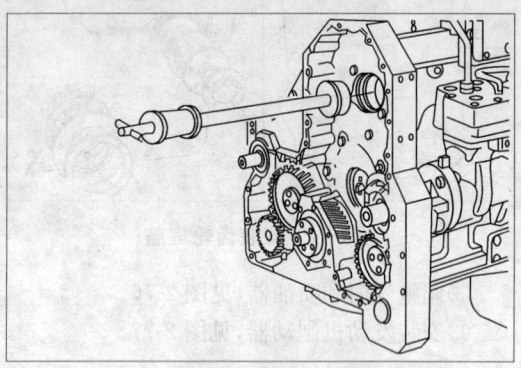

图2-81 拆下凸轮轴和1号轴套

③从前到后顺序拆下其余6个轴套,见图2-82。
④清洁轴套孔,见图2-83。

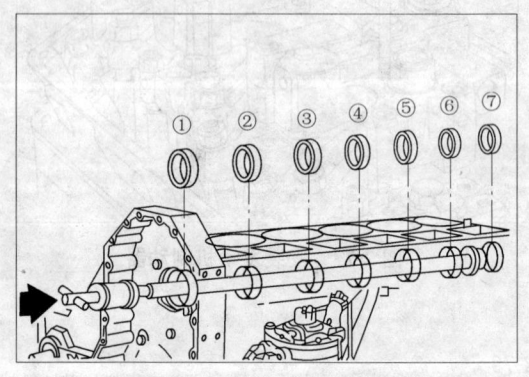

图2-82 拆下其余6个轴套

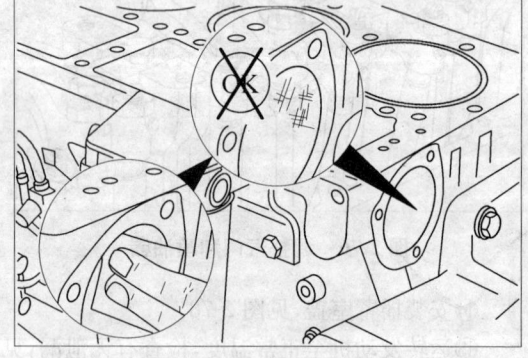

图2-83 清洁轴套孔

2. 检查性能

测量缸体上凸轮轴孔的内径,见图2-84。凸轮轴孔内径,最小值76.987mm、最大值77.040mm。

3. 安装

①从7号轴套开始从后到前的顺序安装凸轮轴套,从发动机前面看,轴套上的润滑油孔1必须处于正前方3点钟位置,见图2-85。
②7号轴套的安装,见图2-86。安装时,在6和5号轴套间安装导套2,零件号为3376069。在零件号为3376070的拆装器上安装一个新轴套3,从发动机前部看,其润滑油孔4应处于正右方3点钟位置。
③检查轴套上的润滑油槽是否与缸体中的5和6两个润滑油油道对准,见图2-87。
④安装6号至2号轴套,见图2-88。

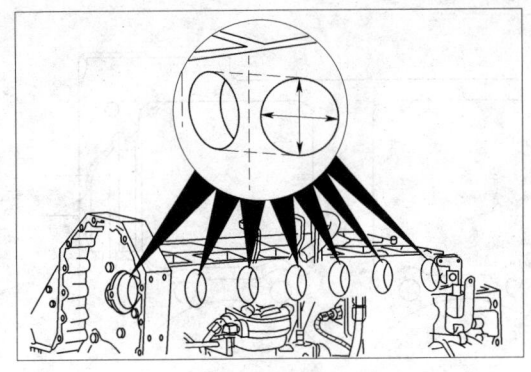

图 2-84 测量凸轮轴孔内径

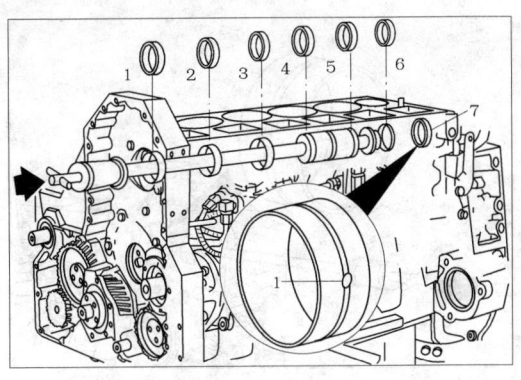

图 2-85 安装凸轮轴套

1~7. 轴套 1. 润滑油孔

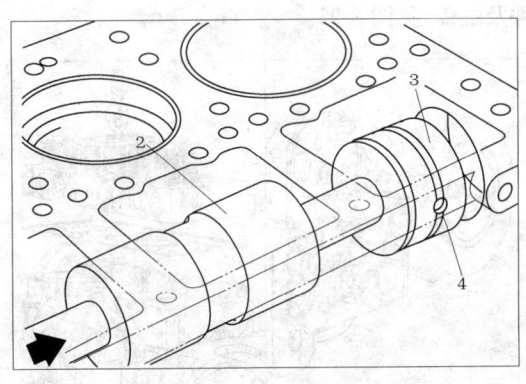

图 2-86 安装 7 号轴套

2. 导套 3. 新轴套 4. 油孔

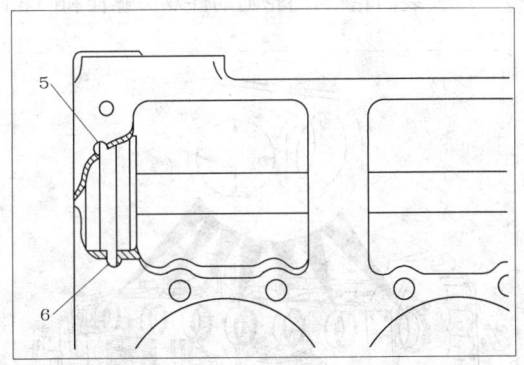

图 2-87 检查油槽与油道是否对准

5、6. 油道

⑤拆下凸轮随动件上的双头螺栓,见图 2-89。通过双头螺栓孔,应能看到润滑油槽,否则,油槽没对准,会损坏发动机。

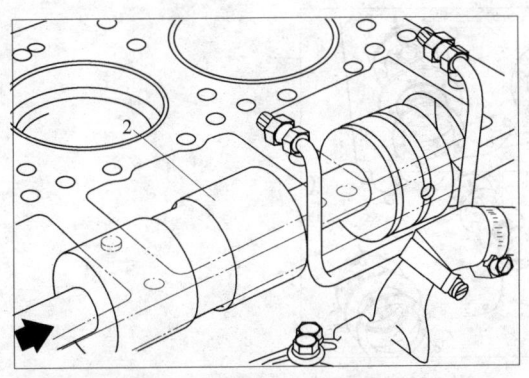

图 2-88 安装 6 号至 2 号轴套

2. 导套

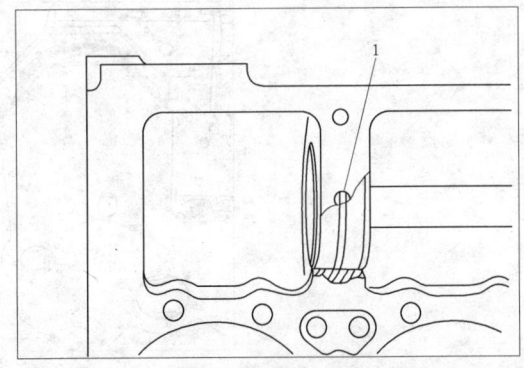

图 2-89 拆下双头螺栓,检查油槽与油道是否对准

7. 双头螺栓孔

⑥安装 1 号轴套,见图 2-90。
⑦检查缸体上 8 和 9 油道是否与轴套润滑油槽是否对准,见图 2-91。
⑧测量已安装的凸轮轴轴套内径,最小值 72.078mm,最大值 72.142mm,见图 2-92。

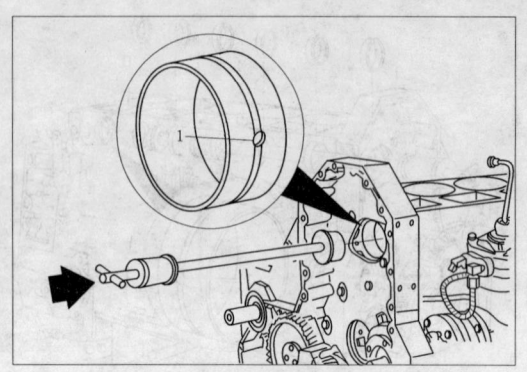

图 2-90　安装 1 号轴套
1. 油孔

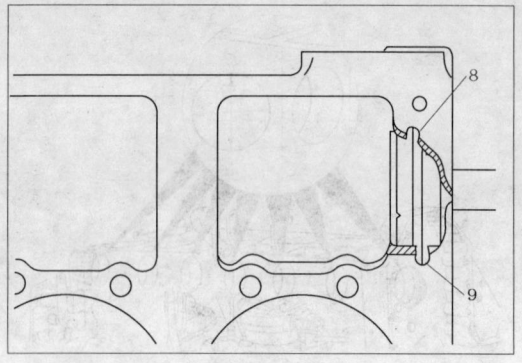

图 2-91　检查 8 和 9 油道是否与轴套油槽对准
8、9. 油道

⑨安装凸轮轴、凸轮随动件双头螺栓和凸轮随动件及缸盖,见图 2-93。

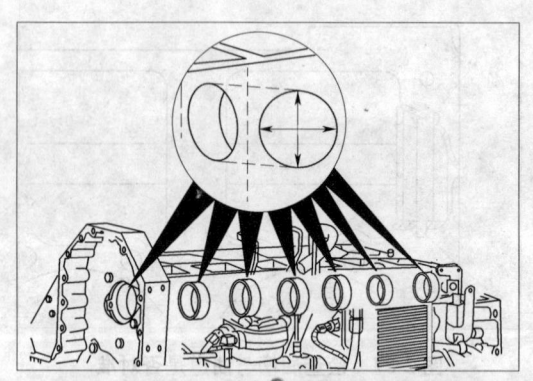

图 2-92　测量已安装的凸轮轴轴套内径

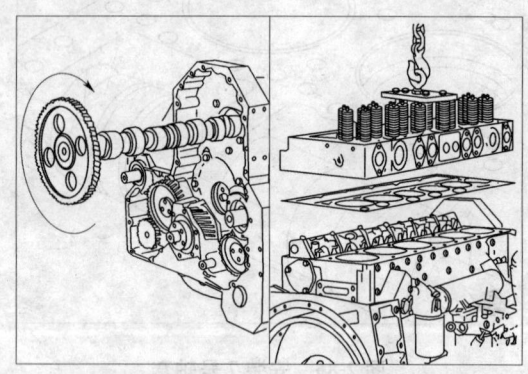

图 2-93　安装凸轮轴、双头螺栓和随动件及缸盖

⑩安装齿轮室盖,见图 2-94。
⑪运转发动机至正常工作温度,检查有无泄漏。

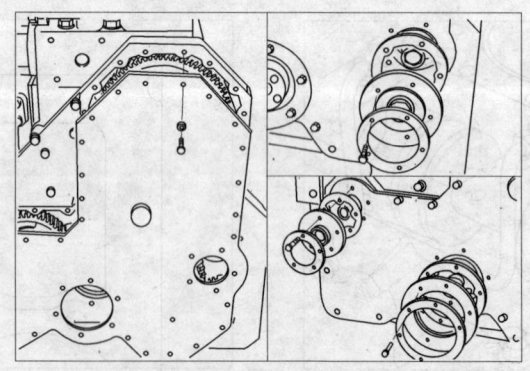

图 2-94　安装齿轮室盖

2.8　凸轮轴齿轮(凸轮轴已安装)

1. 拆卸

①拆下齿轮室盖,见图 2-95。

②拆下凸轮轴惰轮，见图2-96。

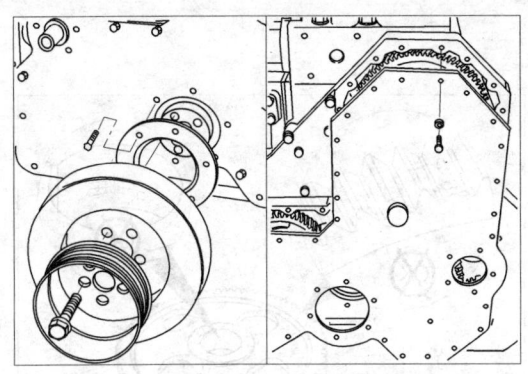

图2-95 拆下齿轮室盖

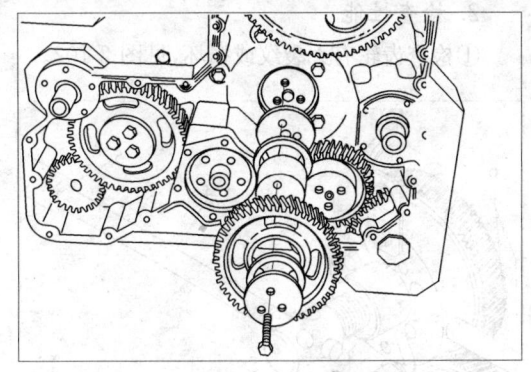

图2-96 拆下凸轮轴惰轮

③将两个拉器连接件①装入凸轮轴齿轮上的两孔中，见图2-97。
④用螺栓将板安装到夹紧盘上，见图2-98。

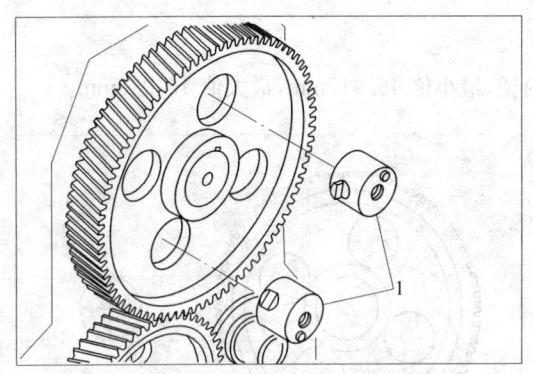

图2-97 安装拉器装入孔中
1. 拉器

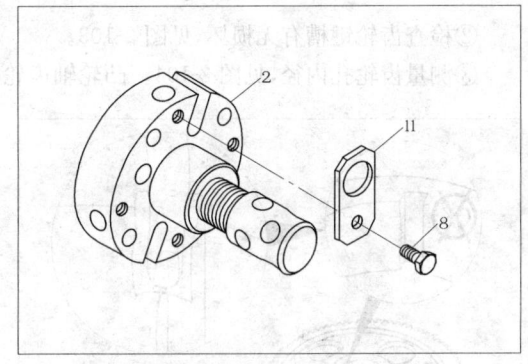

图2-98 用螺栓将板安装到夹紧盘上
2. 夹紧盘　11. 板　8. 螺栓

⑤用吊钩连接到板上，见图2-99。
⑥用吊钩吊起夹紧盘并靠紧凸轮轴齿轮，用螺栓紧固夹紧盘到齿轮上，见图2-100。

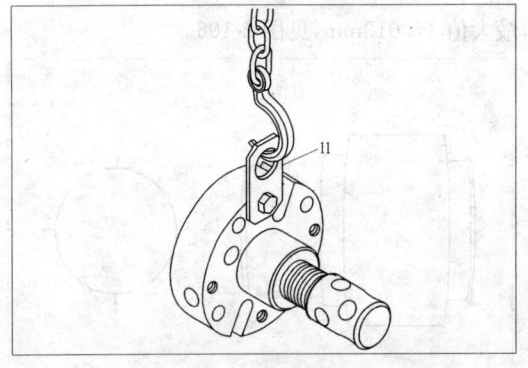

图2-99 用吊钩连接到板上
11. 板

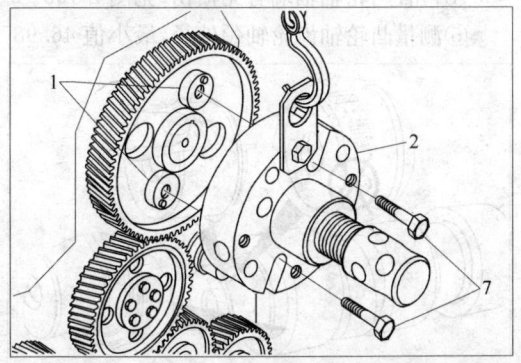

图2-100 将夹紧盘安装到凸轮轴齿轮上
1. 连接件　2. 夹紧盘　7. 螺栓

⑦用杠杆臂、加长杆和扭杆，顺时针旋转压紧螺杆，从凸轮轴上拆下齿轮，见图2-101。

2. 检查性能

①检查齿轮有无裂纹或损坏，见图2-102。

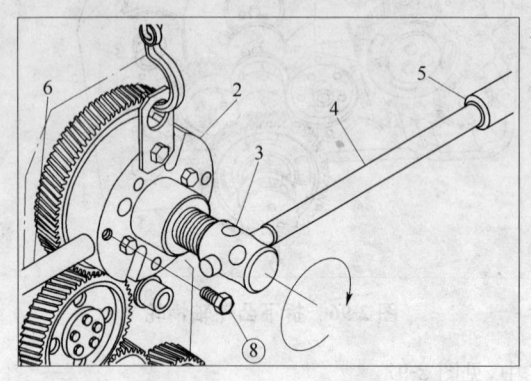

图 2-101　拆下凸轮轴齿轮

2. 夹紧盘　3. 螺杆　4. 杠杆臂　5. 加长杆　6. 扭杆　8. 螺栓

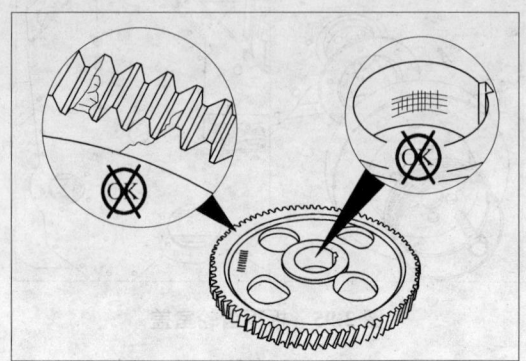

图 2-102　检查齿轮有无损伤

②检查齿轮键槽有无损坏，见图2-103。

③测量齿轮孔内径，见图2-104。凸轮轴齿轮孔内径，最小值46.912mm，最大值46.938mm。

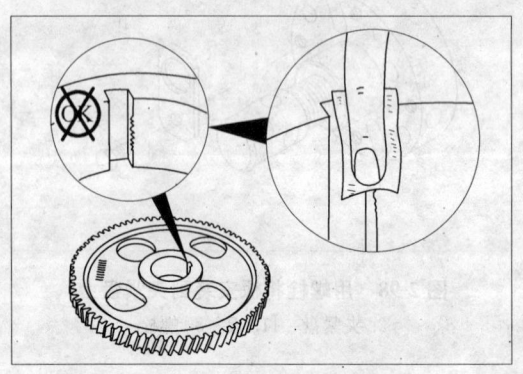

图 2-103　检查齿轮键槽有无损坏

图 2-104　测量齿轮孔内径

④检查凸轮轴轴端有无损伤，见图2-105。

⑤测量凸轮轴齿轮轴颈外径，最小值46.987mm，最大值47.013mm，见图2-106。

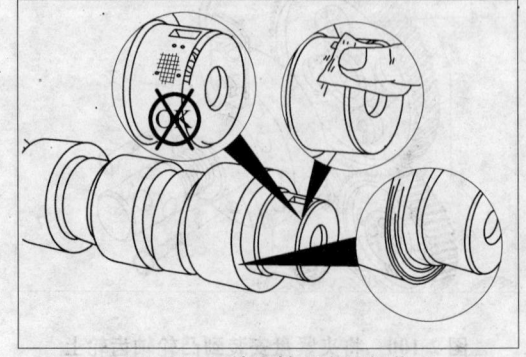

图 2-105　检查轴端有无损伤

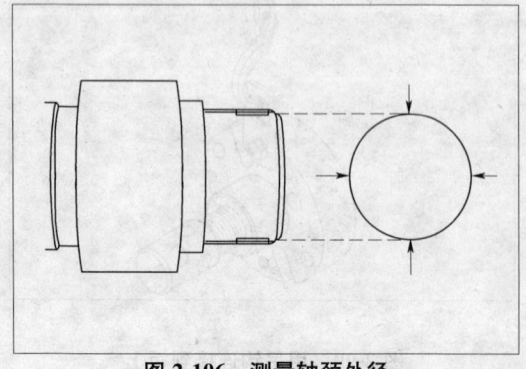

图 2-106　测量轴颈外径

⑥测量凸轮轴止推板厚度,最小值8.96mm,最大值9.04mm,见图2-107。

3. 安装

①将止推板安装到凸轮轴上,拧紧螺栓,力矩:47N·m,见图2-108。

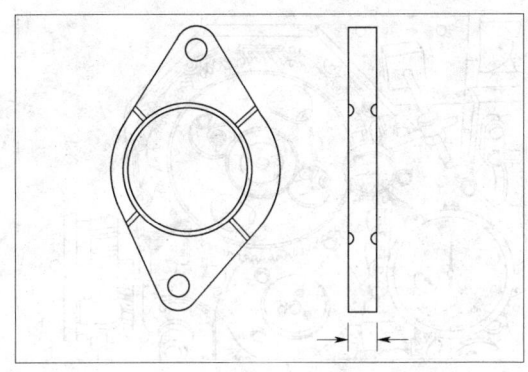

图2-107 测量止推板厚度

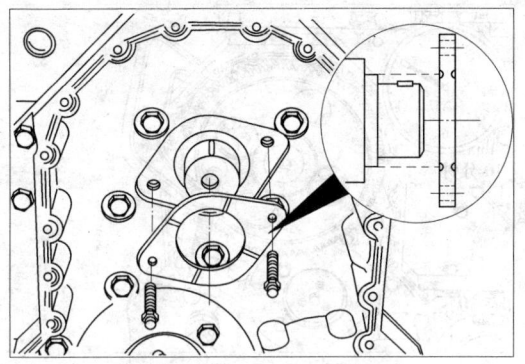

图2-108 安装止推板到凸轮轴上

②安装齿轮键,见图2-109。
③为安装齿轮,必须拆下凸轮轴后端盖板,并对凸轮轴端部加压,将其保持在向前位置,见图2-110。

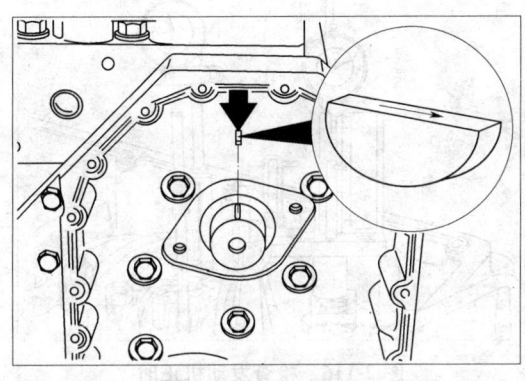

图2-109 安装齿轮键

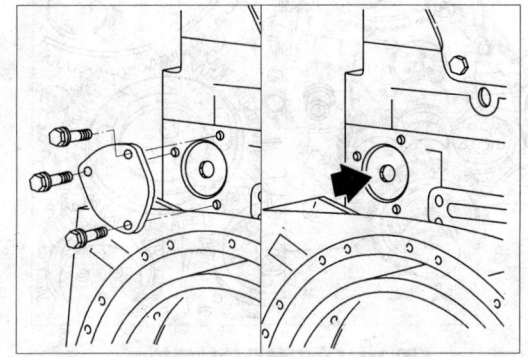

图2-110 拆下后端盖板,对轴端施压,使其保持在向前位置

④将凸轮轴齿轮加热,最短1h,最长6h,温度235℃,见图2-111。
⑤在凸轮轴轴端涂润滑剂,见图2-112。

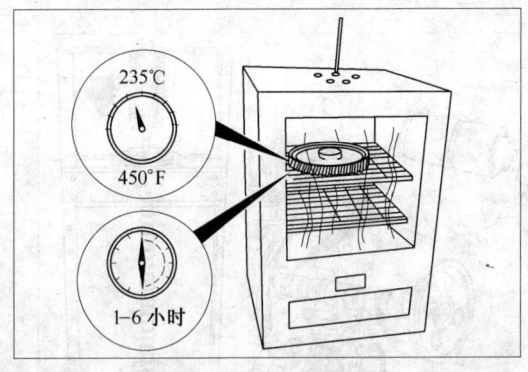

图2-111 加热齿轮

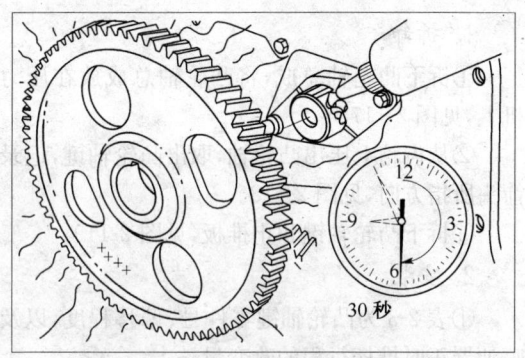

图2-112 在轴端涂润滑剂

⑥取出加热后的齿轮,在30s内将其安装到凸轮轴上,并对准键槽、把键装好,用夹具将齿轮固定到位,见图2-113。

⑦测量齿轮轴向间隙,最小值0.13mm、最大值0.33mm,见图2-114。

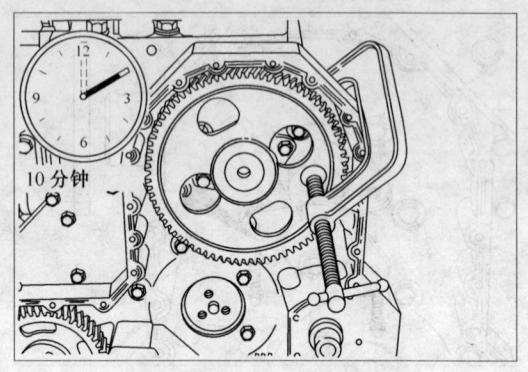

图2-113 安装凸轮轴齿轮

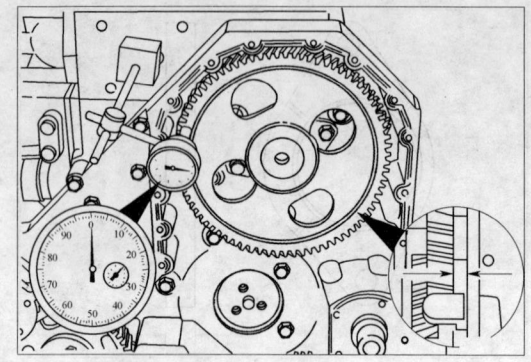

图2-114 测量齿轮轴向间隙

⑧安装凸轮轴惰轮,见图2-115。
⑨检查发动机正时,见图2-116。

图2-115 安装凸轮轴惰轮

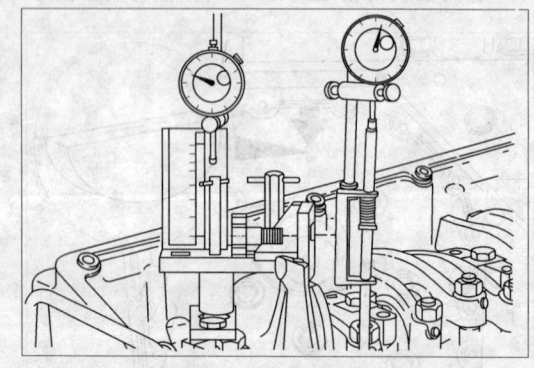

图2-116 检查发动机正时

⑩运转发动机至正常工作温度,检查有无泄漏。

2.9 凸轮轴齿轮(凸轮轴已拆卸)

1. 拆卸

①拆下凸轮轴总成,将凸轮轴总成放在压力机上,见图2-117。

②从齿轮上压出凸轮轴,取出凸轮轴键,记录箭头所指方向,见图2-118。

③拆下凸轮轴键和止推板,见图2-119。

2. 安装

①表2-3为凸轮轴键零件号、偏移程度,以及喷油器正时推杆行程的改变量。

②安装止推板,见图2-120。

③安装凸轮轴键,确保箭头与拆卸时所指方

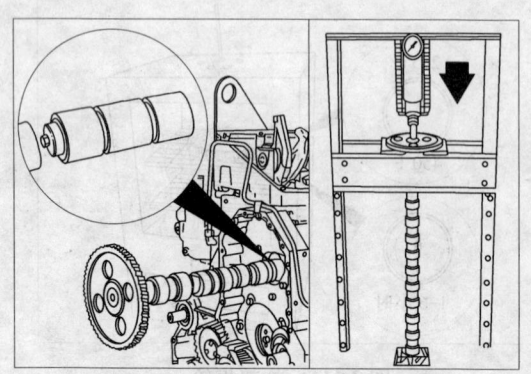

图2-117 拆下凸轮轴总成,并放在压力机上

向一致,见图 2-121。

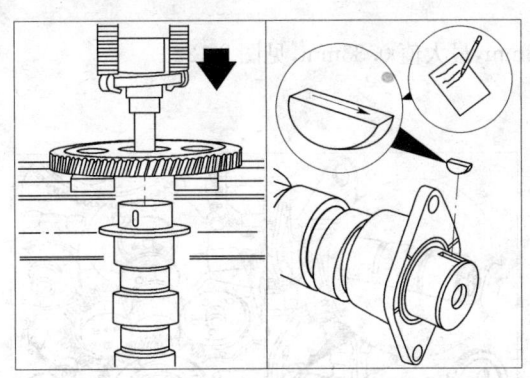

图 2-118 压出凸轮轴,取下键,记录箭头方向

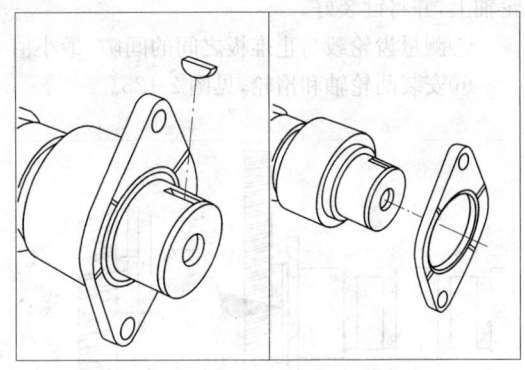

图 2-119 拆下键和止推板

表 2-3 凸轮轴键零件号、偏移程度及推杆行程改变量

凸轮轴键			
零件号	偏移程度（相对于凸轮轴）	推杆行程的改变量	
		毫米	英寸
3009953	0.00	0.000	0.0000
3030893	0.25	0.051	0.0020
3009948	0.50	0.102	0.0040
3030894	0.75	0.152	0.0060
3009949	1.00	0.203	0.0080
3030895	1.25	0.254	0.0100
3009950	1.50	0.305	0.0120
3030896	1.75	0.356	0.0140
3009951	2.00	0.406	0.0160
3030897	2.25	0.457	0.0180
3030898	2.50	0.508	0.0200

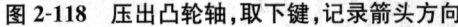

图 2-120 安装止推板

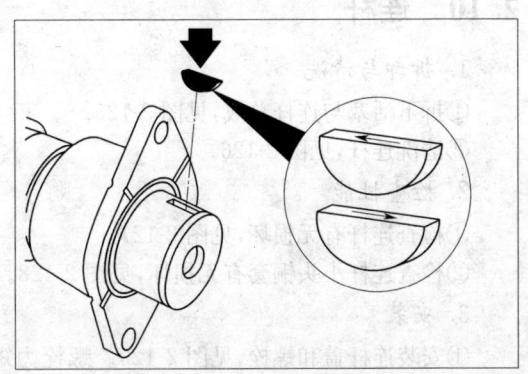

图 2-121 安装凸轮轴键

④加热凸轮轴齿轮,最少1h,最多6h,温度235℃。从恒温箱中取出齿轮后,应在30s内安装到凸轮轴上,并将键装好。

⑤测量齿轮毂与止推板之间的间隙,最小值0.13mm,最大值0.33mm,见图2-122。

⑥安装凸轮轴和惰轮,见图2-123。

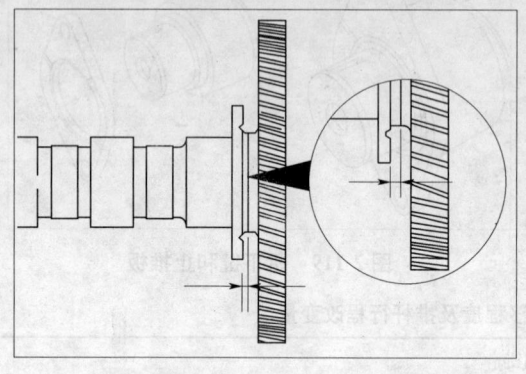

图2-122 测量齿轮毂与止推板之间的间隙

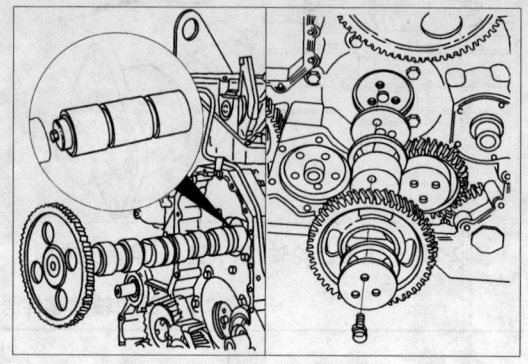

图2-123 安装凸轮轴和惰轮

⑦检查发动机正时。

⑧安装齿轮室盖,并运转发动机,检查有无泄漏,见图2-124。

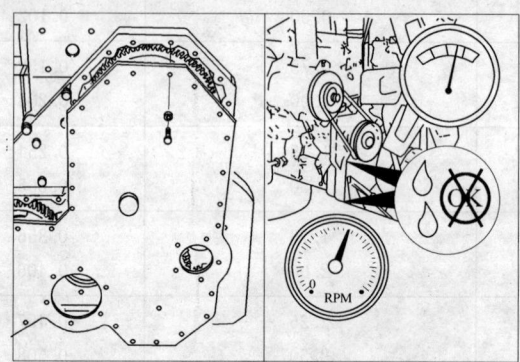

图2-124 运转发动机,检查有无泄漏

2.10 连杆

1. 拆卸与清洗

①拆下活塞与连杆总成,见图2-125。

②清洗连杆,见图2-126。

2. 检查性能

①检查连杆有无损坏,见图2-127。

②检查连杆小头铜套有无损坏,见图2-128。

3. 安装

①安装连杆盖和螺栓,见图2-129。螺栓力矩:1—68N·m,2—142N·m,3—210N·m,4—完全松开,5—重复1~3步骤。

②测量连杆大头孔内径,最小83.975mm,最大84.025mm,见图2-130。

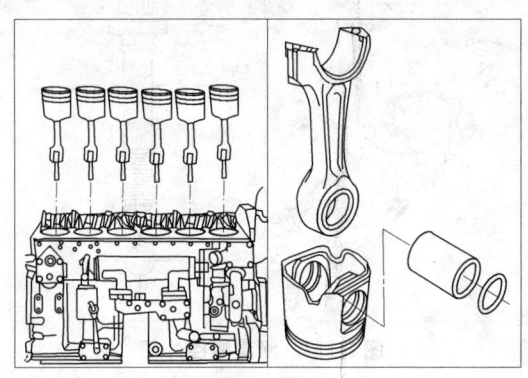

图 2-125　拆下活塞与连杆总成

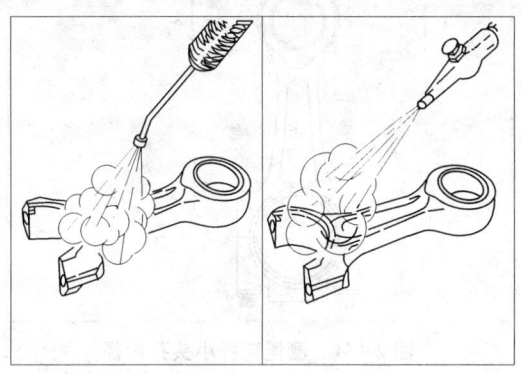

图 2-126　清洗连杆

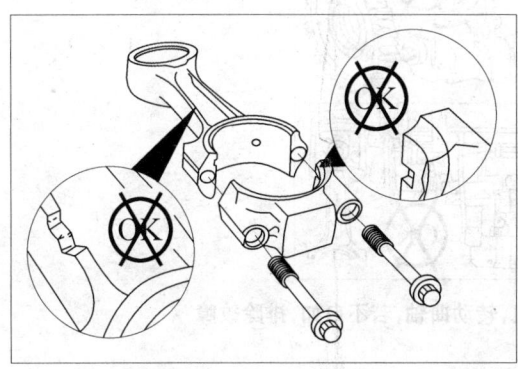

图 2-127　检查连杆有无损伤

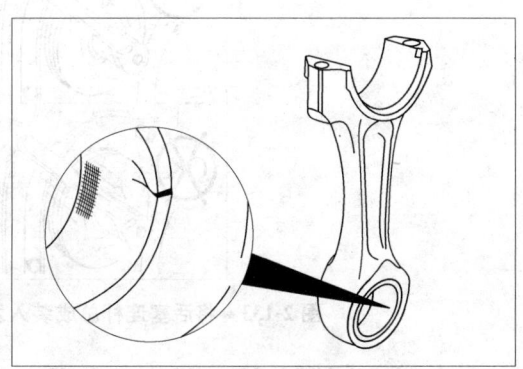

图 2-128　检查连杆小头铜套有无损伤

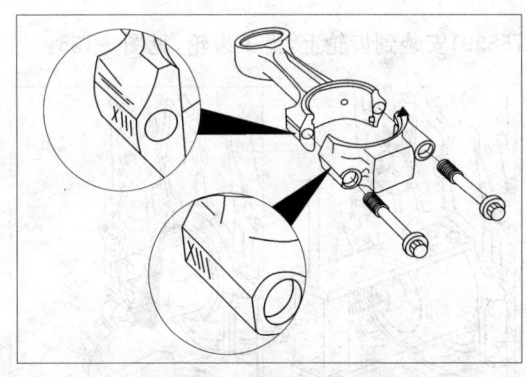

图 2-129　安装连杆盖和螺栓

图 2-130　测量连杆大头孔内径

③测量连杆小头孔内径，最小值 54.054mm、最大值 54.099mm，见图 2-131。

④拆下螺栓和连杆盖，测量螺栓外径，最小值 12.60mm、最大值 12.80mm，见图 2-132。

⑤将活塞和连杆总成，安装到发动机中。用摇把转动曲轴，若发动机不能转动自如，应检查发动机内部，并排除故障，见图 2-133。

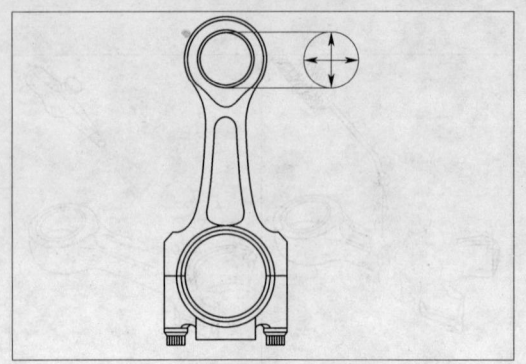

图 2-131 测量连杆小头孔内径

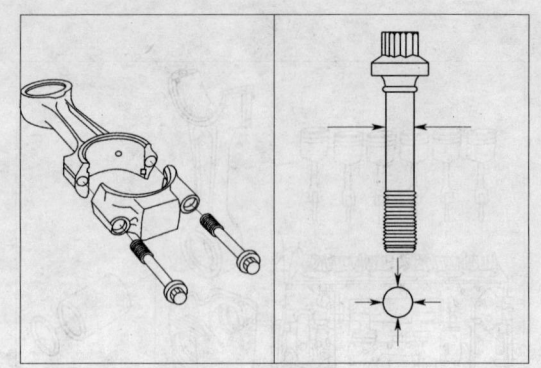

图 2-132 测量螺栓外径

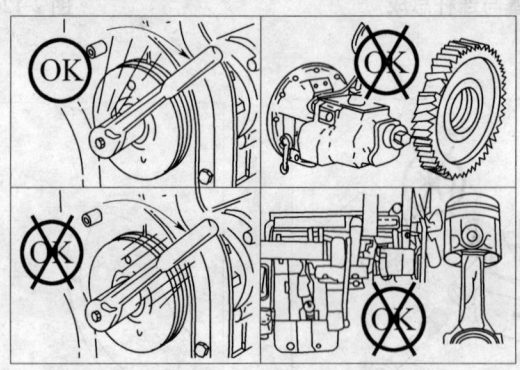

图 2-133 将活塞连杆总成装入发动机,转动曲轴,若不自如,排除故障

2.11 前曲轴齿轮(曲轴已安装)

1. 拆卸与清洗

①拆下齿轮室壳体,见图 2-134。

②将曲轴齿轮拉器和夹具(零件号为 3375834、3375839)安装到齿轮上,拆下齿轮,见图 2-135。

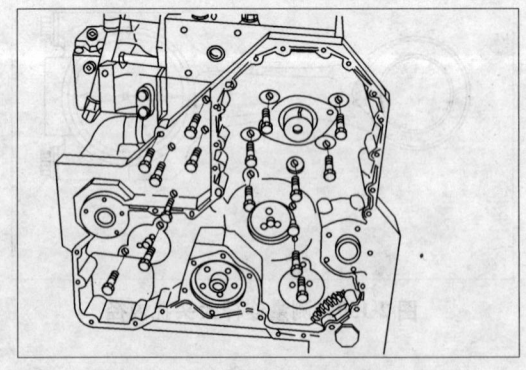

图 2-134 拆下齿轮室壳体

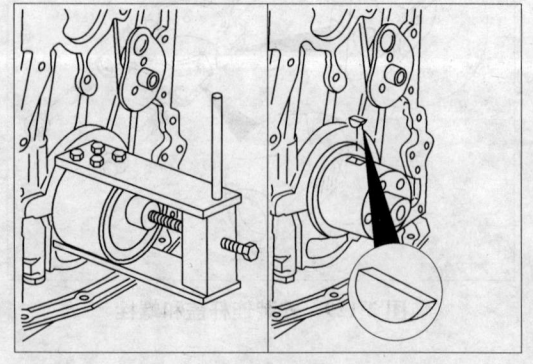

图 2-135 安装拉器拆下齿轮

③清洗齿轮,并吹干,见图 2-136。

2. 检查性能

①检查齿轮有无损伤,见图 2-137。

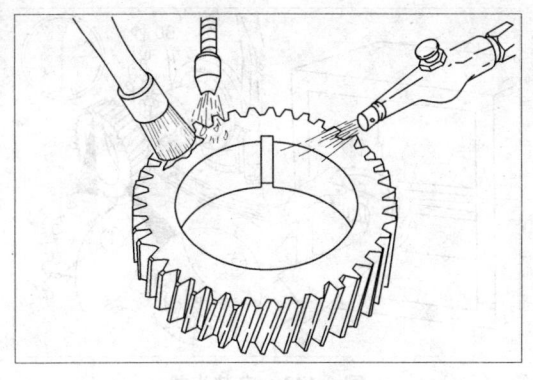
图 2-136 清洗齿轮

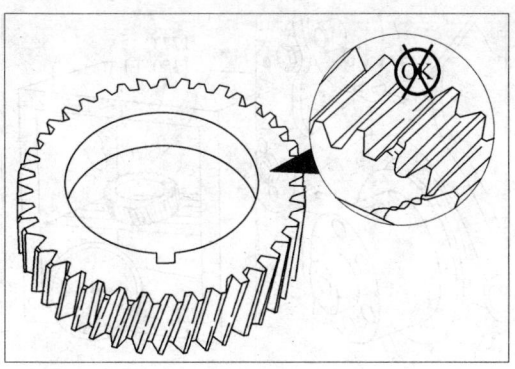
图 2-137 检查齿轮有无损伤

②清除齿轮毛刺，见图 2-138。
③检查曲轴齿轮轴颈有无毛刺或损伤，见图 2-139。

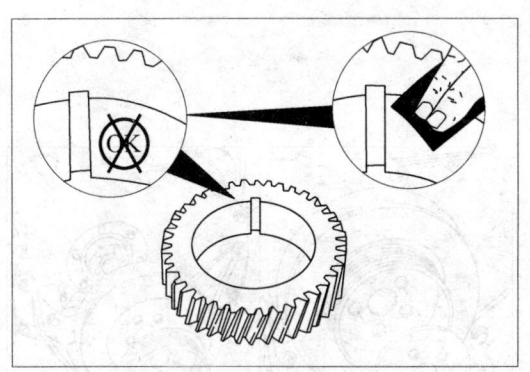
图 2-138 清除齿轮毛刺

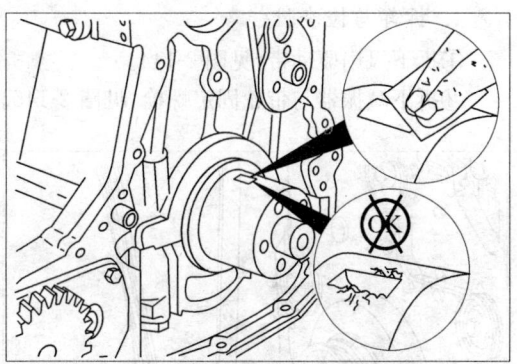
图 2-139 检查曲轴齿轮轴颈有无损伤

④测量曲轴齿轮孔内径，最小值 85.910mm，最大值 85.935mm，见图 2-140。
⑤测量曲轴齿轮轴颈尺寸，最小值 85.975mm，最大值 86.000mm，见图 2-141。

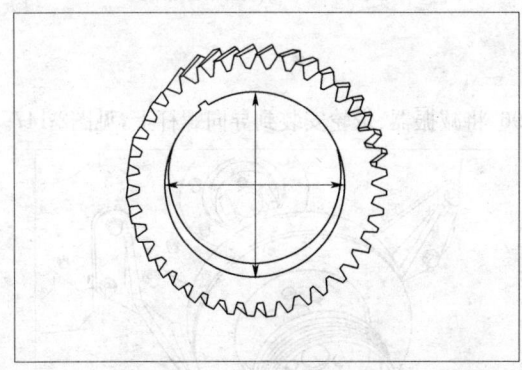
图 2-140 测量曲轴齿轮孔内径

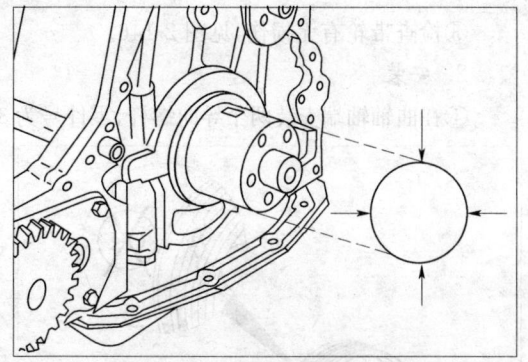
图 2-141 测量曲轴轴颈尺寸

3. 安装
①在键槽内安装一个新键，将齿轮加热，至少 1.5h，不得超过 6h，温度 177℃，见图 2-142。
②取出齿轮，在 30s 内安装齿轮，见图 2-143。

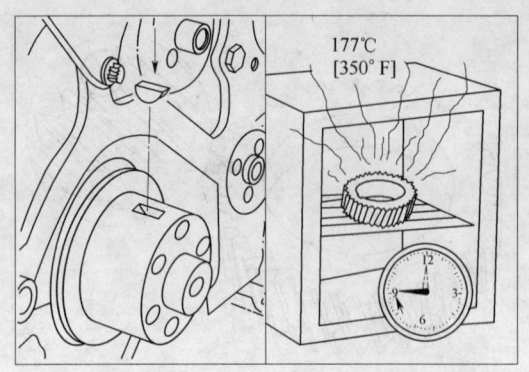
图 2-142 安装一个新键、加热齿轮

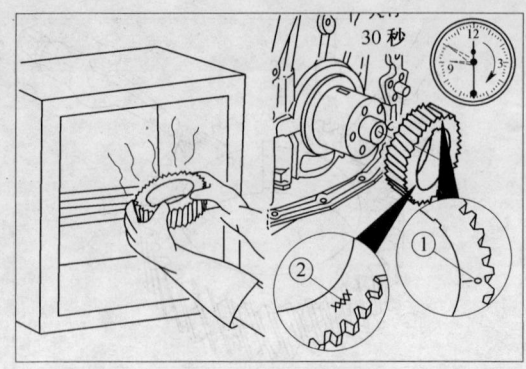
图 2-143 安装齿轮

③安装齿轮室壳体,运转发动机,检查有无泄漏。

2.12 曲轴带轮

1. 拆卸与检查性能

①拆下风扇驱动带,见图 2-144。

②拆下减振器与带轮固定螺栓,见图 2-145。

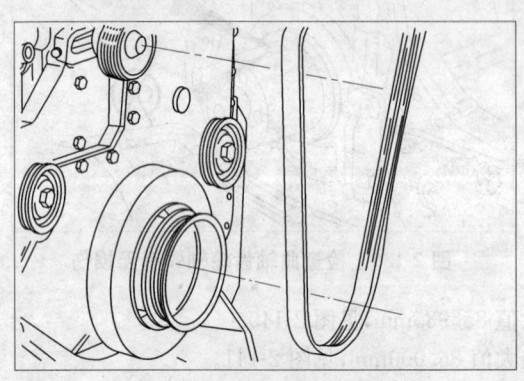
图 2-144 拆下风扇驱动带

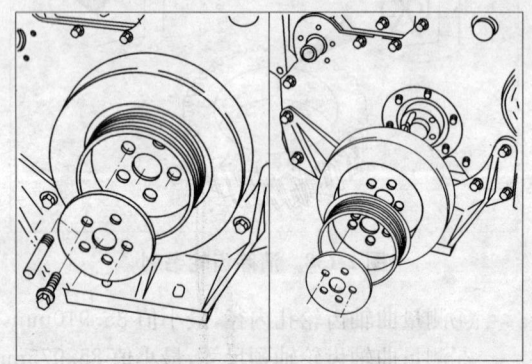
图 2-145 拆下固定螺栓

③检查带轮有无损伤,见图 2-146。

2. 安装

①在曲轴轴端安装两个导向螺杆,零件号为 3376696,将减振器、带轮安装到导向螺杆上,见图 2-147。

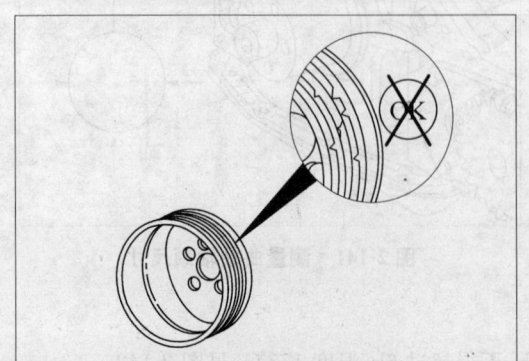
图 2-146 检查带轮有无损伤

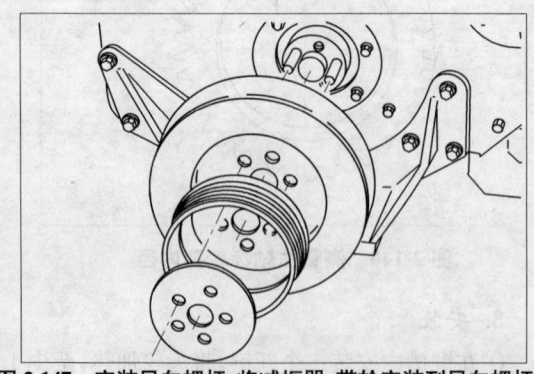
图 2-147 安装导向螺杆,将减振器、带轮安装到导向螺杆上

②润滑螺杆、拆下导向螺杆，安装螺栓，力矩为203N·m，见图2-148。
③安装风扇驱动带。

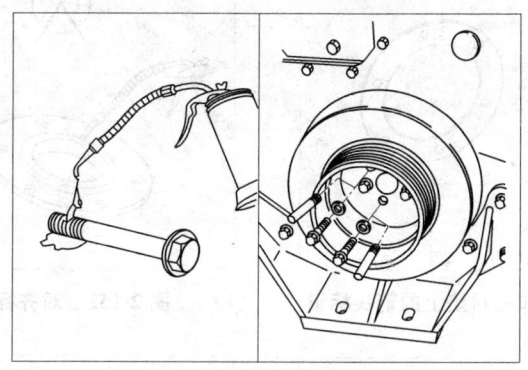

图2-148 安装螺栓

2.13 曲轴前油封

1. 拆卸与清理

①拆下风扇驱动带、压板、曲轴带轮和减振器。
②拆下6颗螺栓、卡环、油封和密封圈，见图2-149。
③清理曲轴前油封密封垫表面，见图2-150。

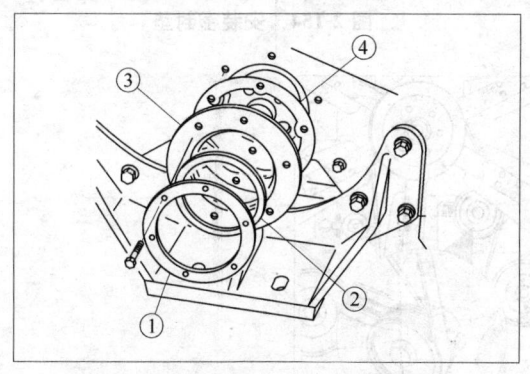 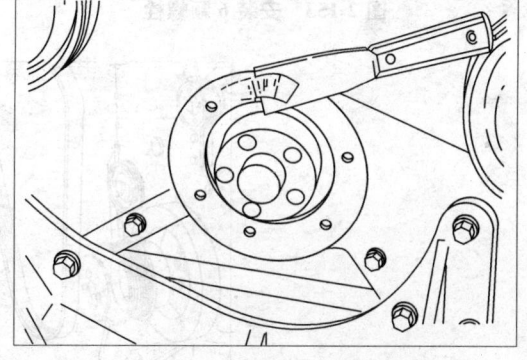

图2-149 拆下螺栓、卡环、油封和密封圈　　　　图2-150 清理密封垫表面
　1. 卡环　2. 密封件　3. 油封　4. 密封垫

2. 安装

①齿轮室盖、油封和密封垫上有箭头标记于正右方(3点钟)位置，压圈上有4个孔标记，大约位于11：30位置，见图2-151。
②将油封和密封垫上的标记与齿轮室盖上的标记对齐，安装新油封和密封垫，见图2-152。
③将压圈上的4个孔标记定在11：30位置，安装6颗螺栓，力矩为：1—7N·m、2—20N·m，见图2-153。
④密封垫外表涂润滑油，其较大外径朝向发动机，并安装到位，见图2-154。
⑤安装减振器、曲轴带轮和压板，见图2-155。

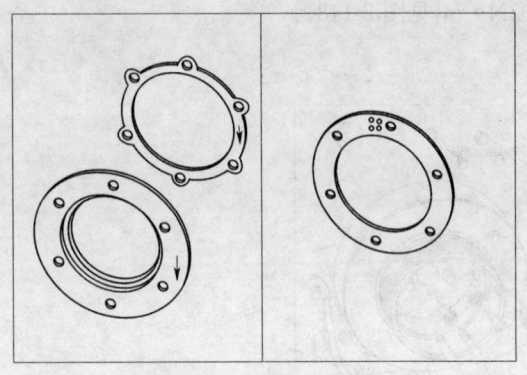

图 2-151　齿轮室盖、油封和密封垫上的箭头标记

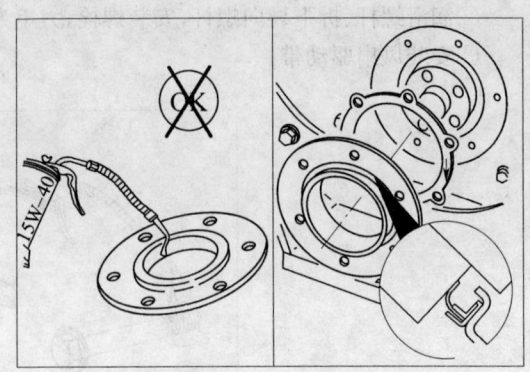

图 2-152　对齐标记、安装油封、密封垫

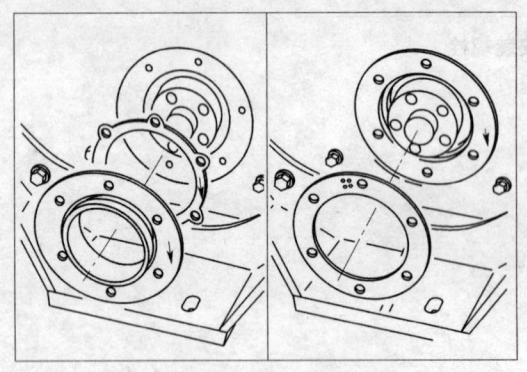

图 2-153　安装 6 颗螺栓

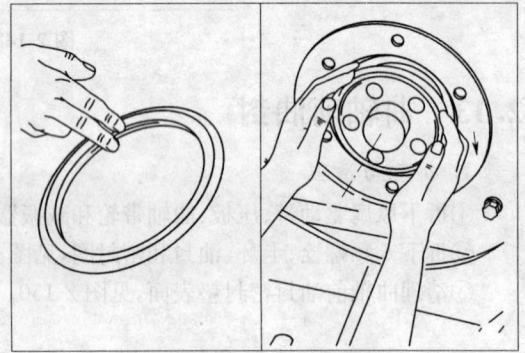

图 2-154　安装密封垫

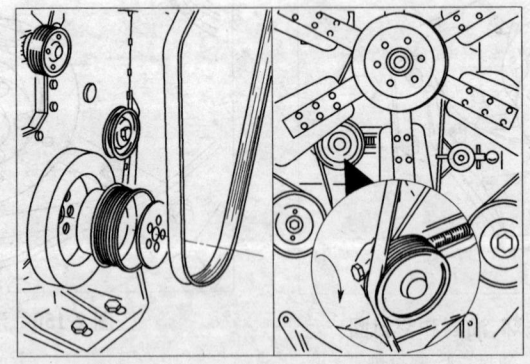

图 2-155　安装减振器、带轮和压板

2.14　曲轴后油封

1. 拆卸与清理

①拆下变速箱，见图 2-156。

②拆下离合器和飞轮，见图 2-157。

③对于 REPTO 装置，拆卸油封之前必须先拆下曲轴齿轮和安装螺栓。拆下 12 颗螺栓和压圈，见图 2-158。

④清理飞轮壳体上密封垫表面，见图 2-159。

第 2 章 机械部分检修

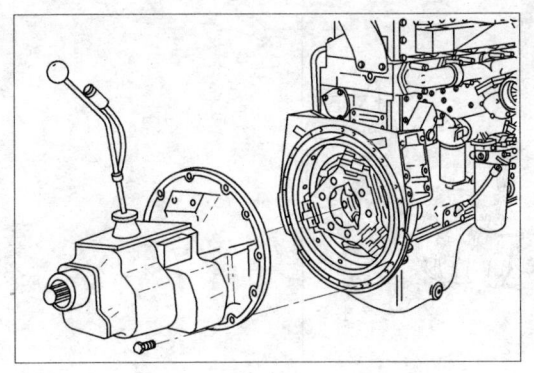

图 2-156 拆下变速箱

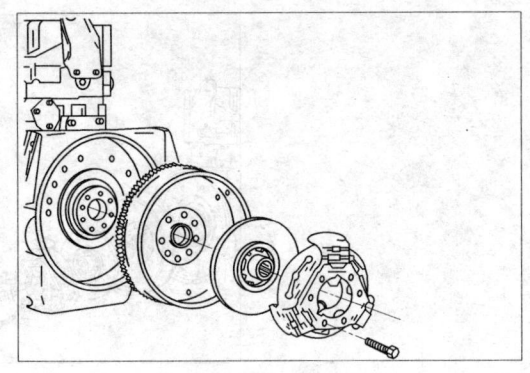

图 2-157 拆下离合器和飞轮

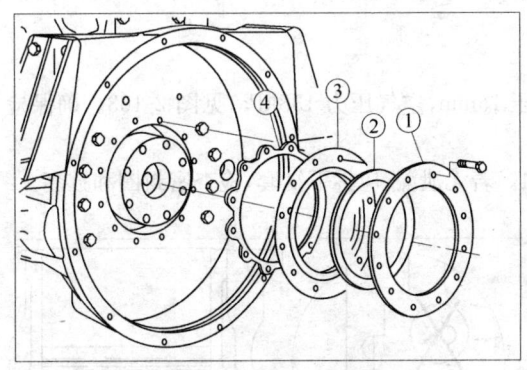

图 2-158 拆下螺栓和压圈

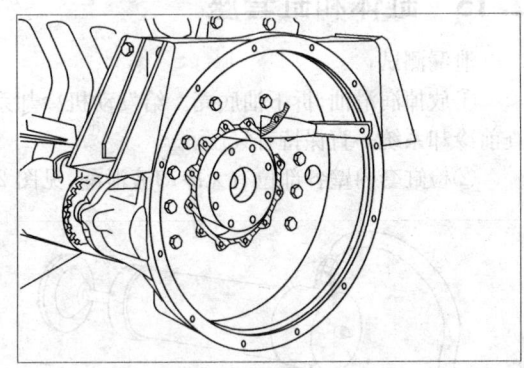

图 2-159 清理密封垫表面

1. 压圈 2. 防尘密封件 3. 油封 4. 密封垫

2. 安装

① 安装新油封到曲轴上,见图 2-160。
② 用 12 颗螺栓(M8－1.25×20)安装压圈,力矩:1－7N·m,2－20N·m,见图 2-161。

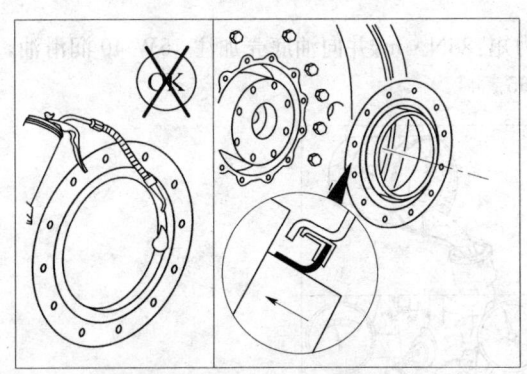

图 2-160 安装新油封到曲轴上

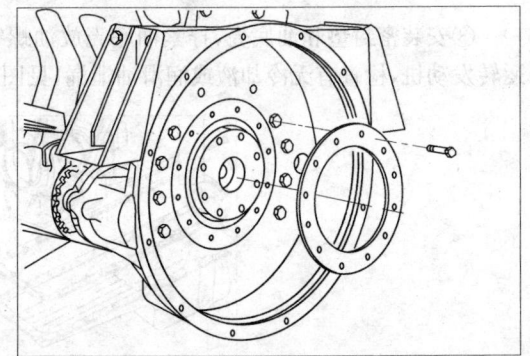

图 2-161 用螺栓安装压圈

③ 密封圈大直径端朝向发动机安装到曲轴上。
④ 安装飞轮、离合器、变速箱和传动系,见图 2-162。

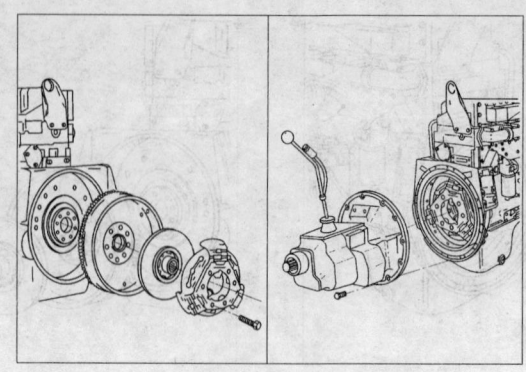

图 2-162　安装飞轮、离合器、变速箱和传动系

2.15　缸体和缸套座

泄漏测试：

①放掉润滑油、拆下油底壳。给发动机冷却系加压 15min，空气压力 138kPa，见图 2-163。确保检查前冷却系统一直保持有气压。

②检缸套内壁各部位有无冷却液泄漏，见图 2-164。若无泄漏，应拆下缸套，检查密封圈和缸套。

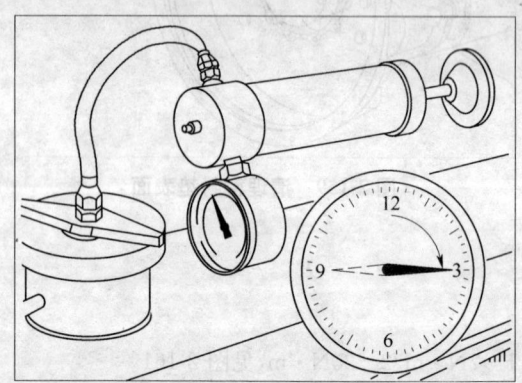
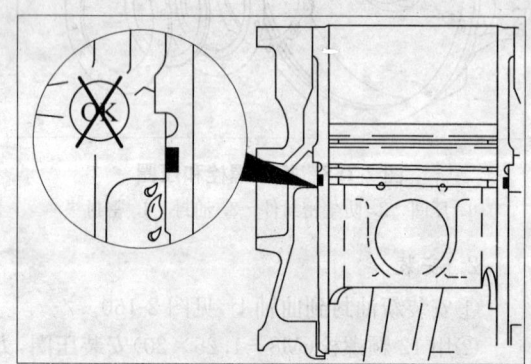

图 2-163　给发动机冷却系加压　　　　图 2-164　检查缸套内壁有无冷却液泄漏

③安装密封垫和油底壳，拧紧油底壳放油螺塞，力矩：88N·m，并向油底壳加注 15W-40 润滑油，运转发动机，检查有无冷却液或润滑油泄漏，见图 2-165。

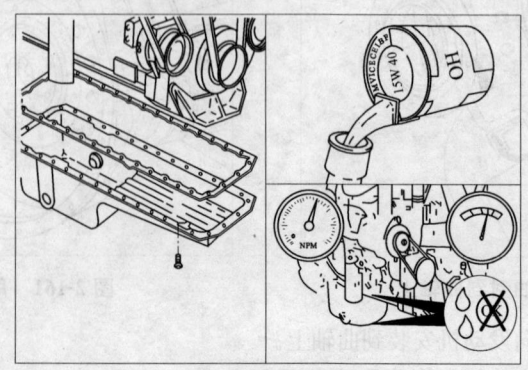

图 2-165　安装油底壳、加注润滑油、运转发动机，检查有无泄漏

2.16 缸套

1. 拆卸和清洗

①拆下缸盖、放掉润滑油,见图 2-166。康明斯公司不主张拆卸缸套修理润滑油消耗故障,缸套更换原则是已经损坏。

②拆下油底壳和活塞冷却喷嘴,见图 2-167。

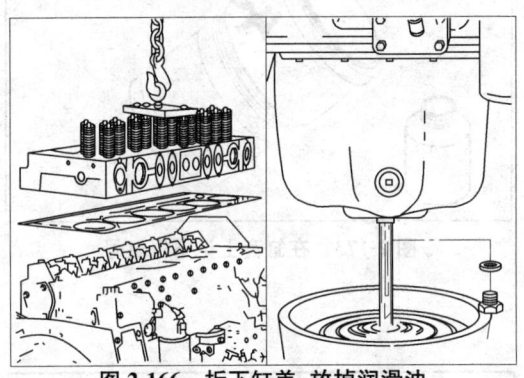

图 2-166 拆下缸盖、放掉润滑油

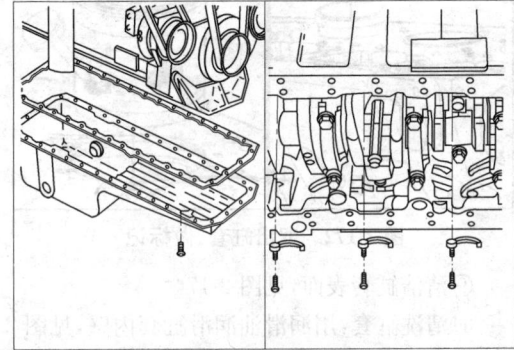

图 2-167 拆下活塞冷却喷嘴

③拆下活塞和连杆,见图 2-168。
④用拉器拆卸缸套,见图 2-169。

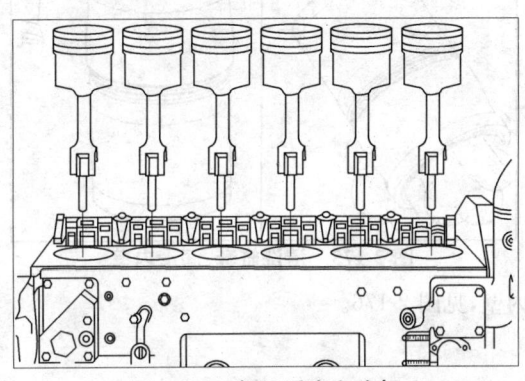

图 2-168 拆下活塞和连杆

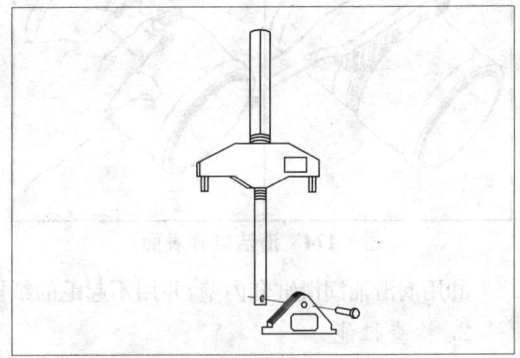

图 2-169 用拉器拆卸缸套

⑤将缸套拉器放入缸体顶部,见图 2-170。
⑥顺时针转动螺杆,将缸套拉出,见图 2-171。

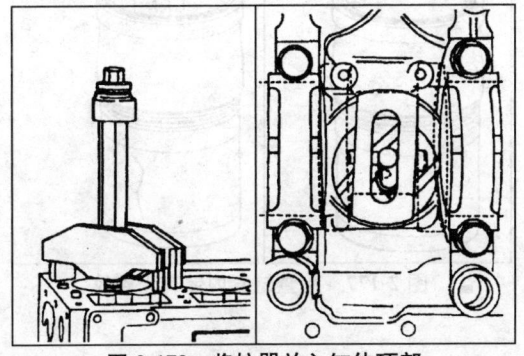

图 2-170 将拉器放入缸体顶部

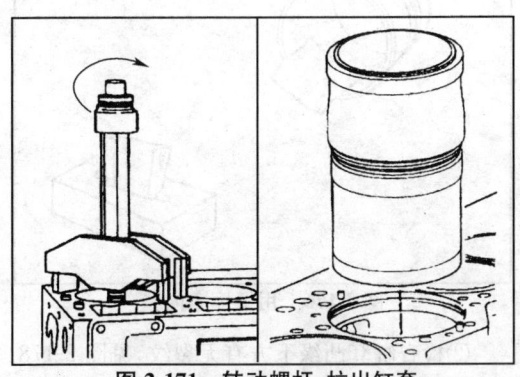

图 2-171 转动螺杆、拉出缸套

⑦缸套从缸体取出后,在缸套的凸轮轴侧做标记,以表示安装方位,见图 2-172。
⑧在每个缸套上记下气缸号,见图 2-173。

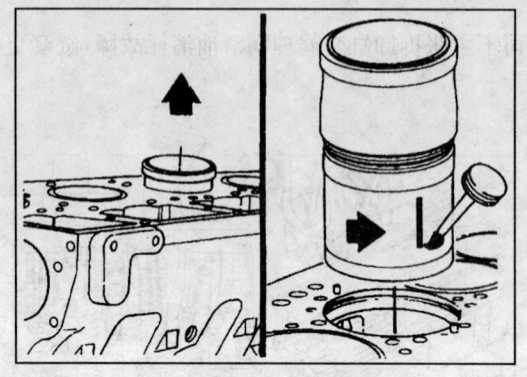

图 2-172　取出缸套、做标记

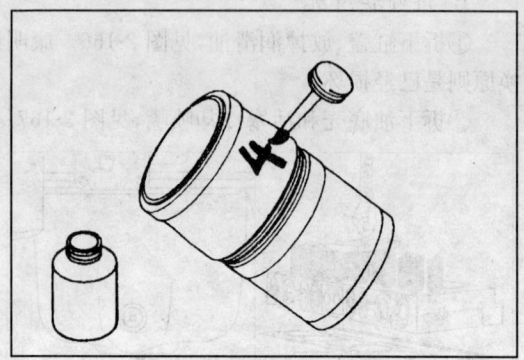

图 2-173　在缸套上记下气缸号

⑨清洁缸套表面,见图 2-174。
⑩清洗缸套,用润滑油润滑缸套内壁,见图 2-175。

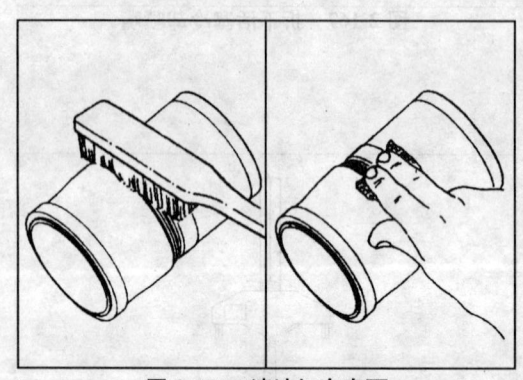

图 2-174　清洁缸套表面

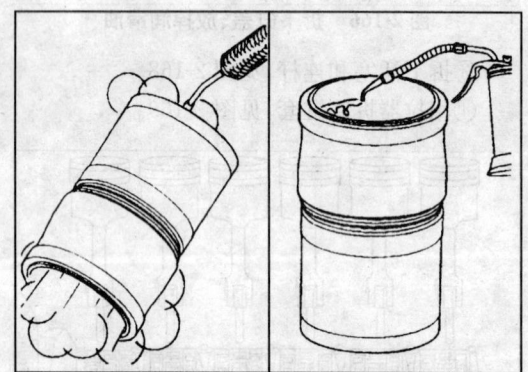

图 2-175　清洗缸套、润滑内壁

⑪用润滑油润滑缸套内壁,并用不起毛的纸擦净内壁,见图 2-176。

2. 检查性能

①检查缸套内、外壁有无裂纹,见图 2-177。

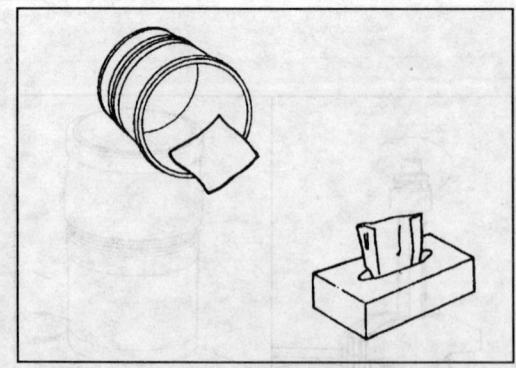

图 2-176　用纸擦净内壁

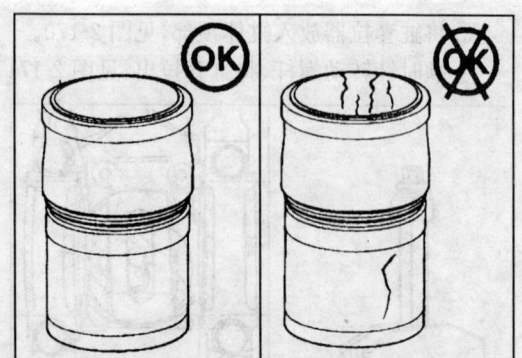

图 2-177　检查缸套内壁有无裂纹

②检查缸套凸缘下方有无裂纹,见图 2-178。
③检查缸套外壁有无深度不超 1.60mm 的腐蚀点,若超过,应更换,见图 2-179。

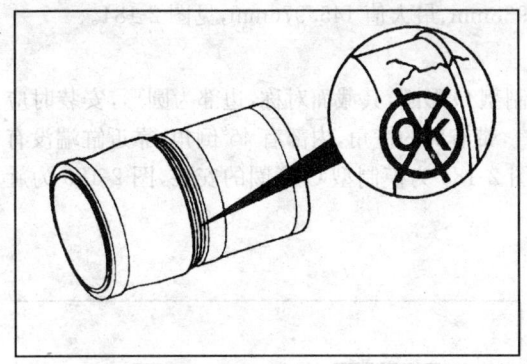

图 2-178 检查缸套凸缘下方有无裂纹

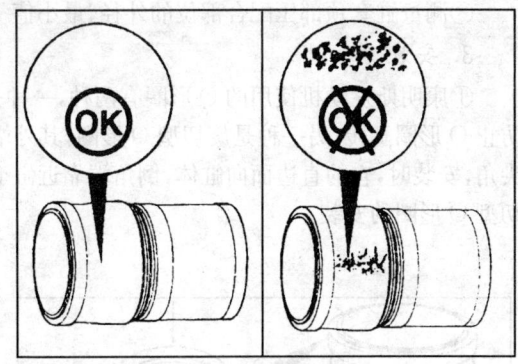

图 2-179 缸套外壁腐蚀点超差,应更换

④缸套内壁若有手指甲感觉到的垂直划痕,则应更换,见图 2-180。

⑤检查缸套内壁是否磨光,见图 2-181。图中标示:A—中度磨光,指在磨损部位产生明显的镜面并留有原先珩磨痕迹,或者显示出一种蚀刻花纹。B—重度磨光,指在磨损部位产生光亮的镜面,并且不留任何珩磨痕迹,也无蚀刻花纹。

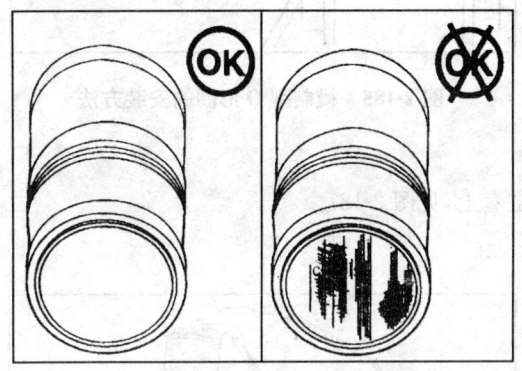

图 2-180 内壁有指甲能感觉到的划痕,应更换

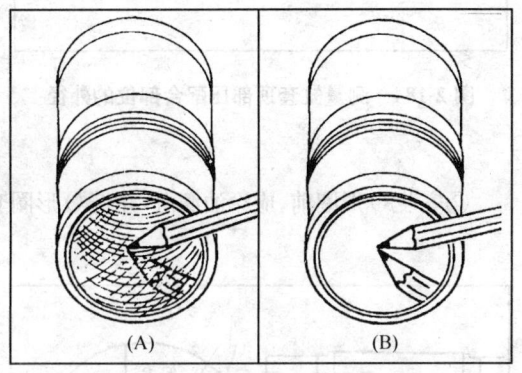

图 2-181 检查缸套内壁是否磨光
A. 中度磨光 B. 重度磨光

⑥如有下列情况,则应更换缸套:20%以上的活塞环运行区域存在重度磨光或30%的活塞环运行区域同时存在中度和重度磨光,其中重度磨光占一半(15%),见图 2-182。

⑦测量缸套内径,最小值 125.000mm,最大值 125.095mm,见图 2-183。

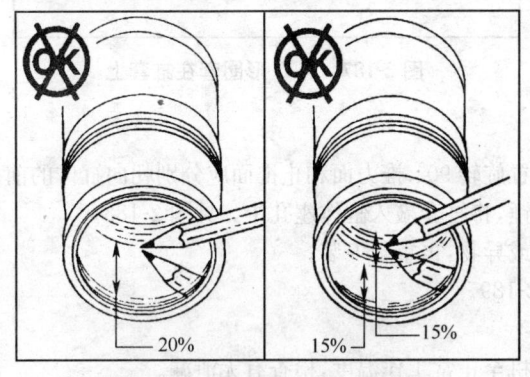

图 2-182 2 种情况需更换缸套

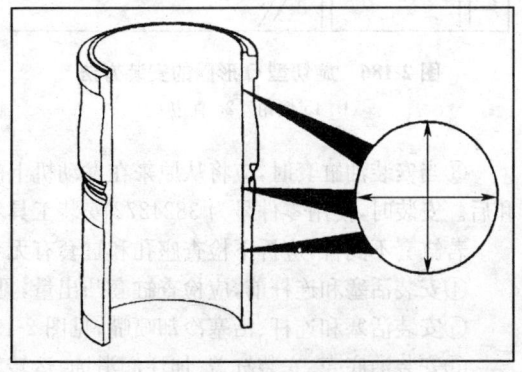

图 2-183 测量缸套内径

⑧测量缸套顶部压配合部位的外径,最小值145.938mm、最大值145.976mm,见图2-184。

3. 安装

①康明斯发动机使用的O形圈有两种,一种是模制型O形圈,其截面对称,边部为圆形,安装时应防止O形圈翻转;另一种是旋切型O形圈,其外端平直,带有尖的棱角,内部有45°倒角,靠近缸端没有尖角,安装时,它的直边面向缸体,倒角端靠近缸套。图2-185为模制型O形圈的安装,图2-186为旋切型O形圈的安装。

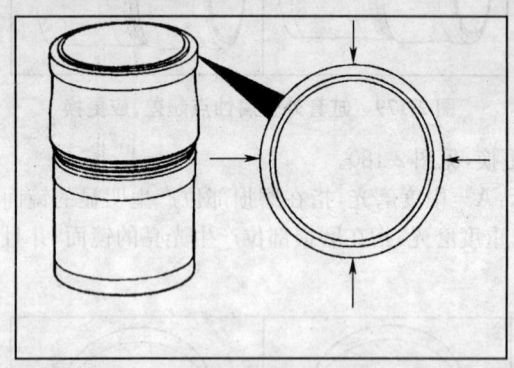

图2-184 测量缸套顶部压配合部位的外径

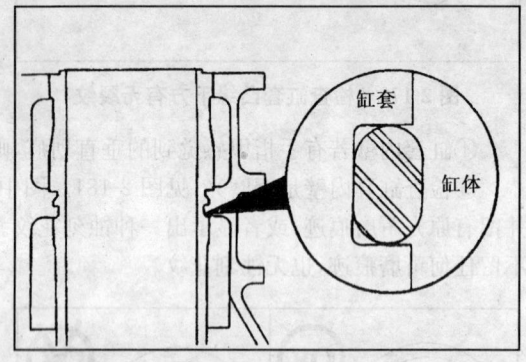

图2-185 模制型O形圈的安装方法

②安装O形圈前,应涂油润滑,并将O形圈套在缸套上,见图2-187。

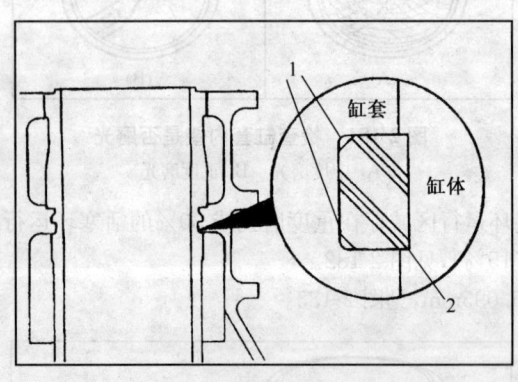

图2-186 旋切型O形圈的安装方法
1. 45°倒角 2. 直边

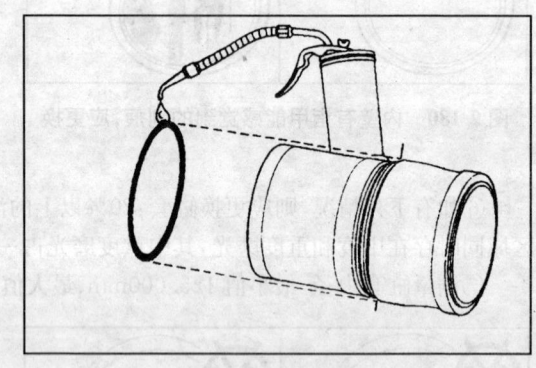

图2-187 将O形圈套在缸套上

③当安装油缸套时,应将从原来在发动机上的位置旋转90°,推力面和止推面应分别朝向缸体的前和后。安装时,使用零件号为3824272安装工具和皮锤,将缸套敲入缸体座孔中。见图2-188。

若缸套不到位,应拆下检查座孔和缸套有无毛刺或异物,再重新安装。

④安装活塞和连杆前,应检查缸套凸出量,见图2-189。

⑤安装活塞和连杆、活塞冷却喷嘴,见图2-190。

⑥安装油底壳、安装缸盖、加注润滑油、运转发动机至正常工作温度,检查有无泄漏。

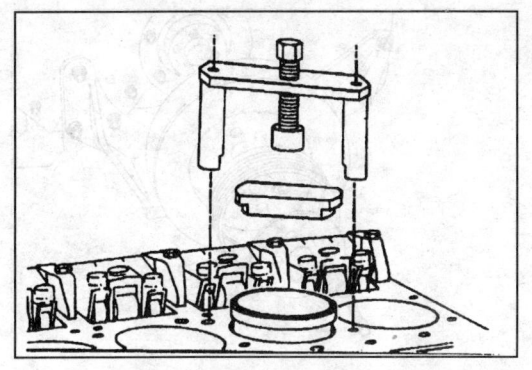
图 2-188 使用安装工具和皮锤安装缸套

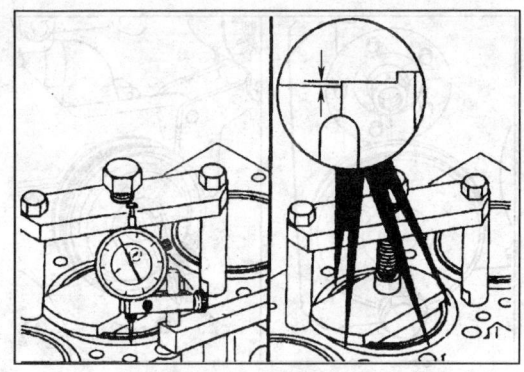
图 2-189 检查缸套凸出量

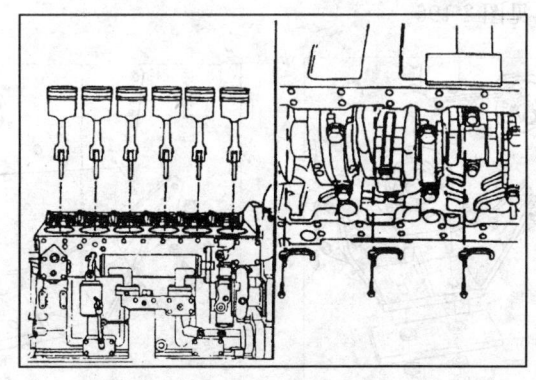
图 2-190 安装活塞连杆、冷却喷嘴

2.17 前齿轮室盖

1. 拆卸与清洗

①拆下风扇和风扇毂支架,见图 2-191。
②从齿轮室盖上拆下 4 颗螺栓和张紧器支架,见图 2-192。

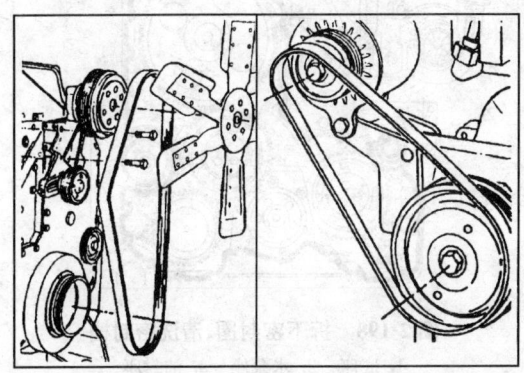
图 2-191 拆下风扇和支架

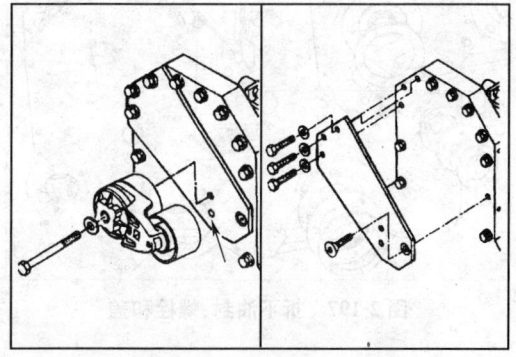
图 2-192 拆下 4 颗螺栓和张紧器支架

③拆下发电机驱动带,见图 2-193。
④拆下压板、曲轴带轮和减振器,见图 2-194。
⑤拆下发动机前支架和螺栓,见图 2-195。

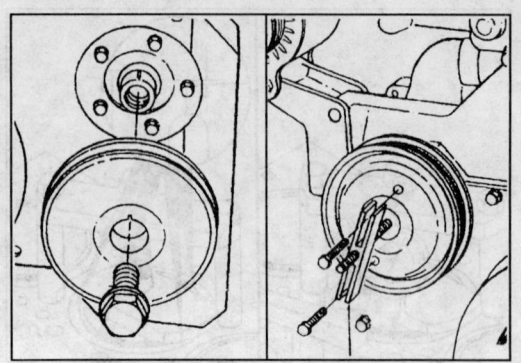

图 2-193 拆下发电机驱动带

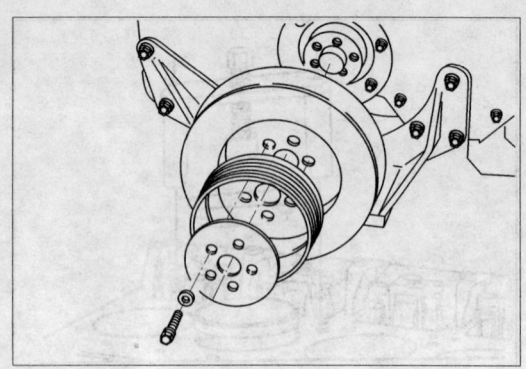

图 2-194 拆下压板、曲轴带轮和减振器

⑥拆下螺栓和前支架,见图 2-196。

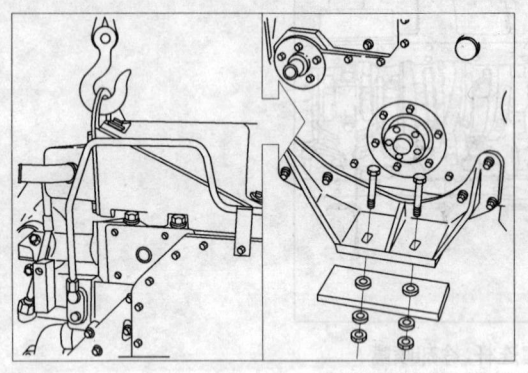

图 2-195 拆下前支架和螺栓

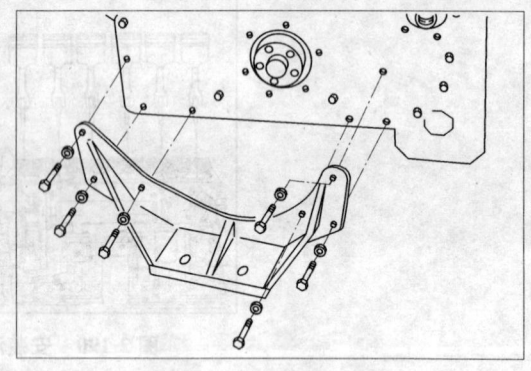

图 2-196 拆下螺栓和支架

⑦拆下油封、其余螺栓和齿轮室盖,见图 2-197。
⑧拆下密封圈并清洗密封槽,见图 2-198。

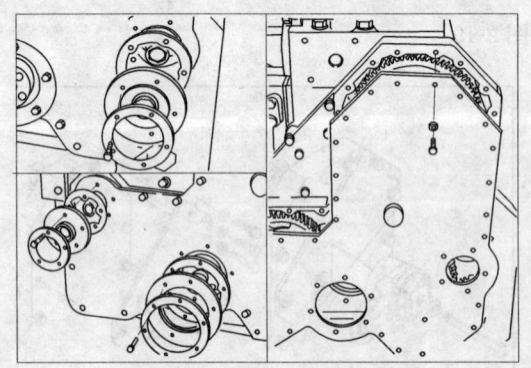

图 2-197 拆下油封、螺栓和盖

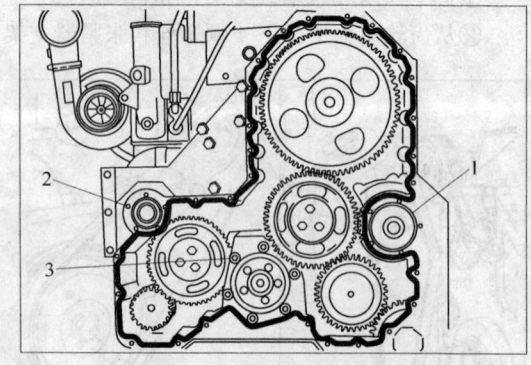

图 2-198 拆下密封圈、清洗密封槽
1. 底座　2. 水泵座　3. 油封座

⑨拆下 O 形圈、清洗密封槽,见图 2-199。
⑩清洗密封衬垫表面和齿轮室盖、并吹干,见图 2-200。

2. 检查性能

①检查齿轮室盖有无裂纹,见图 2-201。

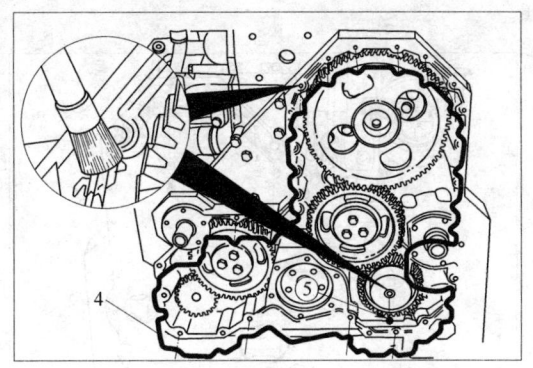

图 2-199　拆下 O 形圈、清洗密封槽
4. 密封件

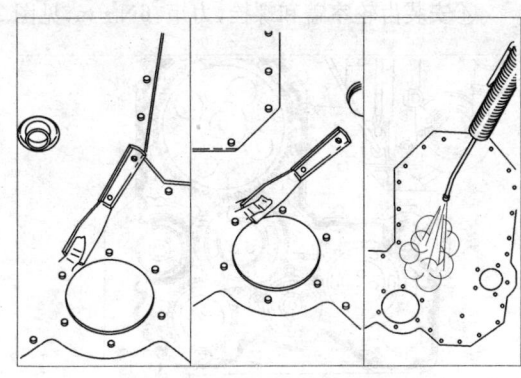

图 2-200　清洗密封垫表面和齿轮室盖、并吹干

②检查齿轮室盖是否平整，见图 2-202。

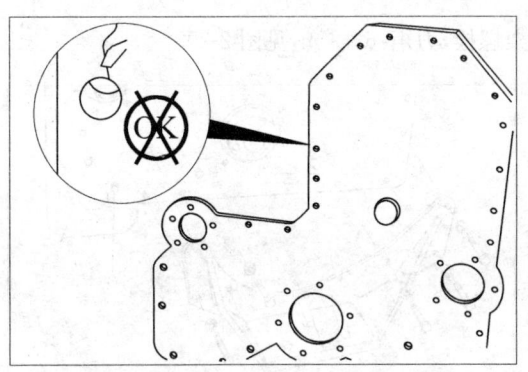

图 2-201　检查齿轮室盖有无裂纹

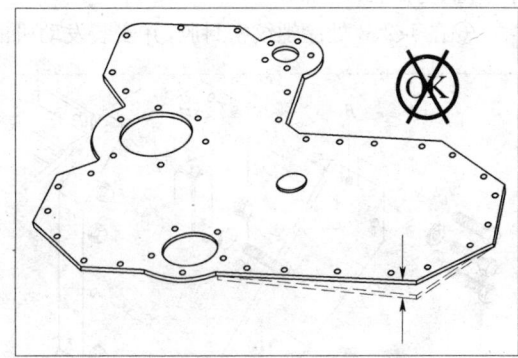

图 2-202　检查盖是否平整

③用锤子轻敲齿轮室盖弯曲部位，见图 2-203。

3. 安装

①在齿轮室壳体顶部涂密封胶，见图 2-204。

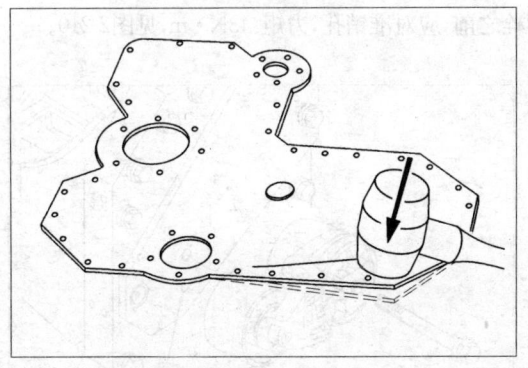

图 2-203　校正弯曲部位

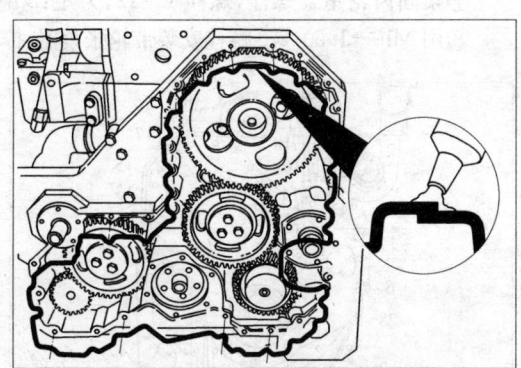

图 2-204　在壳体顶部涂胶

②安附件驱动底座、水泵驱动底座安装新密封圈，在曲轴油封安装螺栓位置，安装 6 颗新螺栓和 O 形圈。

③在隔板前部安装一个新 O 形圈、确保隔板安装到位，见图 2-205。

④安装齿轮室盖和螺栓,力矩:6N·m,见图2-206。

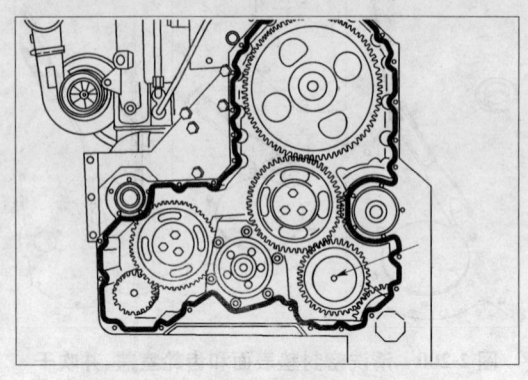

图 2-205 安装 6 颗螺栓和 O 形圈

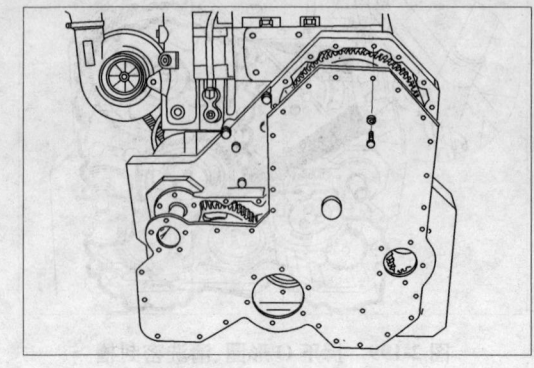

图 2-206 确保隔板安装到位

⑤在 A、B、C、D 处安装螺栓,见图 2-207。A 处使用 M8×25 螺栓,B、C、D 处使用螺栓 M8×30 和平垫圈,力矩:6N·m。

⑥在 1、2、3 处涂螺纹密封胶,并安装发动机前支架螺栓,力矩:6N·m,见图 2-208。

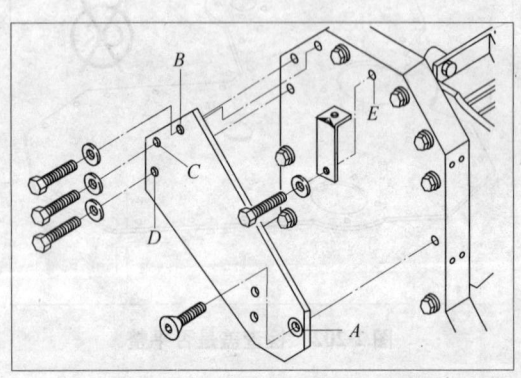

图 2-207 在 A、B、C、D 处安装螺栓
A、B、C、D. 孔　E. 螺纹孔

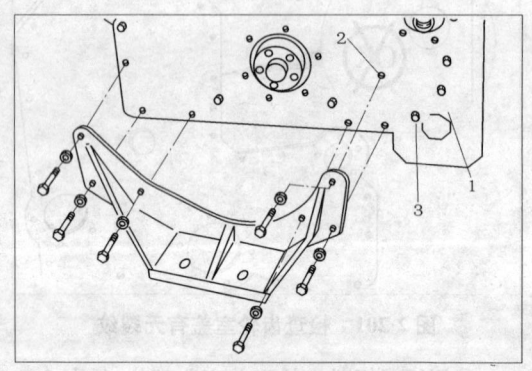

图 2-208 安装前支架螺栓
1、2、3. 螺纹孔

⑦紧固齿轮室盖螺栓,螺栓 1~22,力矩:20N·m;螺栓 23~28,力矩:68N·m,见图 2-209。

⑧用 M10-1.50×70 螺栓安装带轮张紧器,拧紧螺栓之前,应对准销孔,力矩:43N·m,见图2-210。

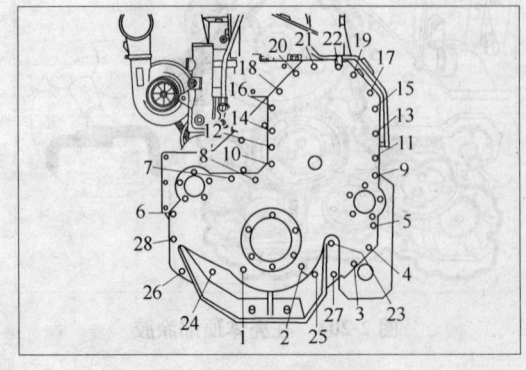

图 2-209 紧固螺栓
1~2g 螺栓

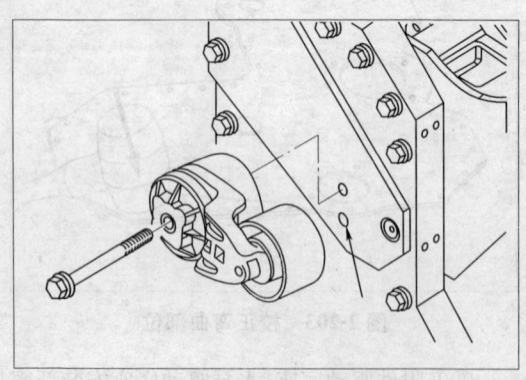

图 2-210 用螺栓紧固张紧器

第 2 章 机械部分检修 51

⑨将发动下落到支架上,安装螺栓并紧固,见图 2-211。
⑩安装齿轮室盖油封,见图 2-212。
⑪安装减振器、曲轴带轮、压板、发电机带轮、惰轮、附件驱动带轮、风扇毂和风扇、运转发动机,检查有无泄漏。

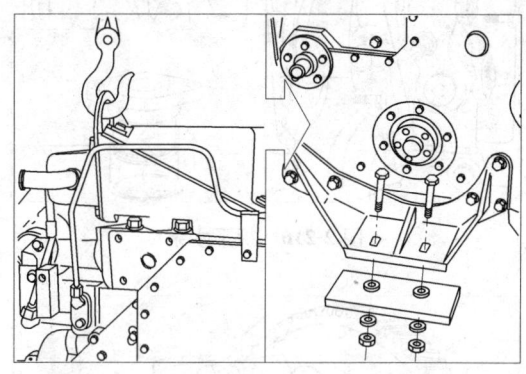

图 2-211 将发动机下落到横梁上,紧固支架螺栓

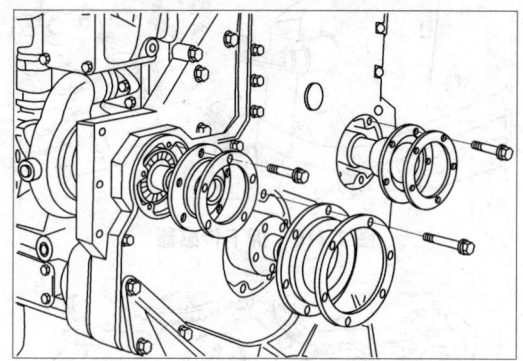

图 2-212 安装齿轮室盖油封

2.18 前齿轮室壳体

1. 拆卸与清洗

①拆下发电机和支架,见图 2-213。
②拆下齿轮室盖,拆下液压泵(如果装配),见图 2-214。

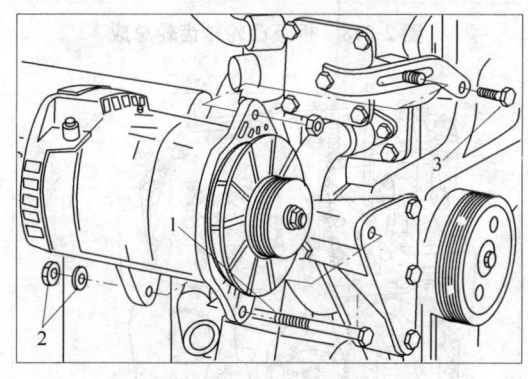

图 2-213 拆下发电机和支架
1、3. 螺栓 2. 螺母、垫圈

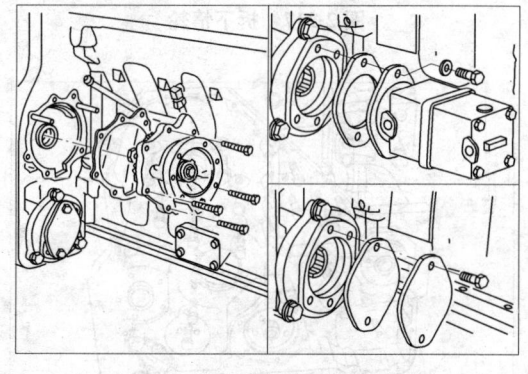

图 2-214 拆下液压泵(如果装配)

③断开发动机位置传感器连接器,并拆下该传感器,见图 2-215。
④拆下水泵,见图 2-216;拆下惰轮,见图 2-217。
⑤拆下凸轮轴齿轮总成,见图 2-218。
⑥拆下油底壳与齿轮室壳体之间的 4 颗连接螺栓,见图 2-219。
⑦拆下齿轮室壳体与缸体的连接螺栓,见图 2-220。
⑧使用轴承拉器,零件号为 3824117,拆卸水泵油承;使用零件号为 3823774 轴承拉器拆卸液压驱动滚针轴承,见图 2-221。
⑨清理壳体配合面的密封胶,见图 2-221。
⑩清洗齿轮壳体并吹干,见图 2-223。

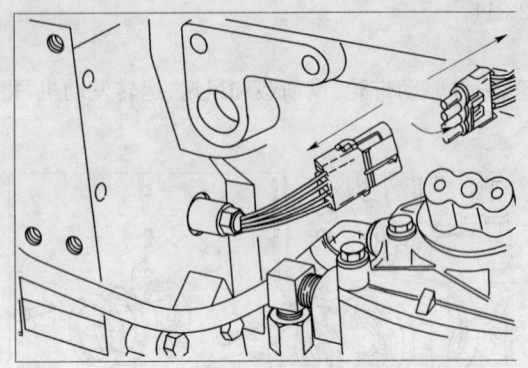
图 2-215 拆下传感器

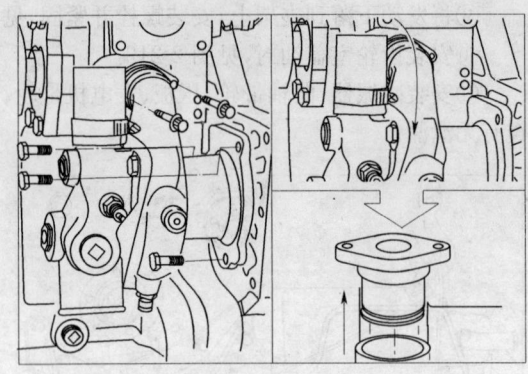
图 2-216 拆下水泵

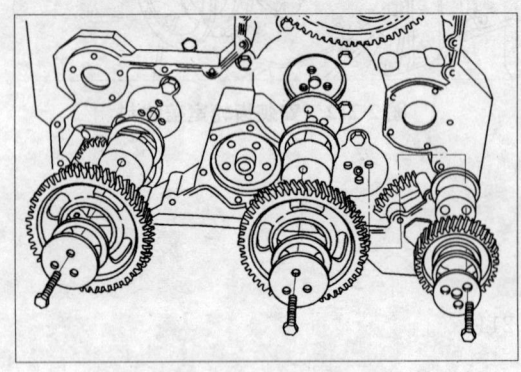
图 2-217 拆下惰轮

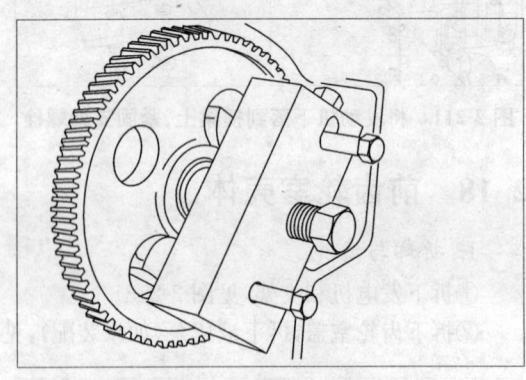
图 2-218 拆下凸轮轴齿轮总成

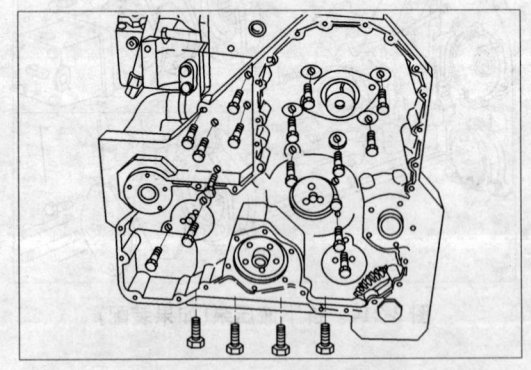
图 2-219 拆下 4 颗连接螺栓

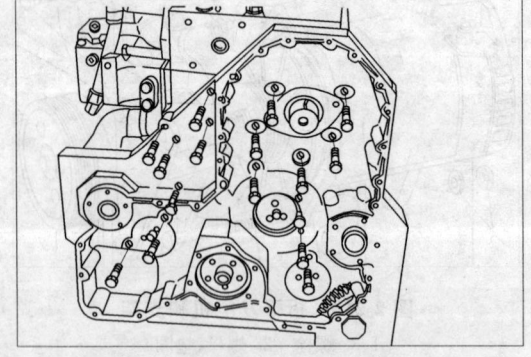
图 2-220 拆下齿轮室壳体与缸体的连接螺栓

2. 检查性能

① 检查齿轮室壳体有无裂纹和损坏，见图 2-224。

② 测量液压驱动、水泵驱动和附件驱动装置轴承孔内径，见图 2-225。液压驱动装置轴承孔，最小值 41.967mm，最大值 41.992mm。水泵驱动装置轴承孔，最小值 36.967mm，最大值 36.992mm。附件驱动装置轴承孔，最小值 45.100mm，最大值 45.125mm。

3. 安装

① 在油道①处安装一个新 O 形圈，在图 2-226 中黑实线处涂密封胶。

② 在油底壳和齿轮室壳体的连接处涂密封胶，见图 2-227。

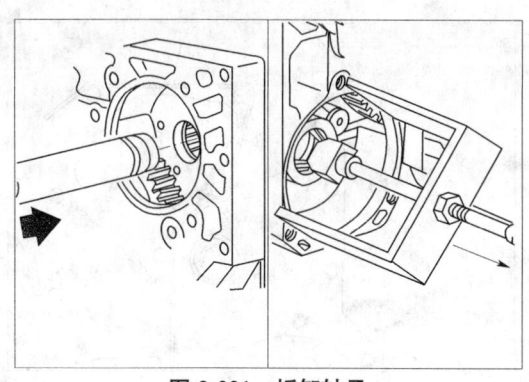

图 2-221 拆卸轴承

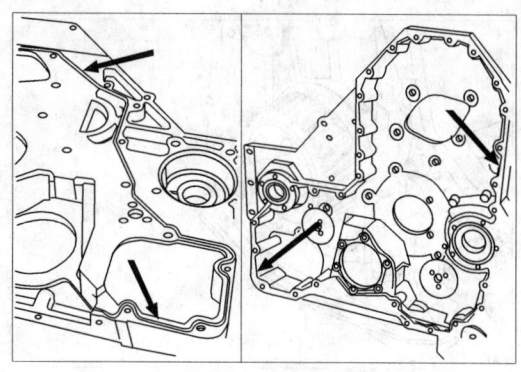

图 2-222 清理密封胶

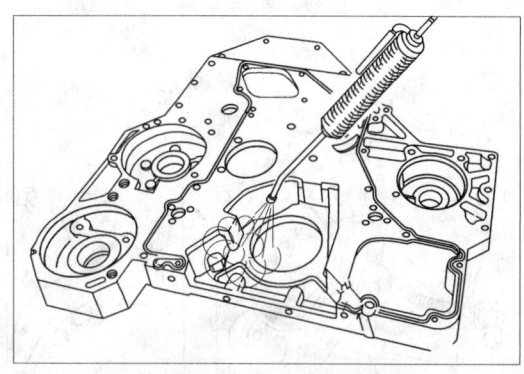

图 2-223 清洗壳体并吹干

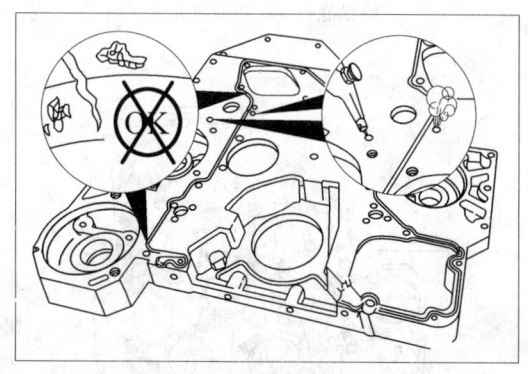

图 2-224 检查齿轮室壳体有无损伤

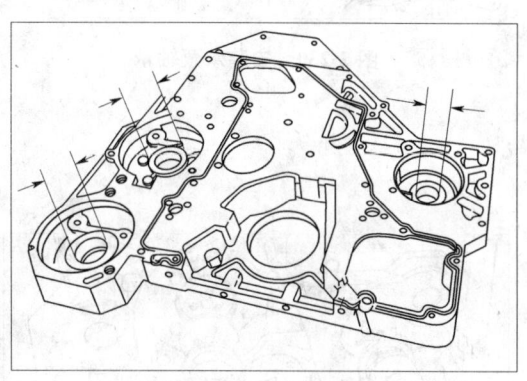

图 2-225 测量3个轴承孔内径

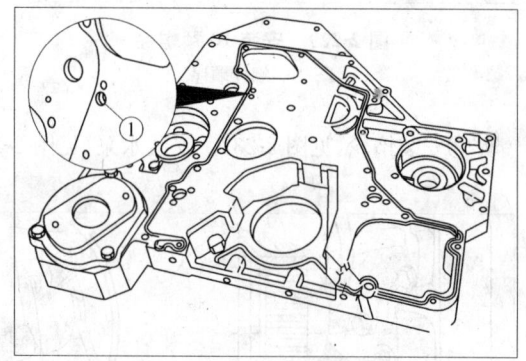

图 2-226 在油道①处安装O形圈，并在黑线处涂密封胶

1. 油道

③在靠近凸轮轴开口部位涂密封胶，见图 2-228。

④安装紧固齿轮室壳体及其内部的 10 颗（M10－1.50×25）螺栓。齿轮室壳体外部的 5 颗（M10－1.50×50）螺栓；拆下导销，安装其余 2 颗（M10－1.50×25）螺栓，见图 2-229。螺栓力矩：1—20N·m，2—68N·m。

⑤安装油底壳与齿轮室壳体间的 4 颗螺栓。安装凸轮轴和齿轮总成。

⑥使用轴承拆装工具，安装水泵轴轴承，见图 2-230。

⑦使用轴承拉器安装液压驱动轴轴承，轴承应在齿轮室壳体孔的外边缘 0.25～0.76mm 以内，见图 2-231。

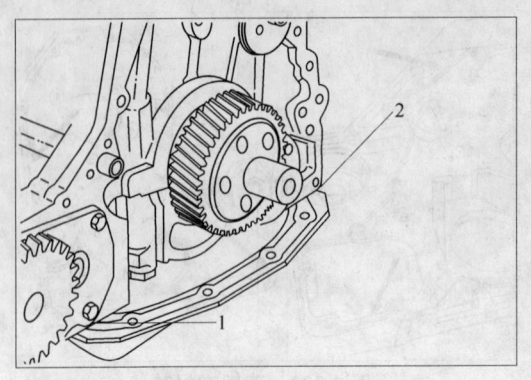

图 2-227　在油底壳和齿轮室壳体连接处涂胶
1. 油底壳　2. 齿轮室壳体

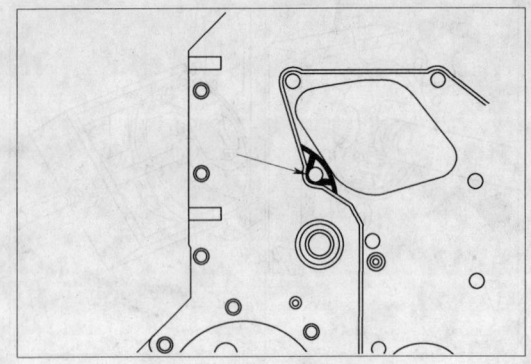

图 2-228　在开口处涂胶

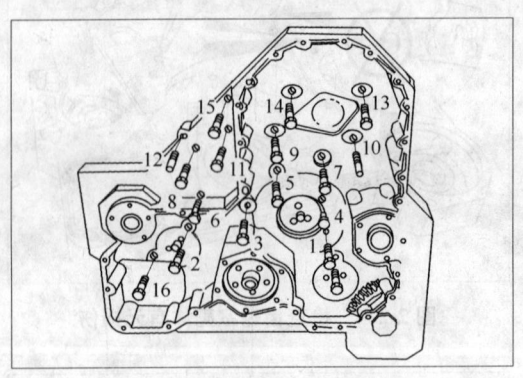

图 2-229　安装 10 颗螺栓
1～16. 螺栓顺序

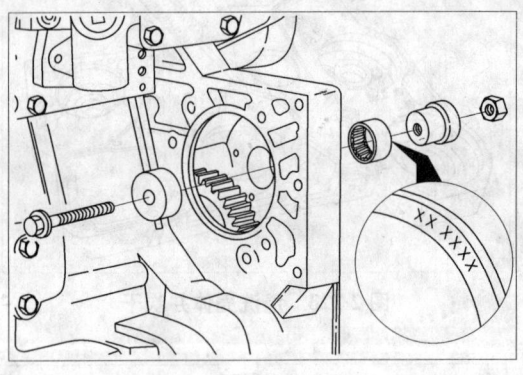

图 2-230　安装水泵轴承

⑧安装惰轮,见图 2-232。安装水泵,见图 2-233。

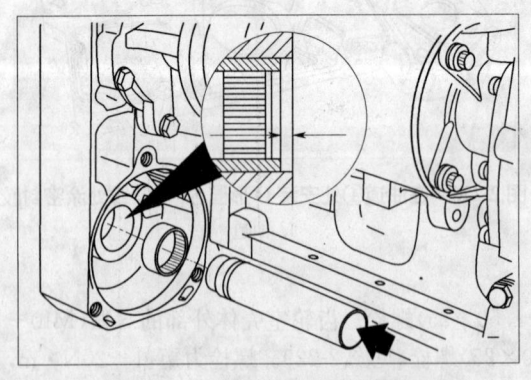

图 2-231　安装液压驱动轴轴承

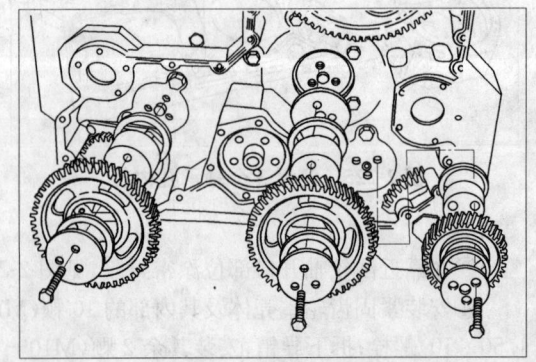

图 2-232　安装惰轮

⑨安装发动机位置传感器并将连接器插好,见图 2-234。
⑩安装附件驱动装置,安装液压驱动装置(如果装配)、用螺栓固定发电机支架,并安装发电机。
⑪安装齿轮室盖,运转发动机至工作温度,检查有无泄漏。

第 2 章 机械部分检修

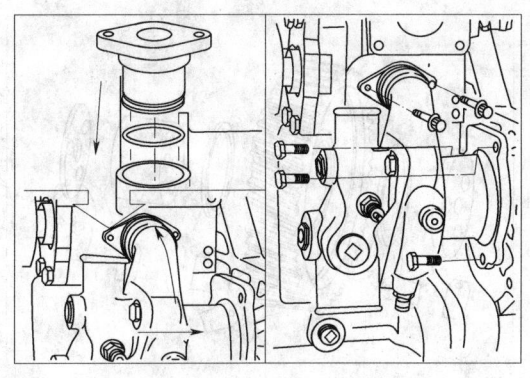

图 2-233 安装水泵

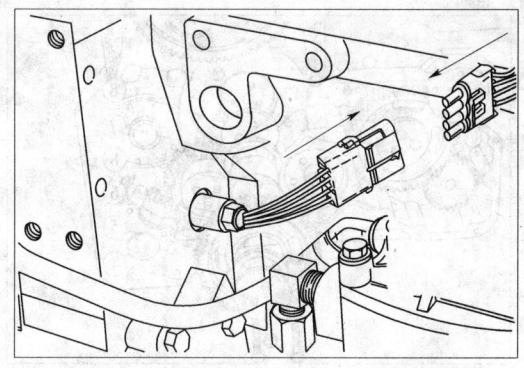

图 2-234 安装传感器并连接好连接器插头

2.19 凸轮轴惰轮

1. 拆卸与清洗

①拆下齿轮室盖。转动曲轴,使曲轴齿轮、凸轮轴齿轮和附件驱动齿轮上的正时标记与凸轮轴惰轮上的标记对准,见图 2-235。

②康明斯 ISM 发动机齿轮系共有 3 个惰轮总成,即水泵惰轮、凸轮轴惰轮和液压泵惰轮总成,见图 2-236。

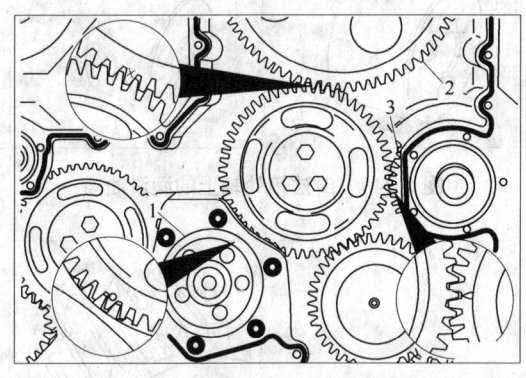

图 2-235 转动曲轴,对准正时标记
1. 曲轴齿轮 2. 凸轮轴齿轮 3. 附件齿轮

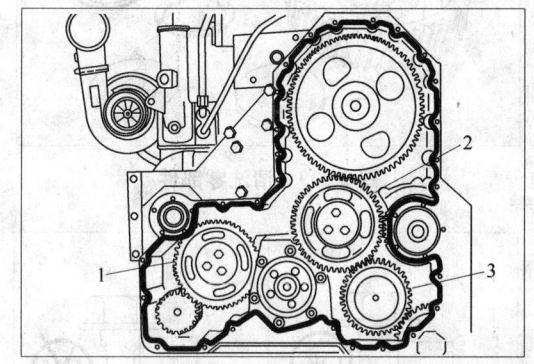

图 2-236 3 个惰轮总成的安装情况
1. 水泵惰轮 2. 凸轮轴惰轮 3. 液压泵惰轮

③拆卸凸轮轴惰轮总成需要拆下 3 颗螺栓、盖板 4、前止推轴承 5、惰轮 6、后止推轴承 7、惰轮轴 8 和耐磨板 9,见图 2-237。

④给惰轮总成部件做标记或挂标签,见图 2-238。

⑤清洗零部件,并吹干,见图 2-239。

⑥用毛刷清洁惰轮轴上的润滑油油道并吹净,见图 2-240。

2. 检查性能

①用直尺检查固定螺栓是否发生颈缩变形,若有,必须更换,见图 2-241。

②检查惰轮的牙齿是否损坏,见图 2-242。

③测量惰轮轴孔内径,最小值 60.045mm、最大值 60.100mm,见图 2-243。

④测量惰轮轴外径,最小值 59.975mm、最大值 60.008mm,见图 2-244。

⑤测量惰轮轴环形定位销外径,最小值 19.217mm,最大值 19.243mm,见图 2-245。

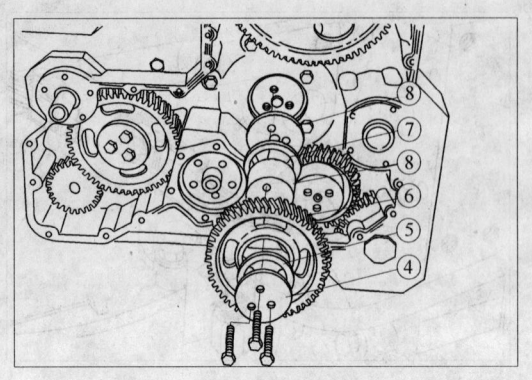

图 2-237 凸轮轴惰轮的拆卸
4. 盖板 5. 前止推轴承 6. 惰轮
7. 后止推轴承 8. 惰轮轴 9. 耐磨板

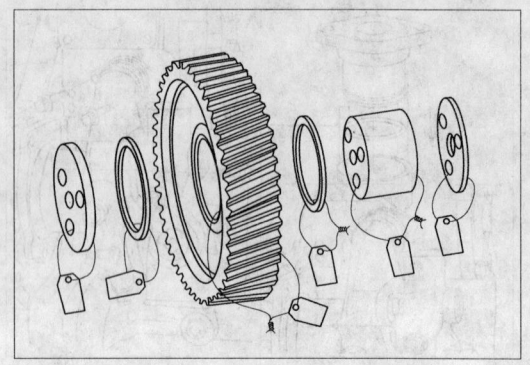

图 2-238 给惰轮总成做标记或挂标签

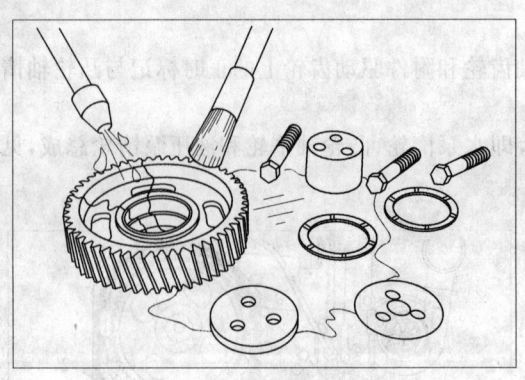

图 2-239 清洗零部件

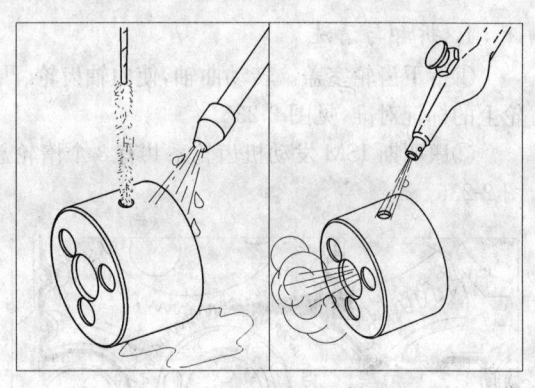

图 2-240 清洁惰轮轴上的润滑油道

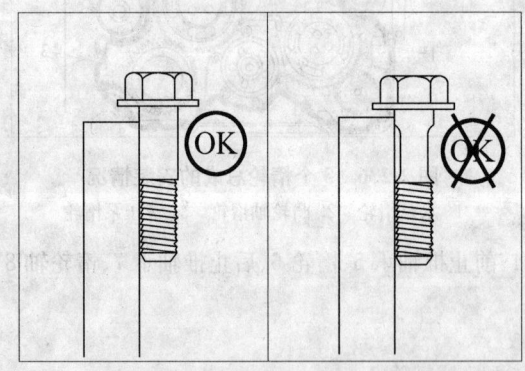

图 2-241 检查螺栓是否发生颈缩

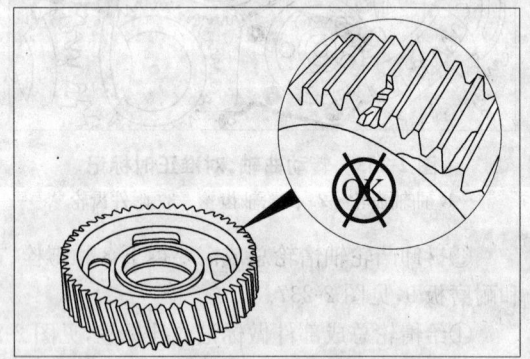

图 2-242 检查惰轮是否损坏

⑥在120°的3个位置，测量凸轮轴惰轮止推垫圈厚度，最小值2.400mm，最大值2.470mm，见图2-246。

⑦弯曲止推垫圈3~6mm，检查表面有无裂纹，见图2-247。

3. 安装

①安装凸轮轴惰轮①时，应确保曲轴齿轮②上的正时标记"O"，凸轮轴齿轮③上的正时标记"X"和附件驱动齿轮④上的正时标记"V"对齐，即惰轮上的标记应与上述3个齿轮标记对齐，见图2-248。

第2章 机械部分检修　　57

图 2-243　测量惰轮轴孔内径

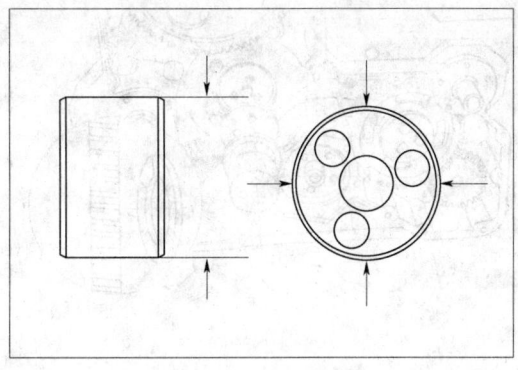

图 2-244　测量惰轮轴外径

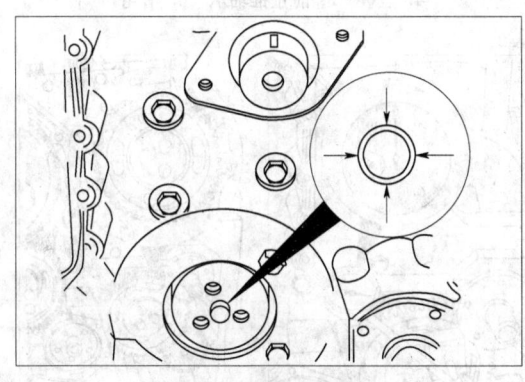

图 2-245　测量定位销外径

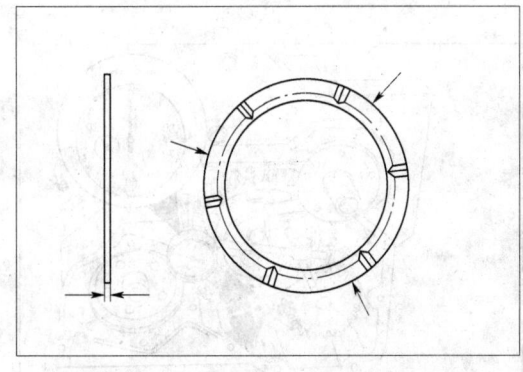

图 2-246　测量止推垫圈厚度

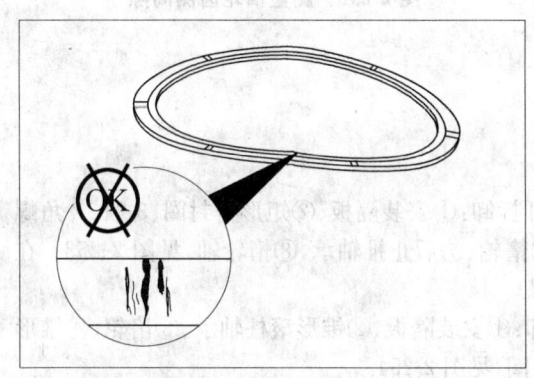

图 2-247　检查止推垫圈有无裂纹

图 2-248　对齐齿轮正时记号
1. 惰轮　2. 曲轴齿轮　3. 凸轮轴齿轮
4. 附件驱动齿轮

②用润滑剂润滑耐磨板、止推轴承和惰轮并进行安装，见图 2-249。

③对准正时标记，安装惰轮、前止推轴承和齿轮定位板，螺栓力矩，1—61N·m，2—旋转 60°，见图 2-250。

④凸轮轴惰轮轴向间隙和齿隙的检查也适用于水泵惰轮和液压泵惰轮，其最小值和最大值适用。惰轮轴向间隙，最小值 0.30mm、最大值 0.53mm，见图 2-251。

⑤惰轮齿侧间隙，最小值 0.08mm、最大值 0.38mm，见图 2-252。

⑥安装齿轮室盖，运转发动机至正常温度，检查有无泄漏。

图 2-249 润滑惰轮、耐磨板、止推轴承
7. 后止推轴承　8. 惰轮轴　9. 耐磨板

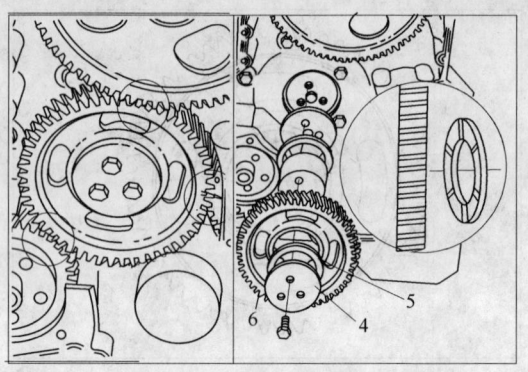

图 2-250 安装惰轮、前止推轴承和定位板并紧固
4. 盖板　5. 前止推轴承　6. 惰轮

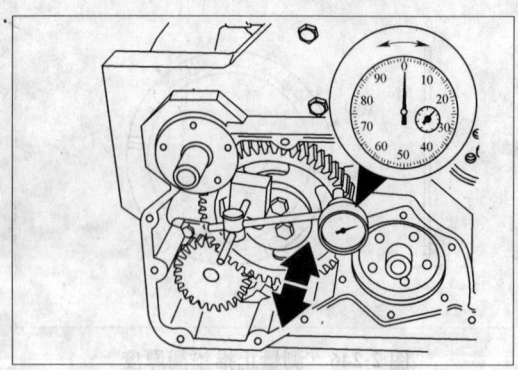

图 2-251 测量惰轮轴向间隙

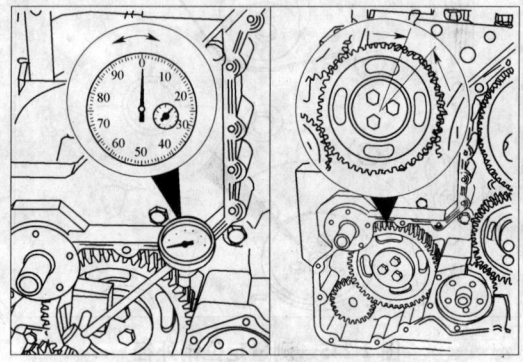

图 2-252 测量惰轮齿侧间隙

2.20 液压泵惰轮

1. 拆卸与清洗

①拆下齿轮室盖和3个惰轮总成。

②SAE"A"和SAE"B"型液压驱动装置的拆卸，即拆卸：①安装隔板、②矩形密封圈、3颗12角螺栓、③齿轮定位压板、④矩形密封圈、⑤前止推轴承、⑥惰轮、⑦后止推轴承、⑧惰轮轴，见图2-253。在SAE"A"型驱动装置齿轮压板背面不使用矩形密封圈。

③SAE B—B型液压驱动惰轮总成的拆卸，即拆卸：①安装隔板、②锥形滚柱轴承、③惰轮、④锥形滚柱轴承、⑤垫片、⑥惰轮轴、⑦安装隔板、⑧矩形密封圈，见图2-254。

④给惰轮总成各部件做标记，见图2-238。

⑤清洗零部件并吹干，用毛刷清洁惰轮上的润滑油油道，见图2-239和图2-240。

2. 检查性能

①用直尺检查螺栓是否产生颈缩，若有，不能再使用，应当更换。见图2-241。

②检查齿轮有无损伤，见图2-242。

③测量SAE"A"和"B"型液压泵驱动惰轮轴孔内径，最小值60.045mm，最大值60.100mm，见图2-243。

④测量SAE"A"和"B"型液压泵驱动惰轮轴外径，最小59.975mm，最大60.008mm；SAE"B—B"型液压泵驱动惰轮轴外径，最小值63.455mm，最大值63.486mm。见图2-244。

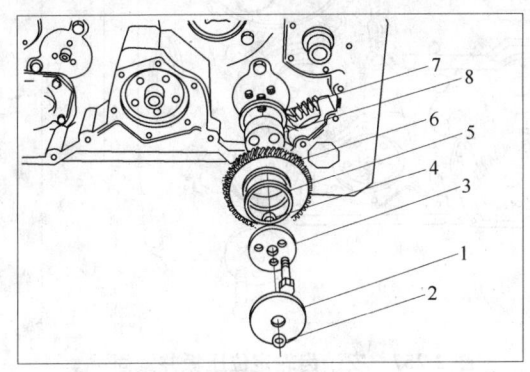 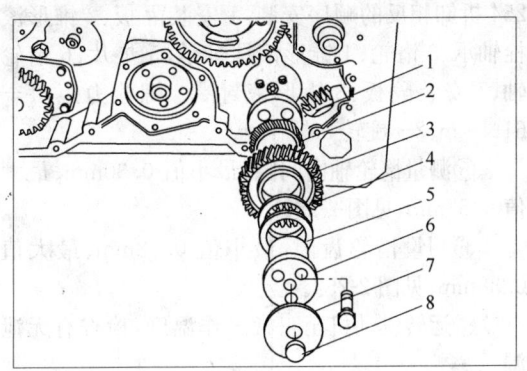

图 2-253　SAE"A"和 SAE"B"型驱动装置拆卸
1. 安装隔板　2. 矩形密封圈　3. 齿轮定位压板　4. 矩形密封圈
5. 前止推轴承　6. 惰轮　7. 后止推轴承　8. 惰轮轴

图 2-254　SAE"B—B"型驱动装置的拆卸
1. 安装隔板　2. 锥形滚柱轴承　3. 惰轮　4. 锥形滚柱轴承
5. 垫片　6. 惰轮轴　7. 安装隔板　8. 矩形密封圈

⑤测量环形定位销外径,最小值 19.217mm,最大值 19.243mm,见图 2-245。

⑥SAE"B—B"型液压驱动惰轮总成不使用止推垫圈。在 120°的 3 个位置测量止推垫圈厚度,最小值 2.400mm,最大值 2.470mm,见图 2-246。

⑦检查止推垫圈有无裂纹,见图 2-247。

3. 安装

①SAE"A"和 SAE"B"的安装:润滑耐磨板、止推轴承和惰轮,安装惰轮轴和后止推轴承,见图 2-255。在安装时,后止推轴承带槽的一端必须朝向齿轮,以免发动机运转时损坏齿轮和发动机。对于采用 SAE"B"型驱动装置时一个带有两个油孔的专用液压驱动惰轮轴。让发动机在直立位置,根据轴上的油孔对轴定位,一个油孔在 12 点钟位置,一个在 4 点钟位置。

②安装惰轮和前止推轴承,见图 2-256。

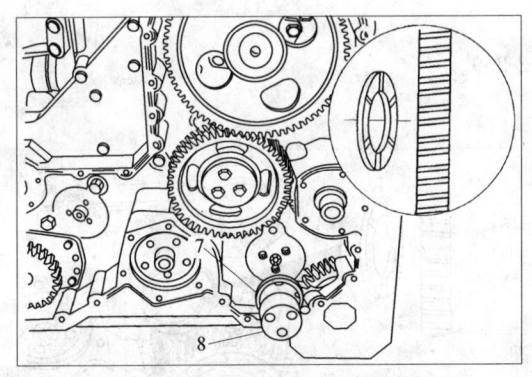 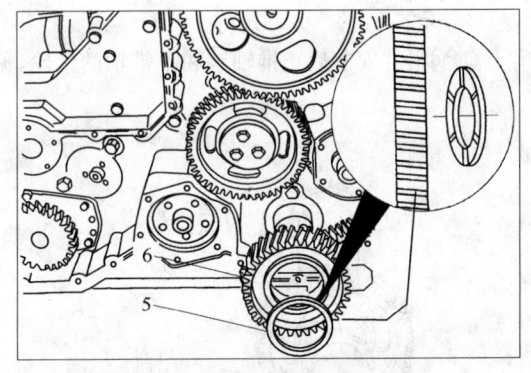

图 2-255　安装惰轮轴和后止推轴承
7. 后止推轴承　8. 惰轮轴

图 2-256　安装惰轮和前止推轴承
5. 前止推轴承　6. 惰轮

③对于 SAE"B"型驱动装置,安装定位压板前,先在定位压板的背面安装一个新矩形密封垫。见图 2-257,安装齿轮定位板,紧固 3 颗螺栓,力矩:1—61N·m、2—旋转 60°。

④SAE"B—B"型驱动装置的安装,请按图3-254拆卸相反的顺序安装:1 安装隔板、2 锥形滚栓轴承、3 惰轮、4 锥形滚柱轴承、5 垫片、6 惰轮轴、7 安装隔板、8 矩形密封圈。螺栓力矩:1—61N·m、2—旋转60°。

⑤测量惰轮轴向间隙,最小值0.30mm、最大值0.53mm,见图2-251。

⑥测量惰轮齿隙,最小值0.08mm、最大值0.38mm,见图2-252。

⑦运转发动机至正常工作温度,检查有无泄漏。

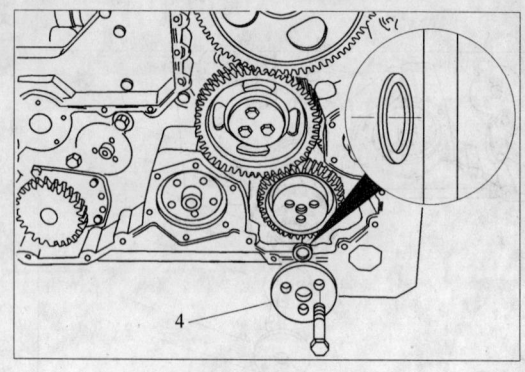

图 2-257 安装齿轮定位压板并紧固
4. 齿轮定位压板

2.21 水泵惰轮

1. 拆卸与清洗

①拆下齿轮室盖、拆下水泵、拆下水泵惰轮。
②拆下水泵惰轮总成,见图2-258。
③给惰轮总成的每个部件挂上标签、清洗零部件并吹干、用毛刷清洁惰轮轴上的润滑油油道孔并吹干。见图2-238、图2-239和图2-240。

2. 检查性能

①检查固定螺栓是否存在颈缩,若有,应当更换新件。见图2-241。
②检查惰轮齿牙有无损坏。见图2-242。
③测量水泵惰轮轴孔内径,最小值60.045mm,最大值60.100mm,见图2-243。
④测量水泵惰轮轴外径,最小值59.975mm,最大值60.008mm,见图2-244。
⑤测量水泵惰轮环形定位销外径,最小值19.217mm,最大值19.243mm,见图2-245。
⑥检查水泵惰轮止推垫圈厚度,最小值2.400mm、最大值2.470mm,见图2-246。
⑦检查垫圈表面有无裂纹。见图2-247。

3. 安装

①润滑并安装后止推轴承和不带轴的惰轮,见图2-259。

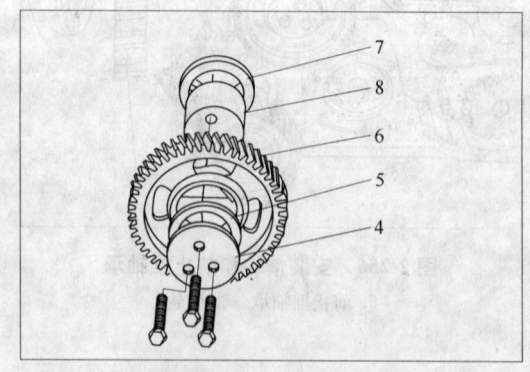

图 2-258 拆下水泵惰轮总成
4. 盖板 5. 前止推轴承 6. 惰轮 7. 后止推轴承 8. 惰轮轴

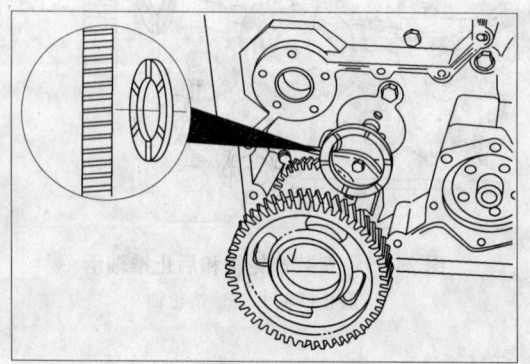

图 2-259 安装后止推轴承和不带轴的惰轮

②对准后止推轴承内孔与惰轮内孔,见图 2-260。
③将惰轮装入齿轮孔中,见图 2-261。

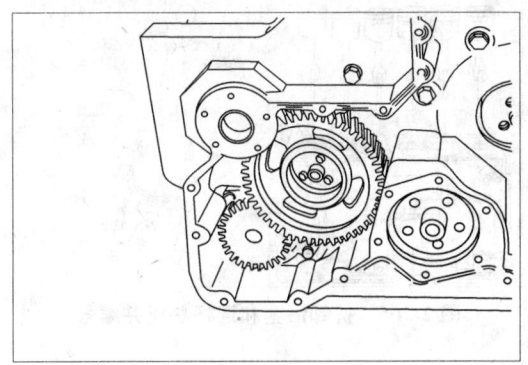

图 2-260 对准后止推轴承内孔与惰轮内孔　　　图 2-261 将惰轮装入齿轮孔中

④安装前止推轴承和齿轮定位压板,并紧固,力矩:1—61N·m,2—旋转 60°,见图 2-262。
⑤安装水泵,见图 2-263。

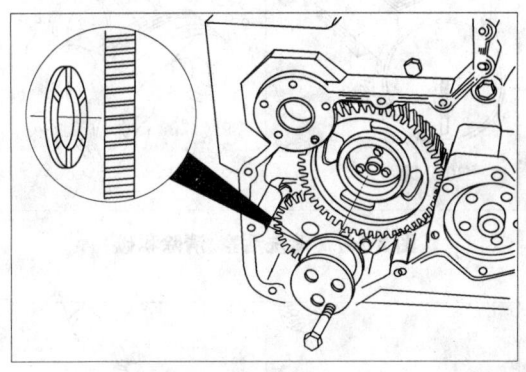

图 2-262 安装前止推轴承和齿轮定位板,并紧固　　　图 2-263 安装水泵

⑥测量惰轮轴向间隙、最小值 0.30mm、最大值 0.53mm,见图 2-251。
⑦测量惰轮齿隙,最小值 0.08mm、最大值 0.38mm,见图 2-252。
⑧安装齿轮室盖,运转发动机至正常工作温度,检查有无泄漏。

2.22 活塞

康明斯 ISM 系列柴油机使用的是铰接式活塞,见图 2-264,这种活塞由两部分组成。它包括一个锻钢活塞顶部和一个铝质活塞裙部。在活塞顶部下有一个封闭的润滑油油道,它可使润滑油与活塞接触,使活塞冷却效果更好。

1. 拆卸和清洗

①活塞和连杆总成拆卸,并编号,见图 2-265。
②分解活塞和连杆总成,见图 2-266。
③在适用于铝活塞的清洗液中浸泡至少 30min,用热肥皂液和非金属刷清除积碳,见图 2-267。
④不能用金属刷清洁活塞,对于铝质活塞销孔或铰接式活塞裙部,不能用玻璃或胡桃壳喷丸,因为这样会损坏活塞销孔,见图 2-268。
⑤用蒸汽清洗活塞并吹干,见图 2-269。

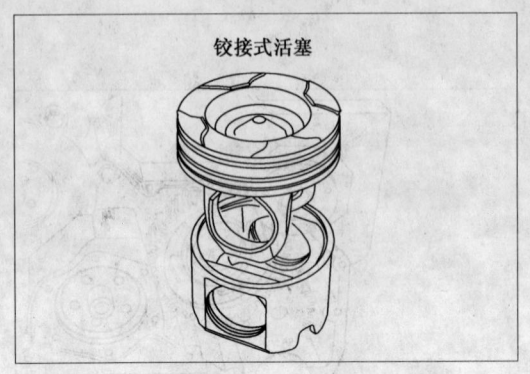
图 2-264 铰接式活塞

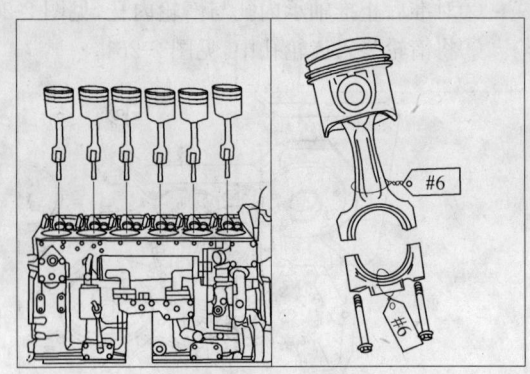
图 2-265 拆卸活塞和连杆总成并编号

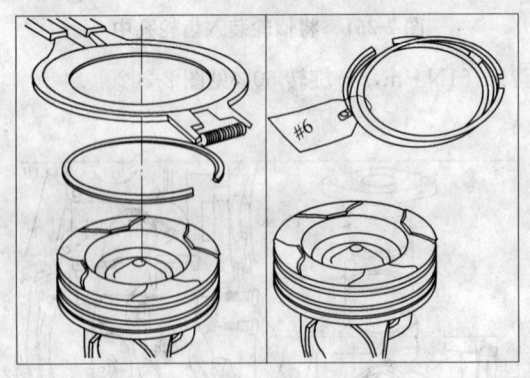
图 2-266 分解活塞和连杆总成

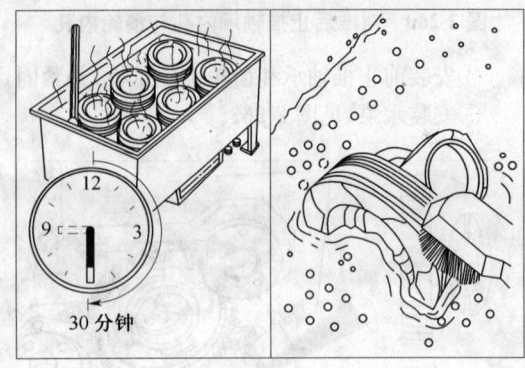
图 2-267 清洗活塞、清除积碳

图 2-268 不要用金属刷清洁活塞、不能用玻璃或胡桃壳喷丸清理铝活塞

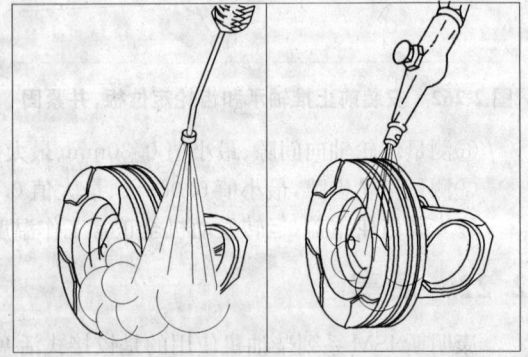
图 2-269 用蒸汽清洗活塞并吹干

2. 检查性能

①检查活塞顶部燃烧室和活塞销孔有无裂纹或损坏,见图 2-270。
②检查活塞顶部油道盖板有无裂纹或松动,见图 2-271。
③检查活塞销孔和裙部边缘有无裂纹或损坏,见图 2-272。
④用一个新活塞环插入环槽内并在插入 0.15mm 塞尺,如果塞尺可以无阻力插入,说明环槽磨损过度,必须更换活塞,见图 2-273。

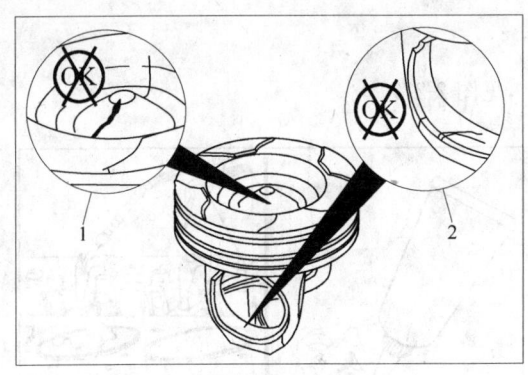

图 2-270 检查活塞有无裂纹或损坏
1. 燃烧室　2. 活塞销孔

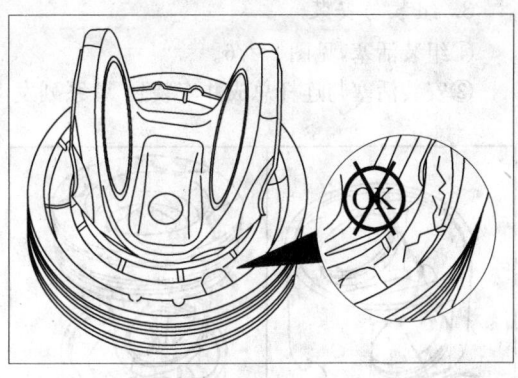

图 2-271 检查活塞顶部油道盖板有无损坏或松动

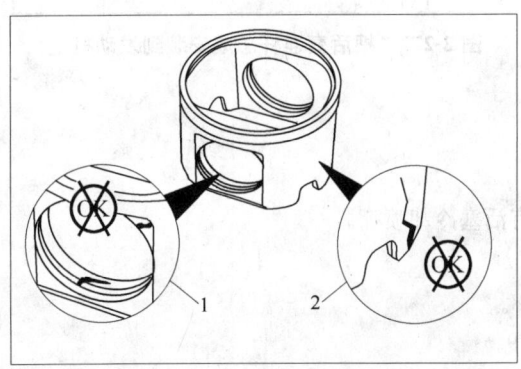

图 2-272 检查活塞销孔和裙部边缘有无损坏
1. 活塞裙销孔　2. 裙边

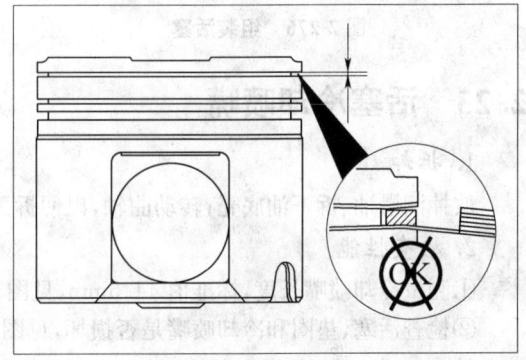

图 2-273 检查活塞环槽间隙

⑤测量活塞销孔内径（活塞顶部），最小值 54.040mm、最大值 54.055mm，见图 2-274 上部；测量活塞销孔内径（活塞裙部），最小值 54.007mm、最大值 54.015mm，见图 2-274。

⑥测量活塞销的外径和长度。活塞销外径，最小值 53.997mm、最大值 54.003mm；活塞销长度，最小值 101.70mm、最大值 102.00mm，见图 2-275。

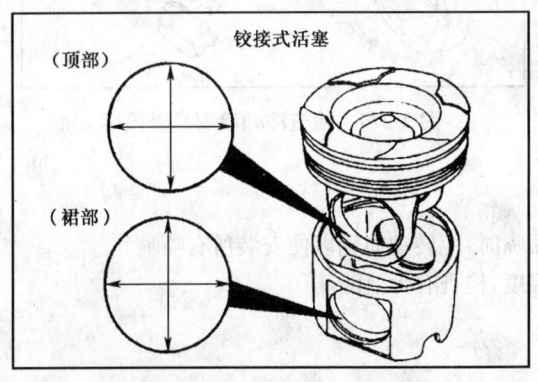

图 2-274 在活塞顶部和裙部分别测量销孔内径

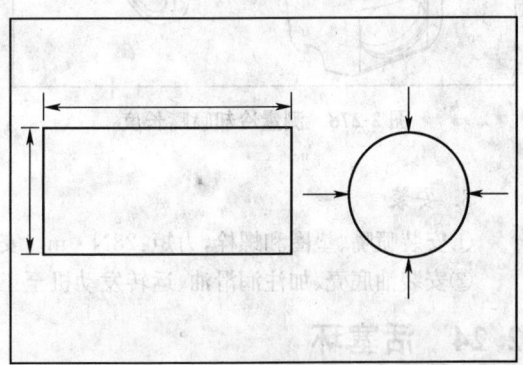

图 2-275 测量活塞销外径和长度

3. 组装与安装
①组装活塞,见图2-276。
②安装活塞与连杆总成并安装到M系列发动机上,见图2-277。

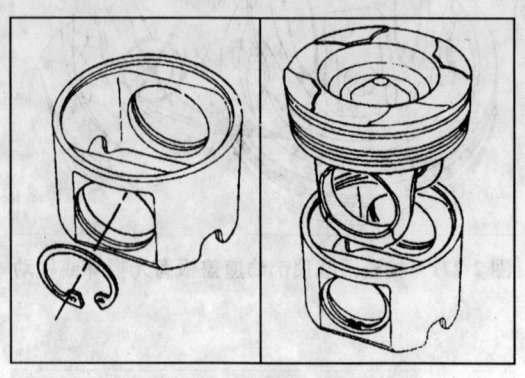

图2-276 组装活塞

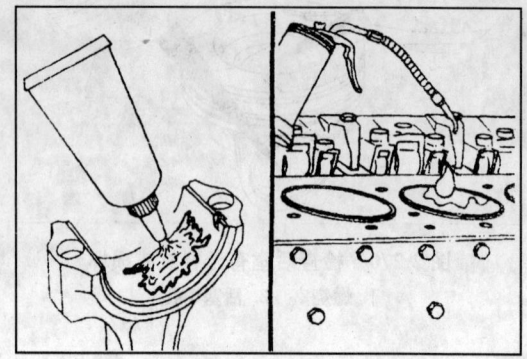

图2-277 把活塞连杆总成安装到发动机上

2.23 活塞冷却喷嘴

1. 拆卸

放掉润滑油、拆下油底壳;转动曲轴,以便拆下所有活塞冷却喷嘴。

2. 检查性能

①测量冷却喷嘴长度,标准值44.5mm,见图2-278。
②检查活塞、垫圈和冷却喷嘴是否损坏,见图2-279。

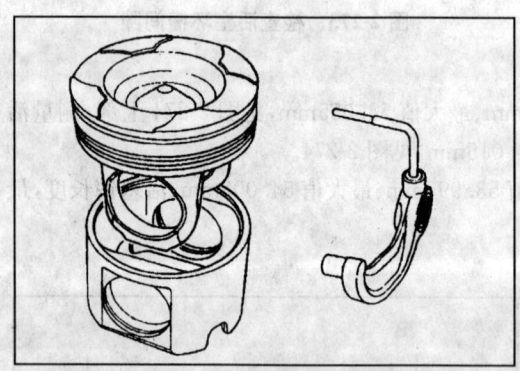

图2-278 测量冷却喷嘴长度

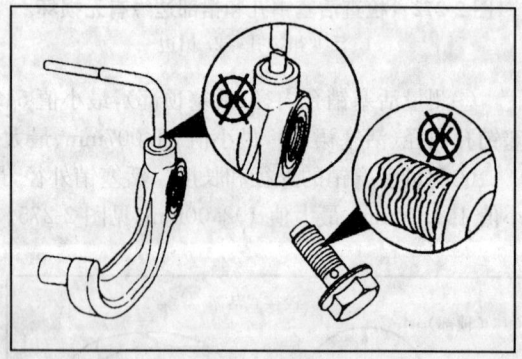

图2-279 检查冷却喷嘴是否损坏

3. 安装

①安装喷嘴、垫圈和螺栓,力矩:28N·m。安装喷嘴时,应转动曲轴以便安装所有喷嘴。
②安装油底壳、加注润滑油、运转发动机至工作温度,检查有无泄漏。

2.24 活塞环

检查性能:将活塞环放入缸套中的磨损区域,用塞尺测量活塞环开口间隙,见图2-280。若不符合表2-4规定,必须更换活塞环。

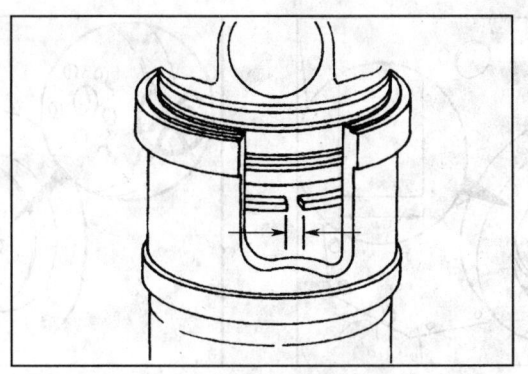

图 2-280 测量活塞环开口间隙

表 2-4 活塞环开口间隙　　　　　　　　　　（单位：mm）

部　位	最　小　值	最　大　值
顶环	0.46	0.71
中间环	0.76	1.14
油环	0.25	0.64

2.25 减振器

1. 拆卸与清洗

①拆下风扇带，拆下定位压板、曲轴带轮和减振器，见图 2-281。

②清洗减振器并吹干，见图 2-282。

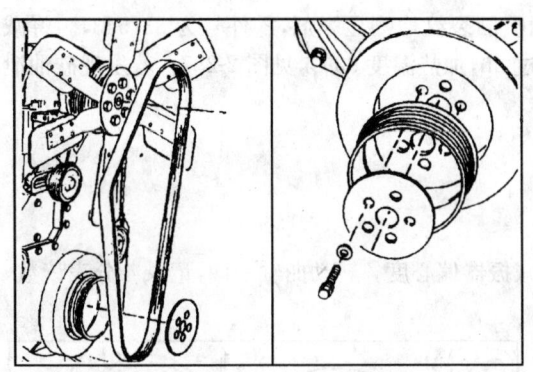

图 2-281 拆下风扇带、压板、曲轴带轮和减振器

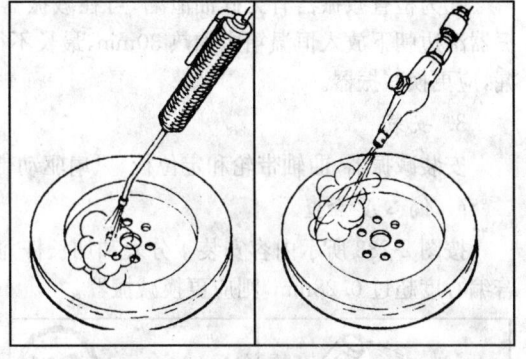

图 2-282 清洗减振器并吹干

2. 保养检查

①减振器中的硅油在长期使用中会固化而失去减振作用，会造成发动机和传动系故障。见图 2-283，应检查减振器有无硅油缺失、弯曲变形、前盖板是否突起。

②检查减振器安装连接板有无裂纹，见图 2-284。

③除去减振器两个端面上四个位置的油漆，见图 2-285。

④在每一个位置两个点测量记录减振器的厚度，即离外缘 3.18mm 处和离外缘 25.4mm 处测量厚度，共得 8 个测量值，若任意两个的差值超过 0.25mm 或任一点处的厚度超过 45mm，就必须更换减振器。减振器厚度测量，见图 2-286。

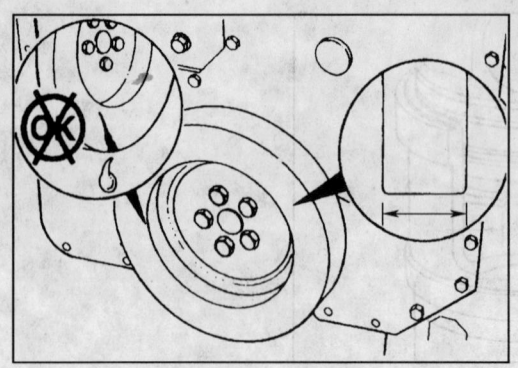

图 2-283 检查减振器有无硅油缺失弯曲变形

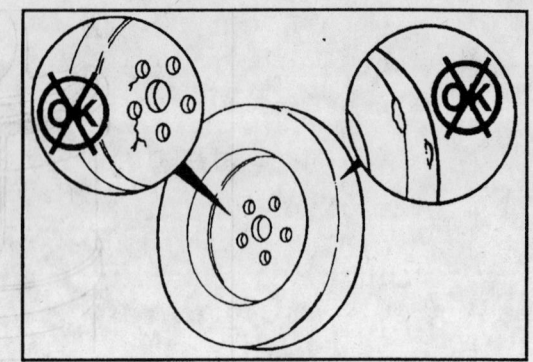

图 2-284 检查连接板有无裂纹

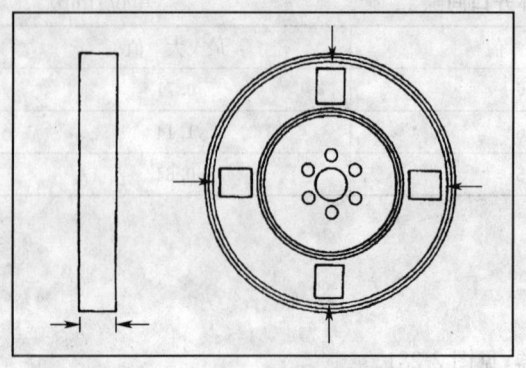

图 2-285 除掉减振器四个位置上的油漆

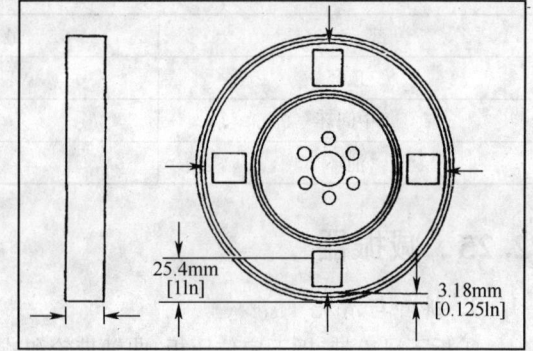

图 2-286 测量减振器的厚度

⑤为检查减振器有无硅油泄漏,可在减振器表面喷洒裂纹检测显影剂,零件号为3375434。将减振器滚边朝下放入恒温箱中加热30min,最长不得超过2h,加热温度93℃,见图2-287。若发现硅油泄漏,应更换减振器。

3. 安装

安装减振器、曲轴带轮和定位板、风扇驱动带。

4. 偏心度检查

按图2-288所示内容安装4分表和加长杆,测量减振器偏心度。转动曲轴一圈,记录4分表读数,若编心度超过0.28mm,则应更换减振器。

图 2-287 加热减振器检查有无泄漏

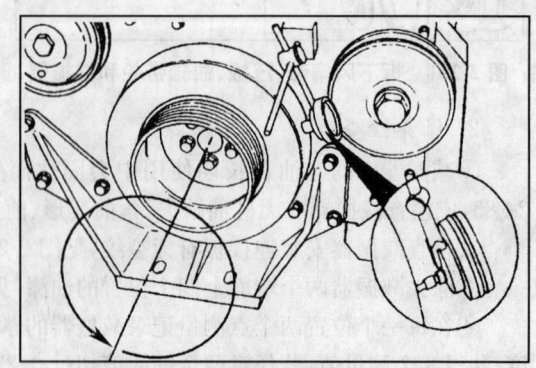

图 2-288 测量减振器的偏心度

5. 端面跳动检查

①按图 2-289 所示,安装 4 分表,将表指针调整到"0",测量端面跳动。

②转动曲轴一圈,记录 4 分表读数,见图 2-290。若端面跳动超过 0.28mm,则应更换减振器。

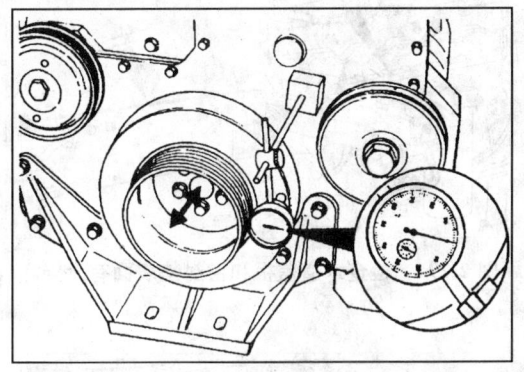

图 2-289 安装千分表并调零、测量端面跳动

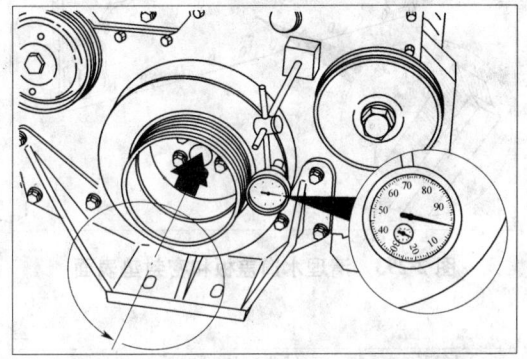

图 2-290 转动曲轴一圈,记录表读数

2.26 缸体水道盖板

1. 拆卸和清洗

①放掉冷却液、拆下进水管、拆下发电机,见图 2-291。

②拆卸 1~8 部件,见图 2-292。

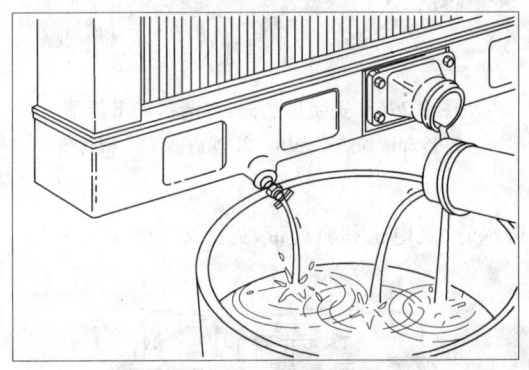

图 2-291 放掉冷却液、拆下进水管、拆下发电机

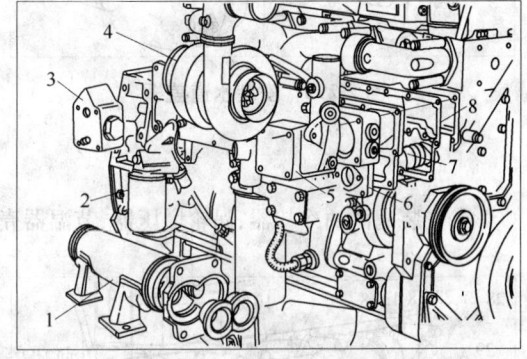

图 2-292 拆卸下列部件
1. 润滑油冷却器 2. 冷却液滤清器和滤清器座
3. 冷却液加热器体 4. 涡轮增压器
5. 冷却液节温器壳体 6. 节温器座
7. 水道盖板 8. 密封垫

③清理水道盖板和缸体密封垫表面,见图 2-293。

2. 检查性能

检查水道盖板和缸体密封垫表面有无裂纹和损坏,见图 2-294。

3. 安装

①用两根导销放在螺栓孔中以便于安装水道盖板,见图 2-295。

②安装冷却液加热器壳体、冷却液滤清器座和滤清器、节温器壳体支座和密封垫,见图 2-296。

③按图 2-297 顺序紧固螺栓。

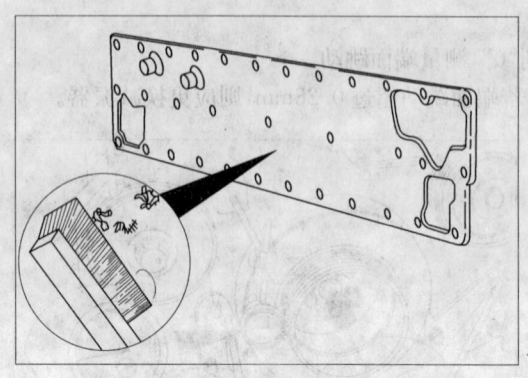

图 2-293　清理水道盖板和密封垫表面

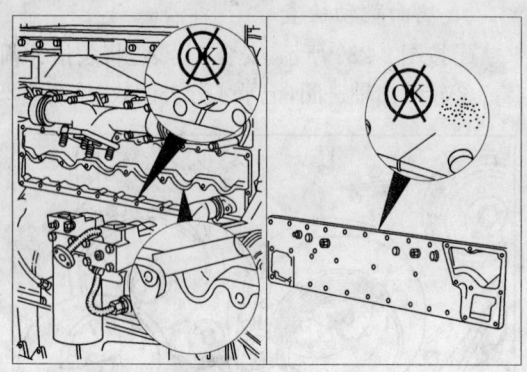

图 2-294　检查水道盖板和密封垫表面有无损坏

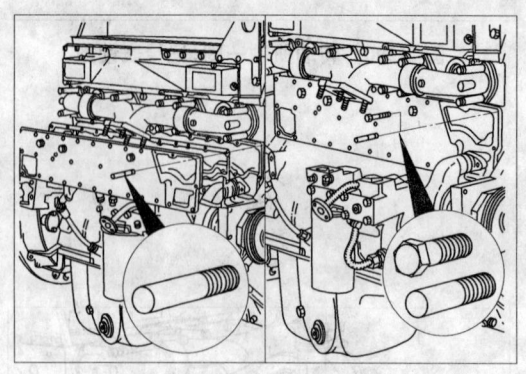

图 2-295　安装水道盖板

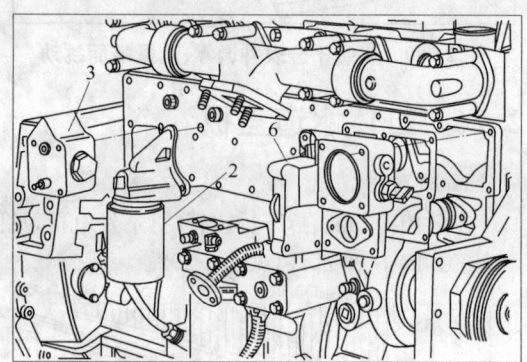

图 2-296　安装加热器、滤清器和节温器
3. 冷却液加热器壳体　2. 滤清器　6. 密封垫

④安装润滑油冷却器、涡轮增压器、节温器壳体、进水管、发电机和驱动带，见图 2-298。

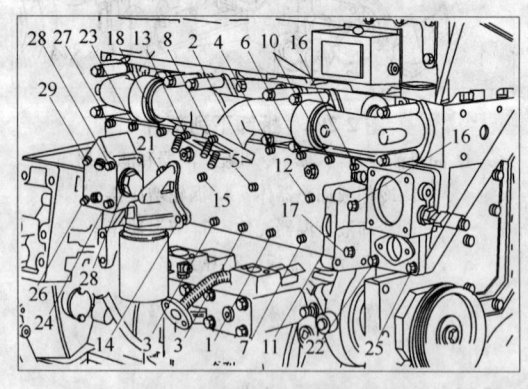

图 2-297　按图示紧固螺栓
1~29. 螺栓顺序

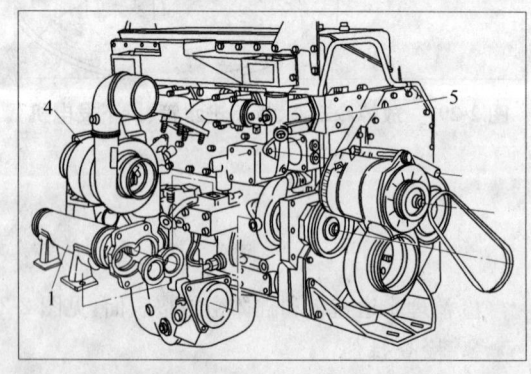

图 2-298　安装润滑油冷却器、增压器、节温器壳体、发电机
1. 润滑油冷却器　4. 增压器　5. 节温器壳体

⑤加注冷却液、运转发动机至正常温度80℃，检查冷却液有无泄漏，见图 2-299。

第 2 章 机械部分检修

图 2-299 运转发动机、检查有无泄漏

2.27 活塞和连杆总成

1. 拆卸与清洗

①放掉润滑油、拆下油底壳、拆下缸盖和冷却喷嘴。
②用优质纤维研磨垫,如 Scotch-Brite® 7448,零件号 3823258 和溶剂清除积碳,见图 2-300。
③转动曲轴,使连杆盖到达下止点位置(BDC),以便拆卸连杆,见图 2-301。

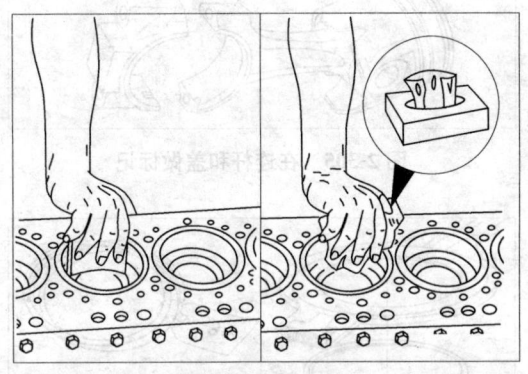

图 2-300 清除积碳

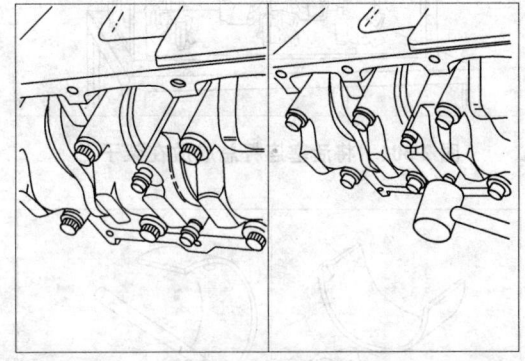

图 2-301 转动曲轴,使连杆盖到达下止点位置

④拆下连杆螺栓、连杆盖和下瓦,并做标记"L",见图 2-302。1995 年秋以前生产的 M 发动机,连杆没有润滑油油道,连杆上瓦没有润滑油孔。1995 年秋之后生产的 M 发动机连杆有润滑油油道,连杆上瓦也有润滑油孔。
⑤用 T 形手柄推压杆将连杆推离曲轴,使活塞露出缸套顶部,见图 2-303。
⑥取出活塞连杆总成并做标记。
⑦将活塞和连杆总成放在一个架子上,见图 2-304。
⑧在连杆和连杆盖上做标记,以便装配时符号相符,见图 2-305。
⑨拆下连杆上轴瓦,并做标记,缸号和字母"U"(上轴瓦),见图 2-306。
⑩用活塞环拆装器拆卸活塞环并做标记,见图 2-307。
⑪拆下活塞销卡环,见图 2-308。
⑫在 100℃ 热水中加热活塞连杆总成 15min、拆下活塞销,见图 2-309。
⑬铰接式活塞分解后,在活塞顶部、裙部和活塞销上记上缸号,以便安装时不会装错,见图 2-310。
⑭清洗活塞,除去积碳,清洗连杆并吹干。

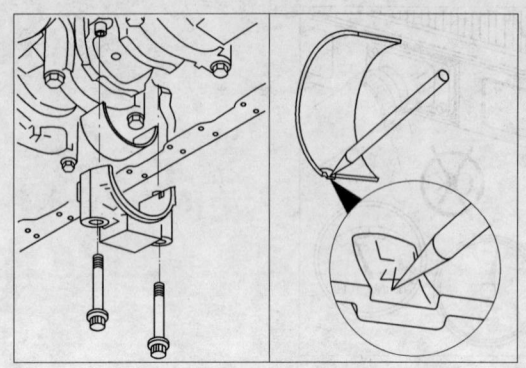

图 2-302　拆下连杆下瓦并做"L"标记

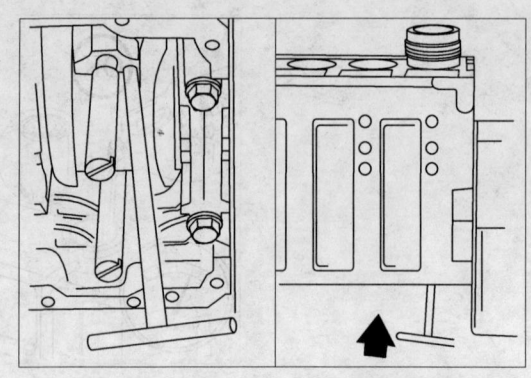

图 2-303　推压连杆使活塞露出缸套顶部

图 2-304　将活塞连杆总成放在架子上

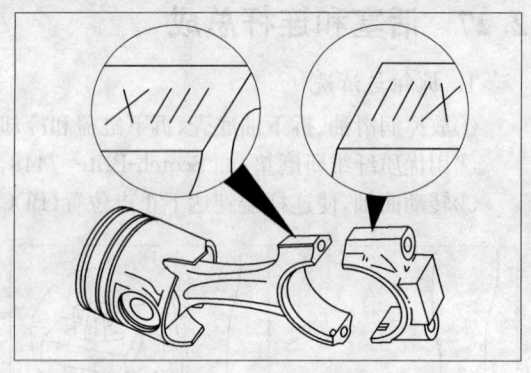

图 2-305　在连杆和盖做标记

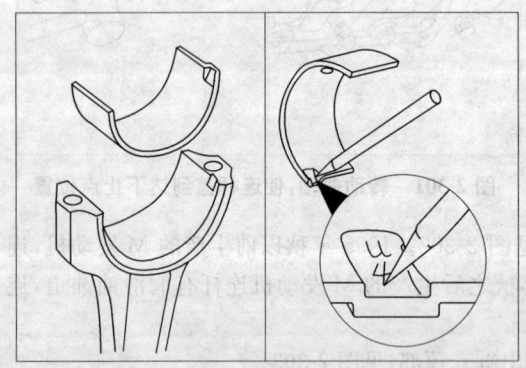

图 2-306　在连杆上瓦上做"U"标记

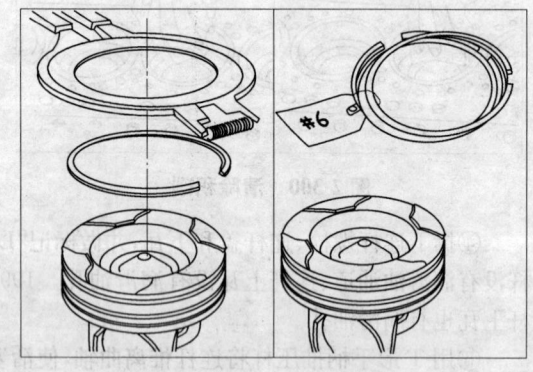

图 2-307　拆下活塞环并做标记

2. 检查性能

检查活塞和连杆各部位有无损伤。

3. 组装

①安装活塞销，但不能用锤子敲打，见图 2-311。
②安装卡环，见图 2-312。
③安装油环，见图 2-313。
④安装活塞上的 3 道环，见图 2-314。

第2章 机械部分检修

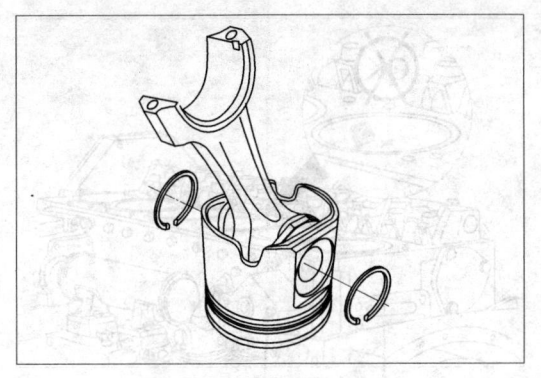

图 2-308 拆下活塞销卡环

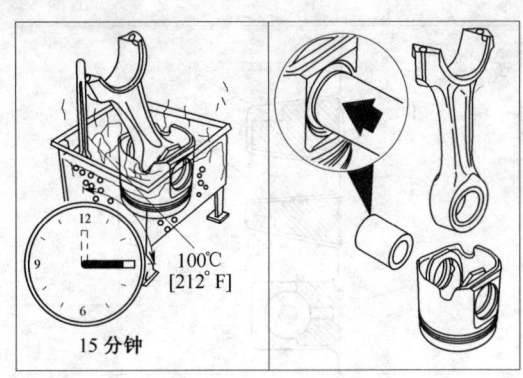

图 2-309 拆下活塞销

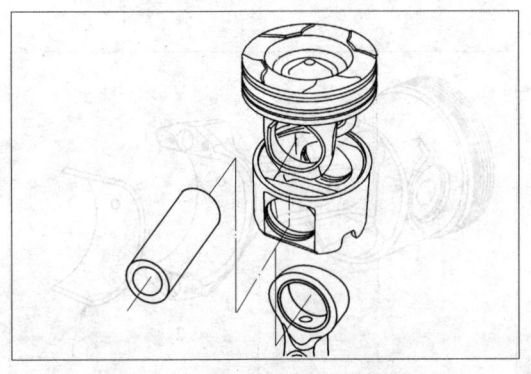

图 2-310 分解活塞并做缸号标记

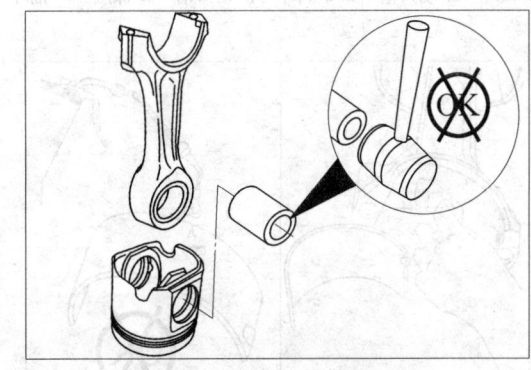

图 2-311 安装活塞销

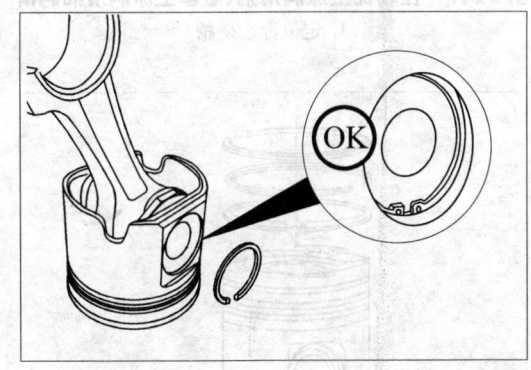

图 2-312 安装卡环

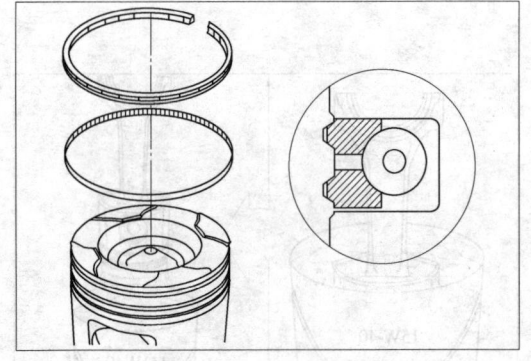

图 2-313 安装油环

4. 安装

① 组装前应保证缸体和所有部件清洁干净并检查缸套能否使用，见图 2-315。
② 清洁连杆、不得润滑瓦背，见图 2-316。
③ 轴瓦的定位舌应座入连杆上的槽中，轴瓦端面应与连杆盖安装面齐平，见图 2-317。
④ 在瓦上涂润滑剂，在缸套上涂润滑油 15W-40，见图 2-277。
⑤ 将活塞连杆总成放润滑油 15W-40 中，取出后让过多的润滑油流出，见图 2-318。
⑥ 调整活塞环的开口位置，见图 2-319。
⑦ 安装连杆导销，零件号 3376038，使用活塞环压缩器（零件号 3823309）压缩活塞环，见图 2-320。

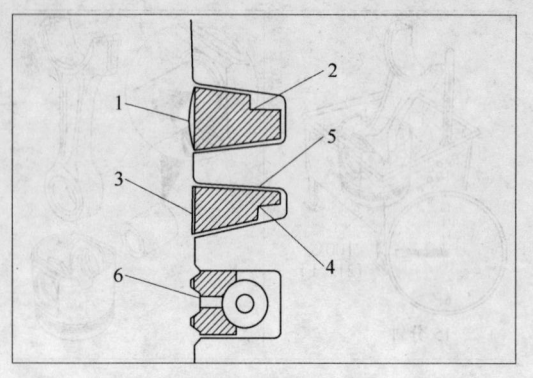

图 2-314　安装好 3 道环
1. 顶环　2. 切口槽　3. 中间环　4. 切口槽　5. 涂层　6. 油环

图 2-315　应确保缸体和所有部件清洁干净、缸套无损坏

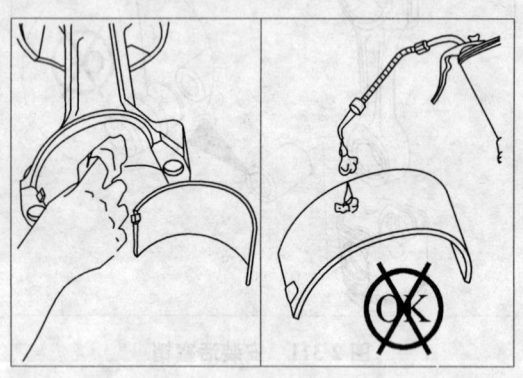

图 2-316　定位舌入槽、轴瓦端面与连杆安装面齐平

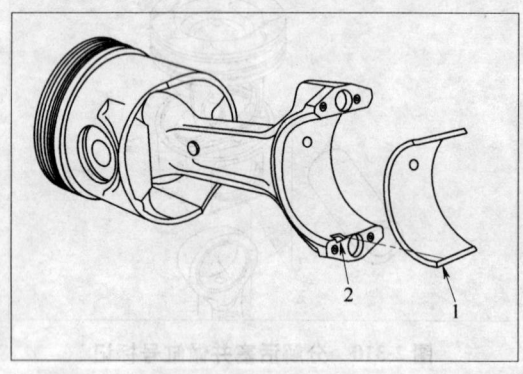

图 2-317　在轴瓦上涂润滑剂、缸套上涂润滑油润滑
1. 定位舌　2. 槽

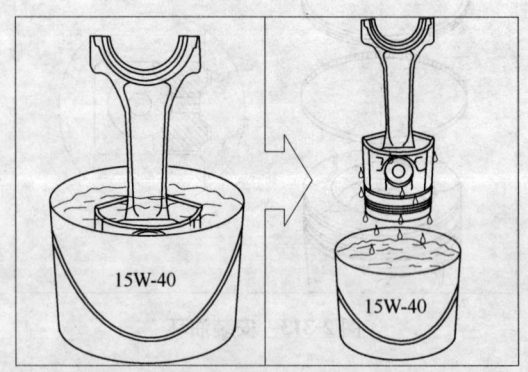

图 2-318　将活塞连杆总成放入润滑油中

图 2-319　调整活塞环开口位置

⑧转动曲轴，使连杆轴颈处于下止点，见图 2-321。
⑨使轴瓦定位舌朝向发动机凸轮轴侧，见图 2-322。
⑩用活塞环压缩器夹紧活塞环、安装活塞到缸套中，并轻轻推下活塞，见图 2-323。
⑪将活塞和连杆推入缸套的同时，用尼龙导销对准连杆和曲轴。最后，拆下尼龙导销，见图 2-324。
⑫将轴瓦装入连杆盖并涂油、定位舌要入槽中，见图 2-325。
⑬安装连杆盖和螺栓，见图 2-326。

第 2 章 机械部分检修

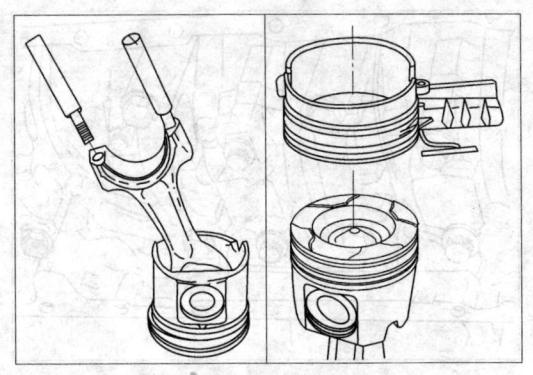

图 2-320 安装导销、用活塞环压缩器压缩活塞环

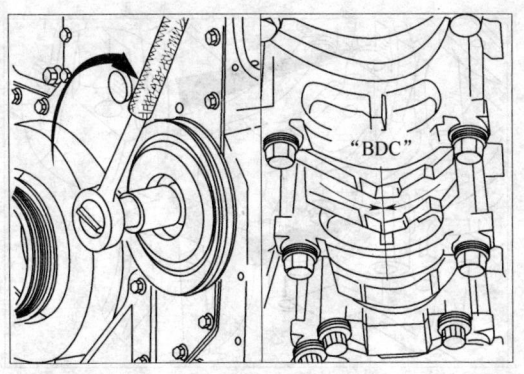

图 2-321 转动曲轴、使连杆轴颈处于下止点
BDC. 下止点

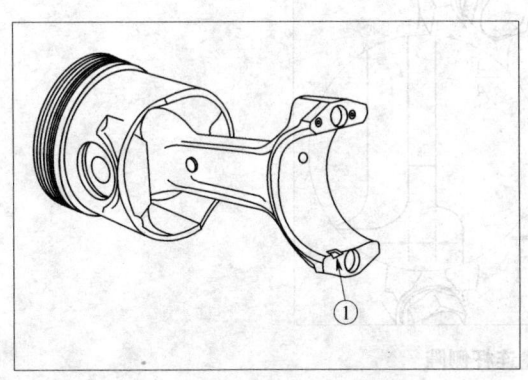

图 2-322 使轴瓦定位舌朝向凸轮轴侧
1. 定位舌

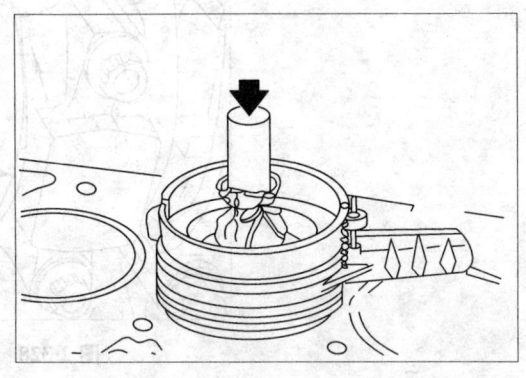

图 2-323 安装活塞到缸套中

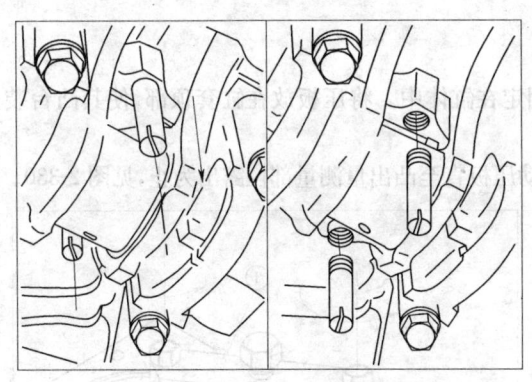

图 2-324 拆下尼龙导销

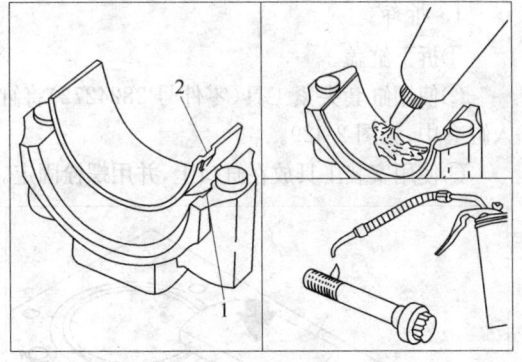

图 2-325 将轴瓦装入连杆盖
1. 槽 2. 定位舌

⑭紧固螺栓,见图 2-327。力矩:1—68N·m,2—142N·m,3—210N·m,4—松开,5—重复 1～3 步骤。

⑮测量连杆侧隙,最小值 0.10mm,最大值 0.30mm,见图 2-328。

⑯安装活塞冷却喷嘴、安装油底壳、安装缸盖、加注润滑油,运转发动机至正常工作温度,检查有无泄漏。

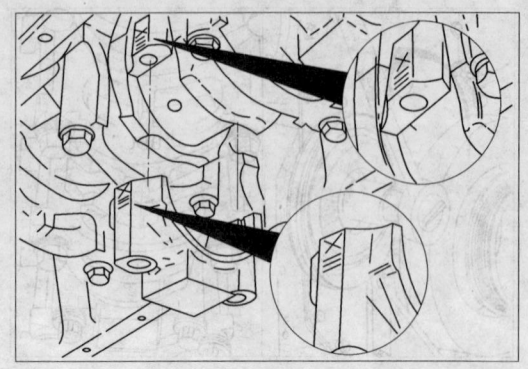
图 2-326　安装连杆盖和螺栓

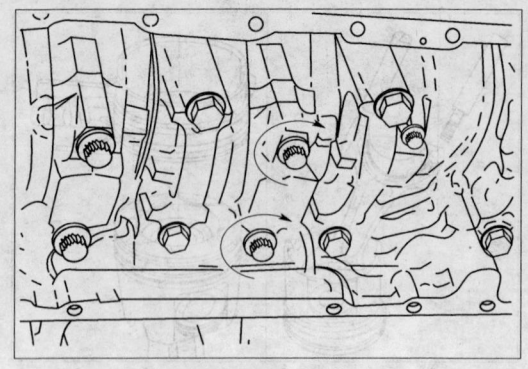
图 2-327　紧固螺栓

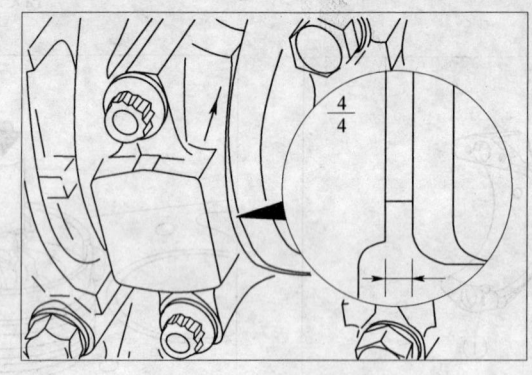
图 2-328　测量连杆侧隙

2.28　缸套凸出量测量

1. 拆卸

①拆下缸盖。

②使用缸套夹紧工具(零件号 3824272)将缸套固定在缸体中。将压板放在缸套顶部,使其凸台装入缸套中,见图 2-329。

③使用安装工具放在缸口上,并用螺栓固定。转动压板直至凸出量测量部位露出为止,见图 2-330。

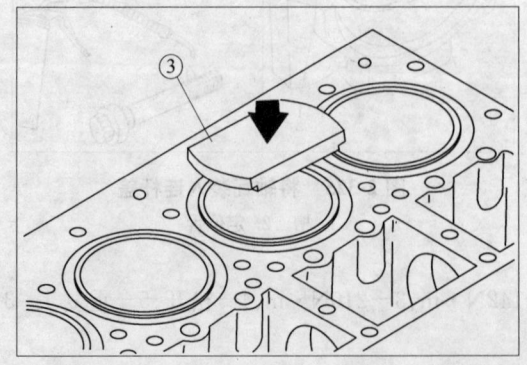
图 2-329　将压板放缸套顶部,让其凸台装入缸套中
3. 压板

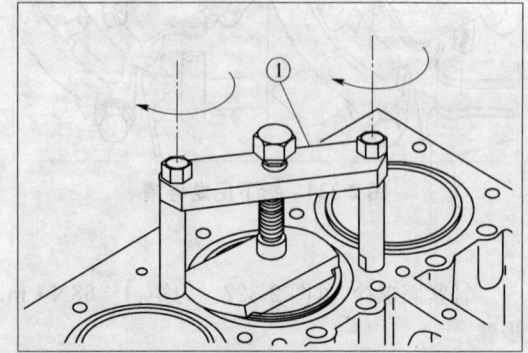
图 2-330　使用安装工具放在缸套上并紧固,
使凸出量测量部位露出
1. 安装工具

④紧固压紧螺栓,力矩:136N·m,见图2-331。

2. 测量

①安装测量表,在相互间隔90°的4个位置测量缸套凸出量,最小值0.00mm、最大值0.13mm,见图2-332。

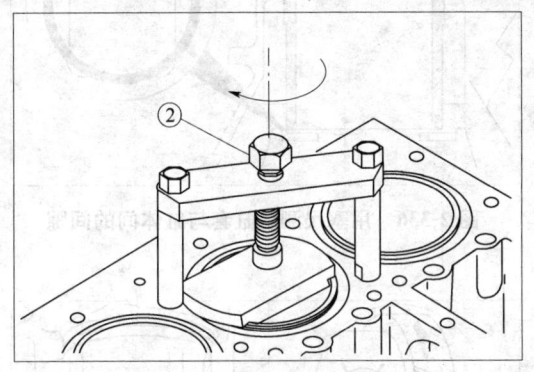

图2-331 紧固压紧螺栓
2. 压紧螺栓

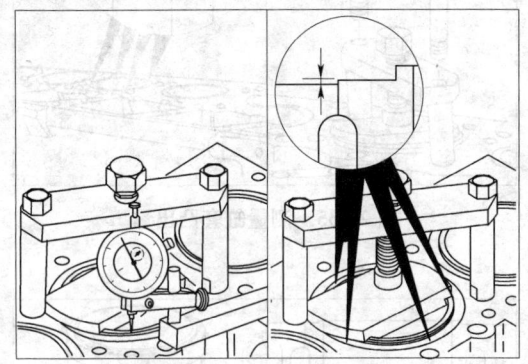

图2-332 测量缸套凸出量

②缸套凸出量在每180°位置变化0.025mm,则应拆下缸套,见图2-333。

③检查缸套密封边缘有无毛刺,缸套是否损坏,见图2-334。

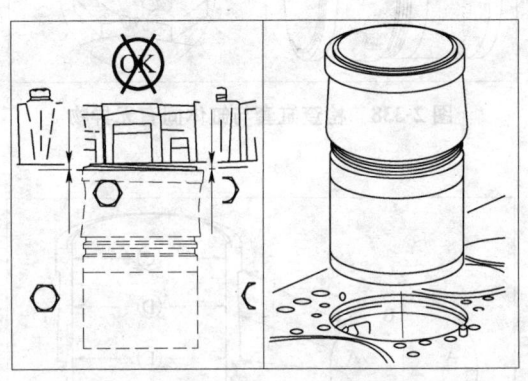

图2-333 拆下缸套

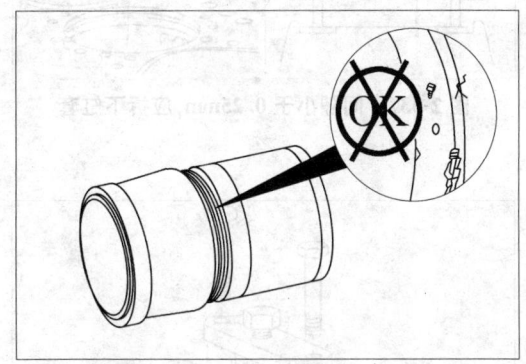

图2-334 检查缸套有无毛刺、是否损坏

④重新安装缸套、测量缸套凸出量,见图2-335。

⑤用塞尺在缸体的4个铸造部位检查缸套与缸体之间的间隙,最小值0.25mm,见图2-336。

⑥若间隙小于0.25mm,应拆下缸套,见图2-337。

⑦检查缸套与缸体间有无异物,见图2-338。

⑧更换损坏的缸套并安装,见图2-339。

⑨在"C"、"D"、"E"、"F"和"G"点测量缸套不圆度。在每一点沿"AA"和"BB"方向进行测量。孔的不圆度不得大于0.10mm,见图2-340。

⑩若缸套孔不圆度超过0.10mm,则应拆下缸套,测量缸套孔,见图2-341。

⑪测量缸体上部缸套孔(A)尺寸,最小值145.900mm、最大值146.027mm;测量缸体沉孔以下8.0~13.5mm处的缸套密封座孔(B)尺寸,最小值138.063mm、最大值138.113mm。尺寸A、B测量,见图2-342。

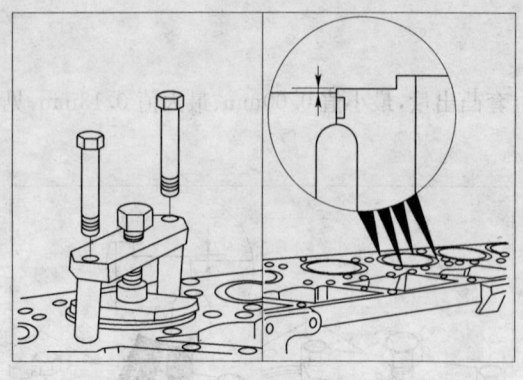

图 2-335　测量缸套凸出量

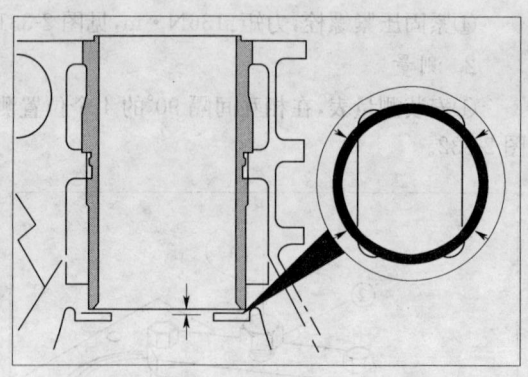

图 2-336　用塞尺测量缸套与缸体间的间隙

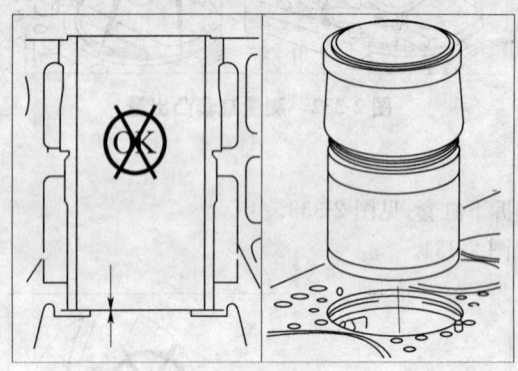

图 2-337　间隙小于 0.25mm，应拆下缸套

图 2-338　检查缸套与缸体间有无异物

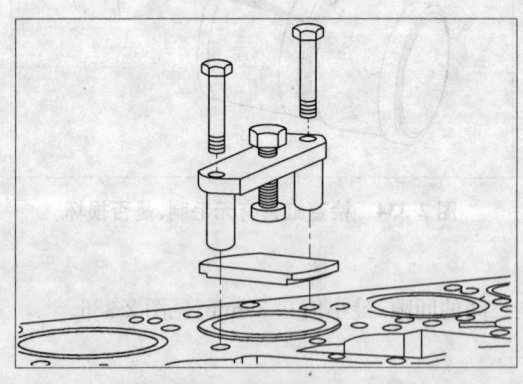

图 2-339　更换缸套并安装

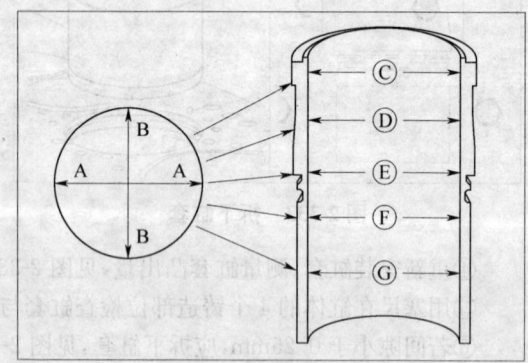

图 2-340　测量不圆度
C、D、E、F、G. 测量点　　AA、BB. 测量点

⑫测量缸套外径(A)尺寸，最小值 145.938mm、最大值 145.976mm，见图 2-343。
⑬测量缸套密封座外径(C)尺寸，最小值 137.937mm、最大值 138.013mm，见图 2-344。
⑭检查缸体上的缸套孔和缸套上有无毛刺或损坏，见图 2-345。
⑮更换损坏的缸套，再次检查缸套孔(A)和缸套凸出量(B)尺寸是否符合技术规范，若不合格，应更换缸套，见图 2-346。

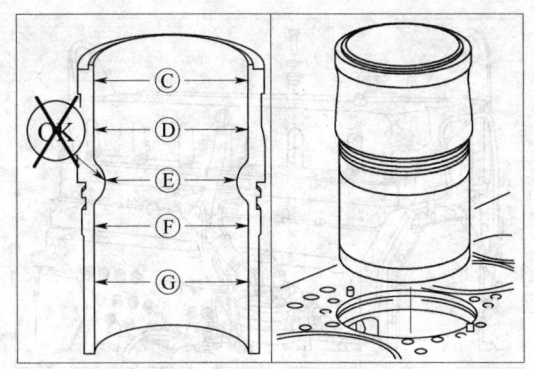

图 2-341 缸套孔超差,应拆下缸套,测量缸体上的缸套孔
C、D、E、F、G. 测量点

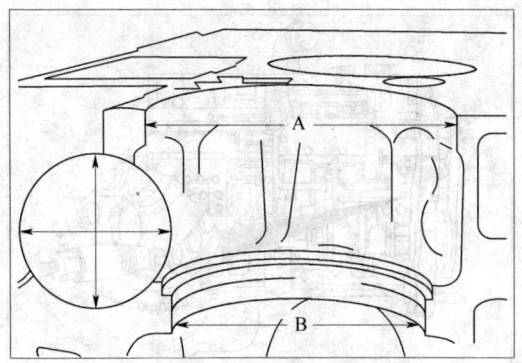

图 2-342 尺寸 A、B 的测量
A. 缸套孔内径　B. 缸套密封座孔内径

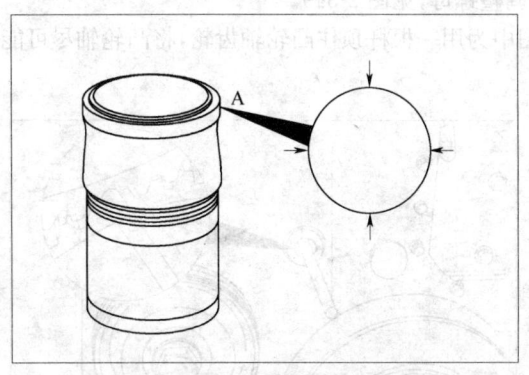

图 2-343 测量缸套外径

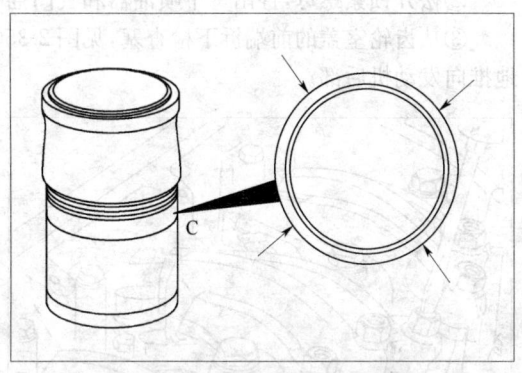

图 2-344 测量缸套密封座外径
C. 缸套密封座外径

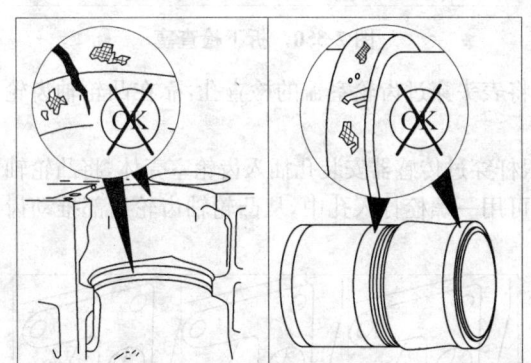

图 2-345 检查缸体上的缸套孔和缸套有无毛刺或损坏

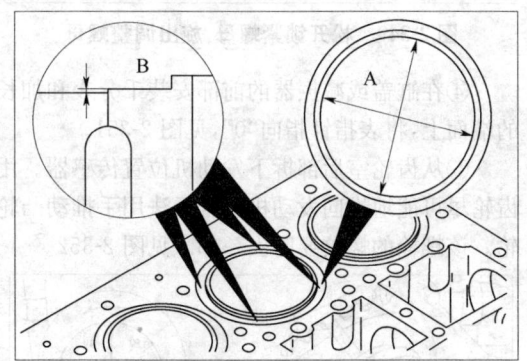

图 2-346 再次检查 A、B 尺寸,若不合格,应更换缸套
A. 缸套孔　B. 凸出量

2.29 凸轮轴轴向间隙测量

①M 系列发动机,若出现发动机起动困难,可能的原因是发动机位置传感器与凸轮轴齿轮背部的传感器之间的间隙过大而引起。在这种情况下,传感器无传向 ECM 发送信息。间隙过大可能是由于凸轮轴止推轴承故障而产生的。测量凸轮轴轴向间隙而无需拆卸前齿轮室盖。若轴向间隙不在规定范围,则必须拆下卸前齿轮室盖,调整凸轮轴轴向间隙。图 2-347 为发动机位置传感的安装位置,图 2-348 拆下摇臂室盖。

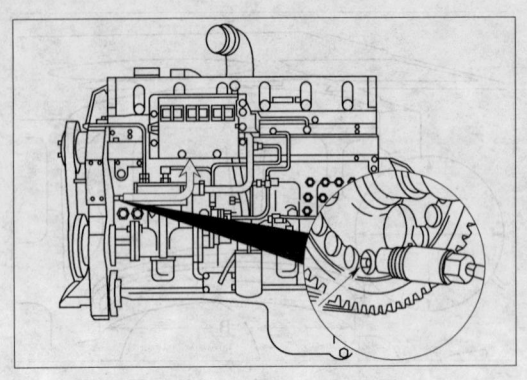

图 2-347 发动机位置传感器的安装位置

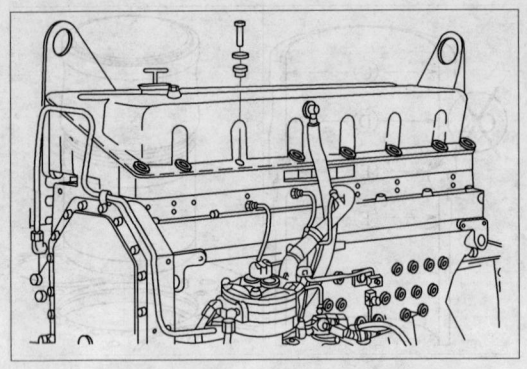

图 2-348 拆下摇臂室盖

②松开锁紧螺母,拧出每个喷油器和气门摇臂的调整螺母,见图 2-349。

③从齿轮室盖的前端拆下检查塞,见图 2-350。图中为用一根杆顶住凸轮轴齿轮,将凸轮轴尽可能地推向发动机后部。

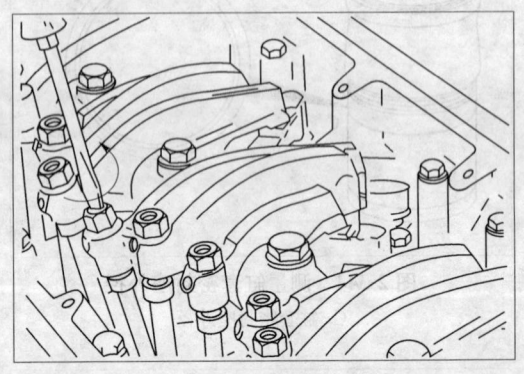

图 2-349 松开锁紧螺母,旋出调整螺母

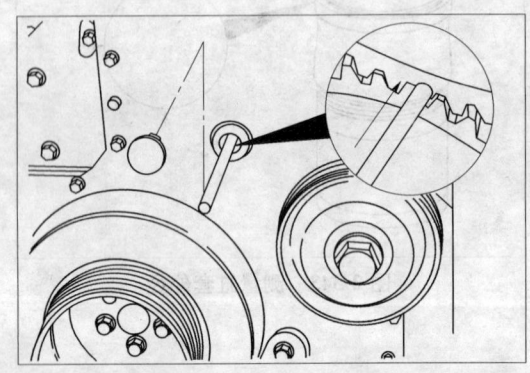

图 2-350 拆下检查塞

④在缸盖或减振器的前部安装千分表和加长杆,将表头穿过齿轮室盖的检查孔,靠在凸轮轴齿轮的端面上,将表指针指向"0",见图 2-351。

⑤从齿轮室后部拆下发动机位置传感器。用一根杆穿过传感器安装孔插入齿轮室壳体,将凸轮轴齿轮尽可能地推向发动机。若无法用手推动凸轮轴,可用一螺栓拧入孔中,从凸轮轴齿轮后部推动齿轮。该螺栓的螺纹要磨去一部。见图 2-352。

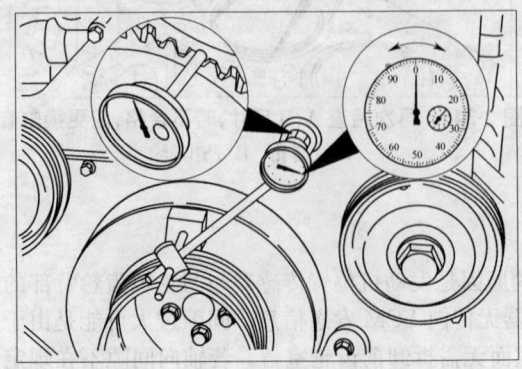

图 2-351 安装千分表并调整指针到"0"

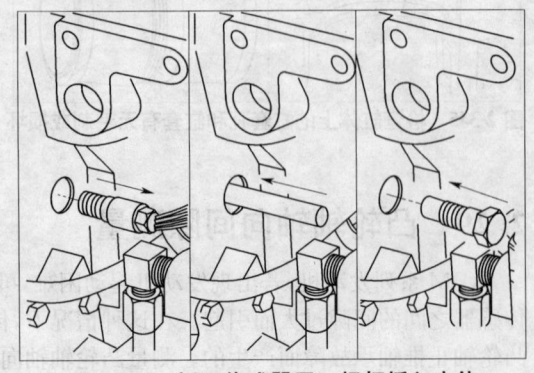

图 2-352 拆下传感器用一根杆插入壳体或用一磨去螺纹的螺栓拧入孔中

⑥记录表读数,凸轮轴轴向间隙,最小值0.13mm,最大值0.33mm,见图2-353。
⑦调整气门和喷油器、将凸轮轴检查塞装入齿轮室盖,安装发动机位置传感器。见图2-354。

图2-353 测量凸轮轴轴向间隙

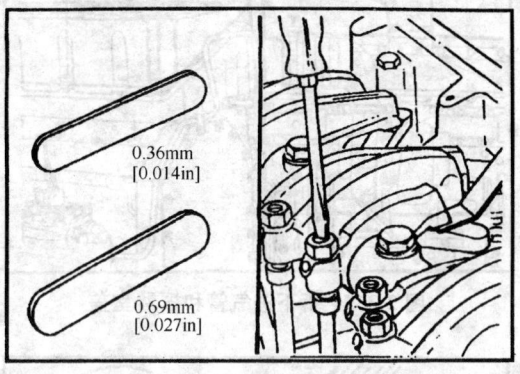

图2-354 调整气门和喷油器、安装发动机位置传感器

2.30 缸盖维修工具

缸盖维修工具,见表2-5。

表2-5 缸盖维修工具

工具号	工具名称	工具图
3376082	缸盖水压测试装置 用于对缸盖喷油器安装密封套进行压力测试,检查是否泄漏。	
33822479	缸盖提升支架 用于拆装缸盖时提升缸盖。	
3823546	缸盖螺栓长度量孔 用于测量缸盖安装螺栓的长度。	

2.31 缸盖

1. 拆卸

①拆下进气管和摇臂室盖,见图2-355。
②拆下发动机制动器,见图2-356。
③用螺丝刀拆开导线连接器,见图2-357。
④拆下导线线束固定螺钉,见图2-358。
⑤拆下通向喷油器的Deutsch 2针连接器,见图2-359。
⑥拆下导线线束,见图2-360。

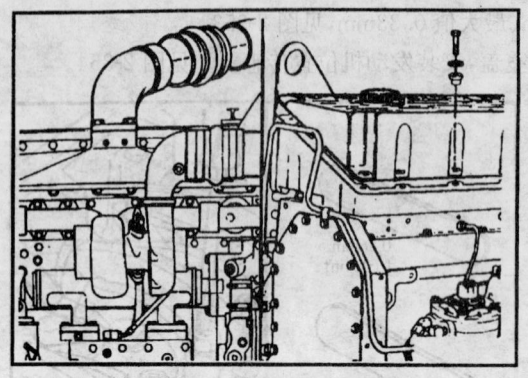

图 2-355 拆下进气管和摇臂室盖

图 2-356 拆下发动机制动器

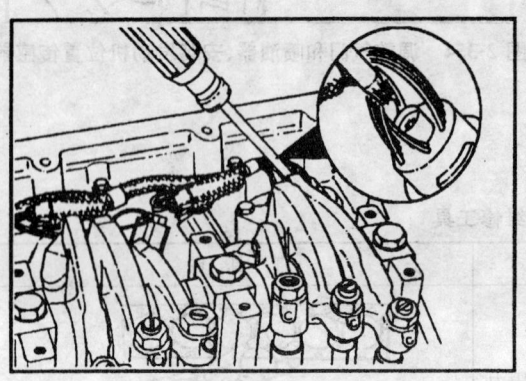

图 2-357 拆开导线连接器

图 2-358 拆下固定螺钉

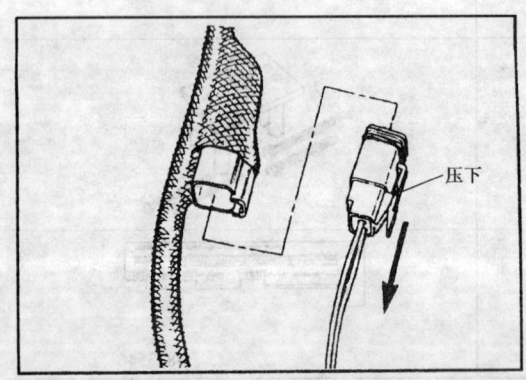

图 2-359 拆下 2 针连接器

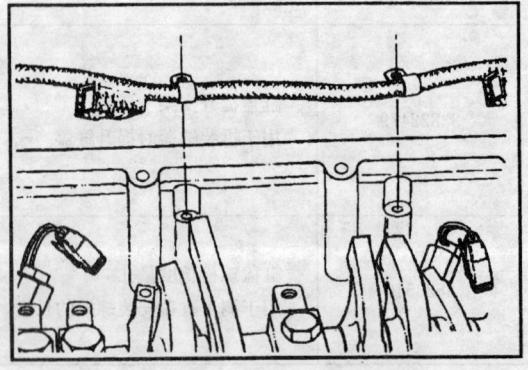

图 2-360 拆下导线线束

⑦拆下推管和推杆,见图 2-361。拆卸时,应记下丁字压板位置,在组装时必须原样装回。
⑧拆下摇臂总成,见图 2-362。
⑨拆下丁字板、并标上所属气缸号和位置,见图 2-363。
⑩拆下喷油器,见图 2-364。
⑪拆下摇臂室壳体,见图 2-365。
⑫拆下涡轮增压器和排气支管,见图 2-366。
⑬拆下燃油管、空压气、风扇和支架,见图 2-367。
⑭拆下燃油泵侧 7 颗螺栓,见图 2-368。

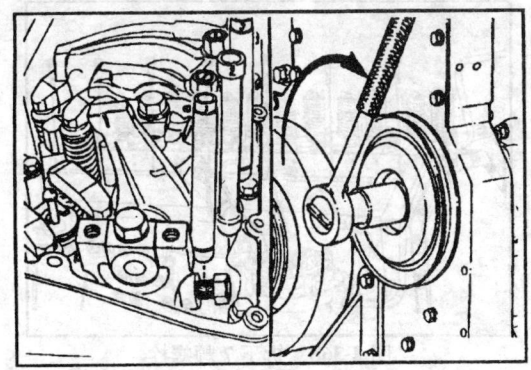
图 2-361 拆下推管和推杆

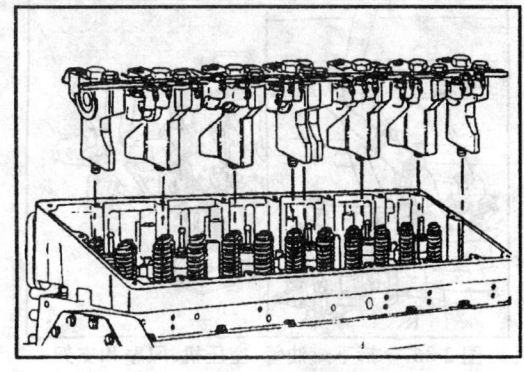
图 2-362 拆下摇臂总成

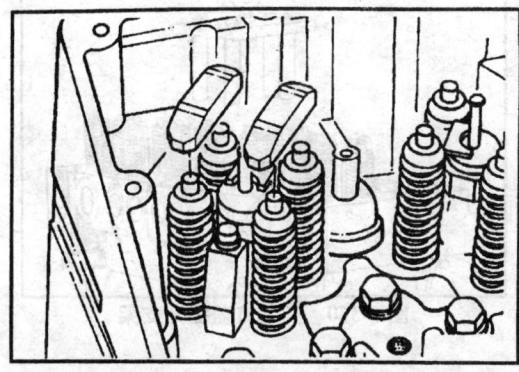
图 2-363 拆下丁字板并做标记

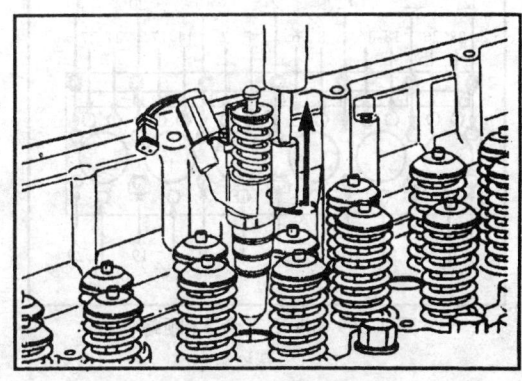
图 2-364 拆下喷油器

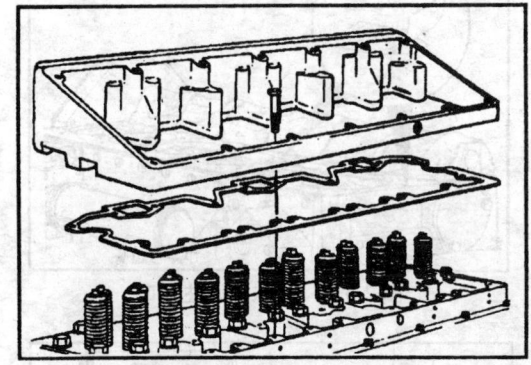
图 2-365 拆下摇臂室壳体

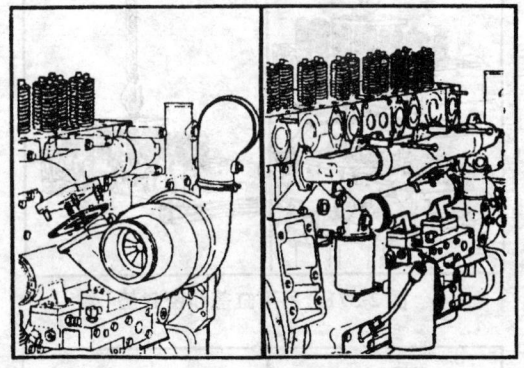
图 2-366 拆下增压器和排气管

⑮按图 2-369 所示顺序，拆下其余 32 颗螺栓。
⑯安装缸盖提升支架，零件号 3822479，拧紧螺栓，力矩：47N·m，见图 2-370。
⑰吊下缸盖和密封垫，见图 2-371。
⑱用干净抹布堵住缸盖上的冷却液和油道口，见图 2-372。
⑲清理缸盖表面，见图 2-373。
⑳清理缸盖螺栓螺纹中的沉积物，见图 2-374。
㉑清洗缸盖并吹干，见图 2-375。
㉒清理缸盖燃烧面和密封垫表面，见图 2-376。

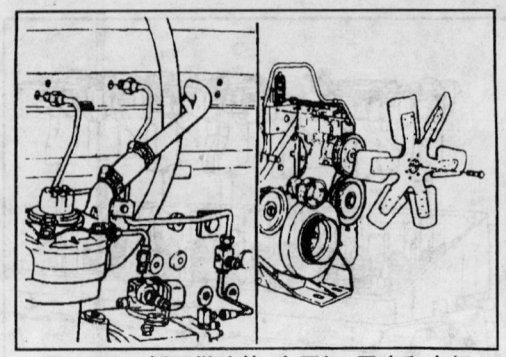

图 2-367 拆下燃油管、空压机、风扇和支架

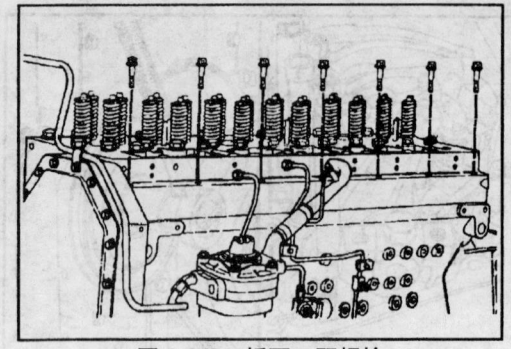

图 2-368 拆下 7 颗螺栓

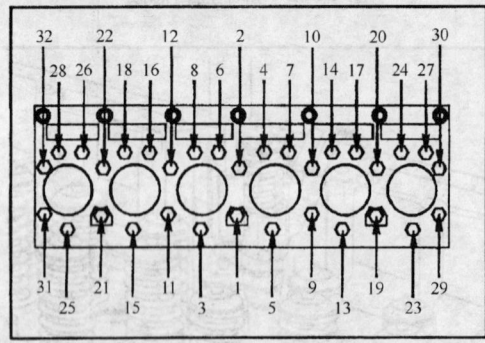

图 2-369 拆下其余 32 颗螺栓

1~32. 螺栓顺序

图 2-370 安装缸盖提升支架

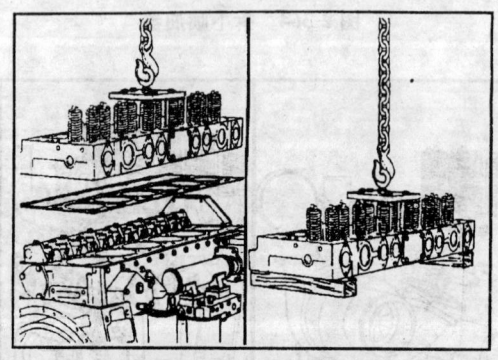

图 2-371 吊下缸盖和密封垫

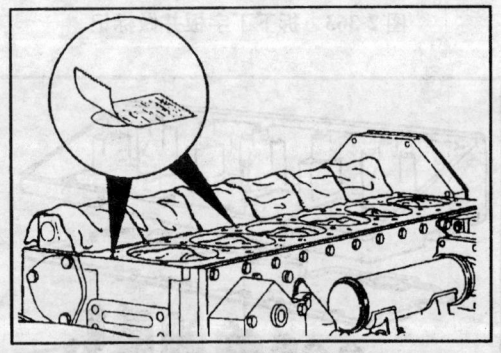

图 2-372 用抹布堵住液口

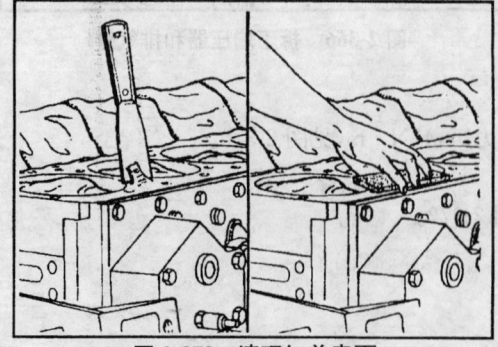

图 2-373 清理缸盖表面

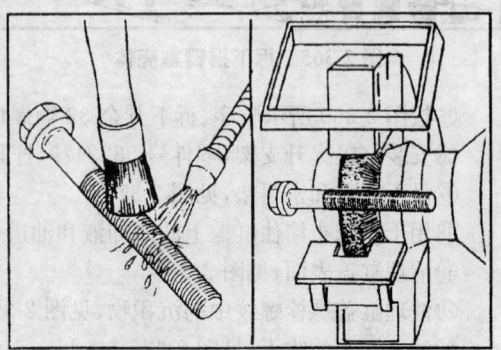

图 2-374 清理螺栓上的异物

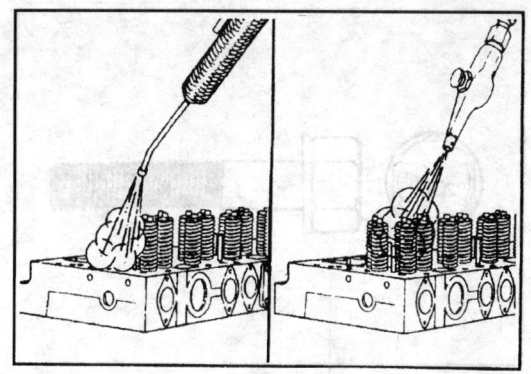

图 2-375 清洗缸盖并吹干

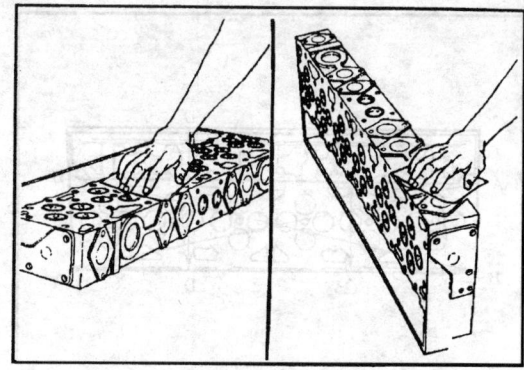

图 2-376 清理缸盖燃烧面和密封垫表面

㉓清理摇臂室壳体密封垫表面,见图 2-377。

2. 检查性能

①检查油道和水道是否堵塞,清除异物,见图 2-378。

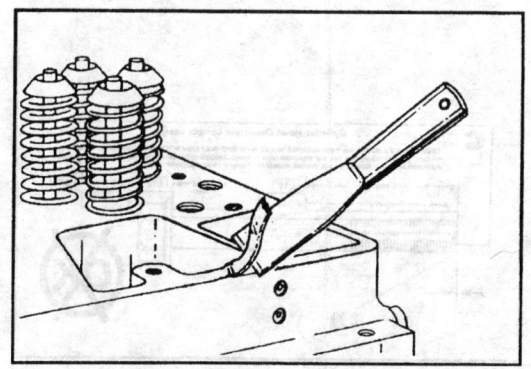

图 2-377 清理摇臂室壳体密封垫表面

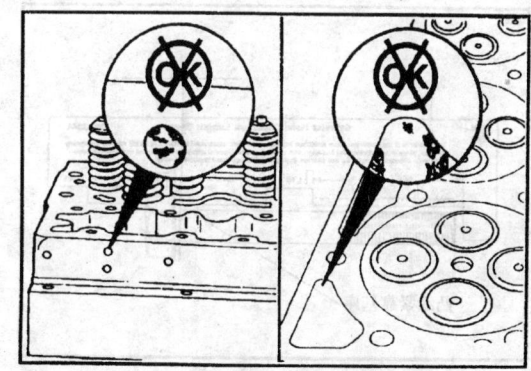

图 2-378 检查油道和水道是否堵塞、清理异物

②检查气门和气门弹簧有无裂纹,气门杆是否弯曲或断裂,气门有无泄漏或烧蚀的现象,见图2-379。
③检查缸盖有无裂纹,若怀疑有裂纹,应进行压力试验,见图 2-380。

图 2-379 检查气门和弹簧有无裂纹、弯曲变形

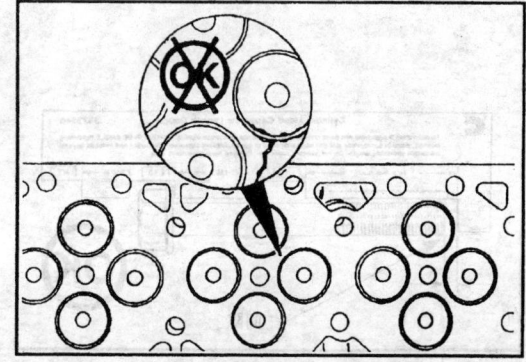

图 2-380 检查缸盖有无裂纹

④测量缸盖平直度,要求 AA 和 BB 最大 0.200mm、CC 最大 0.076mm、DD 最大 0.127mm,见图 2-381。
⑤M 发动机缸盖螺栓使用扭矩加角度的安装方法,以使螺栓形成永久性拉伸,可以提高使用寿命。图 2-382 为拉伸后的螺栓。

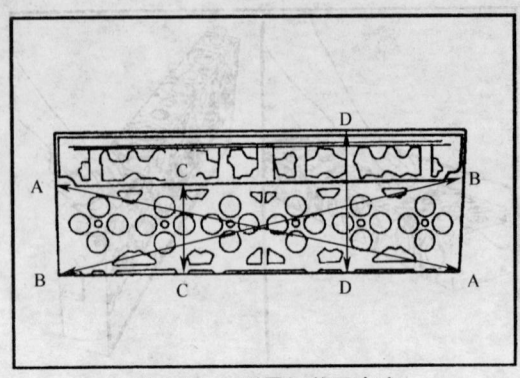

图 2-381 测量缸盖平直度

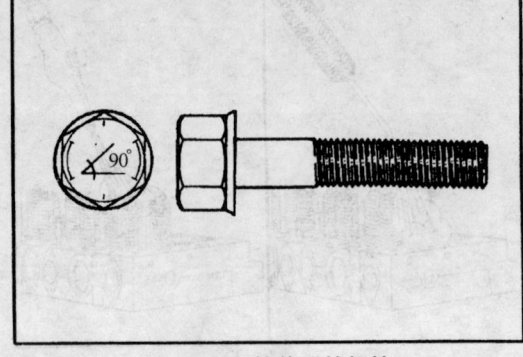

图 2-382 拉伸后的螺栓

⑥用螺栓长度量规,零件号为 3823546,检查缸盖螺栓的自由长度,在检查时,使用标记 L10 缸盖螺栓的槽,见图 2-383。

⑦若螺栓末端接触量规底边,说明螺栓太长,应与更换,见图 2-384。

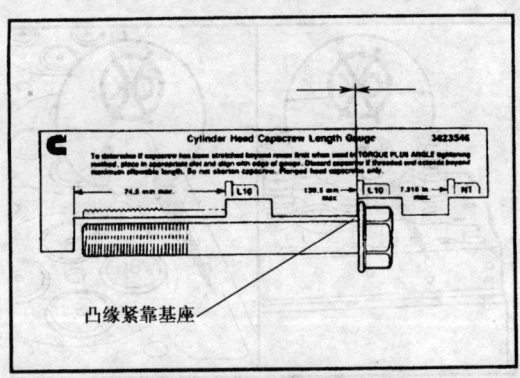

图 2-383 检查螺栓自由长度

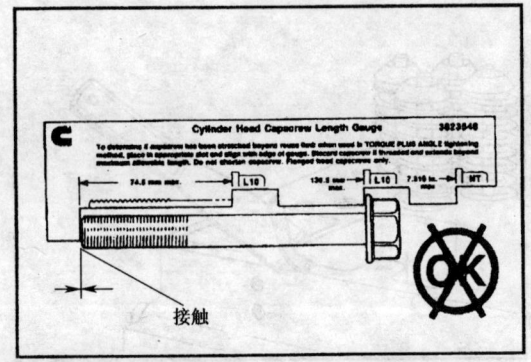

图 2-384 螺栓太长、应更换

⑧若螺栓末端与量规底边有间隙,该螺栓可以继续使用,见图 2-385。
⑨用游标卡尺测量螺栓长度,最大允许自由长度 X,见图 2-386 和表 2-6 所示。

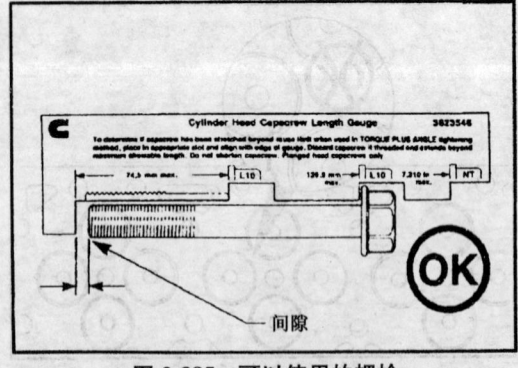

图 2-385 可以使用的螺栓

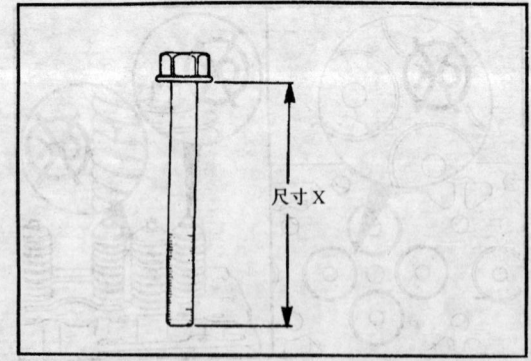

图 2-386 螺栓最大允许自由长度测量

表 2-6 缸盖螺栓自由长度　　　　　　　　　　　　　　　　(单位:mm)

零 件 号	最 大 值
3045849	74.5
3045850	139.5

3. 压力测试

① 安装缸盖水压测试装置，见图 2-387。

② 安装 6 个喷油器密封套固定工具，零件号 ST-1179，在每个喷油器孔中安装螺栓 1、平垫圈 2、砧板 3，零件号为 ST-179-4，以及心轴 4，零件号为 ST-1179-2，见图 3-388。

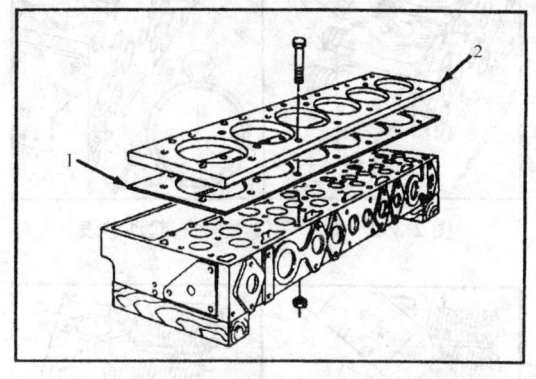

图 2-387　安装缸盖水压测试装置
1. 密封垫　2. 测试板

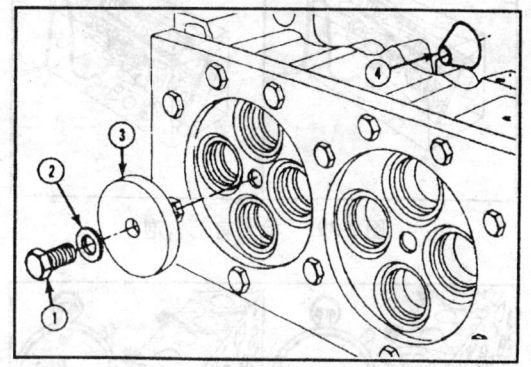

图 2-388　安装喷油器密封套固定工具
1. 螺栓　2. 平垫圈　3. 砧板　4. 心轴

③ 紧固 6 颗喷油器密封套固定工具螺栓力矩：75N·m，见图 2-389。

④ 向测试板上接一根软管，向缸盖通压缩空气，压力：276kPa，见图 2-390。

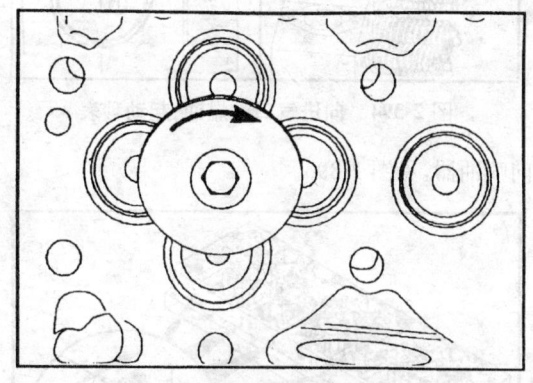

图 2-389　紧固固定工具螺栓

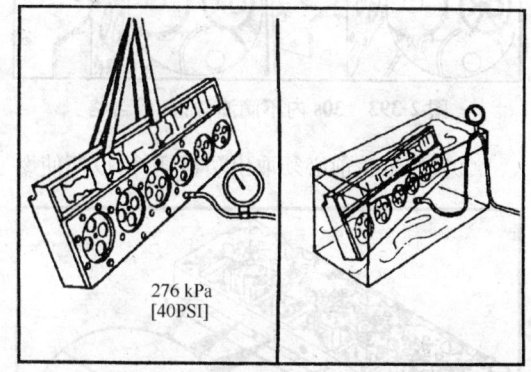

图 2-390　接一根软管，向缸盖通压缩空气

⑤ 检查水中有无气泡，若有气泡，应更换气缸盖，见图 2-391。

⑥ 拆下测试设备，组装缸盖。

4. 泄漏测试

① 检查气门有无泄漏和烧蚀现象，若有应修磨气门和气门口；使缸盖侧置，排气口朝上，用燃油注满一个排气口，起动秒表，见图 2-392。

② 在 30s 内若有燃油滴下或流下，应重新修磨排气门和排气门口；若在 30s 内无燃油滴下，说明排气门口合格，见图 2-393。对 6 个气缸重复进行检查。

③ 向进气口注燃油，起动秒表，见图 2-394。

④ 在 30s 内，若有燃油滴下或从缸盖表面流下，应重新修磨进气门和进气门口。在 30s 内，若无燃油滴下，说明进气门合格。对 6 个气缸重复进行检查。

5. 安装

① 在新的 Recon® 缸盖的进油口中有一个塑料插件堵着，见图 2-395。

图 2-391 检查有无气泡

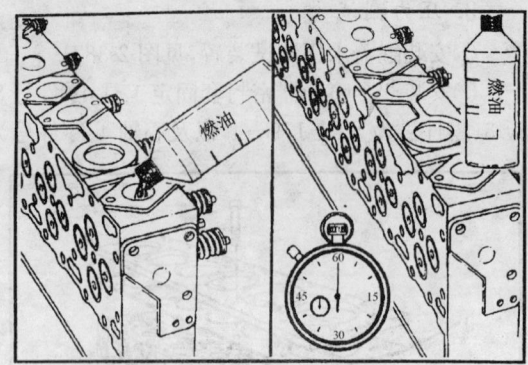

图 2-392 向排气口注燃油,起动秒表

图 2-393 30s 内不滴油,排气门合格

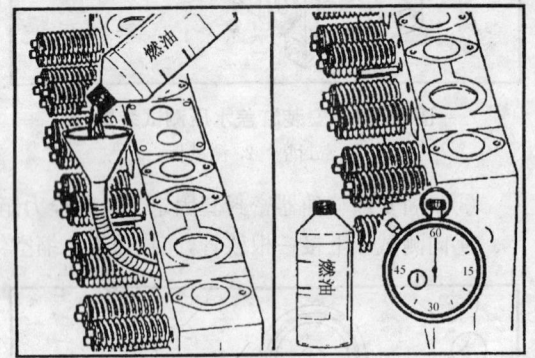

图 2-394 向进气口注燃油,起动秒表

②安装缸盖前必须取出塑料插件,以便使燃油流向喷油器,见图 2-396。

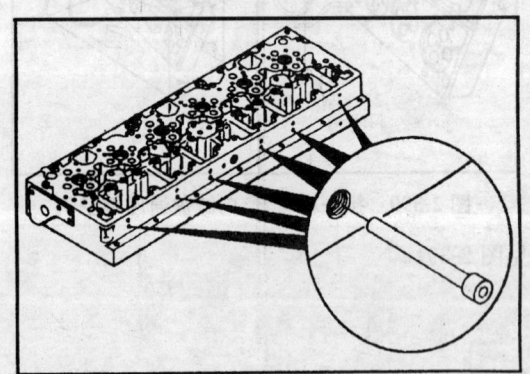

图 2-395 进油口有一个塑料插件堵着

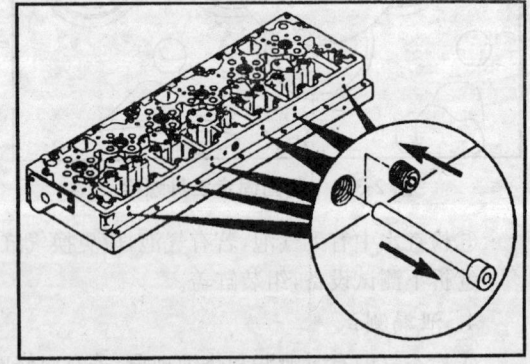

图 2-396 取下塑料插件

③起吊缸盖并在缸盖螺栓上滴润滑油。
④安装缸盖螺栓,确保进气口中的 3 颗螺栓安装到位,见图 2-397。
⑤在缸盖上做标记,见图 2-398。
⑥拧紧 32 个螺栓之后,再将它们旋转 90°,使螺栓与缸盖上的标记对齐,见图 2-399。
⑦按图 2-369 所示顺序紧固缸盖螺栓,力矩:1—136N·m,2—217N·m,3—旋转 90°。
⑧按图 2-400 所示顺序紧固缸盖燃油泵侧的 7 颗螺栓。
⑨安装风扇、燃油管、空气机管、摇臂室壳体。

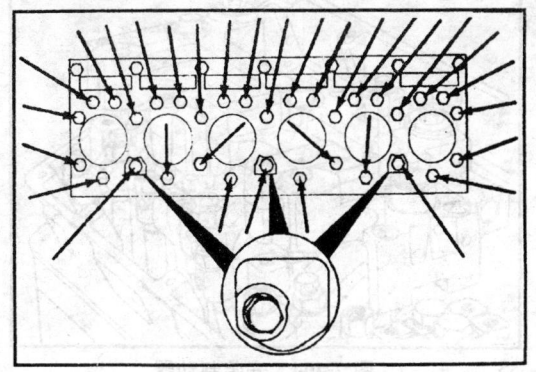

图 2-397 确保进气口 3 颗螺栓安装到位

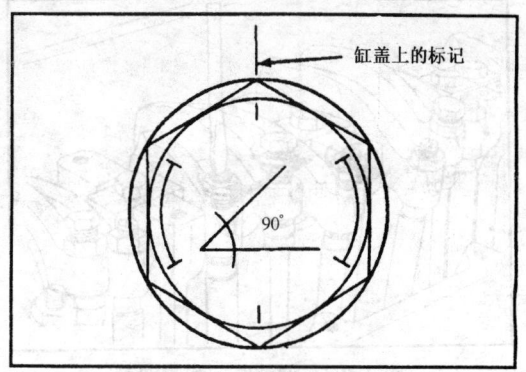

图 2-398 在缸盖上做标记

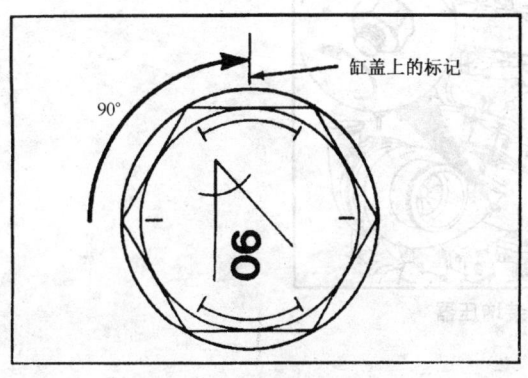

图 2-399 紧固螺栓,再转 90°

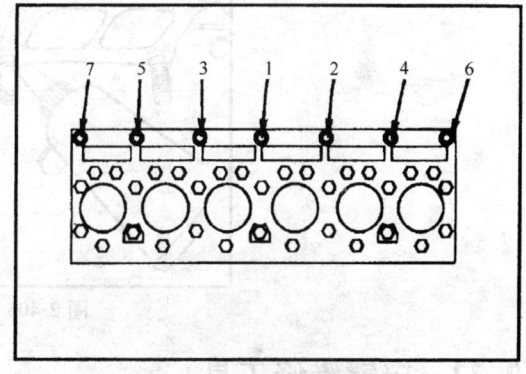

图 2-400 紧固 7 颗螺栓

1~7. 螺栓顺序

⑩安装喷油器,见图 2-401。
⑪安装丁字压板,见图 2-402。

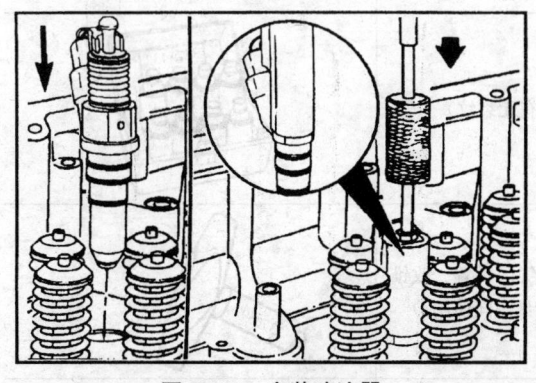

图 2-401 安装喷油器

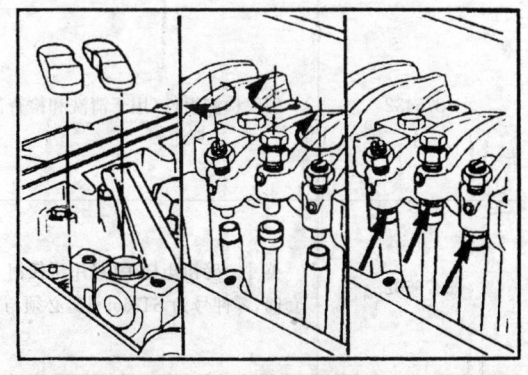

图 2-402 安装丁字压板

⑫调整气门和喷油器,见图 2-403。
⑬安装发动机制动器,见图 2-404。
⑭安装增压器,见图 2-405。
⑮安装摇臂室盖,运转发动机至正常工作温度,检查有无泄漏。

图 2-403 调整气门和喷油器

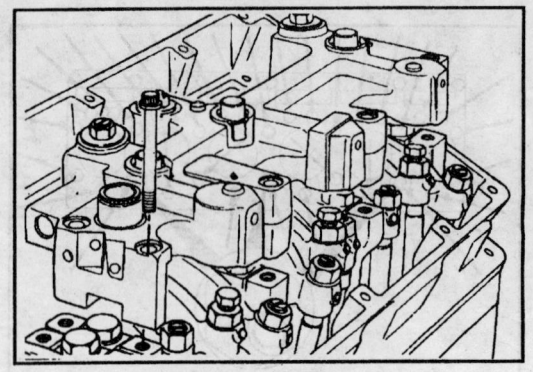

图 2-404 安装制动器

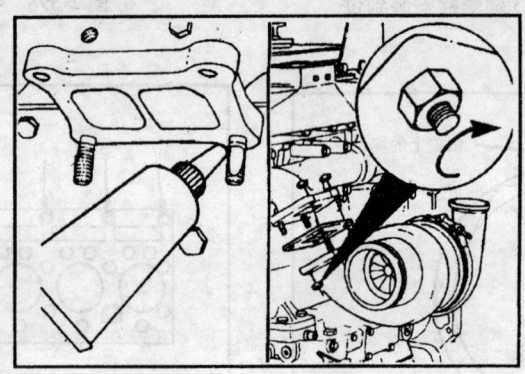

图 2-405 安装增压器

2.32 摇臂维修工具

摇臂维修工具,见表 2-7。

表 2-7 摇臂维修工具

工具号	工具名称	工具图
3163196	扭矩扳手适配器(用于拧紧摇臂调整螺钉)	
3375432	裂纹检测组件(用于清洗和检查部件有无裂纹)	
3376592	英寸一磅扭矩扳手(可用于任何一个气门设置。改锥套筒,零件号为 ST-669-13,必须与本工具一同使用。)	
3823610	喷油器行程测量组件(用于测量喷油器行程间隙。)	

2.33 曲轴箱通风装置

1. 拆卸与清洗
①拆下曲轴箱通风管支架和螺栓,拆下摇臂室盖。
②清洗摇臂室盖、通风管,并吹干,见图2-406。
2. 检查性能
用压缩空气吹净通风器腔,若阻塞,应清除堵塞物,见图2-407。
3. 安装
安装摇臂室盖、通风管和支架螺栓,力矩:27N·m。

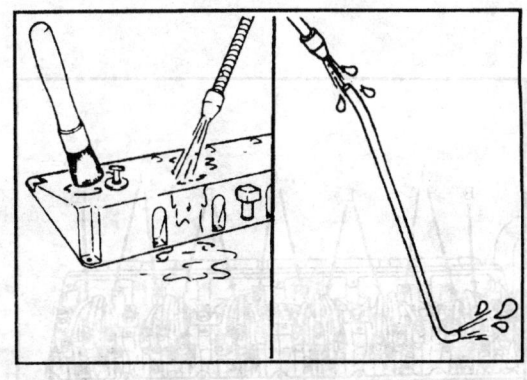

图 2-406 清洗通风管

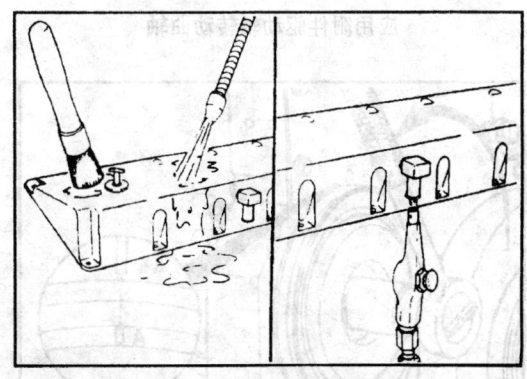

图 2-407 吹净通风管

2.34 顶置部件调整

1. 测量
①所有顶置部件间隙的测量必须在使发动机在冷态情况下进行,要求发动机冷却液温度不得超过60℃,见图2-408。
②拆下摇臂室盖。
③不得用手转动风扇叶片,以免出现事故,应当使用附件驱动轴转动曲轴,见图2-409。转动曲轴时,应使驱动带轮上的标记与齿轮室壳体上的指针对齐。
④发动机的发火顺序为 1—5—3—6—2—4,见图2-410。
⑤顺时针转动曲轴,使带轮上气门正时标记"A"与齿轮盖上的指针对齐,见图2-411。
⑥每个气缸有3个摇臂,长摇臂为排气门摇臂E、中间摇臂为喷油器摇臂、短摇臂为进气门摇臂I,见图2-412。
⑦气门和喷油器间隙,调整顺序见表2-8所示。

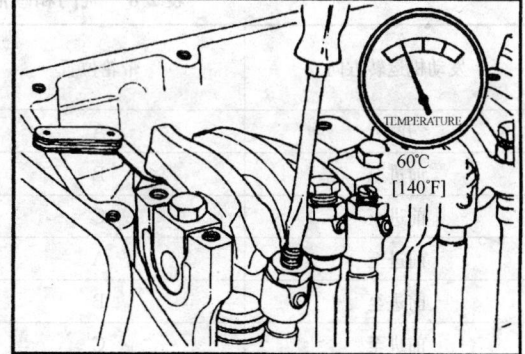

图 2-408 顶置部件间隙调整应使冷却液温度低于60℃

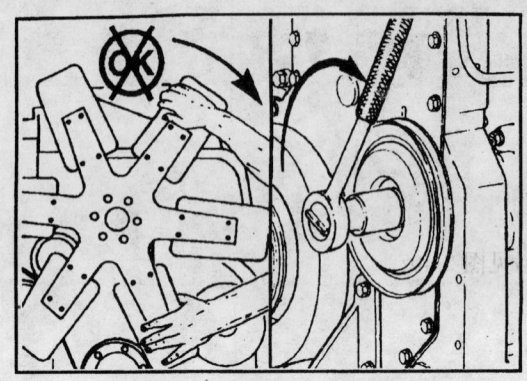

图 2-409　不能用手转动风扇叶，
应用附件驱动轴转动曲轴

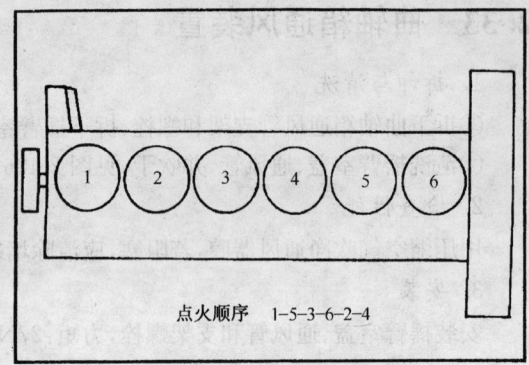

点火顺序　1-5-3-6-2-4

图 2-410　发动机的发火顺序

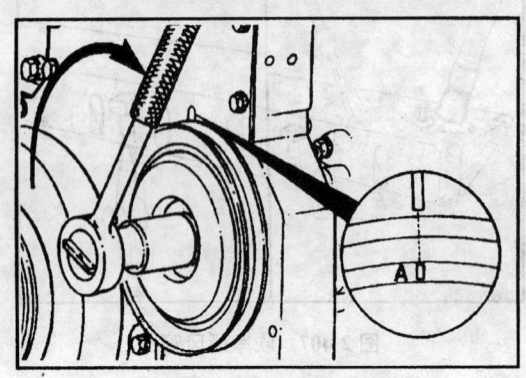

图 2-411　转动曲轴，使正时记号对准

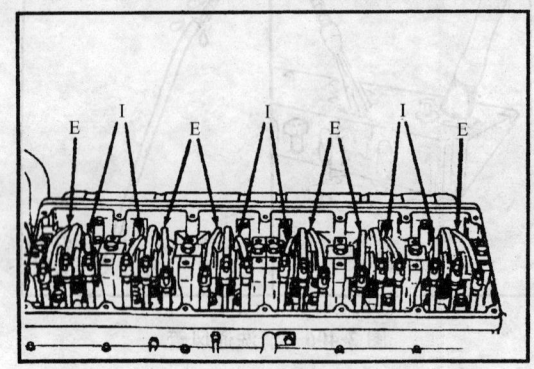

图 2-412　每缸有 3 个摇臂

E. 排气门摇臂　I. 进气门摇臂

表 2-8　气门和喷油器间隙调整顺序

发动机运转方向	带轮位置	设定气缸	
		喷油器	气门
开始	A	1	1
前进至	B	5	5
前进至	C	3	3
前进至	A	6	6
前进至	B	2	2
前进至	C	4	4
发火顺序		1-5-3-2-6-2-4	

当"A"标记与指针对齐时，1号气缸的进气门与排气门必须关闭，喷油器柱塞必须位于其行程的底部。若不是这种情况，必须检查6缸。检查气缸上的喷油器和气门，确保进气门和排气门摇臂能用手拨动或者推管能自由转动。

⑧用塞尺测量丁字压板与摇臂之间隙，此间隙即为该缸气门间隙，见图2-413。康明斯ISM系列发动机，进气门间隙：最小值0.10mm，最大值0.41mm；排气门间隙：最小值0.46mm，最大值0.76mm。

⑨喷油器间隙的测量。用喷油器行程测量组件，零件号3823610，取出千分表和支架，将千分表安

装在气缸,使千分表的延伸杆直接接触摇臂顶部,拧紧3个螺钉,见图2-414。

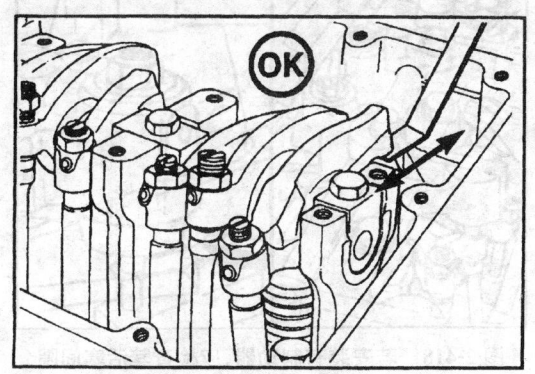

图 2-413 用塞尺测量气门间隙

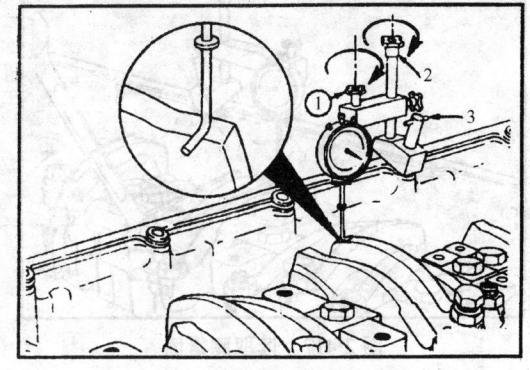

图 2-414 喷油器间隙测量
1、2、3. 螺钉

⑩千分表加长杆的端头应落在承窝正上方的摇臂上,松开螺针3,向下移动千分表,使之接触喷油器摇臂,直到表杆完全被压紧。再提取表头大约12.7mm,拧紧螺钉3,使千分表固定在此位置,见图2-415。

⑪使喷油器柱塞动作3~4次,以清除喷油器总成中的燃油。让摇臂缓慢回位,以免损坏千分表。再次使摇臂动作,在喷油器柱塞处于其行程最底时将千分表调至"0"。见图2-416。

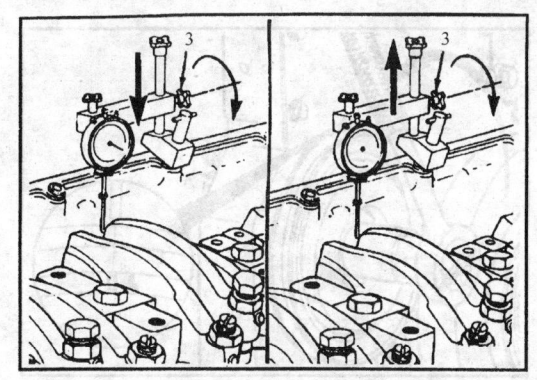

图 2-415 使表杆端头接触喷油器摇臂、固定表头
3. 螺钉

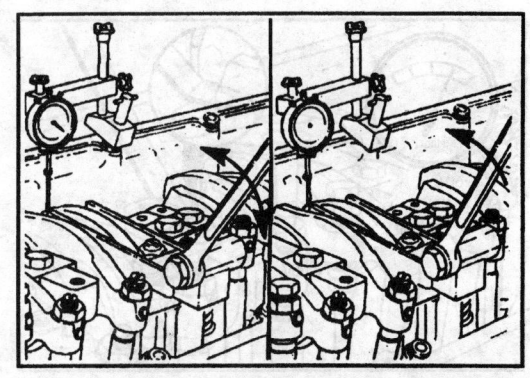

图 2-416 喷油器柱塞处在其行程最底时,将表调"0"

⑫缓慢松开制动器,同时检查千分表读数,记录测量值,喷油器间隙规定值,最小值0.51mm、最大值2.04mm。见图2-417。

⑬若发动机安装有制动器,检查制动器活塞间隙,见图2-418。

⑭安装摇臂室盖。

2. 调整

①气门、喷油器和制动器间隙的调整,应使发动机冷却液温度不超过60℃,见表2-9和图2-419。

②曲轴带轮上的标记与齿轮室盖上的标记应对齐,可以调整同一气缸的气门和喷油器,见图2-420。

③两个摇臂都松开时,表明两个气门都已关闭,见图2-421。

④松开喷油器调节螺钉的锁母,用改锥与调节螺钉一起,使喷油器柱塞接触底部3~4次,清除喷油器中的燃油,拧入调节螺钉,直到感觉柱塞接触底部为止,见图2-422。

⑤设定完喷油器之后,设定同一气缸上的气门,见图2-423。

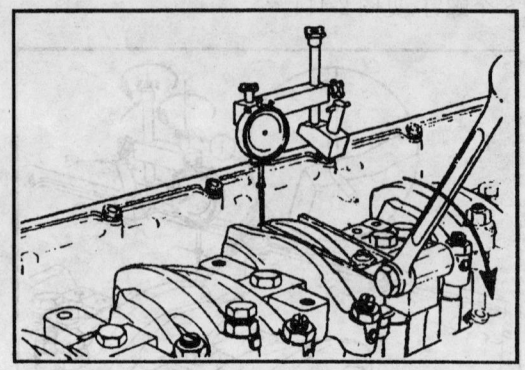

图 2-417　读取测量值

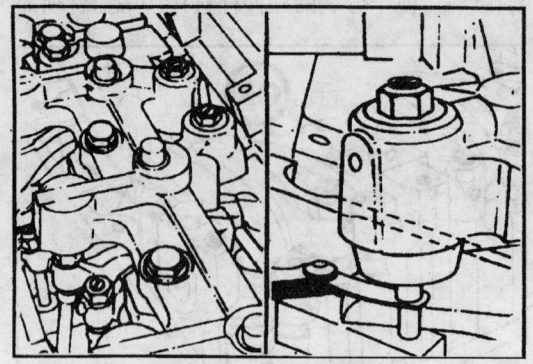

图 2-418　若安装有制动器，应检查其活塞间隙

表 2-9　气门、喷油器和发动机制动器间隙调整规范　　（单位：mm）

名　称	规　定　值
进气门	0.36
排气门	0.69
喷油器	0.51～2.04
制动器	0.38

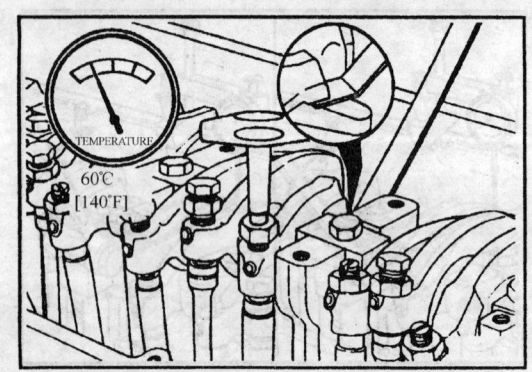

图 2-419　气门和喷油器间隙的调整，应使水温在 60℃ 以下

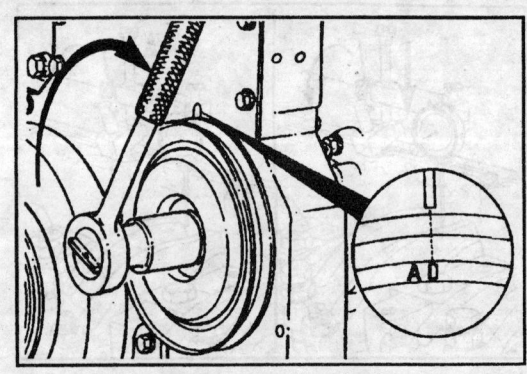

图 2-420　使正时记号对齐

图 2-421　进、排气门摇臂都松开时，表明两个气门都关闭

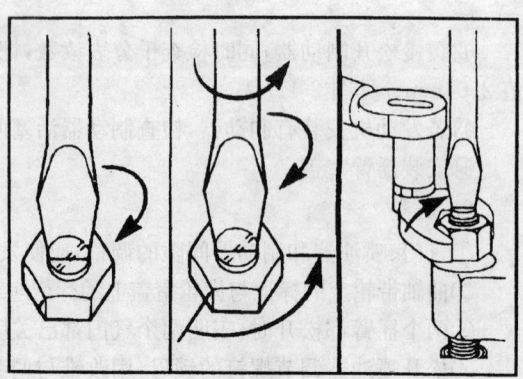

图 2-422　松开锁母，拧动调节螺钉，使柱塞接触底部

⑥当气门调整标记"A"与齿轮室盖上的指针对齐,松开调整螺钉上的螺母,见图2-424。

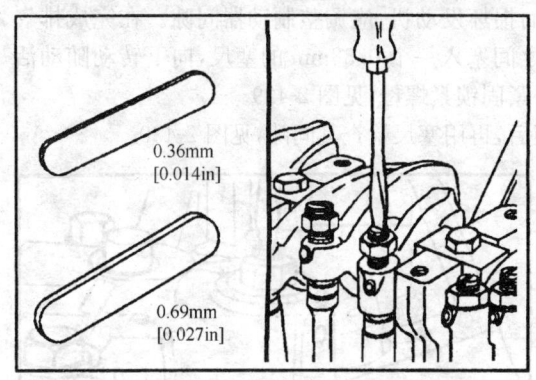

图2-423 调正同一缸上的两个气门间隙

图2-424 正时标记对准后,松开锁母

⑦用塞尺插入丁字压板和摇臂之间,调整进、排气间隙,进气门为0.36mm,排气门为0.69mm。在拧紧锁母至正确的扭矩之后,检查塞尺能够在丁字压板和摇臂间前后移动,仅感觉到轻微的阻力,见图2-425。

⑧调整相应气缸上的喷油器、气门和发动机制动器之后,转动曲轴,对准下一个气门设置标记和齿轮室盖上的指针,见图2-426。

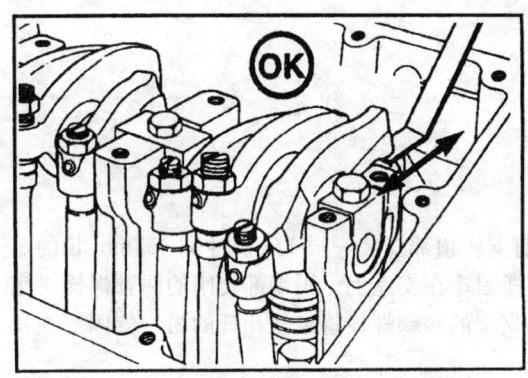

图2-425 塞尺应感觉有轻微阻力

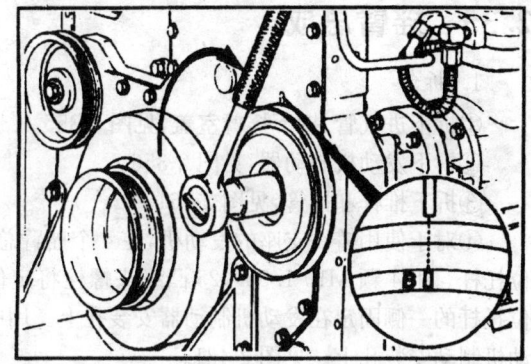

图2-426 对准下一个气门标记和齿轮室盖上的指针

⑨将密封垫安装到气门室盖上,见图2-427。
⑩安装紧固气门室盖上的16颗螺栓,力矩:15N·m,见图2-428。

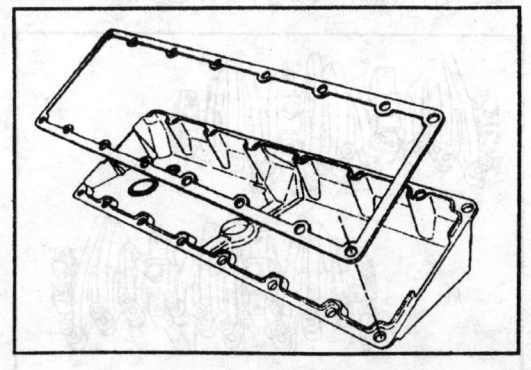

图2-427 安装密封垫

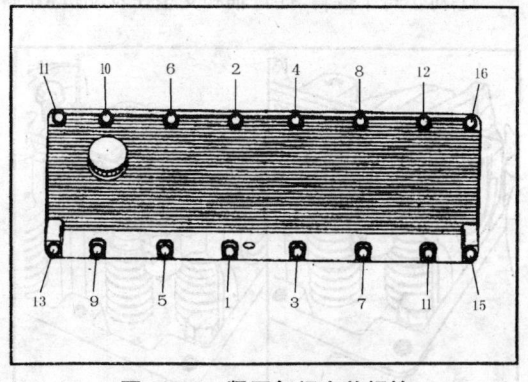

图2-428 紧固气门室盖螺栓

1~16. 螺栓顺序

3. 发动机制动器间隙调整

①为获得最大制动效能,防止因活塞与气门接触而损坏发动机,应调整制动器间隙。在完成排气门间隙调整之后,在随动活塞和丁字压板上的制动销之间塞入一个0.38mm的塞尺,向下转动随动活塞调节螺钉,直到接触塞尺为止,这时拧紧固定螺钉并紧固锁紧螺母,见图2-429。

②将从动活塞调整螺钉锁紧螺母拧紧到正确扭矩后,再用塞尺检查其间隙,见图2-430。

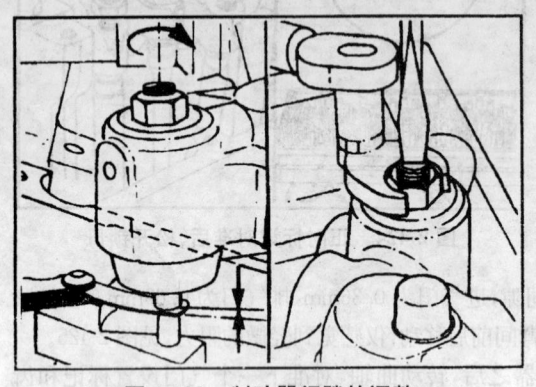

图2-429 制动器间隙的调整

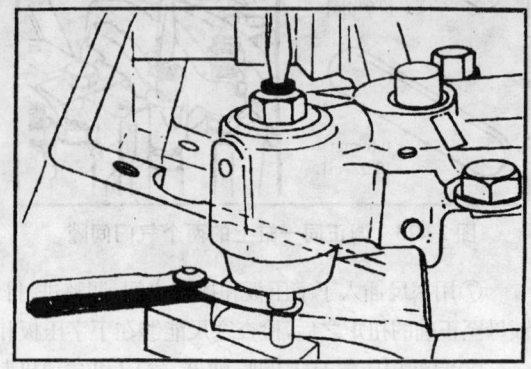

图2-430 再用塞尺检查其间隙

2.35 摇臂总成

1. 拆卸

①拆下进气管、拆下摇臂室盖,见图2-355。
②拆下发动机制动器,见图2-356。
③拆下推杆和推管,见图2-361。
④对于使用铸铁支座的发动机,在4个摇臂总成前支座顶部安装一根1/4英寸宽457mm长的定位托杆。用4颗M10-1.50×25凸缘头螺栓将定位托杆固定在支座上。用端部支座的两颗螺栓将定位托杆的一侧固定在发动机制动器安装孔上。用中间支架的两颗螺栓将定位托杆的另一侧固定在发动机制动安装孔上。见图2-431。
⑤拧松8颗摇臂轴螺栓,在使用铸铁支座的发动机上,抓住定位托杆,从发动机上提起前摇臂总成。对于使用铝支座的发动机,可抓住摇臂和轴将总成提出发动机,见图2-362。

2. 分解与清洗

①对于每个摇臂、摇臂轴和支座在发动机上的相应位置进行标记,确保安装时装回原位,见图2-432。

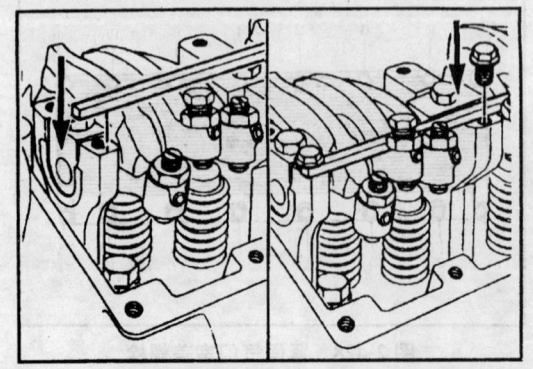

图2-431 用两颗螺栓将定位托杆固定在制动器安装孔上

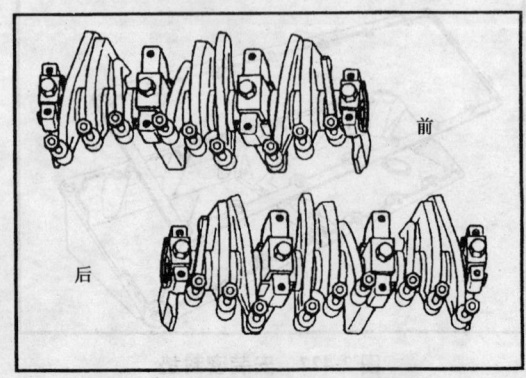

图2-432 对摇臂、摇臂轴和支座做标记

②拆下摇臂轴螺栓1、定位块2,从支座3上取下摇臂轴和摇臂。从两个摇臂轴总成上拆下摇臂4,见图2-433。

③拆下每个摇臂的锁紧螺母和调节螺钉,见图2-434。

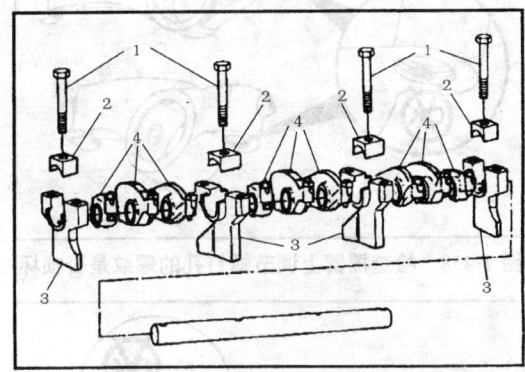

图2-433 从摇臂轴总成上拆下摇臂
1. 螺栓 2. 定位块 3. 支座 4. 摇臂

图2-434 拆下锁母和调节螺钉

④清洗零部件,并吹干,见图2-435。

3. 检查性能

①检查摇臂有无裂纹或异常磨损,见图2-436。

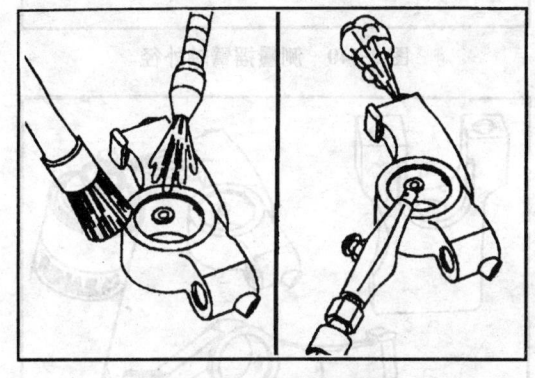

图2-435 清洗零并吹干

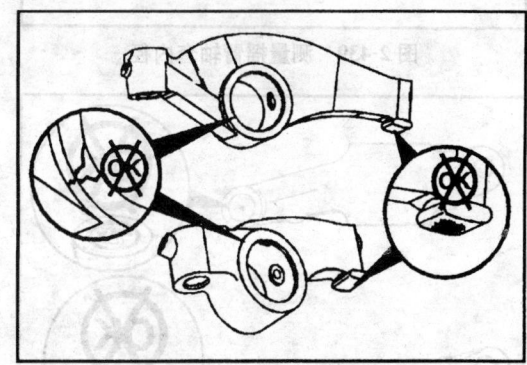

图2-436 检查摇臂有无裂纹

②检查调节螺钉和锁紧、螺母有无损伤,见图2-437。

③检查摇臂上调节螺孔的螺纹有无损伤,见图2-438。

④测量摇臂轴套内径,最小值34.887mm、最大值34.990mm,见图2-439。

⑤测量摇臂的外径,最小值34.837mm、最大值34.864mm,见图2-440。

⑥检查喷油器摇臂的承窝和摇臂基座是否有磨损或损坏,见图2-441。

⑦使用裂纹检测组件(零件号3375432)检查摇臂支座有无裂纹或损坏,见图2-442。

⑧使用裂纹检测清洗剂(零件号3375433)清洗摇臂和摇臂轴支座,并吹干,见图2-443。

⑨将裂纹检测渗透剂(零件号3375435)喷在摇臂和摇臂轴支座上,等待15min让渗透剂干燥,用干布擦去过多的渗透剂,见图2-444。

⑩将裂纹检测显影剂(零件号3375434)喷在摇臂和摇臂轴支座上,检查摇臂和摇臂轴支座,裂纹部分会出现明显的亮线,铸件内部有砂眼会显示一个小圆形标记,见图2-445。

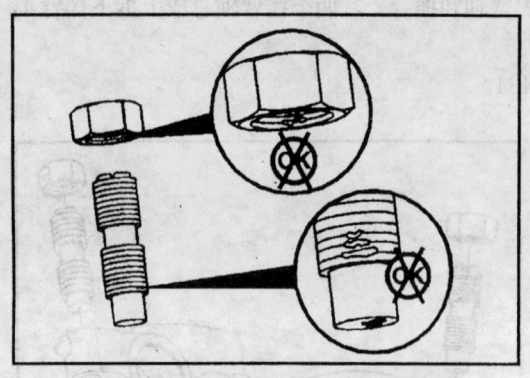
图 2-437　检查螺钉和螺母是否损坏

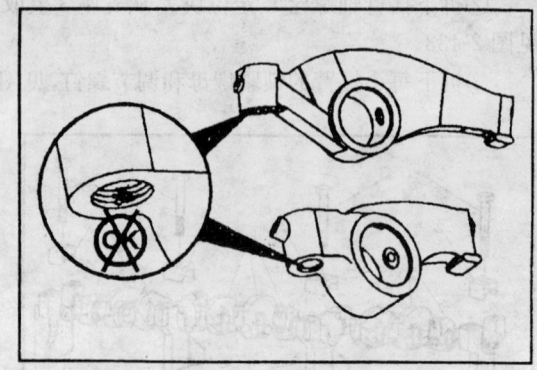
图 2-438　检查摇臂上调节螺钉孔的螺纹是否损坏

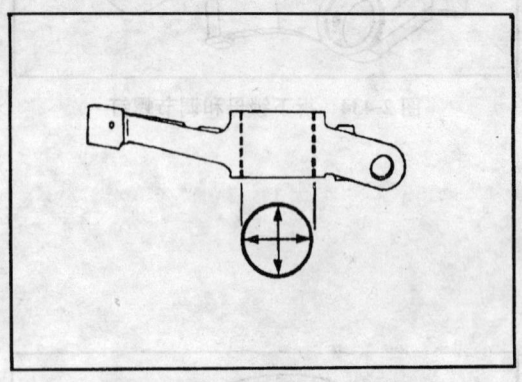
图 2-439　测量摇臂轴套内径

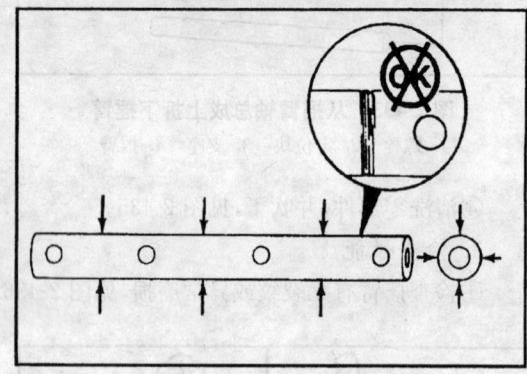
图 2-440　测量摇臂轴外径

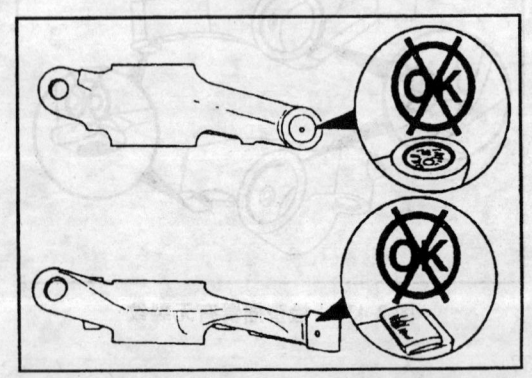
图 2-441　检查喷油器摇臂承窝和气门摇臂基座是否损坏

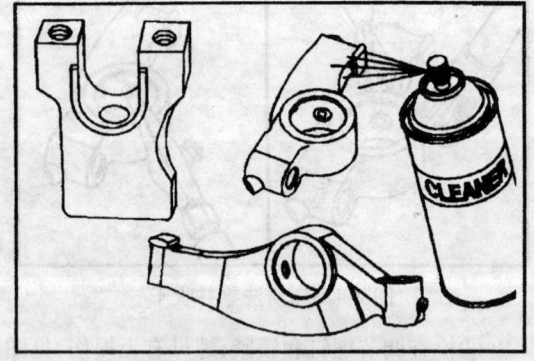
图 2-442　检查摇臂支座有无裂纹

4. 安装

①在摇臂轴1端都有前后标记，轴端的箭头2必须指向下方以确保润滑油流经摇臂，见图2-446。

②用润滑油润滑摇臂、在每根轴上安装前端支座、在前支座上安装定位块、垫片和螺栓，见图2-447。

③安装摇臂，在中间支座上安装定位块、垫圈和螺栓，见图2-448。

④安装其余的摇臂和支座，见图4-449。

⑤调整摇臂侧隙，标准值0.50mm。推动5号摇臂支座，使其向发动机前部移动，此时，拧紧螺栓，力矩：5N·m，见图2-450。

⑥在5号支座和4号气缸的进气摇臂之间插入0.50mm的塞尺，推动6号支座，使其前移，拧紧螺栓至5N·m，见图2-451。

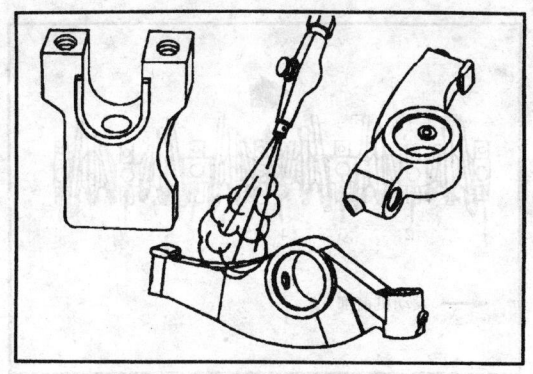

图 2-443 清洗摇臂和摇臂轴支座

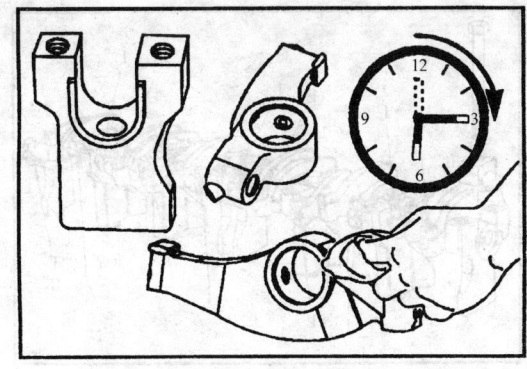

图 2-444 涂渗透剂,等 15min 让其干燥

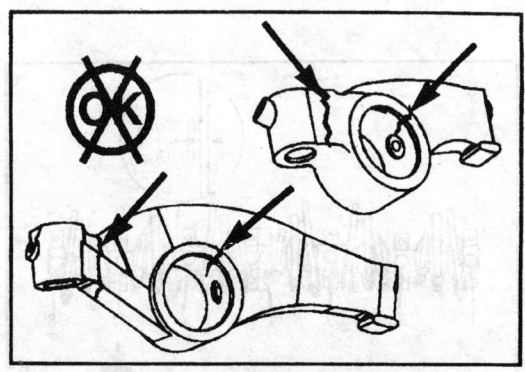

图 2-445 检查摇臂和摇臂轴支座
有无明亮的线、有无圆形标记

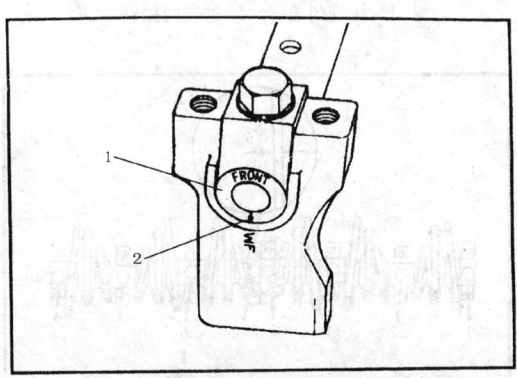

图 2-446 使箭头朝下,保证摇臂润滑
1. 摇臂轴 2. 箭头

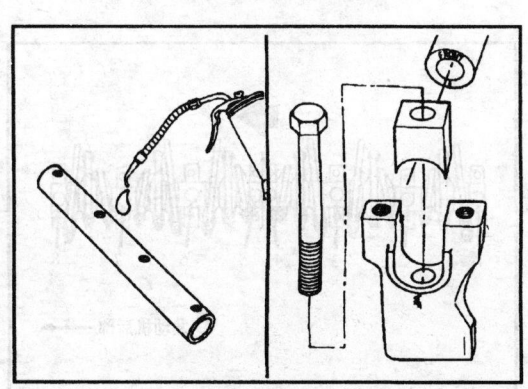

图 2-447 在前端支座上安装定位块、垫片和螺栓

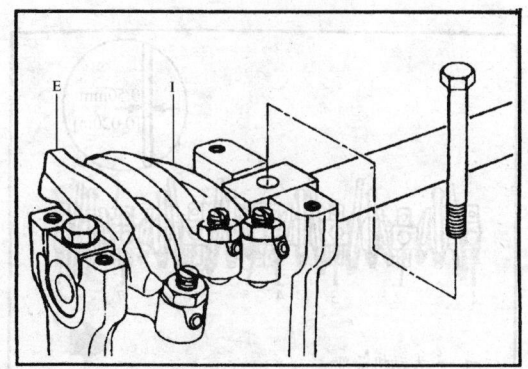

图 2-448 在中间支座上安装定位块、垫片和螺栓
E. 排气门摇臂 I. 进气门摇臂

⑦在 6 号支座和 5 号气缸的排气摇臂之间插入 0.50mm 的塞尺,推动 7 号支座向前移动,拧紧螺栓至 5N·m,见图 2-452。

⑧在 7 号支座和 6 号气缸的进气摇臂之间插入 0.50mm 的塞尺,推动 8 号支座向前移动,拧紧螺栓至 5N·m,见图 2-453。

⑨推动 4 号支座向前移动,拧紧螺栓至 5N·m,见图 2-454。

⑩在 4 号支座和 3 号气缸的进气摇臂之间插入 0.50mm 的塞尺,推动 3 号支座向前移动,拧紧螺栓至 5N·m,见图 2-455。

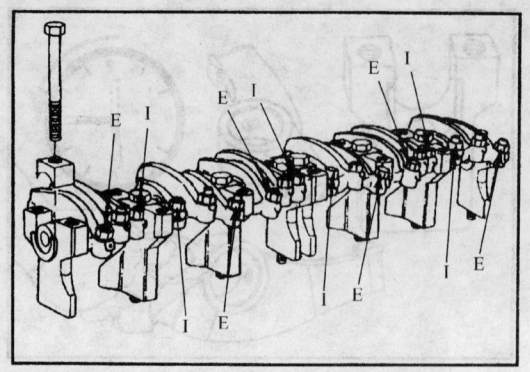

图 2-449 安装其余的摇臂和支座
E. 排气门摇臂 I. 进气门摇臂

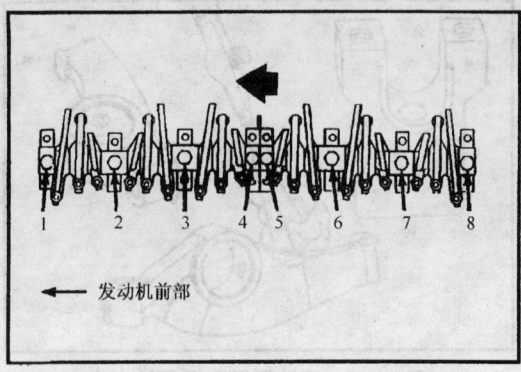

图 2-450 推动 5 号摇臂支座向前、拧紧螺栓

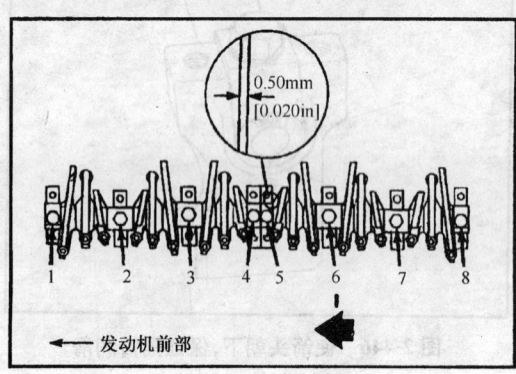

图 2-451 推动 6 号支座向前、拧紧螺栓

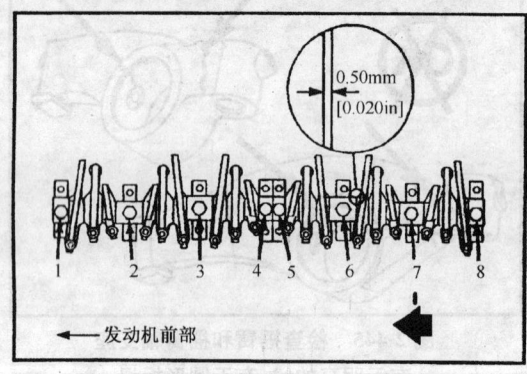

图 2-452 推动 7 号支座向前、拧紧螺栓

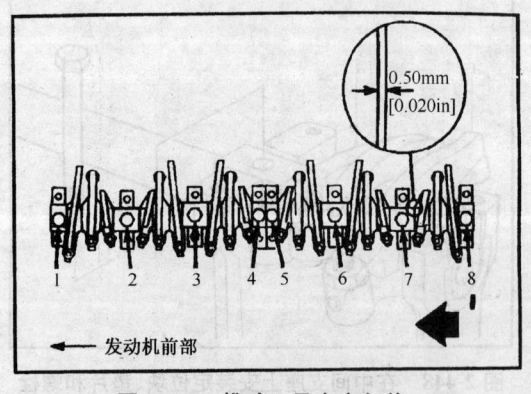

图 2-453 推动 8 号支座向前，将 5、6、7 和 8 号支座螺栓紧固至最终扭矩

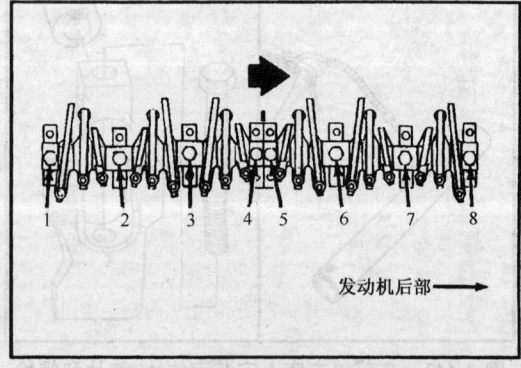

图 2-454 推动 4 号支座向前，拧紧螺栓

⑪在 3 号支座和 2 号气缸的排气摇臂之间插入 0.50mm 塞尺，推动 2 号支座向前移动，拧紧螺栓至 5N·m，见图 2-456。

⑫在 2 号支座和 1 号气缸的进气摇臂之间插入 0.50mm 塞尺，推动 1 号支座向前移动，将 1、2、3 和 4 号支座螺栓拧紧至最终扭矩 183N·m，检查前后间隙是否正确，见图 2-457。

⑬安装推杆和推管。

⑭调整气门和喷油器。

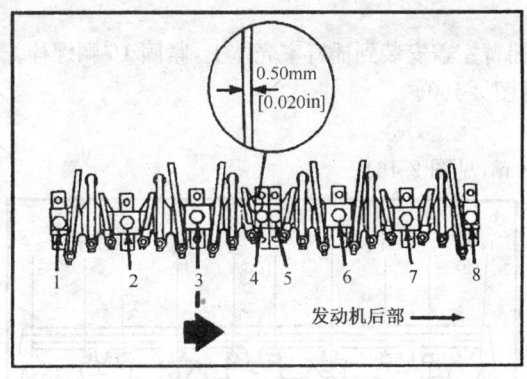

图 2-455　推动 3 号与支座向前、拧紧螺栓

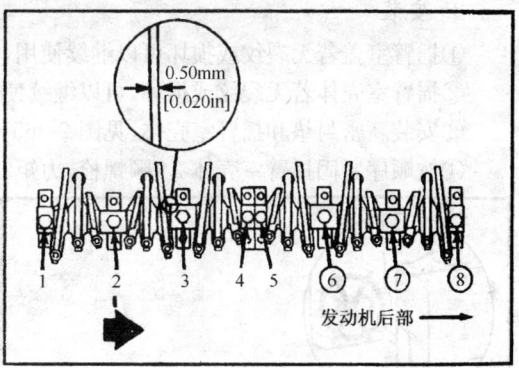

图 2-456　推动 2 号支座向前、拧紧螺栓

⑮安装发动机制动器。
⑯安装摇臂室盖和进气管。

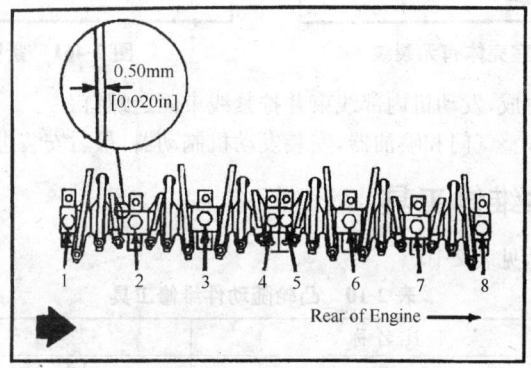

图 2-457　推动 1 号支座向前，将 1、2、3 和 4 号支座螺栓拧紧

2.36　摇臂室盖和摇臂室壳体

1. 拆卸与清洗

①摇臂室盖拆下后应进行清洗，并吹干，见图 2-458。
②摇臂室壳体拆下后应进行清洗，并吹干，缸盖密封垫表面也应清洗，见图 2-459。

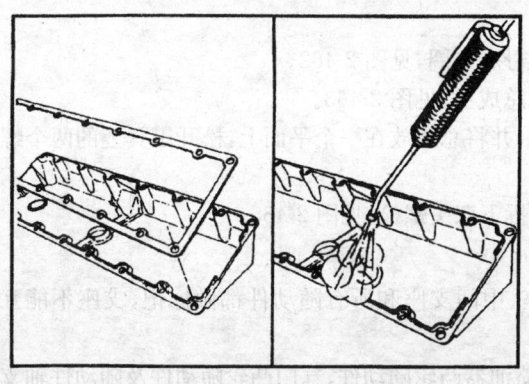

图 2-458　清洗摇臂室盖并吹干

图 2-459　清洗摇臂室壳体

2. 安装

①摇臂室盖若无裂纹或损坏可以继续使用,并将摇臂室盖安装到摇臂室壳体上,紧固16颗螺栓。
②摇臂室壳体若无裂纹或损坏,可以继续使用,见图2-460。
③安装新密封垫和摇臂室壳体,见图2-365。
④按顺序紧固摇臂室壳体24颗螺栓,力矩:61N·m,见图2-461。

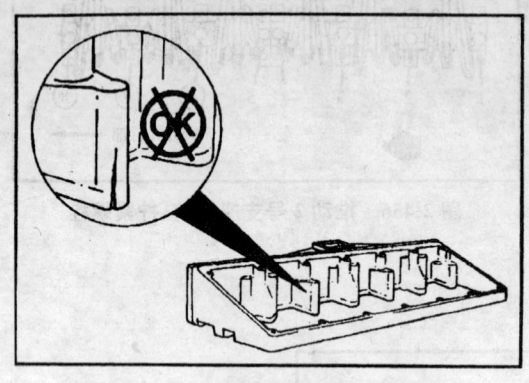

图2-460 检查摇臂室壳体有无裂纹　　图2-461 紧固摇臂室壳体螺栓

⑤安装喷油器、摇臂总成,发动机内部线束并拧紧线束固定螺钉。
⑥安装推杆和推管,调整气门和喷油器,安装发动机制动器,最后安装进气管。

2.37 凸轮随动件维修工具

凸轮随动件维修工具,见表2-10。

表2-10 凸轮随动件维修工具

工具号	工具名称	工具图
3824519	凸轮随动件总成拆装工具(用于拆装凸轮随动件总成。)	

2.38 凸轮随动件总成

1. 拆卸

①拆下缸盖,拆下凸轮轴随动件总成支座上的螺母和垫圈,见图2-462。
②安装凸轮随动件总成拆装工具,将工具固定在总成上,见图2-463。
③将两端抬起,从发动机上拆下凸轮随动件总成,并将总成放在一个平面上,松开工具上的两个螺钉,从随动件上拆下工具,见图2-464。
④在每颗双头螺栓上安装两颗M10×1.5螺母,拆下双头螺栓,见图2-465。

2. 分解与清洗

①从中间支座处将两轴分开,对拆下的端部支座、中间支座和所有随动件都做标记,支座不能互换,见图2-466。
②从随动轴上拆下端部支座、气门凸轮随动件、喷油器凸轮随动件、气门凸轮随动件及随动件轴支座,见图2-467。
③清洗随动件并吹干,见图2-468。

图 2-462 拆下缸盖及随动件支座上的螺母

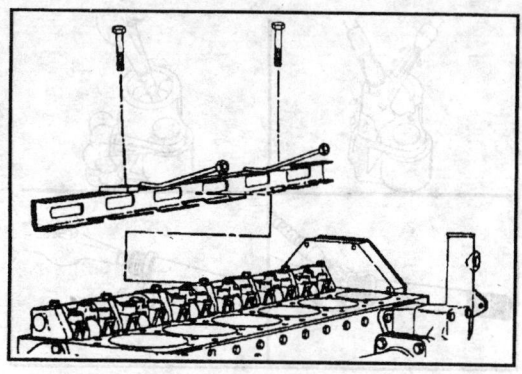

图 2-463 安装随动件总成拆装工具,并固定

图 2-464 拆下随动件总成、拆下工具

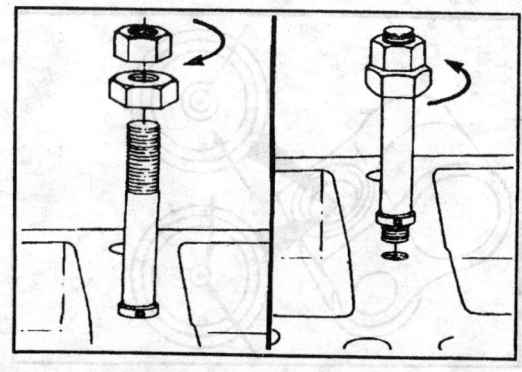

图 2-465 拆下双头螺栓

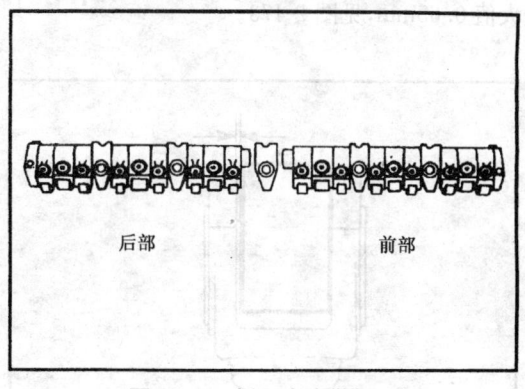

图 2-466 拆下支座做标记

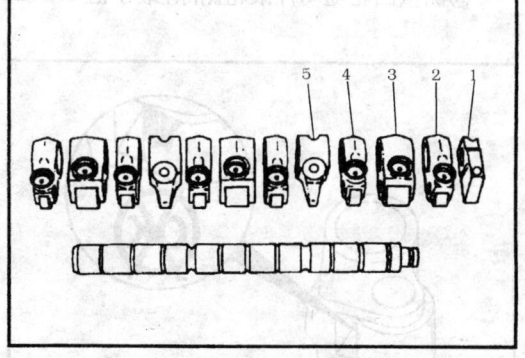

图 2-467 从轴上拆下随动件
1. 端部支座 2. 气门凸轮随动件
3. 喷油器凸轮随动件 4. 气门凸轮随动件
5. 随动件轴支座

3. 检查性能

①检查凸轮随动件有无裂纹和损坏,见图 2-469。
②检查凸轮随动件承窝有无损坏,见图 2-470。
③检查随动件轴有无损伤,见图 2-471。
④检查随动件滚轮是否旋转自如,有无其他损坏,见图 2-472。

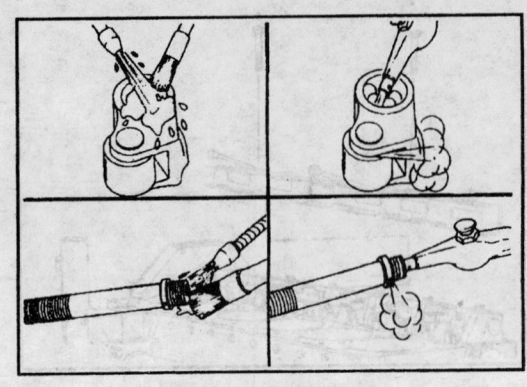

图 2-468 清洗随动件并吹干

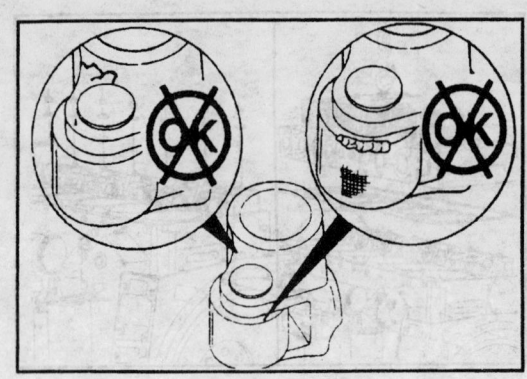

图 2-469 检查凸轮随动件有无裂纹

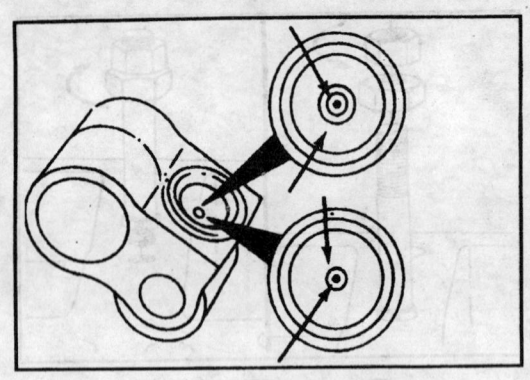

图 2-470 检查随动件承窝有无损坏

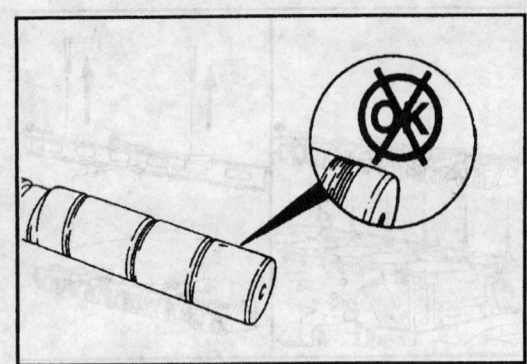

图 2-471 检查随动轴有无损伤

⑤测量凸轮随动件滚轮侧隙,最小值 0.19mm、最大值 0.65mm,见图 2-473。

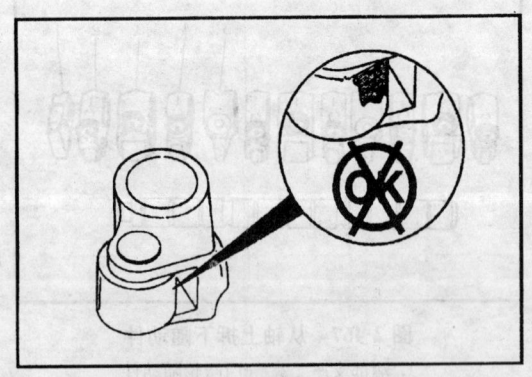

图 2-472 检查滚轮有无损伤

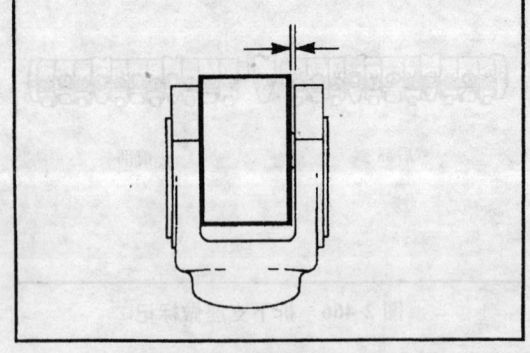

图 2-473 测量滚轮侧隙

⑥用润滑油检查润滑油流过凸轮随动件的情况,见图 2-474。
⑦用润滑油检查润滑油流过双头螺栓的情况,见图 2-475。

4. 装配
①用润滑油润滑凸轮随动件和轴,见图 2-476。
②凸轮随动件,支座和轴,按图 2-467 所做的标记,原样装回。
③将两个凸轮随动件轴装入公共中心支座,该支座上有定位销,见图 2-477。

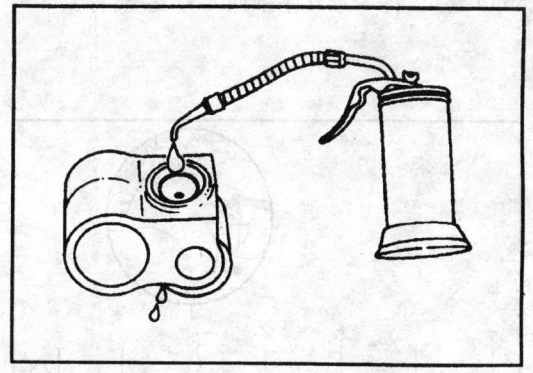

图 2-474 用润滑油检查凸轮随动件

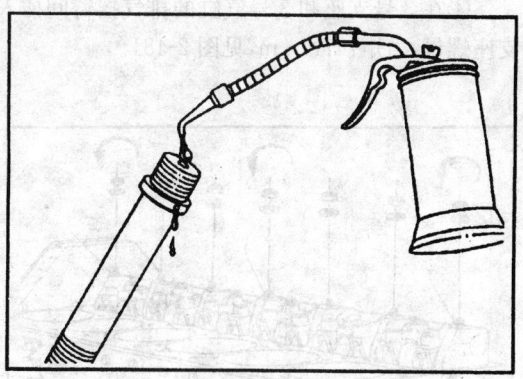

图 2-475 用润滑油检查双头螺栓

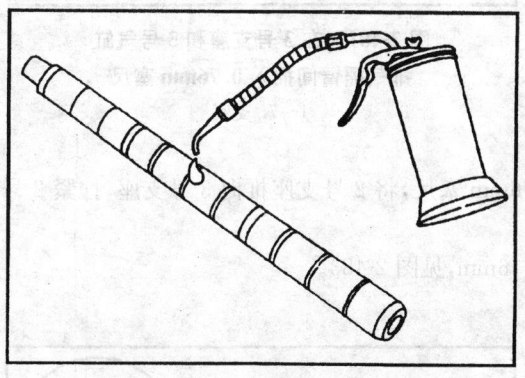

图 2-476 用润滑油润滑随动件和轴

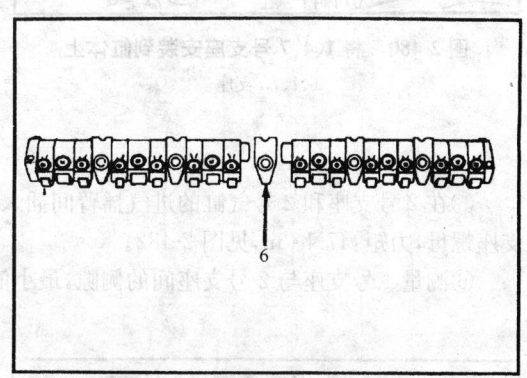

图 2-477 安装两个凸轮随动件到公共中心支座上

6. 公共中心支座

5. 安装

① 用两颗 M10×1.50 螺母将双头螺栓装回,力矩:34N·m,见图 2-478。
② 在凸轮随动件总成上安装拆装工具(零件号 3824519),见图 2-479。

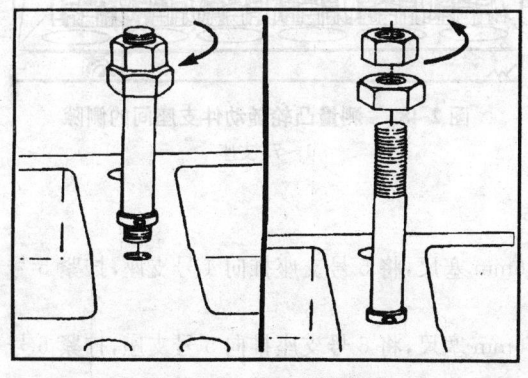

图 2-478 装回双头螺栓

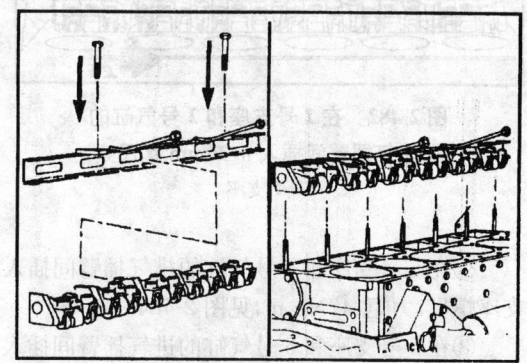

图 2-479 安装随动件拆装工具

③ 1、4、7 号支座由定位销定位,安装时必须将他们与缸体上的定位销对准,将随动件总成安装在双头螺钉上,拧紧 1、4、7 号支座上的螺母,力矩:47N·m,见图 2-480。

④在3号支座和3号气缸的排气摇臂间插入0.76mm塞尺,将3号支座推向4号支座,拧紧3号支座螺母,力矩:47N·m,见图2-481。

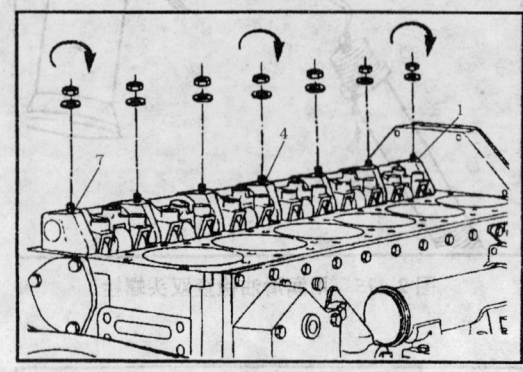

图2-480 将1、4、7号支座安装到缸体上
1、4、7. 支座

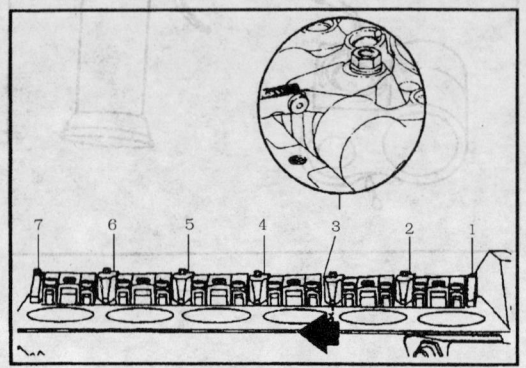

图2-481 在3号支座和3号气缸
排气摇臂间插入0.76mm塞尺
1～7. 支座

⑤在2号支座和2号气缸的进气摇臂间插入0.76mm塞尺,将2号支座推向3号支座,拧紧2号支座螺母,力矩:47N·m,见图2-482。

⑥测量1号支座与2号支座间的侧隙,最小值0.76mm,见图2-483。

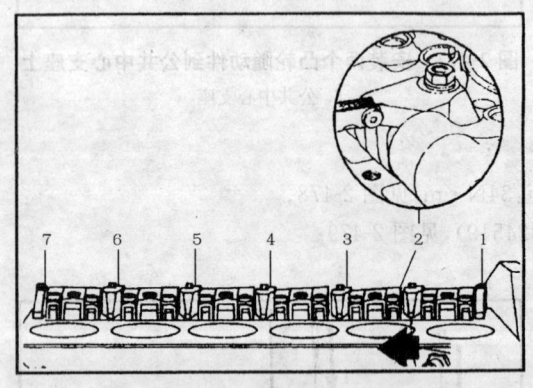

图2-482 在2号支座和2号气缸的
进气摇臂间插入0.76mm塞尺
1～7 支座

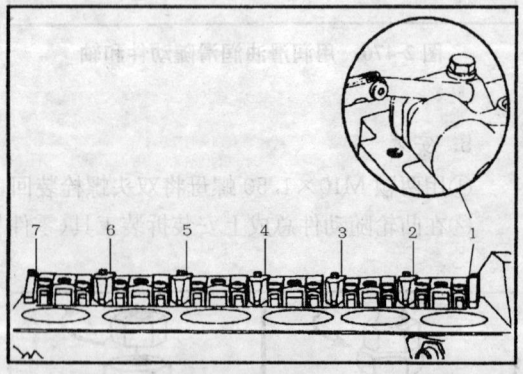

图2-483 测量凸轮随动件支座间的侧隙
1～7. 支座

⑦在5号支座和4号气缸的排气摇臂间插入0.76mm塞尺,将5号支座推向4号支座,拧紧5号支座螺母,力矩:47N·m,见图2-484。

⑧在6号支座和5号气缸的进气摇臂间插入0.76mm塞尺,将6号支座推向5号支座,拧紧6号支座螺母,力矩:47N·m,见图2-485。

⑨测量6号与7号支座之间的侧隙,最小值0.76mm,见图2-486。

⑩安装缸盖,运转发动机,检查有无泄漏。

图 4-484 在5号支座和4号气缸的
排气摇臂间插入 0.76mm 塞尺
1～7. 支座

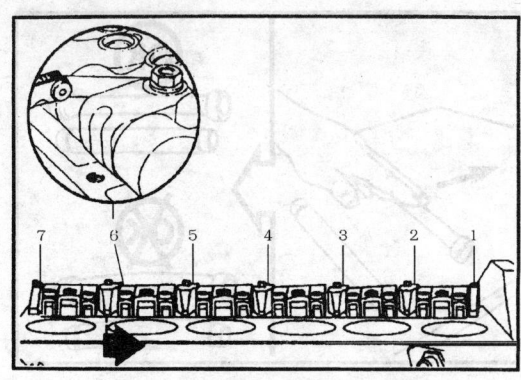

图 2-485 在6号支座和5号气缸的
进气摇臂间插入 0.76mm 塞尺
1～7. 支座

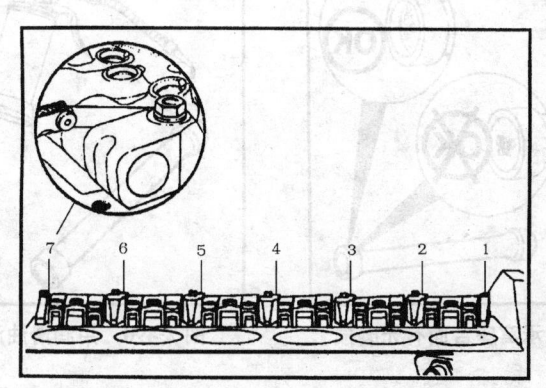

图 2-486 测量6号与7号支座间的侧隙
1～7. 支座

2.39 推杆和推管

1. 拆卸

①拆下进气管、拆下摇臂室盖。
②拆下发动机制动器。
③拆时标记气门推管和喷油器推杆的位置,以便在装配时装回原来位置,见图 2-361。

2. 检查性能

①将推管和推杆放在平台,检查其平直度,若弯曲则应更换,见图 2-487。
②检查球头端和承窝有无磨损,若推管中装满了润滑油,则必须更换,见图 2-488。
③检查承窝上有无过度磨损、球头端有无过度磨损,见图 2-489。

3. 安装

①用润滑油润滑推管和推杆的球头端,见图 2-490。喷油器推杆1直径小于气门推管V,但比气门推管长。
②安装气门推管和喷油器推杆、拧紧调整螺钉,将推管和推杆固定到位。
③调整气门和喷油器、安装发动机制动器,安装摇臂室盖。

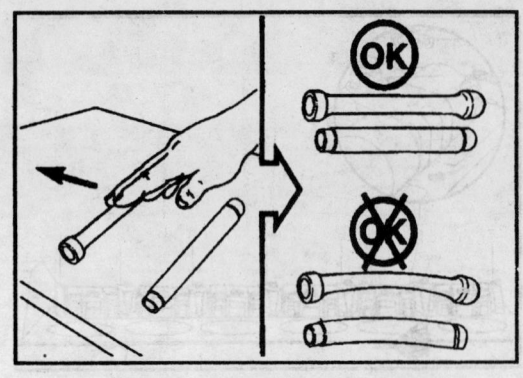

图 2-487 检查推管和推杆的平直度

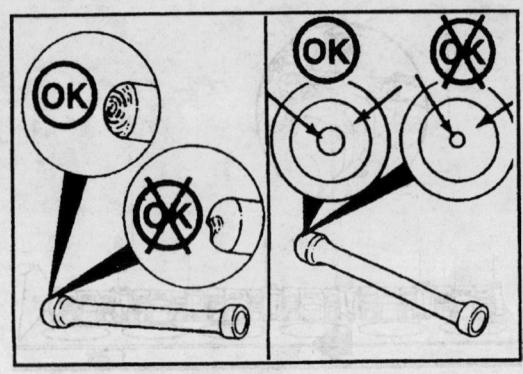

图 2-488 检查球头端、承窝、有无磨损

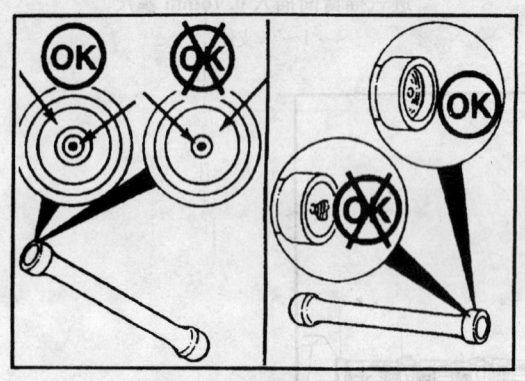

图 2-489 检查球头端和承窝座合面有无磨损

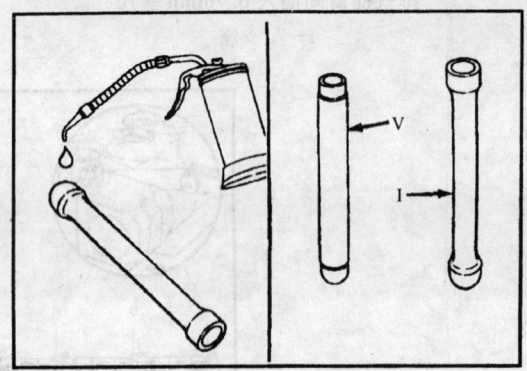

图 2-490 用润滑油润滑推管和推杆球头端

2.40 机械部分维修技术规范

机械部分维修技术规范见表 2-11~表 2-16。

表 2-11 气缸体维修技术规范 （单位：mm）

部位及尺寸内容		标准尺寸	示 意 图
连杆轴承、主轴承、止推轴承	标准连杆轴承厚度	最小值 2.430 最大值 2.473	
	标准主轴承厚度	最小值 3.894 最大值 3.945	

续表 2-11

部位及尺寸内容		标准尺寸	示 意 图
连杆轴承、主轴承、止推轴承	曲轴轴向间隙	最小值 0.10 最大值 0.56	
凸轮轴	凸轮轴止推板间隙	最小值 0.13 最大值 0.33	
	凸轮轴支撑轴颈尺寸	最小值 71.960 最大值 72.013	
	凸轮轴轴向间隙	最小值 0.13 最大值 0.33	
凸轮轴轴套	缸体上凸轮轴孔内径	最小值 76.987 最大值 77.040	
	凸轮轴轴套内径（轴套已安装）	最大值 72.078 最大值 72.142	

续表 2-11

部位及尺寸内容		标准尺寸	示意图
凸轮轴齿轮（凸轮轴已安装）	凸轮轴齿轮孔内径	最小值 46.912 最大值 46.938	
	凸轮轴齿轮轴外径	最小值 46.987 最大值 47.013	
	凸轮轴止推板厚度	最小值 8.96 最大值 9.04	
	在恒温箱中加热齿轮，最少1h，但不超过6h。温度：235℃		
连杆	连杆曲轴孔内径	最小值 83.975 最大值 84.025	
	活塞销衬套内径	最小值 54.054 最大值 54.099	
	连杆螺栓外径	最小值 12.60 最大值 12.80	

第 2 章 机械部分检修

续表 2-11

部位及尺寸内容		标准尺寸	示意图
前曲轴齿轮（曲轴已安装）	曲轴齿轮孔内径	最小值 85.910 最大值 85.935	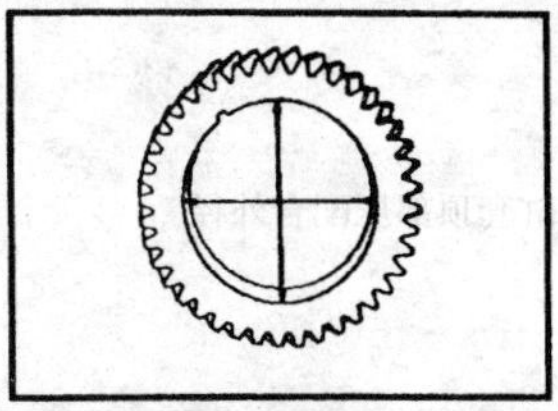
	曲轴齿轮轴外径	最小值 85.975 最大值 86.000	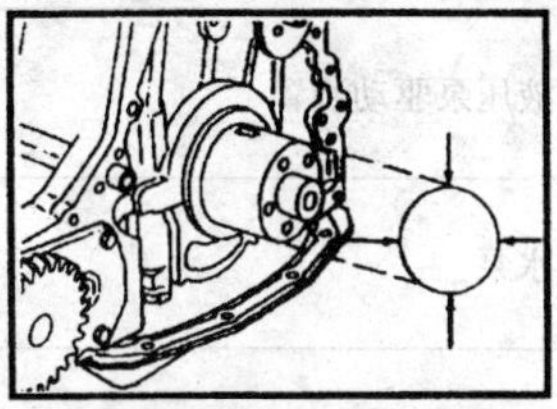
	曲轴齿轮安装温度	177℃	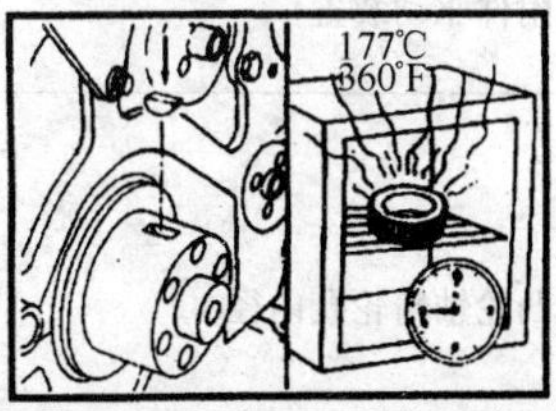
缸体和缸套座	空气压力	138kPa	
	缸套点蚀：检查缸套外壁有无过度腐蚀或点蚀。产生点蚀的缸套一般不能继续使用。如果点蚀较轻，能够用砂布清除，仍可以使用。穴蚀深度不得超过 1.60mm。		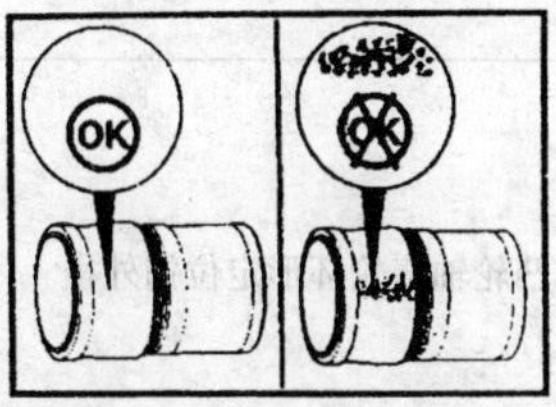
	缸套磨光：如果出现下列情况，应更换缸套。 ①20%以上的活塞行程范围存在重度磨光。 ②30%活塞环行程范围存在中度和重度磨光，并且 15%为重度磨光。		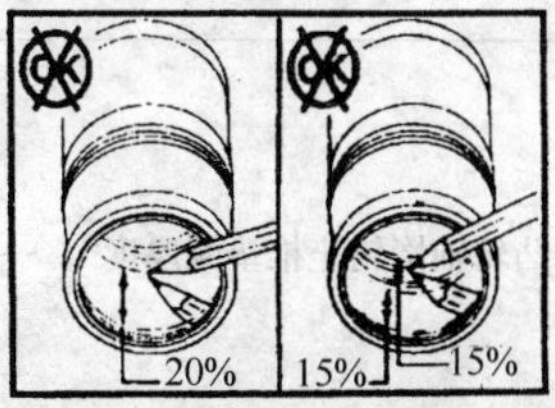
	缸套内径	最小值 125.00 最大值 125.095	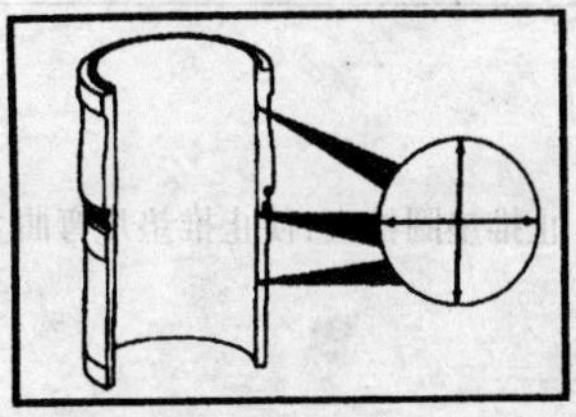

续表 2-11

部位及尺寸内容		标准尺寸	示意图
缸体和缸套座	缸套顶部压配合外径	最小值 145.938 最大值 145.976	
体轴承孔内径前齿轮室壳	液压泵驱动装置	最小值 41.967 最大值 41.992	
	水泵	最小值 36.967 最大值 36.992	
	附件驱动装置	最小值 45.100 最大值 45.125	
凸轮轴惰轮	凸轮轴惰轮孔内径	最小值 60.045 最大值 60.100	
	凸轮轴惰轮轴外径	最小值 59.975 最大值 60.008	
	凸轮轴惰轮环形定位销外径	最小值 19.217 最大值 19.243	
	凸轮轴惰轮止推垫圈厚度	最小值 2.400 最大值 2.470	
	止推垫圈检查：使止推垫片弯曲大约 3~8mm，检查表面有无裂纹。		

续表 2-11

	部位及尺寸内容	标准尺寸	示 意 图
凸轮轴惰轮	惰轮轴向间隙	最小值 0.30 最大值 0.53	
	惰轮齿隙	最小值 0.08 最大值 0.38	
液压泵惰轮	SAE"A"和"B"液压泵驱动惰轮轴套孔内径	最小值 60.045 最大值 60.100	
	SAE"A"和"B"液压驱动惰轮轴外径	最小值 59.975 最大值 60.008	
	SAE"B-B"液压驱动惰轮轴外径	最小值 63.455 最大值 63.486	
	液压驱动惰轮环形定位销外径	最小值 19.217 最大值 19.243	
	液压驱动惰轮止推垫圈的厚度	最小值 2.400 最大值 2.470	
	惰轮轴向间隙	最小值 0.30 最大值 0.53	

续表 2-11

部位及尺寸内容		标准尺寸	示意图
液压泵惰轮	惰轮齿隙	最小值 0.08 最大值 0.38	
水泵惰轮	水泵惰轮轴套孔内径	最小值 60.045 最大值 60.100	
水泵惰轮	水泵惰轮轴外径	最小值 59.975 最大值 60.008	
水泵惰轮	水泵惰轮环形定位销外径	最小值 19.217 最大值 19.243	
水泵惰轮	水泵惰轮止推垫圈厚度	最小值 2.400 最大值 2.470	
水泵惰轮	惰轮轴向间隙	最小值 0.30 最大值 0.53	
水泵惰轮	惰轮齿隙	最小值 0.08 最大值 0.38	

续表 2-11

部位及尺寸内容		标准尺寸	示意图
活塞	活塞环槽:将一个新活塞环装入环槽中,使之与活塞外径平齐。在环槽中插入 0.15mm 的塞尺,如果插入时无任何阻力,说明环槽过度磨损,应更换活塞		
	铰接式活塞销孔内径(活塞顶)	最小值 54.040 最大值 54.055	
	铰接式活塞销孔内径(活塞裙)	最小值 54.007 最大值 54.015	
	活塞销外径	最小值 53.997 最大值 54.003	
	活塞销长度	最小值 101.70 最大值 102.00	
活塞冷却喷嘴	活塞冷却喷嘴长度	标准 44.5	
活塞环开口间隙	顶环	最小值 0.46 最大值 0.71	
	中间环	最小值 0.76 最大值 1.14	
	油环	最小值 0.25 最大值 0.64	
减振器	减振器厚度:在 4 个位置的每 2 个点测量减振器的厚度 ①在距离外缘约 3.18mm 处测量厚度 ②在距离外缘约 25.4mm 处测量厚度 如果 8 次测量中的任何两个相差超过 0.25mm,或者任何一点的厚度超过 45mm,则更换减振器		
	减振器偏心率:如右图所示,在齿轮室盖上安装零件号为 3376050 的千分表和零件号为 ST-537-4 的加长杆,测量减振器的偏心度,即不圆度。旋转曲轴一周,记录千分表的总读数。如果偏心度超过 0.28mm,则应更换减振器		

续表 2-11

部位及尺寸内容		标准尺寸	示意图
减振器	减振器端面跳动：如果端面跳动超过 0.28mm，则应更换减振器		
连杆总成活塞和	连杆侧隙	最小值 0.10 最大值 0.30	
缸套凸出量	缸套凸出量	最小值 0.00 最大值 0.13	
	缸套与缸体之间的间隙	最小值 0.25	
	缸套孔：在"C"、"D"、"E"、"F"和"G"位置测量缸套孔的不圆度。在"AA"和"BB"方向测量每个点，缸套孔不圆度不得超过 0.10mm		
	缸体上部缸套孔内径（A）	最小值 145.900 最大值 146.027	
	缸体缸套密封座孔内径（B）（在沉孔以下 8.0~13.5mm 处测量 B 值。）	最小值 138.063 最大值 138.113	
	缸套顶部压配合外径（A）	最小值 145.938 最大值 145.976	

续表 2-11

部位及尺寸内容		标准尺寸	示 意 图
缸套凸出量	缸套密封座外径(C)	最小值 137.937 最大值 138.013	
凸轮轴轴向间隙	凸轮轴轴向间隙	最小值 0.13 最大值 0.33	

表 2-12 气缸体各部螺栓紧固力矩　　　　　　　　　　　　(单位:N·m)

紧固螺栓部位	步骤及力矩	示 意 图
发电机驱动密封件安装螺栓	①7N·m ②20N·m	
附件驱动密封件安装螺栓	①7N·m ②20N·m	
连杆轴承螺栓	①68N·m ②142N·m ③210N·m ④完全松开 ⑤重复步骤①～③	
主轴承螺栓	①68N·m ②142N·m ③210N·m ④完全松开 ⑤重复步骤①～③	

续表 2-12

紧固螺栓部位	步骤及力矩	示意图
凸轮轴止推板安装螺栓	47	
凸轮轴后盖板安装螺栓	47	
曲轴皮带轮安装螺栓	203	
曲轴前油封安装螺栓	①7N·m ②20N·m	
曲轴后油封安装螺栓	①7N·m ②20N·m	
齿轮室盖安装螺栓	6	
皮带张紧器托架螺栓	6	

续表 2-12

紧固螺栓部位		步骤及力矩	示意图
发动机前支架安装螺栓		6	
齿轮室盖安装螺栓	1~22	20	
	23~28	68	
自动皮带张紧器螺栓		43	
齿轮室壳体安装螺栓		①20N·m ②68N·m	
油底壳至齿轮室壳体的安装螺栓		47	
发动机位置传感器		34	
凸轮轴惰轮安装螺栓		①61N·m ②60°	

续表 2-12

紧固螺栓部位	步骤及力矩	示意图
液压泵惰轮 SAE"A"和 SAE"B"齿轮固定板	①61N·m ②60°	
SAE"B-B"液压驱动惰轮总成	①61N·m ②60°	
水泵惰轮前止推轴承	①61N·m ②60°	
冷却喷嘴安装螺栓	28	
水道盖板螺栓	54	
连杆螺栓	①68N·m ②142N·m ③210N·m ④完全松开 ⑤重复①~③	
缸套压板	136	

第 2 章 机械部分检修

表 2-13 缸盖维修技术规范 （单位：mm）

部位及尺寸内容		标准尺寸	示 意 图
缸盖	缸盖平直度 AA 和 BB	最大值 0.200	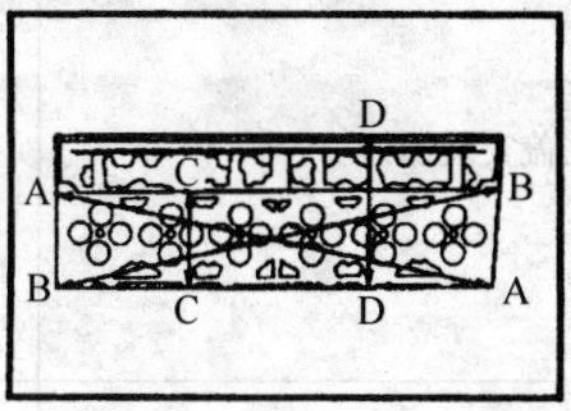
	缸盖平直度 CC	最大值 0.076	
	缸盖平直度 DD	最大值 0.127	
	缸盖螺栓自由长度 3045849	74.5	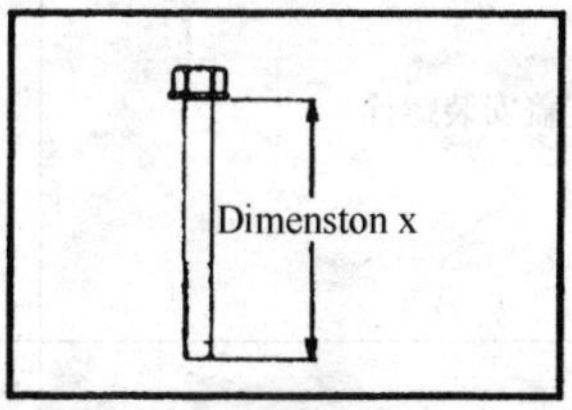
	缸盖螺栓自由长度 3045850	139.5	
	压力测试空气压力	276kPa	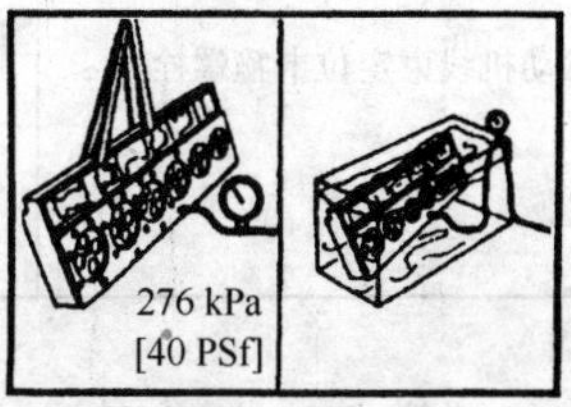
	压力测试的水温	60℃	

表 2-14 缸盖各部螺栓紧固力矩 （单位：N·m）

紧固螺栓部位	步骤和力矩	示 意 图
缸盖提升支架	47	
水压测试装置安装螺栓	47	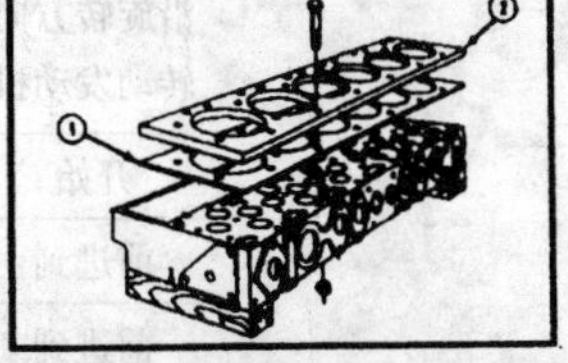
喷油器安装密封套固定工具螺栓	75	

续表 2-14

紧固螺栓部位	步骤和力矩	示意图
缸盖安装螺栓	①136N·m ②217N·m ③90°	
缸盖安装螺栓	68	
发动机线束定位卡箍螺栓	20	

表 2-15　摇臂机构维修技术规范

<table>
<tr><th colspan="2">部位及尺寸内容</th><th colspan="2">标准尺寸</th><th colspan="2">示意图</th></tr>
<tr><td rowspan="9">顶置部件调整</td><td colspan="5">顶置部件间隙测量
发动机顶置部件间隙测量必须在发动机温度较低的状态下进行,规定冷却液的温度不得超过60°</td></tr>
<tr><td colspan="5">喷油器和气门测量顺序</td></tr>
<tr><td rowspan="2">沿旋转方向转动发动机</td><td rowspan="2">皮带轮位置</td><td colspan="2">待调整的气缸</td></tr>
<tr><td>喷油器</td><td>气门</td></tr>
<tr><td>开始</td><td>A</td><td>1</td><td>1</td></tr>
<tr><td>前进到</td><td>B</td><td>5</td><td>5</td></tr>
<tr><td>前进到</td><td>C</td><td>3</td><td>3</td></tr>
<tr><td>前进到</td><td>A</td><td>6</td><td>6</td></tr>
<tr><td>前进到</td><td>B</td><td>2</td><td>2</td></tr>
<tr><td>前进到</td><td>C</td><td>4</td><td>4</td></tr>
<tr><td colspan="5">点火顺序:1—5—3—6—2—4</td></tr>
</table>

续表 2-15

部位及尺寸内容		标准尺寸	示意图
M 系列发动机气门间隙检查极限	进气门	最小值 0.10、最大值 0.41	
	排气门	最小值 0.46、最大值 0.76	
M 系列发动机喷油器间隙检查极限		最小值 0.51、最大值 2.04	

顶置部件调整

	项目	调整技术规范(mm)
	进气门	0.36
	排气门	0.69
	发动机制动	0.38

气门间隙技术规范	进气门	0.36
	排气门	0.69

扭矩	无扭矩扳手适配器 61N·m
	有扭矩扳手适配器(零件号 3163196)47N·m

发动机制动器调整扭矩	无扭矩扳手适配器 34N·m
	有扭矩扳手适配器,零件号 3163196:30N·m

续表 2-15

部位及尺寸内容	标准尺寸	示意图
摇臂轴套内径（轴套已安装）	最小值 34.887 最大值 34.990	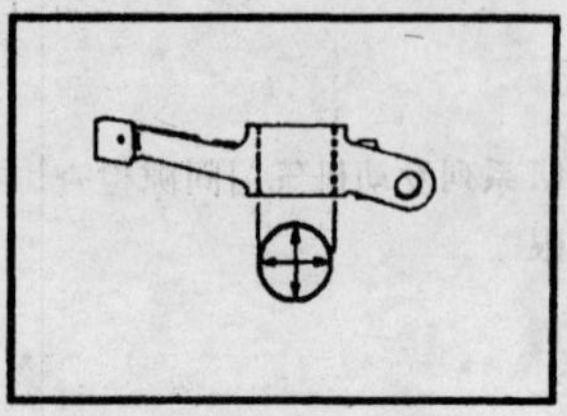
摇臂轴外径	最小值 34.837 最大值 34.864	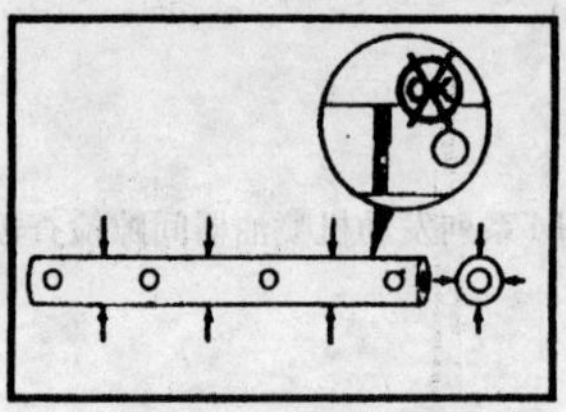
摇臂安装侧隙	标准 0.50	
摇臂总成初始扭矩 5N·m		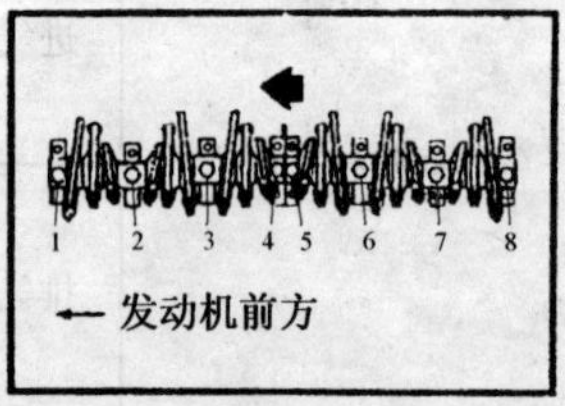
摇臂总成初始扭矩 5N·m		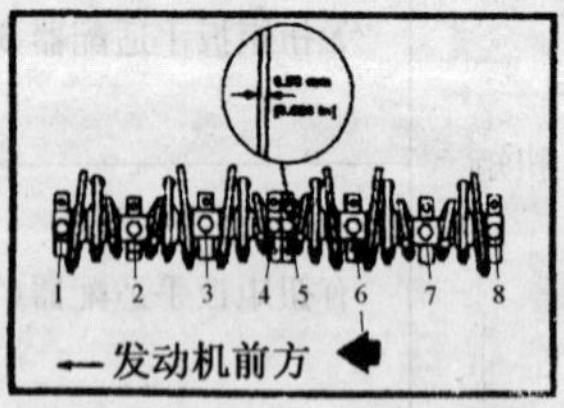
摇臂总成初始扭矩 5N·m		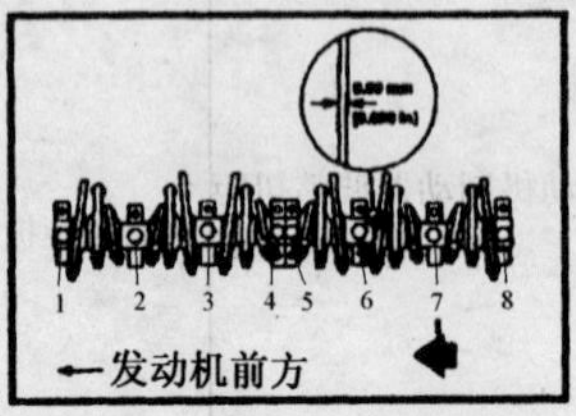

（左侧合并列：摇臂总成）

续表 2-15

部位及尺寸内容	标准尺寸	示意图
摇臂总成 摇臂总成初始扭矩 5N·m		
摇臂总成初始扭矩 5N·m		
摇臂总成初始扭矩 5N·m		
摇臂扭矩 曲轴箱呼吸器（内部）—呼吸器管支架扭矩 27N·m		
顶置部件调整 CELECT™喷油器调整：拧入调整螺钉直到感觉到其底部刚好接触柱塞。旋出调整螺钉120°，再固定并拧紧，力矩：61N·m		
扭矩扳手法 0.7N·m		
摇臂室壳体盖 15N·m		

续表 2-15

部位及尺寸内容		标准尺寸	示意图
摇臂总成	摇臂总成最终扭矩 183N·m		
	摇臂总成最终扭矩 183N·m		
摇臂室壳体	摇臂室壳体初始扭矩 34N·m 摇臂室壳体最终扭矩 61N·m		

表 2-16 凸轮随动件/扭杆维修技术规范　　（单位：mm）

部件及尺寸内容		标准尺寸	示意图
凸轮随动件总成	凸轮随动件滚轮侧隙	最小值 0.19 最大值 0.65	
	凸轮随动件支座之间的侧隙	最小值 0.76	
	凸轮随动件双头螺栓	34N·m	
	凸轮随动件支座	47N·m	

第 3 章 燃油系统检修

3.1 燃油系统概述

康明斯 ISM 系列柴油机燃油供给系统是电控泵喷嘴系统,利用凸轮轴的驱动力使喷油器产生足够的喷油压力,喷油器总成带有一个常开式电磁阀,当需要时,由 ECM 发出的电信号可以使该电磁阀关闭,以控制燃油计量的终止和喷油的开始。该系统主要由油箱、燃油滤清器、燃油切断阀、燃油脉冲减振器、燃油泵压力调节器、齿轮式燃油泵、喷油器(带电磁阀),以及进油管和回油管等组成。

1. 顶置燃油箱要求

①若燃油滤清器的位置低于燃油泵,在滤清器的出口处的燃油管上安装一个单向阀。在拆卸滤清器时,单向阀可以防止齿轮泵燃油回流。在滤清器和燃油箱之间安装一个切阀。

②若燃油管不安装切断阀,在更换燃油滤清器时,顶置油箱中的燃油会流出,而溢出的燃油容易引起火灾。

2. 燃油系统仪表的正确使用

①在读取压力表读数前,应先松开压力表的管接头,排出空气,见图 3-1。在发动机运转期间不能松开真空表的管接头。

②读数时应使眼睛正对压力表指针,见图 3-2。

图 3-1 在读表前,应先排出空气

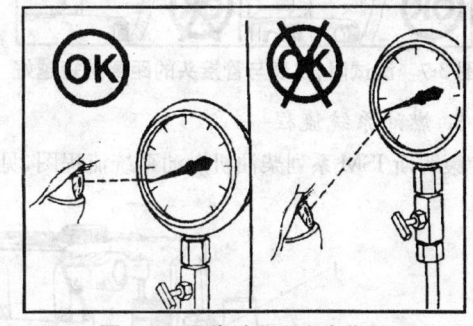

图 3-2 眼睛对准压力表指针

③读取浮标指示的位置,见图 3-3。

④必须定期用标准压力表或燃油泵测试台上的压力表校对便携式燃油压力表。调整压力表上的阀,直到表针停止摆动为止,见图 3-4。

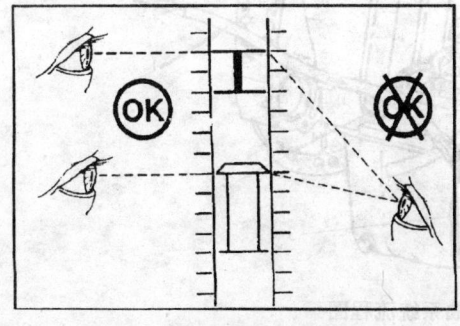

图 3-3 读取浮标指示的位置

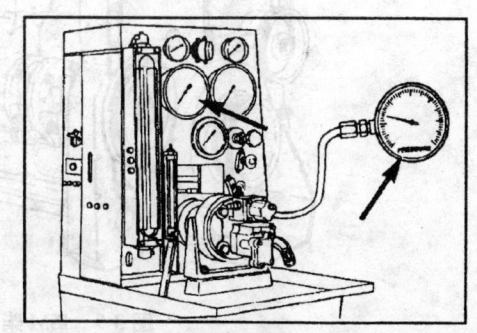

图 3-4 调整压力表上的阀,直到表针停止摆动

⑤测量燃油进油和回油阻力时,压力表必须与管接头处于同一高度,见图3-5。
⑥必须使用与仪表相同规格和材质的软管,见图3-6。

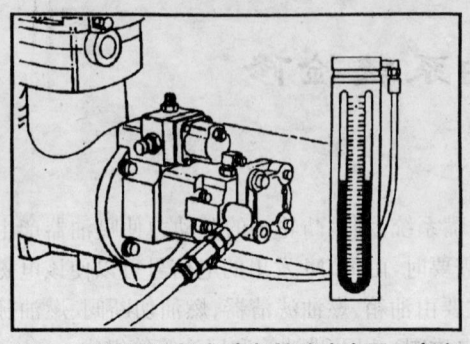

图3-5 测量阻力时,表与接头应在同一高度

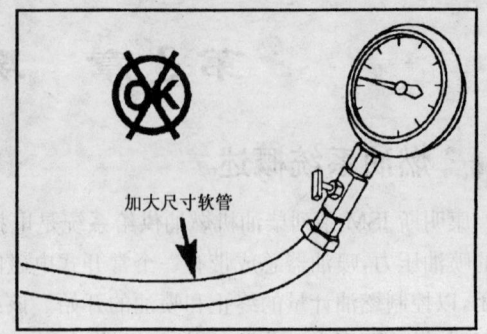

图3-6 使用与仪表同规格和材质的软管

⑦测试时,仪表与管接头的距离应越短越好,见图3-7。
⑧不得超过压力表或流量计的最大量程。若超出了最大量程,应对照标准表进行检查,见图3-8。

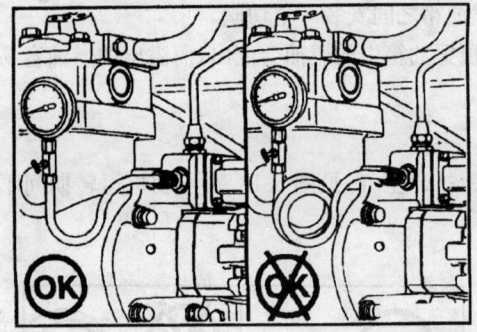

图3-7 测试时,仪表与管接头的距离越短越好

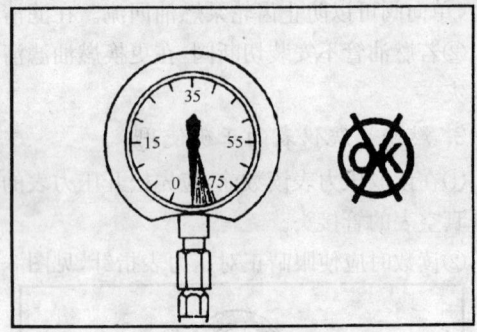

图3-8 若超量程应进行检查

3. 燃油系统流程

康明斯ISM系列柴油机燃油系统流程图,见图3-9。

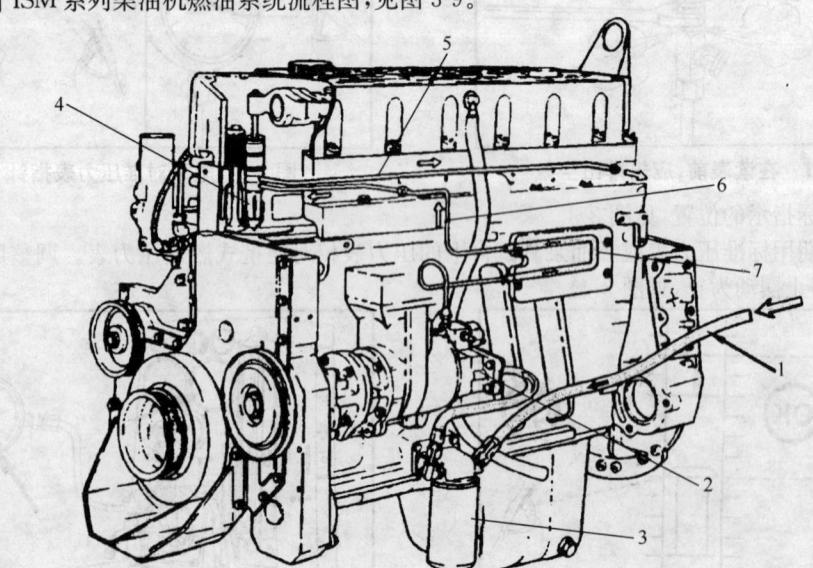

图3-9 ISM柴油机燃油系统流程图
1. 燃油进油管 2. 齿轮式燃油泵 3. 燃油滤清器 4. 喷油器(带电磁阀) 5. 回油管 6. 燃油流至喷油器 7. ECM冷却板

3.2 燃油系统技术规范

电控泵喷嘴燃油系统技术规范，见表 3-1。

表 3-1 燃油系统技术规范

项　　目		技 术 规 范
怠速转速(r/min)		600~800
燃油最大进油阻力(mmHg)	干净的滤清器	152
	脏的滤清器	254
燃油最大回油阻力(mmHg)		89
最低燃油压力(kPa)	起动时	172
	1200r/min 时	827
	调速时	1034~1241
最高燃油进油温度(℃)		71
发动机最低起动转速(r/min)		150
燃油切断电磁阀电阻(Ω)		7.0~8.0(电压 12V)

3.3 康明斯发动机所用柴油要求

①不能将柴油与汽油、酒精或酒精汽油混合燃料相混合，这种混合物会发生爆炸。

②因为柴油喷射系统零部件配合公差十分精密，应保证燃油清洁、无脏物和水。燃油系统中有脏物或水会造成燃油泵和喷油器损坏。

③对于安装有催化转换器的发动机，不得使用掺有润滑油的柴油，否则会造成催化转换器损坏。

④康明斯发动机公司推荐使用 ASTM 2 号柴油，该柴油能使发动机产生最佳性能。而在工作温度低于 0℃时，使用 2 号和 1 号柴油的混合柴油，能达到可以接受的性能。而较轻的柴油会降低燃油经济性。燃油黏度必在 40℃时超过 1.3 厘泡(cSt)，以便向燃油系统提供充分的润滑。

⑤康明斯 ISM 系列柴油机可以使用的代用燃油，见表 3-2。

表 3-2 ISM 柴油机可以使用的代用燃油

可以接受的代用燃油-康明斯 CELECT™PLUS 燃油系统									
1D 柴油	2D 柴油	1K 煤油	Jet-A	Jet-A1	JP-5	JP-8	Jet-B	JP-4	CITE
1	合格	1	1	1	合格	合格	不合格	不合格	不合格

1. 合格—只有当燃油润滑充分时才合格。
2. 注：因使用代用燃油造成性能降低而为了补偿燃油系统所做的任何调整都不予保修。

⑥康明斯 ISM 系列柴油机使用 ASTM 2 号柴油，其性能规范，见表 3-3。

表 3-3 ASTM 2 号柴油性能规范

性　　能	技 术 规 范
运动黏度(ASTM D445)	40℃时为 1.3~5.8 厘泡(1.3~5.8 毫米/秒)
16 烷值(ASTM D613)	10℃以上最低为 40，10℃以最低为 45
含硫量(ASTM D129 或 1552)	不超过 1.0%(质量百分比)(见注释)

续表 3-3

性　能	技　术　规　范
活性硫（ASTM D130）	在 49℃温度下运行 3h 后，铜的剥落腐蚀不超过 2 号柴油的额定值
水和沉积物（ASTM D1796）	不超过 0.1%（体积百分比）
残碳（ASTM D524 的兰式残碳值或 ASTM D189 的康氏残碳值）	在 10%（体积百分比）的残留物中不超过 0.35%（质量百分比）
密度（ASTM D287）	15℃时为 42℃～30°API 比重度（0.816～0.876 克/立方厘米）
凝点（ASTM D97）	比期望燃油工作的最低环境低 6℃
灰份（ASTM D482）	不超过 0.02%（质量百分比）（与润滑油混合时质量百分比为 0.05%）
蒸馏（ASTM D86）	蒸馏曲线必须平滑连续
酸度（ASTM D664）	每 100 毫升不超过 0.1 毫升的 KOA

3.4 燃油系统维修工具

燃油系统维修工具，见表 3-4。

表 3-4　燃油系统维修工具

工具号	工具名称	工具图
3375388	压力表（0～100PSi） （用于测量燃油起动压力。）	
3377462	数字式转速表组件 （用于测量发动机转速。）	
3375932	压力表和软管（0～300psi） （用于测量润滑油压力或燃油泵压力。包括必要的软管和金属构件以便与燃油泵连接。软管零件号为 ST-435-1，压力表零件号为 ST-435-6。）	
3376375	燃油测量装置 （用于测量发动机的燃油消耗率。）	
3376506	远程起动开关 （用于在远处起动或关闭发动机。）	

续表 3-4

工 具 号	工 具 名 称	工 具 图
3377161	数字式万用表 (用于测量电路电压电阻和电流。)	
3824510	安全溶剂 (用于安全清洗零件和工具。)	

3.5 燃油消耗量测量

燃油消耗量测量方法如下：

①燃油消耗量的精确测量方法是,用一台精度为 0.045kg 的台称,来称量一个能够行驶 80km 的油箱,以得到已消耗掉的燃油量,见图 3-10。

②安装远程油箱,见图 3-11。

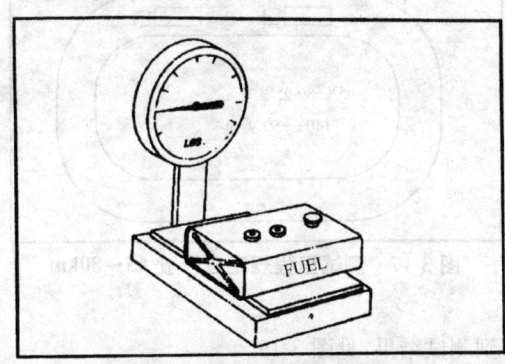

图 3-10 燃油消耗量的测量方法

图 3-11 安装远程油箱

③用里程表测量汽车行驶的公里数,见图 3-12。

④行驶完规定里程后,拆下油箱称量剩余的燃油重量,计算出消耗掉的燃油量,见图 3-13。

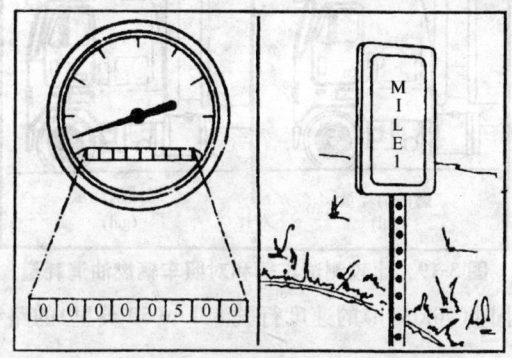

图 3-12 用里程表记录行驶距离

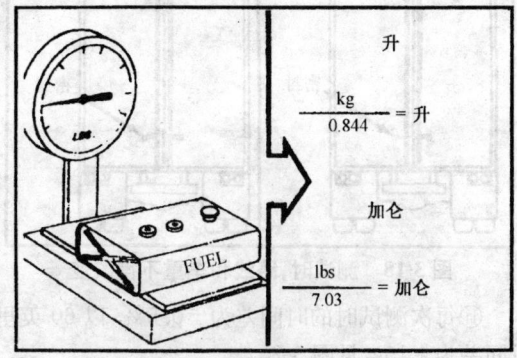

图 3-13 称重量计算出燃油消耗量

⑤计算单位燃油行驶的里程数,单位为 km/L(KPL)或加仑/英里(MPG),见图 3-14。

⑥除了测量消耗掉的燃油之外,还有 SAE Type Ⅱ 燃油测量方法,见图 3-15。这个方法可以测定在相同的环境、道路和测试条件下,两辆车之间燃油消耗量的差异。

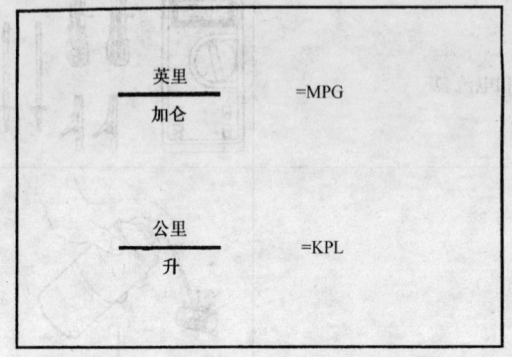

图 3-14 计算单位燃油行驶的里程数

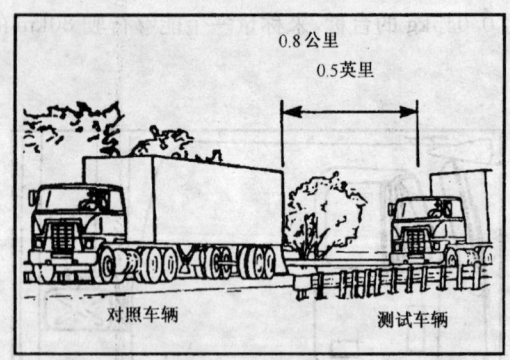

图 3-15 SAE Type Ⅱ 燃油测试方法

⑦用测试车辆和对照车辆进行测试,控制车辆用来对交通条件的变化进行校正。两辆车辆必须靠近,以相同的交通和气候条件变化,见图 3-16。

⑧测试里程规定 65~80km,见图 3-17。

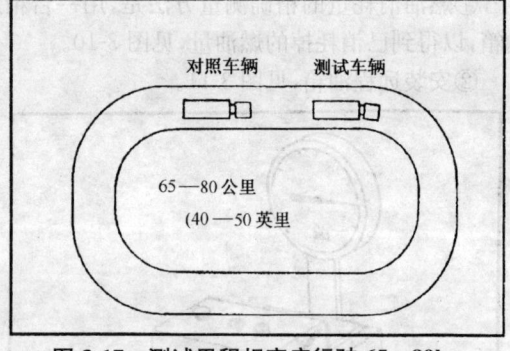

图 3-16 用测试车辆和对照车辆进行测试

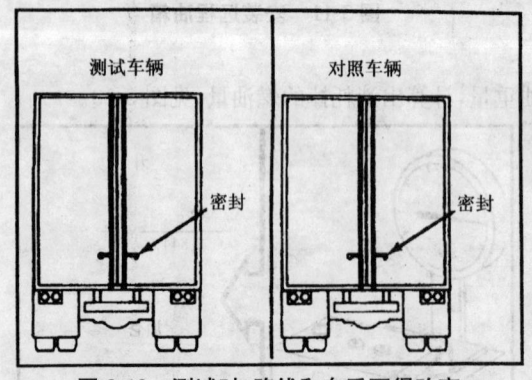

图 3-17 测试里程规定应行驶 65~80km

⑨测试期间,路线和车重不得改变,见图 3-18。

⑩根据比较测试车辆与对照车辆的燃油消耗量得到测试结果,见图 3-19。

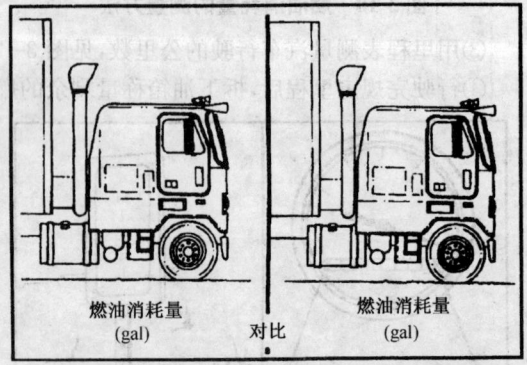

图 3-18 测试时,路线和车重不得改变

图 3-19 比较测试车辆和对照车辆燃油消耗量

⑪每次测试时的时间差为±0.5%,以 60 英里/小时(96km/h)的速度行驶 80km(50 英里)的路程时间差为±15s,见图 3-20。

⑫两次测试之间的燃油消耗量误差应在 2%以内(6.00mpg 对 6.12mpg)。见图 3-21。交通状况

第 3 章 燃油系统检修

和驾驶经验的差异会使测试误差超过 2% 的范围。

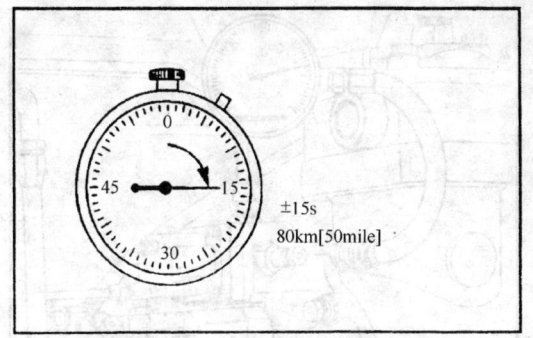

图 3-20 测试时规定时间差为±0.5%

图 3-21 燃油消耗率误差规定

⑬为测试结果准确,最少进行 3 次符合这些条件的测试,见图 3-22。
⑭具有相同经验的驾驶员完成所有测试,见图 3-23。

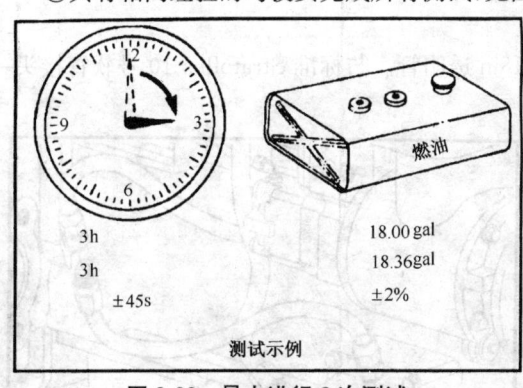

图 3-22 最少进行 3 次测试

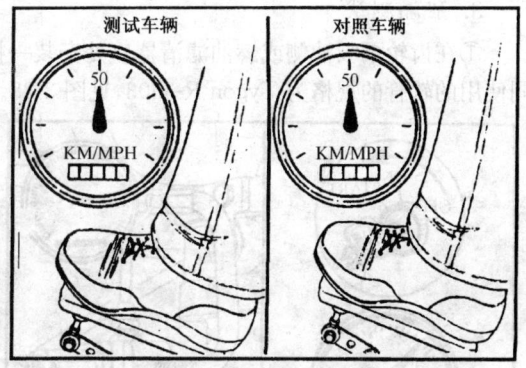

图 3-23 用有相同经验的驾驶员完成测试

⑮测试时,应记录环境温度、湿度、气压、风速、风向数据,见图 3-24。

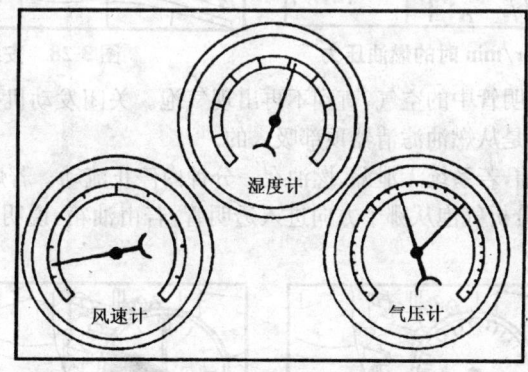

图 3-24 测试应记录的数据内容

3.6 燃油流量测量

1. 初始检查

当发动机起动时,松开燃油切断阀处的燃油管,如果管接头处没有燃油流出,必须加注燃油泵,见图 3-25。

2. 最低起动压力测试

①在燃油泵的快卸接头上连接一只量程为 0~300psi(0~2064kPa)的压力表,进行最低起动燃油

压力测试,规定最低压力为172kPa,见图3-26。

图3-25　松开切断阀,检查有无燃油流出

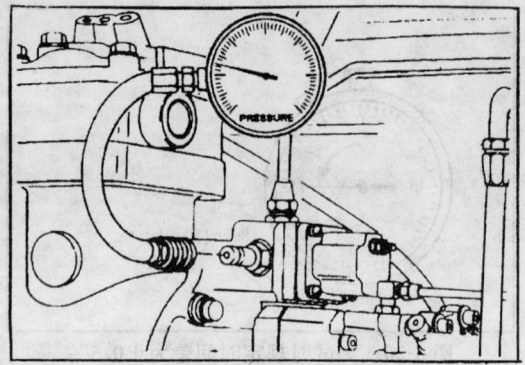

图3-26　连接压力表测试最低燃油压力

②起动发动机,记录空载条件下发动机1200r/min时燃油压力,规定值为827kPa,见图3-27。

3. 泄漏测试

①在齿轮泵吸油侧或燃油滤清器座处安装一根18in透明管。与标准Stratoflex 10号软管接头一同使用的软管的规格为Tygon R-3603,见图3-28。

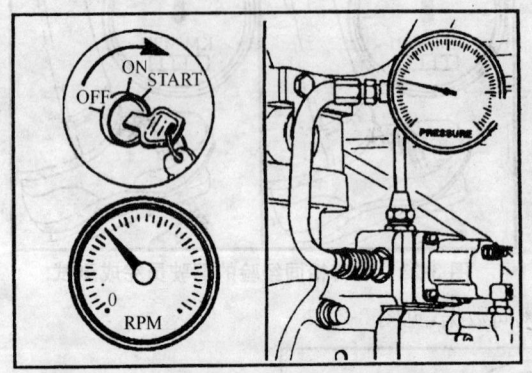

图3-27　记录空载1200r/min时的燃油压力

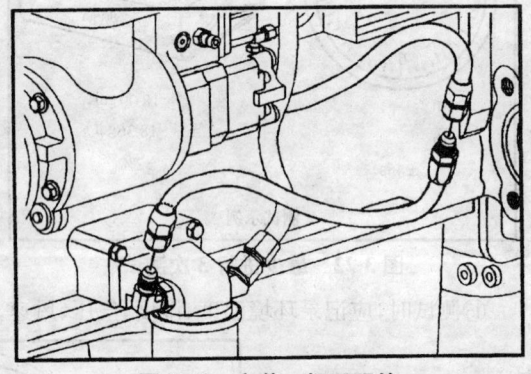

图3-28　安装一根透明管

②起动发动机,清除透明管中的空气,直到不再出现气泡。关闭发动机并观察透明管,见图3-29。在透明管中出现的空气段,是从燃油滤清器顶部吸入的。

③观察透明管中的燃油,若系统无泄漏,燃油在一分钟内停止流动。若燃油继续流向油箱,说明系统泄漏。见图3-30。观察分析气泡从哪个方向进入透明管,若由油箱,说明冷却板、接头、燃油管或油箱泄漏。

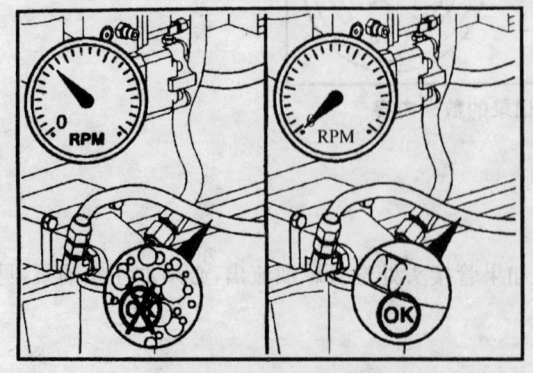

图3-29　观察透明管有无空气

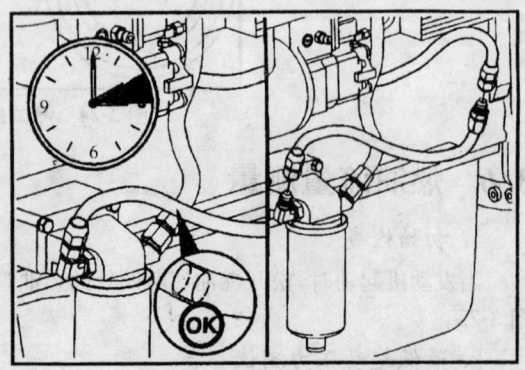

图3-30　观察燃油有无泄漏

3.7 燃油泵

1. 拆卸与清理

①拆下蓄电池负极电缆线,拆下燃油切断阀上的电气导线、拆下油管,从支架上拆下螺栓,拆下燃油泵4颗螺栓,并拆下燃油泵,见图3-31。

②清理燃油泵和空压机或附件驱动装置的密封垫表面,见图3-32。

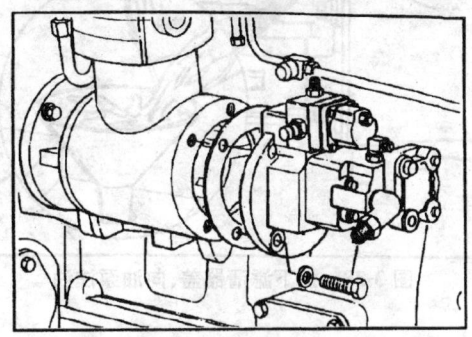

图3-31 拆下燃油泵

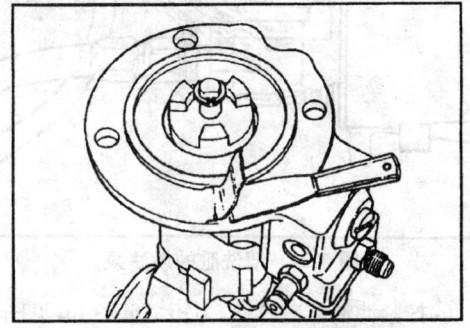

图3-32 清理燃油泵密封垫表面

2. 检查性能

①检查安装面是否损坏,见图3-33。

②检查燃油泵连轴节等零件是否损坏,见图3-34。

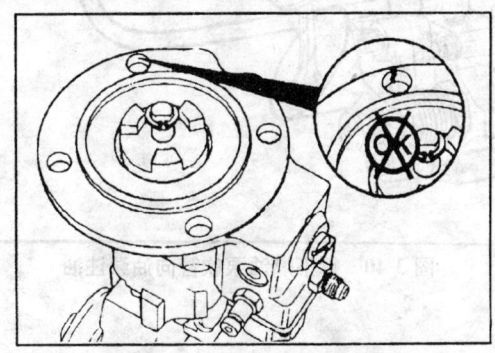

图3-33 检查安装面是否损坏

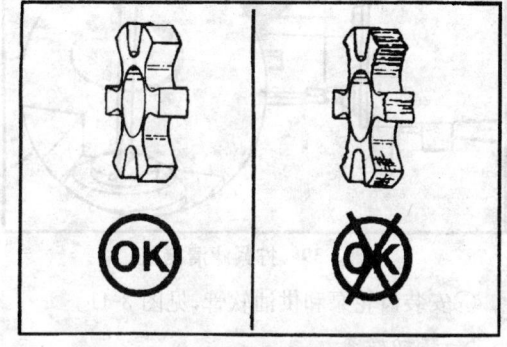

图3-34 检查连轴节等零件是否损坏

3. 安装

①安装连轴节、密封垫和燃油泵,安装支架螺栓,拧紧燃油泵固定螺栓,力矩:47N·m,见图3-35。

②连接燃油管,连接切线电磁阀导线,连接蓄电池电缆线,见图3-36。

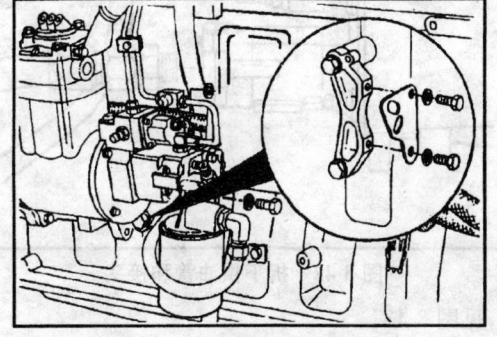

图3-35 拧紧燃油泵固定螺栓

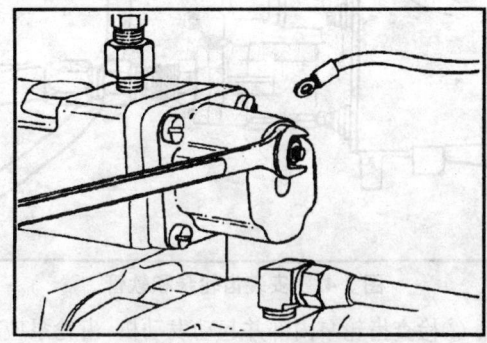

图3-36 连接燃油管和导线

4. 起动注油

①为缩短发动机起动时间,对燃油泵进行注油。若燃油泵很脏,应清洗燃油泵,见图3-37。
②从支架顶部拆下滤清器盖,向燃油泵注油,见图3-38。

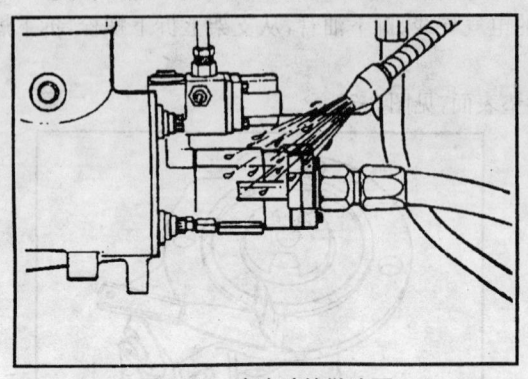

图3-37 清洗脏的燃油泵

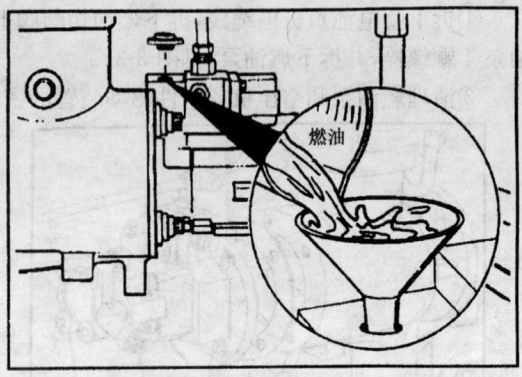

图3-38 拆下滤清器盖、向油泵注油

③拧紧滤清器盖螺栓,力矩:16N·m,见图3-39。
④若不能使用滤清器盖孔注油,则应拆下燃油泵软管,向油泵注油,见图3-40。

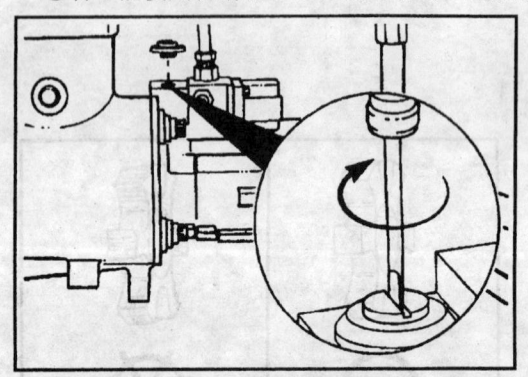

图3-39 拧紧滤清器盖

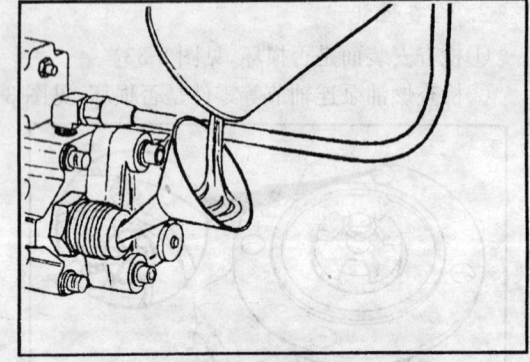

图3-40 拆下燃油泵软管向油泵注油

⑤安装齿轮泵和供油软管,见图3-41。

5. 转动检查

①拆下供油管和接头,见图3-42。

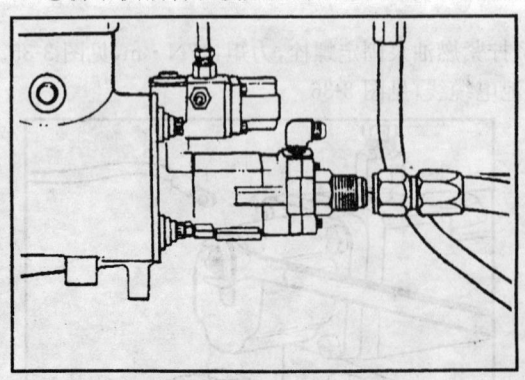

图3-41 安装齿轮泵和软管

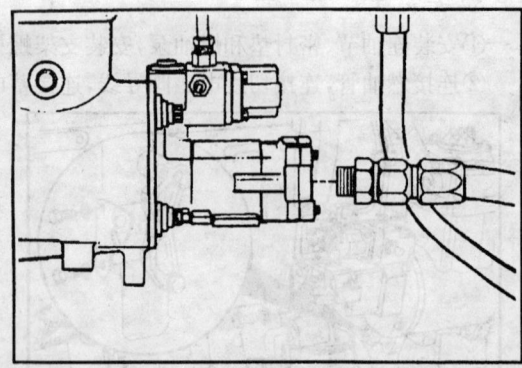

图3-42 拆下供油管和接头

②检查齿轮泵内部并起动发动机,齿轮泵应转动,见图3-43。
③若齿轮泵不转动,应拆下齿轮泵,见图3-44。

第 3 章 燃油系统检修

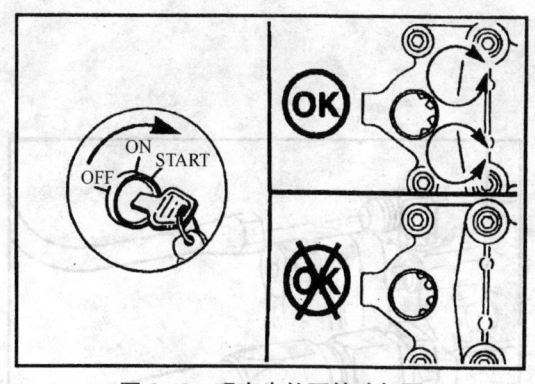

图 3-43 观察齿轮泵转动与否

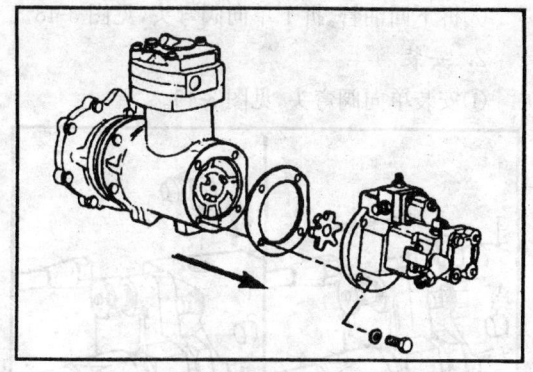

图 3-44 齿轮泵不转动，应拆下燃油泵

④起动发动机，检查空压机或附件驱动轴是否转动，见图 3-45。若驱动轴转动，说明齿轮泵损坏，应更换或修理。

图 3-45 检查空压机或附件驱动轴是否转动

3.8 齿轮泵单向阀

1. 拆卸

①若齿轮泵回油管弯头处的单向阀一直处于开启或关闭位置，则应更换该弯头，见图 3-46。

②检查弯头螺纹，不要将直螺纹弯头装锥形螺纹孔中，见图 3-47。有直螺纹的齿轮泵在单向阀部位有一个直径 19mm 的孔口平面，有锥螺纹孔的齿轮泵有一个直径 16mm 的孔口平面或没有孔口平面。

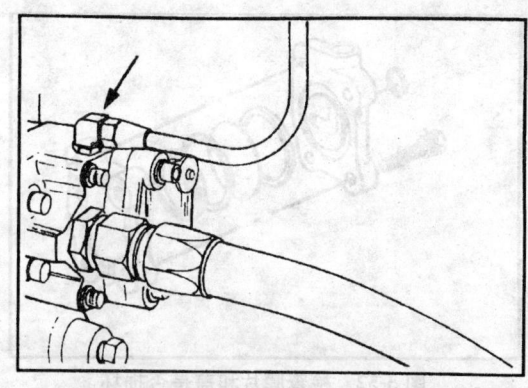

图 3-46 检查回油管弯头处的单向阀是否
处于开启或关闭位置

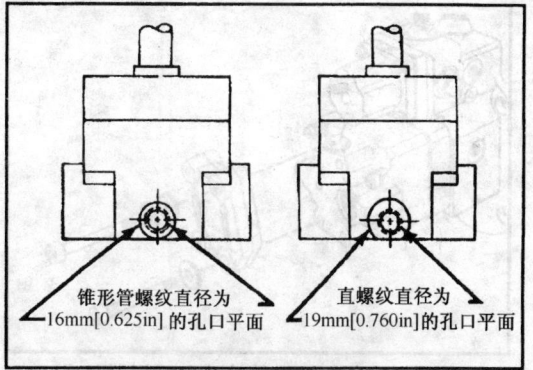

图 3-47 检查弯头螺纹

③拆下回油管、拆下单向阀弯头,见图3-48。

2. 安装

①安装单向阀弯头,见图3-49。

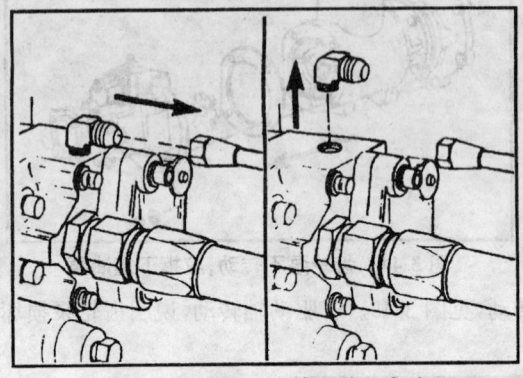

图3-48 拆下回油管和单向弯头

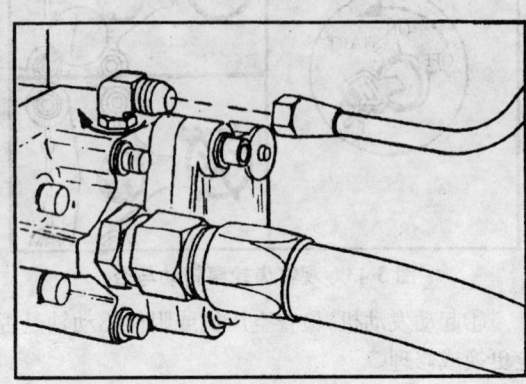

图3-49 安装单向阀弯头

②安装回油管,见图3-50。

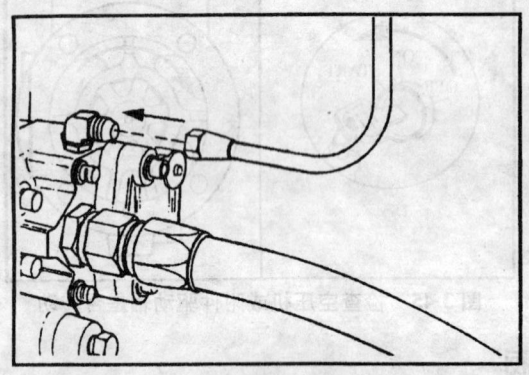

图3-50 安装回油管

3.9 燃油泵脉冲减振器

检查性能:

①拆下燃油进油管接头和脉冲减振器总成、废气O形橡胶圈,见图3-51。

②拆下减振器壳体、拆下弹簧钢膜片、检查盖或膜片是否损坏,见图3-52。

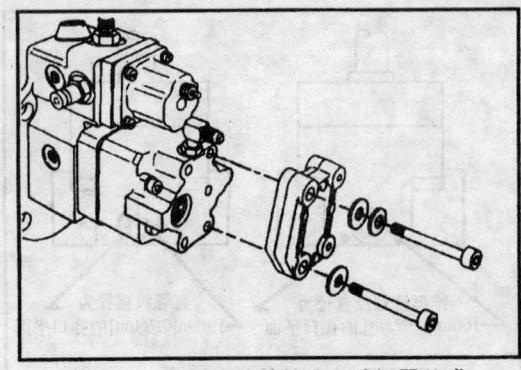

图3-51 拆下进油管接头和减振器总成

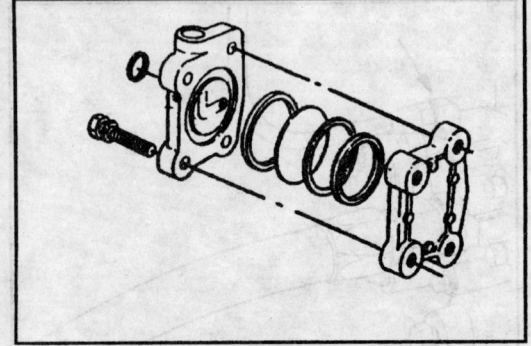

图3-52 检查膜片和盖是否损坏

③在槽中安装新O形圈、涂润滑油、将膜片装入盖中,拧紧螺栓,力矩:18N·m,见图3-53。

第3章 燃油系统检修

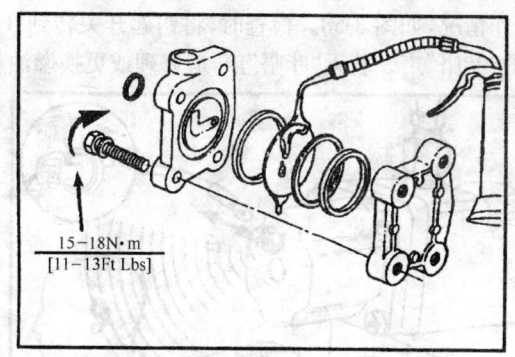

图 3-53 涂润滑油并将膜片装入盖中

④将安装有新 O 形圈的减振器总成安装到齿轮泵上,并紧固螺栓、安装燃油管接头。

3.10 燃油切断阀(FSOV)

检查性能:

①拆下燃油切断阀连接导线,并将螺母拧紧。在燃油系统中只能使用单接线柱线圈,因为双接线柱线圈会干扰冷却管。

②用钢丝刷清除线圈端子上的锈蚀,见图 3-54。

③连接好切断阀导线,线圈电压和零件号已写在线圈端子接线端盖上,见图 3-55。

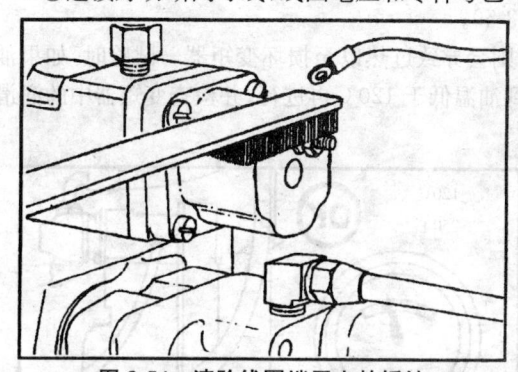

图 3-54 清除线圈端子上的锈蚀

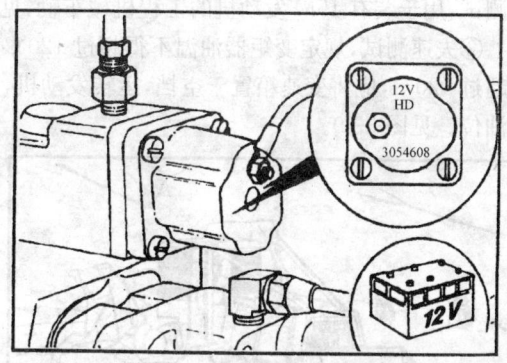

图 3-55 连接好切断阀导线

④将钥匙开关转到"ON"位置,检查线圈电压,应为 12V,见图 3-56。检查完毕,应断开钥匙开关到"OFF"位置。

⑤检查线圈电阻,对于 12V 电磁阀,电阻应为 6~10Ω,对于 24V 电磁阀,电阻应为 26~40Ω,见图 3-57。如果电阻不符合要求,应更换线圈。

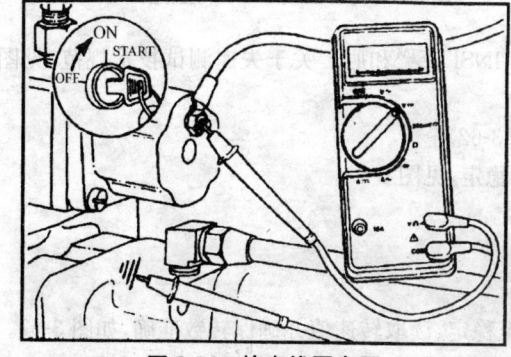

图 3-56 检查线圈电压

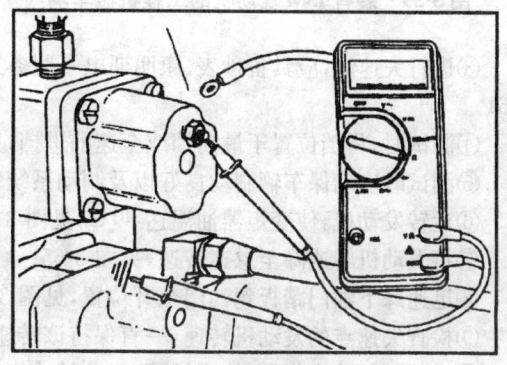

图 3-57 检查线圈电阻

⑥检查燃油切断阀的工作情况,如图 3-58。检查时,将钥匙开关转到"ON"位置,用导线接触线圈端子,应能听到电磁阀发出的"咔嗒"声。若无"咔嗒"声,应修理或更换燃油切断阀。

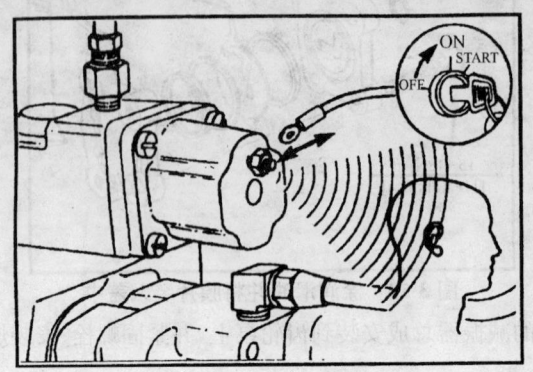

图 3-58　检查切断阀的工作情况

3.11　失速测试

1. 液力变矩器变速箱失速时发动机转速

①失速转速是指当液力变矩器输出轴锁定时,在全开油门状态下的发动机的转速(rpm),失速转速测试,用于装有 15M 发动机的工程机械车辆,见图 3-59。

②失速测试,规定变矩器油温不得超过 120℃,否则会导致过热以至损坏变矩器。试验时,如果油温超过 120℃,应将变速箱置于空挡,运转发动机,直到油温低于 120℃再进行,并检查变矩器中的润滑油油位。见图 3-60。

图 3-59　装有 ISM 发动机的工程机械车辆

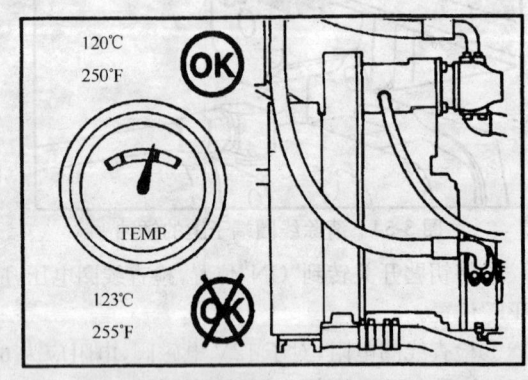

图 3-60　变矩器油温不得超过 120℃

③进行失速测,应具备秒表、康明斯电子服务工具 INSITE™ 和原厂关于失速测试技术规范,见图 3-61。

④测试时,将挡位置于最高挡或全速前进挡,见图 3-62。

⑤测试时应确保车辆制动良好以及制动系统气压稳定,见图 3-63。

⑥运转发动机,使变矩器油温达 80℃,见图 3-64。

⑦将发动机转速降至急速转速,见图 3-65。

⑧迅速踩下油门踏板到油门全开位置,见图 3-66。

⑨检查失速点的发动机转速:一直保持该转速直至稳定,读取转速值并确保转数准确,如图 3-67。

⑩对照原厂技术规范,检查转速,失速转速应在原厂规范的±8%左右变化是正常的,见图 3-68。

第 3 章 燃油系统检修

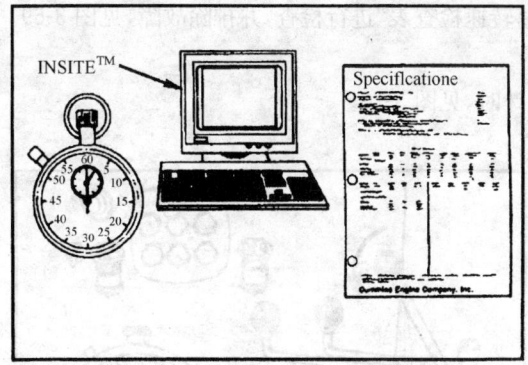

图 3-61 检查失速转速所需的设备

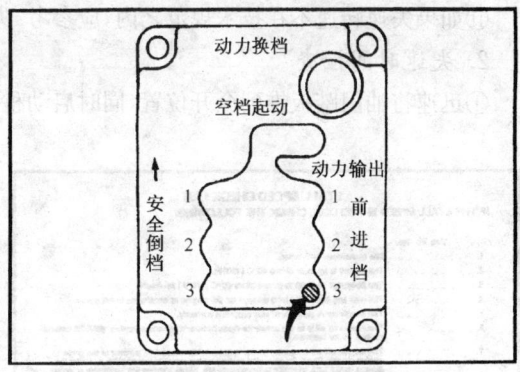

图 3-62 将变速杆置于最高挡

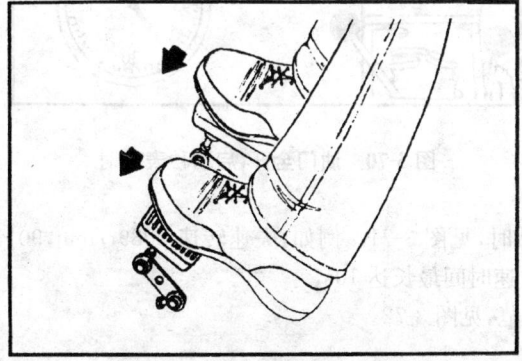

图 3-63 确保车辆制动良好

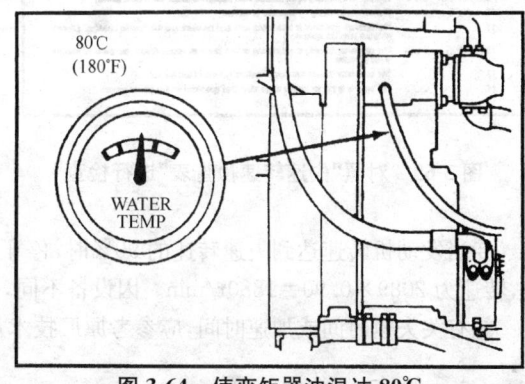

图 3-64 使变矩器油温达 80℃

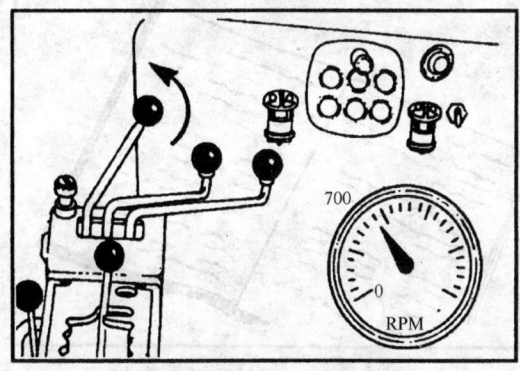

图 3-65 将发动机转速降到怠速

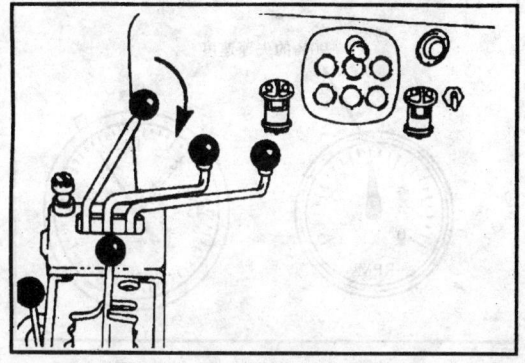

图 3-66 迅速踩下油门到全开

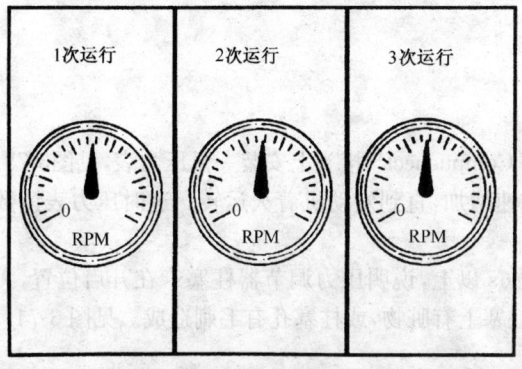

图 3-67 保持失速转速稳定并读取转数

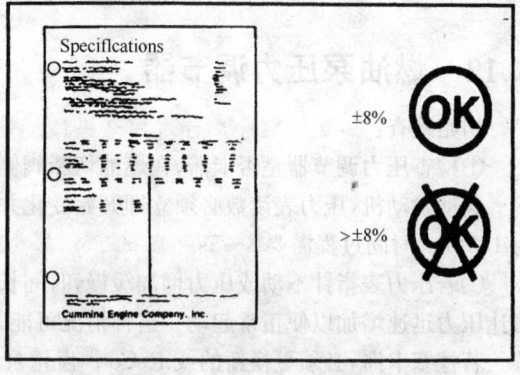

图 3-68 失速转速应在规定值的 8% 上下变化

⑪如果失速转速不在技术规范之内，应参考"失速转速检查表"进行检查，并排除故障，见图3-69。

2. 失速时间检查

①迅速将油门踏板推到全开位置，同时启动秒表计时，见图3-70。

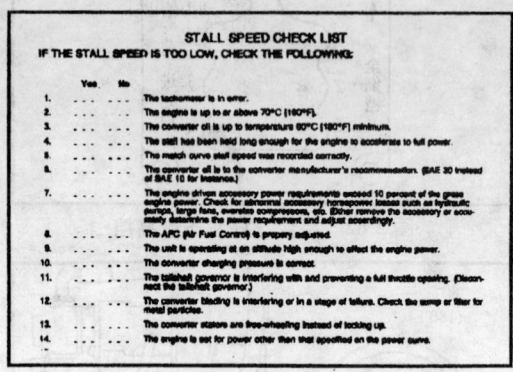

图3-69　对照"失速转速检查表"进行检查　　图3-70　油门全开，启动秒表计时

②当发动机转速达到失速转速的90%时，停止计时，见图3-71。例如：失速转速2089r/min，90%时，转速为2089×0.90＝1880r/min。因设备不同，失速时间最长达10s。

③有关失速时间或加速时间，应参考原厂技术规范，见图3-72。

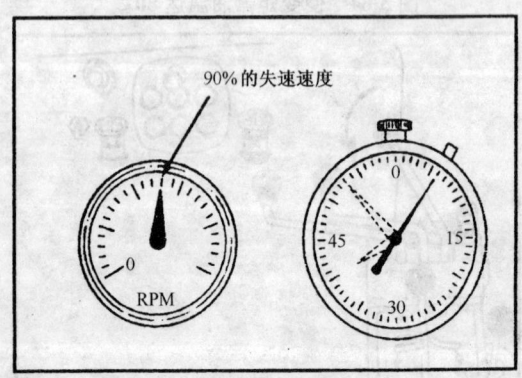

图3-71　发动机转速达失速转速的90%时，停止计时　　图3-72　参考原厂技术规范，检查失速时间

3.12　燃油泵压力调节器

初始检查：

①检查压力调节器是否卡滞，在燃油切断阀侧的Compucheck®接头上安装一只压力表，见图3-73。起动发动机，压力表读数必须立即开始变化并迅速增加，直到发动机着火运转。这时压力表读数为172kPa，时间过程需要3～5s。

②若压力表指针不动或压力增加缓慢，时间长达6s以上，说明压力调节器柱塞卡在开启位置，无法让压力迅速增加以便正常起动。这种情况可能是柱塞上有脏物，或柱塞孔有毛刺造成。见图3-74。

若柱塞卡滞，必须更换新的或ReCon®齿轮泵。

第 3 章 燃油系统检修

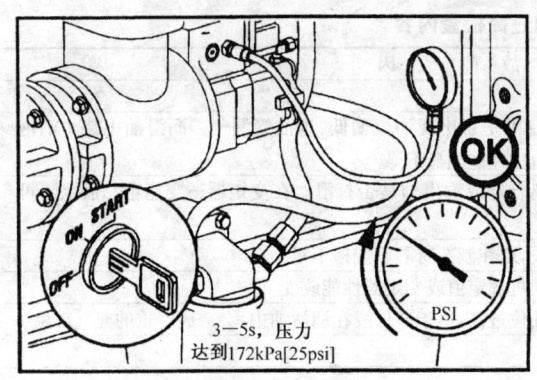

图 3-73 安装压力表,检查压力值

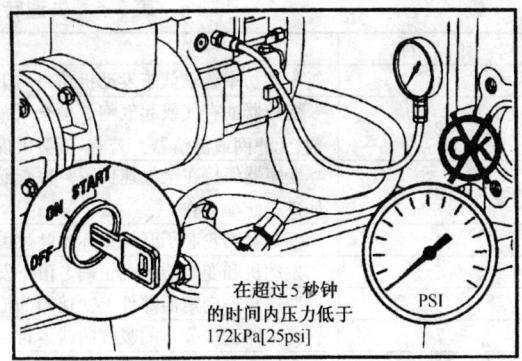

图 3-74 压力低于规定值时分析故障原因

3.13 失速转速过低检查

失速转速过低检查内容,见表 3-5。

表 3-5 失速转速过低检查内容

项 目	故 障 原 因
1	转速表是否合格。
2	发动机水温是否达到或超过 70℃。
3	变矩器油温是否达到 80℃。
4	失速是否保持了足够长的时间,以便发动机加速至全功率。
5	失速匹配曲线是否正确记录。
6	变矩器润滑油是否符合原制造厂的推荐值(例如:SAE30 代替了 SAE10)。
7	发动机驱动件所需功率是否小于发动机总功率的 10%。检查附件功率损耗如液压泵、大风扇、加大尺寸的空压机等是否异常。拆卸附件或精确定所需功率,并以此作出调整。
8	变矩器驱动压力正确与否
9	调速器轴受干扰,无法做到油门全开。拆卸调速器轴。不要超过制造厂规定的最大输出速度。
10	变矩器叶片受干扰或产生故障,检查油底壳或滤清器中有无金属微粒
11	变矩器定子自由转动而未被锁定
12	发动机设定功率不在功率曲线规定范围内
13	变矩器因制造或大修不当而存在问题
14	变矩器在按公布的吸收曲线运行
15	发动机与变矩器匹配是否正确。检查匹配情况
16	与发动机匹配的变矩器过大。若这种情况存在,请向工厂报告发动机附件的有关情况
17	发动机功率降低。参考"发动机输出功率降低"故障排除方法

3.14 失速转速过高检查

失速转速过高检查内容,见表 3-6。

表 3-6 失速转速过高检查内容

项 目	故 障 原 因
1	附件功率要求低于发动机功率的 10%
2	变矩器油有气或起气泡。检查吸油管中是否出现油位偏低、进油管漏气。润滑油中缺少消泡剂、无滤网或滤清器。若有，就会出现机械性能明显下降
3	变矩器保持在全失速位置。检查前离合器或输出轴是否打滑。在变矩器—变速箱总成上不可能进行此项检查
4	变矩器涡轮芯子开始损坏。叶片丢失，或在制造时芯子规格不对
5	发动机和变矩器匹配正确。由于发动机额定值或变矩器性能改变
6	变速箱—变矩器部件上变速箱油槽油位过高，由于部件浸在润滑油中，会造成严重的充气现象
7	变矩器正按公布的吸收曲线运行
8	变矩器驱动压力正确与否

3.15 喷油器和燃油管

1. 液压辅助系统

①燃油泵的安装位置与 CELECT™ PLUS 燃油泵的安装位置相同，见图 5-31。
②ISM 发动机燃油泵是齿轮式燃油泵，它由压力调节器、脉冲减振器和电磁阀组成，见图 3-75。
③ECM 安装在冷却板上，发动机运转期间，燃油经过冷却板，吸收 ECM 产生的热量，见图 3-76。

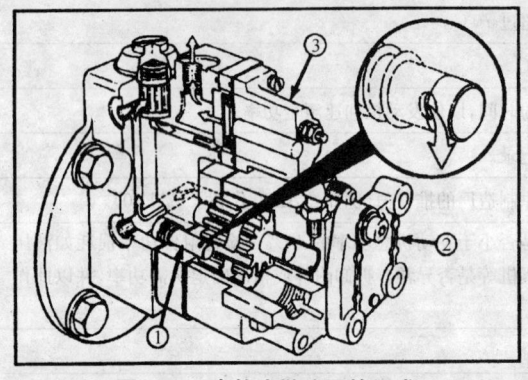

图 3-75 齿轮式燃油泵的组成
1. 压力调节器 2. 脉冲减振器 3. 电磁阀

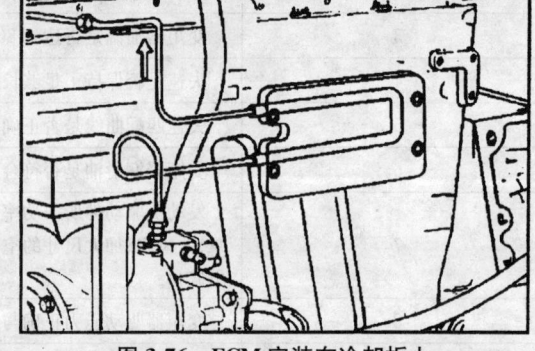

图 3-76 ECM 安装在冷却板上

④喷油器总成带有一个电磁阀，控制燃油的计量的终止和喷油的开始。见图 3-77。该电磁阀为常开电磁阀，当需要时，由 ECM 发送的电子信号可以使该电磁阀关闭。
⑤燃油系统的喷油压力由凸轮轴驱动力产生，见图 3-78。

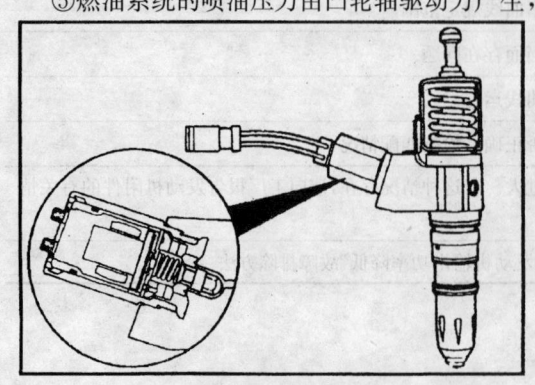

图 3-77 喷油器电磁阀的安装位置

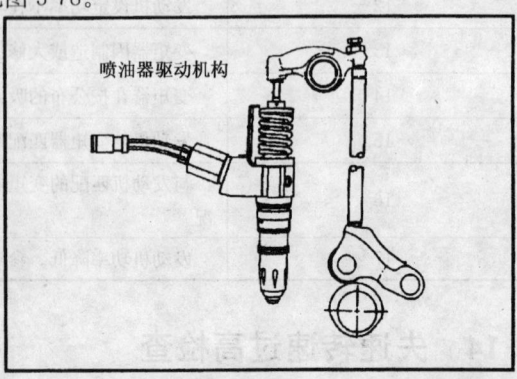

图 3-78 凸轮轴驱动喷油器柱塞产生充足的燃油压力

⑥图 3-79 为带有部件名称标识的电控喷油器剖视图。

⑦在计量开始时,计量柱塞和正时柱塞处于它们行程下部极限位置,见图 3-80,这时喷油器的控制阀是关闭的。

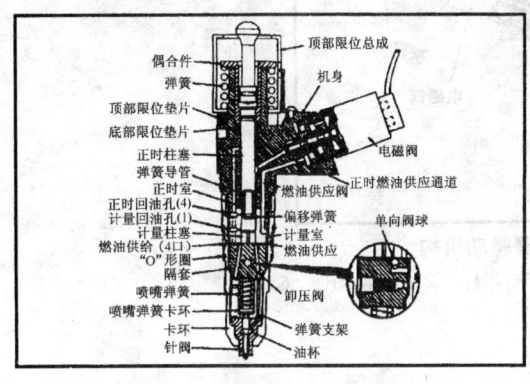

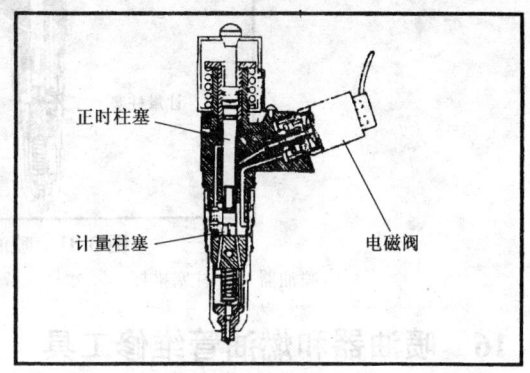

图 3-79 喷油器总成的结构组成　　　　图 3-80 开始计量燃油,电磁阀关闭着

⑧当凸轮轴转动时,正时柱塞回位弹簧推动正时柱塞向上运动。这时,燃油流经计量单向阀球进入计量室,燃油流动持续时间与正时柱塞向上运动的时间相同,这时喷油器控制阀仍关闭着。作用在计量活塞底部的供油压力推动计量活塞与正时柱塞保持接触。

⑨ECM 向喷油器控制电磁阀发出开启信号确定供油终止。

⑩燃油在供油压力的作用下流入正时室,使计量活塞停止运动。

此时,偏移弹簧使计量柱塞保持静止,当正时柱塞向上运动时,计量柱塞不会向上移动。作用在计量柱塞上相同的力导致活塞下部具有充足的燃油压力保持计量单向阀球座合。

这时,经过精密计量的燃油封闭在计量中,这些就是即将喷射的燃油量。

⑪正时柱塞继续向上运动,正时室中充满了燃油。

⑫此时,正时柱塞开始向下行程。最初,喷油器控制电磁阀保持开启,允许燃油从正时室中流出,经过电磁阀流向燃油供应油道。

⑬在由 ECM 确定的时间,电磁阀关闭,将燃油截流在正时室中,截流的燃油在正时柱塞和计量柱塞之间形成固态液压连接。

⑭计量柱塞被迫随着正时柱塞一起向下运动。由于燃油密封在正时柱塞和计量柱塞之间,因此正时柱塞上向下的力传递到计量柱塞上,从而增加了计量室中的压力。

⑮当压力达到大约 5000psi(约 34MPa)时,开始推动针阀向上运动。正时柱塞和计量柱塞继续向下运动使得燃油压力稳定升高,结果推动燃油经过针阀,通过喷孔喷入燃烧室中。

⑯喷油持续进行,直到计量柱塞的回油通道通过计量回油孔为止。计量室压力迅速下降,使得针阀迅速关闭。这个动作使喷油立即停止。喷油立即终止,可防止燃油滴漏,使得燃烧更清洁。与此同时,减压阀瞬间关闭,从而减轻了计量溢油时产生高压尖锋脉冲的影响。

⑰计量油孔开启之后,计量柱塞的上部边缘通过正时回油孔。

⑱这一动作使得正时柱塞在完成其向下运动的同时正时室中的燃油也回流至燃油回油道。以上过程为一个喷油循环。

2. 喷油器驱动机构

喷油器驱动机构,见图 3-81。

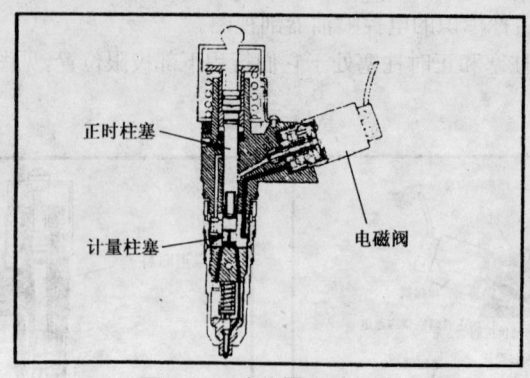

图 3-81 喷油器驱动机构
1. 喷油器　2. 柱塞推杆　3. 摇臂　4. 摇臂推杆　5. 凸轮随动件　6. 凸轮轴

3.16 喷油器和燃油管维修工具

喷油器和燃油管维修工具，见表 3-7。

表 3-7 喷油器和喷油管维修工具

工具号	工具名称	工具图
ST-434	真空表（0～30in. Hg） （用于测量燃油进油阻力。与之相配的真空表接头，零件号 ST-434-1、3375845 和 3376922。）	
ST-434-1 ST-434-2	软管接头 （与零件号为 ST-434 一同使用。零件号为 ST-434-1 的接头与 8 号软管配套使用。零件号为 ST-434-2 的接头与 10 号软管配套使用。）	
ST-998 3375362 3375808	观察镜 （用于检查吸油管中有无空气，零件号为 3375362 的观察镜与 12 号软管配套使用，零件号为 3375808 的观察镜与 16 号软管配套使用。）	
ST-1111-3	水银压力计 （用于测量燃油回油阻力。）	
ST-1272-11 或 3823461	碎屑清除装置 （用清除活塞顶部积碳。参考螺纹修复工具包，零件号 3376208，碎屑清除装置，零件号为 3823461，是一种真空工具。）	

续表 3-7

工 具 号	工 具 名 称	工 具 图
3376807	滤清器扳手 (用于拆装燃油滤清器)	
3823451	静态喷油正时工具 (用于测量静态喷油正时)	
3823579	CELECT™喷油器正时拆装工具 (用于 CELECT™喷油器的拆装)	

3.17 燃油中的空气测试

1. 观察镜法

①拆下进油管,在进油管中安装一个观察镜,零件号为 3375362,运转发动机见图 3-82。
②检查进油管中有无空气泄漏,若有则应检查 O 形圈和管接头是否损坏,管接头是否松动,见图 3-83。

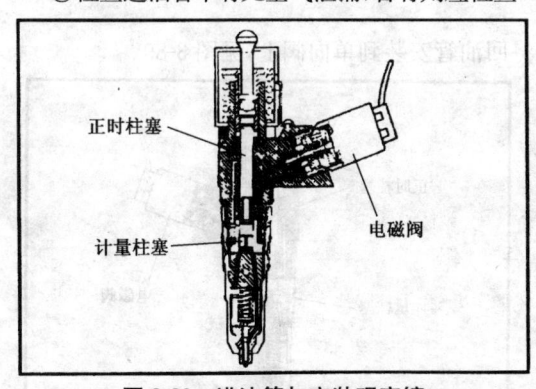

图 3-82 进油管与安装观察镜

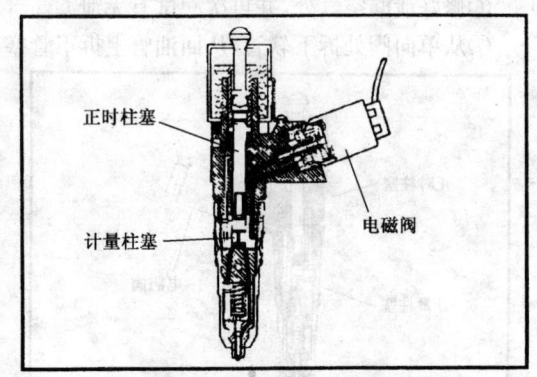

图 3-83 检查空气泄漏处

③高怠速运转发动机,检查观察镜,见图 3-84。
④拧紧软管接头和燃油滤清器,检查回油管是否损坏,见图 3-85。
⑤根据需要,更换损坏的部件,见图 3-86。

2. 齿轮泵回流法

①从单向阀上拆下齿轮泵回油管,在管中安装一个堵塞。在单向阀上接一根软管,将软管的一端放入一容器中,见图 3-87。

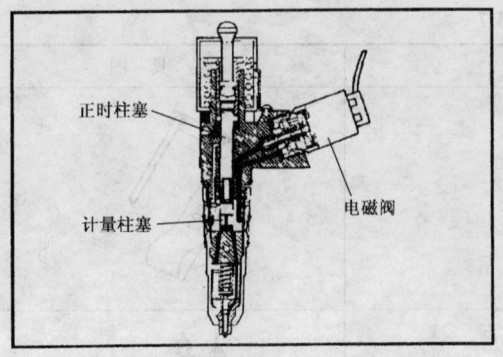

图3-84 高怠速运转发动机,检查观察镜

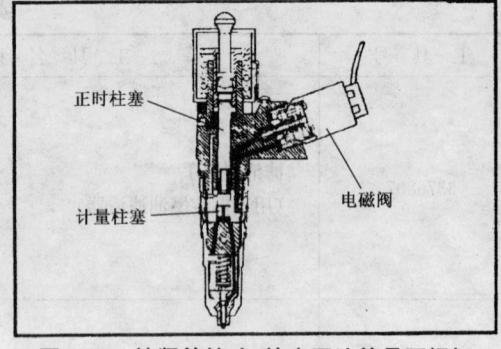

图3-85 拧紧管接头,检查回油管是否损坏

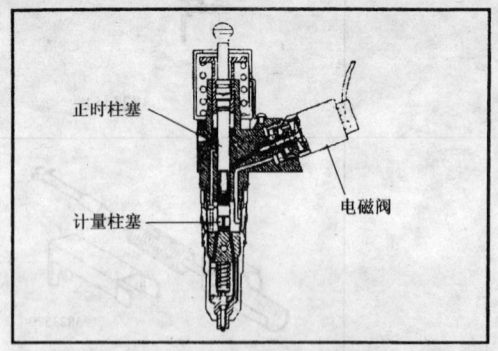

图3-86 更换损坏的部件,再次测试有无泄漏

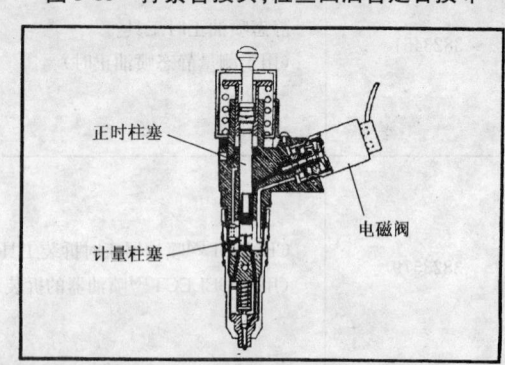

图3-87 在单向阀上接一根软管,并将软管一头放入容器中

②在空载下高怠速运转发动机。
③如果空气进入燃油泵进油管,则在盛有燃油的容器中会看到气泡,见图3-88。
④如果有气泡出现,应拧紧进油管接头,拧紧冷却板进口和出口管接头。
⑤拧紧软管接头和滤清器,检查回油管是否损坏。
⑥修好泄漏空气处,并再次测试有无泄漏。
⑦从单向阀处拆下软管,从回油管上拆下管塞,将回油管安装到单向阀上,见图3-89。

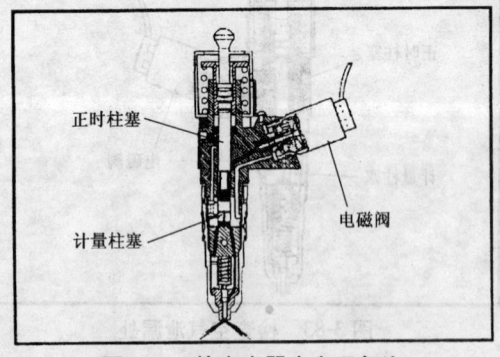

图3-88 检查容器中有无气泡

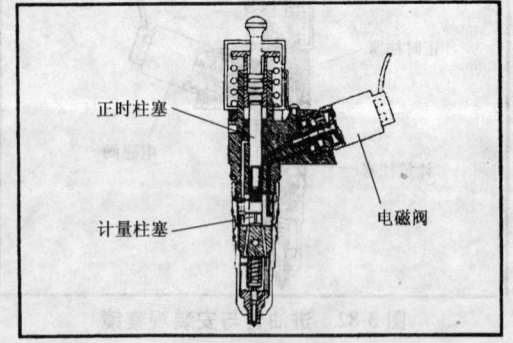

图3-89 拆下管塞,把回油管装回到单向阀上

3.18 气缸缺火或冒烟测试

1. 概述

不能用机械方法进行气缸断油试验,因M系列泵喷嘴燃油系统喷油器会产生冲击,即推杆会飞出造成人身伤害。可以采用下述方法找出缺火或冒白烟的气缸:排气支管温度法、后倾排气支管法及自

动气缸性能测试法,见图3-90。

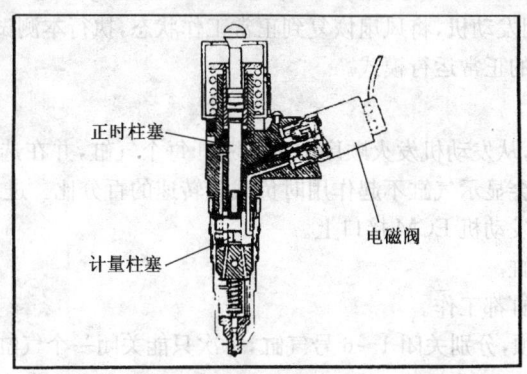

图3-90 不能用机械方法进行气缸断油测试

2. 自动气缸性能测试法

(1)测试规程

自动气缸性能测试可以测试出各气缸作用百分比,从而判断该缸是否合格。测试之前,应先将手提电脑 INSITE™ 与电子模块 ECM 相连。本测试是自动进行的,测试一旦开始,电子维修工具 IN-SITE™ 会控制不起作用或起作用的气缸,记录 ECM 值以及显示测试结果。测试结束,应遵守测试之后规定程序,确保发动机恢复到初始状态。对于每个气缸,测试结果会出现"Pass"(合格)或"Fail"(不合格)的信息。

(2)自动气缸性能测试准备工作

①将发动机风扇及其周围区域清理干净,确保废气正确排出。

②运转发动机,使水温达 76.7℃。

③关闭发动机。

④将风扇离合器开关锁定在"ON"位置,使风扇连续工作。

⑤关闭空调。

⑥脱开可能会引起发动机负载变化的装置。

⑦在车辆静止状态下,起动发动机,使之怠速运转。

⑧用 INSITE™ 开始测试。

⑨测试结果,若某缸起作用百分比为 11% 以上为合格,低于 71% 为不合格,见图 3-91。

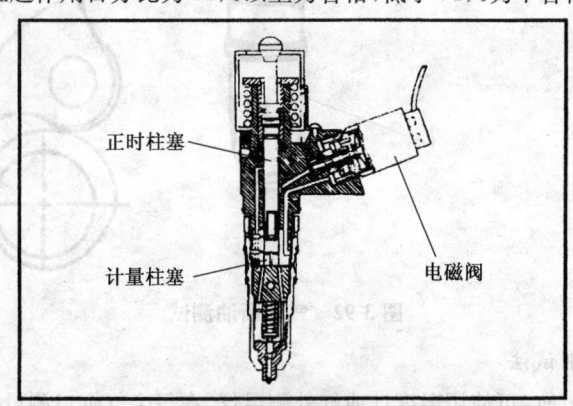

图3-91 电子维修工具手册规定的合格百分比

(3)自动气缸性能测试之后

①在测试期间,发动机转速变化是正常的。但如果发动机转速在每次达到高怠速时停留超过 5s,

关闭发动机。

②测试结束后,应关闭发动机,将风扇恢复到正常工作状态,执行本测试结果建议的所有维修以及将脱开的装置恢复到它们的正常运行模式。

3. 单缸断油法

①使用单缸断油测试,从发动机发火顺序中分别断开每个气缸,并在选定的气缸不起作用时监测正在运转的发动机。系统会显示气缸不起作用时负载和转速的百分比。进行测试时,手提电脑应安装在静止车辆上正在运转的发动机 ECM 接口上。

②进行断油测试的气缸。

无:选择该项,所有气缸都工作。

1-6:选择其中一个选项,分别关闭 1~6 号气缸,每次只能关闭一个气缸。

③监测。

负载百分比:发动机所带动的负载的百分比。

转速(rpm):发动机每分钟转数。

④依次对每个气缸断油,同时观察冒烟情况。最后,更换断油时冒烟减少的气缸的喷油器。见图 3-92。

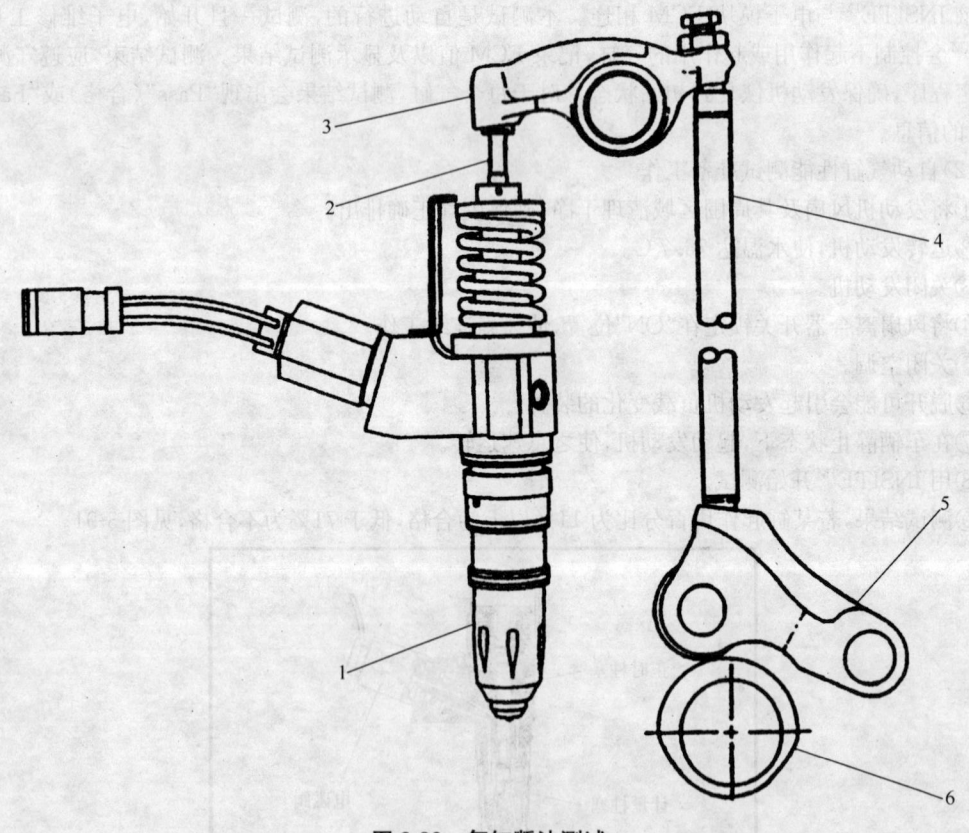

图 3-92 气缸断油测试

4. 排气支管温度测试法

①为检查出冒烟的气缸,可使用温度计或红外测温仪,在每个气缸口测量排气支管的表面温度,见图 3-93。发动机怠速运转时,排气支管表面应是 143℃。若存在以下情况,说明该气缸冒烟:排气支管表面温度超过技术规范,该气缸口排气支管表面温度大大高于其他气缸口。

②发动机温度过高或产生较浓的黑烟时,不得将手放在排气支管上。可以用手去试每个气缸口处

的排气支管,冒烟的气缸会感觉烫些,见图3-94。更换冒烟的气缸的喷油器。

图3-93 测量排气支管的表面温度

图3-94 用手去试每个气缸的排气支管的温度

5. 后倾排气支管法
① 松开排气支管螺栓,将其后倾,见图3-95。
② 怠速运转发动机,观察气缸冒烟情况,见图3-96,更换冒烟气缸的喷油器。

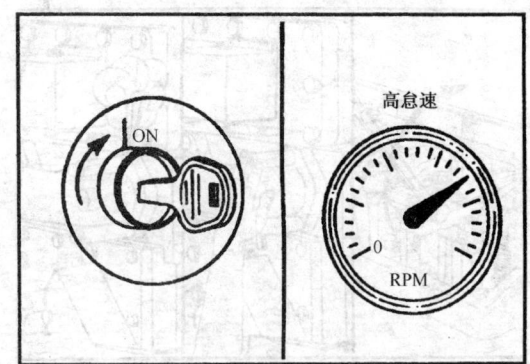

图3-95 松开排气支管螺栓,将其后倾

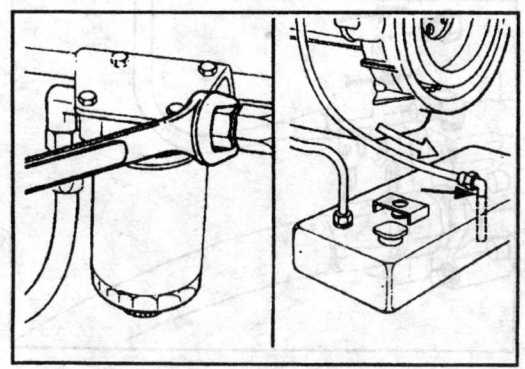

图3-96 观察气缸冒烟情况

3.19 ECM冷却板

1. 拆卸
① 从ECM上拆下导线线束,拆下6颗ECM固定螺栓,从冷却板上拆下ECM,见图3-97。
② 从冷却板上拆下燃油进出油管,见图3-98。

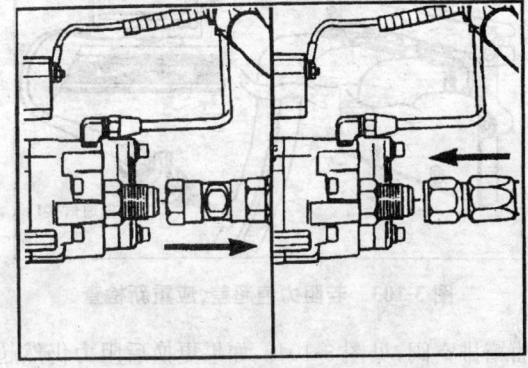

图3-97 从冷却板上拆下ECM

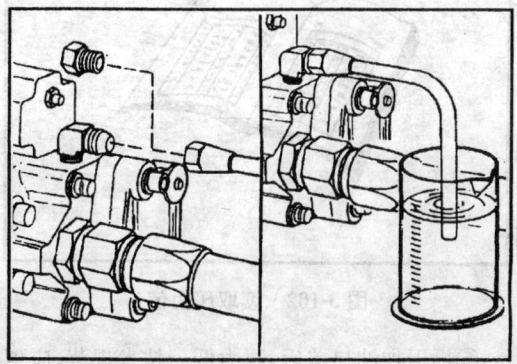

图3-98 从冷却板上拆下燃油进出油管

③拆下 4 颗冷却板固定螺栓,拆下冷却板,见图 3-99。

2. 安装

①安装新冷却板并在两面装上隔热垫圈、拧紧 4 颗固定螺栓,力矩:40N·m,见图 3-99。

②将燃油进出油管连接到冷却板上并紧固。

③将 ECM 安装到冷却板上,紧固 6 颗螺栓,其中一颗螺栓上安装有隔热垫圈。

④拧紧 6 螺栓,将发动机线束和 ECM 线束连接器连接到 ECM 上。

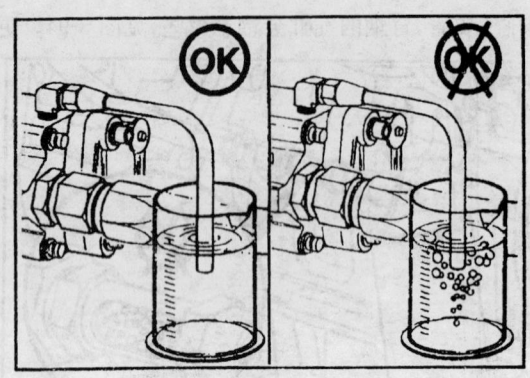

图 3-99 拆下冷却板

3.20 燃油回油阻力测量

测量:

①拆下燃油回油管,安装水银压力计,零件号 ST-1111-3,见图 3-100。

②在额定空载下运转发动机,见图 3-101。

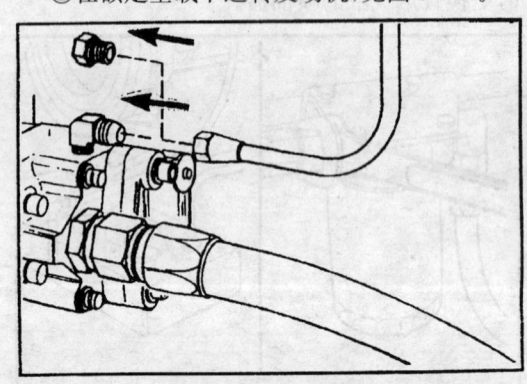

图 3-100 安装水银压力计

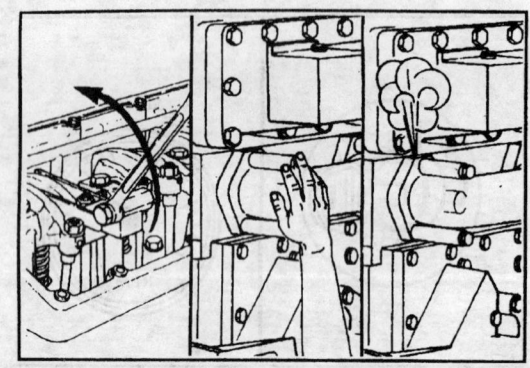

图 3-101 运转发动机

③读取压力计读数,燃油回油阻力,最大值为 89mmHg,见图 3-102。

④若阻力值超过最大值,应拆下燃油箱加油口盖,重新检查,见图 3-103。

图 3-102 读取压力值

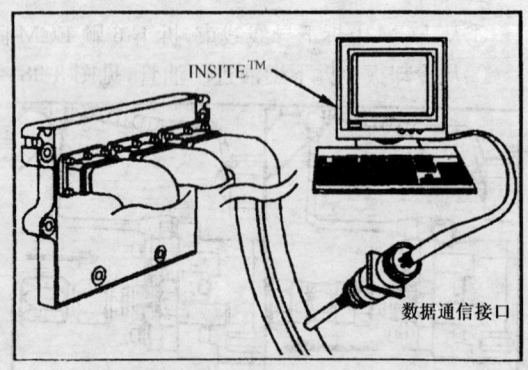

图 3-103 若阻力值超差,应重新检查

⑤拆下加油口盖后,阻力低于技术规范,应更换油箱排空阀,见图 3-104。如果更换后阻力仍然超出技术规范,检查回油管是否堵塞。

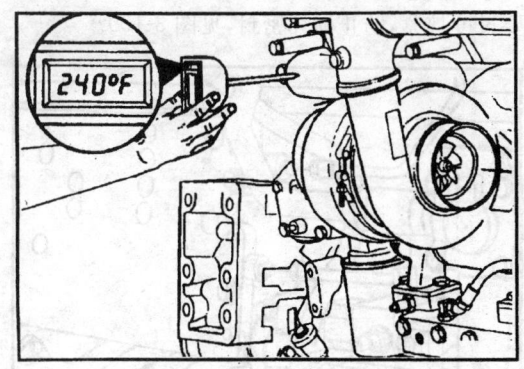

图 3-104　阻力低于标准，应更换油箱排空阀

3.21　燃油滤清器

1. 拆卸

①清洁燃油滤清器周边脏物，用滤清器扳手拆卸燃油滤清器，见图 3-105。

②拆下螺纹连接件和密封圈，用干净布擦干净密封垫表面，见图 3-106。

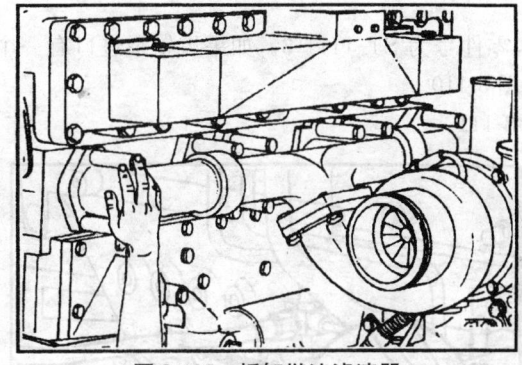

图 3-105　拆卸燃油滤清器

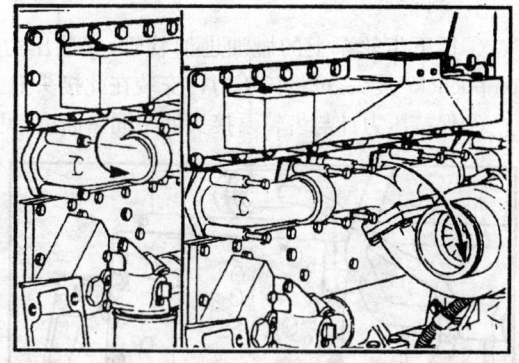

图 3-106　拆下螺纹连接件和密封圈，擦净密封垫表面

1. 密封垫

2. 安装

油水分离器与燃油滤清器制成一体，油水分离器安装在滤清器的底部。

①燃油滤清器密封垫上涂润滑油，向滤清器里加注清洁燃油，见图 3-107。燃油滤清器滤清效率：直径 10μ 时为 98.7%、直径 8μ 时为 96%、直径 5μ 时为 86%。除水效率：自由水=95%、乳状水=95%。

②如果安装有 Centinel™，可用它过滤 10μ 的燃油。安装新的滤清器及螺纹连接件、密封圈。

③将滤清器安装到滤清器座上并拧紧螺纹件，见图 3-108。

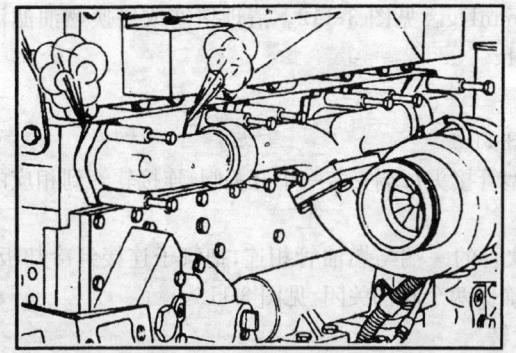

图 3-107　向密封垫表面涂润滑油，向滤清器里加注燃油

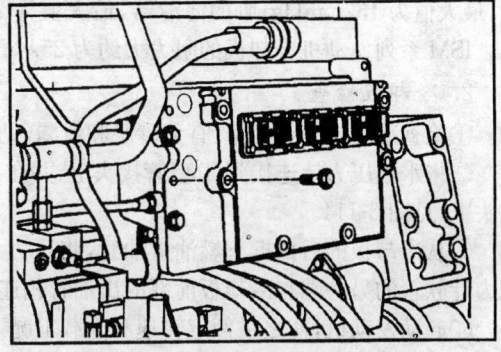

图 3-108　安装滤清器

④在安装滤清器时,不要过度拧紧,防止损坏密封,见图3-109。

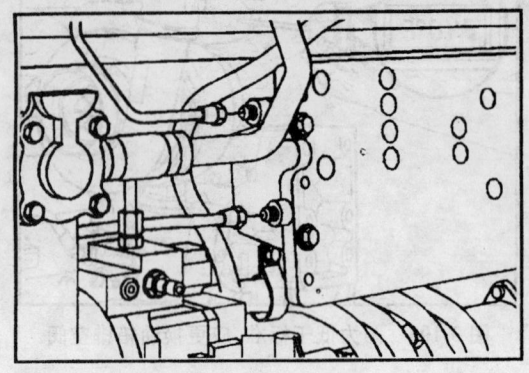

图3-109 不要过度拧紧螺纹连接件

3.22 燃油进油阻力测量

1. 测量

①拆下齿轮泵上的燃油进油软管,安装压力计,零件号为ST-1111-3。如果齿轮泵进口有一个Compuchek®接头,可将该压力计安装在此接头上,见图3-110。

②保持压力计与齿轮泵接头处于同一高度,见图3-111。

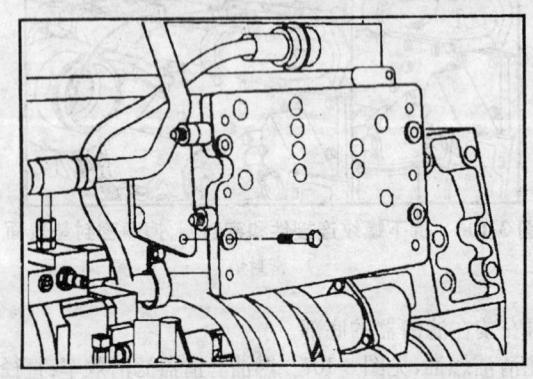

图3-110 拆下进油管、安装压力计

图3-111 保持压力计与齿轮泵接头在同一高度

③在额定转速和空载工况下运转发动机,观察压力计读数,燃油进油阻力规定值为:干净的滤清器,最大值为152mmHg;脏的滤清器,最大值为254mmHg。见图3-112。清理堵塞或更换燃油滤清器。ISM系列发动机冷却板的阻力大约为25.4mmHg。

2. 冷却板检查

①检查冷却板是否堵塞、有无砂眼和泄漏,见图3-113。

②将水银压力计连接到T型管接头上,并在T型管接头每端安装一个开关阀,连接软管到相应的接头上,见图3-114。

③从冷却板的后部拆下燃油进油管,将压力计软管的一端与燃油管相连,把管子连接到冷却板。压力计软管的另一端与冷却板前部的出油管相连。确保两个阀都关闭,见图3-115。

④起动发动机,使之在额定转速和空载工况下运转。

⑤打开压力计进油端阀,读取压力计上的真空度,并记录读数,见图3-116。

第3章 燃油系统检修

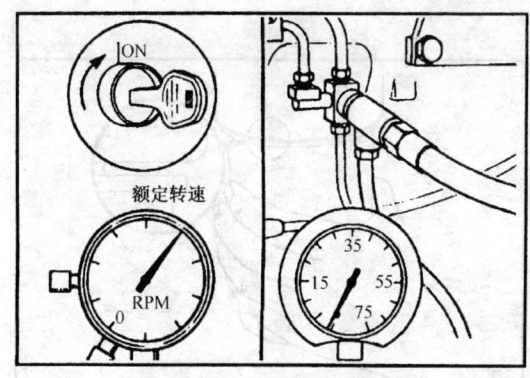

图 3-112 记录压力计读数

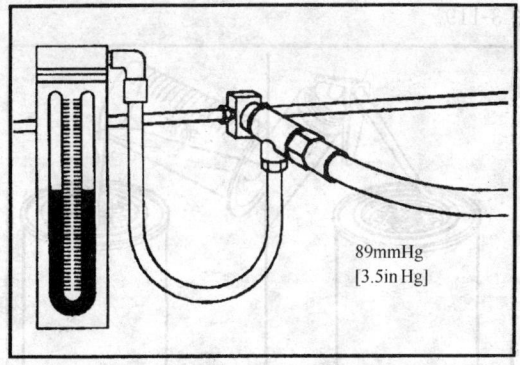

图 3-113 检查冷却板有无损坏

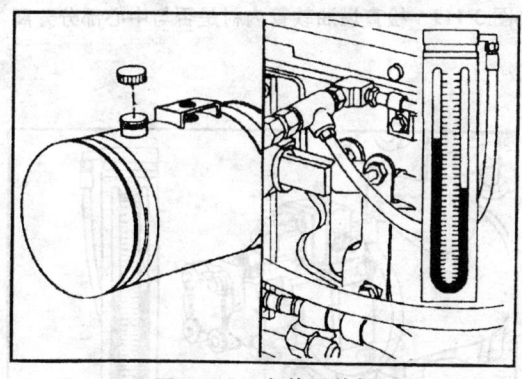

图 3-114 安装开关阀

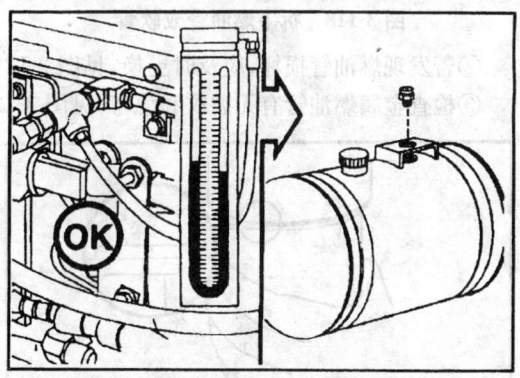

图 3-115 拆下进油管,连接软管至冷却板和出油管,两阀保持关闭

⑥关闭压力计上进油端阀,打开出油端阀,记录表读数,见图 3-117。冷却板阻力最大值规定为 25mmHg,若阻力大于上述标准值,应清洗或更换冷却板。

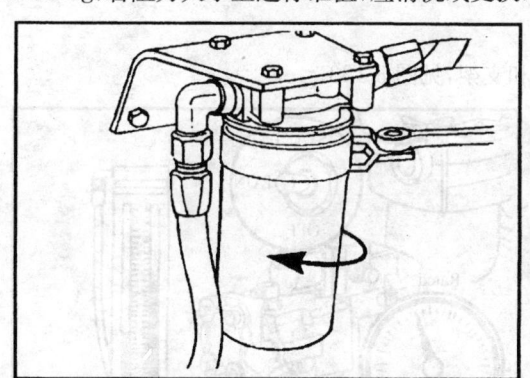

图 3-116 打开进油端阀,读取压力值

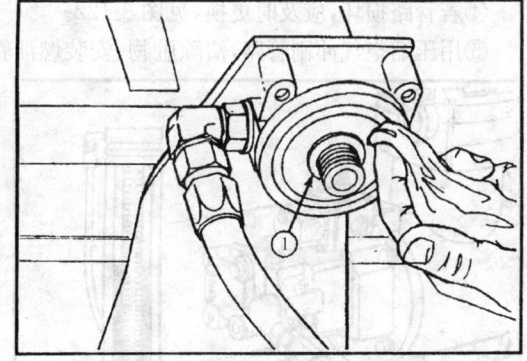

图 3-117 关闭进油端阀,打开出油端阀,记录压力表读数

3.23 燃油进油管

1. 拆卸

拆下燃油管或软管,见图 3-118。

2. 检查性能

①检查燃油软管内部内衬是否与中心部位分离,因为这种分离物脱落会对燃油流动造成阻力,见

图 3-119。

图 3-118　拆下燃油管或软管

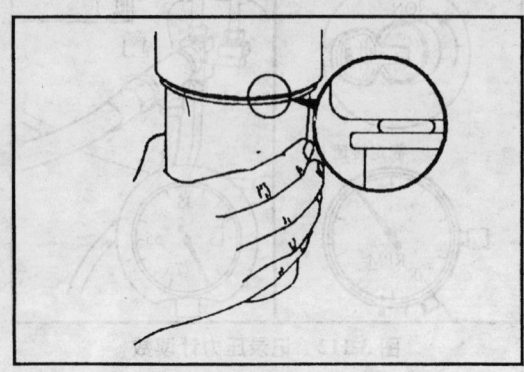

图 3-119　检查燃油软管内衬是否与中心部分分离

②若发现燃油管损坏,应及时更换,见图 3-120。
③检查金属燃油管有无裂纹和急弯,见图 3-121。

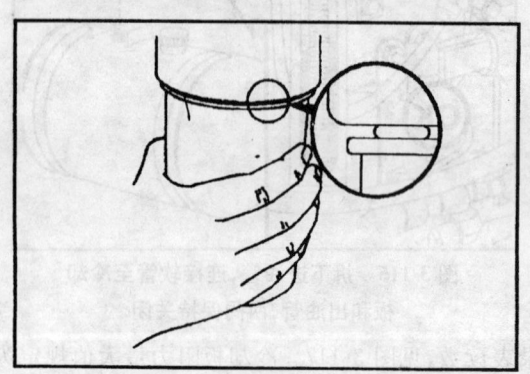

图 3-120　若油管损坏,应及时更换

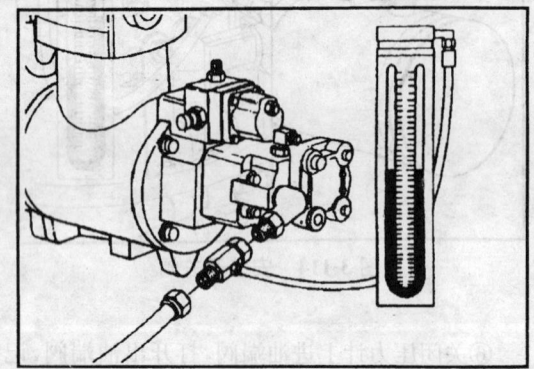

图 3-121　检查金属燃油管有无损坏

④若管路损坏,应及时更换,见图 3-122。
⑤用压缩空气冲刷管路,清除脏物、安装燃油管和支架,见图 3-123。

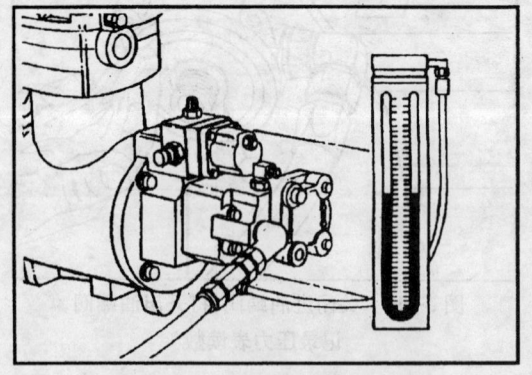

图 3-122　更换已损坏的燃油管

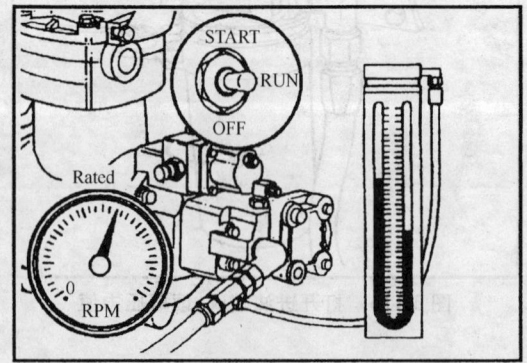

图 3-123　清除油管脏物,安装油管和支架

3.24　静态喷油正时测量

1. 设定

①拆下摇臂室盖、拆下 1 号气缸的喷油器,见图 3-124。无须拆下所有缸的喷油器,因为拆下所有喷油器后易于转动发动机。

②不拆下摇臂室,安装正时工具,零件号3824942,并在1号气缸的喷油器孔中安装活塞柱塞杆,见图3-125。

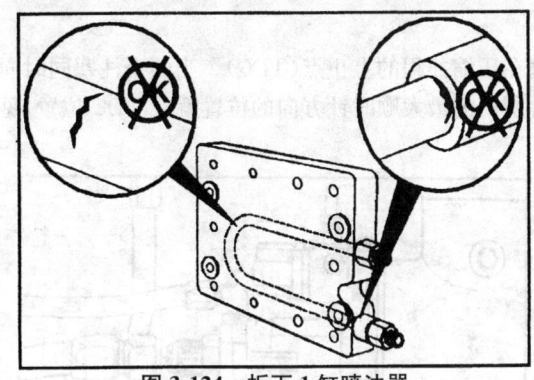

图3-124 拆下1缸喷油器

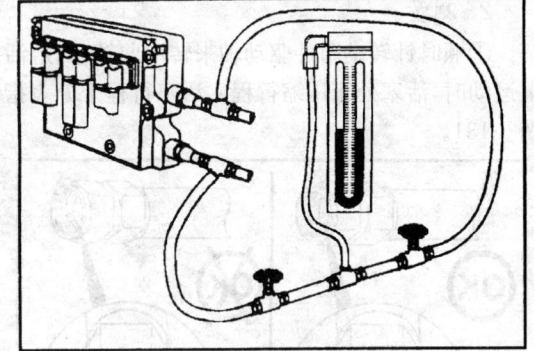

图3-125 安装正时工具
1. 活塞柱塞杆

③将旋转支架与喷油器螺孔对准,穿过旋转支架,安装螺栓,零件号3823600,该螺栓包括在正时工具组件中。见图3-126。

④拧紧螺栓,固定正时装置,见图3-127。

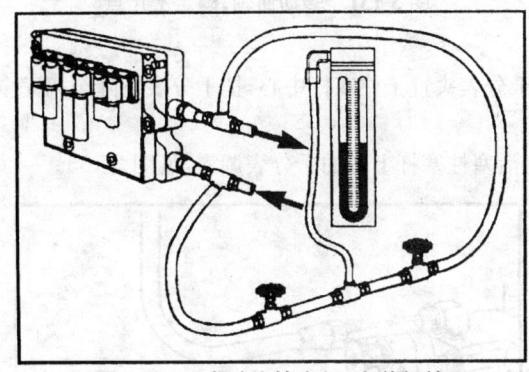

图3-126 穿过旋转支架、安装螺栓
2. 旋转支架

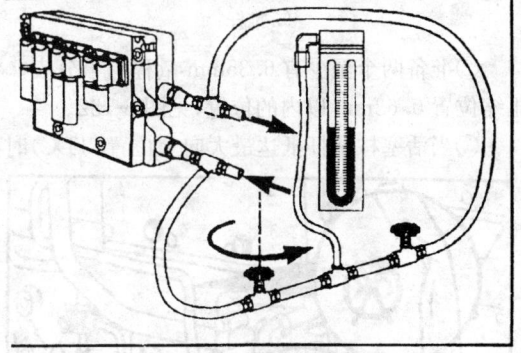

图3-127 固定正时装置
3. 螺栓

⑤将正时工具推管柱塞支架安装在中心支架的后方,见图3-128。

⑥使用校准工具,零件号3376180,校准推杆柱塞杆的位置。在校准柱塞杆之后拧紧夹紧手柄,然后拆下校准工具,见图3-129。

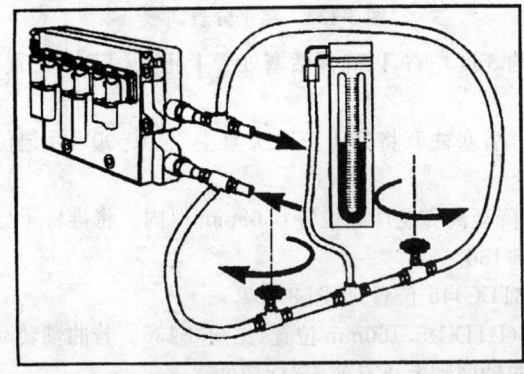

图3-128 将推管柱塞支架安装在中心支架的后方
4. 柱塞支架 5. 中心支架

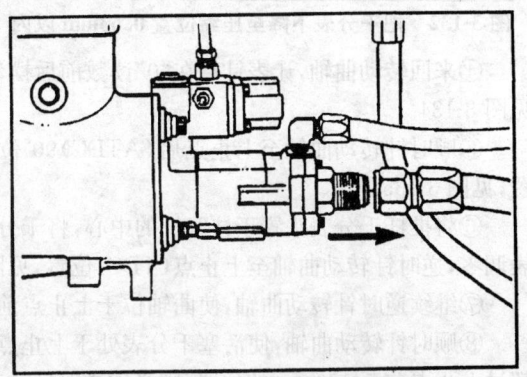

图3-129 校准推杆柱塞的位置
6. 校准工具 7. 柱塞杆 8. 夹紧手柄

⑦在喷油器凸轮轴随动件与柱塞杆之间安装喷油器推杆,见图3-130。要求推杆必须与柱塞杆垂直对正,否则会产生错误的正时值。

2. 测量

①顺时针转动附件驱动轴来转动曲轴,确定活塞在压缩冲程的上止点(TDC)。当两个柱塞同时向上运动时,活塞处于压缩行程。活塞行程千分表指针所指的最大顺时针方向的位置就是TDC位置,见图3-131。

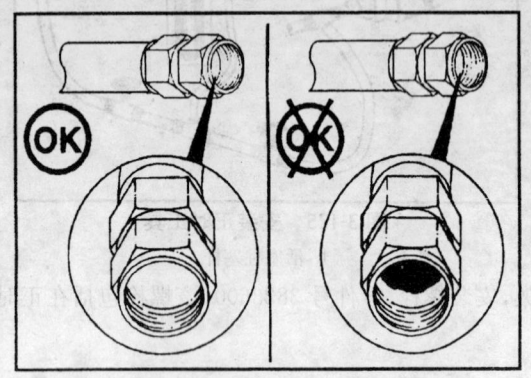

图 3-130 安装喷油器推杆

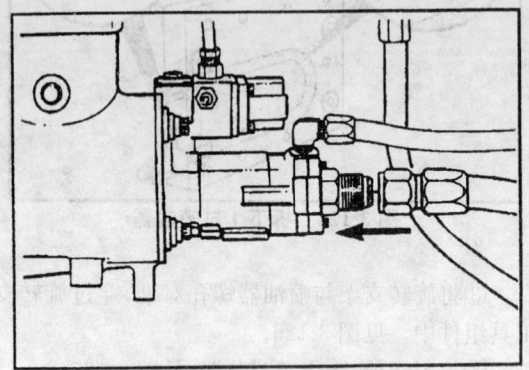

图 3-131 转动曲轴,确定上止点

9. 推杆

②准备两个至少有6.35mm量程的千分表。将千分表头置于柱塞杆中心,把千分表下降至离完全压缩位置0.63mm以内的位置,见图3-132。

③当活塞柱塞杆抵达最大向上位置(TDC)时,将活塞柱塞杆上部的千分表调零,见图3-133。

图 3-132 把千分表下降至压缩位置0.63mm以内

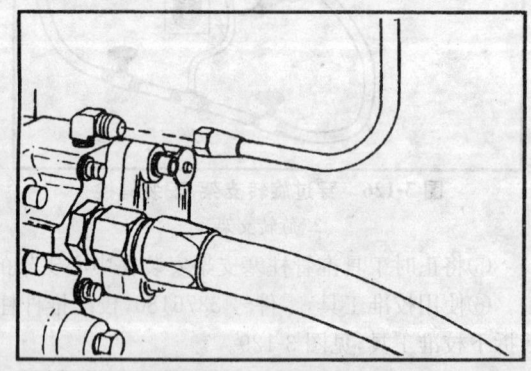

图 3-133 将千分表调零

④来回转动曲轴,让表针指在"0"读数前后摆动约3度左右,以确保活塞处于上止点(TDC)位置,见图3-134。

⑤顺时针转动曲轴至上止点后(ATDC)90°位置,活塞柱塞将处于正时夹具上"∠10 90°"标记位置,见图3-135。

⑥将推杆千分表头置于柱塞杆的中心,将千分表降至离完全压缩位置0.63mm以内。将推杆千分表调零,逆时针转动曲轴至上止点(TDC)位置,见图3-136。

⑦继续逆时针转动曲轴,使曲轴位于上止点前(BTDC)45°位置,见图3-137。

⑧顺时针转动曲轴,使活塞千分表处于上止点前(BTDC)5.160mm位置,见图3-138。若曲轴转动超过上止点前5.160mm的位置,则必须逆时针转动曲轴回到上止点前45°标记处。

⑨在推杆行程千分表上,从"0"开始沿逆时针方向读取推杆行程量,见图3-139。这个行程就是喷

油正时值,在图示的例子中,这个数值是1.98mm。

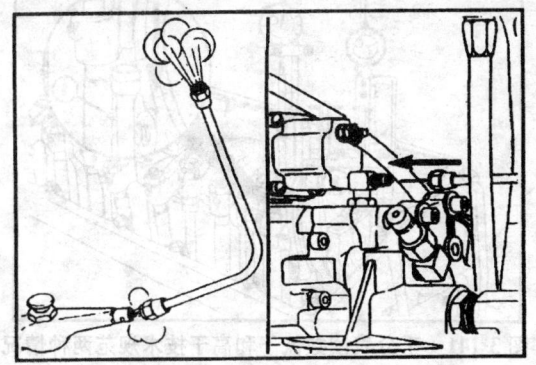

图 3-134 转动曲轴,确定上止点位置

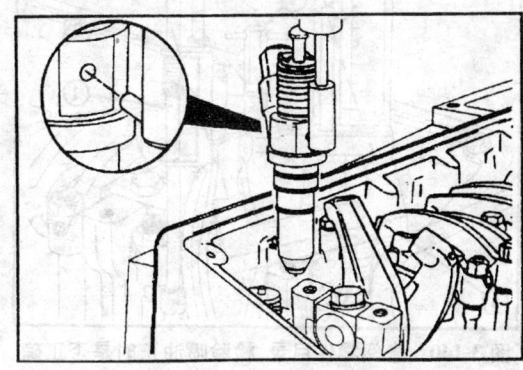

图 3-135 使活塞柱塞处于正时夹具上的标记位置

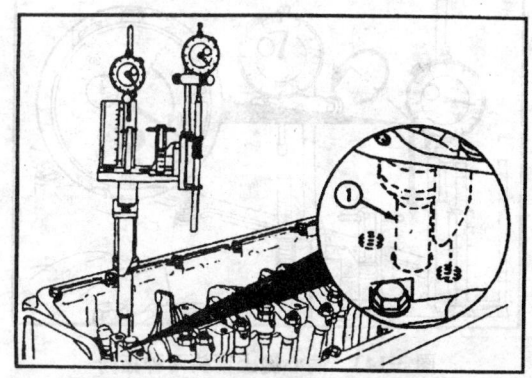

图 3-136 将推杆千分表调零,转动曲轴至上止点

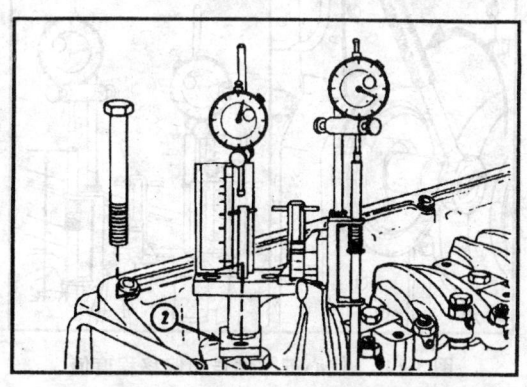

图 3-137 使曲轴位于上止点前45°位置

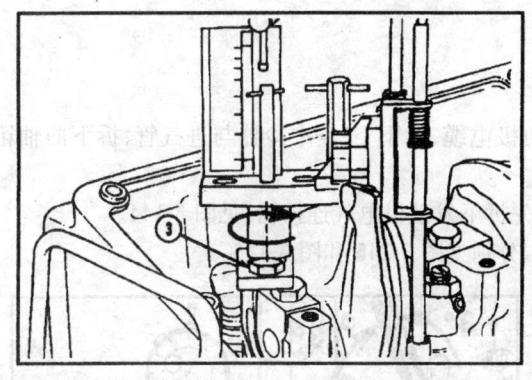

图 3-138 使活塞千分表处于上止点前5.160mm位置

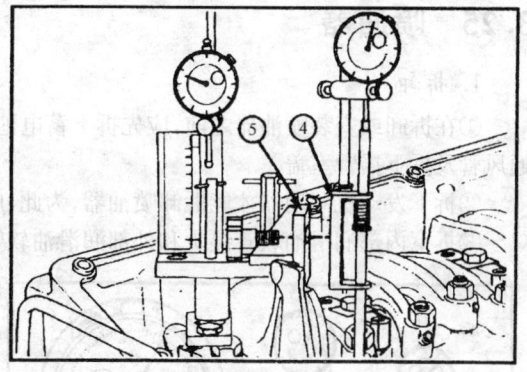

图 3-139 读取推杆行程量

⑩ 为了检验发动机喷油正时是否正确,检查发动机铭牌上的零件目录(CPL)编号,然后查阅CPL手册,英文公告号为3379133。正时代码是以两个字母列出。见图3-140。

⑪ 千分表读数若低于技术规范,则正时提前;千分表读数若高于技术规范,则正时推迟,见图3-141。注意推杆必须与柱塞垂直对正,否则会产生不正确的正时值。

⑫ 可以通过拆卸凸轮轴齿轮并安装一个偏心键来改变喷油正时。图3-142中列出了偏心键的零件号和偏移程度,可以选取偏心键,调整喷油正时。

⑬ 若偏心键上的箭头指向发动机,表明正时推迟;若偏心键上的箭头背向发动机,表明正时提前,见图3-143。

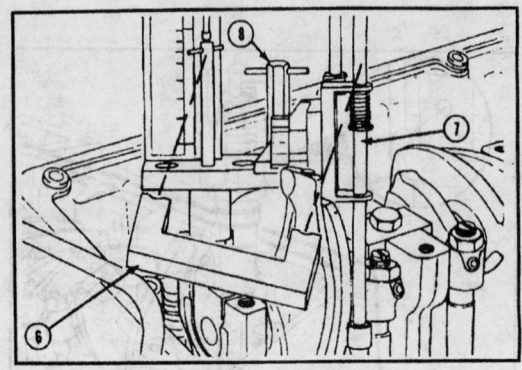

图 3-140 查阅零件目录，检验喷油正时是否正确

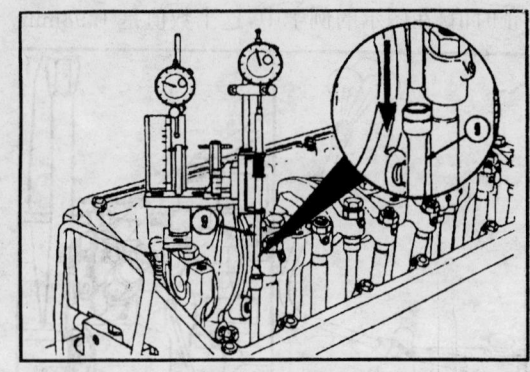

图 3-141 千分表读数低于和高于技术规范两种情况

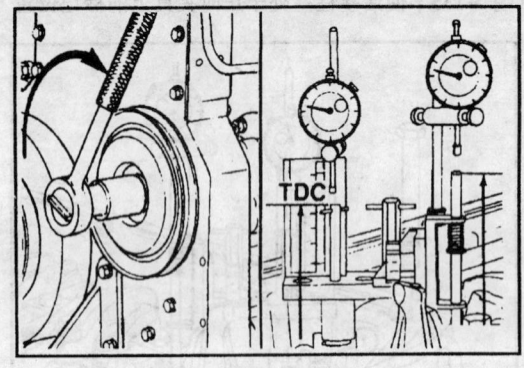

图 3-142 偏心键零件号和偏移程度值

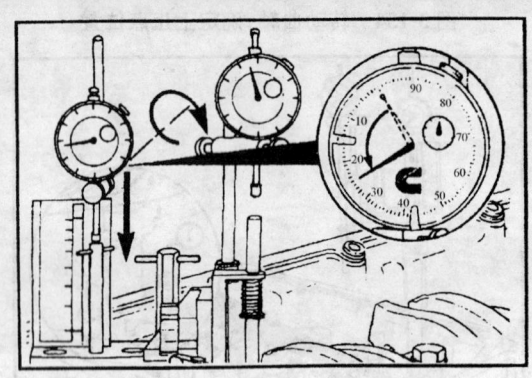

图 3-143 偏心键上箭头两种指向

⑭安装喷油器、安装摇杆盖。

3.25 喷油器

1. 拆卸

①在拆卸或安装喷油器之前，应先拆下蓄电池负极电缆、拆下空-空中冷器与进气管、拆下曲轴箱通风管及拆下摇臂室盖。

②拆下发动机制动器才能拆卸喷油器，为此，应先拆下发动机电气连接器，见图3-144。

③拆下内部润滑油软管接头和外部润滑油软管，分别见图3-145和图3-146。

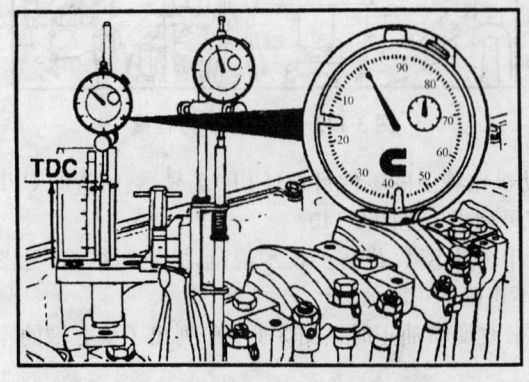

图 3-144 拆下发动机电气连接导线

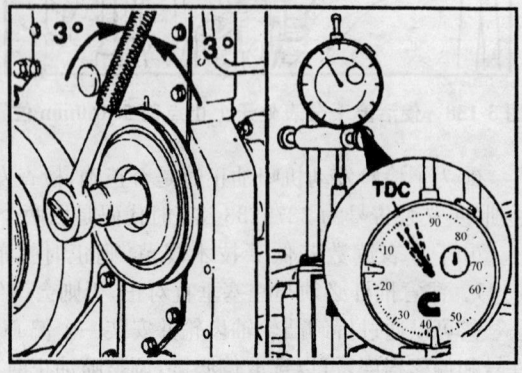

图 3-145 拆下内部润滑油软管接头

④用旋具将制动器壳体润滑油接头压入前一个制动器壳体中,以腾出空间拆卸制动器壳体,见图3-147。

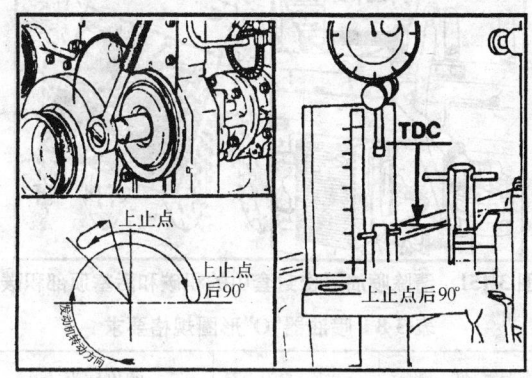

图 3-146 拆外部润滑油软管

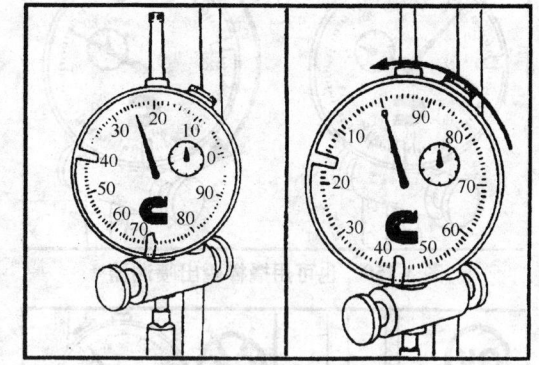

图 3-147 用改锥将润滑油接头压入
前一个制动器壳体中

⑤拆下 16 颗制动器安装螺栓以及两个制动器壳体。

⑥在需要更换喷油器的气缸上,松开喷油器和气门调整螺钉,拆下推杆和推管。由于气门开启,有些推杆处于压力之下,这时应转动曲轴以释放压力。

在拆卸推杆和推管时应做好标记,以方便安装时装回原处。

⑦拆下丁字压板并标记其位置和方向。拆喷油器导线连接器,并编号。拆下压板螺栓和喷油器压板,见图 3-148。

⑧使用喷油器专用工具(零件号 3823579)拆卸喷油器,见图 3-149。拆卸时,将工具中的销子插入喷油器体上的孔中。

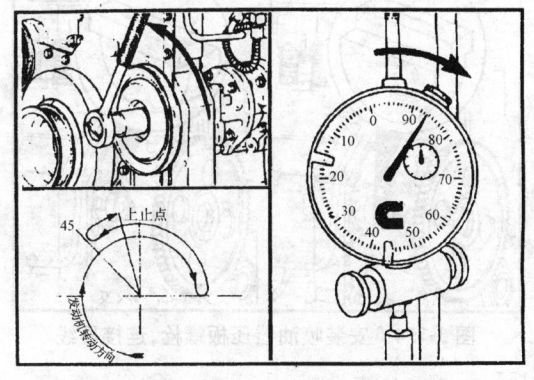

图 3-148 拆下压板螺栓和喷油器压板

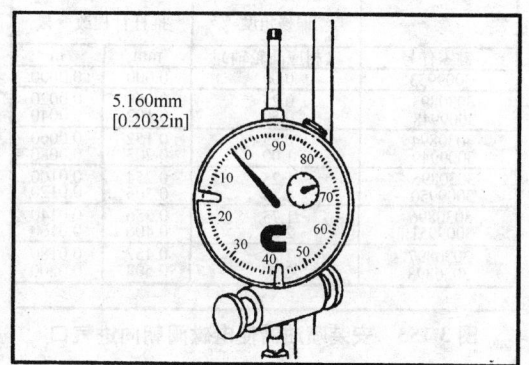

图 3-149 使用专用工具,拆下喷油器

⑨若没有喷油器专用工具,可使用橇棒从缸盖上将喷油器撬出,见图 3-150。

2. 安装

①用一根木棍,在其头部包上布,清除缸盖中喷油器安装密封套的积碳,见图 3-151。用碎屑清除装置(零件号 3823461 或 ST-1272-11)清除活塞顶部的积碳。

②在每个喷油器上安装 3 个新"O"形圈,并正确定位,不要扭曲"O"形圈,见图 3-152。"O"形圈零件号、安装位置和颜色标志,见表 3-8。在安装喷油器前,用 15W-40 润滑油润滑"O"形圈。

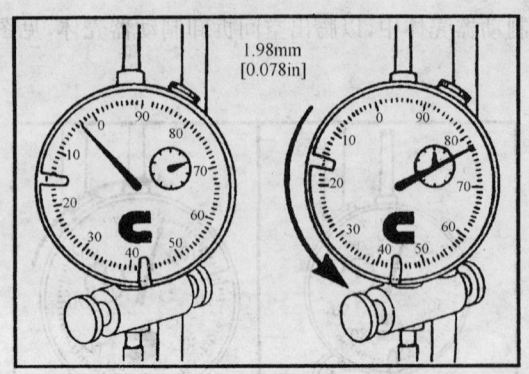

图 3-150 也可用撬棒撬出喷油器

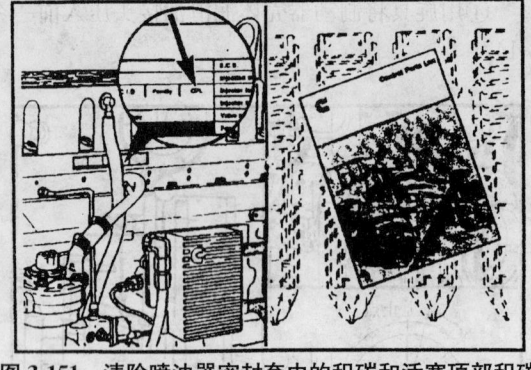

图 3-151 清除喷油器密封套中的积碳和活塞顶部积碳

表 3-8 喷油器"O"形圈规格要求

零件号	安装位置	颜色标志
3070136	上	红
3070137	中	白
3070138	下	蓝

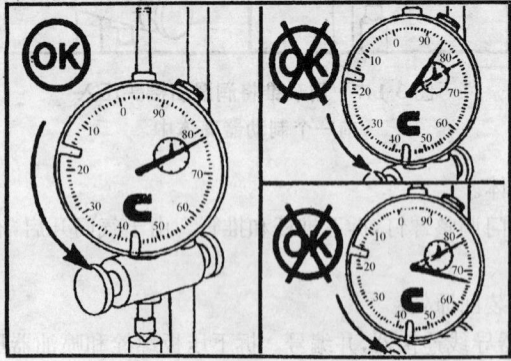

图 3-152 在喷油器上安装密封圈

③安装喷油器,喷油器电磁阀应朝向进气口,见图3-153。安装时,将喷油器在气门弹簧之间均匀对正。使用喷油器安装工具,将喷油器装入孔中。

④安装喷油器压板螺栓,力矩:75N·m,连接喷油器电气导线,见图3-154。

凸轮轴键			
键零件号	偏移角度（相应凸轮轴）	推杆行程改变量	
		mm	in.
3009953	0.00	0.000	0.0000
3030893	0.25	0.051	0.0020
3009948	0.50	0.102	0.0040
3030894	0.75	0.152	0.0060
3009949	1.00	0.203	0.0080
3030895	1.25	0.254	0.0100
3009950	1.50	0.305	0.0120
3030896	1.75	0.356	0.0140
3009951	2.00	0.406	0.0160
3030897	2.25	0.457	0.0180
3030898	2.50	0.508	0.0200

图 3-153 安装喷油器使电磁阀朝向进气口

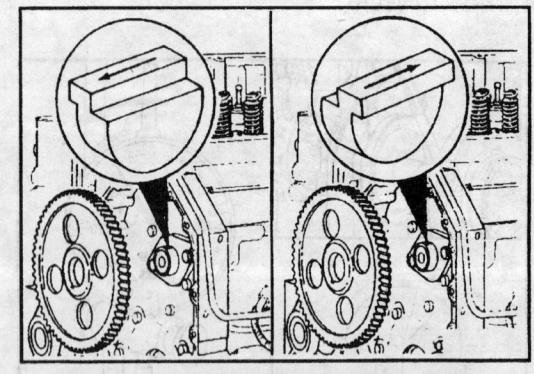

图 3-154 安装喷油器压板螺栓,连接导线

⑤检查导线连接器,确保正确安装到位,见图3-155。

⑥将丁字压板安装到进排气门上,安装推杆和推管。

⑦调整气门和喷油器。

⑧松开制动器从动活塞上的锁紧螺母,确保随动活塞完全缩回,将制动器壳体安装到摇臂后支座上,见图3-156。

⑨按图3-157示顺序将螺栓装入摇臂支座。

⑩在制动器润滑油管接头上安装新"O"形圈,并将润滑油管接头完全压入前部壳体,见图3-158。

⑪在摇臂前支座上安装制动器前部壳体,在拧紧螺栓之前,将润滑油管接头定位在前后壳体的中间位置,用润滑油润滑螺杆和螺纹,将螺栓装入摇臂支座,见图3-159。

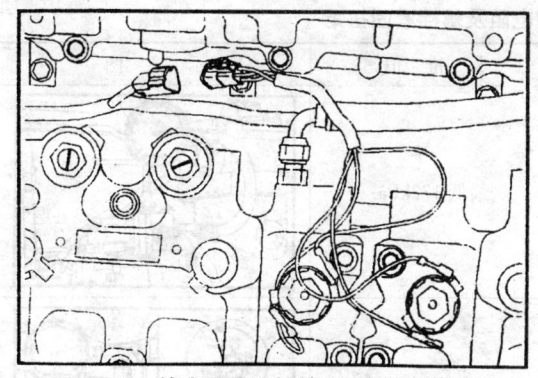

图3-155 检查导线连接情况,确保安装到位

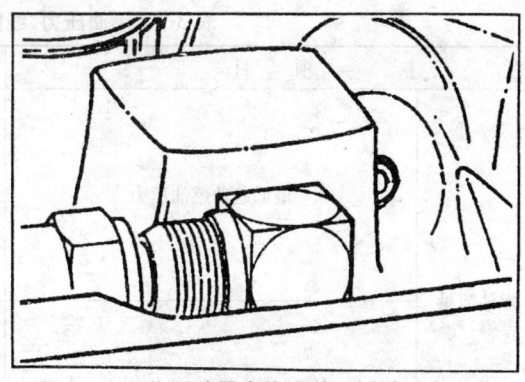

图3-156 将制动器壳体安装到摇臂后支座上

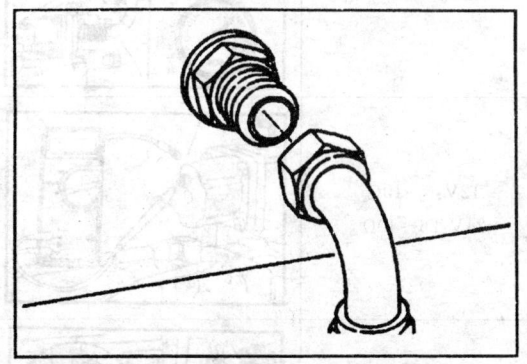

图3-157 将螺栓装入摇臂支座
1~8. 螺栓顺序

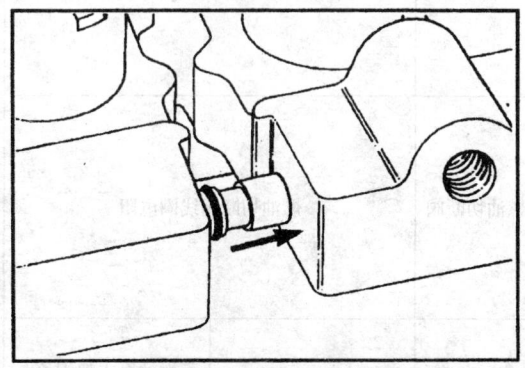

图3-158 将"O"形圈,将润滑油管接头压入前部壳体

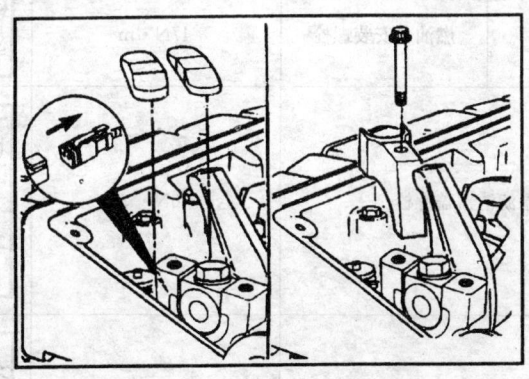

图3-159 将螺栓装入摇臂支座

⑫调整发动机制动器。
⑬安装前制动器壳体外部润滑油软管接头。
⑭安装内部润滑油软管。
⑮将发动机制动器端子电线安装在隔框外部,并将两根电磁阀导线连接到隔框内部的端子上。
⑯安装摇臂室壳体盖,安装16颗螺栓和垫圈,力矩:15N·m。安装曲轴箱通风管,安装空-空中冷器和进气管,连接蓄电池负极电缆。

3.26 燃油系统维修技术规范

燃油系统维修技术规范,见表3-9和表3-10。

表 3-9 燃油压力、线圈电阻及螺栓紧固扭矩

项 目		标 准 值	示 意 图
燃油流量	最低起动燃油压力	最低 172kPa	
	1200r/min 时最低燃油压力	最低 827kPa	
燃油切断阀	燃油切断阀线圈电阻	12V:6~10Ω 24V:26~40Ω	
燃油系统扭矩	燃油泵支架螺栓	47N·m	
	燃油泵安装螺栓	47N·m	
	燃油泵滤清器盖螺栓	16N·m	
	齿轮泵单向阀-单向阀弯头锁紧螺母	6N·m	
	燃油泵脉冲减振器-螺栓	18N·m	

第3章 燃油系统检修

续表3-9

项　目		标准值	示意图
燃油系统扭矩	脉冲减振器安装螺栓	18N·m	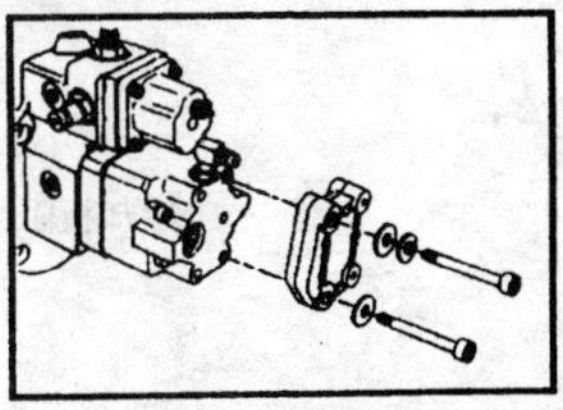
	燃油切断阀(FSOV)-导线接头螺母	3N·m	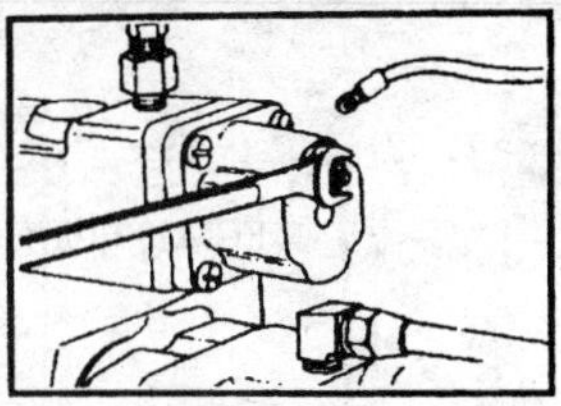

表3-10　喷油器和燃油管维修技术规范

项　目		标准值	示意图
气缸缺火或冒烟	自动气缸性能测试	最低气缸工作效率为71%	
	排气支管温度测试	急速时排气支管表面最高温度为143℃	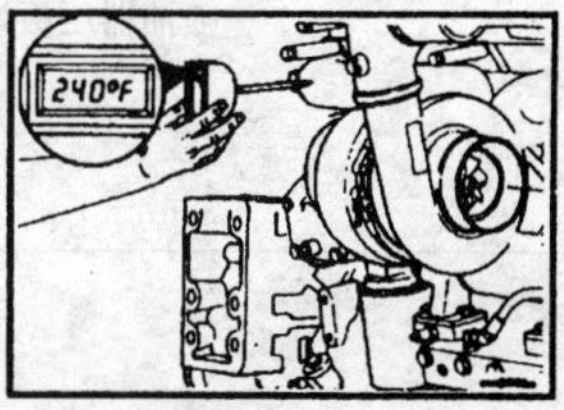
	燃油回油阻力	最大值89mmHg	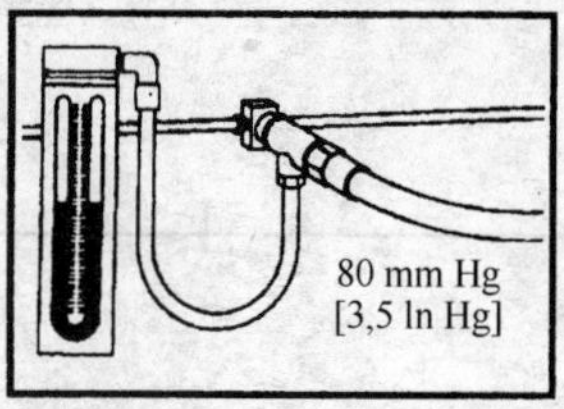 80 mm Hg [3.5 ln Hg]
进油阻力	新滤清器	最大值152mmHg	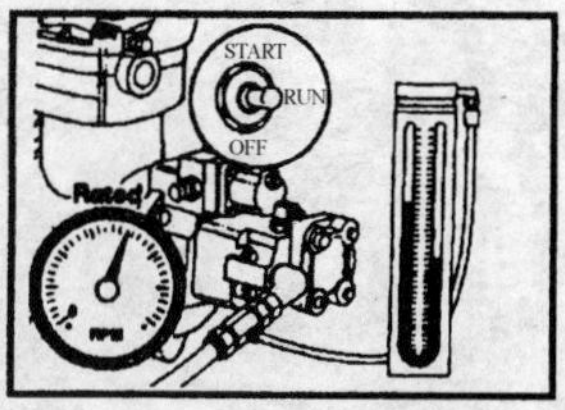
	旧滤清器	最大值254mmHg	

续表 3-10

项 目	标 准 值	示 意 图
冷却板阻力	最大值 25mmHg	
ECM冷却板安装螺栓	40N·m	
ECM安装螺栓	7N·m	
喷油器压板螺栓	75N·m	
摇臂支座螺栓	81N·m	

第 4 章 润滑系统检修

4.1 润滑系统概述

1. 概述

选用合格的发动机润滑油并按适当时间间隔更换润滑油和滤清器是保证发动机性能和寿命的重要因素。

康明斯发动机应选用优质的 15W-40 多黏度重型润滑油,该润滑油可以满足康明斯工程技术规范 CES20071 或 CES20076 要求(例如:Valroline Premium Blue 或 Premium Blue 2000)。美国石油协会 (API)的 CH-4 技术规范可以作为康明斯 CES20071 的代用技术规范,也可以使用满足美国石油协会 (API)的 CG-4 技术规范的润滑油,但换油周期需要缩短。正常换油周期请参照"ISM 汽车作用和保养手册"。美国石油协会(API)已经宣布作废 CC 级、CD 级、CE 级和 CF 级润滑油,因此不能再使用这些润滑油。

通过定期取样和监测润滑油的状况确定,在使用单级润滑油时,需要缩短换油周期。使用单级润滑油可能会影响发动机的润滑油控制性能。

若康明斯发动机长期处于环境温度低于 −25℃ 的条件下运行,推荐使用石油基多级润滑油,符合 API Ⅲ 类合成式润滑油。在高于此环境下运行时,推荐使用石油基多级润滑油。符合 API Ⅲ 类标准的合成式 0W-30 润滑油可用于一直在 0℃ 温度下运转的发动机。0W-30 润滑油防止燃油稀释的性能不如更高级别的多级润滑油。当发动机在高负荷条件下运转时,使用 0W-30 润滑油产生的气缸磨损也会较严重。

图 4-1 表示美国石油协会(API)的服务符号。图 4-2 为用户所处的气候条件下应选用的润滑油黏度。在环境温度较高的地区,建议使用 15W-40 号润滑油,以获得最佳的发动机使用条件。在寒冷天气地区应选用黏度为 10W-30 或 5W-30 号润滑油,可以改善发动机的起动性能、润滑油流动性能,可以提高燃油经济性。

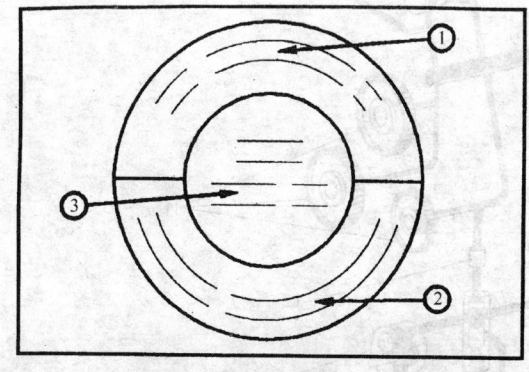

图 4-1 API 的服务符号
1. 相应的润滑油类型 2. 润滑油节约性能特性
3. SAE 润滑油的黏度等级

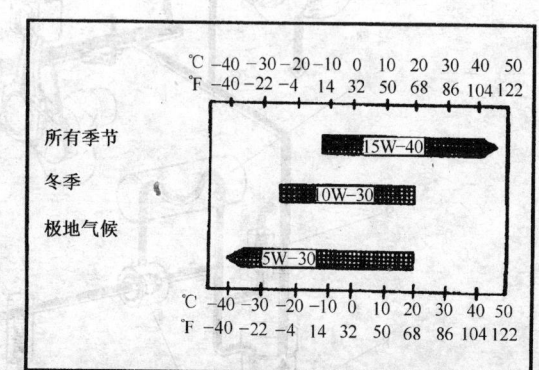

图 4-2 不同气候条件下应选用的润滑油黏度

2. 新型发动机磨合用润滑油

对于新的或刚刚修复的康明斯发动机,建议不要使用新的发动机磨合用润滑油。在磨合时也应使用正常运转时同样型号的润滑油,更不要使用合成式或部分合成式发动机润滑油。为了确保活塞的密封性能,在发动机第一次换油时,应使用优质的石油基润滑油。

3. 润滑油换油周期

当润滑油受到污染时,实质上是润滑油添加剂被消耗了。只有添加剂功能正常时,润滑油才能保护发动机。在润滑油和滤清器更换间隔内,润滑油逐渐污染是正常的。污染总量随发动机运转、润滑油使用的公里数、燃油消耗和添加新润滑油的情况而变化。图 4-3 为润滑油添加剂的浓度与公里数的关系。

延长润滑油和滤清器的更换周期,会因为腐蚀、沉积物和磨损等原因缩短发动机的使用寿命。

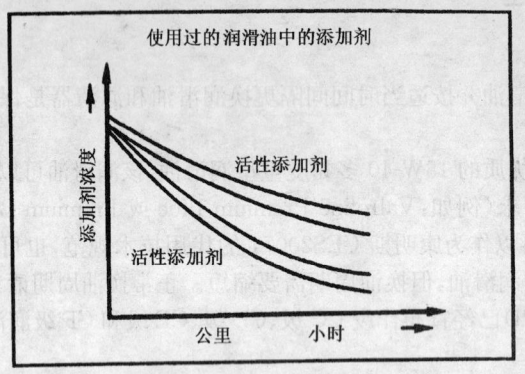

图 4-3 润滑油添加剂的浓度与公里数的关系

4.2 润滑系统流程图

ISM 系列发动机润滑系统流程如图 4-4 所示。

选装 Centinel™ 系统补充润滑油流动路线如图 4-5 所示。

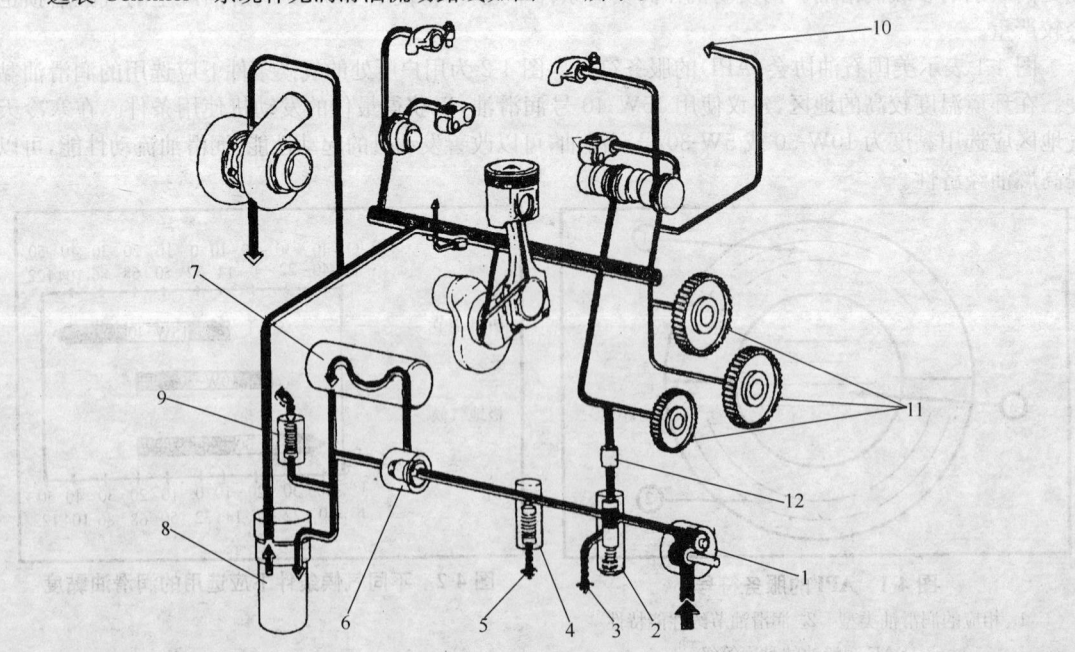

图 4-4 润滑系统流程图

1. 润滑油泵 2. 压力调节阀 3. 润滑油流回油底壳 4. 高压减压阀 5. 润滑油流回油底壳 6. 润滑油节温器 7. 润滑油冷却器 8. 组合式润滑油滤清器 9. 润滑油滤清器旁通阀 10. 附件驱动/空气压缩机 11. 惰轮 12. 黏度传感器

第 4 章 润滑系统检修

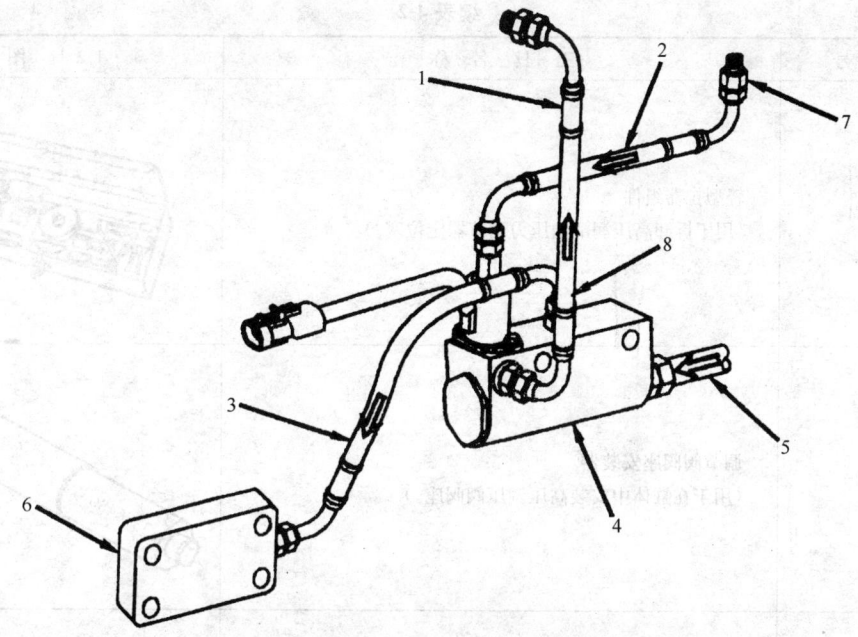

图 4-5 Centinel™ 系统补充润滑油流动路线
1. 流至燃油箱的回油软管 2. 润滑油主油道软管 3. 润滑油补充软管 4. 润滑油控制阀 5. 来自补充油箱的 OEM 新鲜润滑油 6. 新鲜润滑油进入油底壳 7. 主油道单向阀 8. 出口单向阀

4.3 润滑系统技术规范

康明斯发动机润滑系统技术规范，见表 4-1。

表 4-1 润滑系统技术规范

项 目		数 据
润滑油压力	最小允许值(kPa)	70
	在 1200r/min 或峰值扭矩转速时最小值(kPa)	207
润滑油容量 (组合式滤清器)	CF9000(L)	3.0
	CF9001(L)	2.6
	油底壳(高-低)(L)	34～26.5
	公交车油底壳(高-低)(L)	34～30.3

4.4 润滑系统维修工具

康明斯发动机润滑系统维修工具，见表 4-2。

表 4-2 润滑系统维修工具

工 具 号	工 具 名 称	工 具 图
3397929	润滑油滤清器扳手 （用于拆装润滑油滤清器。）	
3375182	弹簧压力测试仪 （测量弹簧在给定高度时的弹簧力。）	

续表 4-2

工具号	工具名称	工具图
3375784	轻型拉器组件 （用于拆卸高压润滑油压力调节器定位塞。）	
3376486	调节阀阀座安装器 （用于在缸体中安装高压调压阀阀座。）	
3376489	定位塞安装器 （用于将高压润滑油调压阀定位塞装入缸体中。）	
3376579	切管器 （用于切开润滑油滤清器，检查滤芯。）	
3376861	润滑油冷却器压力测试组件 （用于对润滑油冷却器芯进行压力测试。测试组件中包括两个密封垫，零件号为3376866，测试板零件号为3376890和3376889。）	

4.5 润滑油和滤清器

1. 润滑油分析

①分析使用过的润滑油，以确认发动机损坏的原因，如：空气滤清器故障、冷却液泄漏、润滑油被燃油稀释、金属颗粒导致磨损，见图 4-6。

②不要仅依据润滑油分析结果就分解和维修发动机，还应检查润滑油滤清器，如果润滑油滤清器显示出内部损坏的迹象，应找出原因进行修理，见图 4-7。

第 4 章 润滑系统检修

图 4-6 分析使用过的润滑油

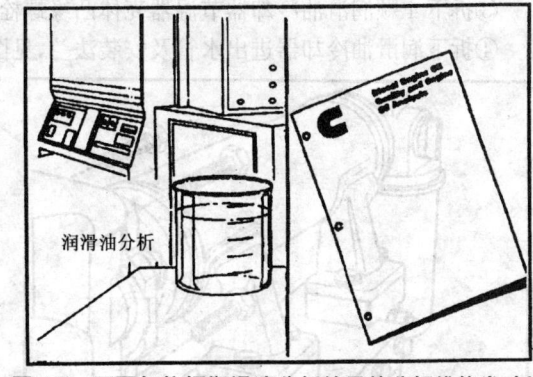

图 4-7 不要仅依据润滑油分析结果就分解维修发动机

2. 润滑油滤清器

使用切管器，零件号 3376579，切开组合式润滑油滤清器，检查滤清器芯有无水分或金属颗粒，见图 4-8。金属颗粒的来源，见表 4-3。

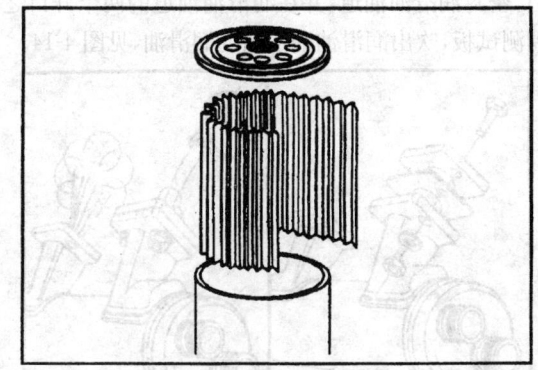

图 4-8 切开滤清器检查有无水分和金属颗粒物

表 4-3 金属颗粒物来源

金属颗粒物	可能的来源
铜	轴承和轴套
铬	活塞环
铁	缸套、顶置部件
铅	轴承表面镀层
铝	活塞磨损或划伤

4.6 润滑油冷却器

1. 拆卸与清洗

① 润滑油冷却器有缺陷只能更换，不能修理，见图 4-9。

② 有些发动机类型需要拆下涡轮增压器，才能拆下润滑油冷却器。拆卸冷却器前应先排放冷却系统、拆下增压器油管、拆下支架螺柱，见图 4-10。

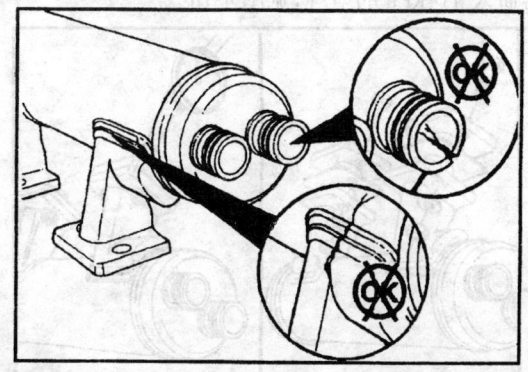

图 4-9 润滑油冷却器有缺陷不能修理只能更换

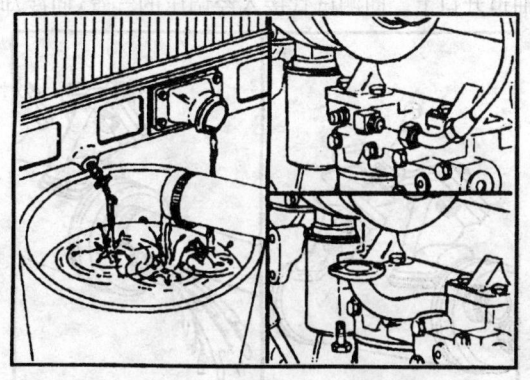

图 4-10 排净冷却液、拆下支架螺栓

③拆下4颗润滑油冷却器节温器壳体凸缘螺栓,见图4-11。
④拆下润滑油冷却器进出水管及安装法兰,见图4-12。

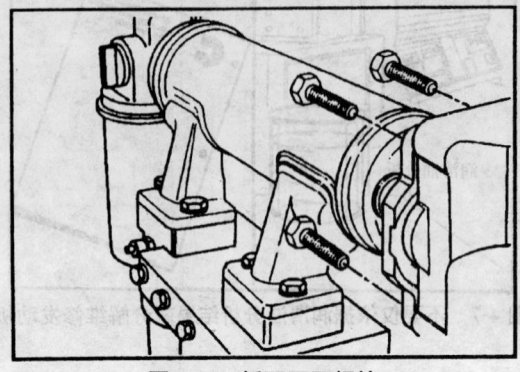

图 4-11　拆下四颗螺栓

图 4-12　拆下进出水管及法兰

⑤清洗润滑油冷却器并将其吹干,见图4-13。
⑥用润滑油冷却器压力测试组件,零件号3376861,密封润滑油油道,并在润滑油油道的两个开口之一安装压力测试板,零件号3376889。将压缩空气接到测试板,吹出润滑油油道内的润滑油,见图4-14。

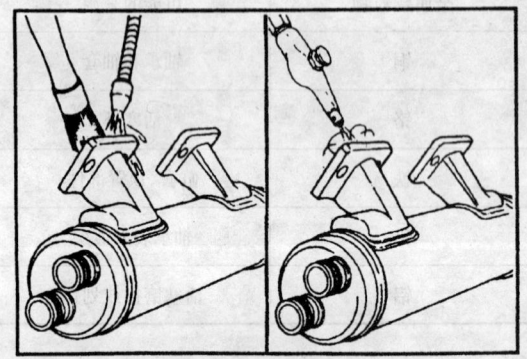

图 4-13　清洗冷却器并吹干

4-14　密封润滑油油道,安装测试板,吹出油道内的润滑油

⑦安装另一个压力测试板,密封润滑油油道开口,并使用冷却系统清洗器,连接到冷却器壳体的出口一侧,清理冷却器芯,见图4-15。

2. 压力测试

①从润滑油冷却器压力测试组件中取出两个测试板和密封垫,安装在润滑油冷却器壳体的润滑油油道开口上。向测试管接入经调压的气管,向冷却器通入414kPa的空气,见图4-16。

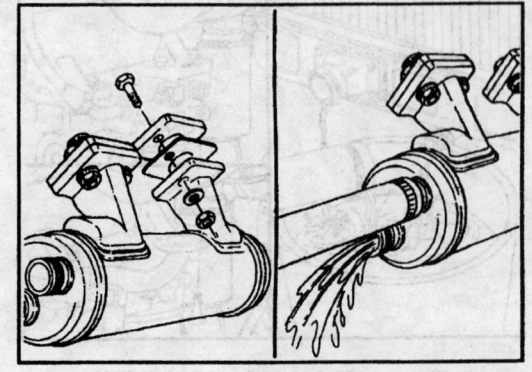

图 4-15　密封另一个润滑油油道,清理冷却器芯

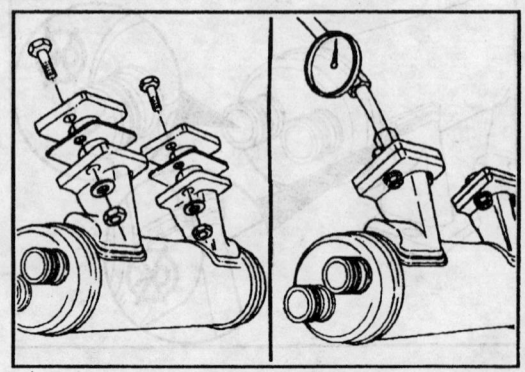

图 4-16　向冷却器通入压缩空气

②将润滑油冷却器放入82℃的热水箱中,检查是否泄漏,见图4-17。如果发现泄漏,必须更换润滑油冷却器。

③从水箱中取出冷却器,用压缩空气吹干、拆下测试设备,见图4-18。

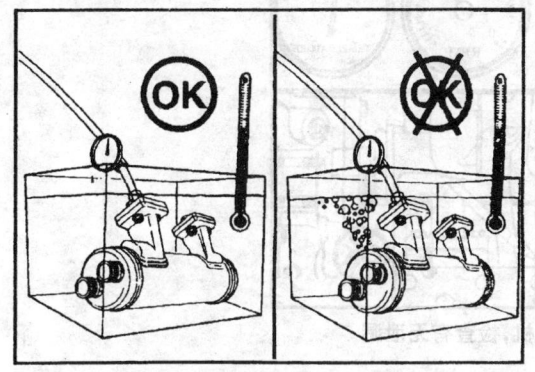

图4-17 将润滑油冷却器放入热水中,检查是否泄漏

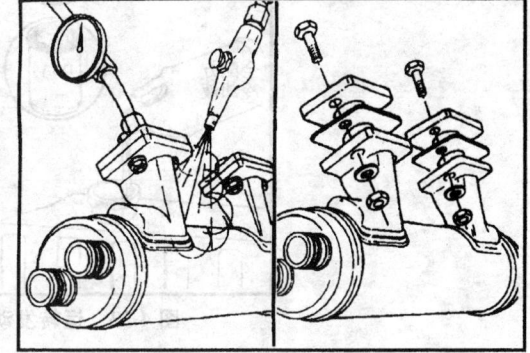

图4-18 取出冷却器吹干,拆下测试设备

3. 安装

①在润滑油冷却器进出水管上安装新O形圈、润滑并固定安装凸缘,见图4-19。

②在润滑油冷却器进、出水管端部安装新O形圈,并用润滑油润滑,见图4-20。

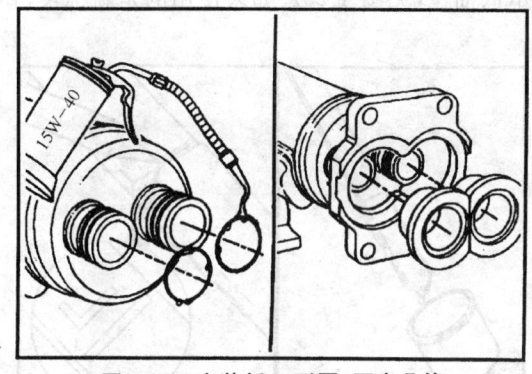

图4-19 安装新O形圈,固定凸缘

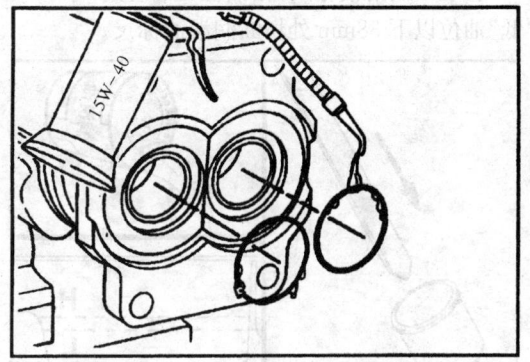

图4-20 在进、出水管处安装新O形圈

③在润滑油滤清器座上安装两个新密封垫,将冷却器安装到发动机上并紧固螺栓,力矩:47N·m,见图4-21。

④安装4颗润滑油冷却器节温器安装凸缘螺栓并紧固,力矩47N·m,见图4-11。

⑤安装涡轮增压器回油管和支架,将涡轮增压器润滑油管安装在润滑油滤清器上,见图4-22。

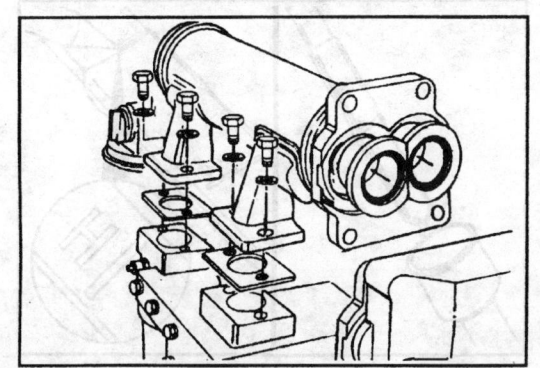

图4-21 将冷却器安装到发动机上,并紧固螺栓

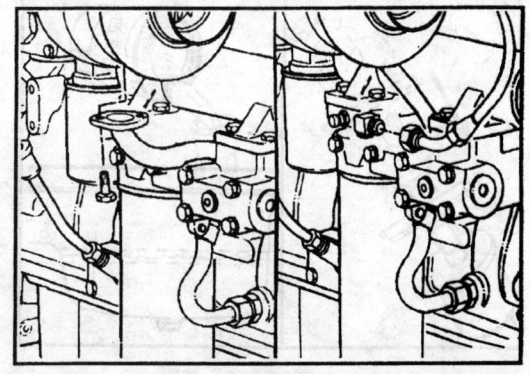

图4-22 将增压器润滑油管安装在润滑油滤清器上

⑥加注冷却液,运转发动机至正常工作温度,检查有无润滑油和冷却液泄漏,见图4-23。

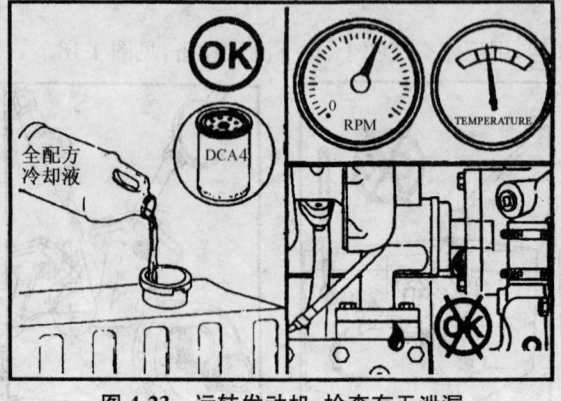

图 4-23　运转发动机,检查有无泄漏

4.7　润滑油标尺

标定:

①将润滑油标尺插入油底壳中,加注清洁的 15W-40 润滑油至低油位,即"L"位置,见图4-24。

②取出润滑油标尺,在油位处标上字母"L",表示低油位,见图4-25。如果使用的是新标尺,在"低"油位以下 38mm 处切断润滑油标尺。

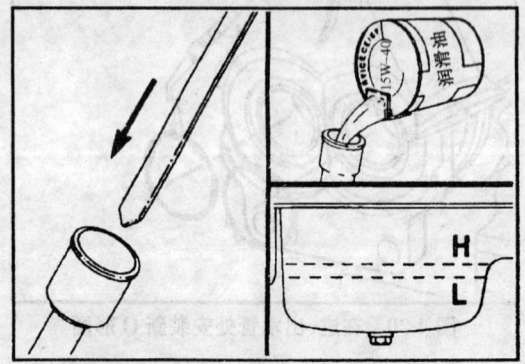

图 4-24　加注润滑油至低油位处

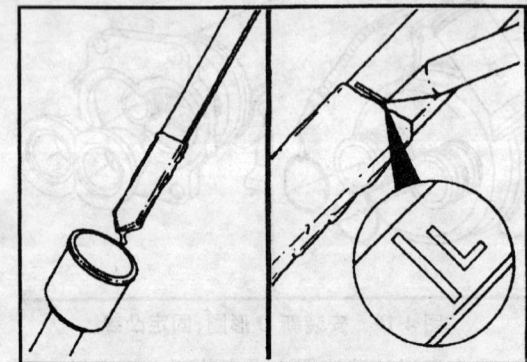

图 4-25　在润滑油标尺上标上字母"L"

③擦净润滑油标尺并插入壳体中,向油底继续注油到规定高油位,即"H"位置,见图4-26。

④取出润滑油标尺,在润滑油标尺油位处标上字母"H",表示高油位,见图4-27。

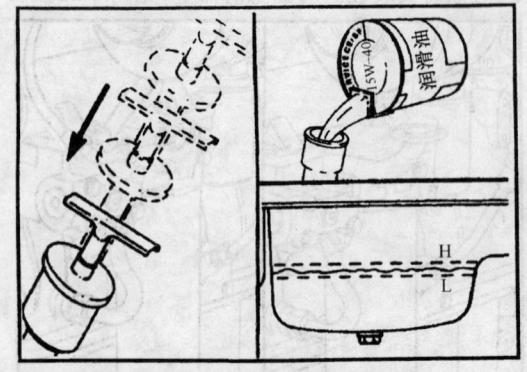

图 4-26　加注润滑油至高油位处

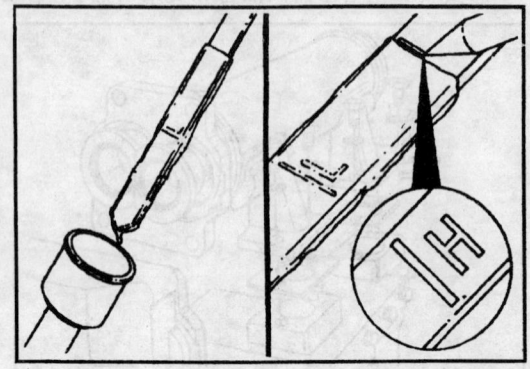

图 4-27　在润滑油标尺上标上字母"H"

4.8 润滑油标尺管壳体

1. 拆卸与清洗

①拆下 4 颗螺栓和壳体,见图 4-28。

②清洗密封垫表面,见图 4-29。

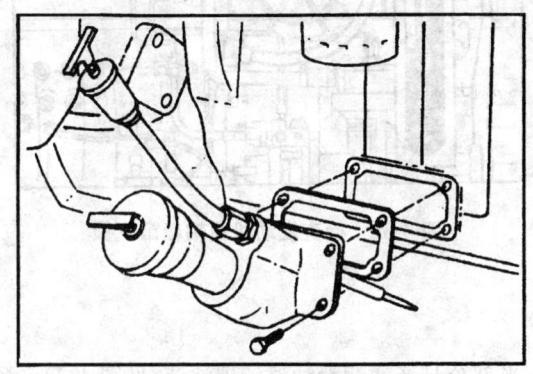

图 4-28　拆下 4 颗螺栓和壳体

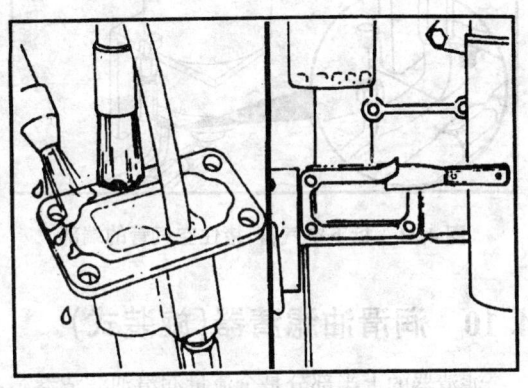

图 4-29　清理密封垫表面

③如果导管有裂纹,应更换,见图 4-30。

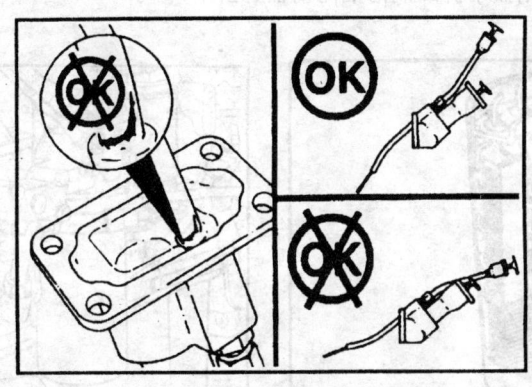

图 4-30　安装 4 颗螺栓

2. 安装

安装新密封垫和润滑油标尺管壳体,安装 4 颗螺栓,力矩:47N·m。

4.9 润滑油滤清器(罐式)

泄漏检查:

①当检查曲轴箱窜气时,需要隔离离心式旁通滤清器。从滤清器总成上拆下空气管,堵住空气管的端部,防止测试过程中系统空气损失,见图 4-31。

②运转发动机,检查发动机曲轴箱窜气量,见图 4-32。规定新的、大修后的发动机,下窜气量不得超过 30.5cm H_2O;旧发动机不得超过 46.0cm H_2O,如果发动机曲轴箱窜气量符合技术规范,则应维修离心式滤清器。

③拆下空气管堵头,将空气管连接到离心式旁通滤清器总成上,见图 4-31。

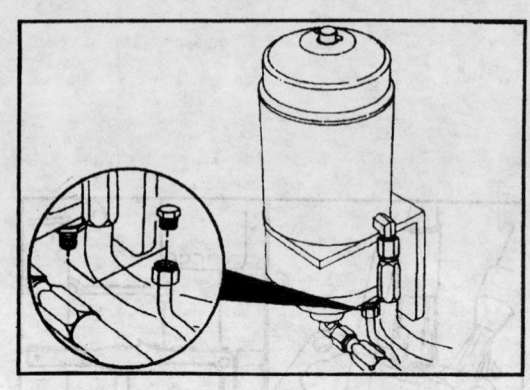

图 4-31 拆下空气管,堵住空气管的端部

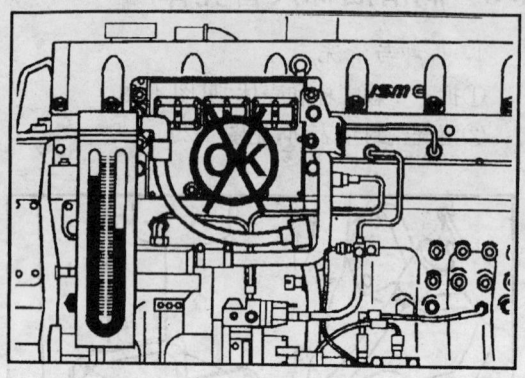

图 4-32 检查发动机曲轴箱窜气量

4.10 润滑油滤清器(旋装式)

滤清器的上半部分是全流量润滑油滤清器芯,下半部分是旁通润滑油滤清器滤芯,见图 4-33。润滑油循环通过滤清器的全流量滤芯和旁通滤芯,进入滤清器座,然后流向发动机的主油道。

1. 拆卸

使用润滑油滤清器专用扳手拆卸润滑油滤清器,见图 4-34。

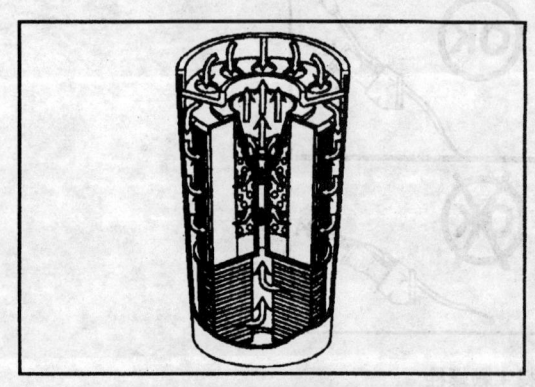

图 4-33 组合式润滑油滤清器芯

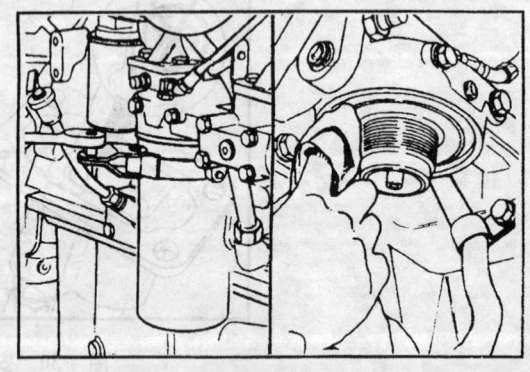

图 4-34 用扳手拆卸润滑油滤清器

2. 安装

①使用与发动机相配的润滑油滤清器,LF9000 型为加长型滤清器。康明斯发动机公司要求使用的润滑油滤清器应符合康明斯 SAM 10765 给出的技术规范。组合式润滑油滤清器,零件号 3406810 的滤清器或零件号为 LF9000 的 Fleetguard® 滤清器。零件号为 3406809 的滤清器或零件号为 LF9001 的 Fleetguard® 滤清器。

②向滤清器注入清洁的润滑油,并在密封垫表面涂润滑油,见图 4-35。LF9000 滤清器的容量为 3L,LF9001 滤清器的容量为 2.6L。

③怠速运转发动机 3min,检查滤清器有无润滑油泄漏,见图 4-36。在发动机起动 15s 内,仪表上应显示润滑油压力,否则应停机,以免损坏发动机。确认润滑油油底壳内的润滑油油位正确。

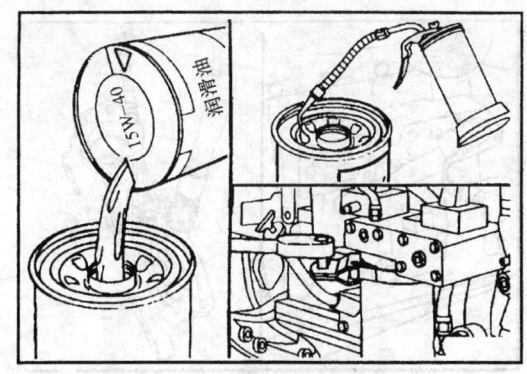
图 4-35 加注润滑油、润滑密封圈

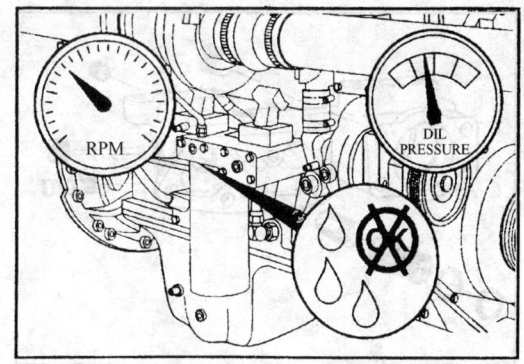
图 4-36 运转发动机，检查滤清器有无泄漏

4.11 润滑油滤清器座

1. 拆卸、分解与清洗

①拆下润滑油滤清器，见图 4-37。从润滑油滤清器座上拆下增压器油管，从增压器上拆下润滑油回油管，从滤清器座上拆下两个支架。

②排放冷却系统、拆下润滑油冷却器，见图 4-38。

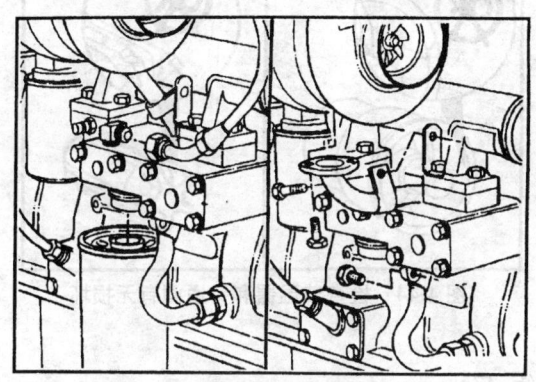
图 4-37 拆下润滑油滤清器

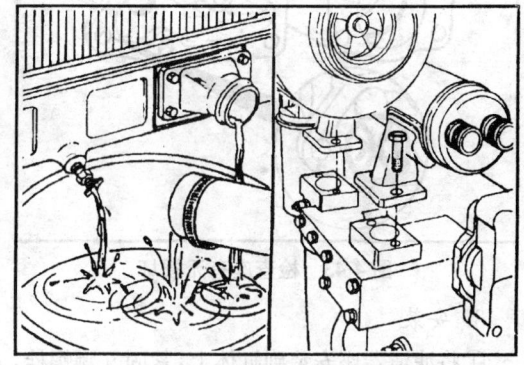
图 4-38 拆下润滑油冷却器

③拆下 9 颗滤清器座螺栓和滤清器座、拆下密封垫，见图 4-39。

④使用卡簧钳拆下节油器孔中的卡簧、拆下润滑油节温器，见图 4-40。

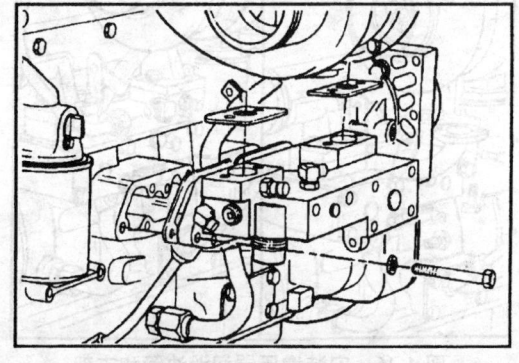
图 4-39 拆下 9 颗螺栓

图 4-40 拆下卡簧、拆下润滑油节温器

⑤拆下旁通阀孔中的卡簧、取出垫圈、弹簧和旁通阀、拆下管塞和接头，见图 4-41。

⑥清洗密封座和缸体密封垫表面，见图 4-42。

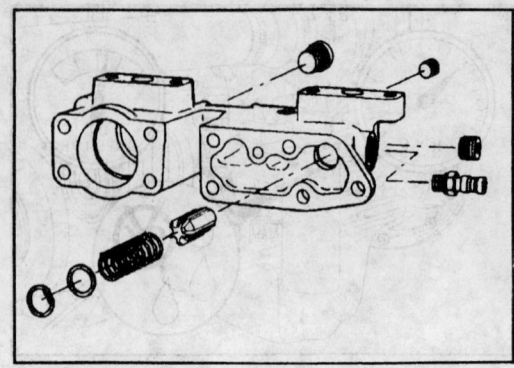

图4-41 拆下旁通阀孔中的卡簧

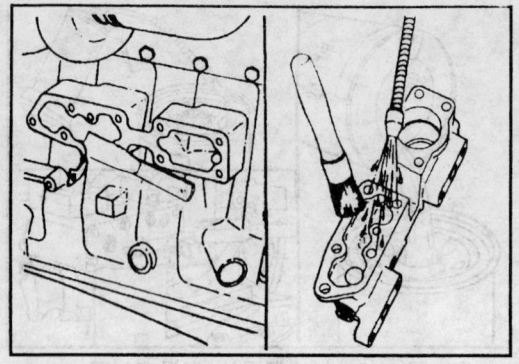

图4-42 清洗密封座和密封垫表面

2. 检查性能
①检查滤清器座有无裂纹,检查润滑油节温器,见图4-43。
②检查节温器和旁通阀有无损坏,见图4-44。

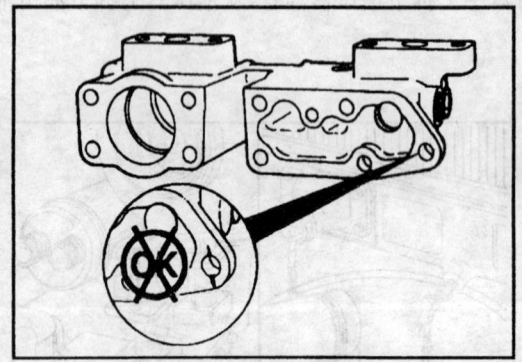

图4-43 检查座有无损坏

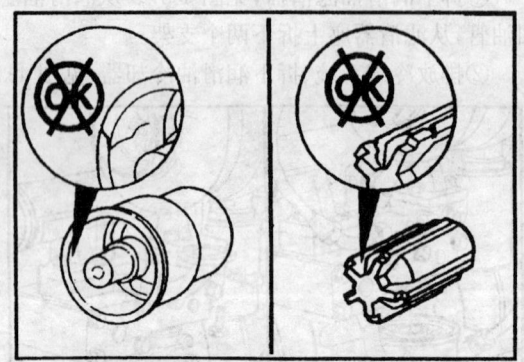

图4-44 检查节温器和旁通阀有无损坏

3. 安装
①将滤清器座安装到缸体上,紧固9颗螺栓,力矩:47N·m。
②安装润滑油冷却器,见图4-45。
③安装增压器润滑油管和支架见图4-46。

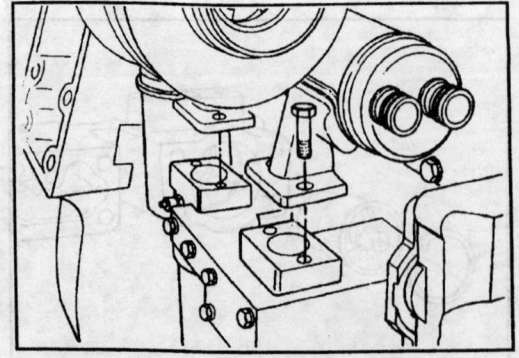

图4-45 安装润滑油冷却器

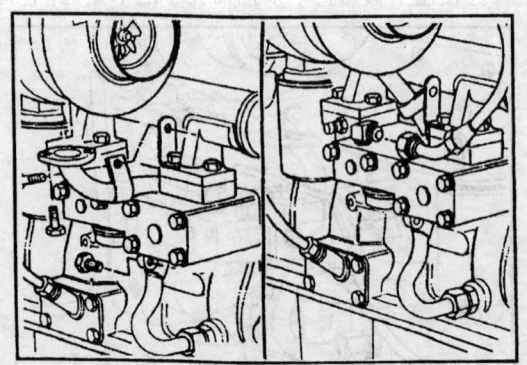

图4-46 安装增压器润滑油管和支架

④安装润滑油滤清器,并加注润滑油,见图4-47。
⑤怠速运转发动机3min,检查滤清器座有无泄漏。

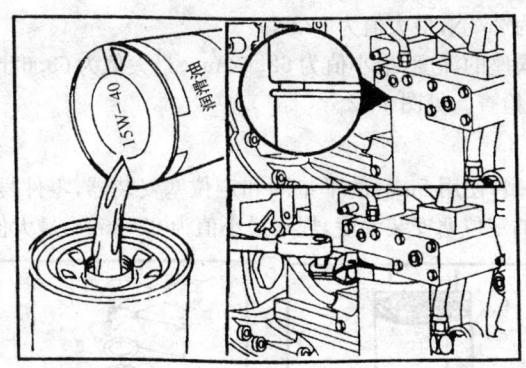

图 4-47 安装润滑油滤清器并加注润滑油

4.12 润滑油高压减压阀

1. 初始检查

①排放润滑油,拆下油底壳。

②测量减压阀定位塞的安装深度,见图 4-48。减压阀定位塞的安装深度,最小值为 8.03mm,最大值为 8.53mm,若不在规定范围,应拆下高压调节器总成进行检查。

2. 拆卸

用拉器拆下定位塞、减压弹簧、垫圈和阀片,见图 4-49。

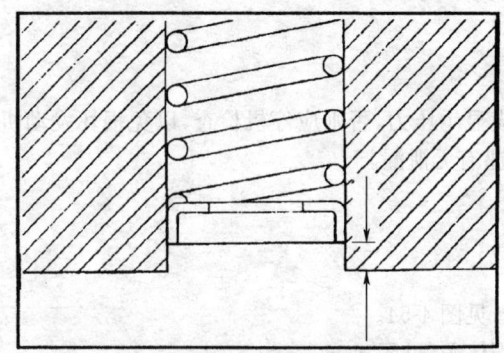

图 4-48 测量减压阀定位塞的安装深度

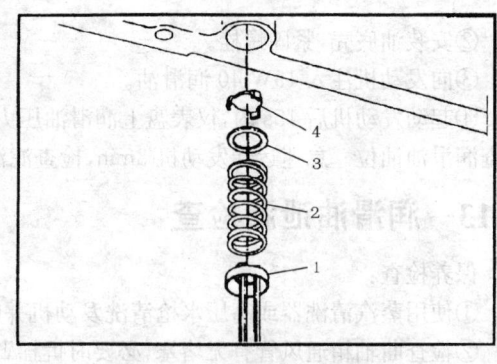

图 4-49 拆下定位塞等零件

1. 定位塞 2. 减压阀弹簧 3. 垫圈 4. 阀片

3. 检查性能

①检查零件有无裂纹,见图 4-50。

②使用弹簧压力测量仪,零件号 3375182,测量减压阀弹簧的弹力,见图 4-51。将弹簧压缩到 29.1mm

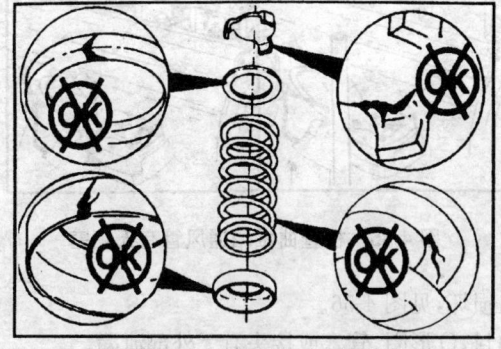

图 4-50 检查零件有无裂纹

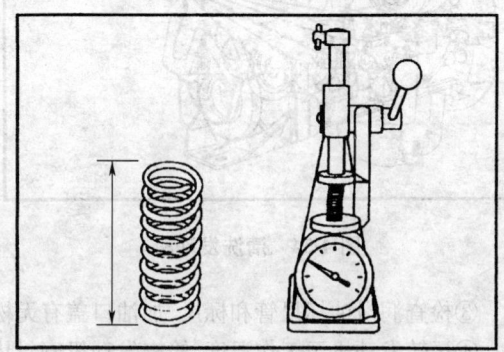

图 4-51 测量减压阀弹簧的弹力

时,弹力大小规定,最小值为263N,最大值为322N。

③测量缸体上减压阀阀座的深度,最小值为62.62mm、最大值为63.62mm。如果减压阀阀座不在规定深度,应拆下阀座进行检查。见图4-52。

4. 安装

①安装阀片、垫圈和弹簧,使用5mm的平垫圈和定位塞安装器,零件号3376489,安装新定位塞,见图4-53。并测量缸体中的定位塞安装深度,规定最小值为8.03mm、最大值为8.53mm。

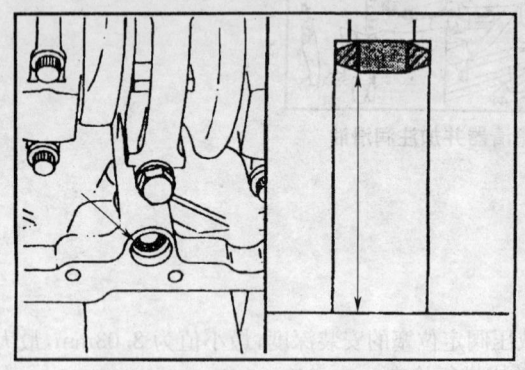

图4-52 测量缸体上减压阀阀座深度

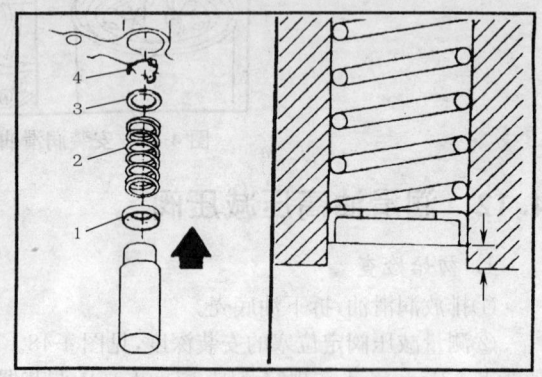

图4-53 安装阀片、垫圈和弹簧
1. 定位塞　2. 弹簧　3. 垫圈　4. 阀片

②安装油底壳,紧固螺栓。

③向发动机注入15W-40润滑油。

④起动发动机后15s内,仪表盘上润滑油压力表应显示压力,否则应停机检查,以免损坏发动机,检查润滑油油位。怠速运转发动机3min,检查滤清器座有无泄漏。

4.13　润滑油泄漏检查

保养检查:

①使用蒸汽清洗器或高压水枪清洗发动机并吹干,见图4-54。

②检查曲轴箱通风管有无堵塞,必要时拆摇臂室壳体盖,见图4-55。

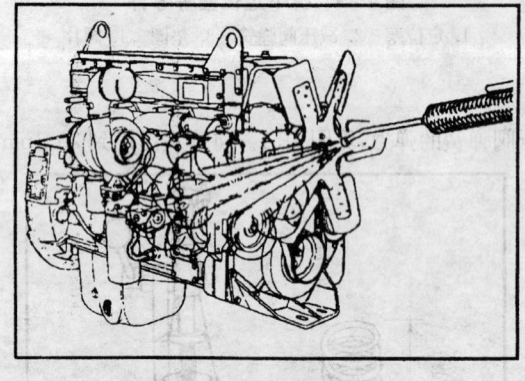

图4-54 清洗发动机

图4-55 检查曲轴箱通风管有无堵塞

③检查润滑油标尺管和标尺、加油口盖有无松动、损坏,见图4-56。

④运转发动机至工作温度、检查发动机密封垫、油封、O形圈、管塞或接头有无外部泄漏。

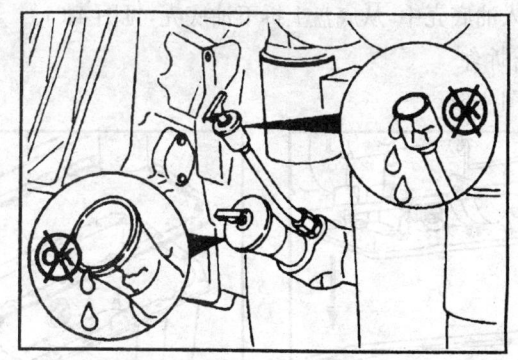

图 4-56　检查润滑油标尺管和标尺、加油口盖有无损坏

4.14 油底壳

1. 排放

①使用过的润滑油具有致癌作用,应避免摄入和皮肤接触,见图 4-57。

②运转发动机,水温达 60℃时,关闭发动机,拆下油堵,排放润滑油,见图 4-58。油底壳底部放油堵头技术规范:长 63.50mm,直径 41.28mm,重量 0.363kg。

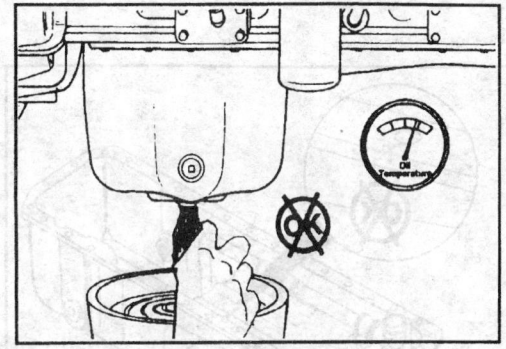

图 4-57　避免摄入和皮肤接触使用过的润滑油

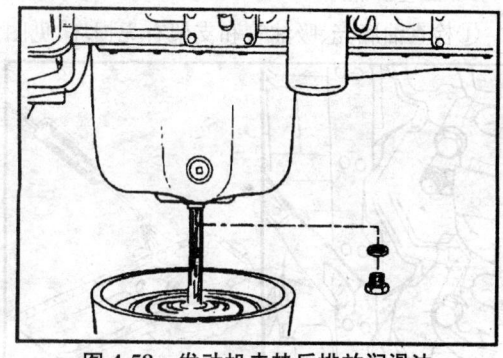

图 4-58　发动机走热后排放润滑油

2. 前集油槽式油底壳拆卸

①这种油底壳有一根安装在机体上的吸油管,要求在车架或车桥与缸体油底壳安装法兰之间至少有 610mm 的空间,以便拆卸油底,见图 4-59。如果不允许油底壳降那么低,从底盘上拆下油底壳之前,必须先从缸体上拆下吸油管。

②拆下油底壳螺栓,放低油底壳到可以把一只手伸进去,拆下吸油管安装螺栓,见图 4-60。

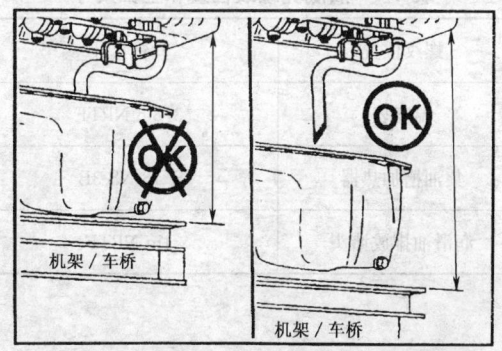

图 4-59　车架与油底壳安装法兰间至少有 610mm 空间,以便拆卸油底

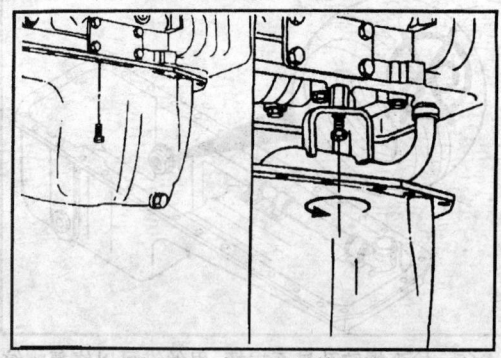

图 4-60　拆下吸油管螺栓

③拆下吸油管，让其落入油底壳中，从底盘上拆下油底壳，见图4-61。

3. 后集油槽式油底壳拆卸

拆下螺栓和油底壳，见图4-62。

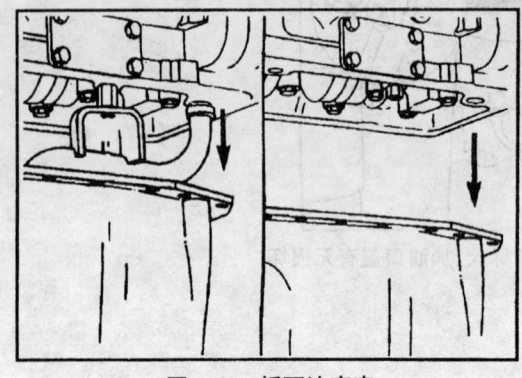

图4-61 拆下油底壳

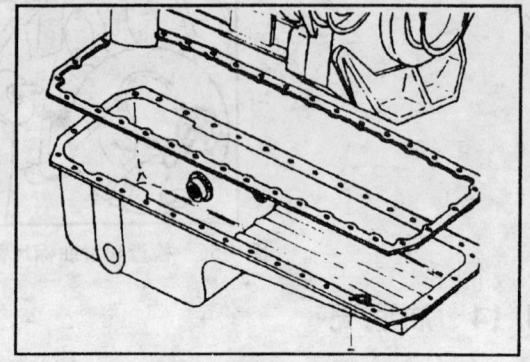

图4-62 拆下螺栓和油底壳

4. 清洗

清除缸体和油底壳表面密封材料，并清洗干净再吹干，见图4-63。

5. 检查性能

①检查油底壳、吸油管和支架有无损坏，见图4-64。

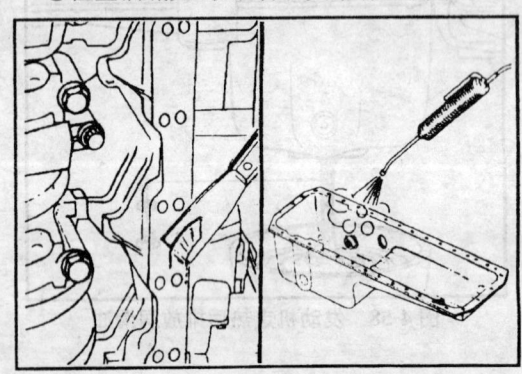

图4-63 清洗缸体和油底壳表面密封材料

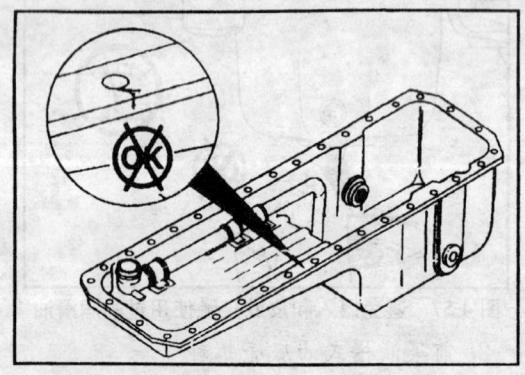

图4-64 检查油底、吸油管和支架有无损坏

②检查螺纹孔是否损坏，损坏的螺纹可以用丝锥修复，见图4-65。油底壳螺纹孔位置和丝锥尺寸，见表4-4。

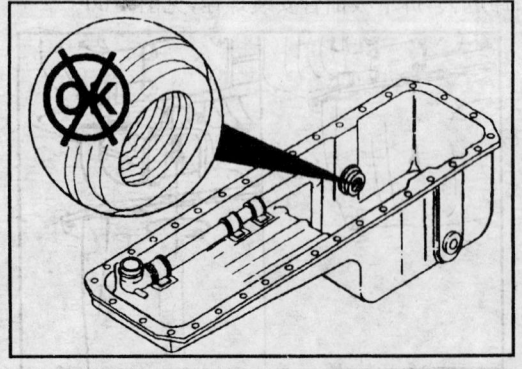

图4-65 检查螺纹孔是否损坏，用丝锥可以修复螺纹孔

表4-4 油底壳螺纹位置和丝锥尺寸

螺纹位置	丝锥尺寸
温度表	3/8in NPTF
集油槽加热器	1-18 NS-3B
润滑油排放堵头	1in NPTF

第4章 润滑系统检修

6. 安装前集油槽式油底壳

①车架或车桥和安装在缸体上的油管之间应有610mm的空间,先安装油管,后安油底壳。
②将密封胶涂在缸体与齿轮室壳体连接处和飞轮壳体与缸体连接处的油底壳安装面,见图4-66。
③在进油管上安装一个新O形圈并用润滑油润滑,在油底壳上安装新密封垫,见图4-67。

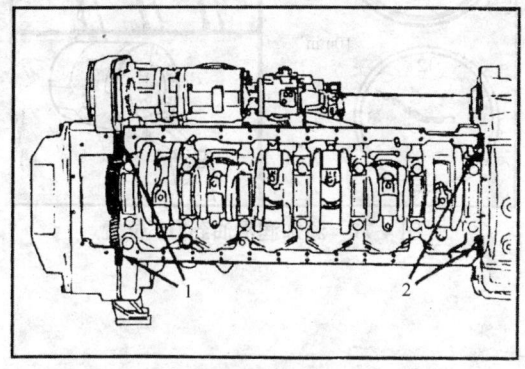

图4-66 在齿轮室壳体连接处和飞轮与缸体连接处涂密封胶
1. 齿轮室壳体连接处 2. 飞轮壳体与缸体连接处

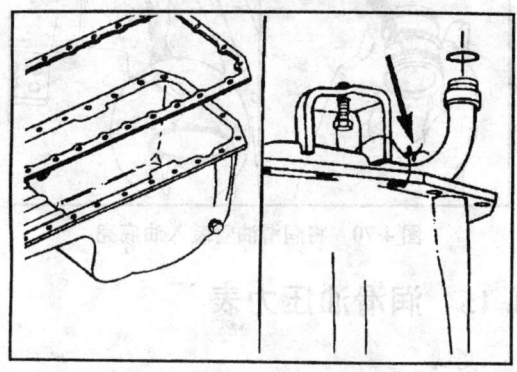

图4-67 在吸油管上安装密封圈并涂润滑油

④安装进油管到缸体上并用螺栓固定,将进油管安装到位,见图4-68。
⑤用手推动进油管使其完全到位,用螺栓紧固,力矩:61N·m,见图4-69。

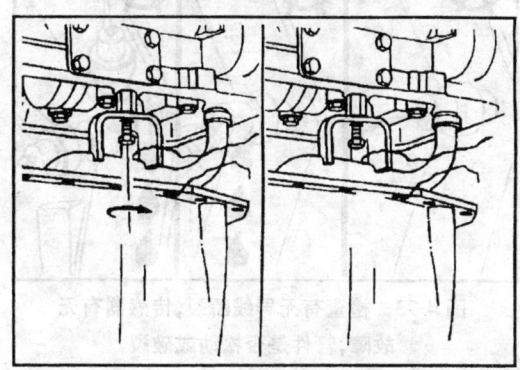

图4-68 将进油管安装到缸体上

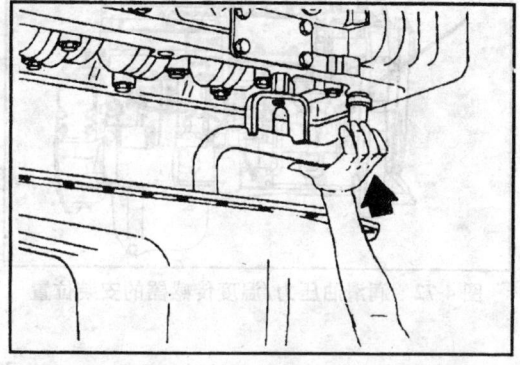

图4-69 用手推进油管使其到位再紧固螺栓

⑥安装油底壳,按顺序紧固螺栓。

7. 安装后集油槽式油底壳

①在齿轮室壳体与缸体连接处和飞轮壳体与缸体连接处涂密封胶。
②在润滑油管上安装新密封圈并用润滑油润滑,将润滑油管装入油底壳,见图4-70。
③安装油底垫和油底壳,并紧固油底壳螺栓,力矩:47N·m。
④在油底壳上安装润滑油堵头、向发动机加注15W-40润滑油,使润滑油加到规定位置,油底壳容量34L。如果安装有Centinel™补偿油箱,应检查润滑油油位。
⑤急速运转发动机,检查滤清器和润滑油堵头处是否泄漏。发动机起动15s内,润滑油表应显示压力,否则应立即停机检查,以免损坏发动机。
⑥关闭发动机,等待10min,使发动机上部润滑油流回油底壳。检查润滑油油位,如有必要,补充添加,使润滑油油位达到"H"高油位标记处,见图4-71。

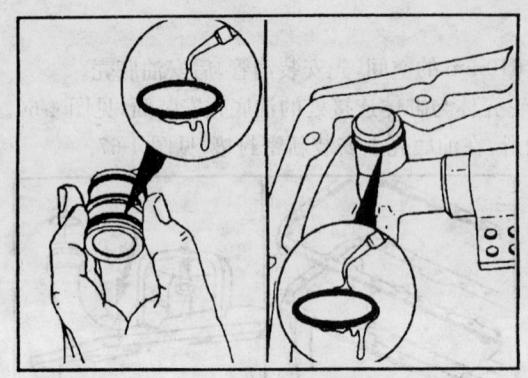

图 4-70 将润滑油管装入油底壳

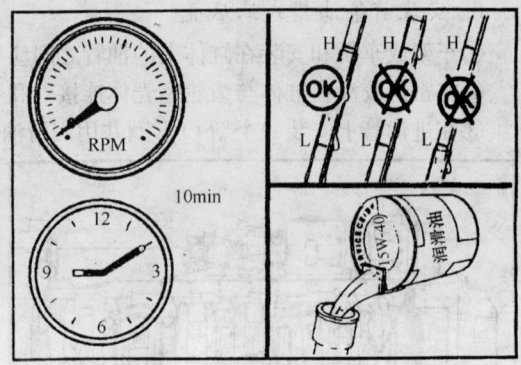

图 4-71 添加润滑油到"H"位置

4.15 润滑油压力表

测试:

①ISM系列发动机使用组合式润滑油压力/温度传感器,它安装在发动机的缸体上,位于附件驱动装置的上方,见图4-72。

②检查有无以下缺陷:电气导线断裂、传感器故障、管件松动或破裂,见图4-73。

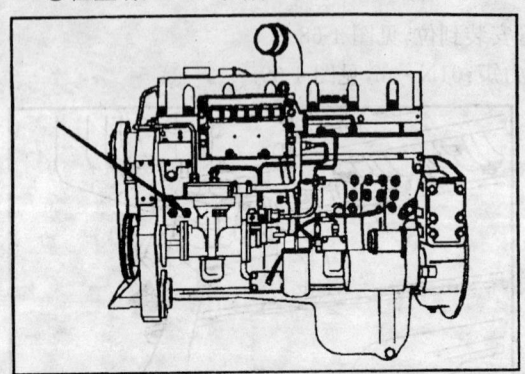

图 4-72 润滑油压力/温度传感器的安装位置

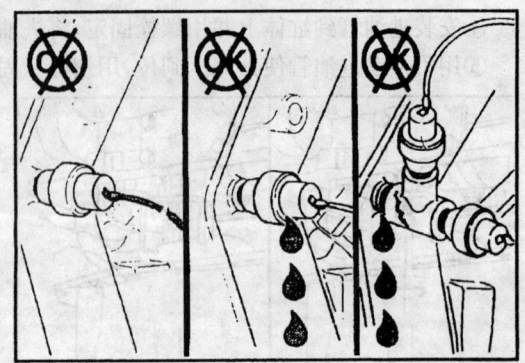

图 4-73 检查有无导线断裂,传感器有无故障,管件是否松动或破裂

③检查传感器有无以下故障:用Compulink™校验有疑问的仪表的读数,如果怀疑传感器读数不正确,用已知精度的标准压力表进行检验。将标准压力表的管道连接到发动机燃油泵侧的润滑油主油道,更换发生故障的传感器,见图4-74。

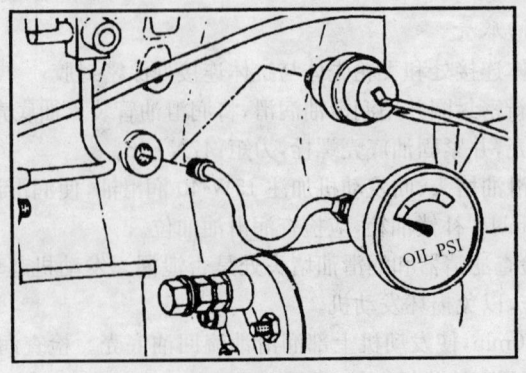

图 4-74 检查传感器有无故障

4.16 主油道润滑油压力调节阀

1. 拆卸

①排放润滑油,拆下油底壳。

②拆下定位塞、调节阀弹簧和调节阀柱塞,从柱塞上拆下计量孔塞,见图4-75。

2. 检查性能

①检查调节阀柱塞有无划伤,检查柱塞计量孔塞,确保其畅通,见图4-76。计量孔塞是通过螺纹拧入柱塞的,力矩:1N·m。

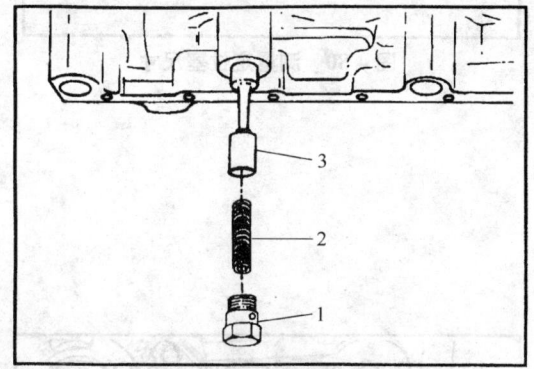

图4-75 拆下计量孔塞
1. 定位塞 2. 弹簧 3. 柱塞

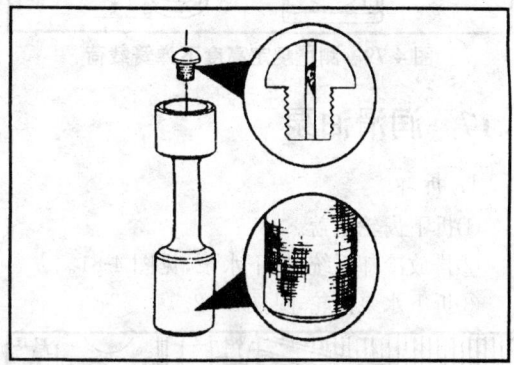

图4-76 检查柱塞有无损伤

②测量调节阀弹簧的自由长度,标准值为84.1mm,见图4-77。

③用弹簧压缩测试仪检查弹簧有无缺陷,用新弹簧更换有缺陷的弹簧,见图4-78。

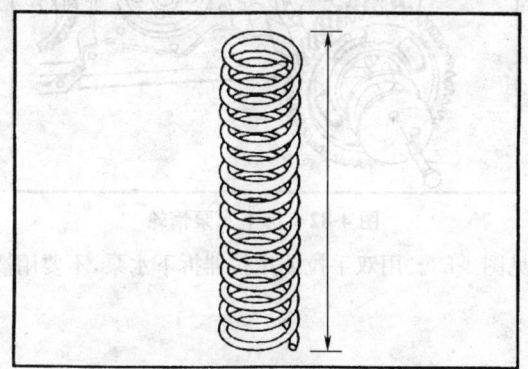

图4-77 测量弹簧自由长度

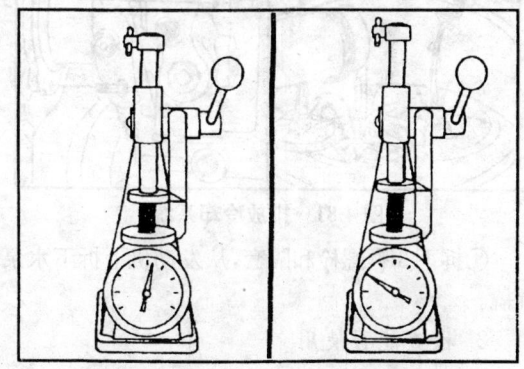

图4-78 用压缩测试仪检查弹簧有无缺陷

④润滑油压力调节阀弹簧在工作高度为48.3mm时的载荷,最小值为91.1N、最大值为94.7N,见图4-79。

⑤测量润滑油压力调节阀定位塞尺寸,规定其最小值为11.1mm,最大值为13.4mm,见图4-80,若不在规定范围,则应更换。

3. 安装

①安装调节阀柱塞、弹簧和拧紧定位塞,见图4-75,后集油槽式油底壳,力矩:75N·m;前集油槽式油底壳,力矩:122N·m。

②安装油底壳,向发动机加注15W-40润滑油。

③起动发动机运转3min,检查有无泄漏,检查润滑油压力表是否显示。如果润滑油压力表不显示压力,应立即停机,检查油底壳润滑油油位是否正确。

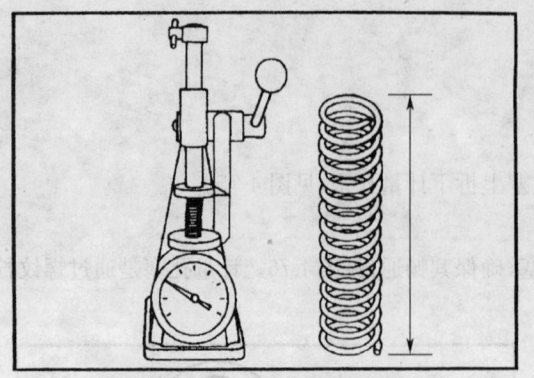
图 4-79 测量规定高度下弹簧载荷

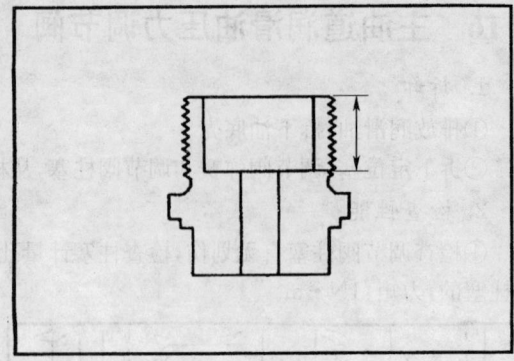
图 4-80 测量定位塞尺寸

4.17 润滑油泵

1. 拆卸

①拆下齿轮室盖。
②排放冷却系统,拆下水泵,见图 4-81。
③拆下水泵惰轮,见图 4-82。

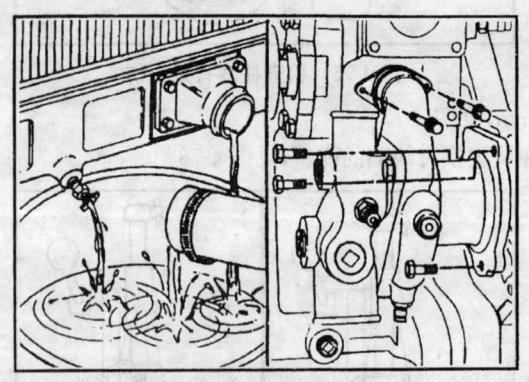
图 4-81 排放冷却系统

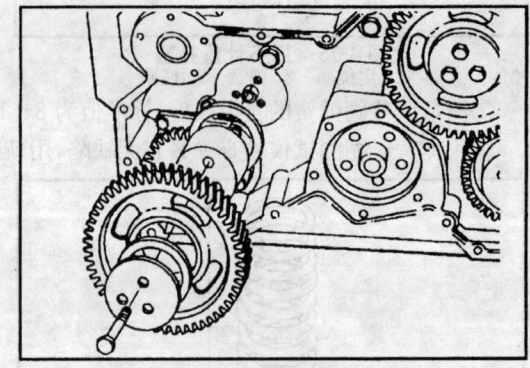
图 4-82 拆下水泵惰轮

④拆下 3 颗螺栓和隔套,从发动机上拆下水泵,见图 4-83。用双手拉或用拉器拆下水泵,不要用撬棍撬。

2. 检查能否使用

①转动齿轮,检查能否转动自如,检查齿轮有无损坏,见图 4-84。

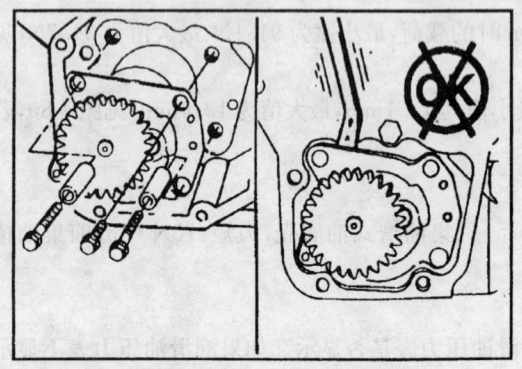
图 4-83 用双手拉或用拉器拆下水泵

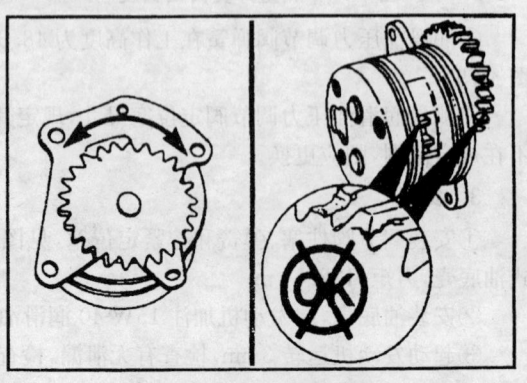
图 4-84 检查齿轮有无损坏

②检查后盖板轴承是否磨损过度或过热，见图4-85。

③检查主动轴轴向间隙，见图4-86，规定最小值为0.064mm，最大值为0.269mm，如果齿轮损坏、轴不能转动，或轴向间隙不在规定范围，必须更换润滑油泵。

图4-85 检查后盖板轴承是否磨损过度或过热

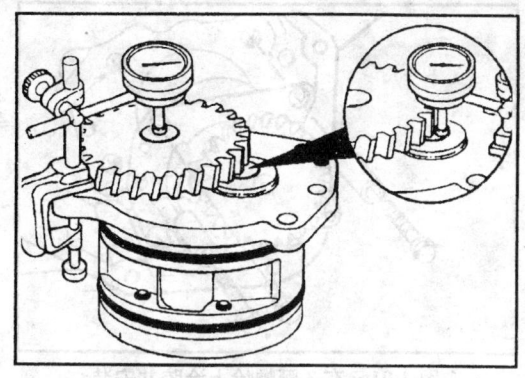

图4-86 检查主动轴轴向间隙

3. 安装

①清洗润滑油泵安装螺孔并吹干，见图4-87。

②在润滑油泵泵体上安装两个新O形圈，在距润滑油泵驱动齿轮最近的槽中安装厚的O形圈，安装O形圈时，不要用润滑油润滑，防止变形，见图4-88。

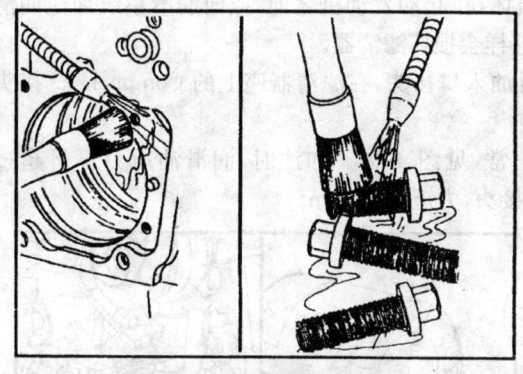

图4-87 清洗润滑油泵螺孔

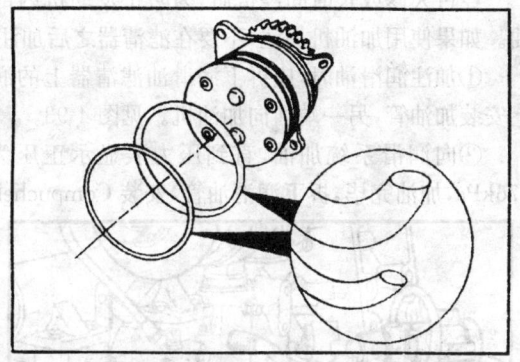

图4-88 安装O形圈，不必用润滑油润滑

③用润滑油润滑润滑油泵齿轮，在润滑油泵安装孔中涂润滑脂，见图4-89。

④润滑油泵法兰上的定位销孔与缸体上的定位孔对正，安装润滑油泵，见图4-90。

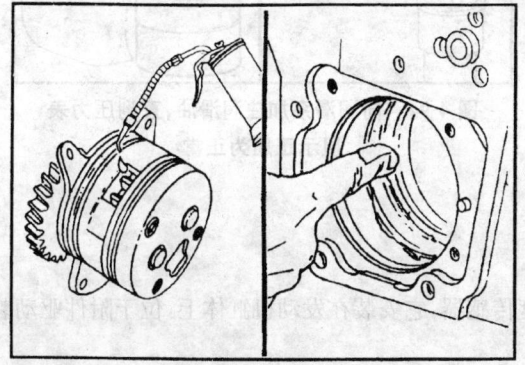

图4-89 用润滑油润滑齿轮，在孔中涂润滑脂

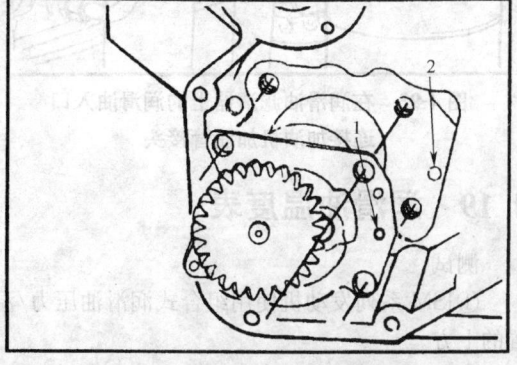

图4-90 使销与孔对正，安装润滑油泵

⑤在3颗螺栓上涂密封胶,安装3颗螺栓和垫圈,力矩:41N·m,见图4-91。
⑥安装水泵惰轮。
⑦安装水泵,见图4-92。

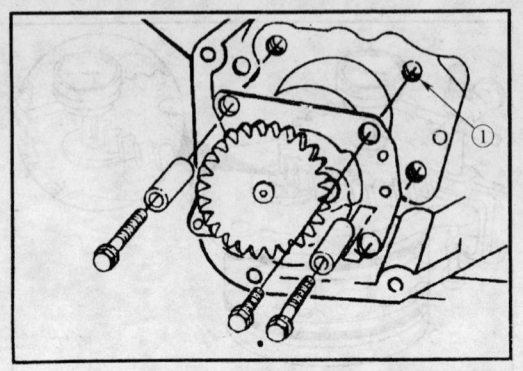

图4-91 在3颗螺栓上涂胶并安装

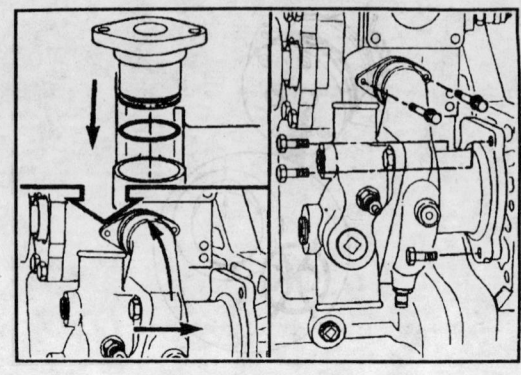

图4-92 安装水泵

⑧安装齿轮室盖,运转发动机,检查有无泄漏。

4.18 润滑系统加注

首次加注:

经过大修或长时间停机后,为防止发动机内部损坏,在起动发动机之前,应向润滑系统加注润滑油。如果使用加油机加注,不要在滤清器之后加注,这样会损坏滤清器。

①加注润滑油时,应拆下润滑油滤清器上的润滑油入口接头,在滤清器座上的Compuchek®接头上安装加油管,另一端通向加油机。见图4-93。

②向润滑系统加油,直到压力表显示正压为正常,见图4-94。加注时,润滑油压力不得超过276kPa,加油完毕,拆下润滑油管,安装Compuchek®接头,力矩:54N·m。

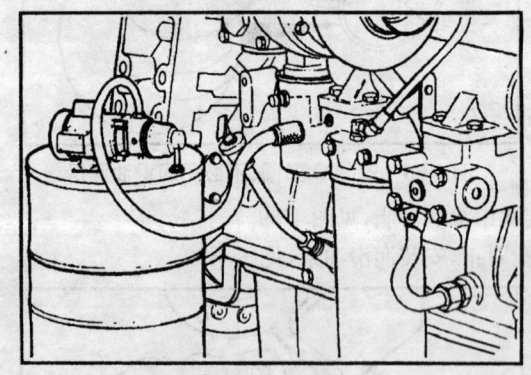

图4-93 在润滑油滤清器上的润滑油入口
连接加油机加油管接头

图4-94 向润滑系加注润滑油,直到压力表
显示正压为正常

4.19 润滑油温度表

测试:

①ISM系列发动机使用组合式润滑油压力/温度传感器,它安装在发动机缸体上,位于附件驱动装置的上方。

②检查电气导线和传感器有无缺陷和损坏,见图4-95。

③按下列步骤检查传感器有无故障,见图4-96。这些步骤是:使用标准的温度表检验被怀疑的温度

表读数;排放润滑油、安装润滑油温度表传感器;向油底壳加注15W-40润滑油;更换有故障的传感器。

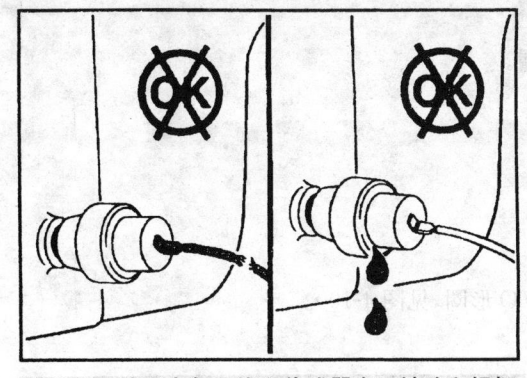

图4-95 检查电气导线和传感器有无缺陷和损坏

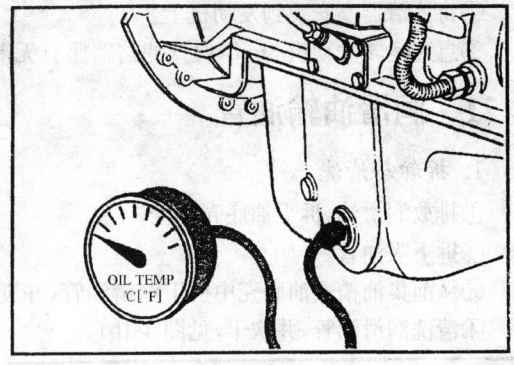

图4-96 按上述规定步骤检查传感器是否有故障

4.20 润滑油节温器

1. 拆卸

拆下润滑油滤清器座,见图4-97。

2. 检查性能

①将节温器悬挂在盛满润滑油的容器里,放一只116℃的温度计,温度计不与节温器接触,加热润滑油,见图4-98。润滑油闪点约为221℃,容器中的温度不得超过149℃,严禁有水滴入热润滑油容器中,防止伤人。

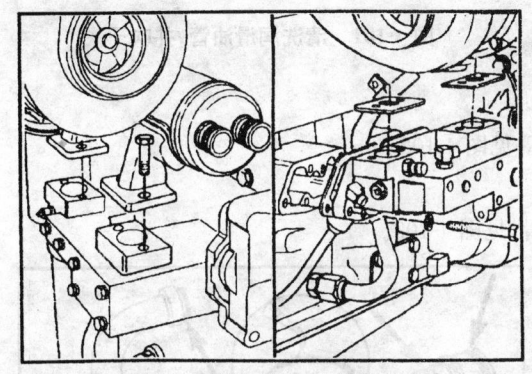

图4-97 拆下润滑油滤清器座

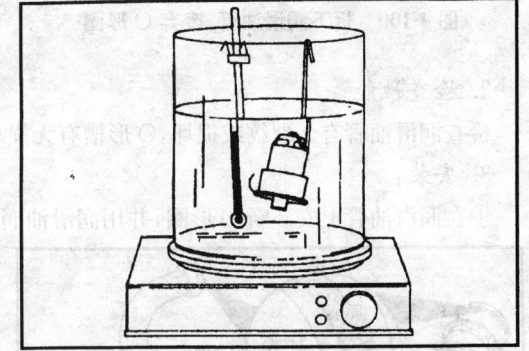

图4-98 将节温器悬挂在盛有润滑油的容器中加热润滑油

②记录节温完全开启时的温度,见图4-99。当温度达116℃时,阀应完全开启伸长到离关闭位置至少6mm。如果节温器不能正常工作,应更换。

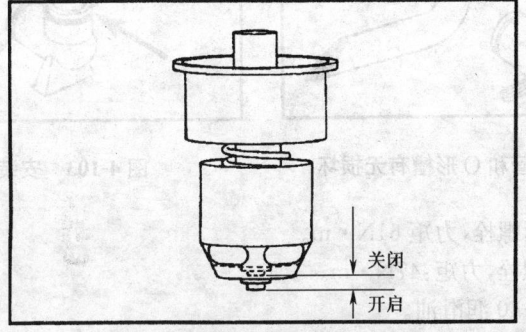

图4-99 记录节温器开启时的温度

3. 安装
①将滤清器座安装到发动机上。
②怠速运转发动机 3min,检查滤清器座有无泄漏。

4.21 润滑油输油管

1. 拆卸与清洗
①排放润滑油,拆下油底壳螺栓。
②拆下吸油管。
③从前集油槽式油底壳中拆下润滑油管,并废弃 O 形圈,见图 4-100。
④清洗润滑油管,并吹干,见图 4-101。

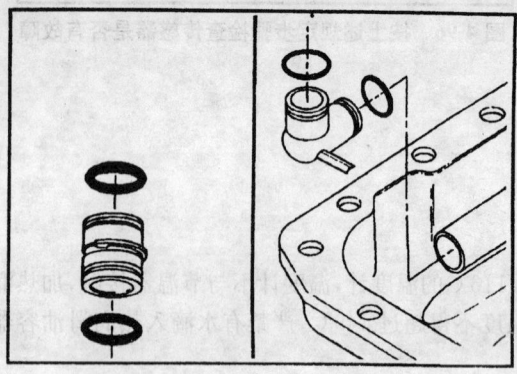

图 4-100 拆下润滑油管,废弃 O 形圈　　图 4-101 清洗润滑油管,并吹干

2. 检查性能
检查润滑油管有无裂纹或损坏,O 形槽有无损坏,见图 4-102。
3. 安装:
①在润滑油管上安装新 O 形圈,并用润滑油润滑,见图 4-103。

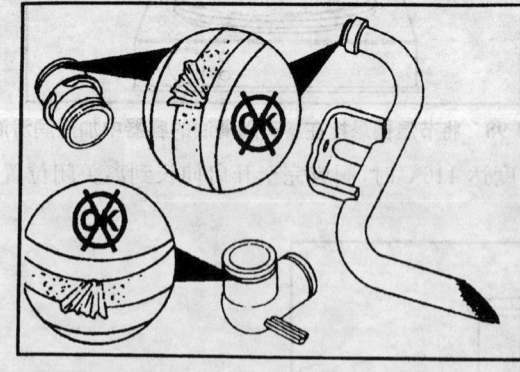 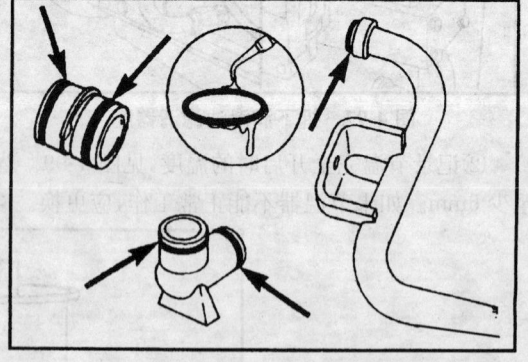

图 4-102 检查润滑油管和 O 形槽有无损坏　　图 4-103 安装新 O 形圈并润滑

②安装润滑油管、拧紧螺栓,力矩 61N·m。
③安装油底壳、紧固螺栓,力矩:47N·m。
④向发动机注入 15W-40 润滑油。
⑤运转发动机 3min,检查有无泄漏。

4.22 润滑油黏度传感器

1. 拆卸

①排放润滑油,拆下油底壳。
②拆下主油道润滑油压力调节阀,见图4-104。
③使用7/16套筒、加长杆和棘轮扳手拆下黏度传感器,见图4-105。

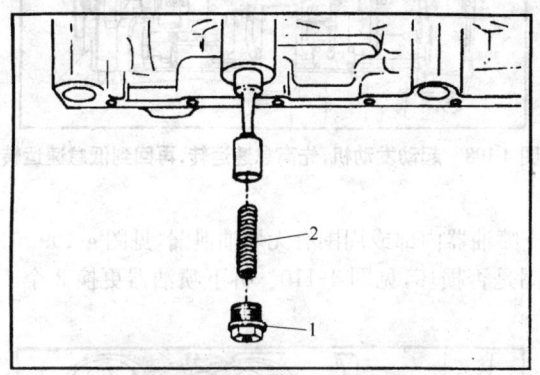

图4-104 拆下润滑油压力调节阀
1. 堵头 2. 弹簧

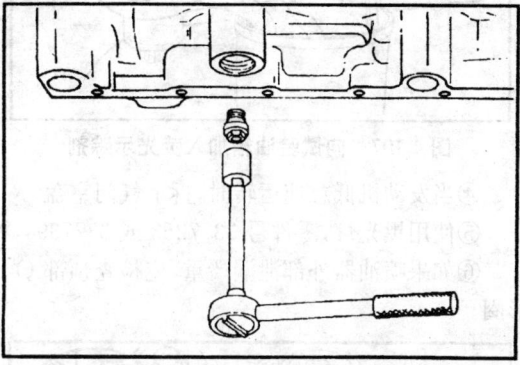

图4-105 拆下黏度传感器

2. 检查性能

清洗黏度传感器堵塞,见图4-106。

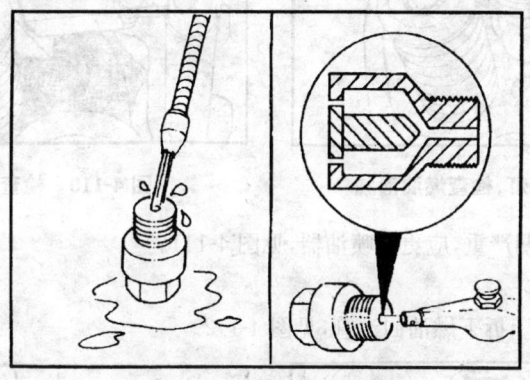

图4-106 清洗传感器堵塞

3. 安装

①将黏度传感器安装到缸体上,力矩:24N·m。
②安装主油道润滑油压力调节阀。
③安装油底壳、加注润滑油。运转发动机3min,检查有无泄漏。

4.23 润滑油污染测试

1. 荧光染色示踪法

①在燃油进油管和回油管间安装一个试验燃油箱,向燃油箱中加入荧光示踪剂,零件号3376891,见图4-107。进行本测试发动机在冷机、水温低于21℃或顶置机构松动时无效。
②拆下气门室盖的安装件,但不拆下气门室盖。
③起动发动机高怠速运转30s,然后回到低怠速运转,见图4-108。在5s内完成下一步骤。

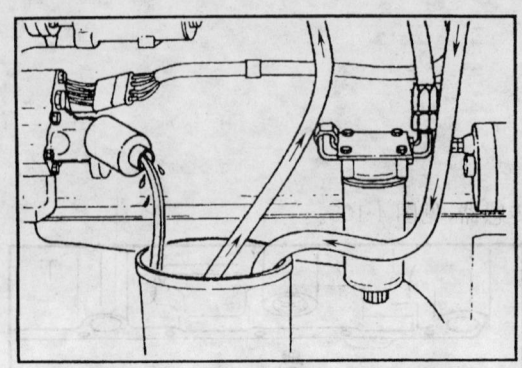

图4-107　向试验油箱加入荧光示踪剂

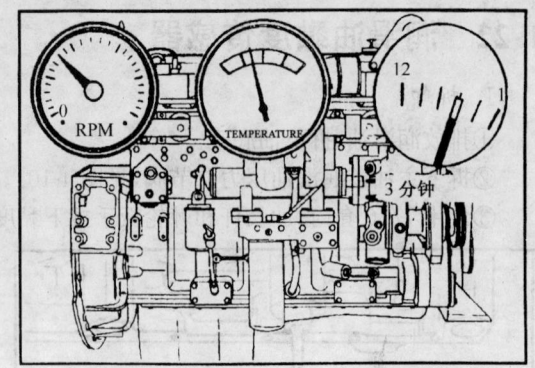

图4-108　起动发动机,先高怠速运转,再回到低怠速运转

④当发动机低怠速运转时,拆下气门室盖。

⑤使用黑光灯,零件号3377253或3377394,检查喷油器内部或周围有无燃油泄漏,见图4-109。

⑥如果喷油器外部泄漏严重,应检查顶部O形圈是否损坏,见图4-110。拆下喷油器更换3个O形圈。

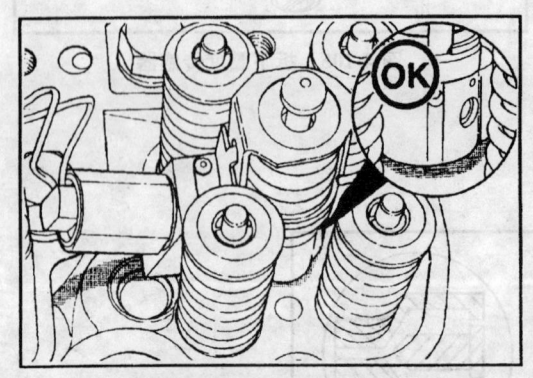

图4-109　使用黑光灯,检查燃油泄漏

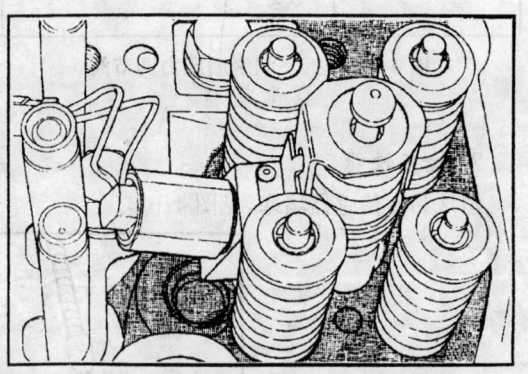

图4-110　检查O形圈是否损坏

⑦如果喷油器内部泄漏严重,应更换喷油器,见图4-111。

2. 燃油压力测试

①在回油T型管接头上拆下燃油回油管,见图4-112。

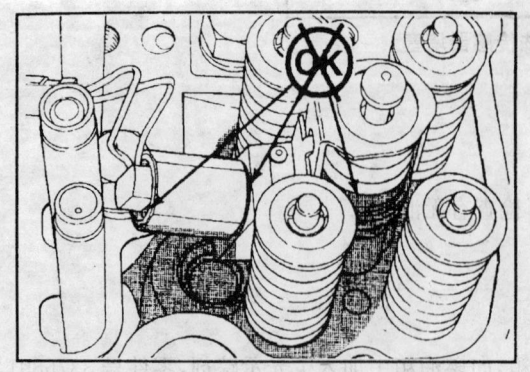

图4-111　喷油器内部泄漏,应更换

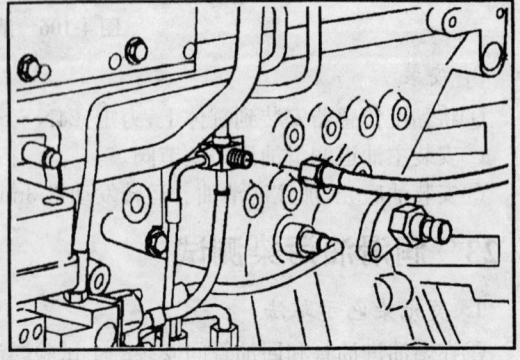

图4-112　拆下燃油回油管

②在T型管接头上安装一个防护帽,见图4-113。

③从齿轮泵单向阀与拆下回油管,在燃油管中安装管塞,见图 4-114。

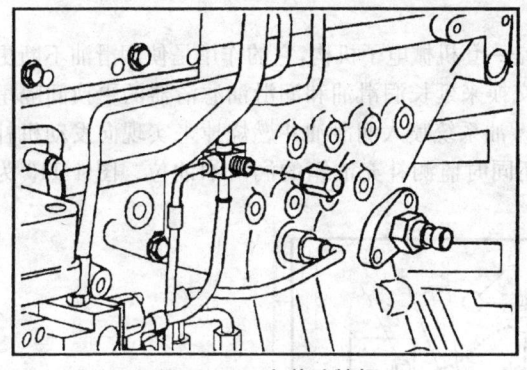

图 4-113 安装防护帽

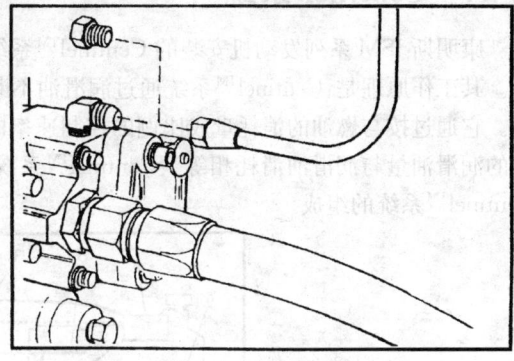

图 4-114 安装管塞

④从燃油切断阀上拆下燃油管,在燃油管上接入压缩空气管,见图 4-115。
⑤向缸盖加压,最大气压 552kPa,见图 4-116。

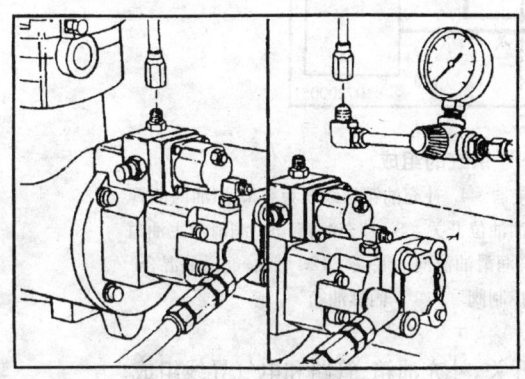

图 4-115 接入压缩空气

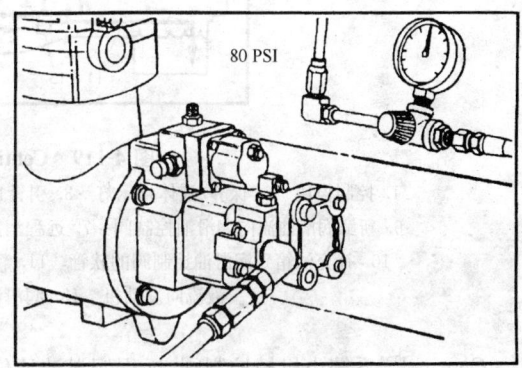

图 4-116 向缸盖加压

⑥检查每个喷油器是否泄漏,见图 4-117。
⑦更换发生泄漏的喷油器或更换喷油器上的 3 个 O 形圈,见图 4-118。

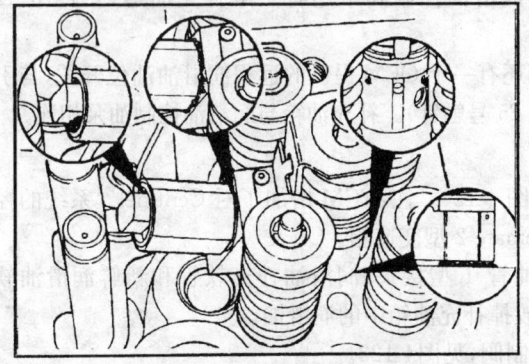

图 4-117 检查喷油器是否泄漏

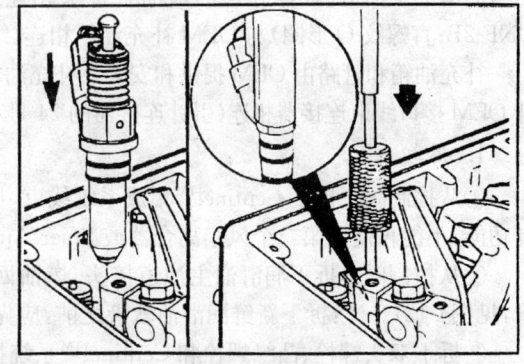

图 4-118 更换泄漏的喷油器或 O 形圈

⑧拆下空气管,安装燃油管。
⑨从齿轮泵的回油管上拆下管塞,将回油管安装在齿轮泵的单向阀上。
⑩从燃油回油管接头上拆下防护帽。
⑪安装燃油回油管。

4.24 Centinel 系统

康明斯 ISM 系列发动机安装的 Centinel™ 系统是一套机械电子机构,它的作用是使润滑油不断更新。其工作原理是:Centinel™ 系统通过润滑油不断交换来延长润滑油和润滑油滤清器的更换间隔里程。它通过按与燃油的消耗量成比例的控制速率向燃油系统喷入润滑油并燃烧掉来实现向发动机补充的润滑油量与润滑油消耗相等。Centinel™ 系统还同时监测补充油箱的润滑油油位。图 4-119 为 Centinel™ 系统的组成。

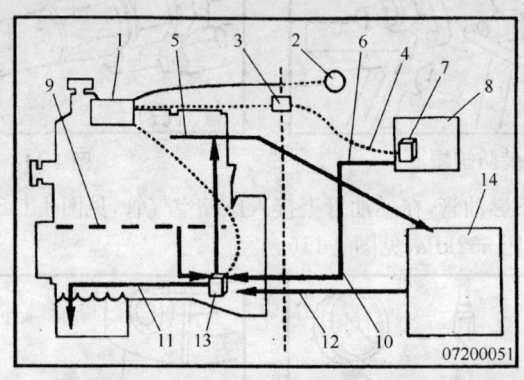

图 4-119 Centinel™ 系统的组成
1. 控制模块 2. 保养/液体指示灯 3. 引针连接器 4. 补充油箱导线线束 5. 燃油回油管
6. 新鲜润滑油流向润滑油控制阀 7. 远程润滑油油位开关 8. 补充油箱 9. 润滑油主油道
10. 补充油箱到润滑油控制阀的软管 11. 新鲜润滑油流向油底壳 12. 燃油/润滑油混合
液流向发动机 13. 润滑油控制阀 14. 车辆燃油箱

Centinel™ 系统由机械控制阀、远程润滑油油位开关、补充油箱、管路和电气导线组成。

控制阀安装在发动机上,由 ECM 控制。根据发动机的负荷,ECM 控制正时和润滑油控制油泵活塞行程。当 Centinel™ 集成系统出现故障时,保养指示灯亮,也可以通过 INSITE™ 手提电脑读取故障码并通过行程继电器显示出来。补充油箱中润滑油油位过低时,指示灯也会亮。润滑油控制阀通过管路与润滑油主油道、缸体和燃油回油管接头相连。润滑油控制阀中还有一个补充油道(1-1/16-12 UNF-2B;直螺纹 O 形圈)与 OEM 补充油箱相连。

补充油箱和管路由 OEM 提供和安装。补充油箱还有一个 OEM 提供的远程润滑油油位开关,与引针 OEM 接口线束连接器相连(引针连接器的 24 号和 25 号触针)。补充油箱与润滑油控制油泵相连。

1. 拆卸

①从控制阀上拆下 Centinel™ 集成系统线束,见图 4-120。注:ECM 增加了对 Centinel™ 系统的控制功能,不能再使用第二个风扇离合器或 Spier Automate-2 型变速箱。

②从控制阀上拆下润滑油主油道接头、燃油回油管 T 型接头、润滑油补充软管和新鲜润滑油软管,见图4-121。注:拆下新鲜润滑油软管之前,应先放掉补充油箱中的润滑油。

③拆下双头螺栓、凸缘螺栓和 Centinel™ 系统控制阀,见图 4-122。

2. 安装

①用一个双头螺栓(M10-1.5)和一个凸缘螺栓(M10-1.5)安装 Centinel™ 系统控制阀,见图 4-122。

②将润滑油主油道接头、燃油回油管 T 形接头、润滑油补充软管和新鲜润滑油软管连接到控制阀上。

③将 Centinel™ 系统线束连接到控制阀上。

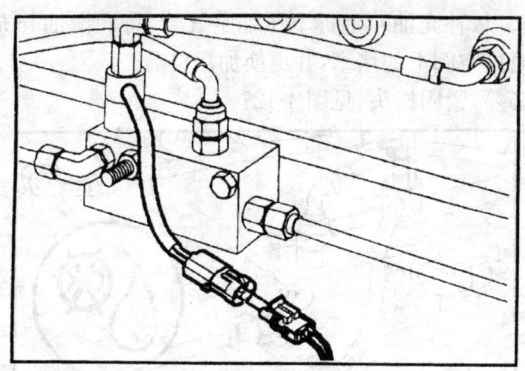

图 4-120 从控制阀上拆下 Centinel™ 系统线束

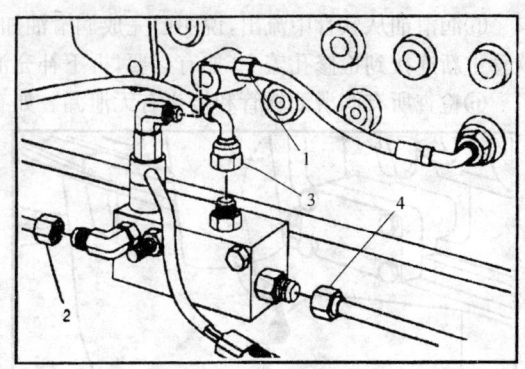

图 4-121 拆下主油道接头、燃油回油管接头、润滑油补充油管和润滑油软管

1. 润滑油道接头 2. 燃油回油管
3. 润滑油补充软管 4. 润滑油软管

3. 首次加注润滑油

①向补充油箱加注润滑油，见图 4-123。

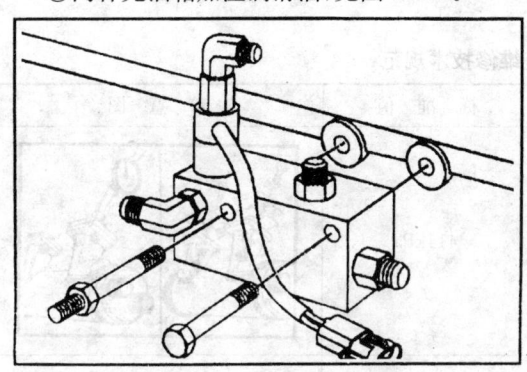

图 4-122 拆下螺栓和控制阀

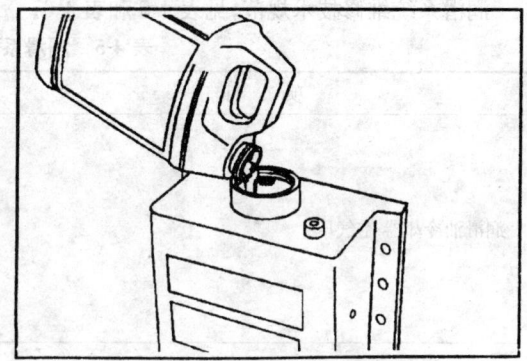

图 4-123 向补充油箱加注润滑油

②从检修孔盖上拆下润滑油补充软管，将它置于一个装油容器中，见图 4-124。

③用 70kPa 的压缩空气向补充油箱加压，使润滑油流向软管和控制阀，见图 4-125。如有必要，堵住补充油箱的排放阀，使压缩空气以 13～20kPa 的增量进行增压，但最终不得超过 103kPa。

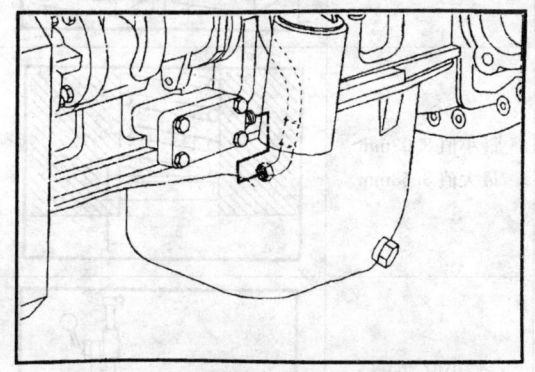

图 4-124 拆下补充软管放入装油容器中

图 4-125 向补充油箱加压

④检查拆下的润滑油补充软管有无润滑油流出，见图 4-126。注：润滑油从补充软管流出需要几分钟，如果润滑油未流出，应检查 Centinel™ 控制阀上的出口阀。

⑤润滑油从软管中流出,说明已完成润滑油加注。从补充油箱上拆下压缩空气管,将润滑油补充软管重新连接到检修孔盖上,如有必要,拆下补充油箱排空阀上的堵塞,并更换加注口盖。

⑥检查所有润滑油软管和接头有无泄漏。如有必要,紧固接头,见图4-127。

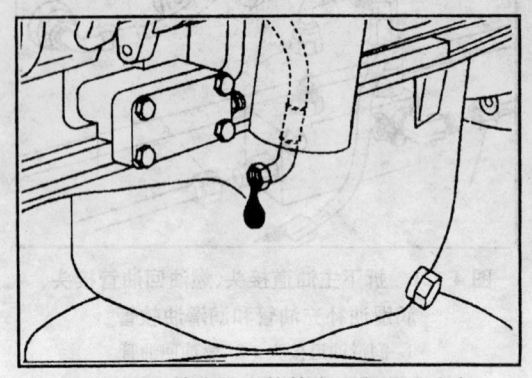

图4-126 检查补充软管有无润滑油流出

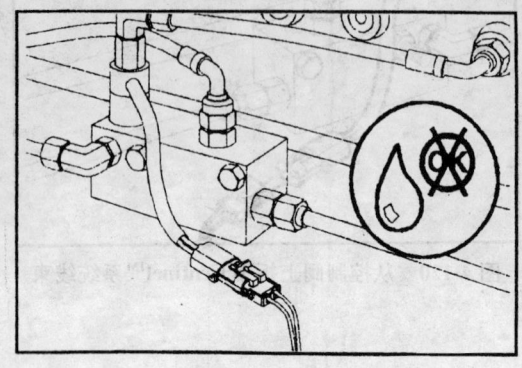

图4-127 检查泄漏,若有必要,紧固接头

4.25 润滑系统维修技术规范

润滑系统维修技术规范,见表4-5和表4-6。

表4-5 润滑系统维修技术规范

项 目	标 准 值	示 意 图
润滑油冷却器-空气压	414kPa	
润滑油冷却器-温度	82℃	
润滑油高压减压阀-定位塞安装深度	最小值 8.03mm 最大值 8.53mm	
将弹簧压缩到29.1mm所需要的力	最小值 263N 最大值 322N	

续表 4-5

项目		标准值	示意图
减压阀阀座深度		最小值 62.62mm 最大值 63.62mm	
减压阀定位塞安装深度		最小值 8.03mm 最大值 8.53mm	
润滑油放油接头标准尺寸 (侧面放油位置必须使用康明斯提供的接头)		长度 63.50mm 直径 41.28mm 重量 0.363kg	
油底壳螺纹位置及螺纹尺寸标准	温度表	3/8NPTF	
	集油槽加热器	1-18NS-3B	
	润滑油排放塞	1in NPTF	
主油道润滑油压力调节器	调节弹簧自由长度	标准 84.1mm	
	长度压缩到 48.3mm 时主油道压力调节器弹簧的载荷	最小值 91.1N 最大值 94.7N	
	主油道润滑油压力调节器定位塞	最小值 11.1mm 最大值 13.4mm	

续表 4-5

项 目	标 准 值	示 意 图
润滑油泵-主动轴轴向间隙	最小值 0.064mm 最大值 0.269mm	
润滑系统润滑油压力	最大值 276kPa	
润滑油节温器检查标准:当温度达116℃时,阀伸长到离关闭位置最少尺寸:	6mm	
润滑油污染-燃油压力测试,向缸盖施加压缩空气,最大空气压力值:	552kPa	

表 4-6 润滑系统各部螺栓紧固力矩　　　　　　　　(单位:N·m)

紧固螺栓部位	步骤和力矩	示 意 图
润滑油冷却器基座安装螺栓	47	
润滑油冷却器突缘安装螺栓	47	

第4章 润滑系统检修

续表 4-6

紧固螺栓部位	步骤和力矩	示意图
润滑油标尺壳体安装螺栓	47	
润滑油滤清器座安装螺栓	47	
油底壳-前集油槽吸油管固定螺栓	61	
油底壳安装螺栓	47	
油底壳排放塞	88	
润滑油压力调节器-黏度传感器计量孔塞	1	

续表 4-6

紧固螺栓部位		步骤和力矩	示意图
润滑油压力调节器塞	后集油槽式油底壳	75	
	前集油槽式油底壳	122	
润滑油泵安装螺栓		41	
前集油槽吸油管固定螺栓		61	
润滑油黏度传感器		24	
Centinel 集成式控制阀螺栓		47	

第 5 章　冷却系统检修

5.1　冷却系统概述

①冷却系统的主要作用是将发动机及其部件产生的热量带走,见图5-1。冷却系统未能散失的热量,一部分由废气带走,另一部分则辐射到大气中去。发动机冷却液由水、防冻剂和辅助添加剂(SCA)按一定的比例混合而成,这样才能起到冷却作用。

②图5-2为冷却液循环情况。

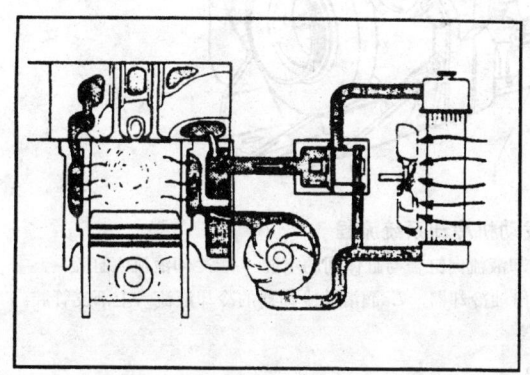

图5-1　冷却系统带走热量

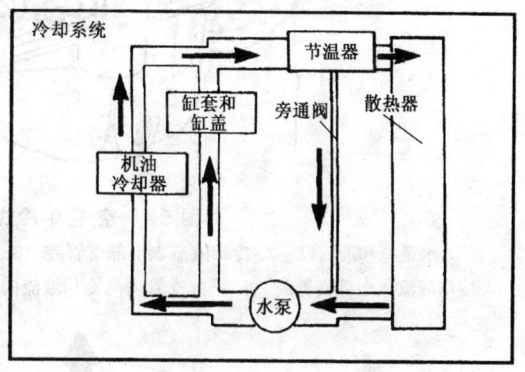

图5-2　冷却液的循环

③康明斯发动机公司的出版物介绍了冷却系统的安装建议和技术规范,见图5-3。

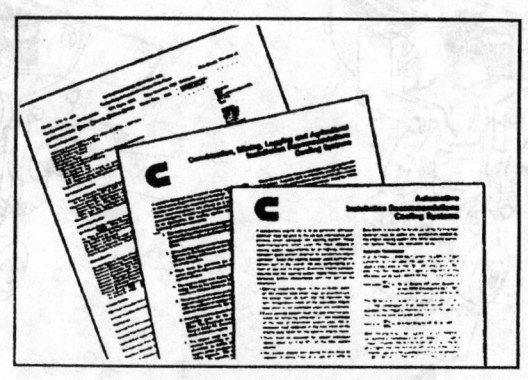

图5-3　冷却系的安装规范文件

5.2　冷却系统流程

康明斯空-空中冷式发动机冷却系统流程,见图5-4。
节温器开启和关闭时冷却液的流动情况,见图5-5。

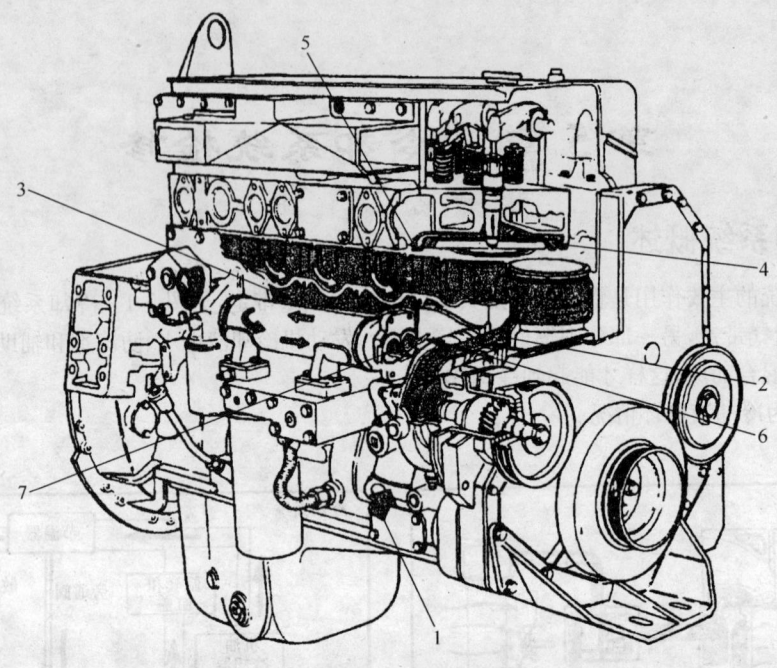

图 5-4 空-空中冷式发动机冷却系统流程

1. 水泵冷却液入口 2. 冷却液流入下部支管腔 3. 冷却液流向缸盖与缸体间的空腔 4. 冷却液流入缸盖
5. 冷却液流入上部支管腔 6. 下部支管内的冷却液流向润滑油冷却器 7. 润滑油冷却器的冷却液流入上部支管腔

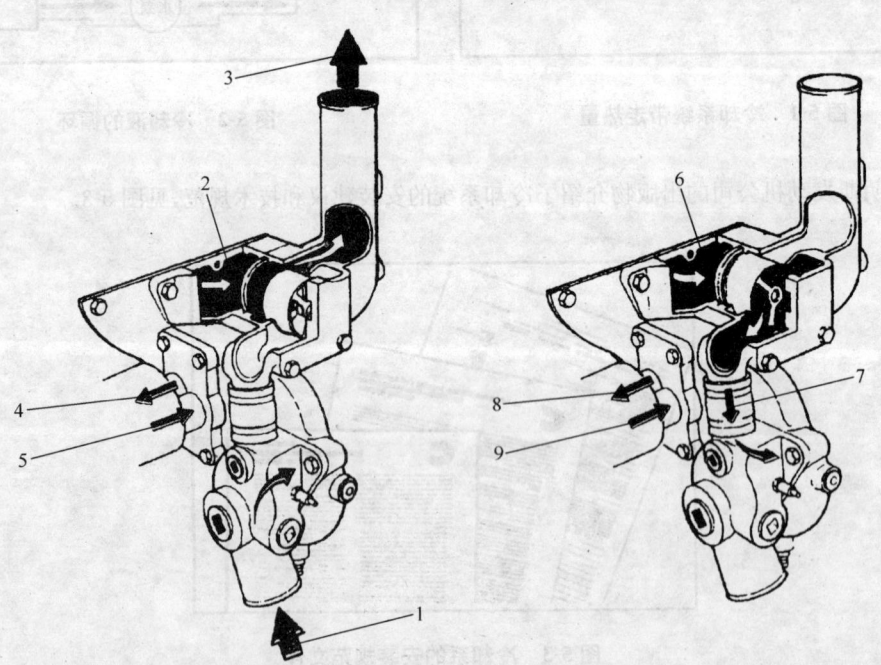

图 5-5 节温器开启和关闭时冷却液的流动情况

(a)开启 (b)关闭

1. 水泵冷却液入口 2. 上部支管腔 3. 冷却液出口 4. 下部支管腔中的冷却液流向冷却器 5. 冷却器中的冷却液向上部支管腔(节温器之前) 6. 上部支管腔(冷却液到节温室) 7. 冷却液旁通(流回到水泵) 8. 下部歧管腔中的冷却液流向冷却器 9. 冷却器中的冷却液向上部支管腔(节温器之前)

5.3 冷却系统技术规范

冷却系统技术规范,见表 5-1。

表 5-1 冷却系统技术性能规范

项　　目		数　　据
冷却液容量(L)		9.5
标准节温器调节范围(℃)		82～93
缸体冷却液压力(kPa)(压力盖已拆下)	最小值　节温器关闭,1800r/min,空载	138
	最大值　节温器关闭	275
最大允许冷却液工作温度(℃)		100
最小推荐冷却液工作温度(℃)		70
最小推荐的压力盖压力(kPa)		48
冷却液流入附件的最大允许流量(L/min)		75.7
冷却液感温风扇调节器	开启温度(℃)	96
	关闭温度(℃)	91

5.4 温度设置

图 5-6 给出了车辆冷却液温度感应风扇控制和进气支管温度感应风扇控制的温度范围,根据车辆的运行情况,ECM 控制冷却风扇的开启和关闭。

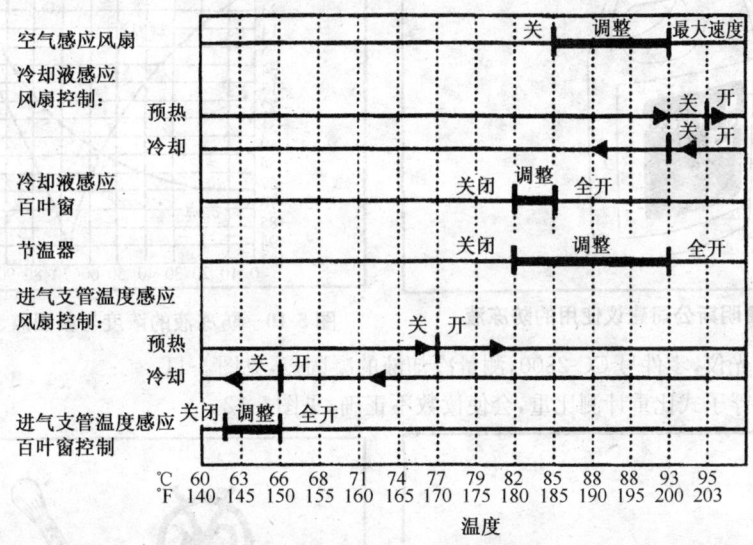

图 5-6　冷却液温度感应风扇控制和进气支管温度感应风扇控制与温度的关系

5.5 冷却液/防冻液

1. 完全配方防冻剂

①康明斯建议使用完全配方防冻剂或者含有辅助添加剂(SCA)的冷却液。所使用的防冻液应符合保养委员会(TMC)制作规程 RP329(乙二醇)或 RP330(丙二醇)中的技术要求。完全配方防冻剂含有防冻剂、SCA 和缓冲剂,但不含 50% 的水;完全配方防冻液含有防冻剂、SCA 和缓冲剂,并含有 50/

50比例与去离子水混合而成,见图5-7。

②防冻液中所含的水应为优质水,优质水对冷却系统的性能很重要。钙和镁的浓度过高会产生水垢,氯和硫浓度过高会使冷却系统腐蚀,见图5-8,防冻液对水质的要求。

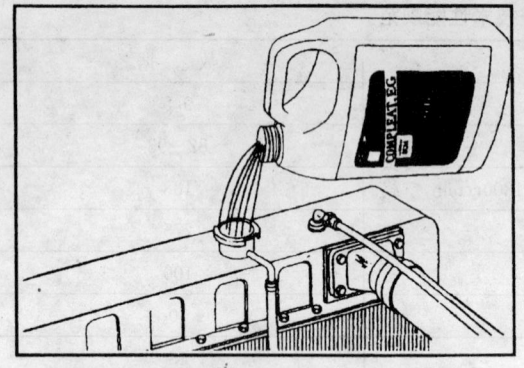

图5-7 使用规定牌号防冻液加注冷却系统

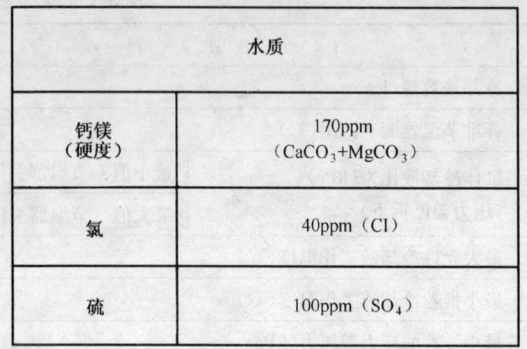

水质	
钙镁（硬度）	170ppm（$CaCO_3+MgCO_3$）
氯	40ppm（Cl）
硫	100ppm（SO_4）

图5-8 防冻液对优质水成分的要求

③康明斯发动机公司规定使用 Fleetguard® Compleat 防冻液。该产品有两种乙二醇类型(乙烯乙二醇和丙烯乙二醇型),并且符合 TMC RP329 或 TMC RP330 标准,见图5-9。

④完全配方防冻剂必须与优质水以50/50(工作范围为40％～60％)的比例混合。50/50的防冻剂和水的混合物即防冻液,其凝固点为-36℃、沸点为110℃而乙烯乙二醇防冻剂的实际最低凝固点混合比例为68％。使用高浓度的防冻液会提高凝固点,但会增加产生硅胶的可能性。见图5-10。

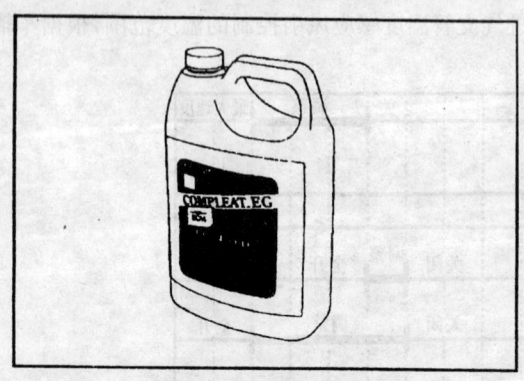

图5-9 康明斯公司建议使用的防冻液

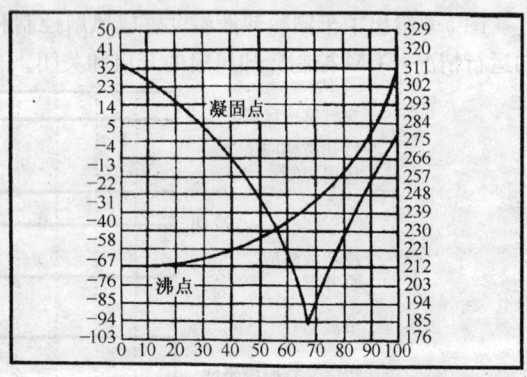

图5-10 防冻液的浓度与凝固点、沸点的关系

⑤应使用拆光仪,零件号CC-2800,测量冷却液的凝固点,见图5-11。

⑥不要使用浮子式比重计测比重,会使读数不正确,见图5-12。

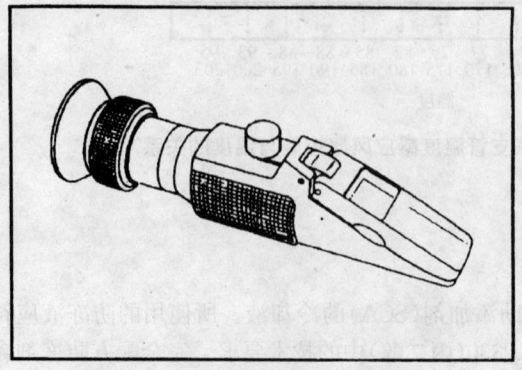

图5-11 用折光仪测量防冻液的凝固点

图5-12 不要用比重计测防冻液的比重

2. 冷却系统不能使用密封添加剂和可溶性润滑油

冷却系统中不要使用密封添加剂和可溶性润滑油,见图 5-13 和图 5-14。因为这两种物质会使冷却系统堵塞、腐蚀和损坏密封和软管。

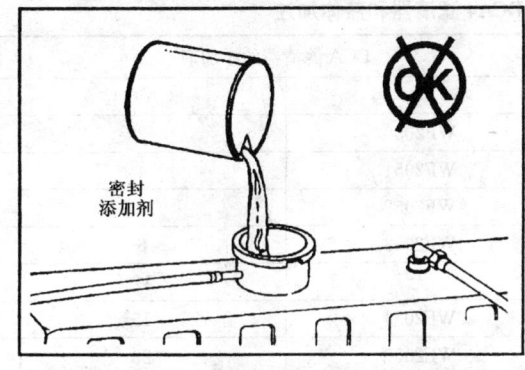

图 5-13 冷却系统不要使用密封添加剂

图 5-14 冷却系统不要使用可溶性润滑油

3. 冷却液辅助添加剂(SCA)

①完全配方中冷却液含有辅助添加剂(SCA),它可以防止产生水垢、焊口开裂和腐蚀。冷却液滤清器用于清除防冻液中的杂质。见图 5-15。

②冷却液添加剂可以防止缸套点蚀、腐蚀。使用 Fleetguard® 冷却液滤清器可以维持系统中正常的 SCA 浓度,见图 5-16。每次更换润滑油时同时更换冷却液滤清器。

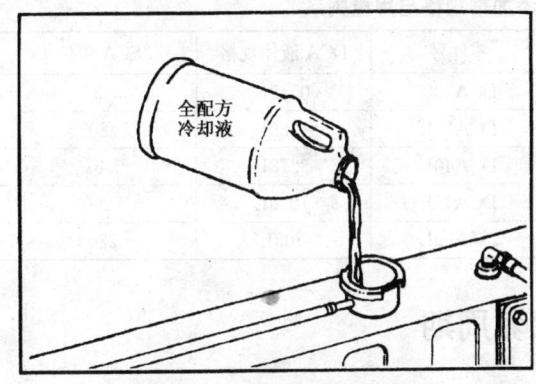

图 5-15 使用完全配方冷却液

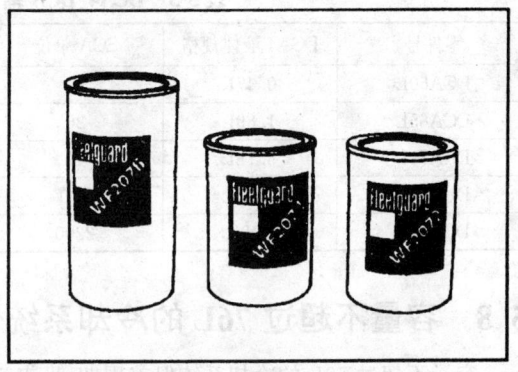

图 5-16 使用正确的冷却液滤清器

③冷却液添加剂浓度偏低会导致缸套腐蚀和发动机故障,图 5-17 中规定,每加仑(1 加仑折合 3.785L)冷却液中 SCA 含量不得低于 1.2 单位,也不得超过 3 单位。

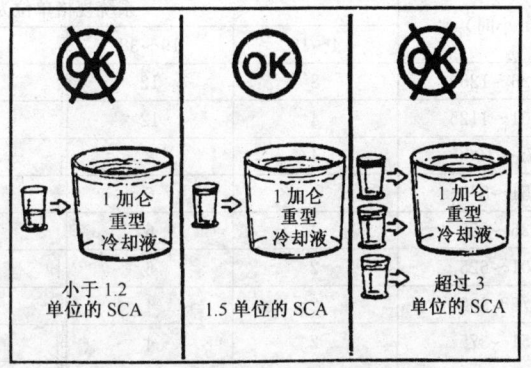

图 5-17 冷却液添加剂含量要求

5.6　Fleetguard® Nelson® DCA4 滤清器和液体加注

Fleetguard® Nelson® DCA4 滤清器和液体加注，见表 5-2。

表 5-2　Fleetguard® Nelson® DCA4 滤清器和液体加注

DCA4 滤清器的添加剂		DCA 滤清器的添加剂	
零件号	SCA 单位	零件号	SCA 单位
WF2070	2	WF2050	2
WF2071	4	WF2051	4
WF2072	6	WF2052	6
WF2073	8	WF2053	8
WF2074	12	无	12
WF2075	15	WF2054	15
WF2076	23	WF2055	23
WF2077	无 SCA 的空白滤清器	WF2077	无 SCA 的空白滤清器

注：DCA4（磷酸盐/亚硝酸盐/钼酸盐）和 DCA（硼酸盐/亚硝酸盐）符合康明斯规定的添加剂要求。

5.7　DCA4、DCA 辅助添加剂（SCA）规格与用量关系

DCA4、DCA 辅助添加剂（SCA）用量关系，见表 5-3。

表 5-3　DCA4、DCA 辅助添加剂规格与用量关系

零件号	DCA4 液体规格	SCA 单位	零件号	DCA 液体规格	SCA 单位
DCA60L	0.47L	5	DCA30L	0.47L	5
DCA65L	1.89L	20	DCA35L	1.89L	20
DCA70L	3.78L	40	DCA40L	3.78L	40
DCA75L	18.9L	200	DCA45L	18.9L	200
DCA80L	208L	2200	DCA50L	208L	2200

5.8　容量不超过 76L 的冷却系统保养周期

容量不超过 76L 的冷却系统保养周期，见表 5-4。

表 5-4　容量不超过 76L 的冷却系统保养周期

		安装滤清器和首次加注包括下列 SCA 单位的液体			
km（千米）	h（小时）	系统规格单位为 L			
		4～19	19～38	42～57	60～76
72001～80000	1126～1250	8	12	23	30
64001～72000	1001～1125	4	12	15	26
56001～64000	876～1000	4	8	12	23
48001～56000	751～875	4	6	12	20
40001～48000	626～750	4	6	10	18
32001～40000	501～625	2	6	8	15
24001～32000	376～500	2	4	6	12
16001～24000	251～375	2	4	6	8
0～16000	0～250	2	2	4	6

5.9 容量不超过 1514L 的冷却系统保养周期

容量不超过 1514L 的冷却系统保养周期见表 5-5。

表 5-5 容量不超过 1514L 的冷却系统保养周期

保养周期 (h)	安装滤清器和首次加注包括下列 SCA 单位的液体,规格为 L									
	79~144	117~189	193~284	288~378	382~568	572~757	761~946	950~1135	1139~1325	1329~1574
151~1000	25	50	80	100	150	200	250	300	350	400
501~750	20	35	60	75	110	150	190	225	260	300
251~500	15	25	40	50	75	100	125	150	175	200
0~250	10	15	20	25	40	50	65	75	90	100

注:加注冷却液时,应使辅助添加剂(SCA)浓度达到 1.5 单位/加仑(1 加仑折合 3.785L)。该浓度不能降到低于 1.2 单位/加仑,并且当浓度超过 3 单位/加仑,必须加以控制。

当浓度低于 1.2 单位/加仑时,需要安装滤清器和进行液体加注。在高于 3 弹位时,在每次更换润滑油时,需要检测冷却液的浓度,直到降到 3 单位以下为止。在更换润滑油时,要求同时更换冷却液滤清器以保护冷却系统。

5.10 使用 CC-2602 测试组件测试 SCA 浓度的说明

①冷却液样品必须在 10℃~54℃ 的温度范围下测试,以保证获得正确的结果。
②为了得到最佳颜色匹配结果,在日光或柔合的白色灯光下,将测试条与颜色表比较。如果因测试颜色在颜色表中介于两个颜色之间而无法确定时,选择较低号码的颜色。
③测试条存放寿命有限,并且对湿度和外界温度很敏感。需要正确处理和存放,以延长测试条寿命。
④测试条应放在密封的瓶子里,不要放在阳光直射的地方,应放在温度应低于 32℃ 处。
⑤不使用过期的测试条。
⑥如果在本使用的测试条上测试药片已变成淡棕色或粉红色,应报废测试包。
⑦盛放测试条的容器打开超过 24 小时,测试条会失效。
⑧只使用测试包提供的颜色表。
⑨每次使用后,清洗并晾干样品杯和吸管,防止污染样品。
⑩不要使用测试组件测试最小值的 SCA 浓度水平(即 1.5 个单位)。
⑪进行维修时,应放掉冷却液,并用干净容器回收冷却液、密封存贮冷却液以备使用。

5.11 测试周期

①由于冷却系统泄漏、水箱开锅和冷却液流失,为掌握冷却液的浓度状态,应进行测试。建议每年进行两次测试,以监测 SCA 的浓度,见图 5-18。如果 SCA 浓度高于 3 单位,每次换油时都要测试,直到浓度降到 3 单位以下为止。当浓度在 3 单位以下时,每次换油都更换冷却液滤清器。
②如果浓度低于 1.2 单位/加仑,更换滤清器,并加注 SCA,见图 5-19。
③如果浓度在 1.2~3 单位/加仑之间,只需更换滤清器,见图 5-20。
④如果浓度高于 3 单位/加仑,对滤清器应进行保养,见图 5-21。以后每次换油时,应测试冷却液,直到浓度降到 3 单位以下为止。
⑤不要利用测试组件来维持最低 SCA 浓度水平(例如 1.5 单位/加仑)。在某种情况下,读数 A 或 B 可能会高,但重要的是综合读数,因此,应遵循图 5-22 所示内容。

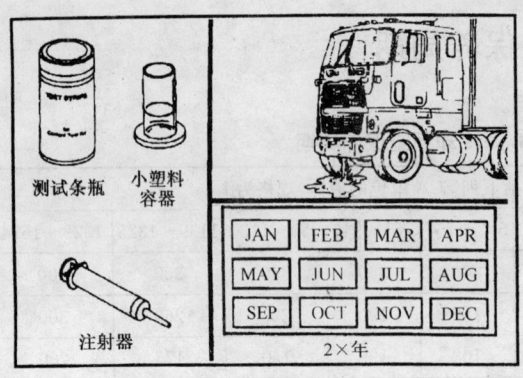

图 5-18 对冷却液进行测试

图 5-19 更换滤清器并加注 SCA

图 5-20 只需更换滤清器

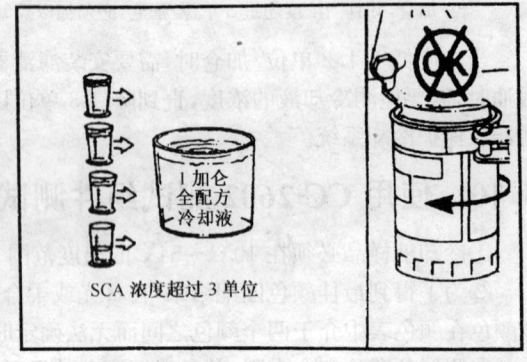

图 5-21 SCA 高于 3 单位时,应保养滤清器

⑥冷却液的更换要求:在发动机工作 6000h 或 3 年后,要放净冷却液并冲洗冷却系统,如果使用 Fleetguard® ES 冷却液和 ES 滤清器,应按规定检查氯化物和硫酸盐含量以及 pH 值,以决定是否必须更换冷却液。见图 5-23。

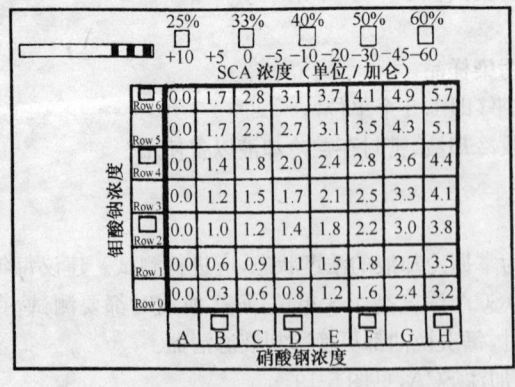

图 5-22 钼酸、硝酸浓度对应的 SCA 浓度值

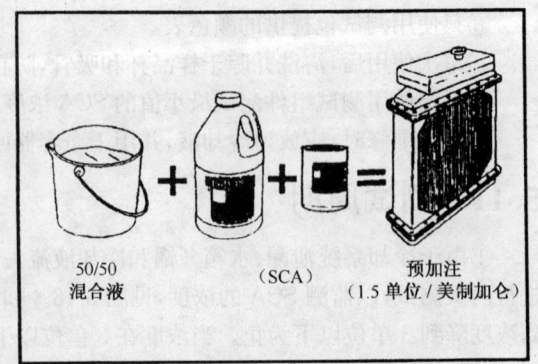

图 5-23 更换冷却液和滤清器

5.12 冷却系统维修工具

冷却系统维修工具,见表 5-6。

第 5 章 冷却系统检修

表 5-6 冷却系统维修工具

工 具 号	工 具 名 称	工 具 图
CC-2602	冷却系统测试组件 (Fleetguard®冷却系统测试组件用于检查冷却液添加剂的浓度。)	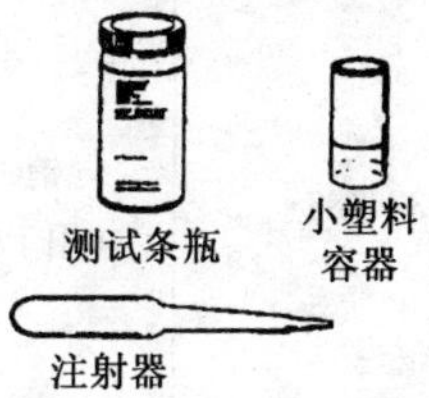 测试条瓶　小塑料容器　注射器
CC-2800	折光仪 (Fleetguard®折光仪用于测量凝固点保护和防冻液浓度。)	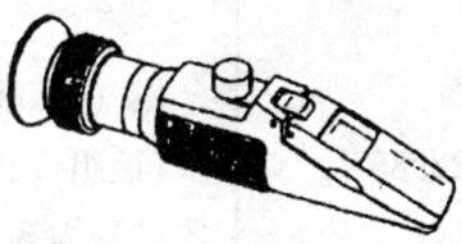
ST-647	标准拉器 (与两颗 5/16×18×2 螺栓一起用于拆卸水泵带轮。)	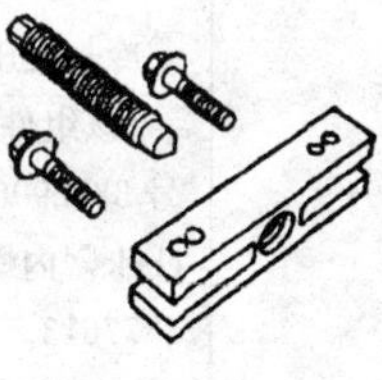
ST-1225	节温器密封件心轴 (用于安装节温器密封件在节温器壳体中。)	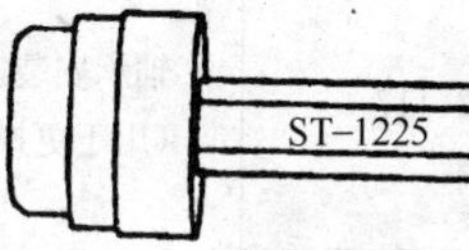
ST-1293	皮带张力计 (用于测量风扇驱动带的张力。)	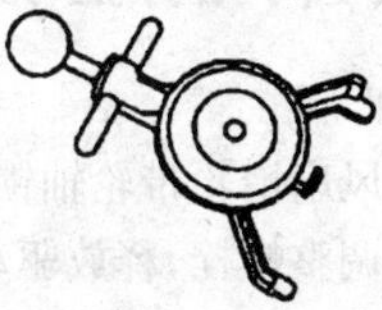
3376326	带轮安装工具 (与3377401零件的适配器一起用于安装驱动带轮。)	
3377462	光学转速表 (用于测量粘性风扇的转速)	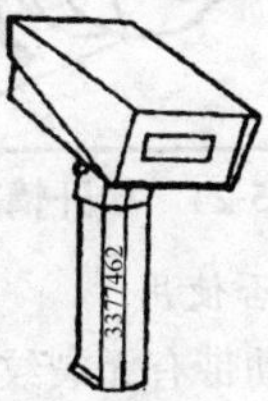

续表 5-6

工 具 号	工 具 名 称	工 具 图
3376488	导销 （用于安装水加热器板。）	
3822985	燃气泄漏测试组件 （该组件包括：测试液体、零件号为 3822986、适配器、零件号为 3822987、指示器，零件号为 3877612。）	
3822994	冷却液压力、温度、流量分析仪组件 （该组件包括：压力表-零件号 3822995、温度表-零件号 3822996、流量观察玻璃-零件号 3822997、Compu-chek™内螺纹接头-零件号 3822998 和指示器-零件号 3377613。选装件-零件号 3823099 的加长软管组件。）	
3824117	轴承安装工具 （用于更换齿轮室壳体中的水泵轴承。）	

5.13 冷却风扇驱动带

1. 拆卸

①松开风扇惰轮带轮轴锁紧螺母，见图 5-24。
②转动调整螺栓，释放驱动带张力，见图 5-25。

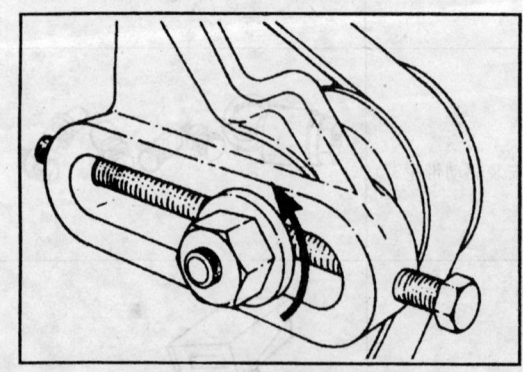

图 5-24 松开惰轮锁紧螺母

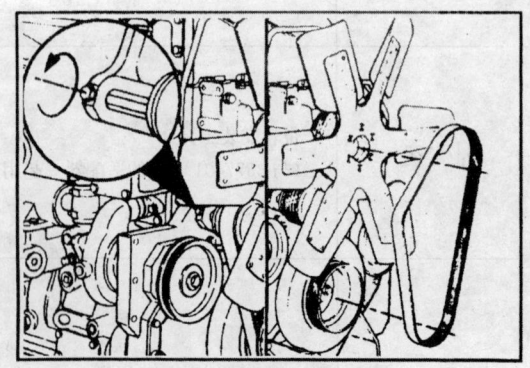

图 5-25 释放驱动带张力

2. 检查能否使用

①检查驱动带有无裂纹、磨光及过度磨损，见图 5-26。
②检查惰轮带轮和驱动带轮有无裂纹或带轮槽，见图 5-27。如有必要，应当更换。

第5章 冷却系统检修

图 5-26 检查驱动带有无裂纹等缺陷

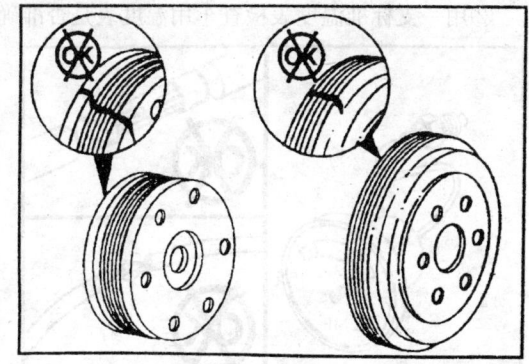

图 5-27 检查惰轮带轮和驱动带轮有无裂纹和带轮槽

③检查带轮是否对中，如果带轮未对中，应更换惰轮带轮和风扇毂带轮，见图 5-28。

3. 安装

①在带轮上安装新的皮带，见图 5-29。

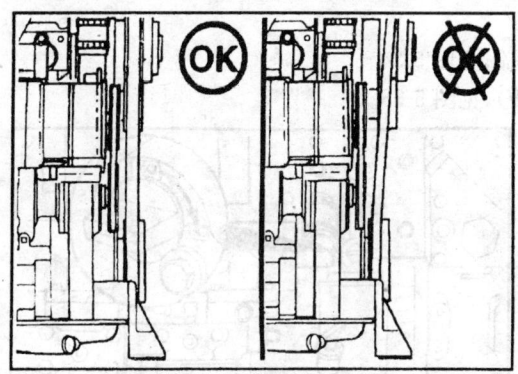

图 5-28 检查带轮是否对中

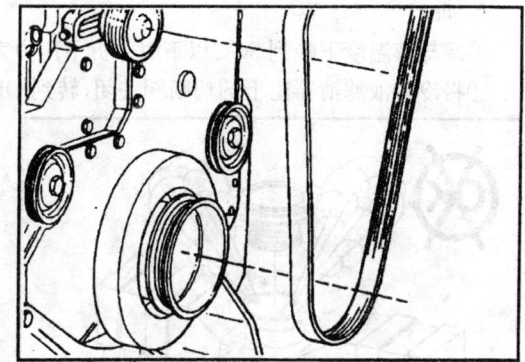

图 5-29 安装新的皮带

②用皮带张力计，测量皮带张力，拧转调整螺栓调整皮带张力，见图 5-30。
③拧紧惰轮带轮轴锁紧螺母，力矩：190N·m，见图 5-31。
④检查带轮中心之间的不对中量不得超过 6mm/m。

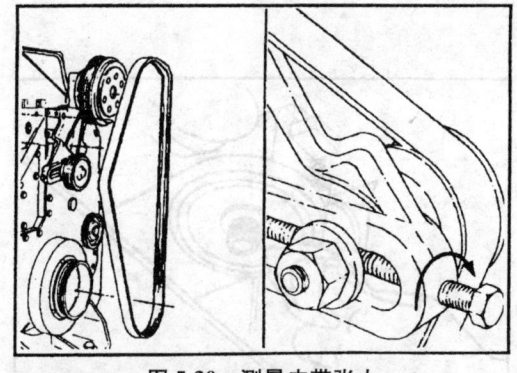

图 5-30 测量皮带张力

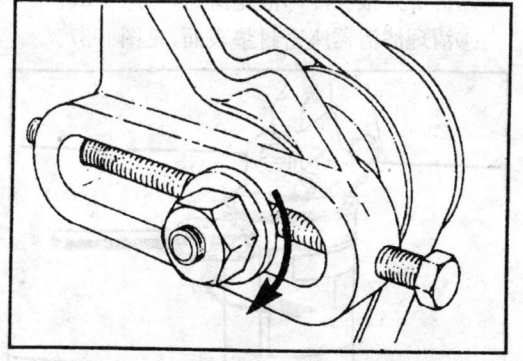

图 5-31 拧紧惰轮带轮轴锁紧螺母

5.14 冷却液温度表

初始检查：
①检查熔丝是否熔断，检查冷却液温度传感器的导线到温度计的连线是否有断裂，见图 5-32。

②用一支标准温度表检查车用温度表是否准确,见图5-33,若有必要,更换温度表。

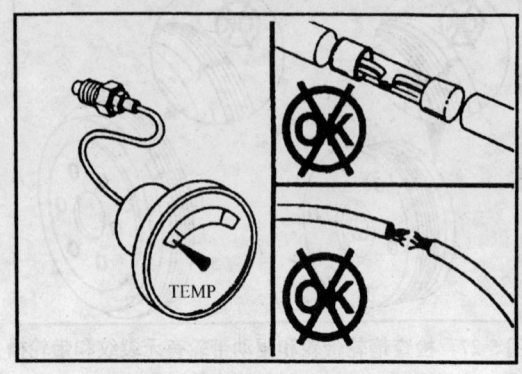

图5-32 检查熔丝和导线是否断裂

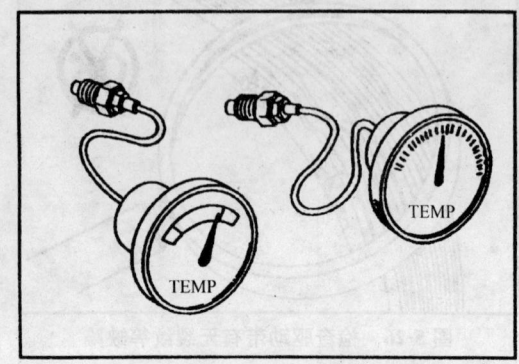

图5-33 用标准温度表检查车用温度表是否准确

5.15 冷却液滤清器

1. 拆卸

①冷却液温度下降到50℃以下时才拆下压力盖,见图5-34。
②将冷却液滤清器座上的切断阀关闭(转到OFF),见图5-35。

图5-34 拆下压力盖

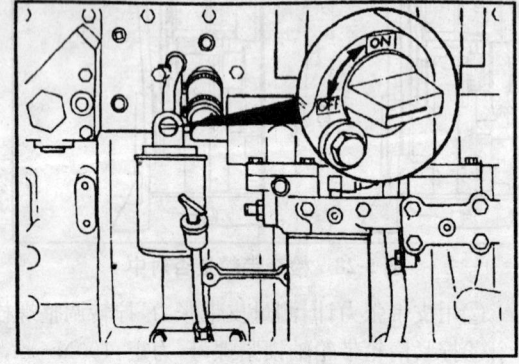

图5-35 关闭切断阀

③拆下并报废冷却液滤清器,见图5-36。
④清理滤清器座密封垫表面,见图5-37。

图5-36 拆下并报废滤清器

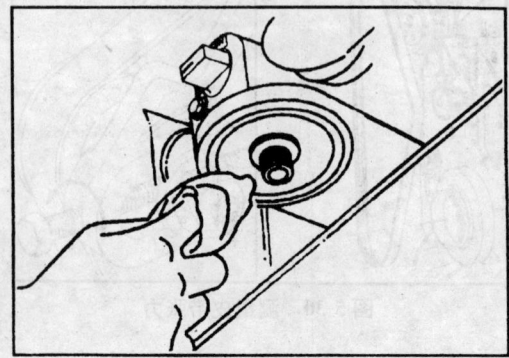

图5-37 清理密封垫表面

2. 安装

①在滤清器密封垫表面涂润滑油,见图5-38。

②将滤清器安装到滤清器座上并拧紧,见图5-39。

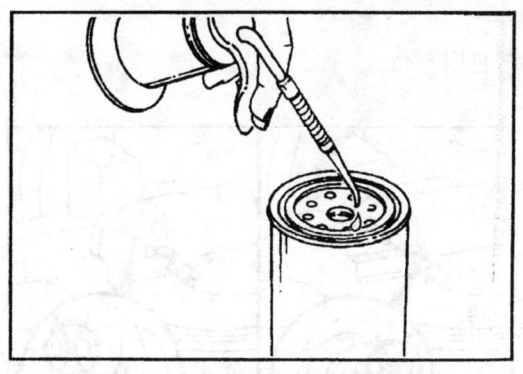

图5-38 在密封垫表面涂润滑油

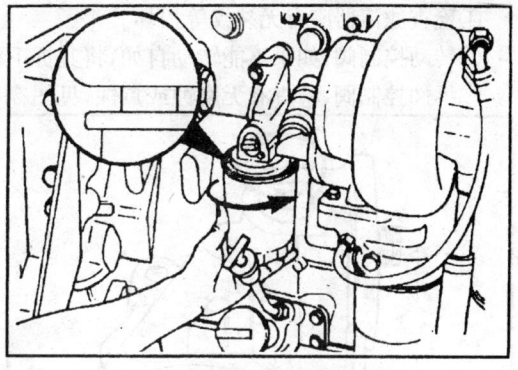

图5-39 安装滤清器

③开启滤清器座上的切断阀,安装压力盖,见图5-40。
④运转发动机,检查有无泄漏,见图5-41。排出冷却系统中的空气后,应再次检查冷却液位。

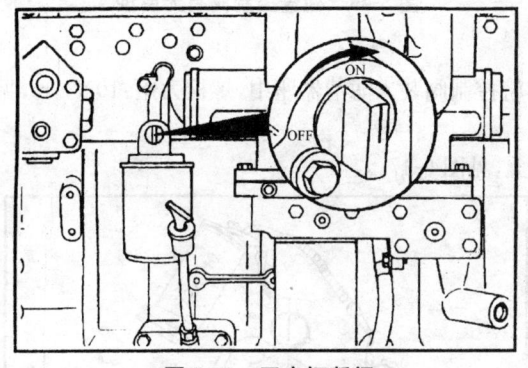

图5-40 开启切断阀

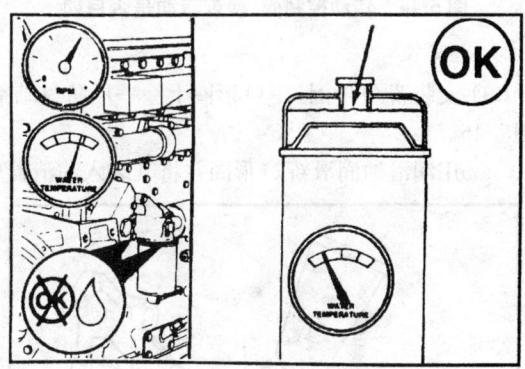

图5-41 检查有无泄漏

5.16 冷却液滤清器座

1. 拆卸与清洗

①排放冷却液。
②拆下3颗螺栓,滤清器座和两个O形圈,见图5-42。
③清洗滤清器座并吹干,见图5-43。

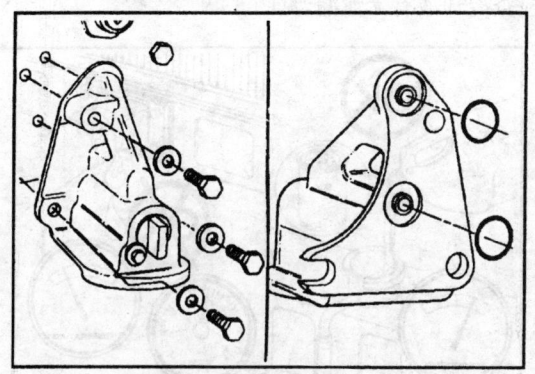

图5-42 拆下螺栓和O形圈

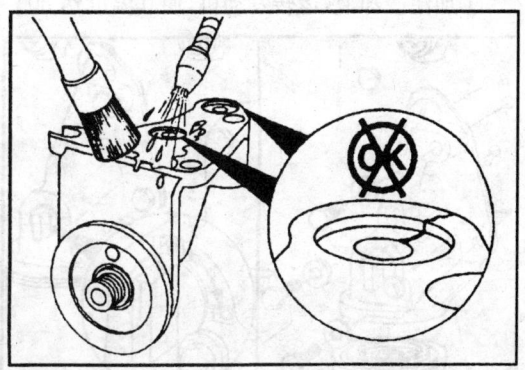

图5-43 清洗滤清器座并吹干

2. 检查能否使用

① 检查滤清器座有无裂纹等损坏。
② 转动控制阀，如果不能转动自如，将其拆下检查，见图5-44。
③ 拆卸控制阀，检查有无腐蚀或点蚀，见图5-45。

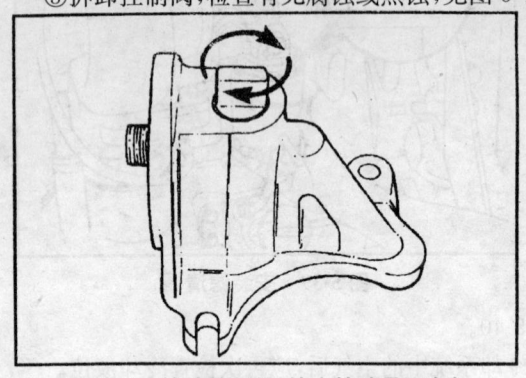

图5-44 转动控制阀，检查转动是否自如

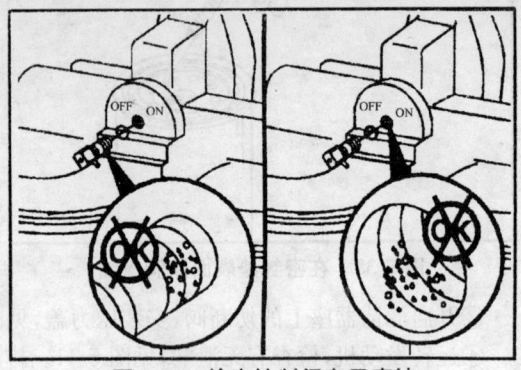

图5-45 检查控制阀有无腐蚀

3. 安装

① 安装新O形圈，在O形圈上涂一层防黏结剂，将控制阀装入滤清器座中，螺栓力矩：10N·m，见图5-46。
② 用润滑油润滑新O形圈并将其装入滤清器座上，见图5-47。

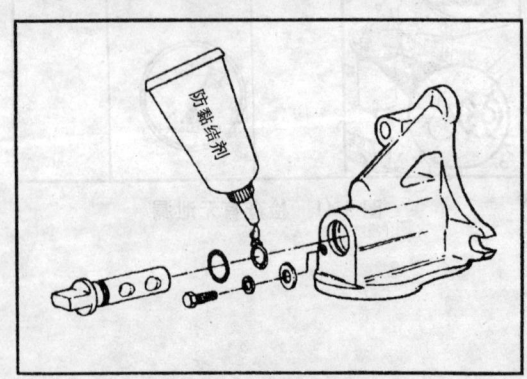

图5-46 将控制阀装入座中

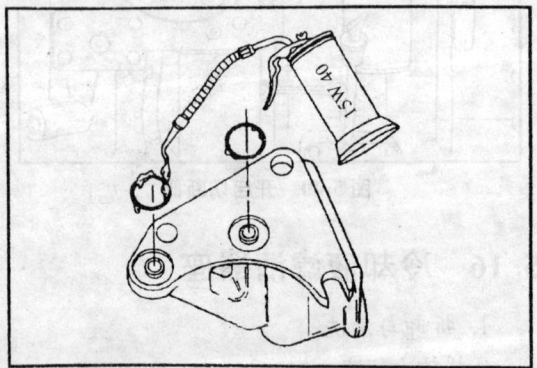

图5-47 润滑O形圈并将其装入座上

③ 安装滤清器座和滤清器螺栓，力矩：54N·m，转动控制阀至开启(ON)位置，见图5-48。
④ 加注冷却液，运转发动机，使其温度达80℃，检查冷却液有无泄漏，见图5-49。

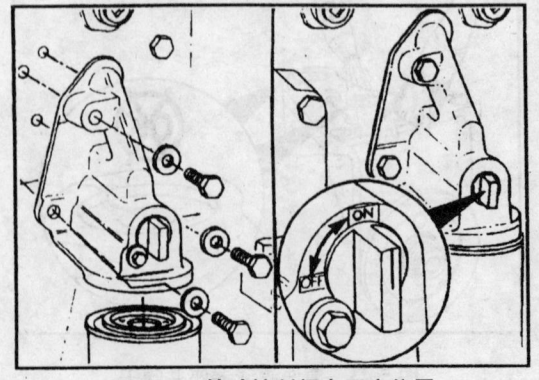

图5-48 转动控制阀在开启位置

图5-49 运转发动机，检查冷却液有无泄漏

5.17 冷却液加热器壳体

1. 拆卸与清洗

①放掉冷却液。
②断开冷却液加热器上的电气导线，拆下加热器上的接头，见图5-50。
③从加热器壳体上拆下四颗安装螺栓，拆下加热器壳体和密封垫。
④清洗加热器壳体，并吹干，见图5-51。

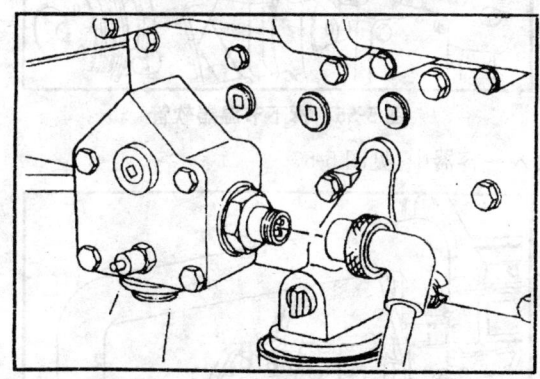

图 5-50　断开加热器导线、拆下接头

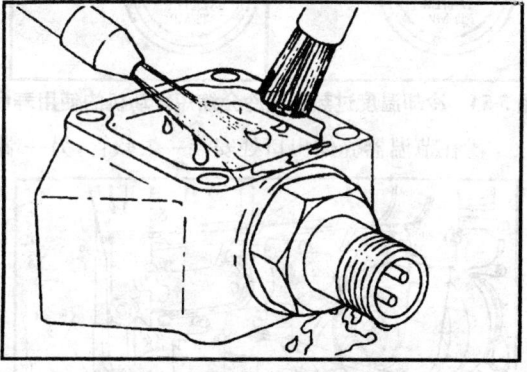

图 5-51　清洗加热器壳体，并吹干

2. 检查能否使用

检查加热器壳体有无裂纹和损坏，见图5-52。

3. 安装

①安装加热器壳体、使用新密封垫，紧固4颗螺栓，力矩：54N·m，连接电气导线，见图5-53。
②加注冷却液，运转发动机，温度达80℃时，检查有无泄漏。

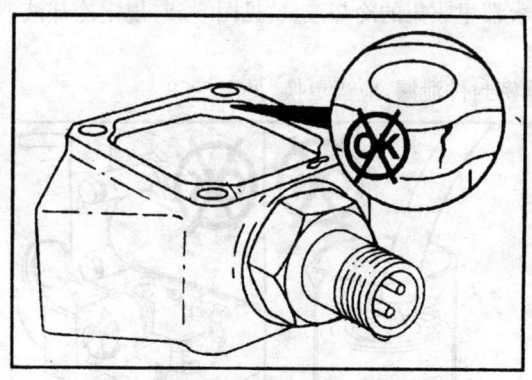

图 5-52　检查加热器壳体有无裂纹和损坏

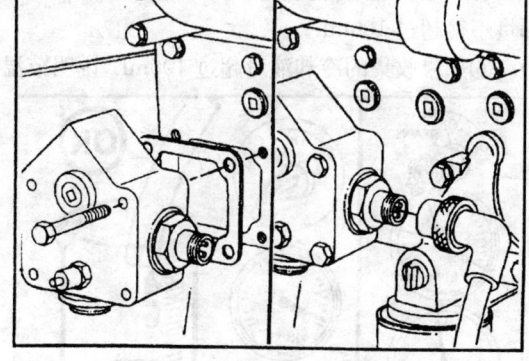

图 5-53　安装加热器壳体

5.18 冷却液节温器

1. 泄漏测试

①发动机节温器和密封件必须工作正常，以保证发动机在最佳温度范围内运转。冷却液过热或过冷都会缩短发动机的使用寿命，见图5-54，过热或过冷时，应检查节温器密封件。
②从节温器上拆下散热器软管，见图5-55。
③在节温器壳体的水道盖板或发动机侧安装一个热电偶或温度表，见图5-56。

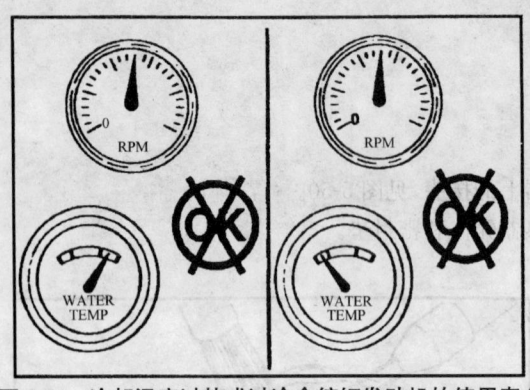

图5-54 冷却温度过热或过冷会缩短发动机的使用寿命

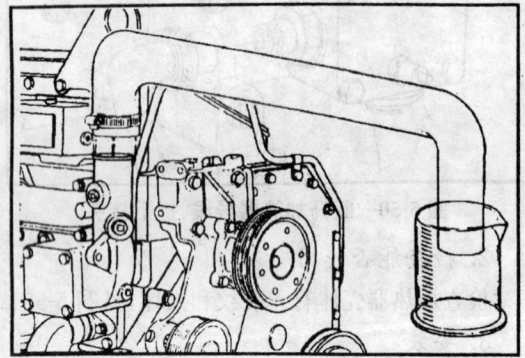

图5-55 拆下节温器软管

④在节温器壳体出口处安装一根软管,另一端放入一容器中,见图5-57。

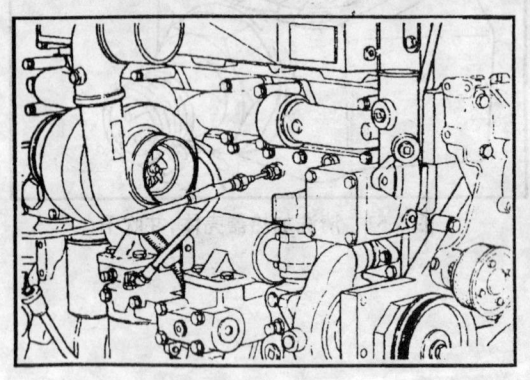

图5-56 安装一个热电偶或温度表

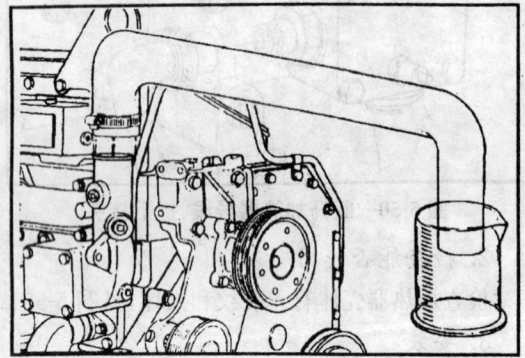

图5-57 在节温器壳体出口处安装一根软管

⑤额定转速运转发动机1min,关闭发动机,测量容器里收集的冷却液量,见图5-58,规定冷却液泄漏量不得超过100mL。

⑥如果收集的冷却液量超过100mL,说明节温器密封件泄漏,应当更换,见图5-59。

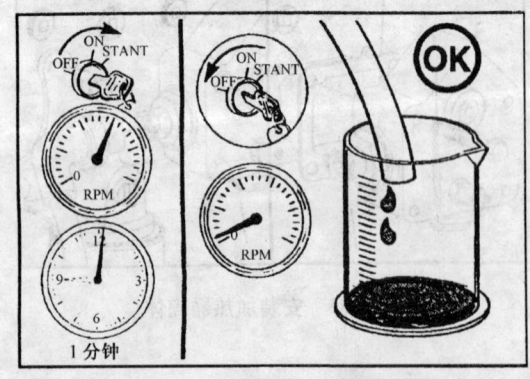

图5-58 测量收集的冷却液量

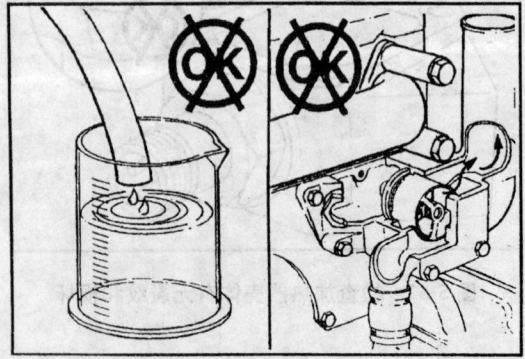

图5-59 冷却液泄漏量超过100mL,应更换密封件

⑦进行下面测试,以确定节温器开启温度,见图5-60。起动发动机,用温度计测量水温和容器的温度。节温器初始开启温度,最低81℃,最高83℃。当冷却液开始流动的时候关闭发动机。在初始开启温度内,如果冷却液不能流入容器中,说明节温器没有开启,必须更换节温器。

2. 拆卸

①等到冷却液温度降到50℃以下时,拆下压力盖,见图5-61。

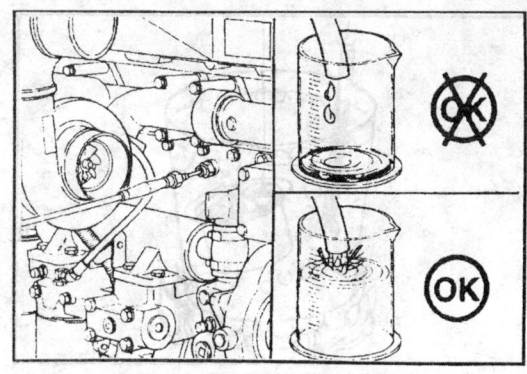

图 5-60　测试节温器开启温度

图 5-61　拆下压力盖

②放掉冷却液,拆下节温器壳体上部软管,拆下旁通软管卡箍,见图 5-62。
③拆下 4 颗螺栓和节温器壳体,见图 5-63。

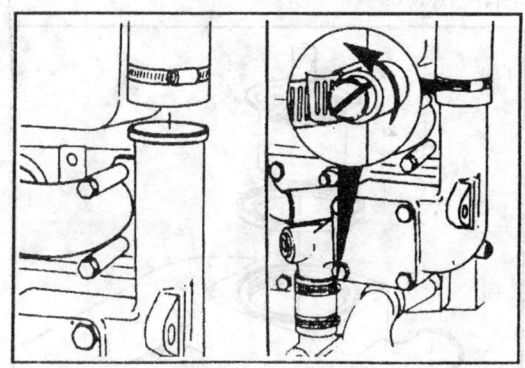

图 5-62　放掉冷却液、拆下软管、拆下卡箍

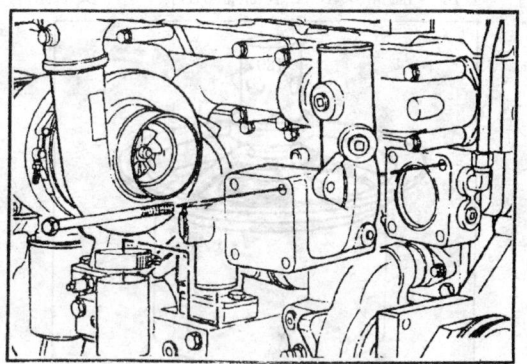

图 5-63　拆下 4 颗螺栓和节温器壳体

④拆下节温器,见图 5-64。

3. 检查能否使用

①检查节温器密封件有无损坏,见图 5-65。

图 5-64　拆下节温器

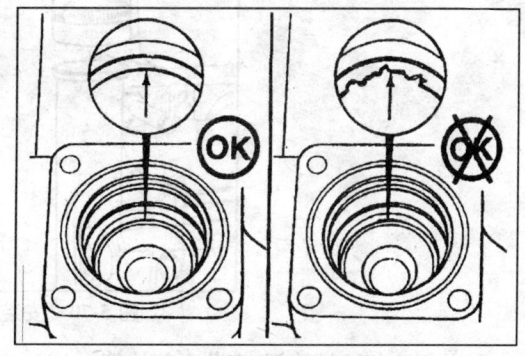

图 5-65　检查密封件有无损坏

②检查节温器有无损坏,见图 5-66。
③将节温计和温度计悬吊在盛水的容器中,不允许节温器或温度计接触容器壁,加热容器,见图 5-67。按下列步骤检查节温器:节温器上标有标准工作温度。按图 5-68 检查节温器在标准工作温度 1℃范围内必须开始开启,节温器必须在标准工作温度 12℃范围内完全开启。节温器完全开启时,节温器法兰与壳体之间的距离为 11mm。

图 5-66 检查节温器有无损坏

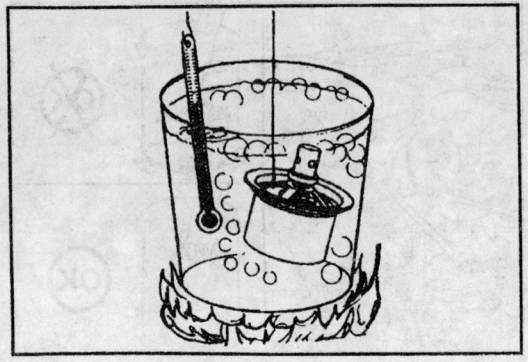
图 5-67 将节温器和温度计悬吊在盛水的容器中进行加热

4. 安装

①将节温器安装在节温器壳体中，并安装新 O 形圈，见图 5-69。

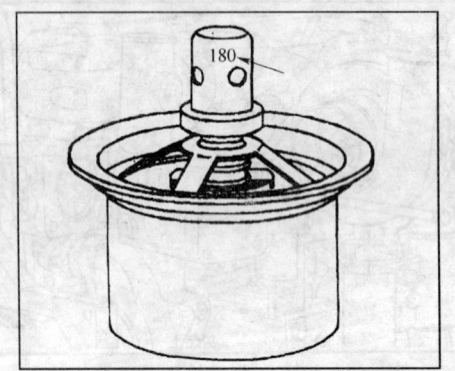
图 5-68 检查节温器开启情况

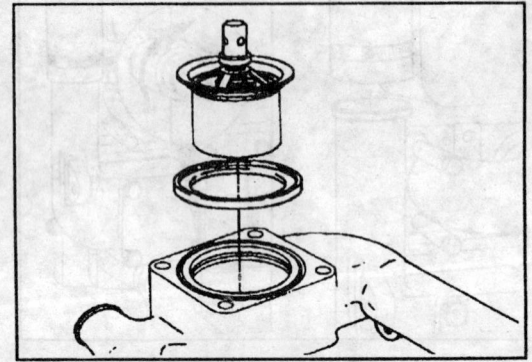
图 5-69 将节温器安装在壳体中

②在节温器壳体旁通出口处安装软管、安装 4 颗螺栓，力矩：54N·m。
③在节温器壳体出口安装上部软管，拧紧卡箍，见图 5-70。

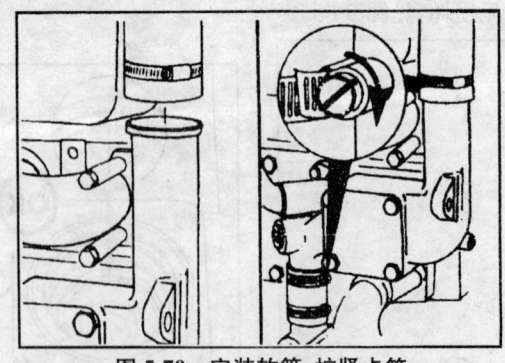
图 5-70 安装软管、拧紧卡箍

④关闭冷却液排放阀，安装下部软管。
⑤加注冷却液，运转发动机使温度达 80℃，检查有无冷却液泄漏。

5.19 冷却液节温器壳体支架

1. 拆卸与清洗
①排放冷却系统。

②拆下发电机驱动带和发电机、拆下节温器壳体和旁通软管。
③拆下4颗润滑油冷却液节温器支架螺栓,见图5-71。
④拆下输水管安装螺栓,见图5-72。

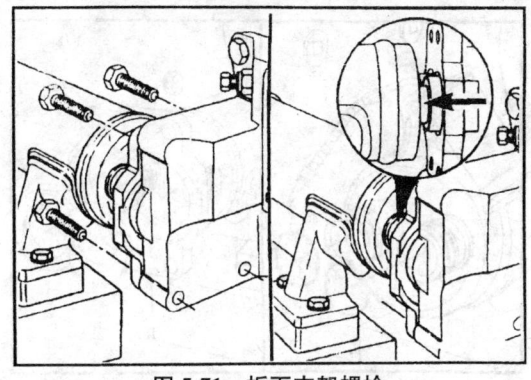

图5-71 拆下支架螺栓

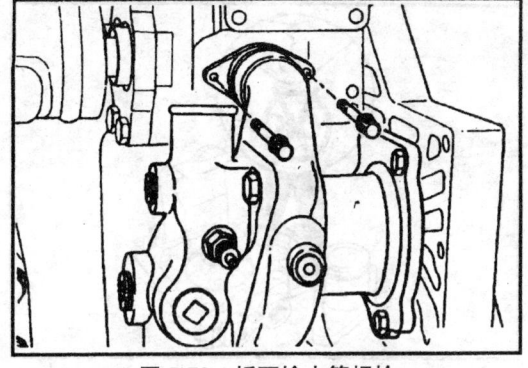

图5-72 拆下输水管螺栓

⑤拆下3颗水泵安装螺栓,见图5-73。
⑥拆下空压机冷却液管,拆下冷却液温度传感器,见图5-74。

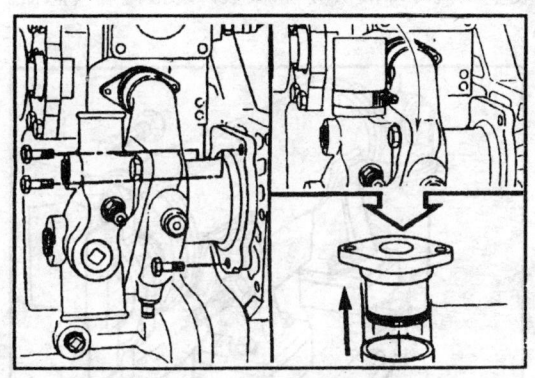

图5-73 拆下3颗螺栓

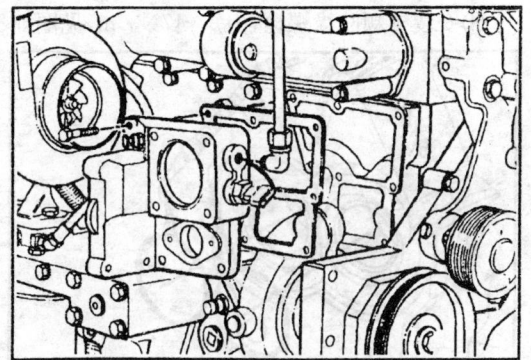

图5-74 拆下冷却液温度传感器

⑦从冷却器上拆下润滑油冷却器输水管,见图5-75。
⑧清洗润滑油冷却液输水管、水泵输水管和节温器壳体支架,见图5-76。

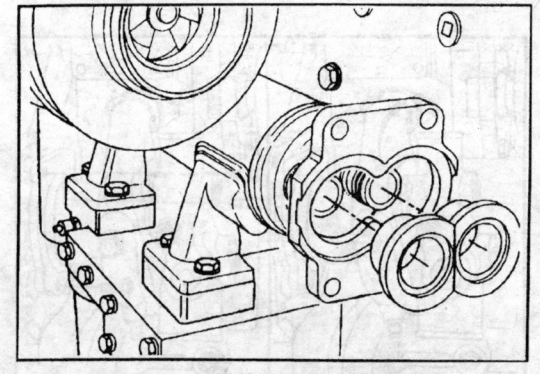

图5-75 拆下润滑油冷却器输水管

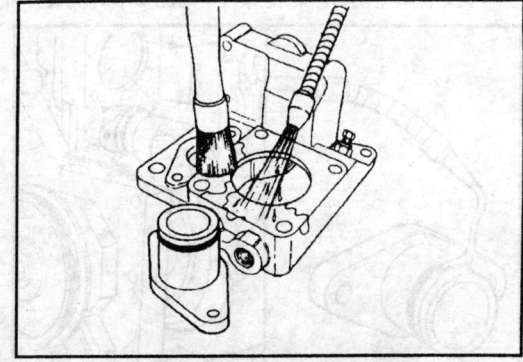

图5-76 清洗输水管和支架

2. 检查能否使用

检查输水管和节温器壳体支架有无裂纹和损坏,见图5-77。

3. 安装

①安装润滑油冷却器输水管到润滑油冷却器中,连接法兰固定到位,使用新O形圈,并润滑O形圈,见图5-78。

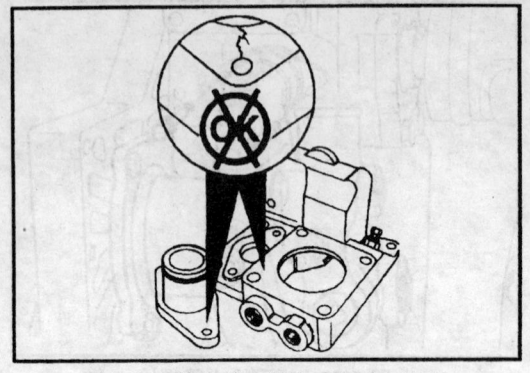

图5-77 检查输水管和支架有无损伤

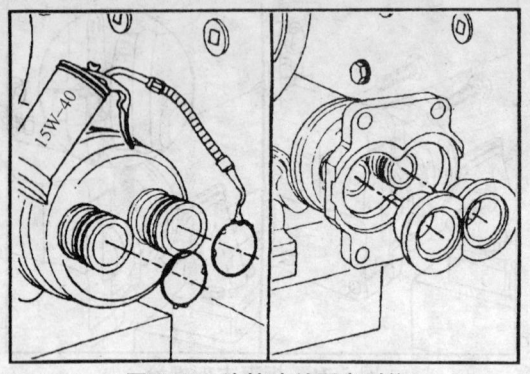

图5-78 连接法兰固定到位

②在润滑油冷却器输水管接头上安装新O形圈,并润滑O形圈,见图5-79。
③安装新密封垫和支架螺栓,力矩:54N·m,安装空压机冷却液供应管,安装冷却液温度传感器。
④安装4颗凸缘螺栓,力矩:47N·m,见图5-80。

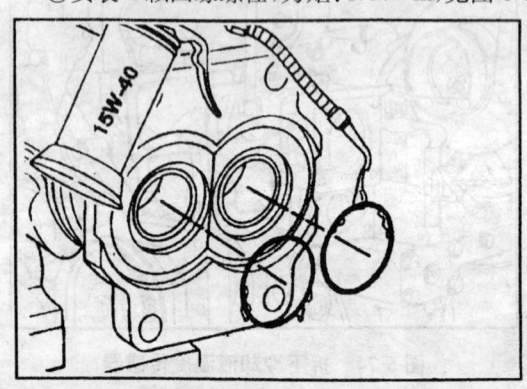

图5-79 在输水管接头安装新O形圈

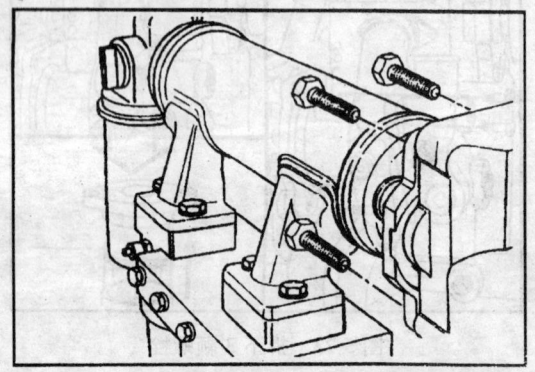

图5-80 安装4颗螺栓

⑤在水泵输入管上安装新O形圈并用润滑油润滑,将输水管装入水泵壳体中,见图5-81。
⑥安装3颗水泵安装螺栓,见图5-82,力矩:47N·m。

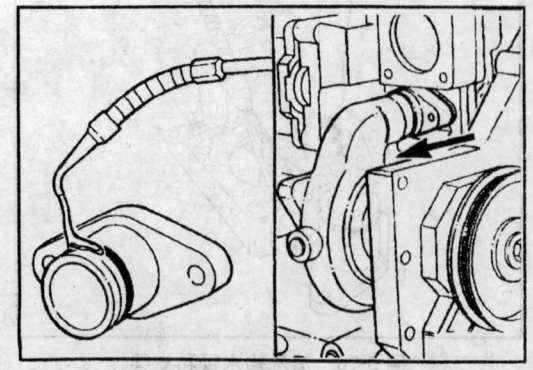

图5-81 将输水管装入水泵壳体中

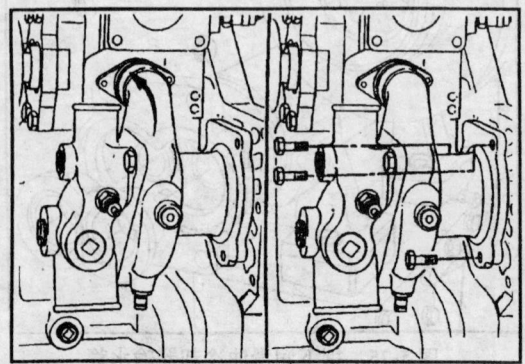

图5-82 安装3颗螺栓

⑦安装新密封垫、水泵输水管安装螺栓,力矩:24N·m,见图5-83。
⑧安装节温器和节温器壳体、安装发电机和驱动带,见图5-84。

⑨加注冷却液，运转发动机直到温度达80℃，检查有无冷却液泄漏。

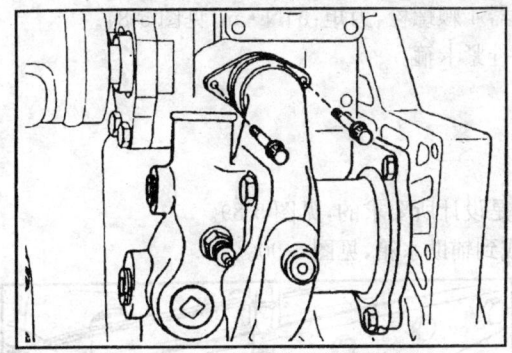

图 5-83 安装水泵输水管安装螺栓

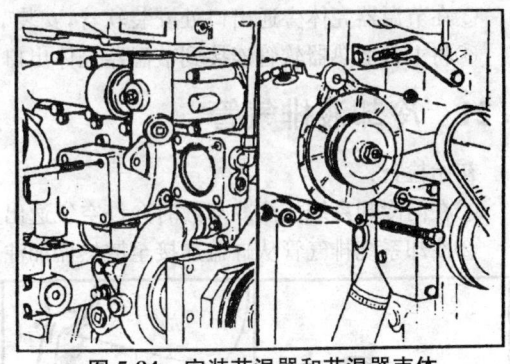

图 5-84 安装节温器和节温器壳体

5.20 冷却液节温器密封件

1. 拆卸和清洗

①拆卸节温器。

②用工具从壳体上拆下节温器密封件，见图5-85。

③清洗节温器壳体，并吹干，见图5-86。

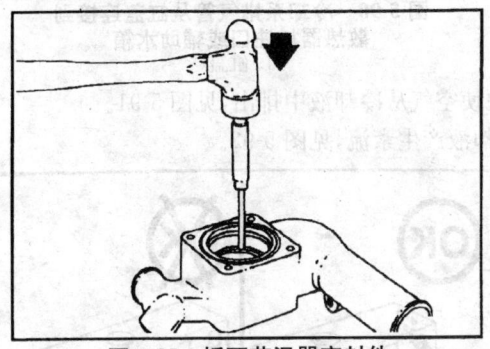

图 5-85 拆下节温器密封件

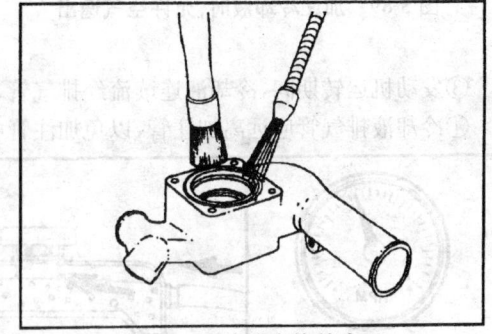

图 5-86 清洗壳体并吹干

2. 检查能否使用

检查节温器壳体有无裂纹和损坏，见图5-87。

3. 安装

①安装新密封件，注意直边应朝向心轴，使用零件号ST-1225的节温器密封件心轴和手锤安装密封件，见图5-88。

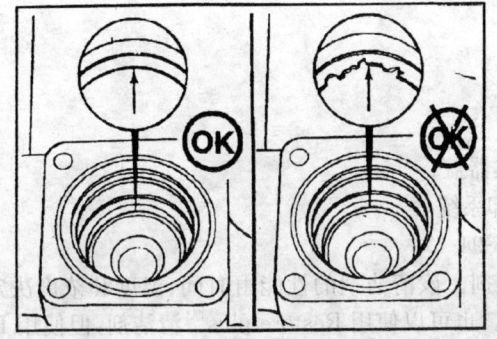

图 5-87 检查节温器壳体有无损坏

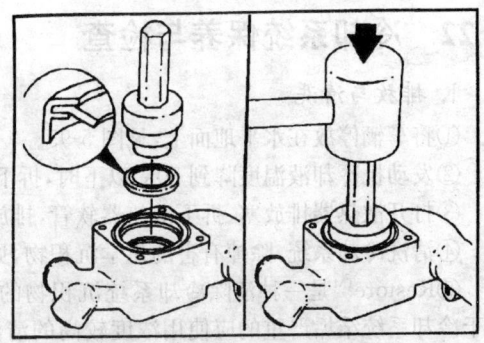

图 5-88 安装新密封件

②将节温器装入壳体中,并使用新密封件。
③在节温器壳体旁通出口处安装软管,安装节温器4颗螺栓,力矩:54N·m,见图5-84。
④将上部散热器软管连接到节温器壳体出口处,拧紧卡箍。

5.21 冷却液排气管

初始检查:
①在向冷却系统加注冷却液时允许空气逸出,这是设计所要求的,见图5-89。
②冷却系统排气管从缸盖连接至散热器加注口或到辅助水箱,见图5-90。

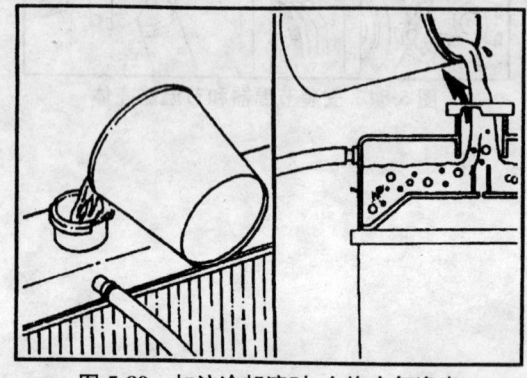

图5-89 加注冷却液时,允许空气逸出

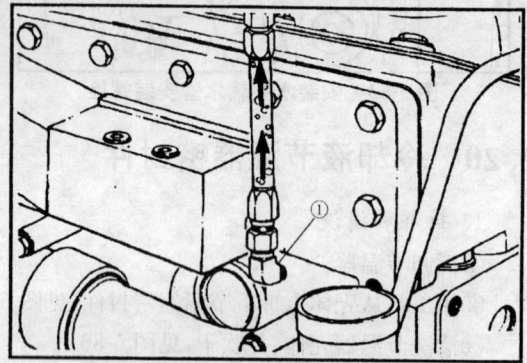

图5-90 冷却系排气管从缸盖连接到散热器加注口或辅助水箱
1. 缸盖

③发动机运转期间,冷却液连续流经排气管,以便使空气从冷却液中排出,见图5-91。
④冷却液排气管应远离加注管,以免加注管中冷却液产生紊流,见图5-92。

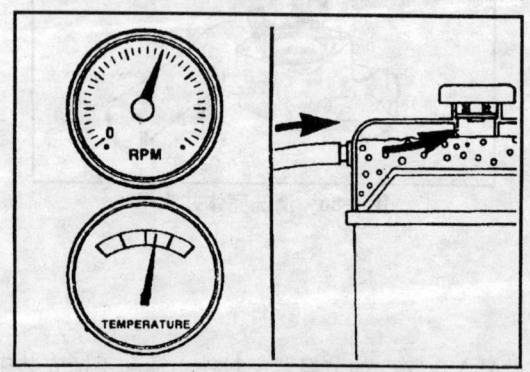

图5-91 空气从冷却液中排出

图5-92 冷却液排气管应远离加注管

5.22 冷却系统保养与检查

1. 排放与清洗

①将车辆停放在水平地面上,见图5-93。
②发动机冷却液温度降到50℃以下时,拆下散热器盖。
③打开散热器排放塞,拆下散热器软管,排放冷却系统。
④清洗冷却系统,除掉有害的化学沉积物,见图5-94。
⑤Restore™是一种清除冷却系统沉积物的清洁剂。该清洁剂的性能由时间、温度和浓度决定。对于冷却系统结垢严重的应使用浓度较高的清洁剂。也可以使用Restore plus™清洁剂,但使用Restore plus™清洁剂,应当在说明书规定浓度下使用。对于严重结垢或堵塞的冷却系统应当多次清洗。

Restore™清洁剂,见图 5-95。

图 5-93　将车停放在水平地面上

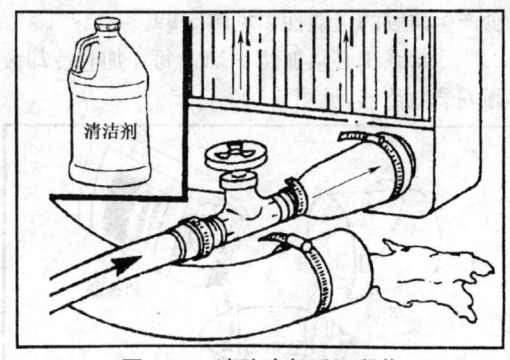

图 5-94　清除冷却系沉积物

⑥向冷却系统按每 38~57L 的冷却系统容量加入 3.8L 的 Fleetguard® Restore™、Restore Plus™ 或等效物,然后向系统注入普通水,见图 5-96。将驾驶室内的冷却液加热器温度开关转到"HIGH"高温位置,使大量的水经过加热器芯,不必打开风扇。

图 5-95　冷却系统专用清洁剂

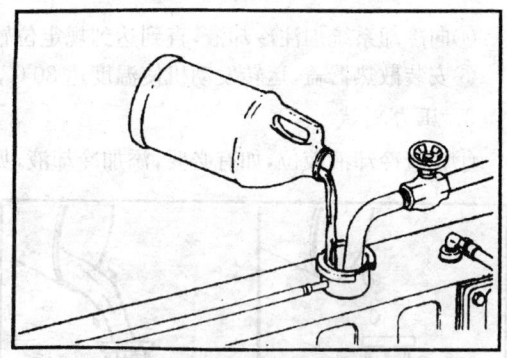

图 5-96　按比例加注清洁剂

⑦在最低 85℃的水温条件下运转发动机 1~1.5h,关闭发动机,放掉冷却液,见图 5-97。

⑧用清洁的水注入冷却系统。

⑨在水温度高于 85℃的条件下,高怠速运转发动机 5min,然后关闭发动机,排放冷却系统。如果排放出的冷却液仍然很脏,应当再次冲洗冷却系统,直到排出的水干净为止。

2. 加注

①按要求正确配制冷却液,见图 5-98。将水倒入容器中,加入低硅酸盐防冻剂、加入 DCA4 液体,将各成分完全混合。

图 5-97　运转发动机 1~1.5h

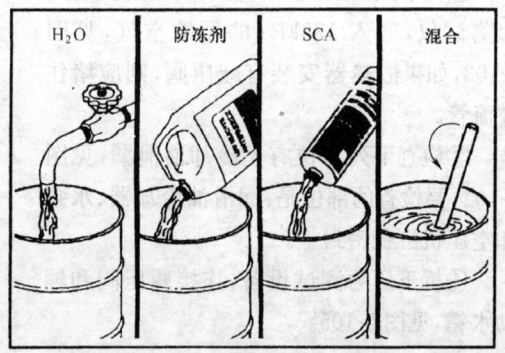

图 5-98　高怠速运转发动机 5min

②低硅酸盐防冻剂应按照50/50的比例才能提供充分的凝固点和沸点。使用低硅酸盐防冻剂可减少产生硅胶的可能性。见图5-99。

③冷却系统必须加注SCA。每4加仑冷却液添加1品脱DCA4液体（5单位）（1.2单位每加仑）。必须安装滤清器，见图5-100。

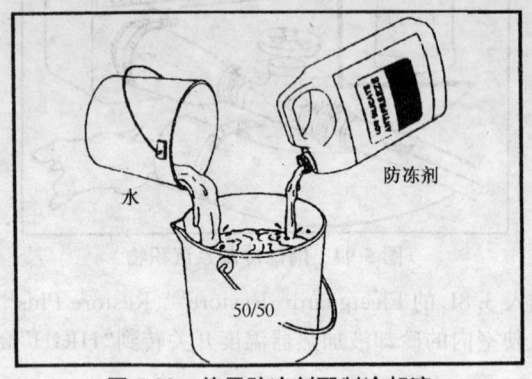

图5-99 使用防冻剂配制冷却液

图5-100 冷却系统加注SCA

④向冷却系统加注冷却液，直到达到规定位置，图5-101。

⑤安装散热器盖，运转发动机使温度达80℃，检查有无泄漏。

3. 压力测试

①检查冷却液液位，如有必要，添加冷却液，见图5-102。

图5-101 向冷却系加注冷却液

图5-102 检查冷却液位

②在散热器加注口或辅助水箱上安装压力测试仪，通入138kPa的压缩空气，见图5-103，如果散热器安装有减压阀，则应堵住溢流管。

③检查下列部位有无冷却液泄漏，见图5-104，要检查的部位是：润滑油冷却器、水泵和空压机缸盖密封垫。

④拆下压力测试设备，连接减压阀和辅助水箱，见图5-105。

图5-103 向散热器加注口通入压缩空气

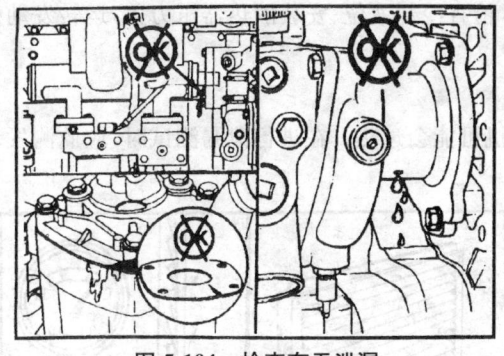
图 5-104 检查有无泄漏

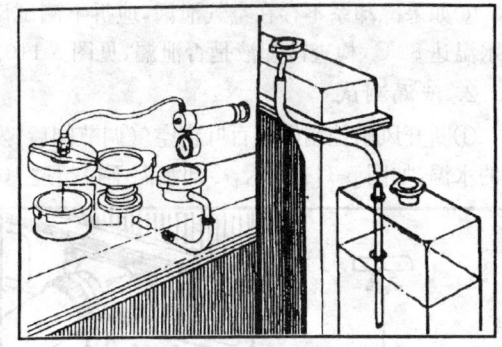
图 5-105 拆下压力测试设备

5.23 冷却系统中空气或燃气测试

1. 初始检查

①拆下散热器水箱压力盖之前,应当等冷却液温度下降到50℃以下时进行。

②安装散热器水箱压力盖前要拆下弹簧和减压阀,并在散热器溢流接头处连接一根软管,并将软管另一端放入盛水的容器中,见图5-106。

③以额定转速运转发动机,直到水温达到节温器开启温度80℃,检查盛水的容器中的软管是否连续冒气,见图5-107。

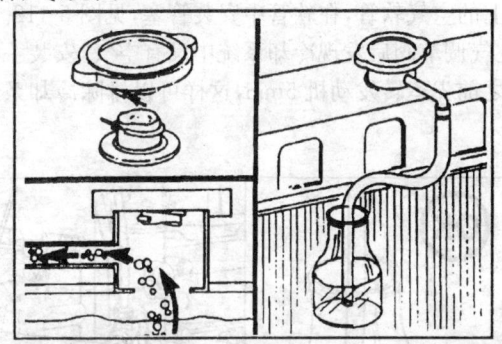
图 5-106 将软管的一端放入盛水的容器中

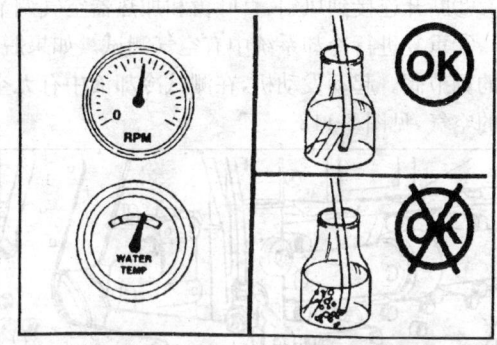
图 5-107 检查水中的软管是否冒气

④若软管连续冒气,故障原因可能是:风扇、百叶窗或加热器气体控制节温器阀漏气或空压机缸盖漏气,见图5-108。

⑤如果空气调节阀或空压机不是空气进入冷却系的原因,应进行下面的燃气泄漏测试,见图5-109。

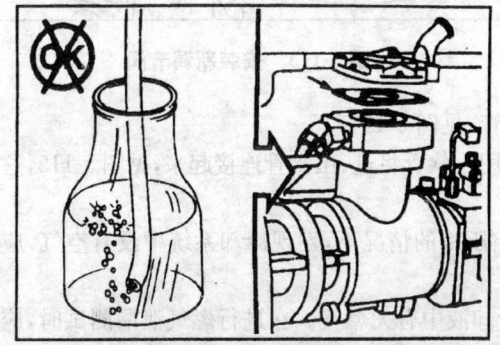
图 5-108 软管连续冒气,可能的原因是节温器阀或空压机缸盖漏气

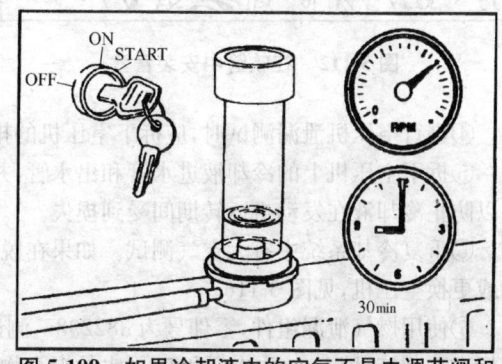
图 5-109 如果冷却液中的空气不是由调节阀和空压机泄漏引起,应进行燃气泄漏测试

⑥如果冷却系不存在空气泄漏,应拆下测试设备,检查冷却液液位、安装散热器压力盖,运转发动机使水温达80℃,检查冷却液是否泄漏,见图5-110。

2. 泄漏测试

①断开风扇控制器或百叶窗空气调节阀后,发动机可能会过热。在进行泄漏测试时,应监测发动机的水温,如图5-111所示,冷却水温不得超过100℃。

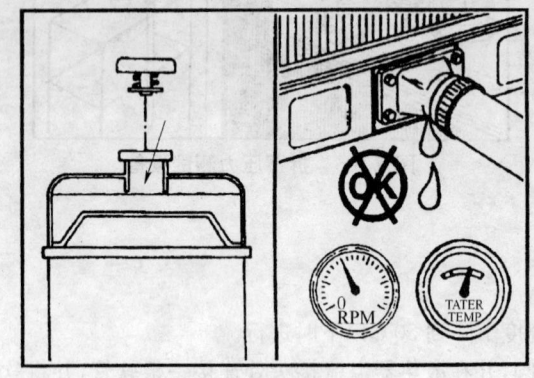

图5-110 检查冷却液液位,运转发动机,检查冷却液是否泄漏

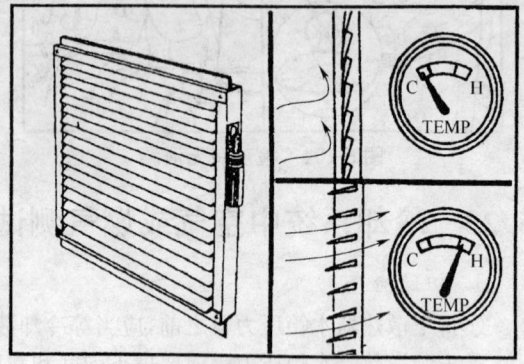

图5-111 进行燃气泄漏测试,监测发动机的水温

②断开连接到风扇、百叶窗和加热器空气调节阀上的空气软管,在软管中安装管塞,见图5-112。

③重复进行冷却系统中有空气测试。如果脱开空气调节阀后发现冷却系统中没有空气,安装一个新的调节阀。起动发动机,在测试冷却液中有无空气之前先运转发动机5min,这样可以排除冷却系统中的空气,见图5-113。

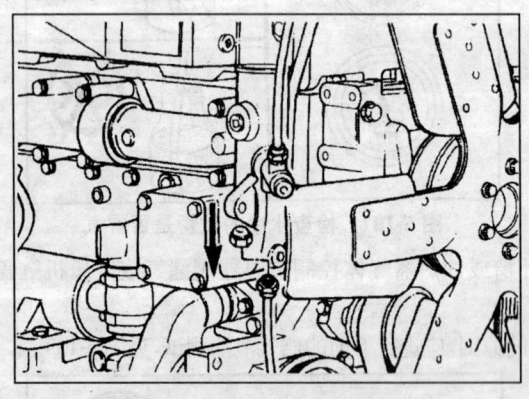

图5-112 在软管中安装管塞

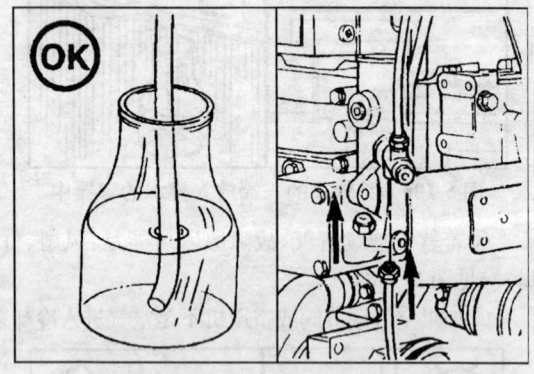

图5-113 安装新调节阀

④进行空压机泄漏测试时,应拆下空压机的排气管,见图5-114。

⑤拆下空压机上的冷却液进水管和出水管,并将用一软管将进、出水管连接起来,见图5-115,这样可以防止冷却液在发动机运转期间受到损失。

⑥重复冷却系统中有无空气测试。如果在脱开空压机的情况下,发现冷却系统中没有空气,应维修或更换空压机,见图5-116。

⑦使用燃气泄漏组件,零件号为3822985,测试冷却液中有无燃气。在进行燃气泄漏测试时,应使用标准冷却液,即50%防冻剂和50%水的混合物,切不能向冷却系加水进行测试。因为用水测试,会使测试液由蓝变成青绿色或浅绿色,这些现象不能说明燃气泄漏,见图5-117。

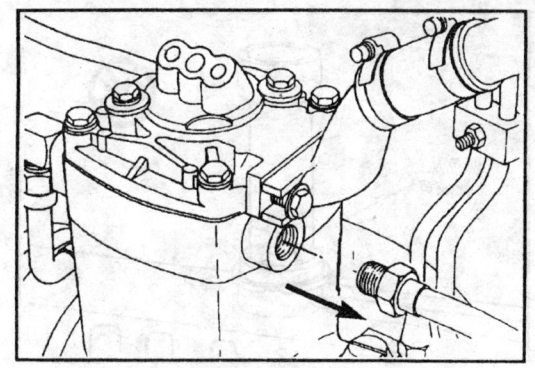

图 5-114　检查空压机泄漏、拆下空压机排气管

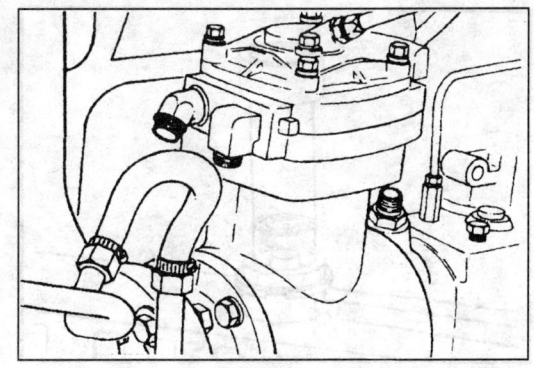

图 5-115　用一软管连接空压机进、出水管

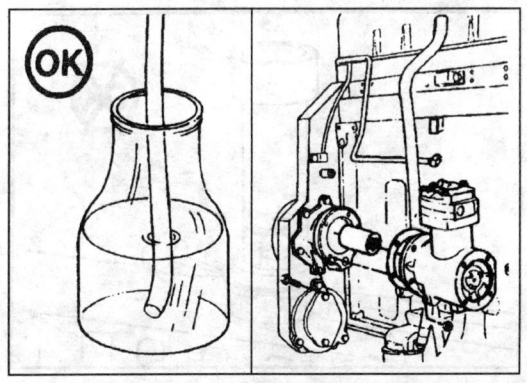

图 5-116　维修或更换空压机

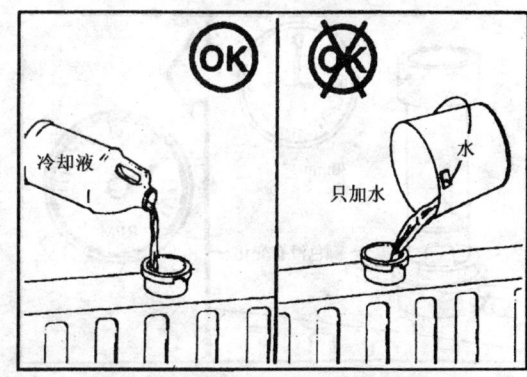

图 5-117　在进行燃气泄漏时,应使用标准冷却液而不要用水

⑧放掉冷却液,使液位低于压力盖密封件边缘约 50mm,见图 5-118。
⑨将测试液倒入燃气泄漏测试管中,到达黄色添加线为止,见图 5-119。

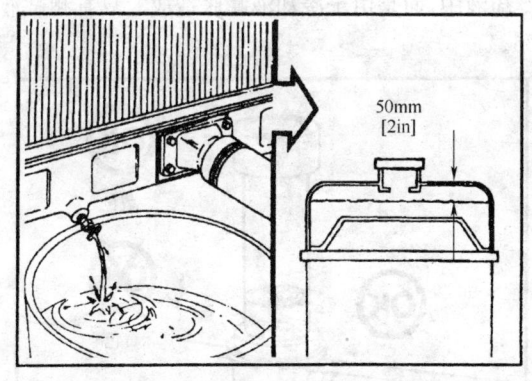

图 5-118　排放冷却液,使液位低于加注口 50mm

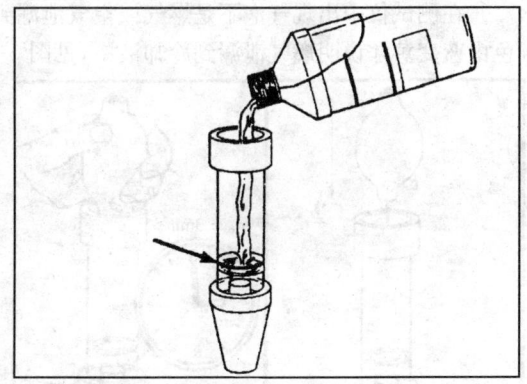

图 5-119　将测试液倒入测试管中

⑩将测试设备安装到冷却液加注口上,向下按,并来回转动,见图 5-120。
⑪起动发动机,急速运转 30min,并观察水温和测试液颜色变化。
⑫测试期间测试液的颜色由蓝色变成黄色,说明燃气泄漏到冷却液中,见图 5-121,这时应停止测试。
⑬如果在 30min 内,测试液颜色没有变化,应使发动机在低急速下运转,见图 5-122。
⑭检查测试设备,散热器加注口密封应当良好,见图 5-123。

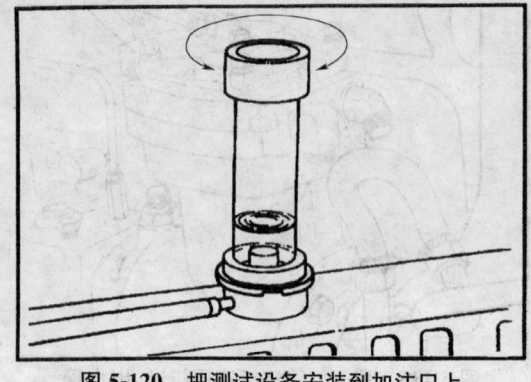

图5-120 把测试设备安装到加注口上

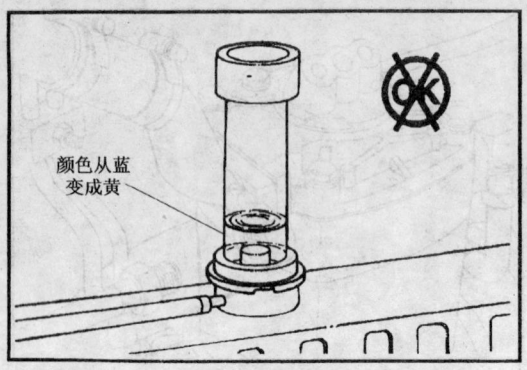

图5-121 颜色由蓝变黄,说明有泄漏

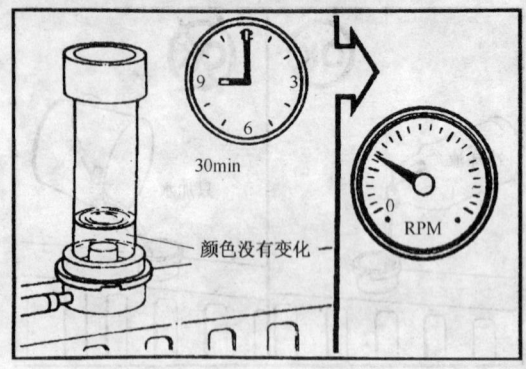

图5-122 颜色不变化,应使发动机低怠速运转

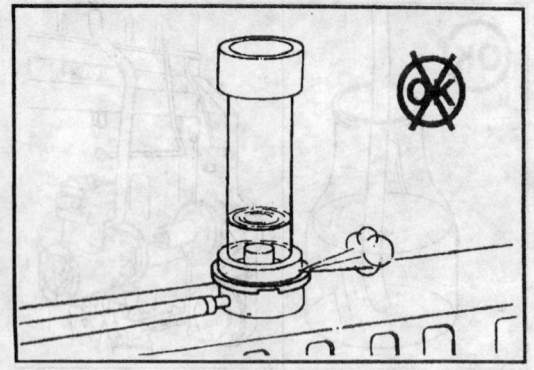

图5-123 检查测试设备的密封情况

⑮在测试设备上部插入橡皮球,吸走散热器内的气体,见图5-124,如果测试液仍为蓝色,说明燃气没有进入冷却系统。如果颜色变为黄色,说明燃气已泄漏到冷却系统中。

⑯在测试仪中出现气泡不是燃气或空气泄漏到冷却液中,而是由于冷却液膨胀造成。只有测试液颜色由蓝变黄才说明燃气泄漏到冷却液中,见图5-125。

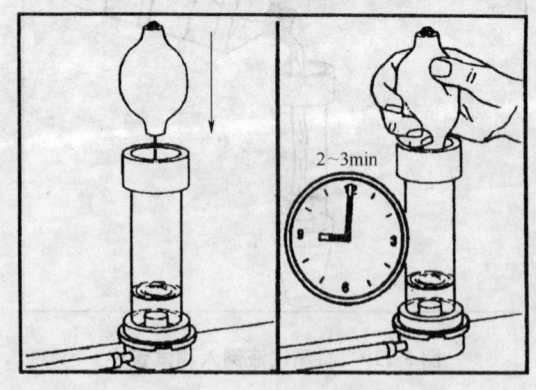

图5-124 用橡皮球吸走空气

图5-125 出现气泡为正常,变成黄色说明有泄漏

⑰检查燃气泄漏的原因,见图5-126,可能原因是:缸套凸出量不正确;缸盖密封垫泄漏;喷油器密封垫泄漏;缸套有裂纹。如果测试液变黄色,要倒掉测试液。

⑱测试液为蓝色并且连续冒气泡,说明风扇、百叶窗或加热器空气阀因泄漏而损坏;空压机缸盖或密封垫泄漏;散热器单向阀损坏等,见图5-127。

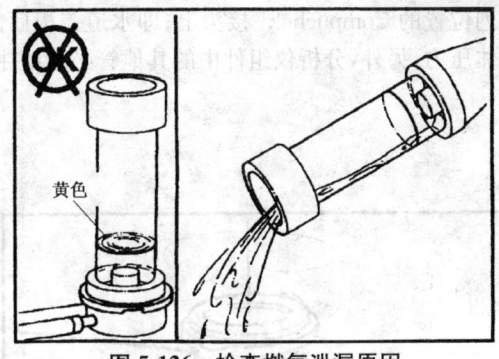
图5-126 检查燃气泄漏原因

图5-127 测试液不变色,并且连续冒气泡原因分析

5.24 冷却系统诊断

1. 概述

①本节测试风扇、百叶窗、冷却液温度表和节温器是否正常工作。同时还检测燃气是否泄漏进入冷却系统,冷却液是否流经滤清器,以及系统中是否进入空气。见图5-128。

②图5-129为空转测试。测试时,要求使用冷却液压力/温度/流量分析仪,零件号3822994,并安装到发动机冷却系统Compuchek®管接头上。

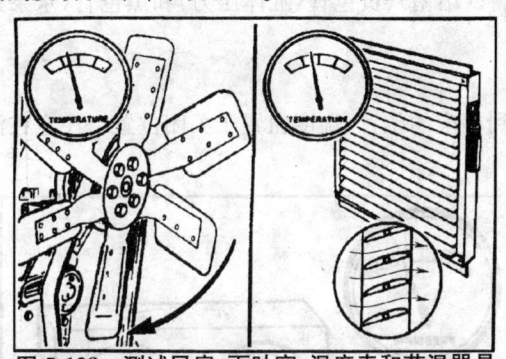
图5-128 测试风扇、百叶窗、温度表和节温器是否正常工作,同时检测燃气是否泄漏

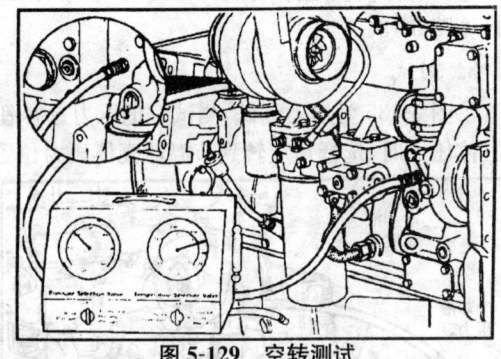
图5-129 空转测试

③安装接头时不得排放冷却液,否则会将空气吸入系统,从而使测试得出错误的结果,见图5-130,要求冷却液温度应低于49℃。

④分析仪组件中的水泵进口压力管应安装在水泵后盖上的水泵进口Compuchek®管接头上,见图5-131。

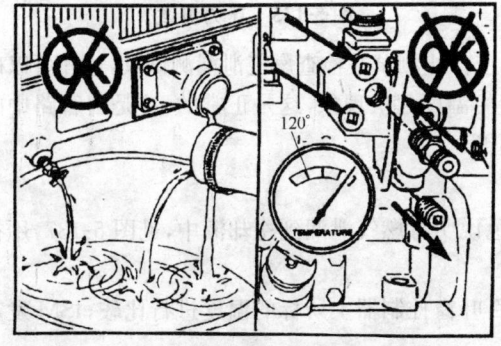
图5-130 安装管接头时,不得排放冷却液,测试时水温不得高于49℃

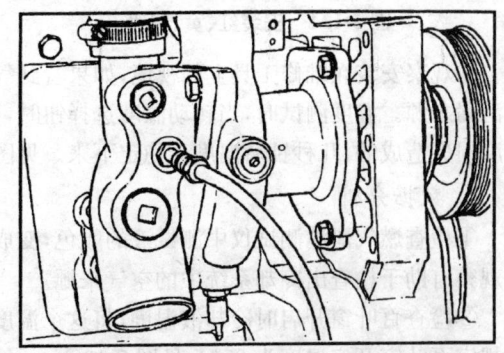
图5-131 仪表中的水泵进口压力管应安装在水泵后盖的水泵进口管接头上

⑤分析仪组件中的节温器壳体压力管可安装在下列位置的 Compuchek® 接头上；即水道盖板后部的加热器壳体；水泵出口管接头，这种连接便于记录缸体压力，另外，分析仪组件中的其他管必须堵住，见图 5-132。

2. 安装

①拆下散热器盖，在以下测试不再安装，见图 5-133。

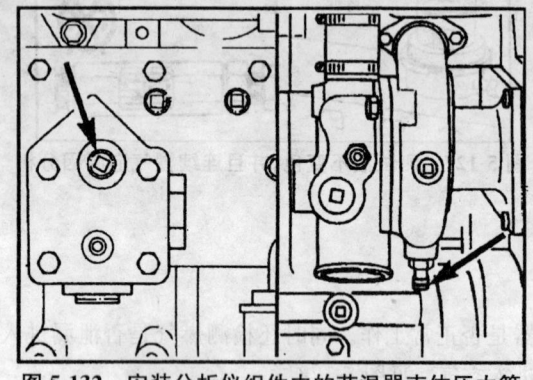

图 5-132 安装分析仪组件中的节温器壳体压力管　　图 5-133 安装燃气泄漏测试仪

②安装燃气泄漏测试仪，零件号 3822985，见图 5-120。

③安装分析仪组件，零件号 3822994，即安装红色管（堵塞）、黄色管（缸体压力）和黑色管（水泵进口），见图 5-134。

3. 测试

①图 5-135 为压力测试，测试时把压力选择钮转到相应的位置，温度钮置于关闭位置。注意在测量缸体压力时，选择钮应转到节温器壳体压力位置。

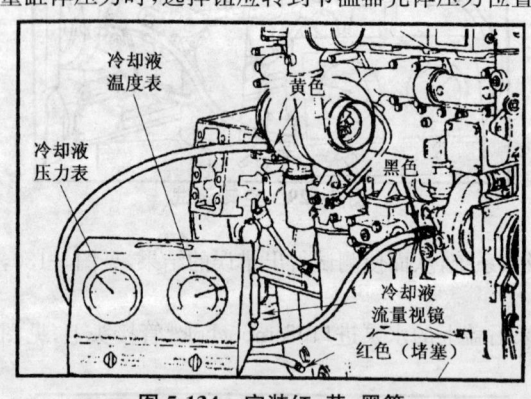 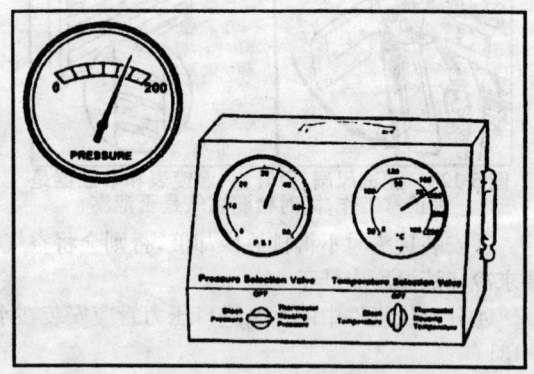

图 5-134 安装红、黄、黑管　　图 5-135 压力测试

②观察安装在维修工具上的视镜，如果看到气体，应停止测试并检查燃气泄漏测试仪，这样可以确定泄漏来源。温度测试时，当转动温度选择钮时，会产生温度起伏现象，这是正常的，这是由管路中的温度损失造成的，几秒钟后温度会稳定下来。见图 5-136。

4. 数据分析

①检查燃气泄漏测试仪中测试液的颜色，变成黄色说明有燃气泄漏到冷却液中，见图 5-137，用视镜观察有助于检查出冷却系统中的空气来源。

②检查百叶窗开启时冷却液温度，将这个温度与百叶窗控制器上所标的温度进行比较，ISM 发动机规定百叶窗开启温度为 85℃，见图 5-138。

③检查风扇接合时冷却液温度，将这个温度与风扇上所标的温度进行比较，ISM 发动机规定风扇

接合温度为96℃,见图5-139。

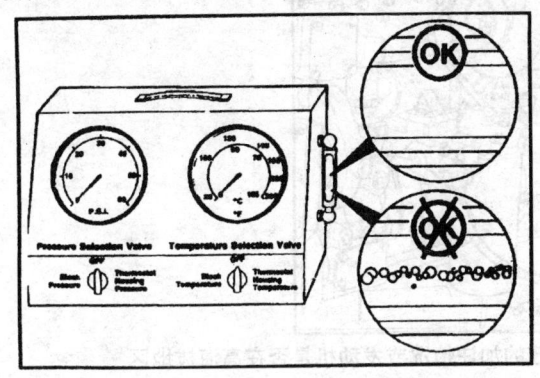

图 5-136 温度测试

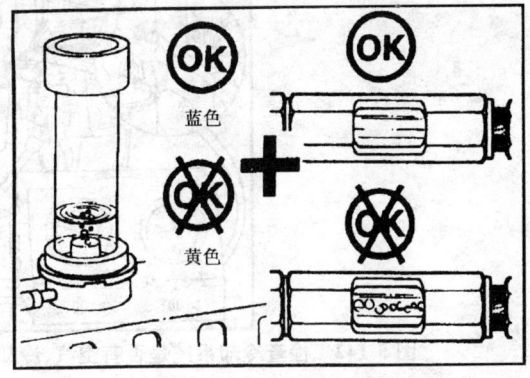

图 5-137 检查测试液的颜色,并用视镜观察冷却液

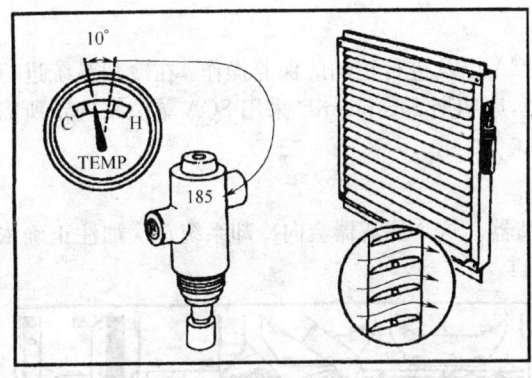

图 5-138 检查百叶窗开启时的冷却液温度

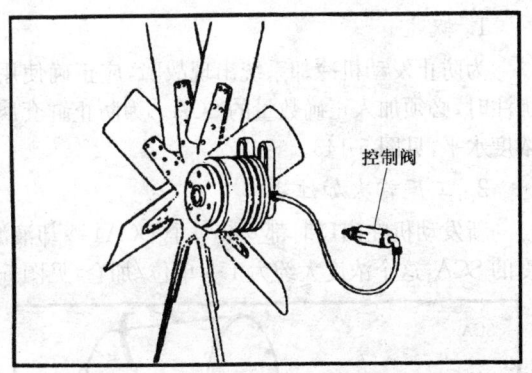

图 5-139 检查风扇接合时冷却液温度

④将驾驶室温度表读数与缸体温度进行比较,如果读数不符合规定,应更换驾驶室内温度表。见图5-140,如果没有OEM技术规范,规定读数相差超过±3.9℃时,更换温度表。

⑤检查60℃时所记录的缸体压力,如果发动机在高怠速状态时并且未安压力盖时,缸体压力低于138kPa,应检查水泵叶轮是否完整以及叶轮是否在轴上滑动,见图5-141。

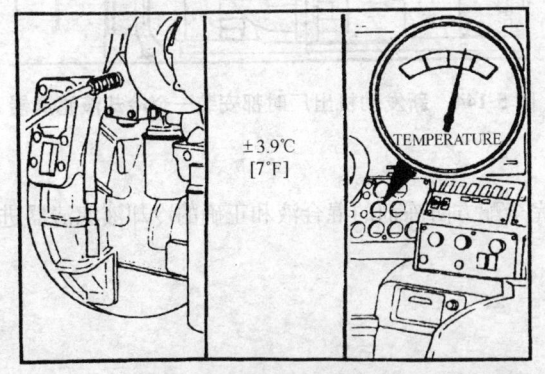

图 5-140 检查驾驶室温度表读数与缸体温度读数,相差±3.9℃时,应更换温度表

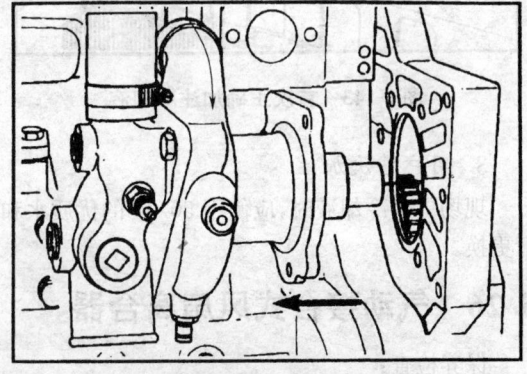

图 5-141 检查水泵叶轮是否完整以及叶轮是否在轴上滑动

⑥测试期间,如果缸体压降超过34kPa,应检查冷却系统中是否有空气、冷却液加注是否正确、发动机是否处在高海拔地区,见图5-142。

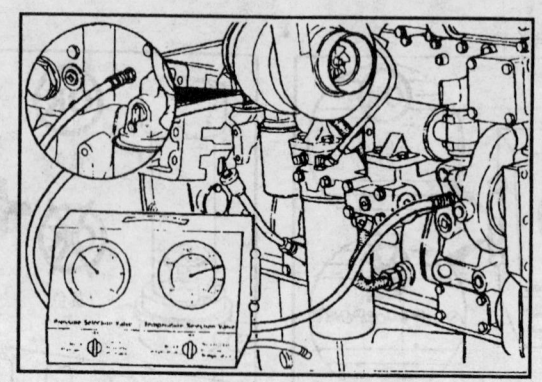

图5-142 检查冷却系统是否有空气、冷却液的加注情况或发动机是否在高海拔地区

5.25 冷却系统首次加注

1. 概述

为防止发动机冷却系统出现故障,应正确使用SCA以及进行正确的保养操作。在冷却系统进行加注时,必须加入正确数量的SCA。为防止缸套腐蚀,康明斯Fleetguard®采用SCA单位来确定所需浓度水平,见图5-143。

2. 工厂首次加注法

新发动机在出厂时都安装一个DCA4冷却液滤清器。这个滤清器会向冷却系统首次加注正确浓度的SCA,这个浓度大约为1.5单位/加仑,见图5-144。

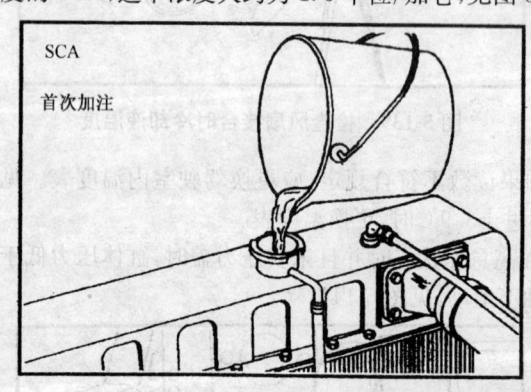

图5-143 首次正确加注冷却液

图5-144 新发动机出厂时都安装一个冷却液滤清器

3. 用户首次加注

现场更换冷却液时,应使用50/50的优质水和完全配方防冻剂的混合液和正确的冷却液滤清器进行更换。

5.26 气动接合式风扇离合器

保养检查:

①这种类型的风扇离合器使用空气压力接合,通过弹簧张力分离,见图5-145。这种风扇离合器所用的气压为620~830kPa,这个压力可以克服弹簧张力,使风扇离合器接合。

②如果在冷却液温度传感器指示的温度范围内,风扇不工作,应检查风扇离合器和控制器,见图5-146。

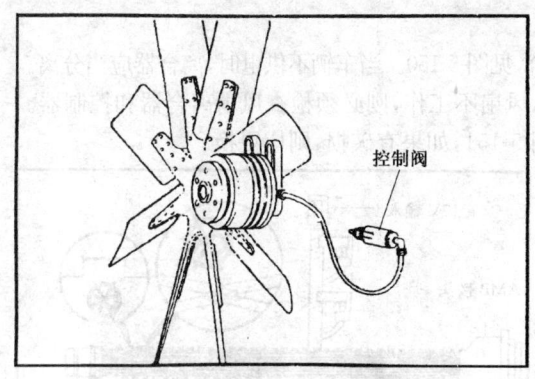

图 5-145 气动接合式风扇离合器

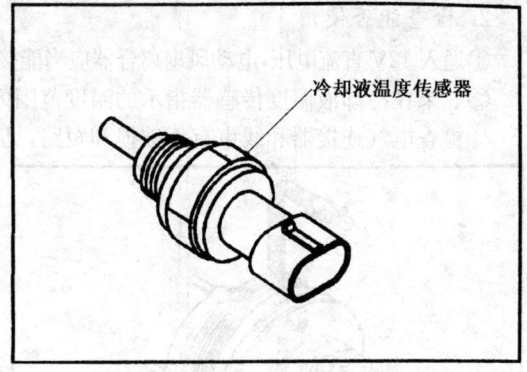

图 5-146 风扇离合器控制器

5.27 气动分离式风扇离合器

保养检查：

①这种类型的风扇离合器借助弹簧张力接合，通过空气压力分离，见图 5-147。这种风扇离合器在有气压时空转，一旦气压消失，风扇离合器就会接合。480～830kPa 的气压就能克服离合器的张力，使风扇离合器分离。

②如果在冷却液温度传感器指示的温度范围内，风扇不工作，则必须检查风扇离合器和控制，见图 5-146。

5.28 电动风扇离合器

1. 拆卸

①拆下蓄电池负极电缆线。
②拆下风扇离合器连接器，见图 5-148。
③从发动机上拆下风扇、逆时针转动调整螺栓，释放风扇皮带张力。
④拆下风扇驱动带。
⑤从发动机上拆下风扇毂、风扇离合器和螺栓，见图 5-149。

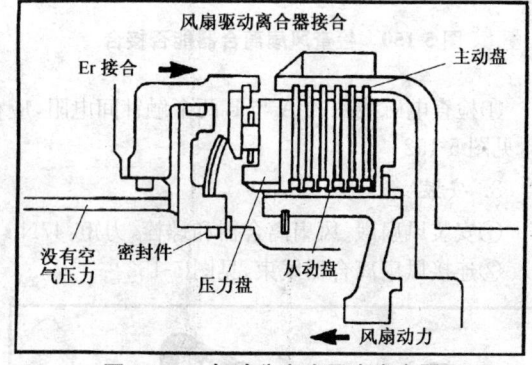

图 5-147 气动分离式风扇离合器

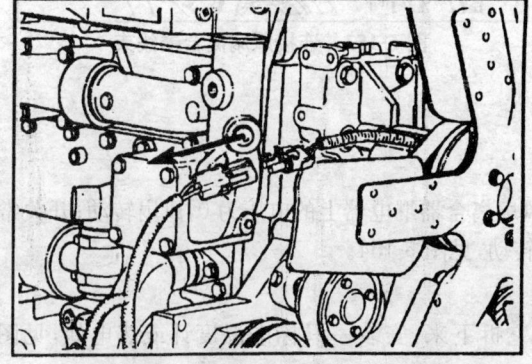

图 5-148 拆下风扇离合器连接器

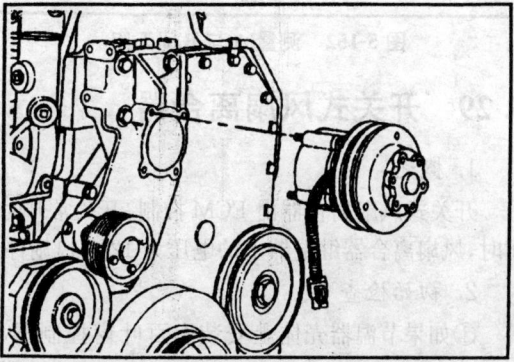

图 5-149 拆下毂、风扇离合器和螺栓

2. 检查能否使用

①通入12V直流电压,电动风扇离合器应当能接合,见图5-150。当车辆不供电时,离合器应当分离。
②如果在冷却液温度传感器指示的温度范围内,风扇不工作,则必须检查风扇离合器和控制器。
③检查电气连接器和线束有无破损和短路,见图5-151,如果有破损,则应更换。

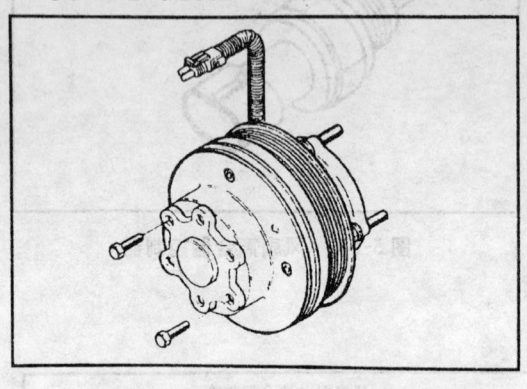

图 5-150 检查风扇离合器能否接合

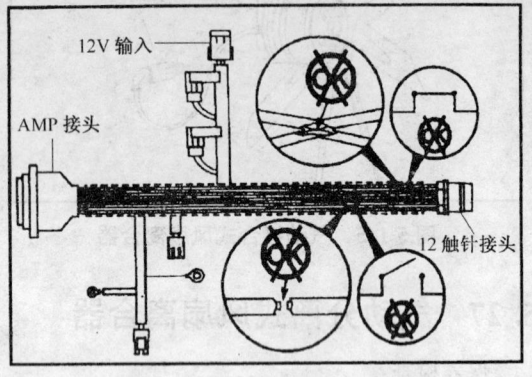

图 5-151 检查线束有无破损

④检查电磁线圈的 A 与 B 两个触针间电阻,应在 6~10Ω,若电阻不在此范围,则应更换风扇离合器,见图5-152。

3. 安装

①安装风扇毂、风扇离合器和螺栓,力矩:47N·m。
②连接风扇离合器线束,见图5-153。

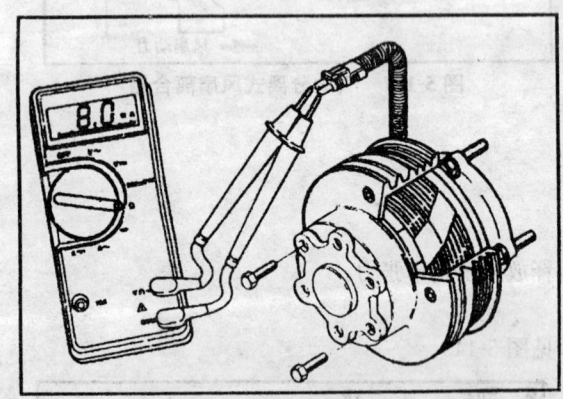

图 5-152 测量A与B间无阻

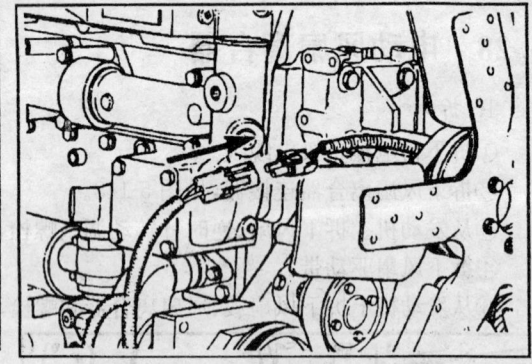

图 5-153 连接风扇离合器线束

5.29 开关式风扇离合器

1. 概述

开关式风扇离合器由 ECM 控制,开关常开时,风扇离合器继电器上的电压为0,风扇转动;开关常闭时,风扇离合器继电器上的电压为12V,风扇停止转动,见图5-154。

2. 初始检查

①如果节温器壳体上安装有百叶窗控制器,将它拆下来,安装一只标准温度计或热电偶,见图5-155。
②以额定转速运转发动机,见图5-156,用一块板挡住散热器。

第 5 章 冷却系统检修

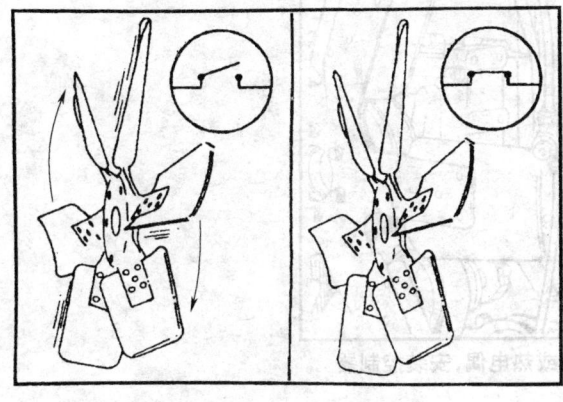

图 5-154 开关式风扇离合器

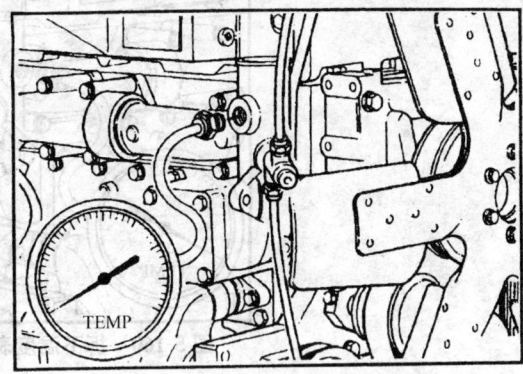

图 5-155 安装温度计或热电偶

③关闭车辆空调,当冷却液温度达 96℃时,检查风扇离合器是否接合,见图 5-157。

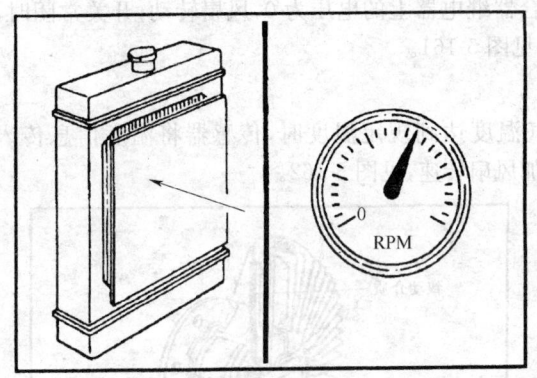

图 5-156 用挡板挡住散热器,运转发动机

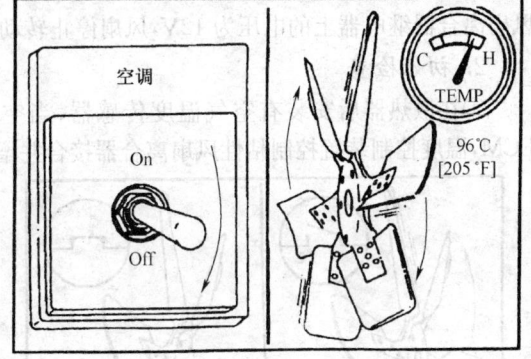

图 5-157 检查风扇离合器是否接合

④使发动机回到急速运转工况,拿开散热器前面的挡板,见图 5-158。
⑤当冷却液温度下降到 93℃时,风扇离合器应当分离,见图 5-159,风扇离合器分离时的温度由 ECM 控制。

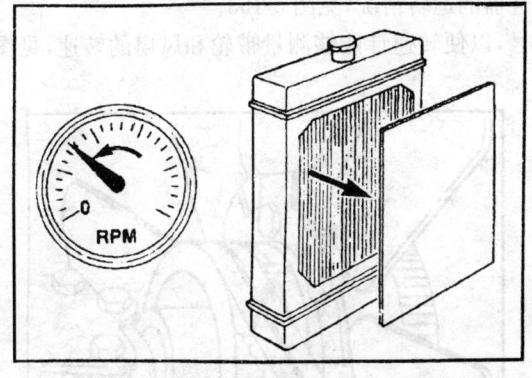

图 5-158 使发动机回到急速状态,去掉挡板

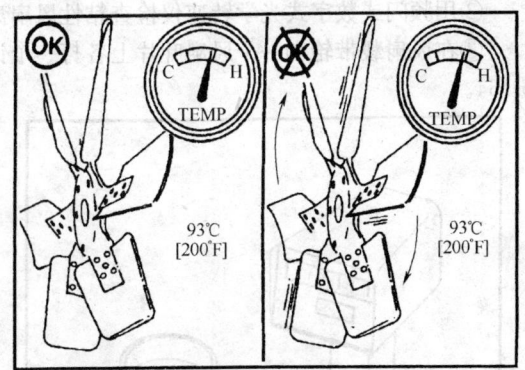

图 5-159 检查风扇离合器是否分离

⑥拆下温度表或热电偶,如果安装有百叶窗控制器,将其安装在节温器上,见图 5-160。

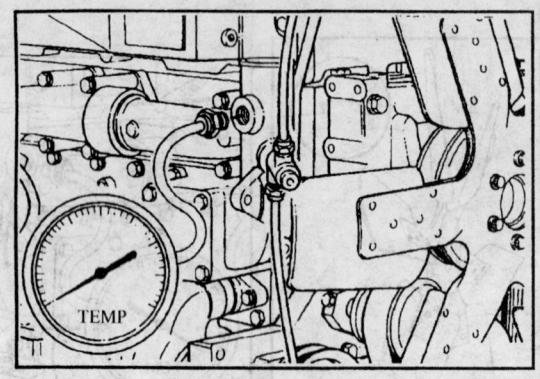

图 5-160 拆下温度表或热电偶，安装控制器

5.30 粘性风扇离合器

1. 概述

风扇离合器由 ECM 控制，开关常开时，风扇离合器继电器上的电压为 0，风扇转动；开关常闭时，风扇离合器继电器上的电压为 12V，风扇停止转动，见图 5-161。

2. 初始检查

①在散热器后安装有空气温度传感器，当空气温度达到规定温度时，传感器将温度信息传入 ECM，温度控制装置控制粘性风扇离合器接合并增加风扇转速，见图 5-162。

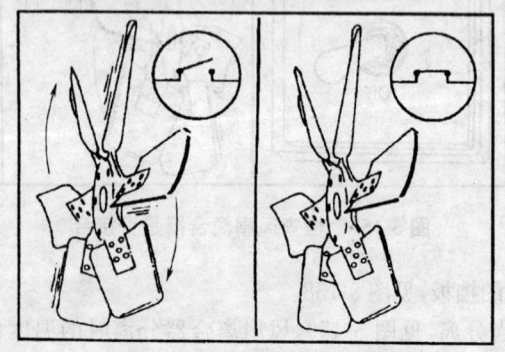

图 5-161 粘性风扇离合器

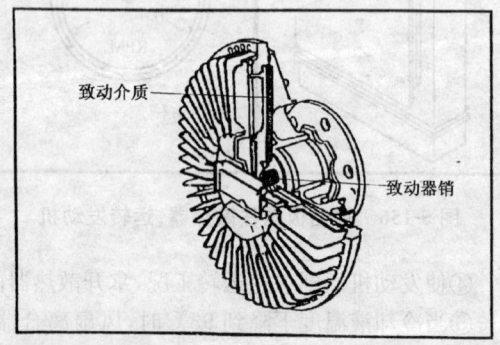

图 5-162 粘性风扇离合器致动介质和致动器销

②用频闪或数字式光学转速仪检查粘性风扇离合器的运转情况，见图 5-163。

③在风扇毂带轮和一个风扇叶片上各打一个记号，以便转速计能够测量带轮和风扇的转速，见图 5-164。

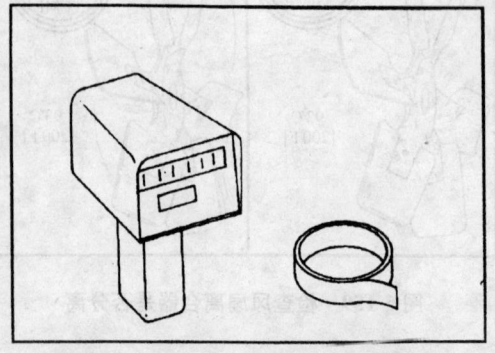

图 5-163 使用仪器检查风扇运转情况

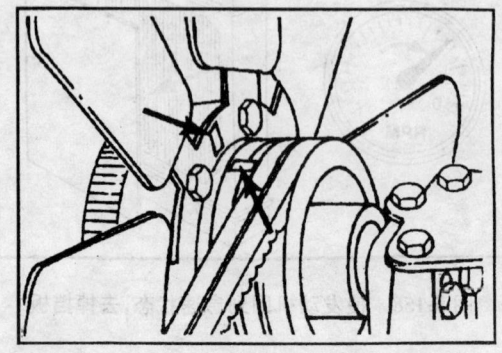

图 5-164 在风扇带轮和叶片上打标记

④当车辆已停驶而发动机还保持一定的温度时,盖住散热器格栅,见图 5-165。同时在纸板上留有一个直径 0.3m 的孔,以便使空气流入粘性风扇毂。

⑤急速运转发动机 3~5min,将油门固定在高怠速位置,使用 PTO 使发动机在最大 PTO 转速下运转,见图 5-166。

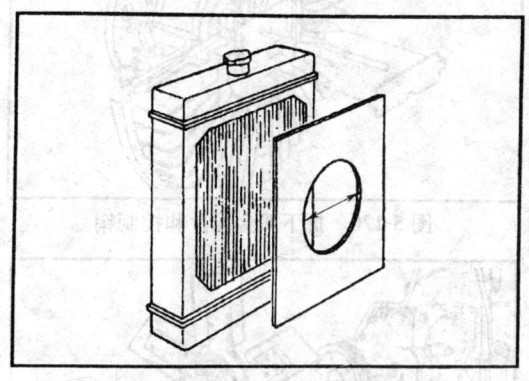

图 5-165 用纸板盖住散热器

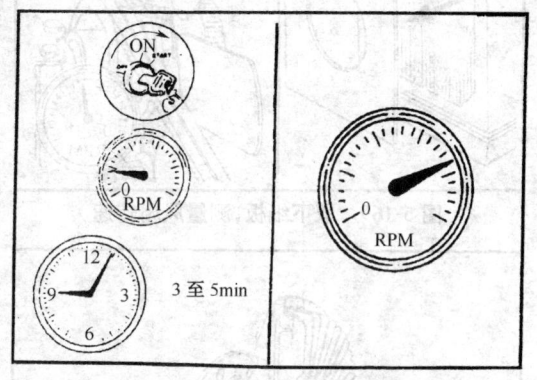

图 5-166 使发动机在 PTO 最大转速下运转

⑥起动发动机,风扇会接合,不要把手放在旋转的风扇中,冷却液温度不得超过 100℃,见图 5-167。

⑦当冷却液温度达 91℃时,测得的风扇转速最低必须达到皮带轮速度的 85%。计算测量的风扇速度与风扇毂的速度比值,该比值必须大于或等于 0.85,见图 5-168。

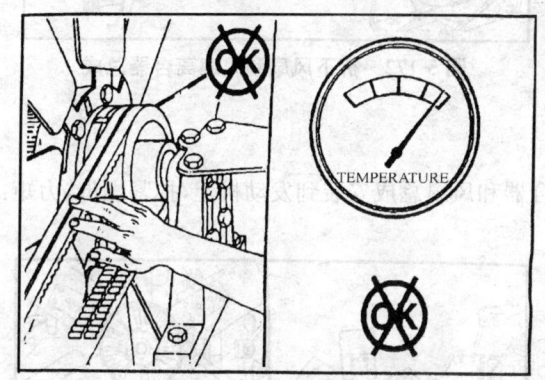

图 5-167 不要将手伸入带轮处,水温不得高于 100℃

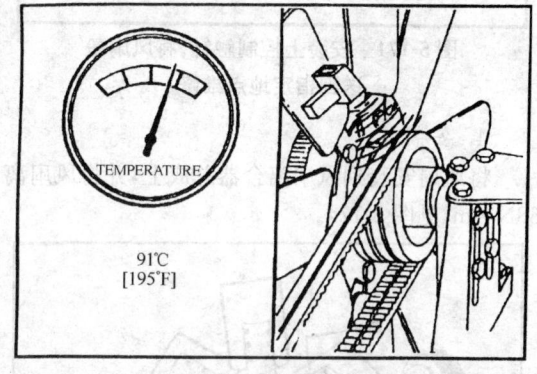

图 5-168 计算风扇的速度与风扇毂速度的比值

⑧当发动机在高怠速运转时,取下散热器格栅挡板,一分钟后,风扇速度开始降低,最终风扇最大速度必须降为皮带轮输入速度的 50%。如果风扇毂的测试达不到这个指标,应维修风扇毂,见图 5-169。

⑨如果冷却液温度传感器指示的温度范围内,风扇不工作,必须检查风扇离合器和控制器。

⑩如果没有风扇速度测量装置,发动机温度过高时,可以拆下风扇毂双金属片和控制销,风扇毂就会一直转动,见图 5-170。

⑪如果拆下控制销后,发动机过热现象消失,再安上控制触针,然后维修风扇毂,维修风扇毂应当到指定地点,见图 5-171。

3. 拆卸

①拆下风扇驱动带,拆下风扇和风扇离合器总成,见图 5-172。

②拆下螺母、垫圈和风扇,见图 5-173。

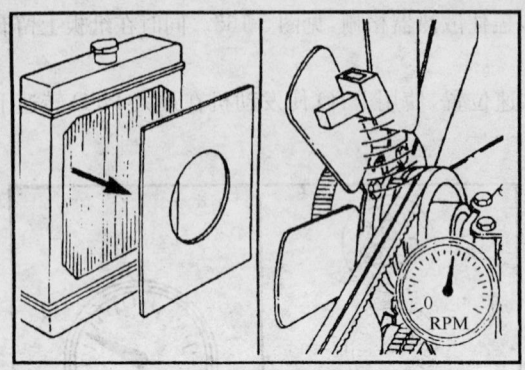

图5-169 取下纸板,测量风扇转速

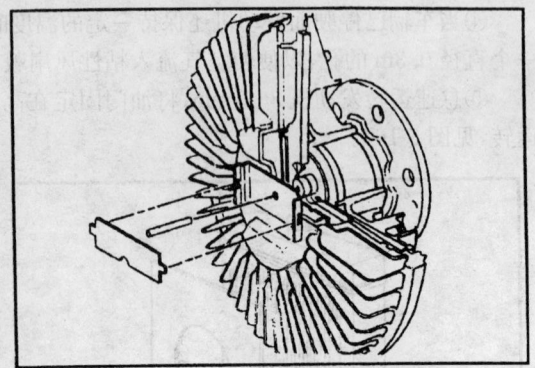

图5-170 拆下双金属片和控制销

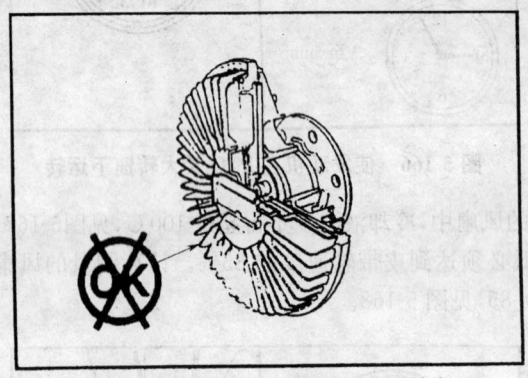

图5-171 安装上控制触针,将风扇毂送到指定地点维修

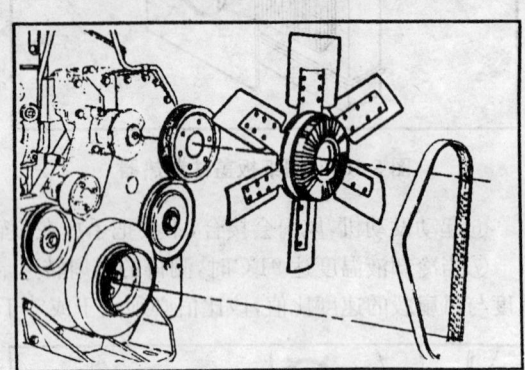

图5-172 拆下风扇和风扇离合器总成

4. 安装

将风扇安装到风扇离合器总成上,并将风扇离合器和风扇总成安装到发动机上,拧紧螺母,力矩：68N·m,见图5-174。

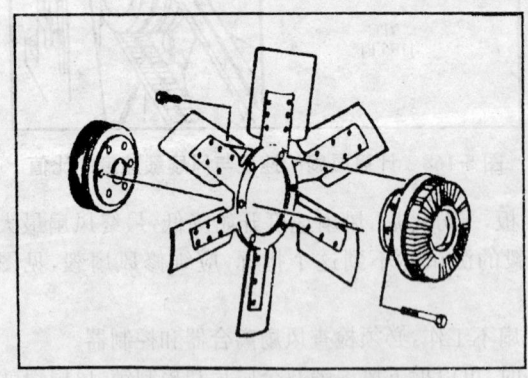

图5-173 拆下垫圈和风扇

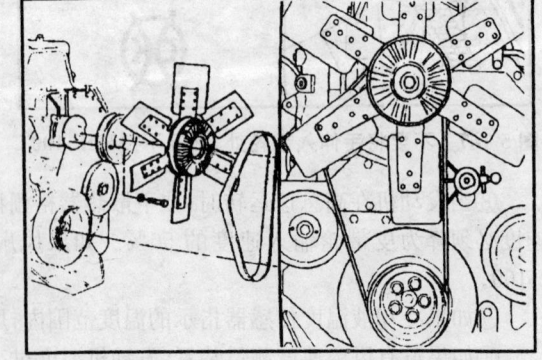

图5-174 将风扇离合器和风扇总成安装到发动机上

5.31 风扇驱动惰轮带轮总成

1. 初始检查

①拆下风扇驱动带,检查惰轮皮带轮是否转动自如、轮槽是否有裂纹、缺口或断裂,见图5-175。

②测量惰轮皮带轮轴向间隙,其最小值0.025mm,最大值0.250mm,见图5-176,若轴向间隙不符合规定应当更换。

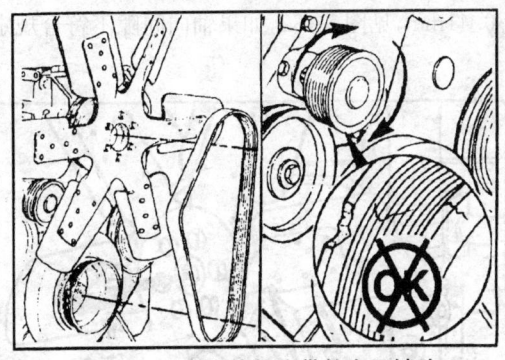
图 5-175 检查惰轮皮带轮有无缺陷

图 5-176 测量惰轮皮带轮轴向间隙

2. 拆卸与安装

①从惰轮皮带轮调整螺栓上拆下销和垫圈、锁紧螺母,从支架上拆下惰轮皮带轮,见图 5-177。
②将惰轮皮带轮安装在风扇毂支架上,将垫圈和锁紧螺母安装在皮带轮轴上,见图 5-178。

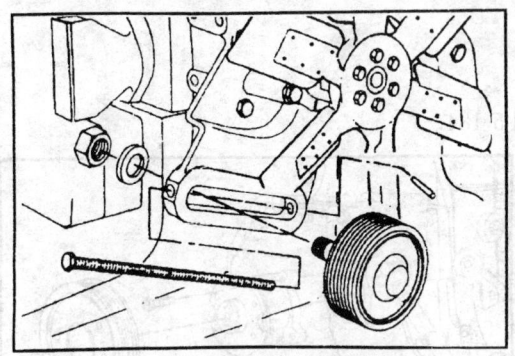
图 5-177 拆下惰轮皮带轮

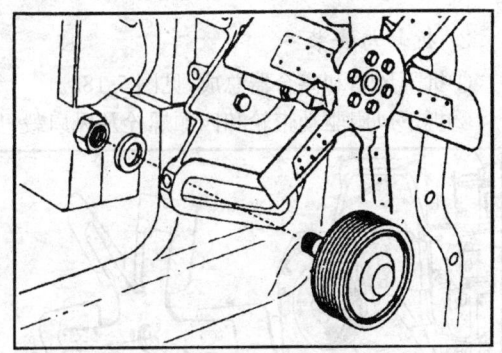
图 5-178 将垫圈和锁紧螺母安装在皮带轮轴上

③安装调整螺栓,并充分拧入见图 5-179。
④安装和调整风扇带,拧紧锁紧螺母,力矩:190N·m,见图 5-180。
⑤安装和调整风扇带,拧紧锁紧螺母后再次检查皮带张力。

图 5-179 安装调整螺母

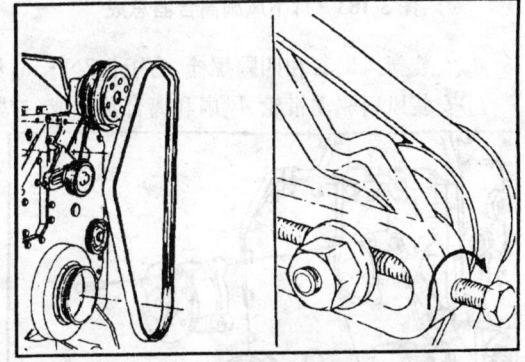
图 5-180 安装调整风扇带拧紧锁紧螺母

5.32 皮带驱动风扇毂

1. 初始检查

①拆下风扇皮带、检查风扇毂能否转动自如、有无裂纹、油封是漏油,见图 5-181。

②测量风扇毂轴向间隙,最小值0.08mm、最大值0.41mm,见图5-182,如果轴向间隙不符合规定,则应更换。

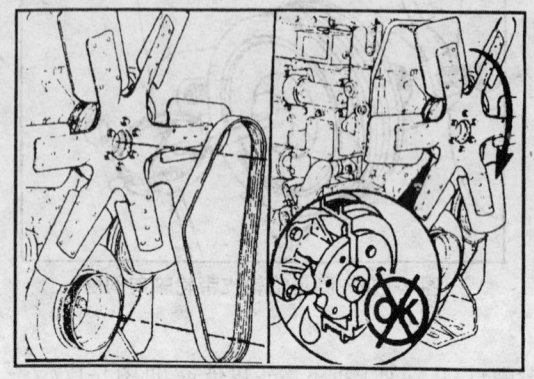

图5-181 检查风扇毂有无缺陷

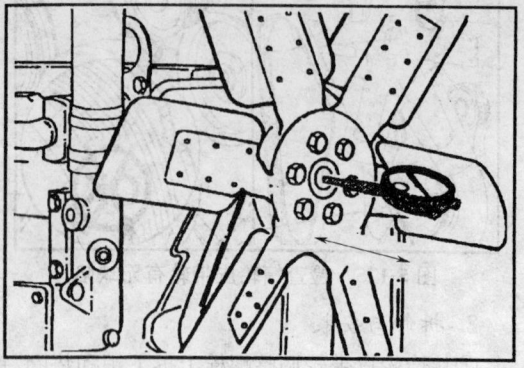

图5-182 测量风扇毂轴向间隙

2. 拆卸与安装

①拆下风扇和离合器总成,见图5-183。
②拆下风扇驱动带轮和四颗螺栓及风扇毂,见图5-184。

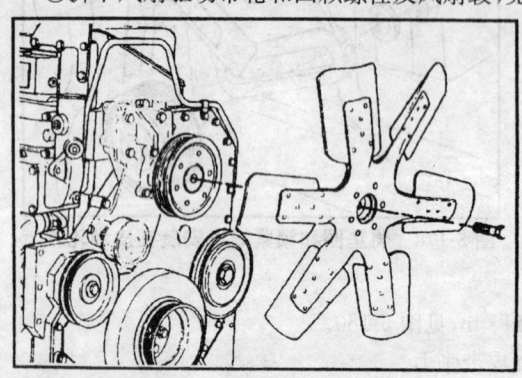

图5-183 拆下风扇离合器总成

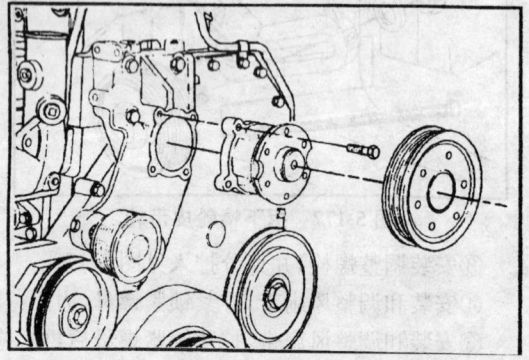

图5-184 拆下风扇带轮、螺栓和风扇毂

③安装新风扇毂和四颗螺栓,力矩:47N·m,见图5-185。
④安装风扇驱动带轮、风扇和离合器总成、拧紧螺栓,力矩:68N·m,见图5-186。

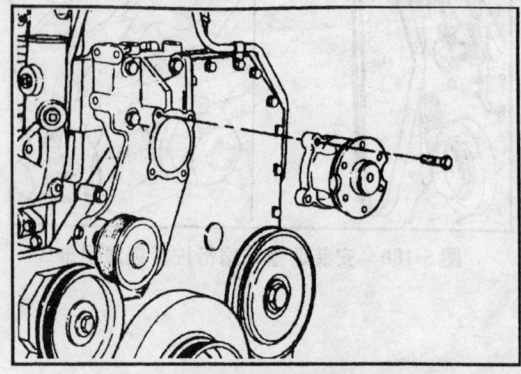

图5-185 安装新风扇毂和螺栓

图5-186 安装带轮、风扇和离合器总成,拧紧螺栓

⑤拧紧风扇惰轮皮带轮轴锁紧螺母,力矩:190N·m,拧紧螺母后再次检查皮带张力,见图5-187。

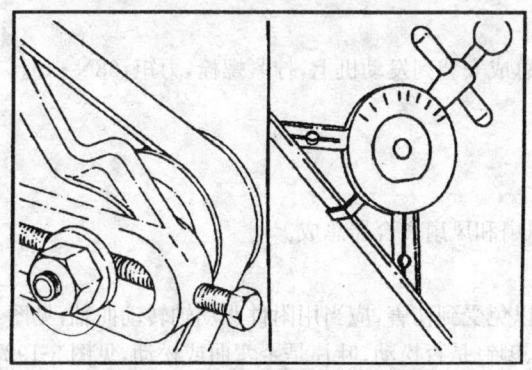

图 5-187　拧紧皮带轮轴锁紧螺母

5.33　风扇导风罩总成

初始检查：
①检查风扇导风罩间隙是否正确，有无裂纹，是否泄漏空气或损坏，见图 5-188。
②散热器芯与风扇的间隙为 5.08~10.16mm，见图 5~189。

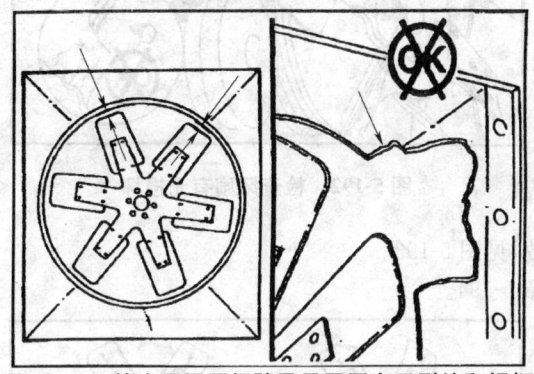

图 5-188　检查导风罩间隙及导风罩有无裂纹和损坏

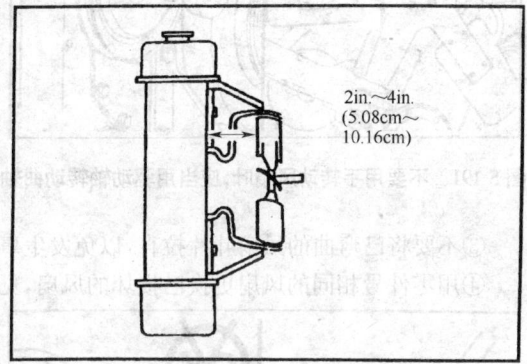

图 5-189　检查散热器芯与风扇间隙应在规定范围

5.34　风扇隔板和皮带轮

1. 拆卸

拆下风扇带、风扇和风扇离合器总成。

2. 检查能否使用

检查风扇隔板和皮带轮有无损坏，见图 5-190。

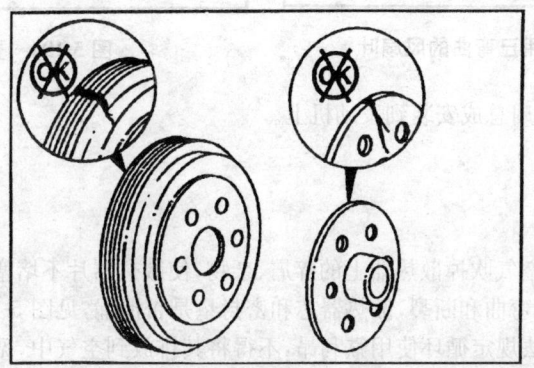

图 5-190　检查风扇隔板和皮带轮有无损坏

3. 安装

将风扇离合器和风扇总成安装到发动机上，拧紧螺栓，力矩：68N·m。

5.35 冷却风扇

1. 拆卸

拆下风扇皮带、拆下风扇和风扇离合器总成。

2. 检查与安装

①不要用手转动风扇以免受到伤害，应当用附件驱动轴转动曲轴，见图5-191。

②检查风扇有无裂纹、铆钉是否松动、叶片是否弯曲或松动，见图5-192。

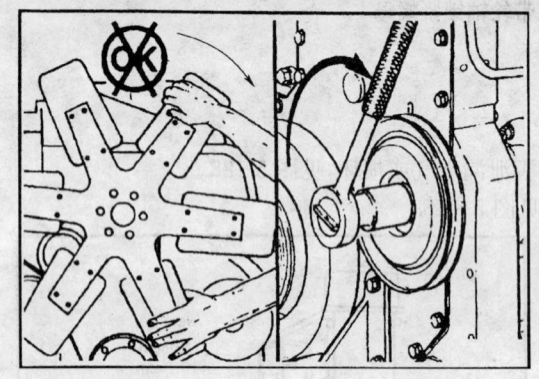

图5-191 不要用手转动风扇叶，应当用驱动轴转动曲轴　　图5-192 检查风扇有无损坏

③不要将已弯曲的风扇叶片拉直，以免发生事故，见图5-193。

④用零件号相同的风扇更换已损坏的风扇，见图5-194。

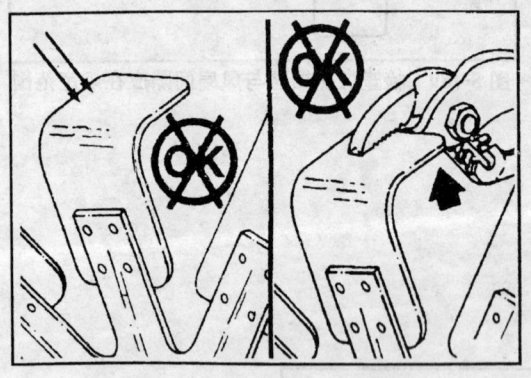

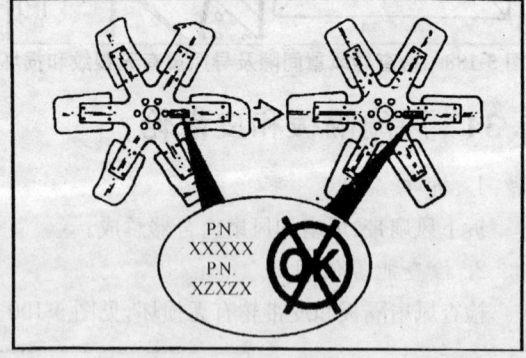

图5-193 不要使用已弯曲的风扇叶　　图5-194 更换原厂风扇

⑤将风扇离合器和风扇总成安装到发动机上。

5.36 散热器

初始检查：

①用552kPa的压缩空气吹掉散热器上的碎屑、杂物，使散热器片不堵塞，见图5-195。

②检查散热器片是否弯曲和断裂，散热器芯和密封垫是否泄漏，见图5-196，如有必要应当更换。

③为保护环境，联邦法规定循环使用氟利昂，不得将其排放到空气中，见图5-197。

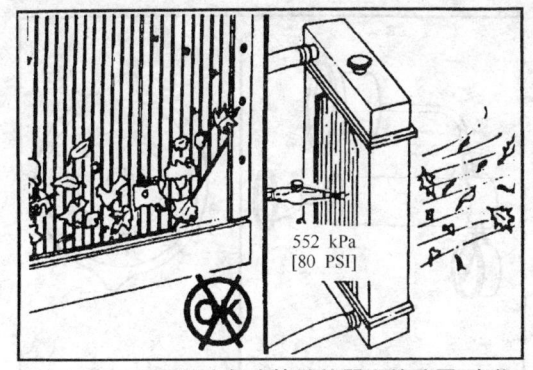
图 5-195 用压缩空气吹掉散热器上的碎屑、杂物

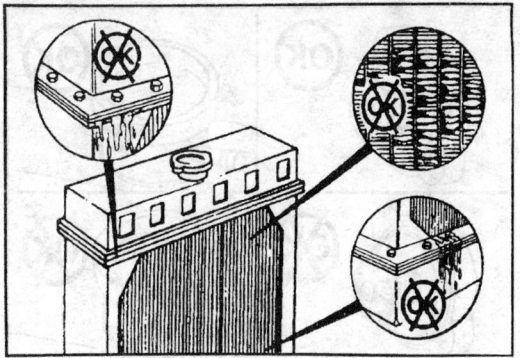
图 5-196 检查散热器片有无损坏、泄漏

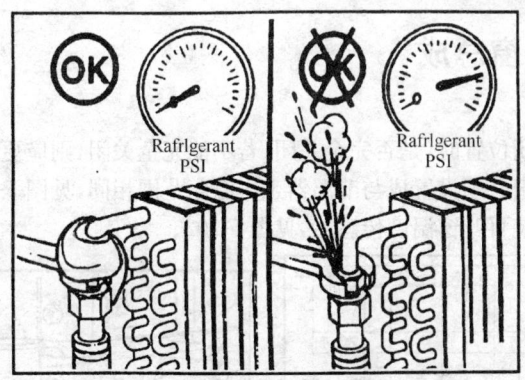
图 5-197 不得将氟利昂排放到大气中

5.37 散热器软管

检查能否使用：

检查散热器软管有无裂纹和损坏，见图 5-198。

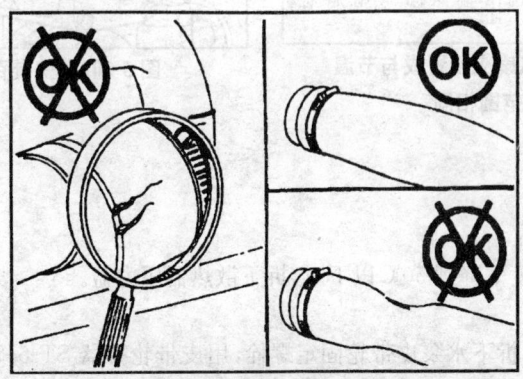
图 5-198 检查散热器软管有无裂纹和损坏

5.38 散热器压力盖

检查能否使用：

①检查散热器压力盖密封圈是否损坏，检查加注颈有无损坏，见图 5-199。

②检查压力盖的压力在盖上标记为 14kPa 之内时，压力盖是否密封，否则应更换压力盖，见图 5-200。

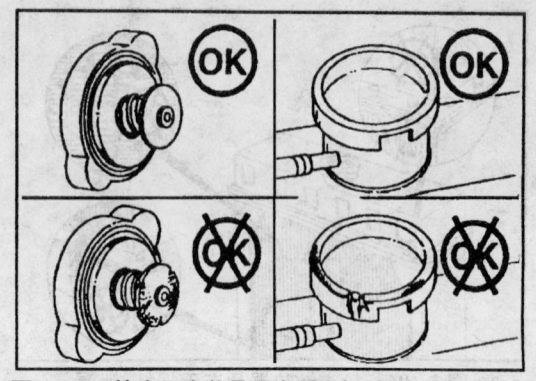

图 5-199　检查压力盖是否密封良好，加注颈有无损坏

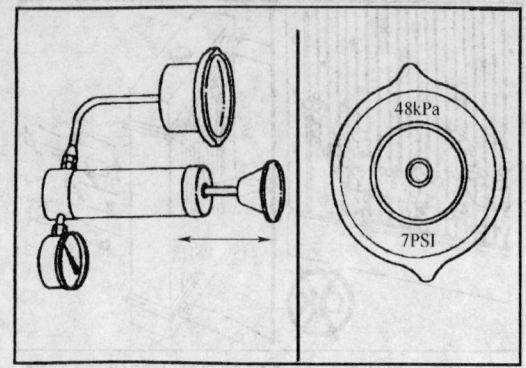

图 5-200　对散热器压力盖进行压力测试

5.39　散热器百叶窗总成

初始检查：

①检查百叶窗处于关闭位置时，是否完全关闭，若不能完全关闭，则应更换。

②所用的百叶窗和风扇必须设置成与节温器工作温度范围相同，见图 5-201。

③在节温器壳体中安装百叶窗温度传感器，见图 5-202。

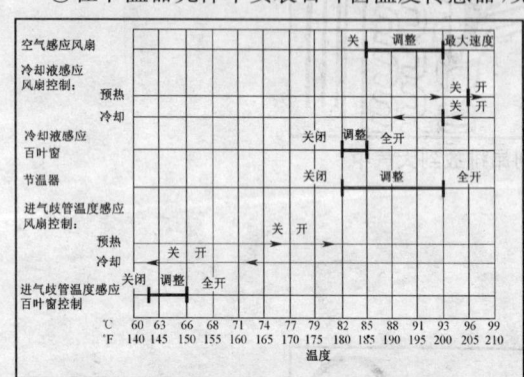

图 5-201　百叶窗和风扇应设置成与节温器工作温度范围相同

图 5-202　安装百叶窗温度传感器

5.40　水泵

1. 拆卸与清洗

①等发动机冷却液温度下降到 50℃ 以下时，拆下散热器压力盖。

②放掉冷却液。

③拆下发电机驱动带，拆下水泵皮带轮固定螺栓，用皮带轮拉器 ST-647 和两颗 5/16×18-2 螺栓拆下皮带轮，见图 5-203。

④拆下发电机。

⑤拆下水泵油封和密封垫，见图 5-204。

⑥松开卡箍，从节温器壳体上拆下上部冷却液软管，见图 5-205。

⑦拆下四颗节温器壳体螺栓和节温器壳体。

⑧M 系列发动机采用的是在冷却液旁通软管内安装一个液力变矩器冷却盘，通过它使发动机的冷却液直接进入液力变矩器冷却器。图 5-206 为液力变矩器冷却液流经部件。

第 5 章 冷却系统检修

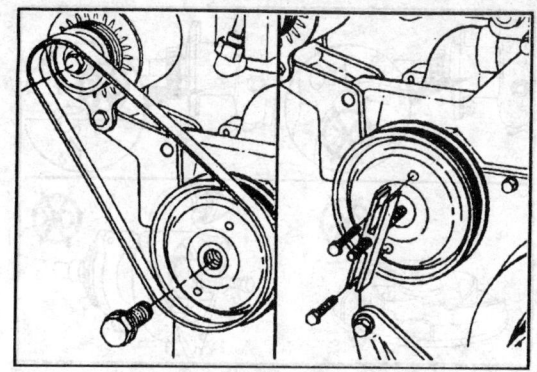

图 5-203 用拉器拆下皮带轮

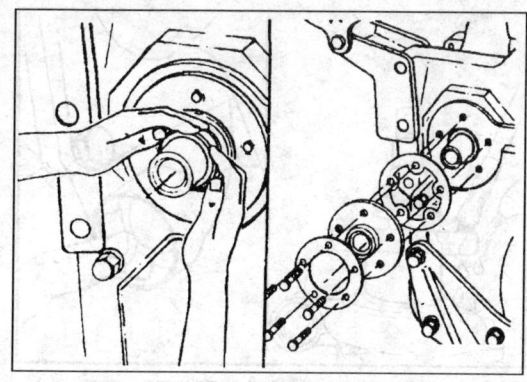

图 5-204 拆下水泵油封和密封垫

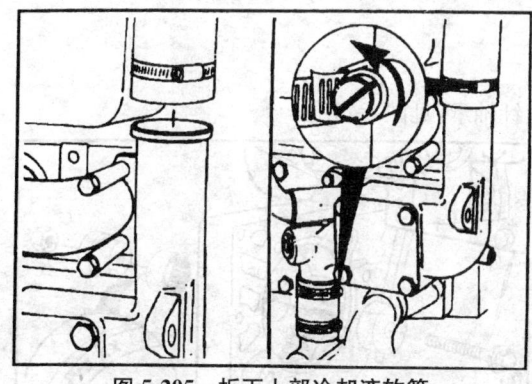

图 5-205 拆下上部冷却液软管

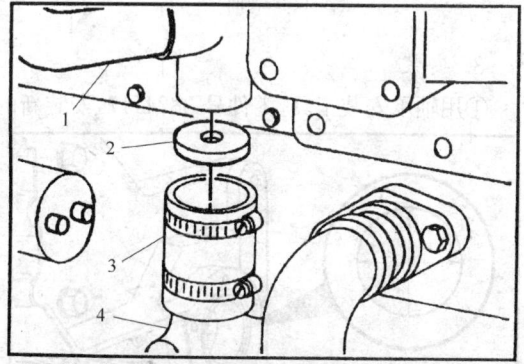

图 5-206 液力变矩器冷却液流经部件
1. 冷却液供应管 2. 冷却盘 3. 旁通软管 4. 水泵

⑨拆下水泵输水管接头螺栓,拆下 3 颗水泵安装螺栓,向外翻转水泵以便从水泵上拆下水管接头。
⑩拆下水泵,见图 5-207,拆卸时从顶部向外翻转水泵,使水泵能通过节温器壳体支架。
⑪检查滚针轴承是否转动自如、是否损坏,如果轴承损坏,应当更换。如果需要更换轴承,应使用零件号 3824117 的轴承安装工具和膨胀塞拆装器从齿轮室壳体中拆下轴承,从齿轮室壳体后部轻轻敲出轴承,见图 5-208。
⑫清洗水泵,见图 5-209。

图 5-207 拆下水泵

图 5-208 拆下滚针轴承并且检查是否损坏

2. 检查能否使用
①检查水泵壳体、盖和叶轮有无裂纹或损坏,见图 5-210。
②测量齿轮室壳体上滚针轴承孔内径,最小值 36.967mm、最大值 36.992mm,见图 5-211。

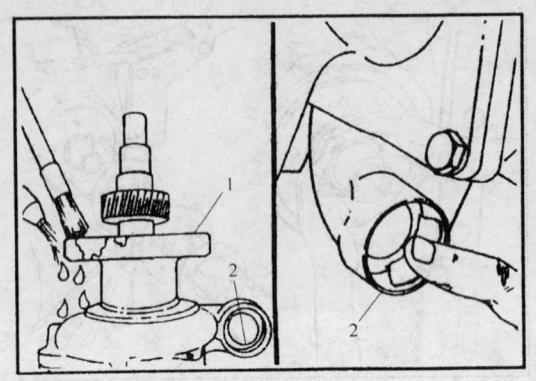

图 5-209 清洗水泵表面
1、2. 表面

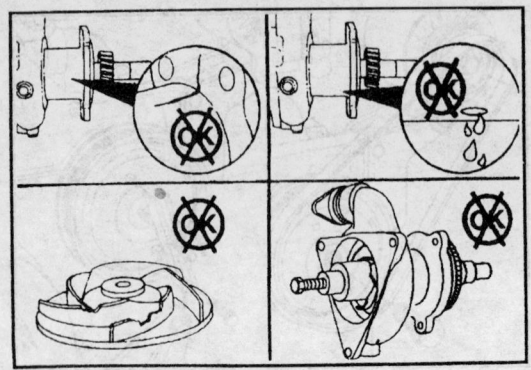

图 5-210 检查水泵壳体、盖和叶轮有无损坏

3. 安装

①用轴承安装工具,零件号 3824117,安装新的滚针轴承,见图 5-212。

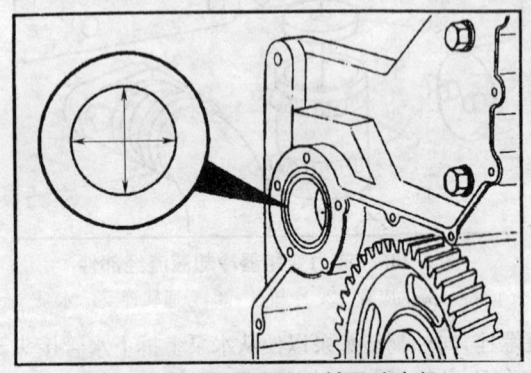

图 5-211 测量壳体上轴承孔内径

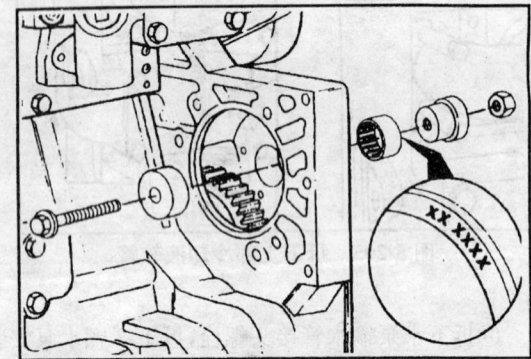

图 5-212 安装新轴承

②安装新的 O 形密封圈和水泵盖,见图 5-213,在安装时,必须从顶部向外翻转水泵,直到水泵出水口绕过节温器壳的支架。

③在水泵输水管上安装一个新密封圈,将管接头装入水泵中,向内翻转水泵,安装 3 颗螺栓,力矩:47N·m,见图 5-214。

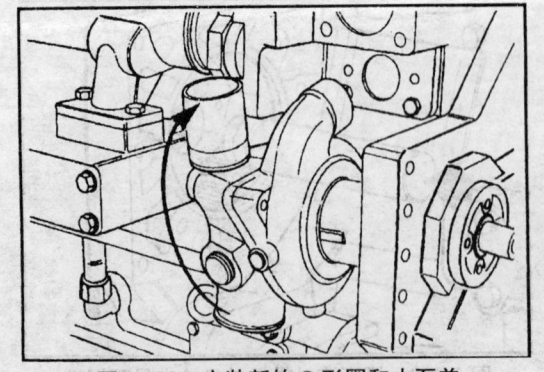

图 5-213 安装新的 O 形圈和水泵盖

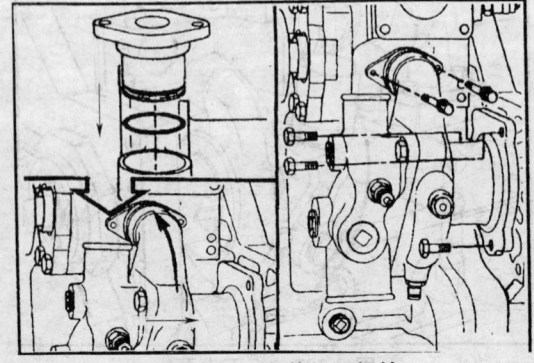

图 5-214 安装 3 颗螺栓

④如果发动机安装有液力变矩器冷却器,安装节温器壳体前,先在旁通软管内安装冷却盘,见图 5-215。

⑤在节温器表面槽内安装新密封件,并将节温器装入节温器壳体。

⑥在节温器壳的旁通出口处安装软管和4颗螺栓。
⑦安装上部冷却软管和下部冷却软管，并拧紧卡箍，见图5-216。

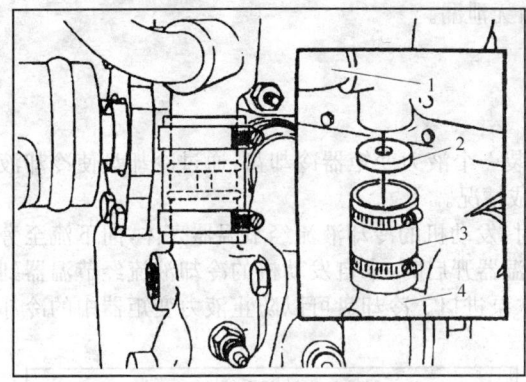

图5-215 安装冷却盘
1.冷却液供应管 2.冷却盘 3.软管 4.水泵

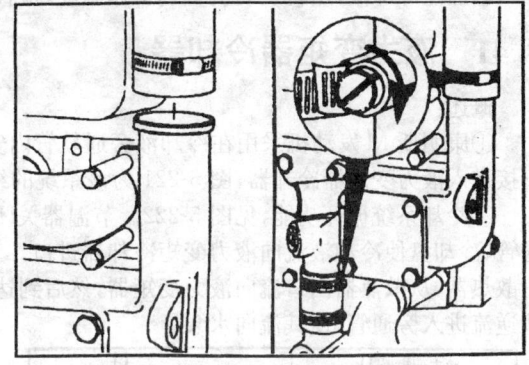

图5-216 安装上、下部冷却软管

⑧安装油封时，不要润滑油封。在螺杆上涂密封胶，防止润滑油泄漏，见图5-217。
⑨在油封防尘密封件的内壁涂一层薄润滑油，将密封件安装在水泵轴上，见图5-218。

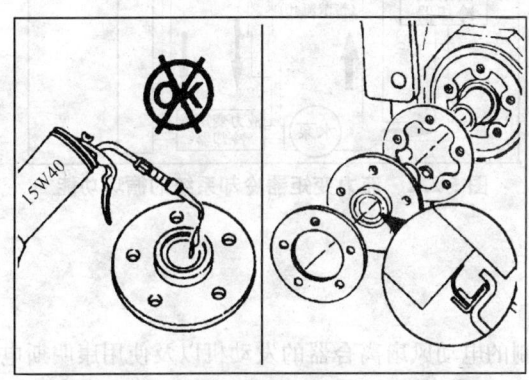

图5-217 不要润滑油封，在螺杆上涂密封胶

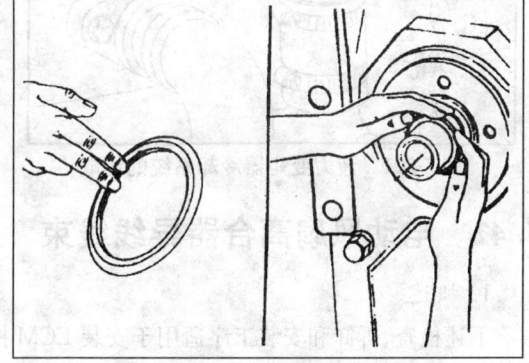

图5-218 涂油并安装防尘密封件

⑩用零件号为3377401的皮带轮推压工具连接件和零件号为3376326的皮带轮推压工具安装皮带轮，见图5-219。
⑪将螺栓装入轴中，力矩：75N·m，见图5-220。

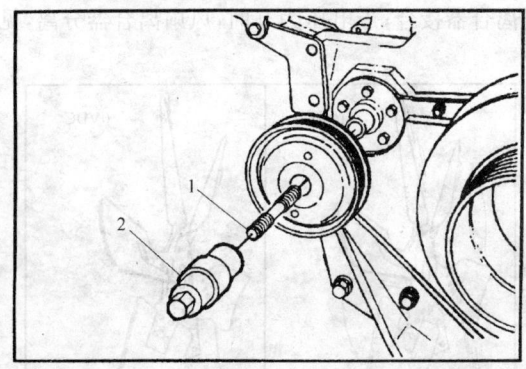

图5-219 用工具安装皮带轮
1、2.皮带轮推压工具

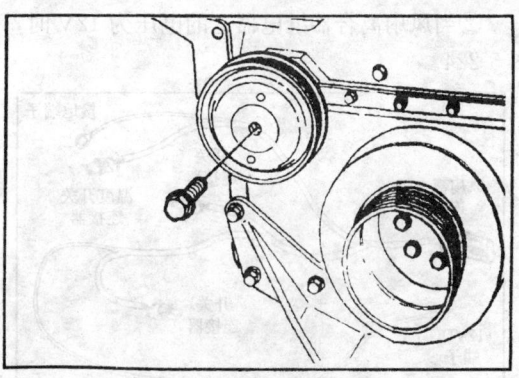

图5-220 将螺栓装入轴中

⑫安装发电机、安装驱动带并调整松紧。
⑬关闭冷却液放水开关,安装冷却液软管。
⑭加注冷却液,运转发动机直到工作温度,检查有无泄漏。

5.41 液力变矩器冷却器

概述:

①康明斯 M 发动机采用在冷却液旁通软管内安装一个液力变矩器冷却盘,通过冷却盘使冷却液直接进入液力变矩器冷却器,图 5-221 为该系统的组成情况。

②冷却系统循环功能,见图 5-222。节温器关闭时:发动机的冷却液流经节温器壳体,向下流至旁通管,冷却盘使冷却液流向液力变矩冷却器进口。节温器开启时:来自发动机的冷却液流经节温器到达散热器,从散热器出口流向液力变矩器,然后到达水泵进口。冷却盘可以防止液力变矩器中的冷却液逆流进入旁通管,使其流向水泵。

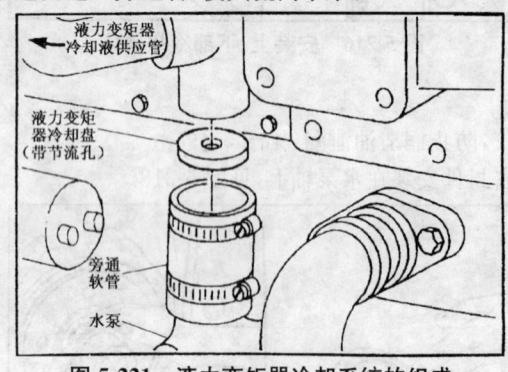

图 5-221 液力变矩器冷却系统的组成

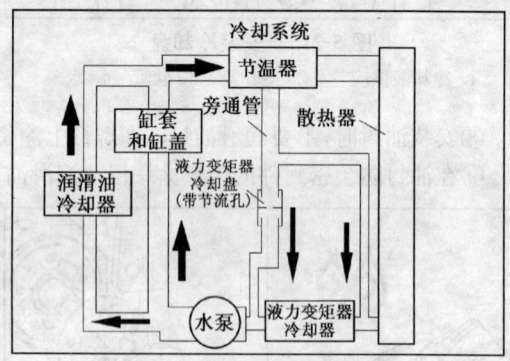

图 5-222 液力变矩器冷却系统的循环功能

5.42 电动风扇离合器导线线束

1. 概述

下述检查、拆卸和安装工序适用于安装 ECM 控制的电动风扇离合器的发动机以及使用康明斯电动风扇离合器的导线线束,见图 5-223。

2. 初始检查

①检查电气端子,见图 5-151。为使风扇运转,当 ECM 输送给电磁风扇离合器继电器电压为 0V 时,风扇离合器接合;当输入电压为 12V 时,风扇离合器分离。检查导线端子和线束,确保没有断裂和短路。

②当风扇离合器继电器上的电压为 12V 时,风扇离合器接合;当电压为 0 时,风扇离合器分离,见图 5-224。

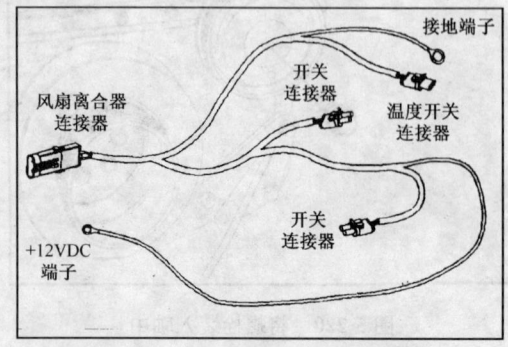

图 5-223 电动风扇离合器导线线束

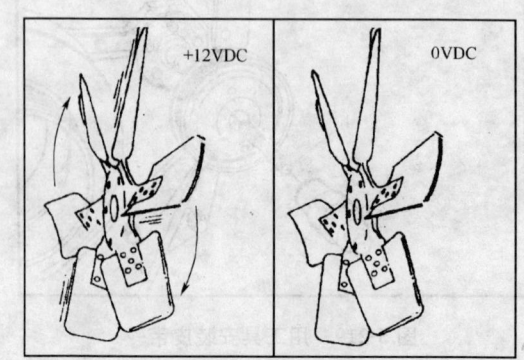

图 5-224 风扇离合器接合与分离

③电气系统向风扇提供 12V 电压有下列 3 种控制方法：手动风扇开关①、空调压缩机压力开关②和节温器壳体中的温度开关③，见图 5-225。

④为确保电路通畅，检查导线中下列触针间的导通性：检查风扇离合器连接器①的触针 B 与接地端子②的导通性，见图 5-226，其电阻为 10Ω 或更小。

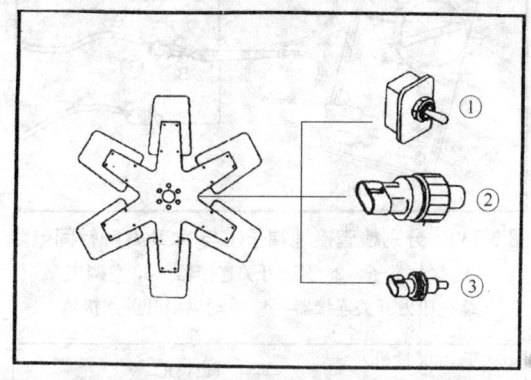

图 5-225　向风扇提供电压的 3 种方法
1. 手动风扇开关　2. 空调压缩机开关
3. 节温器壳体中的温度开关

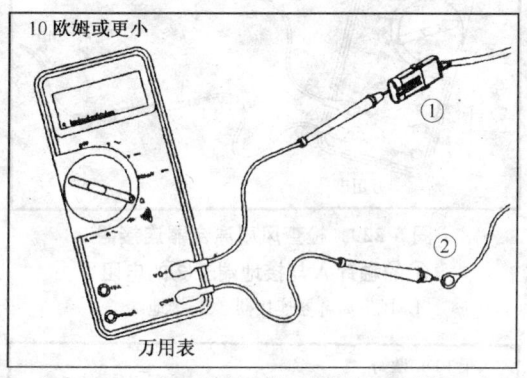

图 5-226　测量触针 B 与接地端子②的电阻
1. 连接器　2. 接地端子

⑤分别检查风扇离合器连接器①的触针 A 与温度开关连接器②的触针 A、与空调压缩机压力开关连接器③的触针 B、与手动风扇开关连接器④的触针 B 的导通性，见图 5-227，其电阻为 10Ω 或更小。

⑥分别检查 12V 端子①与温度开关连接器②的触针 B、与空调压缩机压力开关连接器③的触针 A、与手动风扇开关连接器④的触针 A 的电阻，应为 10Ω 或更小，见图 5-228。如果上述检查任一项结果大于 10Ω，维修或更换线束。

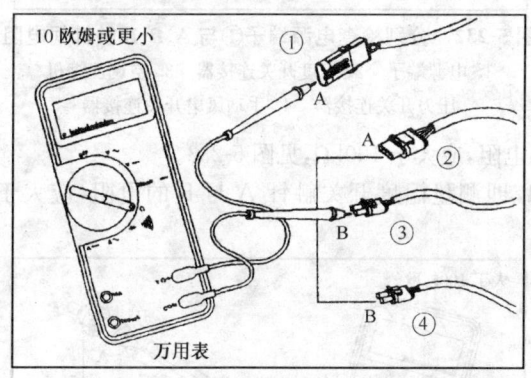

图 5-227　分别测量风扇离合器连接器
①的触针 A 与 A、B、B 触针的电阻
1. 风扇开关连接器　2. 温度开关连接器　3. 空调压缩机压力开关连接器　4. 手动风扇开关连接器

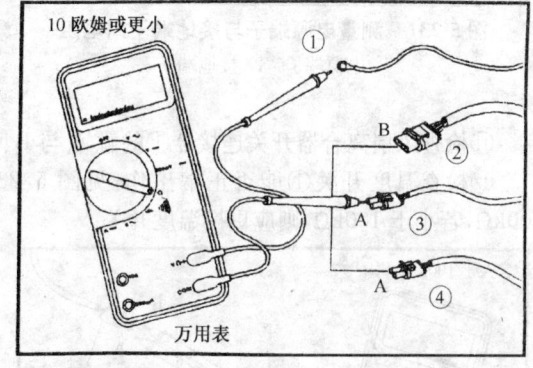

图 5-228　分别测量 12V 端子①与 B、A、A 触针间电阻
1. 12V 电源端子　2. 温度开关连接器　3. 空调压缩机连接器　4. 手动风扇开关连接器

⑦检查风扇离合器连接器①的触针 A 与接地端子②是否存在短路，见图 5-229，所测电阻必须大于 100kΩ。

⑧分别检查接地端子①与温度开关连接器②的触针 A、与空调压缩机压力开关连接器③的触针 B、与手动风扇开关连接器④的触针 B 是否存在短路，见图 5-230，所测电阻必须大于 100kΩ。

⑨检查 12V 电源端子①与接地端子间电阻，应大于 100kΩ，见图 5-231。

⑩分别检查 12V 电源端子与温度开关连接器②的触针 A、与压缩机压力开关连接器③的触针 B、与手动风扇开关连接器④的触针 B 是否存在短路，见图 5-232，所测电阻应大于 100kΩ。

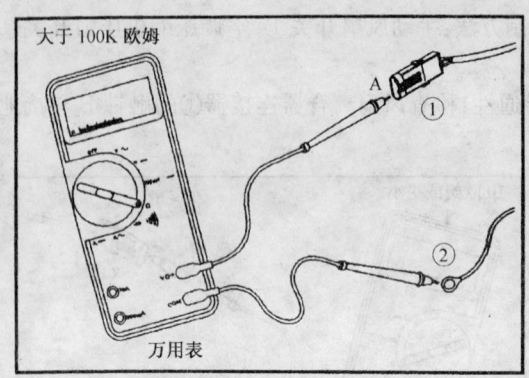
图 5-229 检查风扇离合器连接器
①的触针 A 与接地端子②的电阻
1. 风扇离合器连接器　2. 接地端子

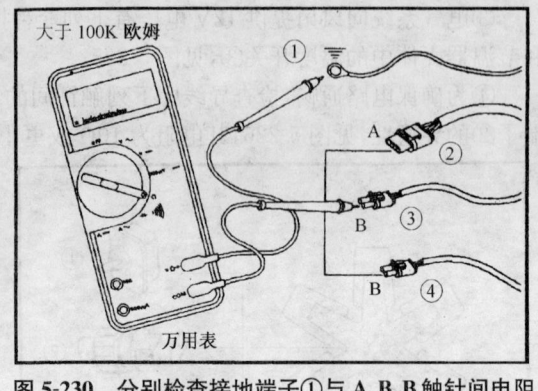
图 5-230　分别检查接地端子①与 A、B、B 触针间电阻
1. 接地端子　2. 温度开关连接器　3. 空调压
缩机压力开关连接器　4. 手动风扇开关连接器

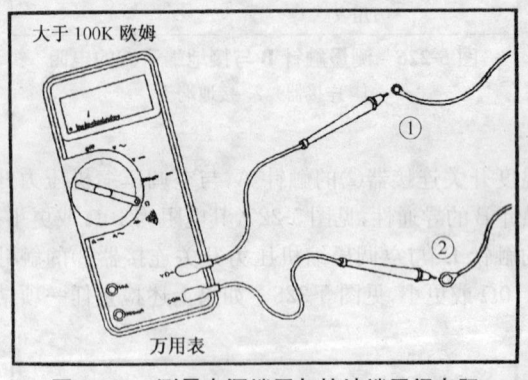
图 5-231　测量电源端子与接地端子间电阻
1. 电源端子　2. 接地端子

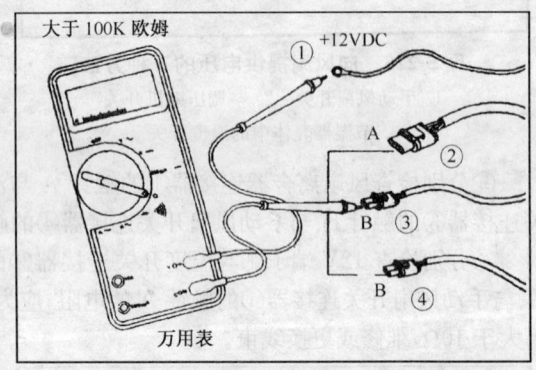
图 5-232　分别检查电源端子①与 A、B、B 触针间电阻
1. 电源端子　2. 温度开关连接器　3. 空调压缩机
压力开关连接器　4. 手动风扇开关连接器

⑪检查风扇离合器开关连接器①的触 A 与 B 间电阻，应大于 100kΩ，见图 5-233。
⑫检查温度开关①能否正常工作，见图 5-234，即测量温度开关触针 A 与 B 的电阻，应大于 100kΩ，若小于 100kΩ，则应更换温度开关。

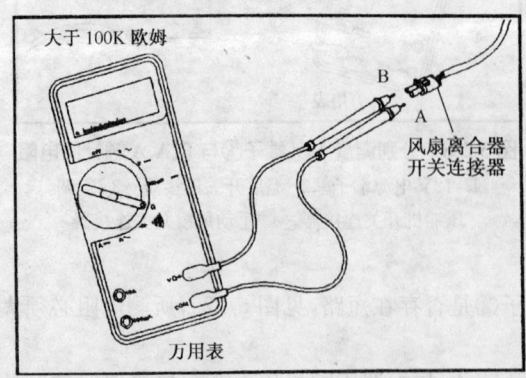
图 5-233　检查风扇离合器开关连接器
A 与 B 触针间电阻

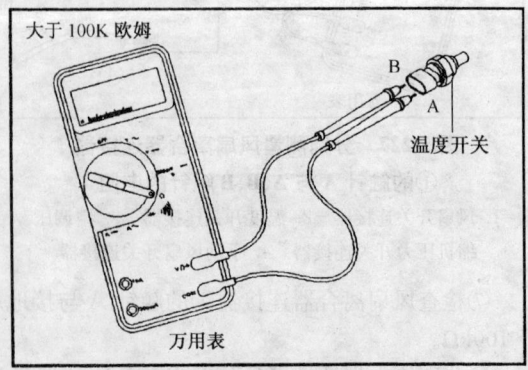
图 5-234　检查温度开关的导通性

⑬当温度为风扇运转的温度时，检查温度开关能否正常工作，其方法是将开关①和温度计放在盛

水容器里,见图5-235。

⑭将万用表笔分别接触针A和触针B,将水加热,记录电阻从大于或等于100kΩ变为小于或等于10kΩ时的温度,见图5-236。

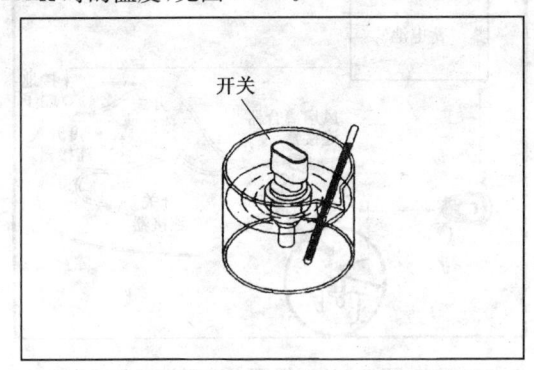

图5-235 将开关和温度计放入盛水的容器里

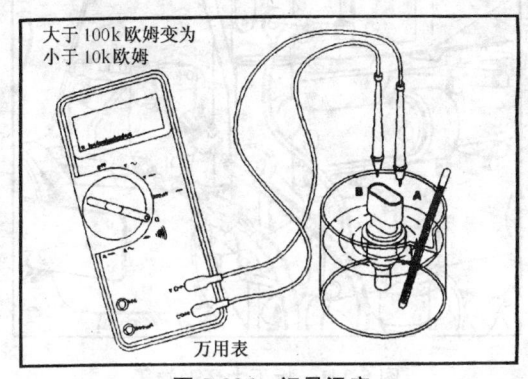

图5-236 记录温度

⑮如果在原厂指定温度下,开关没有关闭,必须更换开关。

⑯请参考制造厂建议,检查空调压缩机开关和驾驶室手动风扇开关,在制造厂指定的温度下,开关没有关闭,必须更换开关,见图5-237。

3. 拆卸

①从基本线束上拆下手动开关线束,见图5-238。

图5-237 参考制造厂的建议

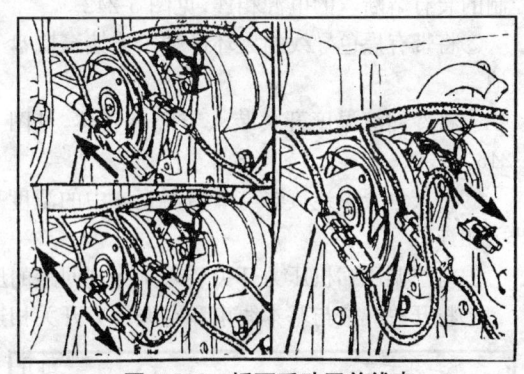

图5-238 拆下手动开关线束

②拆下空调压缩机压力开关线束,见图5-239。

③从节温器壳体的温度开关上拆下灰色的线束连接器,见图5-240。

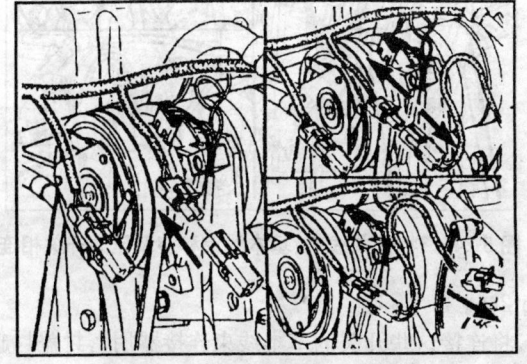

图5-239 拆下空调压力开关线束

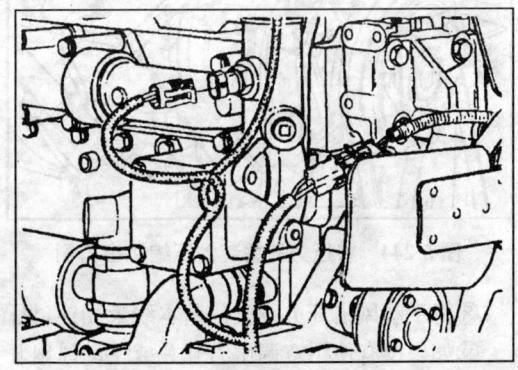

图5-240 拆下灰色线束连接器

④从底盘接地处拆下带有黑色导线的大环形端子,见图5-241。
⑤从电源处拆下小环形端子,见图5-242。

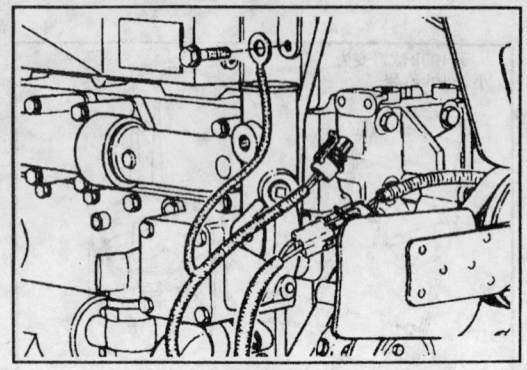

图5-241 拆下大环形端子

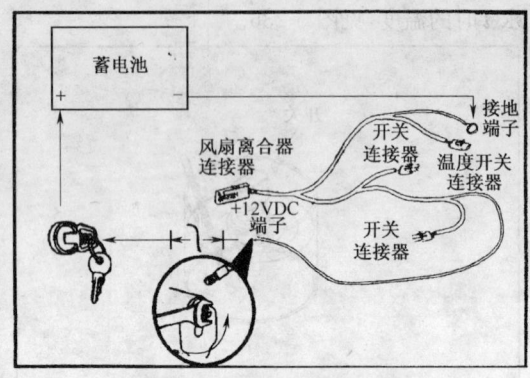

图5-242 拆下小环形端子

⑥拆下风扇离合器连接器,见图5-153。

4. 安装

①将基本线束上的风扇离合器连接器连接至风扇离合器,见图5-153。

②将带有红色导线的小环形端子与点火开关控制的装有熔断丝的电源相连,见图5-242。

③将带有黑色导线的大环形端子连接至底盘接地。

④将冷却液温度开关装入节温器壳体,见图5-243。

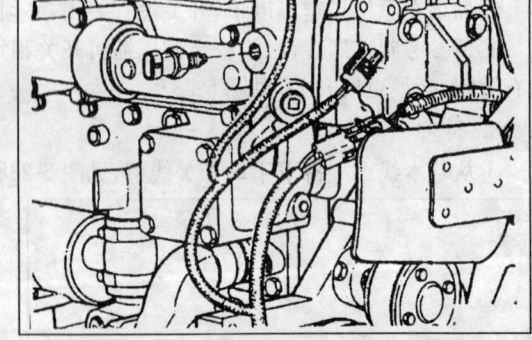

图5-243 将温度开关装入节温器壳体

⑤将灰色线束连接器与节温器壳体中的温度开关相连。

⑥将空调压缩机压力开关装入制冷剂回路的压缩机出口侧,见图5-244。

⑦将开关线束与基本线束和空调压力开关相连,见图5-245。

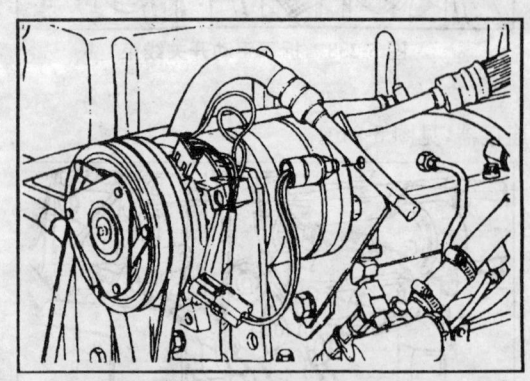

图5-244 将压力开关装入压缩机出口侧

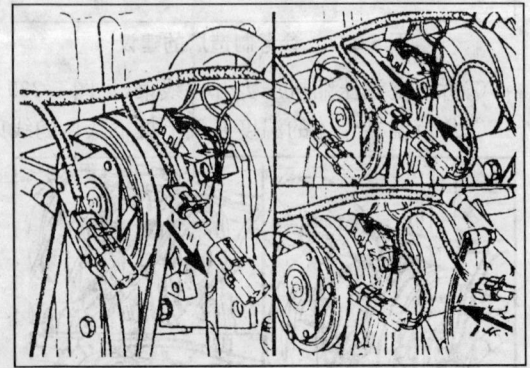

图5-245 将开关线束、基本线束和空调压力开关相连

⑧将手动风扇开关线束与基本线束相连,见图5-246。

⑨如果没有使用空调压力开关或手动风扇开关,将连接这些开关的基本线束连接器用密封盖封起来,见图5-247。

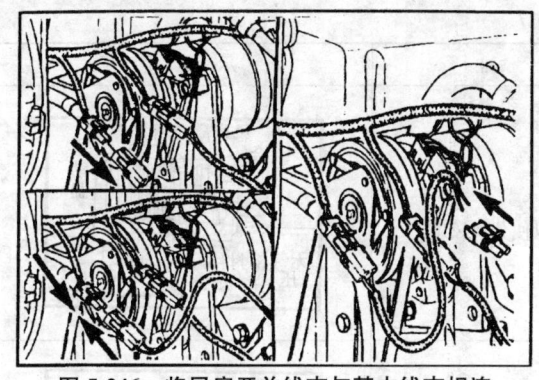

图 5-246 将风扇开关线束与基本线束相连

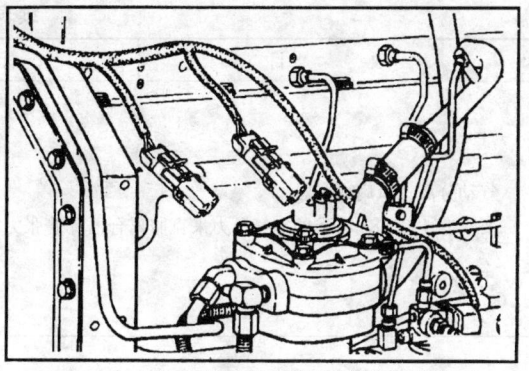

图 5-247 密封没有使用的开关线束连接器

5.43 冷却系统维修技术规范

冷却系统维修技术规范,见表 5-7～表 5-10。

表 5-7 冷却系统维修技术规范

项 目	标 准	示 意 图
节温器开启温度	最小值 81℃ 最大值 83℃	
冷却液节温器工作温度 ①节温器必须在标称温度 1℃ 以内开启 ②节温器必须在标称温度 12℃ 以内全开,全开时节温器凸缘与壳体之间的距离是 11mm		
冷却液节温器泄漏测试 收集的冷却液量不得超过 100CC		
冷却系统压力测试 空气压力	138kPa	

续表 5-7

项 目	标 准	示 意 图
气动分离式风扇离合器 要求有 480~830kPa 的空气压力来克服离合器弹簧张力，以便分离风扇		
气动接合式风扇离合器 要求有 620~830kPa 的空气压力来克服离合器弹簧张力，以便分离风扇		
康明斯电动风扇离合器 电动风扇离合器接合电压：12V		
风扇驱动惰轮皮带轮总成—轴向间隙	最小值 0.025mm 最大值 0.250mm	
风扇毂轴向间隙	最小值 0.08mm 最大值 0.41mm	
清洁散热器的压缩空气压力	552kPa	

续表 5-7

项　目	标　准	示意图
散热器压力盖 当压力盖压力在标定压力值的 14kPa 以内时，压力盖必须保持密封，否则必须更换压力盖		
水泵—滚针轴承孔内径(齿轮室壳体中)	最小值 36.967mm 最大值 36.992mm	

表 5-8　冷却系统各部螺栓紧固力矩　　　　　　　　(单位：N·m)

紧固螺栓部位	步骤和力矩	示意图
冷却风扇驱动皮带—惰轮皮带轮轴锁紧螺母	190	
冷却液滤清器座控制阀固定螺栓	10	
冷却液滤清器座安装螺栓	54	
冷却液加热器壳体螺栓	54	

续表 5-8

紧固螺栓部位	步骤和力矩	示意图
冷却液节温器壳体安装螺栓	54	
冷却液软管卡箍	3	
冷却液节温器壳体支架安装螺栓	54	
凸缘安装螺栓	47	
水泵安装螺栓	47	
输入管安装螺栓	24	

续表 5-8

紧固螺栓部位	步骤和力矩	示 意 图
节温器壳体螺栓	54	
散热器软管卡箍	5	
电动风扇离合器安装螺栓	47	
粘性风扇离合器安装螺栓	68	
风扇惰轮皮带轮轴锁紧螺母	190	
皮带驱动的风扇毂	47	

续表 5-8

紧固螺栓部位	步骤和力矩	示意图
风扇惰轮皮带轮轴锁紧螺母	190	
风扇皮带轮	68	
冷却风扇安装螺栓	68	
水泵盖	47	
水泵安装螺栓	47	
水泵输水管接头安装螺栓	25	
皮带轮螺栓	75	

第 5 章 冷却系统检修

表 5-9 驱动装置维修技术规范　　　　　　　　　　（单位：mm）

部位及尺寸内容	标准尺寸	示意图
液压泵驱动装置—滚针轴承内径（齿轮室壳体中）	最小值 41.967 最大值 41.992	
滚针轴承孔内径（液压泵驱动连接件中）	最小值 41.967 最大值 41.992	
液压驱动轴外径	最小值 34.984 最大值 35.000	
液压驱动滚针轴承安装技术规范 轴承必须装入齿轮室壳体孔表面外缘以内 0.25~0.76mm		
液压泵驱动轴轴向间隙	最小值 0.076 最大值 0.635	

表 5-10 驱动装置各部螺栓紧固力矩　　　　　　　（单位：N·m）

紧固螺栓部位	步骤和力矩	示意图
附件驱动总成安装螺栓	47	

续表 5-10

紧固螺栓部位	步骤和力矩	示 意 图
附件驱动皮带轮安装螺栓	542	
发电机驱动皮带轮固定螺栓	75	
液压泵驱动装置连接件安装螺栓	47	
液压泵盖板	27	

第 6 章　进排气系统检修

6.1　进气系统概述

①康明斯 ISM 系列发动机的进气系统由进气管、涡轮增压器、空-空中冷器管、空-空中冷器和排气管组成，见图 6-1。

②涡轮增压器利用废气能量推动涡轮机叶轮，涡轮机叶轮带动压气机叶轮，压气机向发动机提供燃烧用的压缩空气。涡轮增加器向发动机提供大量的压缩空气允许更多的燃油喷入汽缸润滑油，以提高发动机的输出功率。见图 6-2。

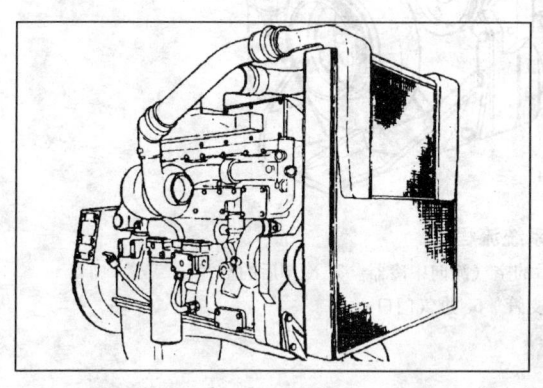

图 6-1　涡轮增压进气系统的组成

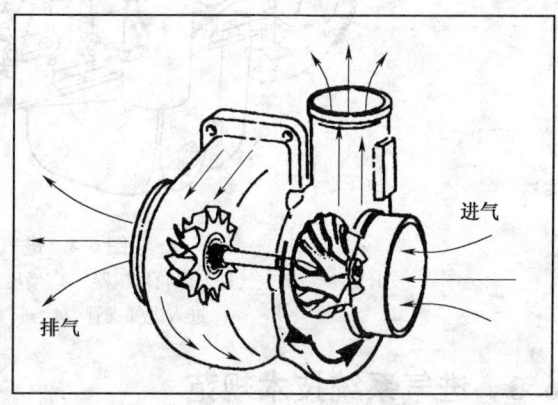

图 6-2　涡轮增压器工作原理

③涡轮机和压气机的叶轮与轴支承在轴承座中的两个滚动轴承上。压力润滑油通过轴承座中的油道流向轴承和止推轴承，润滑油润滑和冷却转动部件，使轴上的涡轮机和压气机运转平稳。润滑油通过回油管从轴承座流回发动机底壳。若回油管堵塞会造成涡轮增压器轴承座内润滑油压力过高，密封圈处会泄漏润滑油。增压器的润滑油流动情况，见图 6-3。

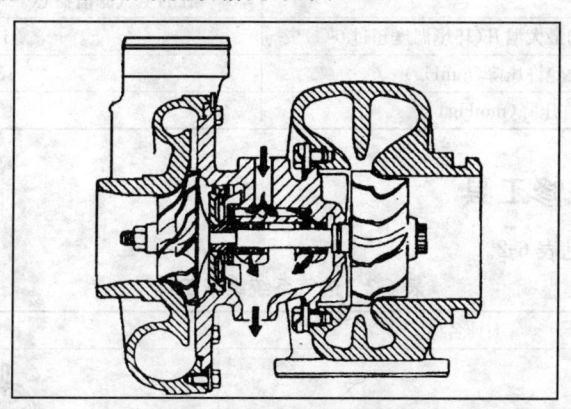

图 6-3　润滑油流动情况

6.2　进气系统流程

进气系统流程，见图 6-4。

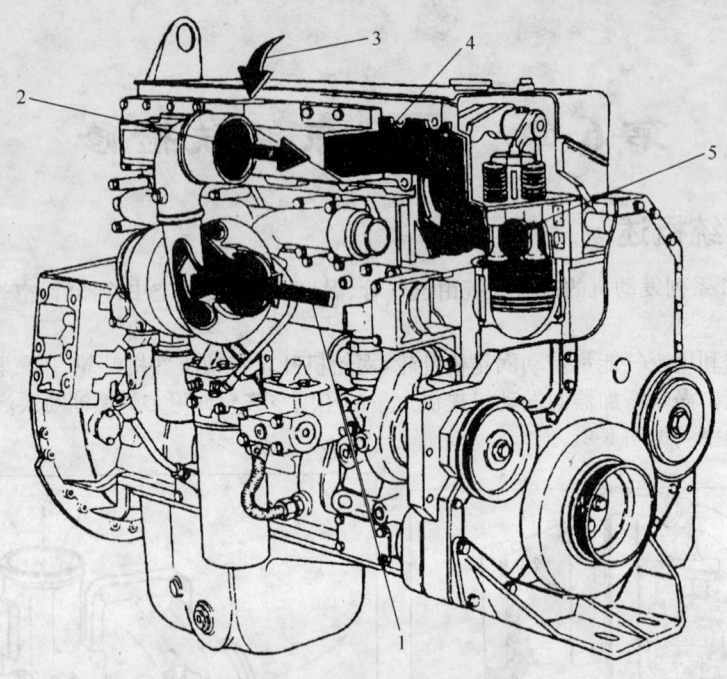

图 6-4 进气系统流程

1. 过滤后的空气进入涡轮增压器 2. 增压后的空气流向中冷器 3. 冷却后的空气进入进气支管 4. 进气支管 5. 进气门口

6.3 进气系统技术规范

进气系统技术规范,见表 6-1。

表 6-1 进气系统技术规范

项　目		数　据
进气最大阻力(mmH_2O)	干净的空气滤清器芯	254
	脏的空气滤清器芯	635
环境温度与进气温度之间的最大温升(环境温度超过 0℃)		17
从增压器到进气支管的最大允许压降(mmHg)		152
空-空中冷器前后的最大允许压降(mmHg)		152

6.4 进气系统维修工具

进气系统维修工具见表 6-2。

表 6-2 进气系统维修工具

工具号	工具名称	工具图
ST-537	深度千分表 (测量涡轮增压器轴向间隙)	

第 6 章 进排气系统检修

续表 6-2

工具号	工具名称	工具图
3375552	扭矩扳手	
3376891	荧光示踪剂 （加入润滑油中，与显光灯一起用于检查润滑油泄漏）	
3377253	黑光灯（交流） （检查润滑油或燃油是否泄漏）	
3377394	黑光灯（直流） （检查润滑油或燃油是否泄漏）	

6.5 进气支管

1. 拆卸与清理

①拆卸空-空中冷器到进气管接头的空气管，从进气支管上拆下进气管接头和传感器，见图 6-5。
②拆卸安装螺栓和进气支管，见图 6-6。

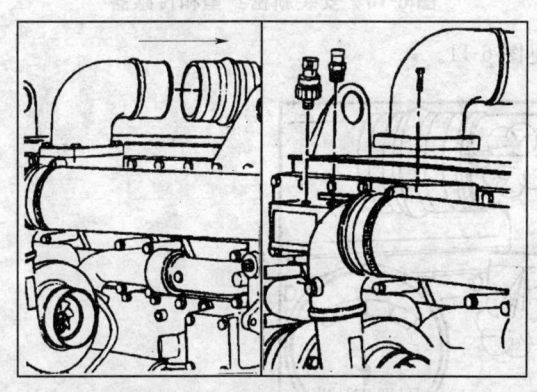

图 6-5 拆下进气管接头和传感器

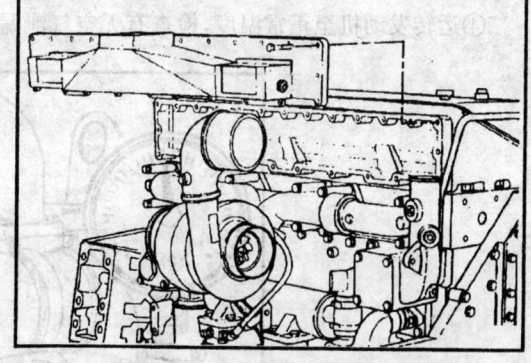

图 6-6 拆下螺栓和进气支管

③清理进气管与摇臂室壳体接触表，清理密封垫表面，见图 6-7。

2. 检查能否使用

检查进气支管有无裂纹和损坏，见图 6-8。

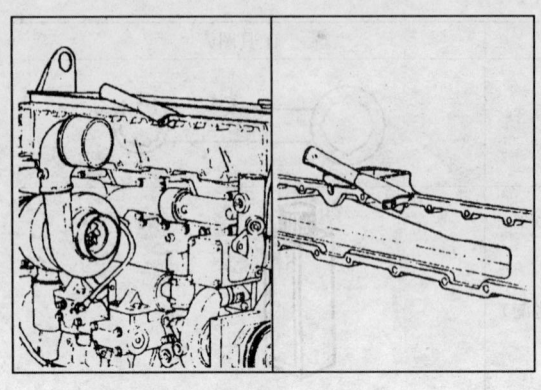
图 6-7 清理进气支管表面

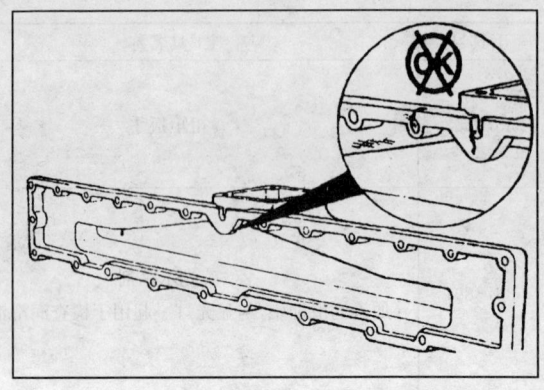
图 6-8 检查进气支管有无裂纹和损坏

3. 安装

① 安装新密封垫之前,先在摇臂室壳体上安装两根导销。
② 安装进气管和螺栓,按图 6-9 所示顺序紧固螺栓,力矩:47N·m。
③ 安装新密封垫和进气管接头,安装传感器,见图 6-10。

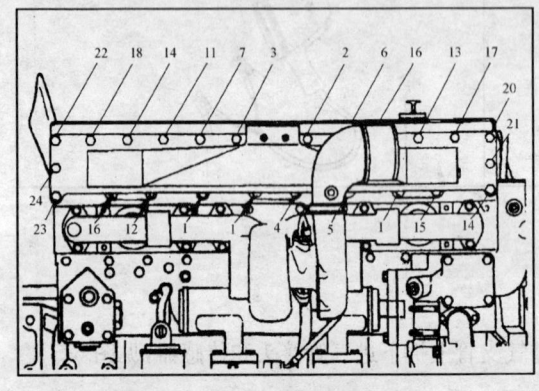
图 6-9 安装进气支管和螺栓

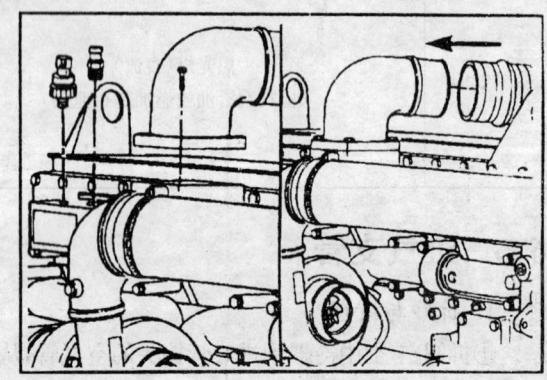
图 6-10 安装新密封垫和传感器

④ 运转发动机至正常温度,检查有无空气泄漏,见图 6-11。

图 6-11 运转发动机至工作温度检查有无空气泄漏

6.6 进气和排气系统空气泄漏检查

保养检查：

①检查进气管路中进气管和软管有无断裂和损坏，卡箍是否松动，见图6-12，如有必要更换已损坏的进气管或软管。

②高怠速运转发动机，用肥皂水溶液检查进气泄漏部位，见图6-13。

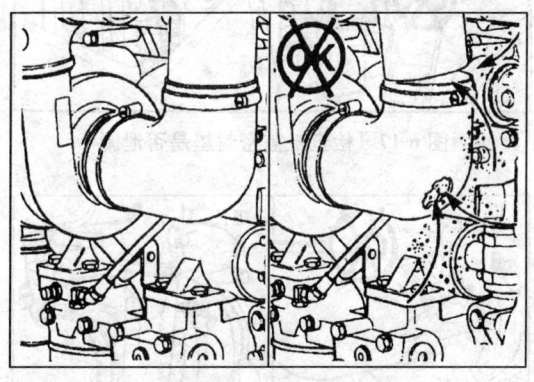

图 6-12 检查进气管和软管有无损坏

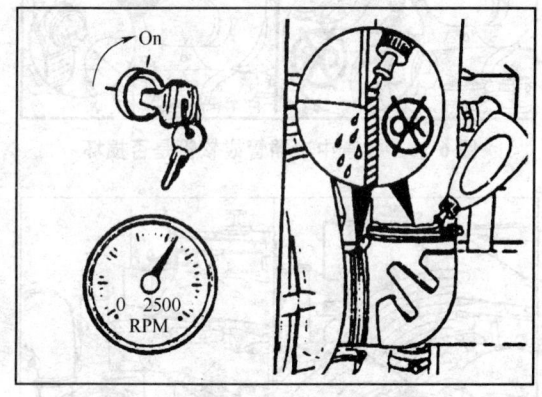

图 6-13 用肥皂水溶液检查泄漏部位

③在最大负荷下全油门额定转速运转发动机，检查涡轮增压器附近管路和接头处有无尖锐的噪声，见图6-14。

④涡轮增压器到排气弯管接头是否泄漏而产生噪声，见图6-15。

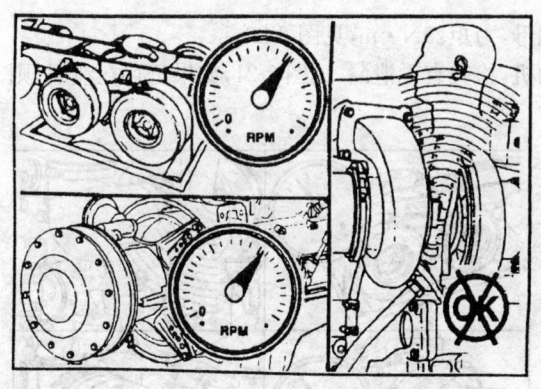

图 6-14 大负荷运转发动机，检查管路和接头是否能听到尖锐的噪声

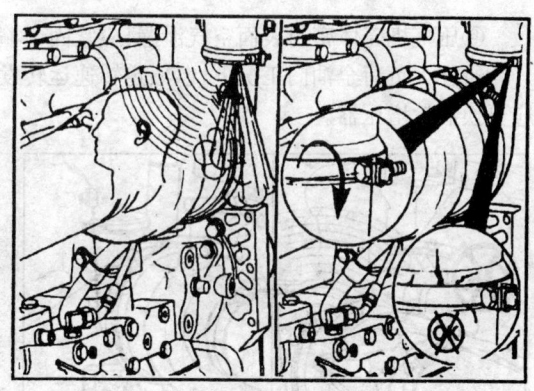

图 6-15 检查是否泄漏而产生噪声

⑤检查空-空中冷器管或软管有无损坏，见图6-16。

⑥检查进气支管和摇臂室壳体与缸盖密封垫的接合处是否泄漏，如果发现泄漏，则应更换密封垫，见图6-17。

⑦更换涡轮增压器与排气支管之间的密封垫，见图6-18。

⑧涡轮机壳体密封表面废气泄漏，应紧固涡轮机壳体螺栓和V形带卡箍，见图6-19，螺栓力矩：14N·m，卡箍力矩：9N·m。

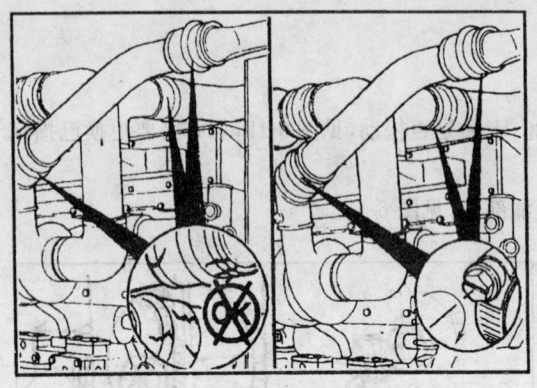

图 6-16 检查中冷器管或软管是否损坏

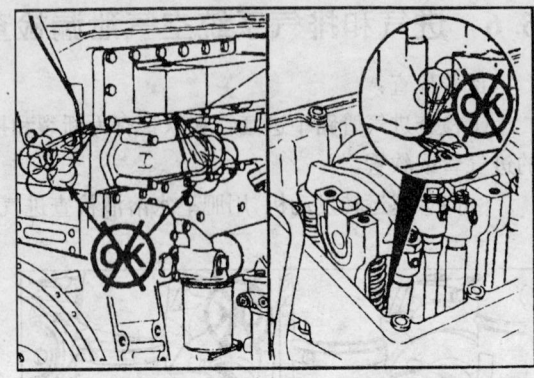

图 6-17 检查缸盖密封垫是否泄漏

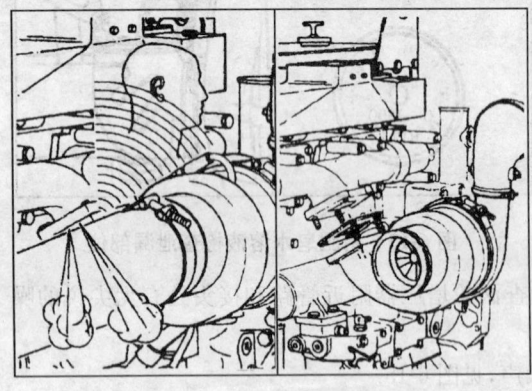

图 6-18 更换密封垫

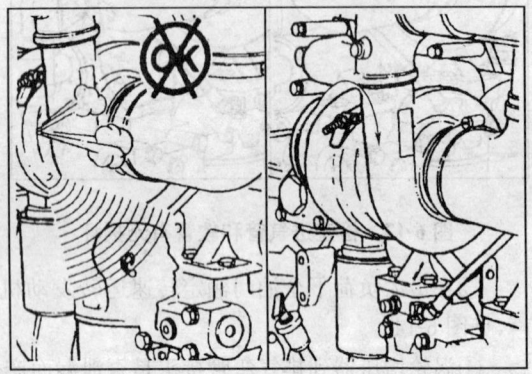

图 6-19 紧固螺栓和卡箍

⑨压气机壳体密封表面空气泄漏,应紧固卡箍螺母,力矩:9N·m,见图6-20。

⑩在大负荷全油门工况下,以额定转速运转发动机,检查有无泄漏,见图6-21,如果仍存在泄漏,则应更换涡轮增压器。

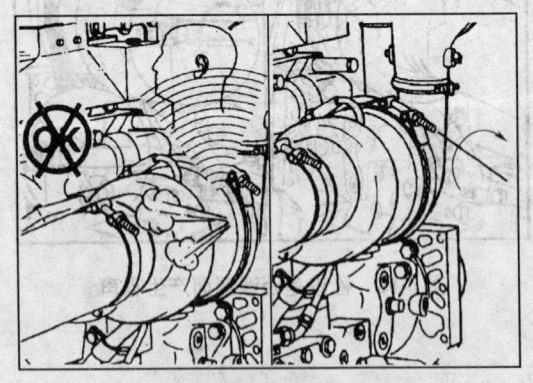

图 6-20 紧固卡箍螺母

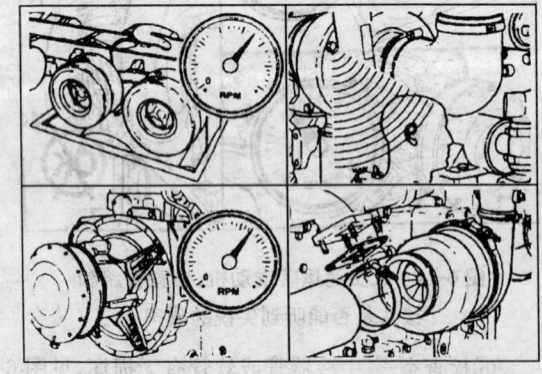

图 6-21 大负荷运转发动机,检查有无泄漏

6.7 空-空中冷器(CAC)

1. 清洗

①由于涡轮增压器故障或其他原因会造成润滑油和碎屑进入空-空中冷器,所以必须清洗空-空中冷器。从车辆上拆下中冷器及其管道,见图6-22。

②用含溶剂的水清洗空-空中冷器并用橡皮锤轻轻敲打箱体,以清除碎屑,见图6-23。

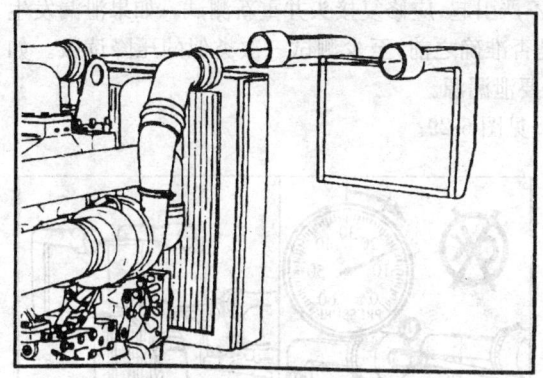

图6-22 拆下中冷器及其管道

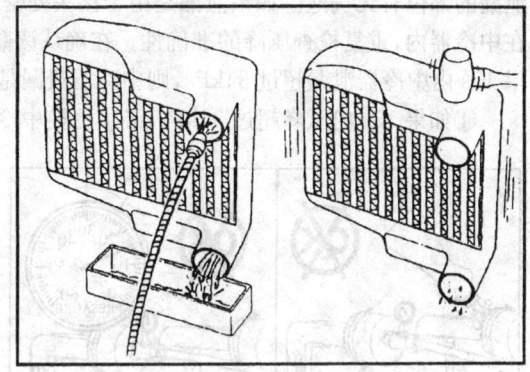

图6-23 清洗中冷器、清除碎屑

③再用热肥皂水漂洗空-空中冷器,用压缩空气吹干,见图6-24。

2. 检查能否使用

检查空-空中冷器有无裂纹和损坏,检查管道焊接处有无裂缝或损坏,见图6-25。

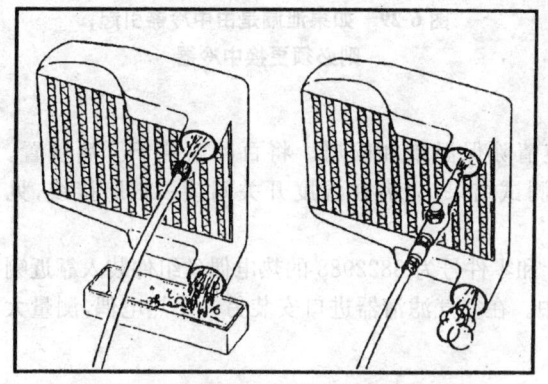

图6-24 用热肥皂水漂洗中冷器并吹干

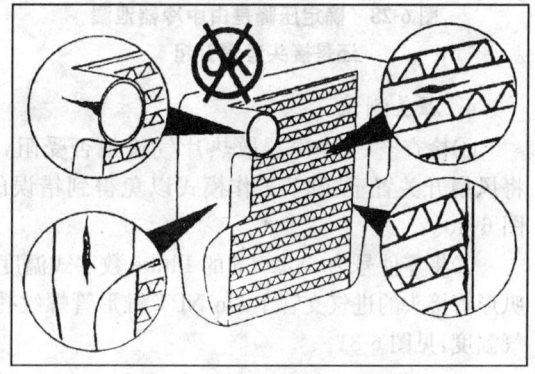

图6-25 检查中冷器有无损坏

3. 泄漏测试

①在中冷器的出口管安装管塞或盖,在进口管安装一个压力表和带切断阀的压缩空气管,见图6-26。

②向中冷器加压,直到压力表的气压读数在207kPa为止,关闭通往中冷器的压缩空气,同时记录15s的泄漏量。如果15s内压降不超过34kPa,表明中冷器工作正常。如果15s内压降超过34kPa,应重新检查所有管接头,见图6-27。

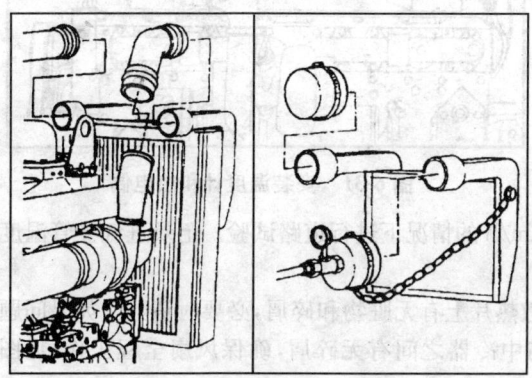

图6-26 安装管塞和压力表

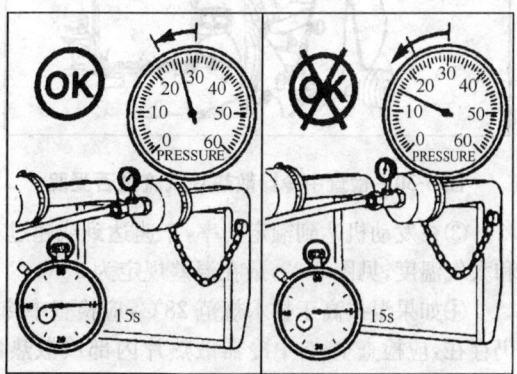

图6-27 记录15s内的压降数

③确定压降是中冷器泄漏还是接头泄漏引起的,见图6-28。向所有软管接头处喷洒肥皂水,观察泄漏的部位有无气泡。如果泄漏是由于接头处密封不严引起,应修复接头并重新测试。如果泄漏发生在中冷器内,重复检查压降的准确性。在确认读数是否准确之前,至少测试三次类似的压降读数。如果15s内中冷器泄漏超过34kPa,则中冷器泄漏是主要泄漏源。

④如果15s内压降超过34kPa,必须更换中冷器,见图6-29。

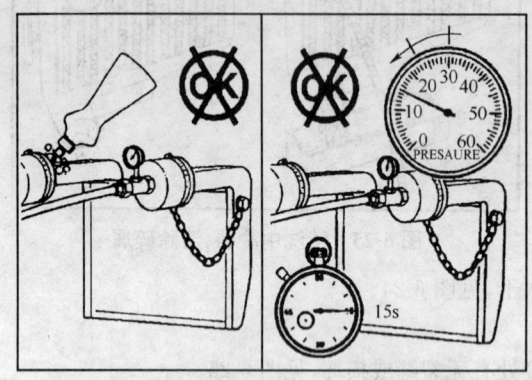

图6-28 确定压降是由中冷器泄漏还是接头泄漏引起

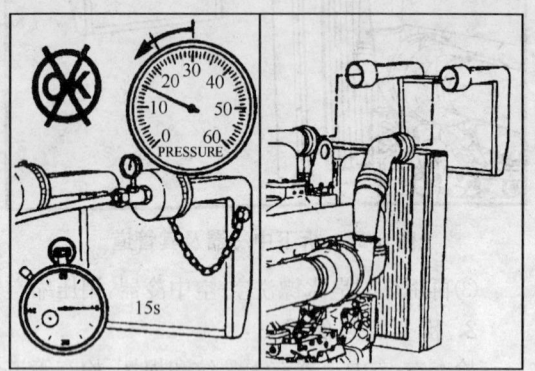

图6-29 如果泄漏是由中冷器引起,则必须更换中冷器

4. 温差测试

①检查空-空中冷器散热片气流是否受阻,应清除保温罩和碎屑。将百叶窗置于开启位置。将风扇开关置于"ON"工作模式以免得到错误的测试结果,只需在温度开关间接一根跨接线,见图6-30。

②将零件号为3822666的Fluke数字式温度计和零件号为3822988的热电偶丝组件装入靠近喇叭形管接头的进气支管1/8in NPT锥形管螺纹孔中。在空气滤清器进口安装另一个热电偶,测量大气温度,见图6-31。

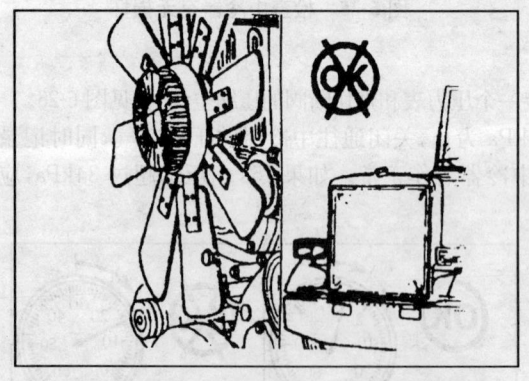

图6-30 检查中冷器散热片气流是否受阻

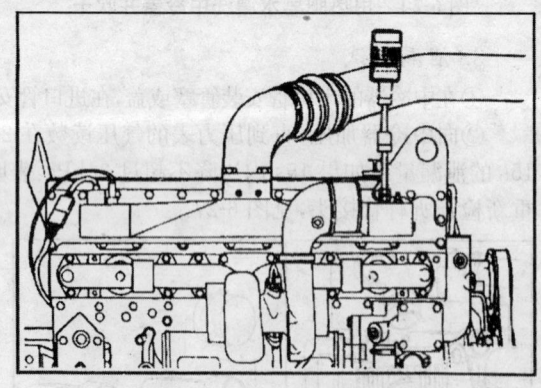

图6-31 安装温度计和热电偶

③在发动机达到额定功率,车速达到或超过48km/h的情况下进行道路试验。记录进气支管温度和大气温度,见图6-32,最在温差规定为28℃。

④如果温差高于技术规范28℃,应检查中冷器散热片上有无脏物和碎屑,必要时清除。如果问题仍存在,应检查空-空中冷器散热片内部或散热器与中冷器之间有无碎屑,确保风扇全程工作,见图6-33。

第 6 章 进排气系统检修

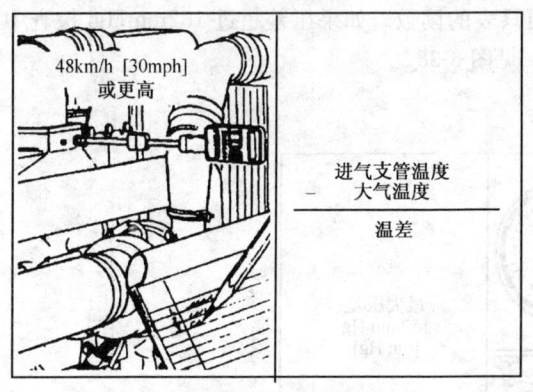

图 6-32 记录温差

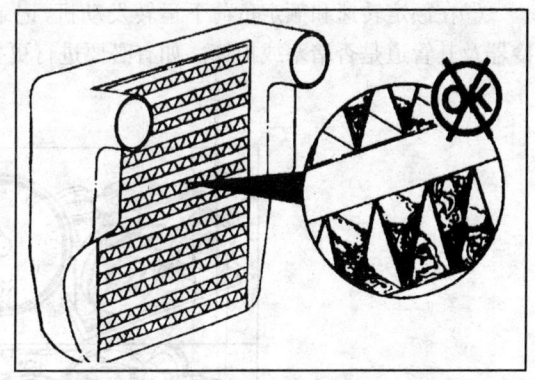

图 6-33 检查中冷器散热片有无脏物和碎屑,若有应清除

5. 压差测试

①方法一:用水银压力计,零件号 ST-1111-3,测量空-空中冷器系统压降,见图 6-34。

②将水银压力计安装在压气机弯管接头上,水银计的另一端则安装在进气支管上,见图 6-35。

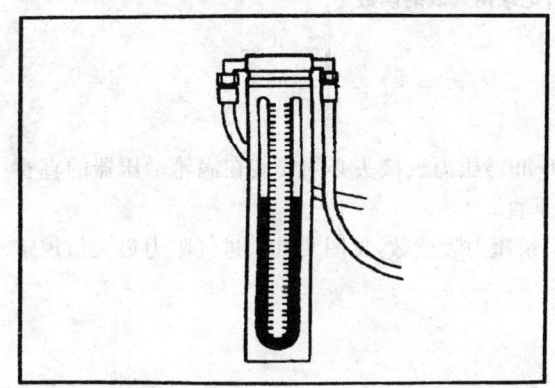

图 6-34 用水银压力计测中冷器压降

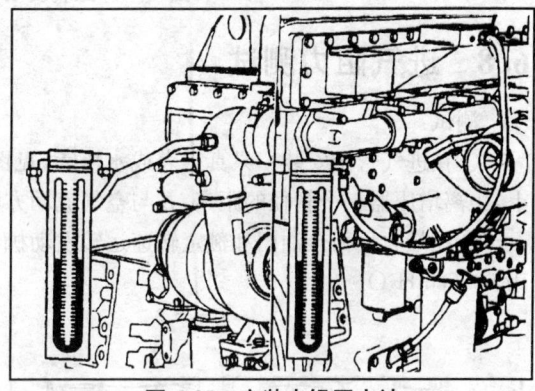

图 6-35 安装水银压力计

③在额定转速和额定负荷下运转发动机,记录压力计读数。如果压差超过 152mmHg,检查空-空中冷器及其管道是否堵塞。如有必要,进行清洗或更换。见图 6-36。

④方法二:用两只零件号为 ST-1273 的压力表,在同一压力源 206kPa 上检查两只压力表以确保一致性。将零件号为 ST-1273 的压力表安装到涡轮增压器压气机出口弯管的 1/8 英寸接头上。将另一只压力表安装在进气支管中。见图 6-37。

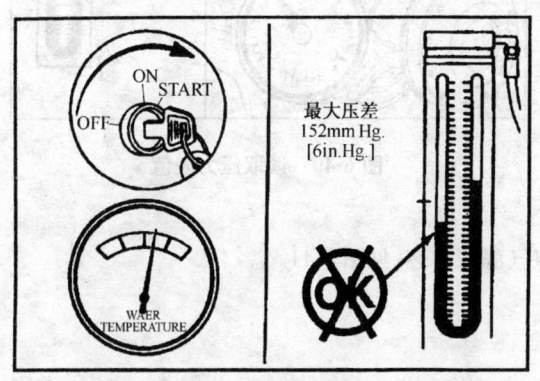

图 6-36 运转发动机,记录压力计读数

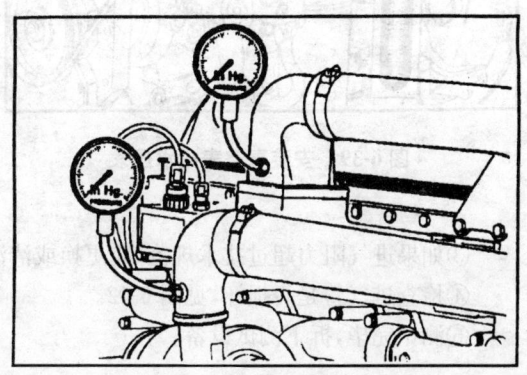

图 6-37 安装两只压力表

⑤在额定转速和额定负荷下运转发动机,记录两只表的读数。如果压差超过152mmHg,检查中冷器及其管道是否堵塞或损坏。如有必要进行更换。见图6-38。

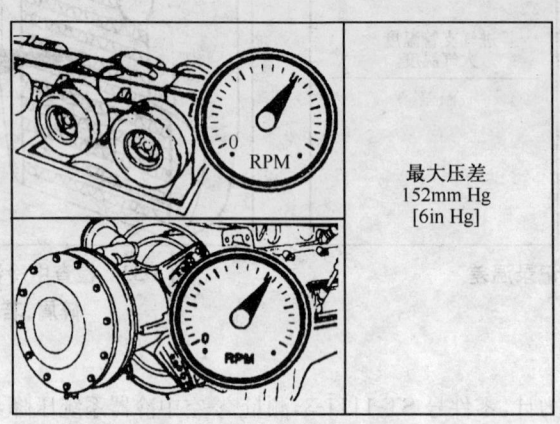

图6-38　运转发动机,记录两只表的读数

6.8　进气阻力测试

测试:

①在进气管中安装一只真空表或水压表,见图6-39。压力表接头必须安装在涡轮增压器的直管上,距离增压器一个管径的距离,并与空气流动方向垂直。

②在最大负荷全油门和额定转速运转发动机,记录压力表读数,见图6-40。进气阻力最大值规定为$63.5 cm H_2O$。

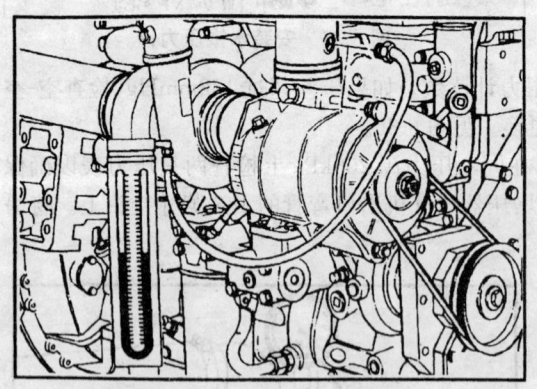

图6-39　安装真空表或水压表

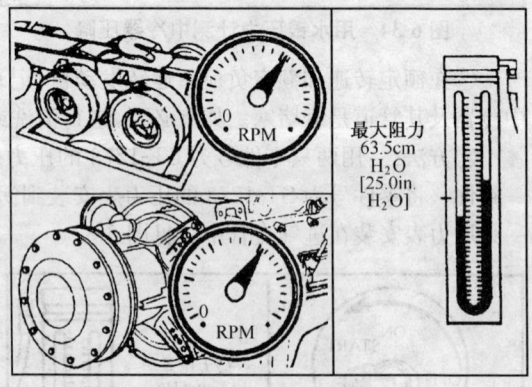

图6-40　读取压力表值

③如果进气阻力超过技术规范,应更换或清洗空气滤清器芯,见图6-41。

④检查进气管是否损坏,见图6-42。

⑤测试完毕,拆下测试设备。

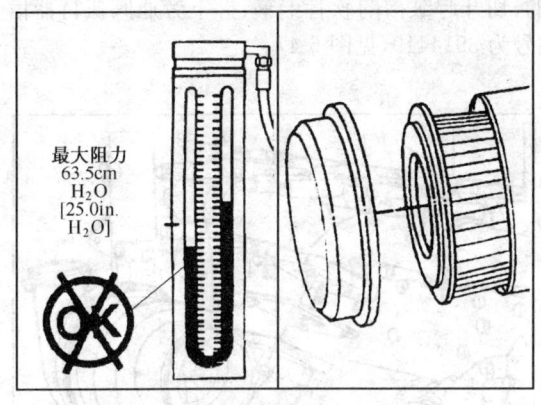

图 6-41 更换或清洗空气滤清器

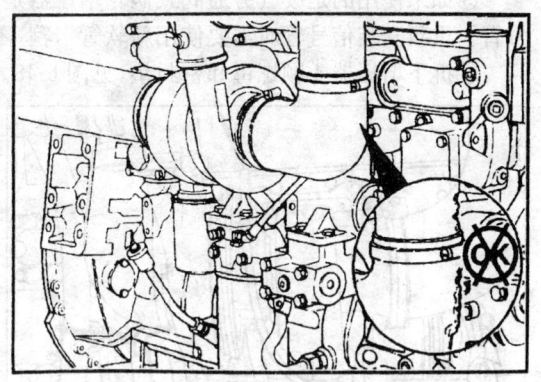

图 6-42 检查进气管是否损坏

6.9 涡轮增压器

1. 拆卸

① 从涡轮增压器上拆下进气管和排气管,见图 6-43。

② 从增压器上拆下润滑油供油管和回油管,见图 6-44。

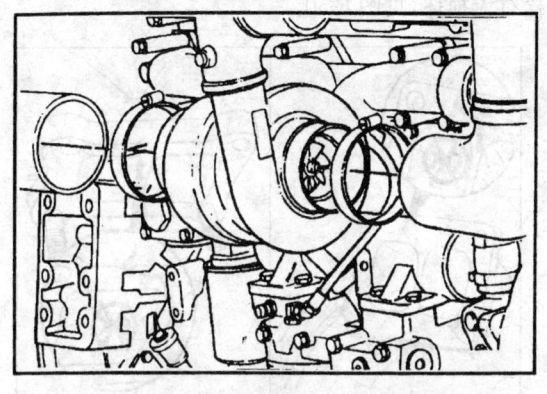

图 6-43 拆下增压器进气管和排气管

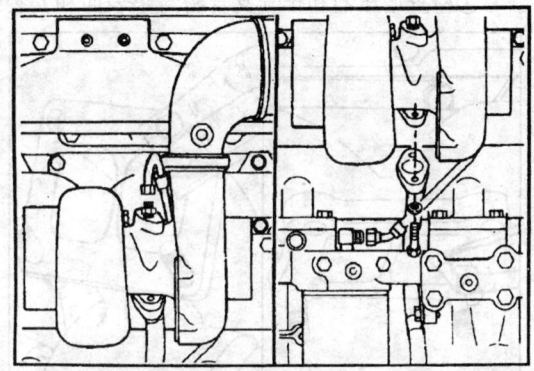

图 6-44 拆下增压器上的润滑油进油管和回油管

③ 如果使用水冷式涡轮增压器,排干冷却系统并从增压器上拆下供水管和回水管,见图 6-45。

④ 从增压器压气机排气口拆下 V 形带卡箍-弯管和 O 形圈,见图 6-46。

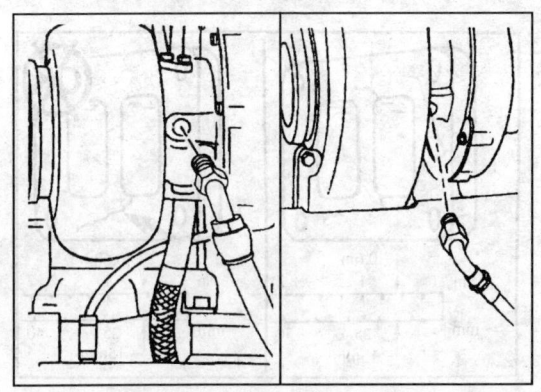

图 6-45 拆下供水管和回水管

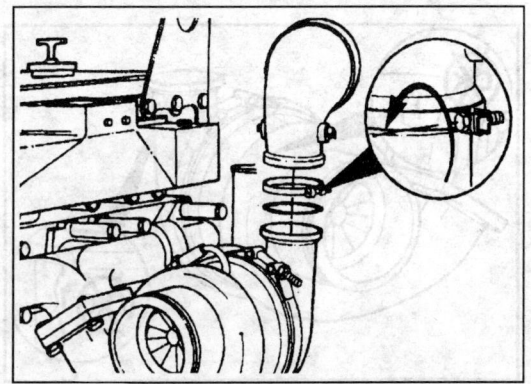

图 6-46 拆下卡箍、弯管和 O 形圈

⑤如果使用的是废气旁通阀式涡轮增压器是旧的，切开起皱褶的软管卡箍、拆下旁通阀执行器信号管。重新安装信号管时需要使用新软管卡箍，零件号为3914419，见图6-47。

⑥拆下增压器4颗螺母和密封垫，见图6-48。

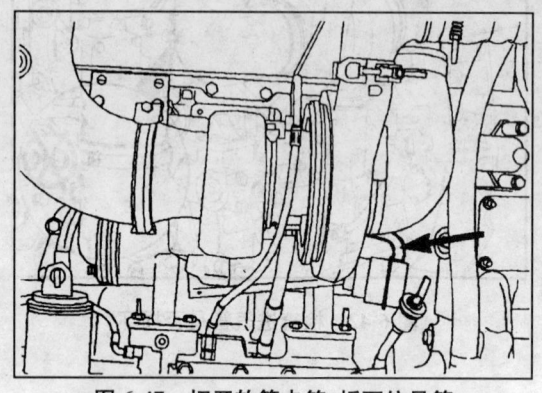

图6-47 切开软管卡箍、拆下信号管

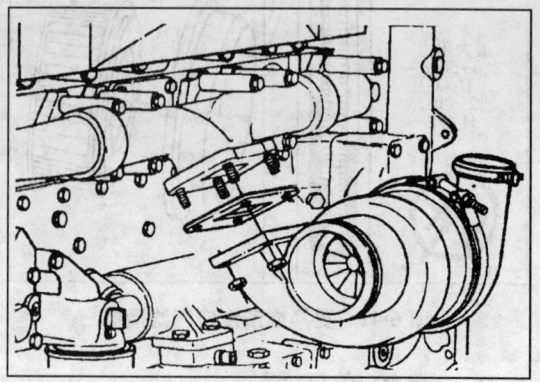

图6-48 拆下4颗螺母和密封垫

2. 清理

清理增压器和排气支管密封垫表面，见图6-49。

3. 检查能否使用

①检查增压器和排气支管密封垫表面和安装螺栓有无损坏，见图6-50。

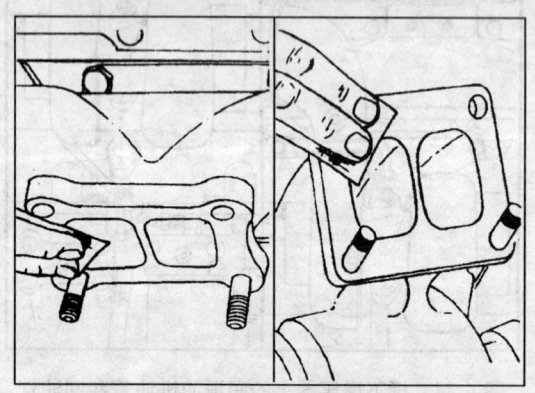

图6-49 清理排气支管密封垫表面

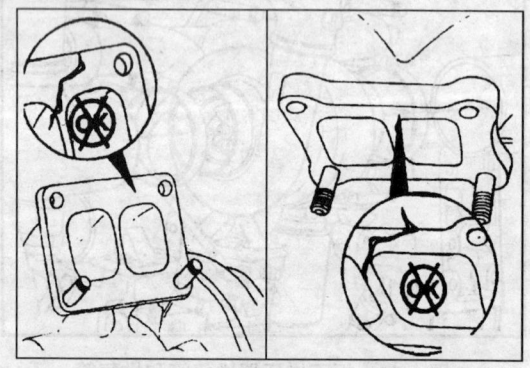

图6-50 检查密封垫表面和螺栓有无损坏

②检查涡轮机和压气机壳体有无裂纹和损坏，见图6-51。

③安装法兰的裂纹长度不得超过15mm，见图6-52。

图6-51 检查壳体有无裂纹和损坏

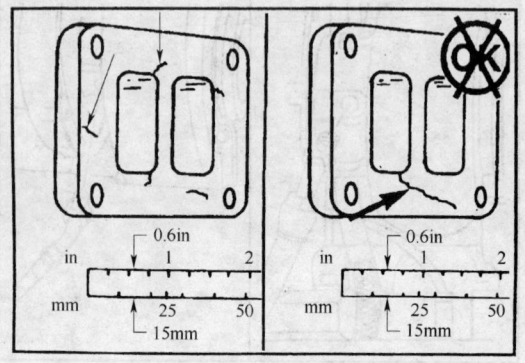

图6-52 法兰的裂纹长度不得超过15mm

④任何裂纹都不得延伸到安装孔,见图 6-53。
⑤两裂纹之间必须最小相距 6.4mm,见图 6-54。

图 6-53　裂纹长度不得延伸到安装孔

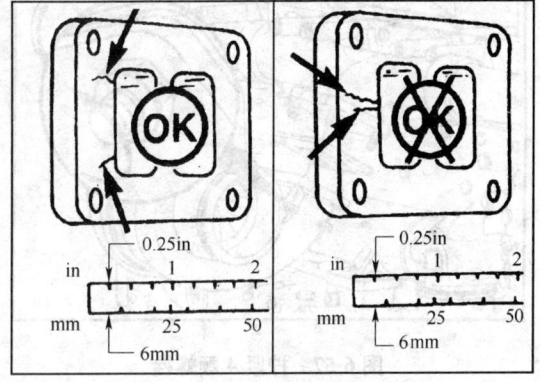

图 6-54　两裂纹最小相距 6.4mm

⑥任何延伸到中间隔壁的裂纹之间最少间隔 12.5mm,见图 6-55。
⑦如果由于涡轮增压器故障或其他原因造成润滑油或碎屑进入中冷器,则必须检查和清洗空-空中冷器。

4. 安装
①在涡轮增压器安装螺栓上涂防粘接润滑剂,零件号 3824879,见图 6-56。

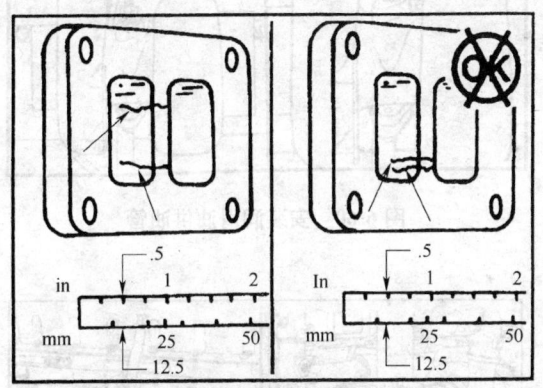

图 6-55　延伸到中间隔壁的裂纹之间
最小相距 12.5mm

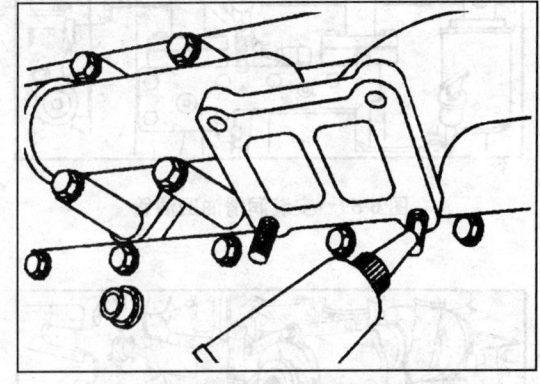

图 6-56　在螺栓上涂防粘接润滑油

②使用新密封垫,拧紧 4 颗螺栓,力矩:61N·m,见图 6-57。
③在排气口安装新 O 形圈、安装弯管和卡箍,力矩:8N·m,见图 6-58。
④在润滑油回油管上安装新密封垫,将回油管安装到增压器的底部,拧紧回油管螺栓,力矩:27N·m,见图 6-59。
⑤向增压器润滑油供应管接头注入 50～60CC 的清洁的 15W-40 润滑油,并安装拧紧润滑油供应管,力矩:20N·m,见图 6-60。
⑥安装进气管和排气管,并拧紧各自的卡箍,力矩均为 8N·m。
⑦运转发动机,使其温度达到正常工作温度,检查有无空气泄漏,见图 6-61。

5. 检查零部件是否正确
①将涡轮增压器铭牌上的总成号①同发动机铭牌上的零件目录(CPL)编号②中规定的涡轮增压器进行比较,见图 6-62。

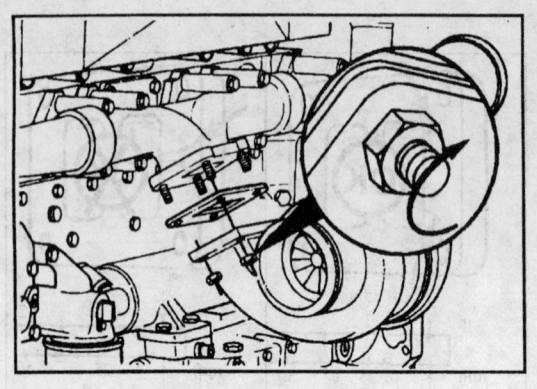

图 6-57　拧紧 4 颗螺栓

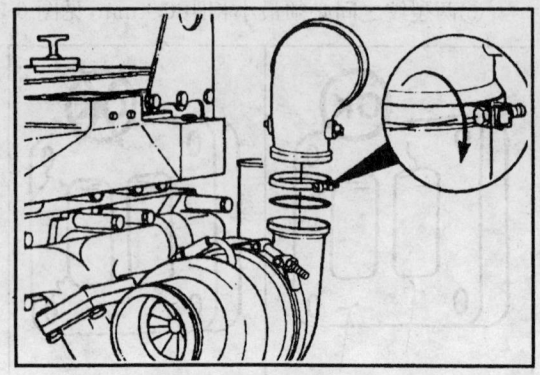

图 6-58　安装新 O 形圈、安装弯管和卡箍

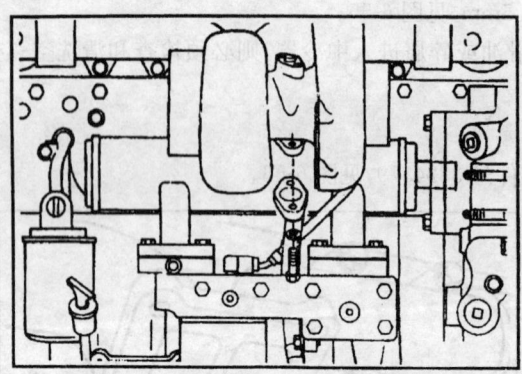

图 6-59　安装润滑油回油管

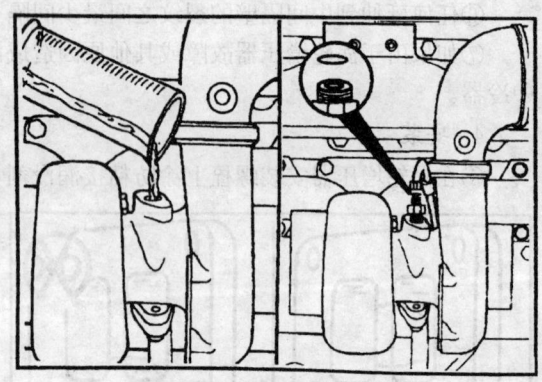

图 6-60　安装润滑油供油管

图 6-61　检查有无空气泄漏

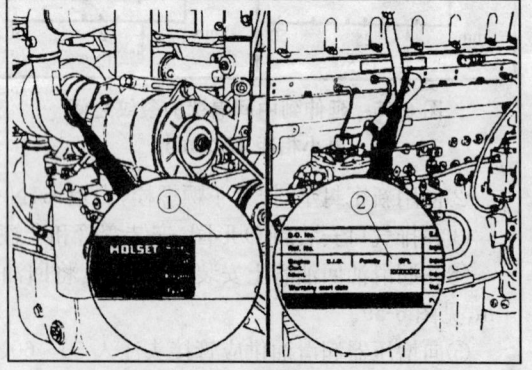

图 6-62　检查涡轮增压器总成号是否正确
1. 总成编号　2. 零件目录编号（CPL）

②如果没有安装正确的涡轮增压器，拆下并安装正确的涡轮增压器，见图 6-63。

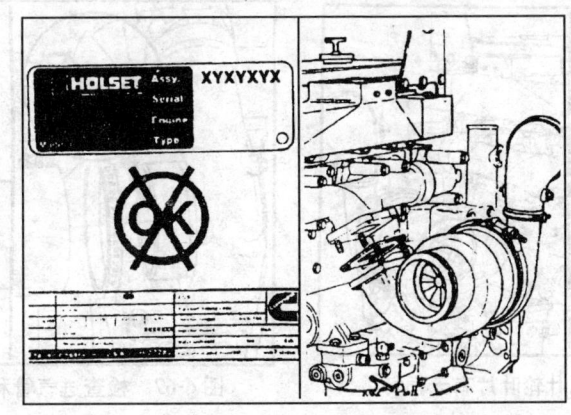

图 6-63 拆下并安装正确的涡轮增压器

6.10 涡轮增压器轴向间隙测量

测量：

①使用千分表，零件号 ST-537，将转子总成推离千分表，将表针调"0"，见图 6-64。

②将转子总成推向千分表并记录读数，见图 6-65，轴向间隙规定最小值 0.038mm、最大值 0.089mm，如果间隙不符合技术规范，则应更换涡轮增压器。

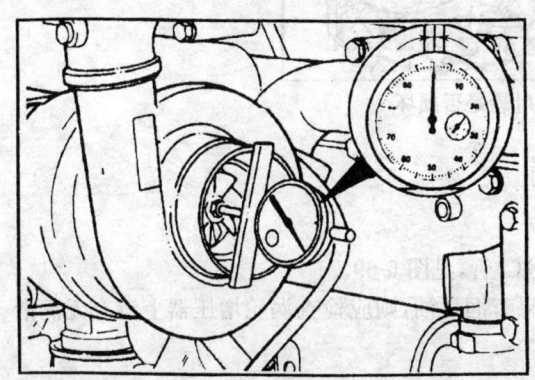

图 6-64 安装千分表并调"0"

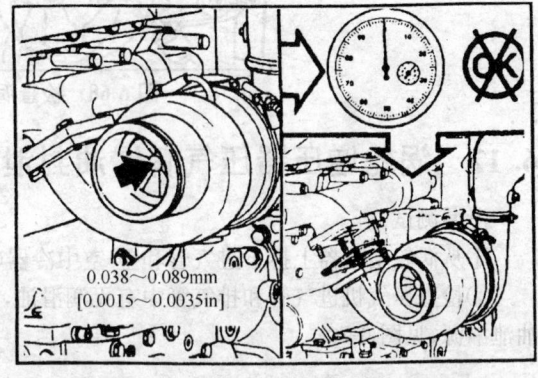

图 6-65 记录读数

③安装进气管和排气管，并拧紧各自的卡箍，力矩均为 8N·m。

6.11 涡轮增压器叶片损坏检查

检查能否使用：

①从涡轮增压器上拆下进气管，检查压气机叶轮叶片有无损坏，见图 6-66，若有损坏，应更换涡轮增压器。

②如果压气机叶轮叶片损坏，应检查进气管和滤清器芯是否损坏，见图 6-67。

③从涡轮增压器上拆下排气管，检查涡轮机叶轮是否损坏，见图 6-68，如果发现损坏，则应更换涡轮增压器。

④安装进气管和排气管，并拧紧它们各自的卡箍，力矩：8N·m。

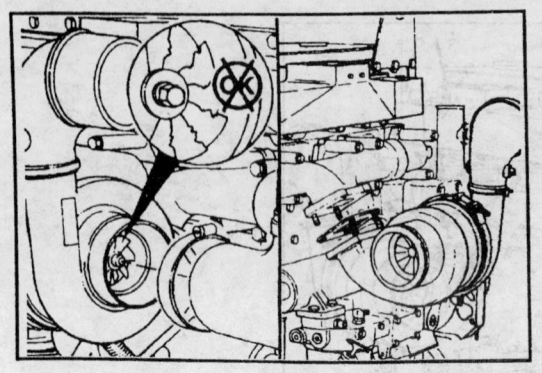

图 6-66 检查压气机叶轮叶片有无损坏

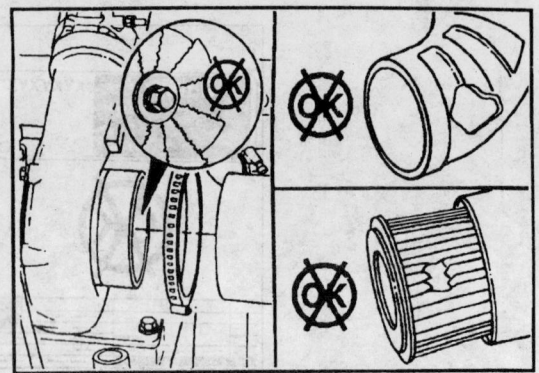

图 6-67 检查进气管和滤清器芯是否损坏

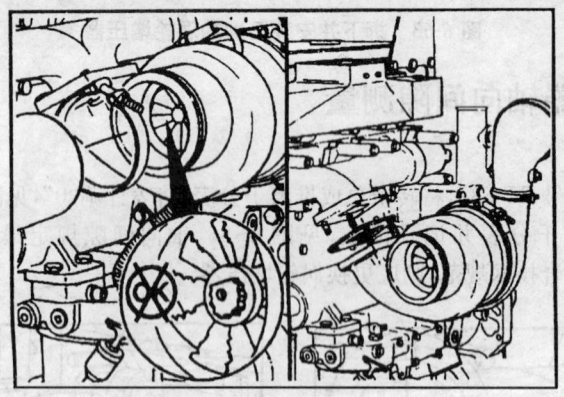

图 6-68 检查涡轮叶轮是否损坏

6.12 涡轮增压器压气润滑油封泄漏

泄漏测试：

①从涡轮增压器上拆下进气管和空-空中冷器(CAC)管，见图 6-69。

②检查压气机进气管和排气管中有无润滑油，如果有润滑油，则应检查涡轮增压器上游有无润滑油泄漏源，见图 6-70。

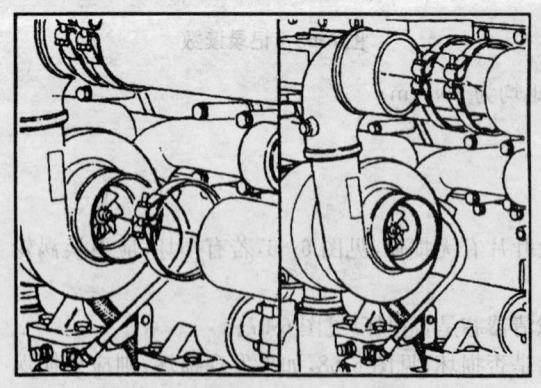

图 6-69 拆下进气管和中冷器

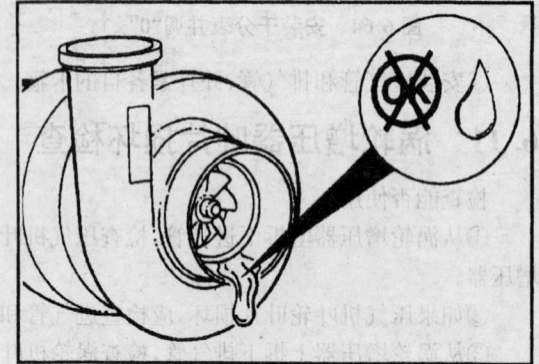

图 6-70 检查压气机进、排气管有无润滑油

③如果只有排气侧存在润滑油，安装进气管和中冷器。检查进气管是否受阻。如果发现进气没有受阻，应更换涡轮增压器，见图 6-71。

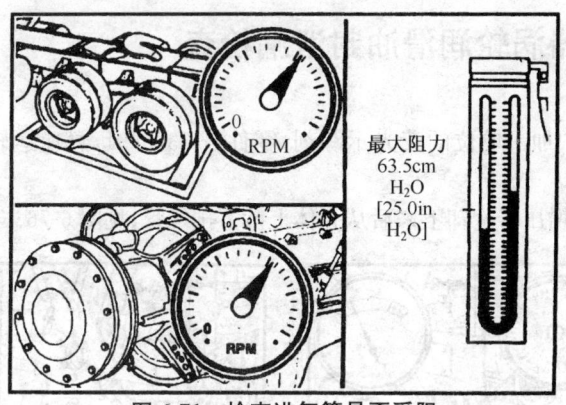

图 6-71 检查进气管是否受阻

6.13 涡轮增压器径向轴承间隙测量

测量：

①从涡轮增压器上拆下进气管和排气管。

②用圆形塞规测量压气机叶轮与壳体间的间隙。将压气机叶轮轻轻推向压气机壳体和塞规，见图 6-72，记录间隙。

③将塞规置于同一位置，将压气机叶轮轻轻推离压气机壳体，并测量压气机叶轮与壳体之间的间隙，见图 6-73，记录间隙。

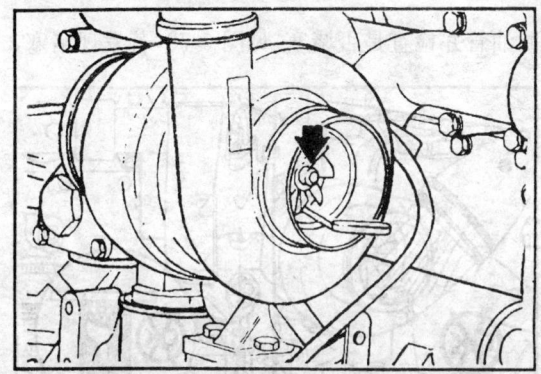

图 6-72 将叶轮推向壳体和塞规，记录间隙

图 6-73 将叶轮推离壳，记录间隙

④大间隙与小间隙之差，即为径向轴承间隙，规定最小值为 0.15mm、最大值为 0.64mm，如果径向轴承间隙不符合规定，应更换涡轮增压器，见图 6-74。

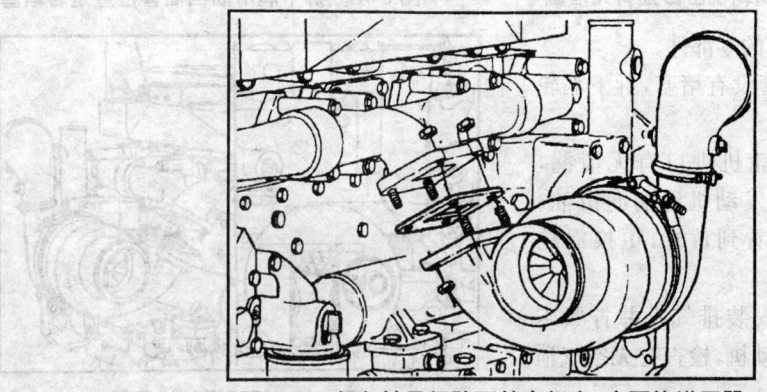

图 6-74 径向轴承间隙不符合规定，应更换增压器

6.14 涡轮增压器涡轮润滑油封泄漏检查

泄漏测试：

①在每38L润滑油中加一单位的荧光示踪剂，零件号3376891，怠速运转发动机10min，见图6-75。

②关闭发动机，涡轮增压器冷却下来后从壳体上拆下排气管，见图6-76。

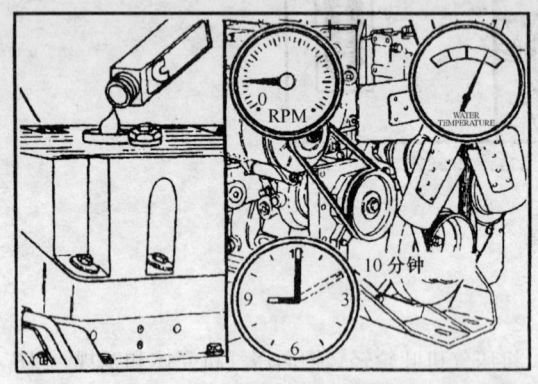

图6-75 在润滑油中加荧光示踪剂，运转发动机

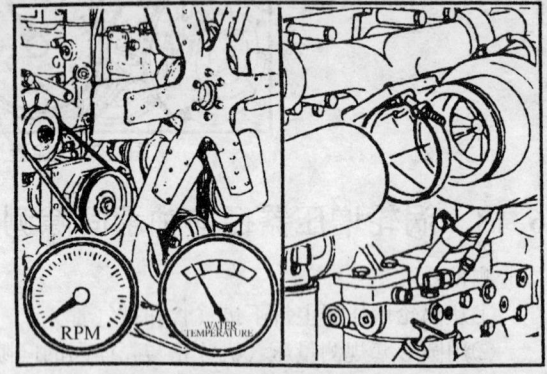

图6-76 从壳体上拆下排气管

③用零件号3377253或3377394的黑光灯，检查涡轮机出口处有无泄漏，见图6-77，深蓝色光表明燃油泄漏，黄色光表明润滑油泄漏。

④如果发现涡轮机壳体上有润滑油，拆下润滑油回油管并检查是否堵塞，见图6-78，若发现堵塞，

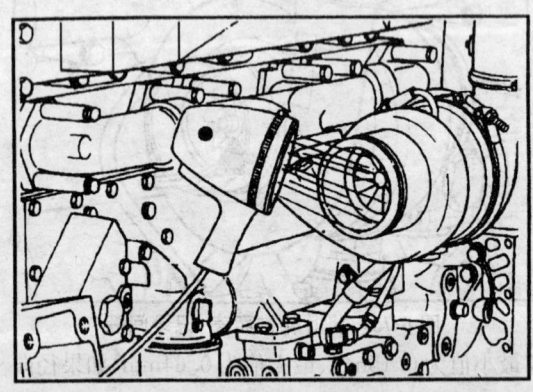

图6-77 用黑光灯检查涡轮机出口处有无泄漏

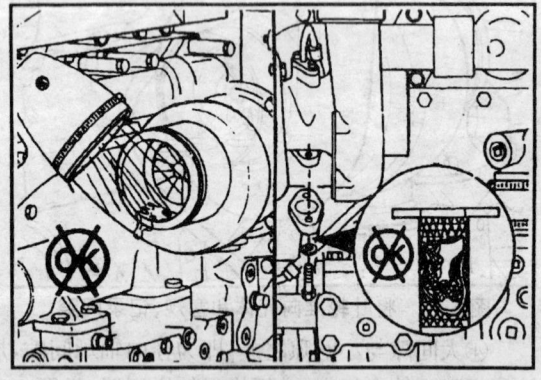

图6-78 拆下润滑油回油管检查是否堵塞

应及时清除或更换已损坏的零部件。

⑤如果润滑油回油管没有堵塞，拆下涡轮增压器，见图6-79。

⑥用黑光灯检查涡轮机进口有无泄漏，见图6-80。黄色光表明发动机泄漏润滑油。如果在涡轮机进口没有看到黄光，更换涡轮增压器。

⑦在涡轮增压器上安装排气管并拧紧卡箍，力矩：8N·m，运转发动机，检查有无空气泄漏，见图6-81。

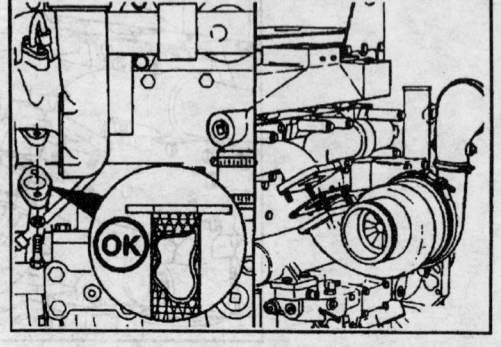

图6-79 拆下涡轮增压器

第 6 章 进排气系统检修

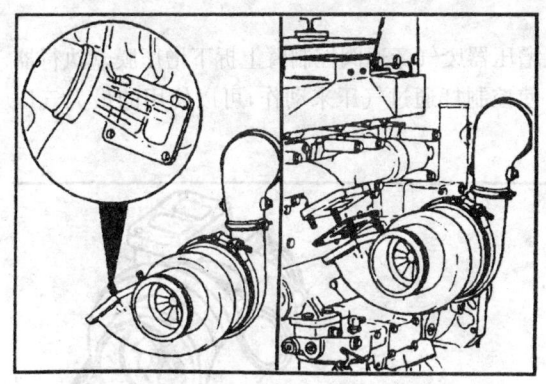

图 6-80 检查涡轮机进口有无泄漏

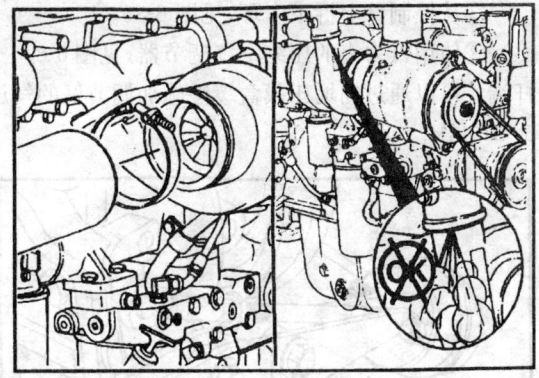

图 6-81 运转发动机,检查有无空气泄漏

6.15 涡轮增压器废气旁通阀执行器

1. 初始检查

① 一些 ISM 发动机安装带有废气旁通阀的涡轮增压器,用于限制最高增压压力,并增强发动机的低速响应特性。废气旁通阀执行器软管通过控制阀将进气支管增压压力传送给废气旁通阀膜盒,见图 6-82。

② 检查废气旁通阀执行器软管有无裂纹或破损,见图 6-83。若有损坏,应当更换。

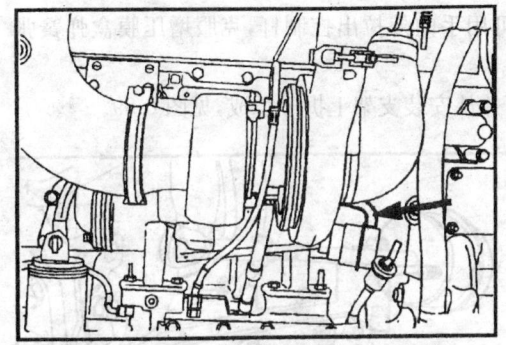

图 6-82 增压压力通过软管,控制阀将
增压压力传送给膜盒

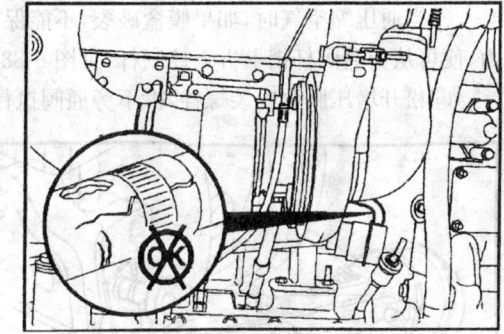

图 6-83 检查软管是否损坏

③ 检查废气旁通阀安装支架、执行器杆或执行器弯臂是否损坏,见图 6-84,如果有损坏,应当更换。

2. 拆卸

① 为了拆下废气旁通阀执行器,应先拆下涡轮增压器,见图 6-85。

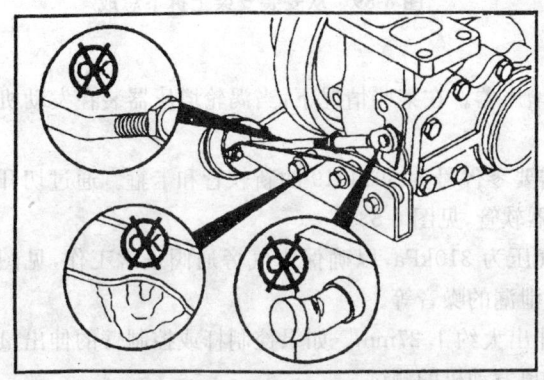

图 6-84 安装支架、执行器杆或执行器臂弯曲应当更换

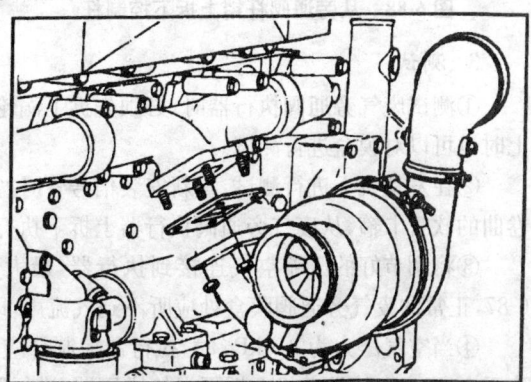

图 6-85 为拆下旁通阀执行器必须拆下增压器

②从控制臂上拆下卡环,见图6-86。

③使用带力表的压缩空气调节器,见图6-87。从增压器废气旁通阀控制臂上拆下增压膜盒执行器杆端。可以通过向增压膜盒缓慢施加调节好的气压,使控制杆通过气压来动作,可以使用的最大气压为310kPa。

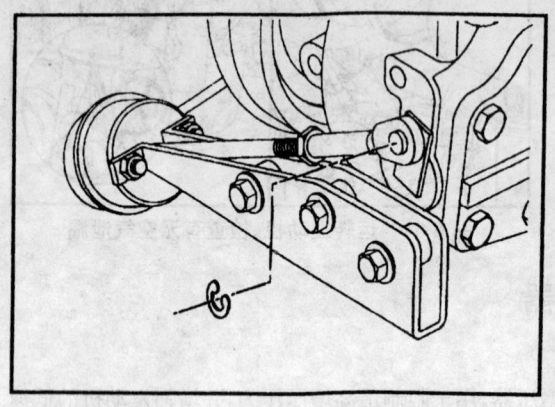

图6-86 从控制臂上拆下卡环　　　　图6-87 将带压力表的压缩空气管
　　　　　　　　　　　　　　　　　　　　　　连接到废气旁通阀执行器

④当通压缩空气时,如果膜盒破裂,不能保持气压,可用手向外拉出控制杆,克服增压膜盒弹簧张力,便可从旁通阀杆销上拆下控制杆,见图6-88。

⑤松开增压膜盒安装螺栓,拆下旁通阀执行器软管,并从安装支架上拆下总成,见图6-89。

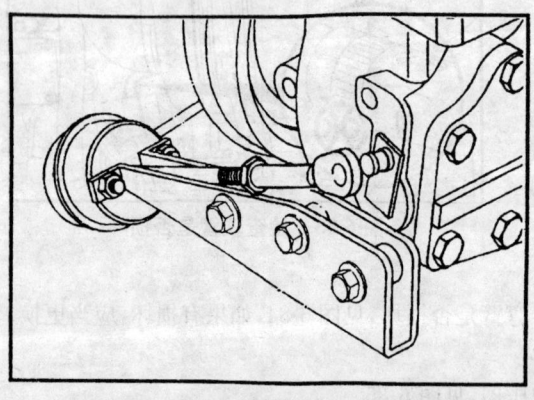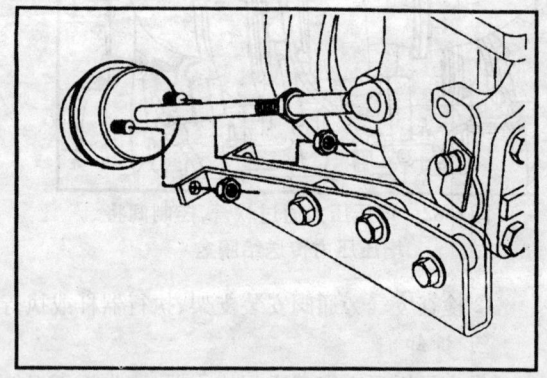

图6-88 从旁通阀杆销上拆下控制杆　　　　图6-89 从安装支架上拆下总成

3. 测试

①测试废气旁通阀执行器时,必须先拆下涡轮增压器。在某些情况下,当涡轮增压器装在发动机上时也可以对膜盒进行测试。

②在发动机上进行测试:重新安装信号管时,需要零件号为3914419的新软管和卡箍。通过切开卷曲的软管卡箍,从废气旁通阀执行器上拆下执行器软管,见图6-83。

③将调节好的压缩空气连接到执行器,最大气压为310kPa,以确保废气旁通阀正常工作,见图6-87,正常的废气旁通阀膜盒处应听不到气流声,即泄漏的噪音等。

④当空气压力为310kPa时,执行器控制杆应伸出大约1.27mm。如果控制杆或控制臂的伸出量小于1.27mm,从发动机上拆下涡轮增压器,进行脱离发动机的测试。

⑤脱离发动机进行测试:将310kPa压力的气源和压力表连接至执行器,见图6-87,施加310kPa的空气压力,执行器控制杆应能伸出大约1.27mm。如果伸出量小于1.27mm,或根本不动,从杆销上拆下执行器控制杆,用手推动废气旁通阀控制臂。如果控制臂不动,更换执行器;如果控制臂不运动,更换涡轮增压器。

4. 安装

①安装执行器时,先把端部调节杆安装在预先标定好的废气旁通阀执行器总成轴上,见图6-90。

②把端部调整杆套在旁通阀杆销上,将执行器横靠在安装支架上,使得隔板骨架可清楚地看到,废气旁通阀臂推向控制杆,见图6-91。

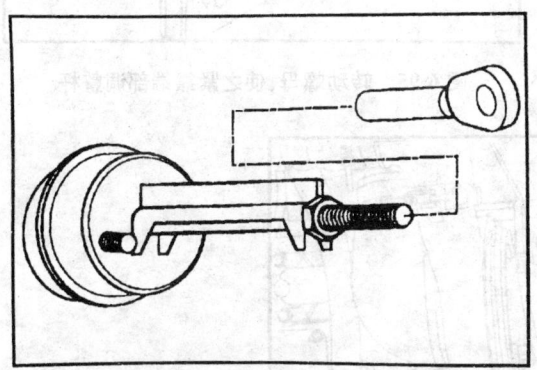
图6-90 把端部调整杆安装到执行器总成轴上

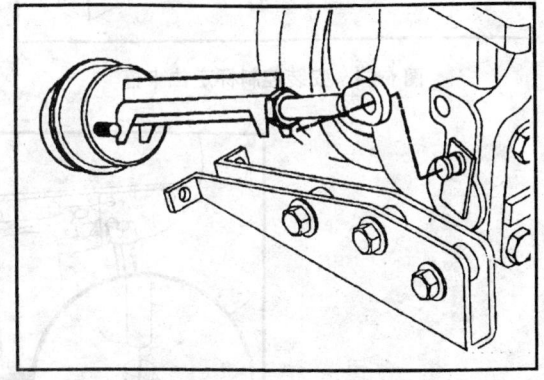
图6-91 增压器旁通阀臂推向控制杆

③转动端部调整杆调整执行器总成长度,并重新装配执行器总成,直到执行器下侧刚好套在安装支架上,见图6-92。

④当执行器下侧刚好套在安装支架上,当其间隙小于0.5mm时,说明已正确调整,见图6-93。

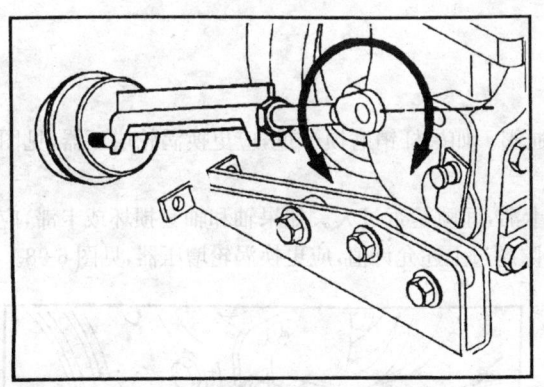
图6-92 执行器下侧套在安装支架上

图6-93 间隙小于0.5mm,说明已调整好

⑤在安装支架孔上安装双头螺栓,并安装两颗螺母。将端部调整杆重新安装在旁通阀的杆销上,安装控制杆定位卡箍,力矩:8.5N·m,见图6-94。

⑥拧紧控制杆锁紧螺母使之抵住端部调整杆,剪断包装带,拆下并仍掉包装带和隔板,沿同一方向继续转动锁紧螺母,使之靠紧端部调整杆,见图6-95。

⑦使用零件号3914419的新软管和卡箍,将废气旁通阀执行器软管重新安装到执行器上,见图6-96。

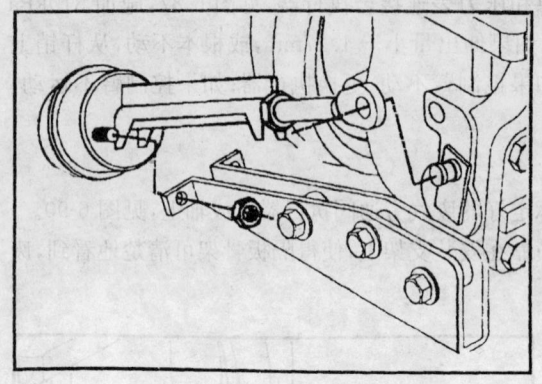
图 6-94 安装控制杆定位卡箍

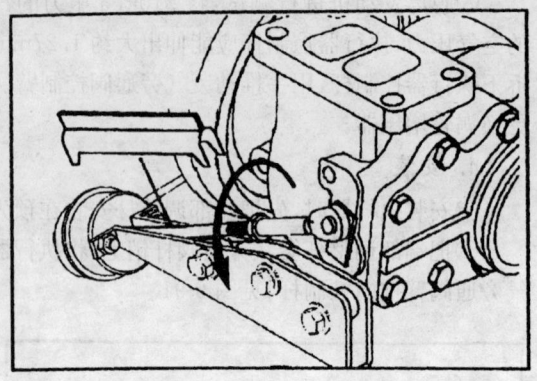
图 6-95 转动螺母，使之紧靠端部调整杆

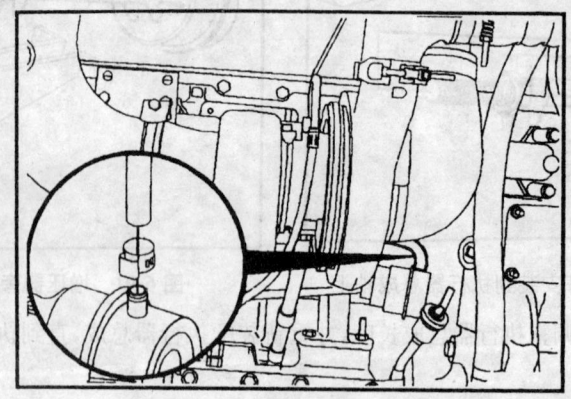
图 6-96 使用新软管和卡箍并安装到执行器上

6.16 涡轮增压器废气旁通阀阀体

保养检查：

①拆下旁通阀执行器端部调整杆，以便检查旁通阀。如果杆销磨损严重，应更换涡轮增压器，见图 6-97。

②用手推动控制臂，检查轴能否转动自如，是否卡滞，间隙是否过大。如果轴和轴套损坏或卡滞，应更换涡轮机壳体。最大允许间隙为 0.08mm，如果间隙超过上述允许值，应更换涡轮增压器，见图 6-98。

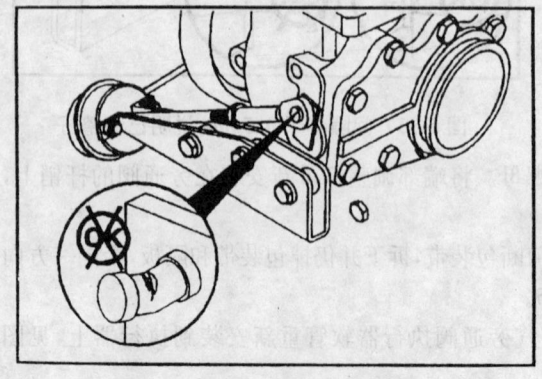
图 6-97 检查杆销是否严重磨损

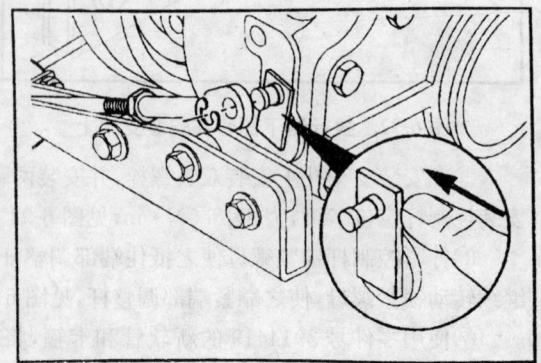
图 6-98 检查轴和轴套间隙

6.17 涡轮增压器废气旁通阀控制器

1. 拆卸

拆下旁通阀控制器线圈上的电气导线,拆下执行器软管、拆下控制器螺栓,见图6-99。

2. 分解

从旁通阀控制器的进气支管进口处拆下密封圈、拆下四颗螺栓、拆下线圈和切断阀罩、拆下切断阀弹簧、阀片和密封圈,见图6-100。

图6-99 拆下控制器线圈、软管和螺母

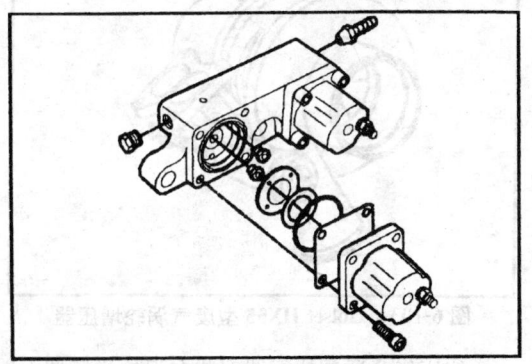

图6-100 分解旁通阀控制器

3. 检查能否使用

①检查阀片、弹簧和切断阀罩有无脏物、有无裂纹或磨损,如有必要,更换这些部件,见图6-101。

②检查线圈总成电阻,规定值为:24V电磁线圈,电阻应为26～40Ω(-18℃～100℃);12V电磁线圈,电阻应为6～10Ω(-18℃～100℃)。如果电阻为0Ω,说明线圈中存在短路,应当更换。见图6-102。

图6-101 检查控制器零部件有无损坏

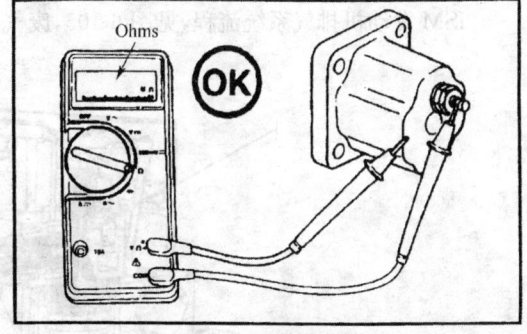

图6-102 测量线圈电阻

4. 安装

①按图6-100,组装控制阀。安装时使用新密封圈。

②将控制器安装到发动机上,并调整线圈的方向,使其接线柱位于3点钟位置。将切断阀罩和线圈安装在控制阀阀体上,拧紧螺栓,力矩:8N·m,见图6-100。

③在旁通阀控制器的进气支管接头上安装一个新密封圈,将控制器安装到进气支管上,并拧紧螺栓,力矩:47N·m。安装执行器软管、安装电气导线、在螺纹接线柱与安装螺母,力矩:1.695N·m,见图6-99。

6.18 排气系统概述

①废气涡轮增压器型号为Holset HX55,它由涡轮增压器废气执行器和涡轮机壳体中的废气旁通阀组成,见图6-103。废气涡轮增压器可以改善发动机低速时的特性曲线,在高速时也不会缩短涡轮增压器的使用寿命。通过发动机在某些运转模式下,废气绕过涡轮机叶轮来实现上述特点。在发动机低

速运转期间,涡轮增压器形成封闭系统,将废气能量传输给压气机叶轮,对进气进行压缩。在发动机高速运转期间,涡轮增压器又形成开路系统,废气经过旁通阀排出。由于废气从涡轮机周围的废气旁通阀排出,涡轮机仅吸收极少量的能量传输给压气机,从而降低了进气支管的压力和涡轮机的转速。

②废气旁通阀控制器,见图6-104,它安装在涡轮增压器侧的排气支管的后面,由ECM控制。控制器的作用是调节发送给废气旁通阀执行器的进气支管压力百分比。与CELECT™生产的燃油泵切断阀相似的两个电磁阀与四个计量孔一起调节压力百分比。

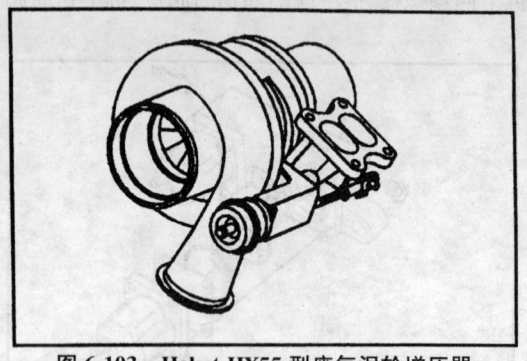

图6-103 Holset HX55型废气涡轮增压器

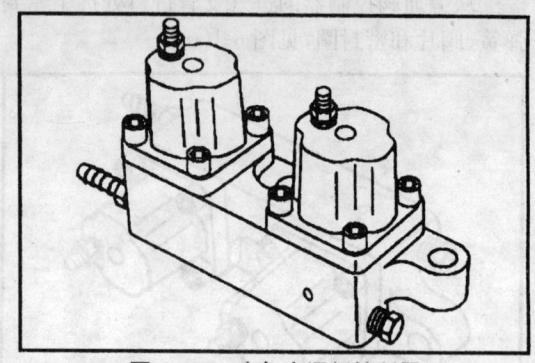

图6-104 废气旁通阀控制器

③废气旁通阀执行器安装在涡轮增压器上,由压力罐、膜片和执行器杆组成,见图6-86。当压力罐中的压力按照执行器指示改变时,执行器杆就调整废气旁通阀。

④废气旁通阀安装在涡轮室壳体中的涡轮增压器内部。当废气旁通阀开启时,废气绕过涡轮机叶轮排出,降低了涡轮机转速,以调节进气支管的压力。

6.19 排气系统流程

ISM发动机排气系统流程,见图6-105,废气旁通阀工作原理,见图6-106。

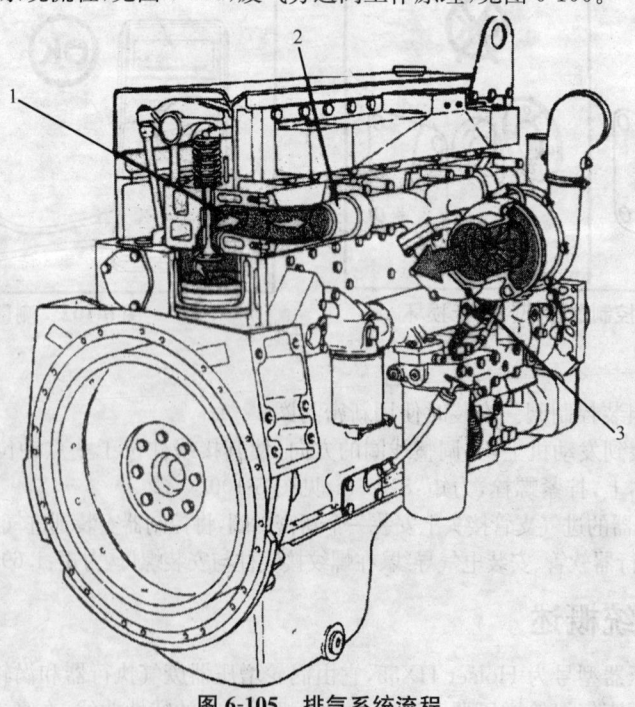

图6-105 排气系统流程
1. 排气门口　2. 排气支管　3. 涡轮增压器废气出口

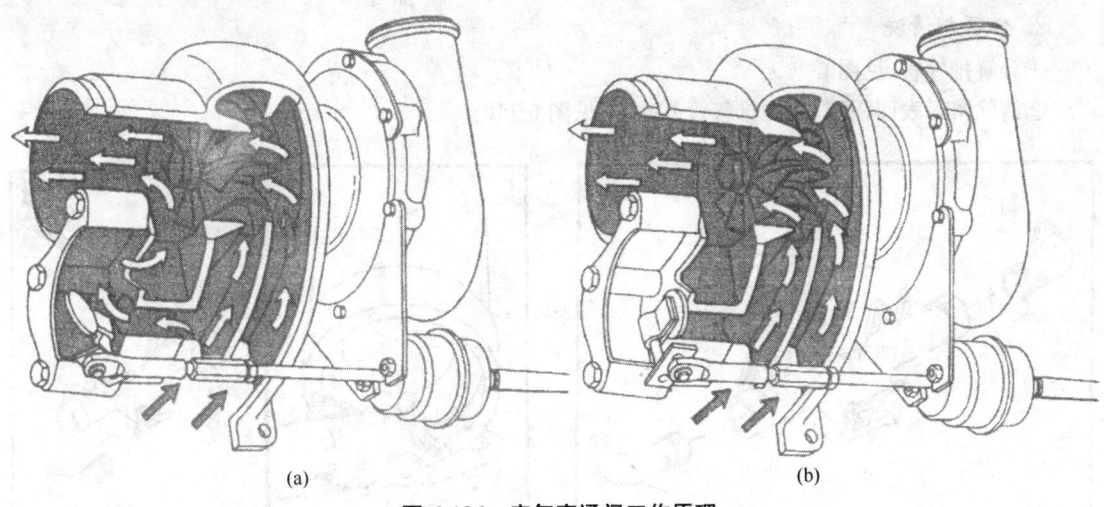

图 6-106 废气旁通阀工作原理

a. 废气旁通阀开启 b. 废气旁通阀关闭

6.20 排气系统技术规范

排气系统技术规范,见表 6-3。

表 6-3 排气系统技术规范

项 目		数 据
排气管和消声器最大排气背压(组合)	没有催化转换器 mmHg	76
	没有催化转换器 mmH$_2$O	1016
	有催化转换器 mmHg	152
	有催化转换器 mmH$_2$O	2082
排气管内径尺寸(mm)		127

6.21 干式排气支管

1. 拆卸

①从涡轮增压器上拆下空气管,拆下涡轮增压器,见图 6-107。

②拆下排气管上部的两颗螺栓,安装两颗引导螺栓,零件号为 3376488,拆卸其余螺栓,排气管总成和密封垫,见图 6-108。

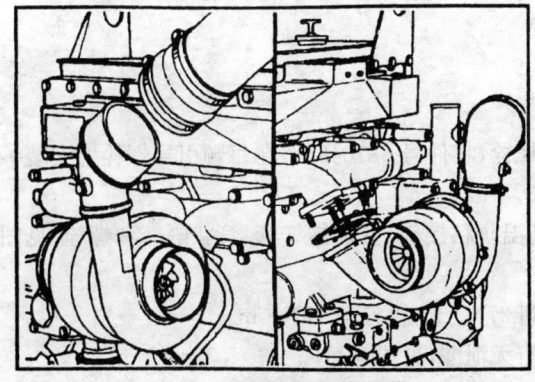

图 6-107 拆下涡轮增压器

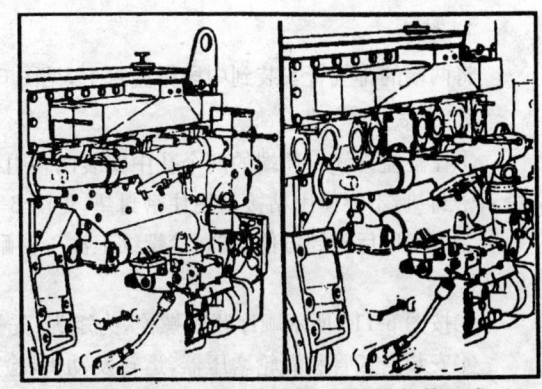

图 6-108 安装引导螺栓、拆下排气管总成

2. 分解与清洗

①分解排气管，见图6-109。
②清除密封表面积碳、清洗排气管并吹干，见图6-110。

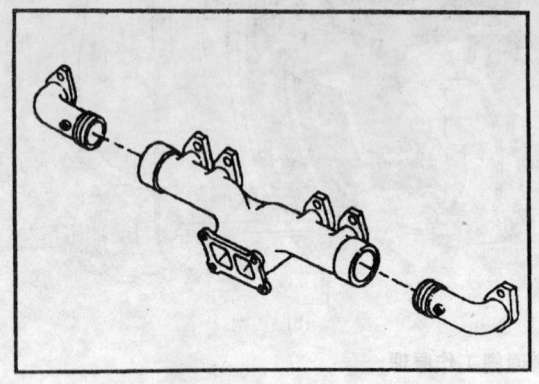

图6-109　分解排气管

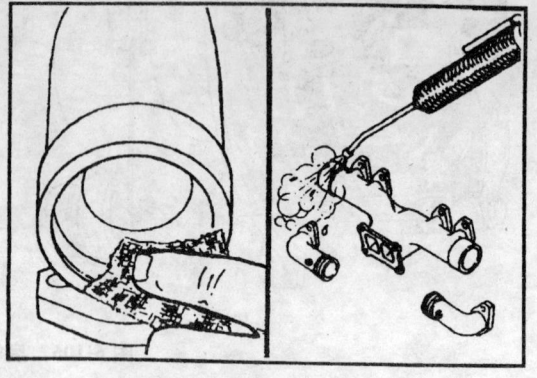

图6-110　清洗安装表面

3. 检查能否使用

①检查排气管有无裂纹和损坏，见图6-111。
②检查安装表面必须平直，见图6-112，规定排气管安装表面平直度必须在0.25mm以内，涡轮增压器安装法兰平直度必须在0.13mm以内。

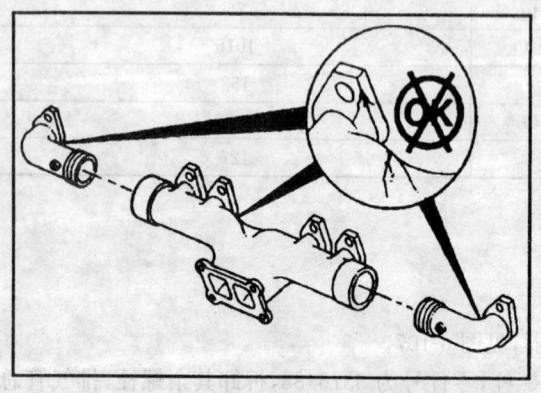

图6-111　检查排气管有无裂纹和损坏

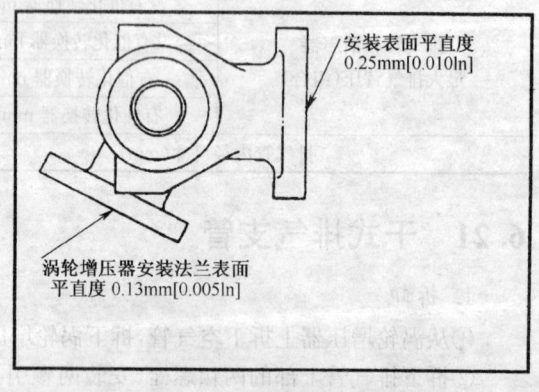

图6-112　检查安装表面平直度

4. 装配

将两端的排气管安装到中段排气管上，见图6-109。

5. 安装

①在缸盖排气口顶端的两个孔中安装两颗引导螺栓，零件号3376488。在每颗引导螺栓上安装一个新密封垫，不要使用粘接剂粘住密封垫，见图6-113。
②为了以后拆卸方便，在螺栓螺纹上涂一层耐高温防粘接剂，安装排气管、管状隔套和螺栓，见图6-114。
③按图6-115所示顺序紧固螺栓，力矩为：先拧到27N·m，再拧至47N·m。
④安装空气管和涡轮增压器，运转发动机，检查有无泄漏，见图6-116。

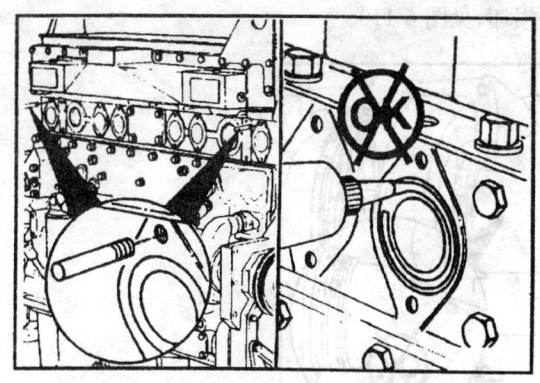

图 6-113 安装引导螺栓,使用新密封垫

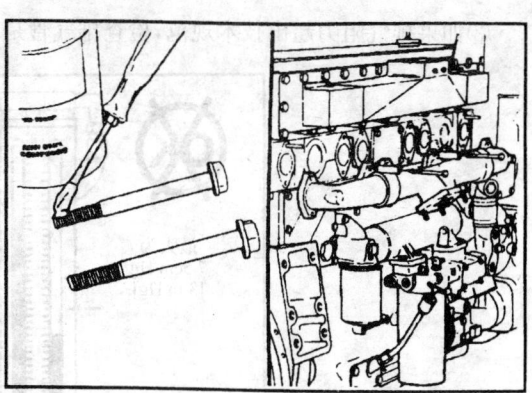

图 6-114 在螺纹上涂耐高温防粘接剂,安装排气管

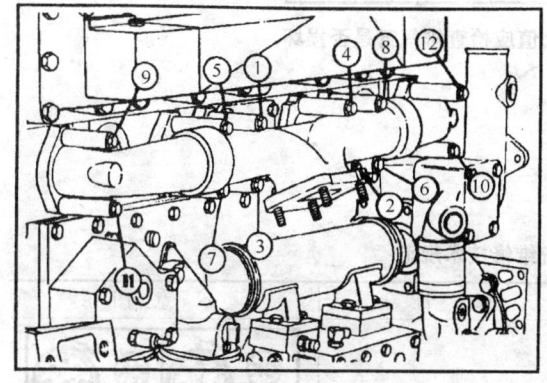

图 6-115 按顺序紧固螺栓
（1～12. 螺栓顺序）

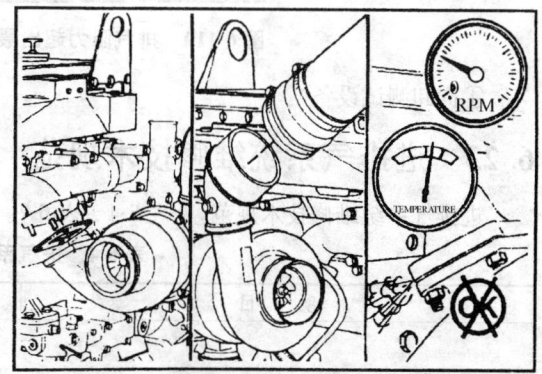

图 6-116 运转发动机,检查有无泄漏

6.22 排气阻力测试

测试:

①在排气管直管段距涡轮机出口一个管径的位置安装一个压力表或压力计,零件号 ST-1273,见图 6-117。为防止软管过热,在排气管接头处使用一根最短 305mm 的金属管。

②在额定转速和额定负荷下运转发动机,记录压力表读数,见图 6-118。规定排气阻力:在不安装催化转换器时,最大值为 75mmHg 或 1016mmH$_2$O;在安装催化转换器时,最大值为 152mmHg 或 2082mmH$_2$O。

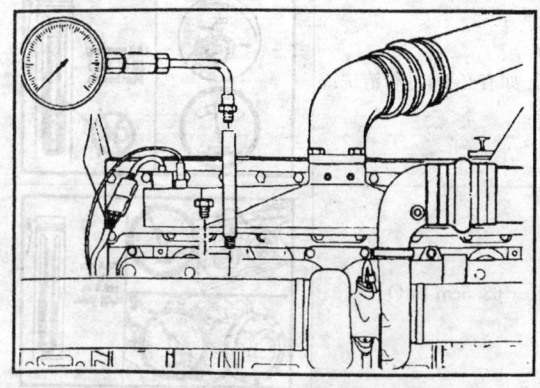

图 6-117 安装压力表或压力计

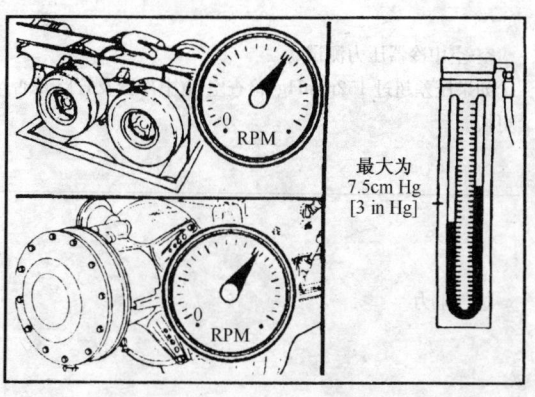

图 6-118 记录压力表读数

③如果排气阻力超出技术规范,检查排气管是否损坏,见图6-119。

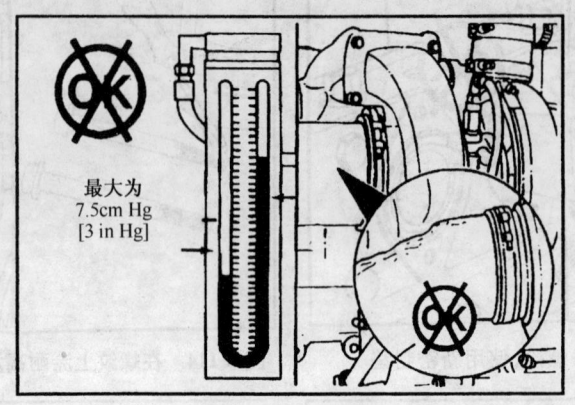

图6-119 排气阻力超出最大值应检查排气管是否损坏

④拆卸测试设备。

6.23 进排气系统维修技术规范

进排气系统维修技术规范,见表6-4～表6-7。

表6-4 进气系统维修技术规范

项目	标准			示意图
空-空中冷器泄漏测试 如果15s内压降不超过34kPa,说明空-空中冷器工作正常 如果15s内压降超过34kPa,应再次检查所有接头				
空-空中冷器温差测试 在发动机最大功率转速和车辆速度不低于48km/h的情况下进行道路测试				
进气支管温度	环境温度		温差	
最大温差:28℃				
空-空中冷器压力测试 如果压差超过152mmHg,检查空-空中冷器及管路是否堵塞。如有必要,进行清洗或更换				
进气阻力		63.5cm H_2O		

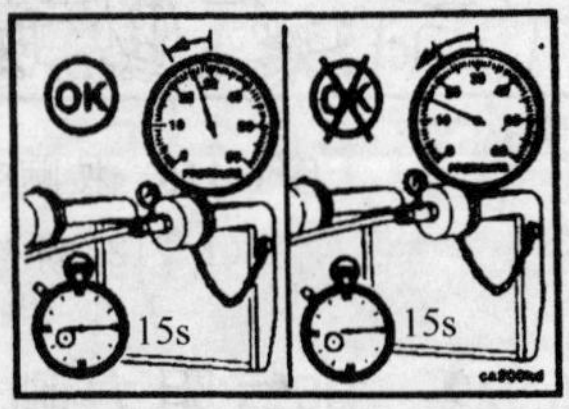

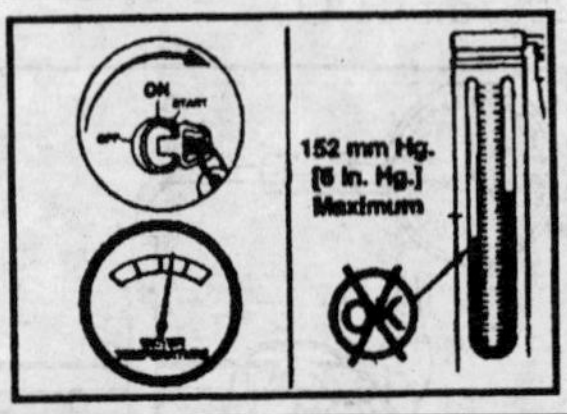

续表 6-4

项目	标准	示意图
涡轮增压器轴向间隙	最小值 0.038mm 最大值 0.089mm	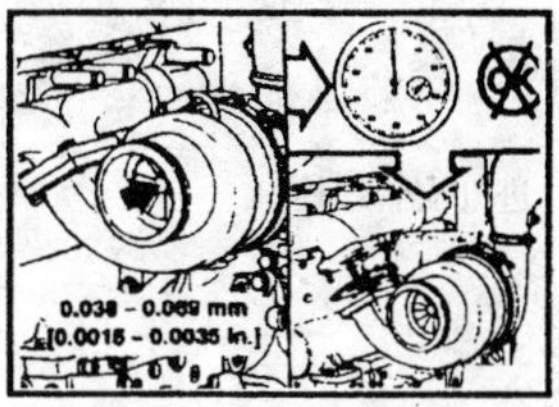
涡轮增压器径向轴承间隙	最小值 0.15mm 最大值 0.64mm	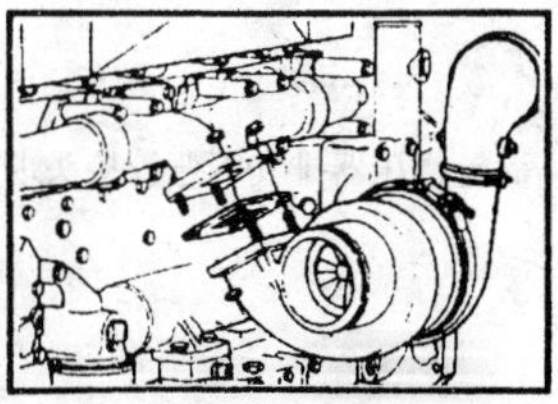
废气旁通阀执行器测试 施加最大压力 310kPa,确保其工作正常		
废气旁通阀阀体轴与轴套之间的间隙 允许的最大间隙为 0.076mm		
废气旁通阀控制器 线圈总成电阻,见下表所示 如果线圈总成电阻为 0,说明线圈中存在短路 | 电磁线圈 | 电阻(Ω) | 温度(℃) | | --- | --- | --- | | 24V | 26～40 | -18～100 | | 12V | 6～10 | -18～100 |		

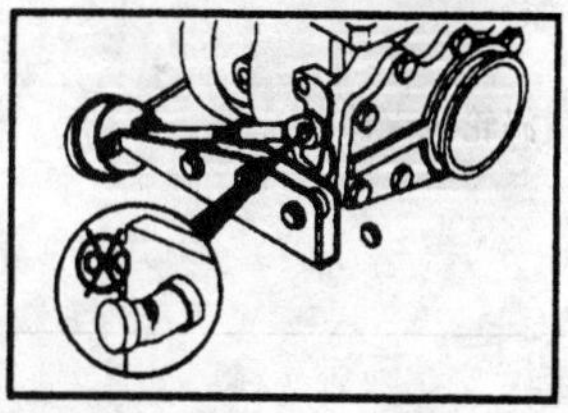

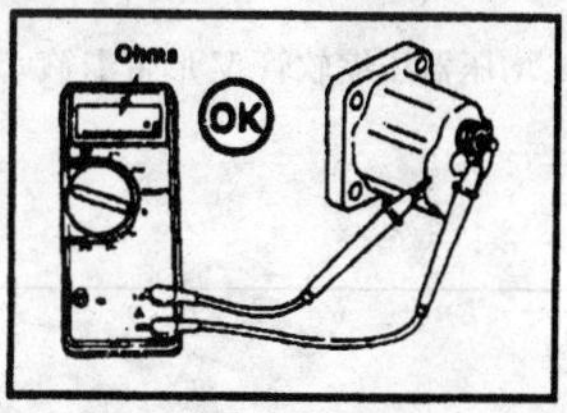

表 6-5 进气系统各部螺栓紧固力矩 （单位:N·m）

紧固螺栓部位	步骤和力矩	示意图
进气支管安装螺栓	47	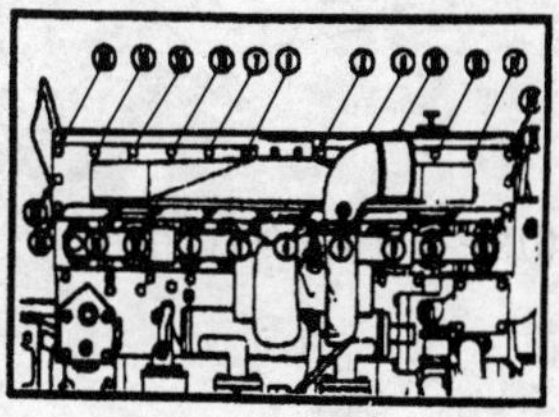

续表 6-5

紧固螺栓部位		步骤和力矩	示意图
进气支管螺栓		41	
涡轮增压器排气管弯管接头卡箍		8	
进气管卡箍		8	
涡轮机壳体	螺栓	14	
	V形带卡箍	9	
增压器压缩软管V形带卡箍		9	
涡轮增压器安装螺母		61	
增压器压气机排气弯管接头		8	

第6章 进排气系统检修

续表 6-5

紧固螺栓部位	步骤和力矩	示意图
增压器润滑油回油管螺栓	27	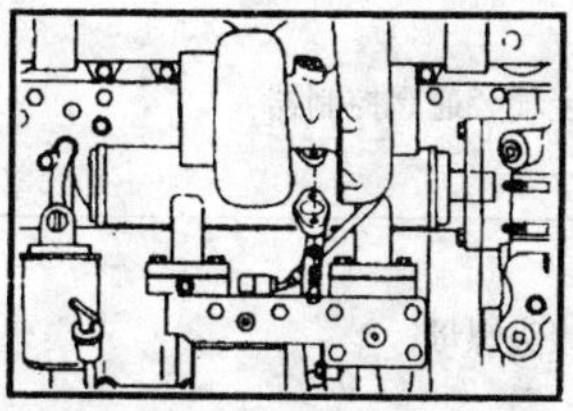
润滑油供油管	20	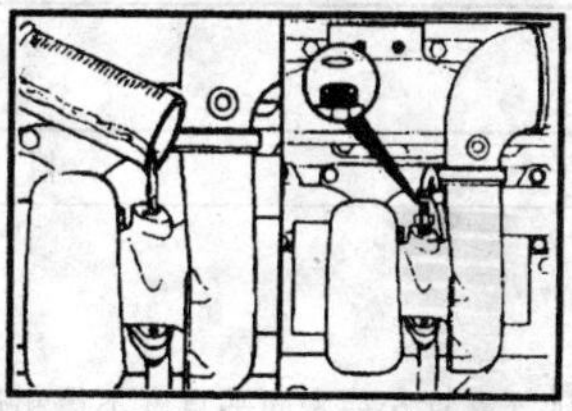
进气管卡箍	8	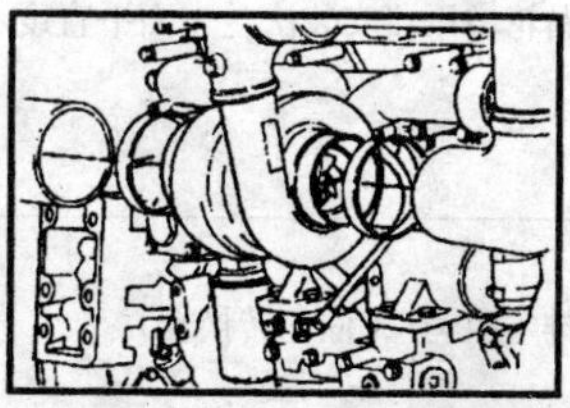
排气管卡箍	8	
废气旁通阀执行器安装螺栓	8.5	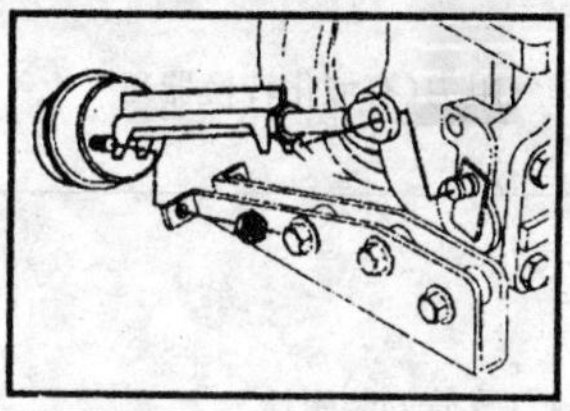
控制杆锁紧螺母	8.5	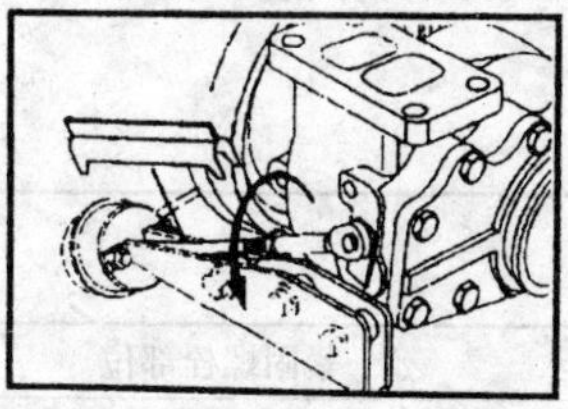
增压器旁通阀控制器线圈上的电气接头	2	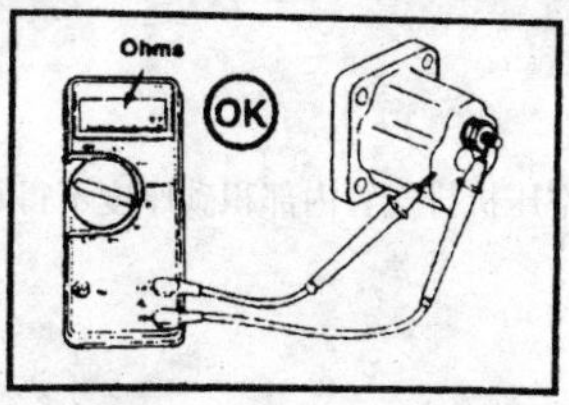
切断阀罩和线圈	8	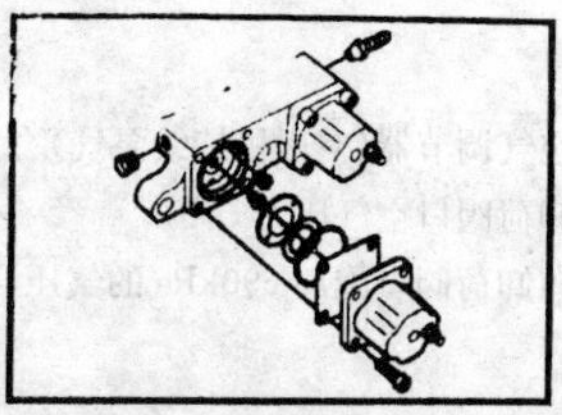

续表 6-5

紧固螺栓部位	步骤和力矩	示意图
废气旁通阀控制器	47	
接头螺母	2	

表 6-6　排气系统维修技术规范

项　目		标　准	示意图
排气支管安装表面平直度不得超过 0.25mm 涡轮增压器安装法兰表面平直度不得超过 0.13mm			
排气阻力(无催化转换器)	汞柱(Hg)	最大值 75mm	
	水柱(H_2O)	最大值 1016mm	
排气阻力(有催化转换器)	汞柱(Hg)	最大值 152mm	
	水柱(H_2O)	最大值 2082mm	
排气支管安装螺栓		①27N·m ②47N·m	

表 6-7　压缩空气系统各部螺栓紧固力矩　　　　　　（单位：N·m）

紧固螺栓部位	步骤和力矩	示意图
空压机排气管内部积碳厚度不得超过 1.6mm		
空气调节器(空压机持续泵气) 卸荷阀口空气压力 向卸荷阀口施加 690kPa 的气压		

第 6 章 进排气系统检修

续表 6-7

紧固螺栓部位		步骤和力矩	示意图
康明斯空压机卸盖		①25N·m ②4 号螺栓转 60°，其他螺栓转 90°	
康明斯空压机缸盖		①6N·m ②90°	
空压机卸荷阀总成 Holset SS，E 型和 ST 型卸荷阀		14	
Holset QE 型卸荷阀		27	
	Holset 空压机安装螺栓	68	
	康明斯空压机安装螺栓	44	
	Holset 支架安装螺栓	47	
	康明斯支架安装螺栓	44	
燃油泵滤清器盖		18	

第7章 压缩空气系统和电气设备检修

7.1 压缩空气系统概述

①压缩空气系统由齿轮驱动的空气压缩机、空气调节器、储气罐和管路组成,如图7-1所示。

②E-型空气压缩机,简称E型空压机,康明斯装备E型卸荷阀的Holset SS和ST型空压机可通过字母"E"(SS296E、SS338E、ST676E和ST773E)和铭牌上的注释来识别,见图7-2。所有的QE型(QE296和QE338)空压机也都装备E型卸荷阀。

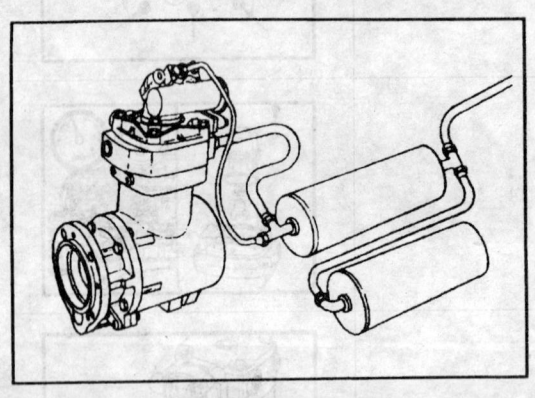

图7-1 压缩空气系统的组成

图7-2 E型空压机铭牌

③带空气干燥器的E型系统,在空压机空载运行期间,装备有空气干燥器的车辆(使用Holset E型空压机)向大气排放空气。这种车辆需要加装一个ECON阀,以防止润滑油消耗过多。带空气干燥器的E型系统,见图7-3。一些空气干燥器安装内置ECON阀,用户应向制造厂核实所安装ECON阀的型号。

④不带空气干燥器的E型系统,见图7-4。在该系统中,或带空气干燥器但在空压机空载运行期间不向大气排放空气的压缩空气系统中,可以使用Holset E型卸荷阀,而无需改变压缩空气系统。

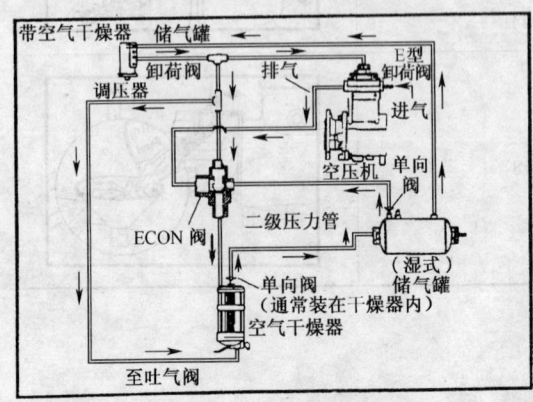

图7-3 带空气干燥器的空压机系统

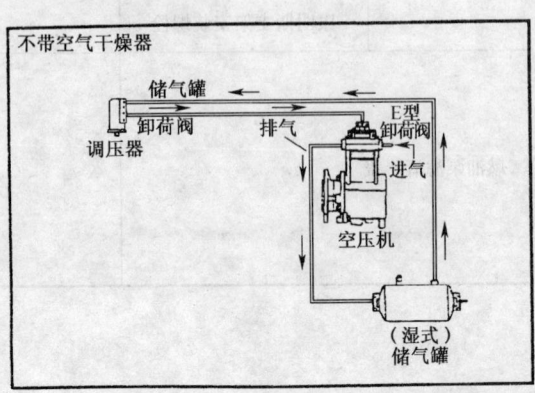

图7-4 不带空气干燥器的空压机系统

⑤康明斯单缸压缩空气系统,见图 7-5。

⑥康明斯 QE 和 SS-E 型 Holset 单缸压缩空气系统,见图 7-5。当空压机空载模式运行时,可能要用干燥器维持排气管中的空气压力。

⑦康明斯双缸压缩空气系统,见图 7-6。

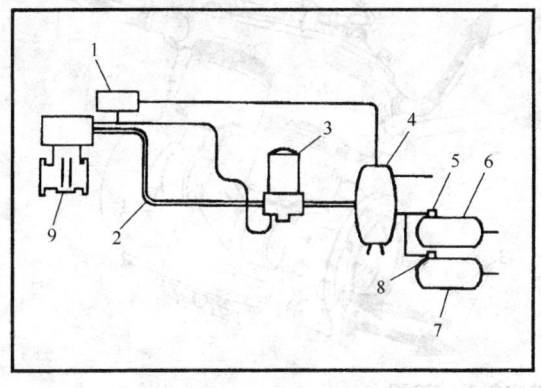

图 7-5 单缸压缩空气系统
1. 空气调节器 2. 排气管 3. 空气干燥器 4. 储气罐
5. 单向阀 6. 第一级储气罐 7. 第二级储气罐
8. 单向阀 9. 空压机

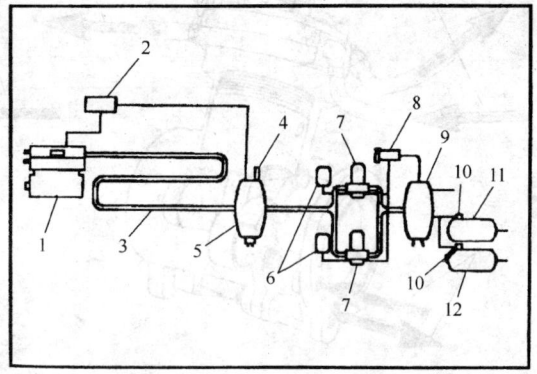

图 7-6 双缸压缩空气系统
1. 空压机 2. 空气调节器 3. 排气管 4. 安全阀
5. 储气罐 6. 净化气罐 7. 空气干燥器 8. 空气调节器
9. 储气罐 10. 单向阀 11. 第一级储气罐
12. 第二级储气罐

7.2 压缩空气系统流程

康明斯压缩空气系统流程,见图 7-7;Holset 压缩空气系统流程,见图 7-8。

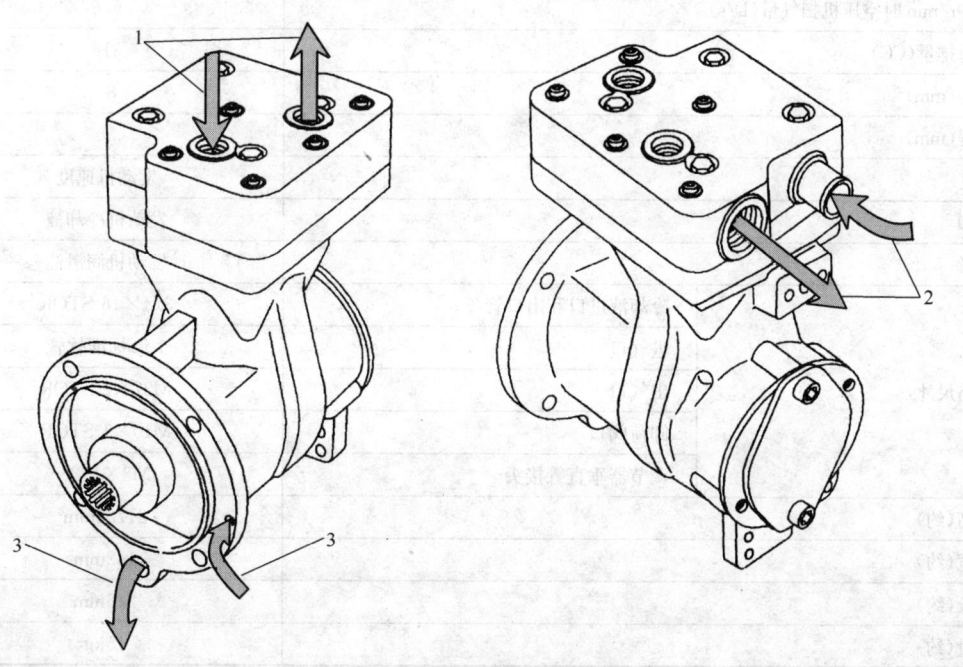

图 7-7 康明斯压缩空气系统流程
1. 冷却液 2. 空气 3. 润滑剂

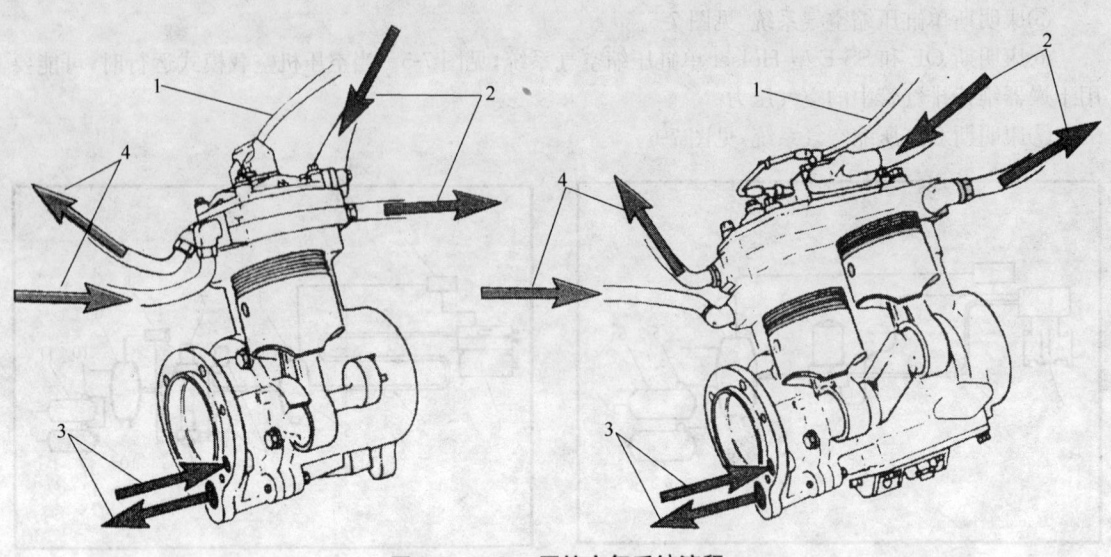

图 7-8　Holset 压缩空气系统流程
1. 空气调节器信号　2. 空气　3. 润滑剂　4. 冷却液

7.3　压缩空气系统技术规范

①康明斯 18.7CFM 型压缩空气系统技术性能规范,见表 7-1。

表 7-1　康明斯 18.7CFM 型压缩空气系统技术规范

项　目		数　据
汽缸润滑油数		1
1250r/min 时空压机扫气量(L/s)		6.6
活塞排量(CC)		318
缸径(mm)		85
冲程(mm)		56
速度		发动机速度
冷却		发动机冷却液
润滑		发动机润滑油
管路尺寸	冷却液进口和出口管	3/4×16 STOR
	进气口	1-in 标准软管
	出气口	M27×2 STOR
	卸荷阀口	M10×1 STOR
	调节器垂直管接头	M8×1.25
全高(约)		217.4mm
全宽(约)		142mm
全长(约)		216mm
重量(约)		15kg

②Holset® SS296/SS296E/QE296A/C 型压缩空气系统技术性能规范,见表 7-2。

第 7 章 压缩空气系统和电气设备检修

表 7-2 Holset® SS296/SS296E/QE296A/C 型压缩空气系统技术规范

项　目		数　据
汽缸润滑油数		1
1250r/min 时空压机扫气量(L/s)		6.2
活塞排量(CC)		296
缸径(mm)		92.08
冲程(mm)		44.45
速度		发动机速度
冷却		发动机冷却液
润滑		发动机润滑油
管路尺寸	冷却液进口和出口(管接头)	0.375in NPTF
	进气口(内径)	22.22mm
	出气口(最小内径)	12.7mm
全高(约)		311mm
全宽(约)		146mm
全长(约)		229mm
重量(约)		18kg

③ Holset® SS338/QE338 A/C 型压缩空气系统技术规范,见表 7-3。

表 7-3 Holset® SS338/QE338 A/C 型压缩空气系统技术规范

项　目		数　据
汽缸润滑油数		1
1250r/min 时空压机扫气量(L/s)		7.1
活塞排量(CC)		338
缸径(mm)		98.4
冲程(mm)		44.5
速度		发动机速度
冷却		发动机冷却液
润滑		发动机润滑油
管路尺寸	冷却液进口和出口(管接头)	0.375in NPTF
	进气口	22.22mm
	出气口	12.7mm
全高(约)		311mm
全宽(约)		146mm
全长(约)		229mm
重量(约)		18kg

④ 康明斯 37.4CFM 型压缩空气系统技术规范,见表 7-4。

表 7-4 康明斯 37.4CFM 型压缩空气系统技术规范

项　目	数　据
汽缸润滑油数	2
1250r/min 空压机扫气量(L/s)	15.5
活塞排量(CC)	636

续表 7-4

项　目		数　据
缸径(mm)		85
冲程(mm)		56
速度		发动机速度
冷却		发动机冷却液
润滑		发动机润滑油
管路尺寸	APEX	M18×1.5
	冷却液进口和出口	3/4×16 STOR
	进气口	1-iN 标准软管
	出气口	M27×2 STOR
	卸荷阀口	M10×1 STOR
	直接装配的调速器	M8×1.25
全高(约)		306mm
全宽(约)		142mm
全长(约)		286.7mm
重量(约)		17.24kg

⑤Holset® ST676A/C 型压缩空气系统技术规范，见表 7-5。

表 7-5　Holset® ST676 A/C 型压缩空气系统技术规范

项　目	数　据
汽缸润滑油数	2
1250r/min 时空压机扫气量(L/s)	14.2
活塞排量(CC)	676
缸径(mm)	92.08
冲程(mm)	50.08
速度	发动机速度
冷却	发动机冷却液
润滑	发动机润滑油
冷却液进口和出口	0.50in NPTF
进气口(内径)	22.22mm
出气口(最小内径)	15.88mm
全高(约)	343mm
全宽(约)	178mm
全长(约)	287mm
重量(约)	33.5kg

注：在平均工作循环达到或超过 10% 或者气压超过 862kPa 的应用类型中，为防止积碳，单缸空压机使用最小内径为 15.9mm 的排气管，双缸空压机使用最小内径为 25.4mm 的排气管。这些应用类型如：垃圾车、轻型客货两用车、公交车以及装有较多气动附件的设备。

第 7 章 压缩空气系统和电气设备检修

⑥Holset® 空压机弹簧张力技术规范,见表 7-6。

表 7-6 Holset® 空压机弹簧张力技术规范

弹簧零件号	弹簧用途	相应的自由长度(mm)	弹簧圈数	弹簧直径(mm)	压缩弹簧到测量长度所需载荷		
					测量长度(mm)	最小载荷 kg	最大载荷 kg
128080	排气阀	17.02	3.0	2.03	7.11	3.6	4.7
190334	进气阀	12.70	2.8	1.58	7.11	0.35	0.5
150631	卸荷阀(自然吸气式发动机)中心卸荷阀-双缸	41.91	11.5	2.03	24.89	14.5	17.2
3023101	卸荷阀(所有涡轮增压式发动机)	41.91	10.8	1.65	24.89	5.9	7.7
3049553	E 型卸荷阀	41.91	11.25	1.93	24.89	10.4	12.2
800399-XW	卸荷阀	17.02	6	1.04	6.60	N/A	2.54
					10.03	1.71	N/A
802000-FZ	进气阀和排气阀	10.16	4.25	0.79	4.57	N/A	0.36
					5.99	0.20	N/A
3054489	排气阀	21.49	4.5	2.54	15.21	3.88	4.74

7.4 压缩空气系统维修工具

压缩空气系统维修工具,见表 7-7。

表 7-7 压缩空气系统维修工具

工具号	工具名称	工具图
ST-302	球型台钳 (用于固定空压机以便拆装)	
ST-749 或 3823597	安装板 (用于将空压机固定在台钳上)	
3375182	阀弹簧测试仪 (用于检测进气阀、排气阀和卸荷阀弹簧)	

续表 7-7

工具号	工 具 名 称	工 具 图
3376399	O形圈拆装工具 （用于拆装O形圈）	
3376663	联轴节拉器 （用于拆卸花键联轴节毂）	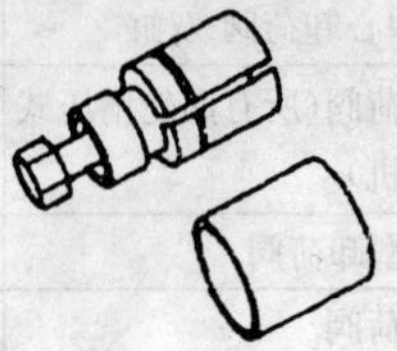
3377415	空压机阀座安装工具 （用于安装排气阀座）	 3377415
3377416	空压机阀座拆卸工具 （用于拆卸排气阀座）	 3377416
3823528	空压机阀座套 （用于拆卸排气阀座和进气阀罩）	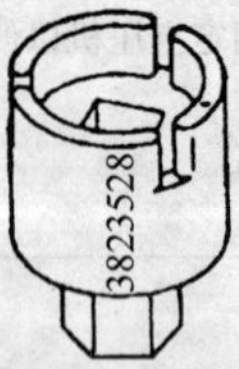 3823528
3823923	隔套 （与零件号为3376663的联轴节拉器一起用于拆卸液压泵驱动联轴节）	

7.5 空压机积碳清除

1. 初始检查

①对于Holset®空压机系统：关闭发动机，打开湿式储气罐上的排放阀，释放系统中的压缩空气，见图7-9。

②从空压机上拆下进气和排气管接头,见图7-10。

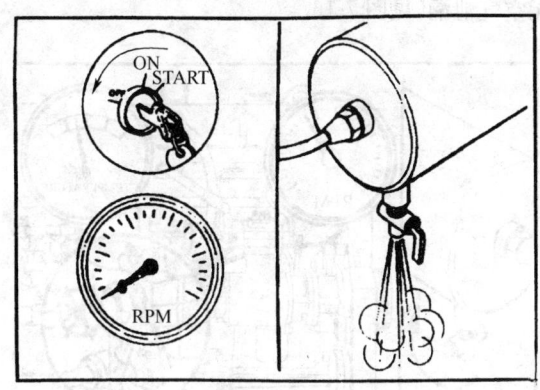

图7-9 释放系统中的压缩空气

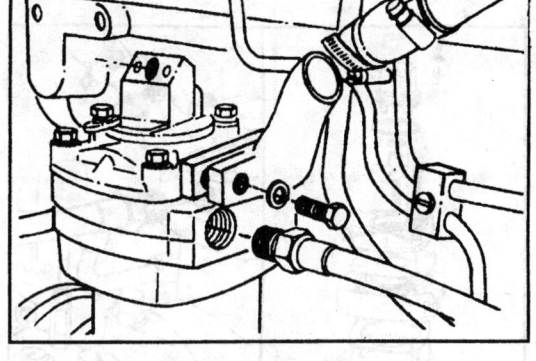

图7-10 拆下进气和排气管接头

③测量排气管内的积碳厚度,见图7-11,积碳厚度不得超过1.6mm。
④如果积碳厚度超过技术规范,应拆下排气管进行清洗或更换,见图7-12。

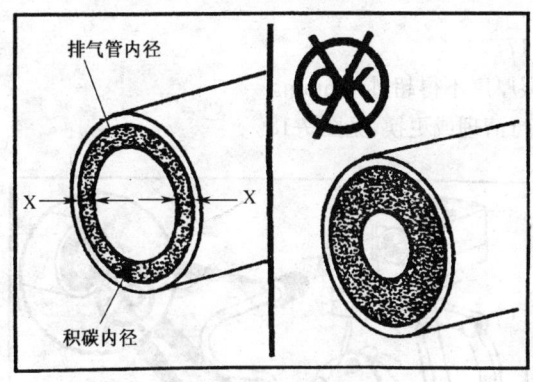

图7-11 测量积碳厚度

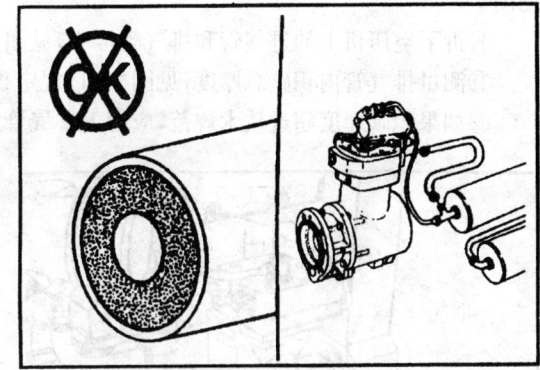

图7-12 积碳厚度超过标准应清洗或更换排气管

⑤检查第一级储气罐即湿式储气罐的排气管接头上有无积碳,见图7-13。
⑥拆下空压机缸盖和阀总成,用溶剂和非金属刷清洗空压机缸盖和阀总成部件,清除积碳,见图7-14。

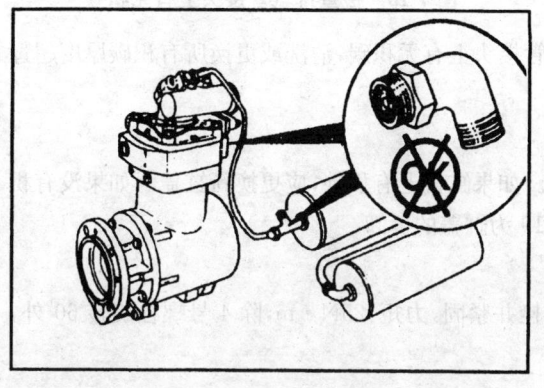

图7-13 检查湿储气罐排气管接头上有无积碳

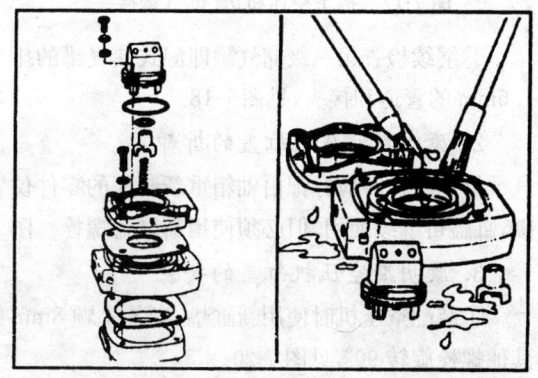

图7-14 清除缸盖和阀上的积碳

⑦组装空压机时使用新密封圈,安装并拧紧进气和排气管接头,见图7-15。

⑧关闭湿式储气罐排放阀,运转发动机,检查有无空气泄漏,见图7-16。

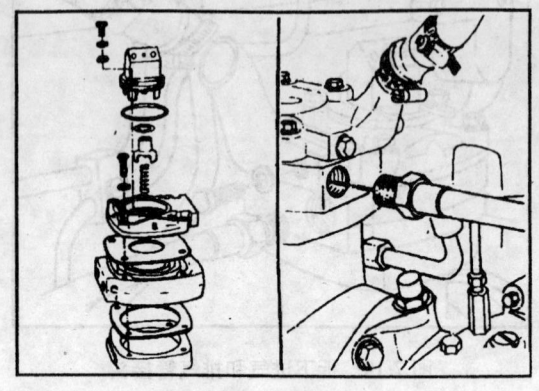

图7-15 组装空压机

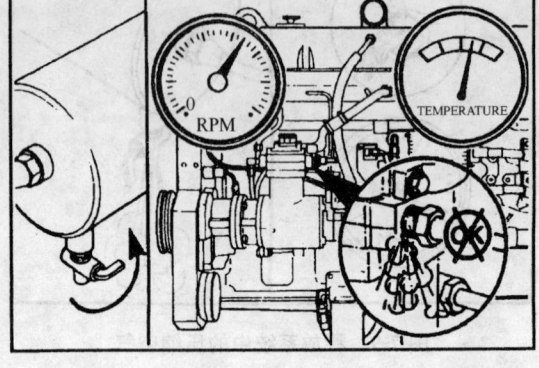

图7-16 运转发动机,检查有无空气泄漏

⑨对于康明斯空压机系统:关闭发动机,打开湿式储气罐上的排放阀,释放系统内部的压缩空气,见图7-9。

⑩拆下空压机上的进气管和排气管接头,见图7-17。

⑪测量排气管内积碳总厚度,见图7-11,规定积碳厚度不得超过1.6mm。

⑫如果积碳厚度超过技术规范,应拆下排气管进行清理或更换,见图7-18。

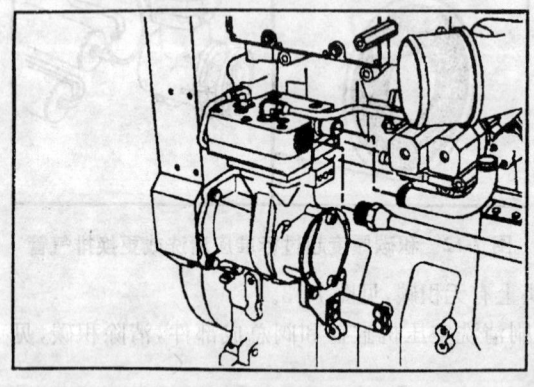

图7-17 拆下空压机进、排气管接头

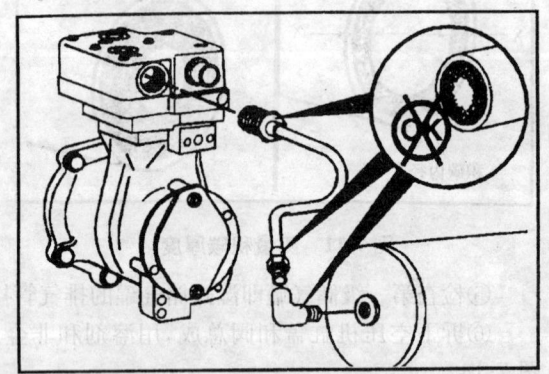

图7-18 检查排气管接头上有无积碳

⑬继续检查第一级储气罐即湿式储气罐的排气管接头上有无积碳,清洗或更换所有积碳厚度超过1.6mm的管道和接头,见图7-18。

2. 康明斯空压机缸盖的拆卸

拆下缸盖时应标记由轴箱重新装配的零件位置。如果缸盖上有积碳,应更换新缸盖。如果没有积碳,缸盖可继续使用,但必须使用新缸盖螺栓。图7-19为缸盖的拆卸。

3. 康明斯空压机缸盖的安装

①装配空压机时使用新缸垫、安装4颗8mm螺栓并紧固,力矩:25N·m,除4号螺栓旋转60°外,其他螺栓旋转90°,见图7-20。

②紧固螺栓,力矩:6N·m,旋转90°,见图7-21。

③安装并拧紧进、排气管接头、安装冷却液管,见图7-22。

第 7 章 压缩空气系统和电气设备检修

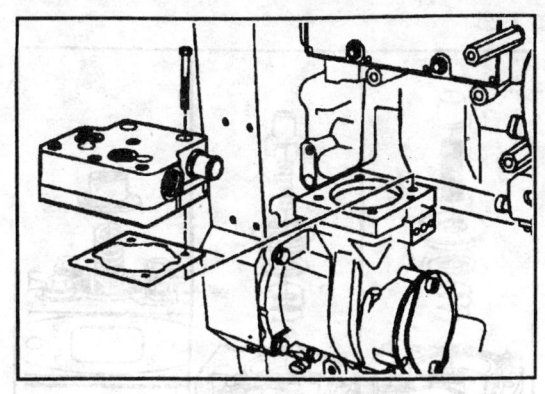

图 7-19 缸盖的拆卸

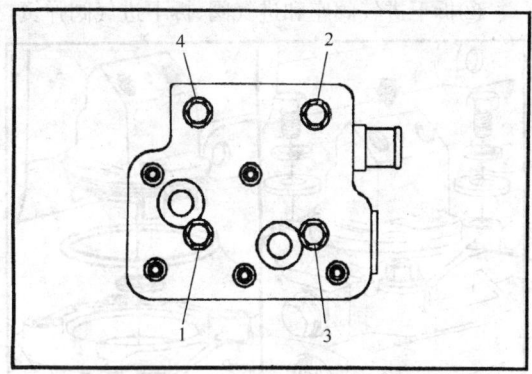

图 7-20 安装空压机时使用新缸垫、紧固螺栓
1~4. 螺栓顺序

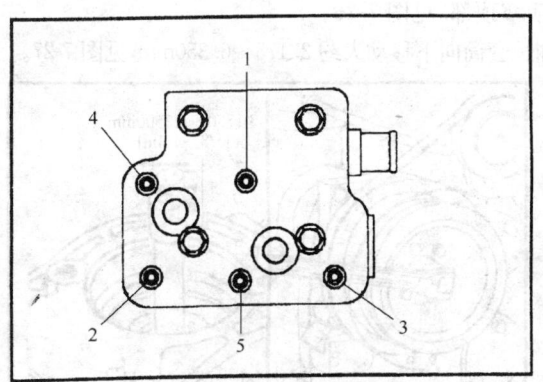

图 7-21 按顺序紧固螺栓
1~5. 螺栓顺序

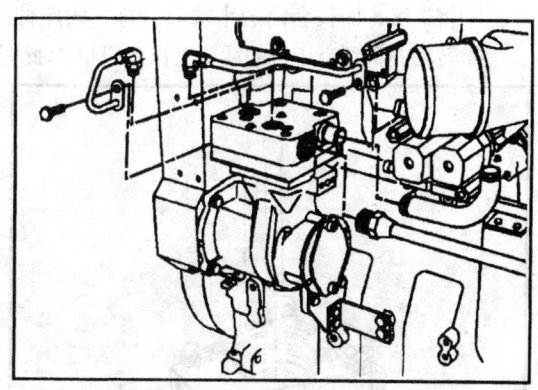

图 7-22 安装进、排气管接头和冷却液管

④关闭湿式储气罐排放阀,加注冷却系统,运转发动机,检查有无泄漏,见图 7-23。

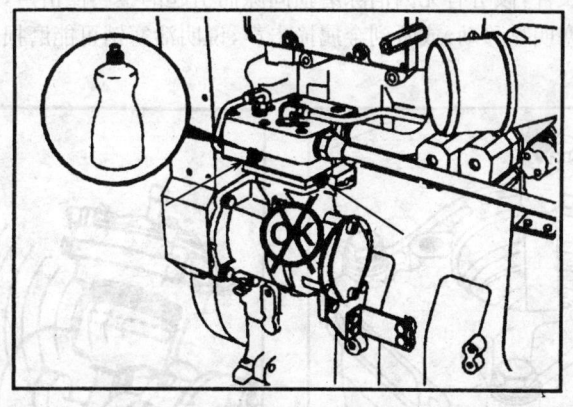

图 7-23 运转发动机,检查有无泄漏

7.6 空压机活塞销孔磨损检查

初始检查:

①车工序适用于 Holset® SS 和 ST 型空压机。向下压下卸荷阀阀体,拆下两颗带垫圈螺栓和两个平垫圈,拆下卸荷阀阀体和密封圈,见图 7-24。

②拆下进气阀座和进气阀、拆下进气阀弹簧,见图7-25。

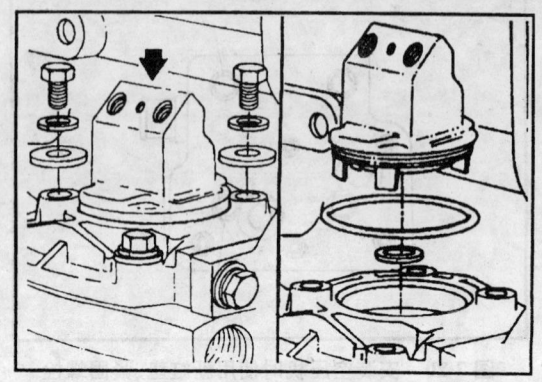

图7-24 拆下卸荷阀阀体

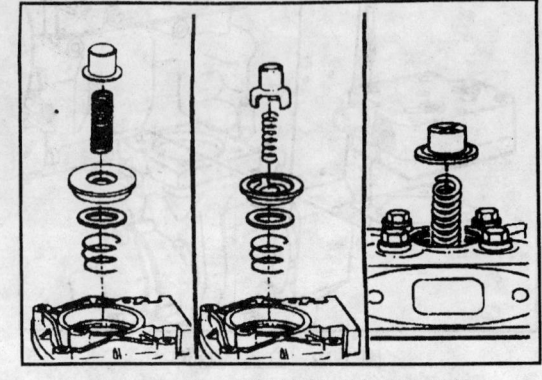

图7-25 拆下进气阀座、进气阀和弹簧

③将3/8in加长套筒的小端通过排气阀座伸到活塞顶部,见图7-26。
④转动曲轴到空压机的活塞上止点(TDC),此时加长套筒向下移动大约3.175~6.350mm,见图7-27。

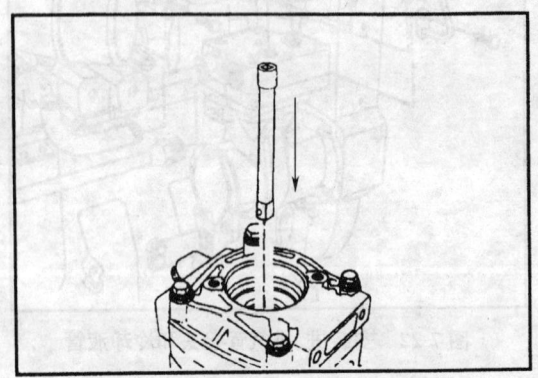

图7-26 将加长套筒小端伸到活塞顶部

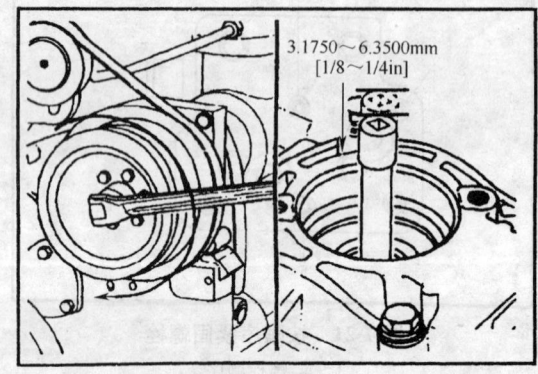

图7-27 转动曲轴到活塞上止点

⑤快速向下推动加长杆,倾听有无因消除磨损间隙而引起的金属撞击声,见图7-28。
⑥如果能感觉到活塞明显移动,或听到金属撞击声,说明活塞销可能磨损,必须对空压机作进一步检查,见图7-29。

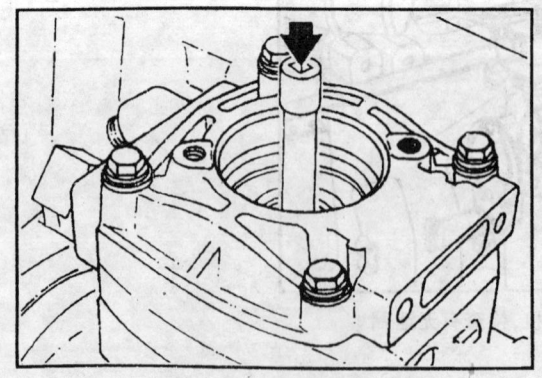

图7-28 压下加长杆,倾听声音

图7-29 如果听到金属撞击声,应对空压机作进一步检查

⑦如果没有感觉到移动,或者没有听到声音,说明空压机合格,不必更换,见图7-30。
⑧取出加长杆,见图7-31。

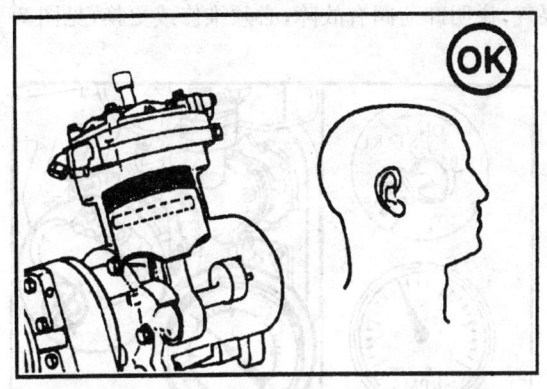

图 7-30 没有听到声音，空压机合格，不必更换

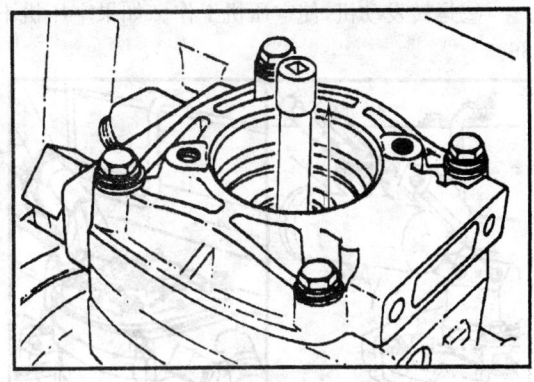

图 7-31 取出加长杆

⑨安装进气阀弹簧、进气阀、进气阀座和卸荷阀及阀帽，用润滑脂润滑卸荷阀帽的外壁，见图 7-32。
⑩安装密封圈并用润滑油润滑，安装卸荷阀体，见图 7-33。

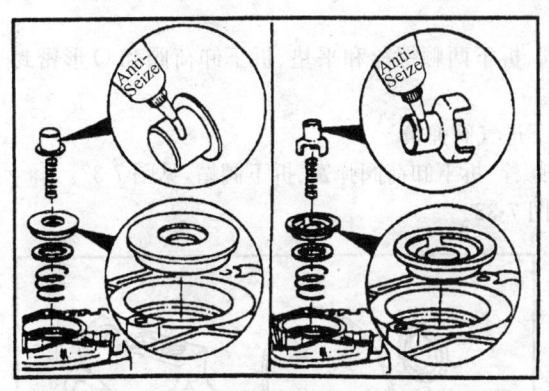

图 7-32 安装进气阀弹簧、进气阀和卸荷阀及阀帽

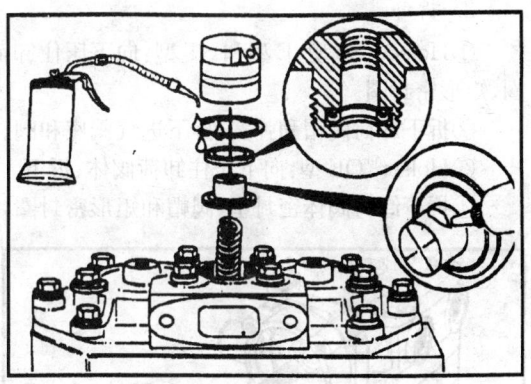

图 7-33 安装卸荷阀体

⑪向下压住卸荷阀体、安装平垫圈和带垫圈的螺栓，力矩 14N·m，见图 7-34。

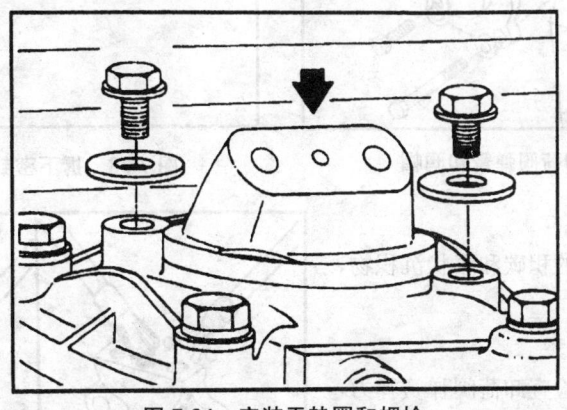

图 7-34 安装平垫圈和螺栓

7.7 空压机卸荷阀总成

1. 初始检查

①本工序只适用于 Holset® SS 型单缸空压机。在拆下空气压力调节器之前，必须先释放系统中的空气压力。从空压机卸荷阀上拆下空气压力调节器或调节器软管，见图 7-35。

②运转发动机，使空压机工作。如果空压机不泵气，说明卸荷阀有故障，必须维修或更换，见图7-36。

图7-35 拆下空气压力调节器或调节器软管

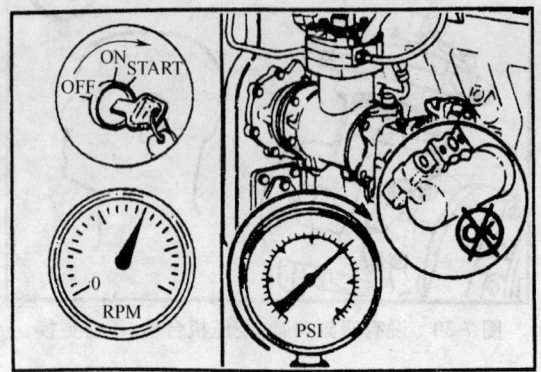

图7-36 空压机不泵气，应维修或更换卸荷阀

2. 拆卸

①Holset® SS型、E型和ST型：向下压住卸荷阀、拆下两颗螺栓和平垫、拆下卸荷阀和O形密封圈、矩形密封圈。

②拆下卸荷阀帽和弹簧、拆下进气阀座和阀、拆下进气阀弹簧。

③Holset® QE型：向下压住卸荷阀体、拆下4颗螺栓、拆下卸荷阀弹簧、拆下阀帽，见图7-37。

④拆下卸荷阀体密封垫、阀帽和矩形密封圈，见图7-38。

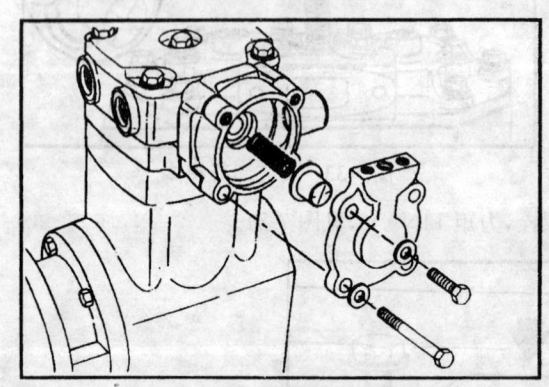

图7-37 拆下卸荷阀弹簧和阀帽

图7-38 拆下密封垫、阀帽和密封圈

2. 清洗

清洗卸荷阀帽体上的积碳和漆状沉积物，见图7-39。

3. 检查能否使用

①使用弹簧测试仪检查卸荷阀弹簧弹力，弹簧弹力应符合表7-6技术规范要求，见图7-40。如果弹簧弹力不符合规范，则应更换卸荷阀弹簧。对于Holset®双缸空压机，需要同时检查汽缸润滑油和中心卸荷阀弹簧。

②如果空压机安装的是平帽型卸荷阀帽(1)，它必须使用三爪卸荷阀不同的弹簧和阀

图7-39 清洗卸荷阀帽体上的积碳和沉积物

座,见图 7-41。

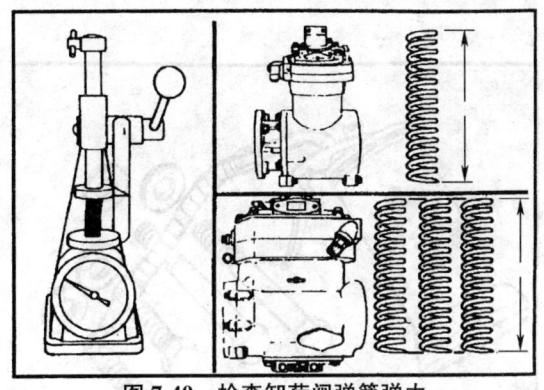

图 7-40 检查卸荷阀弹簧弹力

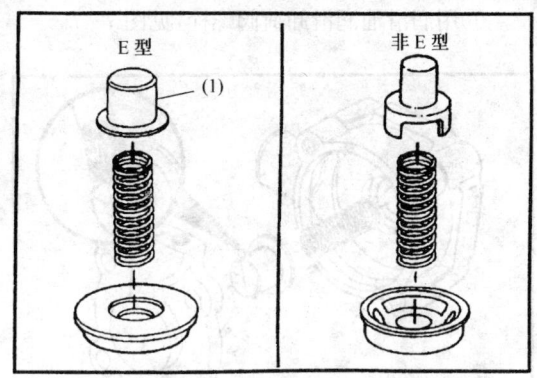

图 7-41 E 型和非 E 型空压机系统卸荷阀帽和弹簧、阀座要配套使用
1. 平帽型卸荷阀帽

4. 安装

①Holset®SS、E 型和 ST 型:装配空压机、使用耐高温润滑脂润滑密封圈、卸荷阀帽和卸荷阀阀体孔,螺栓力矩 14N·m。运转发动机,检查空压机是否泄漏空气,见图 7-42。

②Holset®QE 型:在卸荷阀体上安装新矩形 V 字密封圈,使用耐高温润滑脂润滑密封圈和卸荷阀体,见图 7-43。

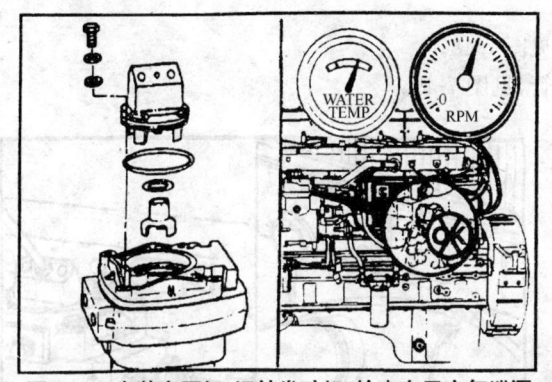

图 7-42 安装空压机,运转发动机,检查有无空气泄漏

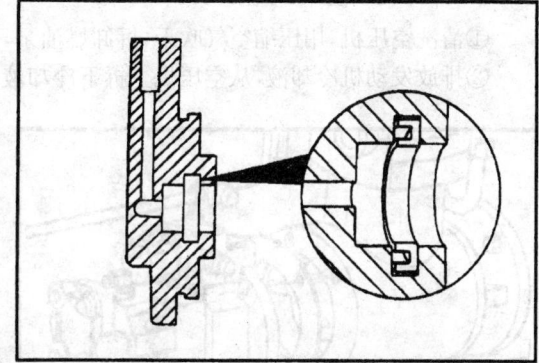

图 7-43 安装新 V 字型密封圈

③在卸荷阀体上安装新 O 形圈,见图 7-44。
④使用 15W-40 润滑油润滑密封圈,见图 7-45。

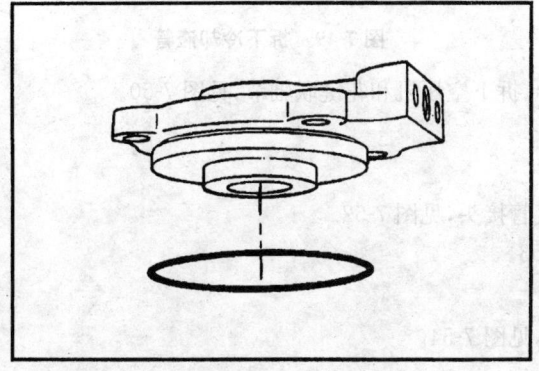

图 7-44 安装新 O 形圈

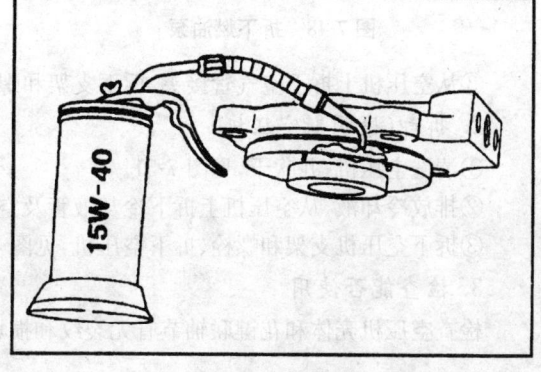

图 7-45 用润滑油润滑 O 形圈

⑤用耐高温润滑脂润滑卸荷阀体孔和阀帽,安装阀帽和弹簧,见图7-46。
⑥用润滑油润滑卸荷阀螺栓,见图7-47。

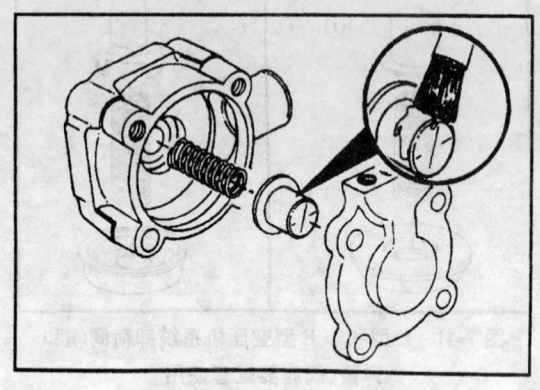

图7-46 安装阀帽和弹簧　　　　图7-47 用润滑油润滑螺栓

⑦装配卸荷阀部件,使用4颗螺栓和垫圈将卸荷阀总成安装到阀板上。用长螺栓将支管装到空压机上,力矩27N·m。运转发动机,检查空压机是否泄漏空气。

7.8 空压机

1. 拆卸(SS型单缸空压机)
①清洗空压机,用压缩空气吹干,拆卸燃油泵,见图7-48。
②排放发动机冷却液,从空压机上拆下冷却液管,见图7-49。

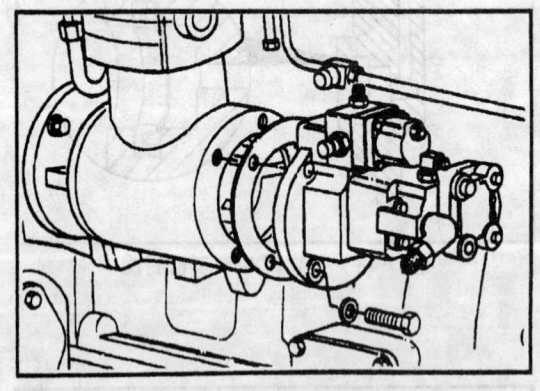

图7-48 拆下燃油泵　　　　图7-49 拆下冷却液管

③从空压机上拆下空气管接头、拆下支架和螺栓、拆下空压机和花键联轴节,见图7-50。

2. 拆卸(康明斯空压机)
①清洗空压机,并吹干,见图7-51。
②排放冷却液、从空压机上拆下冷却液管及空气管接头,见图7-52。
③拆下空压机支架和螺栓、拆下空压机,见图7-53。

3. 检查能否使用
检查空压机壳体和花键联轴节有无裂纹和损坏,见图7-54。

第 7 章 压缩空气系统和电气设备检修

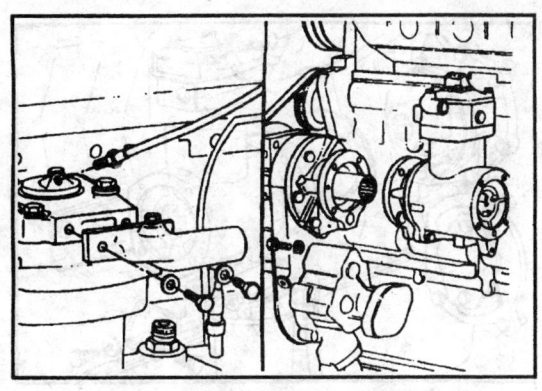

图 7-50 拆下空压机和联轴节

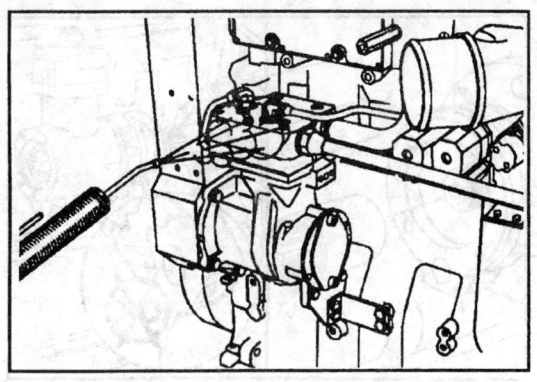

图 7-51 清洗空压机并吹干

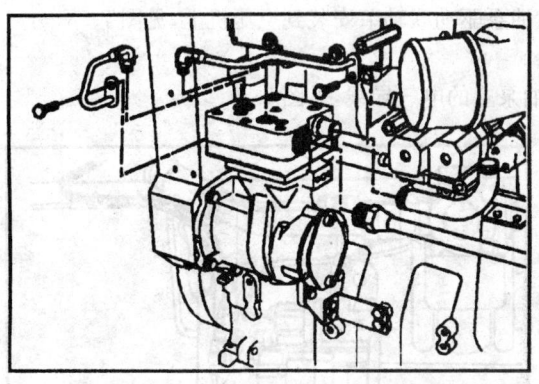

图 7-52 拆下冷却液管及空气管接头

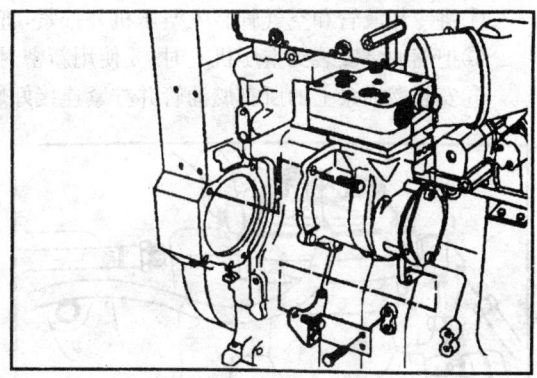

图 7-53 拆下空压机

4. 安装

① 将空压机曲轴上的正时标记置于 12 点钟位置，从发动机前方看，将驱动轴定位销置于 2 点钟位置，见图 7-55。

图 7-54 检查空压机壳体和联轴节有无裂纹和损坏

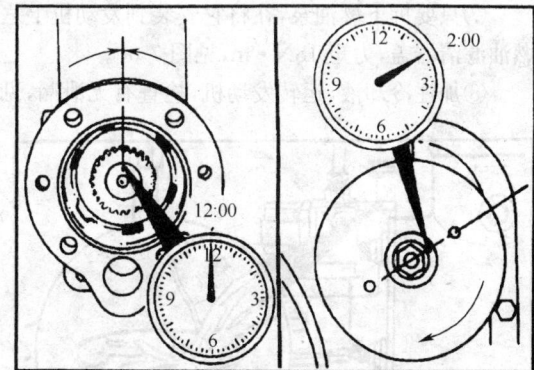

图 7-55 将正时标记置于 12 点钟位置，将驱动轴定位销置于 2 点钟位置

② 将花键联轴节安装在驱动轴上，见图 7-56，同时应确保驱动装置和空压机密封垫表面清洁，没有损坏。

③ 安装新密封垫，将空压机和 4 颗螺栓安装到驱动装置上，见图 7-57。

图7-56 将联轴节安装到驱动轴上

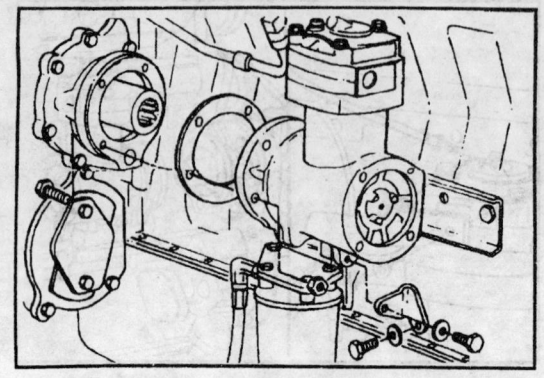
图7-57 将空压机和四颗螺栓安装到驱动装置上

④将冷却液管和空气管装入空压机并拧紧,将燃油泵驱动联轴节安装到空压机上,见图7-58。
⑤把燃油泵安装到空压机上时,要使用新密封垫。
⑥安装燃油泵上的所有燃油管并拧紧连接好燃油泵上的电气导线,见图7-59。

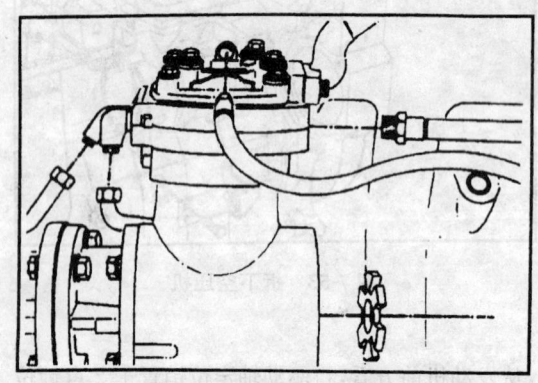
图7-58 将燃油泵联轴节安装到空压机上

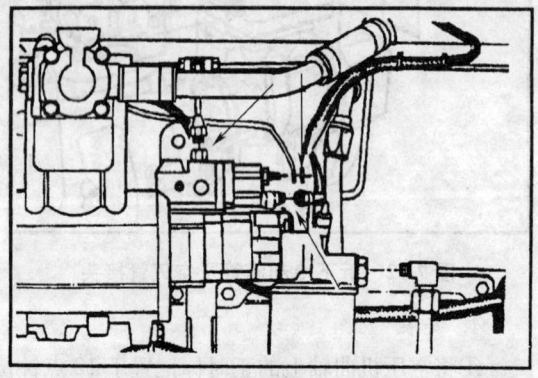
图7-59 安装燃油泵上的油管和电气导线

⑦只要拆下燃油泵,在将它安装到发动机上之前,必须向燃油泵壳体中注满燃油,然后安装并拧紧燃油滤清器盖,力矩18N·m,见图7-60。
⑧加注冷却液,运转发动机,检查有无泄漏,见图7-61。

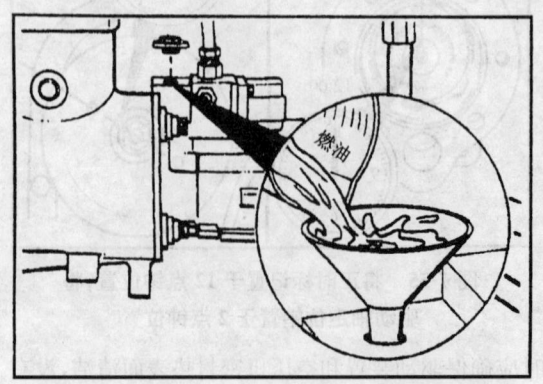
图7-60 向燃油注入清洁燃油,拧紧滤清器盖

图7-61 运转发动机,检查有无泄漏

7.9 空气调节器(空压机不泵气)

初始检查(SS 型单缸空压机):

①从空压机卸荷阀体上,拆下空气调节器或调节器管,见图 7-62。
②运转发动机,使空压机工作。如果空压机泵气,说明调节器有故障,必须检修或更换,见图 7-36。
③如果空压机不泵气,拆卸、清洗并检查空压机卸荷阀总成。见图 7-25。如果卸荷阀总成完好,清洗检查排气阀总成。

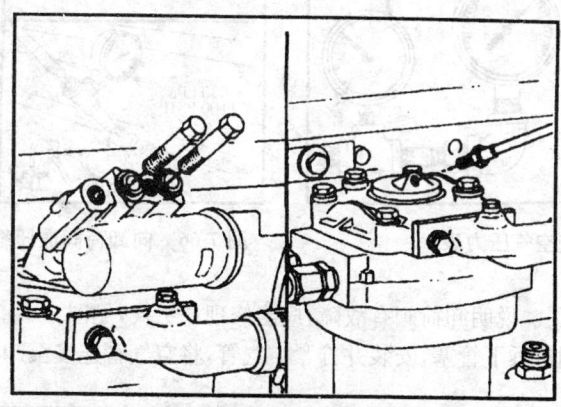

图 7-62 拆下空气调节器或调节器管

7.10 空气调节器(空压机持续泵气)

初始检查(SS 型单缸空压机):

①从空压机空气调节器上拆下空气管,见图 7-62。
②在拆下的空气管的调节器卸荷阀口安装管塞。运转发动机,使空压机工作,见图 7-63。如果在调定的压力下,空压机停止泵气,说明附件或附件空气管泄漏,应进行检修。
③如果在调定的压力下,空压机不能停止泵气,连接一根车间调压空气管到空压机卸荷阀口和空气调节器卸荷阀口之一,见图 7-64。

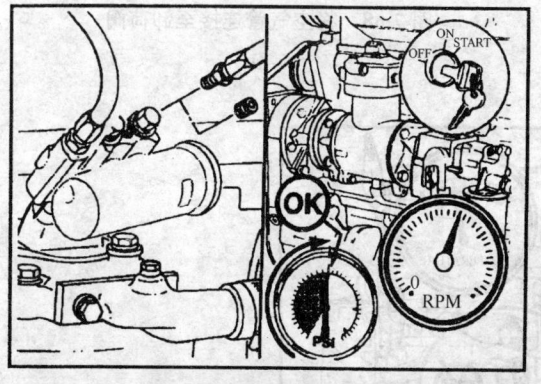

图 7-63 在卸荷阀口安装管塞使空压机工作,在调定压力下,空压机停止泵气,说明空气管泄漏

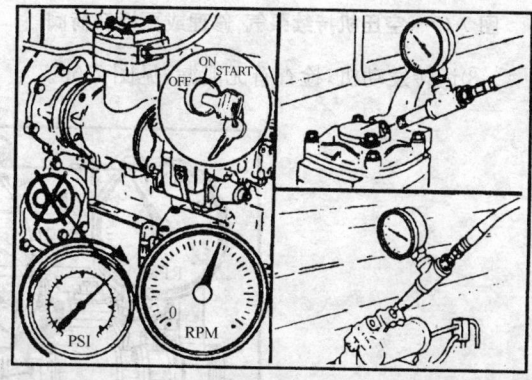

图 7-64 连接车间调压空气管到卸荷阀口

④在进行空气压力检查之前,应确保空气压力表准确,管接头工作良好。用已知标准精度的压力表,检查空气压力表,见图 7-65。

⑤向卸荷阀口施加690kPa的空气压力,如果空压机停止泵气,说明空气调节器有故障,必须维修或更换;或者是调节器安装密封圈泄漏。见图7-66。

图7-65 检查空气压力表

图7-66 向卸荷阀通压缩空气检查调节器的工作

⑥如果空压机持续泵气,说明卸荷阀有故障,应当修理或更换,见图7-67。
⑦从空气管的卸荷阀口拆下管塞,安装并拧紧空气管,将空气管连接至卸荷阀,见图7-68。

图7-67 空压机持续泵气,修理或更换卸荷阀

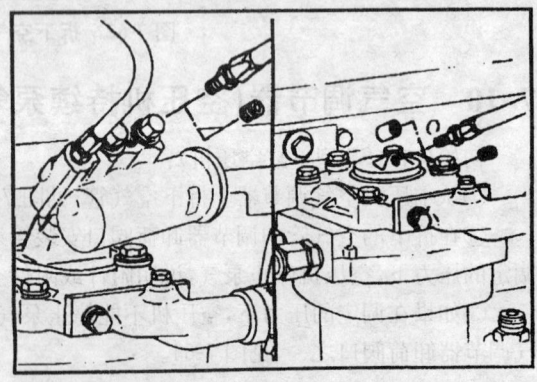

图7-68 将空气管连接至卸荷阀

⑧运转发动机,检查有无泄漏,见图7-69。

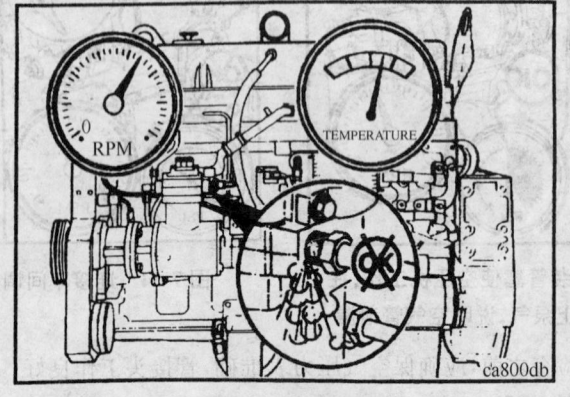

图7-69 运转发动机,检查有无泄漏

7.11 压缩空气系统空气泄漏检查

初始检查(SS 型单缸空压机)：

①关闭发动机,打开湿储气罐的排放阀,释放系统中的空气,见图 7-70,释放完空气,关闭排放阀。

②运转发动机,使空压机工作。当空压机泵气压力达 550~690kPa 时,用肥皂水检查下列部位有无空气泄漏,见图 7-71。这些部位是:卸荷阀体 O 形圈(Holset®)空压机缸盖密封垫、空压机阀板密封垫(Holset® QE 型)及软管和接头。如果发现泄漏,更换泄漏的密封垫和 O 形圈。

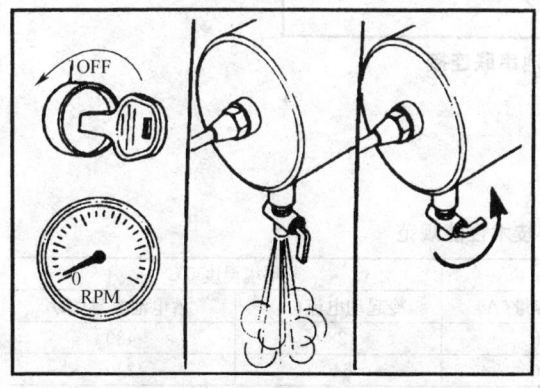

图 7-70 打开排放阀,释放系统中的空气

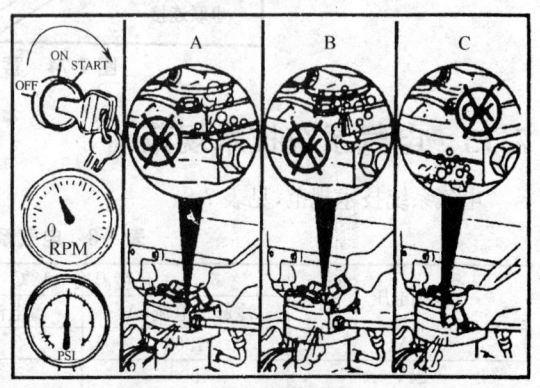

图 7-71 用肥皂水检查有关部位有无空气泄漏

7.12 电气设备概述

①重型载货汽车电气系统的组成,见图 7-72。

②蓄电池并联连接和串联连接,见图 7-73 和图 7-74。

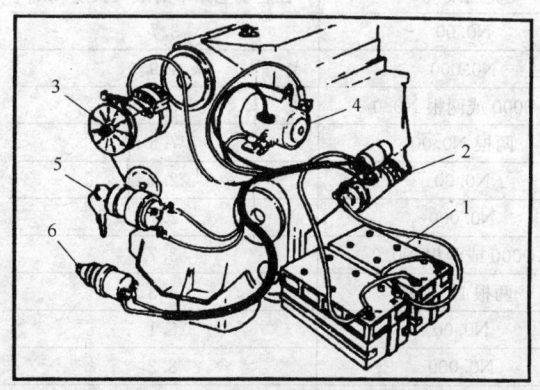

图 7-72 重型载货汽车电气系统的组成
1. 蓄电池组 2. 起动机 3. 发电机 4. 磁力开关
5. 点火开关 6. 按钮开关

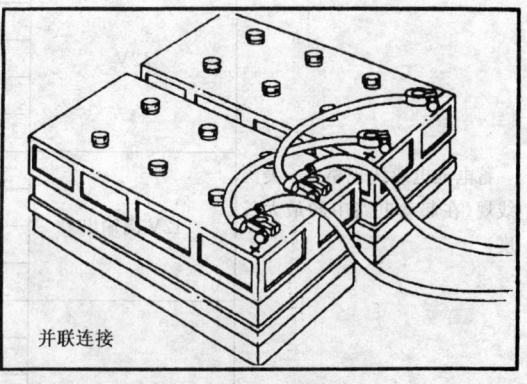

图 7-73 蓄电池并联连接

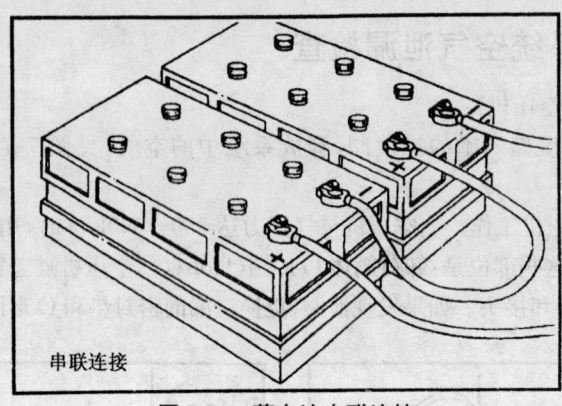

图 7-74 蓄电池串联连接

7.13 电气系统技术规范

电气系统技术规范,见表 7-8。

表 7-8 电气系统技术性能规范

系统电压	环境温度-18℃		环境温度 0℃	
	冷起动电流(A)	蓄电池容量(A)	冷起动电流(A)	蓄电池容量(A)
12V	1800	640	1280	480
24V	900	320	640	240

注:①给定规格的蓄电池内的极板数确定了储备容量,蓄电池容量指其储备容量,它决定了维持起动能够持续的时间长短。
②冷起动电流的额定值是由两只 12V 的蓄电池串联获得。
③在电源连接器上最少应有 6.5V 的电压为 ECM 供电。

环境温度在-18℃~0℃时蓄电池最小容量	12V 起动机	蓄电池容量 640A		冷起动电流 1800A
	24V 起动机	蓄电池容量 320A		冷起动电流 900A
环境温度在 0℃时蓄电池最小容量	12V 起动机	蓄电池容量 480A		冷起动电流 1280A
	24V 起动机	蓄电池容量 240A		冷起动电流 640A
起动电路最大电阻	12V 起动机	0.00075Ω		
	24V 起动机	0.00200Ω		
蓄电池电缆线规格——美国线规(在起动电路中的最大长度)	12V	美国线规		在起动电路中的最大长度(m)
		N0.00		3.7
		N0.000		4.9
		N0.0000 或两根 N0.0③		6.1
		两根 N0.00		7.6
	12V 高输出	N0.00		2.1
		N0.000		2.7
		N0.0000 或两根 N0.0③		3.7
		两根 N0.00		4.3
		N0.00		6.1
		N0.000		8.2
		N0.0000 或两根 N0.0③		10.7
		两根 N0.00		13.7

注:①不带起动辅助装置能够起动的最低温度:-1℃
②不带起动辅助装置能够起动的最低起动转速:170r/min
③在进行所有连接,确保每根平行电缆中的电流相等情况下,可用两股 0 号电缆代替一根 0000 号电缆。

7.14 电气设备维修工具

电气设备维修工具，见表 7-9。

表 7-9 电气系统维修工具

工具号	工具名称	工具图
CC-2800	折光仪 (Fleetgurad® 折光仪用于检查常规蓄电池的充电状况)	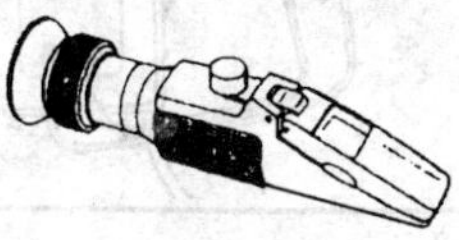
ST-1293	皮带张力计 (用于测量带有 6~9 根加强棱的 K 型 V 棱皮带的张力)	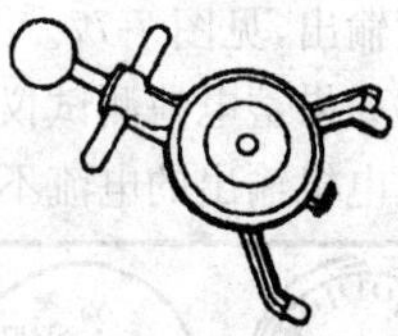
ST-1138	皮带张力计 (用于测量发电机 V 型皮带的张力)	
3377161	数字式万用表 (用于测量电路的 V·Ω 和 A。数字式万用表包含在 Compusave 标定组件中，零件号为 3377151)	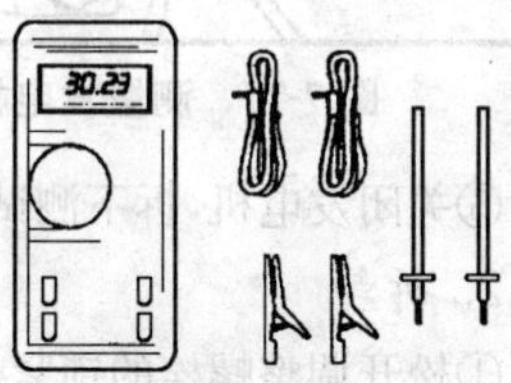
3377193	感应充电-起动系统分析仪 (用于测试电机、发电机、继电器、起动机、电压调节器和蓄电池。带有内置的电压表和电流表)	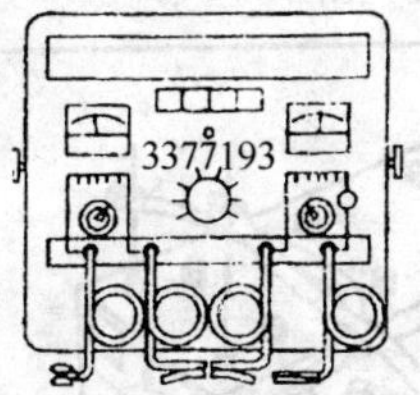

7.15 发电机

1. 初始检查

①将蓄电池测试仪连接在蓄电机上，将电感式电流计夹在蓄电池电缆上，或使用数字式万用表，零件号 3377161 带有线夹或电流探针，零件号 3823574，见图 7-75。

②高怠速运转发动机，用万用表测量发电机到蓄电池的输出电压，见图 7-76。

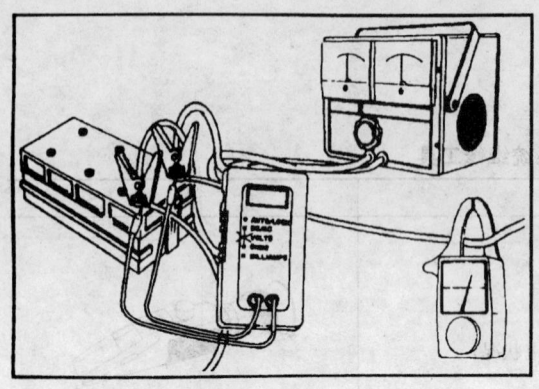 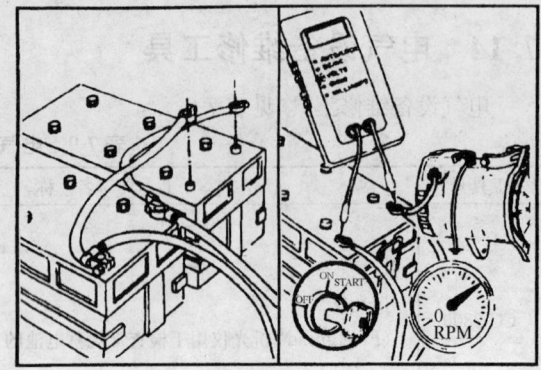

　　图 7-75　安装蓄电池测试和电流计　　　　　图 7-76　测量蓄电池输出电压

③高怠速运转发动机，调整蓄电池测试仪，向发电机施加最大额定电流强度负载，测量发电机的电流强度输出，见图 7-77。

④如果蓄电池测试仪上的电流计与电感式电流计的输出不同，确定出有故障的仪表，并将其更换。如果发电机输出的电流不在额定输出范围 10% 之内，应当修理或更换发电机，见图 7-78。

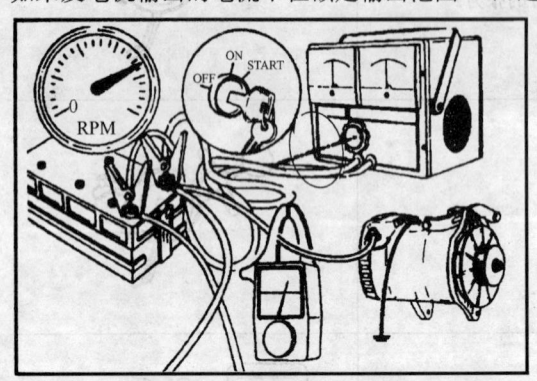 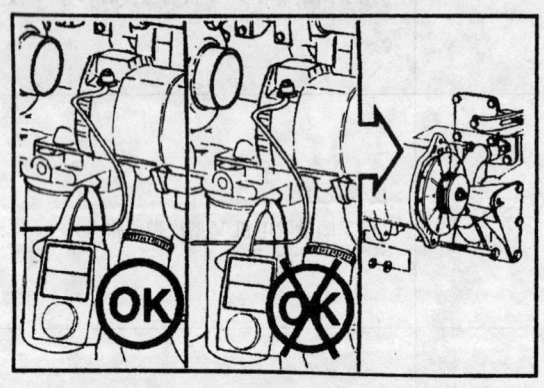

　　图 7-77　测量发电机电流输出　　　　　图 7-78　确定有故障的仪表，并将其更换

⑤关闭发电机，拆下测试设备，见图 7-79。

2. 拆卸

①松开调整螺栓的锁紧螺母、松开固定螺母、松开发电机安装螺栓、逆时转动调整螺栓，拆下发电机皮带，见图 7-80。

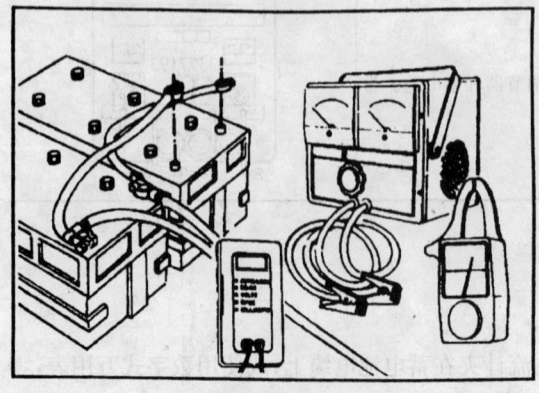 

　　图 7-79　拆下测试设备　　　　　　　　图 7-80　拆下发电机皮带
　　　　　　　　　　　　　　　1. 锁紧螺母　2. 固定螺母　3. 安装螺栓　4. 调整螺栓

②拆下调节杆螺栓和调节杆,拆下发电机安装螺栓、螺母、垫圈及发电机,见图7-81。
3. 安装
①安装调节杆和螺栓,将发电机、螺栓、垫圈、螺母安装到固定支架和调节杆上,见图7-81。
②安装和调整发电机皮带,见图7-82。

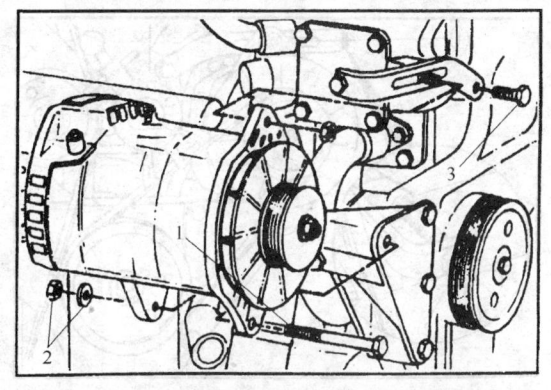

图7-81 拆下发电机
1. 安装螺栓 2. 螺母和垫圈 3. 螺栓

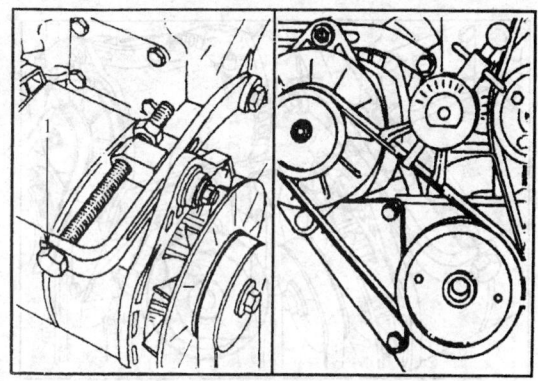

图7-82 安装和调整发电机皮带
1. 调整螺栓

7.16 发电机驱动带

1. 拆卸

拆下发电机驱动带。

2. 安装

①将张紧器固定在松开位置,在皮带轮上安装皮带。对于使用皮带自动张紧器的驱动系统,皮带张力自动调整。保养时,只需检查张紧器即可,见图7-83。

②运转期间如果张紧装置碰到限位块,应检查安装支架和皮带长度。支架损坏、松动,发电机移动、皮带尺寸不正确或皮带损坏都可能导致张紧器碰到限位块,见图7-84。

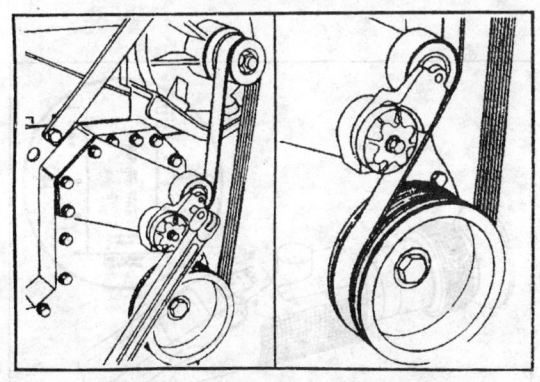

图7-83 安装皮带,检查张紧器

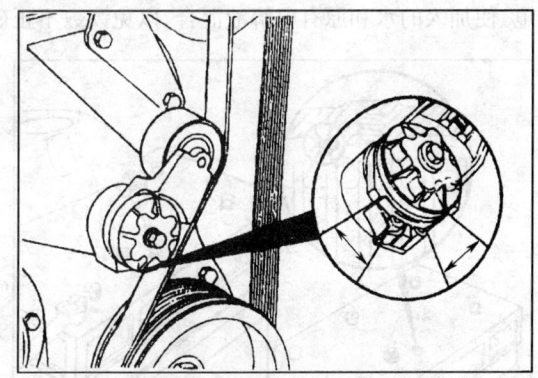

图7-84 检查张紧器是否碰到限位块

③在水泵和发电机带轮上安装新皮带,并使用皮带张力计,零件号 ST-1293,测量皮带张力,并使皮带张力正确,见图7-82。

④拧紧支架上的锁紧螺母、调节杆锁紧螺栓、枢轴螺栓和螺母,力矩:47N·m,见图7-85。

3. 调整

①装有自动皮带张紧器的,只需检查皮带张紧器即可。运转期间如果张紧装置碰到限位块,应检

查安装支架和皮带长度。如果支架松动、损坏、发电机移动、皮带尺寸不正确或皮带损坏，都可能使张紧器碰限位块，见图 7-84。

②松开螺母、螺栓、松开枢轴螺栓和螺母，见图 7-80。

③使用皮带张力计，零件号 ST-1293，测量皮带张力并调整皮带张力，见图 7-86。

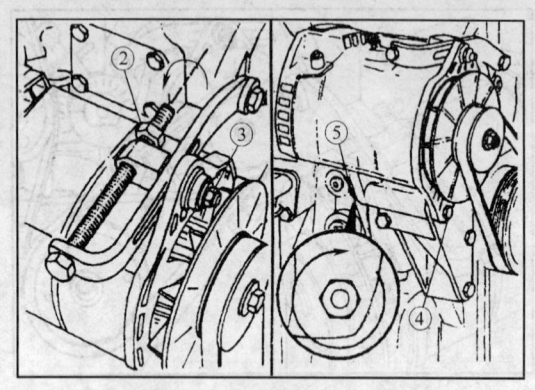

图 7-85　拧紧螺栓和螺母
2. 锁紧螺母　3. 锁紧螺栓　4. 枢轴螺栓　5. 螺母

图 7-86　测量皮带张力并调整皮带张力

④拧紧支架调整螺栓上的锁紧螺母、拧紧调节杆锁紧螺母，力矩：80N·m，拧紧枢轴螺栓和螺母，力矩：47N·m。

7.17　蓄电池

初始检查：

①对于常规蓄电池，打开蓄电池盖，检查电解液液位，向蓄电池补充添加蒸馏水，见图 7-87。对于免维护蓄电池，无须加水。

②使用 Fleetguard® 折光仪，零件号 CC-2800，检查蓄电池电解液的比重，见图 7-88。参考折光仪上显示的蓄电池液柱，以确定每个蓄电池单格的充电状况。如果给缺水的蓄电池单格加水，应重新充电，使加入的水和原有电解液混合，以免读数不正确。

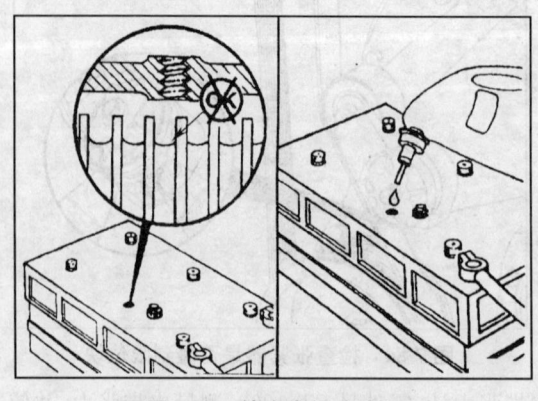

图 7-87　检查电解液液位

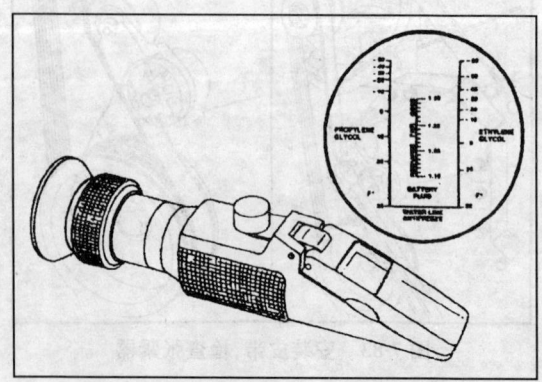

图 7-88　使用折光仪检查电解液比重

③用蓄电池测试仪，零件号 3885845，测试免维护蓄电池或带通气盖的常规蓄电池的输出电流，见图 7-89。如果输出电流较低，用蓄电池充电机对蓄电池充电。如果蓄电池无法达到技术规范或不能充电，应更换蓄电池。

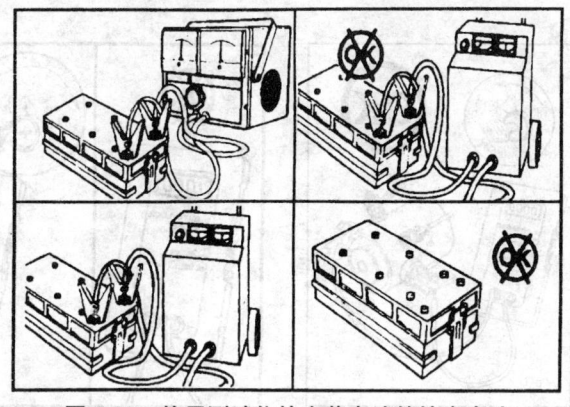

图 7-89 使用测试仪检查蓄电池的输出电流

7.18 蓄电池电缆的端子

初始检查：

①检查蓄电池端子是否松动、断裂或腐蚀，见图 7-90。

②如果端子腐蚀，应拆下电缆用刷子清理电缆和蓄电池端子。将油脂涂在端子上，安装并拧紧蓄电池电缆，见图 7-91。

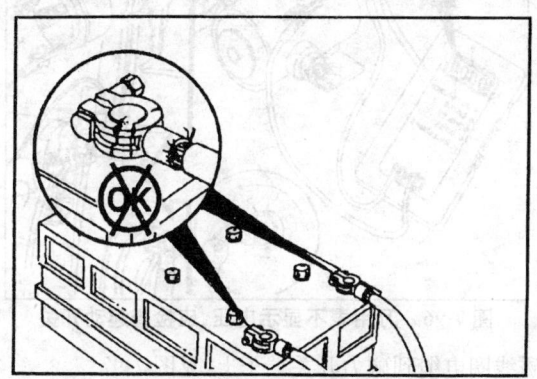

图 7-90 检查蓄电池端子是否松动、断裂或腐蚀

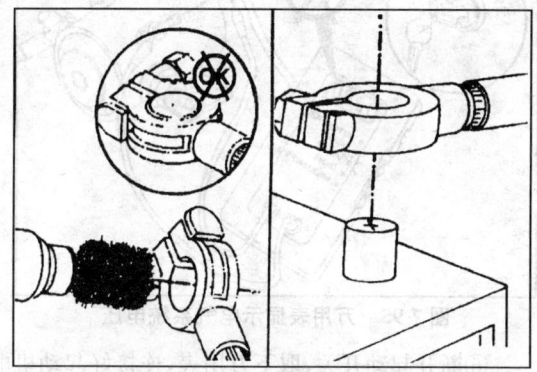

图 7-91 清理电缆和端子，在端子上涂油脂，拧紧电缆

7.19 起动机磁力开关

电流检查：

①关闭点火开关，从磁力开关端子上拆下连接磁力开关和起动机电磁线圈的电缆，将万用表连接到磁力开关的两个端子上，见图 7-92。

②当起动开关处于断开（OFF）位置时，万用表指示电阻为无穷大，为开路；转动起动开关至起动（START）位置时，万用表指示电阻为零，电路闭合，见图 7-93。

③如果起动开关处于起动位置时，万用表指示电阻为无穷大，这时转动起动开关到断开位置，拆下与一个小磁力开关端子相连

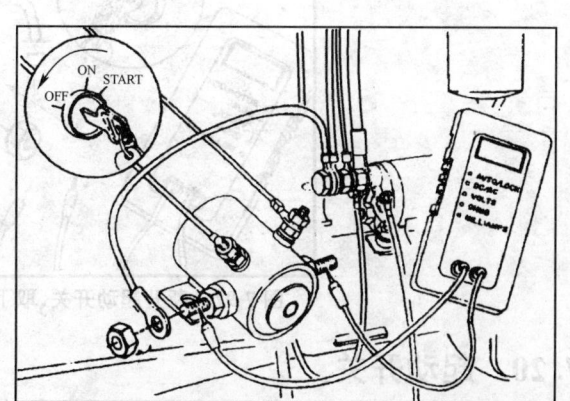

图 7-92 将万用表连接到磁力开关的两端子上

的接地导线,见图7-94。

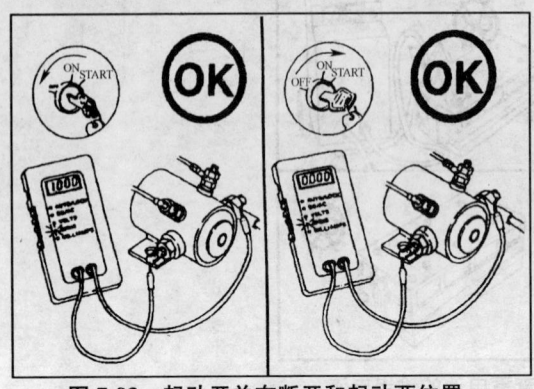

图7-93 起动开关在断开和起动两位置,测量电路电阻

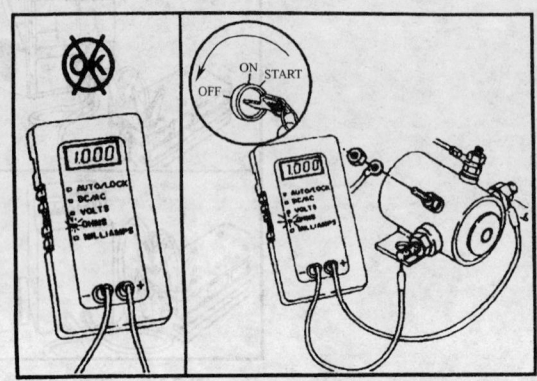

图7-94 拆下与一个小磁力开关端子相连的接地导线

④用万用表测量电压,应为24V;把万用表正表笔接磁力开关接地端子,负极接地,起动开关转到起动位置,万用表应显示电气系统电压,见图7-95。

⑤如果万用表不显示电压,应检查起动开关,见图7-96。

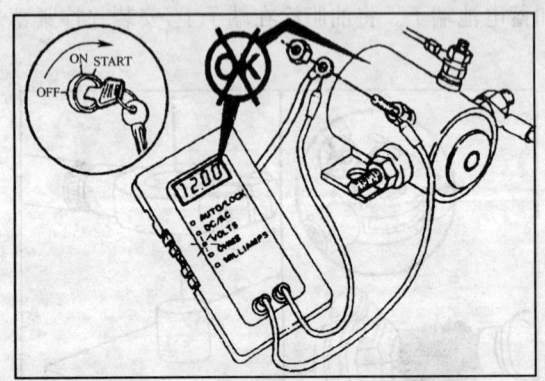

图7-95 万用表显示电气系统电压

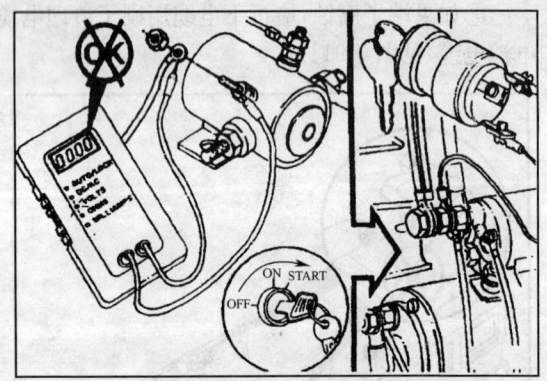

图7-96 万用表不显示电压,应检查起动开关

⑥断开起动开关,取下万用表,连接好起动机电磁线圈电缆到磁力开关端子上,见图7-97。

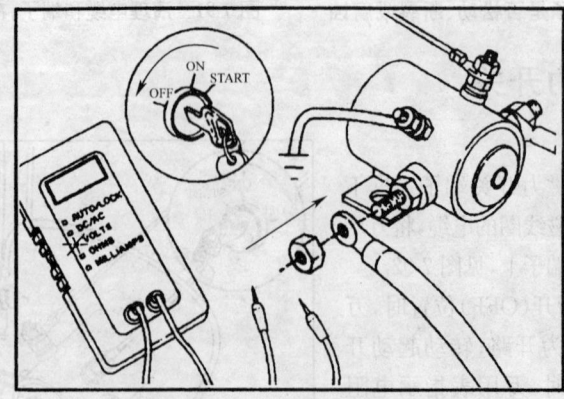

图7-97 断开起动开关、取下万用表,连接好线路

7.20 起动开关

电压检查:

①从起动开关端子上拆下连接起动开关与磁力开关的导线。将数字万用表的正表笔连接到起动开关端子,负表笔接地,见图7-98。测量电压,当起动开关处于断开位置时,万用表应不显示电压。如果万用表显示有电压,说明起动开关有故障,必须更换,见图7-99。

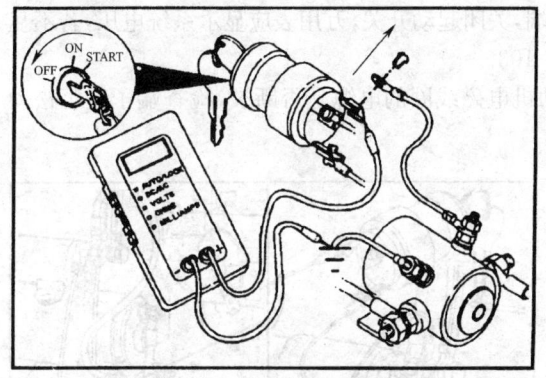

图7-98 将数字万用表连接到起动开关端子和接地上

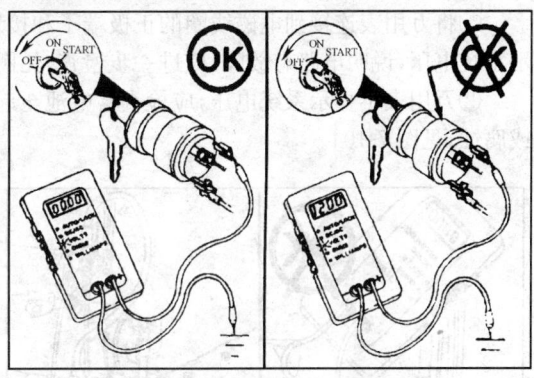

图7-99 测量电压,起动开关断开时,万用表应不显示电压

②转动起动开关到起动位置,万用表应显示系统电压,见图7-100。

③如果没有电压,断开起动开关,检查电磁线圈到起动开关的导线是否断裂,同时检查端子是否松动或腐蚀,见图7-101。

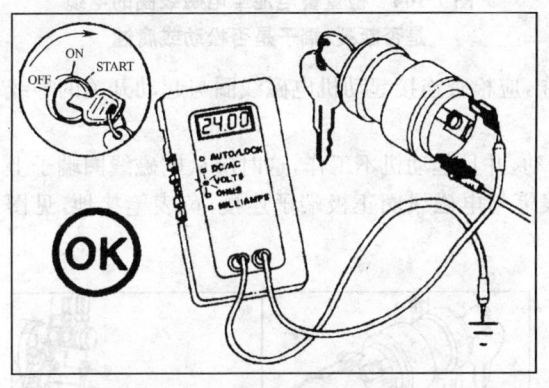

图7-100 起动开关在起动位置,万用表应显示电压

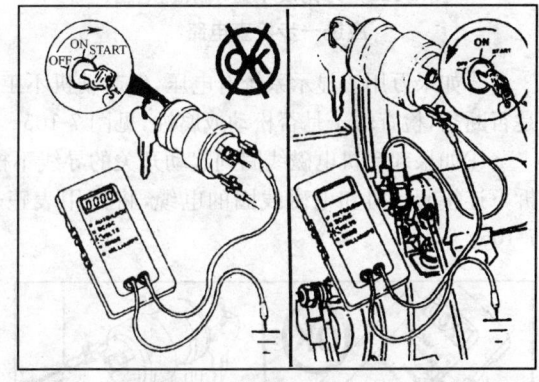

图7-101 检查导线是否断裂,端子是否松动或腐蚀

④如果电缆完好无损且端子清洁牢固,说明起动开关出现故障,应当更换,见图7-102。

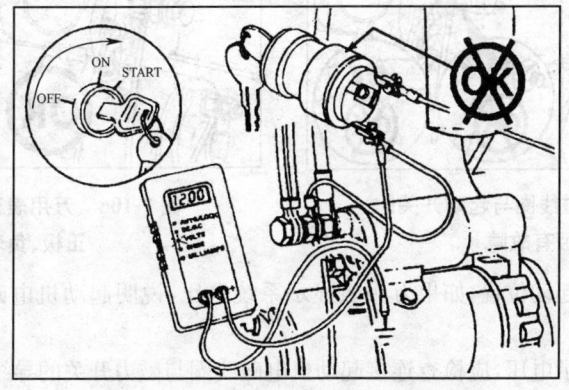

图7-102 起动开关有故障应当更换

7.21 起动机电磁线圈

电压检查：

①将万用表连接到电磁线圈的正极端子和接地端，关闭起动开关，万用表应显示系统电压，若不显示系统电压，说明电路有故障，应进一步检查，见图7-103。

②万用表不显示系统电压，应检查蓄电池至起动机电磁线圈的电缆是否断裂，检查端子是否松动或腐蚀，见图7-104。

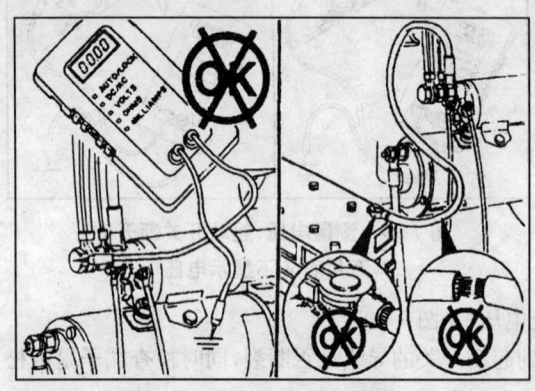

图7-103　万用表不显示系统电压，
应进一步检查电路

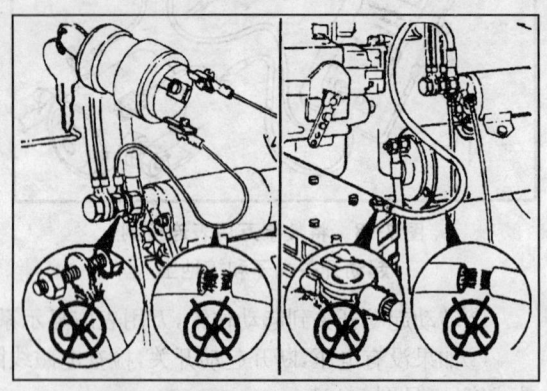

图7-104　检查蓄电池至电磁线圈的电缆
是否断裂、端子是否松动或腐蚀

③如果万用表显示系统有电压，但起动机不工作，应检查连接起动机电磁线圈与起动开关的导线是否断裂，检查端子是否松动或腐蚀，见图7-105。

④如果起动机电磁线圈到起动开关的导线不松动，并且起动机不工作，这时应从电磁线圈端子上拆下连接起动机和电磁线圈的电缆，将万用表正表笔与电磁线圈正极端子连接，负表笔接地，见图7-106。

图7-105　检查电磁线圈与起动开关的
导线是否有故障

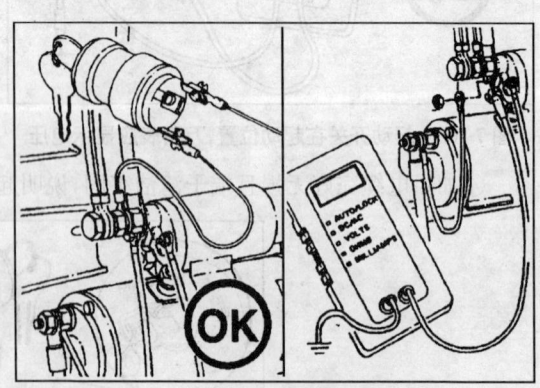

图7-106　万用表正表笔接电磁线圈
正极、负表笔接地

⑤转动起动开关到起动位置，如果万用表显示系统电压，说明起动机电磁线圈存在故障，应当更换，见图7-107。

⑥如果万用表不显示电压，应检查连接起动机电磁线圈与磁力开关的导线是否断裂以及端子是否松动或腐蚀，见图7-108。

第 7 章 压缩空气系统和电气设备检修

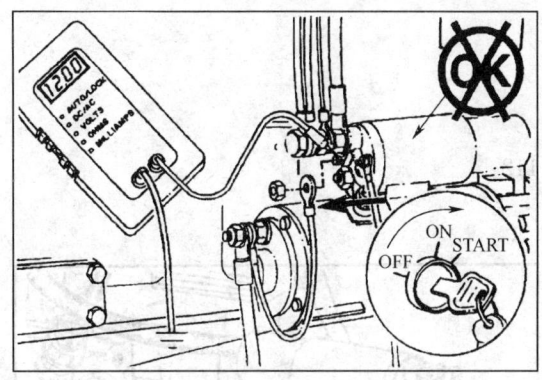

图 7-107 起动机电磁线圈有故障，应当更换

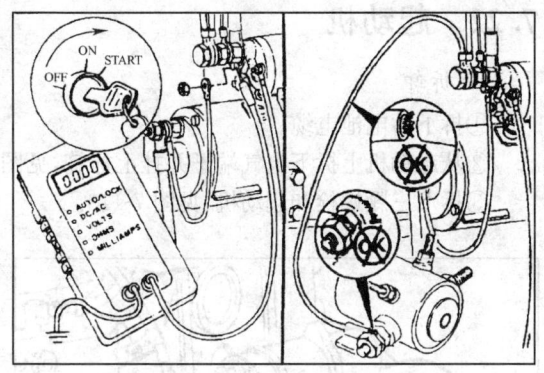

图 7-108 检查电磁线圈与磁力开关的导线是否有故障

⑦如果起动机电磁线圈到磁力开关的导线没有松动、没有损坏，而起动机不工作，应检查电磁线圈与起动机的电缆是否断裂以及端子是否松动或腐蚀，见图 7-109。

⑧检查连接起动机与蓄电池的电缆是否断裂以及端子是否松动或腐蚀，见图 7-110。

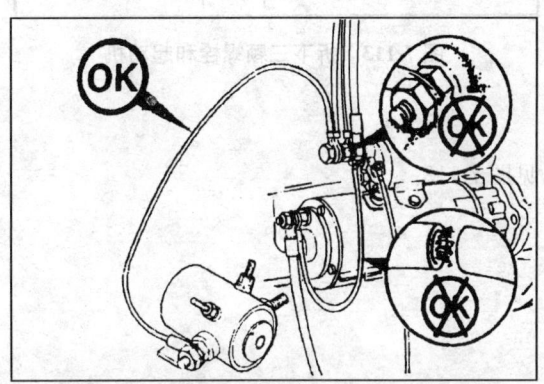

图 7-109 检查电磁线圈与起动机电缆是否有故障

图 7-110 检查起动机与蓄电池的电缆是否有故障

⑨如果电缆没有松动或损坏，说明起动机存在故障，必须更换，见图 7-111。

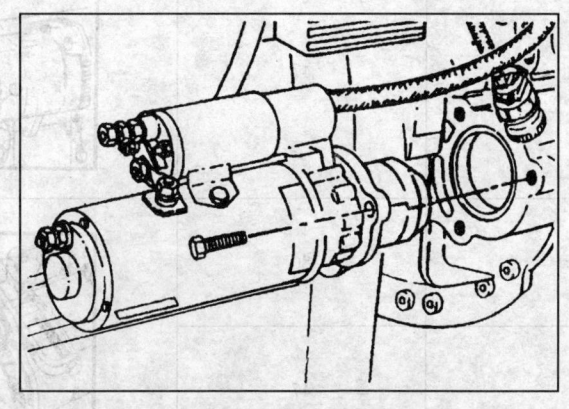

图 7-111 起动机存在故障，必须更换

7.22 起动机

1. 拆卸

①拆下蓄电池电缆。
②从起动机上拆下电气端子并挂上标签,见图7-112。
③拆下三颗螺栓和起动机,见图7-113。

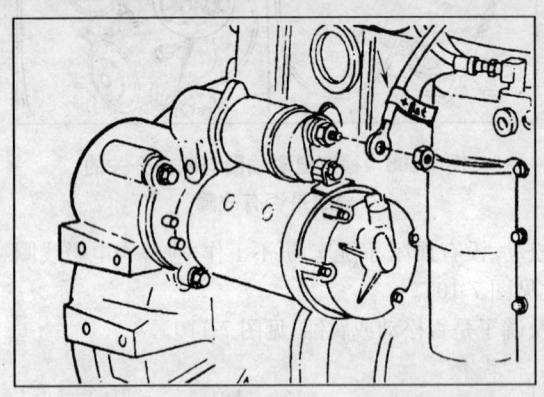

图7-112 拆下起动机电气端子并挂上标签

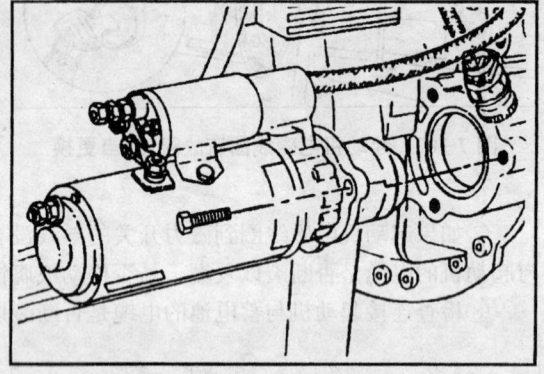

图7-113 拆下三颗螺栓和起动机

2. 安装

①安装起动机和三颗安装螺栓,力矩:190N·m,见图7-113。
②安装并拧紧起动机电气端子,见图7-112。
③安装并拧紧蓄电池的电缆端子。

7.23 电气设备安装螺栓紧固力矩

电气设备安装螺栓紧固力矩,见图7-10。

表7-10 电气设备各部螺栓紧固力矩 (单位:N·m)

紧固螺栓部位	步骤和力矩	示 意 图
发电机调节杆安装螺栓	47	
发电机皮带调节杆锁紧螺母	80	
发电机安装枢轴螺栓	47	

续表 7-10

紧固螺栓部位	步骤和力矩	示意图
发电机皮带调节杆锁紧螺栓	80	
发电机安装枢轴螺栓	47	
起动机安装螺栓	90	

第8章 发动机测试和其他机构

8.1 发动机测试概述

1. 概述

发动机经过大修或经过更换一个或多个活塞环组件、缸套或汽缸组件的修理之后,必须进行磨合。新的活塞环没有充足的磨合,会导致润滑油消耗过多而且会发生汽缸润滑油窜气。按本节所规定的磨合规范,可以使新活塞、缸套和活塞环达到应有的使用寿命。在运转发动机之前,应确保冷却系统和润滑系统加注正确。

2. 运行中磨合

在正常负荷运行条件下,大多数重型柴油机都能得到充分的磨合。但在磨合期间,即所谓的走合期间,应当避免在轻载高转速下运行。康明斯 ISM 系列柴油机在完成更换一个或多个活塞环组件、缸套或汽缸润滑油组件的修理之后,不能进行发动机或发动机测功机及底盘测功机磨合时,建议遵循运行中磨合指南。

3. 发动机测功机磨合

对于在底盘之外进行大修的发动机,这是首先的磨合方法。当发动机在底盘上完成大修或汽缸润滑油修理后,将发动机从底盘上拆下来进行磨合是不实际的,不推荐这么做。已经进行过发动机测功机磨合或测试的发动机,没有必要也不推荐在装到车辆或设备上之后再次进行磨合。

8.2 发动机性能曲线和名称术语

康明斯 ISM 系列重型柴油机性能曲线,长途运输车用发动机功率、扭矩曲线见图 8-1 和专用发动机功率、扭矩曲线见图 8-2。

① 最大扭矩(N·m):发动机产生的最大扭矩,在发动机铭牌上已标出。

② 最大扭矩点转速:在产生最大扭矩时的发动机转速,在发动机铭牌上已标出。

③ 最大功率转速:产生最大功率时发动机的转速,在发动机铭牌上作为标称功率标出。

④ 标准功率(HP):发动机产生的最大功率,在发动机铭牌上和相应的发动机转速一起标出。

⑤ 工作范围(RPM):是指发动机从最大扭矩转速到发动机调控速度之间的运行范围。

⑥ 满载调控速度(RPM):发动机满载运行范围上限的定义,它被标在发动机铭牌上。

⑦ 空载调控速度(RPM):发动机最大空载转速,此值在发动机数据表和 FPEPS 出版物中标出。

⑧ 长途运输车用发动机额定值:长途车用发动机额定值的发动机运行范围(RPM)较窄。长途运输车用发动机额定值通常用于公路用车辆。这些发动机与多挡位变速箱,如 13 挡变速箱等,一起使用,并且各挡位之间的速比比较接近。

⑨ 专业用发动机额定值:专业用发动机的运行范围较宽(RPM)。专业发动机额定值应用于公路和非公路用或非公路用设备。这些发动机与挡位较少的变速箱配合使用,例如 9 挡变速箱,并且各挡之间的速比差异较大。

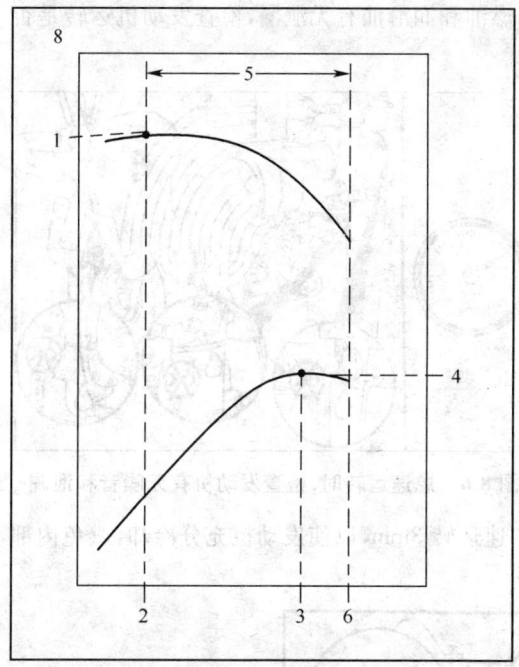 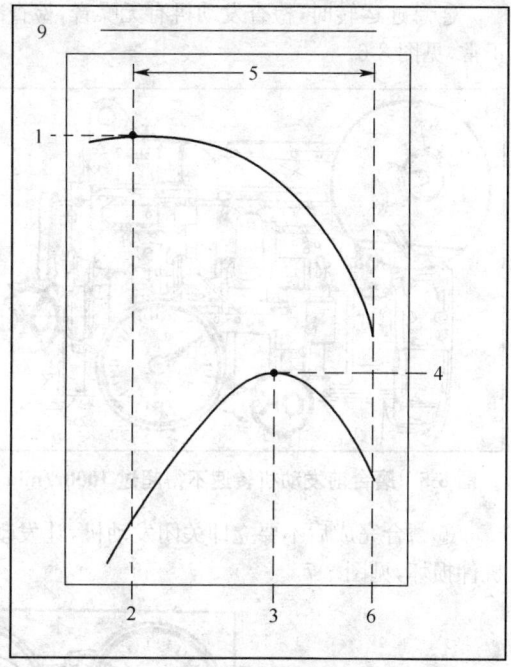

图 8-1 长途运输车用发动机功率、扭矩曲线
1. 最大扭矩值 2. 最大扭矩点转速 3. 最大功率转速 4. 标定功率(HP) 5. 工作范围(RPM) 6. 满载调控速度(RPM)

图 8-2 专用发动机功率、扭矩曲线
1. 最大扭矩值 2. 最大扭矩点转速 3. 最大功率转速 4. 标定功率(HP) 5. 工作范围(RPM) 6. 满载调控速度(RPM)

8.3 一般磨合规范

①发动机急速运转时间必须限定在 5min 以内,在其他的运行范围或阶段,均可以超出下述规定的时间。发动机运行中磨合,见图 8-3。

②急速运转发动机,其急速运转时间的长短,以能否检查润滑油压力是否正常、燃油和水、空气有无泄漏为准,最多5min,见图8-4。发动机磨合期间,急速运转时间不得超过规定时间,否则会产生过多的积碳,导致发动机损坏。

图 8-3 发动机运行中磨合

图 8-4 急速运转发动机,最多运转 5min,检查发动机的工作是否正常

③为避免发动机部件损坏,磨合前不要让发动机转速超过 1000r/min,见图 8-5。

④怠速运转时,检查发动机有无噪音,检查冷却液、燃油和润滑油有无泄漏,检查发动机运转是否正常,见图8-6。

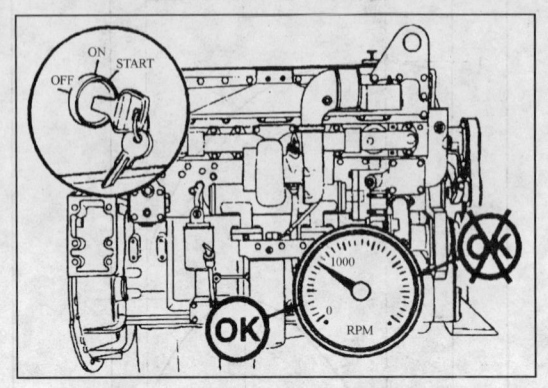
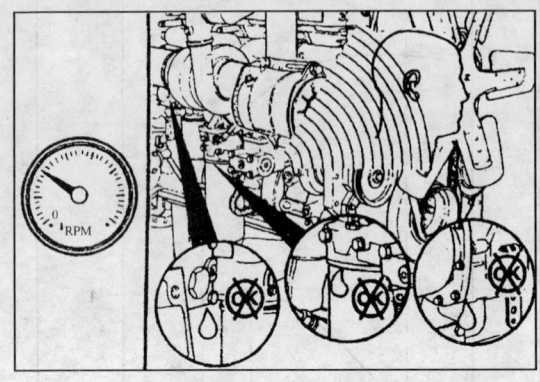

图8-5　磨合前发动机转速不得超过1000r/min　　图8-6　怠速运转时,检查发动机有无噪音和泄漏

⑤磨合完成后不要立即关闭发动机,让发动机低怠速运转3min,以使发动机充分冷却,避免内部机件损坏,见图8-7。

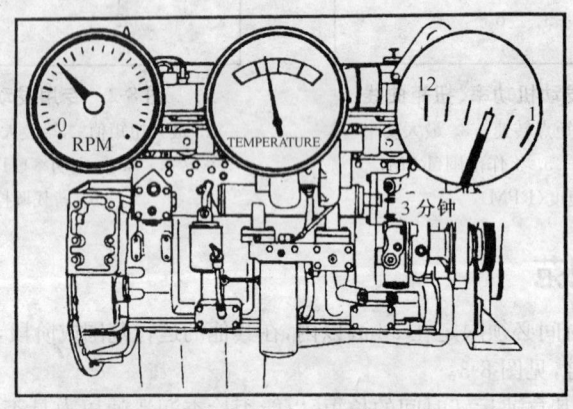

图8-7　磨合后,低怠速运转发动机3min

8.4　在发动机或底盘测功机上进行燃油流量测量

1. 燃油测量装置

燃油流量测量的准确性对于在发动机测功机或底盘测功机上评价发动机的性能和进行故障判断非常重要。采用适当的测量装置是获得准确燃油流量的唯一方法。康明斯发动机公司提供的燃油测量装置,见图8-8,零件号3376375,可与底盘测功机或发动机测功机一起使用。

2. 安装

当安装燃油测量装置时,在未使用测量装置时应当减少进入系统的空气。因此,采用的管路中必须安装非限制性切断阀(如球阀),以便在每次使用之后将燃油保存在装置中。另外,应考虑的安装问题是以下几点:

①燃油测量装置必须垂直安装,以保证准确正常工作。

②在测功机上应使用单独的燃油供应,所用燃油必须清洁以保持持续运行。

③必须减少进出发动机的燃油阻力。建议燃油进口软管的最小尺寸为10号,回油管最小尺寸为8号。这两种软管的长度均不得超过4.5m。

④在底盘测功机上进行测试时,建议采用燃油冷却器,以维持燃油齿轮泵的进油温度不超过49℃。

第 8 章 发动机测试和其他机构

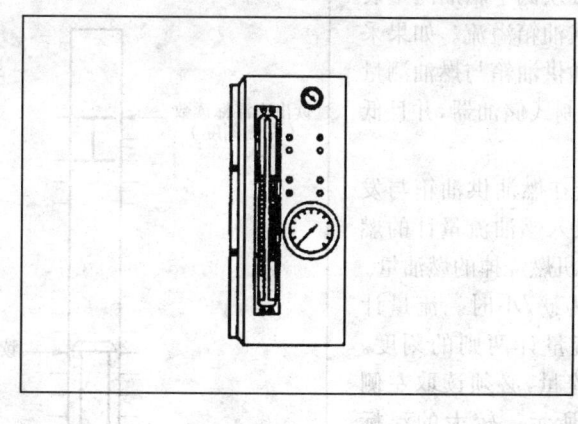

图 8-8 康明斯燃油测量装置

3. 燃油测量装置原理图

①见图 8-9。零件号为 3376375 的测量装置主要由燃油滤清器、流量计、浮子油箱、燃油油道压力表组成。其中，燃油冷却器不是燃油测量装置的一部分，但当用流量计进行流量测量时应当用到。

②燃油经过回油管回到浮子油箱顶部，燃油测量装置循环将回油输送到发动机的进油口，当燃油经过浮子箱的隔板时除掉其中的空气。浮子油箱底部的浮子球阀，为除气在油箱内保留足够容量。这些燃油再回到发动机的进油口，燃油测量装置油路连接图见图 8-10。

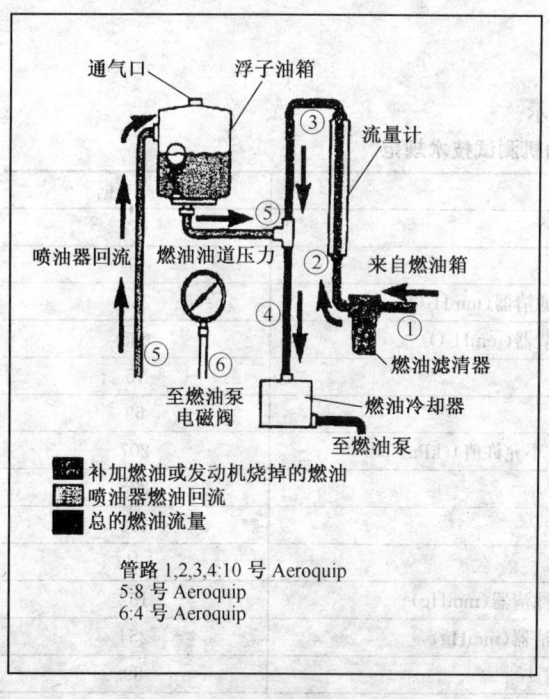

图 8-9 燃油测量装置原理图

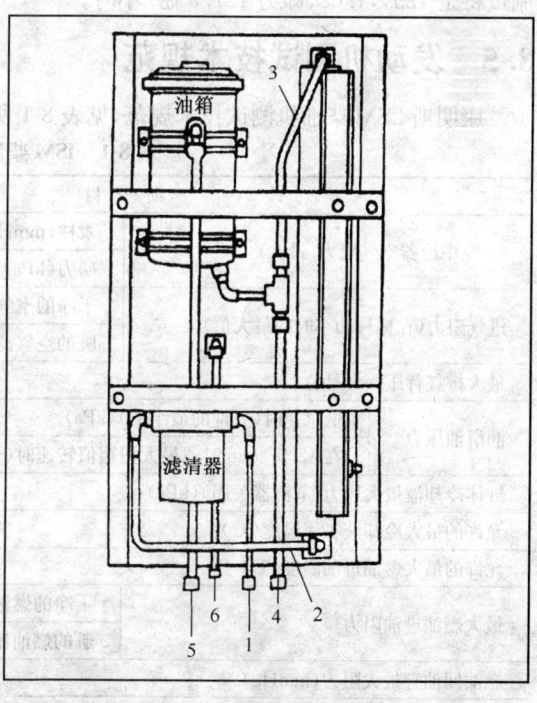

图 8-10 燃油测量装置油路连接图
1. 来自油箱的油 2. 流向流量计的燃油 3. 来自流量计的燃油 4. 流向冷却器的燃油 5. 喷油器回油 6. 燃油油道压力

测量时,燃油供油箱必须低于燃油测量装置的燃油油位,以免浮子式油箱溢流。如果采用顶置燃油箱,必须在燃油供油箱与燃油测量装置之间安装一个浮球控制式储油器,并且低于燃油测量装置的燃油油位。

③燃油测量装置连接在燃油供油箱与发动机燃油进油口之间。吸入燃油流量计的燃油量即为补充燃油或发动机燃烧掉的燃油量。

流量计的刻度单位为磅/小时。流量计有两个浮标,分别使用流量计两侧的刻度。小浮标用于测量较小的流量,必须读取左侧刻度的读数,如图 8-11 所示。较大的浮标用于测量较高的流量,必须读取右侧刻度的读数。

为获得准确的燃油流量测量值,流量计的读数必须根据燃油的温度进行修正。在燃油测量装置的面板上有一个燃油温度表。该温度表以需要修正的读数的误差百分数为标度。例如:流量计上的发动机燃油流量读数是 125 磅/小时,温度表读数为+2%,则修正的燃油流量将是 125×1.02,即为 127.5 磅/小时。

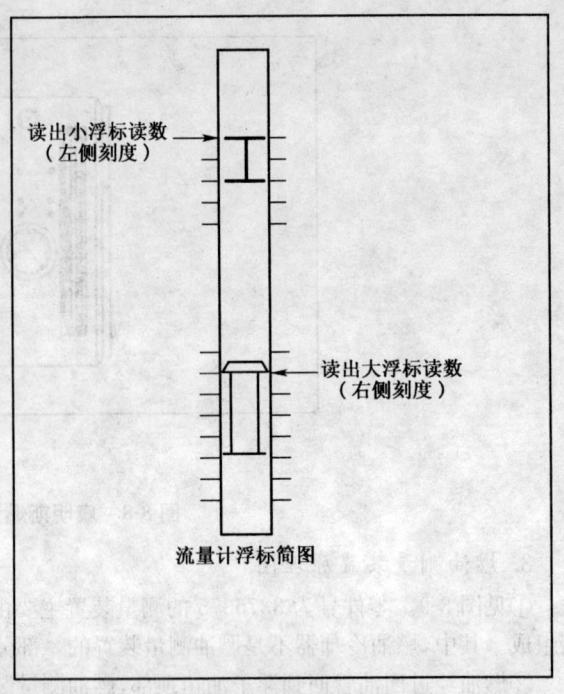

图 8-11 流量计小浮标和大浮标所指刻度的读法

8.5 发动机测试技术规范

康明斯 2SM 柴油机测试技术规范,见表 8-1 所示。

表 8-1 ISM 柴油机测试技术规范

项目		数据
空-空中冷器空气阻力(最大)	汞柱(mmHg)	152
	磅力(kPa)	21
进气阻力(在标称功率时的最大值)	干净的空气滤清器(mmH_2O)	254
	脏的空气滤清器(mmH_2O)	635
最大排气背压(mmHg)		75
润滑油压力	低怠速时(允许的最小值)(kPa)	69
	在 1200r/min 时或最大扭矩值转速时(最小允许值)(kPa)	207
缸体冷却液最大压力(节温器关闭)(kPa)		275
允许的最大冷却液工作温度(℃)		100
允许的最大燃油进油温度(℃)		71
最大燃油进油阻力	干净的燃油滤清器(mmHg)	152
	脏的燃油滤清器(mmHg)	254
燃油回油管最大阻力(mmHg)		89
窜气量(在标称功率时的最大值)	新的或大修过的发动机(最大值)少于 16 万 km 或 3600 小时(mmH_2O)	305
	旧发动机(最大值)超过 16 万 km 或 3600 小时(mmH_2O)	460
发动机窜气量检查工具,零件号 3822566,有一个专用的 7.67mm 的计量孔,必须使用该计量孔,以获取准确的读数。		

8.6 发动机测试维修工具

发动机测试维修工具，见表8-2。

表8-2 发动机测试维修工具

工具号	工具名称	工具图
ST-434	真空表 （用于检测燃油滤清器或进气阻力）	
ST-1111-3	压差计 （与工具，零件号3375150，一同使用，可进行窜气量检测）	
ST-1135	润滑油取样滤清器 （用于监测润滑油的污染情况）	
ST-1273	压力表 （用于测量进气支管压力。当使用INSITE™手提电脑时，不需要该压力表）	
3375275	压力表(0～160PSi) （用于测量润滑油压力，当使用INSITE™手提电脑时，不需要该压力表）	
3375932	压力表(0～300PSi) （用于测量燃油压力，包括软管和接头用于将压力表连接在燃油泵上。软管零件号ST-435-1，压力表零件号ST-435-6）	

续表 8-2

工具号	工具名称	工具图
3376375	燃油测量装置 （测量康明斯发动机的燃油消耗量）	
3377462	数字光学转速表 （用于测量发动机的转速 rpm，当使用 INSITE™ 手提电脑时，不需要该转速表）	
3822566	窜气量检测工具 （和压差计，零件号 ST-1111-3，一同使用，测量曲轴箱的压力）	
3823948	CELECT™/CELECT™ Plus 发动机测功机控制装置 （安装在发动机测功机上，用来控制 CELECT™/CELECT™ Plus 发动机）	
3823978	测功机室内空-空中冷器 （当使用发动机测功机对空-空中冷式发动机进行测功时，用于冷却进气）	
3162844	数据通信接口适配器工具包 用 INLE2 适配器和相应的电缆将手提电脑（INSITE™）与发动机数据通信接口相连	
3886206	INSITE™ 软件包 （包括零件号 3885790 的 INSITE™ 软件包，与 interact 系统发动机共同使用。每个软件包可单独订购。这套软件包用于电气系统的故障判断、编程和调整）	

8.7 测功机工作记录表

测功机工作表,见表 8-3。

表 8-3 测功机工作记录表

日期:		维修单号:		操作者:	
发动机系列号:		控制零件目录(CPL):		燃油泵代码:	
故障描述:				SC 代码:	

参数	代码技术规范	实际读数
燃油压力(psi@rpm)	参见发动机测试技术规范	
燃油消耗率(lb/hr)		
进气支管压力(in Hg)	查阅燃油泵代码	
进气支管温度		
*进气阻力	最大值为 25 in H_2O	
*排气阻力	最大值为 3 in Hg	
*燃油进油阻力	参考发动机测试技术规范	
*燃油回油阻力	3.5 in Hg	
发动机下窜气	新发动机最大值为 12 in H_2O	
	旧发动机最大值为 18 in H_2O	

* 在最大功率转速和满负荷下记录的读数

道路速度限制				发动机速度上限			
检查润滑油油位	低	高	合格	燃油质量		合格	不合格

发动机转速	燃油消耗率*/压力	燃油温度	涡轮增压器进气温度	进气支管温度/压力	冷却液温度/压力	发动机下窜气	润滑油压力	功率或扭矩

* 确保燃油消耗率已根据燃油温度进行了修正

燃油温度	正确的流量	压力转接
低于 7℃[45°F]	流量计不准确	
7~13℃[45~55°F]	从流量读数中减去 2%	
13.0~20.0℃[55~68°F]	从流量读数中减去 1%	1 in H_2O=0.074 in Hg=0.036 psi
20.0~29℃[68~85°F]	无须修正	1 in Hg=13.514 in H_2O=0.491 psi
29~42℃[85~108°F]	在流量读数中增加 1%	1 psi=2.036 in Hg=27.7 in H_2O
42~56℃[108~132°F]	在流量读数中增加 2%	
超过 56℃[132°F]	注量表不准确	

8.8 发动机测试(底盘测功机)

1. 设置

①在底盘测功机上进行公路用车辆的发动机测试,见图8-12。

由于传动系效率低以及发动机驱动附件的功率损失,发动机的额定功率会减少,单桥车,约减少20%;双桥车,约减少25%。所获得的净功率称为轮功率(WHP)。

②在底盘测功机上安装或运转之前,一定要遵循安全规则,将车辆固定好,见图8-13。

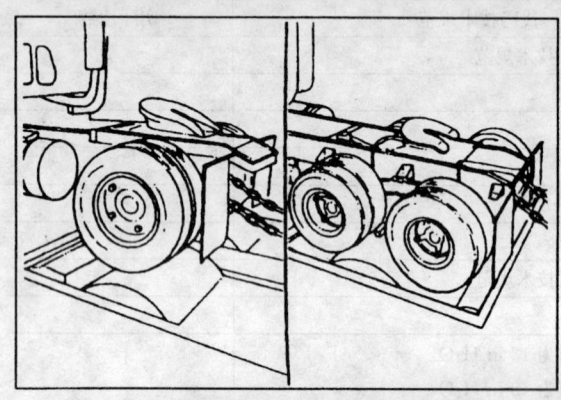

图8-12 在底盘测功机上对发动机进行测试　　图8-13 测试前、将车辆固定好

③低断面子午线轮胎比斜交帘布层轮胎对热更敏感。在全负荷下运行时间过长会由于过热而损坏。检查轮胎制造厂的说明书,确定最大允许的底盘测功机工作时间,见图8-14。

④当操作底盘测功机时,应遵循下列安全措施:使用行驶里程超过160km的轮胎,而不要使用新轮胎;不要使用翻新胎或不同规格的轮胎,见图8-15。

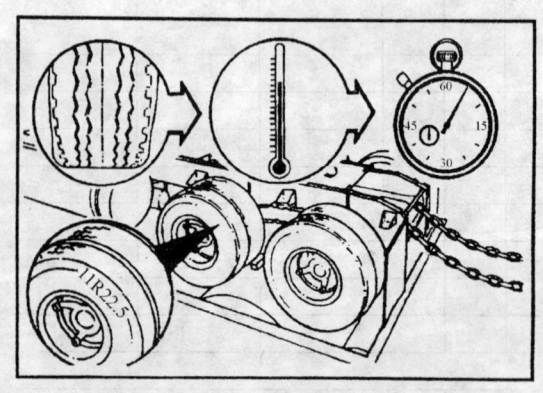 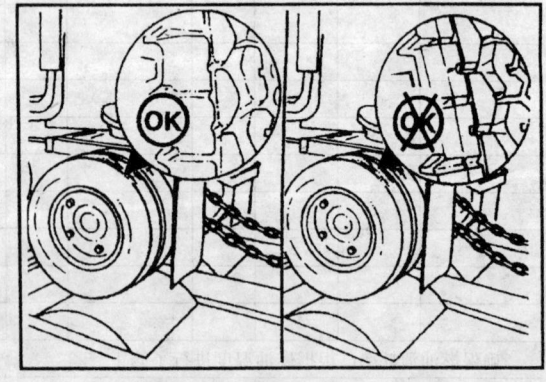

图8-14 检查轮胎说明书,确定测功时间　　图8-15 测功时,应遵循的安全措施

⑤保证轮胎充气符合原厂技术规范,去除轮胎花纹中的石块和杂物,见图8-16。

⑥确保排气烟囱、空气导流板或驾驶室上方其他辅助装置留有一定的净高度,见图8-17。

⑦固定车辆的链条要有一定的松弛度,防止损坏底盘测功机。小心将车辆停在滚轮上,用链条系住车辆后部,并用三角木块塞住前轮,见图8-18。

⑧调整车辆和测功机室排气系统,确保废气全部排出室外;测试程序,请参照底盘测功机和车辆制造厂的推荐和技术规范,见图8-19。

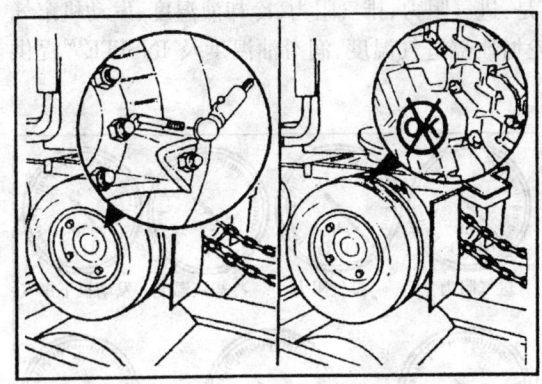

图 8-16 去除轮胎花纹中的石块和杂物

图 8-17 驾驶室上方留有一定的净高度

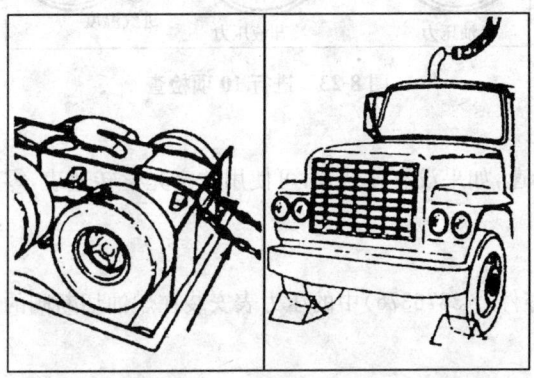

图 8-18 用链条固定车辆后部,前轮用三角木塞住

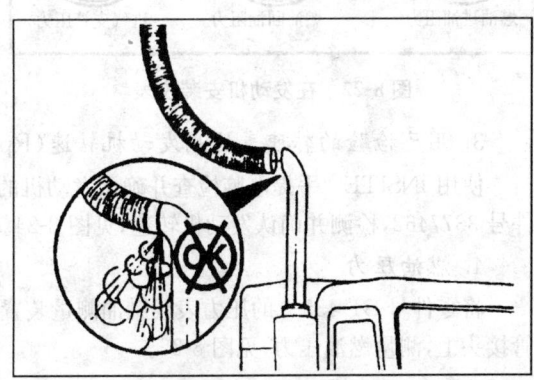

图 8-19 调整车辆和测功机室排气系统,确保废气全部排出室外

2. 测试

①检查发动机的冷却液液位,确保液位合适,见图 8-20。
②检查发动机的润滑油油位,确保已加注到正确油位,见图 8-21。

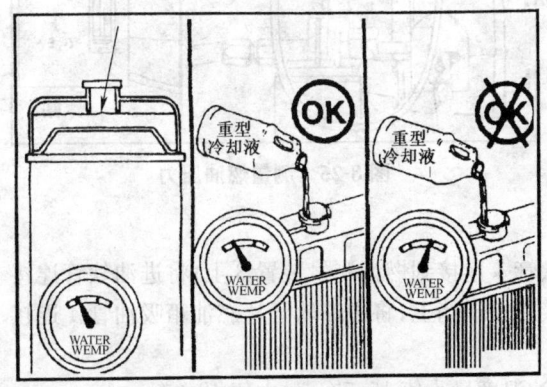

图 8-20 检查冷却液液位确保合适

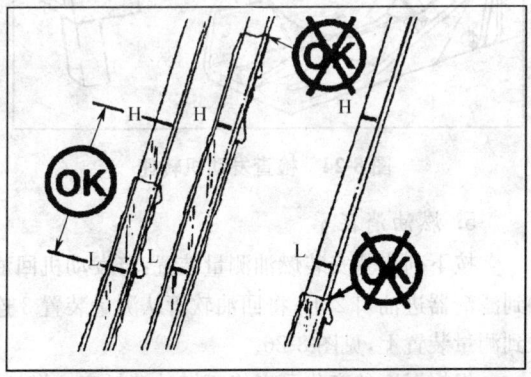

图 8-21 检查润滑油油位,确保加注到正确油位

③为正确监测发动机的性能,记录下列参数,在发动机上安装仪表,以进行尽可能多的检查项目,见图 8-22。所要检查的项目有:发动机转速、燃油压力、燃油消耗率(用维修工具,即零件号 3376375)、燃油温度(需要时用于修正燃油消耗率)、燃油进油阻力、燃油回油阻力及进气支管压力。

④进行10项检查,见图8-23。这10项检查内容是:进气阻力、排气阻力、冷却液温度、发动机窜气量、润滑油压力、冷却液压力、进气支管空气温度、涡轮增压器进气温度、润滑油温度及INSITE™提供的参数。

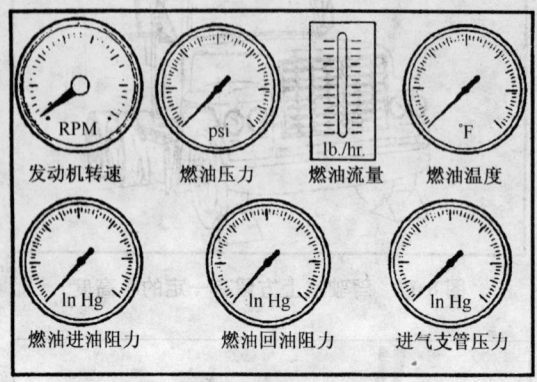

图8-22 在发动机安装仪表

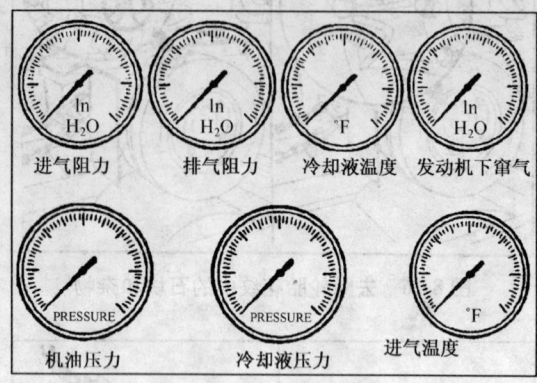

图8-23 进行10项检查

3. 用已检验的转速表检测发动机转速(Rpm)

使用INSITE™手提电脑检查并确认发动机的转速,如果没有该装置,可使用数字光学转速表,零件号3377462,检测并确认发动机转速,见图8-24。

4. 燃油压力

将零件号ST-435-6的压力表或燃油测量装置(零件号3376375)中的压力表安装在燃油切断阀的管接头上,测量燃油压力,见图8-25。

图8-24 检查发动机转速

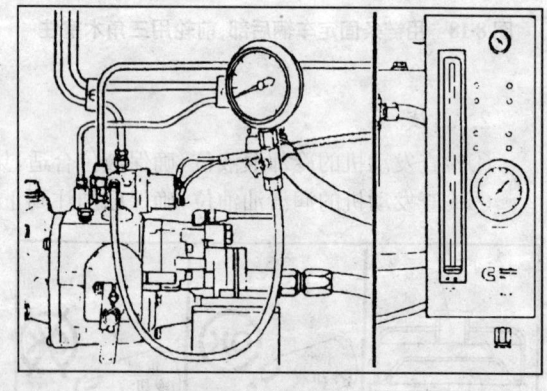

图8-25 测量燃油压力

5. 燃油消耗率

按下列步骤安装燃油测量装置:将发动机回油软管1连接到燃油测量装置3上;将进油软管连接到滤清器进油口2上;将回油软管从测量装置3连接到燃油箱上;将进油软管从燃油箱吸油管4连接到测量装置上,见图8-26。

根据温度的变化可以修正燃油消耗率。燃油进油温度最小值15.5℃,最大值48.9℃。

6. 燃油进油阻力

①在燃油滤清器与齿轮泵进油口之间安装真空表,零件号ST-434,测量进油阻力,见图8-27。注意:不要使用燃油测量装置测量进油阻力,这种装置不能测量车辆供油管路的进油阻力。

②将压力表和齿轮泵置于同一水平位置,因为这样可以测出正确的真空度,见图8-27。

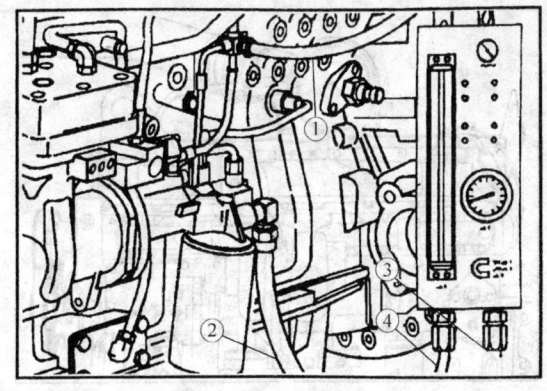

图 8-26 测量燃油消耗率
1. 发动机回油软管　2. 进油软管　3. 测量装置
4. 燃油箱吸油管

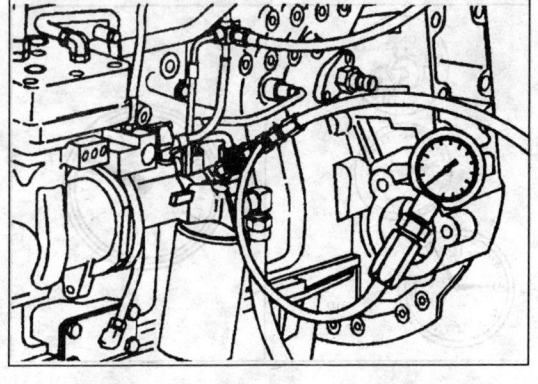

图 8-27 安装真空表,测量进油阻力

③对于 ISM 柴油机,不要以最大功率转速运转发动机,只需要高怠速即可以。记录压力表上的读数,见图 8-28。进油阻力规范:使用清洁的滤清器,最小值为 152mmHg,使用脏的滤清器,最大值为 254mmHg。若阻力大,应清除堵塞或更换燃油滤清器。

7. 燃油回油阻力

①将零件号 ST-1273 的压力表安装到回油管上,测量回油管阻力,见图 8-29。不要用安装的燃油测量装置测量回油阻力,因为这种装置不能测量车辆回油管中的回油阻力。

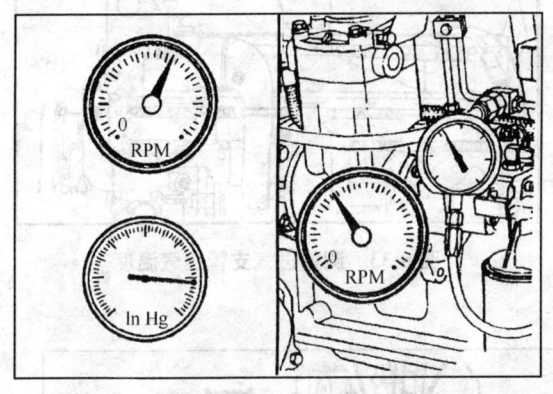

图 8-28 记录压力表读数

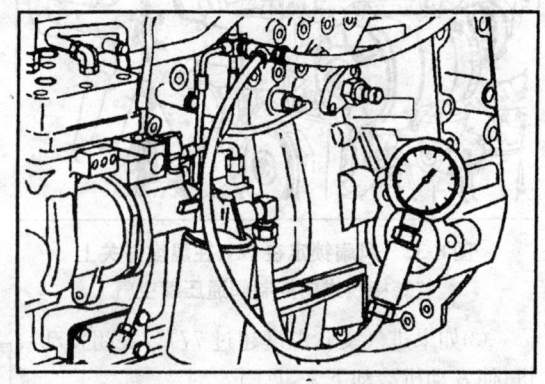

图 8-29 将压力表安装到回油管上

②将压力表和回油接头置于同一水平位置,见图 8-29,这样可以测出正确的回油压力。

③对于 ISM 柴油机,不要以最大功率转速运转发动机,只需高怠速运转即可。观察压力表,记录压力表读数,见图 8-30。燃油回油阻力,规定最大值为 89mmHg。

8. 进气支管压力

进气支管压力即涡轮增压器增压压力,可以使用 INSITE™ 手提电脑测量。如果没有 INSITE™ 装置,在进气支管上安装零件号 ST-1273 的压力表,见图 8-31。

9. 进气温度控制-在底盘测功机上进行测试

①在底盘测功机上运转发动机时,为安全运转和获得正确结果,应按下列步骤进行:将冷却风扇销定在工作模式"ON",可以在温度开关上安装跨接线,或向控制阀提供车间压缩空气来实现,见图 8-32。

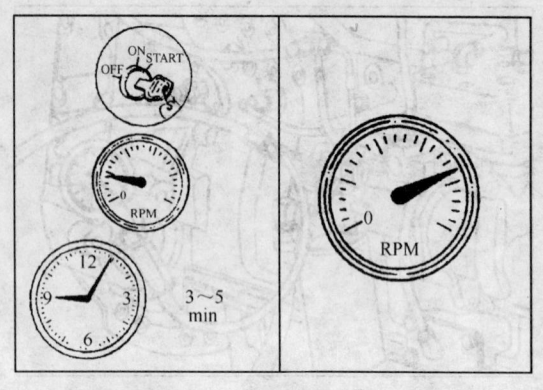

图 8-30 记录压力表读数

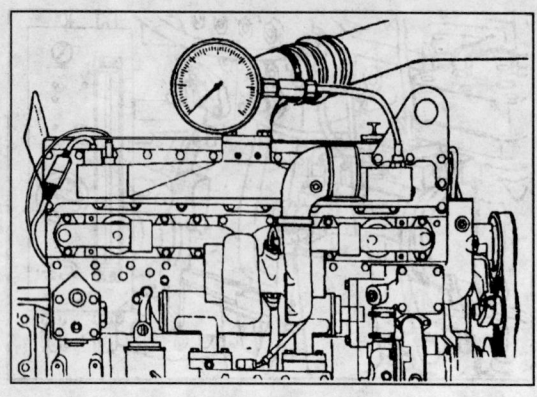

图 8-31 测量进气支管压力

②用监控模式下的 INSITE™,或将 Fluke 数字温度计,零件号 3822666 和热电偶丝组件,零件号 3822988 装入进气支管,监测进气支管空气温度。见图 8-33。进气支管空气温度不得超过最大允许温度。否则,发动机保护系统将失去作用。在底盘测功机上运转发动机时,应保证进气支管空气温度不超过标称温度。标称温度为 66℃,最高值为 77℃。

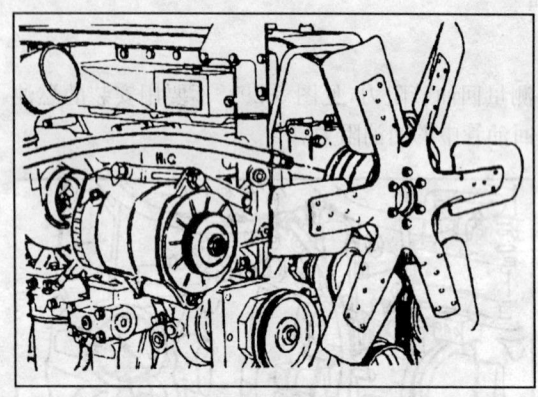

图 8-32 风扇锁定在 ON,在温度开关上
装跨接线或向控制阀通压缩空气

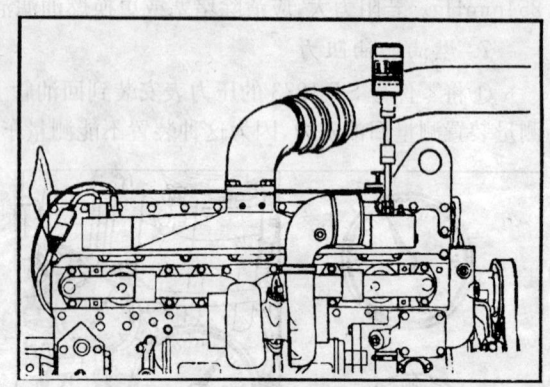

图 8-33 测量进气支管空气温度

③如果进气支管温度超过 77℃,关闭发动机,使发动机冷却下来,见图 8-34。

检查空-空中冷器散热片是否阻塞空气流动;检查风扇,是否锁定在"ON"模式下;清除堵塞物;将百叶窗锁定在开启"OPEN"位置;检查测功机室内是否具有充分的冷却能即通风能力,确保测功机室内能够重复循环。

10. 空-空中冷器阻力

①测量空-空中冷器两端的进气压差,即为空-空中冷器阻力。可用水银压力计或两只压力表来完成。压力表零件号为 ST-1273。如要使用两只压力表,要求两块压力

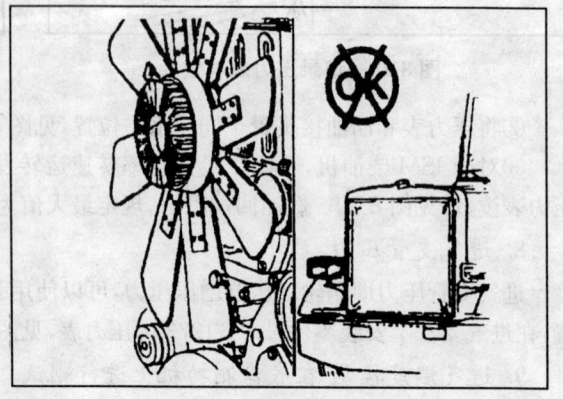

图 8-34 温度超过 77℃,应关闭发动机,使其冷却下来

表必须使用共同的压力源进行标定以确保一致。这两只压力表,一只装入涡轮增压器压气出口

弯头处,另一只装入进气支管接头中,见图8-35。空-空中冷器(CAC)阻力,规定最大值为152mmHg。

②在测量空-空中冷器两端压降时,以发动机最大输出功率时的转速运转测功机,发动机转速大多数为1600~1700RPM,见图8-36。

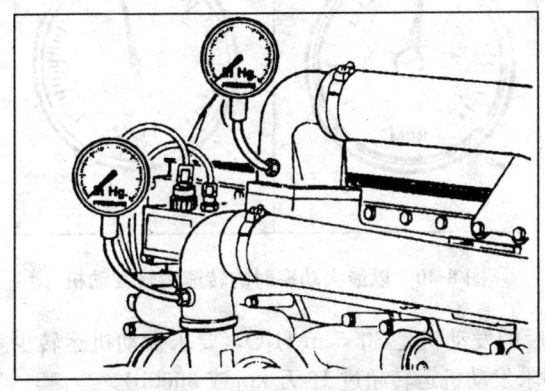

图8-35 安装两只压力表,测量空-空中冷器阻力

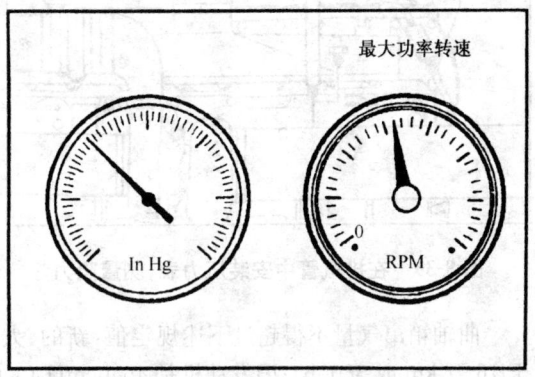

图8-36 以最大功率时的转速运转测功机

11. 进气阻力

①在发动机的进气管上安装一只压力表,零件号为ST-434,或压力计也可以,见图8-37。压力计接头必须安装在直管段,与气流方向成90°角,并且与涡轮增压器相隔一个管径的距离。

②以最大功率转速和标称功率转速运转发动机,观测压力表或压力计上的读数,见图8-38。进气阻力最大值,规定为635mmH_2O。

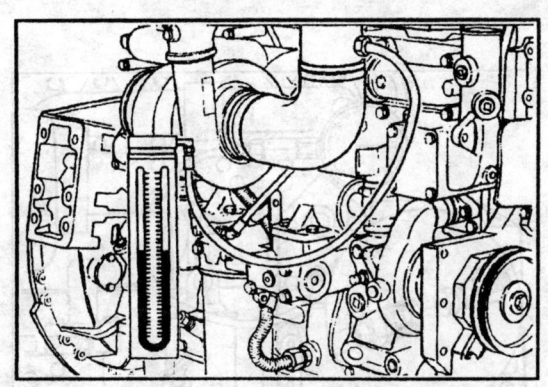

图8-37 在进气管上安装压力表测量进气阻力

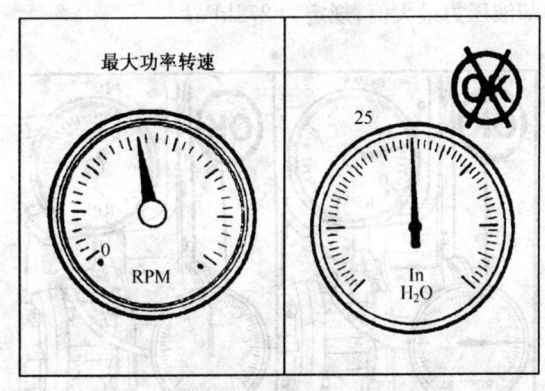

图8-38 以最大功率转速运转发动机

12. 排气阻力

①在排气管中安装零件号为ST-1273的压力表或压力计,测量排气阻力,见图8-39。压力表接头必须安装在靠近涡轮增压器的涡轮机出口直管上。

②以最大功率转速和标称功率转速运转发动机,观测压力表或压力计的读数,见图8-40。排气阻力最大值,规定为76mmHg。

13. 发动机的窜气量

①测量发动机曲轴箱的压力,使用零件号3375150的曲轴箱窜气量检测工具和零件号ST-1111-3或3824645的水柱压力计,见图8-32。

②将水柱压力计安装在曲轴箱窜气检测工具上,观察发动机的窜气情况,见图8-32。

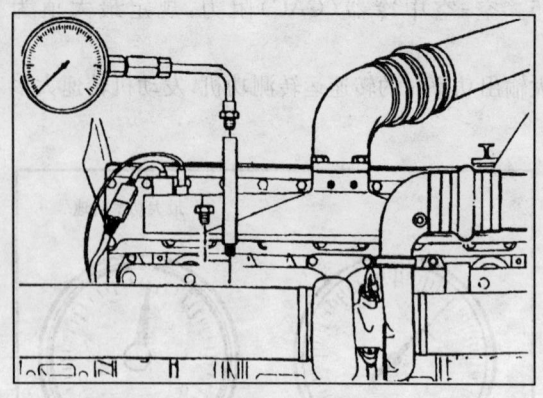
图8-39 在排气管中安装压力表,测量阻力

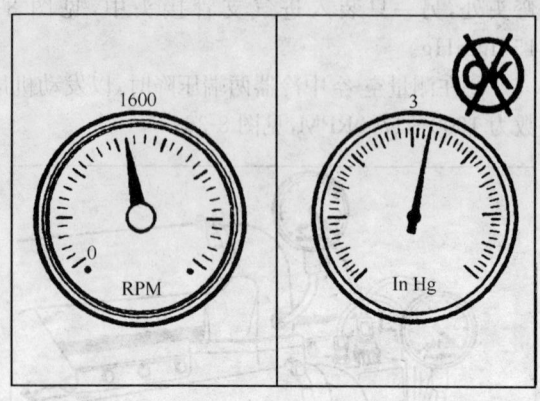
图8-40 以最大功率时的转速运转发动机

曲轴箱窜气量不得超过下述规定值:新的、大修后的发动机是30.5cm H$_2$O,(要求发动机运转少于16万km或3600h);旧发动机是46.0cmH$_2$O,(要求发动机运转超过16万km或3600h)。

14. 润滑油压力

使用INSITE™测量润滑油压力,如果没有INSITE™,使用零件号3375275的压力表测量润滑油压力。将压力表安装到发动机润滑油主油道内,观测润滑油压力,见图8-41。润滑油压力规定值,低怠速时最小值为70kPa,1200r/min时最小值为207kPa。

15. 冷却液压力

用冷却液压力/温度/流量分析仪组件,零件号3822994,测量发动机冷却液的压力,见图8-42。冷却液压力最大值,规定为275kPa。

图8-41 在主油道内安装压力表,测量润滑油压力

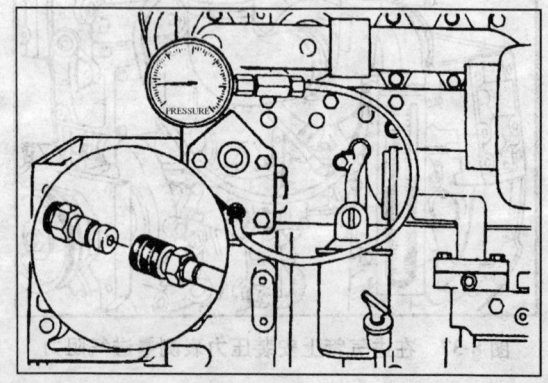
图8-42 使用仪表,测量冷却液压力

8.9 发动机磨合(底盘测功机)

①关于操作规程和安全预防措施,请参照"发动机测试(底盘测功机)"有关内容。挂挡使车辆行驶,使其在最大功率转速下产生90~100km/h的道路车速,见图8-43。

②在磨合期间监测并记录下列12项测量值,见图8-44。12项测量值是:润滑油压力、冷却液温度、燃油压力、车辆输出功率、曲轴箱窜气量、发动机转速(RPM)、燃油消耗率(使用维修工具,零件号3376375)、进气支管空气温度、进气支管压力、涡轮增压器进气温度、润滑油温度和IN-SITE™测量值。

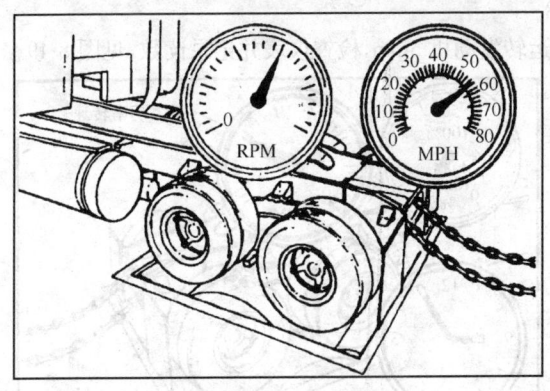

图 8-43 使发动机在最大功率转速下产生 90~100km/h 的车速

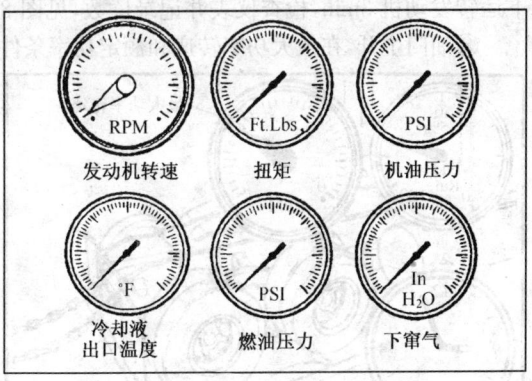

图 8-44 监测记录 12 项测量值

③在磨合期间监测缸体冷却液压力,有助于早期发现冷却系统的问题,见图 8-45。

④可使用 INSITE™ 确定装入 ECM 内的代码与 ECM 铭牌上的代码是否相同。所有 ECM 代码有相关的燃油泵代码。从 ECM 铭牌上可以读取 ECM 代码,从燃油泵铭牌上可以读取燃油泵代码。经销商信息手册记录着有关燃油泵代码的发动机性能技术规范,见图 8-46。

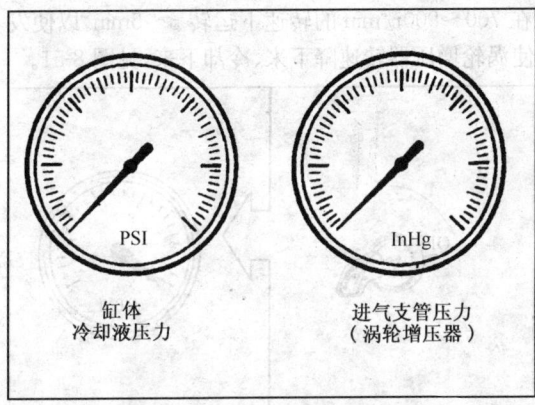

图 8-45 监测缸体冷却液压力

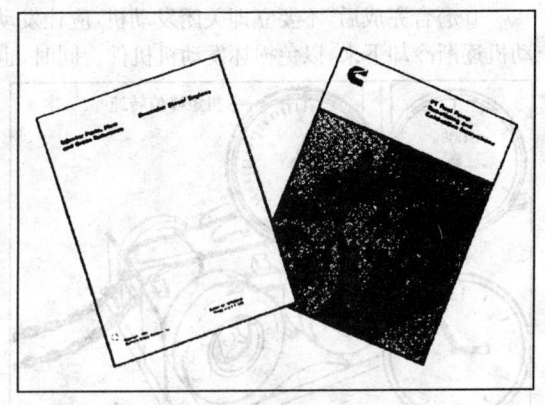

图 8-46 经销商信息手册

⑤在测试期间,如果发现发动机窜气突然增加,或磨合时窜气超出允许的最大极限,应返回前一测试步骤,继续进行磨合。如果经过再次磨合,窜气仍达不到可接受的水平,应停止磨合,确定故障原因。

在获得稳定的可接受的窜气读数之后,再进行下一步。

使用维修工具(零件号 3375150 或 3822566)和压力计(零件号 ST-1111-3 或 3824645)一起测量窜气量,见图 8-32,零件号 3375150 的维修工具使用了一个直径为 7.67mm 的带倒角的计量孔。

⑥使发动机转速达 1200r/min,并且提供足够的测试负载,使 M 系列发动机的燃油消耗率达 25%。在该转速下运转发动机,直到发动机水温达 71℃,检查仪表并记录读数,见图 8-47。

⑦在最大功率转速和 75% 的燃油消耗率

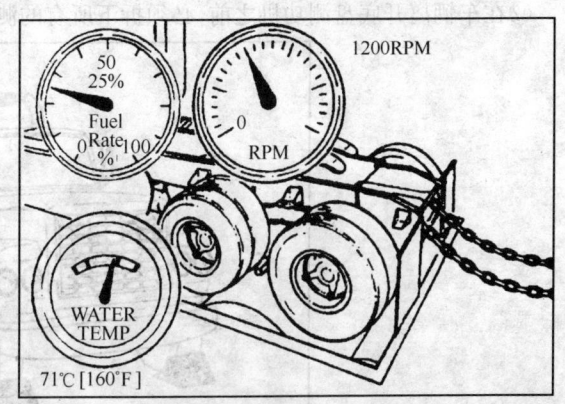

图 8-47 发动机水温达 71℃,检查仪表并记录读数

下运转发动机 3min，检查仪表并记录读数，见图 8-48。

⑧油门全开，在最大功率转速和额定功率条件下运转发动机 5min，检查仪表并记录读数，见图 8-49。

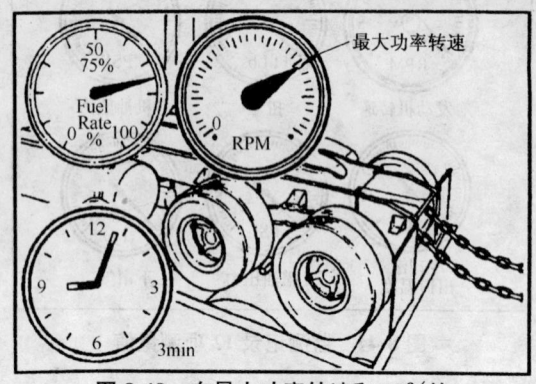

图 8-48　在最大功率转速和 75% 的燃油消耗率下，运转发动机 3min

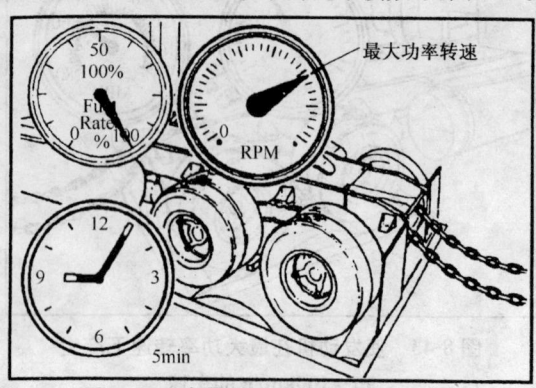

图 8-49　在最大功率转速和额定功率条件下运转发动机 5min

⑨油门全开，在最大扭矩转速条件下运转发动机 5min，检查仪表并记录读数，见图 8-50。

⑩在油门全开、最大功率转速条件下运转发动机 5min，检查仪表并记录读数，见图 8-49。将仪表读数与相应的发动机"数据记录表"上的数值进行比较。

⑪磨合完成后，不要立即关闭发动机，应让发动机在 700～900r/min 的转速下运转 3～5min，以使发动机逐渐冷却下来，以免损坏发动机机件。同时，也可使涡轮增压器转速降下来、冷却下来，见图 8-51。

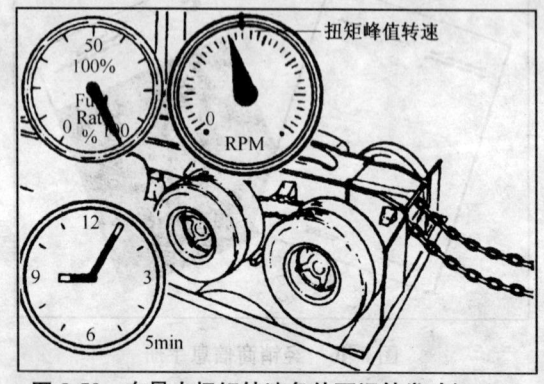

图 8-50　在最大扭矩转速条件下运转发动机 5min

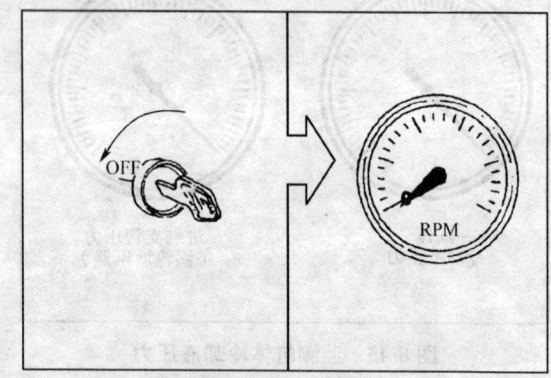

图 8-51　发动机继续运转 3～5min，以使发动机冷却下来，再关闭发动机

⑫在车辆离开底盘测功机之前，必须拆下所有的测试仪表，见图 8-52。

图 8-52　车辆在离开测功机之前，应先拆下所有的测试仪表

8.10 发动机磨合(无测功机)

1. 公路用途车辆磨合规程

①大修之后,使车辆挂上允许的最重拖车,行驶最初的80~160km。在发动机正常运转范围内,尽可能以最高挡行驶车辆。在油门全开或接近全开情况下,按铭牌标定的最大功率转速的75%~85%运转发动机,进行磨合,见图8-53。

②在最初的160km的行驶过程中,任何一次发动机怠速运转不得超过5min,见图8-54。

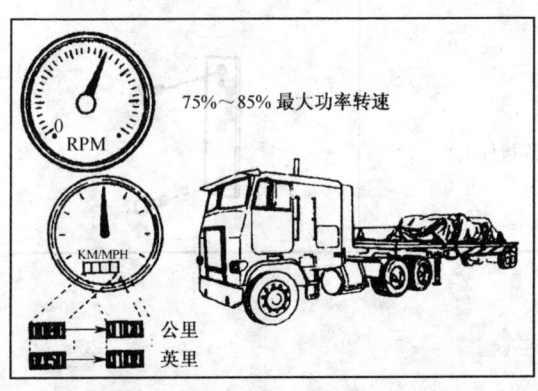

图8-53 公路用途车辆磨合,按最大功率转速的75%~85%运转发动机

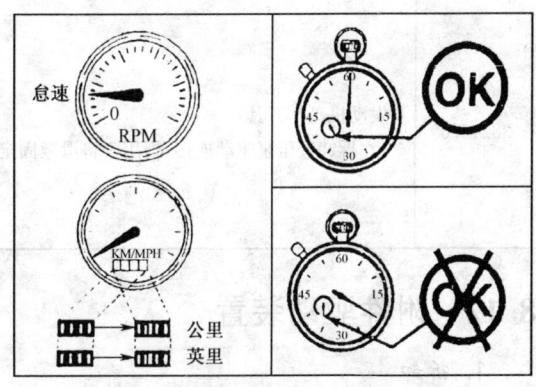

图8-54 发动机怠速运转不得超过5min

2. 非公路用途车辆磨合规程

①在发动机大修后最初运转的3h内,在正常的转速范围内,应尽可能在最大负荷和全油门的情况下运转发动机,见图8-55。

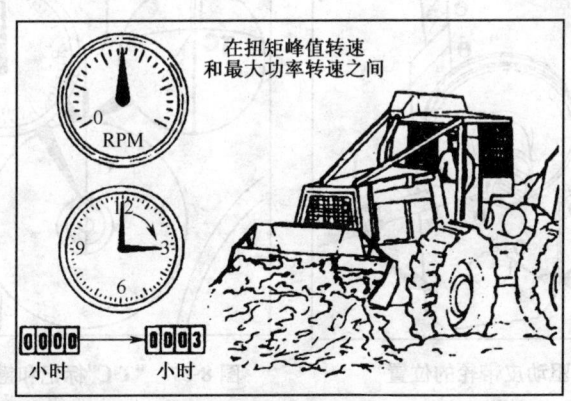

图8-55 非公路用途车辆磨合,应在最大负荷全油门的情况下运转发动机

②在发动机大修后最初运转的3h内,每次怠速运转的时间不得超过5min,见图8-54。

8.11 驱动装置维修工具

驱动装置维修工具,见表8-4。

表 8-4 驱动装置维修工具

工具号	工具名称	工具图
3823774	滚针轴承拆装工具 (用于拆装液压泵连接件中的滚针轴承。用心轴，零件号 3823776，安装液压泵滚针轴承)	
3824270	发动机盘车工具 (在拆卸液压泵驱动连接时,用于将滑锤固定在连接件上)	

8.12 附件驱动装置

1. 拆卸

①拆下燃油泵和空气压缩机,见图 8-48。

②按下述方法标记附件驱动皮带轮的位置,见图 8-56,即拆下齿轮室盖上的检查孔塞 1,用转动附件驱动轴转动发动机,直到从检查孔看到凸轮轴齿轮正时标记 2 为止。

③当从检查孔看到正时标记时,1 号和 6 号汽缸润滑油都处于上止点。附件驱动带轮的"T-C"标记 3 和键槽 4 位于 12 点钟位置,见图 8-57。

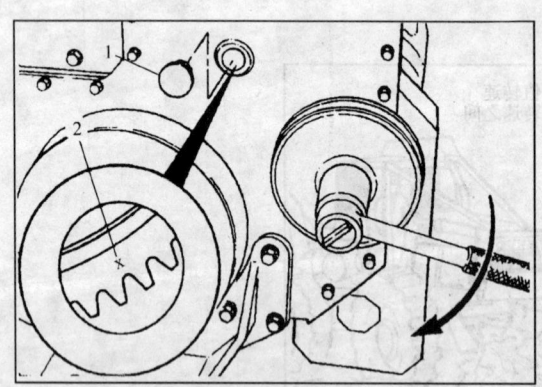

图 8-56 标记附件驱动皮带轮的位置　　图 8-57 "T-C"标记和键槽 4 位于 12 点钟位置
　1. 孔塞　2. 正时标记　　　　　　　　　　3. "T-C"标记　4. 键槽

④拆下皮带轮固定螺栓、拆下附件驱动带轮,见图 8-58。

⑤拆下 6 颗螺栓和附件驱动总成,见图 8-59。

2. 清理

①清理附件驱动装置与齿轮室壳体的密封垫表面,见图 8-60。

②清理前齿轮室盖上的附件驱动轴油封安装表面,见图 8-61。

第 8 章 发动机测试和其他机构

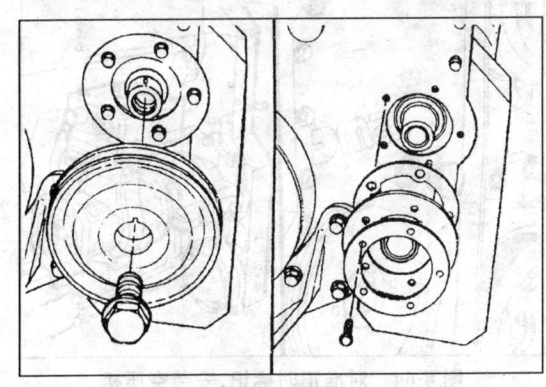

图 8-58 拆下螺栓和带轮

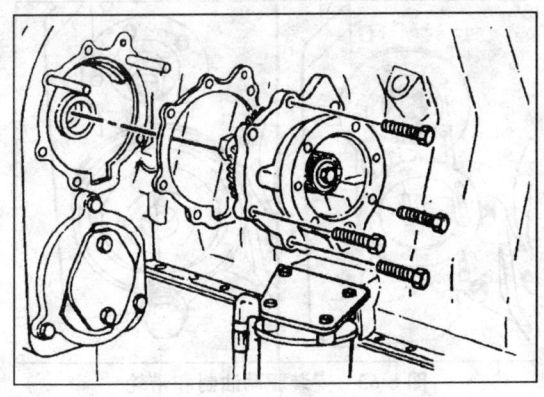

图 8-59 拆下 6 颗螺栓和附件驱动总成

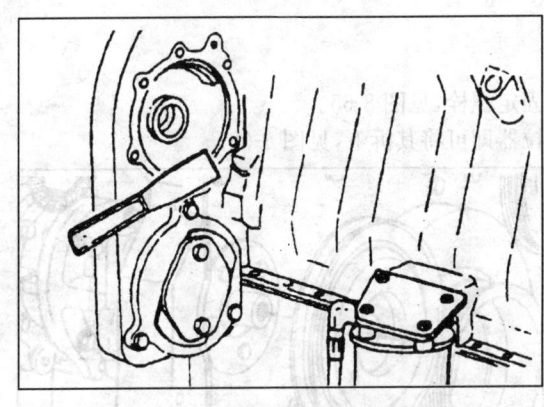

图 8-60 清理壳体的密封垫表面

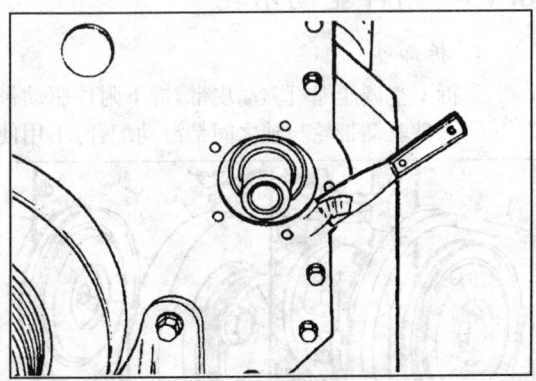

图 8-61 清理油封安装表面

3. 安装

① 安装附件驱动轴密封垫时必须小心,如果密封垫扭曲,在密封垫和润滑油通道口 2 之间就会存在泄漏通道 1,见图 8-62。安装时用少量润滑脂或密封胶将密封垫固定到位,但不要堵住润滑油通道。

② 安装附件驱动装置时,附件驱动轴定位销必须处于 12 点钟位置。确保能从前齿轮室盖的检查孔中看到凸轮轴齿轮正时标记"×"。安装附件驱动轴总成时使用新密封垫,安装 6 颗螺栓并紧固,力矩:47N·m,见图 8-59。在安装螺栓 1 时,应使用新铜密封垫圈,零件号 3882885,并在螺杆上涂密封胶。

③ 安装附件驱动油封、安装附件驱动带轮,见图 8-63。

图 8-62 安装附件驱动轴密封垫
1. 通道 2. 润滑油通道口

④ 安装齿轮室盖上的检查孔塞。空压机上的正时标记必须与附件驱动装置上的正时标记对准。安装空压机,见图 8-64。

⑤ 安装燃油泵,见图 8-48。

⑥ 运转发动机至正常温度,检查有无泄漏。

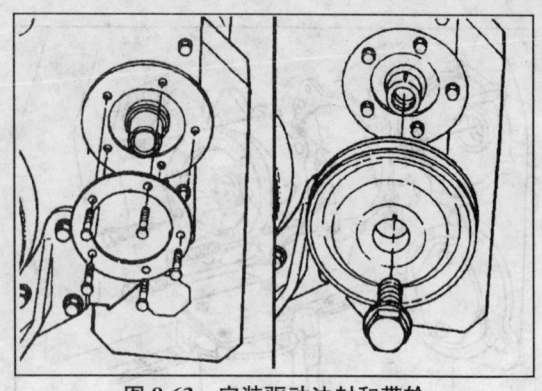
图8-63 安装驱动油封和带轮

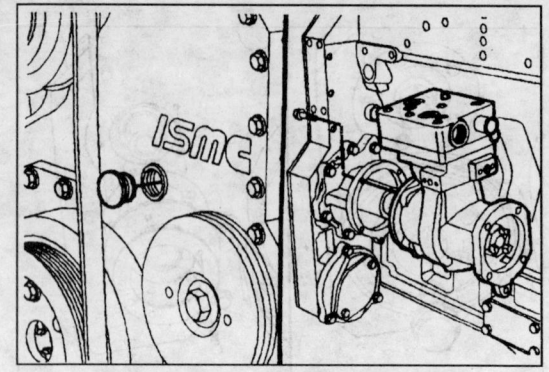
图8-64 对准正时标记,安装空压机

8.13 附件驱动带轮

1. 拆卸

①拆下空调压缩机驱动皮带,拆下附件驱动带轮固定螺栓,见图8-65。
②附件驱动带轮与轴之间是滑动配合,不用使用拉器即可将其拆下,见图8-66。

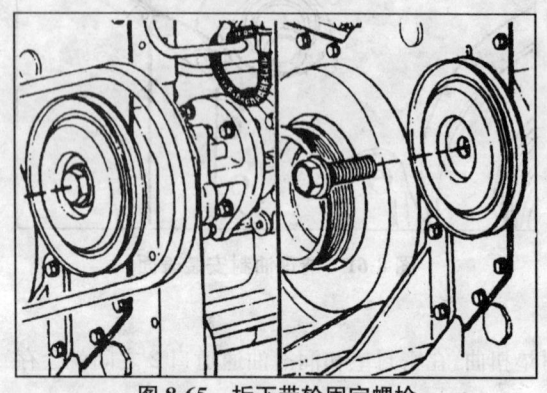
图8-65 拆下带轮固定螺栓

图8-66 拆下驱动带轮

2. 检查能否使用

检查带轮有无缺口、裂纹或损坏,见图8-67。

3. 安装

①在附件驱动油封防尘密封件内壁涂一层薄润滑油,将密封件安装到附件驱动皮带轮轮毂上,使它外径较大的一侧背向皮带轮,将防尘密封件推到轮毂上,直到它的内壁与皮带轮毂端面齐平为止,见图8-68。

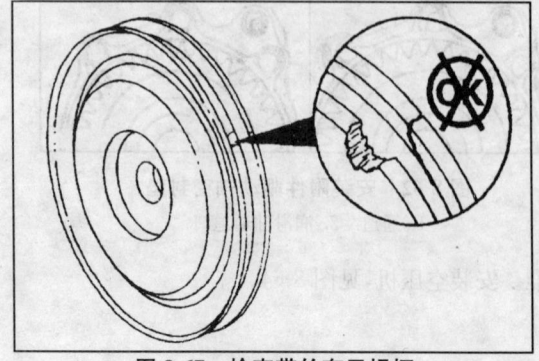
图8-67 检查带轮有无损坏

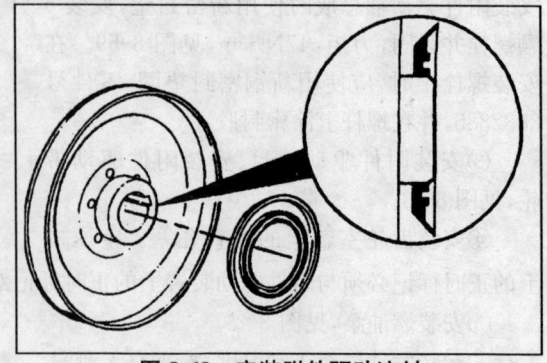
图8-68 安装附件驱动油封

②为防止定位销损坏,皮带轮中的凹槽1必须对准皮带轮轴上的定位销2。皮带轮上的正时标记必须背对发动机。将皮带轮安装到驱动轴上,见图8-69。

③安装 M20-2.50×45 的皮带轮固定螺栓,力矩:542N·m,见图8-70,安装并调整空调压缩机驱动皮带。

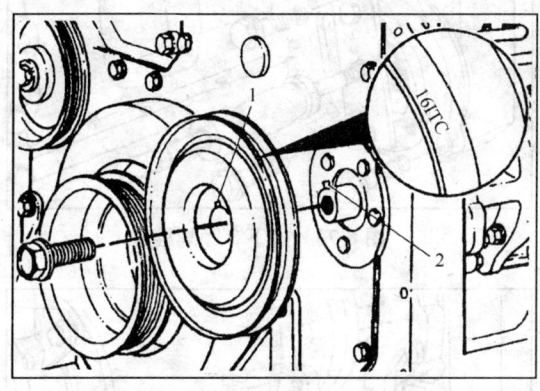

图 8-69 使凹槽与定位销对准
1. 凹槽 2. 定位销

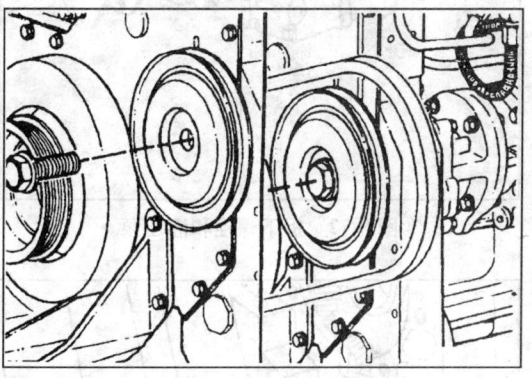

图 8-70 安装带轮固定螺栓

8.14 发电机驱动带轮

1. 拆卸

用带轮拉器,零件号 ST-647,和两颗 5/16×18×2 的螺栓来拆卸带轮,见图 2-1。

2. 检查能否使用

检查带轮有无缺口、裂纹,皮带槽是否过度磨损或有无损坏,见图 8-71。

3. 安装

安装带轮时,应使带轮凹进较深的一侧背对发动机。使用带轮安装工具,零件号 3376326,和带轮推压工具连接件,零件号 3377401,安装发电机驱动带轮,并紧固螺栓,力矩:75N·m,并调整发电机驱动带,见图2-6。

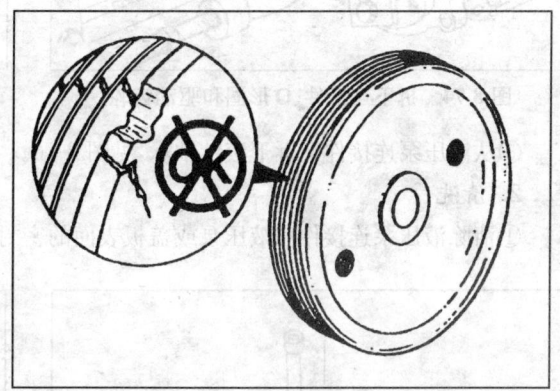

图 8-71 检查发电机带轮有无损坏

8.15 液压泵驱动装置

1. 拆卸

①拆下安装螺栓和液压泵,见图 8-72。

②拆下 3 颗液压泵驱动安装螺栓,见图 8-73。拆卸时,使用滑锤和发动机盘车工具(零件号 3824270)安装到液压泵驱动装置连接件上。SAE"A"型驱动装置使用两颗 M10-1.50×30 螺栓,零件号 3335003;SAE"B"型驱动装置使用两颗 M12-1.75×40 螺栓,零件号 3018671。

③拆卸液压泵驱动连接件,O 形圈和液压泵驱动齿轮,见图 8-74。

④用轴承拉器,零件号 3823774,从齿轮室壳体中拆下滚针轴承,见图 8-75。

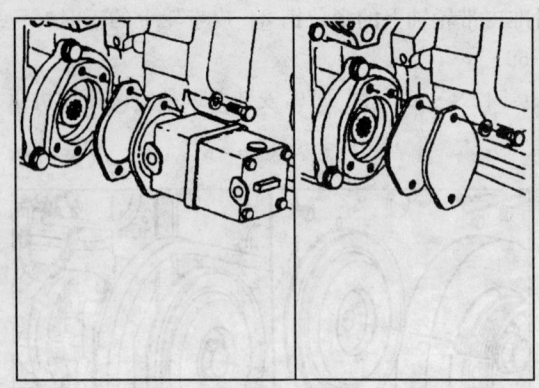

图 8-72 拆下螺栓和液压泵

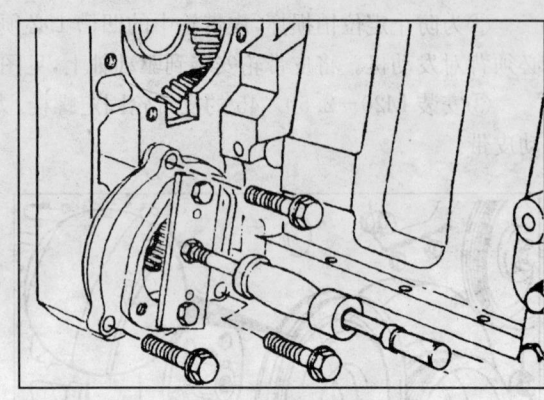

图 8-73 拆下 3 颗螺栓

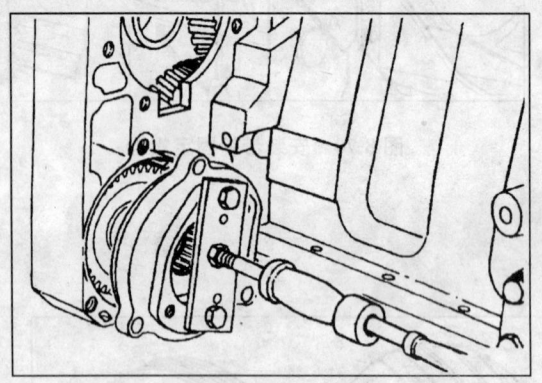

图 8-74 拆下连接件、O 形圈和驱动齿轮

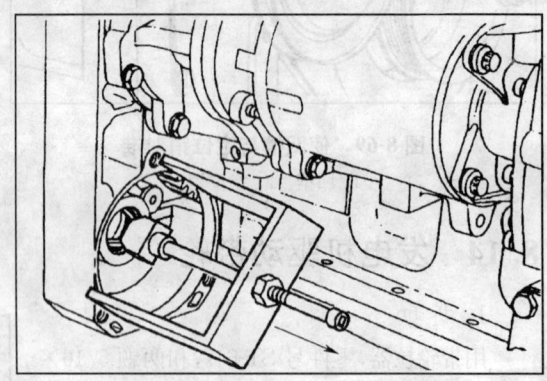

图 8-75 用拉器拆下滚针轴承

⑤从液压泵连接件上拆下滚针轴承，见图 8-76。

2. 清洗

①清除液压泵连接件和液压泵或盖板表面的密封垫材料，见图 8-77。

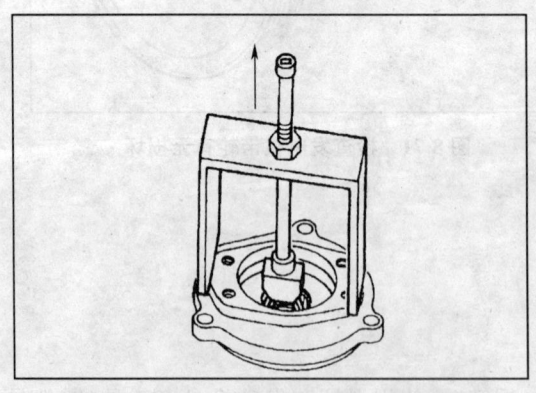

图 8-76 从连接件上拆下滚针轴承

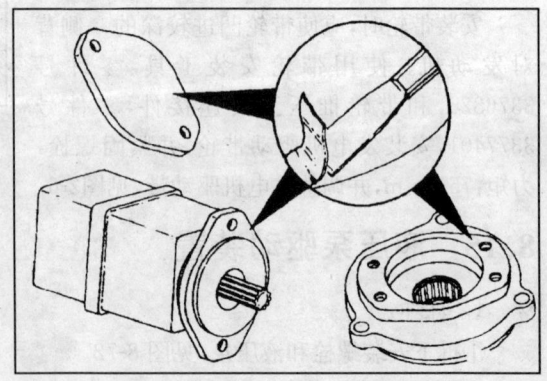

图 8-77 清除表面密封垫材料

②用溶剂清洗液压泵连接件、盖板、齿轮和滚针轴承，并吹干，见图 8-78。
③用溶剂清洗齿轮室壳体中的滚针轴承，并用布擦干，见图 8-79。

3. 检查能否使用

①检查零部件有无损坏，见图 8-80。

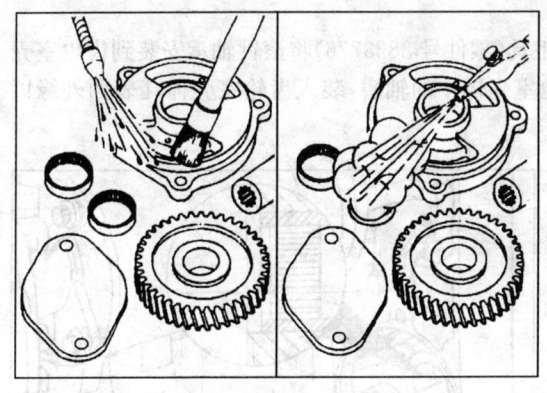

图 8-78 清洗液压泵零部件并吹干

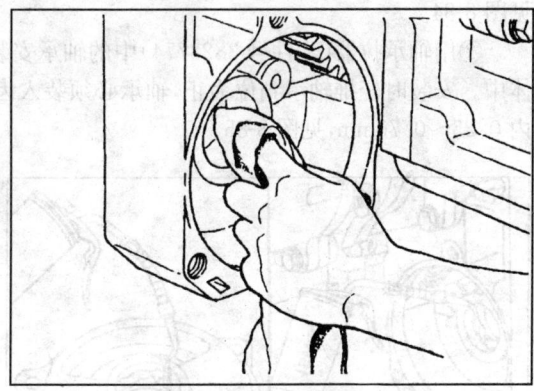

图 8-79 清洗轴承并擦干

②测齿轮室壳体中滚针轴承孔的内径,见图 8-81。滚针轴承孔内径,规定最小内径为 41.967mm、最大内径为 41.992mm。

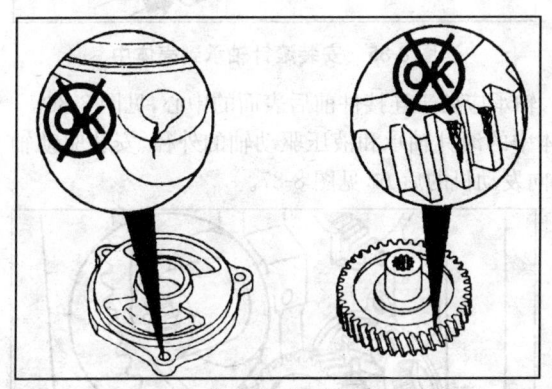

图 8-80 检查零部件有无损伤

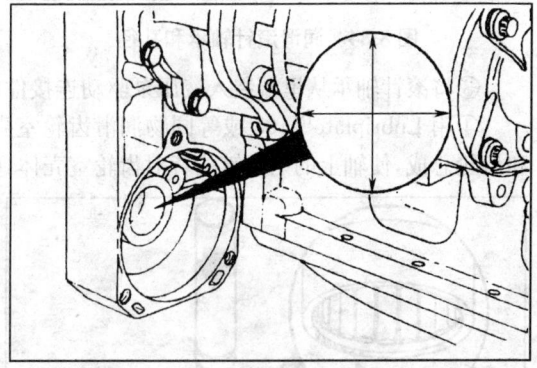

图 8-81 测量壳体中轴承孔内径

③测量液压泵驱动连接件中的滚针轴承孔的内径,见图 8-82。液压泵驱动连接件中的滚针轴承孔的内径,规定最小内径为 41.967mm,最大内径为 41.992mm。

④测量液压泵驱动轴的外径,见图 8-83。液压泵驱动轴的外径,规定最小外径为 34.984mm,最大外径为 35.000mm。

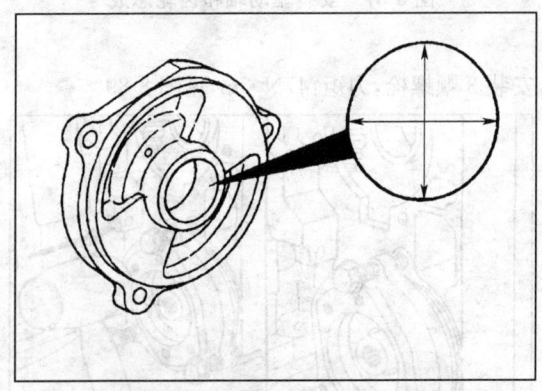

图 8-82 测量连接件中的轴承孔内径

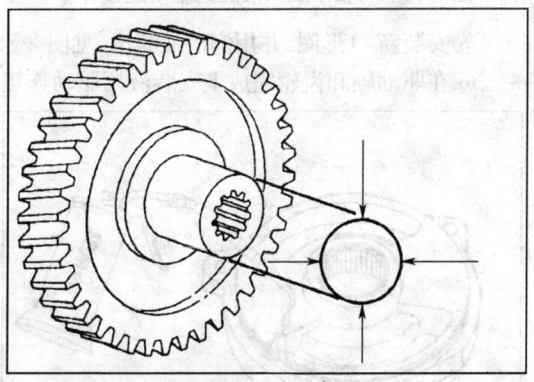

图 8-83 测量液压泵驱动轴外径

4. 安装

①用 15W-40 润滑油润滑滚针轴承外径、润滑齿轮室壳体和液压泵驱动连接中的滚针轴承孔径,

见图8-84。

②用轴承拉器(零件号3823774)中的轴承安装工具(零件号3823776)将滚针轴承安装到齿轮室壳体中。安装时轻推轴承到位为止,轴承必须装入齿轮室壳体中的轴肩,装入齿轮室壳体孔表面外缘以内0.25~0.76mm,见图8-85。

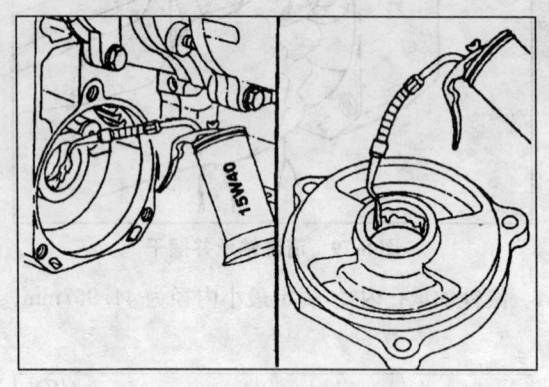

图8-84 润滑滚针轴承和孔径　　　　　图8-85 安装滚针轴承到壳体中

③将滚针轴承从里端装入液压泵驱动连接件中,轴承应处于连接件前后表面的中心,见图8-86。

④用Lubriplate™105或等同物润滑齿轮室壳体中的滚针轴承和液压驱动轴的外径,安装驱动轴和齿轮总成,使轴上的内花键槽背对齿轮室壳体,朝向发动机的后方,见图8-87。

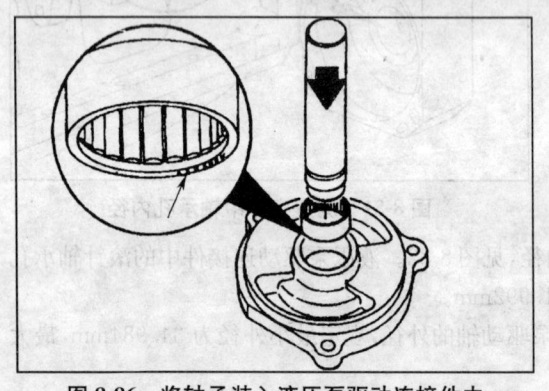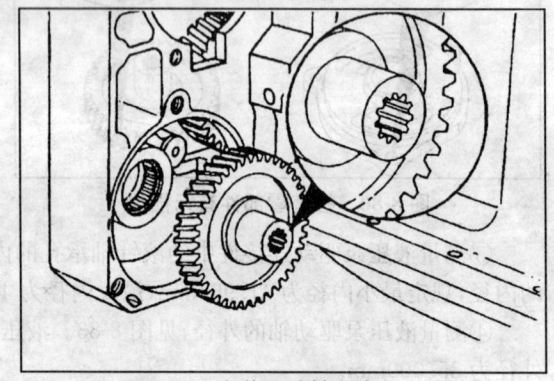

图8-86 将轴承装入液压泵驱动连接件中　　　图8-87 安装驱动轴和齿轮总成

⑤安装新O形圈,并用润滑油润滑,见图8-88。

⑥在驱动轴和齿轮完成上安装液压驱动连接件,安装3颗螺栓,力矩:47N·m,见图8-89。

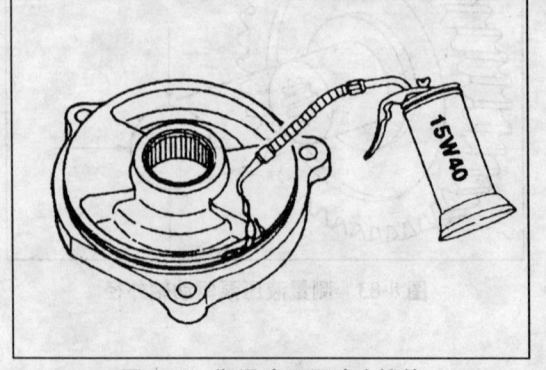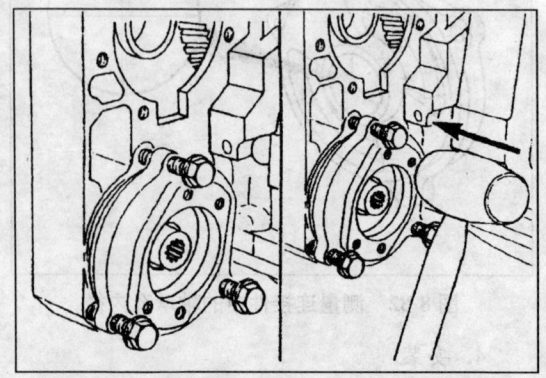

图8-88 润滑液压驱动连接件　　　　图8-89 安装液压驱动连接件和3颗螺栓

⑦测量驱动轴轴向间隙,使用带加长杆的千分表总成测量,见图8-90,液压泵驱动轴轴向间隙,最小值规定为0.076mm、最大值规定为0.635mm。

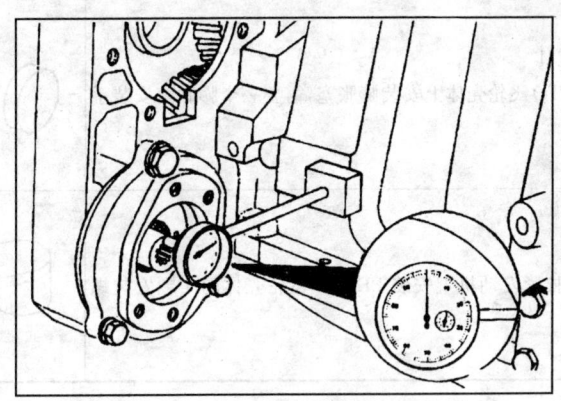

图 8-90 测量驱动轴轴向间隙

⑧安装新密封垫和液压泵或盖板,安装两颗螺栓,力矩:27N·m。

8.16 安装配合件维修工具

安装配合件维修工具,见表8-5。

表 8-5 安装配合件维修工具

工具号	工具名称	工具图
ST-1325	千分表附件 (安装在曲轴法兰上,辅助千分表测量飞轮和飞轮壳体的跳动量)	
3376050	千分表和套管总成 (与零件号为ST-1325的千分表附件一起使用,用来测量飞轮和壳体的跳动量)	
3824926	导销组件 (辅助拆卸和安装飞轮和飞轮壳体)	
3823709	惰轮轴拉器和螺栓 (用于从装有REPTO飞轮壳体的发动机的惰轮和飞轮壳体上拆卸惰轮轴)	

续表 8-5

工具号	工 具 名 称	工 具 图
3824927	膨胀塞安装工具 (用于在 REPTO 飞轮壳体上安装膨胀塞,需要一个膨胀塞安装手柄)	
3824928	斜口扳手 (用于松开或拧紧发动机上安装 PEPTO 飞轮壳体的 4 颗安装螺栓)	

8.17 发动机提升架

1. 拆卸与清洗

① 拆下螺栓和前、后提升架,见图 8-91。
② 清洗提升架,并吹干,见图 8-92。

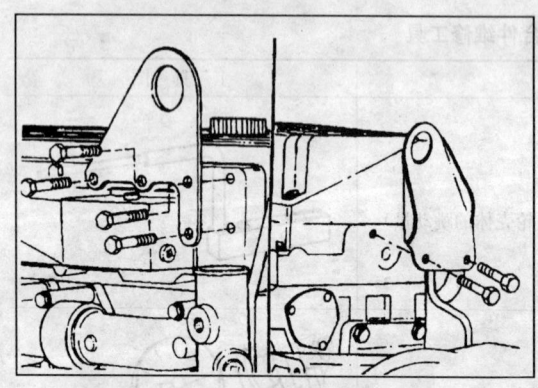

图 8-91 拆下螺栓和前、后支架

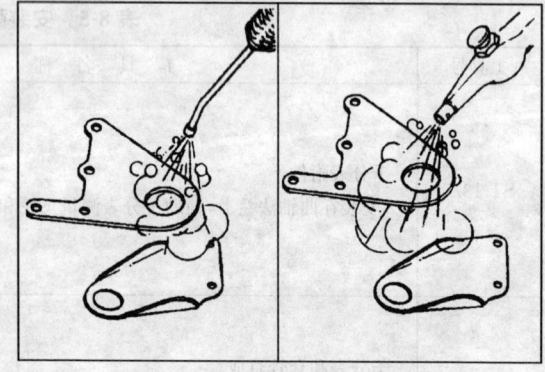

图 8-92 清洗提升架并吹干

2. 检查能否使用

检查支架有无裂纹和损坏,见图 8-93。如果支架有裂纹,应当更换。

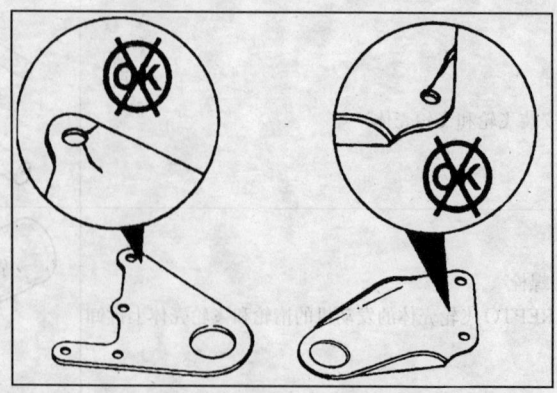

图 8-93 检查支架有无裂纹和损坏

3. 安装

安装前提升架和螺栓,力矩:47N·m;安装后提升架和螺栓,力矩:81N·m,见图8-91。

8.18 发动机前支架

1. 拆卸与清洗

①用吊车或提升装置支承发动机前部,拆下发动机前支架上的螺栓,见图8-94。
②拆下6颗螺栓和发动机前支架,见图8-95。

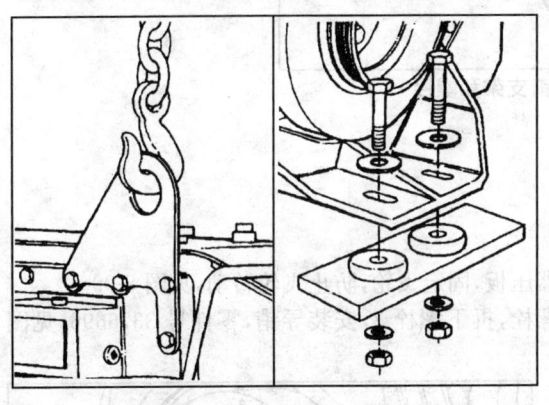

图8-94 拆下前支架上的螺栓

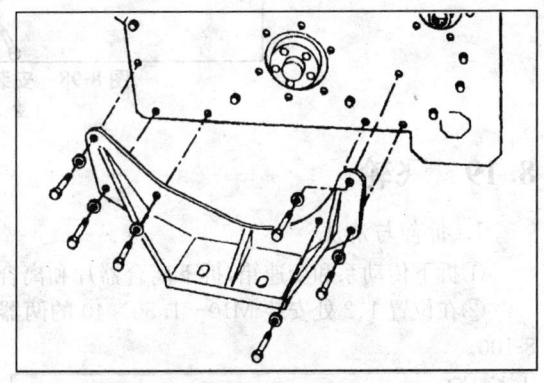

图8-95 拆下六颗螺栓和前支架

③清洗发动机前支架并吹干,见图8-96。

2. 检查能否使用

检查前支架有无裂纹或损坏,见图8-97。若有,应当更换。

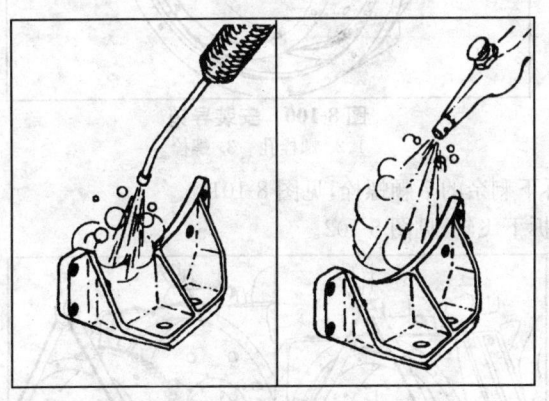

图8-96 清洗前支架并吹干

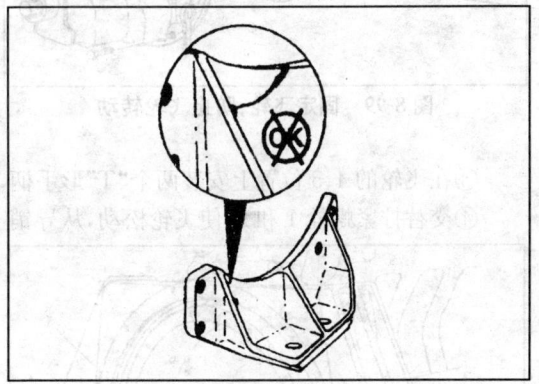

图8-97 检查前支架有无裂纹和损坏

3. 安装

①在1、2、3的三颗螺栓上涂密封胶,安装发动机前支架和螺栓,力矩:68N·m,见图8-98。
②降低发动机前部的高度,安装前支架和螺栓,见图8-94。

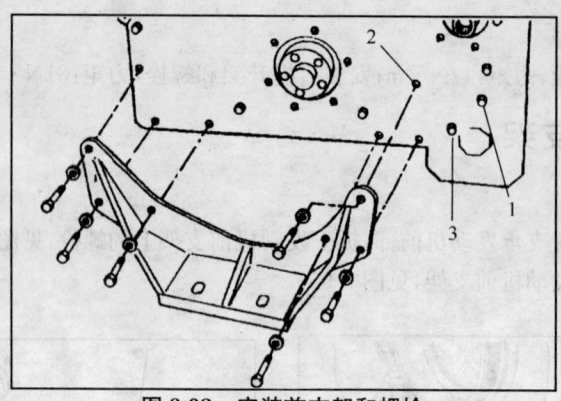

图 8-98 安装前支架和螺栓
1、2、3. 螺栓

8.19 飞轮

1. 拆卸与清洗

①拆下传动系和变速箱,拆下离合器片和离合器压板,固定飞轮,防止飞轮转动,见图 8-99。

②在位置 1、2 处安装 M10－1.50×40 的两器螺栓,拆下螺栓 3,安装导销,零件号 3376696,见图 8-100。

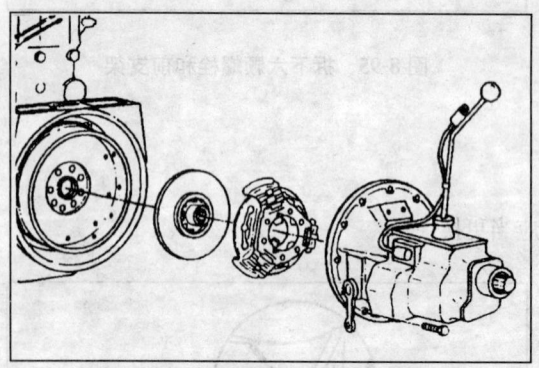

图 8-99 固定飞轮,防止飞轮转动

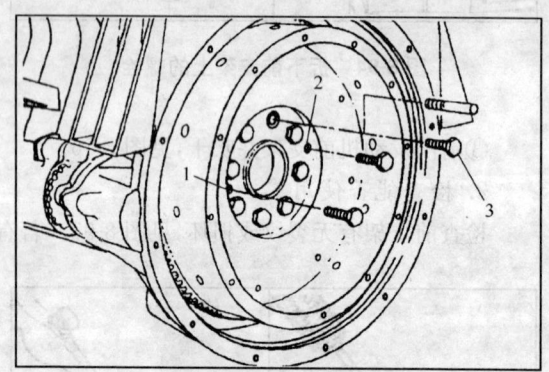

图 8-100 安装导销
1、2. 螺栓孔　3. 螺栓

③在飞轮的 4、5 位置上安装两个"T"形手柄,拆下剩余的 7 颗螺栓,见图 8-101。

④交替拧紧螺栓 1 和 2,使飞轮松动,从导销上拆下飞轮,见图 8-102。

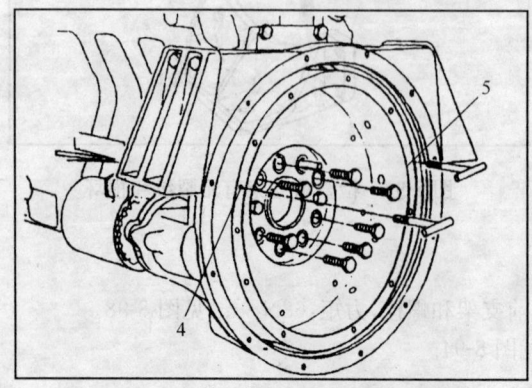

图 8-101 安装"T"形手柄,拆下其余螺栓
4、5. 飞轮位置

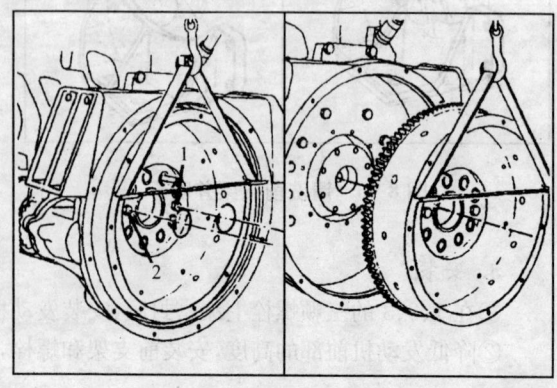

图 8-102 从导销上拆下飞轮
1、2. 螺栓

⑤清理曲轴导向孔,清洗飞轮并吹干,见图8-103。
2. 检查能否使用
①检查飞轮上有无刻痕和毛刺,若有应清除掉,见图8-104。

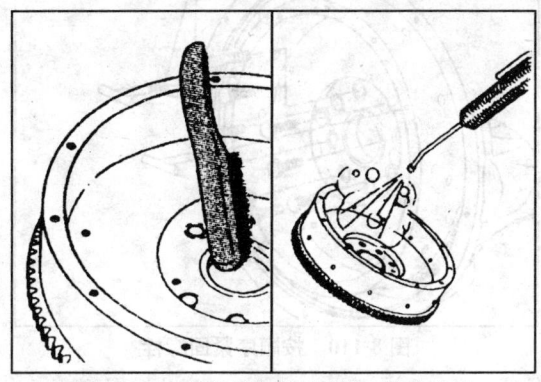

图8-103 清理导向孔,清洗飞轮并吹干

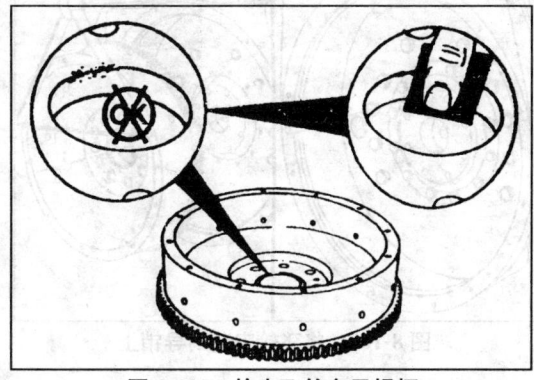

图8-104 检查飞轮有无损坏

②检查飞轮有无裂纹,见图8-105。
③检查飞轮齿圈上的齿有无裂纹和缺口,见图8-106。若有裂纹或断裂,应当更换。

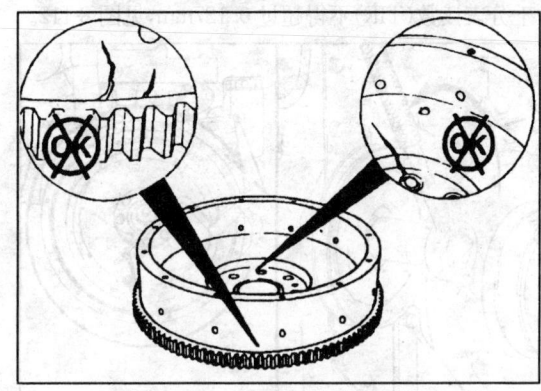

图8-105 检查飞轮有无裂纹

图8-106 检查飞轮齿圈有无裂纹和缺口

3. 安装
①在安装新的或大修后的离合器时,要使用一个新的导向轴承。用心轴和锤子拆下导向轴承,清理导向孔,见图8-107。
②安装导向轴承,应确保导向轴承和导向孔端面齐平,见图8-108。

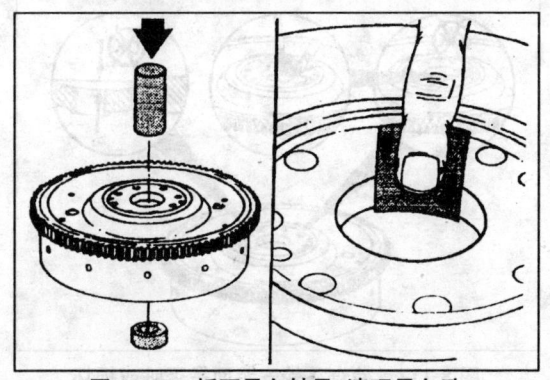

图8-107 拆下导向轴承、清理导向孔

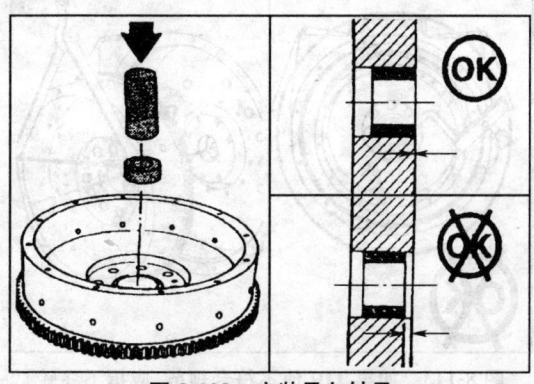

图8-108 安装导向轴承

③在曲轴法兰上安装导销,零件号3376696,将飞轮安装到导销上,见图8-109。
④安装7颗飞轮螺栓,拆下"T"形手柄和导销,按顺序紧固螺栓,力矩:183N·m,见图8-110。

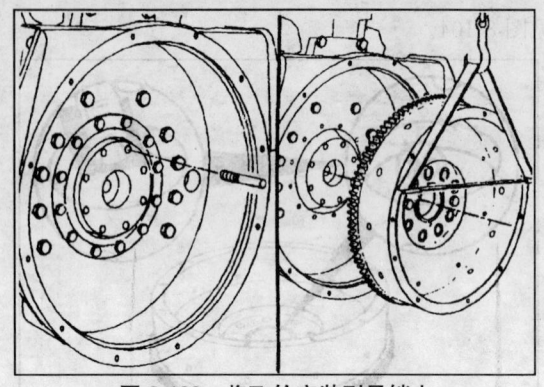

图8-109　将飞轮安装到导销上

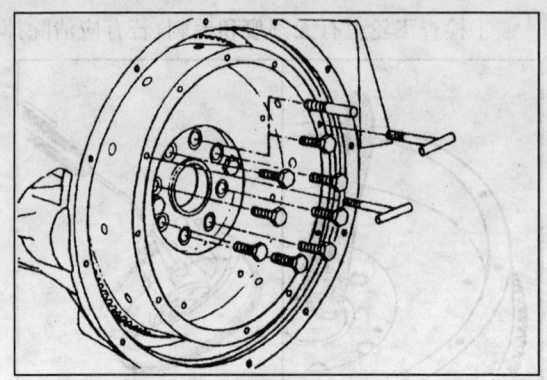

图8-110　按顺序紧固螺栓

4. 径向跳动测量

①用千分表和千分表附件可以测量飞轮径向跳动和端面跳动。将千分表和千分表附件安装到飞轮壳体上,使千分表触头紧靠飞轮孔内壁,见图8-111。
②用附件驱动轴转动曲轴一圈,测量飞轮径向跳动,千分表读数(TIR)不得超过0.127mm,见图8-112。

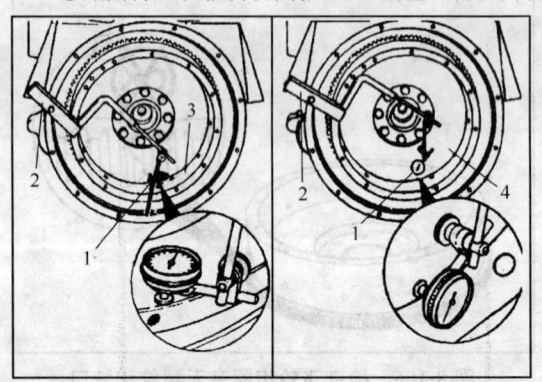

图8-111　将千分表和千分表附件安装到飞轮壳体上
1. 千分表　2. 千分表附件　3. 径向跳动　4. 端面跳动

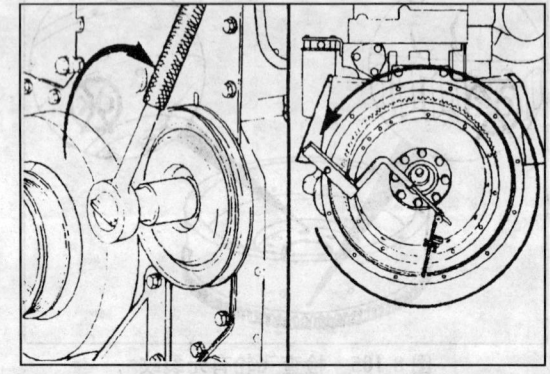

图8-112　测量飞轮径向跳动

③如果TIR值超过技术规范,应拆下飞轮,见图8-113。
④检查飞轮安装面是否脏或损坏,见图8-114。

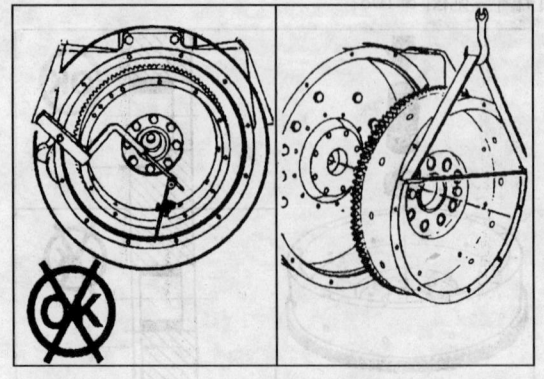

图8-113　如果TIR值不符合规范,应拆下飞轮

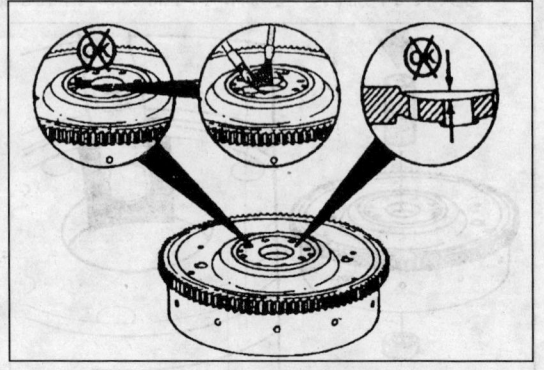

图8-114　检查飞轮安装面是否脏或损坏

⑤检查曲轴是否脏或损坏,见图8-115。
⑥安装飞轮,并再次检查飞轮的径向跳动,见图8-116。

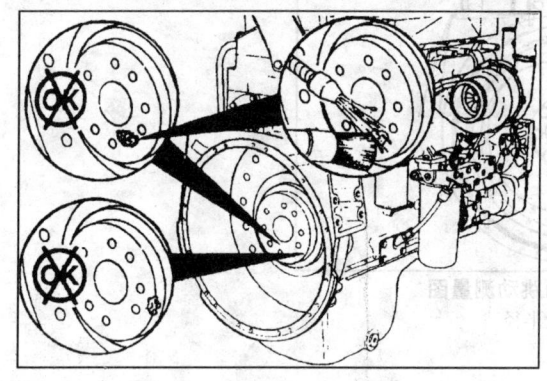

图8-115 检查曲轴是否脏或损坏

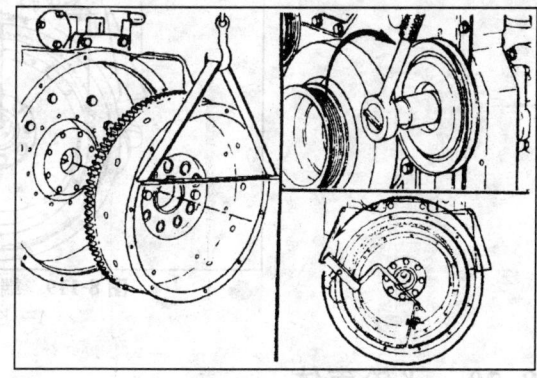

图8-116 再次检查飞轮径向跳动

⑦如果跳动量仍不符合技术规范,应拆下飞轮、进行更换,见图8-113。

5. 端面跳动测量

①使千分表触头紧靠飞轮外径的端面上,测量端面跳动量,向前推飞轮,消除曲轴的端部推力,见图8-117。

②转动曲轴一圈,读取千分表读数,见图8-118。

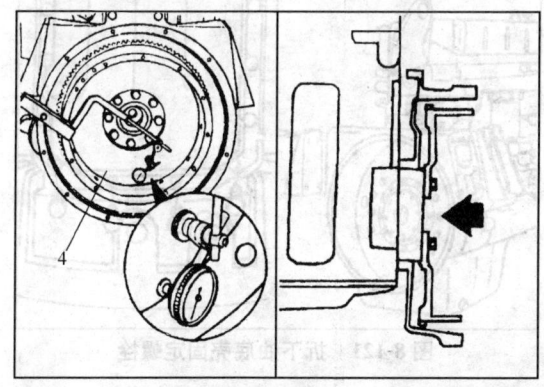

图8-117 使千分表触头紧靠飞轮外径的端面上、
向前推飞轮消除推力

4. 端面

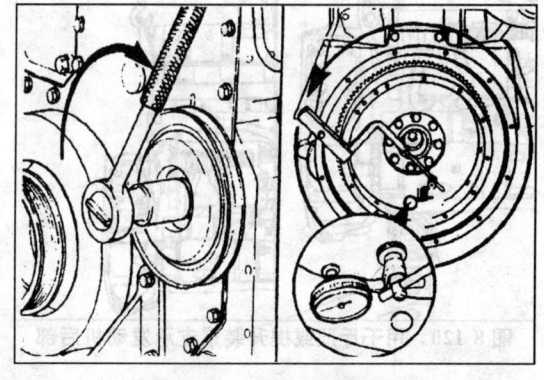

图8-118 读取千分表读数

③千分表读数不得超过技术规范,见表8-6,飞轮端面跳动量测量,见图8-119。

表8-6 飞轮端面跳动技术规范

飞轮半径 A(mm)	飞轮端面跳动最大千分表总读数(TIR)(mm)
203	0.203
254	0.254
305	0.305
356	0.356
406	0.406

④按与拆卸相反的顺序安装离合器片、离合器压板、变速箱和传动系,见图8-99。

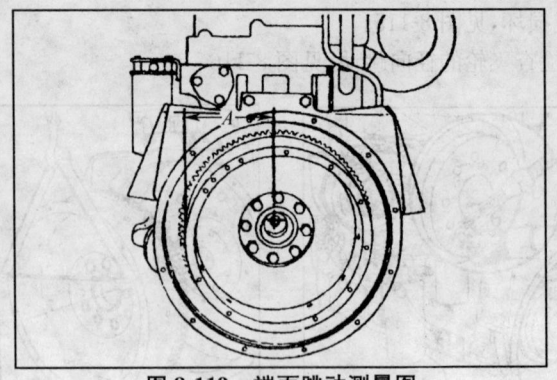

图 8-119 端面跳动测量图
A—飞轮半径

8.20 飞轮壳体

1. 拆卸

①拆下变速箱、离合器和飞轮,见图 8-99。
②用千斤顶或提升装置支承发动机后部,见图 8-120。
③拆下蓄电池电缆线,拆下起动机。
④拆下固定螺栓和发动机的两个后支架、拆下油底壳四个固定螺栓,见图 8-121。

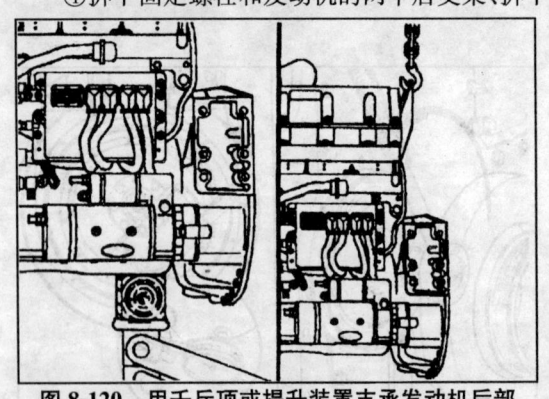

图 8-120 用千斤顶或提升装置支承发动机后部

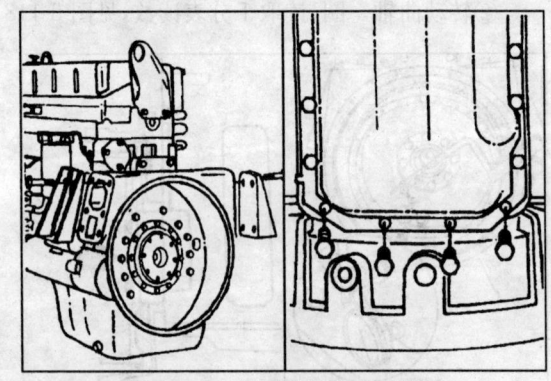

图 8-121 拆下油底壳固定螺栓

⑤拆下曲轴后油封,拆下固定螺栓 1 和 2,安装零件号为 3376697 的导销,见图 8-122。
⑥拆下飞轮壳固定螺栓、用橡皮锤松飞轮壳体,即拆下飞轮壳体,见图 8-123。

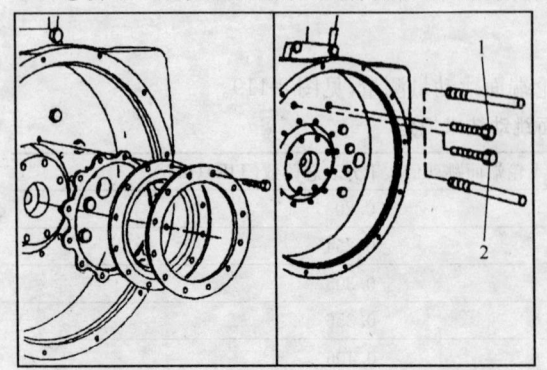

图 8-122 拆下曲轴油封、螺栓、安装导销
1、2. 螺栓

图 8-123 拆下飞轮壳体

2. 清洗

① 清除飞轮壳体油封密封垫表面的密封材料、清除缸体表面的密封胶，见图 8-124。

② 清洗飞轮壳体并吹干，见图 8-125。

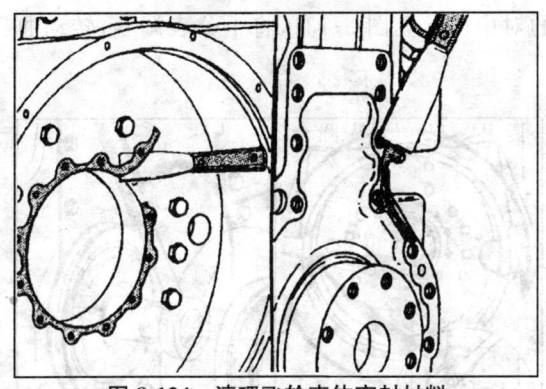

图 8-124 清理飞轮壳体密封材料

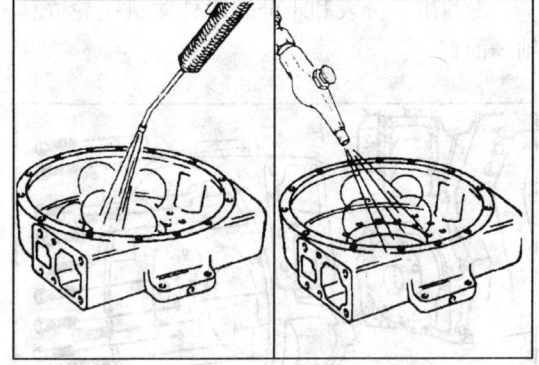

图 8-125 清洗飞轮壳体并吹干

3. 检查能否使用

① 检查飞轮壳体表面有无刻痕、毛刺或裂纹，见图 8-126，用砂布清除毛刺。

② 检查螺纹孔是否有损坏，见图 8-127。若有损坏，维修或更换壳体。

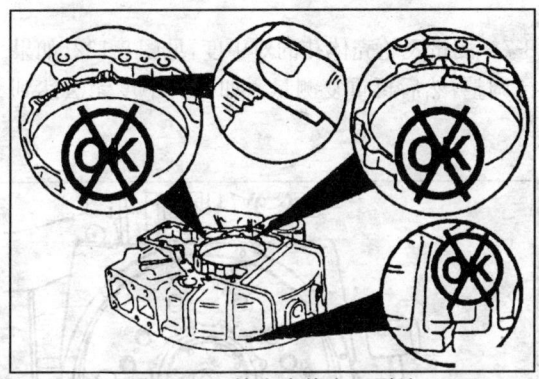

图 8-126 检查壳体有无裂纹

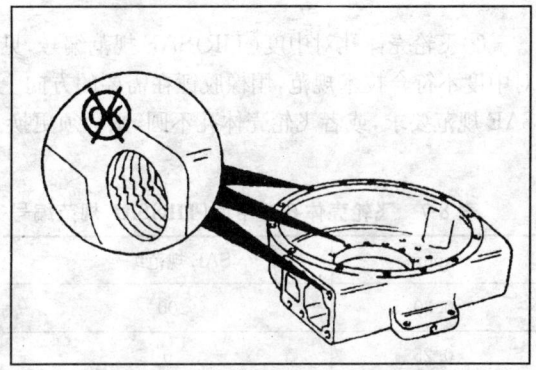

图 8-127 检查螺纹孔有无损坏

4. 安装

① 在缸体上安装导销，零件号 3376697，在安装壳体时用于支承和对正。在安装表面和螺纹孔周围涂密封胶，见图 8-128。

② 在油底壳密封垫和飞轮壳安装面涂密封胶，见图 8-129。

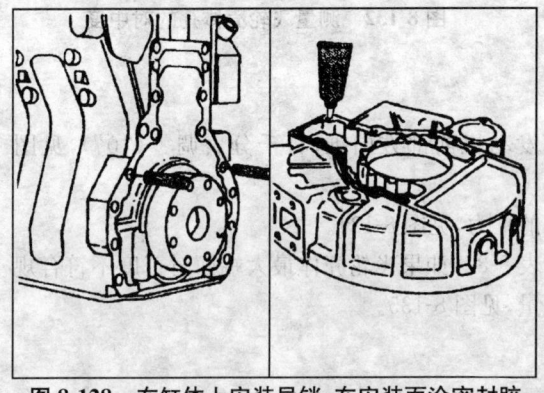

图 8-128 在缸体上安装导销，在安装面涂密封胶

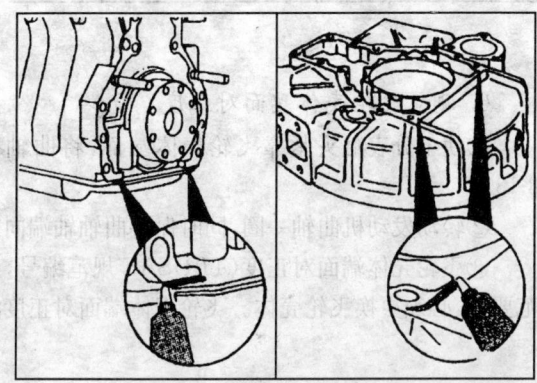

图 8-129 在油底壳密封垫和飞轮壳安装面涂密封胶

③将飞轮壳套在导销上安装螺栓,力矩:7N·m,见图8-130。最后拆下导销,再安装剩下的两颗螺栓。

5. 测量飞轮壳体孔的对中度

①利用千分表和千分表附件测量飞轮壳体孔的对中度。见图8-131,将千分表调零,转动曲轴一圈。

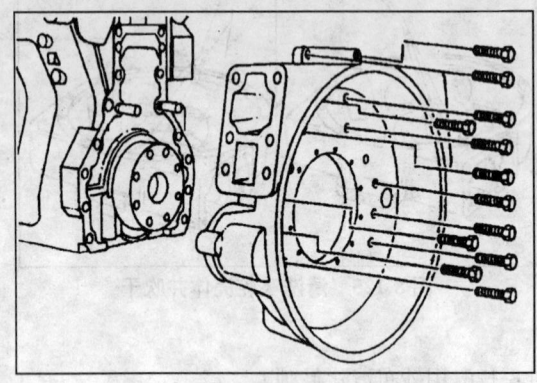
图8-130 安装飞轮壳、安装螺栓

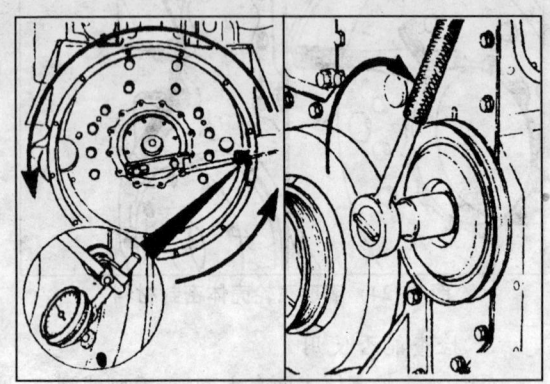
图8-131 将千分表调零,转动曲轴一圈

②飞轮壳体孔对中度(TIR)SAE规范编号,见表8-7。测量飞轮壳体孔的对中度,见图8-132,如果对中度不符合技术规范,用橡胶锤在需要的方向上进行调整,然后再重复测量。如果对中度无法达到SAE规范要求,或者飞轮壳体孔不圆,则必须更换壳体。

表8-7 飞轮壳体孔对中度(TIR)SAE规范编号

mm	SAE 规范编号
0.30	00
0.25	0
0.25	1/2
0.20	1
0.20	2
0.20	3

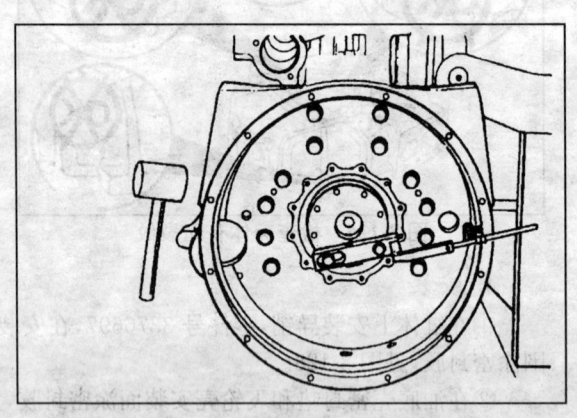
图8-132 测量飞轮壳体孔的对中度

6. 测量飞轮壳体端面对正度

①使千分表触头紧靠飞轮壳体端面,将曲轴往发动机前部方向推,将千分表调零("0"),见图8-133。

②转动发动机曲轴一圈,同时保持曲轴轴向向前的推力,见图8-134。

③飞轮壳体端面对正度(TIR)SAE规范编号,见表8-8。如果飞轮壳体最大端面对正度不符合规范要求,必须更换飞轮壳体。飞轮壳体端面对正度测量,见图8-135。

第8章 发动机测试和其他机构 359

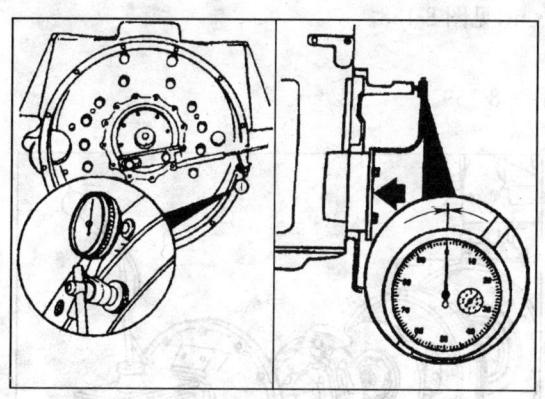

图8-133 将千分表调"0"

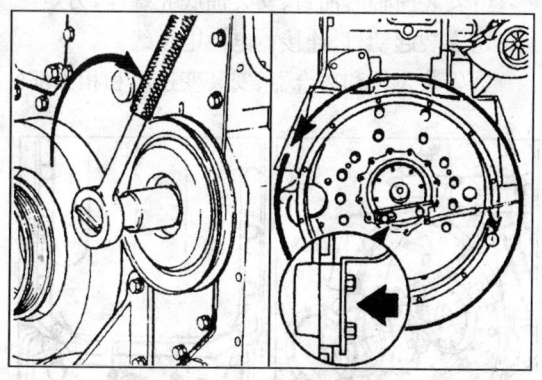

图8-134 转动曲轴一圈

表8-8 飞轮壳体端面对正度(TIR)SAE规范编号

单位(mm)	飞轮壳体端面对正度(TIR)SAE规范编号
0.30	00
0.25	0
0.25	1/2
0.20	1
0.20	2
0.20	3

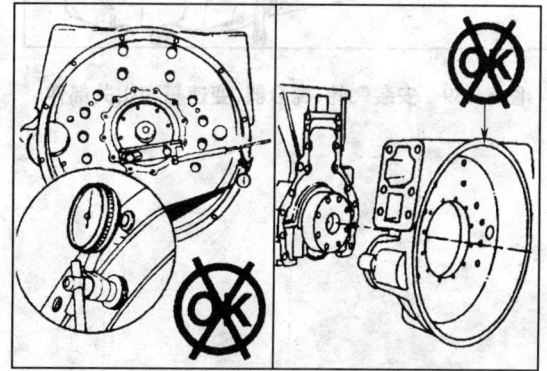

图8-135 测量飞轮壳体端面对正度，若不合要求，应更换壳体

④按图示顺序紧固所有螺栓，见图8-136。力矩：68N·m—129N·m—197N·m，分三次紧固。
⑤再次测量飞轮壳体孔的对中度和飞轮壳体端面对正度，见图8-137。

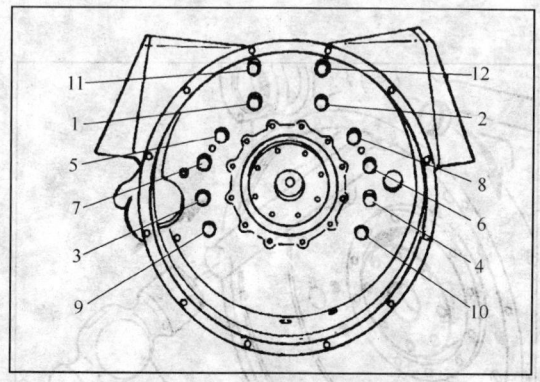

图8-136 按图示顺序紧固螺栓
1～12. 顺序

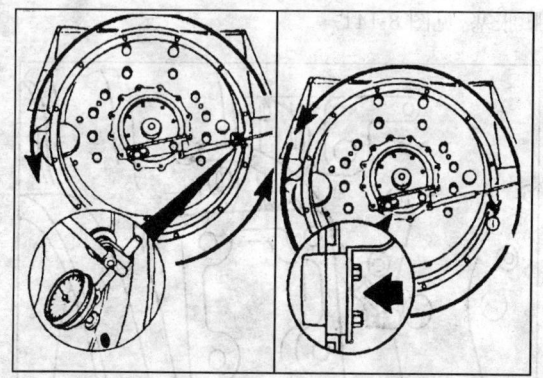

图8-137 再次测量飞轮壳体孔的对中度和飞轮壳体端面对正度

如果飞轮壳体孔的对中度和端面对正度不符合技术规范，应松开壳体螺栓，再重新拧紧螺栓，并再次测量对中度和对正度。

⑥安装曲轴后油封、安装油底壳螺栓,力矩:47N·m,见图8-138。
⑦安装起动机、连接蓄电池电缆线。
⑧安装飞轮和离合器、安装变速箱和相关部件,见图8-139。

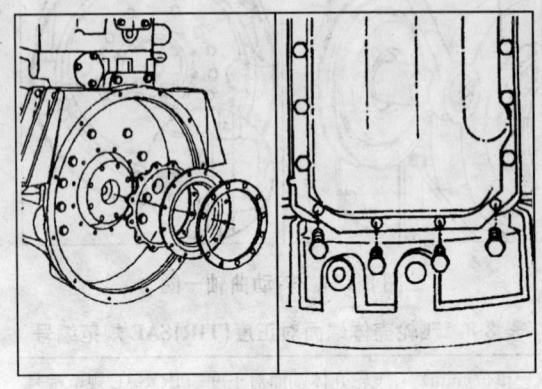

图8-138 安装曲轴后油封、安装油底壳螺栓

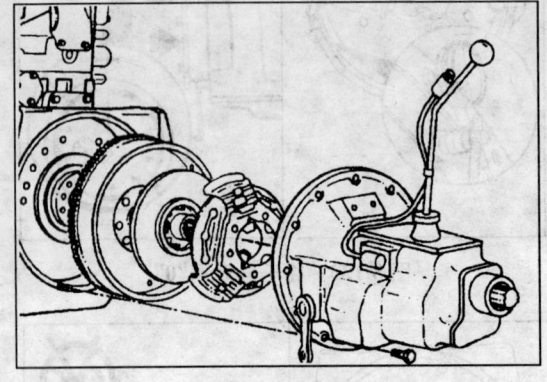

图8-139 安装飞轮、离合器、变速箱和相关部件

8.21 REPTO飞轮壳体

1. 拆卸

①拆下变速箱、离合器和飞轮。
②用千斤顶或提升装置支承发动机后部。
③拆下蓄电池电缆线。
④拆下起动机。
⑤拆下螺栓和发动机的两个后支架,拆下油底壳螺栓。
⑥从飞轮壳上拆下润滑油管,见图8-140。
⑦拆下曲轴后油封,拆下螺栓1和2,安装两个导销。
⑧为了接近飞轮壳体螺栓,用膨胀塞直接打入壳体内部,膨胀塞零件号3824927,从壳体内侧取出膨胀塞,见图8-141。

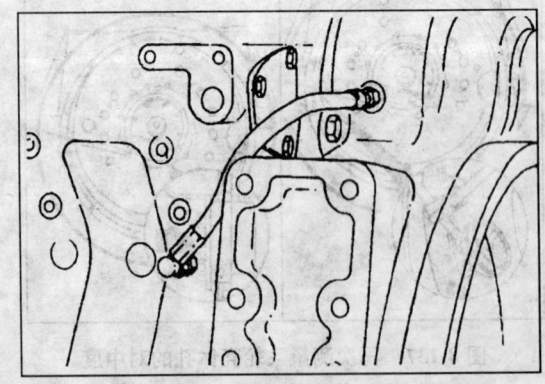

图8-140 从飞轮壳上拆下润滑油管

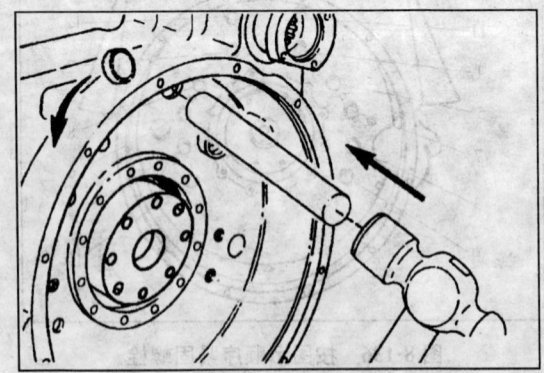

图8-141 用膨胀塞直接打入壳体内部

⑨拆下曲轴传动齿轮,从曲轴上拆下两根导销,见图8-142。
⑩使用惰轮拉器,零件号3823709,拆下惰轮轴,见图8-143。

第8章 发动机测试和其他机构

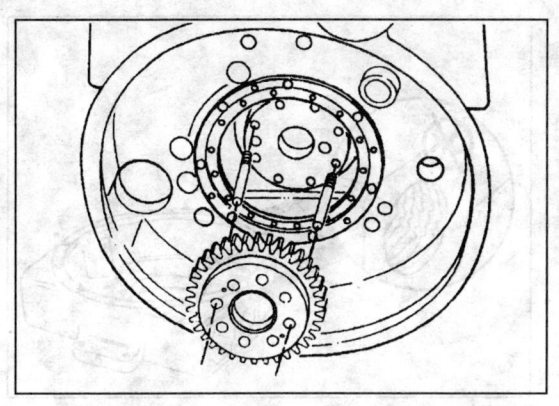

图 8-142　拆下曲轴传动齿轮，拆下两根导销

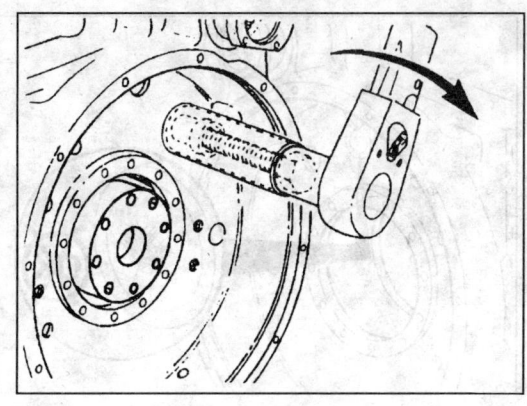

图 8-143　拆下惰轮轴

⑪拆下惰轮，见图 8-144，以便接近剩下的壳体螺栓。

⑫为了在拆卸时支承飞轮壳体，先拆下两颗安装螺栓，然后安装两个导销，零件号 3824930，用零件号 3824928 的斜口扳手，拆下壳体内侧的螺栓，见图 8-145。

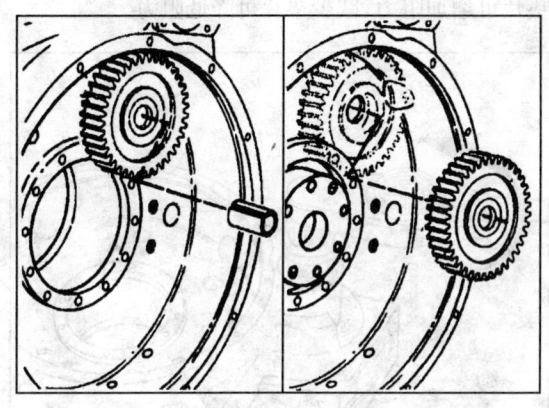

图 8-144　拆下惰轮

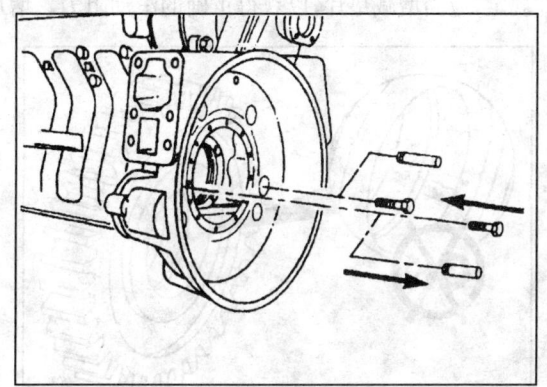

图 8-145　拆下壳体内侧的螺栓

⑬拆下其余螺栓，用橡皮锤敲松飞轮壳进而拆下壳体。

2. 清理

①清除飞轮壳体油封密封垫表面的密封垫材料、清除缸体表面的密封胶。

②清洗飞轮壳体并吹干。

3. 检查能否使用

①检查飞轮壳体所有表面有无刻痕和毛刺或裂纹。

②检查后部发动机动力输出装置（REPTO）的飞轮壳体有无裂纹，见图 8-146。若有裂纹，应当更换壳体。

③检查惰轮轴轴套是否有磨损，见图 8-147。若有磨损，更换轴套。

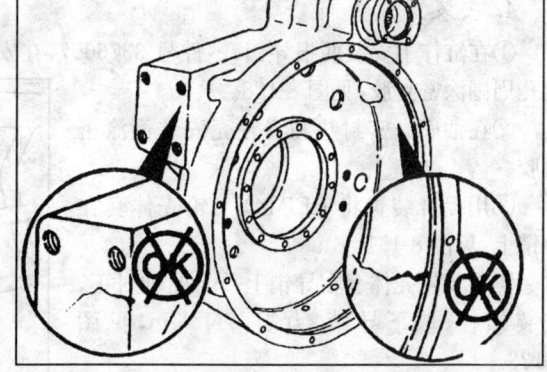

图 8-146　检查 REPTO 的飞轮壳体有无裂纹

④检查所有螺栓孔螺纹是否有损坏，见图 8-148。若有，维修或更换壳体。

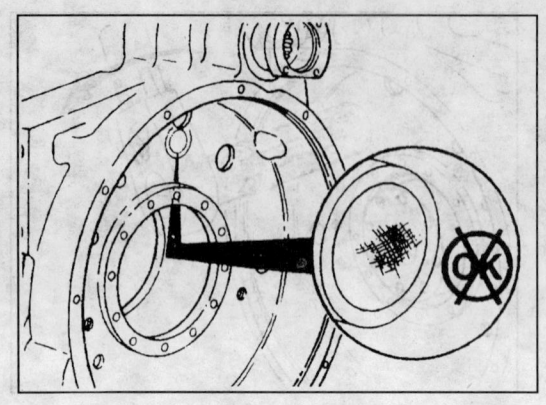
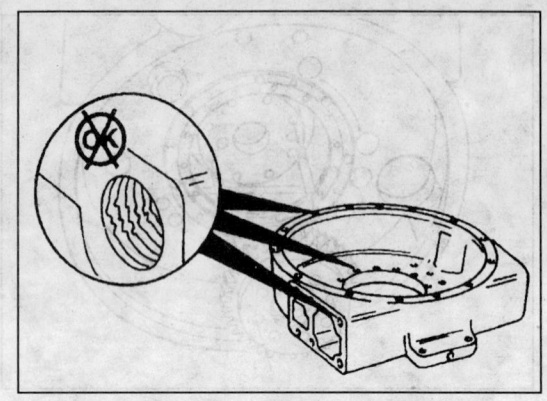

图 8-147　检查惰轮轴轴套是否有磨损　　　　图 8-148　检查所有螺纹孔螺纹是否有损坏

⑤检查动力输出装置惰轮轴孔的内径、侧面和齿牙有无裂纹、过热或损坏,见图 8-149。若有裂纹和过热、损坏,应当更换惰轮。

⑥用扭矩扳手检查输出轴的滚动阻力,见图 8-150。滚动阻力,规定在 0.6～1.1N·m。若不符合规定,应当增减垫片,以获得正确的滚动阻力。增加垫片可增加阻力,减少垫片可降低阻力。

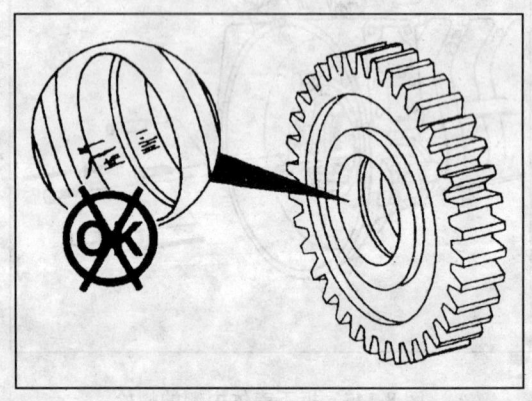
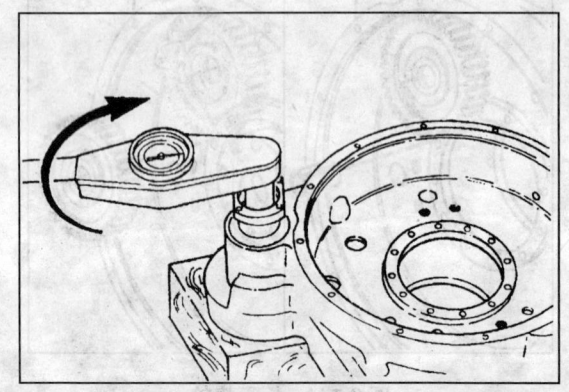

图 8-149　检查惰轮轴孔内径、侧面和齿牙　　　图 8-150　检查输出轴的滚动阻力
　　　　有无裂纹、过热和损坏

4. 安装

①在缸体上安装两根导销,零件号 3376697,在安装飞轮壳体时用于支承用。在壳体安装面和螺栓孔周围涂密封胶,见图 8-128。

②在油底壳密封垫和飞轮壳安装面涂密封胶。

③用提升装置将 REPTO 飞轮壳体套在导销上,见图 8-151。

④将飞轮壳体套在导销上并与曲轴对正,安装螺栓,取下导销,力矩:7N·m,见图 8-123。

5. 测量 REPTO 飞轮壳体孔的对中度

①用千分表与千分表附件测量飞轮壳体孔的对中度,将千分表调"0",见图 8-131。

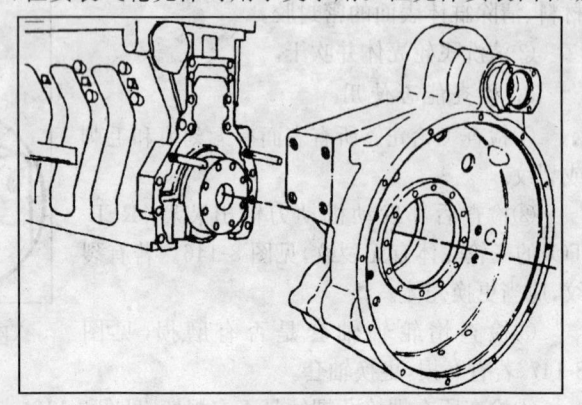

图 8-151　用提升装置将 REPTO 飞轮壳套在导销上

②测量飞轮壳体孔的对中度,见图 8-132。REPTO 飞轮壳体孔对中度(TIR)SAE 规范编号,见表 8-7。

6. 测量 REPTO 飞轮壳体端面对正度

①使千分表触头紧靠飞轮壳体端面,将曲轴推向发动机前方,使千分表调"0",见图 8-133。
②转动曲轴一圈,同时保持曲轴端部向前的推力,见图 8-134。
③REPTO 飞轮壳体端面对正度的测量,见图 8-135,端面对正度(TIR)SAE 规范编号,见表 8-8。
④按图示顺序紧固所有螺栓,见图 8-136,分三次紧固螺栓,力矩:68N•m—129N•m—197N•m。
⑤再次测量飞轮壳体孔的对中度和飞轮壳体端面对正度,见图 8-137。如果孔的对中度和端面对正度不符合技术规范,应松开壳体螺栓,重新拧紧并再次测量对中度和对正度。
⑥用一根外径 $D=38.1$mm,外层为 PVC 的铝质薄壁软管或等同材料制成长($L=25.4$mm)、宽($W=6.3$mm)的套管,见图 8-152。
⑦用 Lubriplate™105 涂在轴承外座圈和轴承上,将轴承和隔圈装入惰轮中。安装惰轮总成时,用制好的套管将轴承总成保持在一起,见图 8-153。

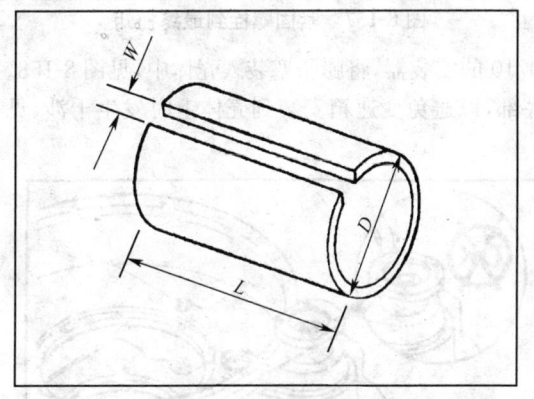

图 8-152 制一根薄壁套管
L. 长 W. 宽 D. 外径

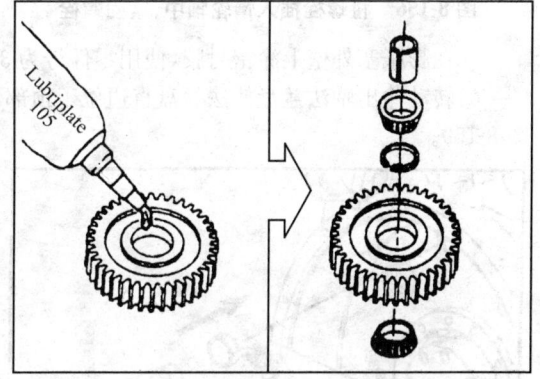

图 8-153 用制好的套管将轴承总成保持在一起

⑧在飞轮壳体的惰轮轴承中和惰轮轴上涂 Lubriplate™105,将惰轮总成装入飞轮壳体内,惰轮和轴承安装到位后,拆下塑料套管,见图 8-154。
⑨用 Lubriplate™ 润滑惰轮轴 O 形圈,并将 O 形圈安装到惰轮轴上,见图 8-155。将惰轮总成安装到位,然后将惰轮轴插入飞轮壳和惰轮轴承中。

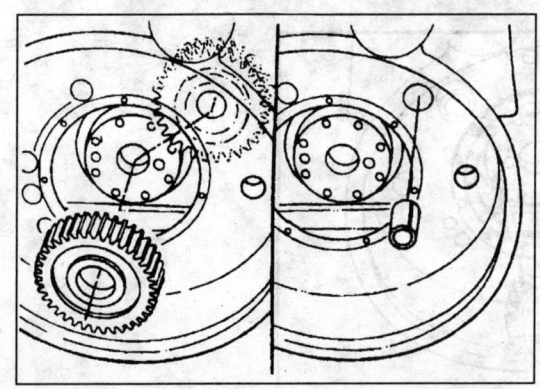

图 8-154 惰轮和轴承安装到位后拆下塑料套管

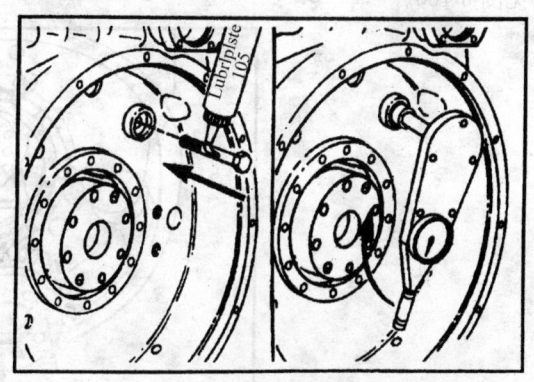

图 8-155 将 O 形圈安装到惰轮轴上

⑩在惰轮轴螺栓的螺杆上涂 Lubriplate™，将螺栓插入惰轮轴中，紧固螺栓，力矩不得超过 88N·m，若力矩超过这个值，孔和轴可能不对正，需要拆下惰轮轴重新安装，见图 8-156。

⑪将惰轮轴安装到位后，拆下螺栓，在螺栓的螺纹上涂密封胶，在螺杆上涂 Lubriplate™，安装螺栓并紧固到最终扭矩，力矩：102N·m，见图 8-157。

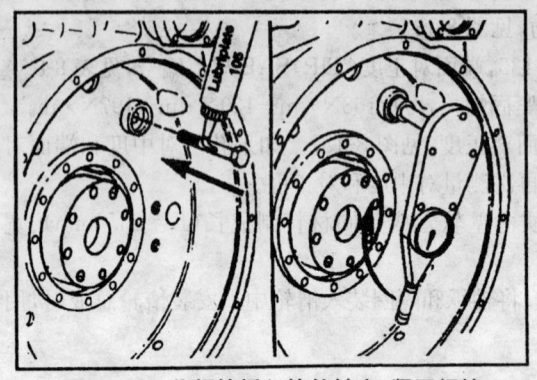

图 8-156 将螺栓插入惰轮轴中，紧固螺栓

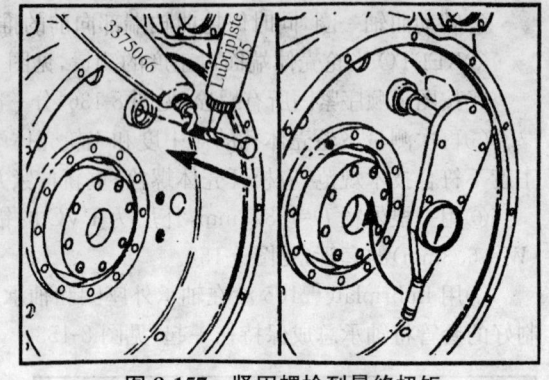

图 8-157 紧固螺栓到最终扭矩

⑫在膨胀塞外壁上涂密封胶，使用零件号为 3823710 的安装器，将膨胀塞装入壳体中，见图 8-158。

⑬转动输出轴法兰盘使法兰盘直边位于顶部和底部，以避免变速箱安装到壳体上时发生干涉，见图 8-159。

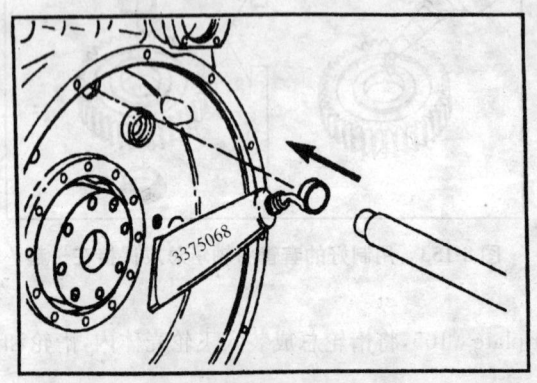

图 8-158 将膨胀塞装入壳体中

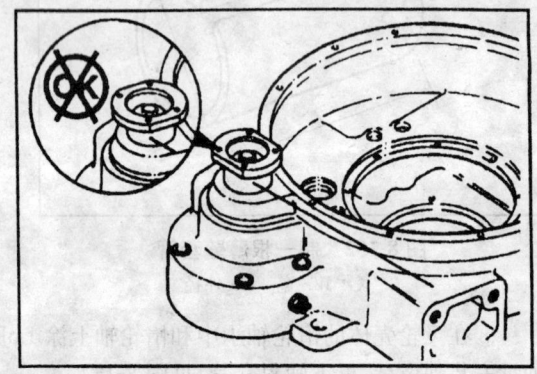

图 8-159 转动输出轴法兰盘，使直边位于顶部和底部

⑭将两根导销，零件号 3824929，安装在曲轴飞轮法兰盘上，相隔 180°，将曲轴齿轮安装到导销上，见图 8-160。

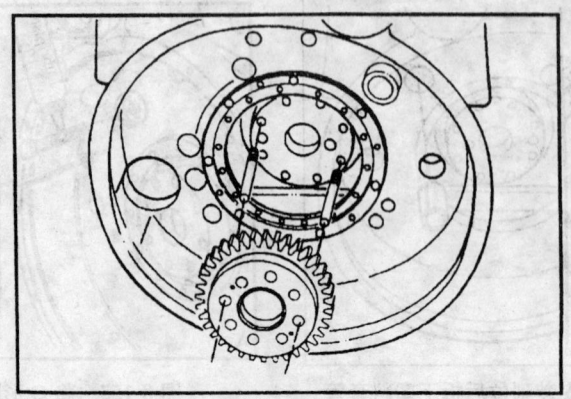

图 8-160 将曲轴齿轮安装到导销上

⑮安装曲轴后油封、紧固油底壳螺栓,力矩:47N·m。
⑯安装飞轮和离合器。
⑰安装起动机。
⑱连接蓄电池电缆。

8.22 飞轮齿圈

1. 拆卸

不要用割枪而要用焊枪火焰加热飞轮齿圈,并用锤子和凿子拆下齿圈,见图8-161。

2. 安装

①用恒温箱加热新齿圈最少1h,但不超过6h,温度235℃,见图8-162。

图8-161 加热飞轮齿圈并拆下　　　　图8-162 用恒温箱加热新齿圈

②如果没有恒温箱,用焊枪加热齿圈,温度235℃,见图8-163。

③在齿圈冷却前将其安装到飞轮上,让齿轮在空气中冷却,见图8-164。不要在水或油中冷却齿圈,以防变形。

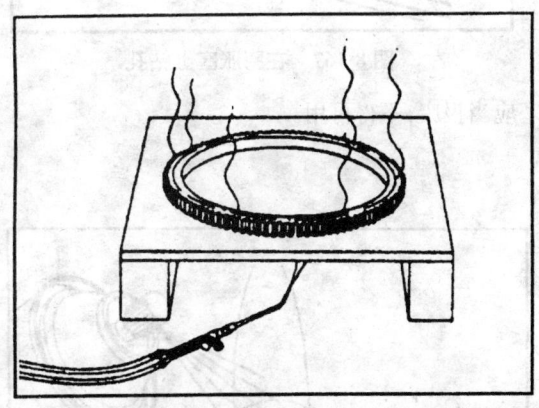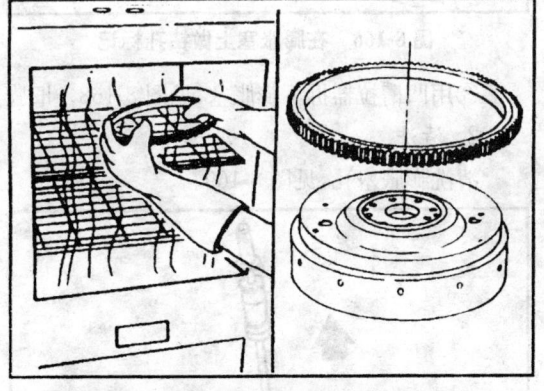

图8-163 没有恒温箱,用焊枪加热齿圈　　　　图8-164 在齿圈冷却前将其安装到飞轮上

8.23 发动机支架

安装:

检查所有的橡胶垫有无裂纹或老化损坏,检查所有的安装支架有无裂纹或损坏的螺栓孔,见图8-165。

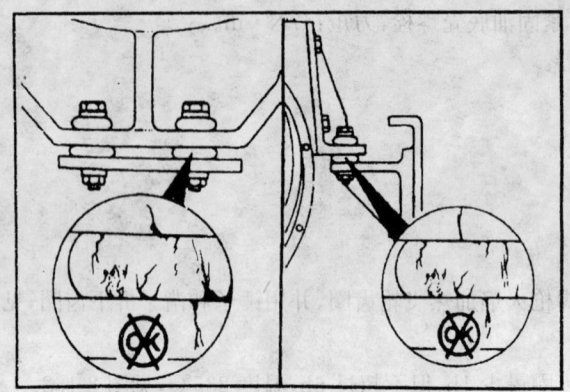

图 8-165　检查发动机支架、橡胶垫有无损坏

8.24　膨胀塞

1. 拆卸

①在膨胀塞上用冲头做钻孔标记，见图 8-166。

②在膨胀塞钻一 1/8in 的孔，见图 8-167。

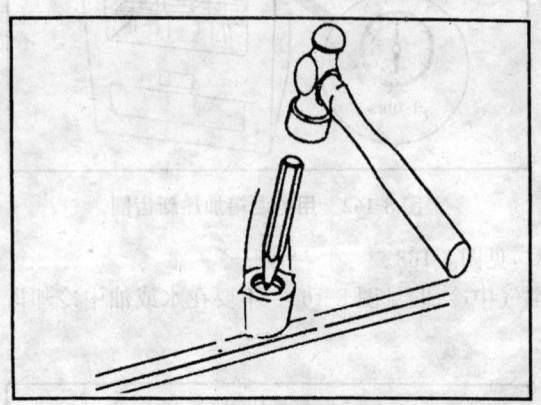

图 8-166　在膨胀塞上做钻孔标记

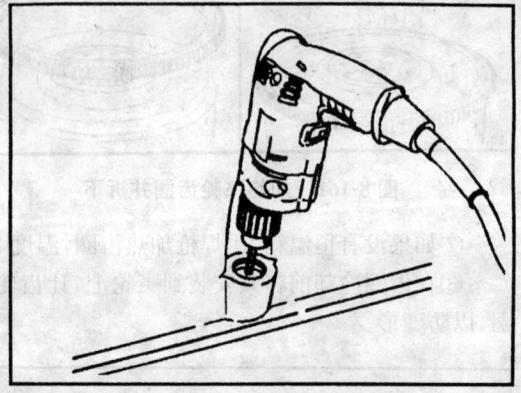

图 8-167　在膨胀塞上钻孔

③用凹槽拉器拆下膨胀塞，见图 8-168。旧膨胀塞应当报废，不得再用。

2. 清洗

清洗膨胀塞孔，见图 8-169。

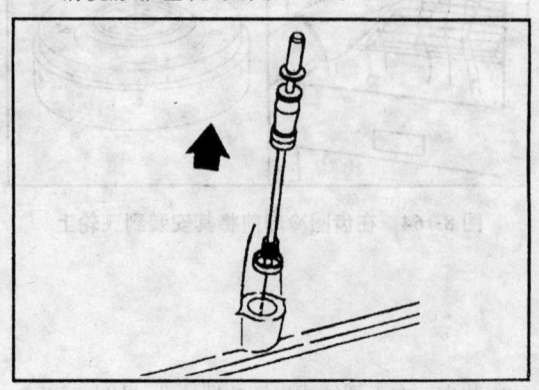

图 8-168　拆下膨胀塞

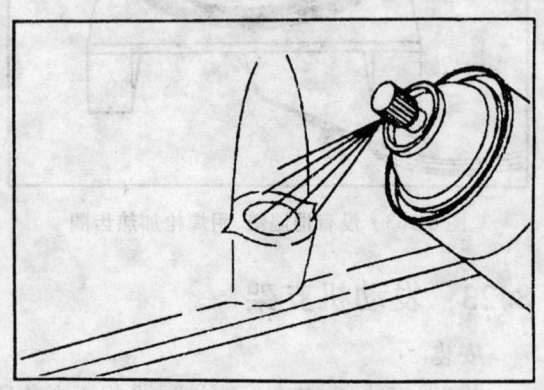

图 8-169　清洗膨胀塞孔

3. 检查能否使用

检查膨胀塞孔是否损坏,如果必要,进行修理膨胀塞孔,见图 8-170。

4. 安装

①在膨胀塞的外壁和膨胀塞孔内涂密封胶,见图 8-171。

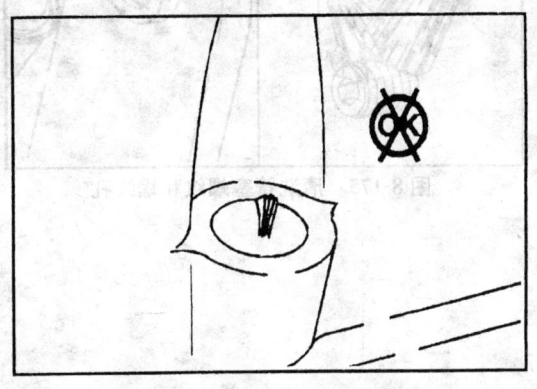

图 8-170 检查膨胀塞孔是否损坏

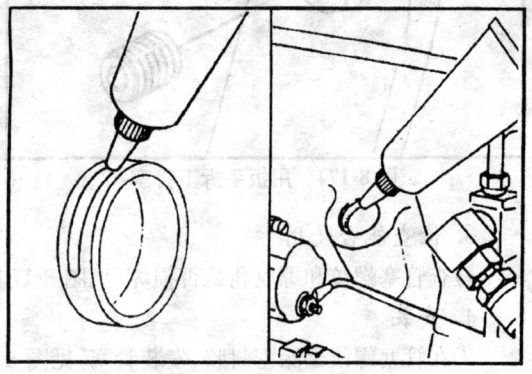

图 8-171 在膨胀塞外壁和孔上涂密封胶

②使用膨胀塞安装工具安装膨胀塞到孔中,见图 8-172。膨胀塞安装工具有 3 种:零件号 3822372,外径尺寸 9.7mm;零件号 3376816,外径尺寸 25.4mm;零件号 3376058,外径尺寸 60.5mm。零件号 3376795 的膨胀塞安装手柄与安装工具配合使用。

③安装膨胀塞时,其上边缘必须在膨胀塞孔进口下方 0.5~1.0mm 之间,见图 8-173。不要装得太深,否则会堵住缸体上的横向油道。

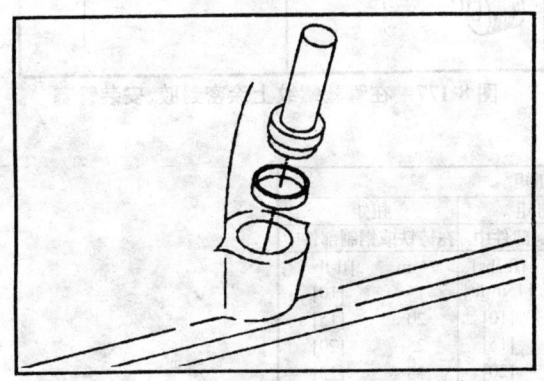

图 8-172 使用工具安装膨胀塞到孔中

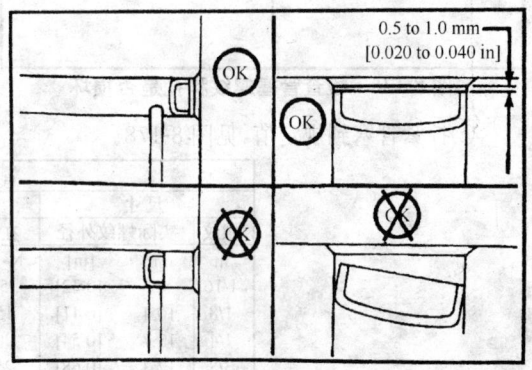

图 8-173 安装膨胀塞,使上边缘在孔进口下方 0.5~1.0mm 之间

8.25 管塞

1. 拆卸

用内六角扳手,拆下管塞,见图 8-174。

2. 清洗

清洗管塞螺纹和螺纹孔,见图 8-175。

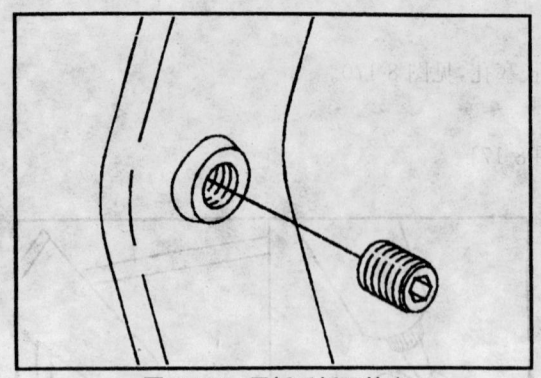

图 8-174 用扳手拆下管塞

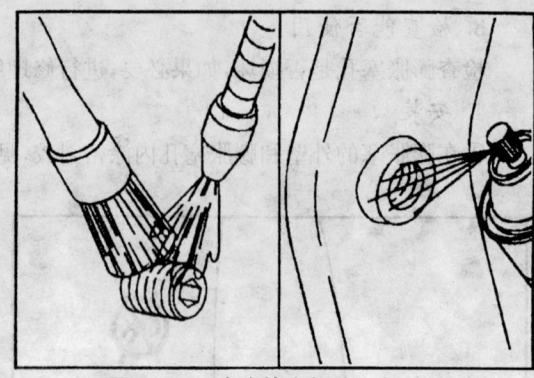

图 8-175 清洗管塞螺纹和螺纹孔

3. 检查能否使用

检查管塞螺纹和螺纹孔是否损坏,见图 8-176。

4. 安装

① 在管塞螺纹上涂密封胶、安装管塞,见图 8-177。

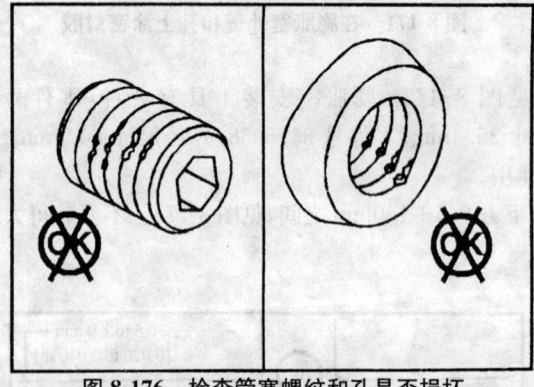

图 8-176 检查管塞螺纹和孔是否损坏

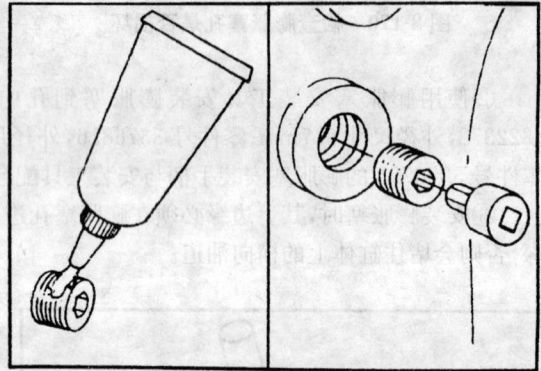

图 8-177 在管塞螺纹上涂密封胶、安装管塞

② 拧紧管塞到规定值,见图 8-178。

管塞扭矩					
尺寸		扭矩		扭矩	
螺纹	实际螺纹外径	在铝制部件中		在铸铁或钢制部件中	
in	mm [in]	N·m	[ft-lbs]	N·m	[ft-lbs]
1/16	8.1 [0.32]	5	[45in-lb]	15	[10]
1/8	10.4 [0.41]	15	[10]	20	[15]
1/4	13.7 [0.54]	20	[15]	25	[20]
3/8	17.3 [0.68]	25	[20]	35	[25]
1/2	21.6 [0.85]	35	[25]	55	[40]
3/4	26.7 [1.05]	45	[35]	75	[55]
1	33.5 [1.32]	60	[45]	95	[70]
1 1/4	42.2 [1.66]	75	[55]	115	[85]
1 1/2	48.3 [1.90]	85	[65]	135	[100]

图 8-178 管塞螺纹规定扭矩值

8.26 直螺纹塞

1. 拆卸

用内六角扳手拆下直螺纹塞,见图 8-179。

2. 清洗

清洗直螺纹塞和螺纹孔，见图 8-180。

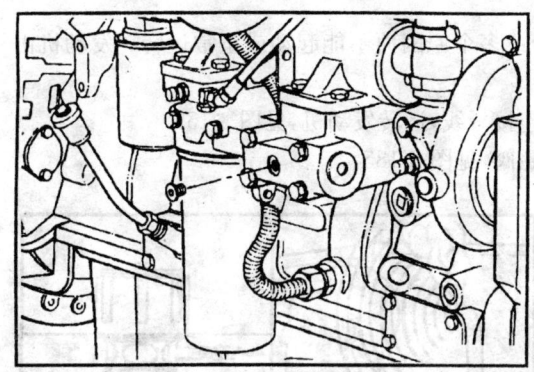

图 8-179 用扳手拆下直螺纹塞

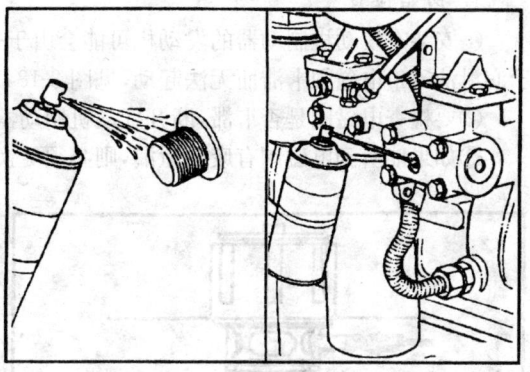

图 8-180 清洗直螺纹塞和螺纹孔

3. 检查能否使用

检查管塞螺纹和螺纹孔是否损坏，见图 8-181。必要时，修理螺纹孔。

4. 安装

① 在管塞上安装新 O 形圈，并用润滑油润滑，安装管塞，见图 8-182。

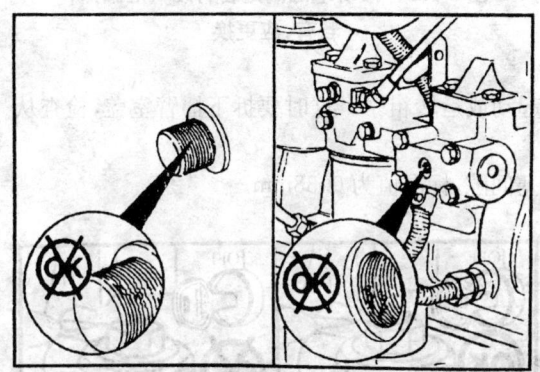

图 8-181 检查管塞螺纹和孔是否损坏

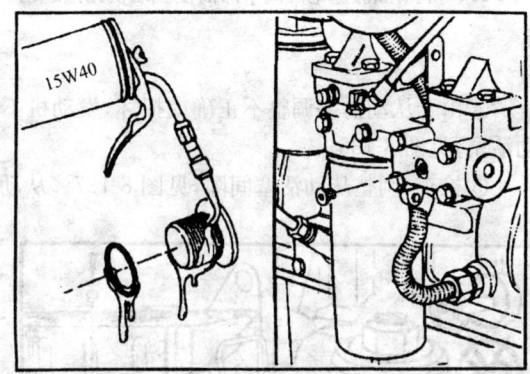

图 8-182 安装管塞

② 拧紧直螺纹到规定值，见图 8-183。

直螺纹O形圈塞				
螺纹尺寸 （单位为ln）	扭矩			
	N·m	ln-lb	N·m	ft-lb
1/4	4	35		
3/8	6	50		
1/2	8	70		
9/16	12	105		
5/8	16	145		
3/4			20	15
7/8			35	20
1			40	30
1-1/16			45	35
1-3/16			55	40

图 8-183 直螺纹塞规定扭矩值

8.27 发动机制动器

1. 初始检查

①安装有发动机制动器的发动机可能会由于一个或多个原因而不能起动或正常运转。发动机由于润滑油流量电磁阀卡滞而无法起动，见图8-184。

②要检查电磁阀是否卡滞，断开发动机制动器的连接导线，运转发动机，见图3-155。

③如果能听到电磁阀有废气泄漏，则必须更换电磁阀，见图8-185。

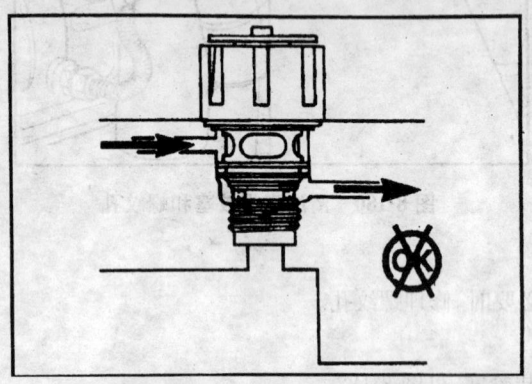

图 8-184　润滑油流量电磁阀卡滞而使发动机无法起动

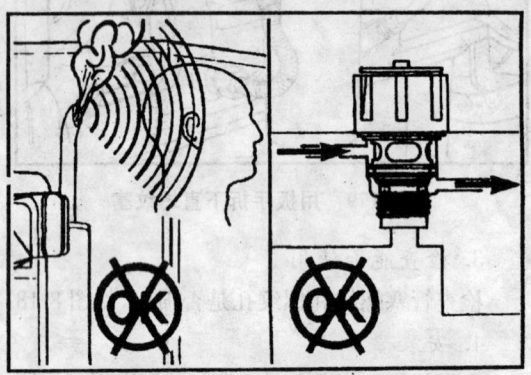

图 8-185　倾听电磁阀是否有废气泄漏声，若有，应更换

④由于从动活塞调整不正确或损坏，发动机不能起动或运转粗暴。这时要拆下摇臂室盖，检查从动活塞，见图8-186。

⑤检查、调整从动活塞间隙，见图8-187。从动活塞间隙，标准值为0.38mm。

图 8-186　拆下摇臂室盖，检查从动活塞

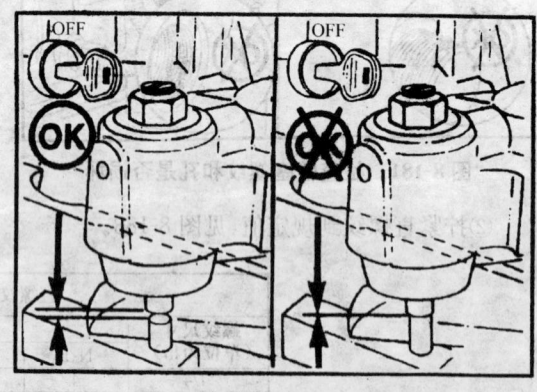

图 8-187　检查、调整从动活塞间隙

⑥检查从动活塞是否损坏，如果损坏应当与发动机制动器特约经销商联系修理或更换新件。安装摇臂室盖，见图8-188。

⑦润滑油压力突然下降，应拆下摇臂室盖，运转发动机，检查有无下列问题，见图8-189。

⑧润滑油软管是否松动或漏装、连接管密封件是否松动或漏装，见图8-190。

⑨顶部电磁阀密封圈是否漏装或损坏、润滑油管接头是否裂开或泄漏，见图8-191。

第 8 章 发动机测试和其他机构

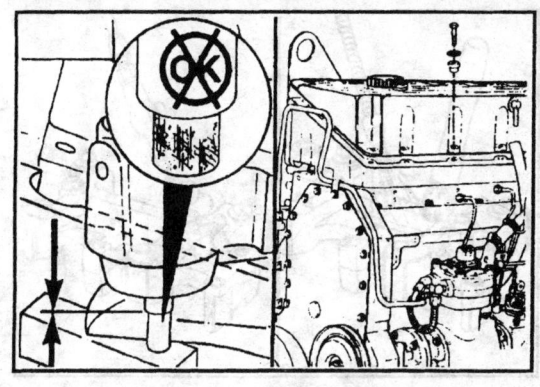

图 8-188 检查从动活塞是否损坏

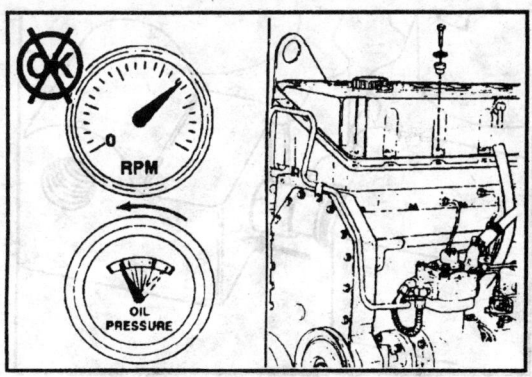

图 8-189 运转发动机,检查润滑油压力突然下降的原因

图 8-190 检查润滑油软管是否松动或漏装、连接管密封件是否松动或漏装

图 8-191 检查电磁阀密封圈和管接头是否损坏

⑩安装摇臂室盖,见图 2-348。

⑪发动机缺火或功率降低也是发动机不能正常运转的原因之一,这时应拆下摇臂室盖,调整发动机制动器从动活塞间隙,见图 8-192。调整完毕,应重新安装好摇臂盖,见图 2-348。

2. 拆卸

①拆下摇臂室盖,见图 2-348。

②从摇臂室壳体隔板内侧的接线端子上拆下电磁阀的电源线和搭铁线,见图 3-155。

③断开内部润滑油软管接头,见图 3-156。断开外部润滑油软管接头,见图 3-157。

④将连接管压入前制动器壳体,以便留出拆卸壳体的空间,见图 8-193。

⑤拆下螺栓和两个发动机制动器壳体,见图 2-404。

3. 清洗

清洗制动器壳体,用压缩空气吹干,见图 8-194。

图 8-192 发动机缺火或功率降低应调整从动活塞间隙

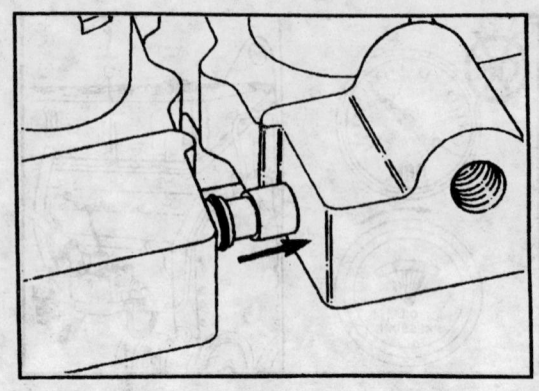
图 8-193 将连接管压入前制动器壳体

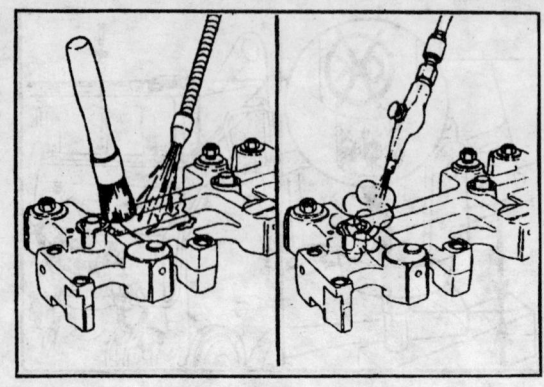
图 8-194 清洗壳体并吹干

4. 检查能否使用

①检查制动器壳体上有无漏装或损坏的零件,见图 8-195。
②在制动器壳体加工面上涂一层润滑油,见图 8-196。

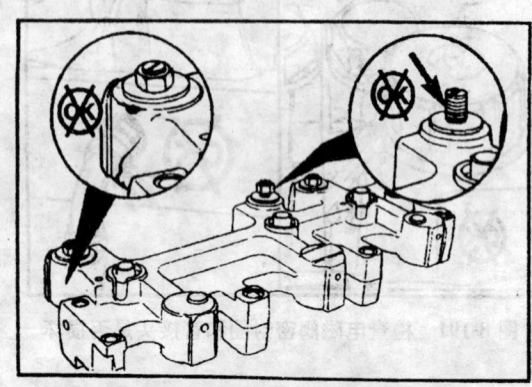
图 8-195 检查壳体上有无漏装或损坏的零件

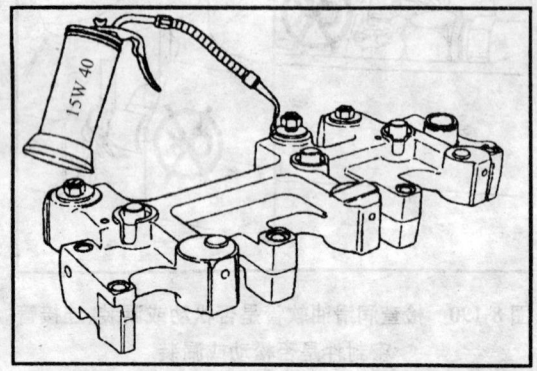
图 8-196 在壳体加工面上涂润滑油

5. 安装与调整

①松开从动活塞上的螺母,确保从动活塞已完全缩回,在摇臂后支座上安装发动机后制动器壳体,见图 8-197。
②在螺栓上涂润滑油,将螺栓装入摇臂支座中,不要拧紧螺栓,见图 2-404。
③用润滑油润滑 O 形圈,用手将连接管全部推入前壳体。安装前壳体时,应确保润滑油连接管和 O 形圈推入后壳体中,见图 3-169。
④在摇臂支座上安装发动机前制动器壳体。拧紧螺栓之前,将润滑油连接管置于前后壳体中央,见图 8-198。
⑤按图 3-168 所示顺序紧固螺栓,力矩:81N·m。
⑥安装内部润滑油软管,拧紧螺栓,力矩:19N·m,见图 3-156。
⑦安装外部润滑油软管,拧紧螺栓,力矩:19N·m,见图 3-157。
⑧连接好电磁阀电源线和接地线,红色导线连接至后壳体电磁阀,白色导线连接至前壳体电磁阀,见图 3-155。
⑨安装摇臂室盖,见图 2-348。
⑩调整发动机制动器,见图 2-429。

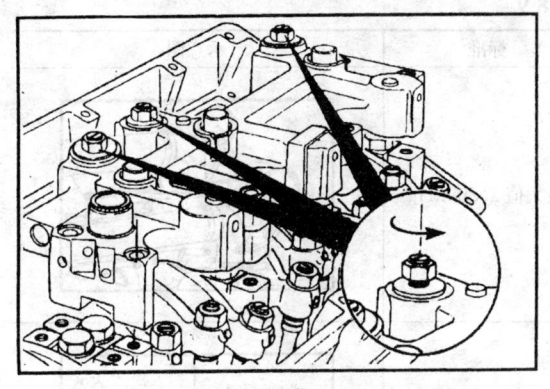
图 8-197 安装后制动器壳体

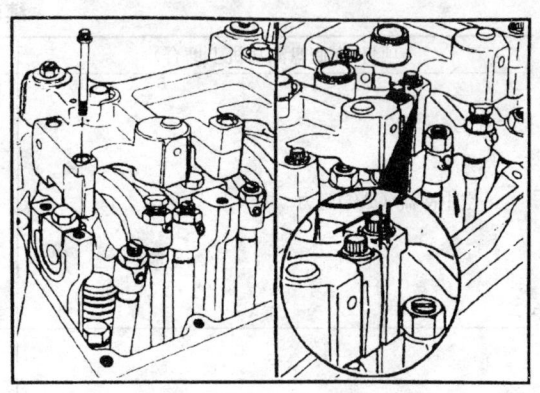
图 8-198 安装前制动器壳体

8.28 发动机测试和安装配合件技术规范

发动机测试和安装配合件技术规范,见表 8-9～表 8-11。

表 8-9 发动机测试技术规范

项目(在底盘测功机上磨合)		标准	示意图
燃油进油温度		最小值 15.5℃ 最大值 48.9℃	
燃油进油阻力	新滤清器	最大值 152mmHg	
	旧滤清器	最大值 254mmHg	
燃油回油阻力		最大值 89mmHg	
进气支管空气温度		标称 66℃ 最大值 77℃	

续表 8-9

项目(在底盘测功机上磨合)		标准	示意图
空-空中冷器(CAC)阻力		最大值 152mmHg	
进气阻力		最大值 635mmH$_2$O	
排气阻力		最大值 76mmHg	
发动机曲轴箱窜气量技术规范 新的、大修过的发动机① 30.5cmH$_2$O 旧发动机② 46.0cmH$_2$O ①运转不超过 16 万 km 或 3600h 的发动机 ②动转超过 16 万 km 或 3600h 的发动机			
润滑油压力	低急速时	70kPa	
	在 1200r/min 时	207kPa	
冷却液压力		275kPa	

表 8-10　安装配合件技术规范

项　目		标准	示意图
飞轮径向跳动不得超过 0.127mm			
飞轮半径 A(mm)		飞轮端面跳动最大值 TIR(mm)	
203		0.203	
254		0.254	
305		0.305	
356		0.356	
406		0.406	
飞轮壳体孔对中度最大 TIR			
(mm)		SAE 号	
0.30		00	
0.25		0	
0.25		1/2	
0.20		1	
0.20		2	
0.20		3	
飞轮壳体端面对正度最大 TIR			
(mm)		SAE 号	
0.30		00	
0.25		0	
0.25		1/2	
0.20		1	
0.20		2	
0.20		3	
REPTO 飞轮壳体输出轴滚动阻力 滚动阻力必须在 0.6~1.1N·m			
REPTO 衬套技术规范	长度(L)	25.4mm	
	槽宽度(W)	6.30mm	
	外径(D)	38.10mm	

续表 8-10

项　　目	标准	示意图
惰轮轴 用于将惰轮轴固定到位的扭矩不得超过88N·m		
飞轮齿圈安装 恒温箱加热新齿圈最少1h,但不得超过6h	温度 235℃	
如果没有恒温箱 使用焊枪火焰加热齿轮,应使用测温棒检查齿圈温度	温度 235℃	

表 8-11　安装配合件螺栓紧固力矩　　　　　　　　（单位：N·m）

紧固螺栓部位		步骤和力矩	示意图
发动机提升架	前提升架安装螺栓	47	
	后提升架安装螺栓	81	
发动机前支架安装螺栓		68	
飞轮安装螺栓		183	

续表 8-11

紧固螺栓部位	步骤和力矩	示意图
飞轮壳体初始扭矩	7	
飞轮壳体安装螺栓最终扭矩	①68N·m ②129N·m ③197N·m	
油底壳与飞轮壳体连接螺栓	47	
REPTO 飞轮壳体-惰轮轴螺栓	102	
膨胀塞安装深度 必须使其边缘在膨胀塞孔入口下方 0.5~1.0mm		
发动机制动器安装螺栓	81	

续表 8-11

紧固螺栓部位	步骤和力矩	示　意　图
润滑油连接管供油软管（内部）	19	
润滑油连接管供油软管（外部）	19	

第9章 M系列柴油机一般故障排除

9.1 空气压缩机系统

1. 空压机空气压力上升缓慢

故障原因	故障排除
通向空压机的进气系统阻力过大	更换空压机空气滤清器(如安装)。检查进气管。如果空压机进气管与车辆或设备进气系统相连,则应检查发动机的进气阻力
空气系统泄漏	制动住车轮,在张紧或释放弹簧制动器时检查空气系统是否泄漏,并检查空压机密封垫和软管、接头和阀有无泄漏
空气调压器工作不正常或设置不正确	检查空气调压器是否正常工作
排气管、单向阀或缸盖中积炭过多	检查有无积炭,如有必要,更换空压机排气管,检查涡轮增压器有无润滑油泄漏。检查进气管中有无润滑油
E型系统未正确安装(限于Holset™霍尔塞特增压器)	安装Econ阀、单向阀和系统软管
空气系统部件故障	检查单向阀、酒精蒸发器、空气干燥器和其他OEM安装的空气系统部件的工作情况
卸荷阀故障	检查卸荷阀和阀体密封件
空气机进气阀或排气阀泄漏空气	检查空压机进气阀和排气阀总成
空气设备安装问题	检查空压机系统安装情况
空压机不适用于该发动机	检查空压机的工作周期。如有必要,安装一个较大的空压机。参考Holset®空压机维修手册

2. 空压机频繁开停

故障原因	故障排除
空气系统泄漏	制动车轮,在张紧或释放弹簧制动器时检查空气系统是否泄漏,检查空压机密封垫和软管、接头和阀有无泄漏
空气调节器故障或设置不正确	检查空气调压器是否正常工作
空气系统部件故障	检查单向阀、酒精蒸发器、空气干燥器和其他OEM安装的空气系统部件的工作情况
E型系统未正确安装(仅限于Holset™)	安装Econ阀、单向阀和系统软管。参考Holset®空压机维修手册
排气管、单向阀或缸盖中积炭过多	检查有无积炭。如有必要,更换空压机排气管。检查涡轮增压器有无润滑油泄漏。检查进气管中有无润滑油
空气干燥剂芯需要更换	更换Turbo/CR2000空气干燥器上的干燥剂芯
空气干燥器出口单向阀卡滞	润滑或更换空气干燥器出口单向阀总成
空压机设备安装问题	检查空压机系统安装情况
空压机不适用于该发动机	检查空压机的工作周期。如有必要,安装一个较大的空压机。参考Holset®空压机维修手册

3. 空压机噪声过大

故 障 原 因	故 障 排 除
排气管、单向阀或缸盖中积炭过多	检查有无积炭,如有必要,更换空压机排气管。检查涡轮增压器有无润滑油泄漏。检查进气管中有无润滑油
空压机将空气脉冲送入空气罐中	在空气干燥器和湿式气罐之间安装一个脉冲空气罐
附件驱动装置磨损(轴向间隙超出技术标准)	检查附件驱动装置轴向间隙。检查驱动轴是否磨损
空压机正时不正确	检查空压机工作正时
空压机驱动齿轮或发动机齿轮系磨损或损坏	检查附件驱动齿轮和齿轮系
空气系统部件内部结冰	对所有类型的空气系统,检查排气管、干燥器进口和弯管接头的低处是否结冰。对于Holset™型,还需检查Econ阀
活塞销孔过度磨损	检查活塞销孔有无磨损
空压机过度磨损或内部损坏	更换或大修空压机

4. 空压机泵入空气系统过多的润滑油

故 障 原 因	故 障 排 除
润滑油更换间隙过长	确定正确的润滑油更换间隙
空压机进气系统阻力过大	更换空压机空气滤清器、检查进气管。如果空压机进气管与车辆或设备进气系统相连,应检查发动机进气阻力
储气罐中有污物沉积	每天排空储气罐
E型系统未正确安装(限于Holset™)	安装Econ阀、单向阀和系统软管。参考Holset®空压机维修手册
空气干燥剂芯需要更换	更换Turbo/CR2000空气干燥器上的干燥剂芯
排气管、单向阀或缸盖中积炭过多	检查有无积炭。如有必要,更换空压机排气管。检查涡轮增压器有无润滑油泄漏,检查进气管有无润滑油
发动机工作倾角超出技术规范	参考发动机技术规范数据表
空压机泵气压力太高	检查空气调压器是否正常工作
曲轴箱压力过高	检查下窜气是否过多
润滑油压力超出技术规范	检查润滑油压力
空压机工作温度过高	如果冷却液温度超过正常值,则应排除温度过高故障
润滑油回油管堵塞	拆卸空压机,检查空压机和附件驱动装置中的润滑油回油孔
空压机不是为该发动机设计的	检查空压机的工作周期。如有必要,安装一个较大的空压机。参考Holset®空压机维修手册
空气设备出现问题	参考空压机系统安装说明书
空压机过度磨损或内部损坏	更换或大修空压机、更换Turbo/CR2000空气干燥器上的干燥剂芯

5. 空压机无法维持足够的空气压力(不能连续泵气)

故 障 原 因	故 障 排 除
空气系统泄漏	制动车轮,在张紧或释放弹簧制动器时检查空气系统是否泄漏。检查空压机密封垫和软管、接头和阀有无泄漏
空气调压器故障或设置不正确	检查空气调压器是否正常工作

故障原因	故障排除
空气机进气阀或排气阀泄漏空气	检查空压机进气阀和排气阀
卸荷阀盖密封垫内部泄漏(限于 Holset™SS)	检查卸荷阀螺栓的扭矩
空气设备出现问题	参考空压机系统安装说明书

6. 空压机不能泵气

故障原因	故障排除
空气调压器故障或设置不正确	检查空气调压器是否正常工作
卸荷阀故障	检查卸荷阀和阀体密封件
空压机进气阀或排气阀泄漏空气	检查空压机进、排气阀总成
阀盖密封垫内部泄漏(限于 Holset™SS)	检查排气管是否堵塞。检查阀盖密封垫是否平整
空压机过度磨损或内部损坏	更换或大修空压机

7. 空压机不能停止泵气

故障原因	故障排除
空气系统泄漏	制动车轮,在张紧或释放弹簧制动器时检查空气系统是否泄漏。检查空压机密封垫和软管、接头和阀有无泄漏
空气调压器故障或设置不正确	检查空气调压器是否正常工作
空气调压器信号管或执行器管堵塞	检查信号管和执行器管
空气系统部件故障	检查单向阀、酒精蒸发器、空气干燥器和其他 OEM 安装的空气系统部件的工作情况
卸荷阀故障	检查卸荷阀和卸荷阀体的密封件
空压机进气阀或排气阀泄漏空气	检查空压机进、排气阀总成

9.2 发电机充电系统

1. 发动机不充电或充电不足

故障原因	故障排除
车辆仪表故障	检查车辆仪表
发电机带松动	检查发电机带的张力
发电机轴上的带轮松动	拧紧带轮
水泵轴上的发电机驱动带轮松动	拧紧水泵轴上的驱动带轮
蓄电池电缆或端子松动、断裂或腐蚀(电阻过大)	检查蓄电池电缆和端子
蓄电池故障	检查蓄电池的状况。如有必要,更换新蓄电池
发电机或电压调节器故障	测量发电机输出电压。如有必要,更换发电机或电压调节器
电子系统"开路"(熔断器丝熔断、导线断裂或接头松动)	检查熔断器丝、导线和接头
发电机过载或充电容量低于技术规范	安装高容量的发电机
蓄电池温度超出技术规范	使蓄电池远离热源

2. 发电机充电过度

故障原因	故障排除
电压调节器故障	检查电压调节器。如有必要，更换电压调节器
蓄电池单格损坏（开路）	检查蓄电池的情况。如有必要，更换蓄电池

9.3 通信系统

通信故障——电子维修工具（手提电脑）或控制装置

故障原因	故障排除
钥匙开关处于"OFF"断开位置	接通钥匙开关
数据通信锁定	断开钥匙开关和手提电脑，并断开蓄电池电缆至少5s。连接蓄电池电缆并接通钥匙开关和手提电脑建立通信
INLINE适配器没有正确连接至蓄电池电源	检查INLINE适配器的电源指示灯，如指示灯不亮，将蓄电池接至IN-LINE适配器
系统使用的手提电脑软件或软件包不正确	确认该系统使用了正确的手提电脑软件或软件包
ECM未标定	标定ECM
导线线束连接器内潮湿	使用零件号为3824510的康明斯电子清洗器干燥连接器
钥匙开关电路故障	检查车辆钥匙开关电路
供给ECM的蓄电池电源断、短路	检查蓄电池端子。检查熔断器丝无开关蓄电电路
ECM接地不正确	检查ECM的星型垫圈是否正确放置
手提电脑故障	在另一台发动机上检查手提电脑
监测装置连接至数据通信接口	当使用手提电脑时关闭并断开监测装置
数据通信电路故障	检查车辆数据通信电路
数据通信锁定	断开钥匙开关和手提电脑，并断开蓄电池电缆至少5s。连接蓄电池电缆并接通钥匙开关和手提电脑建立通信
ECM故障	更换ECM

9.4 冷却系统

1. 冷却液流失——外部

故障原因	故障排除
冷却液位超出技术规范	检查冷却液液位
外部冷却液泄漏	检查发动机软管、排放塞、水管、跨接管、膨胀塞、接头、散热器芯、空压机和缸盖密封垫、润滑油冷却器、水泵密封件和OEM安装的有对冷却液流动的部件处是否泄漏冷却液。如有必要，对冷却系统进行压力测试
散热盖不合格、发生故障或额定压力偏低	检查散热器压力盖
加注管或排气管受阻、堵塞或管路不正确	检查加注管和排气管是否正确以及是否堵塞
空气或燃气进入冷却系统	检查冷却系统中有无空气或燃气进入
发动机过热	参考"冷却液温度高于正常温度"排除方法

2. 冷却液流失——内部

故障原因	故障排除
空压机缸盖有裂纹或砂眼，或密封垫泄漏	检查空压机缸盖和密封垫
润滑油冷却器泄漏	检查润滑油冷却器有无冷却液泄漏
空气或燃气进入冷却系统	检查冷却系统中有无空气或燃气
缸盖密封垫泄漏	检查缸盖密封垫
缸盖有裂纹或砂眼或喷油器密封套泄漏	对缸盖进行压力测试并检查喷油器密封套
燃油加热器故障（如装配）	检查燃油加热器。如有必要，将其更换
变速箱润滑油冷却器或液力变矩器冷却器泄漏	检查变速箱润滑油冷却器和液力变矩器冷却器有无冷却液泄漏
缸套腐蚀或有裂纹，或缸体有裂纹或砂眼	拆卸油底壳。对冷却系统进行压力测试，检查是否泄漏

3. 冷却液温度超过正常温度——逐渐过热

故障原因	故障排除
现行故障代码正在出现或非现行故障代码出现过多次	用 INSITE™ 电子服务工具（或手提电脑）读取故障代码并进行判断
冷却液温度表故障	测试冷却液温度表。如有必要，维修或更换温度表
低温散热器盖或冬季保温罩关闭	打开低温散热器盖或冬季保温罩。始终要保持最小 $784 cm^2$ 或大约 $28 cm \times 28 cm$ 的开度
冷却液液位低于技术规范	检查发动机和冷却系统有无外部冷却液泄漏。如有必要，进行维修。添加冷却液
空-空中冷器（CAC）散热片、散热器散热片或空调冷凝器叶片损坏或被碎屑堵塞	检查 CAC、空调冷凝器和散热器的叶片。如有必要，进行清洗
冷却系统软管扁瘪、堵塞或泄漏	检查散热器软管
风扇驱动带松动	检查风扇带张力，如有必要，拧紧带
润滑油油位高于或低于技术规范	检查润滑油油位。如有必要，添加或排放润滑油。检查润滑油标尺的标定
风扇导风罩或空气回流挡板损坏或漏装	检查导风罩和回流挡板。如有必要，维修、更换或安装
散热器盖不合格，出现故障或额定压力低	检查散热器压力盖
冷却液辅助添加剂（SCA）浓度超出技术标准或冷却液中防冻剂浓度过高	检查 SCA 的浓度。确认防冻剂的浓度
加注管或排气管受阻、堵塞或管路不正确	检查排气管和加注管是否正确以及是否堵塞
进气支管进气温度超出技术规范	参考"进气支管空气温度超出技术规范"故障排除
散热器百叶窗未完全开启或百叶窗状态设置错误	检查散热器百叶窗。如有必要，维修或更换。检查百叶窗状态设置
风扇驱动装置或风扇控制器故障	检查风扇驱动装置和风扇控制器
节温器不正确或故障	检查节温器零件号是否正确以及是否正常工作
空气或燃气进入冷却系统	检查冷却系统中有无空气或燃气
冷却系统部件故障	进行冷却系统诊断测试
散热器芯内部阻塞或损坏，或者单向阀、丁形管故障	检查散热器，如有必要，进行清洗

续表

故 障 原 因	故 障 排 除
单向阀损坏（远程安装的发动机冷却液加热器）	检查单向阀。如有必要，进行更换
液力变矩器故障	检查液力变矩器
冷却系统冷却能力不足	确认发动机和车辆冷却系统使用正确的部件

4. 冷却液温度超过正常温度——突然过热

故 障 原 因	故 障 排 除
现行故障代码正在出现或非现行故障代码出现过多次	用 INSITE™ 对故障代码进行观察和故障判断
风扇驱动带断裂	检查风扇驱动带。如有必要，进行更换
冷却液液位低于技术规范	检查发动机和冷却系统有无外部冷却液泄漏。如有必要，进行维修。添加冷却液
散热器软管扁瘪、堵塞或泄漏	检查散热器软管
散热器百叶窗未完全开启或百叶窗状态设置错误	检查散热器百叶窗。如有必要，维修或更换。检查百叶窗状态设置
风扇驱动装置或风扇控制器故障	检查风扇驱动装置和控制器
冷却系统部件故障	进行冷却系统诊断测试
节温器不正确或有故障	检查节温器零件号是否正确以及是否正常工作

5. 冷却液温度低于正常温度

故 障 原 因	故 障 排 除
冷却液温度表故障	测试温度表。如有必要，维修或更换温度表
发动机在较低的环境温度下运转	检查冬季保温罩、百叶窗和发动机罩下的空气。在寒冷气候条件下发动机使用机罩下进气
冷却液加注管布置不正确	检查冷却液加注管路布置
散热器百叶窗卡在开启位置或开启过早	检查百叶窗的工作情况。如有必要，维修或更换百叶窗
风扇驱动装置或风扇控制器故障	检查风扇驱动装置和控制器
冷却系统部件故障	进行冷却系统诊断测试
节温器不正确或发生故障	检查节温器零件号是否正确以及是否正常工作
节温器密封件损坏、漏装或安装不正确	检查节温器密封件。检查节温器是否正确密封
流过散热器的冷却液流量不正确	检查冷却液流过散热器的流量是否正确

6. 润滑油中有冷却液

故 障 原 因	故 障 排 除
润滑油冷却器泄漏	检查润滑油冷却器有无冷却液泄漏
空压机缸盖有裂纹或砂眼或密封垫泄漏	检查空压机缸盖和密封垫
缸盖密封垫泄漏	检查缸盖密封垫
缸盖有裂纹或砂眼或喷油器密封套泄漏	对缸盖进行压力测试，并检查喷油器密封套
缸体有裂纹或砂眼	拆卸油底壳。对冷却系统进行压力测试，检查是否泄漏

9.5 曲轴箱通风系统

曲轴箱窜气

故障原因	故障排除
曲轴箱通风系统阻塞	检查并清洗曲轴箱通风装置和通风管
离心式旁通滤清器故障	断开关堵住至滤清器的空气管,检查曲轴箱窜气情况。如果窜气量在技术规范之内,应保养或更换滤清器
涡轮增压器油封泄漏	检查涡轮增压器压力机和涡轮润滑油封
空压机故障	断开空气进口和出口管,隔开空压机,检查窜气情况。如果窜气量在技术规范内,大修或更换空压机
摇臂室壳体或壳体密封垫泄漏,使气体进入曲轴箱	检查摇臂室壳体有无裂纹。检查密封垫是否破损、表面有无划伤或裂纹
缸盖气门导管过度磨损	检查气门导管是否过度磨损。如有必要,更换缸盖
活塞、活塞环或缸套磨损或损坏	检查活塞、活塞环和缸套

9.6 起动系统

1. 起动燃油压力过低

故障原因	故障排除
燃油进油阻力过大	检查燃油进油阻力
燃油泄漏,导致燃油回流到吸油管中	检查有无燃油回流
燃油系统中有空气	检查燃油系统中有无空气
燃油泵(齿轮或轴)不能转动	检查燃油泵轴能否转动,燃油能否流动
串联式单向阀反向安装或零件号不正确	检查串联式单向阀是否正确安装,零件号是否正确。检查单向阀上的箭头指向是否正确
燃油齿轮泵单向阀卡在开启位置	更换单向阀
燃油泵压力调节器卡滞	检查燃油泵压力调节器
喷油器O型密封圈损坏或漏装	拆卸并检查喷油器。更换喷油器O型密封圈

2. 发动机起动困难或无法起动(冒烟)

故障原因	故障排除
现行故障代码正在出现或非现行故障代码出现过多次	用INSITE™手提电脑对故障代码进行诊断判断
燃油箱中燃油油位偏低	向燃油箱加注燃油
发动机起动转速太低	使用手持式转速表或手提电脑检查发动机的起动转速。如果起动转速低于150r/min,应参考"发动机不能起动或起动缓慢"故障排除
蓄电池电压偏低	检查蓄电池和无开关蓄电池电路
所用的燃油等级不正确或燃油质量太差	使用优质燃油运转发动机。使用保养手册中推荐的燃油和技术规范
燃油泵故障	检查燃油泵输出压力、脉冲减振器和压力调节器。有必要时,可更换燃油泵
缸盖中的燃油油道堵塞	检查供给喷油器的燃油是否被塑料燃油油道塞堵塞

续表

故 障 原 因	故 障 排 除
发动机温度较低	使发动机预热到工作温度。如果发动机达不到工作温度,参考"冷却液温度低于正常温度"故障排除
ECM 标定不正确	将存储在 ECM 中的标定值与发动机额定值和控制零件目录相比较。如有必要,标定 ECM
发动机位置传感器(EPS)或电路故障	检查发动机位置传感器和电路
车辆附加功率消耗过大	检查车辆制动器是否打滑,变速箱是否发生故障,以及冷却风扇的工作循环时间和发动机传动装置是否正常工作
燃油进油受阻	检查燃油进油是否受阻
燃油系统中有空气	检查燃油系统中有无空气
进气系统阻力高于技术规范	检查进气系统是否堵塞。如有必要,清洗或更换空气滤清器和进气管
顶置机构(进排气门、喷油器、发动机制动器)调整不正确	测量调整进排气门间隙、喷油器间隙和发动机制动器间隙
喷油器 O 型密封圈损坏或漏装	拆卸并检查喷油器。更换喷油器 O 型密封圈
喷油器故障	进行单缸断油试验。如有必要,更换喷油器
排气阻力高于技术规范	检查排气系统是否堵塞
燃油泵与喷油器之间的燃油管堵塞	检查从燃油泵到缸盖的燃油管有无引起堵塞的急弯
发动机制动器故障	检查发动机制动器的工作并调整,检查发动机制动器电磁阀电阻。如有必要,维修或调整制动器
气门凸出量低于技术规范	检查气门凸出量。更换气门座口或缸盖
凸轮轴轴向间隙过大	检查凸轮轴轴向间隙
发动机内部损坏	分析润滑油并检查滤清器,以确定损坏的部位

3. 发动机起动困难或无法起动(不冒烟)

故 障 原 因	故 障 排 除
现行故障代码正在出现或非现行故障代码多次出现	用 INSITE™ 对故障代码进行检查和判断
燃油箱中燃油油位过低	向燃油箱加注燃油
发动机起动转速太低	使用手持式转速表或 INSITE™ 手提电脑检查发动机的起动转速。如果起动转速低于 150r/min,参考"发动机无法起动或起动缓慢"故障排除
车辆防盗特性起动	输入正确的个人识别号码(PIN)或用 INSITE™ 验证防盗系统不起作用
钥匙开关电路故障	检查车辆钥匙开关电路
蓄电池电压偏低	检查蓄电池和无开关蓄电池电路
燃油泵故障	检查燃油泵输出压力、脉冲减振器和压力调节器。如有必要,更换燃油泵
缸盖中的燃油油道堵塞	检查通向喷油器的燃油管是否被塑料燃油油道堵塞
燃油系统燃油切断阀关闭	检查燃油切断阀和电路
发动机位置传感器或电路故障	检查发动机位置传感器和电路

续表

故障原因	故障排除
ECM标定不正确	将存储在ECM中的标定值与发动机额定值和控制零件目录相比较。如有必要,标定ECM
燃油进油阻力大	检查燃油进油是否受阻
燃油系统中有空气	检查燃油系统中有无空气
ECM锁死	断开蓄电池电缆大约5min。连接蓄电池电缆并起动发动机
导线线束连接器内潮湿	使用零件号为3824510的康明斯电子清洁器干燥连接器
串联式单向阀反向安装或零件号不正确	检查串联式单向阀是否正确安装,零件号是否正确。检查单向阀上的箭头指向是否正确
起动机旋转不正确	检查曲轴旋转方向。如有必要,更换起动机
喷油器故障	进行自动气缸性能测试。如有必要,更换喷油器
燃油泵与喷油器之间的燃油管堵塞	检查从燃油泵到缸盖的燃油管有无引起堵塞的急弯
缸盖中的燃油油道堵塞	检查喷油器的供油管是否被塑料燃油油道塞堵住
凸轮轴轴向间隙过大	检查凸轮轴轴向间隙
ECM故障	更换ECM
凸轮轴断裂	转动曲轴时检查摇臂的运动情况
发动机内部损坏	分析润滑油并检查滤清器,以确定可能损坏的部位

4. 发动机无法起动或起动缓慢(空气起动机)

故障原因	故障排除
储气罐中的空气压力较低	使用外部空气源增加空气压力
发动机从动装置接合	脱开发动机从动装置
润滑油温度低于技术规范	安装油底壳加热器,或排净润滑油后向系统加注温度较高的润滑油
润滑油达不到工作条件下的技术规范	更换润滑油和滤清器
曲轴转动困难	检查曲轴能否转动自如
起动机故障或起动机不正确	检查起动机的工作情况。将起动机与发动机和车辆技术规范进行比较
起动机小齿轮或齿圈损坏	拆下起动机,检查齿轮
气缸内发生液锁	拆下喷油器并转动曲轴。检查缸体中液体的来源
发动机内部损坏	分析润滑油并检查滤清器,确定可能损坏的部位

5. 发动机无法起动或起动缓慢(电动起动机)

故障原因	故障排除
蓄电池电压过低	检查蓄电池和无开关蓄电池电路
蓄电池电缆或端子松动、断裂或腐蚀(电阻过大)	检查蓄电池电缆和端子
发动机从动装置接合	脱开发动机从动装置
润滑油温度低于技术规范	安装油底壳加热器,或在排净润滑油后向系统中加注温度较高的润滑油
润滑油达不到工作条件所需的技术规范	更换润滑油和滤清器

续表

故 障 原 因	故 障 排 除
曲轴转动困难	检查曲轴能否转动自如
蓄电池容量低于技术规范	如有必要,更换蓄电池
蓄电池电缆规格或长度不正确	用较大规格或较短的电缆更换蓄电池电缆
起动电路部件故障	检查起动电路部件
起动机小齿轮或齿圈损坏	拆下起动机并检查齿轮
气缸内发生液锁	拆下喷油器并转动。检查缸体中液体的来源
发动机内部损坏	分析润滑油并检查滤清器,确定可能损坏的部位

6. 发动机无法停机

故 障 原 因	故 障 排 除
钥匙开关电路故障	检查车辆钥匙开关电路
燃油切断电磁阀(FSOV)或电路故障	检查燃油切断电磁阀和电路
发动机在进气系统吸入可燃气体	检查进气管道。查找并隔离可燃气源。如有必要,进行维修
涡轮增压器油封泄漏	检查涡轮增压器压气机和涡轮机的油封。如有必要,更换油封

9.7 异响

1. 发动机噪声过大

故 障 原 因	故 障 排 除
润滑油油位低于技术规范	检查润滑油油位。验证润滑油标尺的标定和油底壳容量。加注润滑油至规定位置
润滑油压力低于技术规范	检查润滑油压力。如果压力较低,参考"润滑油压力偏低"故障排除
冷却液温度超出技术规范	参考"冷却液温度高于正常值—突然过热或冷却液温度高于正常值—逐渐过热"故障排除
润滑油太稀或被稀释	参考"润滑油被污染"故障排除
风扇驱动带松弛,太紧或未对正	检查风扇驱动带
风扇松动、损坏或不平衡	检查风扇
发动机支架磨损、损坏或不正确	检查发动机支架
进气管或排气管接触底盘或驾驶室	检查空气管、底盘和驾驶室之间是否存在接触点
进气系统或排气系统泄漏	检查进气系统和排气系统有无空气泄漏
涡轮增压器噪声	参考"涡轮增压器异响"故障排除
顶置调整不正确	测量并调整顶置设置(进排气门间隙,喷油器间隙、发动机制动器间隙)
顶置机构部件损坏	检查摇臂、摇臂轴、凸轮随动件、挺杆、推杆和气门是否损坏或过度磨损
喷油器故障	进行单缸断油试验。如有必要,更换喷油器
附件驱动装置磨损、轴向间隙超过技术规范	检查附件驱动装置轴向间隙,检查驱动轴是否磨损
减振器损坏	检查减振器
空压机噪声过大	参考"空压机噪声过大"故障排除

续表

故障原因	故障排除
风扇离合器、液压泵或空调压缩机噪声过大	分别隔离每个部件并检查有无异响
传动系噪声过大	脱开传动系,检查发动机有无噪声
齿轮系齿隙过大或齿牙损坏	检查齿隙和齿牙
主轴承或连杆轴承异响	参考"发动机主轴承异响"故障排除
飞轮或柔性盘螺栓松动或断裂	检查飞轮或柔性盘和安装螺栓
静态喷油正时不正确	检查静态喷油正时
活塞、活塞环或缸套磨损或损坏	参考"发动机活塞异响"故障排除
发动机后部功率输出装置(REPTO)噪声过大	如有必要,分解并维修REPTO

2. 发动机敲缸

故障原因	故障排除
酒精起动辅助装置故障	维修或更换酒精起动辅助装置
喷油器故障	进行单缸断油试验。如有必要,更换喷油器
顶置调整不正确	测量并调整顶置设置
不完全燃烧,发动机冒白烟	参考"发动机冒白烟"故障排除

3. 发动机连杆轴瓦异响

故障原因	故障排除
润滑油压力低于技术规范	检查润滑油压力。如果压力较低,参考"润滑油压力低"故障排除
润滑油油位低于技术规范	检查润滑油油位。验证润滑油标尺的标定和油底壳容量。加注润滑油至规定油位
润滑油太稀或被稀释	参照"润滑油受到污染"故障排除
连杆螺栓松动或未正确拧紧	检查连杆螺栓扭矩
连杆轴承损坏或磨损,未正确组装,或使用了错误的轴承	检查连杆轴承
连杆弯曲或没对正	拆卸并检查连杆
曲轴轴颈损坏或失圆	检查曲轴轴颈

4. 发动机主轴承异响

故障原因	故障排除
润滑油压力低于技术规范	检查润滑油压力。如果压力较低,参考"润滑油压力低"故障排除
润滑油油位低于技术规范	检查润滑油油位,验证润滑油标尺的标定和油底壳容量。加注润滑油至规定位置
润滑油太稀或被稀释	参考"润滑油被污染"故障排除
飞轮或柔性盘螺栓松动或断裂	检查飞轮或柔性盘和安装螺栓
液力变矩器松动	检查液力变矩器
主轴承螺栓松动、磨损或未正确拧紧	检查主轴承螺栓的扭矩,检查螺栓是否磨损
主轴承损坏或磨损,或安装了错误的轴承	检查主轴承是否损坏、过度磨损,零件号是否正确
曲轴轴颈损坏或失圆	检查曲轴轴颈

5. 发动机活塞噪声

故障原因	故障排除
使用的燃油等级不正确或燃油质量太差	发动机应选用优质燃油
顶置调整不正确	测量并调整顶置机构
喷油器故障	进行单缸断油试验。如有必要，更换喷油器
活塞销或衬套松动、磨损或未正确安装	拆卸活塞，检查活塞销和衬套是否损坏、磨损以及是否正确安装
活塞、活塞环或缸套磨损或损坏	检查活塞、活塞环和缸套
连杆弯曲或未对正	拆卸并检查连杆

6. 涡轮增压器异响

故障原因	故障排除
废气旁通阀式涡轮增压器	废气旁通阀式涡轮增压器比非废气旁通阀式涡轮增压器的噪声大
涡轮增压器不正确	检查涡轮增压器零件号，并将其与零件目录号比较。如有必要，更换涡轮增压器
进气管或排气管接触底盘或驾驶室	检查空气管路、底盘和驾驶室之间有无接触点
进气或排气泄漏	检查进气系统和排气系统有无空气泄漏
进气系统阻力超过技术规范	检查进气系统是否堵塞。如有必要，清洗或更换空气滤清器和进气管
排气系统阻力超过技术规范	检查排气系统是否堵塞
涡轮增压器磨损或损坏	检查涡轮增压器有无损坏，测量涡轮机和压气机叶轮间隙

9.8 发动机动力不足

1. 发动机输出功率不足

故障原因	故障排除
现行故障代码正在出现或非现行故障代码出现过多次	用INSITE™手提电脑对发动机进行故障码诊断和判断
可编程参数或选择特性不正确	用INSITE™检查可编程参数和选择特性。如有必要，重新设置参数和特性
ECM标定不正确	将存储在ECM中的标定值发动机额定值和零件目录相比较。如有必要，标定ECM
发动机保护故障代码不起作用	用INSITE™检查发动机故障代码和发动机保护数据
油门踏板位置传感器或电路故障	检查油门踏板是否受阻。检查INSITE™上的油门开度百分比读数。检查油门踏板位置传感器和电路。向ECM标定油门踏板。检查油门踏板是否符合OEM技术规范。如有必要，更换油门踏板
转速表或车速表未标定或故障	把车辆转速表和车速表读数与INSITE™读数进行比较。检查飞轮齿数、后桥传动比和轮胎转数的标定值。如有必要，调节这些数值。如有必要，标定或更换转速表和车速表
所用燃油等级不正确或燃油质量太差	使用优质燃油运转发动机
润滑油油位高于技术规范	检查润滑油油位。验证润滑油标尺的标定和油底壳容量。加注润滑油至规定位置

续表

故障原因	故障排除
油门踏板受阻或出现故障	检查INSITE™手提电脑上的油门开度百分比读数。检查在踩下油门踏板时读数是否为100%，松开油门踏板时读数是否为0。如可能，标定油门踏板。如有可能，更换油门踏板
涡轮增压器不正确	检查涡轮增压器零件号，并将它与零件目录相比较。如有必要，更换涡轮增压器
燃油进油受阻	检查燃油进油受阻
燃油系统中有空气	检查燃油系统中有无空气
喷油器故障	进行自动气缸性能测试。如有必要，更换喷油器
大气压力传感器故障（如装备）	检查大气压力传感器
车速传感器（VSS）或电路故障	检查车速传感器和电路
进气支管温度传感器故障	检查进气支管温度传感器
发动机在高于推荐的海拔高度运转	随着海拔高度升高，发动机额定功率下降
进气支管压力（增压压力）低于技术规范	参考"进气支管压力（增压压力）低于正常值"故障排除
进气支管压力（增压压力）传感器故障或电路故障	检查增压压力传感器和电路
空-空中冷器（CAC）堵塞或泄漏	检查CAC是否堵塞或泄漏空气
进气或排气泄漏	检查进气及排气系统有无空气泄漏
进气系统阻力高于技术规范	检查进气系统是否堵塞。如有必要，清洗或更换空气滤清器和进气管
燃油泵的进油温度高于技术规范	加注燃油箱，关闭旁通燃油加热器，检查燃油冷却器
燃油泵故障	检查燃油泵的输出压力、脉冲减振器和压力调节器。如有必要，更换燃油泵
缸盖中的燃油油道堵塞	检查供给喷油器的燃油是否被塑料燃油油道塞堵塞
燃油供应压力低于技术规范	测量燃油供应压力。如果燃油压力低，参考"燃油压力低"故障排除
传动系统与发动机匹配不正确	检查齿轮啮合是否良好以及传动系部件是否正确
排气系统阻力高于技术规范	检查排气系统是否堵塞
车辆附加功率消耗过大	检查车辆制动器是否打滑，变速箱是否发生故障，冷却风扇的工作循环时间和发动机传动装置是否正常工作
发动机制动器调整不正确	调整发动机制动器
顶置机构调整不正确	测量并调整顶置设置
发动机制动器故障	检查发动机制动器的工作情况，调整制动器，检查制动器电磁阀电阻。如有必要，维修或调整制动器
涡轮增压器故障	用INSITE™监测涡轮增压器的增压压力。如有必要，更换涡轮增压器
涡轮增压器废气旁通阀执行器故障（如装备）	检查涡轮增压器废气旁通阀执行器是否正常工作
涡轮增压器废气旁通阀控制器故障（如装备）	检查涡轮增压器废气旁通阀控制器部件
涡轮增压器叶轮间隙超出技术规范	检查径向轴承间隙和轴向间隙。检查涡轮增压器。如有必要，维修或更换涡轮增压器
燃油泵与喷油器之间的燃油管堵塞	检查从燃油泵到缸盖的燃油管有无引起堵塞的急弯

故障原因	故障排除
喷油器不正确	拆下喷油器,将其零件号与零件目录中的号比较。如有必要,更换喷油器
燃油或空气输送装置故障	进行道路测试或测功机测试。将这些测试数据用于"发动机输出功率不足"故障排除
静态喷油正时不正确	检查静态喷油正时
发动机内部损坏	分析润滑油并检查滤清器,以确定可能损坏的部位

2. 发动机怠速时运转粗暴

故障原因	故障排除
现行故障代码正在出现或非现行故障代码出现过多次	用 INSITE™ 手提电脑读取故障代码并进行判断
发动机在较低的环境温度下运转	检查冬季保温罩、百叶窗和发动机罩下的空气。在寒冷的气候条件下发动机使用机罩下进气
发动机支架磨损、损坏或不正确	检查发动机支架
所用燃油等级不正确或燃油质量太差	使用优质燃油运转发动机
ECM 标定不正确	将存储在 ECM 中的标定值与发动机额定值和零件目录相比较。如有必要,标定 ECM
燃油系统中有空气	检查燃油系统中有无空气
燃油进油受阻	检查燃油进油是否受阻
燃油供油压力低于技术规范	测量燃油供油压力。如果供油压力低,参考"燃油工作压力低"故障排除
燃油泵脉冲减振器有裂纹	检查燃油泵脉冲减振器。如有必要,更换燃油泵脉冲减振器
发动机位置传感器(EPS)或电路故障	检查发动机位置传感器和电路
喷油器故障	进行单缸断油试验。如有必要,更换喷油器
顶置调整不正确	测量并调整顶置设置
静态喷油正时不正确	检查静态喷油正时
凸轮轴轴向间隙过大	检查凸轮轴轴向间隙
缸盖气门泄漏	检查缸盖上的气门与气门座之间有无燃油泄漏
喷油器不正确	校正喷油器的正时
发动机内部损坏	分析润滑油并检查滤清器,以确定可能损坏的部位
减振器损坏	检查减振器

3. 发动机运转粗暴或缺火

故障原因	故障排除
现行故障代码正在出现或非现行故障代码出现过多次	用 INSITE™ 读取故障代码并进行判断
这种情况只在怠速时发生	参考"发动机怠速时运转粗暴"故障排除
发动机在较低的环境温度下运转	检查冬季保温罩、百叶窗和发动机罩下的空气。在寒冷气候下,发动机使用机罩下进气

续表

故障原因	故障排除
所用燃油等级不正确或燃油质量太差	使用优质燃油运转发动机
ECM标定不正确	将存储在ECM中的标定值与发动机额定值和零件目录相比较。如有必要，标定ECM
发动机支架磨损损坏或不正确	检查发动机支架
燃油系统中有空气	检查燃油系统中有无空气
燃油进油受阻	检查燃油进油是否受阻
发动机位置传感器(EPS)或电路故障	检查发动机位置传感器和电路
喷油器故障	进行单缸断油试验。如有必要，更换喷油器
燃油泵脉冲减振器裂纹	检查燃油泵脉冲减振器。如有必要，更换燃油泵脉冲减振器
发动机制动器调整不正确	调整发动机制动器
发动机制动器故障	检查发动机制动器的工作情况，调整制动器、测量制动器电磁阀电阻。如有必要，维修或调整制动器
顶置调整不正确	测量并调整顶置设置
出口单向阀卡在开启位置	从出口单向阀处拆下润滑油回油软管，检查单向阀有无润滑油泄漏
凸轮轴正时不正确	重新设定静态喷油正时
凸轮轴损坏	检查凸轮轴是否损坏
缸盖气门泄漏	检查缸盖上的气门与气门座之间有无燃油泄漏
减振器损坏	检查减振器
发动机内部损坏	分析润滑油并检查滤清器，以确定可能损坏的部位

4. 发动机加速性能或响应性下降

故障原因	故障排除
现行故障代码正在出现或非现行故障代码出现过多次	用INSITE™读取故障代码
发动机保护代码不起作用	用INSITE™观察故障代码和发动机保护数据
明确关于故障的原因	在负载下测试发动机的运转情况。进行发动机加速测试。进行发动机负载测试。用手提电脑观察负载百分比
ECM标定不正确	将存储在ECM中的标定值与发动机额定值和零件目录相比较。如有必要，标定ECM
可编程参数或特性选择不正确	用手提电脑检查可编程参数和特性选择。如有必要，重新设置参数和特性
涡轮增压器不正确	检查涡轮增压器零件号，并将它与另件目录中的零件号相比较。如有必要，更换涡轮增压器
所用燃油等级不正确或燃油质量太差	用优质燃油运转发动机
油门踏板受阻或发生故障	检查手提电脑的油门开度读数，确认踩下油门踏板时的读数为100%，松开油门踏板时为0。如有可能，标定油门踏板。如有必要，更换油门踏板

续表

故障原因	故障排除
J1939控制装置导致发动机额定功率降低	用手提电脑INSITE™检查J1939的历史记录
燃油进油受阻	检查燃油进油是否受阻
燃油回油管堵塞	检查燃油回油管是否堵塞。如有必要,清洗或更换燃油管、单向阀或油箱放油阀
空气进入燃油系统	检查燃油系统中有无空气
喷油器故障	进行自动气缸性能试验。如有必要,更换喷油器
大气压力传感器故障	检查大气压力传感器
燃油泵的燃油进油温度高于技术规范	加注燃油箱,关闭旁通燃油加热器,检查燃油冷却器
空-空中冷器(CAC)受阻或泄漏	检查空-空中冷器是否受阻或泄漏
进气支管压力(增压压力)低于技术规范	参考"进气支管压力(增压压力)低于正常值"故障排除
进气支管压力(增压压力)传感器或电路故障	检查进气支管压力传感器和电路
进气或排气泄漏	检查进气系统和排气系统有无空气泄漏
进气系统阻力高于技术规范	检查进气系统是否堵塞。如有必要,清洗或更换空气滤清器和进气管
排气系统阻力高于技术规范	检查排气系统是否堵塞
燃油泵故障	检查燃油泵的输出压力,检查脉冲减振器和压力调节器。如有必要,更换燃油泵
传动系统与发动机匹配不正确	检查齿轮啮合是否良好以及其他传动系统部件是否正常工作
车速传感器(VSS)或电路故障	检查车速传感器和电路
车辆附加功率消耗过大	检查车辆制动器是否打滑,变速箱是否发生故障,以及冷却风扇的工作循环时间和发动机传动装置是否正常工作
发动机制动器调整不正确	调整发动机制动器
顶置机构调整不正确	测量并调整顶置设置
燃油泵与喷油器之间的供油管堵塞	检查燃油泵到缸盖之间的供油管有无导致堵塞的急弯
涡轮增压器废气旁通阀执行器故障(如果装备的话)	检查涡轮增压器废气旁通阀执行器是否正常工作
涡轮增压器废气旁通阀控制器故障(如果装备的话)	检查涡轮增压器废气旁通阀控制器部件
喷油器不正确	拆下喷油器,并将它与零件目录中的号码进行比较。如有必要,更换喷油器
发动机内部损坏	分析润滑油并检查滤清器,以确定损坏的部件

9.9 发动机运转不稳

1. 发动机减速时意外熄火

故障原因	故障排除
现行故障代码正在出现或非现行故障代码出现过多次	用INSITE™对故障代码进行观察和判断

第9章 M系列柴油机一般故障排除

续表

故障原因	故障排除
怠速停机/PTO停机特性启动	用INSITE™检查怠速停机和PTO停机的时间限制
发动机无法重新起动	参考"发动机起动困难或无法起动"故障排除。用INSITE™检查怠速停机和PTO停机的时间限制
发动机保护代码不起作用	用INSITE™观察故障代码和发动机保护数据
钥匙开关电路故障	检查车辆钥匙开关电路
蓄电池电压偏低	检查蓄电池和无开关蓄电池电路
ECM标定不正确	将存储在ECM中的标定值与发动机额定值和零件目录相比较。如有必要,标定ECM
燃油进油受阻	检查燃油进油是否受阻
燃油系统中有空气	检查燃油系统中有无空气
燃油泵故障	检查燃油泵输出压力,检查脉冲减振器和压力调节器。如有必要,更换燃油泵
发动机制动器故障	检查发动机制动器的工作情况。必要时,调整发动机制动器、测量制动器电磁阀电阻
静态喷油正时不正确	检查静态喷油正时
喷油器O型密封圈损坏或漏装	拆卸并检查喷油器。更换O型密封圈
凸轮轴轴向间隙过大	检查凸轮轴轴向间隙

2. 发动机在低或高怠速时转速不稳

故障原因	故障排除
现行故障代码正在出现或非现行故障代码出现过多次	用INSITE™对故障代码进行观察和判断
油箱中燃油油位太低	向燃油箱加注燃油
ECM标定不正确	将存储在ECM中的标定值与发动机额定值和零件目录相比较。如有必要,标定ECM
燃油进油受阻	检查燃油进油是否受阻
燃油回油管堵塞	检查燃油回油管是否堵塞,如有必要,清洗或更换燃油管、单向阀或油箱放油塞
燃油系统中有空气	检查燃油系统中有无空气
发动机位置传感器(EPS)或电路故障	检查发动机位置传感器和电路
车速传感器(VSS)或电路故障	检查车速传感器和电路
发电机故障	临时断开发电机并运转发动机。如有必要,更换发电机
导线线束连接器内潮湿	使用零件号为3824510的康明斯电子清洗器干燥连接器
燃油泵故障	检查燃油泵输出压力、检查脉冲减振器和压力调节器。如有必要,更换燃油泵

续表

故障原因	故障排除
急速运转时过载	在发动机转速较低的情况下,使用 PTO 特性检查是否处于负载状态
ECM 标定过期	将存储在 ECM 中的标定值与电子软件数据库和网络(ESDN)上最新版本的标定值相比较。如有必要,标定 ECM
喷油器故障	更换有故障的喷油器
凸轮轴轴向间隙过大	检查凸轮轴轴向间隙

3. 发动机在欠载时或工作范围内转速不稳

故障原因	故障排除
现行故障代码正在出现或非现行故障代码出现过多次	用 INSITE™ 对故障代码进行观察和判断
发动机急速时转速不稳	参考"发动机在低或高急速时转速不稳"故障排除
油门踏板位置传感器或电路故障	检查油门踏板是否受阻。检查 INSITE™ 上的油门开度百分比读数。检查油门踏板位置传感器和电路
ECM 标定过期	将存储在 ECM 中的标定值与电子软件数据库和网络(ESDN)上的最新版本的标定值相比较。如有必要,标定 ECM
车速传感器(VSS)或电路故障	检查车速传感器和电路
燃油进油阻力大	检查燃油进油是否受阻
燃油泵故障	检查燃油回油管是否受阻、堵塞。如有必要,清洗或更换燃油管、单向阀或油箱放油阀
燃油系统中有空气	检查燃油系统中有无空气
进气系统阻力超过技术规范	检查进气系统是否堵塞。如有必要,清洗或更换空气滤清器和进气管
发动机位置传感器(EPS)或电路故障	检查发动机位置传感器和电路
导线线束连接器内潮湿	使用零件号为 3824510 的康明斯电子清洁器干燥连接器
排气系统阻力超过技术规范	检查排气系统是否堵塞
ECM 标定不正确	将存储在 ECM 中的标定值与发动机额定值和零件目录相比较。如有必要,标定 ECM
发动机制动器调整不正确	调整发动机制动器
喷油器故障	进行自动气缸性能试验。如有必要,更换喷油器
凸轮轴轴向间隙过大	检查凸轮轴轴向间隙
涡轮增压器不正确	检查涡轮增压器零件号,将它与零件目录比较。如有必要,更换涡轮增压器
涡轮增压器废气旁通阀故障(如装备)	检查涡轮增压器废气旁通阀是否正常工作
涡轮增压器废气旁通阀控制器故障(如装备)	检查涡轮增压器废气旁通阀控制部件

4. 发动机起动后无法持续运转

故障原因	故障排除
现行故障代码正在出现或非现行故障代码出现过多次	用 INSITE™ 对故障代码进行观察和判断
急速停机或 PTO 停机特性启动	断开钥匙开关 5s。接通钥匙开关,检查故障指示灯的工作情况
油箱中的燃油油位过低	向燃油箱加注燃油
蓄电池电压过低	检查蓄电池和无开关蓄电池电路
钥匙开关电路故障	检查车辆钥匙开关电路
车辆附加功率消耗过大	检查车辆制动器是否打滑,变速箱是否发生故障,以及冷却风扇的工作循环时间和发动机传动装置是否正常工作
燃油系统中有空气	检查燃油系统中有无空气
燃油泵故障	检查燃油泵输出压力。如有必要,更换燃油泵
燃油等级不正确或燃油质量太差	使用优质燃油运转发动机
发动机制动器调整不正确	调整发动机制动器
静态喷油正时不正确	检查静态喷油正时

5. 发动机振动大

故障原因	故障排除
现行故障代码正在出现或非现行故障代码出现过多次	用 INSITE™ 对故障代码进行观察和判断
发动机缺火	参考"发动机运转粗暴或缺火"故障排除
发动机急速转速设置太低	确认急速设置是否正确。使用急速增加开关或使用 INSITE™ 提高急速转速
风扇松动、损坏或不平衡	检查风扇
带驱动的附件故障	检查风扇毂、发电机、空调压缩机和液压泵是否受到干涉。隔离带驱动的附件并检查有无振动
发动机支架磨损、损坏或不正确	检查发动机支架的情况
减振器损坏	检查减振器
传动系部件故障或不正确	将传动系部件与发动机和设备技术规范进行比较。隔离传动系部件并检查有无振动
动力输出装置(PTO)损坏	检查 PTO 有无损坏以及是否正确安装
齿轮驱动的附件故障	检查液压泵和空压机。隔离齿轮驱动附件并检查有无振动
飞轮壳体未对正	检查飞轮壳体是否对正
飞轮或柔性盘螺栓松动或断裂	检查飞轮或柔性盘和安装螺栓

9.10 燃油系统

1. 燃油消耗量高

故障原因	故障排除
驾驶员操作不当	向驾驶员讲解正确的操作方法
VE/VMS 分析使用了不正确的数据	检查 VE/VMS 数据,将其与车辆和发动机的技术规范进行比较。不要使用超过航空值的 20%

续表

故障原因	故障排除
因设备或环境因素影响燃油消耗	对燃油消耗进行评测时,借助动力学对环境温度、风力、轮胎尺寸、轴轴的对中性、道路等因素进行考虑
传动系与发动机匹配不正确	检查齿轮啮合是否良好以及传动系部件是否正确
现行故障代码正在出现或非现行故障代码出现过多次	用INSITE™读取故障代码
可编程参数或选择特性不正确	用INSITE™检查可编程参数和选择特性。如有必要,重新设置参数和特性
涡轮增压器不正确	检查涡轮增压器的零件号,并将它与零件目录相比较。如有必要,更换涡轮增压器
燃油泄漏	检查燃油管、管接头和燃油滤清器有无泄漏
车轮转速计或里程表标定错误	检查车轮转速计和里程表的标定情况。如有必要,标定或更换车轮转速计或里程表。用新的里程数据计算燃油消耗量
所用燃油等级不正确或燃油质量太差	使用优质燃油运转发动机
润滑油油位高于技术规范	检查润滑油油位。确认润滑油标尺标定和油底壳容量。加注润滑油到规定油位
ECM标定不正确	将存储在ECM中的标定值与发动机额定值和零件目录相比较。如有必要,标定ECM
进气系统阻力超过技术规范	检查进气系统是否堵塞。如有必要,清洗或更换空气滤清器和进气管
进气支管压力(增压压力)低于技术规范	参考"进气支管压力(增压压力)低于正常压力"故障排除
进气或排气泄漏	检查进气系统和排气系统是否泄漏空气
空-空中冷器(CAC)堵塞或泄漏	检查CAC是否堵塞或泄漏
排气系统阻力高于技术规范	检查排气系统是否堵塞
喷油器故障	进行单缸断油试验。如有必要,更换喷油器
顶置机构调整不正确	测量并调整顶置机构
发动机维修后燃油消耗量增加	评估发动机维修对燃油消耗的影响。检查零件号以确保使用了正确的零件
发动机内部损坏	分析润滑油并检查滤清器,确定可能损坏的部位

2. 冷却液中有燃油

故障原因	故障排除
散装冷却液被污染	检查散装冷却液。排净冷却液,用未被污染的冷却液进行更换。更换冷却液滤清器
燃油加热器故障(如装备)	检查燃油加热器,必要时,更换燃油加热器
缸盖有裂纹或砂眼,或喷油器密封套泄漏	对缸盖进行压力测试,并检查喷油器密封套

3. 润滑油中有燃油

故障原因	故障排除
散装润滑油被污染	检查散装润滑油。放净油底壳润滑油，用未被污染的润滑油进行更换。更换润滑油滤清器
发动机怠速运转时间过长	长时间怠速运转（超过10min）会导致润滑油和冷却液温度过低。发动机长时间怠速运转不如停机。如果必须怠速运转，应增加怠速转速
喷油器顶部O形圈或喷油器正时柱塞损坏	进行荧光染色跟踪测试以确定损坏的喷油器。更换喷油器或O型圈
平衡量孔后部的喷油器适配器壁损坏	检查喷油器是否损坏
喷油器油杯损坏或不正确	检查喷油器油杯有无损坏以及零件号是否正确
燃油齿轮泵主轴油封泄漏	检查齿轮泵主轴和油封
缸盖有无裂纹或砂眼	对缸盖进行压力测试

4. 燃油工作压力低

故障原因	故障排除
燃油系统有空气	检查燃油系统中有无空气
燃油进油阻力大	检查燃油进油是否受阻
串联式单向阀反向安装或零件号不正确	检查串联式单向阀是否正确安装，零件号是否正确。检查单向阀上的箭头指向是否正确
燃油泵压力调节器卡滞	检查燃油泵压力调节器
喷油器O形圈损坏或漏装	拆卸并检查喷油器。更换喷油器O形圈

9.11 进气系统

1. 进气支管空气温度超出技术规范

故障原因	故障排除
进气支管温度传感器故障	检查进气支管温度传感器
进气支管温度表故障（如装备）	检查测试温度表
发动机重载时车速太低，冷却能力不足	减小发动机负荷。通过降低挡位来提高发动机（风扇）转速
散热器百叶窗未完全开启或百叶窗状态设置错误	检查散热器百叶窗。如有必要，维修或更换百叶窗
低温散热器盖或冬季保温罩关闭	开启低温散热器罩或冬季保温罩。始终保持最小 $384cm^2$ 或约 $19.6cm \times 19.6cm$ 的开度
空-空中冷器（CAC）散热片、散热器片或空调冷凝器叶片损坏或被碎屑堵塞	检查CAC、空调冷凝器和散热器的叶片。如有必要，进行清洗
风扇导风罩或空气回流挡板损坏或漏装	检查挡风罩或回流挡板。如有必要，维修、更换或安装
风扇驱动带松动	检查带张力，如有必要，拧紧带
风扇驱动装置或风扇控制器故障	检查风扇驱动装置和控制器
发动机使用的风扇规格过小	确认风扇的规格是否正确
风扇处于自动模式或仅由冷却液温度控制	将风扇切换到手动模式或加装进气支管温度风扇开关

2. 进气支管压力(增压压力)低于正常压力

故障原因	故障排除
现行故障代码正在出现或非现行故障代码出现过多次	用 INSITE™ 对故障代码进行观察和判断
涡轮增压器不正确	检查涡轮增压器零件号，将其与零件目录相比较。如有必要，更换涡轮增压器
涡轮增压器磨损或损坏	检查涡轮增压器有无损坏。测量涡轮增压器涡轮机和压气机叶轮间隙
进气或排气泄漏	检查进气系统和排气系统有无空气泄漏
空-空中冷器(CAC)堵塞或泄漏	检查 CAC 是否堵塞或泄漏
摇臂室壳体密封垫泄漏	检查摇臂室壳体密封垫
空压机连接松动或损坏	检查缸盖与空压机之间的连接。如有必要，进行维修或更换
进气系统阻力超过技术规范	检查进气系统是否堵塞。如有必要，清洗或更换空气滤清器和进气管
排气系统阻力超过技术规范	检查排气系统是否堵塞
发动机输出功率较低	参考"发动机输出功率降低"故障排除
涡轮增压器废气旁通阀执行器故障	检查涡轮增压器废气旁通阀执行器是否正常工作
涡轮增压器废气旁通阀控制器故障(如装备)	检查废气旁通阀控制器的部件

3. 低怠速调节开关不工作

故障原因	故障排除
现行故障代码正在出现或非现行故障代码出现过多次	用 INSITE™ 进故障代码进行观察和判断
进气支管空气温度低于技术规范	参考"冷却液温度低于正常温度"故障排除
低怠速调节开关和电路故障	检查怠速调节开关及其电路

9.12 润滑系统

1. 润滑油消耗量高

故障原因	故障排除
检查润滑油消耗量	检查与行驶里程相对应的润滑油添加量
润滑油泄漏(外部)	检查发动机有无外部润滑油泄漏。拧紧螺栓、管塞和接头。如有必要，更换密封垫
曲轴箱通风系统堵塞	检查并清洗曲轴箱通风管
空压机将润滑油泵入空气系统	检查空气管道中有无积碳和润滑油
涡轮增压器油封泄漏	检查涡轮增压器压气机和涡轮的油封
润滑油冷却器泄漏	检查冷却液中有无润滑油
润滑油被冷却液或燃油污染	参考"润滑油污染"故障排除
润滑油标尺标定不正确	检查润滑油标尺标定

续表

故障原因	故障排除
润滑油达不到工作条件所需的技术规范	更换润滑油滤清器
润滑油更换间隔过长	确认润滑油更换间隔是否正确
活塞、活塞环或缸套磨损或损坏	检查进气系统是否泄漏。检查活塞、活塞环和缸套是否磨损或损坏
活塞环与气缸壁密封不好	检查气缸下窜气。如果窜气过多,检查活塞环与气缸密封性

2. 润滑油污染

故障原因	故障排除
鉴别润滑油污染	进行润滑油分析以确定润滑油是否污染
散装润滑油受到污染	检查散装润滑油。放掉润滑油,更换干净的未被污染的润滑油。更换润滑油滤清器
冷却液内部泄漏	参考"冷却液损失—内部"故障排除
润滑油油泥过多	参考"曲轴箱中润滑油油泥过多"故障排除
润滑油中有燃油	参考"润滑油中有燃油"故障排除

3. 润滑油性能降低(Centinel)

故障原因	故障排除
Centinel 补偿油箱是空的	每日检查补偿油箱中的润滑油油位。如有必要,及时加注润滑油
润滑油管弯曲或折皱	检查所有润滑油管有无折皱和急弯
润滑油管泄漏	检查所有润滑油管和管接头有无泄漏。如有必要,紧固松动的管接头,更换泄漏的润滑油管
润滑油温度传感器感应的润滑油温度从未超过 51℃	温度低于 51℃ 时 ECM 无法使阀工作。确定润滑油温度传感器是否正常工作
润滑油主油道压力从不高于 140kPa	检查主油道到 Centinel 电磁阀之间是否堵塞
未向补偿系统加注润滑油	向补偿系统加注润滑油
内部 Centinel 阀故障	更换 Centinel 阀

4. 润滑油压力高

故障原因	故障排除
润滑油压力开关、压力表或压力传感器故障或未处于正确位置	检查润滑油压力开关、压力表或压力传感器是否正常工作和正确定位
冷却液温度低于技术规范	参考"冷却液温度低于正常温度"故障排除
润滑油达不到工作条件所需的技术规范	更换润滑油和滤清器
主油道润滑油压力调节器故障	检查主油道润滑油压力调节器总成
润滑油黏度传感器堵塞或失效	检查润滑油黏度传感器,如有必要,清洗或更换该传感器

5. 机油压力低

故障原因	故障排除
现行故障代码正在出现或非现行故障代码出现过多次	用 INSITE™ 对故障代码进行观察和判断
润滑油油位高于或低于技术规范	检查润滑油油位。如有必要,添加或排放润滑油。检查润滑油标尺的标定

续表

故障原因	故障排除
润滑油外部泄漏	检查发动机有无润滑油外部泄漏。拧紧螺栓、管塞和接头。如有必要，更换密封垫
工作期间发动机的倾角超出技术规范	参考"发动机技术规范"数据表
润滑油压力传感器或压力表故障或未处于正确位置	检查润滑油压力开关、压力表或压力传感器是否正常工作和正确定位
润滑油压力传感器或电路故障	检查润滑油压力传感器和电路
润滑油温度高于技术规范	参考"润滑油温度高于技术规范"故障排除
润滑油滤清器堵塞	更换润滑油和滤清器
润滑油达不到工作条件所需的技术规范	更换润滑油和滤清器
润滑油被冷却液或燃油污染	参考"润滑油污染"故障排除
润滑油冷却器堵塞	检查润滑油冷却器
润滑油吸油管或输油管松动或破裂、密封垫或O形圈泄漏	拆卸并检查油底壳或吸油管
活塞冷却喷油嘴损坏或安装不正确	检查活塞冷却喷油嘴是否损坏以及是否正确安装
主油道润滑油压力调节器故障	检查主油道润滑油压力调节器总成
高压润滑油减压阀故障	拆卸并检查高压减压阀或润滑油泵压力调节器
润滑油泵故障或O形圈损坏	检查润滑油泵和O形圈
发动机内部损坏或内部润滑油泄漏	分析润滑油。检查润滑油滤清器。检查主轴承、连杆轴承、凸轮轴轴套和摇臂轴轴套是否过度磨损

6. 曲轴箱中润滑油油泥过多

故障原因	故障排除
散装润滑油被污染	检查散装润滑油。排放润滑油，更换干净的润滑油并更换润滑油滤清器
润滑油达不到工作条件所需的技术规范	更换润滑油和滤清器。使用发动机使用与保养手册推荐的润滑油
润滑油更换间隔过长	确认润滑油更换间隔是否正确
所用燃油等级不正确或燃油质量太差	使用优质燃油运转发动机
润滑油被冷却液或燃油污染	参考"润滑油污染"故障排除
喷油器油环损坏或不正确	检查喷油器油环是否损坏以及零件号是否正确
静态喷油正时不正确	检查静态喷油正时

7. 润滑油油温超出技术规范

故障原因	故障排除
现行故障代码正在出现或非现行故障代码出现过多次	用INSITE™对故障代码进行观察和判断
润滑油油位高于和低于技术规范	检查润滑油油位。如有必要，添加或排放润滑油。检查润滑油标尺标定
冷却液温度高于技术规范	参考"冷却液温度高于正常温度—突然过热或冷却液温度高于正常温度—逐渐过热"故障排除

续表

故障原因	故障排除
润滑油压力传感器或压力表故障或未处于正确位置	检查润滑油压力开关、压力表或压力传感器是否正常工作和正确定位
润滑油节温器故障	检查润滑油节温器
润滑油冷却器故障	检查润滑油冷却器

8. 冷却液中有润滑油或变速箱油

故障原因	故障排除
散装冷却液被污染	检查散装冷却液。放掉冷却液,加注未被污染的冷却液,并更换冷却液滤清器
润滑油冷却器故障	检查润滑油冷却器
液力变矩器冷却器或液压油冷却器故障	拆卸并检查冷却器芯和O形圈
缸盖密封垫泄漏	检查缸盖密封垫
缸盖有裂纹或砂眼	对缸盖进行压力测试
缸体有裂纹或砂眼	拆下油底壳。对冷却系统进行压力测试,检查有无泄漏

9. 油底壳油位偏低(Centinel)

故障原因	故障排除
OEM起动机联锁装置接合	检查起动机联锁装置
补偿油箱排气管堵塞	检查补偿油箱排气管。如有必要,进行清洗
润滑油软管弯曲或折皱	检查所有润滑油管有无折皱和急弯
润滑油油管泄漏	检查所有软管接头有无泄漏。如有必要,紧固管接头,更换漏油的软管
补偿系统未加注	对补偿油箱加注润滑油
内部控制阀故障	更换控制阀

10. 油底壳油位偏高(Centinel)

故障原因	故障排除
补偿油箱中润滑油消耗过多	用新鲜润滑油消耗量除以燃烧掉的燃油,计算出实际的燃烧比率。将实际的燃烧比率与公布的燃烧比率进行比较
主油道单向阀卡在开启位置	松开主油道单向阀的软管。在钥匙开关断开"OFF"后,检查主油道软管中保持的压力。主油道软管中的润滑油必须处于压力之下
出口单向阀卡在开启位置	从出口单向阀处拆下润滑油补充软管,检查流经单向阀时有无润滑油泄漏
内部控制阀故障	更换控制阀

9.13 排放系统

1. 黑烟过多

故障原因	故障排除
现行故障代码正在出现或非现行故障代码出现过多次	用INSITE™对故障代码进行观察和判断

续表

故障原因	故障排除
发动机温度较低	使发动机预热至工作温度。如果发动机不能达到工作温度,参考"冷却液温度低于正常温度"故障排除
涡轮增压器不正确	检查涡轮增压器的零件号,并将它与零件目录进行比较。如有必要,更换涡轮增压器
进气支管压力(增压压力)传感器故障	检查增压压力传感器的零件号,并将其与零件目录进行比较。如有必要,更换增压压力传感器
进气支管压力(增压压力)传感器或电路故障	检查增压压力传感器和电路
进气温度传感器故障	检查进气温度传感器
所用燃油管等级不正确或燃油质量太差	使用优质燃油运转发动机
ECM标定不正确	将存储在ECM中的标定值与发动机额定值和零件目录相比较。如有必要,更换ECM
进气或排气泄漏	检查进气系统和排气系统有无空气泄漏
进气系统阻力超过技术规范	检查进气系统有无堵塞。如有必要,清洗或更换空气滤清器和进气管
排气系统阻力超过技术规范	检查排气系统有无堵塞
空-空中冷器(CAC)堵塞或泄漏	检查CAC是否堵塞或泄漏
进气支管压力(增压压力)低于技术规范	参考"进气支管压力(增压压力)低于正常压力"故障排除
顶置机构调整不正确	测量并调整顶置机构
喷油器故障	拆卸排气管或使其后倾,确定冒烟气缸。更换发生故障的喷油器
曲轴箱排气系统堵塞	检查并清洗曲轴箱通风系统
涡轮增压器油封泄漏	检查涡轮增压器压气机和涡轮机的油封。必要时,更换油封
涡轮增压器叶轮间隙超出技术规范	检查径向轴承间隙和轴向间隙。检查涡轮增压器。如有必要,维修或更换涡轮增压器
静态喷油正时不正确	检查静态喷油正时
发动机内部损坏	分析润滑油并检查滤清器,以确定可能损坏的部位

2. 白烟过多

故障原因	故障排除
现行故障代码正在出现或非现行故障代码出现过多次	用INSITE™对故障代码进行观察和判断
ECM标定不正确	将存储在ECM中的标定值与发动机额定值和零件目录相比较。如有必要,标定ECM
发动机温度较低	使发动机预热到工作温度。如果发动机不能预热到工作温度,参考"发动机冷却液温度低于正常温度"故障排除
发动机在较低的环境温度下运转	检查冬季保温罩、百叶窗和发动机罩下的空气。在寒冷气候条件下发动机使用机罩下进气
冷却液温度传感器故障	检查冷却液温度传感器
进气温度传感器故障	检查进气温度传感器

续表

故 障 原 因	故 障 排 除
所用燃油等级不正确或燃油质量太差	使用优质燃油运转发动机
顶置机构调整不正确	测量并调整顶置机构
喷油器故障	进行单缸断油试验。如有必要,更换喷油器
冷却液泄漏进入燃烧室中	参考"冷却液损失—内部"故障排除
静态喷油正时不正确	检查静态喷油正时
喷油器凸出量不正确	检查喷油器凸出量
活塞或活塞环磨损、损坏或不正确	检查活塞的零件号是否正确。检查活塞和活塞环有无磨损或损坏
发动机内部损坏	分析润滑油并检查滤清器,以确定可能损坏的部位

3. 涡轮增压器泄漏润滑油或燃油

故 障 原 因	故 障 排 除
在轻载或空载条件下发动机运转时间过长	按发动机的使用与保养手册运转发动机
涡轮增压器不正确	检查涡轮增压器的零件号,并与零件目录相比较。如有必要,更换涡轮增压器
涡轮增压器回油管堵塞	拆卸涡轮增压器回油管,并检查是否堵塞。清洗或更换回油管
曲轴箱压力过高	检查曲轴箱窜气量是否过多
涡轮增压器油封泄漏	检查涡轮增压器压气机和涡轮机的油封。如有必要,更换油封

9.14 发动机制动器

1. 发动机制动器不工作

故 障 原 因	故 障 排 除
发动机制动器 ON/OFF 开关断开	接通开关
发动机制动器 ON/OFF 开关或电路故障	检查发动机制动器 ON/OFF 开关和电路
现行故障代码正在起作用或非现行故障代码出现过多次	用 INSITE™ 对故障代码进行观察和判断
发动机制动器线束连接器松动或断裂	检查发动机制动器线束连接器。检查发动机制动器线束是否导通
离合器开关或电路故障	检查离合器开关的调整机构、开关和电路
油门位置传感器或电路故障	检查油门踏板是否受阻。检查油门位置传感器和电路
行车制动器压力开关或电路故障	检查行车制动器压力开关和电路
电磁阀故障	检查电磁阀有无电压
电磁阀滤网被碎屑覆盖	拆卸电磁阀,清洗或更换滤网
润滑油泄漏(内部)	检查发动机制动器软管接头、发动机制动器壳体和跨接管的 O 形圈有无润滑油泄漏
发动机制动器润滑油供油管堵塞	拆卸润滑油供油管。检查供油管是否堵塞
发动机制动器调整不正确	调整发动机制动器

2. 发动机制动器制动功率偏低或启动缓慢

故障原因	故障排除
现行故障代码正在出现或非现行故障代码出现过多次	用INSITE™观察故障代码并进行判断
发动机温度较低	使发动机预热到工作温度。如果发动机达不到工作温度,参考"冷却液温度低于正常温度"故障排除
润滑油压力低于技术规范	检查润滑油压力。如果润滑油压力较低,参考"润滑油压力偏低"故障排除
润滑系统中有空气	检查润滑油油位。如果油位过高,检查吸油管有无裂纹
润滑油泄漏(内部)	检查发动机制动器软管接头、发动机制动器壳体和跨接管的O形圈有无润滑油泄漏
发动机制动器润滑油供油管堵塞	拆卸润滑油供油管。检查供油管是否阻塞
发动机制动器调整不正确	调整发动机制动器
发动机制动器线束连接器松动或断裂	检查发动机制动器线束连接器。检查发动机制动器线束是否导通
主活塞卡滞	检查主活塞能否运动自如。如有必要,更换主活塞
发动机制动器电磁阀故障	断开制动器电气连接导线,运转发动机,若听到电磁阀处有废气泄漏,应更换电磁阀

3. 发动机制动器—关闭电源时—缸或多缸制动

故障原因	故障排除
现行故障代码正在出现或非现行故障代码出现过多次	用INSITE™观察故障代码并判断
发动机制动器ON/OFF开关或电路故障	检查发动机制动器ON/OFF开关和电路
发动机制动器调整不正确	调整发动机制动器

4. 发动机减速缓慢

故障原因	故障排除
现行故障代码正在出现或非现行故障代码出现过多次	用INSITE™对故障代码进行观察和判断
油门踏板卡滞	检查油门踏板是否卡滞
ECM标定不正确	将存储在ECM中的标定值与发动机额定值和零件目录进行比较。如有必要,标定ECM
燃油泵脉冲减振器有裂	检查燃油泵脉冲减振器。如有必要,更换燃油泵脉冲减振器
喷油器故障	进行自动气缸性能测试。如有必要,更换喷油器

第10章 M系列柴油机电控系统故障代码诊断与排除

10.1 电子控制燃油系统说明

1. 电子控制系统的基本功能

(1)ECM的控制功能

康明斯ISM(车用)、QSM(工程机械用)、Signature和ISX发动机控制系统是全电控燃油控制系统,该系统的基本功能是:供油量和供油正时控制、将发动机转速工作范围限制在低怠速和高怠速之间、优化发动机性能的同时减少废气排放。

除此以外,系统还可以控制发动机制动、最多两个冷却风扇、一个空压机和一个TOP 2自动换档变速箱。

控制系统利用驾驶员和传感器发出的输入信号决定在发动机要求的转速下工作时的供油量和供油正时。

ECM是该系统的控制中心,它负责处理所有的输入信息,并向燃油系统、车辆和发动机控制装置发出指令。

ECM对大多数电路进行诊断测试,如果在某个电路中检测到问题就会产生一个故障代码。随着指示故障代码的出现,故障代码激活时的发动机运行参数数据也贮存在存储器内。现行故障代码会触发诊断指示灯亮,以向驾驶员发出信号。通过新的SAE J1939数据通信接口或以前的SAE J1708数据通信接口,ECM可以与INSITE™电子服务软件(手提电脑)和变速箱、防抱死制动系统、自动减滑、电子仪表板显示等其他一些车辆控制装置进行通信。

有的车辆和设备上安装有J1939网络,该网络将许多智能控制器连接在一起。车辆控制装置能暂时控制发动机的速度或扭矩,以执行它的某项功能,例如换档、防抱死制动等。

(2)控制系统传感器和开关装置

控制系统利用传感器提供发动机工作参数的信息,这些传感器包括:

冷却液温度传感器;

进气温度传感器;

进气支管压力传感器;

润滑油压力/温度传感器;

曲轴发动机位置传感器(仅用于Signature、ISX、QSX15);

凸轮轴发动机位置传感器;

大气压力传感器;

燃油供给压力传感器(仅用于Signature、ISX、QSX15);

前后油轨压力传感器(仅用于Signature、ISX、QSX15);

燃油进口阻力传感器;

燃油含水传感器;

湿式气罐压力传感器。

OEM提供的可供选装的输入装置有:

油门踏板位置传感器;

怠速有效开关；
发动机制动选择开关；
冷却液液位传感器；
车速传感器；
特性控制开关（如巡航控制开关）；
空调压力开关；
远程油门；
远程PTO；
TOP 2自动换挡变速箱挡位传感器。
这些输入装置取决于应用类型。一些应用类型不会使用全部这些输入装置。

2．故障代码诊断

(1) 故障代码的形式和故障指示灯

电子控制系统显示并记录异常工作情况，将它们以故障代码的形式显示出来。这些代码使得故障诊断易于进行，它们被记录在ECM中。使用驾驶室中的故障指示灯、诊断开关或INSITE™服务软件（手提电脑）可以读取这些信息。

有两种形式的故障代码，一种是发动机电子控制装置故障代码（发动机或控制系统检测到的故障）和信息代码（发动机或控制系统发生了可以提供重要信息的事件）。所有的故障代码都记录为现行（故障代码正在发动机上起作用）或非现行（故障代码曾经起作用，但当前不起作用）两种形式。

控制系统设置三种指示灯，其中"报警"指示灯是黄色的，表示可能需要立即排除故障；"停机"指示灯是红色的，表示在可能安全停机时需要立即停机，故障修复之前发动机必须保持停机；维护保养指示灯点亮，表明需要进行一定形式的维护保养。维护保养指示灯可以指示燃油滤清器含水、冷却液液位低、冷却液温度高、进气温度高或润滑油温度高。

(2) 现行故障代码的诊断方法

检查发动机电子燃油系统和发动机保护系统现行故障代码，应将钥匙开关转到断开位置，将诊断开关置于接通位置，再将钥匙转到"ON"（接通）位置。如果没有记录任何现行故障代码，则红色和黄色指示灯会亮，随后相继熄灭并保持熄灭状态。如果记录了现行故障代码，两个指示灯将暂时点亮，然后记录的故障代码开始闪烁。故障代码闪亮顺序是：首先是报警（黄色）指示灯闪烁，然后暂停1s或2s，接着按记录故障代码的号码将在"停机"指示灯（红色）中闪烁。每个号码间将有1s或2s的停顿。红灯显示完故障代码后，黄灯再次点亮，三位数的代码以同样的顺序重复。为了跳到下一个故障代码，将"设置/恢复"开关（如果配备）暂时拨到增加（＋）位置。操作员通过暂时将设定/恢复开关（如果配备）置于减小（－）位置，可以返回前一个故障代码。如果只记录一个现行故障，则当压下（＋）或（－）开关会一直显示同一个故障代码。

当没有使用诊断系统时，要将诊断开关关闭。

故障发生瞬间的数据，这是附加的故障代码信息，可以使用INSITE™获得该信息。这些数据记录故障发生时控制系统传感器和开关的数据或状态。存储的数据包括从上次清除故障代码起故障第一次和最近一次发生的数据。这些数据非常重要，尤其是在模拟、判断发生故障时的发动机运行状况。

3．发动机保护系统

(1) 点亮的指示灯符号

指示灯符号1提供关于ECM已经检测到的故障类型的额外信息，见图10-1。当ECM检测到故障时，某个特定的符号就会点亮。在钥匙开关接通时，按下报警取消按钮2将使自测试符号变亮。

① 进气支管温度高于技术规范时，进气支管温度高指示灯1变亮，见图10-2。

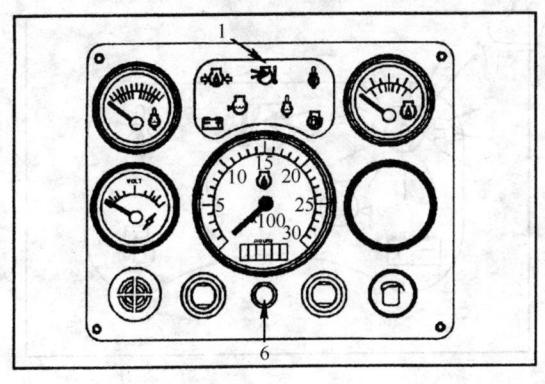

图 10-1　仪表板指示灯
1. 指示灯　2. 报警取消按钮

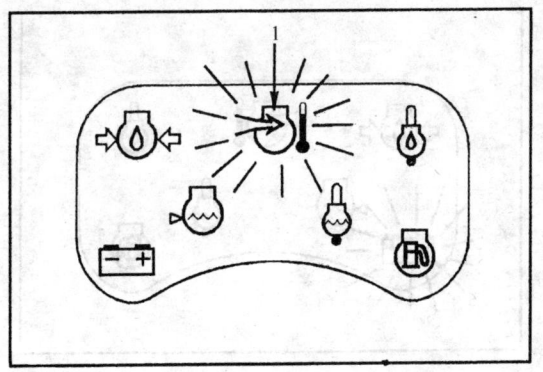

图 10-2　进气支管温度高指示灯亮

②润滑油温度高于技术规范时,润滑油温度指示灯 2 变亮,见图 10-3。

③燃油含水指示灯 3 与燃油粗滤器中的燃油含水传感器连接,燃油滤清器中有水时,该指示灯点亮,见图 10-4。

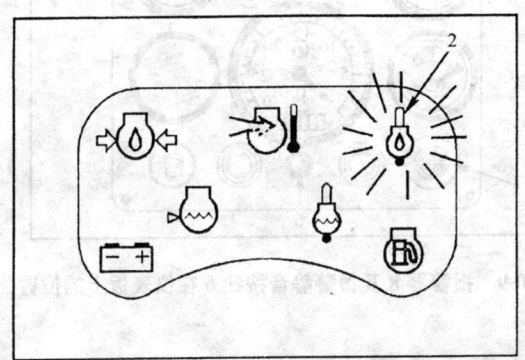

图 10-3　润滑油温度高,润滑油温度指示灯亮

图 10-4　燃油滤清器中有水,指示灯亮

④发动机冷却液温度高于技术规范时,冷却液温度高指示灯 4 变亮,见图 10-5。

⑤冷却液液位低于技术规范时,冷却液液位低指示灯 5 变亮,见图 10-6。

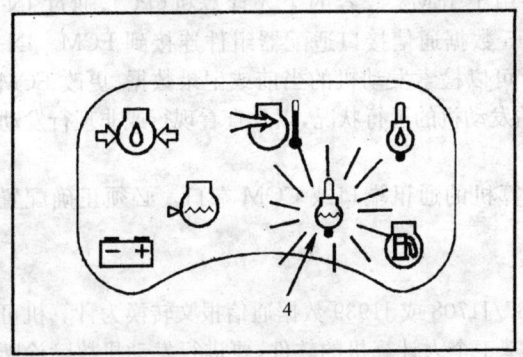

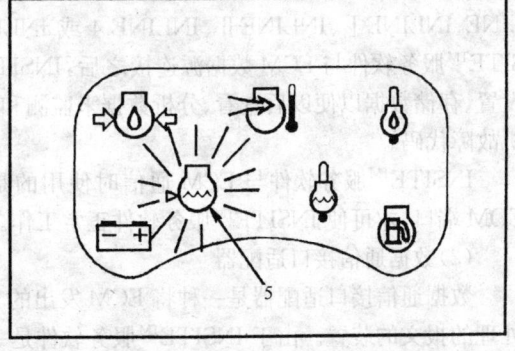

图 10-5　冷却液温度高、指示灯亮

图 10-6　冷却液位低指示灯亮

⑥蓄电池电压低于技术规范时,蓄电池电压低指示灯 6 变亮,见图 10-7。

⑦润滑油压力低于技术规范时,润滑油压力低指示灯 7 变亮,见图 10-8。

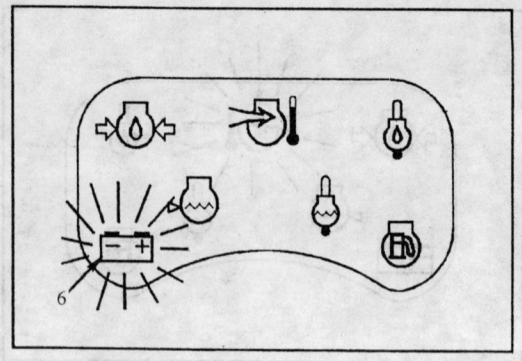

图 10-7 蓄电池电压低，指示灯亮

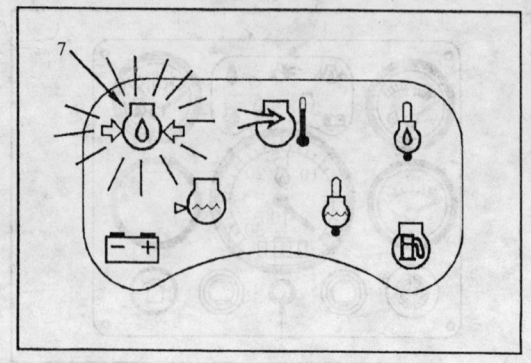

图 10-8 润滑油压力低，指示灯亮

(2) 声音报警/无报警声

每次当警告或注意符号变亮时，就伴随有报警器 8 的声音，见图 10-9。

报警静音按钮 6 将暂时消除报警声音。报警最多能静音 2min，只要故障存在，报警器将每 2min"鸣响"，以提醒驾驶员有故障存在。

报警静音按钮 6 还用于测试警告和注意符号指示灯 1 及仪表。

像点亮的指示灯一样，要测试仪表和符号指示灯，在接通钥匙开关的同时压下报警静音按钮 2。报警将响 5s，并且符号指示灯将亮 25s，仪表指针将从最小位置移动到最大位置然后再回到最小位置。

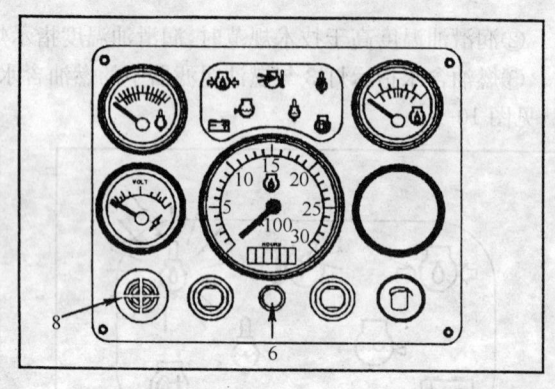

图 10-9 报警器 8 及报警静音按钮 6 在仪表板上的位置

4. 维修服务软件使用

(1) INSITE™ 服务软件

INSITE™ 是一种作用于康明斯电子控制模块 (ECM) 的基于 Windows® 的软件应用程序，它能诊断并排除发动机故障，存储和分析发动机历史信息以及修改发动机运行参数。INSITE™ 服务软件专业版可将标定传输到 ECM 中。INSITE™ 服务软件用于 IBM® 兼容的个人计算机 (PC)，通过 INLINE、INLINE Ⅰ、INLINE Ⅱ、INLINE 4 或 INLINE 5 数据通信接口适配器组件连接到 ECM。INSITE™ 服务软件与 ECM 数据源连接之后，INSITE™ 可以检索发动机的当前或记录数据、更改 ECM 设置、存储数据以便以后查看、分析数据来监测和评估发动机的运行状况，以及查看现行或非现行发动机故障代码。

INSITE™ 服务软件与 ECM 通信时使用的是计算机的通讯端口或 COM 端口。必须正确配置 COM 端口，才可使 INSITE™ 服务软件正常工作。

(2) 数据通信接口适配器

数据通信接口适配器是一种将 ECM 发出的 J1587/J1708 或 J1939 数据通信报文转换为计算机可处理的报文的装置。由于 INSITE™ 服务软件是一种基于个人计算机的软件，要进行发动机故障诊断时，需要数据通信接口适配器，康明斯提供下列数据通信接口适配器组件，即：INLINE 适配器组件、INLINE Ⅰ 适配器组件、INLINE Ⅱ 适配器组件、INLINE 4 适配器组件和 INLINE 5 适配器组件，其识别图见图 10-10。

INLINE、INLINE Ⅱ、INLINE 4 和 INLINE 5 数据通信接口适配器的供电靠车辆供电系统为通信装置提供12V电源。

INLINE 和 INLINE Ⅰ 数据通信接口适配器支持 J1587/J1708 数据通信协议。INLINE Ⅱ 支持 J1587/J1708 或 J1939 协议。使用 INLINE Ⅱ 服务软件连接到 INSITE™ 服务软件时,INSITE™ 服务软件将尝试先与 J1939 上的 ECM 建立通信。如果 J1939 上没有建立起通信,INSITE™ 服务软件将尝试建立 J1587/T1708 上的通信。

图 10-11 为数据通信接口适配器识别图-INLINE 4。INLINE 4 是一种 RP1201A 兼容的数据通口适配器,它支持 J1587/J1708 和 J1939 协议。RP1210A 是一种工业标准,它定义了服务软件的数据通信报文的格式。必须在 INSITE™ 服务软件中正确配置 INLINE 4,以定义计算机上使用的 COM 端口和数据通信协议类型:J1587/J1708 或 J1939。

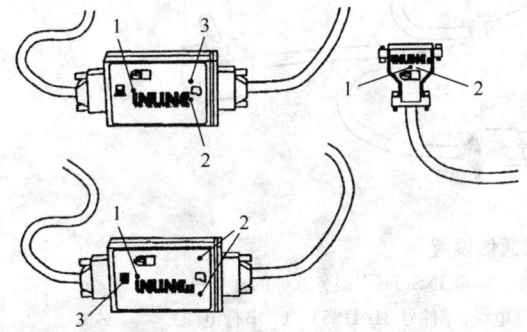

图 10-10 数据通信接口适配器
识别图-INLINE、INLINE Ⅰ 和 INLINE Ⅱ
1. 电源指示灯 2. 通信指示灯 3. 到计算机的指示灯

图 10-11 数据通信接口适配器识别图-INLINE 4
1. 电源指示灯 2. J1939 通信指示灯
3. J1708 通信指示灯 4. RS-232 到计算机指示灯

INLINE 5 是一种 RP1210A 兼容的数据通信接口适配器,它支持 J1587/J1708 和 J1939 协议,见图 10-12。它可以与 COM 端口或 USB 端口配合使用。必须在 INSITE™ 服务软件中正确配置 INLINE 5,以定义计算机上使用的 COM 端口或 USB 端口,以及数据通信协议类型:J1587/J1708 或 J1939。

(3)ECM 通信设置

在三个基本的位置建立与 ECM 的通信,即基准通信设置、车辆通信设置及发动机通信设置,见表 10-1。

①基准通信设置,见图 10-13。基准通信设置就是通过 ECM 上的接头端口与 ECM 直接建立通信。

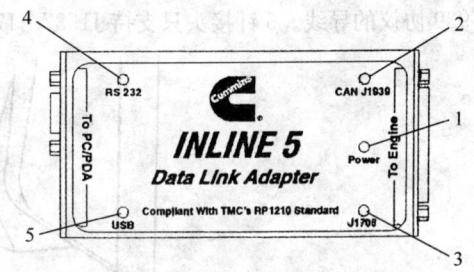

图 10-12 数据通信接口适配器识别图-INLINE 5
1. 电源指示灯 2. J1939 通信指示灯
3. J1708 通信指示灯 4. RS-232 到
计算机指示灯 5. USB 到计算机指示灯

表 10-1 ECM 的通信设置

通信设置	数据通信接口连接位置	发动机 ECM 数据通信源	支持的数据通信协议
基准	ECM 接头	OEM	J1587/J1708、J1939
车辆 6 针	仪表 6 针接头	OEM	J1587/J1708
车辆 9 针	仪表 9 针接头	OEM	J1587/J1708、J1939[1]
发动机	发动机线束 3 针接头	发动机	J1939
发动机	发动机线束 6 针接头	发动机	J1587/J1708[2]
发动机	发动机线束 9 针接头	发动机	J1939[3]

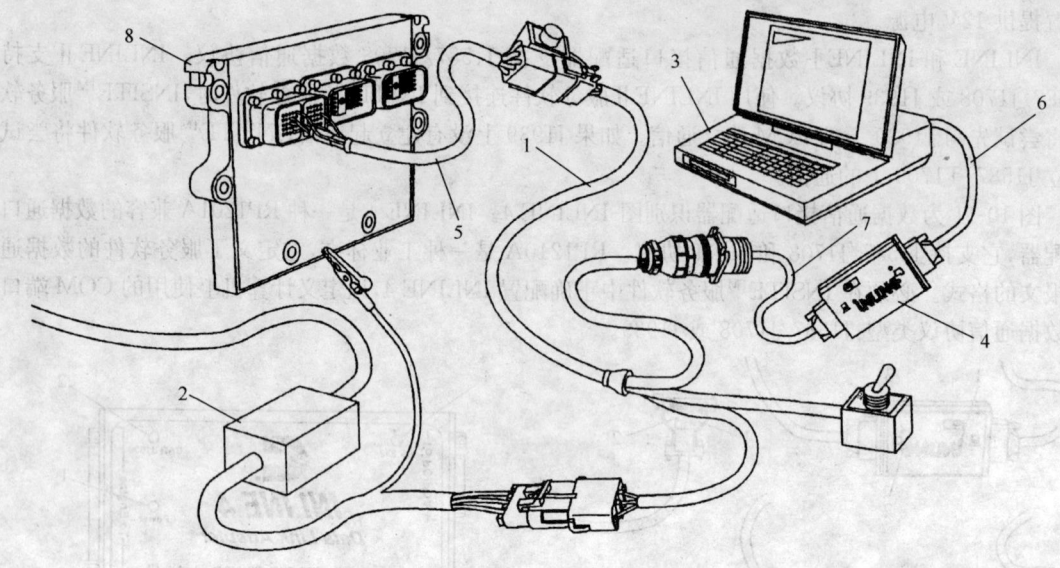

图 10-13 基准通信设置
1. 基准标定线束(零件号 3163151) 2. 电源 3. 带 INSITE™服务软件的计算机
4. 数据通信接口适配器 5. CM570 基准标定电缆(零件号 3164185) 6. 串行电缆
7. 数据通信接口适配器电缆(零件号 3162848) 8. CM570 ECM(示例)

②车辆上通信设置,见图 10-14。车辆通信设置是一个 9 针和 6 针的 Deutsch 接头,该接头在驾驶室内。车辆通信设置使用 OEM 线束,连接到 OEM 接头端口上的 ECM 上。驾驶室内的 9 针接头如果全部连接,可以支持 J1939 和 J1587/J1707 协议。有些 OEM 将 9 针接头置于驾驶室内,但没有提供支持 J1939 协议的导线。6 针接头只支持 J1587/J1708 协议。

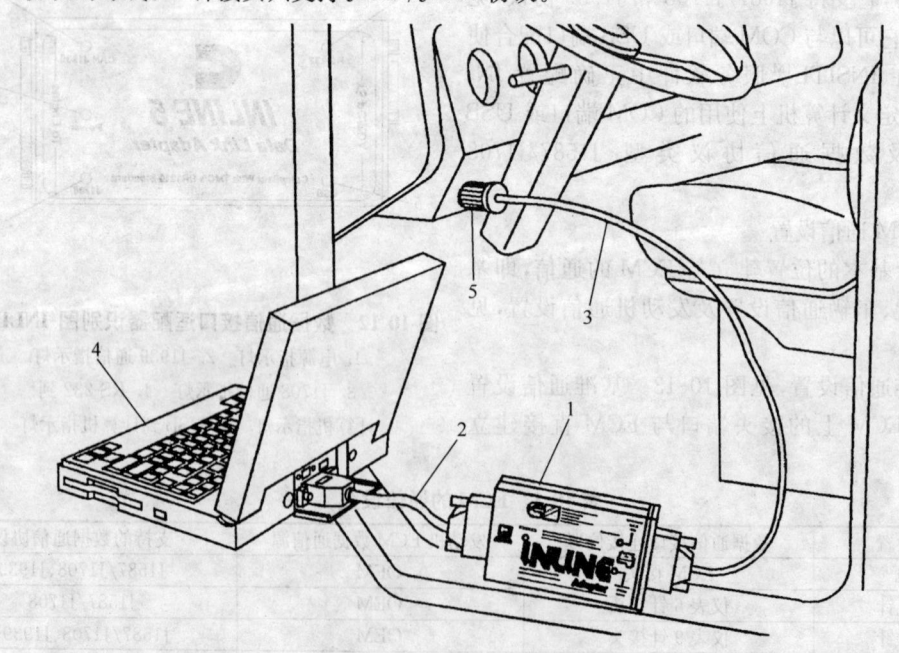

图 10-14 车辆上通信设置
1. 数据通信接口适配器 2. PC 串行电缆 3. 数据通信接口适配器电缆
4. 带 INSITE™服务软件的计算机 5. 车辆数据通信接口适配器接头

③发动机通信设置使用发动机导线线束上提供的发动机数据通信接口。根据发动机的不同,发动机线束上可提供的发动机通信设置可以是 3 针 Deutsch 接头、6 针 Deutsch 接头或 9 针 Deutsch 接头。3 针 Deutsch 接头,见图 10-15。3 针 Deutsch 接头可以用于较新的发动机上,并可为 J1939 数据通讯接头提供连接点。若要通过 J1939 协议连接到 ECM,可需要小型主干电缆,该电缆包含 60Ω 电阻器和一根变换电缆。数据通信接口适配器需要一个辅助电源。

有些老式的发动机上的发动机线束还有 6 针 Deutsch 接头,它为发动机 J1939 数据通信接口提供了连接点。6 针接头包括一个用于数据通信接口适配器的电源。

5. 电阻检查说明

(1)串行电缆

数据通信接口适配器与计算机连接时需要使用串行电缆,见图 10-16。

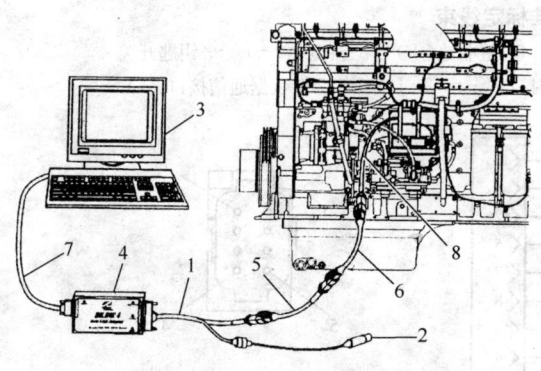
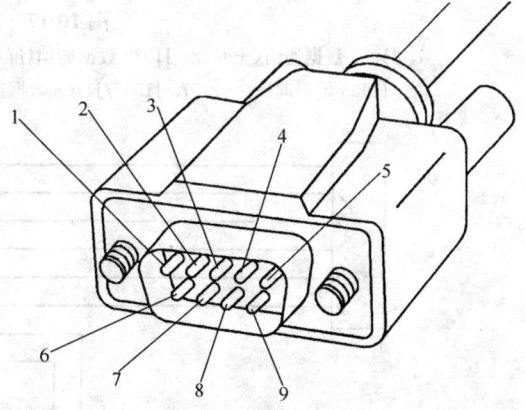

图 10-15　3 针 Deutsch 接头　　　　　　　图 10-16　串行电缆
1. 数据通信电缆　2. 电源电缆　3. 带 INSITE™　　1. 打开　2. 发送数据　3. 接收数据　4. 数据终端准
服务软件的计算机　4. 数据接口适配器　5. 变换电缆　备就绪(+5V)　5. 信号接地　6. 打开　7. 请求发送
6. 小型主干电缆　7. 串行电缆　8. 发动机线束 3 针接头　　　(+5V)　8. 取请发送　9. 打开

在测试电阻时,为避免串行电缆触针损坏,应使用测试导线,其零件号为 3822758 和 3822917。

在串行电缆阴端触针 1 上插入测试导线,并将其与万用表笔连接,将另一根测试导线连接到串行电缆阳端触针 1,并将其连接到万用表表笔。

测量电阻,万用表必须显示为闭路(10Ω 或更小)。对触针 2~8 重复电阻测量步骤。万用表必须在每个触针上显示为闭路(10Ω 或更小)。如果电路不是闭路,则更换串行电缆。

为避免损坏接头触针,应在 8 针接头上使用测试导线(零件号 3822993);在 9 针 Deutsch 接头上使用测试导线(零件号 3822994);在 3 针接头上使用测试导线(零件号 3824812)。

(2)基准标定线束

基准标定线束,见图 10-17。测量 8 针接头中每个触针与 9 针和 1 或 3 针接头中相应位置之间的电阻,万用表必须显示为闭路(10Ω 或更小)。如果电路不是闭路,更换基准标定线束。

(3)基准标定电缆

要避免对接头触针造成损坏,应在 8 针接头上使用测试导线(零件号 382994)。确定基准标定电缆的 ECM 接头需要适当的测试导线。

基准标定电缆,见图 10-18。测量 8 针接头中的每个触针与其在 ECM 接头中相应位置之间的电阻。有关接头触针的识别,请参见 ECM 电气接线图。万用表必须显示为闭路(10Ω 或更小)。如果电路不是闭路,更换基准标定电缆。

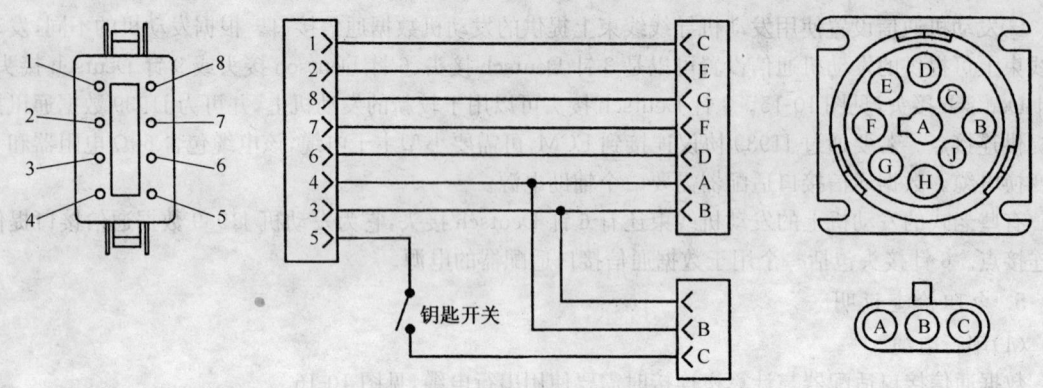

图 10-17 基准标定线束

1. J1939 数据通信(+) 2. J1939 数据通信(屏蔽) 3. 蓄电池(+) 4. 蓄电池(-) 5. 钥匙开关
6. J1939 数据通信(-) 7. J1587/J1708 数据通信接口(+) 8. J1587/J1708 数据通信接口(-)

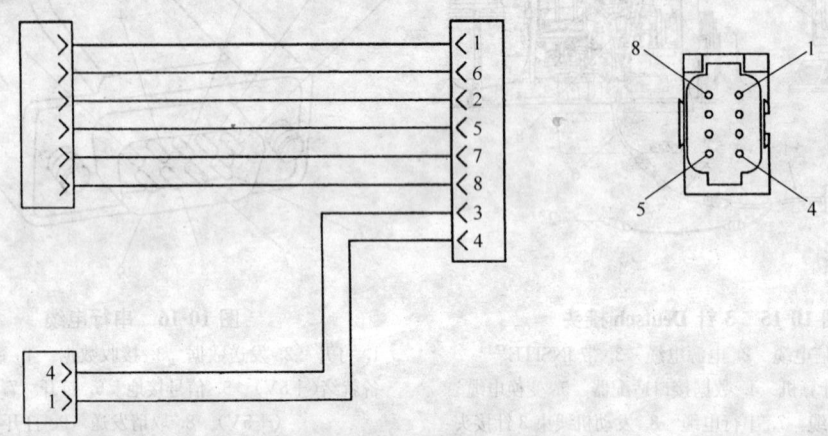

图 10-18 基准标定电缆

1. J1939 数据通信(+) 2. J1939 数据通信(屏蔽) 3. 蓄电池(+) 4. 蓄电池(-) 5. 钥匙开关 6. J1939 数据通信(-) 7. J1587/J1708 数据通信接口(+) 8. J1587/J1708 数据通信接口(-) 9. ECM 接头(参见 ECM 接头触针识别电气接线图)

(4) 9 针数据通信电缆及通信接头

为了避免损坏接头触针,应在 9 针 Deutsch 接头上使用阳性测试导线(零件号 3823993),在 25 针接头上使用阳性测试导线(零件号 3822758)。

9 针数据通信电缆和 9 针驾驶室内的数据通信接头,见图 10-19。

测量 9 针接头中触针 A、B、C、D、E、F 和 G 与所有的 25 针接头中相应位置之间的电阻,万用表必须显示为闭路(10Ω 或更小)。如果电路不是闭路,则更换数据通信电缆。

(5) 6 针数据通信电缆及通信接头

要避免损坏接头触针,应在 6 针 Deutsch 接头上使用阳性测试导线(零件号 3824811),在 25 针接头上使用阳性测试导线(零件号 3822758)。

6 针数据通信电缆和 6 针驾驶室内的数据通信接头,见图 10-20。测量 6 针接头中触针 A、B、C 和 E 与所示的 25 针接头中相应位置之间的电阻,万用表必须显示为闭路(10Ω 或更小)。如果不是闭路,更换数据通信电缆。

第10章 M系列柴油机电控系统故障代码诊断与排除　　415

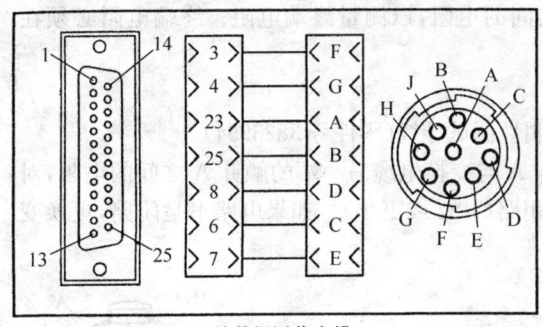

9针数据通信电缆　　　　　　　　　　　9针驾驶室内的数据通信接头

图10-19　9针数据通信电缆和9针驾驶室内的数据通信接头

A. 接地　B. 蓄电池(＋)　C. J1939数据通信接口(－)　D. J1939数据通信接口(＋)　E. J1939数据通信接口(屏蔽)
F. J1587/J1708数据通信接口(＋)　G. J1587/J1708数据通信接口(－)　H. 开路　J. 开路

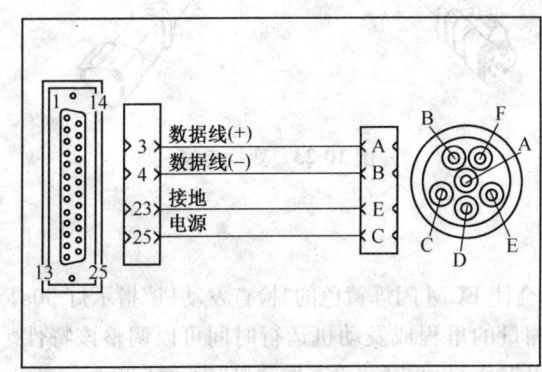
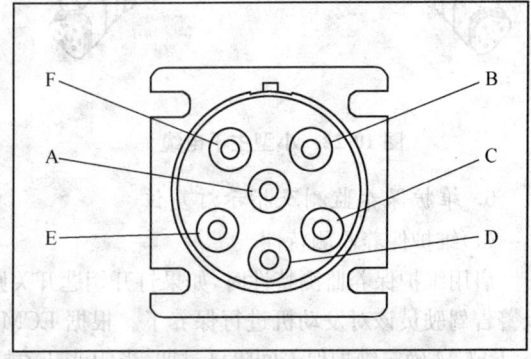

6针数据通信电缆　　　　　　　　　　　6针驾驶室中的数据通信接头

图10-20　6针数据通信电缆和6针驾驶室中的数据通信接头

A. J1587/J1708数据通信接口(＋)　B. J1587/J1708数据通信接口(－)　C. 蓄电池(＋)　D. 打开　E. 接地　F. 打开

测量6针接头中触针A、B、C和E与所示的25针接头中相应位置之间的电阻,万用表必须显示闭路(10Ω或更小)。如果电路不是闭路,更换数据通信电缆。

(6) 3针数据通信电缆

为避免损坏接头触针,在25针接头上使用阳性测试导线(零件号3822758),在3针接头上使用阴性测试导线(零件号3823994),在2针电源接头上使用阳性测试导线(零件号3822995)。

3针数据通信电缆,见图10-21。测量3针接头中触针A、B和C所示的25针接头中相应位置之间的电阻,测量2针电源接头中触针D和E与所示的5针接头中相应位置之间的电阻,万用表必须显示为闭路(10Ω或更小)。如果电路不是闭路,更换数据通信电缆。

(7) 小型主干电缆

为避免损坏接头触针,应在3针接头上使用两根阳性测试导线(零件号3823993)。

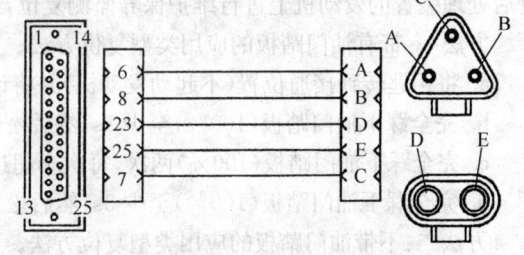

图10-21　3针数据通信电缆

小型主干电缆,见图10-22。测量主干电缆一端的触针A与主干电缆另一端的触针A之间的电阻,对触针B和触针C重复同一步骤。万用表必须显示为闭路(10Ω或更小)。如果电路不是闭路,更换主干电缆。测量电缆任一端的触针 A 和触针 B 之间的电阻，以测量终端电阻。终端电阻必须在 50～70Ω 之间。

(8)变换电缆

为避免损坏接头触针，应在 3 针接头上使用两根阴性测试导线(零件号 3823994)。

变换电缆，见图 10-23。测量变换电缆一端的触针 A 与变换电缆另一端的触针 A 之间的电阻，对触针 B 和触针 C 重复同一步骤。万用表必须显示为闭路(10Ω 或更小)。如果电路不是闭路，更换变换电缆。

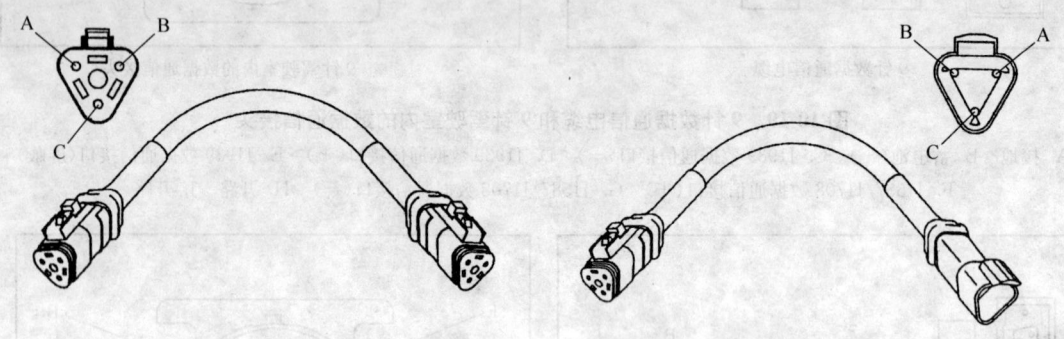

图 10-22　小型主干电缆　　　　　　　图 10-23　变换电缆

6. 维护保养监测及指示灯复位

(1)维护保养监测特性

启用维护保养监测特性时，如果打开钥匙开关则会使 ECM 闪烁黄色的"检查发动机"指示灯 30s，以警告驾驶员该对发动机进行保养了。根据 ECM 测量的里程或发动机运行时间可以调整该特性。一旦 ECM 确定维护保养间隔已过期，当钥匙开关打开时将显示黄色"检查发动机"指示灯 30s。

使用康明斯 INSITE™ 服务软件，可以自定义该特性，以在维护保养间隔结束前的某个时刻点亮指示灯，例如：可以调整该特性以在超过维护保养间隔的 50%～100% 之间任何一点点亮指示灯。可以通过选择适当的报警百分比来实现。

一些车型，例如：康明斯 ISM 和 ISX 发动机，可以利用维护保养监测自动模式让 ECM 确定维护保养间隔。这时，用户必须输入一个间隔系数，使用 INSITE™ 服务软件输入间隔系数。间隔系数取决于卡车的工作循环比和润滑油等级。然后，ECM 将根据发动机工作条件计算何时维护保养间隔终止。

(2)维护保养指示灯复位

维护保养指示灯复位可以使用 INSITE™ 服务软件在维护保养监测屏幕上点击复位按钮、可在没有后处理装置的发动机上进行维护保养监测复位，或采用以下方法之一复位：

方法一：带有油门踏板的应用类型复位方法。

a. 将钥匙转到接通位置(不起动发动机)并将诊断开关转到接通位置。

b. 完全踩下油门踏板(100%)至少 3s，然后松开。

c. 完全踩下油门踏板(100%)两次，每次不超过 3s。

d. 完全踩下油门踏板(100%)至少 3s，然后松开。

方法二：不带油门踏板的应用类型复位方法。

a. 打开钥匙开关，不起动发动机。

b. 将诊断开关转到接通位置至少 3s，然后将其转到关闭位置。

c. 将诊断开关转到接通位置小于 3s，然后转到关闭位置，一共两次，这两次转换之间小于 3s。

d. 将诊断开关转到接通位置至少 3s，然后将其转到关闭位置。

应注意:方法一中的步骤 a~d 或方法二中步骤必须在 20s 内完成,否则数据将不能复位。报警指示灯将快速闪烁三次,以提示复位完成。

在安装有排气后处理的发动机上,维护保养监测指示灯复位可以使用 INSITE™ 服务软件,按照图 10-24 所示步骤 1~10 进行复位。操作时,步骤 3~8 必须在 12s 内完成。诊断开关应处于断开(OFF)位置,并且车辆空气系统必须完全充气。

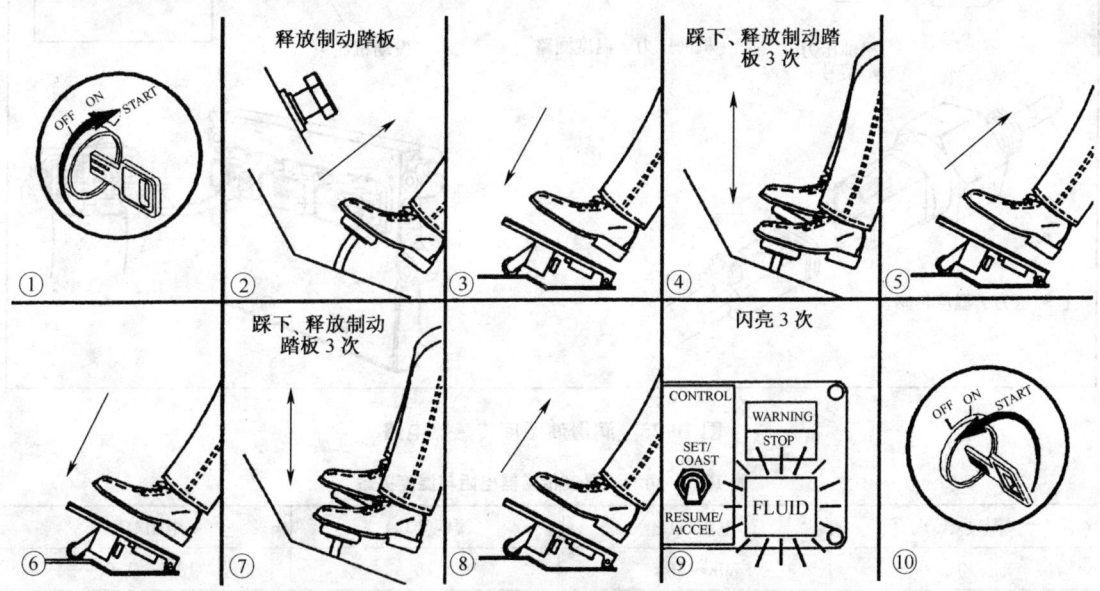

图 10-24　使用 INSITE™ 服务软件复位维护保养指示灯

1. 接通钥匙开关、发动机不起动　2. 行车制动器和拖车制动器已释放　3. 将油门踏板保持在全开位置
4. 踩下并释放行车制动器 3 次　5. 释放油门踏板　6. 再次踩下并保持油门踏板在全开位置
7. 再次踩下并释放行车制动器 3 次　8. 释放油门踏板　9. 指示灯将闪亮 3 次　10. 断开钥匙开关

10.2　故障代码 212-润滑油温度传感器电路高电压

1. 电路原理

润滑油温度传感器电路,见图 10-25。电子控制模块(ECM)利用润滑油压力/温度传感器监测发动机的润滑油温度。如果润滑油温度太高而且发动机保护系统起作用,发动机的功率开始下降,并可能停机。

2. 部件安装位置

润滑油压力/温度传感器安装在燃油滤清器的左侧、在空气压缩机后侧的发动机缸体上。

3. 故障指示灯

黄色

4. 故障原因

已检测到润滑油温度电路高电压。

5. 故障结果

无发动机润滑油温度保护。

6. 维修提示

润滑油温度传感器的电阻随温度而变化,将读数与表 10-2 的数据进行比较。

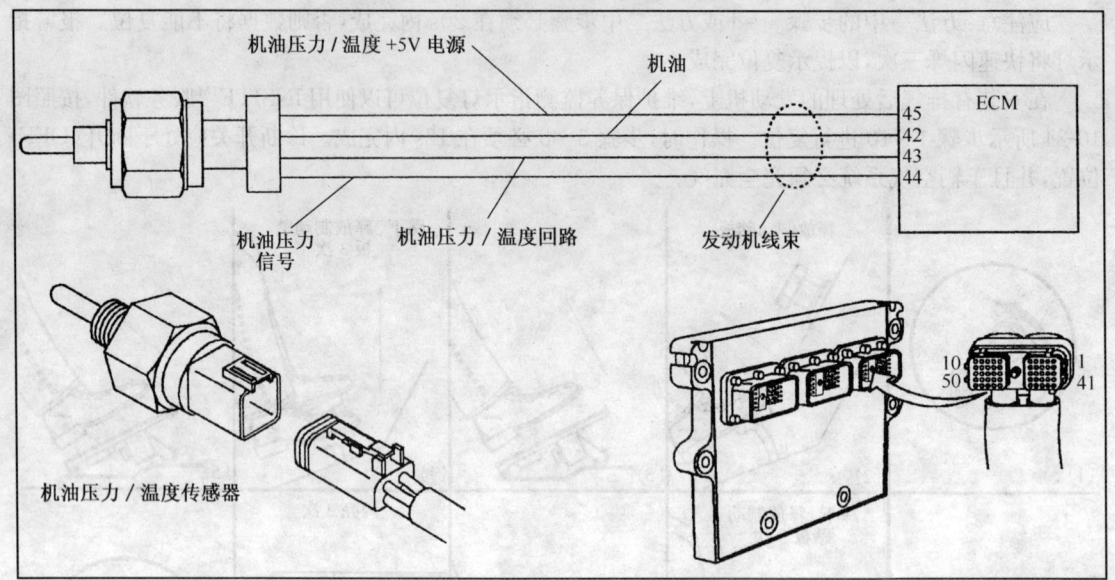

图 10-25 润滑油温度传感器电路

表 10-2 润滑油温度传感器电阻与温度关系

温度(℃)	电阻(Ω)	温度(℃)	电阻(Ω)
0	30k~36k	75	1350~1500
25	9k~11k	100	600~675
50	3k~4k		

7. 维修步骤

(1) 读取数据代码

① 连接好所有部件,将钥匙开关转到"ON"位置。

② 起动发动机,怠速运转/min,使用 INSITE™ 读取故障代码,确认故障代码 212 正在起作用。

(2) 检查润滑油压力/温度传感器的电阻

① 进行测量时,使用零件号 3822917-阴性 Deutsch/Amp/Metri-Pack 测试导线。

② 将钥匙开关转到"OFF"位置,从润滑油压力/温度传感器上拆下发动机线束。

③ 测量润滑油压力/温度传感器的触针 4(或 D) 与触针 2(或 B)之间的电阻,见图 10-26,电阻应为 300~90kΩ;若电阻不合格,应更换润滑油压力/温度传感器。

(3) 检查触针与触针之间是否短路

① 进行测量时,使用零件号 – 3822758 阳性 Deutsch/Amp/Metri-Pack 测试导线。

② 将钥匙开关转到"OFF"位置,从传感器上拆下发动机线束,从 ECM 上断开传感器线束接头。

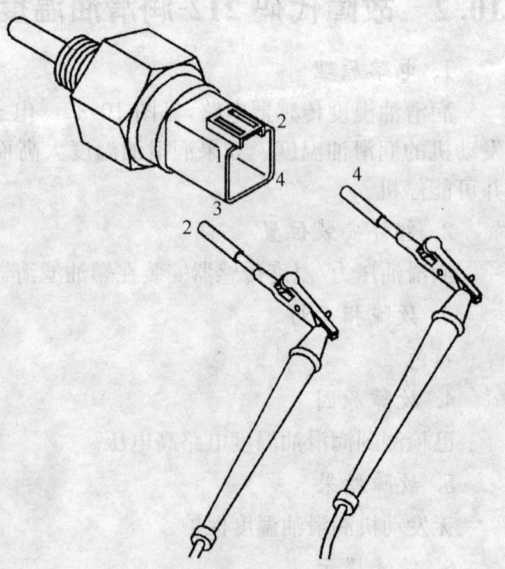

图 10-26 测量传感器的触针 4(或 D) 与触针 2(或 B)之间的电阻

③测量传感器线束接头触针42、43分别与接头中的所有其他触针之间的电阻,见图10-27,电阻应大于100kΩ;若电阻不合格,应维修或更换发动机线束。

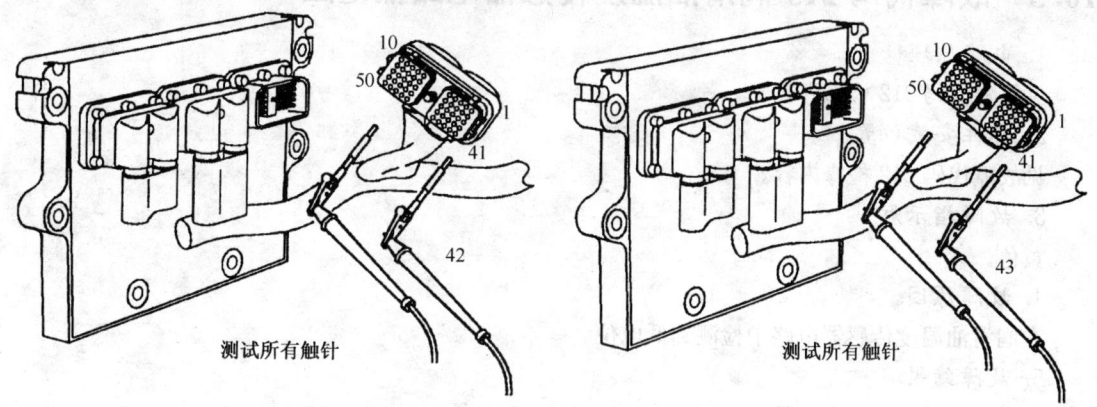

图10-27 测量触针42、43分别与接头中的所有其他触针之间的电阻

(4)检查是否开路

①进行测量时,使用零件号3822758-阳性Deutsch/Amp/Metri-Pack测试导线。

②断开钥匙开关,从传感器上拆下发动机线束,从ECM上断开传感器线束接头。

③测量传感器线束接头的触针42与传感器的触针4(或D)之间的电阻,测量传感器线束接头的触针43与传感器的触针2(或B)之间的电阻,见图10-28,测电阻应小于10Ω;若电阻不合格,应维修或更换发动机线束。

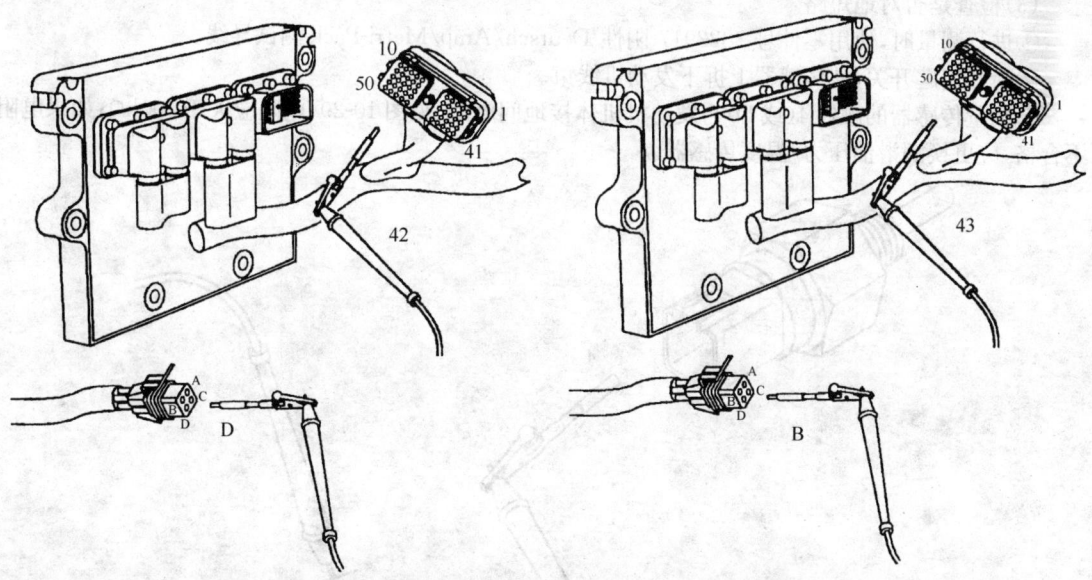

图10-28 测量触针42与触针4(或D)、触针43与触针2(或B)之间的电阻

(5)清除故障代码

①连接好所有部件,将钥匙开关转到"ON"位置。

②起动发动机,并怠速运转/min。

③使用INSITE™确认故障代码212不再起作用并已转变成非现行故障代码。

④使用 INSITE™清除非现行故障代码。

10.3　故障代码 213-润滑油温度传感器电路低电压

1. 电路原理
见故障代码 212 检修内容。
2. 部件安装位置
见故障代码 212 检修内容。
3. 故障指示灯
黄色。
4. 故障原因
在润滑油温度传感器电路中检测到低电位。
5. 故障结果
无发动机润滑油温度保护。
6. 维修提示
见故障代码 212 检修内容。
7. 维修步骤
(1) 读取故障代码
①连接好所有部件,将钥匙开关转到"ON"位置。
②起动发动机,怠速运转 1min,使用 INSITE™读取故障代码,确认故障代码 213 正在起作用。
(2) 检查润滑油压力/温度传感器的电阻(见故障代码 212 检修内容)
(3) 检查是否对地短路
①进行测量时,使用零件号 3822917-阴性 Deutsch/Amp/Metri-Pack 测试导线。
②断开钥匙开关,从传感器上拆下发动机线束。
③测量传感器的触针 4(或 D)与发动机机体接地间电阻,见图 10-29,电阻应大于 100kΩ;如果电阻不合格,应更换润滑油压力/温度传感器。

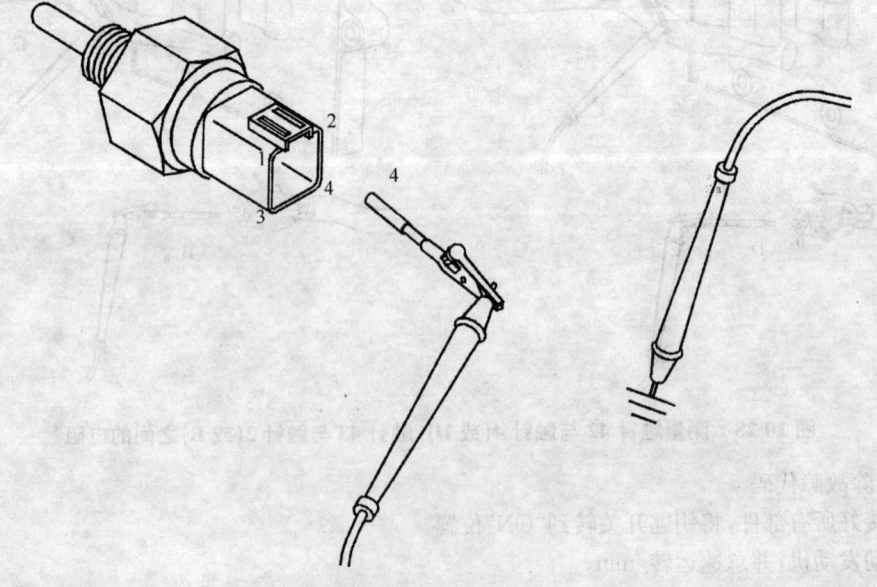

图 10-29　测量触针 4(或 D)与机体接地间电阻

(4)检查触针与触针之间是否短路(见故障代码检修内容)

(5)检查是否对地短路

①进行测量时,使用零件号3822758-阳端Deutsch/Amp/Metri-Pack测试导线。

②断开钥匙开关,从传感器上拆下发动机线束,从ECM上断开传感器线束接头。

③分别测量传感器线束接头的触针42、43与发动机缸体间的电阻,见图10-30,电阻应大于100kΩ,如果电阻不合格,应维修或更换发动机线束。

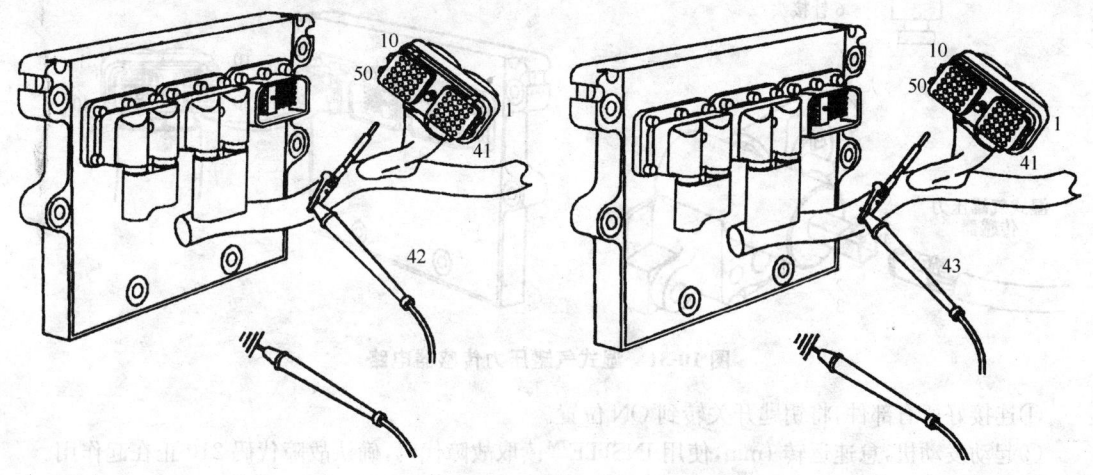

图10-30 分别测量触针42、43与机体间电阻

(6)清除故障代码

①连接好所有部件,将钥匙开关转到"ON"位置。

②起动发动机,怠速运转/min。

③使用INSITE™确认故障代码213不再起作用并且已转变成非现行故障代码。

④使用INSITE™清除非现行故障代码。

10.4 故障代码216-湿式气罐压力传感器电路高电压

1. 电路原理

湿式气罐压力传感器电路,见图10-31。湿式气罐压力传感器将湿式气罐压力信号传递给电子控制模块(ECM)。

2. 部件安装位置

湿式气罐压力传感器安装在空气压缩机上,它是电子空气调压器,不能维修。

3. 故障指示灯

黄色。

4. 故障原因

在空压机的湿式气罐压力信号电路中检测到高电压。

5. 故障结果

空气压缩机会持续运行。

6. 维修提示

该故障说明ECM传感器端口的信号触针19当前与至少+5V的电源短路。

7. 维修步骤

(1)读取故障代码

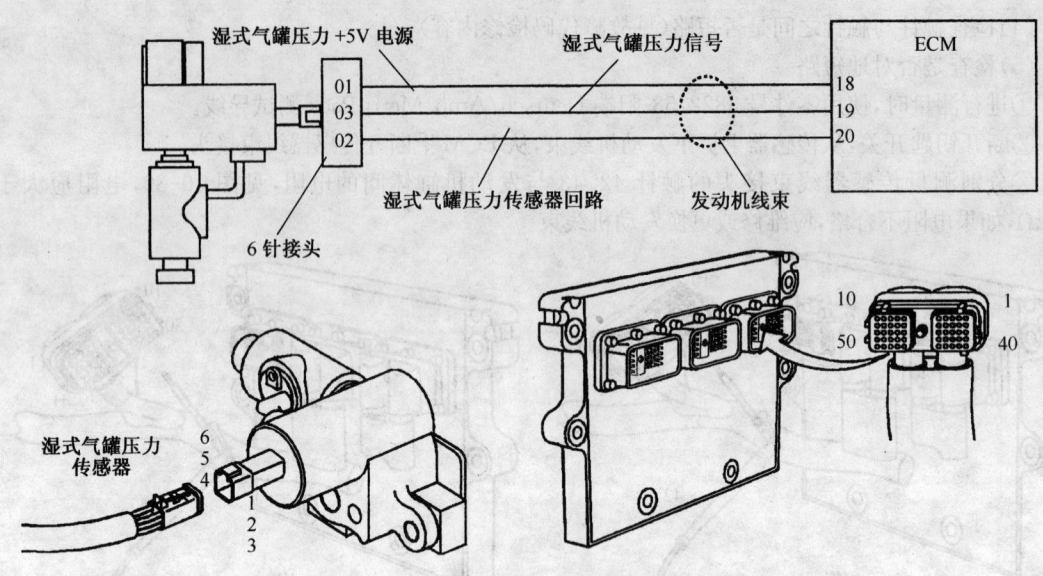

图 10-31　湿式气罐压力传感器电路

①连接好所有部件,将钥匙开关转到 ON 位置。
②起动发动机,急速运转 1min,使用 INSITE™ 读取故障代码,确认故障代码 216 正在起作用。
(2) 检查电源电压
①测量时,使用零件号 3822917-阴性 Deutsch/Amp/Metri-Pack 测试导线。
②从传感器上断开发动机线束,将钥匙开关转到 ON 位置。
③测量发动机线束侧湿式气罐压力传感器接头的触针 1(或 A)与触针 2(或 B)之间的电源电压,见图 10-32,应为 4.75～5.25V;电压若不合格,则不符合技术规范。
(3) 测量 ECM 的电压
①使用零件号 3822917-阴性 Deutsch/Amp/Metri-Pack 测试导线。
②从传感器线束上断开湿式气罐压力传感器,从 ECM 上断开传感器线束接头,打开钥匙开关到 ON 位置。
③测量 ECM 传感器端口的触针 18 与触针 20 之间的电压,见图 10-33,电压应为 4.75～5.25V;电压若不合格,应维修或更换发动机线束或更换 ECM。

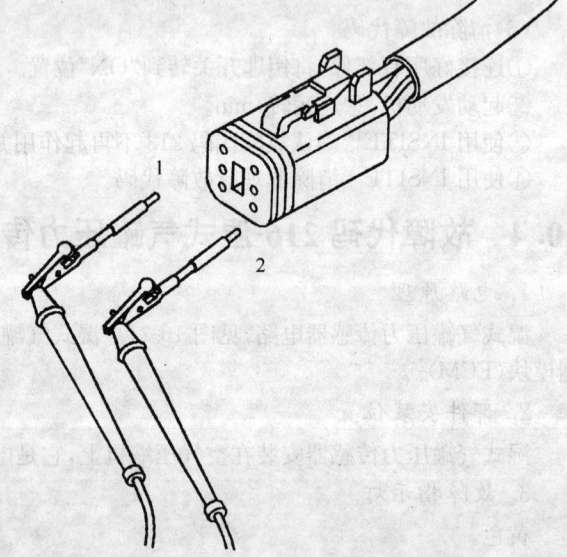

图 10-32　测量触针 1(或 A)与触针 2(或 B)之间的电源电压

(4) 检查信号线与发动机线束的所有导线之间是否短路
①使用零件号 3822758-阳端 Deutsch/Amp/Metri-Pack 测试导线。
②断开钥匙开关,从湿式气罐压力传感器上断开发动机线束,从 ECM 上断开传感器线束接头,从 ECM 上断开执行器线束接头。
③测量传感器线束接头的触针 19 与接头上所有其他触针间的电阻,测量传感器线束接头的触针

19与执行器线束接头上所有触针间的电阻,见图10-34,电阻应大于100kΩ;电阻若不在规定范围,应维修或更换发动机线束。

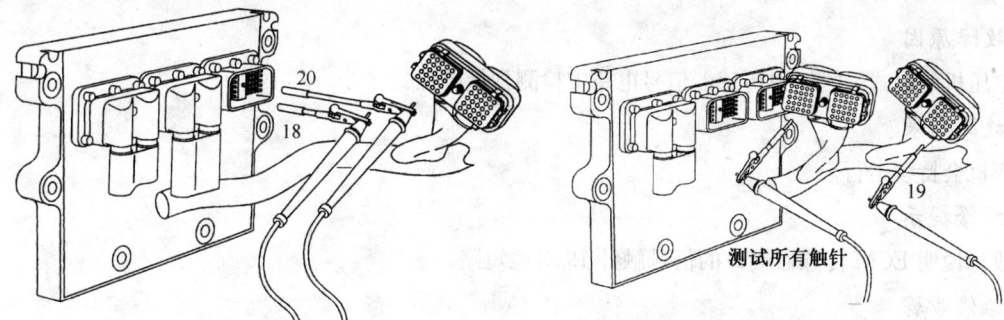

图 10-33　测量触针 18 与 20 之间的电压　　　　图 10-34　测量触针 19 与其他所有触针间的电阻

（5）检查是否开路

①测量时,使用零件号 3822758-阳性 Deutsch/Amp/Metri-Pack 测试导线和零件号 3822917-阴性 Deutsch/Amp/Metri-Pack 测试导线。

②测量传感器线束接头的触针 20 与发动机线束侧湿式气罐压力传感器线束接头的触针 2 之间的电阻,见图10-35,电阻应小于10Ω;若电阻不合格,则应维修或更换发动机线束。

（6）检查 ECM 的响应性

①从 ECM 上断开传感器线束接头,打开钥匙开关到 ON 位置。

②使用 INSITE™ 检查 ECM 响应是否恰当,见图10-26。正确的响应性应是:故障代码 216 不起作用,故障代码 217 起作用、更换空压机调速器总成;若不合格,则应更换 ECM。

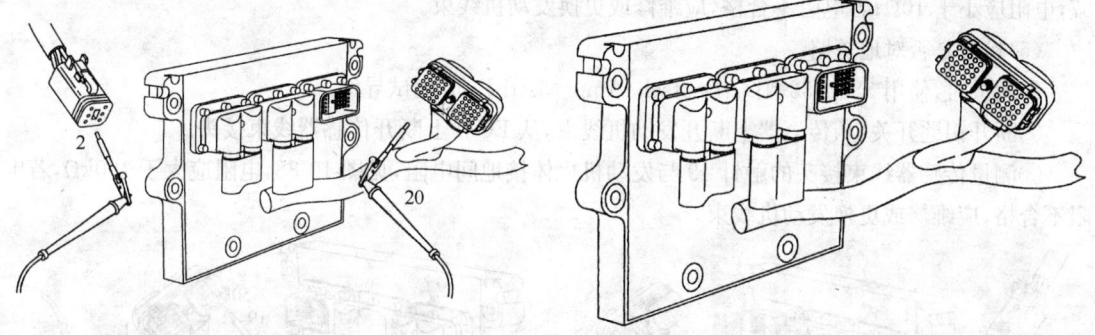

图 10-35　测量触针 20 与 2 之间的电阻　　　　图 10-36　检查 ECM 的响应性

（7）清除故障代码

①连接所有部件,打开钥匙开关,起动发动机,急速运转 1min。

②用 INSITE™ 确认故障代码 216 不再起作用并已转变成非现行故障代码,用 INSITE™ 清除非现行故障代码。

10.5　故障代码 217-湿式气罐压力传感器电路低电压

1. 电路原理

见故障代码 216 检修内容。

2. 部件安装位置

见故障代码 216 检修内容。

3. 故障指示灯

黄色。

4. 故障原因

在空压机的湿式气罐压力传感器信号电路中检测到低电位。

5. 故障结果

空压机会持续运行。

6. 维修提示

该故障说明 ECM 传感器端口的信号触针 19 对地短路。

7. 维修步骤

(1)读取故障代码

①连接好所有部件，打开钥匙开关，起动发动机，怠速运转 1min。

②使用 INSITE™ 读取故障代码，确认故障代码 217 正在起作用。

(2)检查电源电压(见故障代码 216 检修内容)

(3)测量 ECM 的电压(见故障代码 216 检修内容)

(4)检查是否开路

①测量时，使用零件号 3822758-阳性 Deutsch/Amp/Metri-Pack 测试导线和零件号 3822917-阴性 Deuesch/Amp/Metri-Pack 测试导线。

②断开钥匙开关，从传感器上断开发动机线束，从 ECM 上断开传感器线束接头。

③测量传感器线束接头的触针 19 与发动机侧传感器线束接头触针 3(或 c)之间的电阻，见图 10-37，电阻应小于 10Ω；若电阻不合格，应维修或更换发动机线束。

(5)检查是否对地短路

①测量时，使用 3822758-阳端 Deutsch/Amp/Metri-Pack 测试导线。

②断开钥匙开关，从传感器上断开发动机线束，从 ECM 上断开传感器线束接头。

③测量传感器线束接头的触针 19 与发动机机体接地间电阻，见图 10-38，电阻应大于 100kΩ，若电阻不合格，应维修或更换发动机线束。

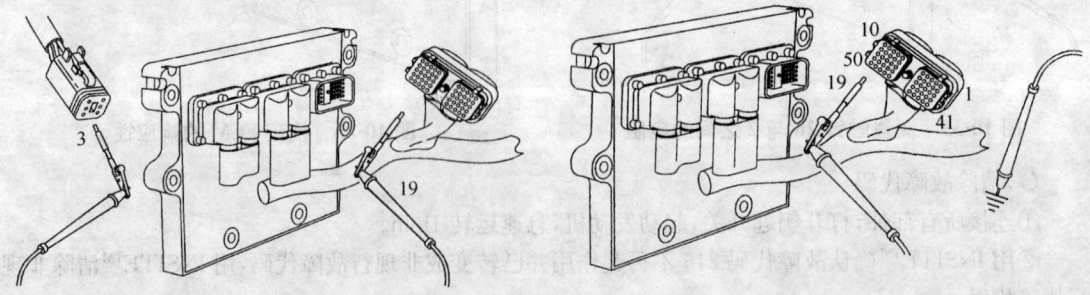

图 10-37　测量触针 19 与触针 3(或 c)之间的电阻　　图 10-38　测量触针 19 与机体接地间电阻

(6)检查触针与触针之间是否短路

①测量时，使用零件号 3822758-阳端 Deutsch/Amp/Metri-Pack 测试导线。

②断开钥匙开关，从传感器上断开发动机线束，从 ECM 上断开传感器线束接头。

③测量传感器线束接头的触针 19 与接头上其他触针间的电阻，见图 10-39 电阻应大于 100kΩ；若电阻不合格，应维修或更换发动机线束。

(7) 检查 ECM 的响应性
①测量时,使用零件号 3822917-阴性 Deutsch/Amp/Metri-Pack 测试导线。
②从 ECM 上断开传感器线束接头,打开钥匙开关到 ON 位置。
③在 ECM 传感器端口的触针 18 与触针 19 之间安装跨接导线,见图 10-40,正确的响应性应是:故障代码 217 不起作用,故障代码 216 起作用,更换空压机电子调速器总成;若不合格,则应更换 ECM。

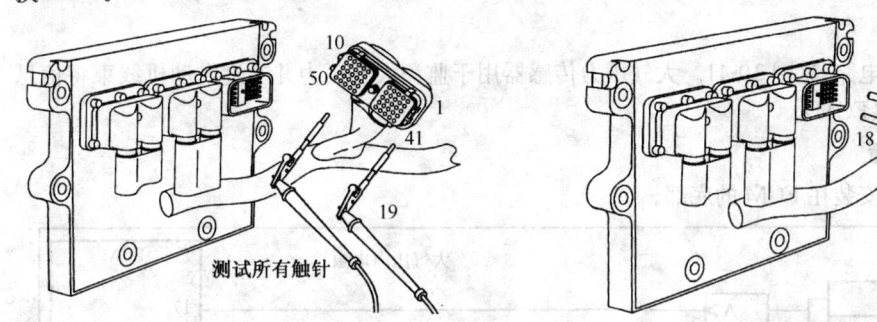

图 10-39 测量触针 19 与其他所有触针间的电阻　　图 10-40 在触针 18 与 19 间跨接导线、检查 ECM 的响应性

(8) 清除故障代码
①连接所有部件,打开钥匙开关,起动发动机,怠速运转/min。
②使用 INSITE™ 确认故障代码 217 不再起作用,并已转变成非现行故障代码,再用 INSITE™ 清除非现行故障代码。

10.6　故障代码 218-湿式气罐压力传感器电路故障

1. 电路原理
见故障代码 216 检修内容。
2. 部件安装位置
见故障代码 216 检修内容。
3. 故障指示灯
黄色。
4. 故障原因
湿式气罐压力信号的电压指示湿式气罐压力过高或过低。
5. 故障结果
空压机会持续运行。
6. 维修提示
该故障说明湿式气罐内的压力高于或低于技术规范。
7. 维修步骤
(1) 用机械式压力表核实传感器的精度
①打开钥匙开关,将机械式压力表连接到湿式气罐上。
②将 INSITE™ 连接到车辆 J1939 数据通信接口上。
③起动发动机,比较来自服务软件监视屏与来自机械压力表的读数。传感器读数正确为合格,若不合格,则应检查空压机电子调速器。

(2)清除故障代码

①连接所有部件,打开钥匙开关,起动发动机,怠速运转1min。

②使用 INSITE™ 确认故障代码218不再起作用,并已转变成非现行故障代码,再用 INSITE™ 清除非现行故障代码。

10.7 故障代码221-大气压力传感器电路高电压

1. 电路原理

大气压力传感器电路,见图10-41。大气压力传感器用于监测大气压力并通过发动机线束将信息传输到电子控制模块(ECM)。

2. 部件安装位置

大气压力传感器安装在 ECM 的底部。

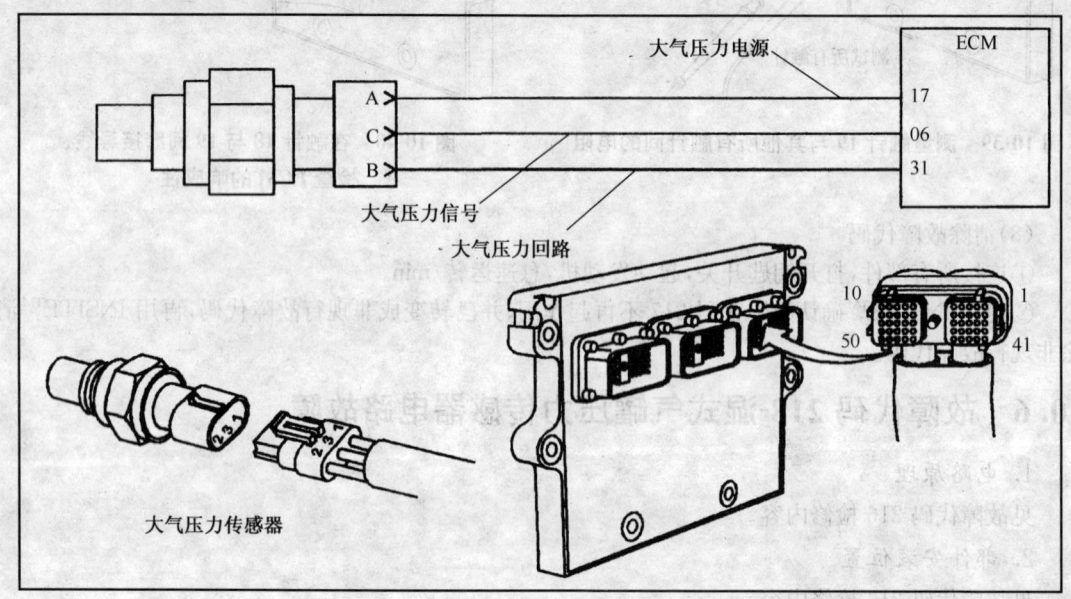

图10-41 大气压力传感器电路

3. 故障指示灯

黄色。

4. 故障原因

在大气压力传感器电路中检测到高电压。

5. 故障结果

发动机的功率输出降低。

6. 维修提示

使用 INSITE™ 监测大气压力读数,确认压力读数与实际大气压力一致。

7. 维修步骤

(1)读取故障代码

①连接好所有部件,打开钥匙开关,起动发动机,怠速运转1min。

②使用 INSITE™ 确认故障代码221正在起作用。

(2)检查 ECM 大气压力传感器的电源电压

① 测量时,使用零件号 3824774-抽头电缆。
② 将抽头电缆连接到传感器和传感器线束接头之间。
③ 打开钥匙开关,测量抽头电缆的触针 A(红色)与触针 B(黑色)之间的电压,见图 10-42,电压应为 4.75~5.25V;若电压不合格,即视为不符合技术规范。

(3) 测量 ECM 的电压
① 测量时,使用零件号 3822917-阴性 Deutsch/Amp/Metri-Pack 测试导线。
② 从 ECM 上断开传感器线束接,打开钥匙开关。
③ 测量 ECM 传感器接头端口的触针 17 与触针 31 之间的电压,见图 10-43,电压应为 4.75~5.25V;若电压不合格,应维修或更换发动机线束或更换 ECM。

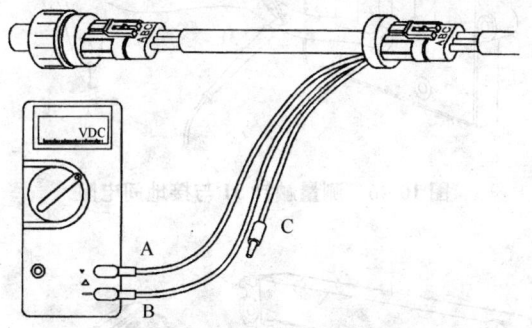

图 10-42 测量触针 A(红色)与触针 B(黑色)之间的电源电压

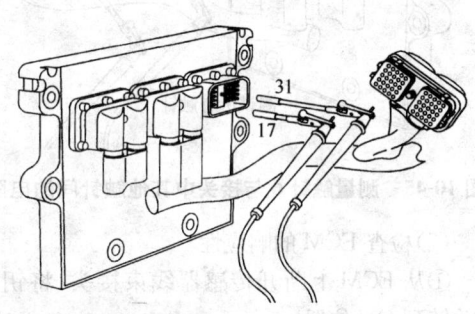

图 10-43 测量触针 17 与触针 31 之间的电压

(4) 检查 ECM 大气压力传感器的信号电压
① 测量时,使用零件号 3824774-抽头电缆,并将抽头电缆连接到传感器和传感器线束接头之间。
② 打开钥匙开关,测量抽头电缆触针 C(或黄色)与触针 B(或黑色)之间的信号电压,见图 10-44,其信号电压值,在不同的海拔高度有不同的数值,见下表 10-3 所示。若电压不合格,应进行下一步检查。

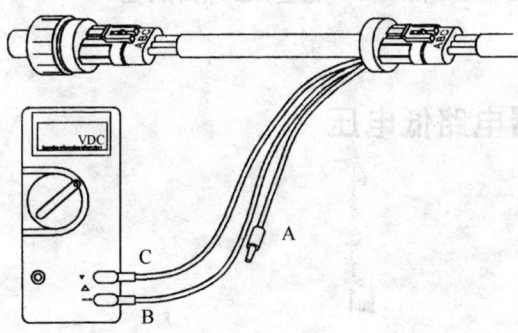

图 10-44 测量触针 C(或黄色)与触针 B(或黑色)之间的信号电压

表 10-3 信号电压与海拔高度的关系

海拔高度(m)	信号电压(V)
0	3.40~4.50
900	2.80~3.80
1800	2.20~3.25
2700	1.70~2.70
3600	1.20~2.20

(5) 检查触针与触针之间是否短路
① 测量时,使用零件号 3822758-阳端 Deutsch/Amp/Metri-Pack 测试导线。
② 断开钥匙开关,从 ECM 上断开传感器线束接头。
③ 测量传感器线束接头触针 6 与接头中所有触针间的电阻,见图 10-45,电阻应大于 100kΩ;电阻若不合格,应维修或更换发动机线束。

(6)检查回路导线是否开路

①使用零件号 3822758-阳端 Deutsch/Amp/Metri-Pack 测试导线。

②断开钥匙开关,从 ECM 上断开传感器线束接头,从大气压力传感器上断开发动机线束。

③测量传感器线束接头的触针 31 与发动机机体接地间电阻,见图 10-46,电阻应小于 10Ω,若电阻不合格,应更换大气压力传感器或维修或更换发动机线束。

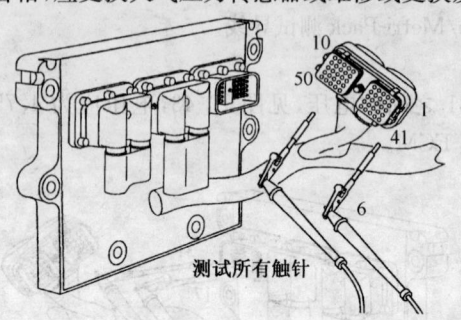
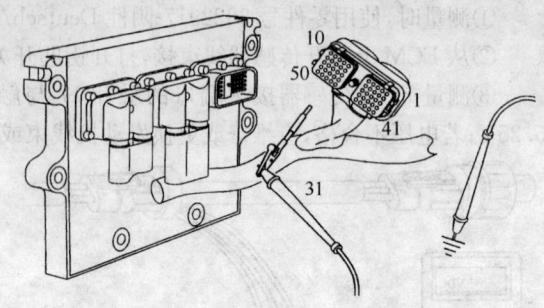

图 10-45　测量触针 6 与接头中其他触针间的电阻

图 10-46　测量触针 31 与接地间电阻

(7)检查 ECM 的响应性

①从 ECM 上断开传感器线束接头,将钥匙开关转到 ON 位置。

②使用 INSITE™ 读取故障代码,见图 10-47,故障代码 221 不起作用,而故障代码 222 起作用为响应性合格;ECM 的响应性不合格,应更换 ECM。

(8)清除故障代码

①连接所有部件,打开钥匙开关,起动发动机,怠速运转 1min。

②使用 INSITE™ 确认故障代码 221 不再起作用并已转变成非现行故障代码,用 INSITE™ 清除非现行故障代码。

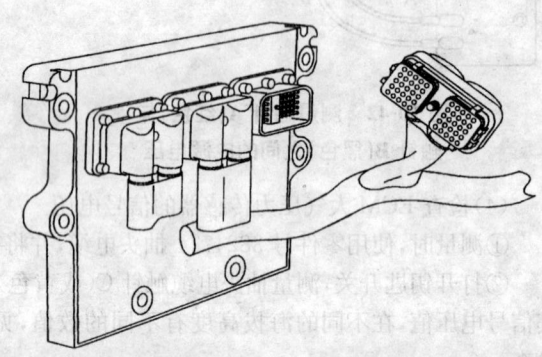

图 10-47　检查 ECM 的响应性

10.8　故障代码 222-大气压力传感器电路低电压

1. 电路原理

见故障代码 221。

2. 部件安装位置

见故障代码 221。

3. 故障指示灯

黄色。

4. 故障原因

在大气压力传感器电路中检测到低电压。

5. 故障结果

发动机功率输出将降低。

6. 维修提示

使用 INSITE™ 监测大气压力读数,确认压力读数与实际大气压力一致。

7. 维修步骤

(1) 读取故障代码

①连接好所有部件,打开钥匙开关,起动发动机,怠速运转 1min。

②使用 INSITE™ 确认故障代码 222 正在起作用。

(2) 检查 ECM 大气压力传感器的电源电压(见故障代码 221 检修内容)

(3) 检查 ECM 的电压(见故障代码 221 检修内容)

(4) 检查 ECM 大气压力传感器的信号电压(见故障代码 221 检修内容)

(5) 检查是否对地短路

①使用零件号 3822758-阳端 Deutsch/Amp/Metri-Pack 测试导线。

②断开钥匙开关,从发动机线束上断开大气压力传感器,从 ECM 上断开传感器线束接头。

③测量传感器线束接头的触针 6 与接地间电阻,见图 10-48,电阻应大于 100kΩ;电阻若不合格,应更换发动机线束。

(6) 检查触针与触针之间是否短路(见故障代码 221 检修内容)

(7) 检查是否开路

①使用零件号 3822758-阳端 Deutsch/Amp/Metri-Pack 测试导线。

②断开钥匙开关,从发动机线束上断开大气压力传感器,从 ECM 上断开传感器线束接头。

③测量传感器线束接头的触针 6 与大气压力传感器的信号触针 C(或 3)之间的电阻,见图 10-49,电阻应小于 10Ω;若电阻不合格,应维修或更换发动机线束。

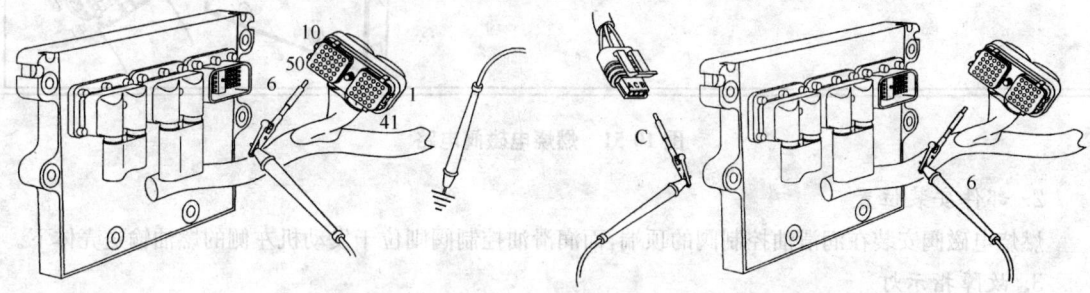

图 10-48 测量触针 6 与接地间电阻　　图 10-49 测量触针 6 与触针 C(或 3)之间的电阻

(8) 检查 ECM 的响应性

①使用零件号 3822917-阴性 Deutsch/Amp/Metri-Pack 测试导线。

②从 ECM 上断开传感器线束接头,打开钥匙开关。

③在 ECM 传感器端口的触针 6 与触针 17 之间安装跨接导线,见图 10-50。

④使用 INSITE™ 读取故障,故障代码 222 不起作用,而故障代码 221 起作用为合格;若不合格,应更换 ECM。

(9) 清除故障代码

①连接所有部件,打开钥匙开关,起动发动机,怠速运转 1min。

②使用 INSITE™ 确认故障代码 222 不再起作用,并已转变成非现行故障代码,再用 INSITE™ 清除非现行故障代码。

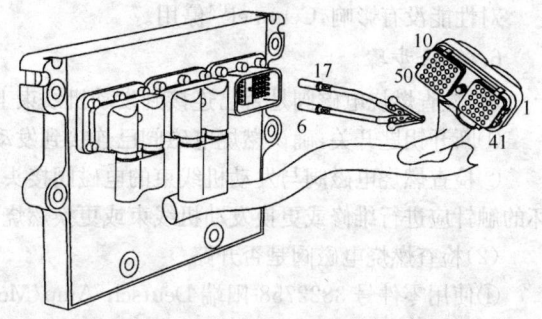

图 10-50 在触针 6 与触针 17 之间跨接导线,检查 ECM 的响应性

10.9 故障代码 223-燃烧电磁阀故障

1. 电路原理

燃烧电磁阀电路，见图 10-51。燃烧电磁阀的作用是在发动机燃烧循环中控制进入燃油回油管的润滑油流量。

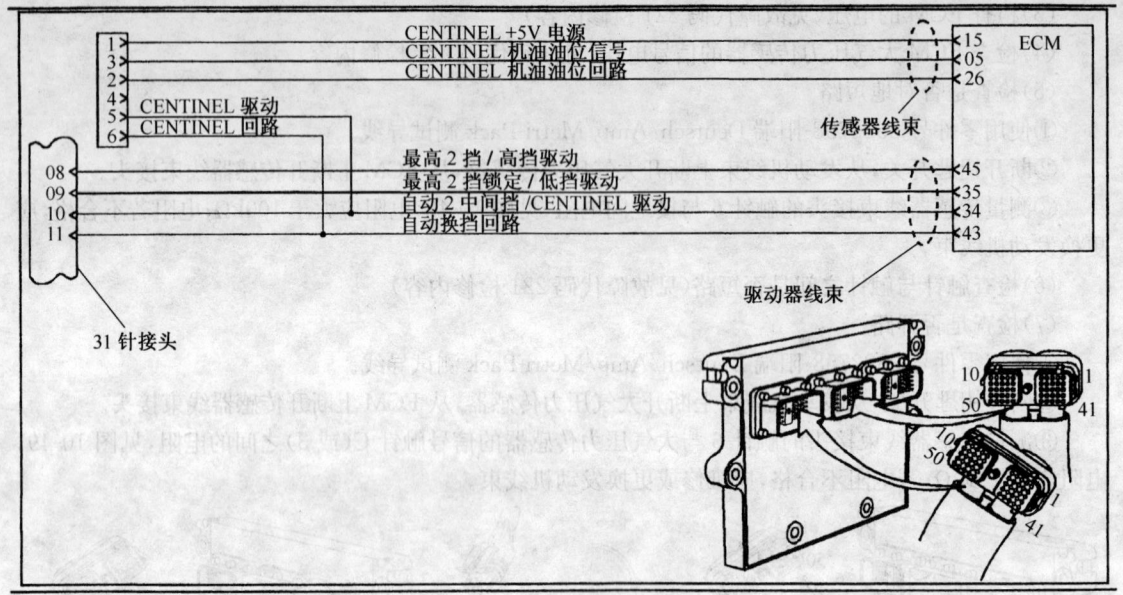

图 10-51 燃烧电磁阀电路

2. 部件安装位置

燃烧电磁阀安装在润滑油控制阀的顶端，而润滑油控制阀则位于发动机左侧的燃油输送壳体下。

3. 故障指示灯

黄色。

4. 故障原因

ECM 检测到 Centinel™ 执行器电路电压不正确。

5. 故障结果

对性能没有影响，Centinel™ 停用。

6. 维修步骤

(1) 检查燃烧电磁阀是否已连接到发动机线束上
①断开钥匙开关，确认燃烧电磁阀已连接到发动机线束上，见图 10-52。
②检查燃烧电磁阀与发动机线束的电磁阀接头触针是否有损坏的，无损坏的触针为合格；若有损坏的触针应进行维修或更换发动机线束或更换燃烧电磁阀。

(2) 检查燃烧电磁阀是否开路
①使用零件号 3822758-阳端 Deutsch/Amp/Metri-Pack 测试导线。
②断开钥匙开关，从发动机线束上断开燃烧电磁阀。
③测量燃烧电磁阀接头的触针 A (或 1) 与触针 B (或 2) 之间的电阻，见图 10-53，电阻应小于 120Ω；若电阻不合格，应更换燃烧电磁阀。

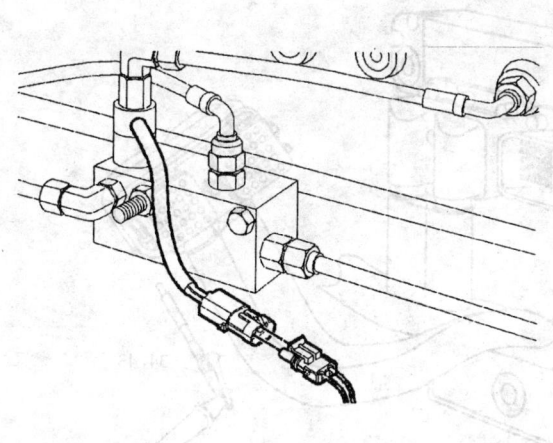

图 10-52 检查燃烧电磁阀是否连接到发动机线束上

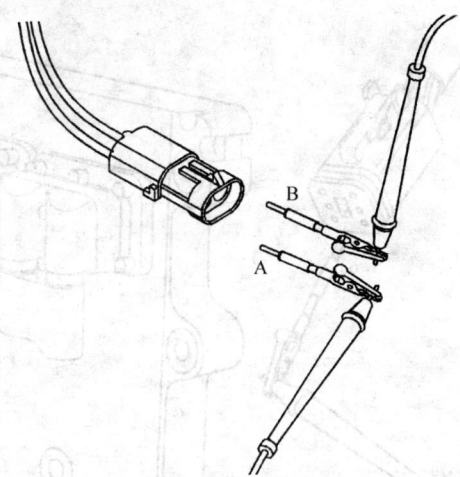

图 10-53 测量触针 A(或 1)与触针 B(或 2)之间的电阻

(3)检查燃烧电磁阀是否对地短路

①使用零件号 3822758 - 阳端 Deutsch/Amp/Metri-Pack 测试导线。

②断开燃烧电磁阀上的发动机线束,测量电磁阀的触针 A(或 1)与接地间电阻,见图 10-54,电阻应大于 80Ω;若电阻不合格,应更换燃烧电磁阀。

(4)检查是否开路

①使用零件号 3822758 - 阳端 Deutsch/Amp/Metri-Pack 测试导线。

②断开钥匙开关,从发动机线束上断开燃烧电磁阀,从 ECM 上断开执行器线束接头。

③测量执行器线束接头的触针 34 与燃烧

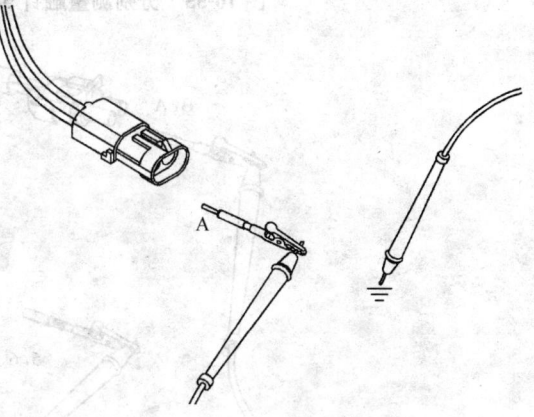

图 10-54 测量触针 A(或 1)与接地间电阻

电磁阀的触针 5 之间的电阻、测量执行器线束接头的触针 43 与燃烧电磁阀的触针 6 之间的电阻,电阻值应均小于 10Ω,见图 10-55;若电阻不合格,应维修或更换发动机线束。

(5)检查 Centinel™ 跨接线束是否开路

①使用零件号 3822758-阳端 Deutsch/Amp/Metri-Pack 测试导线。

②断开钥匙开关,从燃烧电磁阀上断开跨接线束,从发动机线束上断开跨接线束。

③测量 Centinel™ 跨接线束的 2 针接头中的信号触针与 6 针接头中的触针 5 之间的电阻,测量 Centinel™ 跨接线束的 2 针接头中的回路触针与 6 针接头中的触针 6 之间的电阻,见图 10-56,电阻应均小于 10Ω;若电阻不合格,维修或更换 Centinel™ 跨接线束。

(6)检查是否对地短路

①使用零件号 3822758-阳端 Deutsch/Amp/Metri-Pack 测试导线。

②断开钥匙开关,从发动机线束上断开燃烧电磁阀,从 ECM 上断开执行器线束接头。

③分别测量执行器线束接头触针 34、43 与接地间电阻,见图 10-57,电阻均应大于 100kΩ;若电阻不合格,维修或更换发动机线束。

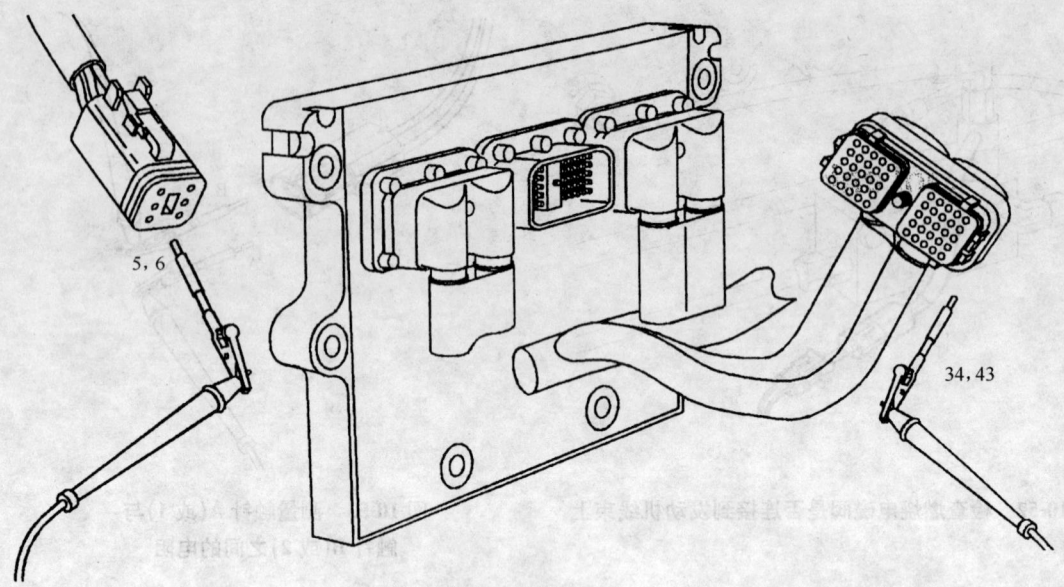

图10-55 分别测量触针34与5、43与6之间的电阻

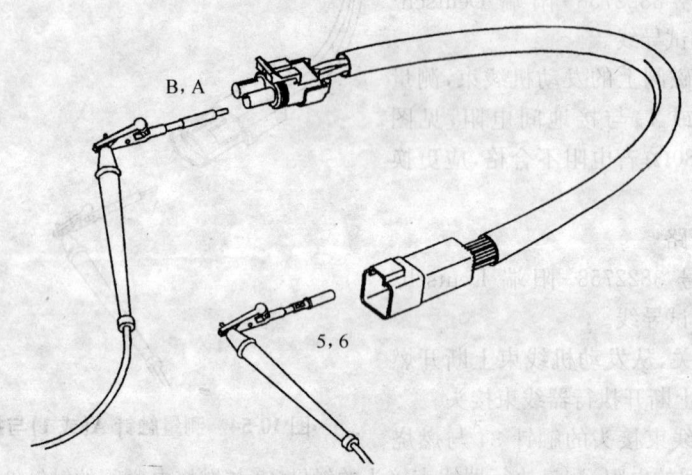

图10-56 测量2针接头中的信号触针与触针5之间的电阻，
及2针接头中的回路触针与触针6之间的电阻

(7)检查Centinel™跨接线束是否对地短路
①使用零件号3822758-阳端Deutsch/Amp/Metri-Pack测试导线。
②断开钥匙开关，从燃烧电磁阀上断开跨接线束，从发动机线束上断开跨接线束。
③测量2针连接器的触针A(或1)与机体间电阻，测量2针连接器的触针B(或2)与机体间电阻，见图10-58，电阻应大于100kΩ；若电阻不合格，应维修或更换Centinel跨接线束。
(8)检查触针与触针之间是否短路
①使用零件号3822758-阳端Deutsch/Amp/Metri-Pack测试导线。
②断开钥匙开关，从燃烧电磁阀上断开发动机线束，从ECM上断开执行器线束接头、断开31针连接器OEM接头。
③分别测量执行器连接器触针34、43与此连接器上所有其他触针间电阻，见图10-59，电阻应分别大于100kΩ；若电阻不合格，应维修或更换发动机线束。

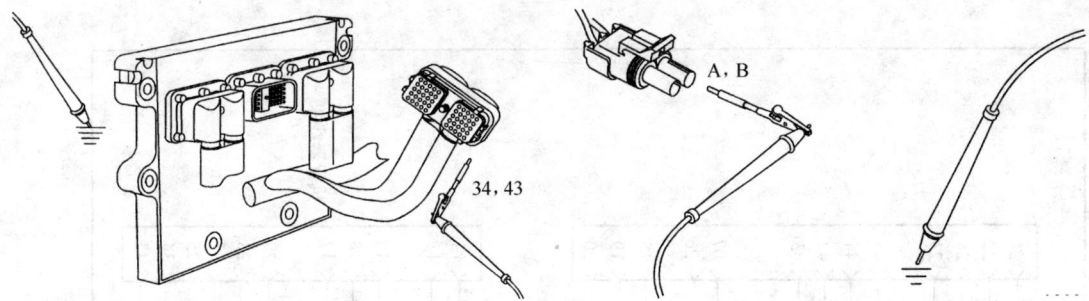

图 10-57 分别测量触针 34、43 与接地间电阻　　图 10-58 分别测量触针 A(或 1)、B(或 2)与机体间电阻

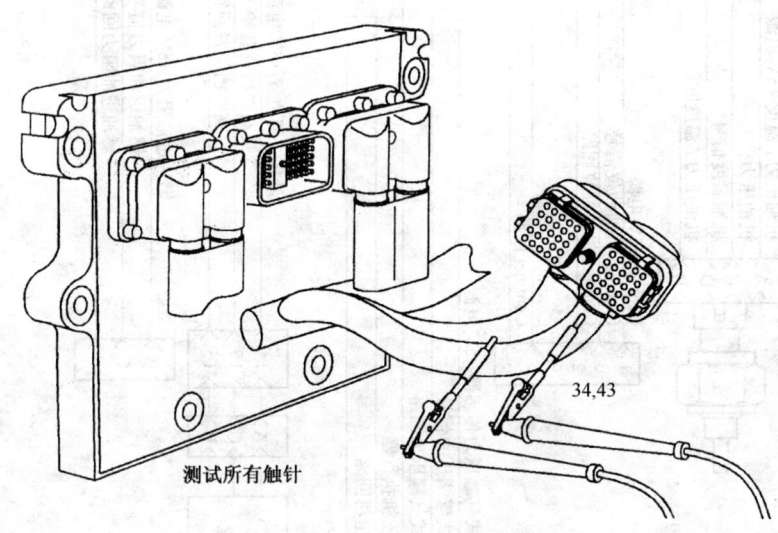

图 10-59 分别测量触针 34、43 与连接器上所有其他触针间电阻

(9)清除故障代码

①连接所有部件,打开钥匙开关,起动发动机,怠速运转/min。

②用 INSITE™ 确认故障代码 223 不再起作用并已转变或非现行故障代码,再用 INSITE™ 清除非现行故障代码。

10.10　故障代码 227-传感器电源电路高电位

1. 电路原理

传感器电源电路,见图 10-60。ECM 向传感器提供 5V 电源电压,如果任何传感器电源导线损坏,该传感器将不能正常工作。

在图 10-60 中,湿式气罐压力传感器/空气压缩机和最高 2 挡齿轮位置导线的电路在工业用发动机电气接线图中以不同方式标注。在工业用标签中的区别是:

①湿式气罐压力传感器 5V 电源=OEM 压力电源(触针 1~18)。

②湿式气罐压力信号=OEM 压力信号(触针 3~19)。

③湿式气罐压力回路=OEM 压力回路(触针 2~20)。

④空压机执行器=开关控制输出 A(触针 5~14)。

⑤空压机回路=备用(触针 6~11)。

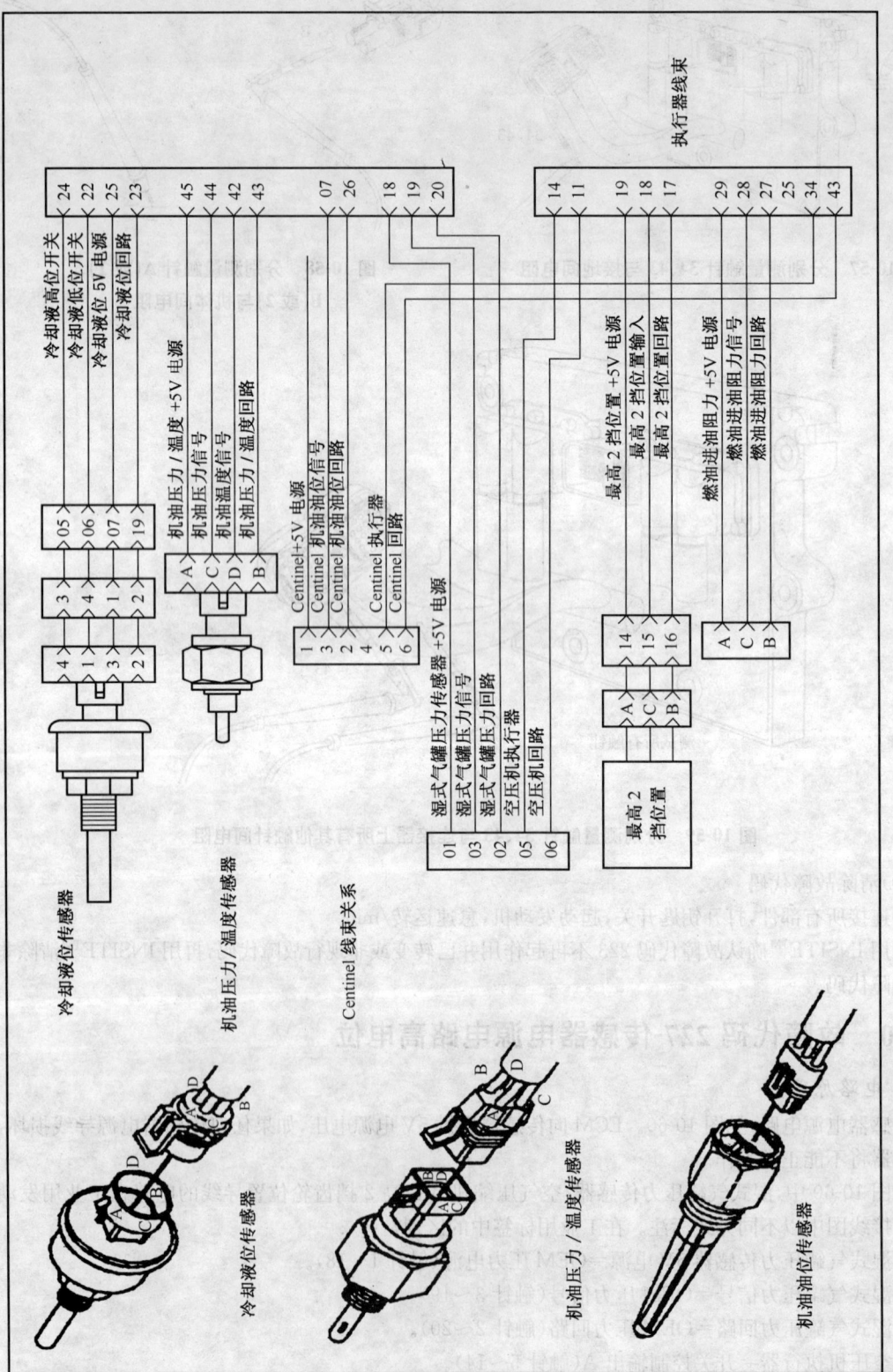

图 10-60 传感器电源电路

⑥最高2挡位置5V电源=备用(触针14～19)。
⑦最高2挡位置输入=备用(触针15～18)。
⑧最高2挡回路=备用(触针16～17)。

2. 部件安装位置
①燃油进油阻力传感器位于燃油泵进口处。
②润滑油压力/温度传感器位于空压机前端。
③润滑油油位传感器位于油底壳内。
④湿式气罐压力传感器位于空压机上。
⑤冷却液液位传感器。参考OEM了解适当的位置。
⑥最高2挡变速箱位置传感器位于变速箱上。如果车辆带有Spicer™最高2挡自动变速箱,参考OEM了解适当的位置。

3. 故障指示灯
黄色。

4. 故障原因
在电子控制模块(ECM)与某些传感器连接的电源线路中检测到高电位。(VSEN2)

5. 故障结果
发动机的输出功率会降低。没有与润滑油压力和冷却液液位相关的发动机保护。

6. 维修提示
传感器5V电源线上的高压可能由电源线路对蓄电池短路或执行器导线和电源导线之间短路引起。

7. 维修步骤
(1)检查ECM的电源电压
①使用零件号3822917-阴性Deutsch/Amp/Metri-Pack测试导线。
②从ECM上断开传感器线束接头,从ECM上断开执行器线束接头、打开钥匙开关。
③测量ECM传感器接头端口的触针18、25、45与接地间电源电压、测量ECM执行器接头端口的触针19、29与接地间电源电压,见图10-61,电压应为4.75～5.25V为合格;若电压不合格,则应更换ECM。

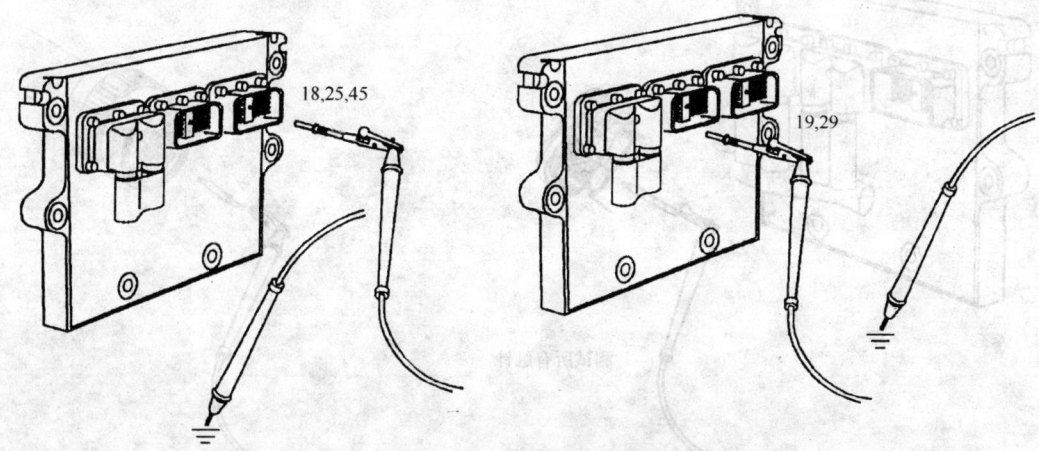

图10-61 测量触针18、25、45与接地间电源电压,测量触针19、29与接地间电源电压

(2)检查触针与触针之间是否短路

①使用零件号3822758-阳端Deutsch/Amp/Metri-Pack测试导线。

②断开钥匙开关,从ECM上断开传感器线束接头。

③分别测量传感器线束接头触针18、25、45与接头中所有其他触针间的电阻,见图10-62,电阻应大于100kΩ;若电阻不合格,应维修或更换发动机线束。

(3)检查是否对蓄电池电压短路

①使用零件号3822758-阳端Deutsch/Amp/Metri-Pack测试导线。

②断开钥匙开关,从ECM上断开传感器线束接头,从ECM上断开OEM线束接头。

③分别测量传感器线束接头触针18、25、45与50针OEM线束接头的触针7之间的电阻,见图10-63,电阻应大于100kΩ;若电阻不合格,应继续检查故障原因。

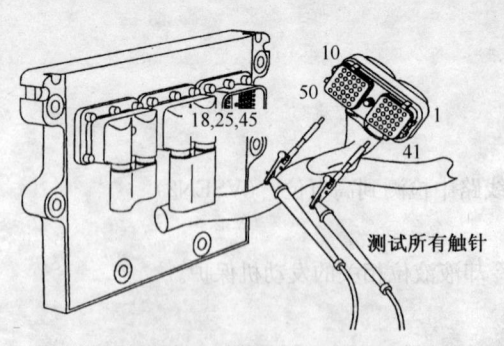 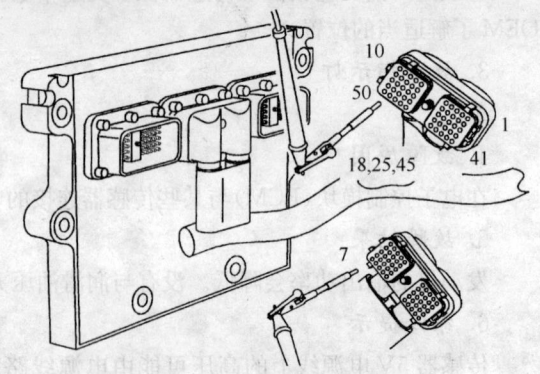

图10-62 分别测量触针18、25、45和接头中其他所有触针间的电阻

图10-63 分别测量触针18、25、45和触针7之间的电阻

(4)检查是否对蓄电池电压短路

①使用零件号3822758-阳端Deutsch/Amp/Metri-Pack测试导线。

②断开钥匙开关,从ECM上断开50针OEM线束接头,从发动机线束上断开31针OEM线束。

③测量50针OEM线束接头触针7与OEM线束侧31针OEM接头触针7之间的电阻,见图10-64,电阻应大于100kΩ;若电阻不合格,应维修或更换OEM线束。

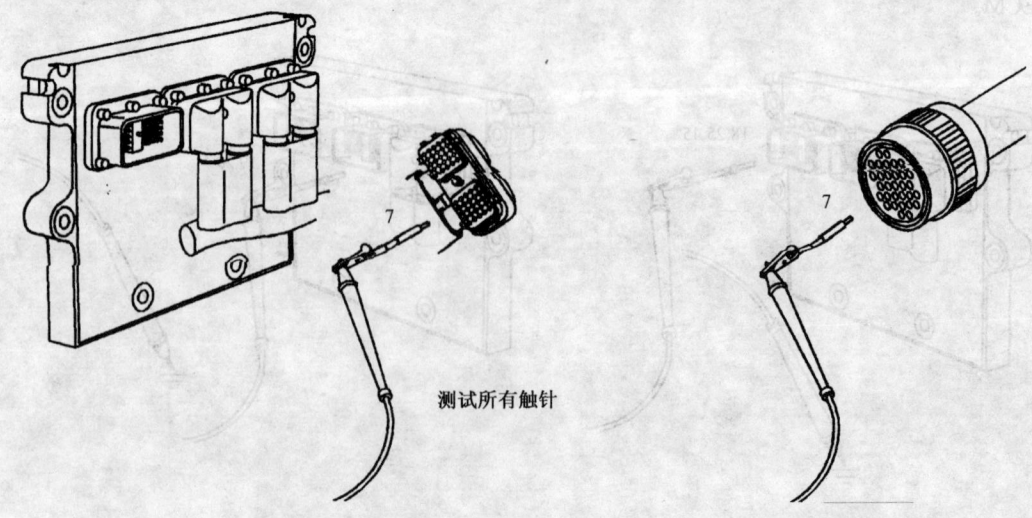

图10-64 测量50针线束接头触针7与31针OEM接头触针7之间的电阻

(5) 检查触针与触针之间是否短路
①使用零件号 3822758-阳端 Deutsch/Amp/Metri-Pack 测试导线。
②断开钥匙开关,从 ECM 上断开传感器线束接头。
③分别测量执行器线束接头触针 19、29 与执行器线束接头上所有其他触针之间的电阻,见图 10-65,电阻应大于 100kΩ;若电阻不合格,应维修或更换发动机线束。

(6) 检查是否对蓄电池电压短路
①使用零件号 3822758-阳端 Deutsch/Amp/Metri-Pack 测试导线。
②断开钥匙开关,从 ECM 上分别断开执行器线束接头和 OEM 线束接头。
③分别测量执行器线束接头触针 19、29 与 50 针 OEM 线束接头触针 7 之间的电阻,见图 10-66,电阻应大于 100kΩ;若电阻不合格,应继续检查故障原因。

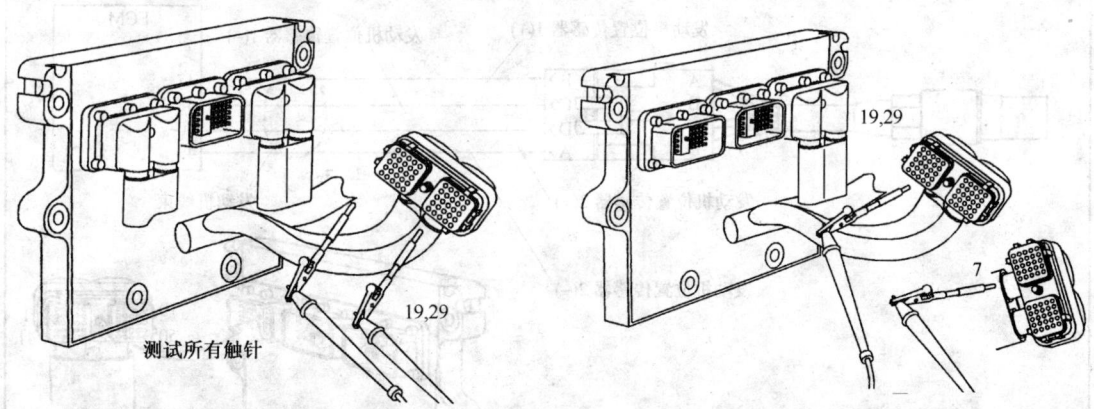

图 10-65　分别测量 19、29 触针与其他触针间的电阻　　图 10-66　分别测量触针 19、29 与触针 7 之间的电阻

(7) 检查是否对蓄电池电压短路
①使用零件号 3822758-阳端 Deutsch/Amp/Metri-Pack 测试导线。
②断开钥匙开关,从 ECM 上断开 50 针 OEM 线束接头,从发动机线束上断开 31 针 OEM 线束接头。
③测量 50 针线束接头的触针 7 与 31 针线束接头的触针 14 间电阻,见图 10-67,电阻应大于 100kΩ;若电阻不合格,应维修或更换 OEM 线束。

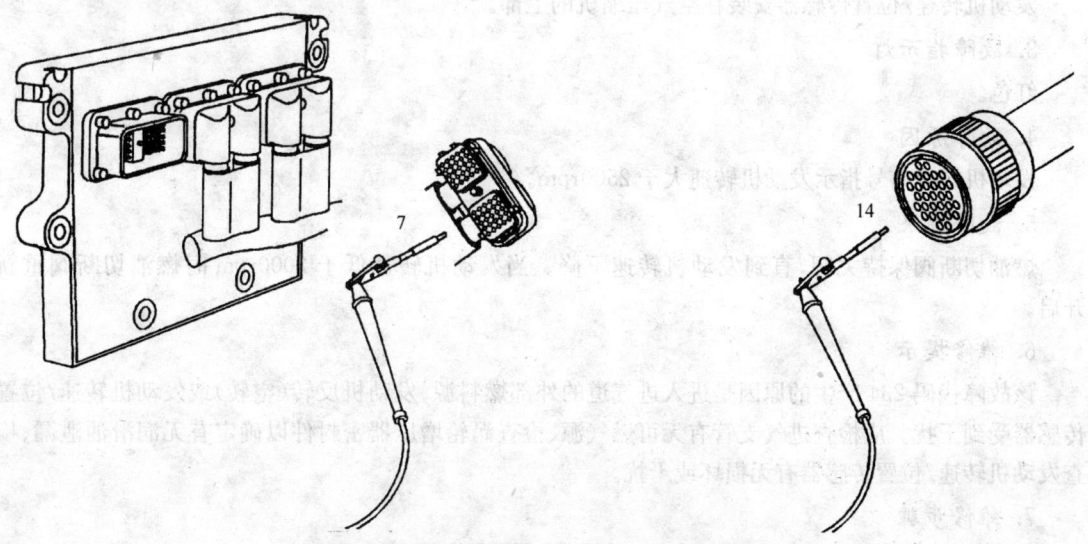

图 10-67　测量触针 7 与触针 14 之间电阻

(8) 清除故障代码

①连接所有部件,打开钥匙开关,起动发动机,急速运转1min。

②使用 INSITE™确认故障代码 227 不再起作用,并已转变成非现行故障代码,再用 INSITE™清除非现行故障代码。

10.11 故障代码 234-发动机超速电路故障

1. 电路原理

发动机转/位置传感器通过发动机线束向 ECM 提供发动机转速和位置信号。该传感器电路,见图 10-68。

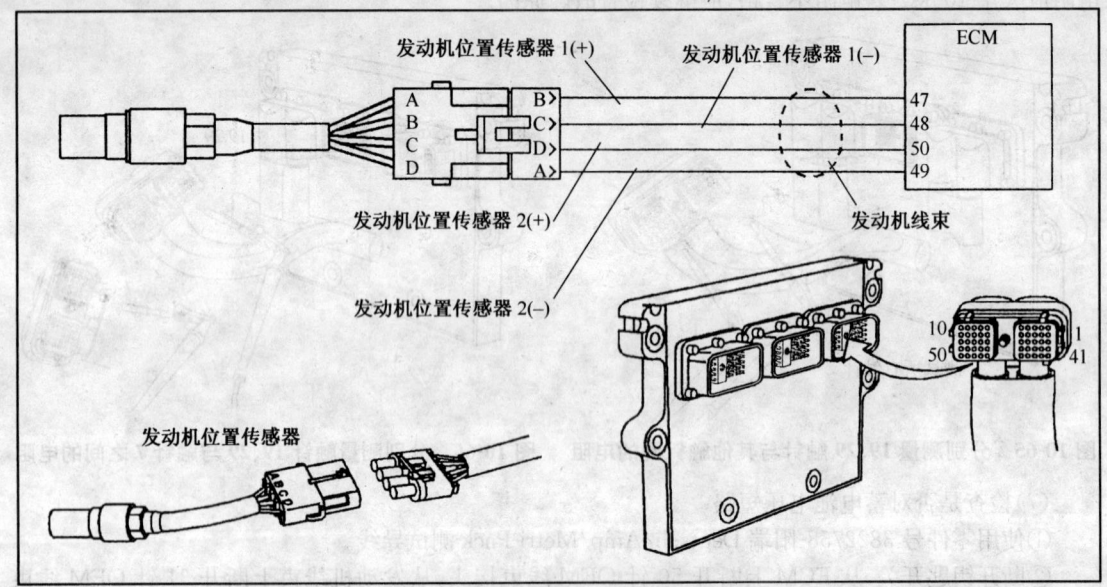

图 10-68 发动机转速/位置传感器电路

2. 部件安装位置

发动机转速/位置传感器安装在空气压缩机的上部。

3. 故障指示灯

红色。

4. 故障原因

发动机转速信号指示发动机转速大于 2500rpm。

5. 故障结果

燃油切断阀保持关闭,直到发动机转速下降。当发动机转速低于 2000rpm 时燃油切断阀重新开启。

6. 维修提示

该故障代码 234 产生的原因是进入进气道的外部燃料源、发动机反转(空转)或发动机转速/位置传感器受到干扰。应检查进气支管有无可燃气源、检查涡轮增压器密封件以确定有无润滑油泄漏、检查发动机转速/位置传感器有无损坏或干扰。

7. 维修步骤

(1) 检查工作条件是否合适

①断开钥匙开关。

②检查在记录故障时,发动机是否空转下坡。不要空转下坡为合格;若不合格,应检查发动机是否损坏,即检查发动机是否因超速而损坏。

(2)检查是否有代用燃料源

①断开钥匙开关。

②检查有无代用燃油源,即检查发动机迅速加速到 2650rpm,紧接着均匀减速到 2000rpm,见图 10-69,合格应是无代用燃料源;若不合格,应找到任何代用燃料源,例如在可燃气体附近运转发动机、烧损的涡轮增压器密封件等。

(3)在监测模式下检查发动机转速

①打开钥匙开关。

②用 INSITE™ 监测发动机转速。修正发动机转速读数到合格;若不合格,应检查发动机位置传感器。

(4)检查喷油器顶置机构设置

①断开钥匙开关。

②检查喷油器顶置机构设置是否正确。若不正确,应复位顶置机构。按照外基圆方法复位顶置机构,检查发动机是否由于超速工作而损坏。

(5)检查发动机低转速有无现行故障

①打开钥匙开关到 ON 位置。

②当发动机转速不超过 2650rpm 时,检查有无现行故障代码 234,见图 10-70,低转速时有非现行故障为合格;若不合格,应更换 ECM。

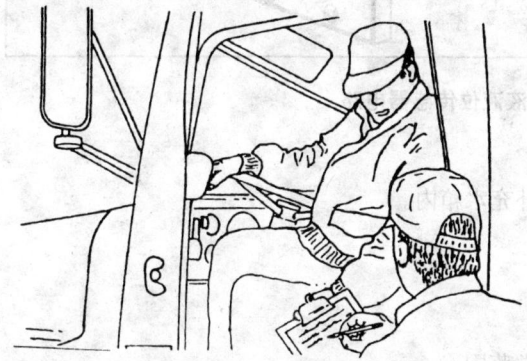

图 10-69 检查有无代用燃料源

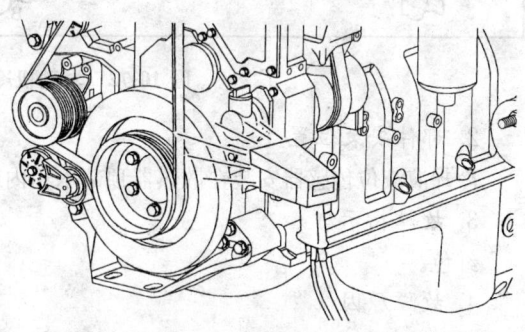

图 10-70 检查发动机低转速下有无现行故障

(6)测试车辆

进行路试,检查超速情况是否仍然存在,见图 10-71,存在非现行故障为合格;若不合格,应重新进行故障诊断检查。

(7)清除故障代码

①连接所有部件、打开钥匙开关,起动发动机,急速运转 1min。

②使用 INSITE™ 确认故障代码 234 不再起作用,并已转变成非现行故障代码,再用 INSITE™ 清除掉非现行故障代码。

图 10-71 检查超速情况是否仍然存在

10.12 故障代码 235-发动机冷却液液位低于正常范围-发动机保护

1. 电路原理

发动机冷却液液位传感器电路,见图 10-72。该传感器用于监测冷却系统内的冷却液液位并通过发动机线束将信息传递给 ECM。该传感器不能使用万用表检查。如果散热器内冷却液液位低于某一位置,发动机的转速和功率将会逐渐下降。如果启用发动机保护性停机功能,发动机会停机。

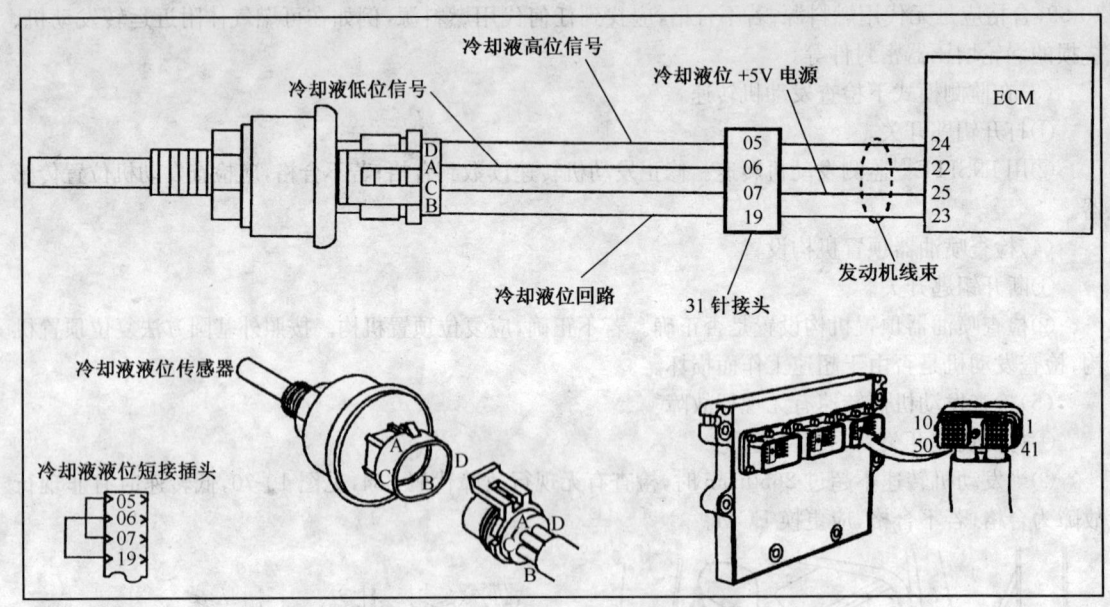

图 10-72 发动机冷却液液位传感器电路

2. 部件安装位置

冷却液液位传感器安装在散热器顶部水箱内或补充水箱内。

3. 故障指示灯

红色。

4. 故障原因

冷却液液位传感器信号指示冷却液液位低于正常范围。

5. 故障结果

发动机报警后一段时间,功率和转速会逐渐下降。如果启用发动机保护性停机功能,发动机将在发动机保护指示灯开始闪烁的 30s 后停机。

6. 维修提示

①在冷却液液位电路中使用了短接插头,应核实插头接线是否正确。
②检查 Weather-Pack 4 路接头与冷却液传感器之间的导线线束是否损坏。
③确保冷却液液位传感器位于油箱中间而没有偏向一边,否则车辆转弯时冷却液液位会发生变化。

7. 维修步骤

(1)确定发动机运行时故障仍在起作用
①打开钥匙开关,起动发动机,怠速运转 1min
②用 INSITE™ 读取故障代码,确认故障代码 235 正在起作用。

(2)检查传感器电源电压

①使用零件号 3822917-阴性 Deutsch/Amp/Metri-Pack 测试导线。

②从 31 针 OEM 接头上断开发动机线束,将传感器连接到 ECM 上,打开钥匙开关。

③测量 31 针 OEM 接头的触针 7 与机体间的电压,见图 10-73,电压应为 4.5~5.5V;若电压不在规定范围,应视为不符合技术规范,应继续检查故障原因。

(3)检查 ECM 电压

①使用零件号 3822917-阴性 Deutsch/Amp/Metri-Pack 测试导线。

②从 31 针 OEM 接头上断开传感器,从 ECM 上断开传感器接头,打开钥匙开关。

③测量 ECM 传感器接头端口的触针 25 与触针 23 之间的电压,见图 10-74,电压应为 4.5~5.5V;若电压不合格,应维修或更换发动机线束或更换 ECM。

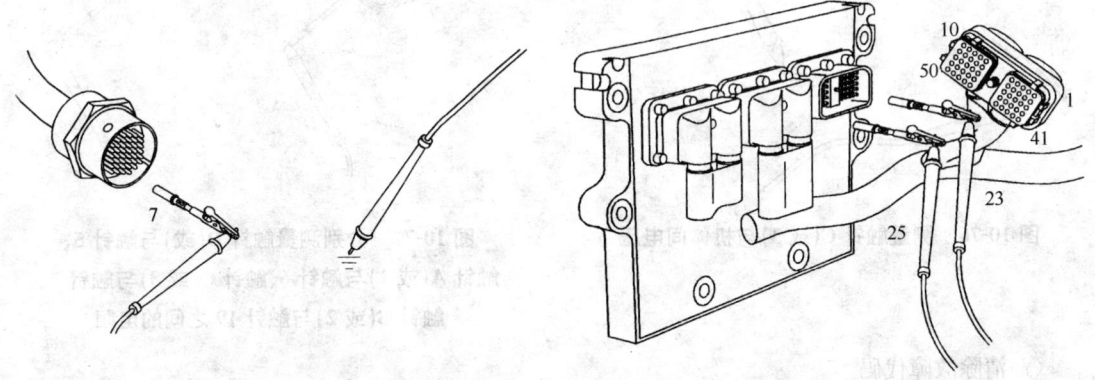

图 10-73 测量 31 针接头中的触针 7 与机体间的电压

图 10-74 测量触针 25 与触针 23 之间的电压

(4)检查是否开路

①使用零件号 3822758-阳性 Deutsch/Amp/Metri-Pack 测试导线及零件号 3822917-阴性 Deutsch/Amp/Metri-Pack 测试导线。

②断开钥匙开关,从 ECM 上断开传感器线束接头,从 31 针 OEM 接头上断开传感器线束。

③测量 31 针接头中的触针 19 与 ECM 上的触针 23 之间的电阻、测量 31 针接头中的触针 6 与 ECM 上的触针 22 之间的电阻、测量 31 针接头中的触针 5 与 ECM 上的触针 24 之间的电阻、测量 31 针接头中的触针 7 与 ECM 上的触针 25 之间的电阻,电阻应分别小于 10Ω 为合格,见图 10-75;若电阻不合格,应维修或更换发动机线束。

(5)检查传感器的电源电压

①使用零件号 3822758-阳端 Deutsch/Amp/Metri-Pack 测试导线。

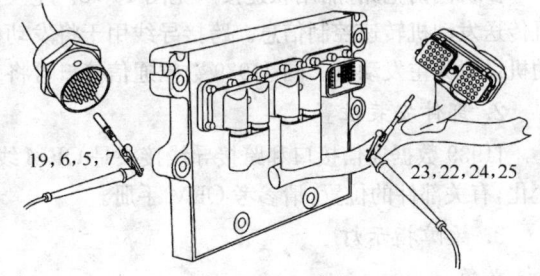

图 10-75 分别测量触针 19 与 23、6 与 22、5 与 24、7 与 25 之间的电阻

②从冷却液液位传感器上断开 OEM 线束、将发动机线束连接到 31 针 OEM 接头上,打开钥匙开关。

③测量传感器接头的触针 C(或 3、电源线)与机体间电压,见图 10-76,电压应为 4.5~5.5V;若电压不合格,应维修或更换 OEM 线束。

(6) 检查是否开路

①使用零件号 3822758-阳端 Deutsch/Amp/Metri 测试导线。

②断开钥匙开关，从 31 针 OEM 接头上断开发动机线束，从冷却液液位传感器上断开 OEM 线束。

③测量传感器的触针 D(或 4)与 31 针接头的触针 5 之间的电阻、触针 A(或 1)与 31 针接头的触针 6 之间的电阻，触针 C(或 3)与 31 针接头的触针 7 之间的电阻，触针 B(或 2)与 31 针接头的触针 19 之间的电阻，电阻应分别小于 10Ω 为合格，见图 10-77；若电阻不合格，应维修或更换 OEM 线束。

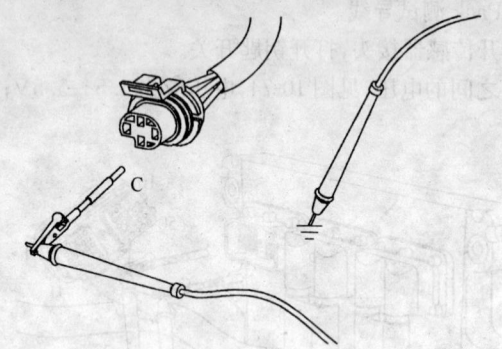

图 10-76　测量触针 C(或 3)与机体间电压

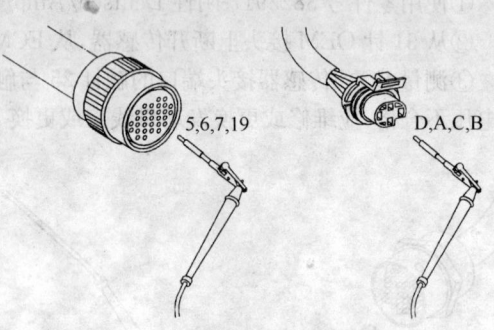

图 10-77　分别测量触针 D(或)与触针 5、触针 A(或 1)与触针 6、触针 C(或 3)与触针 7、触针 B(或 2)与触针 19 之间的电阻

(7) 清除故障代码

①连接所有部件，打开钥匙开关，起动发动机，怠速运转发动机 1min。

②用 INSITE™ 确认故障代码 235 不再起作用，并已转变成非现行故障代码，再用 INSITE™ 清除非现行故障代码。

10.13　故障代码 237-多机同步电路(船用软连接)故障

1. 电路原理

多机同前电路(船用软连接)，见图 10-78。主发动机通过 J1939 数据通信接口向所有的从动发动机传送发动机转速控制信息。跨接导线用于将发动机设置为主发动机或从动发动机。只能将一个发动机设置为主发动机。同 J1939 数据通信接口可将多达 5 台发动机设置为从动发动机。

2. 部件安装位置

J1939 数据通信接口和跨接导线接头是 OEM 线束的一部分。跨接导线的位置随 OEM 的不同而变化，有关部件的位置，请参考 OEM 手册。

3. 故障指示灯

黄色。

4. 故障原因

多机同步时到主发动机或从动发动机的油门输入信号的负载循环小于 3% 或大于 97%。

5. 故障结果

如果硬连接，所有发动机，包括第一级和第二级，在报警后一段时间会停机。如果是软连接，报警后随着时间增加，仅会使从动发动机停机。

6. 维修提示

对于 OEM 线束上向 ECM 输入的 3 针设置决定发动机是主发动机或是从动发动机，请参照表 10-

第10章 M系列柴油机电控系统故障代码诊断与排除

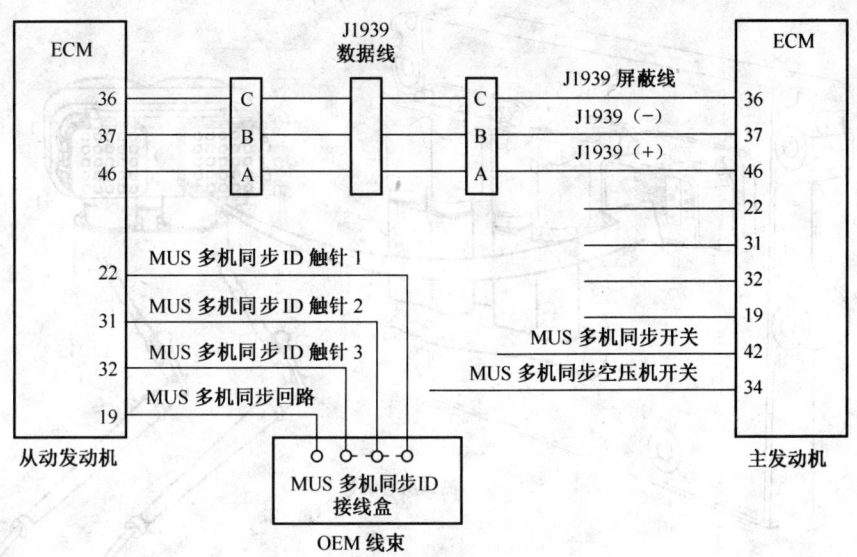

图 10-78 多机同步电路(船用软连接)

4中内容。要激活某个触针,该触针必须接地;要停用某个触针,该触针必须开路。

表 10-4 3针设置与主从发动机的对应关系

触针 3	触针 2	触针 1	初级/次级
INACTIVE(停用)	INACTIVE(停用)	INACTIVE(停用)	缺省值设为主发动机
INACTIVE(停用)	INACTIVE(停用)	ACTIVE(启用)	主发动机
INACTIVE(停用)	ACTIVE(启用)	INACTIVE(停用)	辅助发动机 0
INACTIVE(停用)	ACTIVE(启用)	ACTIVE(启用)	从动发动机 1
ACTIVE(启用)	INACTIVE(停用)	INACTIVE(停用)	辅助发动机 2
ACTIVE(启用)	INACTIVE(停用)	ACTIVE(启用)	辅助发动机 3
ACTIVE(启用)	ACTIVE(启用)	INACTIVE(停用)	辅助发动机 4
ACTIVE(启用)	ACTIVE(启用)	ACTIVE(启用)	缺省值为主发动机

7. 维修步骤

(1) 检查发动机配置

① 打开钥匙开关,使用 INSITE™ 确定从动发动机是否配置为主发动机。检查结果,若所有从动发动机配置正确为合格。

② 若不合格,应按正确的配置标定重新标定。

(2) 检查触针与触针之间是否短路

① 使用零件号 3822758-阳端 Dentsch/Amp/Metri-Pack 测试导线。

② 从 ECM 上断开从动发动机 OEM 线束接头,打开钥匙开关,记录多机同步开关的位置。

③ 测量传感器线束接头触针 22 与接头中所有触针间的电阻,测量 OEM 线束接头触针 31 与此接头中其他触针间电阻、测量 OEM 线束触针 32 与此接头中所有触针间电阻、测量 OEM 线束接头触针 34 与接头中其他触针间电阻(多机同步开关必须处于接通位置)、测量 OEM 线束接头触针 42 与此接头上其他触针间电阻(多机同步开关必须处于断开位置),见图 10-79,电阻应大于 100kΩ;若电阻不合格,应维修或更换 OEM 线束。

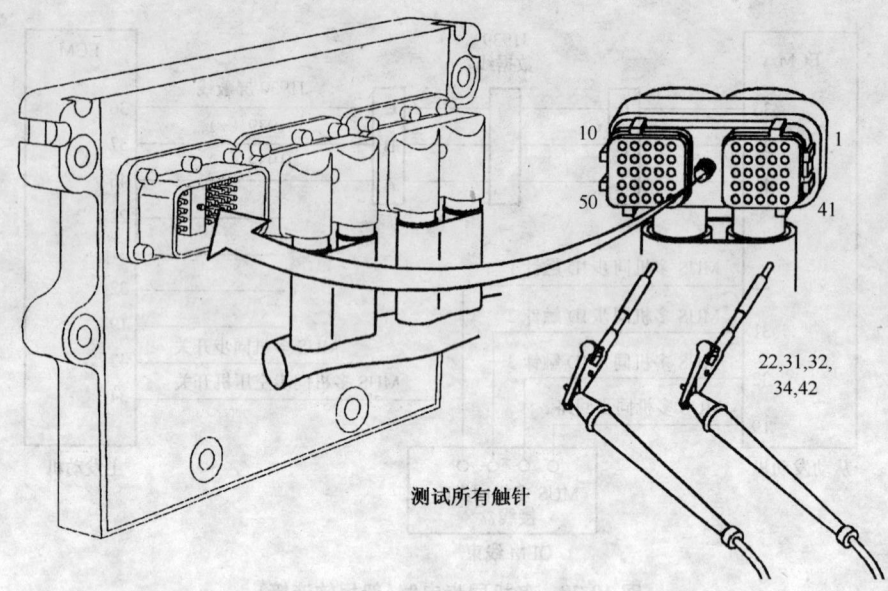

测试所有触针

图 10-79　分别测量触针 22、31、32、34、42 和此接头中其他触针间电阻

(3) 检查与发动机缸体接地间是否存在对地短路
① 使用零件号 3822758-阳端 Deutsch/Amp/Metri-Pack 测试导线。
② 从 ECM 断开从动发动机 OEM 线束接头，打开钥匙开关。
③ 分别测量 OEM 线束接头的触针 22、31、32、34、42 与发动机机体间电阻，见图 10-80，对于停用的触针，电阻应高于 100kΩ、对于启用的触针，电阻应小于 10Ω；若电阻不合格，应维修或更换 OEM 线束。

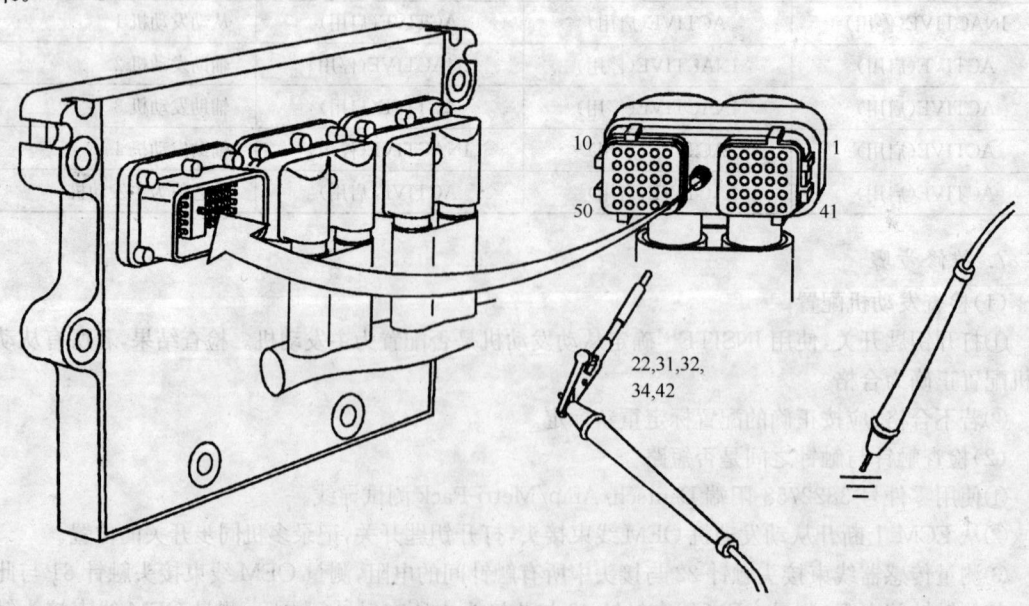

图 10-80　分别测量触针 22、31、32、34、42 和机体间电阻

(4) 检查 SAE J1939 主干线束电源导线是否开路
① 使用零件号 3822758-阳端 Deutsch/Amp/Metri-Pack 测试导线。

②断开钥匙开关,从初级和次级 ECM 上断开 J1939 接头。
③测量 OEM 线束接头的电源触针 46 与其他 ECM 上数据通信接头的触针 A 之间的电阻,见图 10-81,电阻应小于 10Ω;若电阻不合格,应维修或更换 OEM 线束。

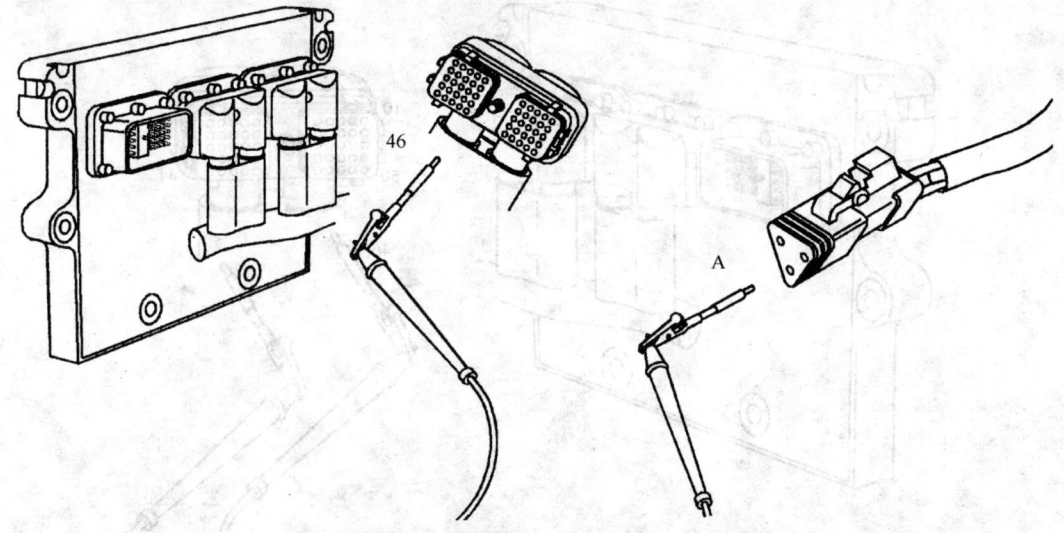

图 10-81　测量触针 46 与触针 A 之间的电阻

(5)检查 SAE J1939 回路导线是否开路
①使用零件号 3822758-阳端 Deutsch/Amp/Metri-Pack 测试导线。
②断开钥匙开关,从 ECM 上断开 OEM 线束接头,从次级 ECM 上断开 J1939 线束。
③测量 OEM 接头的触针 37 与其他 ECM 上的触针 B 之间的电阻,见图 10-82,电阻应小于 10Ω;若电阻不合格,应维修或更换 OEM 线束。

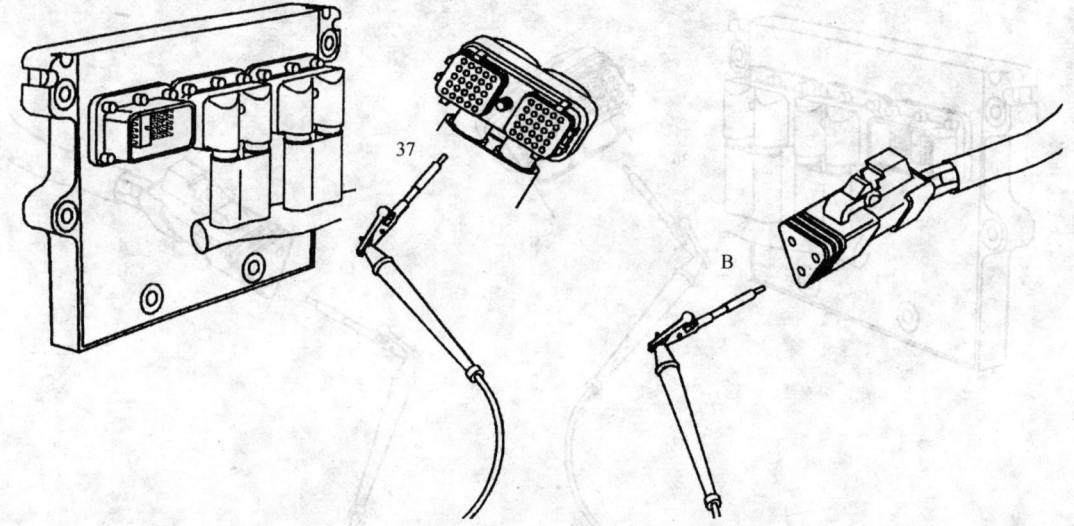

图 10-82　测量触针 37 与触针 B 之间的电阻

(6)检查 J1939 线束中的电阻值
①使用零件号 3822758-阳端 Deutsch/Amp/Metri-Pack 测试导线。
②断开钥匙开关,从次级 ECM 上断开 J1939 线束,从 ECM 上断开 OEM 线束接头。

③测量OEM线束接头的触针46到OEM线束接头的触针37间的电阻,见图10-83,电阻应在55~65Ω;若电阻不在规定范围,若J1939主干线束终端电阻器丢失或损坏,这时应更换两个终端电阻器。

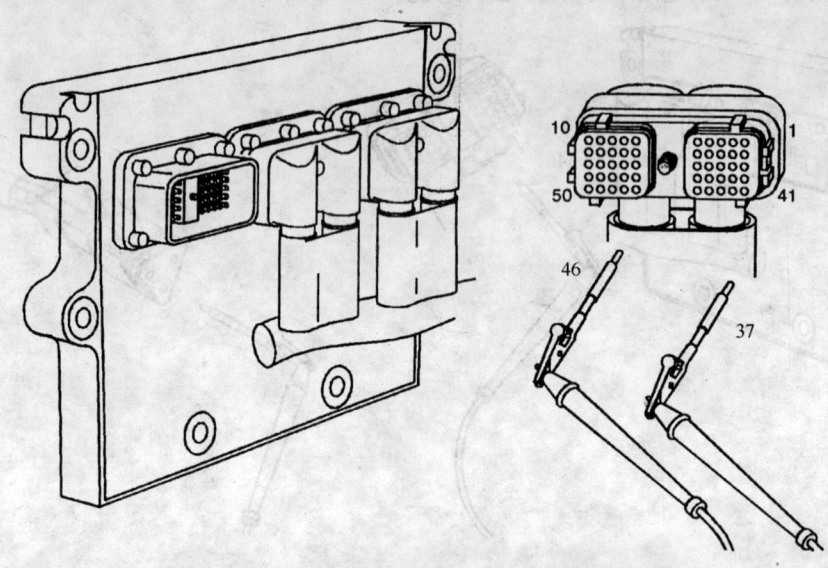

图10-83 测量触针46与触针37间电阻

(7) 检查J1939屏蔽导线中是否存在开路
①使用零件号3822758-阳端Deucsch/Amp/Metri-Pack测试导线。
②断开钥匙开关,从主ECM上断开OEM线束接头,从次级ECM上断开J1939线束。
③测量ECM上OEM线束触针36与其他ECM上的触针C之间的电阻,见图10-84,电阻应小于10Ω;若电阻不合格,应维修或更换OEM线束。

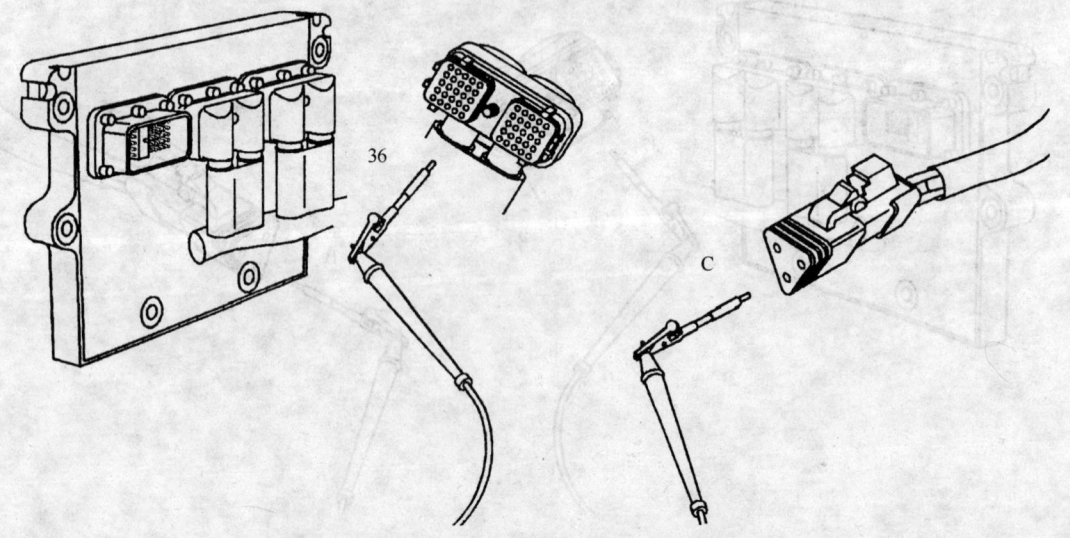

图10-84 测量触针36与触针C之间的电阻

(8) 检查电源线是否对电源短路
①使用零件号3822758-阳端Deutsch/Amp/Metri-Pack测试导线。

②断开钥匙开关,从次级 ECM 上断开 J1939 线束,从主 ECM 上断开 OEM 线束接头,再将钥匙转到 ON 位置。
③测量 ECM 上的触针 46 与 J1939 接头的接地间电压,见图 10-85,电压应小于 1.5V;若电压不合格,应维修或更换 OEM 线束。

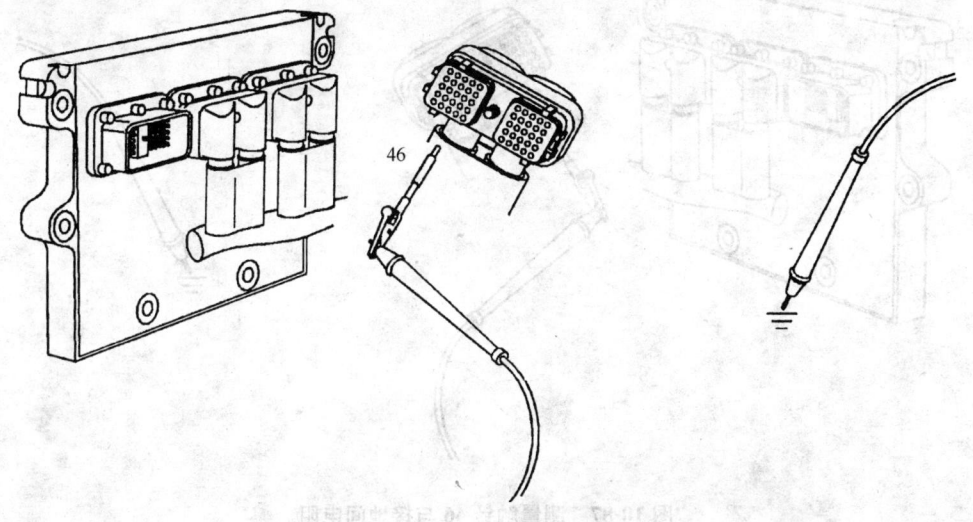

图 10-85　测量触针 46 与接地间电压

(9)检查回路导线是否对电源短路
①使用零件号 3822758-阳端 Deutsch/Amp/Metri 测试导线。
②断开钥匙开关,从次级 ECM 上断开 J1939 线束,从主 ECM 上断开 OEM 线束接头,再打开钥匙开关到 ON 位置。
③测量 OEM 线束接头触针 37 与次级 ECM 的接地间电压,见图 10-86,电压应小于 1.5V;若电压不合格,应维修或更换 OEM 线束。

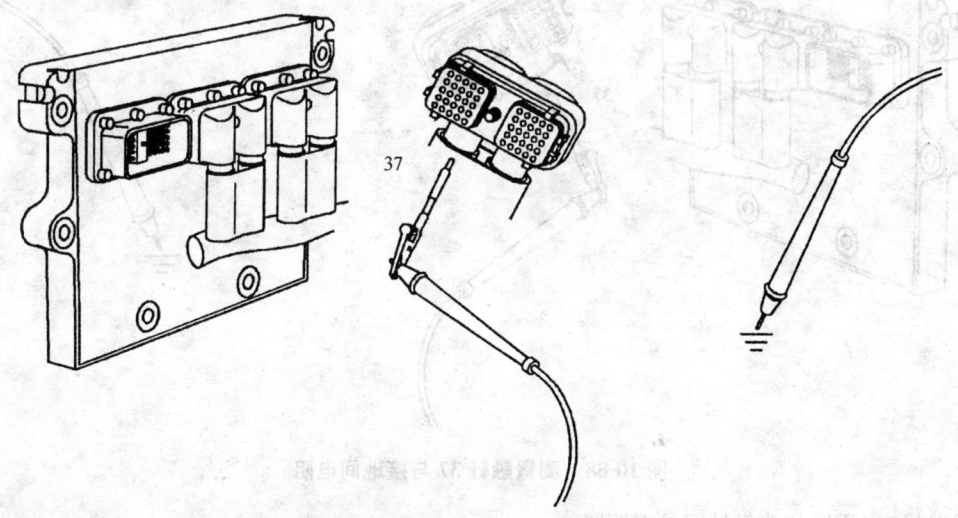

图 10-86　测量触针 37 与 ECM 接地间电压

(10)检查电源线中是否对地短路
①使用零件号 3822758-阳端 Deutsch/Amp/Metri-Pack 测试导线。

②断开钥匙开关,从主 ECM 上断开 OEM 线束接头,从次 ECM 上断开 J1939 线束。
③测量 OEM 线束接头触针 46 与接地间电阻见图 10-87,电阻应大于 100kΩ;若电阻不合格,应维修或更换 OEM 线束。

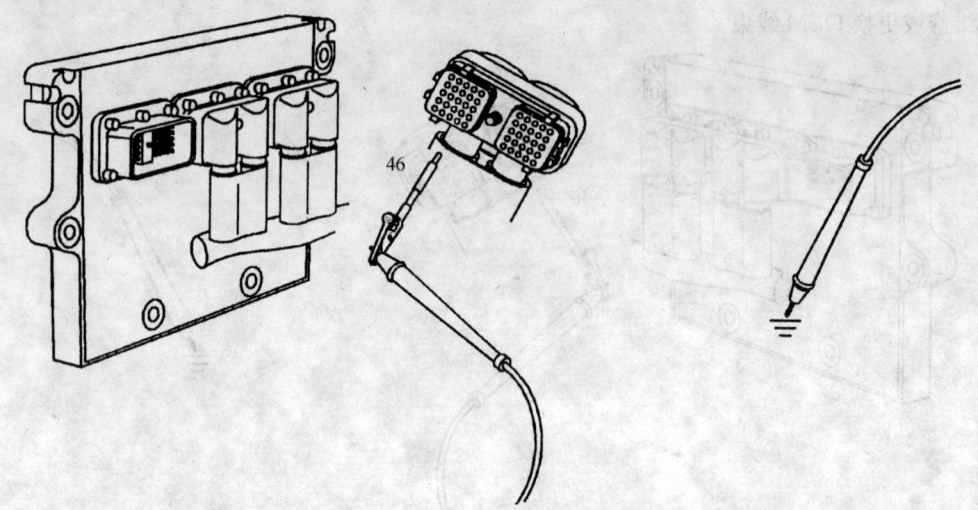

图 10-87　测量触针 46 与接地间电阻

(11)检查回路导线中是否对地短路
①使用零件号 3822758-阳端 Deutsch/Amp/Metri-Pack 测试导线。
②断开钥匙开关,从主 ECM 上断开 OEM 线束接头,从次 ECM 上断开 J1939 线束。
③测量 OEM 线束接头触针 37 与接地间电阻,见图 10-88,电阻应大于 100kΩ;若电阻不合格,应维修或更换 OEM 线束。

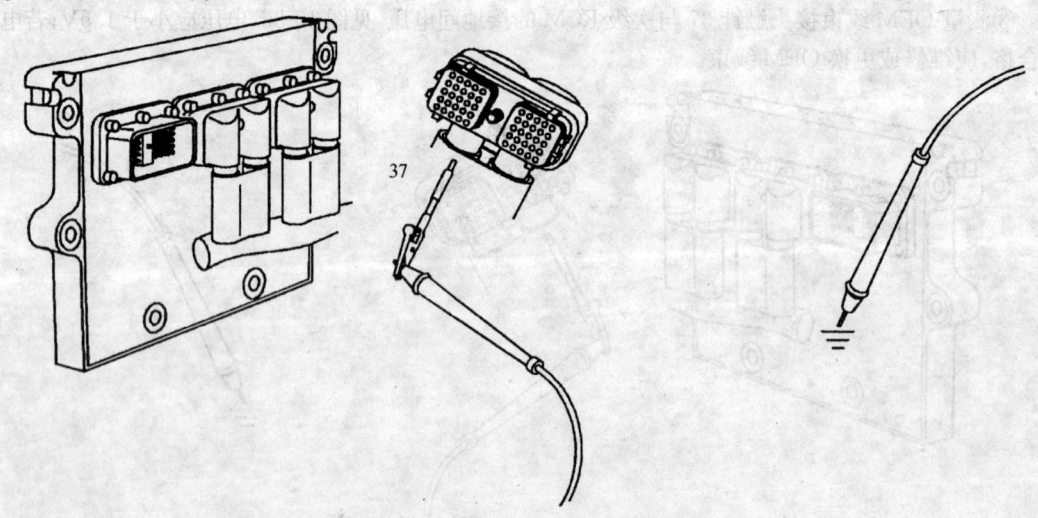

图 10-88　测量触针 37 与接地间电阻

(12)检查 OEM 接头触针间是否短路
①使用零件号 3822758-阳端 Deutsch/Amp/Metri-Pack 测试导线。
②断开钥匙开关,从主 ECM 上断开 OEM 线束接头,从次 ECM 上断开 J1939 线束。
③测量 OEM 线束接头触针 46 与该接头中(除触针 36、37 以外)的所有其他触针间电阻、测量

OEM 线束接头触针 36 与该接头中(除触针 46、37 以外)的所有其他触针间电阻、测量 OEM 线束接头触针 37 与该接头中(除触针 36、46 以外)的所有其他触针间的电阻,见图 10-89,其电阻应大于 100kΩ;若电阻不合格,维修或更换 OEM 线束。

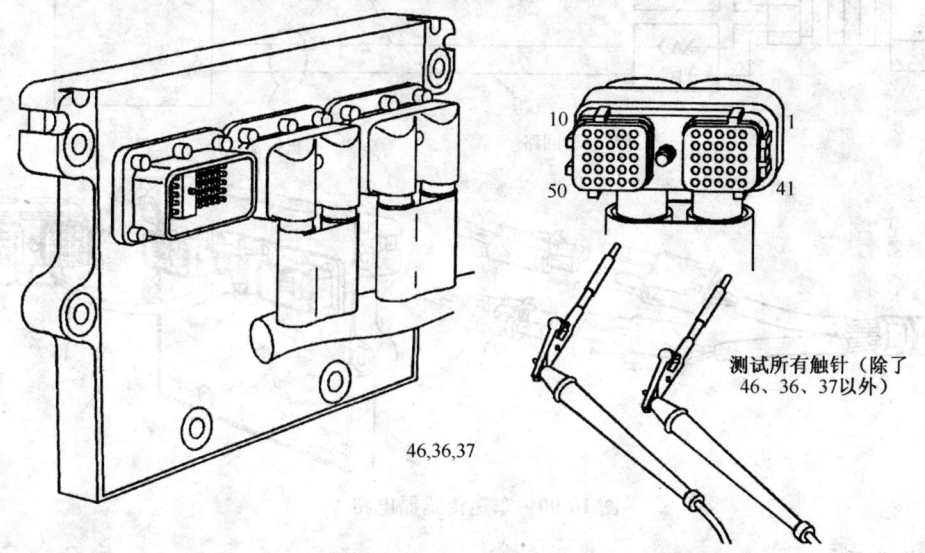

图 10-89 分别测量触针 46,36,37 与相应的所有其他触针间电阻

(13)清除故障代码

①连接所有部件,打开钥匙开关,起动发动机,怠速运转 1min。

②用 INSITE™ 确认故障代码 237 已不起作用,并已转变或非现行故障代码,再用 INSITE™ 清除非现行故障代码。

10.14 故障代码 241-车速传感器电路故障

1. 电路原理

车速传感器电路,见图 10-90。车速传感器用两个独立的线圈记录轮齿在传感器前通过的次数;而 ECM 使用一个线圈感应车速,另一线圈用于将车速信号传递给车速表。

2. 部件安装位置

车速传感器(VSS)安装在变速箱后部输出齿轮旁。

3. 故障指示灯

黄色。

4. 故障原因

ECM 车速信号消失。

5. 故障结果

没有车速传感器参数值时,发动机转速限制为最大发动机转速。巡航控制、减挡保护和道路车速调速器不工作(仅限于汽车)。

6. 维修提示

断开与 OEM 转速表或行驶记录仪连接的车速传感器接头,并驱动车辆。如果故障代码不再起作用,可能是来自 OEM 设备的电子干扰进入车速传感器电路中。核实 OEM 线束中的车速传感器导线是双绞线。

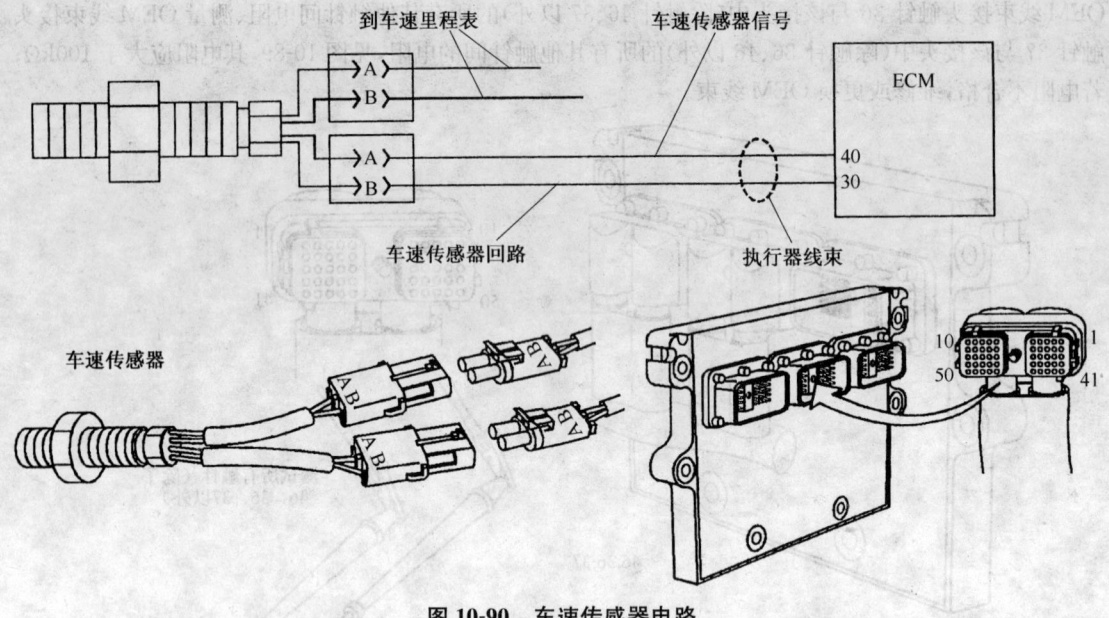

图 10-90 车速传感器电路

7. 维修步骤

(1) 检查 VSS 是否调节正确

①断开钥匙开关,从 VSS 上断开 OEM 线束。

②检查车速传感器(VSS)是否调节正确。从齿轮处向外旋转 1/2～3/4 圈为正确,若不正确,应重新调整 VSS。

(2) 检查 VSS 电阻是否正确

①使用零件号 3823996-阴性 Weather-Pack 测试导线。

②断开钥匙开关,从 VSS 上断开 OEM 线束。

③测量 VSS 每个接头触针 A(或 1)与触针 B(或 2)之间的电阻,见图 10-91,电阻值应为 750～1500Ω;若电阻不在规定范围,应更换 VSS。

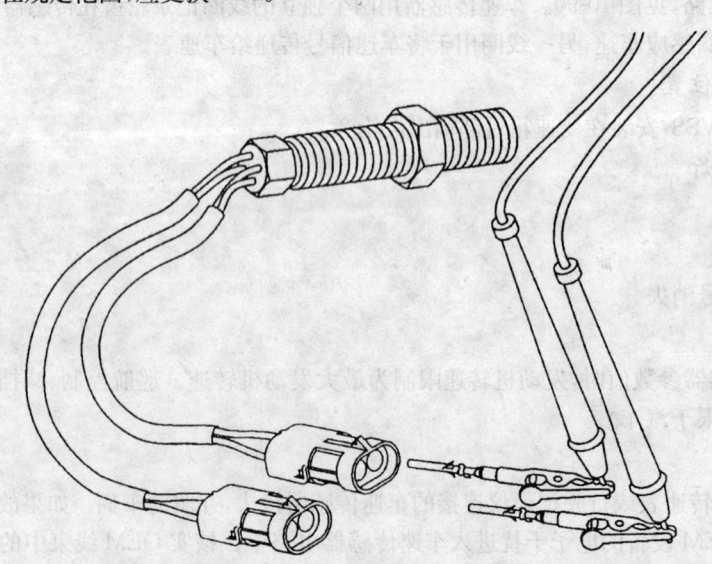

图 10-91 测量 VSS 触针 A(或 1)与 B(或 2)之间的电阻

(3) 检查 VSS 是否对地短路

① 使用零件号 3823996-阴性 Weather-Pack 测试导线。

② 断开钥匙开关,从 VSS 上断开 OEM 线束。

③ 测量一个 VSS 接头触针 A(或 1)与底盘接地间电阻,再测量另一个 VSS 接头触针 A(或 1)与底盘接地间电阻,见图 10-92,电阻分别大于 100kΩ;若电阻不合格,应更换 VSS。

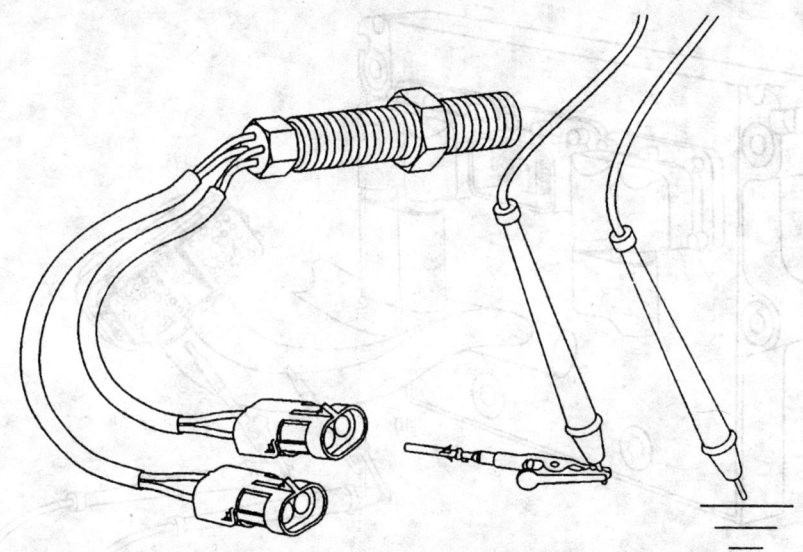

图 10-92　分别测量 VSS 两个接头中的触针 A(或 1)与底盘接地间电阻

(4) 检查 VSS 线圈之间是否短路

① 使用零件号 3823996-阴性 Weather-Pack 测试导线。

② 断开钥匙开关,从 VSS 上断开 OEM 线束。

③ 测量一个 VSS 接头触针 A(或 1)与另一个 VSS 接头触针 A(或 1)之间的电阻,见图 10-93,电阻应大于 100kΩ;若电阻不合格,应更换 VSS。

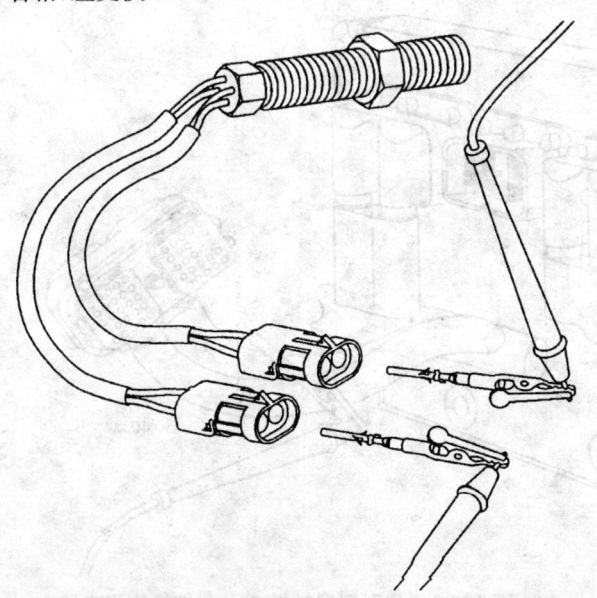

图 10-93　测量 VSS 两个接头触针 A(或 1)之间的电阻

(5)检查电路电阻是否正确
①使用零件号3822758-阳端Deutsch/Amp/Metri-Pack测试导线。
②断开钥匙开关,从ECM上断开执行器线束接头,将执行器线束连接到VSS上。
③测量执行器线束接头触针30与触针40之间的电阻,见图10-94,电阻应为750~1500Ω;若电阻不合格,应维修或更换发动机线束。

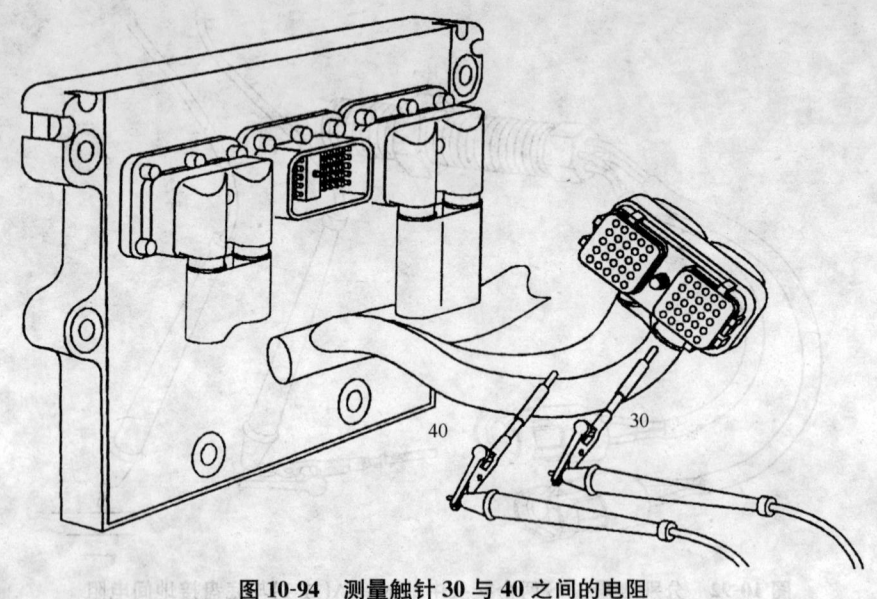

图10-94 测量触针30与40之间的电阻

(6)检查线束是否对地短路
①使用零件号3822758-阳端Deutsch/Amp/Metri-Pack测试导线。
②断开钥匙开关,从VSS上断开执行器线束,从ECM上断开执行器线束接头。
③分别测量执行器接头触针30、40与机体间电阻,见图10-95,电阻应大于100kΩ;若电阻不合格,应维修或更换发动机线束。

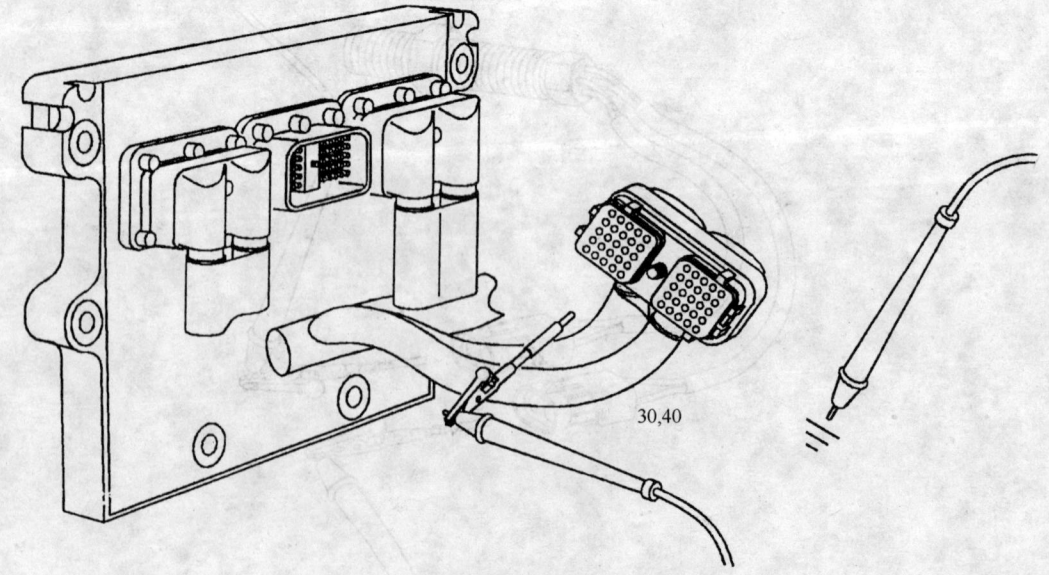

图10-95 分别测量触针30、40与机体间电阻

(7)检查齿轮是否在轴上打滑
①断开钥匙开关,拆下VSS。
②检查确保VSS安装孔中的变速箱齿轮未在轴上打滑,检查时可用改锥转动齿轮,齿轮固定正确为合格;若不合格,应维修变速箱齿轮。
(8)检查OEM线束是否受到干扰
①连接所有部件。
②在VSS和ECM之间安装一对跨接线。在触针A(或1)与OEM 31针接头触针21之间和触针B(或2)与OEM 31针接头触针22之间连接导线。
③断开VSS上的车速表接头,驾驶车辆、车速必须超过16km/h,故障代码241不起作用为合格;若不合格,应更换VSS。
(9)清除故障代码
①连接所有部件。
②打开钥匙开关,起动发动机,怠速运转1min。
③用INSITE™确认故障代码241已不再起作用,并已转变成非现行故障代码,再用INSITE™清除非现行故障代码。

10.15 故障代码242-车速传感器电路故障

1. 电路原理
见故障代码241电路原理。
2. 部件安装位置
车速传感器安装在变速箱后部输出齿轮旁。
3. 故障指示灯
黄色。
4. 故障原因
检测到无效或错误的车速信号。信号表明间歇性连接或VSS干扰。
5. 故障结果
发动机转速限制在"无车速传感器时最大发动机转速"值。巡航控制、逐步换挡、减挡保护和道路车速调速器不工作。
6. 维修提示
①应核实"VSS抗干扰"(故障代码242)、"应用类型"和自动变速箱特性是否设置正确。这些参数只要有些设置不正确,就会产生故障代码242。
②低挡位行车时间过长,也会产生故障代码242。
③如果反复循环钥匙开关来阻挠道路车速调速器工作,也会产生故障代码242。
④询问驾驶员记录故障代码时发生了什么情况,向驾驶员解释哪些操作会记录故障代码242。
⑤排除该故障时,核实车辆是否停止,发动机是否关闭。
⑥核实排除无效信号后钥匙开关已循环通断,并且在断开位置停留了30s。此故障仍在起作用,直到钥匙开关循环断开接通,ECM检测到车速和发动机转速为零持续30s。
7. 维修步骤
(1)核实客户需要启用VSS抗干扰(故障代码242)
与车主讨论确定该车应用是否需要此特性,若客户需要启用VSS抗干扰,使用INSITE™将特性设置调整为正确值。

(2) 核实 VSS 类型设置适合车辆应用类型

使用 INSITE™ 核实该特性设定值正确设置为适合车辆的应用类型。

(3) 核实变速箱类型设置适合车辆应用类型

使用 INSITE™ 核实该特性设定值正确设置为适合车辆的应用类型。

(4) 检查信号线是否开路

①使用零件号 3822758-阳性 Deutsch/Amp/Metri-Pack 测试导线,使用零件号 3822917-阴性 Deutsch/Amp/Metri-pack 测试导线。

②断开钥匙开关,从 VSS 上断开 OEM 线束,从 OEM 线束的 Deutsch 31 针接头上断开发动机线束。

③测量 VSS 接头触针 A(或 1)与 Deutsch 31 针接头触针 21 之间的电阻;测量 VSS 接头触针 B(或 2)与 Deutsch31 针接头触针 22 之间的电阻,见图 10-96,电阻应小于 10Ω;若电阻不合格,应维修或更换 OEM 线束。

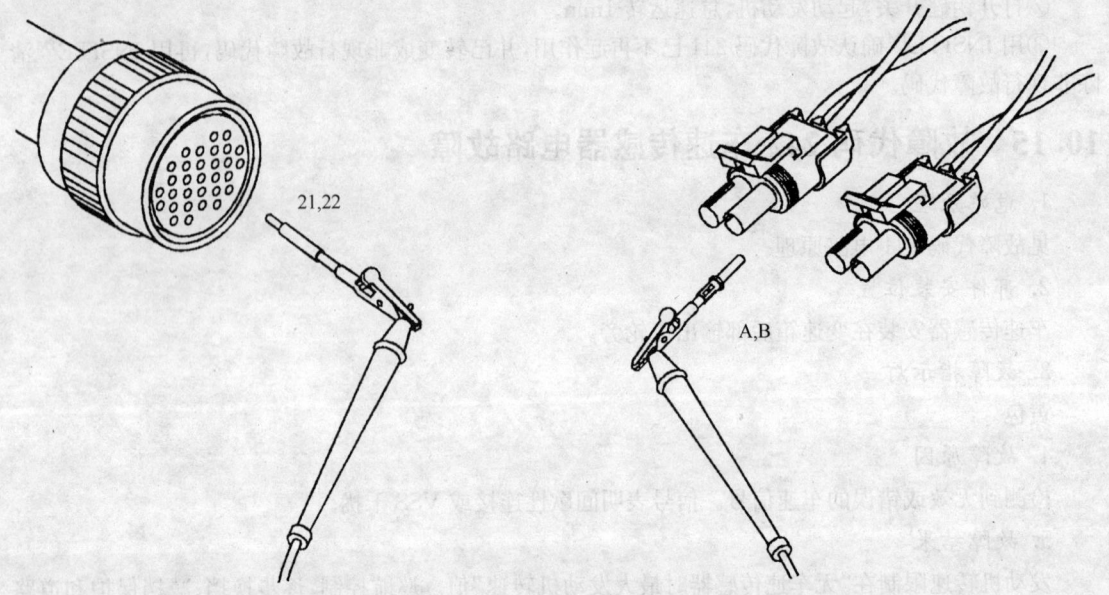

图 10-96 测量触针 A(或 1)与 21 之间电阻、测量触针 B(或 2)与 22 之间的电阻

(5) 检查信号线是否对地短路

①使用零件号 3822758-阳端 Deutsch/Amp/Metri-Pack 测试导线。

②断开钥匙开关,从 VSS 上断开 OEM 线束,从 OEM 线束的 Deutsch31 针接头上断开发动机线束。

③分别测量 VSS 接头触针 A(或 1)、B(或 2)与底盘接地间电阻,见图 10-97,电阻应分别大于 100kΩ 为合格;若不合格,应更换 VSS。

(6) 检查触针与触针之间是否短路

①使用零件号 3822917-阴性 Deutsch/Amp/Metri-Pack 测试导线。

②断开钥匙开关,从 VSS 上断开 OEM 线束,从 OEM 线束的 Deutsch31 针接头上断开发动机线束。

③分别测量 VSS 接头触针 21、22 与执行器线束侧 Deutsch31 针接头的所有其他触针间电阻,见图 10-98,电阻应大于 100kΩ;若电阻不合格,应维修或更换 OEM 线束。

第 10 章　M 系列柴油机电控系统故障代码诊断与排除　　455

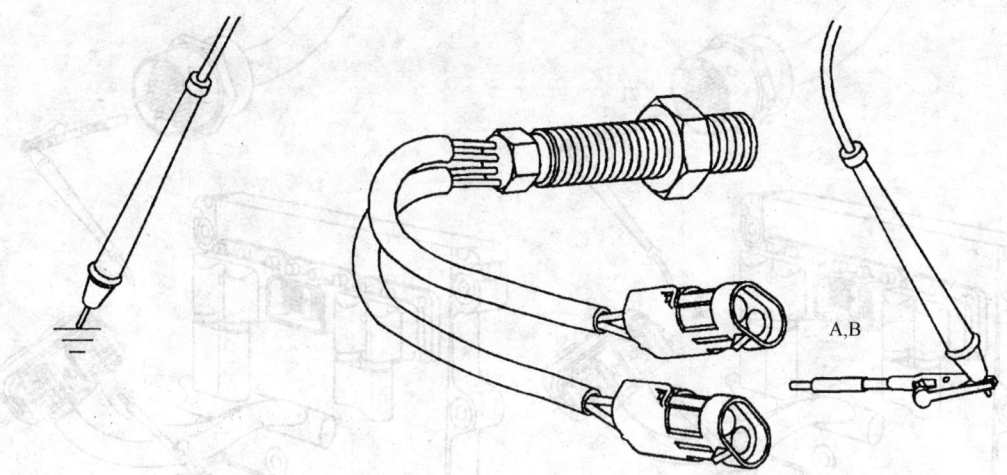

图 10-97　分别测量触针 A(或 1)、B(或 2)与接地间电阻

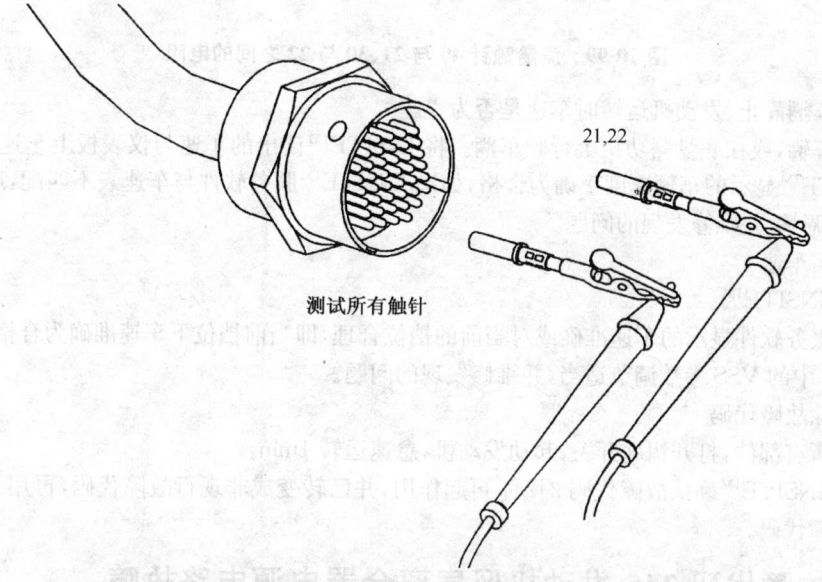

图 10-98　分别测量触针 21、22 与 31 针接头的所有其他触针间电阻

(7)检查信号线是否开路

①使用零件号 3822758-阳性 Deutsch/Amp/Metri-Pack 测试导线,使用零件号 3822917-阴性 Deutsch/Amp/Metri-Pack 测试导线。

②断开钥匙开关,从 ECM 上断开执行器线束接头,从 Deutsch31 针接头上断开执行器线束。

③测量 ECM 上执行器接头触针 40 与 Deutsch31 针接头触针 21 之间的电阻,测量 ECM 上执行器接头触针 30 与 Deutsch31 针接头触针 22 之间的电阻,见图 10-99,电阻应小于 10Ω;若电阻不合格,应维修或更换发动机线束。

(8)检查线束是否对地短路

详见故障代码 241 检修内容及图 10-95。

(9)监测车辆速度

①连接 INSITE™ 服务软件。

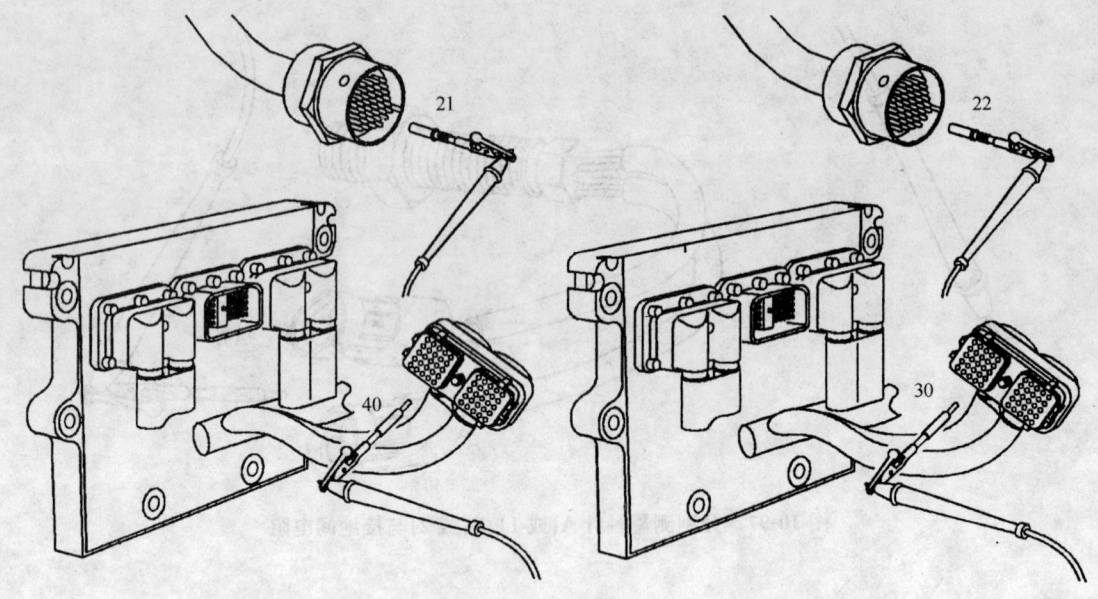

图 10-99　测量触针 40 与 21、30 与 22 之间的电阻

②核准车辆静止、发动机运转时车速是否为零。

③驾驶车辆，或在底盘测功机上行驶车辆。将 INSITE™ 读出的车速与仪表板上车速表的读数相比较。INSITE™ 显示的车辆速度正确为合格，如果 INSITE™ 服务软件与车速表不匹配，应核实 ECM 中 VSS 参数调整，并维修发现的问题。

(10) 核实车速

①连接 INSITE™。

②核实服务软件显示的车速准确或对当前的挡位合理，即当前挡位下车速准确为合格，若不合格，应核实 ECM 中的 VSS 参数调节适当，并维修发现的问题。

(11) 清除故障代码

①连接所有部件，打开钥匙开关，起动发动机，急速运转 1min。

②使用 INSITE™ 确认故障代码 242 不再起作用，并已转变成非现行故障代码，再用 INSITE™ 清除非现行故障代码。

10.16　故障代码 245-发动机风扇离合器电源电路故障

1. 电路原理

发动机风扇离合器电源电路，见图 10-100。ECM 通过风扇离合器电磁阀发送开启或关闭风扇离合器电磁阀指令信号的方式控制发动机风扇运转。

2. 部件安装位置

风扇离合器电磁阀的安装位置参考 OEM 示意图。

3. 故障指示灯

黄色。

4. 故障原因

风扇离合器运转时检测到小于 6V 的电压。ECM 指示电流消耗过大或 ECM 输出电路存在故障。

5. 故障结果

风扇始终运转。

第10章 M系列柴油机电控系统故障代码诊断与排除

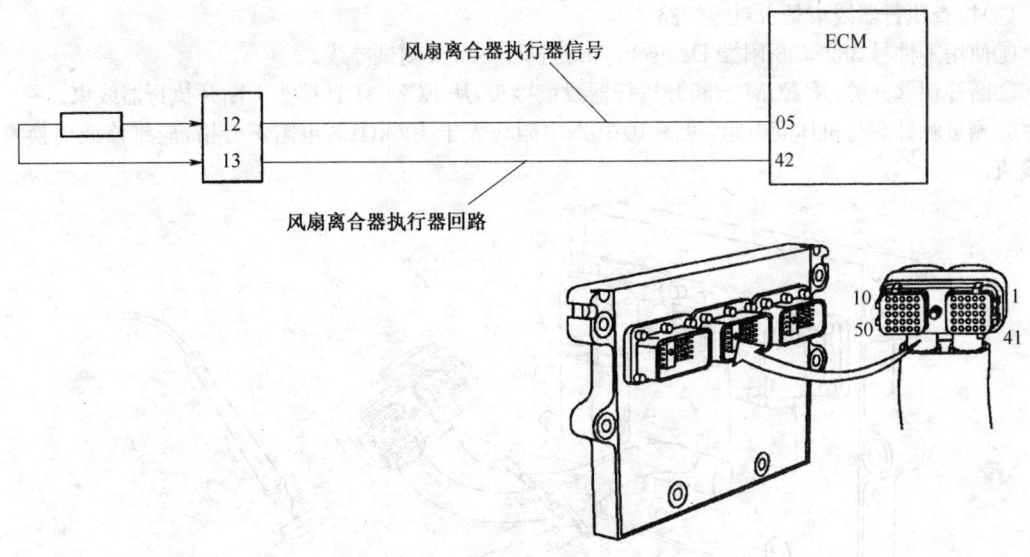

图 10-100 发动机风扇离合器电源电路

6. 维修提示

产生故障代码 245 的原因可能是 ECM 风扇离合器电源对地短路。

7. 维修步骤

(1) 检查执行器线束是否开路

① 使用零件号 3822917-阴性 Deutsch/Amp/Metri-Pack 测试导线、零件号 3822758-阳端 Deutsch/Amp/Metri-Pack 测试导线。

② 断开钥匙开关,断开 OEM 31 针线束接头,从 ECM 上断开执行器线束接头。

③ 测量 31 针接头触针 12 与执行器线束触针 5 之间的电阻,见图 10-101,电阻应小于 10Ω;如果电阻不合格,应维修或更换发动机线束。

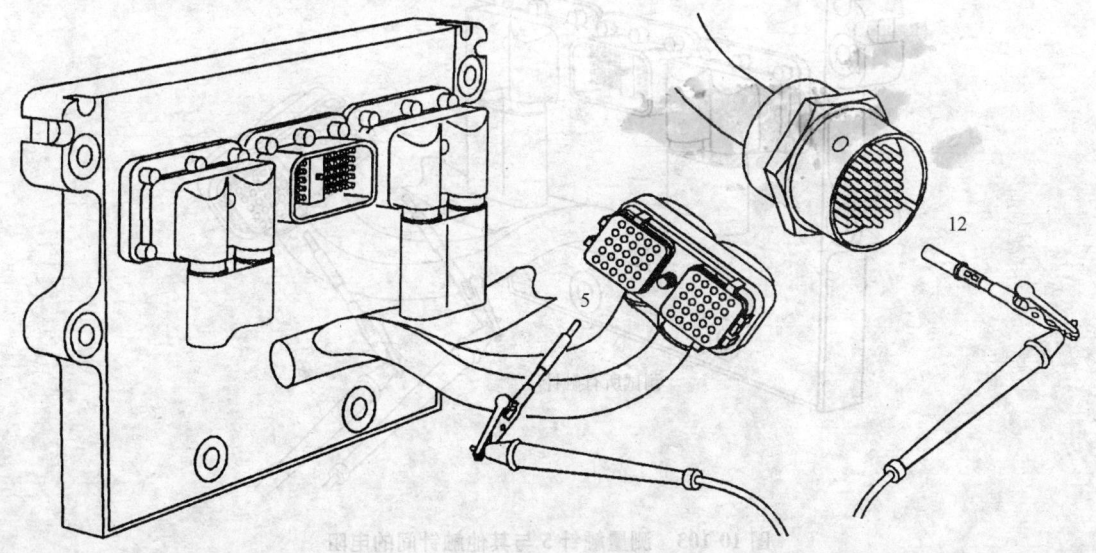

图 10-101 测量触针 12 与触针 5 之间的电阻

(2)检查执行器线束是否对地短路

①使用零件号 3822758-阳端 Deutsch/Amp/Metri-Pack 测试导线。

②断开钥匙开关,从 ECM 上断开执行器线束接头,从 ECM 31 针接头上断开执行器线束。

③测量触针 5 与机体间电阻,见图 10-102,电阻应大于 100kΩ;若电阻不合格,应维修或更换发动机线束。

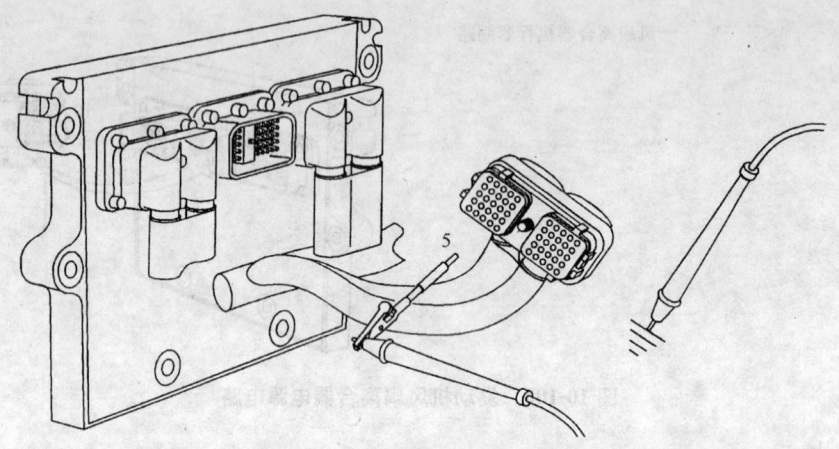

图 10-102　测量触针 5 与机体间电阻

(3)检查执行器线束的触针之间是否短路

①使用零件号 3822758-阳端 Deutsch/Amp/Metri-Pack 测试导线。

②从风扇离合器电磁阀上断开 OEM 线束,从 ECM 上断开执行器线束接头。

③测量执行器线束接头触针 5 与该接头上其他触针间的电阻,见图 10-103,电阻应大于 100kΩ;若电阻不合格,应维修或更换发动机线束。

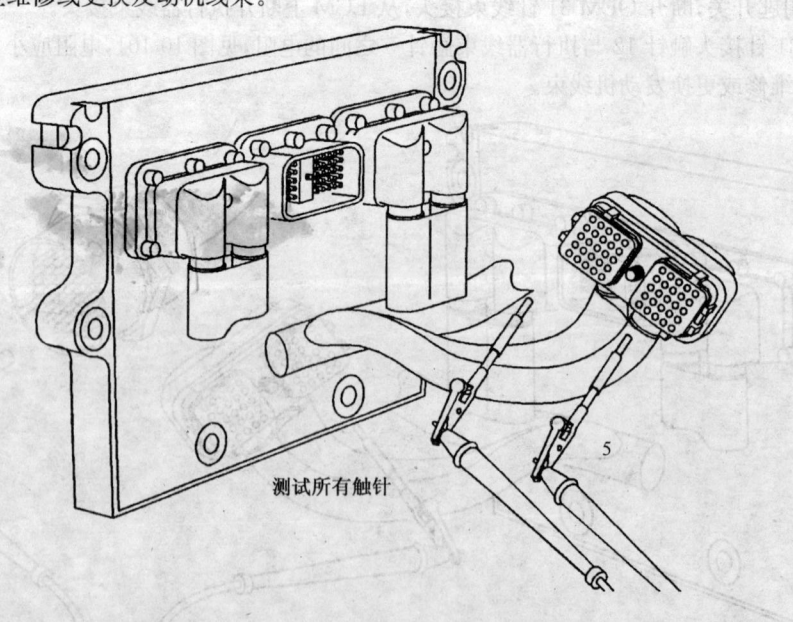

测试所有触针

图 10-103　测量触针 5 与其他触针间的电阻

(4)检查 OEM 线束是否开路

①使用零件号 3822758-阳性 Deutsch/Amp/Metri-Pack 测试导线及零件号 3822917-阴性

Deutsch/Amp/Metri-Pack 测试导线。

②检查触针 12 与电磁离合器接头触针 A(或 1)之间的电阻,检查触针 13 与电磁离合器接头触针 B(或 2)之间的电阻,见图 10-104,电阻应小于 10Ω;若电阻不合格,应维修或更换 OEM 线束。

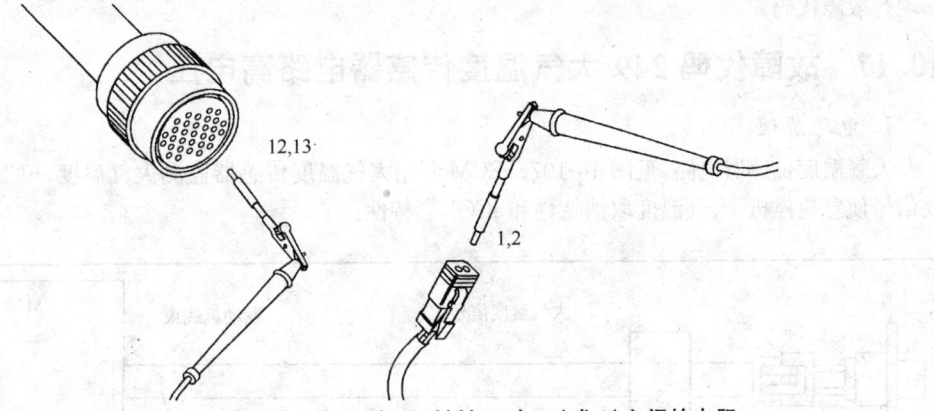

图 10-104 测量触针 12 与 A(或 1)、触针 13 与 B(或 2)之间的电阻

(5)检查 OEM 线束是否对地短路

①使用零件号 3822758-阳端 Deutsch/Amp/Metri-Pack 测试导线。

②断开钥匙开关,从电磁阀上断开 OEM 线束,从 31 针接头上断开执行器线束。

③分别测量触针 12、13 与机体间电阻,见图 10-105,电阻应大于 100kΩ;若电阻不合格,应维修或更换 OEM 线束。

(6)检查 OEM 线束触针之间是否短路

①使用零件号 3822758-阳端 Deutsch/Amp/Metri-Pack 测试导线。

②断开钥匙开关,从风扇离合器电磁阀上断开 OEM 线束,从 31 针接头上断开执行器线束。

③分别测量触针 12、13 与该接头中其他触针间的电阻,见图 10-106,电阻应大于 100kΩ;若电阻不合格,应维修或更换 OEM 线束。

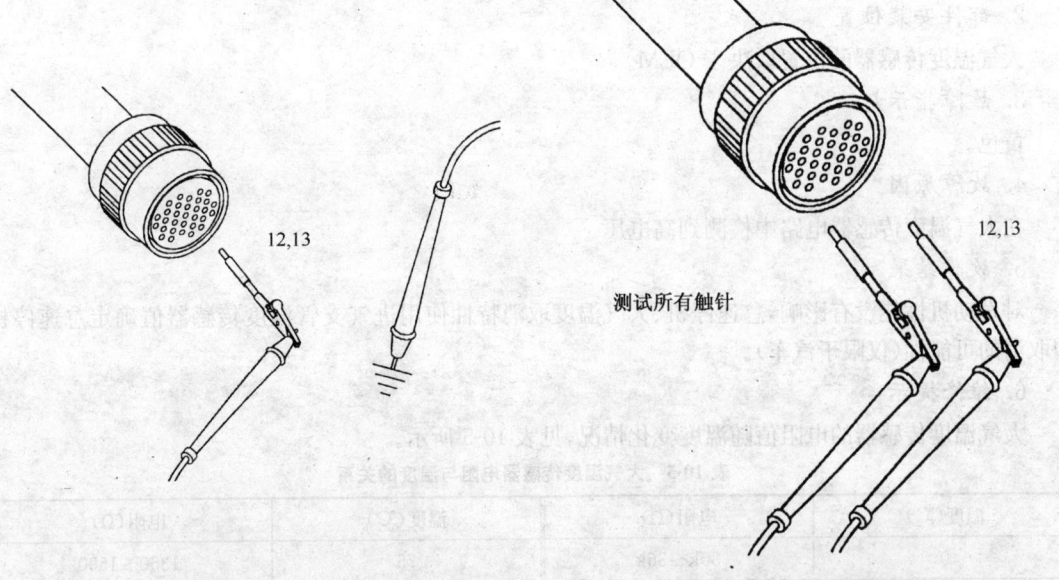

图 10-105 分别测量触针 12、13 与机体间电阻

图 10-106 分别测量触针 12、13 与其他触针间电阻

(7) 清除故障代码

①连接所有部件,打开钥匙开关,起动发动机,怠速运转/min。

②用 INSITE™ 确认故障代码 245 不再起作用,并已转变成非现行故障代码,再用 INSITE™ 清除非现行故障代码。

10.17 故障代码 249-大气温度传感器电路高电压

1. 电路原理

大气温度传感器电路,见图 10-107。ECM 利用大气温度传感器监测大气温度,ECM 利用大气温度信号使怠速停机、大气温度取消特性和 ICON™ 特性。

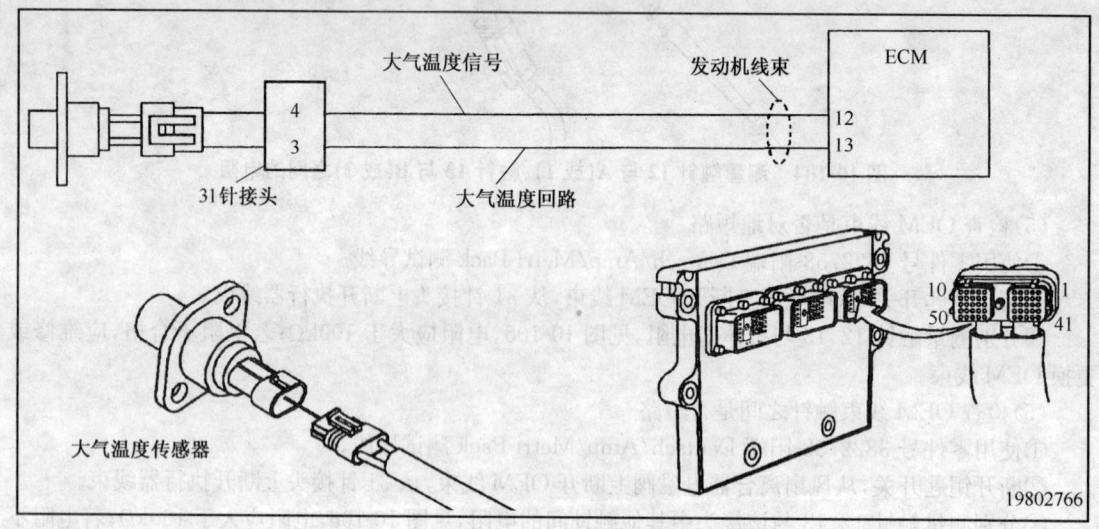

图 10-107 大气温度传感器电路

2. 部件安装位置

大气温度传感器的位置取决于 OEM。

3. 故障指示灯

黄色。

4. 故障原因

在大气温度传感器电路中检测到高电压。

5. 故障结果

对发动机性能没有影响,怠速停机、大气温度取消特性使用进气支管温度传感器值确定怠速停机和取消的可能性(仅限于汽车)。

6. 维修提示

大气温度传感器的电阻值随温度变化情况,见表 10-5 所示。

表 10-5 大气温度传感器电阻与温度的关系

温度(℃)	电阻(Ω)	温度(℃)	电阻(Ω)
0	30k~36k	75	1350~1500
25	9k~11k	100	600~675
50	3k~4k		

7. 维修步骤

(1)检查大气温度传感器的电阻

①使用零件号 3823255-阳端 Metri-Pack 测试导线。

②断开钥匙开关,从传感器上断开发动机线束。

③测量大气温度传感器上的触针 A(或 1)与触针 B(或 2)之间的电阻,见图 10-108,电阻在 175Ω~244kΩ;若电阻不合格,应更换大气温度传感器。

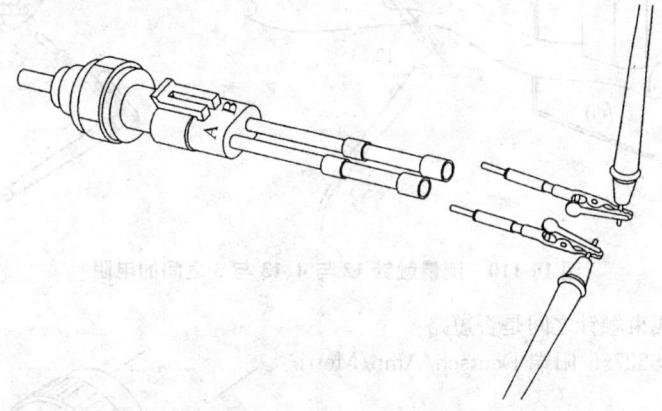

图 10-108　测量触针 A(或 1)与触针 B(或 2)之间的电阻

(2)检查触针之间是否短路(仅限于未配备 ICON™ 的车辆)

①使用零件号 3822758-阳端 Deutsch/Amp/Metri-Pack 测试导线。

②断开钥匙开关,从 ECM 上断开传感器线束接头。

③分别测量传感器线束触针 12、13 与接头中其他触针间的电阻,见图 10-109,电阻应大于 100kΩ;若电阻不合格,应维修或更换发动机线束。

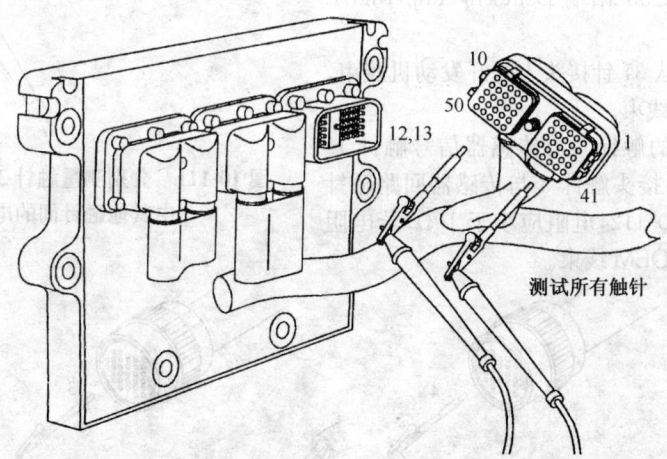

图 10-109　分别测量触针 12、13 与其他触针间的电阻

(3)检查是否开路

①使用零件号 3822758-阳端 Deutsch/Amp/Meeri-Pack 测试导线和零件号 3822917-阴端 Deutsch/Amp/Metric-Pack 测试导线。

②断开钥匙开关,从 ECM 上断开传感器线束接头,断开 31 针线束接头。

③测量传感器线束接头触针 12 与 31 针接头触针 4 之间的电阻,测量传感器线束触针 13 与 31

针接头触针3之间的电阻,见图10-110,电阻应小于10Ω;若电阻不合格,应维修或更换发动机线束。

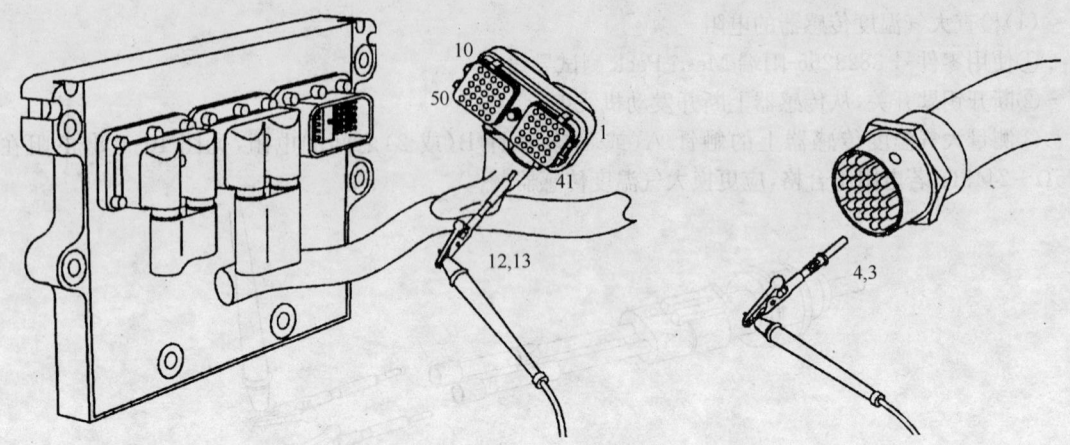

图10-110 测量触针12与4、13与3之间的电阻

(4)检查OEM线束触针之间是否短路
①使用零件号3822758-阳端Deutsch/Amp/Metri-Pack测试导线。
②断开钥匙开关,从31针接头上断开传感器线束,从传感器上断开OEM线束。
③分别测量31针接头的触针3、4与该接头中其他触针间的电阻,见图10-111,电阻应大于100kΩ;若电阻不合格,应维修或更换OEM线束。

(5)检查OEM线束是否开路
①使用零件号382258-阳端Deutsch/Amp/Metri-Pack测试导线。
②断开钥匙开关,从31针接头上断开发动机线束、从传感器上断开OEM线束。
③测量31针接头的触针4与传感器信号触针12之间的电阻,测量31针接头触针3与传感器回路触针13之间的电阻,见图10-112,电阻应小于10Ω;若电阻不合格,应维修或更换OEM线束。

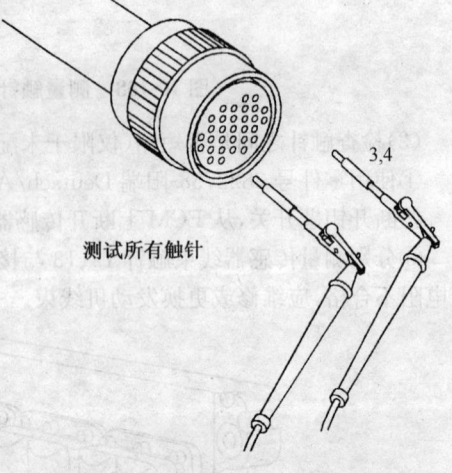

图10-111 分别测量触针3、4与该接头中其他触针间的电阻

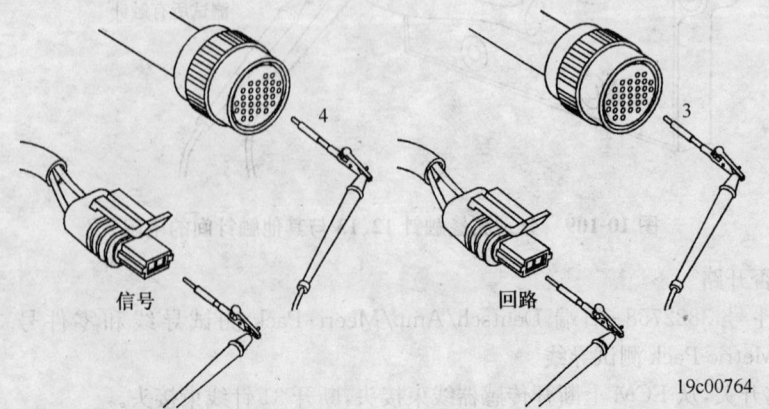

图10-112 测量触针4与信号触针12及触针3与回路触针13之间的电阻

(6) 清除故障代码

①连接所有部件,打开钥匙开关,起动发动机,怠速运转/min。

②用 INSITE™ 确认故障代码 249 不再起作用,并已转变成非现行故障代码,再用 INSITE™ 清除非现行故障代码。

10.18 故障代码 254-燃油切断电磁阀电路故障

1. 电路原理

燃油切断电磁阀电路,见图 10-113。燃油切断电磁阀是 ECM 用来控制发动机燃油供应的装置。ECM 可以通过切断燃油切断电磁阀的电源而关闭发动机。

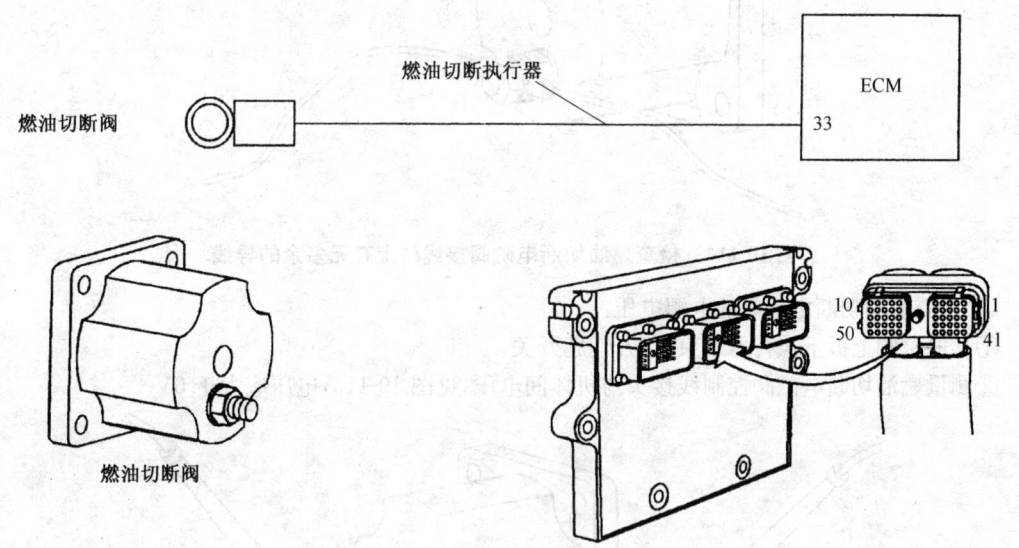

图 10-113 燃油切断电磁阀电路

2. 部件安装置

该电磁阀位于靠近燃油出口管的燃油泵壳体上。早期型号使用一个专用回路导线(触针 32),该导线与其中一个燃油切断电磁阀安装螺栓连接,新型号使用燃油切断电源线(触针 33)。

3. 故障指示灯

红色。

4. 故障原因

在燃油切断电路中检测到低于 6V 电压,或者从 ECM 或故障的 ECM 输出电路中流出过大电流。

5. 故障结果

ECM 切断了燃油切断电磁阀的电源,发动机会立即停机。

6. 维修提示

①检查燃油切断电源电路有无连接到其他用电设备的外部导线。将电路中多余的导线拆下。

②如果车辆上配备了利用燃油切断阀关闭发动机的外部停机系统,应确保此系统没有故障,并且没有降低燃油切断电路的电压。

③检查发动机缸体到底盘的接地导线,确保牢固连接到清洁、干燥的车体表面。

④检查起动机电磁阀正极端子无松动的接头或附件导线绝缘皮损坏。

7. 维修步骤

(1)检查燃油切断电磁阀接线柱上无多余的导线

①断开钥匙开关。

②检查燃油切断电磁阀接线柱上无多余的导线为合格,见图10-114;若有多余的导线,应拆下额外的导线,然后连接到正极(+)12V电源上。

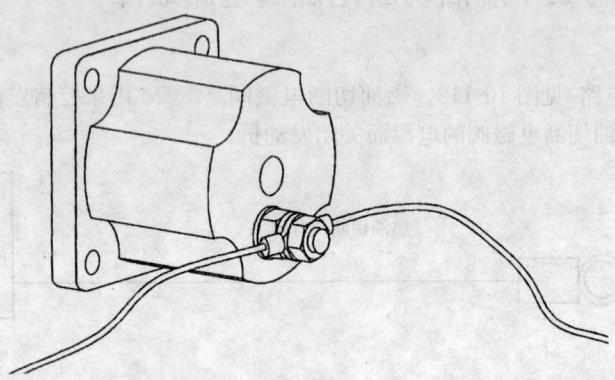

图 10-114　检查燃油切断电磁阀接线柱上有无多余的导线

(2)检查燃油切断电磁阀的电源电压

①从电磁阀上拆下执行器线束,打开钥匙开关。

②测量燃油切断电磁阀控制线接头与机体间电压,见图10-115,电压应大于6V。

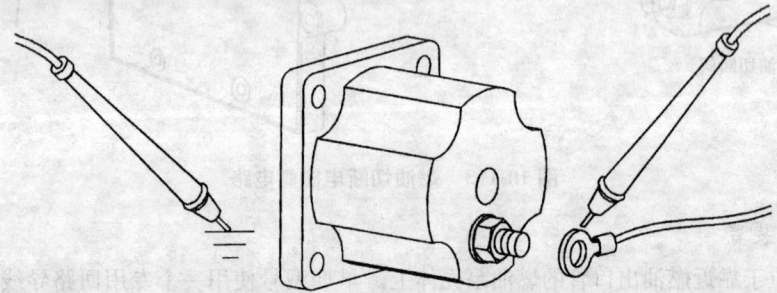

图 10-115　测量电磁阀控制线接头与机体间电压

(3)检查是否开路

①使用零件号 3822758-阳端 Deutsch/Amp/Metri-Pack 测试导线。

②断开钥匙开关,从电磁阀上拆下执行器线束,从ECM上断开执行器线束接头。

③测量执行器触针33与燃油切断电磁阀控制导线之间的电阻,见图10-116,电阻应小于10Ω;若电阻不合格,应维修或更换发动机线束。

(4)检查触针与触针之间是否短路

①使用零件号 3822758-阳端 Deutsch/Amp/Metri-Pack 测试导线。

②断开钥匙开关,从电磁阀上拆下执行器线束,从ECM上断开执行器线束接头。

③测量执行器线束接头触针33与该接头中所有触针间的电阻,见图10-117,电阻应大于100kΩ;若电阻不合格,应维修或更换发动机线束。

(5)测量 ECM 的电压

①使用零件号 3822917-阴性 Deuesch/Amp/Metri-Pack 测试导线。

②从ECM上断开执行器线束接头,打钥匙开关。

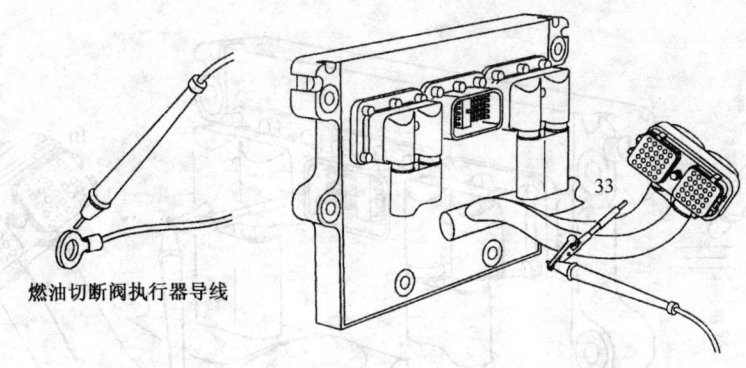

燃油切断阀执行器导线

图 10-116 测量触针 33 与电磁阀导线之间的电阻

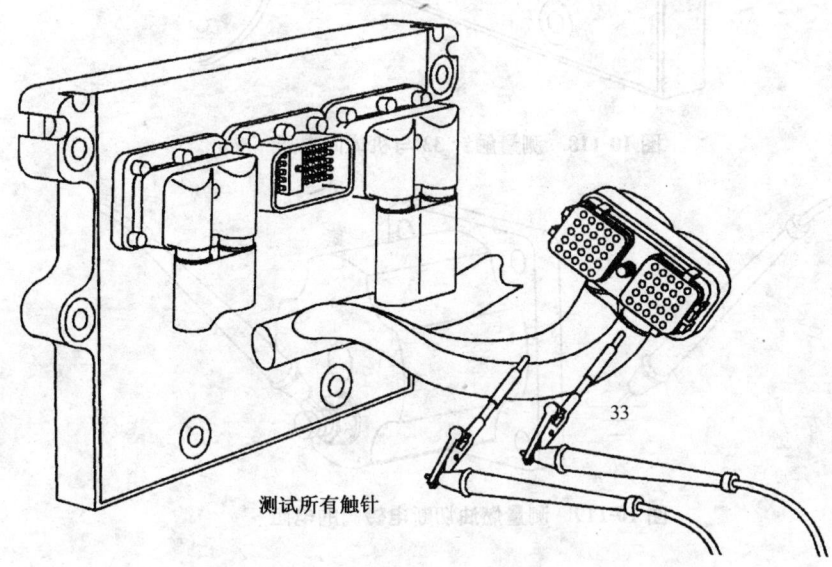

测试所有触针

图 10-117 测量触针 33 与该接头中其他触针间的电阻

③测量执行器线束接头触针 33 与机体间电压,见图 10-118,电压应大于 6V;若电压不合格,应维修或更换 ECM。

(6)检查燃油切断电磁阀的电阻

①断开钥匙开关,从电磁阀上拆下执行器线束。

②测量燃油切断电磁阀与机体间电阻,见图 10-119,6V 电磁阀,电阻为 1～5Ω;12V 电磁阀,电阻为 6～15Ω;24V 电磁阀,电阻为 24～50Ω;32V 电磁阀,电阻为 42～80Ω;36V 电磁阀,电阻为 46～87Ω;48V 电磁阀,电阻为 92～145Ω;74V 电磁阀,电阻为 315～375Ω;115V 电磁阀,电阻为 645～735Ω;若电阻不合格,应更换燃油切断电磁阀。

(7)清除故障代码

①连接所有部件,打开钥匙开关,起动发动机,怠速运转 1min。

②用 INSITE™ 确认故障代码 254 已不再起作用,并已转变成非现行故障代码,再用 INSITE™ 清除非现行故障代码。

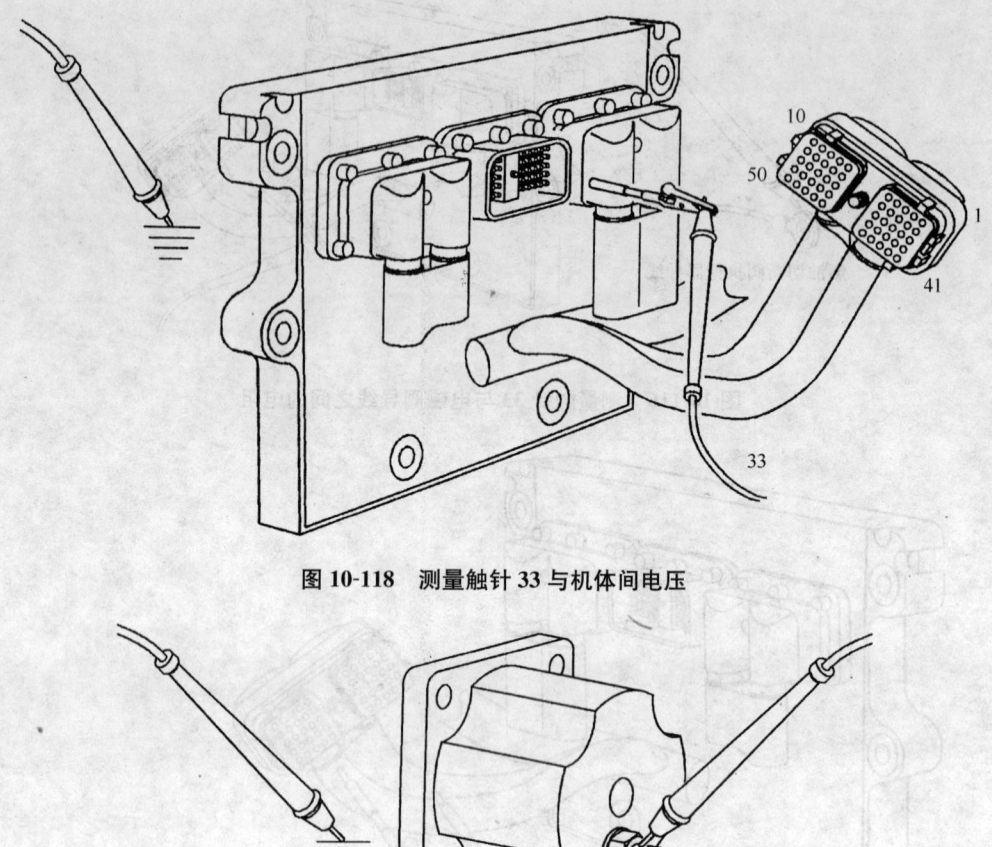

图 10-118　测量触针 33 与机体间电压

图 10-119　测量燃油切断电磁阀的电阻

10.19　故障代码 255-燃油切断电磁阀电路故障

1. 电路原理

燃油切断电磁阀电路,见图 10-113。如果燃油切断电磁阀由外部供电,它将保持开启状态。

2. 部件安装位置

见故障代码 254 检修内容。

3. 故障指示灯

黄色。

4. 故障原因

在燃油切断电磁阀电源电路检测到外部电源电压。

5. 故障结果

对性能没有影响,燃油切断电磁阀保持开启。

6. 维修提示

如果车辆有外部停机系统,确保没有接线错误并向燃油切断电磁阀电源电路供电。

7. 维修步骤

(1)检查有无外部电源

①使用零件号 3822758-阳性 Deutsch/Amp/Metri-Pack 测试导线。

②从 ECM 上断开执行器线束接头,打开钥匙开关。

③测量执行器线束接头触针 33 与机体间电压,见图 10-120,电压应小于正极(+)1.5V;若不合格,拆下外部电源,连接到导线的外部电源上测量到大于(+)1.5V 的电压,找到电压源并将其从电路中拆下。

(2)检查触针与触针之间是否短路(见故障代码 254 维修步骤)

(3)清除故障代码

①连接所有部件,打开钥匙开关,起动发动机,怠速运转 1min。

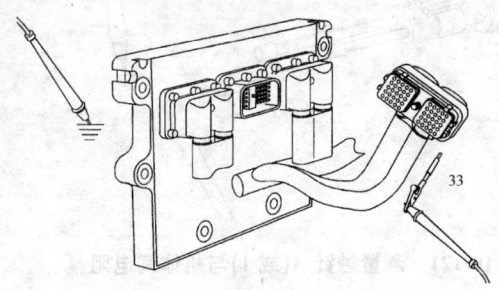

图 10-120　测量触针 33 与机体间电压,检查有无外部电源

②用 INSITE™ 确认故障代码 255 已不再起作用,并且已转变成非现行故障代码,再用 INSITE™ 清除非现行故障代码。

10.20　故障代码 256-大气温度传感器电路低电压

1. 电路原理

大气温度传感器电路,见图 10-107 及故障代码 249 检修内容。

2. 部件安装位置

见故障代码 249 检修内容。

3. 故障指示灯

黄色。

4. 故障原因

在大气温度传感器电路中检测到低电压。

5. 故障结果

见故障代码 249 检修内容。

6. 维修提示

见故障代码 249 检修内容。

7. 维修步骤

(1)检查大气温度传感器的电阻(详见故障代码 249 维修步骤)

(2)检查是否对地短路

①使用零件号 3823256-阴端 Meeri-Pack 测试导线。

②断开钥匙开关,从大气温度传感器上断开发动机线束。

③测量传感器上的触针 A(或 1)与机体间的电阻,见图 10-121,电阻应大于 100kΩ;若电阻不合格,应更换大气温度传感器。

(3)检查触针之间是否短路(仅限于未装配 ICON™ 的车辆)。详见故障代码 249 维修步骤

(4)检查是否对地短路

①使用零件号 3822758-阳端 Deutsch/Amp/Metri-Pack 测试导线。

②断开钥匙开关,从 ECM 上断开传感器线束接头。

③分别测量传感器线束接头触针 12、13 与机体间电阻,见图 10-122,电阻应大于 100kΩ;若电阻不合格,应维修或更换发动机线束。

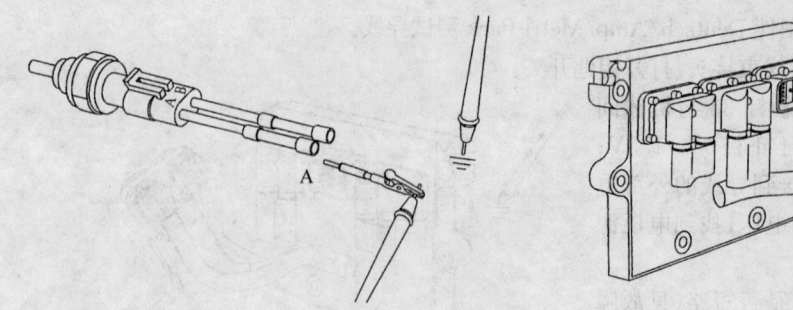

图 10-121　测量触针 A(或 1)与机体间电阻　　图 10-122　分别测量触针 12、13 与机体间电阻

(5)检查触针与触针之间是否短路(详见故障代码 249 维修步骤)
(6)检查是否对地短路
①使用零件号 3822758-阳端 Deutsch/Amp/Meeri-Pack 测试导线。
②断开钥匙开关,从 31 针接头上断开 OEM 线束,从传感器上断开 OEM 线束。
③分别测量 31 针接头触针 3、4 与机体间电阻,见图 10-123,电阻应大于 100kΩ;若电阻不合格,应维修或更换 OEM 线束。
(7)清除故障代码
①连接所有部件,打开钥匙开关,起动发动机,怠速运转 1min。

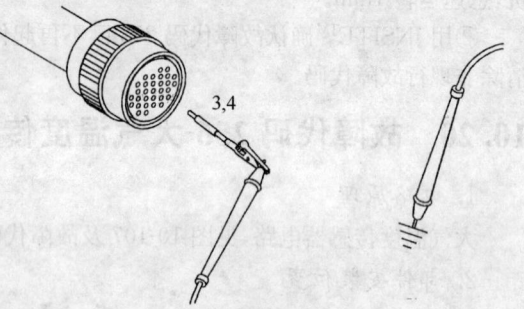

图 10-123　分别测量触针 3、4 与机体间电阻

②用 INSITE™ 确认故障代码 256 不再起作用,并已转变成非现行故障代码,再用 INSITE™ 清除非现行故障代码。

10.21　故障代码 285-J1939 数据通信接口多路通信故障

1. 电路原理

J1939 数据通信接口多路通信电路,见图 10-124。油门踏板、开关和传感器等信息,可以通过 J1939 数据通信接口传送到 ECM。ECM 接收从车辆电子控制单元(VECU)发送的信息,并将其用于控制发动机。ECM 和 VECU 的配置必须正确,这样每个装置的信息才能经 VECU 发送到 ECM。

2. 部件安装位置

ECM 位于发动机的进气侧,靠近前端。J1939 数据通信接口导线和 VECU 随着 OEM 选装件的不同而有所区别。

3. 故障指示灯

黄色。

4. 故障原因

ECM 没有及时收到,或者根本没有收到来自 J1939 数据通信接口传输的信息。

5. 故障结果

至少有一个多路通信装置将不能正确运行。

6. 维修提示

如果设置 ECM 通过 J1939 数据通信接口从 VECU 接收多路通信装置的信息,但没有收到该信息,则会发生此故障。当 ECM 没有及时收到信息以正确控制发动机,也会产生该故障。下列各种情况会导致故障发生:

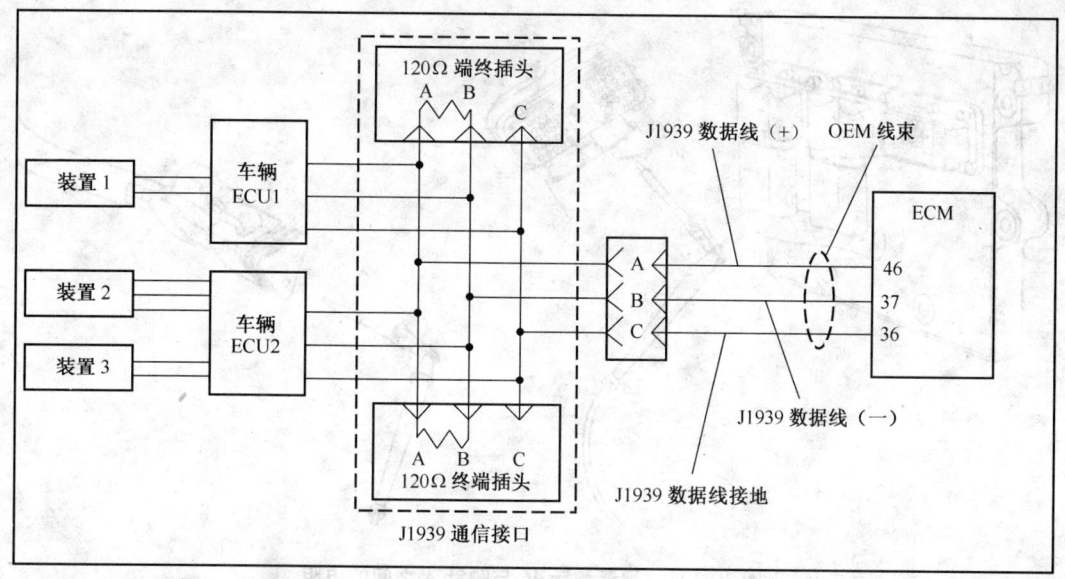

图 10-124 J1939 数据通信接口多路通信电路

①J1939 数据接口有电气故障。
②J1939 数据接口总干线上插头端子缺失。
③无法设置 ECM 接收信息。
④多路通信设备并不能真正进行多路信息传输。
⑤未对 VECU 进行正确设置,已在其中一个多路通信设备上发送信息。

7. 维修步骤

(1) 检查 SAE J1939 主干线束电源线是否开路
①使用零件号 3822758-阳性 Deutsch/Amp/Metri-Pack 测试导线和零件号 3823996-阴性 Weather-Pack 测试导线。
②断开钥匙开关,从 ECM 上断开 OEM 线束接头,从 VECU 上断开 J1939 接头。
③测量 OEM 线束接头的电源触针 46 与 VECU 数据通信接头触针 A 之间的电阻,见图 10-125,电阻应小于 10Ω,如果电阻不合格,应维修或更换 OEM 线束。

(2) 检查回路导线是否开路
①使用零件号 3822758-阳性 Deutsch/Amp/Metri-Pack 测试导线和零件号 3823996-阴性 Weather-Pack 测试导线。
②断开钥匙开关,从 ECM 上断开 OEM 线束接头,从 VECU 上断开 J1939 线束。
③测量 OEM 接头触针 37 与 VECU 的触针 B 之间的电阻,见图 10-126,电阻应小于 10Ω;若电阻不合格,应维修或更换 OEM 线束。

(3) 检查屏蔽导线中是否存在开路
①使用零件号 3822758-阳性 Deutsch/Amp/Metri-Pack 测试导线和零件号 3823996-阴性 Weaeher-Pack 测试导线。
②断开钥匙开关,从 ECM 上断开 OEM 线束接头,从 VECU 上断开 J1939 线束。
③测量 OEM 接头触针 36 与 VECU 的触针 C 之间的电阻,见图 10-127,电阻应小于 10Ω;若电阻不合格应维修或更换 OEM 线束。

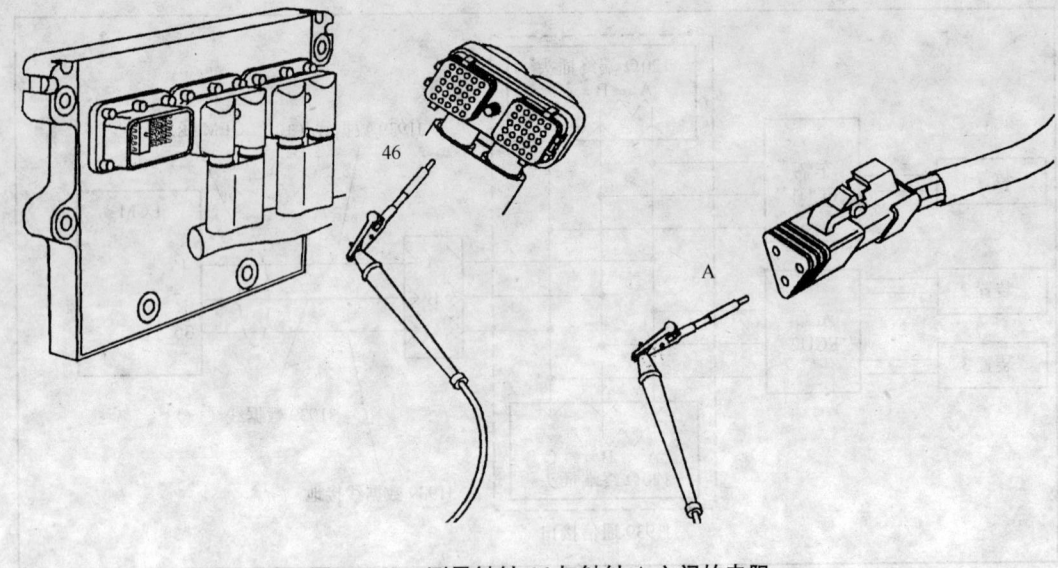

图 10-125　测量触针 46 与触针 A 之间的电阻

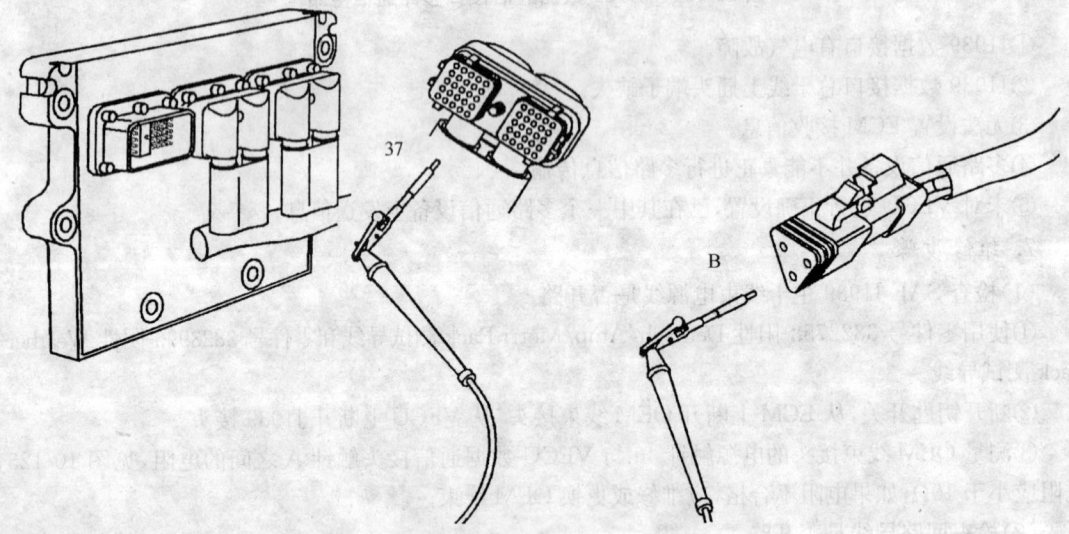

图 10-126　测量触针 37 与触针 B 之间的电阻

(4) 检查 J1939 线束的电阻
① 使用零件号 3823996-阴性 Weather-Pack 测试导线。
② 断开钥匙开关，从 VECU 上断开 J1939 线束，从 J1939 主干线上断开发动机线束。
③ 测量 OEM 的 J1939 线束触针 A 与触针 B 之间的电阻，见图 10-128，电阻应为 55~65Ω；若 J1939 主干线束终端电阻器丢失或损坏，应更换终端电阻器。

(5) 检查电源线是否对电源线短路
① 使用零件号 3822758-阳端 Deutsch/Amp/Metri-Pack 测试导线。
② 断开钥匙开关，从 VECU 上断开 J1939 线束，从 ECM 上断开 OEM 线束接头，将钥匙开关转到 ON 位置。
③ 测量 ECM 的触针 46 与机体间电压，见图 10-129，电压应小于 1.5V；若电压不合格，应维修或更换 OEM 线束。

第10章 M系列柴油机电控系统故障代码诊断与排除 471

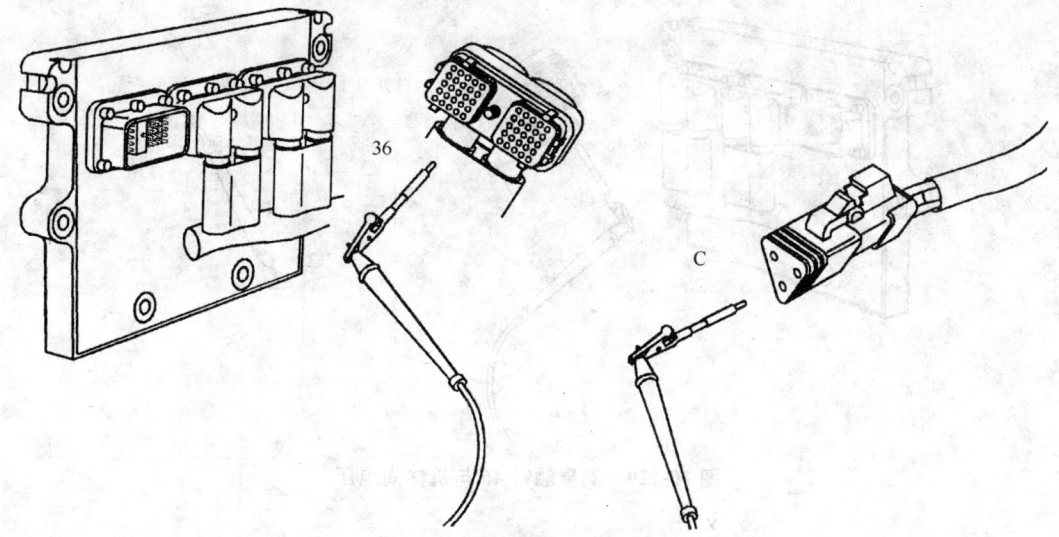

图 10-127 测量触针 36 与触针 C 之间的电阻

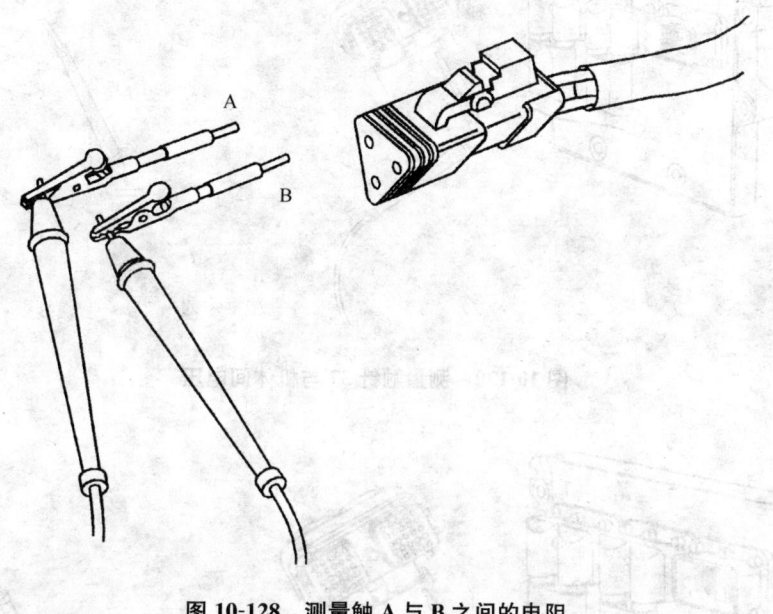

图 10-128 测量触 A 与 B 之间的电阻

(6) 检查回路导线是否对电源短路
① 使用零件号 3822758-阳端 Deutsch/Amp/Metri-Pack 测试导线。
② 断开钥匙开关,从 VECU 上断开 J1939 线束,从 ECM 上断开 OEM 线束接头,再打开钥匙开关。
③ 测量 OEM 线束触针 37 与机体间电压,见图 10-130,电压应小于 1.5V;若电压不合格,应维修或更换 OEM 线束。

(7) 检查电源导线中是否对地短路
① 使用零件号 3822758-阳端 Deutsch/Amp/Metri-Pack 测试导线。
② 断开钥匙开关,从 ECM 上断开 OEM 线束接头,从 VECU 上断开 J1939 线束。
③ 测量 OEM 线束触针 46 与接地间电阻,见图 10-131,电阻应大于 100kΩ,若电阻不合格,应维修或更换 OEM 线束。

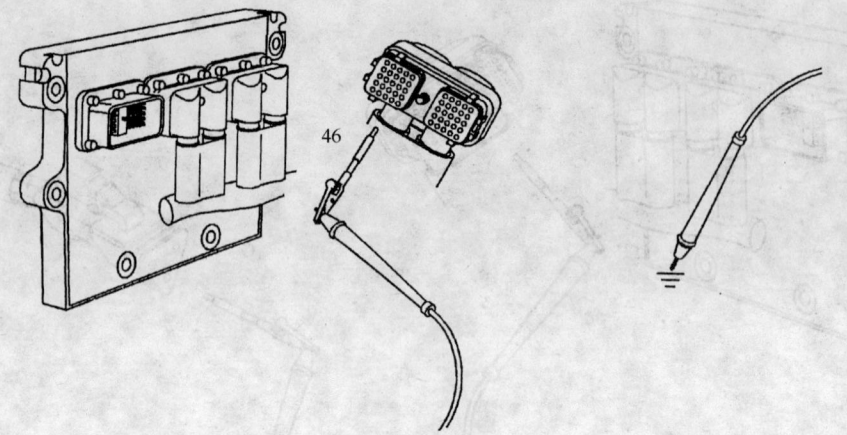

图 10-129　测量触针 46 与机体间电压

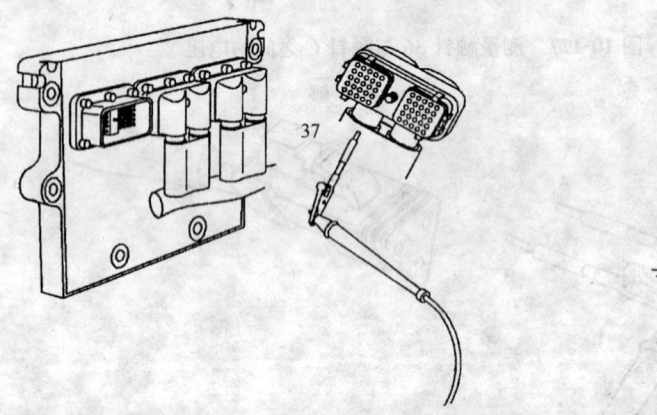

图 10-130　测量触针 37 与机体间电压

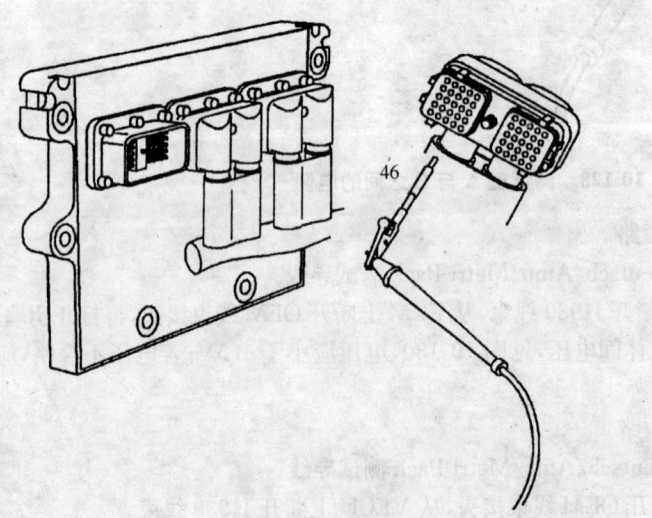

图 10-131　测量触针 46 与接地间电阻

(8) 检查回路导线是否对地短路

① 使用零件号 3822758-阳端 Deutsch/Amp/Metri-Pack 测试导线。

② 断开钥匙开关,从 ECM 上断开 OEM 线束接头,从 VECU 上断开 J1939 线束。

③ 测量 OEM 线束触针 37 与接地间电阻,见图 10-132,电阻应大于 100kΩ,若电阻不合格,应维修或更换 OEM 线束。

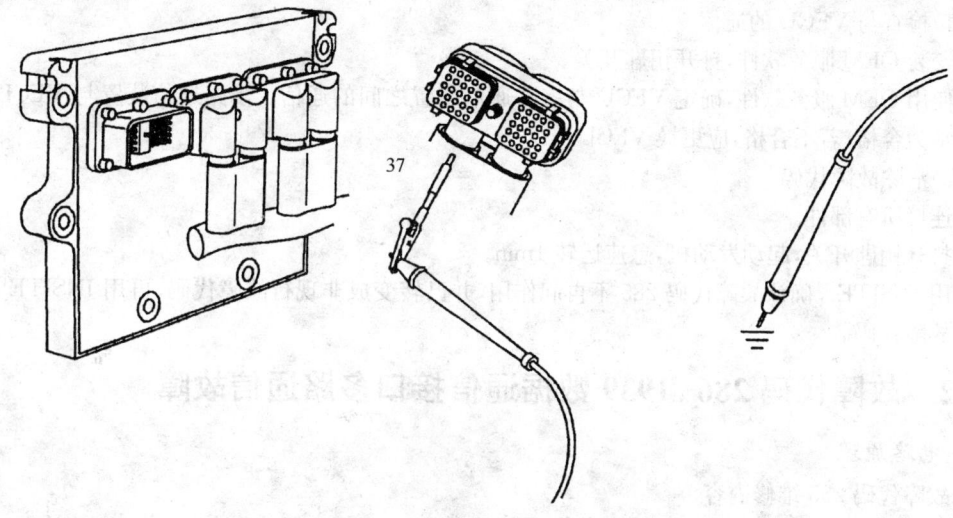

图 10-132　测量触针 37 与接地间电阻

(9) 检查 OEM 接头触针间是否短路

① 使用零件号 3822758-阳端 Deutsch/Amp/Metri-Pack 测试导线。

② 断开钥匙开关,从 ECM 上断开 OEM 线束接头,从 VECU 上断开 J1939 线束,从 J1939 主干线束上断开发动机线束。

③ 分别测量触针 46、36、37 与该接头中其他触针间电阻,见图 10-133,电阻应大于 100kΩ;若电阻不合格,应维修或更换 OEM 线束。

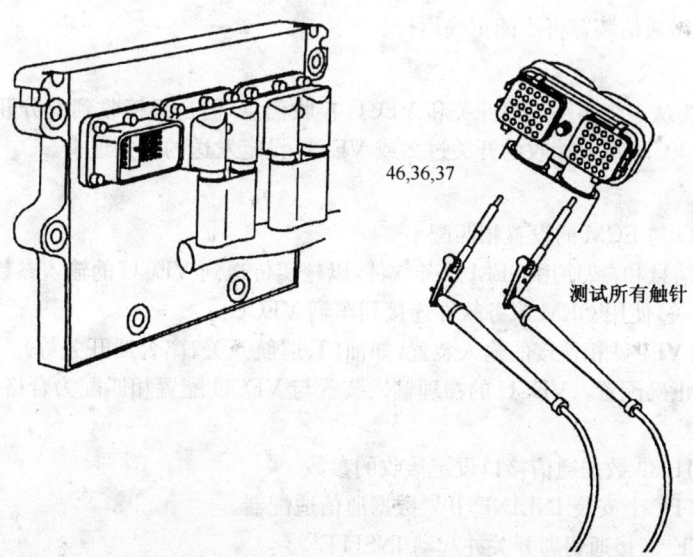

图 10-133　分别测量触针 46、36、37 与该接头中其他触针间的电阻

(10)检查与 J1939 装置的通信是否正常
①安装 INLINE Ⅱ™数据通信适配器。
②使用 INSITE™服务软件,打开钥匙开关。
③设置 INSITE™服务软件以使用 J1939 数据通信接口。通过监测发动机转速建立通信,为合格;若不合格,应更换 ECM。
(11)检查与 VECU 的通信
①安装 OEM 服务软件,打开钥匙开关。
②使用 OEM 服务软件,确定 VECU 与多路通信装置之间的通信。多路通信装置与 VECU 之间通信正常为合格;若不合格,应更换 VECU。
(12)清除故障代码
①连接所有部件。
②打开钥匙开关,起动发动机,怠速运转 1min。
③用 INSITE™确认故障代码 285 不再起作用,并已转变成非现行故障代码,再用 INSITE™清除非现行故障代码。

10.22　故障代码 286-J1939 数据通信接口多路通信故障

1. 电路原理

见故障代码 285 维修内容。

2. 部件安装位置

见故障代码 285 维修内容。

3. 故障指示灯

黄色。

4. 故障原因

ECM 期待来自多路通信装置的信息,但只收到其中部分必需的信息。

5. 故障结果

至少有一个多路通信装置将不能正确运行。

6. 维修提示

当 ECM 设置为从多个多路通信开关和 VECU 接收信息,但是只接收到部分开关的信息时,会产生此故障。这说明 ECM 设定接收的开关过多或 VECU 设定发送的开关过少。

7. 维修步骤

(1)核实 VECU 与 ECM 的设置相匹配

即查询 OEM 信息和/或使用 OEM 服务软件,以核实传送到 VECU 的输入参数

①打开钥匙开关,使用 OEM 服务软件连接到车辆 VECU。

②确认与车辆 VECU 相连接的输入装置(如油门、巡航开关、离合器开关等)。使用 OEM 服务软件,核实 VECU 已正确配置。VECU 的物理输入装置与 VECU 配置相匹配为合格;若不合格,应更改多路通信设置。

(2)确定通过 J1939 数据通信接口设定接收的参数

①在发动机和 PC 上安装 INLINE Ⅱ™数据通信适配器。

②连接 INSITE™,接通钥匙开关并起动 INSITE™。

③使用 INSITE™读取装置的 ECM 设置;菜单中的设置信息:特性和参数 2-调节。INSITE™读数与 ECM 对装置的设置相匹配。INSITE™配置与 VECU 配置不匹配为不合格。

(3)更改设置——ECM 设定为接收 VECU 当前没有发送的参数

①启动 INSITE™,并将其连接到 ECM。

②如果 ECM 设定为通过数据通信接口接收 VECU 未传送的任何参数,则使用 INSITE™ 关闭 ECM 中这些参数的多路通信。ECM 的当前设定与 VECU 配置相匹配为合格;若不合格,应检查 OEM 的多路通信设置。

(4)VECU 未设定为从所有的多路通信装置发送所有信息

①安装 OEM 服务软件,打开钥匙开关。

②VECU 未设定为从连接到其上的所有装置发送信息。更改 VECU 中的设置,参考 OEM 故障诊断及排除手册。VECU 参数与连接到 VECU 的所有输入装置相匹配为合格;若不合格,应检查 OEM 的多路通信设置。

(5)清除故障代码

①连接所有部件,打开钥匙开关,起动发动机怠速运转 1min。

②使用 INSITE™ 确认故障代码 286 不再起作用,并已转变成非现行故障代码,再用 INSITE™ 清除非现行故障代码。

10.23 故障代码 293(工业)-OEM 温度传感器电路高电压

1. 电路原理

OEM 温度传感器电路,见图 10-134。ECM 利用 OEM 温度传感器信号监测 OEM 温度。OEM 温度由 ECM 用于发动机保护系统。信号线或回路导线开路、短路或传感器有故障都会导致传感器高压故障。

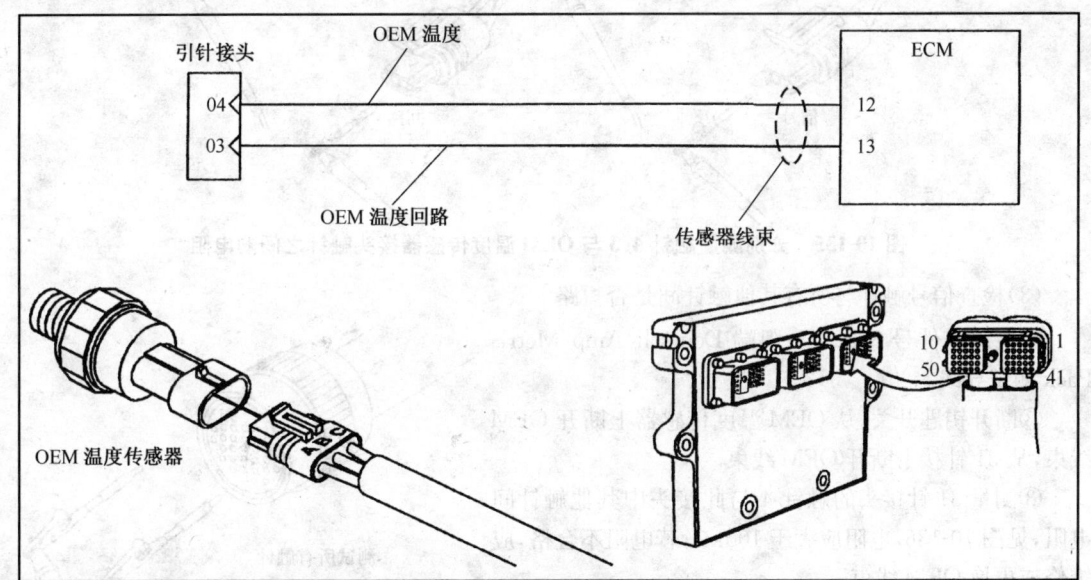

图 10-134 OEM 温度传感器电路

2. 部件安装位置

位置随 OEM 不同而变化。参考 OEM 故障诊断及排除手册。

3. 故障指示灯

黄色。

4. 故障原因

在 31 针 OEM 接头的 OEM 温度传感器信号触针检测到高电压。

5. 故障结果

无发动机 OEM 温度保护。

6. 维修提示

所有温度传感器的电阻随温度而变化。

7. 维修步骤

(1) 检查 OEM 温度传感器的电阻

①断开钥匙开关，从 OEM 温度传感器上断开发动机线束。

②检查 OEM 温度传感器的电阻，其电阻值随温度的变化而变化，具体电阻值请参考 OEM 故障诊断及排除手册。若电阻不合格，应更换 OEM 温度传感器。

(2) 检查 OEM 线束是否开路

①使用零件号 3822758-阳端 Deutsch/Amp/Metri-Pack 测试导线。

②断开钥匙开关，从 OEM 温度传感器上断开 OEM 线束，从 31 针接头上断开 OEM 线束。

③分别测量 31 针接头触针 4、3 与 OEM 温度传感器接头触针之间的电阻，见图 10-135，电阻应小于 10Ω；若电阻不合格，应维修或更换 OEM 线束。

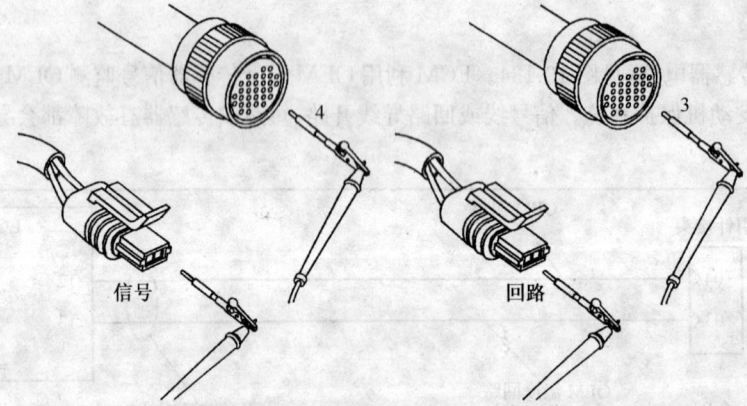

图 10-135　分别测量触针 4、3 与 OEM 温度传感器接头触针之间的电阻

(3) 检查信号触针与所有其他触针间是否短路

①使用零件号 3822758-阳端 Deutsch/Amp/Metri-Pack 测试导线。

②断开钥匙开关，从 OEM 温度传感器上断开 OEM 线束，从 31 针接上断开 OEM 线束。

③测量 31 针接头的触针 4 与此接头中其他触针间电阻，见图 10-136，电阻应大于 100kΩ；若电阻不合格，应维修或更换 OEM 线束。

(4) 检查信号线是否对地短路

①使用零件号 3822758-阳端 Deutsch/Amp/Metri-Pack 测试导线。

②断开钥匙开关，从 OEM 温度传感器上断开 OEM 线束，从 31 针接头上断开 OEM 线束。

③测量 31 针接头中触针 4 与机体间的电阻，见图

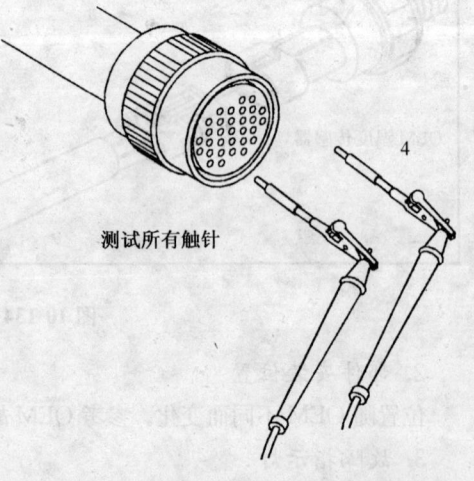

图 10-136　测量触针 4 与其他触针间电阻

第10章 M系列柴油机电控系统故障代码诊断与排除   477

10-137,电阻应大于100kΩ;若电阻不合格,应维修或更换OEM线束。

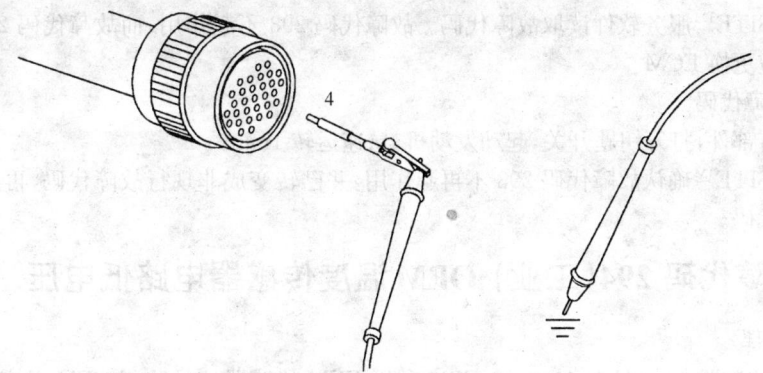

图 10-137 测量触针 4 与机体间的电阻

(5)检查信号导线是否开路

①使用零件号 3822758-阳性 Deutsch/Amp/Metri-Pack 测试导线和零件号 3822917-阴性 Deutsch/Amp/Metri-Pack 测试导线。

②断开钥匙开关,从OEM线束上断开发动机线束,从ECM上断开传感器线束接头。

③测量ECM上传感器接头触针12与31针接头的触针4之间的电阻,见图10-138,电阻应小于10Ω;若电阻不合格,应维修或更换发动机线束。

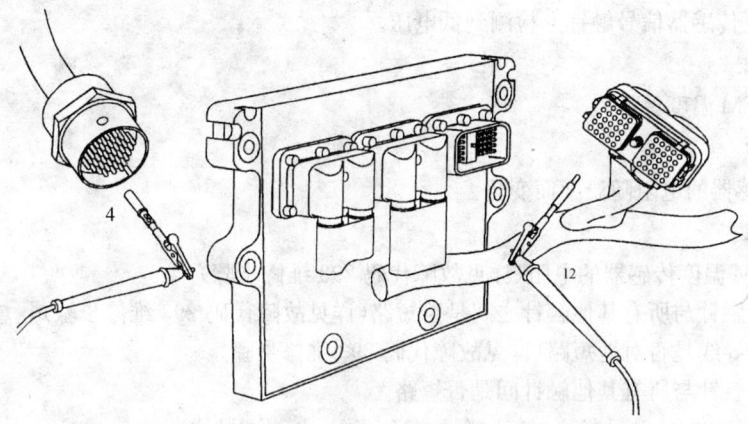

图 10-138 测量触针 12 与触针 4 之间的电阻

(6)检查信号触针及回路触针与所有其他触针间是否短路

①断开钥匙开关,从OEM线束上断开发动机线束,从ECM上断开传感器线束接头。

②分别测量传感器线束接头触针12、13与接头中所有其他触针间的电阻,见图10-139,电阻应大于100kΩ;若电阻不在规定范围,应维修或更换发动机线束。

(7)检查ECM的响应性是否正确

①断开钥匙开关,从 ECM 上断开

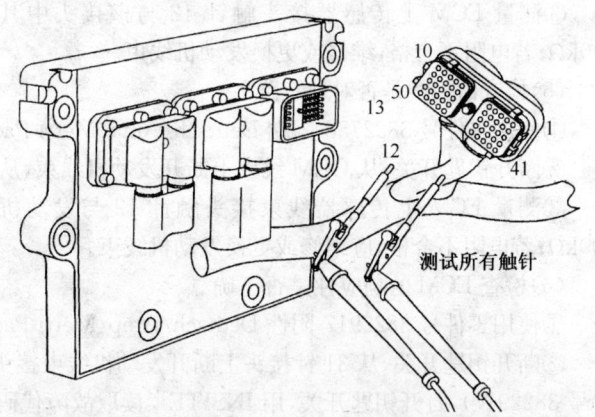

图 10-139 分别测量触针 12、13 与接头中其他触针间的电阻

OEM 线束接头,再打开钥匙开关。

②使用 INSITE™ 服务软件读取故障代码。故障代码 293 不起作用,而故障代码 294 起作用为合格;若不合格,应更换 ECM。

(8)清除故障代码

①连接所有部件,打开钥匙开关,起动发动机,怠速运转 1min。

②使用 INSITE™ 确认故障代码 293 不再起作用,并已转变成非现行故障代码,再用 INSITE™ 清除非现行故障代码。

10.24　故障代码 294(工业)-OEM 温度传感器电路低电压

1. 电路原理

OEM 温度传感器电路,见图 10-134。ECM 利用 OEM 传感器信号监测 OEM 温度。OEM 温度由 ECM 用于发动机保护系统。在电源线或回路线对地短路或传感器内部接地会导致传感器低电压故障。

2. 部件安装位置

安装位置随 OEM 不同而变化。参考 OEM 故障诊断及排除手册。

3. 故障指示灯

黄色。

4. 故障原因

在 OEM 温度传感器信号触针上检测到低电压。

5. 故障结果

无发动机 OEM 温度保护。

6. 维修提示

所有温度传感器的电阻随温度而变化。

7. 维修步骤

(1)检查 OEM 温度传感器的电阻(详见故障代码 293 维修步骤)

(2)检查信号触针与所有其他触针之间是否短路(详见故障代码 293 维修步骤)

(3)检查信号导线是否对地短路(详见故障代码 293 维修步骤)

(4)检查信号触针与所有其他触针间是否短路

①使用零件号 3822758-阳端 Deutsch/Amp/Metri-Pack 测试导线。

②断开钥匙开关,从 OEM 线束上断开发动机线束,从 ECM 上断开传感器线束接头。

③测量 ECM 上传感器接头触针 12 与该接头中其他触针间电阻,见图 10-140,电阻应大于 100kΩ;若电阻不合格,维修或更换发动机线束。

(5)检查信号线是否对地短路

①使用零件号 3822758-阳端 Deutsch/Amp/Metri-Pack 测试导线。

②断开钥匙开关,从 OEM 线束上断开发动机线束,从 ECM 上断开传感器线束接头。

③测量 ECM 上传感器线束接头触针 12 与发动机机体间的电阻,见图 10-141,电阻应大于 100kΩ;若电阻不合格,应维修或更换发动机线束。

(6)检查 ECM 的响应性是否正确

①使用零件号 3822917-阴性 Deutsch/Amp/Metri-Pack 测试导线。

②断开钥匙开关,从 31 针接头上断开发动机线束接头、在触针 3 与触针 4 之间安装跨接导线(零件号 3822917),打开钥匙开关,用 INSITE™ 读取故障代码。故障代码 294 不起作用,而故障代码 293 起作用为合格;若不合格,应更换 ECM。

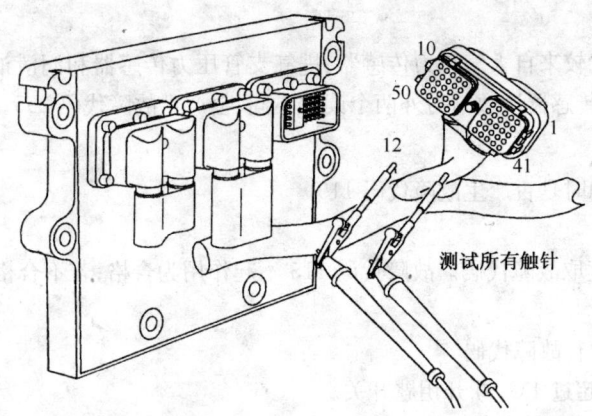

图 10-140　测量触针 12 与该接头中其他触针间的电阻

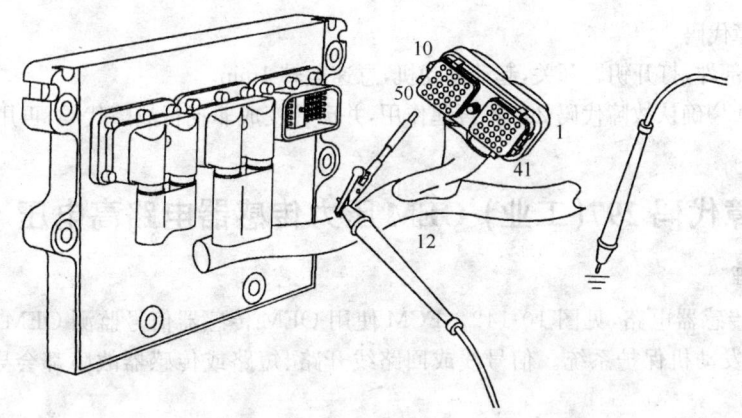

图 10-141　测量触针 12 与机体间的电阻

(7) 清除故障代码

①连接所有部件。

②打开钥匙开关,起动发动机,怠速运转 1min,使用 INSITE™ 确认故障代码 294 不再起作用,并已转变成非现行故障,再用 INSITE™ 清除非现行故障代码。

10.25　故障代码 295-大气压力传感器信号错误

1. 电路原理

大气压力传感器电路,见图 10-41。大气压力传感器用于监测大气压力并通过发动机线束将信息传送到 ECM。

2. 部件安装位置

它安装在 ECM 的底部。

3. 故障指示灯

黄色。

4. 故障原因

ECM 检测到大气压力传感器信号发生错误。

5. 故障结果

发动机功率降低到无空气设置。

6. 维修提示

钥匙开关接通时，比较来自大气压力传感器、进气支管压力传感器和润滑油压力传感器的大气压力读数。如果大气压力传感器读数与另外两个读数不同，会产生故障代码295。

7. 维修步骤

(1) 检查发动机起动时是否产生故障代码115

① 接通钥匙开关。

② 使用 INSITE™ 读取故障代码。故障代码115不起作用为合格；若不合格，首先对故障代码115进行诊断。

(2) 检查是否存在现行故障代码

① 确保润滑油温度超过4℃，断开钥匙开关。

② 等待30s，将钥匙开关接通并等待15s。故障代码295不起作用为合格；若不合格，应更换传感器。

(3) 清除故障代码

① 连接所有部件，打开钥匙开关，起动发动机，怠速运转1min。

② 用 INSITE™ 确认故障代码295不再起作用，并已转变成非现行故障代码，再用 INSITE™ 清除非现行故障代码。

10.26 故障代码297(工业)-OEM压力传感器电路高电压

1. 电路原理

OEM压力传感器电路，见图10-142。ECM使用OEM传感器信号监测OEM压力。OEM压力由ECM用于发动机保护系统。信号线或回路线开路、短路或传感器故障都会导致传感器高压故障。

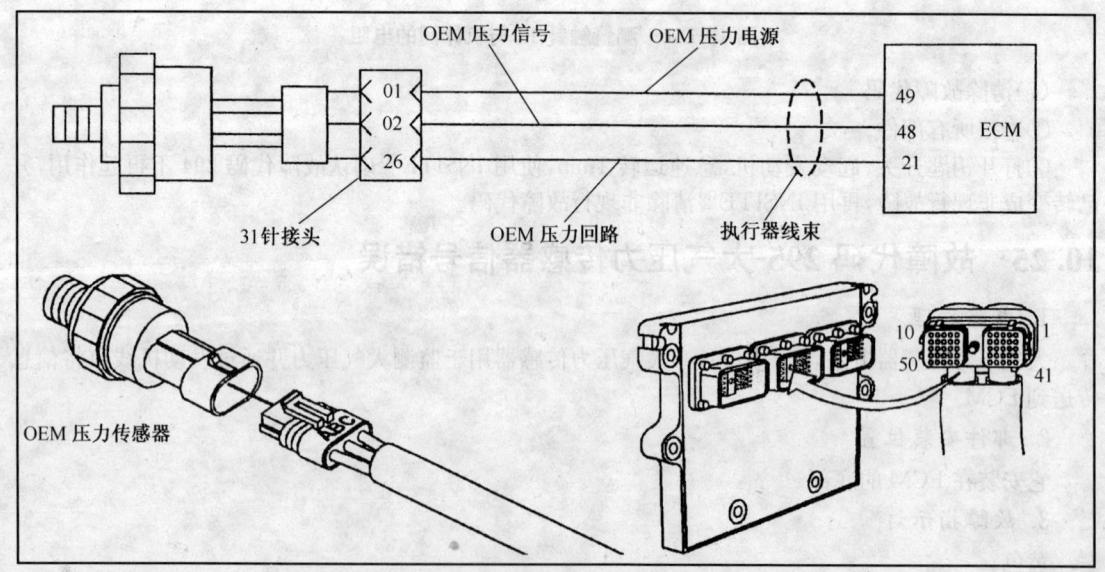

图10-142 OEM压力传感器电路

2. 部件安装位置

位置随OEM不同而变化。

3. 故障指示灯

黄色。

4. 故障原因

OEM 31 针接头的 OEM 压力传感器信号触针检测到高电压。

5. 故障结果

无发动机 OEM 压力保护。

6. 维修提示

ECM 在执行器线束接头的触针 48 上提供传感器信号电压。

7. 维修步骤

(1) 检查 OEM 压力传感器的电阻

① 不要从热发动机上打开散热器压力盖,应等冷却水温度降到 50℃ 以下时再打开压力盖,以防止高温液体喷出造成人员伤害。

② 断开钥匙开关,从 OEM 压力传感器上断开 OEM 线束。

③ 测量 OEM 压力传感器电阻,电阻值应符合 OEM 故障诊断及排除手册中的规定值;若电阻不合格,应更换 OEM 压力传感器。

(2) 检查 ECM 的电源电压

① 使用零件号 3162898 抽头电缆。

② 在传感器与传感器线束接头之间安装抽头电缆,打开钥匙开关。

③ 测量抽头电缆触针 A(或 1)与触针 B(或 2)之间的电压,见图 10-143,电压应为 4.75～5.25V;若电压不合规定,应进行检修。

(3) 测量 ECM 的电压

① 使用零件号 3822917-阴性 Deutsch/Amp/Metri-Pack 测试导线。

② 从 ECM 上断开执行器线束接头,打开钥匙开关。

③ 测量执行器端口的触针 21 与触针 49 之间的电压,见图 10-144,电压应为 4.75～5.25V;若电压不合格,应更换 ECM。

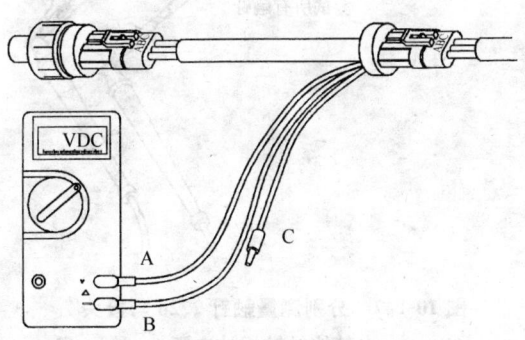

图 10-143　测量触针 A(或 1)与触针 B(或 2)之间的电压

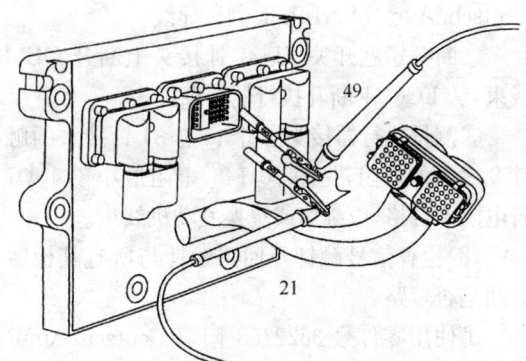

图 10-144　测量触针 21 与触针 49 之间的电压

(4) 检查传感器信号电压

① 使用零件号 3162898 抽头电缆。

② 将抽头电缆安装到传感器和发动机线束之间,打开钥匙开关。

③测量抽头电缆信号触针C(或3)和回路触针B(或2)的电压,见图10-145,电压应为0.4~4.5V。
(5)检查信号线是否开路
①使用零件号3822758-阳端Deutsch/Amp/Metri-Pack测试导线。
②断开钥匙开关,从OEM压力传感器上断开OEM线束,从31针接头上断开OEM线束。
③测量31针OEM接头触针2与压力传感器接头线束触针A(或1)之间的电阻,见图10-146,电阻应小于10Ω;若电阻不合格,维修或更换OEM线束。

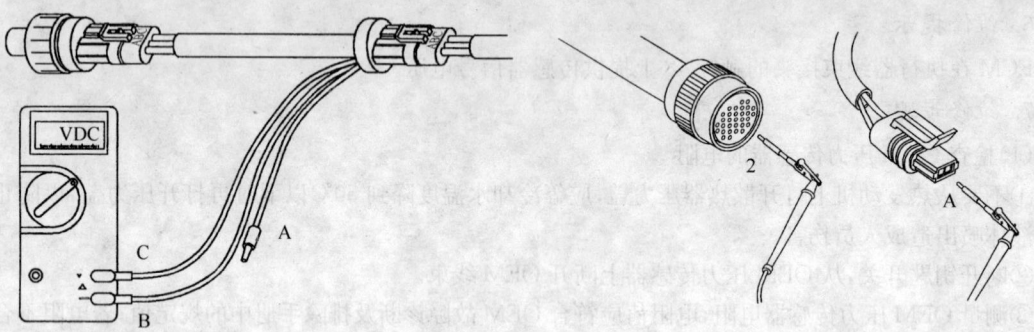

图10-145 测量触针C(或3)与触针B(或2)的电压　　图10-146 测量触针2与触针A(或1)之间的电阻

(6)检查信号触针及回路触针与所有其他触针间是否短路
①使用零件号3822758-阳端Deutsch/Amp/Metri-Pack测试导线。
②断开钥匙开关,从OEM压力传感器上断开OEM线束,从31针接头上断开OEM线束。
③分别测量31针接头触针2、26与该接头中所有触针间的电阻,见图10-147,电阻应大于100kΩ;若电阻不合格,应维修或更换OEM线束。

(7)检查信号线是否开路
①使用零件号3822758-阳性Deutsch/Amp/Metri-Pack测试导线及零件号3822919-阴性Deutsch/Amp/Metri-Pack测试导线。
②断开钥匙开关,从31针接头上断开OEM线束,从ECM上断开执行器线束接头。
③测量执行器接头触针48与31针接头的触针2之间的电阻,见图10-148,电阻应小于10Ω;若电阻不合格,应维修或更换发动机线束。

(8)检查信号触针及回路触针与所有其他触针间是否短路
①使用零件号3822758-阳端Deutsch/Amp/Metri-Pack测试导线。

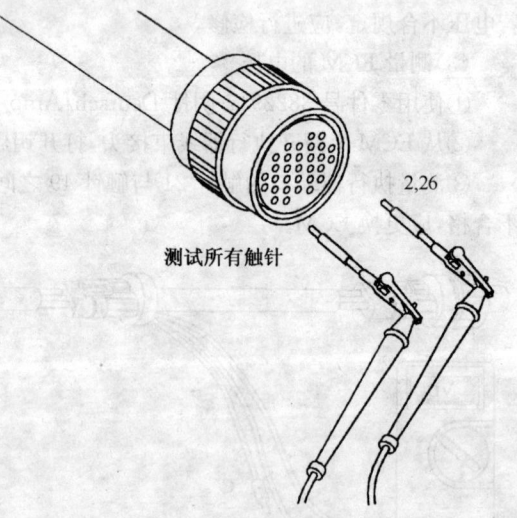

图10-147 分别测量触针2、26与接头中其他触针间的电阻

②断开钥匙开关,从OEM线束上断开执行器线束,从ECM上断开执行器接头。
③分别测量执行器线束触针21、48与该接头上其他触针间的电阻,见图10-149,电阻应大于100kΩ;若电阻不合格,应维修或更换发动机线束。
(9)检查ECM的响应性是否正确
①断开钥匙开关,从ECM上断开执行器线束接头。

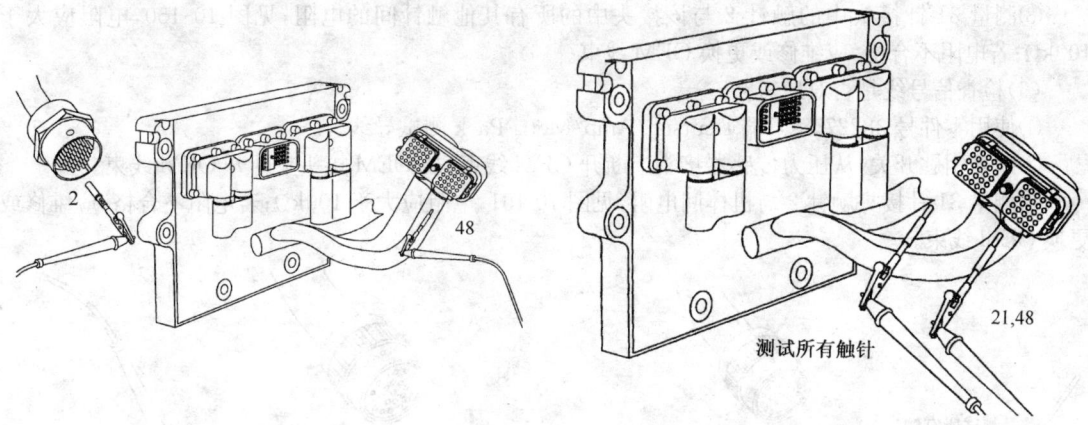

图 10-148 测量触针 48 与触针 2 之间的电阻　　图 10-149 分别测量触针 21、48 与其他触针间的电阻

②打开钥匙开关,用 INSITE™ 读取故障代码。故障代码 297 不起作用,但故障代码 298 起作用为合格;若不合格,应更换 ECM。

(10) 清除故障代码

①连接所有部件,打开钥匙开关,起动发动机,怠速运转 1min。

②用 INSITE™ 确认故障代码 297 不再起作用,并已转变成非现行故障代码,再用 INSITE™ 清除非现行故障代码。

10.27　故障代码 298(工业)-OEM 压力传感器电路低电压

1. 电路原理

OEM 压力传感器电路,见图 10-142。ECM 使用 OEM 传感器信号监测 OEM 压力。OEM 压力由 ECM 用于发动机保护系统。信号线对地短路或传感器内部接地故障都会导致传感器低电压故障。

2. 部件安装位置

安装位置随 OEM 不同而变化。

3. 故障指示灯

黄色。

4. 故障原因

在 OEM 压力传感器信号触针检测到低电压。

5. 故障结果

无发动机 OEM 压力保护。

6. 维修提示

所有压力传感器的电阻随压力变化而变化。参考 OEM 故障诊断及排除手册中的技术规范。

7. 维修步骤

(1) 检查 ECM 的电源电压(详见故障代码 297 检修中的维修步骤)

(2) 测量 ECM 的电压(详见故障代码 297 检修中的维修步骤)

(3) 检查传感器信号电压(详见故障代码 297 维修步骤)

(4) 检查 OEM 线束是否开路(详见故障代码 297 维修步骤)

(5) 检查信号触针与所有的其他触针间是否短路

①使用零件号 3822758-阳端 Deutsch/Amp/Metri-Pack 测试导线。

②断开钥匙开关,从压力传感器上断开 OEM 线束,从 OEM 接头上断开 OEM 线束。

③测量31针接头中的触针2与该接头中的所有其他触针间的电阻,见图10-150,电阻应大于100kΩ;若电阻不合格,应维修或更换OEM线束。

(6)检查信号线是否对地短路

①使用零件号3822758-阳端Deutsch/Amp/Metri-Pack测试导线。

②断开钥匙开关,从压力传感器接头上断开OEM线束,从OEM接头上断开OEM线束。

③测量31针接头触针2与机体间电阻,见图10-151,电阻应大于100kΩ;若电阻不合格,应维修或更换OEM线束。

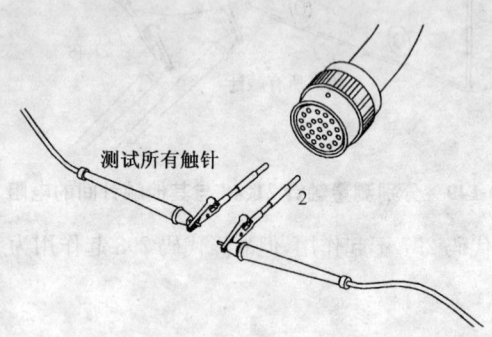

图10-150 测量触针2与该接头中的其他触针间的电阻

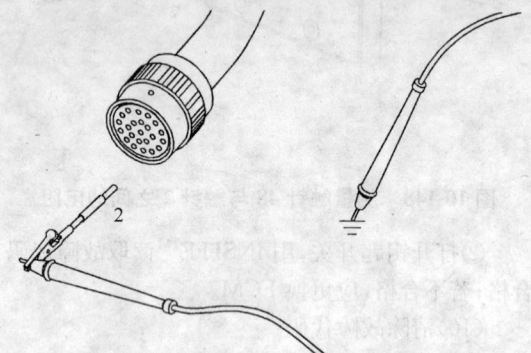

图10-151 测量触针2与机体间电阻

(7)检查执行器线束是否开路(详见故障代码297维修步骤)

(8)检查信号触针与所有其他触针间是否短路

①使用零件号3822758-阳端Deutsch/Amp/Metri-Pack测试导线。

②断开钥匙开关,从OEM线束上断开执行器线束,从ECM上断开执行器线束接头。

③测量执行器线束接头触针48与该接头中其他触针间电阻,见图10-152,电阻应大于100kΩ;若电阻不合格,应维修或更换发动机线束。

(9)检查信号线是否对地短路

①使用零件号3822758-阳端Deutsch/Amp/Metri-Pack测试导线。

②断开钥匙开关,从OEM线束上断开执行器线束,从ECM上断开执行器线束接头。

③测量执行器线束接头触针48与机体间电阻,见图10-153,电阻应大于100kΩ;若电阻不合格,应维修或更换发动机线束。

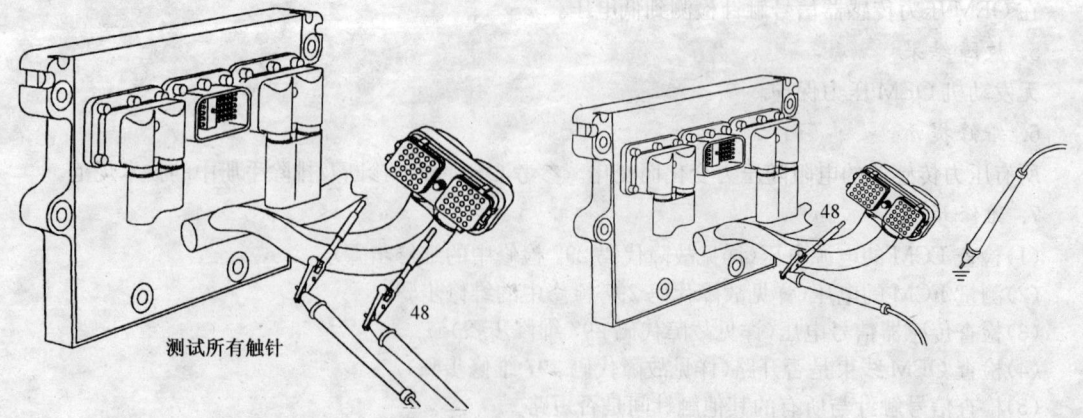

图10-152 测量触针48与该接头中其他触针间的电阻　　图10-153 测量触针48与机体间电阻

(10) 检查 ECM 的响应性是否正确

① 使用零件号 3822917-阴性 Deutsch/Amp/Metri-Pack 测试导线。

② 断开钥匙开关。

③ 在 31 针 OEM 接头的触针 1 与触针 2 之间安装跨接线(零件号 3822917),打开钥匙开关,用 INSITE™ 读取故障代码。故障代码 298 不起作用,而故障代码 297 起作用为合格;若不合格,应更换 ECM。

(11) 清除故障代码

① 连接所有部件,打开钥匙开关,起动发动机,怠速运转 1min。

② 用 INSITE™ 确认故障代码 298 已不起作用,并已转变成非现行故障。再用 INSITE™ 清除非现行故障代码。

10.28 故障代码 311-1 号缸喷油器电路故障

1. 电路原理

1 号缸喷油器电路,见图 10-154。ECM 操纵喷油器电磁阀以控制喷油量和喷油正时。各缸喷油器电磁阀通过电源线和回路线连接到 ECM。电脉冲信号从 ECM 通过电源线发送到喷油器,并在启动电磁阀后通过回路线返回 ECM。喷油器电磁阀为常开型,只有在喷油和计量期间收到 ECM 的电脉冲时才关闭。

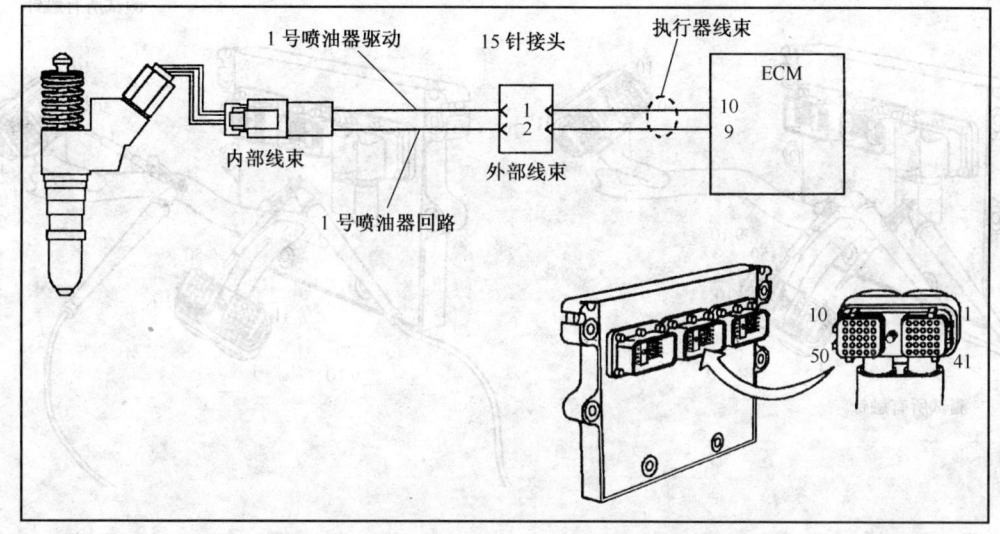

图 10-154 1 号缸喷油器电路

2. 部件安装位置

康明斯 ISM 和 QSM 执行器线束分内部线束和外部线束。外部执行器线束从 ECM 接头端口延伸到摇臂室壳体后侧,外部线束通过摇臂室壳体后侧的 15 针接头连接到内部线束。内部执行器线束在摇臂室壳体内延右侧布线,沿长度分布六个接头,每个接头对应一个喷油器电磁阀。这些接头与每个喷油器引线接头相连。

3. 故障指示灯

黄色。

4. 故障原因

断电时在 1 号缸的喷油器上检测到电流。

5. 故障结果

1号缸的喷油器关闭。

6. 维修提示

产生该故障代码的原因是喷油器电磁阀电阻低、与蓄电池电压短路、喷油器电磁阀导线之间短路。

7. 维修步骤

(1) 检查是否存在故障代码111

①连接所有部件,打开钥匙开关。

②用 INSITE™ 读取故障代码。故障代码111不起作用为合格;若不合格,故障原因可能是喷油器发生故障,喷油器5V电源对地短路,或触针之间短路。

(2) 检查触针之间是否短路

①使用零件号 3822758-阳端 Deutsch/Amp/Metri-Pack 测试导线。

②断开钥匙开关,从ECM上断开执行器线束接头,从ECM上断开传感器线束接头,从15针接头上断开执行器线束。

③分别测量执行器线束接头触针9与执行器线束接头所有触针间电阻及传感器线束接头所有触针间电阻;分别测量执行器线束接头触针10与执行器线束接头所有触针间电阻及传感器线束接头所有触针间电阻,见图10-155,电阻应大于100kΩ为合格。

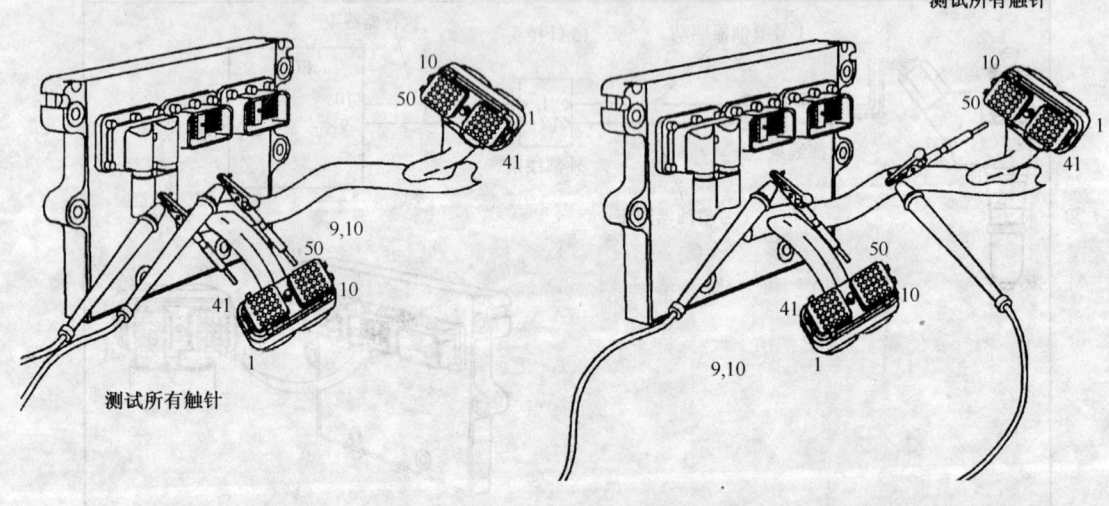

图 10-155　分别测量触针9与执行器线束接头所有触针及传感器线束接头所有触针间电阻、触针10与执行器接头所有触针及传感器接头所有触针间电阻

(3) 检查内部执行器线束触针间是否短路

①使用零件号 3822758-阳端 Deutsch/Amp/Metri-Pack 测试导线。

②断开钥匙开关,从15针接头上断开内部执行器线束,从喷油器电磁阀上断开内部执行器线束。

③分别测量15针接头触针1、2与该接头中所有其他触针间的电阻。电阻大于100kΩ为合格;若不合格,应维修或更换内部执行器线束。

(4) 检查喷油器电磁阀的电阻

①断开钥匙开关,从喷油器电磁阀上断开内部执行器线束。

②测量喷油器电磁阀的触针A与触针B之间的电阻。电阻在0.5~1.5Ω为合格,若不合格,应更换喷油器。

(5) 检查喷油器电磁阀中是否短路
① 断开钥匙开关,从喷油器电磁阀上断开执行器线束,从电磁阀上拆下喷油器电磁阀导线。
② 测量电磁阀两个接线柱之间的电阻。电阻应为 0.5~1.5Ω 为合格;若不合格,更换喷油器。
(6) 清除故障代码
① 连接所有部件,打开钥匙开关,起动发动机,怠速运转 1min。
② 用 INSITE™ 确认故障代码 311 不再起作用,并已转变成非现行故障代码,再用 INSITE™ 清除非现行故障代码。

10.29 故障代码 312-5 号缸喷油器电路故障

1. 电路原理

5 号缸喷油器电路,见图 10-156。电路原理详见故障代码 311 中的电路原理。

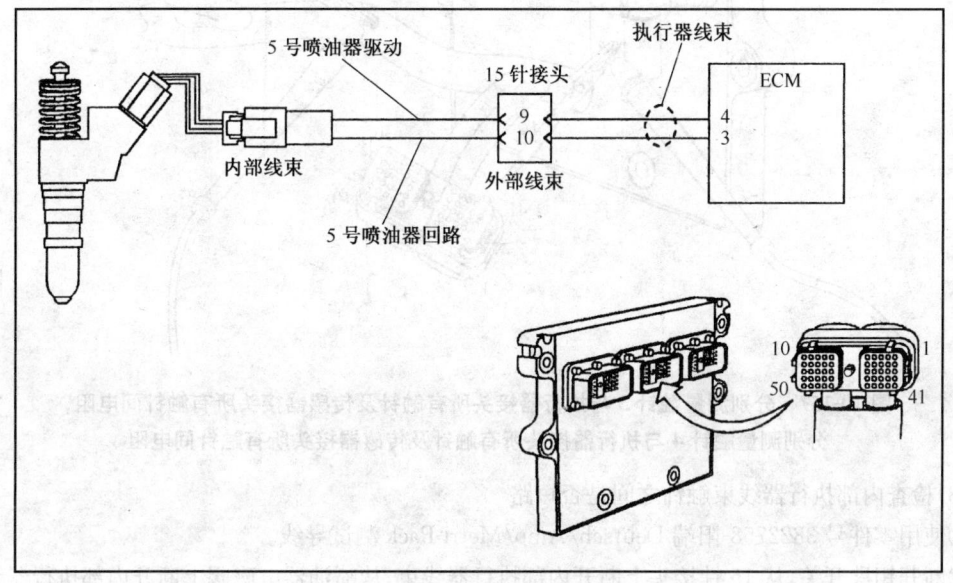

图 10-156 5 号缸喷油器电路

2. 部件安装位置

详见故障代码 311 中的。

3. 故障指示灯

黄色。

4. 故障原因

断电时在 5 号缸的喷油器上检测到电流。

5. 故障结果

5 号缸的喷油器关闭。

6. 维修提示

详见故障代码 311 检修内容的维修提示。

7. 维修步骤

(1) 检查是否存在故障代码 111(详见故障代码 311 维修步骤)

(2) 检查触针与触针之间是否短路

①使用零件号 3822758-阳端 Deutsch/Amp/Metri-Pack 测试导线。

②断开钥匙开关,从 ECM 上断开执行器线束接头,从 ECM 上断开传感器线束接头,从 15 针接头上断开执行器线束。

③分别测量执行器线束触针 3 与执行器线束接头所有触针及传感器线束接头所有触针间电阻、分别测量执行器线束触针 4 与执行器线束接头所有触针及传感器线束接头所有触针间电阻,见图 10-157,电阻应大于 100kΩ 为合格。

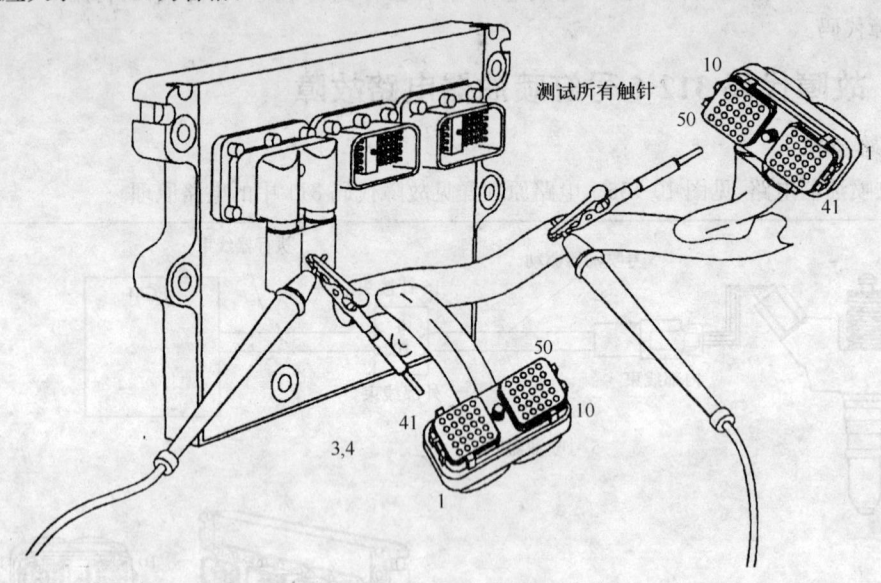

图 10-157 分别测量触针 3 与执行器接头所有触针及传感器接头所有触针间电阻,
分别测量触针 4 与执行器接头所有触针及传感器接头所有触针间电阻

(3)检查内部执行器线束触针之间是否短路

①使用零件号 3822758-阳端 Deutsch/Amp/Metri-Pack 测试导线。

②断开钥匙开关,从 15 针接头上断开内部执行器线束,从喷油器电磁阀上断开内部执行器线束。

③分别测量 15 针接头中的触针 9、10 与该接头中其他触针间的电阻,电阻大于 100kΩ 为合格;若不合格,应维修或更换内部执行器线束。

(4)检查喷油器电磁阀的电阻(详见故障代码 311 维修步骤)

(5)检查喷油器电磁阀中是否短路(详见故障代码 311 维修步骤)

(6)清除故障代码

①连接所有部件,打开钥匙开关,起动发动机,怠速运转 1min。

②用 INSITE™ 确认故障代码 312 不再起作用,并已转变成非现行故障代码,再用 INSITE™ 清除非现行故障代码。

10.30 故障代码 313-3 号缸喷油器电路故障

1. 电路原理

3 号缸喷油器电路,见图 10-158。电路原理详见故障代码 311 中的电路原理。

2. 部件安装位置

详见故障代码 311 检修内容。

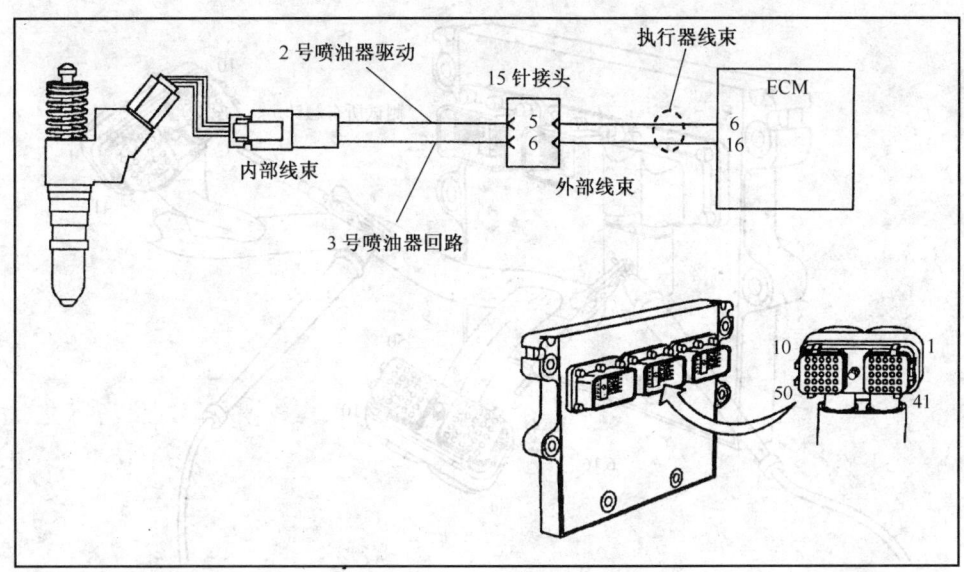

图 10-158 3 号缸喷油器电路

3. 故障指示灯

黄色。

4. 故障原因

断电时在 3 号缸的喷油器上检测到电流。

5. 故障结果

3 号缸的喷油器关闭。

6. 维修提示

详见故障代码 311 维修提示内容。

7. 维修步骤

(1) 检查是否存在故障代码 111（详见故障代码 311 维修步骤）

(2) 检查触针与触针之间是否短路

①使用零件号 3822758-阳端 Deutsch/Amp/Metri-Pack 测试导线。

②断开钥匙开关，从 ECM 上断开执行器线束接头、从 ECM 上断开传感器线束接头，从 15 针接头上断开执行器线束。

③分别测量执行器线束接头触针 6 与执行器接头上其他触针及传感器线束接头的其他触针间的电阻，分别测量执行器线束接头触针 16 与执行器接头上其他触针及传感器线束接头的其他触针间的电阻，见图 10-159，电阻大于 100kΩ 为合格。

(3) 检查内部执行器线束的触针之间是否短路

①使用零件号 3822758-阳端 Deutsch/Amp/Metri-Pack 测试导线。

②断开钥匙开关，从 15 针接头上断开内部执行器线束，从喷油器电磁阀上断开内部执行器线束。

③分别测量 15 针接头中的触针 5、6 与该接头中的其他触针间的电阻。电阻大于 100kΩ 为合格；电阻若不合格，应维修或更换内部执行器线束。

(4) 检查喷油器电磁阀电阻。详见故障代码 311 维修步骤

(5) 检查喷油器电磁阀中是否短路（详见故障代码 311 维修步骤）

(6) 清除故障代码

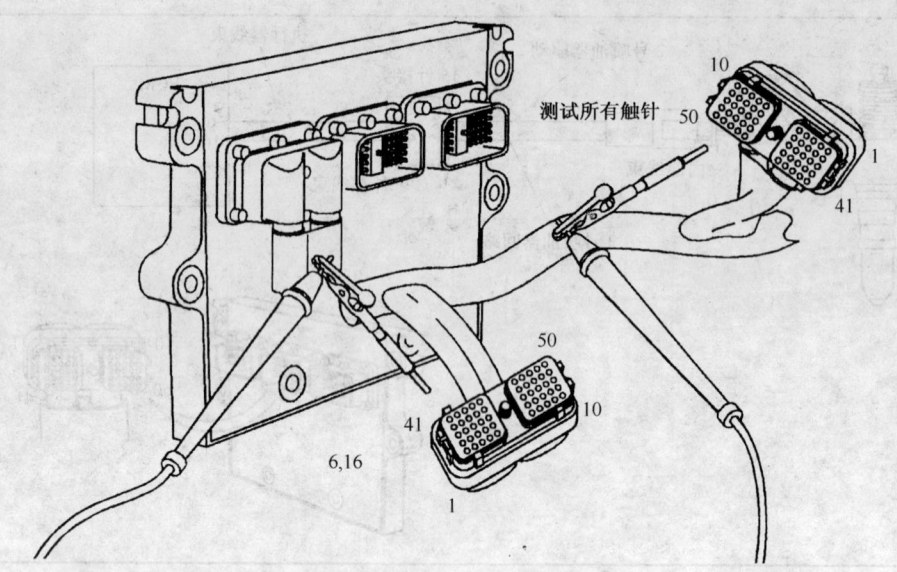

图 10-159　分别测量触针 6 与执行器接头所有触针及传感器接头所有触针间的电阻，
分别测量触针 16 与执行器接头所有触针及传感器接头所有触针间的电阻

①连接所有部件。
②打开钥匙开关，起动发动机，怠速运转 1min。
③用 INSITE™ 确认故障代码 313 不再起作用，并已转变成非现行故障代码，再用 INSITE™ 清除非现行故障代码。

10.31　故障代码 314-6 号缸喷油器电路故障

1. 电路原理

6 号缸喷油器电路，见图 10-160。电路原理详见故障代码 311 中所述电路原理。

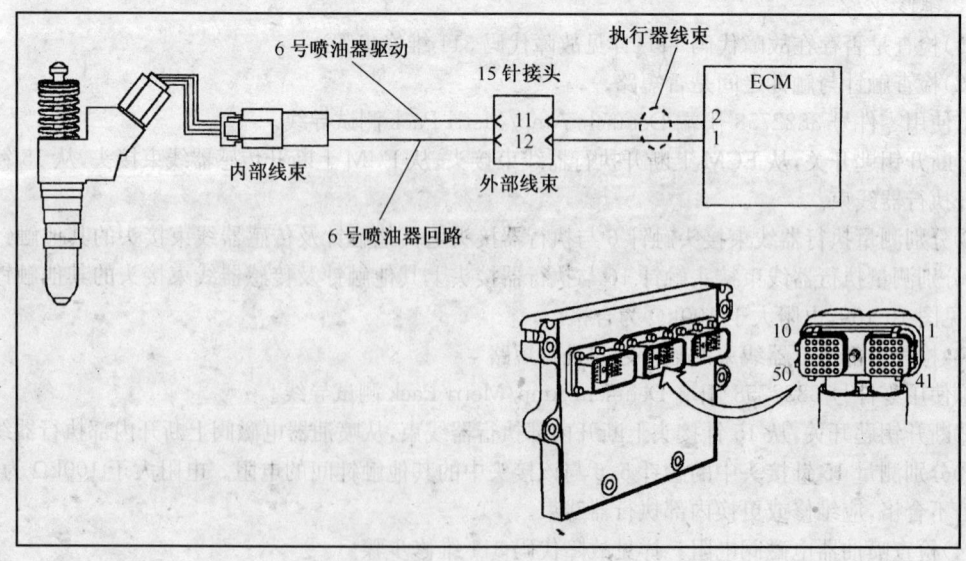

图 10-160　6 号缸喷油器电路

2. 部件安装位置

详见故障代码 311 检修内容。

3. 故障指示灯

黄色。

4. 故障原因

断电时在 6 号缸的喷油器上检测到电流。

5. 故障结果

6 号缸的喷油器关闭。

6. 维修提示

详见故障代码 311 维修提示内容。

7. 维修步骤

(1) 检查是否存在故障代码 111(详见故障代码 311 维修步骤)

(2) 检查触针与触针之间是否短路

①使用零件号 3822758-阳端 Deutsch/Amp/Metri-Pack 测试导线。

②断开钥匙开关,从 ECM 上断开执行器线束接头、从 ECM 上断开传感器线束接头,从 15 针接头上断开执行器线束。

③分别测量执行器线束触针 2 与执行器接头所有触针及传感器线束接头所有触针间的电阻,分别测量执行器线束触针 1 与执行器接头所有触针及传感器线束接头所有触针间的电阻,见图 10-161,电阻大于 100kΩ 为合格。

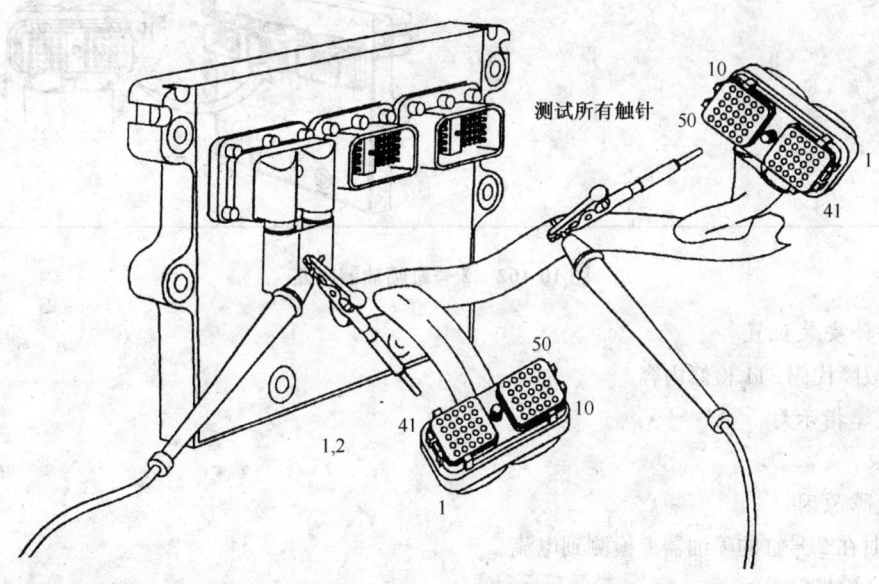

图 10-161　分别测量触针 2 与执行器接头所有触针及传感器接头所有触针间电阻、
分别测量触针 1 与执行器接头所有触针及传感器接头所有触针间电阻

(3) 检查内部执行器线束触针之间是否短路

①使用零件号 3822758-阳端 Deutsch/Amp/Metri-Pack 测试导线。

②断开钥匙开关,从 15 针接头上断开内部执行器线束,从喷油器电磁阀上断开内部执行器线束。

③分别测量 15 针接头中触针 11、12 与该接头中其他触针间电阻。电阻应大于 100kΩ;若电阻不

合格,应维修或更换内部执行器线束。

(4)检查喷油器电磁阀的电阻(详见故障代码 311 维修步骤)

(5)检查喷油器电磁阀中是否短路(详见故障代码 311 维修步骤)

(6)清除故障代码

①连接所有部件。

②打开钥匙开关,起动发动机,怠速运转 1min。

③用 INSITE™ 确认故障代码 314 已不起作用,并已转变成非现行故障代码,再用 INSITE™ 清除非现行故障代码。

10.32 故障代码 315-2 号缸喷油器电路故障

1. 电路原理

2 号缸喷油器电路,见图 10-162。电路原理详见故障代码 311 所述内容。

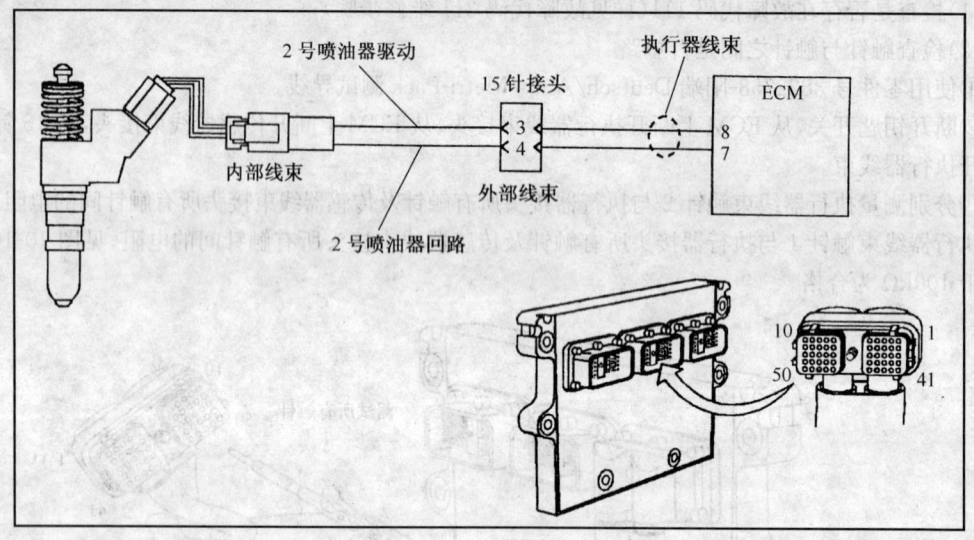

图 10-162　2 号缸喷油器电路

2. 部件安装位置

详见故障代码 311 检修内容。

3. 故障指示灯

黄色。

4. 故障原因

断开时在 2 号缸的喷油器上检测到电流。

5. 故障结果

2 号缸的喷油器关闭。

6. 维修提示

详见故障代码 311 维修提示内容。

7. 维修步骤

(1)检查是否存在故障代码 111(详见故障代码 311 维修步骤)

(2)检查触针与触针之间是否短路

①使用零件号3822758-阳端Deutsch/Amp/Metri-Pack测试导线。

②断开钥匙开关,从ECM上断开执行器线束接头,从ECM上断开传感器线束接头,从15针接头上断开执行器线束。

③分别测量执行器线束触针7与执行器接头所有触针及传感器接头所有触针间的电阻,分别测量执行器线束触针8与执行器接头所有触针及传感器接头所有触针的电阻,见图10-163,电阻大于100kΩ为合格。

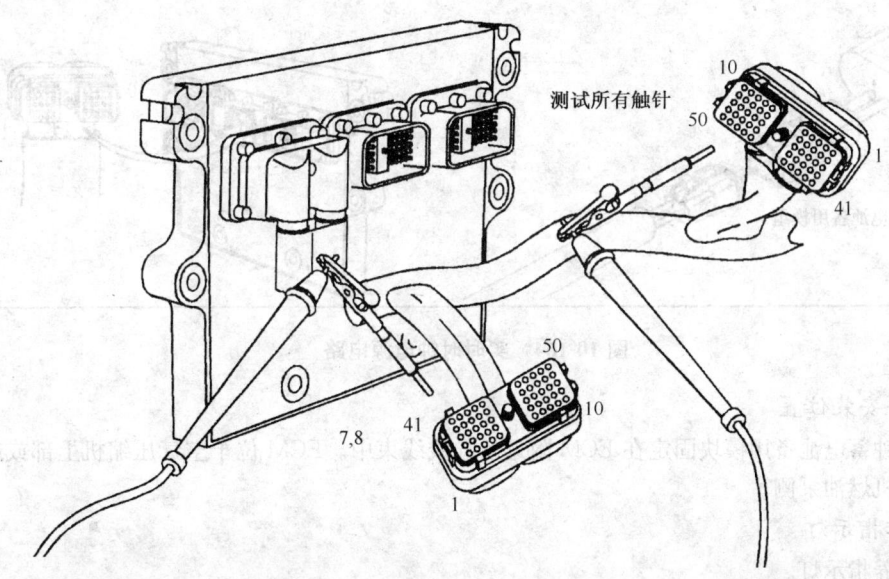

图10-163 分别测量触针7与执行器接头所有触针及传感器接头所有触针间电阻、分别测量触针8与执行器接头所有触针及传感器接头所有触针间电阻

(3)检查内部执行器线束触针之间是否短路

①使用零件号3822758-阳端Deutsch/Amp/Metri-Pack测试接头。

②断开钥匙开关,从15针接头上断开内部执行器线束,从喷油器电磁阀上断开内部执行器线束。

③分别测量15针接头中触针3、4与该接头中所有触针间的电阻,电阻大于100kΩ为合格;若电阻不合格,应维修或更换内部执行器线束。

(4)检查喷油器电磁阀的电阻(详见故障代码311维修步骤)

(5)检查喷油器电磁阀中是否短路(详见故障代码311维修步骤)

(6)清除故障代码

①连接所有部件。

②打开钥匙开关,起动发动机,怠速运转1min。

③用INSITE™确认故障代码315不再起作用,并已转变成非现行故障代码,再用INSITE™清除非现行故障代码。

10.33 故障代码319-实时时钟电源电路故障

1. 电路原理

实时时钟电源电路,见图10-164。在正常工作条件下,ECM中的实时时钟由蓄电池供电。如果蓄电池未给ECM供电,则实时时钟将由蓄电池备用模块供电。

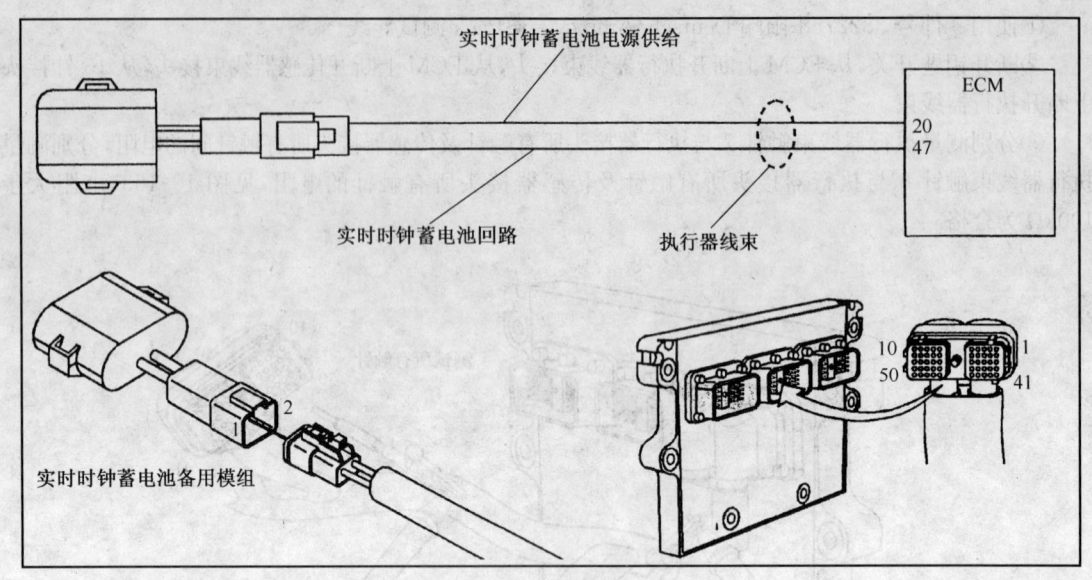

图10-164 实时时钟电源电路

2. 部件安装位置

实时时钟蓄电池备用模块固定在ECM附近的导线线束中。ECM位于空气压缩机上部或起动机上部的发动机燃油泵侧。

3. 故障指示灯

维护保养指示灯。

4. 故障原因

实时时钟断电。

5. 故障结果

对性能没有影响。ECM中的数据可能没有准确的时间和日期信息。

6. 维修提示

该故障表明ECM中的实时时钟断电。产生该故障的原因是:
①蓄电池备用模块能量低或存在故障。
②蓄电池备用模块和ECM之间导线和接头存在故障。
③发动机没有配备蓄电池备用模块,且车辆蓄电池未向ECM供电。

7. 维修步骤

(1)检查ECM接头蓄电池备用电压
①使用零件号3822758-阳端Deutsch/Amp/Metri-Pack测试导线。
②发动机配备选装件实时时钟蓄电池备用模块。
③断开钥匙开关,从ECM上断开执行器线束接头。
④测量ECM接头触针20与触针47之间的蓄电池电压,见图10-165,电压应为3.3~3.6V。

(2)检查蓄电池模块接头处蓄电池备用电压
①使用零件号3822917-阴性Deutsch/Amp/Metri-Pack测试导线。
②发动机配备选装件实时时钟蓄电池备用模块。
③断开钥匙开关,从ECM上断开执行器线束接头,从蓄电池备用模块上断开发动机线束。
④测量蓄电池模块侧蓄电池模块接头上蓄电池正极与负极(A与B)之间的蓄电池电压,见图10-

166,电压应为 3.3～3.6V；若电压不合格,应更换蓄电池备用模块。

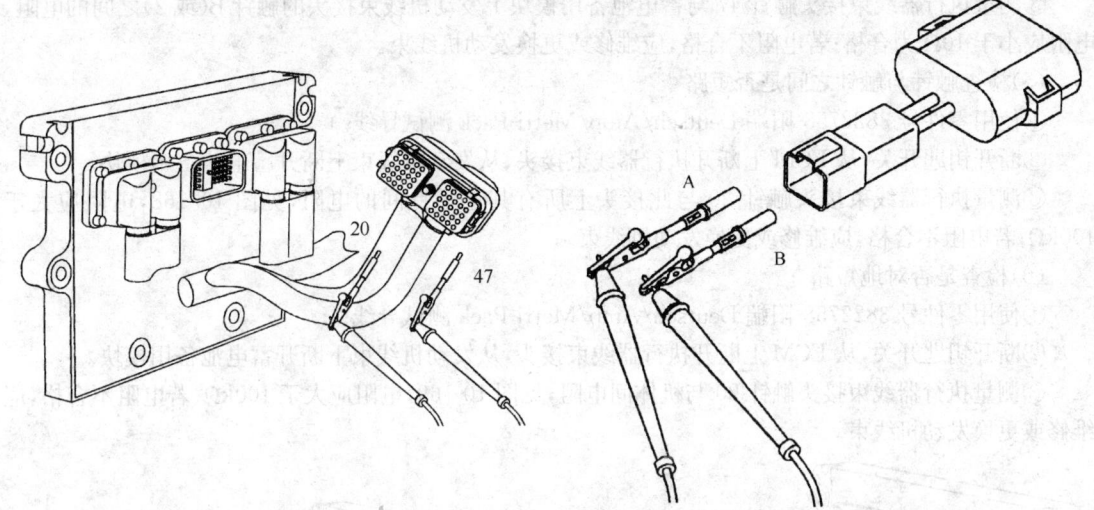

图 10-165　测量触针 20 与触针 47 之间的电压　　图 10-166　测量触针 A 与触针 B 之间的蓄电池电压

(3) 检查电源线路是否开路

①使用零件号 3822758-阳性 Deutsch/Amp/Metri-Pack 测试导线和零件号 3822917-阴性 Deutsch/Amp/Metri-Pack 测试导线。

②断开钥匙开关,从发动机线束上断开蓄电池备用模块,从 ECM 上断开执行器线束接头。

③测量执行器线束接头的触针 20 与蓄电池备用模块上发动机线束接头的触针 A(或 1)之间的电阻,见图 10-167,电阻应小于 10Ω；若电阻不合格,应维修或更换发动机线束。

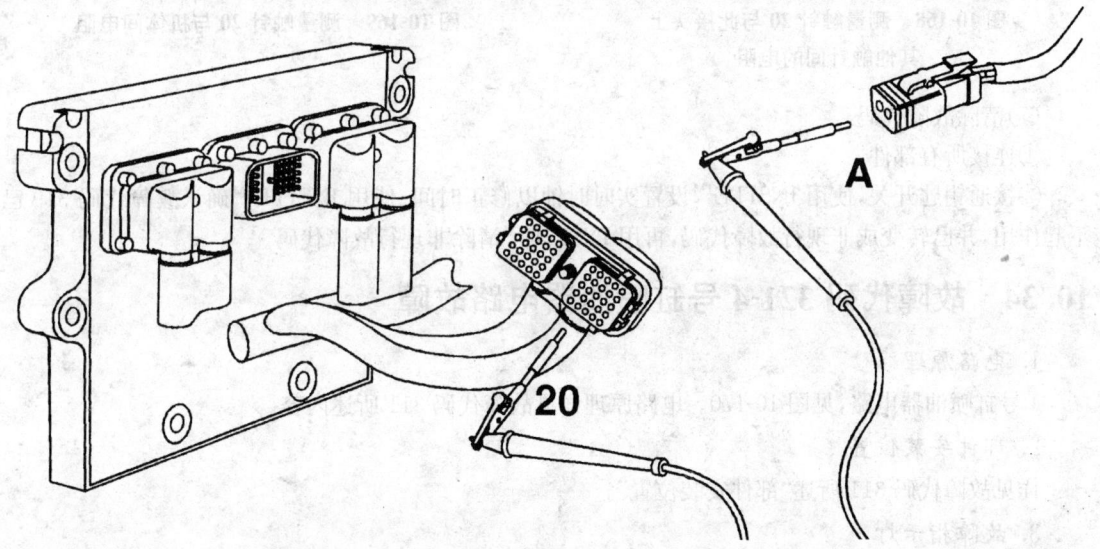

图 10-167　测量触针 20 与触针 A(或 1)之间的电阻

(4) 检查回路导线是否开路

①使用零件号 3822758-阳性 Deutsch/Amp/Metri-Pack 测试导线和零件号 3822917-阴性 Deutsch/Amp/Metri-Pack 测试导线。

②将钥匙开关断开，从发动机线束上断开蓄电池备用模块，从 ECM 上断开执行器线束接头。
③测量执行器线束接头触针 47 与蓄电池备用模块上发动机线束接头的触针 B(或 2)之间的电阻，电阻应小于 10Ω 为合格；若电阻不合格，应维修或更换发动机线束。

(5)检查触针与触针之间是否短路
①使用零件号 3822758-阳端 Deutsch/Amp/Metri-Pack 测试导线。
②断开钥匙开关，从 ECM 上断开执行器线束接头，从发动机线束上断开蓄电池备用模块。
③测量执行器线束接头触针 20 与此接头上所有其他触针间的电阻，见图 10-168，电阻应大于 100kΩ；若电阻不合格，应维修或更换发动机线束。

(6)检查是否对地短路
①使用零件号 3822758-阳端 Deutsch/Amp/Metri-Pack 测试导线。
②断开钥匙开关，从 ECM 上断开执行器线束接头，从发动机线束上断开蓄电池备用模块。
③测量执行器线束接头触针 20 与机体间电阻，见图 10-169，电阻应大于 100kΩ；若电阻不合格，应维修或更换发动机线束。

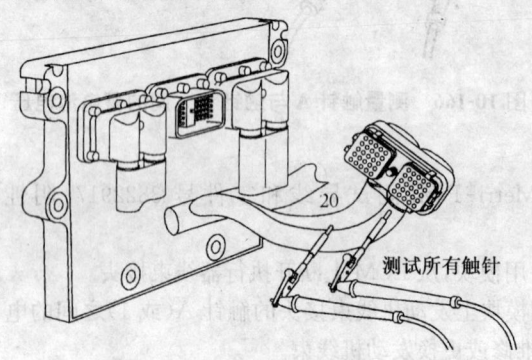

图 10-168　测量触针 20 与此接头上其他触针间的电阻

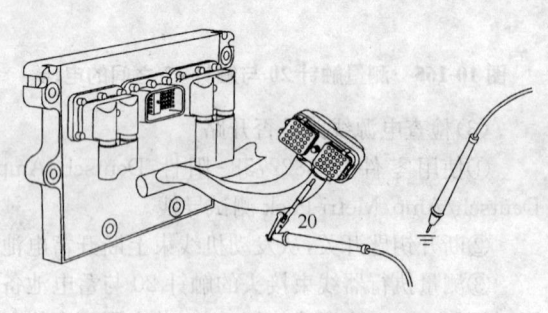

图 10-169　测量触针 20 与机体间电阻

(7)清除故障代码
①连接所有部件。
②接通钥匙开关，使用 INSITE™ 设置实时时钟以修正时间、使用 INSITE™ 确认故障代码 319 已不起作用，并已转变成非现行故障代码，再用 INSITE™ 清除非现行故障代码。

10.34　故障代码 321-4 号缸喷油器电路故障

1. 电路原理
4 号缸喷油器电路，见图 10-170。电路原理详见故障代码 311 所述内容。

2. 部件安装位置
详见故障代码 311 所述"部件安装位置"。

3. 故障指示灯
黄色。

4. 故障原因
断电时在 4 号缸的喷油器上检测到电流。

5. 故障结果
4 号缸的喷油器关闭。

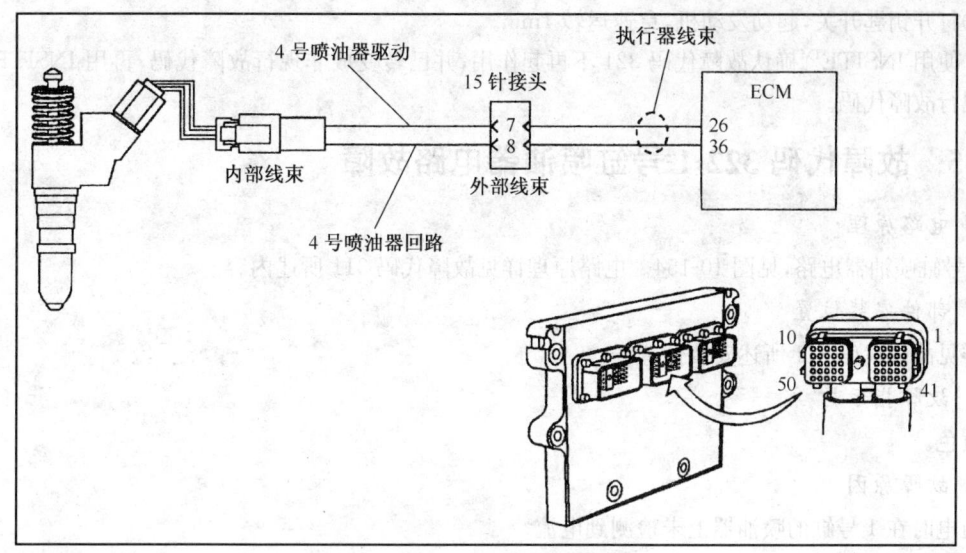

图 10-170　4 号缸喷油器电路

6. 维修提示

详见故障代码 311 维修提示内容。

7. 维修步骤

(1)检查触针与触针之间是否短路

①使用零件号 3822758-阳端 Deutsch/Amp/Metri-Pack 测试导线。

②断开钥匙开关,从 ECM 上断开执行器线束接头,从 ECM 上断开传感器线束接头,从 15 针接头上断开执行器线束。

③分别测量执行器线束触针 26 与执行器线束接头上所有触针及传感器线束接头上所有触针间的电阻,分别测量执行器线束触针 36 与执行器线束接头上所有触针及传感器线束接头上所有触针间的电阻,见图 10-171,电阻应大于 100kΩ 为合格。

(2)检查内部执行器线束的触针之间是否短路

①使用零件号 3822758-阳端 Deutsch/Amp/Metri-Pack 测试导线。

②断开钥匙开关,以 15 针接头上断开内部执行器线束,从喷油器电磁阀上断开内部执行器线束。

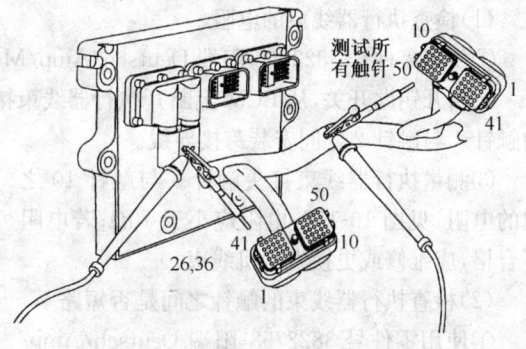

图 10-171　分别测量触针 26 与执行器接头所有触针及传感器接头所有触针间电阻,分别测量触针 36 与执行器接头所有触针及传感器接头所有触针间电阻

③分别测量 15 针接头触针 7、8 与该接头中其他触针间的电阻,电阻大于 100kΩ 为合格;若电阻不合格,应维修或更换内部执行器线束。

(3)检查喷油器电磁阀的电阻(详见故障代码 311 维修步骤)

(4)检查喷油器电磁阀中是否短路(详见故障代码 311 维修步骤)

(5)清除故障代码

①连接所有部件。

②打开钥匙开关,起动发动机,怠速运转 1min。

③使用 INSITE™ 确认故障代码 321 不再起作用,并已转变成非现行故障代码,再用 INSITE™ 清除非现行故障代码。

10.35 故障代码 322-1 号缸喷油器电路故障

1. 电路原理

1 号缸喷油器电路,见图 10-154。电路原理详见故障代码 311 所述内容。

2. 部件安装位置

详见故障代码 311 所述安装位置。

3. 故障指示灯

黄色。

4. 故障原因

通电时在 1 号缸的喷油器上未检测到电流。

5. 故障结果

1 号缸的喷油器关闭。

6. 维修提示

①检查喷油器导线,应确保导线没有与推杆或推管对地短路。

②检查喷油器抽头螺母并确保其拧紧至适当扭矩。确认抽头螺母和电磁阀接线柱的螺纹没有损坏。

③产生该故障的原因可能是喷油器电磁阀电阻高、开路或对地短路。

7. 维修步骤

(1) 检查执行器线束的电阻

①使用零件号 3822758-阳端 Deutsch/Amp/Metri-Pack 测试导线。

②断开钥匙开关,从 ECM 上断开执行器线束接头,从 15 针接头上断开执行器线束,在 15 针接头的触针 1 与触针 2 之间安装跨接导线。

③测量执行器线束接头触针 9 与触针 10 之间的电阻,见图 10-172,电阻应小于 10Ω;若电阻不合格,应维修或更换发动机线束。

(2) 检查执行器线束的触针之间是否短路

①使用零件号 3822758-阳端 Deutsch/Amp/Metri-Pack 测试导线。

②断开钥匙开关,从 ECM 上断开执行器线束接头、从 ECM 上断开传感器线束接头,从 15 针接头上断开执行器接头。

③分别测量执行器线束接头 9 与执行器线束接头所有触针及传感器线束接头所有触针间电阻,分别测量执行器线束接头 10 与执行器线束接头所有触针及传感器线束接头所有触针间电阻,见图 10-173,电阻应大于 100kΩ;若电阻不合格,应维修或更换发动机线束。

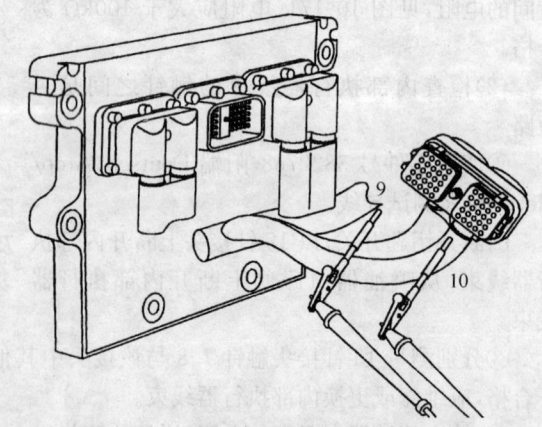

图 10-172 测量触针 9 与触针 10 之间的电阻

第10章 M系列柴油机电控系统故障代码诊断与排除

图10-173 分别测量触针9与执行器线束所有触针及传感器线束所有触针间的电阻、分别测量触针10与执行器线束所有触针及传感器线束所有触针间的电阻

(3) 检查执行器线束是否对地短路
① 使用零件号3822758-阳端 Deutsch/Amp/Metri-Pack 测试导线。
② 断开钥匙开关,断开执行器线束15针接头,从ECM上断开执行器线束接头。
③ 分别测量执行器线束接头触针9、10与机体间电阻,见图10-174,电阻应大于100kΩ;若电阻不合格,应维修或更换发动机线束。

(4) 检查内部执行器线束是否开路
① 使用零件号3822917-阴性 Deutsch/Amp/Metri-Pack 测试导线。
② 断开钥匙开关,从15针接头上断开执行器线束、从电磁阀上断开喷油器电磁阀导线。
③ 分别测量15针接头触针1(或A)、2(或B)与连接到1号喷油器的每个喷油器抽头螺母之间的电阻,见图10-175,电阻小于10Ω为合格。

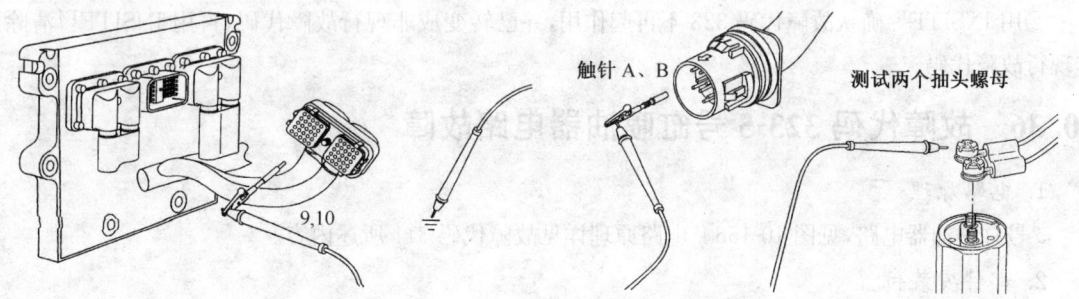

图10-174 分别测量触针9、10与机体间的电阻

图10-175 分别测量触针1(A)、2(B)与每个抽头螺母之间的电阻

(5) 检查喷油器电磁阀导线是否开路
① 断开钥匙开关,从喷油器电磁阀上断开内部执行器线束,从电磁阀上断开喷油器电磁阀导线。
② 分别测量电磁阀接头触针A(或1)、B(或2)与喷油器导线抽头螺母之间的电阻,电阻小于10Ω为合格;若不合格,则应更换喷油器电磁阀导线。

(6) 检查内部执行器线束的触针之间是否短路

①使用零件号 3822917-阴性 Deutsch/Amp/Metri-Pack 测试导线。

②断开钥匙开关,以 15 针接头上断开内部执行器线束。

③分别测量 15 针接头的触针 1(或 A)、2(或 B)与接头上其他触针间的电阻,见图 10-176,电阻应大于 100kΩ;若不合格,应更换内部执行器线束。

(7)检查内部执行器线束是否对地短路

①使用零件号 3822917-阴性 Deutsch/Amp/Metri-Pack 测试导线。

②分别测量电磁阀接头触针 1(或 A)、2(或 B)与机体间电阻,见图 10-177,电阻应大于 100kΩ;若不合格,应更换内部执行器线束。

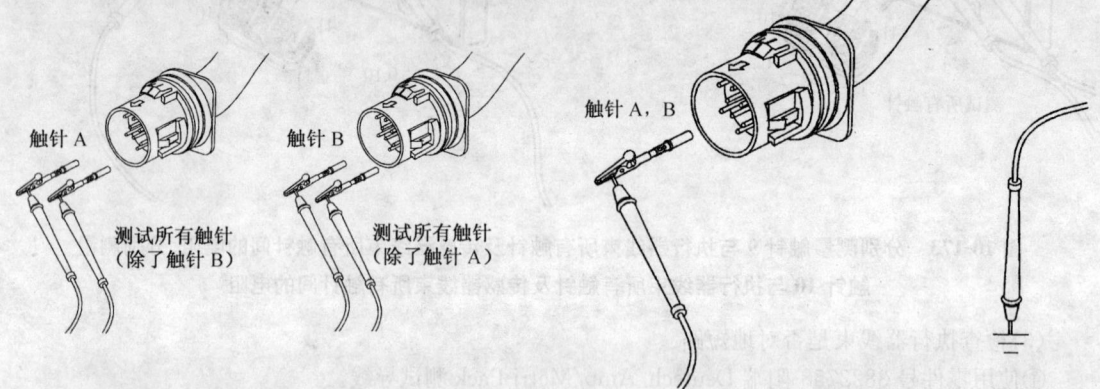

图 10-176　分别测量触针 1(或 A)、2(或 B)与接头上其他触针间的电阻

图 10-177　分别测量电磁阀接头触针 1(A)、2(B)与机体间电阻

(8)检查电磁阀是否开路

①断开钥匙开关,从内部执行器线束上断开电磁阀。

②测量电磁阀两个接线柱之间的电阻,电阻应为 0.5～1.5Ω;若不合格,应更换喷油器。

(9)清除故障代码

①连接所有部件,打开钥匙开关,起动发动机,怠速运转 1min。

②用 INSITE™ 确认故障代码 322 不再起作用,并已转变成非现行故障代码,再用 INSITE™ 清除非现行故障代码。

10.36　故障代码 323-5 号缸喷油器电路故障

1. 电路原理

5 号缸喷油器电路,见图 10-156。电路原理详见故障代码 311 所述内容。

2. 部件安装位置

详见故障代码 311 所述安装位置。

3. 故障指示灯

黄色。

4. 故障原因

通电时在 5 号缸的喷油器上未检测到电流。

5. 故障结果

5 号缸的喷油器关闭。

第 10 章 M 系列柴油机电控系统故障代码诊断与排除

6. 维修提示

详见故障代码 322 维修提示内容。

7. 维修步骤

(1) 检查执行器线束的电阻

① 使用零件号 3822758-阳端 Deutsch/Amp/Metri-Pack 测试导线。

② 断开钥匙开关,从 ECM 上断开执行器线束接头,从 15 针接头上断开执行器线束,在 15 针接头触针 9 与触针 10 之间安装跨接导线。

③ 测量执行器线束接头触针 3 与触针 4 之间的电阻,见图 10-178,电阻应小于 10Ω;如果不合格,应维修或更换发动机线束。

(2) 检查执行器线束的触针之间是否短路

① 使用零件号 3822758-阳端 Deutsch/Amp/Metri-Pack 测试导线。

② 断开钥匙开关,从 ECM 上断开执行器和传感器线束接头,从 15 针接头上断开执行器线束。

③ 分别测量执行器线束接头触针 3 与执行器线束接头上所有触针及传感器线束接头上所有触针之间的电阻、分别测量执行器线束接头触针 4 与执行器线束接头上所有触针及传感器线束接头上所有触针之间的电阻,见图 10-179,电阻应大于 100kΩ;如果不合格,应维修或更换发动机线束。

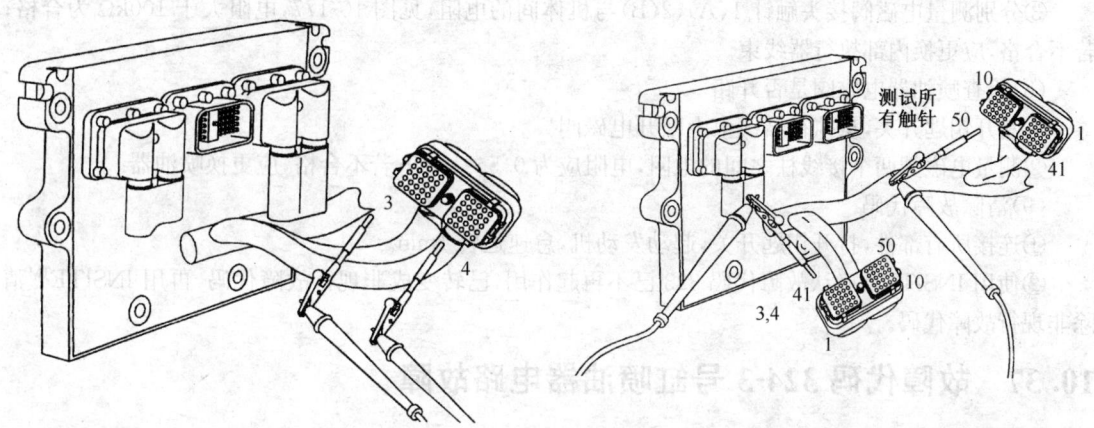

图 10-178　测量触针 3 与触针 4 之间的电阻

图 10-179　分别测量触针 3 与执行器接头所有触针及传感器接头所有触针间的电阻,分别测量触针 4 与执行器接头所有触针及传感器接头所有触针间的电阻

(3) 检查执行器线束是否对地短路

① 使用零件号 3822758-阳端 Deutsch/Amp/Metri-Pack 测试导线。

② 断开钥匙开关,断开执行器 15 针线束接头,从 ECM 上断开执行器线束接头。

③ 测量执行器线束接头触针 3 与发动机机体间电阻,测量执行器线束接头触针 4 与发动机机体间电阻,见图 10-180,电阻应大于 100kΩ 为合格;若不合格,应维修或更换发动机线束。

(4) 检查内部执行器线束是否开路

① 使用零件号 3822917-阴性 Deutsch/Amp/Metri-Pack 测试导线。

② 断开钥匙开关,从 15 针接头上断开执行器

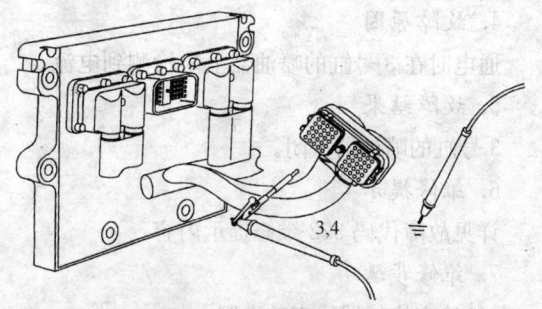

图 10-180　分别测量触针 3、4 与机体间电阻

线束,从电磁阀上断开喷油器电磁阀导线。

③分别测量执行器线束 15 针接头线束触针 1(A)、2(B)与连接到 1 号喷油器的每个喷油器抽头螺母之间的电阻(与这些螺母之一的电阻必须符合技术规范),见图 10-175,电阻应小于 10Ω 为合格。

(5)检查喷油器电磁阀导线是否开路

①断开钥匙开关,从喷油器电磁阀上断开执行器线束,从电磁阀上断开喷油器电磁阀导线。

②分别测量喷油器电磁阀接头触针 A(1)、B(2)与喷油器导线抽头螺母间的电阻。电阻应小于 10Ω 为合格,若不合格,应更换喷油器电磁阀导线。

(6)检查执行器线束触针之间是否短路

①使用零件号 3822917-阴性 Deutsch/Amp/Metri-Pack 测试导线。

②断开钥匙开关,从 15 针接头上断开执行器线束。

③分别测量执行器线束 15 针接头触针 1(A)、2(B)与接头上所有触针间的电阻,见图 10-176,电阻大于 100kΩ 为合格;电阻若不合格,应更换内部执行器线束。

(7)检查内部执行器线束是否对地短路

①使用零件号 3822917-阴性 Deutsch/Amp/Metri-Pack 测试导线。

②断开钥匙开关,从电磁阀上断开喷油器电磁阀接头。

③分别测量电磁阀接头触针 1(A)、2(B)与机体间的电阻,见图 10-177,电阻大于 100kΩ 为合格;若不合格,应更换内部执行器线束。

(8)检查喷油器电磁阀是否开路

①断开钥匙开关,从执行器线束上断开电磁阀。

②测量电磁阀两个接线柱之间的电阻,电阻应为 0.5~1.5Ω;若不合格,应更换喷油器。

(9)清除故障代码

①连接所有部件,打开钥匙开关,起动发动机,怠速运转 1min。

②使用 INSITE™确认故障代码 323 已不再起作用,已转变成非现行故障代码,再用 INSITE™清除非现行故障代码。

10.37 故障代码 324-3 号缸喷油器电路故障

1. 电路原理

3 号缸喷油器电路,见图 10-158。电路原理详见故障代码 311 所述内容。

2. 部件安装位置

详见故障代码 311 所述安装位置。

3. 故障指示灯

黄色。

4. 故障原因

通电时在 3 号缸的喷油器上未检测到电流。

5. 故障结果

3 号缸的喷油器关闭。

6. 维修提示

详见故障代码 322 维修提示内容。

7. 维修步骤

(1)检查执行器线束的电阻

①使用零件号 3822758-阳端 Deutsch/Amp/Metri-Pack 测试导线。

②断开钥匙开关,从 ECM 上断开执行器线束接头,从 15 针接头上断开执行器线束,在 15 针接头的触针 5 与触针之间安装跨接导线。

③测量执行器线束触针 6 与触针 16 之间的电阻,见图 10-181,电阻小于 10Ω 为合格;若不合格,应维修或更换发动机线束。

(2)检查执行器线束的触针之间是否短路

①使用零件号 3822758-阳端 Deutsch/Amp/Metri-Pack 测试导线。

②断开钥匙开关,从 ECM 上断开执行器线束接头,从 ECM 上断开传感器线束接头,从 15 针上断开执行器线束。

③分别测量执行器触针 6 与执行器接头所有触针及传感器接头所有触针间的电阻;分别测量执行器触针 16 与执行器接头所有触针及传感器接头所有触针间的电阻,见图 10-159,电阻应大于 100kΩ;电阻若不合格,应维修或更换发动机线束。

(3)检查执行器线束是否对地短路

①使用零件号 3822758-阳端 Deutsch/Amp/Metri-Pack 测试导线。

②断开钥匙开关,断开执行器线束 15 针接头、从 ECM 上断开执行器线束接头。

③分别测量执行器线束触针 6、16 与机体间电阻,见图 10-182,电阻应大于 100kΩ;若不合格,应维修或更换发动机线束。

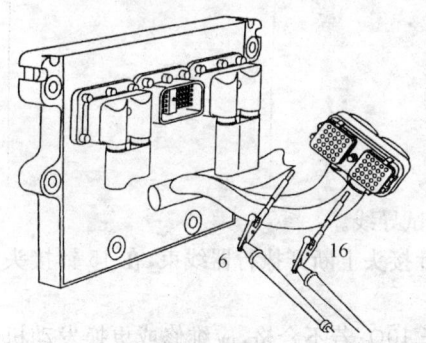 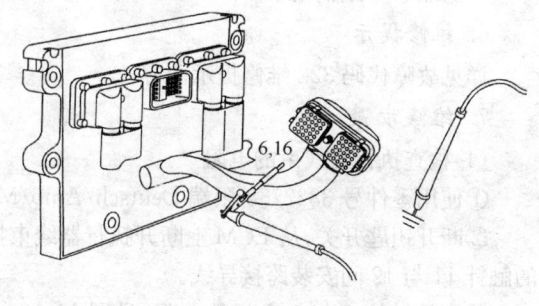

图 10-181　测量触针 6 与 16 之间的电阻　　图 10-182　分别测量触针 6、16 与机体间电阻

(4)检查内部执行器线束是否开路

①使用零件号 3822917-阴性 Deutsch/Amp/Metri-Pack 测试导线。

②断开钥匙开关,从 15 针接头上断开执行器线束,从电磁阀上断开喷油器电磁阀导线。

③测量内容,见图 10-175 所述内容。

(5)检查内部执行器线束的触针之间是否短路

①使用零件号 3822917-阴性 Deutsch/Amp/Metri-Pack 测试导线。

②断开钥匙开关,从 15 针接头上断开执行器线束。

③测量内容,见图 10-176 所述内容。

(6)检查内部执行器线束是否对地短路

①使用零件号 3822917-阴性 Deutsch/Amp/Metri-Pack 测试导线。

②断开钥匙开关,从电磁阀上断开内部执行器线束的喷油器电磁阀接头。

③测量内容,见图 10-177 所述内容。

(7)检查电磁阀中是否开路

①断开钥匙开关,从内部执行器线束上断开电磁阀。

②测量电磁阀两个接线柱之间的电阻,应为 0.5~1.5Ω;若不合格,应更换喷油器。

(8)清除故障代码
①连接所有部件,打开钥匙开关,起动发动机,怠速运转 1min。
②用 INSITE™ 确认故障代码 324 不再起作用,并已转变成非现行故障代码,再用 INSITE™ 清除非现行故障代码。

10.38 故障代码 325-6 号缸喷油器电路故障

1. 电路原理
6 号缸喷油器电路,见图 10-160。电路原理详见故障代码 311 所述内容。
2. 部件安装位置
详见故障代码 311 所述安装位置。
3. 故障指示灯
黄色。
4. 故障原因
通电时在 6 号缸喷油器上未检测到电流。
5. 故障结果
6 号缸的喷油器关闭。
6. 维修提示
详见故障代码 322 维修提示内容。
7. 维修步骤
(1)检查执行器线束的电阻
①使用零件号 3822758-阳端 Deutsch/Amp/Metri-Pack 测试导线。
②断开钥匙开关,从 ECM 上断开执行器线束接头,从 15 针接头上断开执行器线束,在 15 针接头的触针 11 与 12 间安装跨接导线。
③测量触针 2 与 1 之间的电阻,见图 10-183,电阻应小于 10Ω;若不合格,应维修或更换发动机线束。
(2)检查执行器线束的触针之间是否短路
①使用零件号 3822758-阳端 Deutsch/Amp/Metri-Pack 测试导线。
②断开钥匙开关,从 ECM 上断开执行器线束接头,从 ECM 上断开传感器线束接头,从 15 针接头上断开执行器线束。
③测量内容,见图 10-161 所述内容。
(3)检查执行器线束是否对地短路
①使用零件号 3822758-阳端 Deutsch/Amp/Metri-Pack 测试导线。
②断开钥匙开关,断开执行器线束 15 针接头,从 ECM 上断开执行器线束接头。
③分别测量执行器线束接头触针 1、2 与机体间电阻,见图 10-184,电阻应大于 100kΩ;若不合格,应维修或更换发动机线束。
(4)检查内部执行器线束是否开路
①使用零件号 3822917-阴性 Deutsch/Amp/Metri-Pack 测试导线。
②断开钥匙开关,从 15 针接头上断开执行器线束,从电磁阀上断开喷油器电磁阀导线。
③测量内容,见图 10-175 所述内容。
(5)检查内部执行器线束的触针之间是否短路
①使用零件号 3822917-阴性 Deutsch/Amp/Metri-Pack 测试导线。

第10章　M系列柴油机电控系统故障代码诊断与排除

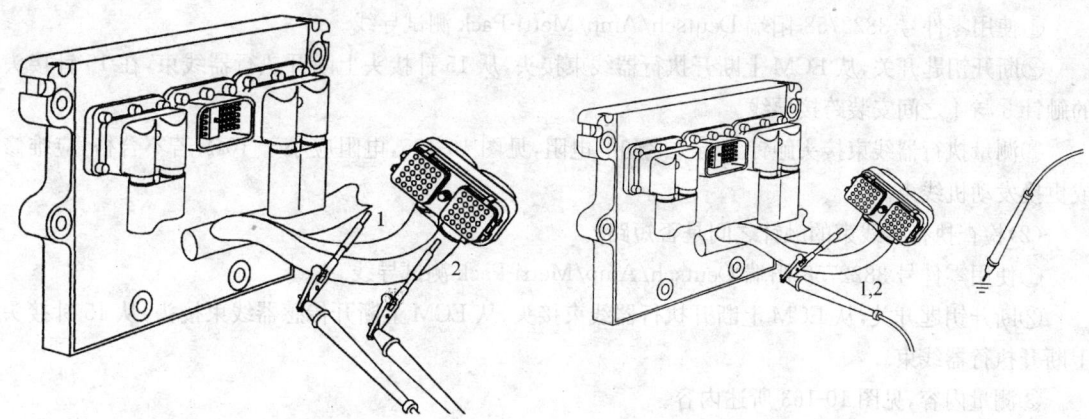

图10-183　测量触针2与1之间的电阻　　　　图10-184　分别测量触针1、2与机体间电阻

②断开钥匙开关,从15针接头上断开内部执行器线束。
③测量内容,见图5-176所述内容。
(6)检查内部执行器线束是否对地短路
①使用零件号3822917-阴性Deutsch/Amp/Metri-Pack测试导线。
②断开钥匙开关,从电磁阀上断开内部执行器线束的喷油器电磁阀接头。
③测量内容,见图10-177所述内容。
(7)检查电磁阀中是否开路
①断开钥匙开关,从执行器线束上断开电磁阀。
②测量电磁阀两个接线柱之间的电阻,电阻应为0.5~1.5Ω;若不合格,应更换喷油器。
(8)清除故障代码
①连接所有部件,打开钥匙开关,起动发动机,怠速运转1min。
②用INSITE™确认故障代码325不再起作用,并已转变成非现行故障代码,再用INSITE™清除非现行故障代码。

10.39　故障代码331-2号缸喷油器电路故障

1. 电路原理
2号缸喷油器电路,见图10-162。电路原理,见故障代码311所述内容。
2. 部件安装位置
详见故障代码311所述安装位置。
3. 故障指示灯
黄色。
4. 故障原因
通电时在2号缸的喷油器上未检测到电流。
5. 故障结果
2号缸的喷油器关闭。
6. 维修提示
详见故障代码322维修提示内容。
7. 维修步骤
(1)检查执行器线束的电阻

①使用零件号 3822758-阳端 Deutsch/Amp/Metri-Pack 测试导线。

②断开钥匙开关,从 ECM 上断开执行器线束接头,从 15 针接头上断开执行器线束,在 15 针接头的触针 3 与 4 之间安装跨接导线。

③测量执行器线束接头触针 8 与 7 之间的电阻,见图 10-185,电阻应小于 10Ω;若不合格,应维修或更换发动机线束。

(2) 检查执行器线束的触针之间是否短路

①使用零件号 3822758-阳端 Deutsch/Amp/Metri-Pack 测试导线。

②断开钥匙开关,从 ECM 上断开执行器线束接头,从 ECM 上断开传感器线束接头,从 15 针接头上断开执行器线束。

③测量内容,见图 10-163 所述内容。

(3) 检查执行器线束是否对地短路

①使用零件号 3822758-阳端 Deutsch/Amp/Metri-Pack 测试导线。

②断开钥匙开关,断开执行器线束 15 针接头,从 ECM 上断开执行器线束接头。

③分别测量执行器线束触针 7、8 与机体间电阻,见图 10-186,电阻应大于 100kΩ;若不合格,应维修或更换发动机线束。

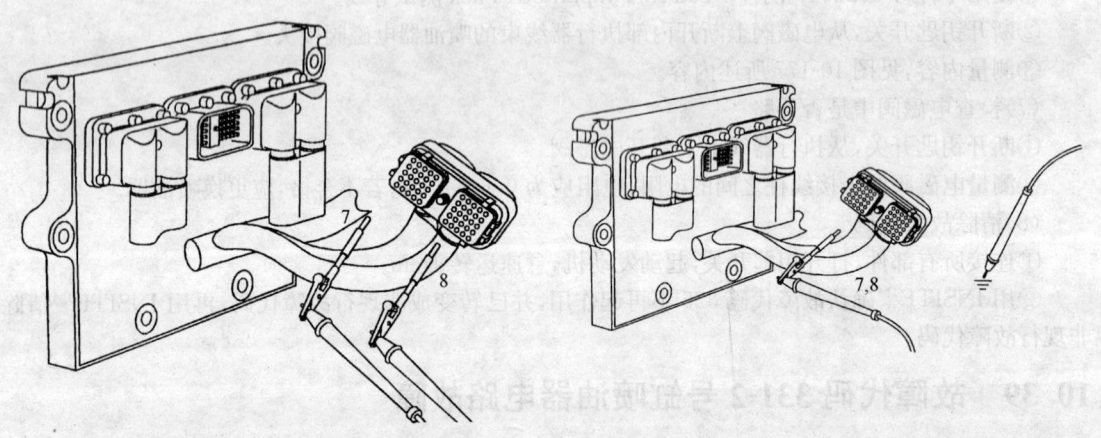

图 10-185　测量触针 8 与 7 之间的电阻　　图 10-186　分别测量触针 7、8 与机体间电阻

(4) 检查内部执行器线束是否开路

①使用零件号 3822917-阴性 Deutsch/Amp/Metri-Pack 测试导线。

②断开钥匙开关,从 15 针接头上断开执行器线束,从电磁阀上断开喷油器电磁阀导线。

③测量内容,见图 10-175 所述内容。

(5) 检查执行器线束的触针之间是否短路

①使用零件号 3822917-阴性 Deutsch/Amp/Metri-Pack 测试导线。

②断开钥匙开关,从 15 针接头上断开内部执行器线束。

③测量内容,见图 10-176 所述内容。

(6) 检查执行器线束是否对地短路

①使用零件号 3822917-阴性 Deutsch/Amp/Metri-Pack 测试导线。

②断开钥匙开关,从电磁阀上断开内部执行器线束的喷油器电磁阀接头。

③测量内容,见图 10-177 所述内容。

(7)检查电磁阀中是否开路
①断开钥匙开关,从执行器线束上断开电磁阀。
②测量电磁阀两个接线柱之间的电阻,应为 0.5~1.5Ω;若不合格,应更换喷油器。
(8)清除故障代码
①连接所有部件,打开钥匙开关,起动发动机,怠速运转 1min。
②用 INSITE™ 确认故障代码 331 已不再起作用,已转变成非现行故障代码,再用 INSITE™ 清除非现行故障代码。

10.40 故障代码 332-4 号缸喷油器电路故障

1. 电路原理

4 号缸喷油器电路,见图 10-170。电路原理,见故障代码 311 所述内容。

2. 部件安装位置

见故障代码 311 所述安装位置。

3. 故障指示灯

黄色。

4. 故障原因

通电时在 4 号缸的喷油器上未检测到电流。

5. 故障结果

4 号缸的喷油器关闭。

6. 维修提示

详见故障代码 322 维修提示内容。

7. 维修步骤

(1)检查执行器线束的电阻
①使用零件号 3822758-阳端 Deutsch/Amp/Metri-Pack 测试导线。
②断开钥匙开关,从 ECM 上断开执行器线束插头,从 15 针接头上断开执行器线束,在 15 针接头的触针 7 与 8 之间连接跨接导线。
③测量执行器线束接头触针 26 与 36 之间的电阻,见图 10-187,电阻应小于 10Ω;若不合格,应维修或更换发动机线束。

(2)检查执行器线束的触针之间是否短路
①使用零件号 3822758-阳端 Deutsch/Amp/Metri-Pack 测试导线。
②断开钥匙开关,从 ECM 上断开传感器线束接头及执行器线束接头,从 15 针接头上断开执行器线束。
③测量内容,见图 10-171 所述内容。

(3)检查执行器线束是否对地短路
①使用零件号 3822758-阳端 Deutsch/Amp/Metri-Pack 测试导线。
②断开钥匙开关,断开执行器线束 15 针接头,从 ECM 上断开执行器线束接头。
③分别测量执行器线束接头触针 26、36 与机体间电阻,见图 10-188,电阻应大于 100kΩ;若不合格,应维修或更换发动机线束。

(4)检查执行器线束是否开路
①使用零件号 3822917-阴性 Deutsch/Amp/Metri-Pack 测试导线。

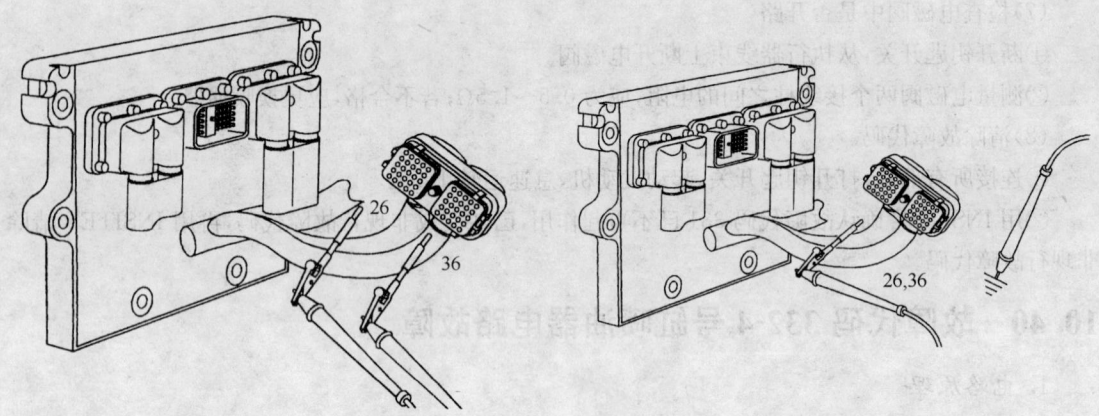

图 10-187 测量触针 26 与 36 之间的电阻　　图 10-188 分别测量触针 26、36 与机体间电阻

②断开钥匙开关,从 15 针接头上断开执行器线束,从电磁阀上断开喷油器电磁阀导线。

③测量内容,见图 10-175 所述内容。

(5)检查执行器线束的触针之间是否短路

①使用零件号 3822917-阴性 Deutsch/Amp/Metri-Pack 测试导线。

②断开钥匙开关,从 15 针接头上断开内部执行器线束。

③测量内容,见图 10-176 所述内容。

(6)检查执行器线束是否对地短路

①使用零件号 3822917-阴性 Deutsch/Amp/Metri-Pack 测试导线。

②断开钥匙开关,从电磁阀上断开执行器线束的喷油器电磁阀接头。

③测量内容,见图 10-177 所述内容。

(7)检查电磁阀中是否开路

①断开钥匙开关,从执行器线束上断开电磁阀。

②测量电磁阀两个接线柱之间的电阻,应为 0.5～1.5Ω;若不合格,应更换喷油器。

(8)清除故障代码

①连接所有部件,打开钥匙开关,起动发动机怠速运转 1min。

②用 INSITE™ 确认故障代码 332 不再起作用,已转变成非现行故障,再用 INSITE™ 清除非现行故障。

10.41　故障代码 338-点火总线继电器电路高电压

1. 电路原理

点火总线继电器控制点火电路驱动加热/空调控制以及其他连接到点火总线继电器的设备(可以选装第二个继电器作为额外附件)。通过来自 ECM OEM 50 针接头的触针 35 的点火继电器正极(+)信号控制继电器。怠速停机车辆附件/点火总线继电器电路,见图 10-189。

2. 部件安装位置

点火总线继电器安装在驾驶室内仪表板下部。

3. 故障指示灯

黄色。

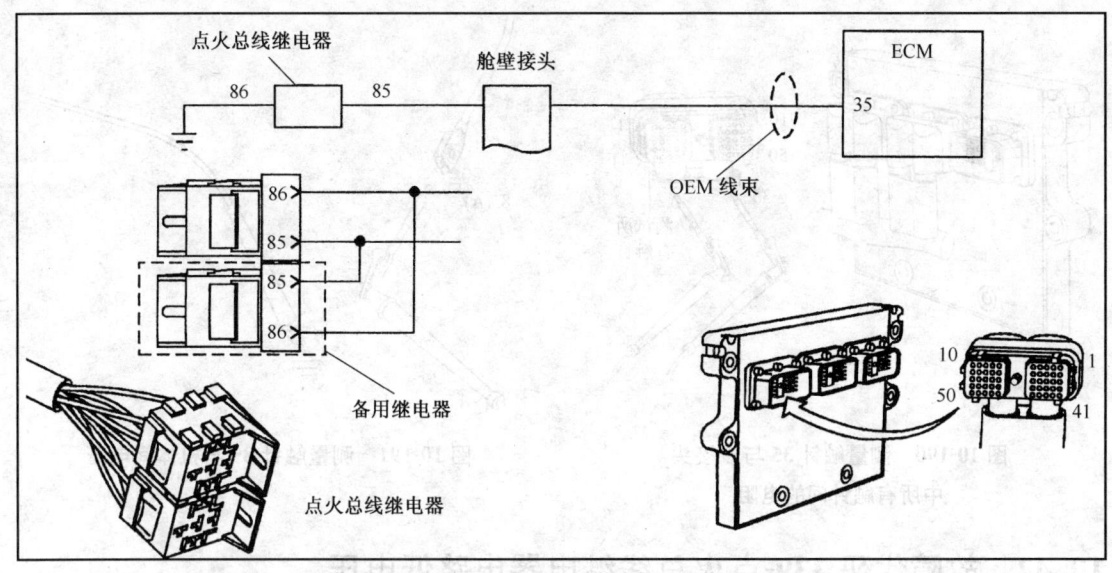

图 10-189　急速停机车辆附件/点火总线继电器电路

4. 故障原因

ECM 期待低电压时,点火总线继电器输出电路(点火继电器正极"＋")检测到高电压。

5. 故障结果

ICON™ 停用,只能启用强制停机,发动机能正常起动,钥匙开关点火电路不供电。

6. 维修提示

该故障通常表明点火继电器正极(＋)输出与蓄电池电压之间短路。当 ICON™ 已经使车辆断电并且需要切断向驾驶室电路的供电时,点火继电器(＋)触针输出 12V 电压打开点火总线继电器。无供电时点火总线继电器为常闭。

7. 维修步骤

(1) 检查触针与触针之间是否短路

① 使用零件号 3822917-阴性 Deutsch/Amp/Metri-Pack 测试导线。

② 断开钥匙开关,从点火总线继电器上断开 OEM 线束,从 ECM 上断开 OEM 线束接头。

③ 测量 OEM 线束接头触针 35 与该接头中所有触针间的电阻,见图 10-190,电阻应大于 100kΩ;若不合格,应维修或更换 OEM 线束。

(2) 检查点火总线继电器是否对蓄电池短路

① 使用零件号 3822917-阴性 Deutsch/Amp/Metri-Pack 测试导线。

② 从点火总线继电器上断开 OEM 线束,将 OEM 线束连接到 ECM 上,打开钥匙开关。

③ 测量急速停机车辆附件/点火总线继电器的触针 85(或高压侧)与机体间电压,见图 10-191,电压应小于 1.5V;若不合格,应维修或更换 OEM 线束。

(3) 清除故障代码

① 连接所有部件,打开钥匙开关,起动发动机,急速运转 1min。

② 使用 INSITE™ 确认故障代码 338 不再起作用,使用 INSITE™ 执行点火总线继电器测试。故障代码 338 不起作用,仪表板封风机关为合格。

③ 用 INSITE™ 清除非现行故障代码。

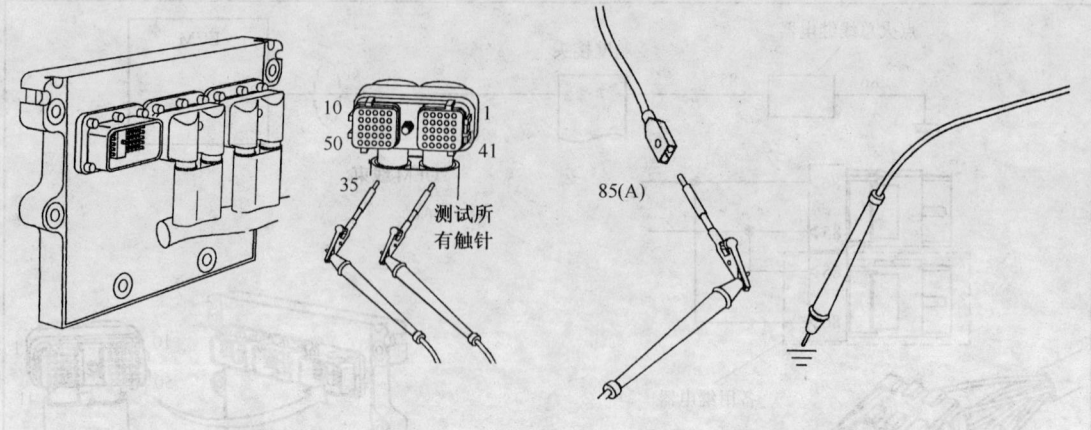

图 10-190　测量触针 35 与该接头　　　　图 10-191　测量触针 85 与机体间电压
　　　　　中所有触针间的电阻

10.42　故障代码 339-点火总线继电器电路低电压

1. 电路原理

见故障代码 338 所述内容,怠速停机车辆附件/点火总线继电器电路,见图 10-189。

2. 部件安装位置

见故障代码 338 所述内容。

3. 故障指示灯

黄色。

4. 故障原因

ECM 期待高电压时,点火总线继电器输出电路检测到小于 6V 的低电压。

5. 故障结果

ICON™ 会停用,只能启用强制停机,钥匙开关点火电路提供恒定电源。

6. 维修提示

该故障表明 ECM 接头的触针 35(点火继电器正极"+")对地短路或开路。当 ICON™ 已经使车辆断电并且需要切断向驾驶室电路的供电时,点火继电器正极(+)触针 35 输出 12V 电压打开点火总线继电器。无供电时 ICON™ 总线继电器为常闭。

7. 维修步骤

(1) 用 INSITE™ 执行点火总线继电器测试

①打开钥匙开关。

②用 INSITE™ 执行点火总线继电器测试。测试结果,仪表板/鼓风机关闭为合格。

(2) 检查是否对地短路

①使用零件号 3822758-阳端 Deutsch/Amp/Metri-Pack 测试导线。

②断开钥匙开关,从 ECM 上断开 OEM 线束接头。

③测量 OEM 线束接头的触针 35(即怠速停机)与机体间电阻,应大于 100kΩ 为合格;若不合格,应维修或更换 OEM 线束。

(3) 检查触针与触针之间是否短路

①使用零件号 3822917-阴性 Deutsch/Amp/Metri-Pack 测试导线。

②断开钥匙开关,从 ECM 上断开 OEM 线束接头,从点火总线继电器上断开 OEM 线束。
③测量 OEM 线束接头触针 35 与所有触针之间的电阻,见图 10-190,电阻应大于 100kΩ;若不合格,应维修或更换 OEM 线束。

(4)检查是否开路
①使用零件号 3822917-阴性 Deutsch/Amp/Metri-Pack 测试导线。
②断开钥匙开关,从 ECM 上断开 OEM 线束接头,从点火总线继电器上断开 OEM 线束。
③测量点火总线继电器接头触针 86 与机体间电阻,测量点火总线继电器接头触针 85 与 ECM 触针 35 之间的电阻,见图 10-192,电阻应小于 10Ω;若不合格,应维修或更换 OEM 线束。

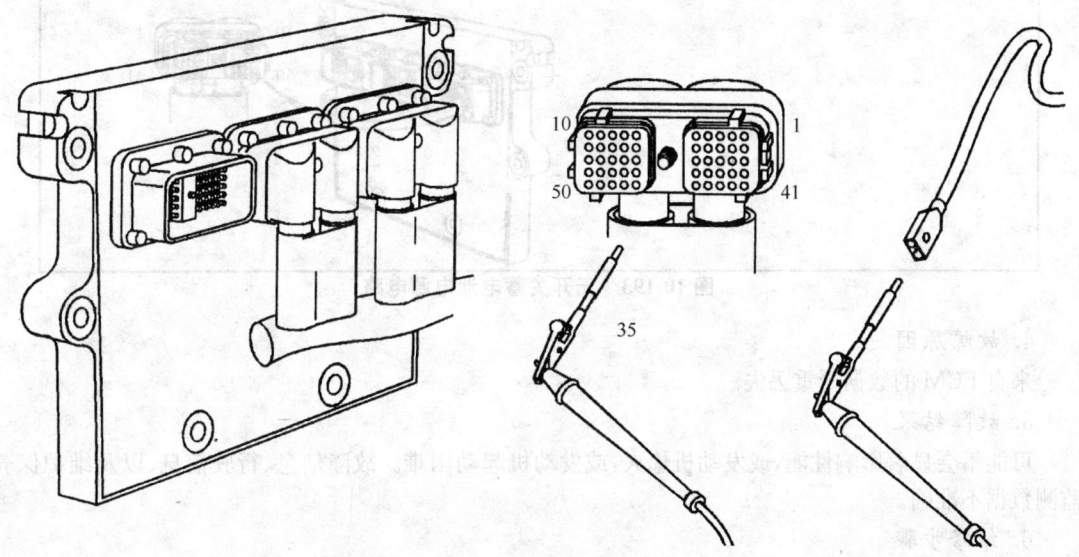

图 10-192　分别测量触针 86 与机体间电阻、触针 85 与 35 之间的电阻

(5)清除故障代码
①连接所有部件。
②将钥匙开关接通到 ON 位置,起动发动机,怠速运转 1min。
③用 INSITE™ 确认故障代码 339 不再起作用。
④用 INSITE™ 执行点火总成继电器测试。故障代码 339 不再起作用、仪表板鼓风机关闭为合格。
⑤用 INSITE™ 清除非现行故障代码。

10.43　故障代码 341-无开关蓄电池电源电路故障

1. 电路原理
通过直接与蓄电池正极(+)接线柱相连的无开关蓄电池导线,ECM 获得稳定的电压。为保护发动机线束防止过热,在无开关蓄电池导线上有两个串联的 15A 熔断丝。当接通钥匙开关时,ECM 通过钥匙开关接收蓄电池输入的电压。蓄电池回路导线直接与蓄电池负极(-)接线柱相连。无开关蓄电池电源电路,见图 10-193。

2. 部件安装位置
ECM 通过 OEM 线束连接到蓄电池,直接向 ECM 供电。蓄电池位置因 OEM 的不同而不同。

3. 故障指示灯
黄色。

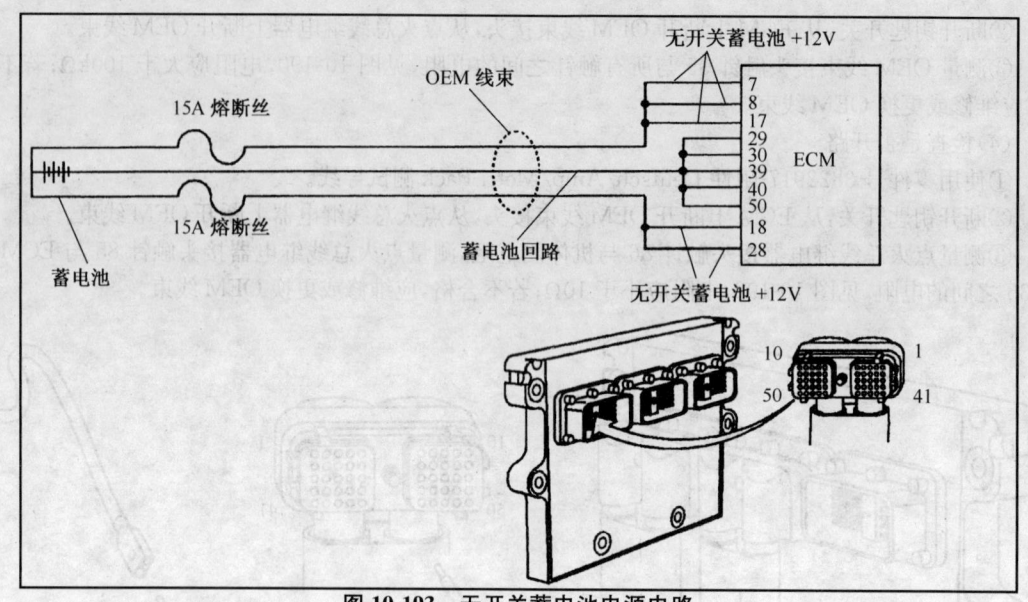

图 10-193　无开关蓄电池电源电路

4. 故障原因

来自 ECM 的数据严重丢失。

5. 故障结果

可能不会显著影响性能，或发动机熄火，或发动机起动困难。故障信息、行驶信息、以及维护保养监测数据不准确。

6. 维修步骤

(1) 检查蓄电池电源电路的电阻

① 使用零件号 3822758-阳端 Deutsch/Amp/Metri-Pack 测试导线。

② 断开钥匙开关，从 ECM 上断开 OEM 线束接头。

③ 分别测量 OEM 线束接头触针 7、8、17、18、28 与蓄电池正极（＋）端子间的电阻，见图 10-194，电阻应小于 10Ω；若不合格，维修或更换 OEM 线束。

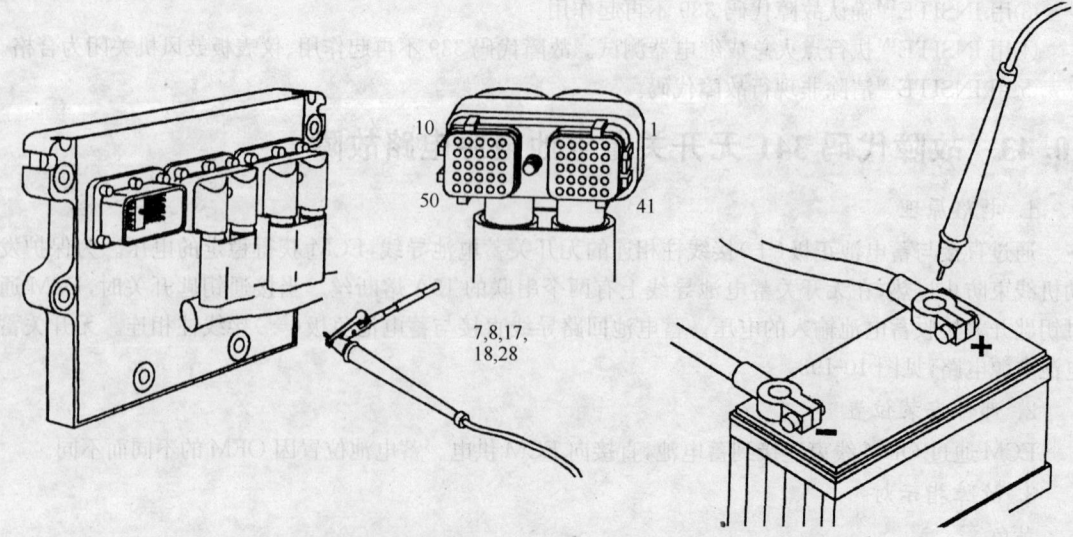

图 10-194　分别测量触针 7、8、17、18、28 与蓄电池正极（＋）端子间电阻

(2) 检查蓄电池电压

① 接通钥匙开关。

② 用万用表的正极(+)表笔接蓄电池正极端子，负极(-)表笔接蓄电池负极端子。正常情况，电压应为 12V；拖动期间，电压至少 6.2V 为合格；若不合格应充电或更换蓄电池。蓄电池电压检查，见图 10-195。

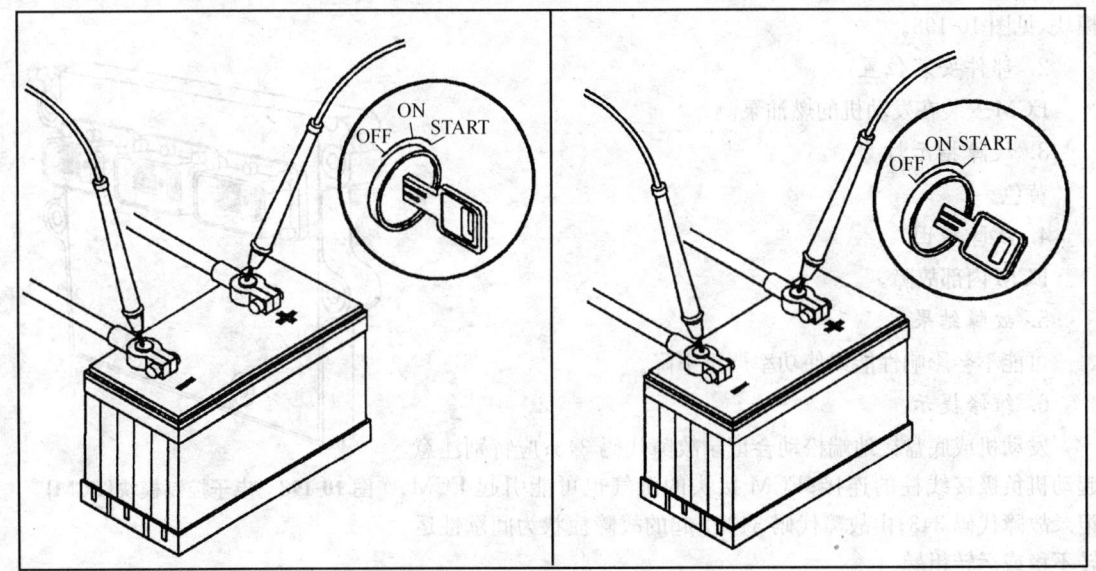

图 10-195　检查蓄电池电压

(3) 检查两根 15A 熔断丝是否安装正确

① 断开钥匙开关。

② 核实两根 15A 熔断丝已安装正确，见图 10-196。

(4) 检查 15A 熔断丝是否熔断

① 断开钥匙开关。

② 检查两根 15A 熔断丝是否熔断。熔断丝未熔断为合格；若熔断，应更换熔断的熔断丝，见图 10-197。

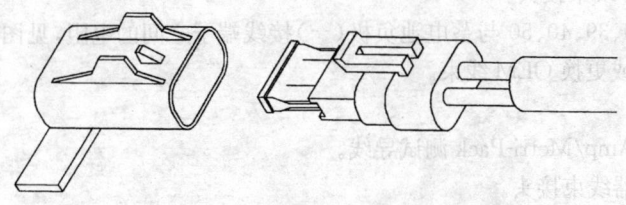　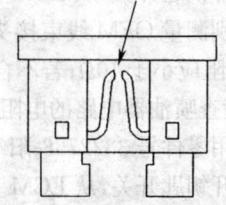

图 10-196　检查两根 15A 熔断丝安装正确　　图 10-197　检查熔断丝是否熔断

(5) 标定 ECM

① 连接所有部件。

② 使用 ESDN™ 重新标定 ECM。故障代码 341 不起作用为合格。

(6) 清除故障代码

① 连接所有部件，打开钥匙开关，起动发动机，怠速运转 1min。

② 用 INSITE™ 确认故障代码 341 不起作用，并已转变成非现行故障代码，再用 INSITE™ 清除非

现行故障代码。

10.44 故障代码343-电子控制模块(ECM)故障

1. 电路原理

ECM监测至喷油器的信号电压输出,以及来自发动机位置传感器的ECM输入信号。电子控制模块,见图10-198。

2. 部件安装位置

ECM安装在发动机的燃油泵侧。

3. 故障指示灯

黄色。

4. 故障原因

ECM内部故障。

5. 故障结果

可能不会影响性能或使功率严重下降。

6. 维修提示

发动机或底盘接地端松动会记录故障代码343;应特别注意起动机负极接线柱的连接;ECM接头的湿气也可能引起ECM记录故障代码343;由故障代码343引起的故障症状为间歇性运转不稳或运转粗暴。

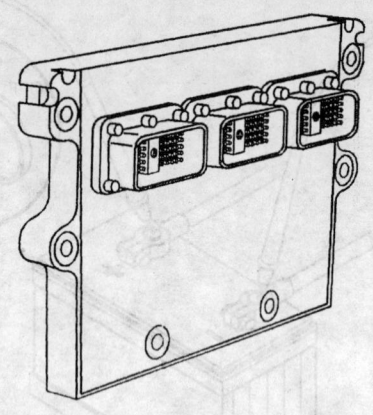

图10-198 电子控制模块(ECM)

7. 维修步骤

(1)检查所有电源电阻

①使用零件号3822758-阳端Deutsch/Amp/Metri-Pack测试导线。

②断开钥匙开关,从ECM上断开OEM线束接头。

③分别测量OEM线束接头触针7、8、17、18、28与蓄电池正极(+)接线端子之间的电阻,见图10-194,电阻应小于10Ω;若不合格,应维修或更换OEM线束。

(2)检查所有接地电阻

①使用零件号3822758-阳端Deutsch/Amp/Metri-Pack测试导线。

②断开钥匙开关,从ECM上断开OEM线束接头。

③分别测量OEM线束接头触针29、30、39、40、50与蓄电池负极(-)接线端子之间的电阻,见图10-199,电阻应小于10Ω;若不合格,应维修或更换OEM线束。

(3)检查喷油器电路的电阻

①使用零件号3822758-阳端Deutsch/Amp/Metri-Pack测试导线。

②断开钥匙开关,从ECM上断开执行器线束接头。

③分别测量执行器线束接头触针9与10、8与7、6与16、26与36、4与3、2与1之间的电阻,见图10-200,电阻应为0.5~2.5Ω为合格;若不合格,隔离外部或内部线束的开路。

(4)检查执行器线束喷油器电路中每根导线的电阻

①使用零件号3822758-阳端Deutsch/Amp/Metri-Pack测试导线。

②断开钥匙开关,从ECM上断开执行器线束接头,断开15针接头。

③测量执行器线束接头触针10与15针接头的触针1之间的电阻,以及触针9到2、8到3、7到4、6到5、16到6、26到7、36到8、4到9、3到10、2到11、1到12间电阻,见图10-201,电阻应小于0.5Ω;若不合格,维修或更换发动机线束。

第10章 M系列柴油机电控系统故障代码诊断与排除 515

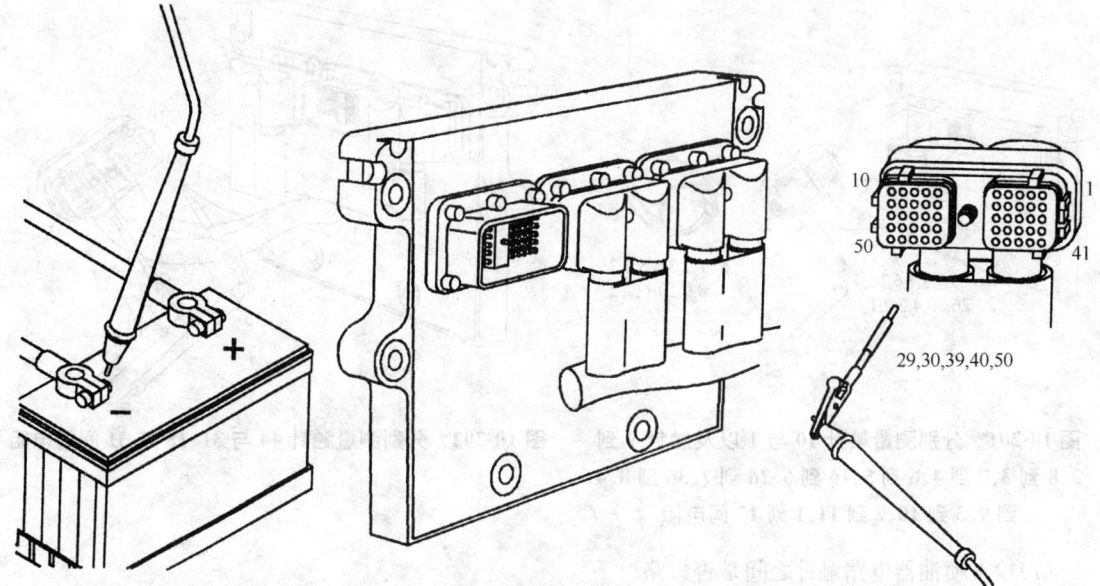

图 10-199 分别测量触针 29、30、39、40、50 与蓄电池负极接线端子之间的电阻

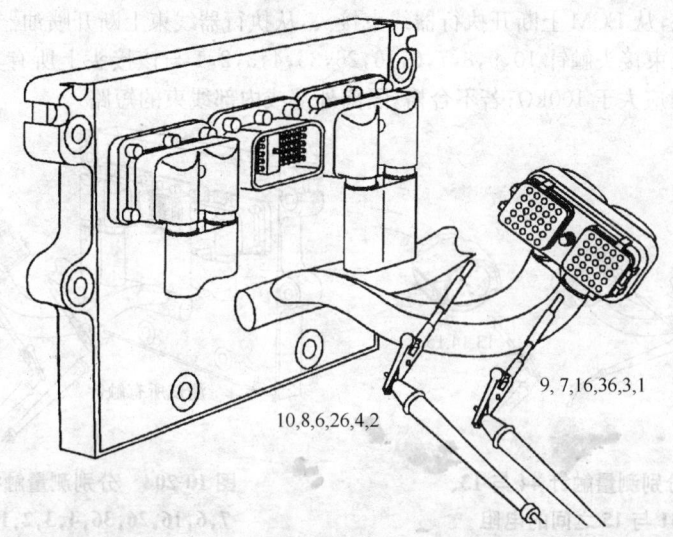

图 10-200 分别测量触针 9 与 10、8 与 7、6 与 16、26 与 36、4 与 3、2 与 1 之间的电阻

(5)检查发动机制动电路的电阻
①使用零件号 3822758-阳端 Deutsch/Amp/Metri-Pack 测试导线。
②断开钥匙开关,从 ECM 上断开执行器线束接头。
③分别测量执行器线束接头触针 44 与 31、15 与 31 间的电阻,见图 10-202,冷态时为 9.5~12Ω,热态时为 11~15.5Ω;若不合格,隔离外部或内部线束的开路。
(6)检查外部执行器线束发动机制动电路中每根导线的电阻
①使用零件号 3822917-阴性 Deutsch/Amp/Metri-Pack 测试导线。
②断开钥匙开关,从 ECM 上断开执行器线束接头、断开 15 针接头。
③分别测量执行器线束接头触针与 15 针接头触针之间的电阻,即触针 44 与 13、15 与 14、31 与 15 之间的电阻,见图 10-203,电阻应小于 0.5Ω;若不合格,维修或更换发动机线束。

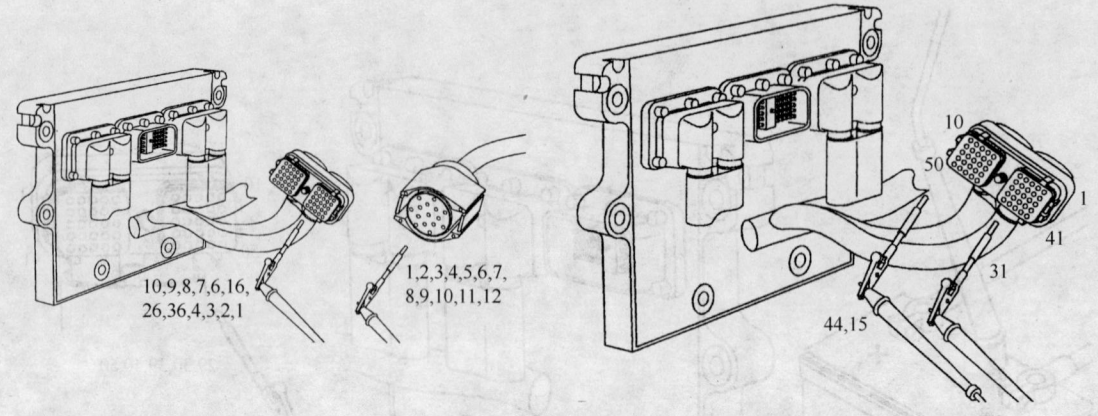

图10-201 分别测量触针10与1以及触针9到2、8到3、7到4、6到5、16到6、26到7、36到8、4到9、3到10、2到11、1到12间电阻

图10-202 分别测量触针44与31、15与31间的电阻

(7)检查喷油器电路触针之间是否短路
①使用零件号3822758-阳端Deutsch/Amp/Metri-Pack测试导线。
②断开钥匙开关,从ECM上断开执行器线束接头,从执行器线束上断开喷油器2针接头。
③测量执行器线束接头触针10,9,8,7,6,16,26,36,4,3,2,1与该接头上所有其他触针之间的电阻,见图10-204,电阻应大于100kΩ;若不合格,隔离外部或内部线束的短路。

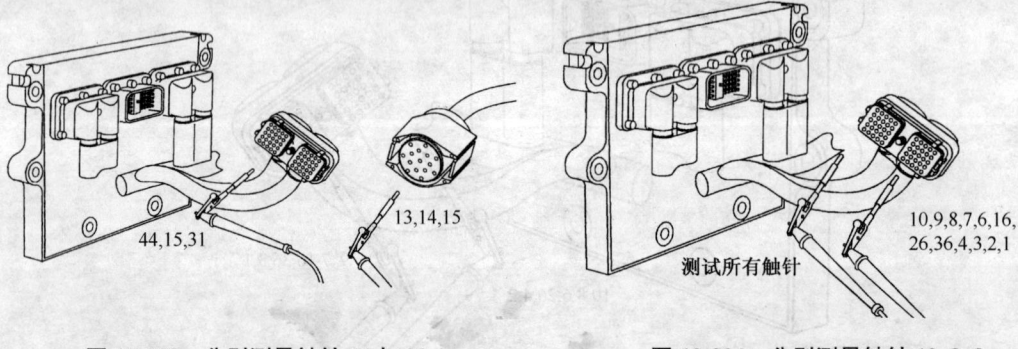

图10-203 分别测量触针44与13、15与14、31与15之间的电阻

图10-204 分别测量触针10,9,8,7,6,16,26,36,4,3,2,1与该接头上所有其他触针之间的电阻

(8)检查发动机制动电路触针之间是否短路
①使用零件号3822758-阳端Deutsch/Amp/Metri-Pack测试导线。
②断开钥匙开关,从ECM上断开执行器线束接头,从电磁阀上断开发动机制动电磁阀扁接头。
③分别测量执行器线束接头触针44,15,31与该接头上所有其他触针之间的电阻,见图10-205,电阻应大于100kΩ;若不合格,隔离外部或内部线束的短路。

(9)检查喷油器电路是否对地短路
①使用零件号3822758-阳端Deutsch/Amp/Metri-Pack测试导线。
②断开钥匙开关,从ECM上断开执行器线束接头。
③分别测量执行器线束接头触针10,9,8,7,6,16,26,36,4,3,2,1与机体间电阻,见图10-206,电阻应大于100kΩ;若不合格,隔离外部或内部线束的短路。

第 10 章 M 系列柴油机电控系统故障代码诊断与排除

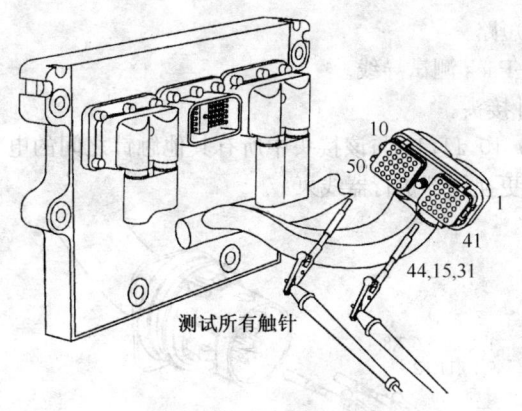

图 10-205 分别测量触针 44、15、31 与该接头上所有触针之间的电阻

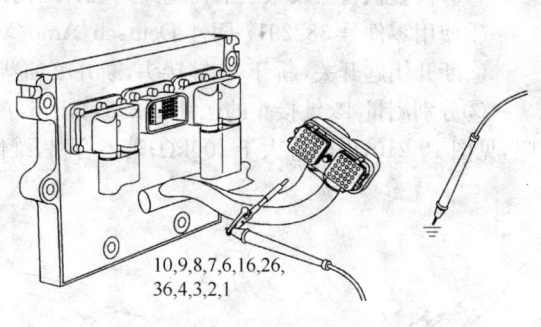

图 10-206 分别测量触针 10,9,8,7,6,16,26,36,4,3,2,1 与机体间的电阻

(10) 检查执行器线束发动机制动电路是否对地短路

① 使用零件号 3822758-阳端 Deutsch/Amp/Metri-Pack 测试导线。

② 断开钥匙开关,从 ECM 上断开执行器线束接头。

③ 分别测量执行器线束接头触针 44、15、31 与机体间电阻,见图 10-207,电阻应大于 $100k\Omega$;若不合格,隔离外部或内部线束的短路。

(11) 检查内部执行器线束喷油器电路中每根导线的电阻

① 使用零件号 3822917-阴性 Deutsch/Amp/Metri-Pack 测试导线。

② 断开钥匙开关、断开 15 针接头,从内部执行器线束上断开喷油器 2 针接头。

③ 测量 15 针接头触针 1 与 1 号喷油器接头触针 1 之间的电阻,以及如下重复 15 针接头与 2 针接头之间的检查,即触针 2 与 2(1 号喷油器)、触针 3 与 1(2 号喷油器)、触针 4 与 2(2 号喷油器)、触针 5 与 1(3 号喷油器)、触针 6 与 2(3 号喷油器)、触针 7 与 1(4 号喷油器)、触针 8 与 2(4 号喷油器)触针 9 与 1(5 号喷油器)、触针 10 与 2(5 号喷油器)、触针 11 与 1(6 号喷油器)、触针 12 与 2(6 号喷油器)之间的电阻,见图 10-208,电阻应小于 0.5Ω;若不合格,应维修或更换内部执行器线束。

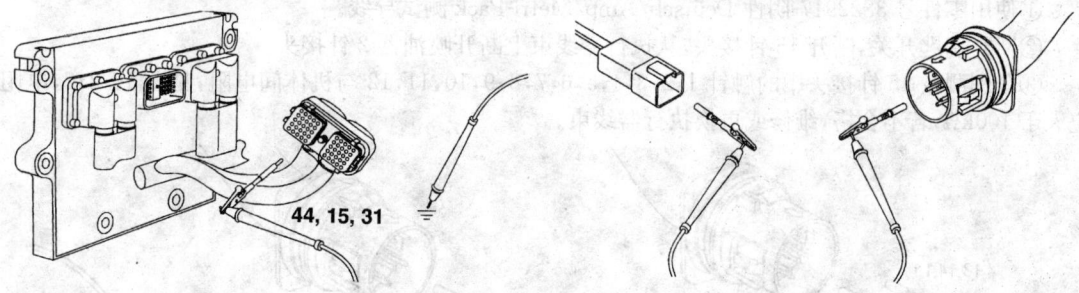

图 10-207 分别测量触针 44、15、31 与机体间电阻

图 10-208 分别测量触针 1 与 1、2 与 2、3 与 1、4 与 2、5 与 1、6 与 2、7 与 1、8 与 2、9 与 1、10 与 2、11 与 1、12 与 2 之间的电阻

(12) 检查执行器线束发动机制动电路中每根导线的电阻

① 使用零件号 3822917-阴性 Deutsch/Amp/Metri-Pack 测试导线。

② 断开钥匙开关,断开 15 针接头、断开 3 针发动机制动跨接线束接头。

③ 分别测量 15 针接头触针与 3 针发动机制动接头触针之间的电阻,即触针 13 与 A、14 与 B、15 与 C 之间的电阻,见图 10-209,电阻应小于 0.5Ω;若不合格,维修或更换内部执行器线束。

(13) 检查执行器线束喷油器电路的触针之间是否短路

①使用零件号 3822917-阴性 Deutsch/Amp/Metri-Pack 测试导线。

②断开钥匙开关,断开 15 针接头,断开喷油器 2 针接头。

③分别测量 15 针接头的触针 1,2,3,4,5,6,7,8,9,10,11,12 与该接头中所有其他触针之间的电阻,见图 10-210,电阻应大于 100kΩ;若不合格,维修或更换内部执行器线束。

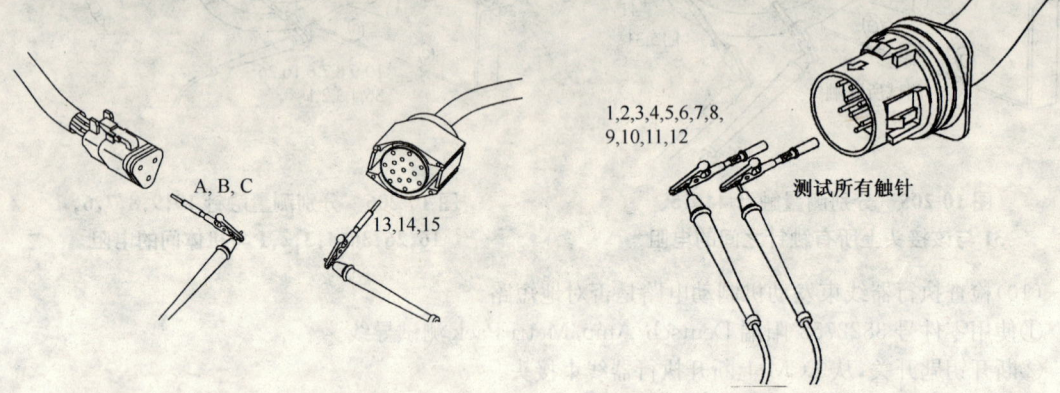

图 10-209　分别测量触针 13 与 A、14 与 B、15 与 C 之间的电阻

图 10-210　分别测量触针 1,2,3,4,5,6,7,8,9,10,11,12 与该接头中所有其他触针之间的电阻

(14) 检查执行器线束发动机制动电路的触针之间是否短路

①使用零件号 3822917-阴性 Deutsch/Amp/Metri-Pack 测试导线。

②断开钥匙开关,从 ECM 上断开执行器线束接头、断开 15 针接头、断开 3 针发动机制动跨接线束接头。

③分别测量 15 针接头的触针 13,14,15 与该接头中所有其他触针之间的电阻,见图 10-211,电阻应大于 100kΩ;若不合格,维修或更换内部执行器线束。

(15) 检查执行器线束喷油器电路是否对地短路

①使用零件号 3822917-阴性 Deutsch/Amp/Metri-Pack 测试导线。

②断开钥匙开关,断开 15 针接头,从执行器线束上断开喷油器 2 针接头。

③分别测量 15 针接头中的触针 1,2,3,4,5,6,7,8,9,10,11,12 与机体间电阻,见图 10-212,电阻应大于 100kΩ;若不合格,维修或更换执行器线束。

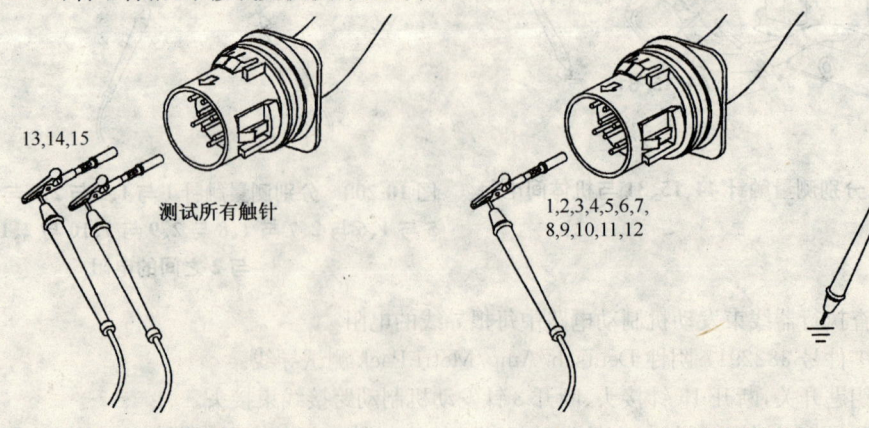

图 10-211　分别测量触针 13,14 与 15 针接头中其他触针之间的电阻

图 10-212　分别测量触针 1,2,3,4,5,6,7,8,9,10,11,12 与机体间的电阻

(16)检查执行器线束发动机制动电路是否对地短路
①使用零件号3822917-阴性Deutsch/Amp/Metri-Pack测试导线。
②断开钥匙开关、断开15针接头、断开3针发动机制动跨接线束接头。
③分别测量15针接头中的触针13,14,15与机体间电阻,见图10-213,电阻应大于100kΩ;若不合格,维修或更换内部执行器线束。

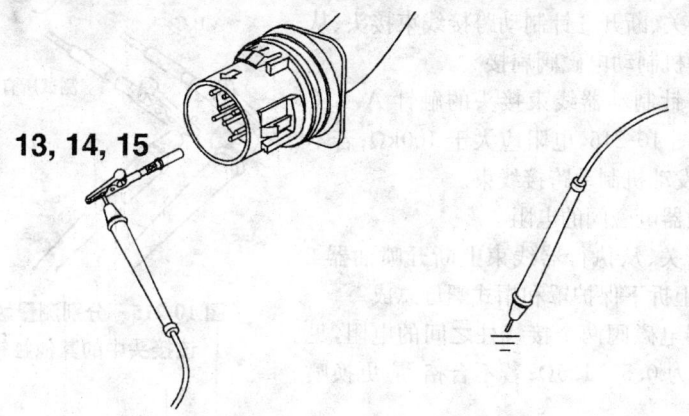

图10-213 分别测量触针13,14,15与机体间电阻

(17)检查发动机制动跨接线束中每根导线的电阻
①使用零件号3822758-阳端Deutsch/Amp/Metri-Pack测试导线。
②断开钥匙开关、断开3针发动机制动跨接线束接头、从电磁阀上断开发动机制动电磁阀扁接头。
③分别测量制动器3针接头的触针A与1号制动器电磁阀的正极触片间的电阻、3针接头的触针B与2号制动器电磁阀的正极触片间的电阻;3针接头的触针C与1号制动器电磁阀负极触片之间的电阻、3针接头的触针C与2号制动器电磁阀的负极触片之间的电阻,见图10-214,电阻应小于0.5Ω;若不合格,维修或更换发动机制动跨接线束。

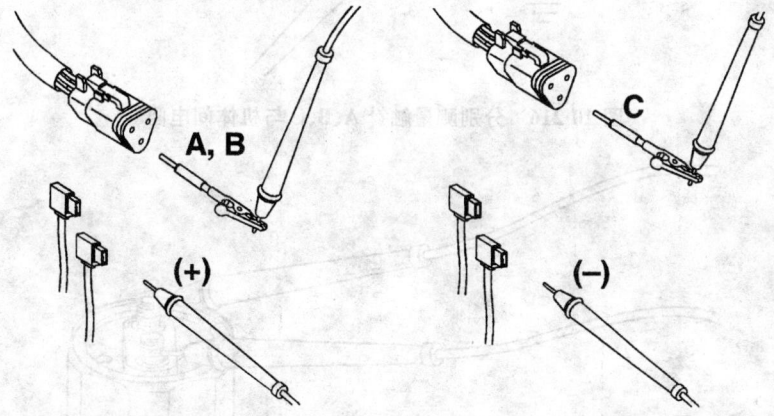

图10-214 分别测量触针A与1号制动器电磁阀正极触片、触针B与2号制动器电磁阀正极触片、触针C与1号制动器电磁阀负极触片、触针C与2号制动器电磁阀负极触片之间的电阻

(18)检查发动机制动跨接线束的触针之间是否短路
①使用零件号3822758-阳端Deutsch/Amp/Metri-Pack测试导线。
②断开钥匙开关、断开3针发动机制动跨接线束接头、从电磁阀上断开发动机制动电磁阀扁接头。
③分别测量制动器3针接头中的触针A、B、C与该接头中的其他触针间的电阻,见图10-215,电阻

应大于100kΩ;若不合格,维修或更换发动机制动跨接线束。

(19)检查发动机制动跨接线束是否对地短路

①使用零件号3822758-阳端Deutsch/Amp/Metri-Pack测试导线。

②断开钥匙开关、断开3针制动跨接线束接头、从电磁阀上断开发动机制动电磁阀扁接头。

③分别测量3针制动器线束接头的触针A、B、C与机体间电阻,见图10-216,电阻应大于100kΩ;若不合格,维修或更换发动机制动跨接线束。

(20)检查喷油器电磁阀的电阻

①断开钥匙开关、从执行器线束上断开喷油器2针接头、从电磁阀上拆下保护罩和帽式螺母总成。

②测量喷油器电磁阀两个接线柱之间的电阻,见图10-217,电阻应为0.5~1.5Ω;若不合格,应更换喷油器。

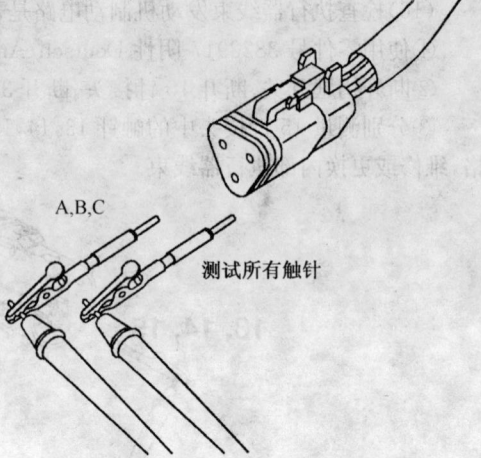

图10-215 分别测量触针A、B、C与该接头中的其他触针间的电阻

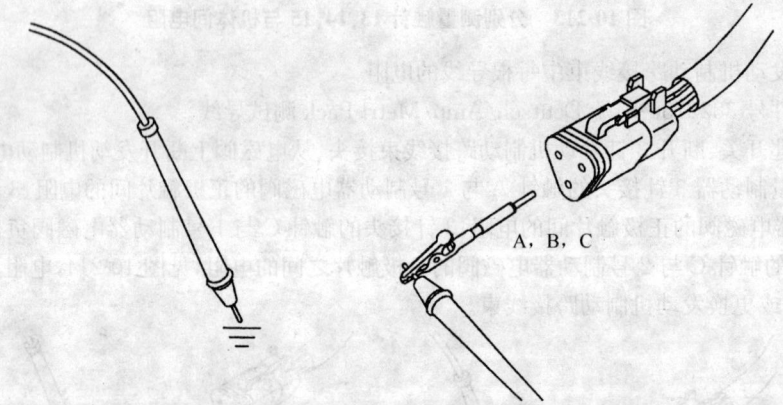

图10-216 分别测量触针A、B、C与机体间电阻

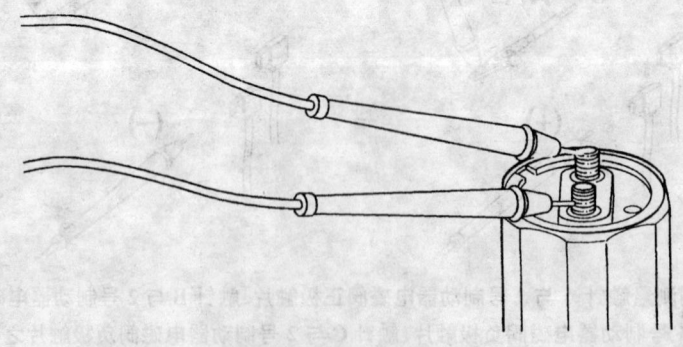

图10-217 测量喷油器电磁阀两个接线柱之间的电阻

(21)检查喷油器电磁阀导线是否对地短路

①使用零件号3163252-维修接头抽头电缆。

②断开钥匙开关,从执行器线束上断开喷油器2针接头,将维修接头抽头电缆连接到电磁阀2针

接头上。

③分别测量维修接头抽头电缆的触针 A、B 与机体间电阻,见图 10-218,电阻应大于 100kΩ;若不合格,更换喷油器。

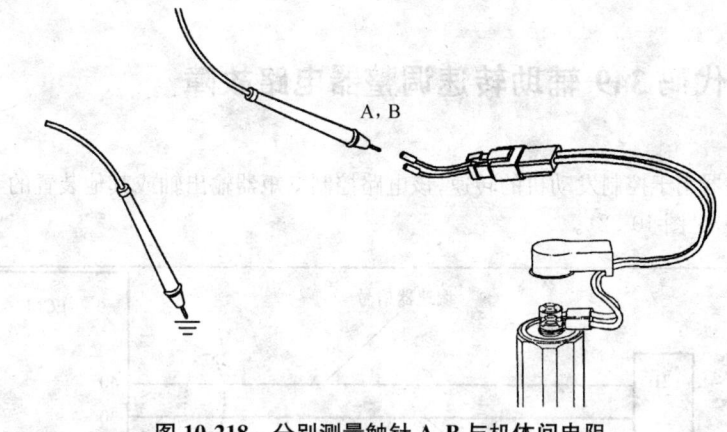

图 10-218　分别测量触针 A、B 与机体间电阻

(22)检查发动机制动电磁阀的电阻

①断开钥匙开关,从电磁阀上断开发动机制动电磁阀扁接头。

②测量发动机制动电磁阀的两个接线端子之间的电阻,见图 10-219,电阻值为 9.5~11Ω(冷态)、11~14.5Ω(热态);若不合格,更换发动机制动电磁阀。

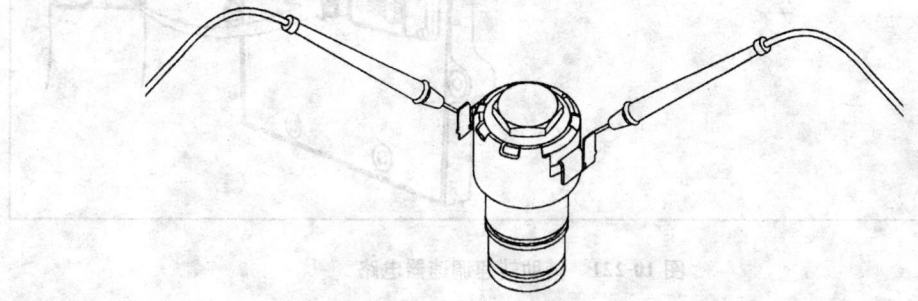

图 10-219　测量发动机制动电磁阀两个接线端子之间的电阻

(23)检查发动机制动电磁阀是否对地短路

①断开钥匙开关,从电磁阀上断开发动机制动电磁阀扁接头。

②测量每个电磁阀扁接头与发动机机体间的电阻,见图 10-220,电阻应大于 100kΩ;若不合格,更换发动机制动电磁阀。

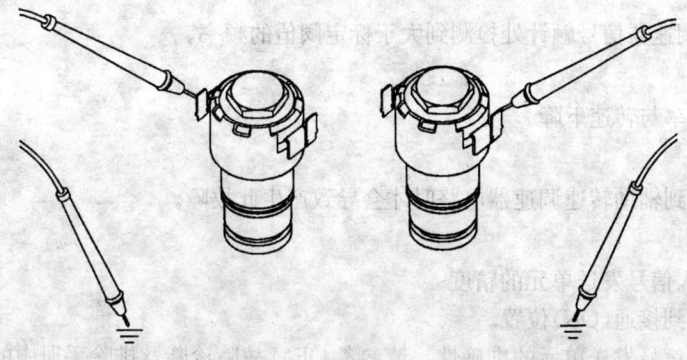

图 10-220　测量每个电磁阀扁接头与机体间的电阻

(24) 清除故障代码

①连接所有部件,打开钥匙开关,起动发动机,怠速运转 1min。

②用 INSITE™ 确认故障代码 343 不再起作用,已转变成非现行故障代码,再用 INSITE™ 清除非现行故障代码。

10.45　故障代码 349-辅助转速调整器电路故障

1. 电路原理

辅助转速调整器用于控制发动机的转速,该电路控制变矩器输出轴或其他装置的下游的输出轴或其他装置。该电路,见图 10-221。

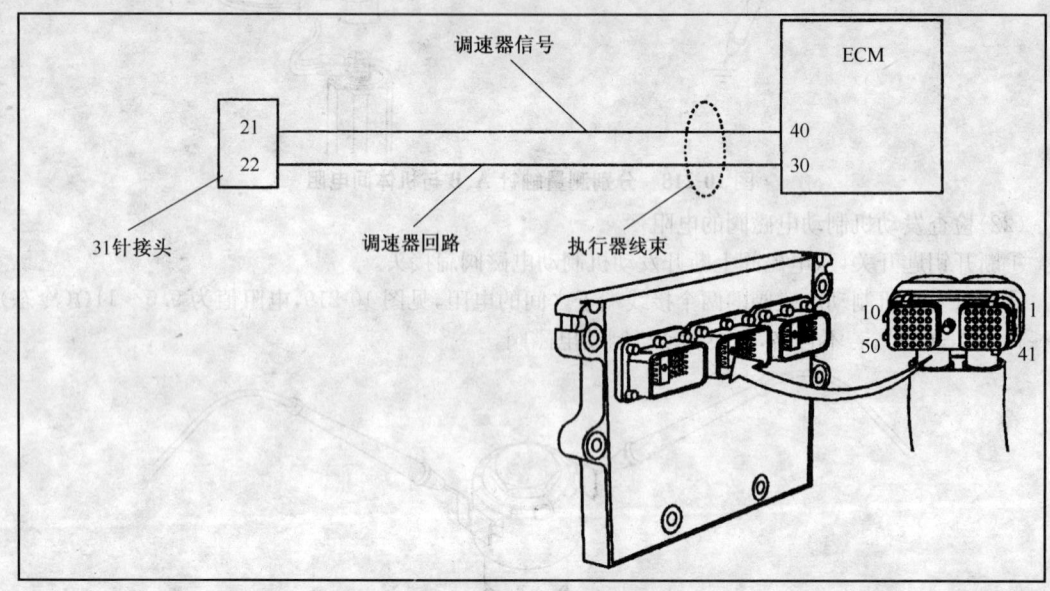

图 10-221　辅助转速调速器电路

2. 部件安装位置

辅助转速调速器的安装位置随 OEM 而变化,请参考 OEM 故障诊断与排除手册。

3. 故障指示灯

黄色。

4. 故障原因

在 31 针接头的调速器信号触针处检测到大于标定阈值的频率。

5. 故障结果

由标定确定的功率与转速下降。

6. 维修提示

只有高频率输入到辅助转速调速器电路时才会导致产生此故障。

7. 维修步骤

(1) 核实频率输入信号发送单元的精度

①将钥匙开关转到接通(ON)位置。

②核实频率输入信号发送单元的准确性。请参考 OEM 故障诊断及排除手册中的测试步骤。

③频率输入信号发送单元输出正确为合格;若不合格,维修或更换 OEM 频率输入信号发送装置。

(请参考OEM故障诊断及排除手册)

(2)清除故障代码

①连接所有部件,打开钥匙开关,起动发动机,怠速运转1min。

②用INSITE™确认故障代码349不再起作用,已转变成非现行故障代码,再用INSITE™清除非现行故障代码。

10.46 故障代码352-传感器电源电压低电位

1. 电路原理

ECM向传感器提供5V电源电压,如果任何传感器电源线路损坏,该传感器将不能正常工作。传感器电源电路,见图10-222。

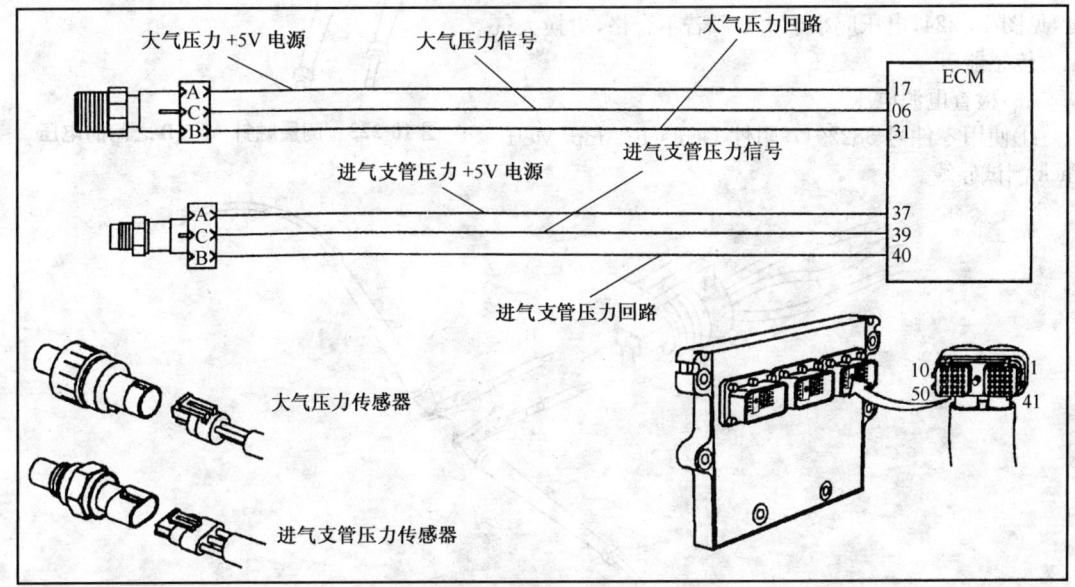

图10-222 传感器电源电路

2. 部件安装位置

传感器电源内包括两个部件:进气支管压力传感器和大气压力传感器。大气压力传感器位于ECM的左侧,进气支管压力传感器位于发动机的前端的进气支管顶端。

3. 故障指示灯

黄色。

4. 故障原因

在与一些传感器连接的内部电子控制模块(ECM)电源导线上检测到低电压。

5. 故障结果

发动机降至无空气设置。

6. 维修提示

在传感器5V电源线路上的电压偏低可能是由于电源线路对地短路、电源导线与回路导线之间短路、传感器故障或ECM电源故障造成的。

7. 维修步骤

(1)检查进气支管压力传感器

①使用零件号3822758-阳端Deutsch/Amp/Metri-Pack测试导线。

②从进气支管压力传感器上断开传感器线束。
③打开钥匙开关。
④测量进气支管压力传感器接头的触针A与B之间的电压,见图10-223,电压应小于4.5V;若不合格,应更换进气支管压力传感器。

(2) 检查大气压力传感器
①使用零件号3822758-阳端Deutsch/Amp/Metri-Pack测试导线。
②从大气压力传感器上断开传感线束,打开钥匙开关。
③测量大气压力传感器接头触针A与B之间的电压,见图10-224,电压应小于4.5V;若不合格,更换大气压力传感器。

(3) 检查电源电压
①使用零件号3822917-阴性Deutsch/Amp/Metri-Pack测试导线。

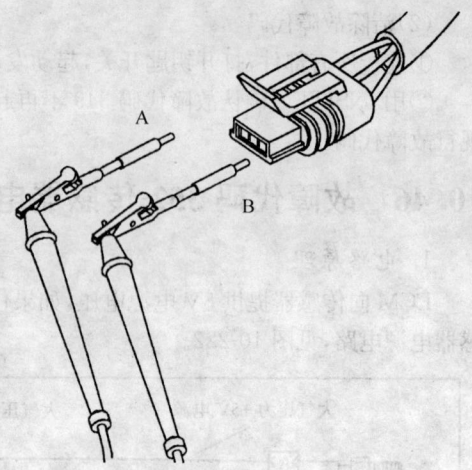

图10-223 测量触针A与B之间的电压

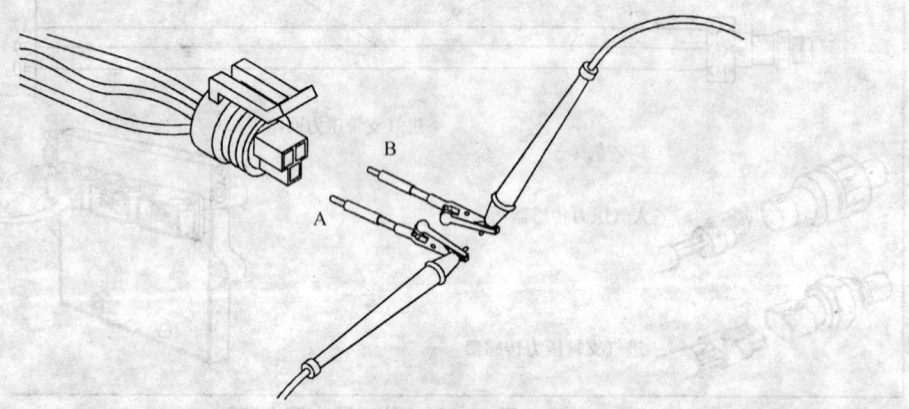

图10-224 测量大气压力传感器触针A与B之间的电压

②从ECM上断开传感器线束接头,打开钥匙开关。
③从ECM传感器端口分别测量触针17、37与接地间的电源电压,见图10-225,电压应为4.75～5.25V;若不合格,更换ECM。

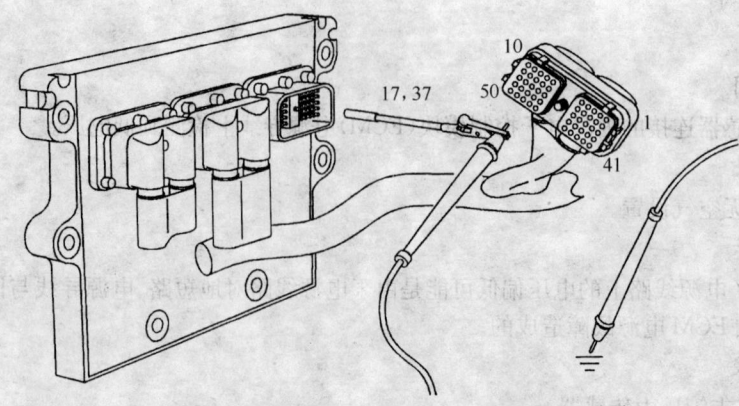

图10-225 分别测量触针17、37与接地间电压

(4)检查传感器电源导线是否对地短路

①使用零件号 3822758-阳端 Deutsch/Amp/Metri-Pack 测试导线。

②断开钥匙开关、从 ECM 上断开传感器线束接头、断开大气压力传感器、断开进气支管压力传感器。

③分别测量传感器线束触针 17,37 与机体间电阻,见图 10-226 电阻大于 100kΩ;若不合格,维修或更换发动机线束。

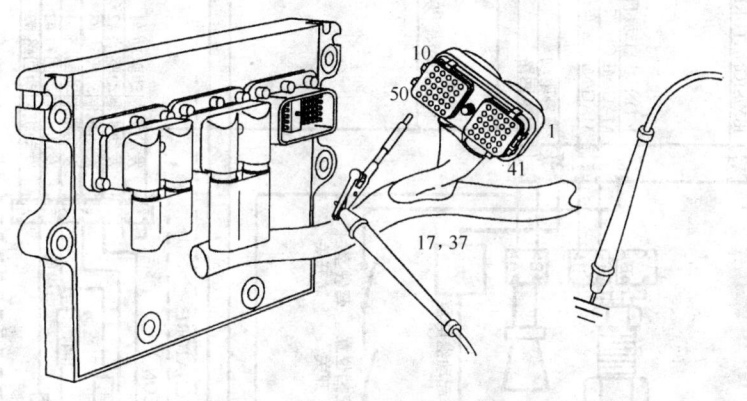

图 10-226　分别测量触针 17、37 与机体间电阻

(5)检查触针与触针之间是否短路

①使用零件号 3822758-阳端 Deutsch/Amp/Metri-Pack 测试导线。

②断开钥匙开关、从 ECM 上断开传感器线束接头,断开进气支管压力传感器、断开大气压力传感器。

③分别测量传感器线束触针 17,37 与其他触针间的电阻,见图 10-227,电阻应大于 100kΩ;若不合格,维修或更换发动机线束。

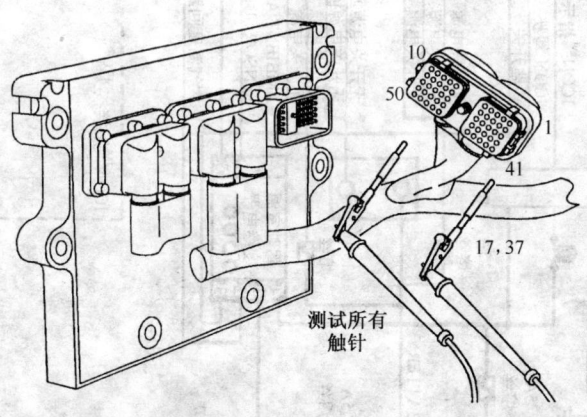

图 10-227　分别测量触针 17、37 与其他触针间的电阻

(6)清除故障代码

①连接所有部件,打开钥匙开关、起动发动机,怠速运转 1min。

②用 INSITE™ 确认故障代码 352 不再起作用,已转变成非现行故障代码,再用 INSITE™ 清除非现行故障代码。

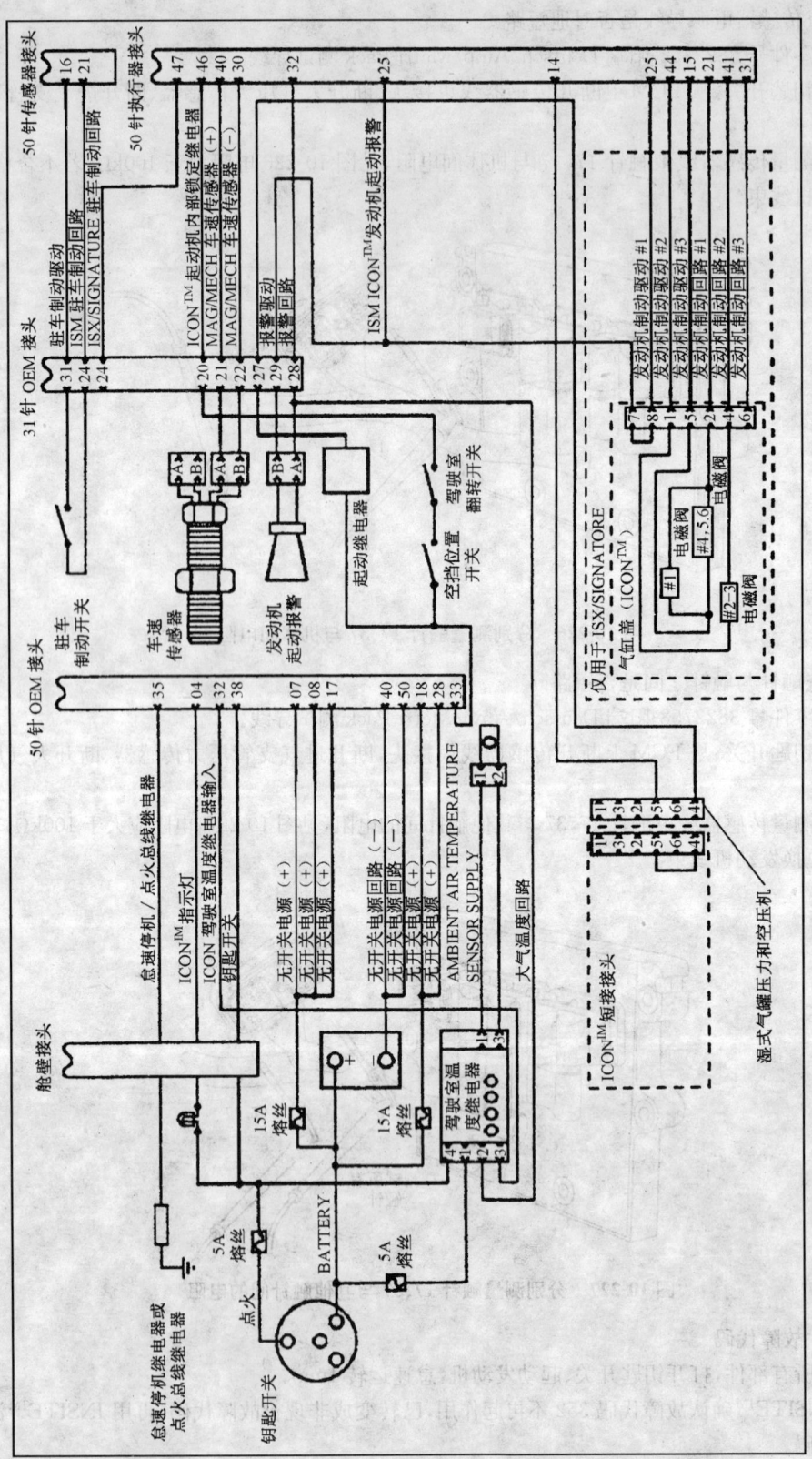

图 10-228 整体式怠速 ICON™ 电路

10.47 故障代码 359-ICON™发动机自动起动故障

1. 电路原理

起动机继电器电路控制并监测起动继电器线圈和回路信号，ICON™特性使用起动继电器自动起动发动机。整体式怠速 ICON™电路，见图 10-228。

2. 部件安装位置

起动机继电器安装在发动机进气侧的车辆隔热板上。

3. 故障指示灯

黄色。

4. 故障原因

ICON™自动起动发动机失败。

5. 故障结果

ICON™系统会停用，只能启用强制停机、可能正常起动发动机。

6. 维修提示

如果连续两次自动起动失败，会记录故障代码 359。如果 ECM 命令起动，并且在 2s 内转速未达到 200rpm 或在 14s 内转速未达到 450rpm，则认为起动失败。第一次失败后，ICON™等待一分钟后再试；如果第二次起动失败，则记录该故障。手动起动成功后会立即清除该故障代码。

7. 维修步骤

(1) 向驾驶员询问故障发生的时间、常规设置信息、手动起动期间是否有任何起动困难问题
①检查安装在驾驶室中的 ICON™设置。
②确保 INSITE™中怠速停机时间和驾驶室节温器的设置正确。
③向驾驶员询问以确定发动机或 ICON™系统是否存在故障。若存在故障代码 359、ICON™故障为不合格，应进行下一步骤检查。

(2) 使用 INSITE™读取故障代码或闪烁 ICON™指示灯
①连接所有部件，打开钥匙开关。
②使用 INSITE™读取故障代码或者使用 ICON™指示灯闪烁故障代码。故障代码 359 不起作用为合格；若故障代码 359 起作用或故障代码 2291 不起作用为不合格。

(3) 手动起动发动机
①连接所有部件，打开钥匙开关。
②使用钥匙开关起动发动机。发动机能正常起动为合格；若不能起动，起动困难的症状，应参考相应的故障诊断及排除手册，进行排除。

(4) 检查起动继电器触点
①连接好 INSITE™手提电脑，打开钥匙开关。
②使用 INSITE™执行起动继电器和联锁装置测试。参见《INSITE™用户手册》(零件号 3396837)。起动机接合为正常；起动机不接合为不合格。

(5) 检查 ICON™起动继电器线圈是否开路
①断开钥匙开关、断开 ICON™起动继电器。
②测量起动继电器线圈触点之间的电阻，应小于 10Ω 为合格；若不合格，更换起动继电器。

(6) 激活 ICON™，检查 ECM 有无现行故障代码
①连接所有部件，起动并让发动机在 ICON™模式下运转，在驾驶室节温器或蓄电池电压请求下执行自动起动。

②在 ICON™ 模式下执行自动起动。在初始激活 ICON™ 后，发动机会在 1min 内停机。使用驾驶室节温器请求自动起动，如果没有驾驶室节温器，使蓄电池带载电压低于 12.2V。没有现行故障代码，发动机能自动起动为合格；若不合格，发动机是否存在现行故障代码，发动机不能自动起动。

(7) 检查车速传感器
①打开钥匙开关、连接所有部件，连接好 INSITE™ 手提电脑。
②进行几次手动起动以检测车速，使用 INSITE™ 监测车速参数。显示车速为 0，为合格；显示车速大于 0，为不合格。

(8) 检查发动机罩倾斜开关
①断开钥匙开关。
②测量发动机罩倾斜开关角度、检查发动机罩倾斜开头，确保安装牢固。其角度大于 30°为合格，参考《ICON™ 怠速控制系统售后市场组件及 OEM 安装部件精修手册》(零件号 3666415) 中的安装指南；若不合格，将角度增大到大于 30°。

(9) 清除故障代码
①连接所有部件，打开钥匙开关，起动发动机，怠速运转 1min。
②使用 INSITE™ 确认故障代码 359 不起作用，已转变成非现行故障代码，再用 INSITE™ 清除非现行故障代码。

10.48 故障代码 386-传感器电源电压高电位

1. 电路原理
传感器电源电路原理，见故障代码 352 所述内容，传感器电源电路，见图 10-222。

2. 部件安装位置
见故障代码 352 所述内容。

3. 故障指示灯
黄色。

4. 故障原因
在电子控制模块 (ECM) 上检测到传感器的电源线高电压。

5. 故障结果
发动机降至无空气设置。

6. 维修提示
传感器 5V 电源导线上的高电压是由电源导线的蓄电池短路或执行器导线和电源导线之间短路引起的。

7. 维修步骤
(1) 检查电源电压
①使用零件号 3822917-阴性 Deutsch/Amp/Metri-Pack 测试导线。
②从 ECM 上断开传感器线束接头，打开钥匙开关。
③测量从 ECM 输出的每个传感器电源触针 17 (大气压力)、触针 37 (进气支管压力) 对地电压，见图 10-225，电压应为 4.75～5.25V；若不合格，更换 ECM。

(2) 检查是否对蓄电池短路
①使用零件号 3822758-阳端 Deutsch/Amp/Metri-Pack 测试导线。
②断开钥匙开关，从 ECM 上断开传感器线束接头，从大气压力传感器上断开发动机线束，从进气支管压力传感器上断开发动机线束。

③分别测量传感器线束触针17、37与OEM线束接头触针7之间的电阻,见图10-229,电阻应大于100kΩ;若不合格,维修或更换发动机线束。

(3)检查触针与触针之间是否短路

①使用零件号3822758-阳端Deutsch/Amp/Metri-Pack测试导线。

②断开钥匙开关,从大气压力传感器上断开发动机线束,从进气支管压力传感器上断开发动机线束,从ECM上断开传感器线束接头。

③分别测量传感器线束接头触针17、37与该接头中其他触针之间的电阻,见图10-227,电阻应大于100kΩ;若不合格,维修或更换发动机线束。

(4)清除故障代码

①连接所有部件。

②打开钥匙开关,起动发动机,怠速运转1min。

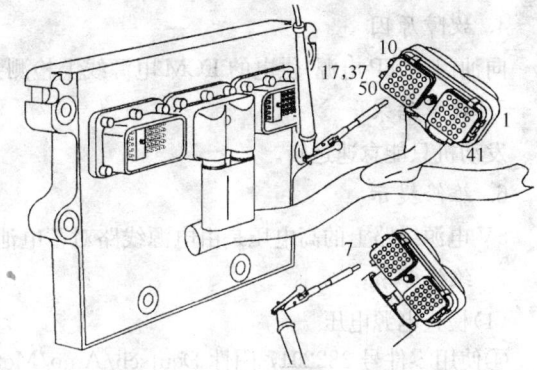

图10-229 分别测量触针17、37与触针7之间的电阻

③用INSITE™确认故障代码386不起作用,已转变成非现行故障代码,再用INSITE™清除非现行故障代码。

10.49 故障代码387-油门电源电路高电压

1. 电路原理

ECM向油门和远程油门提供5V电源,如果任何油门电源线路损坏,该传感器将不能正常工作。油门位置传感器电源电路,见图10-230。

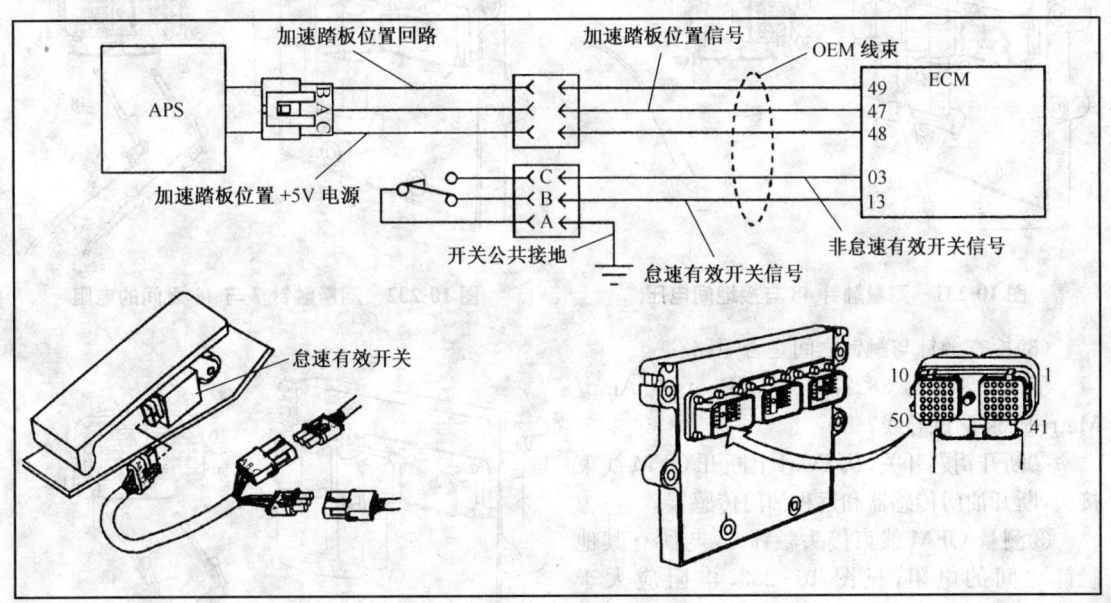

图10-230 油门位置传感器电源电路

2. 部件安装位置

油门踏板安装在驾驶室内,远程油门的位置,参考OEM故障诊断及排除手册。

3. 故障指示灯

黄色。

4. 故障原因

向油门(VTP 电源)供电的 ECM 电源线上检测到高电压。

5. 故障结果

发动机只能怠速运转。

6. 维修提示

5V 电源线路上的高电压是由电源线路对蓄电池短路或执行器和电源线路之间的短路引起的。

7. 维修步骤

(1) 检查电源电压

① 使用零件号 3822917-阴性 Deutsch/Amp/Metri-Pack 测试导线。

② 从 ECM 上断开 OEM 线束接头、打开钥匙开关。

③ 测量从 ECM OEM 线束端口输出的电源电压,即触针 48 与接地间电压,见图 10-231,电压应为 4.75～5.25V;若不合格,更换 ECM。

(2) 检查是否对蓄电池短路

① 使用零件号 3822758-阳端 Deutsch/Amp/Metri-Pack 测试导线。

② 断开钥匙开关、从 ECM 上断开 OEM 线束接头。

③ 测量 OEM 线束接头触针 7 与触针 48 之间的电阻,见图 10-232,电阻应大于 100kΩ;若不合格,维修或更换 OEM 线束。

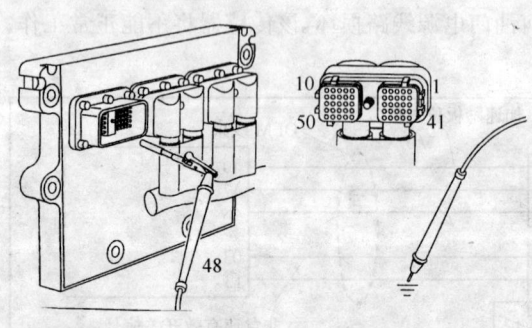

图 10-231　测量触针 48 与接地间电压

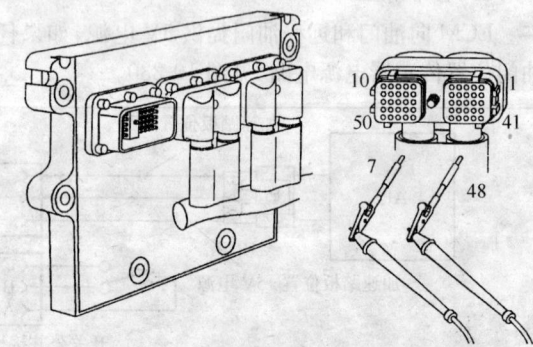

图 10-232　测量触针 7 与 48 之间的电阻

(3) 检查触针与触针之间是否短路

① 使用零件号 3822758-阳端 Deutsch/Amp/Metri-Pack 测试导线。

② 断开钥匙开关,从 ECM 上断开 OEM 线束接头,断开油门传感器和远程油门传感器。

③ 测量 OEM 线束接头触针 48 与所有其他触针之间的电阻,见图 10-233,电阻应大于 100kΩ;若不合格,更换 OEM 线束。

(4) 清除故障代码

① 连接所有部件,打开钥匙开关,起动发动机,怠速运转 1min。

② 用 INSITE™ 确认故障代码 387 不再起作

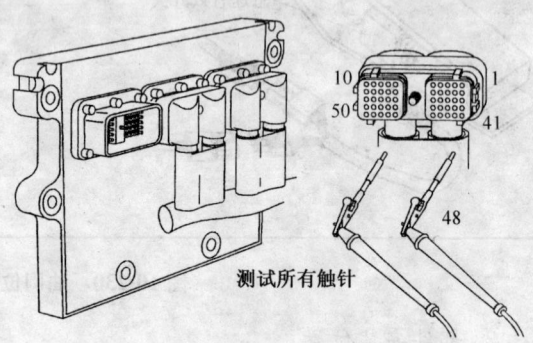

图 10-233　测量触针 48 与所有其他触针之间的电阻

用,已转变成非现行故障代码,再用 INSITE™ 清除非现行故障代码。

10.50 故障代码 388-发动机制动电源电路故障

1. 电路原理

ECM 只在一定条件下直接向发动机制动器发送启用信号。发动机制动电源电路,见图10-234。

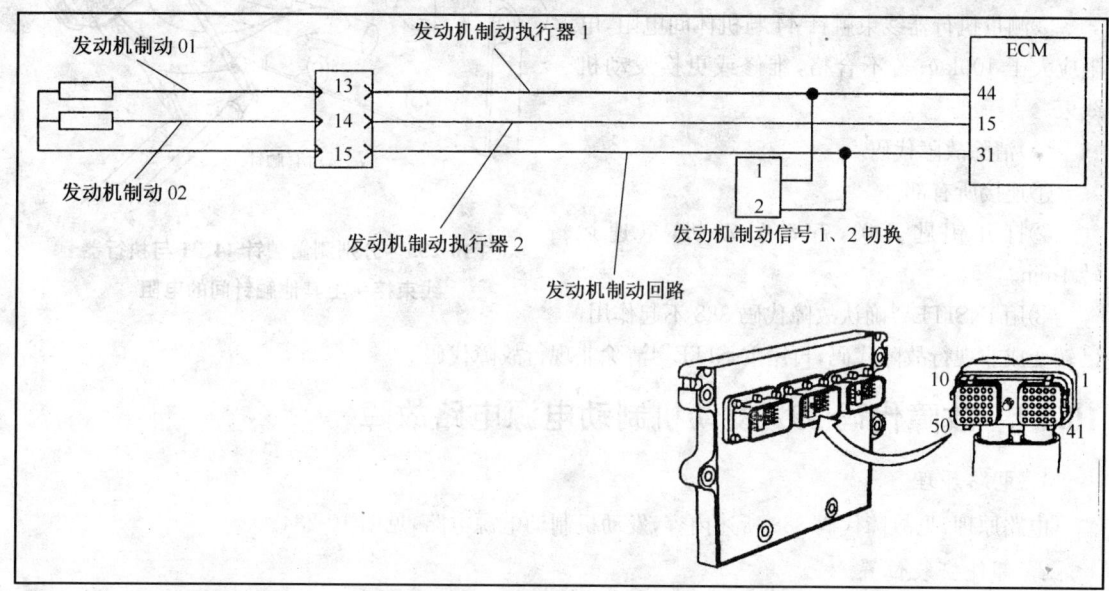

图 10-234　发动机制动电源电路

2. 部件安装位置

发动机制动器的安装位置,请参考 OEM 示意图。

3. 故障指示灯

黄色。

4. 故障原因

当1号发动机制动电路检测到电路电压小于 6V,表示 ECM 电流消耗过大或 ECM 输出电路故障。

5. 故障结果

发动机制动 1 无法启用。

6. 维修提示

产生该故障代码的原因是 ECM 发动机制动驱动电路 1 对地短路。

7. 维修步骤

(1)检查触针与触针之间是否短路

①使用零件号 3822758-阳端 Deutsch/Amp/Metri-Pack 测试导线。

②断开钥匙开关,从 ECM 上断开执行器线束。

③分别测量执行器线束接头触针 44、31 与此执行器线束接头上其他触针之间的电阻,见图 10-235,电阻应大于 100kΩ;若不合格,维修或更换发动机线束。

(2) 检查是否对地短路

①使用零件号 3822758-阳端 Deutsch/Amp/Metri-Pack 测试导线。

②断开钥匙开关，从 ECM 上断开执行器线束。

③测量执行器线束触针 44 与机体间电阻，电阻应大于 100kΩ；若不合格，维修或更换发动机线束。

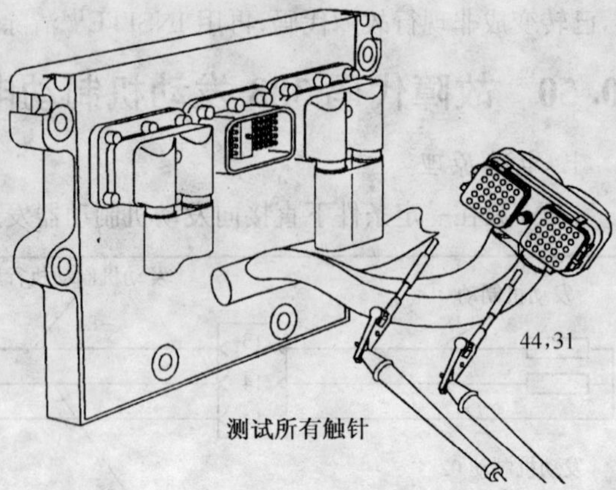

(3) 清除故障代码

①连接所有部件。

②打开钥匙开关，起动发动机，怠速运转 1min。

③用 INSITE™ 确认故障代码 388 不起作用，已转变成非现行故障代码，再用 INSITE™ 清除非现行故障代码。

图 10-235　分别测量触针 44、31 与执行器线束接头上其他触针间的电阻

10.51　故障代码 392-发动机制动电源电路故障

1. 电路原理

电路原理，见故障代码 388 所述内容，发动机制动电源电路，见图 10-234。

2. 部件安装位置

发动机制动器的安装位置，请参考 OEM 示意图。

3. 故障指示灯

黄色。

4. 故障原因

当 2 号发动机制动电路检测到电路电压小于 6V 时，表明 ECM 电流消耗过大或 ECM 输出电路故障。

5. 故障结果

发动机制动 2 无法启用。

6. 维修提示

产生该故障代码的可能原因是 ECM 发动机制动驱动电路 2 对地短路。

7. 维修步骤

(1) 检查触针与触针之间是否短路

①使用零件号 3822758-阳端 Deutsch/Amp/Metri-Pack 测试导线。

②断开钥匙开关，从 ECM 上断开执行器线束，从发动机制动执行器上断开发动机制动线束。

③分别测量执行器线束触针 15、31 与该接头上所有其他触针间的电阻，见图 10-236，电阻应大于

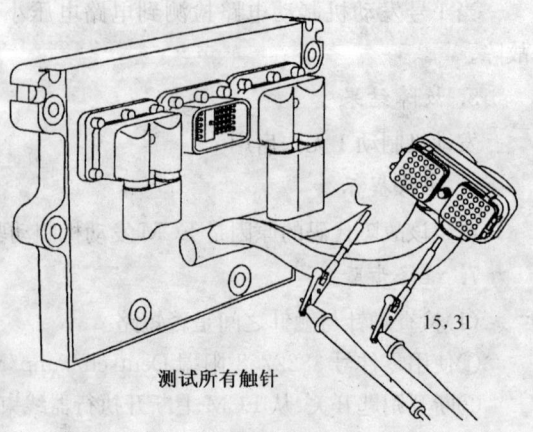

图 10-236　分别测量触针 15、31 与该接头上其他触针间的电阻

100kΩ；若不合格，维修或更换发动机线束。

(2) 检查是否对地短路

① 使用零件号 3822758-阳端 Deutsch/Amp/Metri-Pack 测试导线。

② 断开钥匙开关，从发动机线束上断开制动路线束，从制动执行器上断开发动机制动线束。

③ 分别测量发动机制动线束触针 13、14 与机体间电阻，电阻应大于 100kΩ；若不合格，更换发动机制动线束。

(3) 清除故障代码

① 连接所有部件。

② 打开钥匙开关，起动发动机，怠速运转 1min。

③ 用 INSITE™ 确认故障代码 392 不起作用，已转变成非现行故障代码，再用 INSITE™ 清除非现行故障代码。

10.52 故障代码 419-进气支管压力传感器信号错误

1. 电路原理

ECM 利用进气支管压力传感器信号监测进气支管压力，并通过线束将该信号输送到 ECM，ECM 将进气支管压力信号用于喷油量和喷油正时控制。如果进气支管压力太高，发动机功率将下降。进气支管压力传感器电路，见图 10-237。

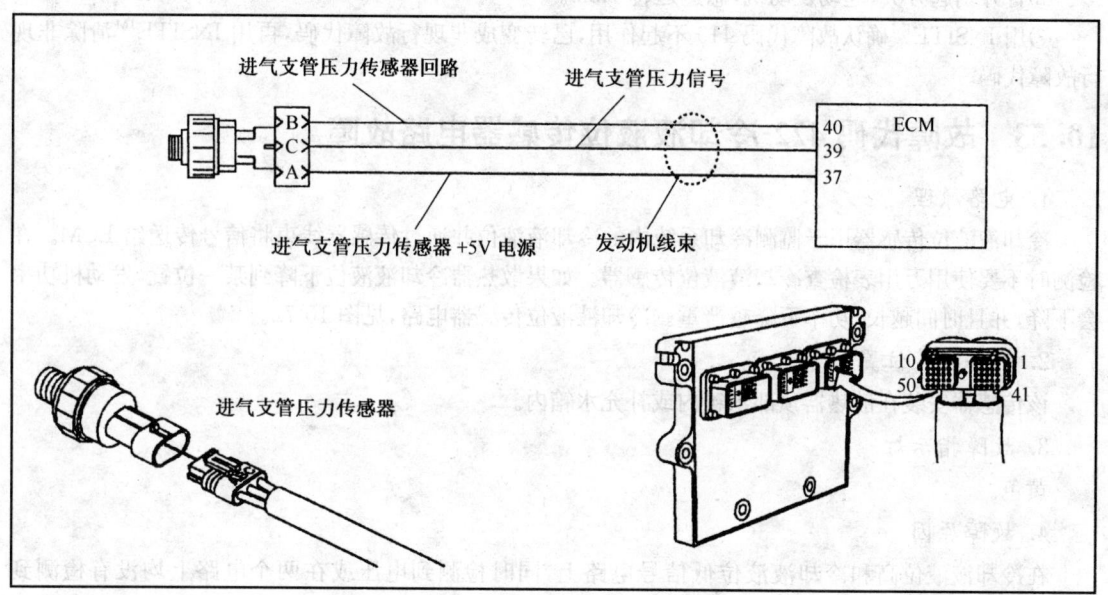

图 10-237 进气支管压力传感器电路

2. 部件安装位置

进气支管压力传感器安装在发动机进气支管内，朝向发动机的前端。

3. 故障指示灯

黄色。

4. 故障原因

ECM 检测到进气支管压力传感器信号发生错误。

5. 故障结果

发动机功率下降到无空气设置。

6. 维修提示

打开钥匙开关,比较来自大气压力传感器,进气支管压力传感器和润滑油压力传感器的大气压力读数。如果进气支管压力传感器读数与另外两个读数不同,会产生该故障代码。

7. 维修步骤

(1)检查发动机起动时是否产生故障代码115(故障代码115-曲轴转速/位置传感器两个信号丢失)

①打开钥匙开关,起动发动机。

②用 INSITE™ 读取故障代码。故障代码115不起作用为合格;若不合格,首先对故障代码115进行诊断。

(2)检查是否存在现行故障代码

①确保润滑油温度超过4℃,断开钥匙开关。

②等待30s,将钥匙开关转到接通位置并等待15s。故障代码419不起作用为合格;若不合格,更换进气支管压力传感器。

(3)清除故障代码

①连接所有部件。

②打开钥匙开关,起动发动机,怠速运转1min。

③用 INSITE™ 确认故障代码419不起作用,已转变成非现行故障代码,再用 INSITE™ 清除非现行故障代码。

10.53　故障代码422-冷却液液位传感器电路故障

1. 电路原理

冷却液液位传感器用于监测冷却系统内的冷却液液位并通过传感器线束将信号传送给 ECM。在检测时不要使用万用表检查冷却液液位传感器。如果散热器冷却液液位下降到某一位置,发动机功率会下降,并且时间越长,功率下降越严重。冷却液液位传感器电路,见图10-72。

2. 部件安装位置

该传感器安装在散热器顶部水箱内或补充水箱内。

3. 故障指示灯

黄色。

4. 故障原因

在冷却液液位高和冷却液液位低信号电路上,同时检测到电压或在两个电路上均没有检测到电压。

5. 故障结果

无发动机冷却液液位保护。

6. 维修提示

产生此故障的原因可能是:开路;对地短路或与另一导线短路。

7. 维修步骤

(1)检查有无多个故障代码

①连接所有部件。

② 打开钥匙开关,起动发动机,怠速运转 1min。
③ 使用 INSITE™ 读取故障代码。若故障代码 187(传感器电源电压 2 号电路故障)不起作用为合格;若故障代码 187 起作用为不合格。

(2) 检查车辆是否装有冷却液液位传感器

断开钥匙开关,检查车辆是否装有冷却液液位传感器,冷却液液位传感器存在为合格。

(3) 检查是否安装了短接插头以代替冷却液液位传感器线束接头

断开钥匙开关,检查是否安装了短接插头以代替冷却液液位传感器线束接头。短接插头已安装为合格;若不合格,安装短接插头。

(4) 检查冷却液液位传感器电路是否开路

① 使用零件号 3822758-阳端 Deutsch/Amp/Metri-Pack 测试导线。
② 断开钥匙开关,从 ECM 上断开传感器线束接头,从冷却液液位传感器上断开 OEM 线束。
③ 分别测量传感器线束接头触针 25、23、24、22 与相应的冷却液液位传感器接头触针 C(或 3)、B(或 2)、A(或 1)之间的电阻,见图 10-238,电阻应小于 10Ω 为合格。

(5) 检查发动机线束是否开路

① 使用零件号 3822758-阳性 Deutsch/Amp/Metri-Pack 测试导线和零件号 3822917-阴性 Deutsch/Amp/Metri-Pack 测试导线。
② 断开钥匙开关,从 ECM 上断开传感器线束接头,从冷却液液位传感器上断开 OEM 线束,从 OEM 线束接头处断开发动机线束。
③ 分别测量传感器线束触针与相应的发动机线束触针之间的电阻,即触针 22 与 6、23 与 19、24 与 5、25 与 7 之间的电阻,见图 10-75,电阻应小于 10Ω 为合格;若不合格,维修或更换发动机线束。

(6) 检查 OEM 线束是否开路

① 使用零件号 3822758-阳性 Deutsch/Amp/Metri-Pack 测试导线和零件号 3823995-阳性 Weather-Pack 测试导线。
② 断开钥匙开关,从 OEM 31 针接头处断开发动机线束,从 Weather-Pack 4 路接头上断开 OEM 线束。
③ 分别测量 OEM 线束触针与相应的 4 针接头触针之间的电阻,即触针 6 与 A、19 与 B、7 与 C、5 与 D 之间的电阻,见图 10-77,电阻小于 10Ω 为合格;若不合格,维修或更换 OEM 线束。

(7) 检查冷却液液位传感器信号线是否对地短路

① 使用零件号 3822758-阳端 Deutsch/Amp/Metri-Pack 测试导线。
② 断开钥匙开关,从 ECM 上断开传感器线束接头,从冷却液液位传感器上断开 OEM 线束。
③ 分别测量传感器线束接头触针 22、24、25 与机体间电阻,见图 10-239,电阻应大于 100kΩ。

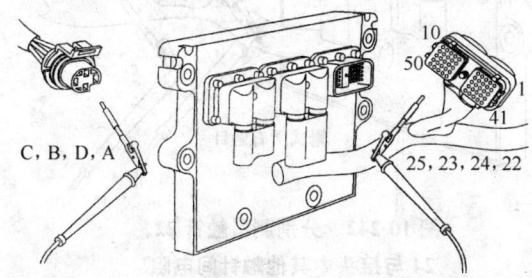

图 10-238 分别测量触针 25 与 C(或 3)、23 与 B(或 2)、24 与 D(或 4)、22 与 A(或 1)之间的电阻

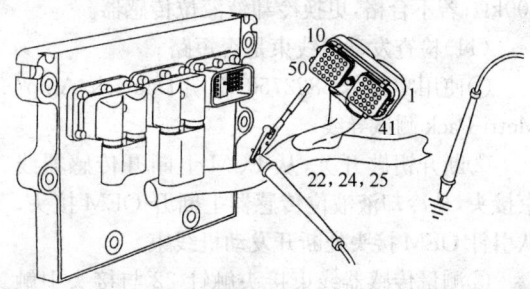

图 10-239 分别测量触针 22、24、25 与机体间电阻

(8)检查发动机线束是否对地短路

①使用零件号 3822758-阳端 Deutsch/Amp/Metri-Pack 测试导线。

②断开钥匙开关,从 ECM 上断开传感器线束接头,从冷却液液位传感器上断开 OEM 线束,从 OEM 线束上引针接头处断开发动机线束。

③分别测量传感器线束接头触针 22、24、25 与机体间电阻,见图 10-240,电阻应大于 100kΩ;若不合格,维修或更换发动机线束。

(9)检查 OEM 线束是否对地短路

①使用零件号 3822995-阳性 Weather-Pack 测试导线。

②断开钥匙开关,从冷却液液位传感器上断开 OEM 线束,从 31 针 OEM 线束接头处断开发动机线束。

③分别测量 4 针接头触针 A(1)、C(3)、D(4) 与机体间电阻,见图 10-241,电阻应大于 100kΩ;若不合格,维修或更换 OEM 线束。

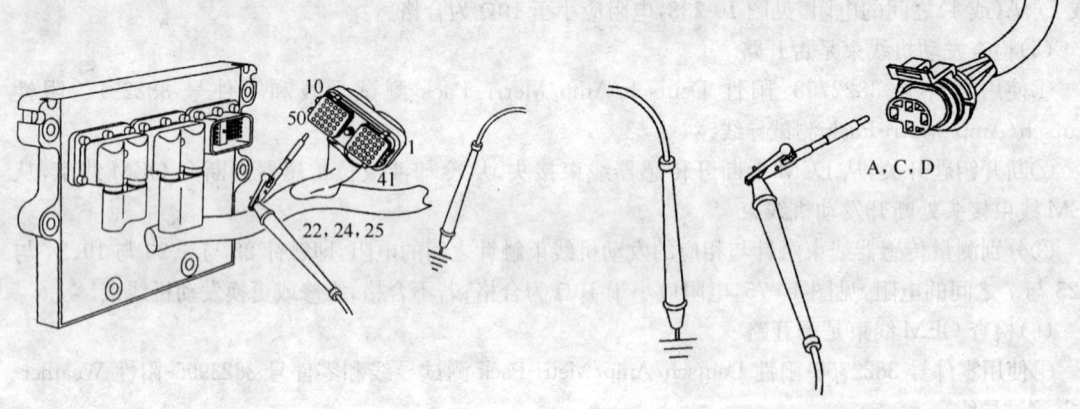

图 10-240 分别测量 22、24、25 与机体间电阻

图 10-241 分别测量触针 A(1)、C(3)、D(4) 与机体间电阻

(10)检查 OEM 线束的信号线与其他导线是否断路

①使用零件号 3822758-阳端 Deutsch/Amp/Metri-Pack 测试导线。

②断开钥匙开关、从 ECM 上断开传感器线束接头、从冷却液液位传感器上断开 OEM 接头。

③分别测量传感器线束接头触针 22、24 与该接头中其他触针间电阻,见图 10-242,电阻大于 100kΩ;若不合格,更换冷却液液位传感器。

(11)检查发动机线束是否短路

①使用零件号 3822758-阳端 Deutsch/Amp/Metri-Pack 测试导线。

②断开钥匙开关,从 ECM 上断开传感器线束接头,从冷却液液位传感器上断开 OEM 接头,从引针 OEM 接头处断开发动机线束。

③测量传感器线束接头触针 22 与接头中触针 24、23、25 间电阻及触针 24 与接头中触针 22、23、25 间电阻,见图 10-243,电阻大于 100kΩ;若不合格,维修或更换发动机线束。

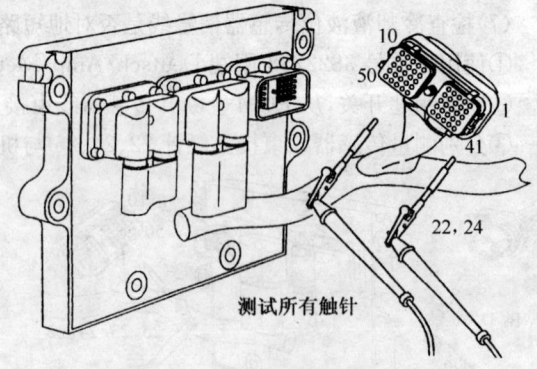

图 10-242 分别测量触针 22、24 与接头中其他触针间电阻

第 10 章　M 系列柴油机电控系统故障代码诊断与排除

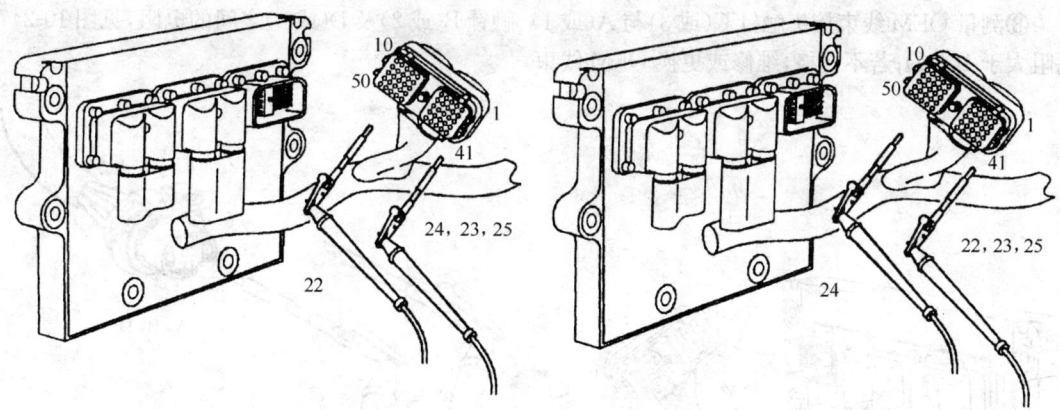

图 10-243　测量触针 22 与接头触针 24,23,25 间电阻及触针 24 与接头中触针 22,23,25 间电阻

(12)检查 OEM 线束是否短路
①使用零件号 3823995-阳性 Weather-Pack 测试导线。
②断开钥匙开关,从冷却液液位传感器上断开 OEM 线束、从引针接头处断开 OEM 线束。
③测量触针 A(1) 与 B(2)、C(3) 及 D(4) 及 D(4) 与 A(1)、B(2) 及 C(3) 之间的电阻,见图 10-244,电阻大于 $100k\Omega$;若不合格,维修或更换 OEM 线束。

(13)检查电源导线中是否对地短路
①使用零件号 3822758-阳端 Deutsch/Amp/Metri-Pack 测试导线。
②断开钥匙开关,从 ECM 上断开传感器线束接头、从冷却液液位传感器上断开 OEM 线束。
③测量传感器线束接头触针 25 与机体间电阻,见图 10-245,电阻大于 $100k\Omega$;若不合格,维修或更换发动机线束。

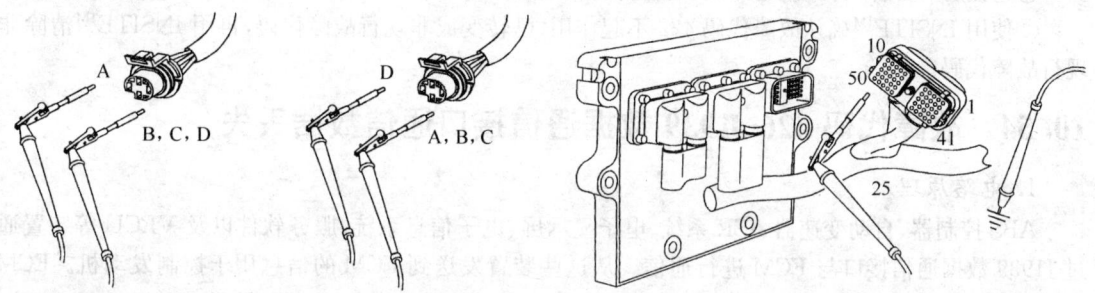

图 10-244　测量触针 A(1) 与 B(2)、C(3) 及 D(4) 及触针 D(4) 与 A(1)、B(2) 及 C(3) 之间的电阻

图 10-245　测量触针 25 与机体间电阻

(14)检查传感器线束是否短路
①使用零件号 3822758-阳端 Deutsch/Amp/Metri-Pack 测试导线。
②断开钥匙开关,从 ECM 上断开传感器线束接头、从冷却液液位传感器上断开 OEM 线束、从引针 OEM 接头上断开传感器线束。
③分别测量传感器触针 25 与触针 22,23,24 之间的电阻,见图 10-246,电阻大于 $100k\Omega$;若不合格,维修或更换发动机线束。

(15)检查 OEM 线束是否短路
①使用零件号 3823995-阳性 Weather-Pack 测试导线。
②断开钥匙开关,从 ECM 上断开传感器线束接头、从冷却液液位传感器上断开 OEM 线束、从引针接头上断开传感器线束、从 Weather-Pack 4 路接头上断开 OEM 线束。

③测量 OEM 线束接头触针 C(或 3)与 A(或 1)、触针 B(或 2)及 D(或 4)之间的电阻,见图 10-247,电阻大于 100kΩ;若不合格,维修或更换 OEM 线束。

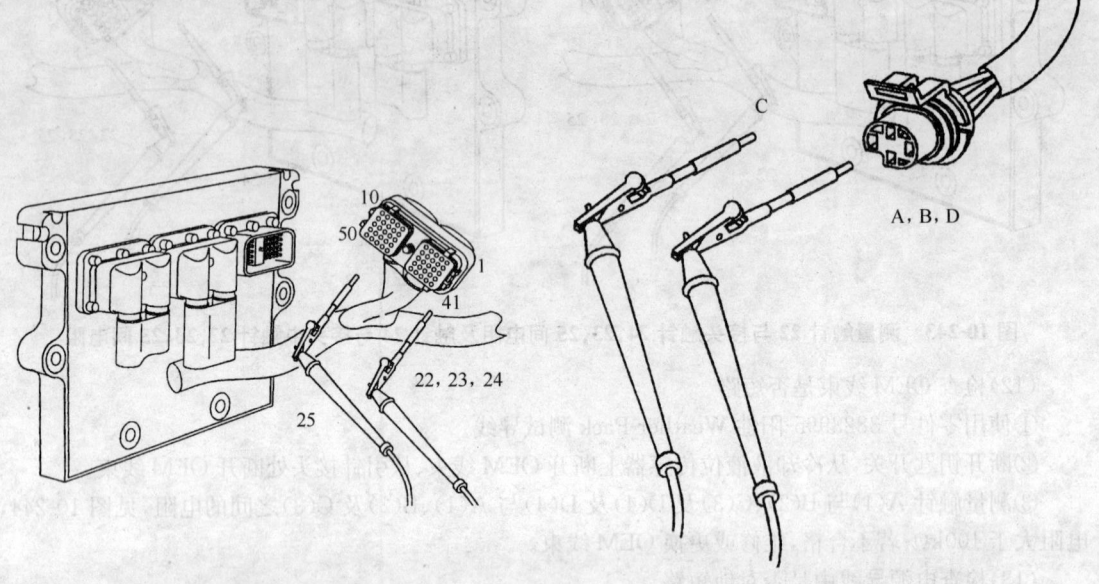

图 10-246　分别测量触针 25 与触针 22,23,24 之间的电阻

图 10-247　测量触针 C 与 A、C 与 B、C 与 D 之间的电阻

(16)清除故障代码

①连接所有部件,打开钥匙开关、起动发动机,怠速运转 1min。

②使用 INSITE™ 确认故障代码 422 不起作用,已转变成非现行故障代码,再用 INSITE™ 清除非现行故障代码。

10.54　故障代码 426-J1939 数据通信接口通信数据丢失

1. 电路原理

ABS 控制器、自动变速器 ASR 系统、电子显示屏、电子信息系统、服务软件以及 VECU 等装置通过 J1939 数据通信接口与 ECM 进行通信。从这些装置发送到 ECM 的信息用于控制发动机。ECM 也通过 J1939 数据通信接口向这些装置发送信息。J1939 数据通信接口电路,见图 10-124。

2. 部件安装位置

ECM 位于发动机进气侧,靠近前端。J1939 数据通信接口接线及 J1939 装置随 OEM 选装件而不同。

3. 故障指示灯

无。

4. 故障原因

ECM 与 J1939 数据通信接口上的另一装置之间的通信数据丢失。

5. 故障结果

对性能没有影响,J1939 设备可能不工作。

6. 维修提示

ECM 与 J1939 数据通信接口上的任何其他装置,都会发生该故障,之后便不能通过该数据通信接口通信。故障原因是：在关闭 ECM 前拔下服务软件连接接头、J1939 数据通信接口有间歇性电子故障、ECM（或其他 J1939 设备）的电气故障使通信中断，或者发送了太多的信息而没有中断。

7. 维修步骤

(1) 检查电源导线是否开路

①使用零件号 3822758-阳端 Deutsch/Amp/Metri-Pack 测试导线。

②断开钥匙开关，从 ECM 上断开 OEM 线束接头，从 VECU 上断开 J1939 接头。

③测量 OEM 线束接头电源触针 46 与 VECU 数据通信接头触针 A 之间的电阻，见图 10-125，电阻小于 10Ω；若不合格，维修或更换 OEM 线束。

(2) 检查回路导线是否开路

①使用零件号 3822758-阳端 Deutsch/Amp/Metri-Pack 测试导线。

②断开钥匙开关，从 ECM 上断开 OEM 线束接头、从 VECU 上断开 J1939 线束。

③测量 OEM 接头触针 37 与 VECU 的触针 B 之间的电阻，见图 10-126，电阻小于 10Ω；若不合格，维修或更换 OEM 线束。

(3) 检查 J1939 线束中的电阻值

①使用零件号 3822758-阳端 Deutsch/Amp/Metri-Pack 测试导线。

②断开钥匙开关，从 VECU 上断开 J1939 线束、从 ECU 上断开 OEM 线束接头。

③从 OEM 线束接头上测量触针 46 与 37 之间的电阻，见图 10-248，电阻为 55～65Ω；若不合格，J1939 主干线束端电阻器丢失或损坏，需更换两个终端电阻器。

(4) 检查屏蔽导线中是否存在开路

①使用零件号 3822758-阳端 Deutsch/Amp/Metri-Pack 测试导线。

②断开钥匙开关，从 ECM 上断开 OEM 线束接头、从 VECU 上断开 J1939 线束。

③测量 OEM 接头触针 36 与 VECU 触针 C 之间的电阻，见图 10-127，电阻小于 10Ω；若不合格，维修或更换 OEM 线束。

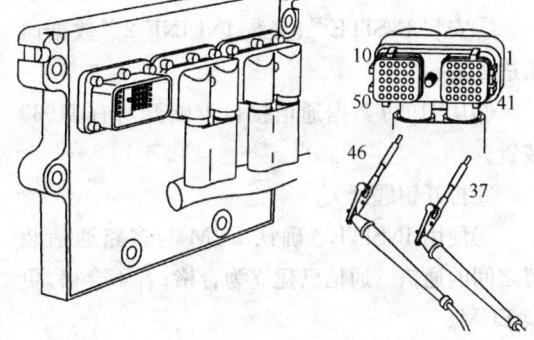

图 10-248　测量触针 46 与 37 间的电阻

(5) 检查电源线是否对电源短路

①使用零件号 3822758-阳端 Deutsch/Amp/Metri-Pack 测试导线。

②断开钥匙开关，从 VECU 上断开 J1939 线束、从 ECM 上断开 OEM 线束接头。

③打开钥匙开关，测量 ECM 触针 46 与 J1939 接头上的接地之间的电压，见图 10-129，电压小于 1.5V；若不合格，维修或更换 OEM 线束。

(6) 检查回路导线是否对电源短路

①使用零件号 3822758-阳端 Deutsch/Amp/Metri-Pack 测试导线。

②断开钥匙开关，从 VECU 上断开 J1939 线束、从 ECM 上断开 OEM 线束接头。

③打开钥匙开关，测量 OEM 接头触针 37 与 VECU 接头上的接地间电压，见图 10-130，电压小于 1.5V；若不合格，维修或更换 OEM 线束。

(7) 检查电源导线中是否对地短路

①使用零件号 3822758-阳端 Deutsch/Amp/Metri-Pack 测试导线。
②断开钥匙开关,从 ECM 上断开 OEM 线束接头,从 VECU 上断开 J1939 线束。
③测量 OEM 线束触针 46 与接地间电阻,见图 10-131,电阻大于 100kΩ;若不合格,维修或更换 OEM 线束。

(8)检查回路导线中是否对地短路
①使用零件号 3822758-阳端 Deutsch/Amp/Metri-Pack 测试导线。
②断开钥匙开关,从 ECM 上断开 OEM 线束接头,从 VECU 上断开 J1939 线束。
③测量 OEM 线束触针 37 与接地间电阻,见图 10-132,电阻大于 100kΩ;若不合格,维修或更换 OEM 线束。

(9)检查 OEM 接头触针之间是否短路
①使用零件号 3822758-阳端 Deutsch/Amp/Metri-Pack 测试导线。
②断开钥匙开关,从 ECM 上断开 OEM 线束接头、从 VECU 上断开 J1939 线束。
③测量 OEM 线束接头触针 46 与该接头中(除触针 36、37 以外)所有其他触针间电阻、测量 OEM 线束接头触针 36 与该接头中(除触针 46,37 以外)所有其他触针间电阻、测量 OEM 线束接头触针 37 与该接头中(除触针 36,46 以外)所有其他触针间电阻,见图 10-249,电阻大于 100kΩ;若不合格,维修或更换 OEM 线束。

(10)检查 ECM 和多路通信装置之间的通信
①安装 INSITE™、安装 INLINE 2™ 数据通信适配器。
②从 J1939 数据通信接口上断开所有 J1939 装置。
③打开钥匙开关。
④使用 INSITE™ 确认 ECM 与多路通信装置之间的通信。通信已建立为合格;若不合格,更换 ECM。

(11)检查 J1939 装置有无故障
①安装 INSITE™、安装 INLINE Ⅱ™ 数据通信适配器。

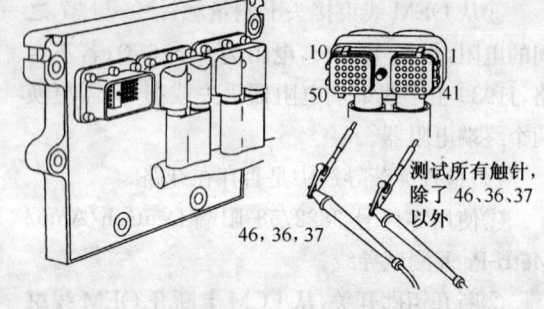

图 10-249 分别测量触针 46 与该接头中(除触针 36,37 以外)其他触针间电阻、触针 36 与该接头中(除触针 46,37 以外)其他触针间电阻、触针 37 与该接头中(除触针 36,46 以外)其他触针间电阻

②打开钥匙开关在 ON 位置。
③从 J1939 主干线束上逐个断开 J1939 装置,直到可以通过 INSITE™ 建立通信。J1939 装置与 J1939 主干线束间的通信正确为合格;若不合格,更换有故障的 J1939 装置。

(12)清除故障代码
①连接所有部件,打开钥匙开关,起动发动机,怠速运转 1min。
②用 INSITE™ 确认故障代码 426 不起作用,已经转变成非现行故障代码,再用 INSITE™ 清除非现行故障代码。

10.55 故障代码 428-燃油含水(WIF)传感器电路高电位

1. 电路原理

燃油含水传感器与燃油滤清器相连,它的作用是:当燃油滤清器中的水积累到一定体积时,燃油含水传感器向 ECM 发送信号。燃油含水传感器电路,见图 10-250。

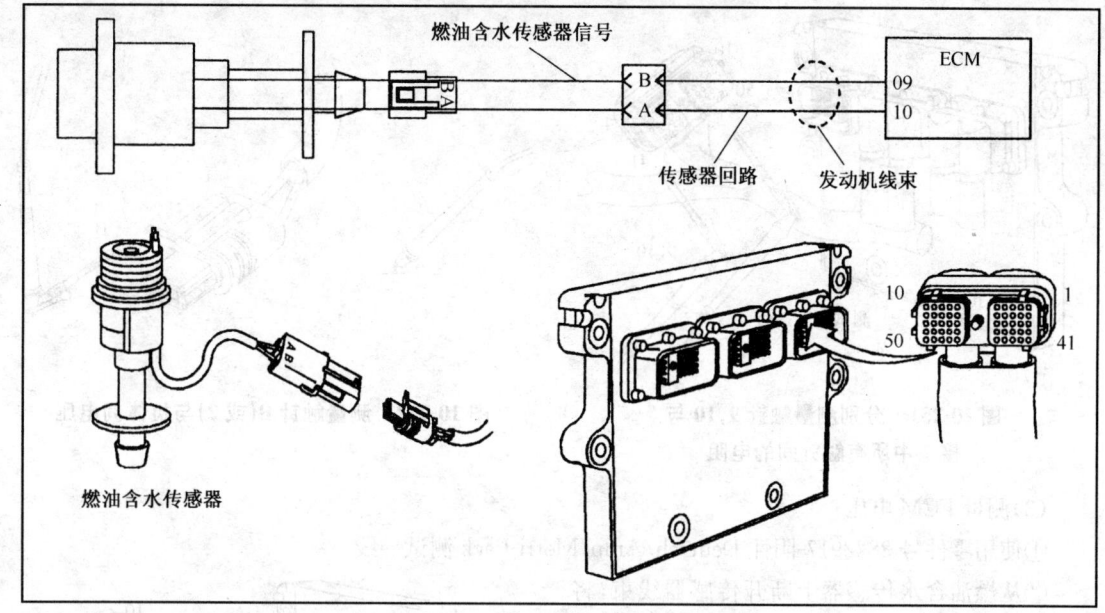

图 10-250　燃油含水传感器电路

2. 部件安装位置

燃油含水传感器安装在燃油滤清器内,靠近发动机中部的缸盖侧。

3. 故障指示灯

黄色。

4. 故障原因

燃油含水(WIF)传感器电路检测到高电压。

5. 故障结果

对发动机性能没有影响。

6. 维修提示

产生该故障的原因可能是与 5V 电源线短路。

7. 维修步骤

(1)检查触针与触针之间是否短路

①使用零件号 3822758-阳端 Deutsch/Amp/Metri-Pack 测试导线。

②断开钥匙开关,从燃油含水传感器上断开传感器线束。

③从 ECM 上断开传感器线束接头。

④分别测量传感器线束触针 9,10 与该接头中其他触针间电阻,见图 10-251,电阻大于 100kΩ;若不合格,维修或更换发动机线束。

(2)检查传感器电源电压

①使用零件号 3822758-阳端 Deutsch/Amp/Metri-Pack 测试导线。

②从燃油含水传感器上断开传感器线束,将传感器连接到 ECM 上,打开钥匙开关。

③测量燃油含水传感器接头触针 B(或 2)与机体间电压,见图 10-252,电压应为 4.75～5.25V。

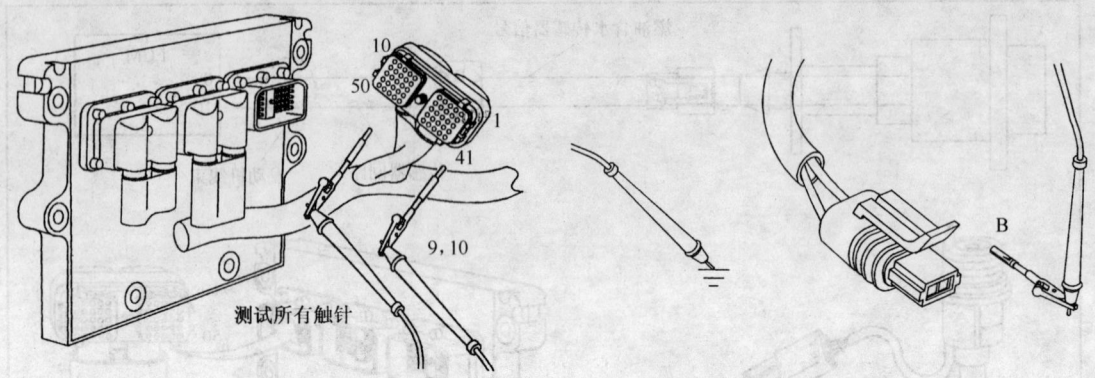

图 10-251　分别测量触针 9,10 与
接头中所有触针间的电阻

图 10-252　测量触针 B(或 2)与机体间电压

(3)测量 ECM 电压

①使用零件号 3822917-阴性 Deutsch/Amp/Metri-Pack 测试导线。

②从燃油含水传感器上断开传感器线束,将传感器连接到 ECM 上,打开钥匙开关。

③测量 ECM 传感器端口触针 9 与 10 之间输出电压,见图 10-253,电压应为 4.75～5.25V;若不合格,维修或更换发动机线束。

(4)清除故障代码

①连接所有部件,打开钥匙开关,起动发动机,怠速运转 1min。

②使用 INSITE™ 确认故障代码 428 不起作用,已转变成非现行故障代码,再用 INSITE™ 清除非现行故障代码。

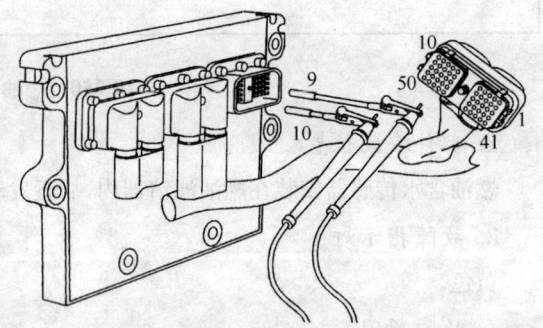

图 10-253　测量触针 9 与 10 之间的电压

10.56　故障代码 429-燃油含水(WIF)传感器电路低电位

1. 电路原理

见故障代码 428 所述内容。燃油含水传感器电路,见图 10-250。

2. 部件安装位置

见故障代码 428 所述内容。

3. 故障指示灯

黄色。

4. 故障原因

在燃油含水传感器电路上检测到低电压。

5. 故障结果

对发动机性能没有影响。

第 10 章　M 系列柴油机电控系统故障代码诊断与排除

6. 维修提示

燃油含水传感器与发动机线束上的传感器使用相同的 ECM 电源。如果故障代码 352(传感器电压电源故障)起作用,应先排除故障代码 352。

7. 维修步骤

(1)检查是否对地短路

①使用零件号 3822758-阳端 Deutsch/Amp/Metri-Pack 测试导线。

②断开钥匙开关,从燃油含水传感器上断开传感器线束,从 ECM 上断开传感器线束接头。

③测量传感器接头触针 9 与机体间电阻,见图 10-254,电阻大于 100kΩ;若不合格,维修或更换发动机线束。

(2)检查触针与触针之间是否短路

①使用零件号 3822758-阳端 Deutsch/Amp/Metri-Pack 测试导线。

②断开钥匙开关、从燃油含水传感器上断开传感器线束、从 ECM 上断开传感器接头。

③测量传感器接头触针 9 与接头中其他触针间的电阻,见图 10-255,电阻大于 100kΩ;若不合格,维修或更换发动机线束。

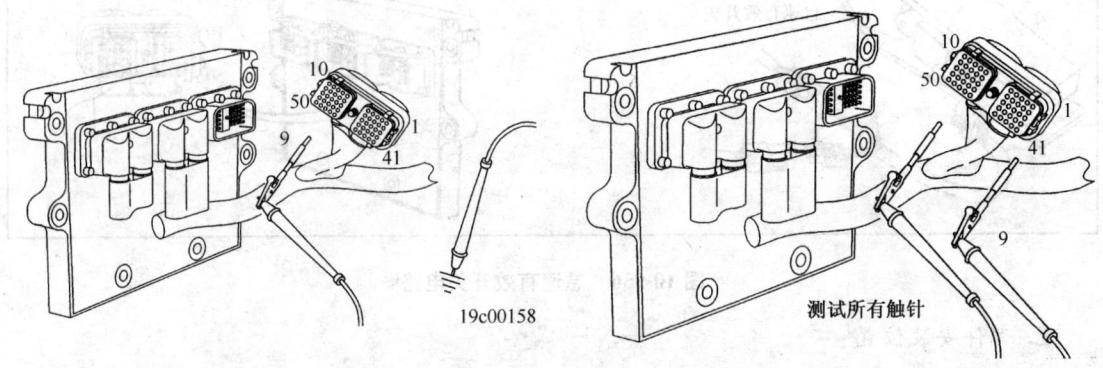

图 10-254　测量触针 9 与机体间电阻　　　图 10-255　测量触针 9 与其他触针间电阻

(3)检查传感器的电源电压

①使用零件号 3822758-阳端 Deutsch/Amp/Metri-Pack 测试导线。

②从燃油传感器上断开传感器线束,将传感器线束连接到 ECM 上,打开钥匙开关。

③测量燃油含水传感器接头触针 B(或 2)与机体间电压,见图 10-252,电压为 4.75～5.25V;若不合格,更换燃油含水传感器。

(4)测量 ECM 的输出电压

①使用零件号 3822917-阴性 Deutsch/Amp/Metri-Pack 测试导线。

②从燃油含水传感器上断开传感器线束,从 ECM 上断开传感器线束接头,打开钥匙开关。

③测量 ECM 传感器端口触针 9 与 10 之间的电压,见图 10-253,电压为 4.75～5.25V;若不合格,更换 ECM。

(5)清除故障代码

①连接所有部件、打开钥匙开关,起动发动机,怠速运转 1min。

②使用 INSITE™ 确认故障代码 429 不起作用,已转变成非现行故障,用 INSITE™ 清除非现行故障代码。

10.57 故障代码431(ISS)-怠速有效开关电路故障

1. 电路原理

ECM利用怠速有效开关来显示油门踏板是处于释放(怠速)还是踩下(非怠速)状态。怠速有效开关和非怠速开关在出厂时已经调整好,以使在怠速到非怠速之间切换时,油门踏板处在正确的位置。怠速有效开关电路,见图10-256。

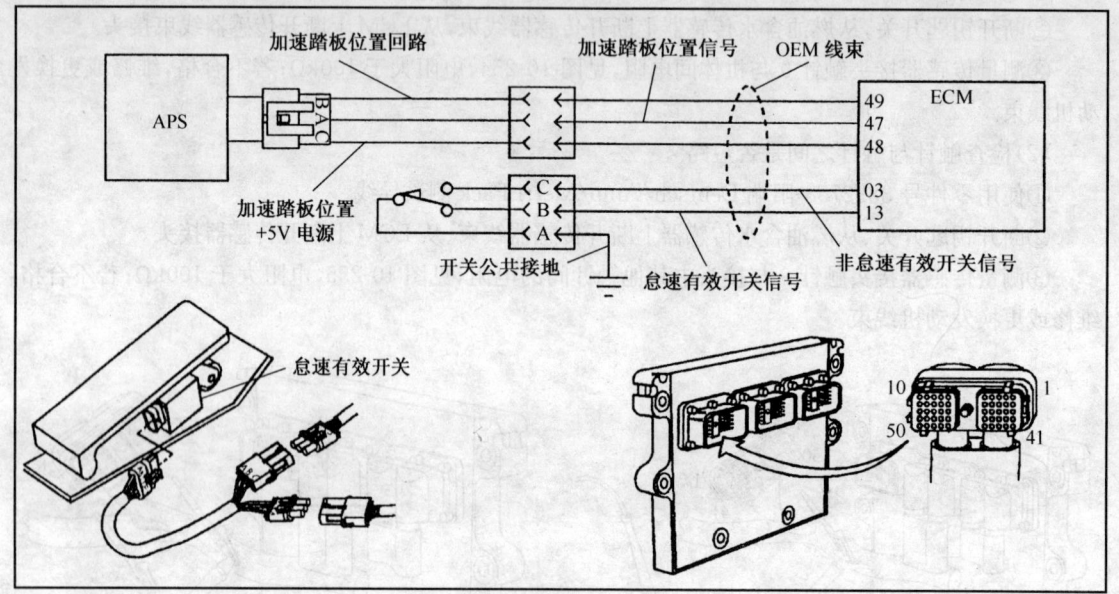

图10-256 怠速有效开关电路

2. 部件安装位置

整体式传感器开关(ISS)安装在油门踏板总成上。

3. 故障指示灯

黄色。

4. 故障原因

在怠速有效开关信号触针和非怠速信号触针上均未检测到电压。

5. 故障结果

对发动机性能没有影响。

6. 维修提示

产生该故障的原因是由于接头松动、油门踏板未标定或怠速有效开关接线错误造成。与非整体式传感器开关(NISS)(10Ω)相比,整体式传感器开关(ISS)有不同的怠速有效开关(IVS)电阻(125Ω)技术规范。

7. 维修步骤

(1)核实ISS已连接到OEM线束上
①断开钥匙开关。
②核实ISS已连接到OEM线束上。ISS已连接为合格;若不合格,将OEM线束连接到ISS上。
(2)标定油门踏板

①打开钥匙开关。

②踩下油门踏板到油门全开位置,释放油门踏板,再重复该步骤两次,见图10-257。

③故障代码431不起作用为合格。

(3)检查是否开路

①使用零件号3823995-阳性Weather-Pack测试导线。

②断开钥匙开关,从ISS上断开OEM线束。

③松开踏板,测量ISS上怠速信号触针B与回路触针A之间的电阻;踩下踏板,测量ISS上非怠速信号触针C与回路触针A之间的电阻,见图10-258,电阻小于125Ω;若不合格,更换IVS(怠速有效开关)。

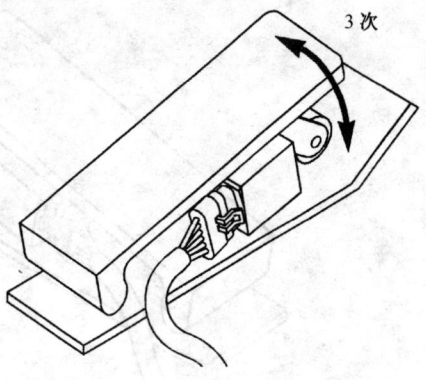

图10-257 踩下和释放油门踏板3次

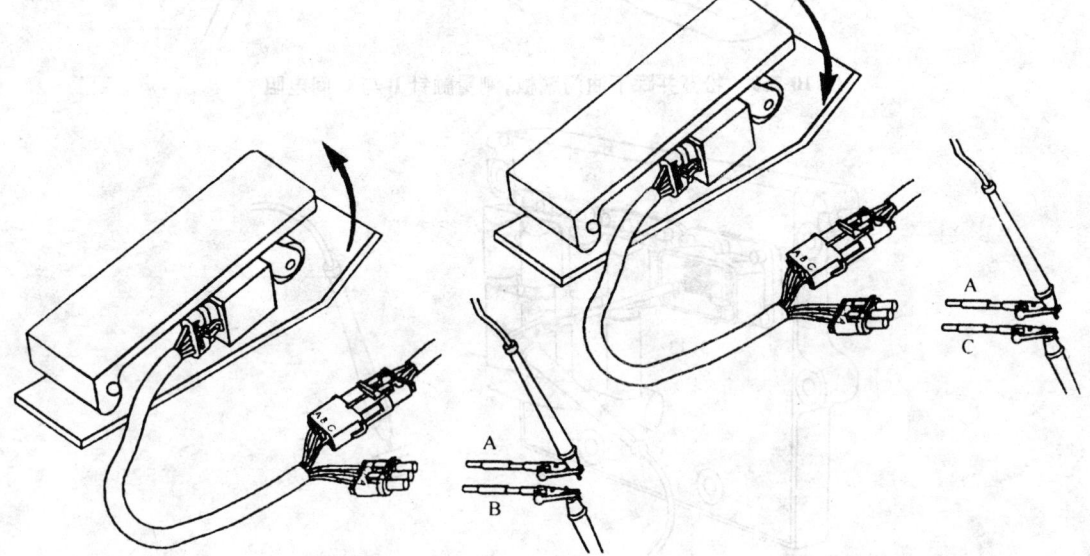

图10-258 测量触针B与A、C与A间的电阻

(4)检查触针与触针之间是否短路

①使用零件号3823995-阳性Weather-Pack测试导线。

②断开钥匙开关,从ISS上断开OEM线束。

③松开并踩下踏板,分别测量ISS上怠速信号触针与非怠速信号触针间的电阻,即触针B与C间电阻,见图10-259,电阻大于100kΩ;若不合格,更换ISS。

(5)检查ECM电源电压

①使用零件号3822917-阴性Deutsch/Amp/Metri-Pack测试导线。

②从ECM上断开OEM线束接头,打开钥匙开关。

③分别测量ECM、OEM端口触针3、13与机体间电压,见图10-260,电压为4.75～5.25V;若不合格,更换ECM。

(6)检查是否开路

①使用零件号3822758-阳端Deutsch/Amp/Metri-Pack测试导线。

②断开钥匙开关,从ECM上断开OEM线束接头,将OEM线束连接到ISS上。

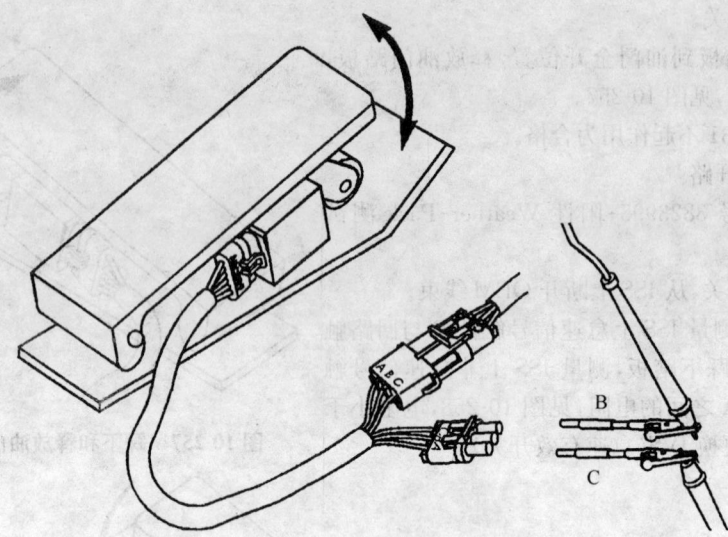

图 10-259 松开并踩下油门踏板,测量触针 B 与 C 间电阻

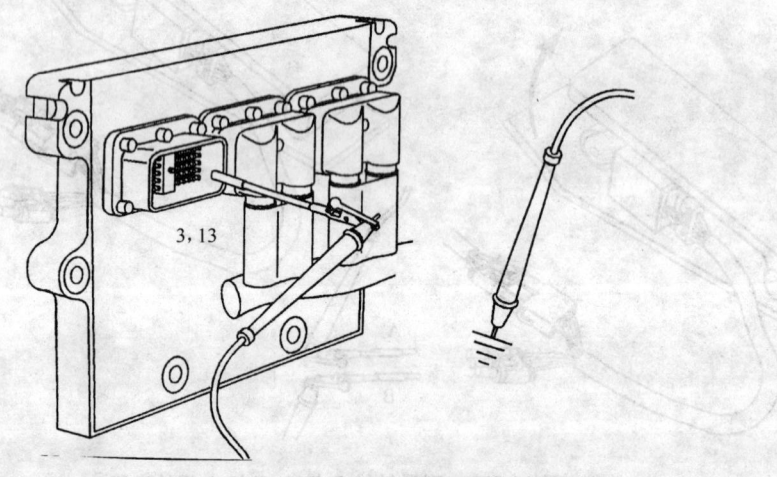

图 10-260 分别测量触针 3、13 与机体间电压

③松开油门踏板,测量触针 3 与 19 间的电阻;踩下油门踏板,测量触针 13 与 19 间的电阻,见图 10-261,电阻小于 125Ω;若不合格,维修或更换 OEM 线束。

(7)检查触针与触针之间是否短路

①使用零件号 3822758-阳端 Deutsch/Amp/Metri-Pack 测试导线。

②断开钥匙开关,从 ECM 上断开 OEM 线束接头,从 ISS 上断开 OEM 线束,将驾驶室内所有开关置于中间或断开位置,设置行车制动,从 OEM 线束上断开离合器开关,从 ECM 上断开传感器线束接头。

③分别测量 OEM 的触针 3、13 与接头中所有其他触针间的电阻,见图 10-262,电阻大于 100kΩ;若不合格,维修或更换 OEM 线束。

(8)清除故障代码

①连接所有部件、打开钥匙开关。

②完全踩下并松开油门踏板 3 次;将钥匙开关转到断开位置 5s;起动发动机,怠速运转 1min,使用 INSITE™ 确认故障代码 431 不起作用,已转变成非现行故障代码,再用 INSITE™ 清除非现行故障代码。

第10章 M系列柴油机电控系统故障代码诊断与排除 547

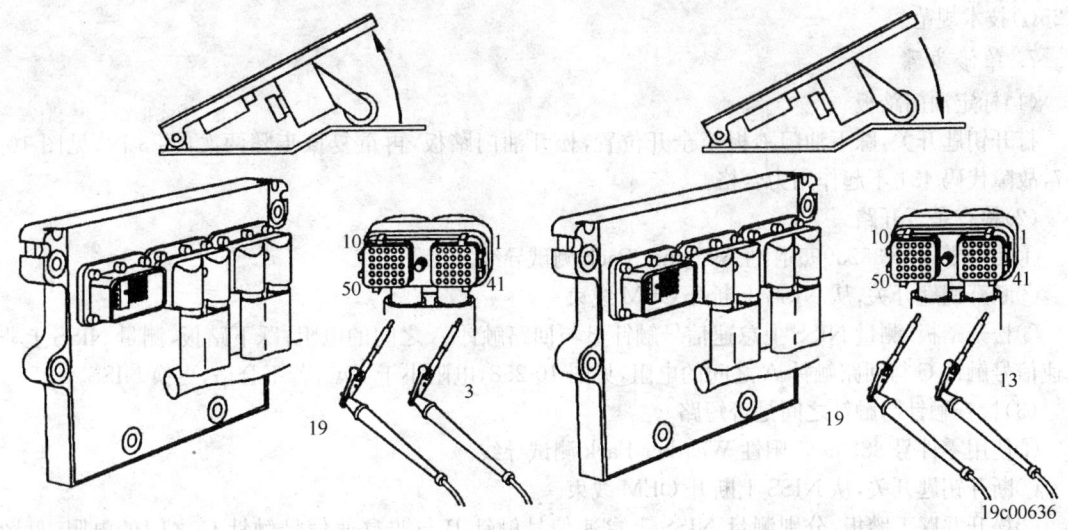

图 10-261 松开踏板,测量触针3与19间电阻;踩下踏板测量触针13与19间电阻

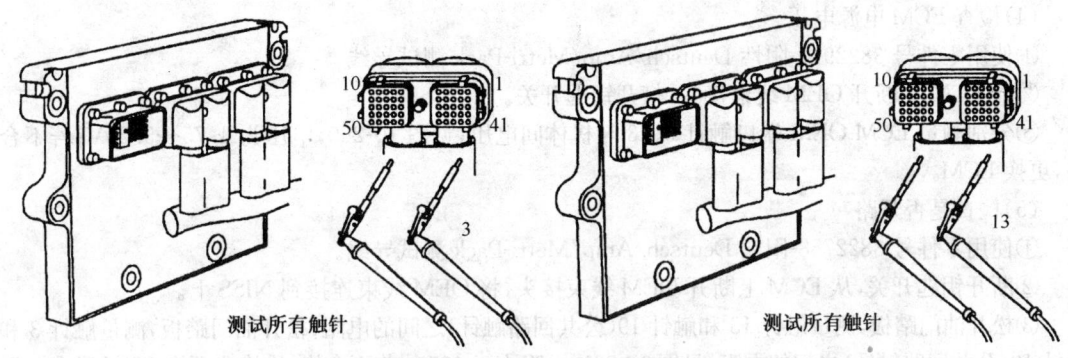

图 10-262 分别测量触针3、13与接头中其他触针间的电阻

10.58 故障代码 431(NISS)-怠速有效开关电路故障

1. 电路原理

怠速有效开关电路,见图 10-256;电路原理见故障代码 431(ISS)所述内容。

2. 部件安装位置

非整体式传感器开关(NISS)安装在油门踏板总成上。

3. 故障指示灯

黄色。

4. 故障原因

在怠速有效非怠速和怠速信号触针上同时检测到电压。

5. 故障结果

对发动机性能没有影响。

6. 维修提示

产生该故障的原因通常是接头松动、油门踏板未标定或怠速有效开关接线错误等原因造成。与非整体式传感器开关(NISS)(10Ω)相比,整体式传感器开关(ISS)有不同的怠速有效开关(IVS)电阻

(125Ω)技术规范。

7. 维修步骤

(1)标定油门踏板

打开钥匙开关,踩下油门踏板至全开位置,松开油门踏板,再重复该步骤两次,共 3 次,见图 10-257,故障代码 431 不起作用为合格。

(2)检查是否开路

①使用零件号 3823995-阳性 Weather-Pack 测试导线。

②断开钥匙开关,从 NISS 上断开 OEM 线束。

③松开踏板,测量 NISS 上怠速信号触针 B 与回路触针 A 之间的电阻;踩下踏板,测量 NISS 上非怠速信号触针 C 与回路触针 A 之间的电阻,见图 10-258,电阻小于 10Ω;若不合格,更换 NISS。

(3)检查触针与触针之间是否短路

①使用零件号 3823995-阳性 Weather-Pack 测试导线。

②断开钥匙开关,从 NISS 上断开 OEM 线束。

③松开并踩下踏板,分别测量 NISS 上怠速信号触针 B 与非怠速信号触针 C 之间的电阻,见图 10-259,电阻大于 100kΩ;若不合格,更换 NISS。

(4)检查 ECM 电源电压

①使用零件号 3822917-阴性 Deutsch/Amp/Metri-Pack 测试导线。

②以 ECM 上断开 OEM 线束接头,打开钥匙开关。

③分别测量 ECM OEM 端口触针 3、13 与机体间电压,见图 10-260,电压为 4.75~5.25V;若不合格,更换 ECM。

(5)检查是否开路

①使用零件号 3822758-阳端 Deutsch/Amp/Metri-Pack 测试导线。

②断开钥匙开关,从 ECM 上断开 OEM 线束接头,将 OEM 线束连接到 NISS 上。

③松开油门踏板,测量触针 13 和触针 19(公共回路触针)之间的电阻;松开油门踏板,测量触针 3 和触针 19(公共回路触针)之间的电阻,见图 10-261,电阻小于 125Ω;若不合格,维修或更换 OEM 线束。

(6)检查触针与触针之间是否短路

①使用零件号 3822758-阳端 Deutsch/Amp/Metri-Pack 测试导线。

②断开钥匙开关,从 ECM 上断开 OEM 线束接头,从 NISS 上断开 OEM 线束,将驾驶室内所有电气开关置于中间位置,设置行车制动,从 OEM 线束上断开离合器开关,从 ECM 上断开传感器线束接头。

③分别测量触针 3、13 与 OEM 接头中其他触针间的电阻,见图 10-262,电阻大于 100kΩ;若不合格,维修或更换 OEM 线束。

(7)清除故障代码

①连接所有部件,打开钥匙开关。

②完全踩下并松开油门踏板 3 次,断开钥匙开关 5s,起动发动机,怠速运转 1min。

③用 INSITE™ 确认故障代码 431 不起作用,并已转变成非现行故障代码,再用 INSITE™ 清除非现行故障代码。

10.59 故障代码 431(SSS)-怠速有效开关电路故障

1. 电路原理

怠速有效开关电路,见图 10-256;电路原理,见故障代码 431(ISS)所述内容。

2. 部件安装位置

固态传感器开关(SSS)位于油门踏板总成上。

3. 维修提示

该故障代码产生的原因一般是由于接头松动、油门踏板未标定或怠速有效开关接线错误等原因造成。

4. 维修步骤

(1) 标定油门踏板

见故障代码 431(ISS) 维修步骤,及图 10-257。

(2) 检查是否开路

见故障代码 431(ISS) 维修步骤及图 10-258。

(3) 检查触针与触针之间是否开路

见故障代码 431(ISS) 维修步骤及图 10-259。

(4) 检查 ECM 电源电压

见故障代码 431(ISS) 维修步骤及图 10-260。

(5) 检查是否开路

①使用零件号 3822758-阳端 Deutsch/Amp/Metri-Pack 测试导线。

②断开钥匙开关,从 ECM 上断开 OEM 线接头,将 OEM 线束连接到 SSS 上。

③松开油门踏板,测量触针 3 与 19 间电阻;踩下油门踏板,测量触针 13 与 19 间电阻,见图 10-261,电阻小于 125Ω;若不合格,维修或更换 OEM 线束。

(6) 检查触针与触针之间是否短路

①使用零件号 3822758-阳端 Deutsch/Amp/Metri-Pack 测试导线。

②断开钥匙开关,从 ECM 上断开 OEM 线束接头,从 SSS 上断开 OEM 线束,将驾驶室所有电气开关置于中间位置或断开位置,设置行车制动,从 OEM 线束上断开离合器开关,从 ECM 上断开传感器线束接头。

③分别测量触针 3、19 与接头中所有其他触针间的电阻,见图 10-262,电阻大于 100kΩ;若不合格,维修或更换 OEM 线束。

(7) 清除故障代码

见故障代码 431(ISS) 维修步骤。

10.60 故障代码 432-油门踏板电源故障

1. 电路原理

油门踏板总成把驾驶员请求的油门百分比(油门开度)发送到 ECM。油门踏板电路,见图 10-256。

2. 部件安装位置

油门位置传感器安装在油门踏板上。

3. 故障指示灯

红色。

4. 故障原因

当油门位置电路上的电压指示踏板不在怠速位置时,在怠速有效电路上检测到电压;或当油门位置电路上的电压指示踏板在怠速位置时,在怠速有效非怠速电路上检测到电压。

5. 故障结果

发动机只能怠速运转。

6. 维修提示

确定怠速有效开关(IVS)已正确标定。

7. 维修步骤

(1) 检查故障代码

① 连接所有部件,打开钥匙开关。

② 慢慢踩下油门踏板至全开再完全松开,重复 3 次。

③ 使用 INSITE™ 读取非现行故障代码。故障代码 432 仍在起作用为合格;若不合格,更换油门踏板总成。

(2) 检查怠速有效故障代码

① 连接所有部件,打开钥匙开关,起动发动机,怠速运转 1min。

② 使用 INSITE™ 读取故障代码。故障代码 131 和 551 不起作用为合格。

(3) 检查电阻

① 使用零件号 3822758-阳端 Deutsch/Amp/Metri-Pack 测试导线。

② 断开钥匙开关,从 ECM 上断开 OEM 线束接头。

③ 松开油门踏板,测量 OEM 线束上触针 47 与 48 之间的电阻,应为 1500~3000Ω;踩下油门踏板,测量触针 47 与 48 之间的电阻,应为 250~1500Ω,见图 10-263。电阻若不合格,维修或更换 OEM 线束。

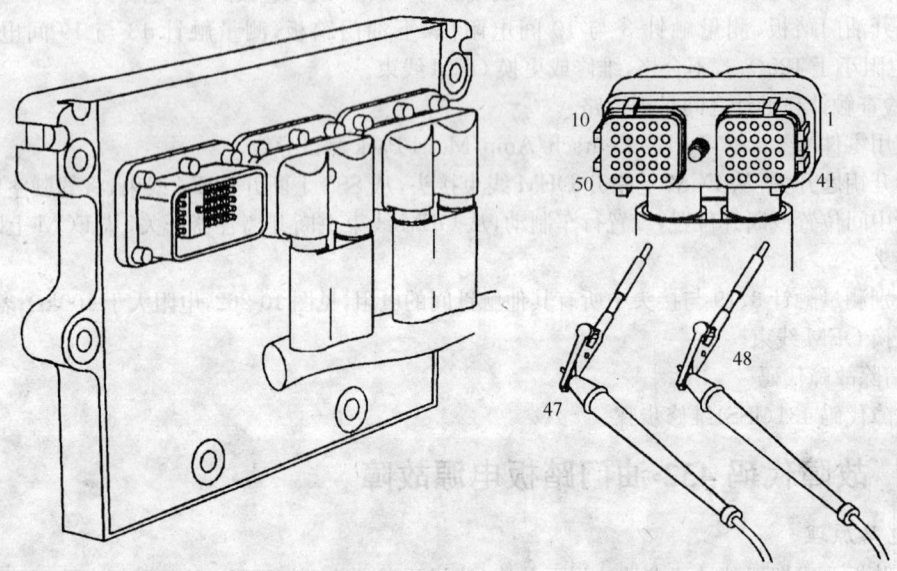

图 10-263 松开和踩下油门踏板测量触针 47 与 48 之间的电阻

(4) 检查油门位置传感器的电阻

① 使用零件号 3823996-阴性 Weather-Pack 测试导线。

② 断开钥匙开关,从油门位置传感器上断开 OEM 线束,从 ECM 上断开 OEM 线束接头。

③ 松开油门踏板,测量传感器触针 C(或 3)与触针 B(或 2)之间的电阻,应为 1500~3000Ω;踩下油门踏板,测量触针 C(或 3)与触针 B(或 2)之间的电阻,应为 250~1500Ω,见图 10-259。电阻若不合格,应更换油门踏板总成。

(5) 检查 OEM 线束中的电阻

① 使用零件号 3822758-阳端 Deutsch/Amp/Metri-Pack 测试导线,及零件号 3823995 阳性 Weather-Pack 测试导线。

② 断开钥匙开关,从油门位置传感器上断开 OEM 线束,从 ECM 上断开 OEM 线束接头。

③分别测量 OEM 接头触针 47 油门位置传感器接头触针 C(或 3)及触针 48 与触针 B(或 2)之间的电阻,见图 10-264,电阻小于 10Ω;若不合格,维修或更换 OEM 线束。

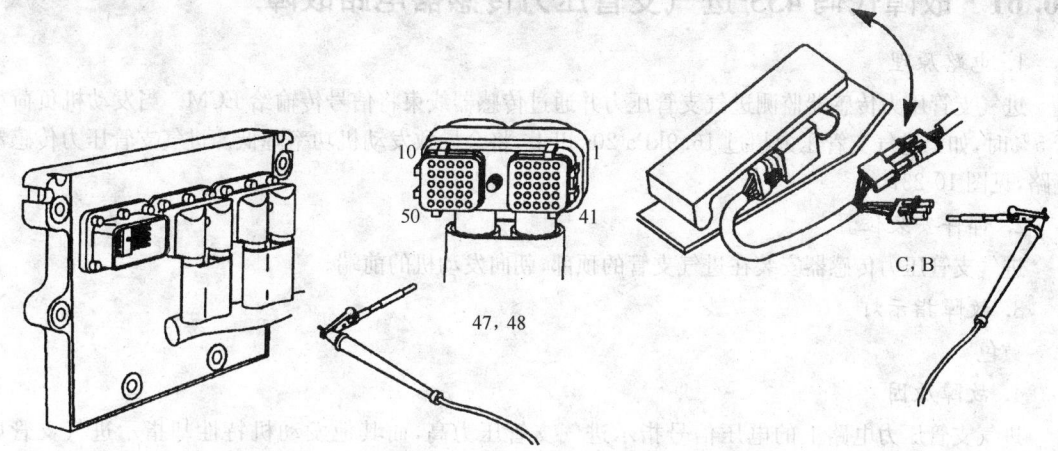

图 10-264　分别测量触针 47 与 C(或 3)、触针 48 与 B(或 2)之间的电阻

(6)检查 OEM 线束触针之间是否短路

①使用零件号 3822758-阳端 Deutsch/Amp/Metri-Pack 测试导线。

②断开钥匙开关,从油门位置传感器上断开 OEM 线束,从 ECM 上断开 OEM 线束。

③分别测量 OEM 线束接头触针 47,48,49 与该接头中其他所有触针间的电阻,见图 10-265,电阻大于 100kΩ;若不合格,维修或更换 OEM 线束。

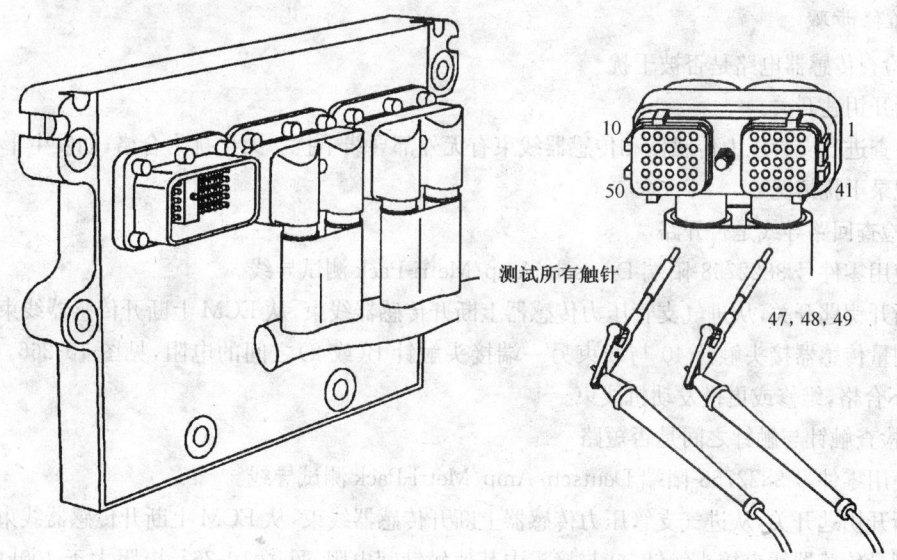

图 10-265　分别测量触针 47,48,49 与该接头中其他触针间的电阻

(7)清除故障代码

①连接所有部件,打开钥匙开关。

②踩下油门踏板至全开,然后松开,重复 3 次。

③起动发动机,怠速运转 1min。

④使用 INSITE™ 确认故障代码 432 不起作用,已转变成非现行故障代码,再用 INSITE™ 清除非

现行故障代码。

10.61 故障代码 433-进气支管压力传感器电路故障

1. 电路原理

进气支管压力传感器监测进气支管压力并通过传感器线束将信号传输给 ECM。当发动机负荷小于 5% 时，如果进气支管压力超过 16.9kPa 20s 以上，将会导致发动机功率降低。进气支管压力传感器电路，见图 10-237。

2. 部件安装位置

进气支管压力传感器安装在进气支管的顶部，朝向发动机的前端。

3. 故障指示灯

黄色。

4. 故障原因

进气支管压力电路上的电压信号指示进气支管压力高，而其他发动机特性却指示进气支管压力低。

5. 故障结果

功率下降到无空气设置功率。

6. 维修提示

ECM 仅在发动机转速超过设定怠速转速 50r/min 时，才检查该故障；如果此时显示的进气支管压力太高，ECM 将记录该故障代码。

7. 维修步骤

(1) 检查传感器电路是否被干扰

① 断开钥匙开关。

② 检查进气支管压力传感器和传感器线束有无外部导线干扰。无干扰为合格；如发生干扰应修复电路并记录干扰情况。

(2) 检查回路导线是否开路

① 使用零件号 3822758-阳端 Deutsch/Amp/Metri-Pack 测试导线。

② 断开钥匙开关，从进气支管压力传感器上断开传感器线束，从 ECM 上断开传感器线束接头。

③ 测量传感器接头触针 40 与线束另一端接头触针 B(或 2) 之间的电阻，见图 10-266，电阻小于 10Ω；若不合格，维修或更换发动机线束。

(3) 检查触针与触针之间是否短路

① 使用零件号 3822758-阳端 Deutsch/Amp/Metri-Pack 测试导线。

② 断开钥匙开关，从进气支管压力传感器上断开传感器线束，从 ECM 上断开传感器线束接头。

③ 测量传感器线束接头触针 39 与接头中其他触针间电阻，见图 10-267，电阻大于 100kΩ；若不合格，维修或更换发动机线束。

(4) 检查是否对地短路

① 使用零件号 3822758-阳端 Deutsch/Amp/Metri-Pack 测试导线。

② 从进气支管压力传感器上断开传感器线束，从 ECM 上断开传感器线束接头，断开钥匙开关。

③ 测量传感器线束接头触针 39 与机体间电阻，见图 10-268，电阻大于 100kΩ；若不合格，维修或更换发动机线束。

第10章 M系列柴油机电控系统故障代码诊断与排除　　553

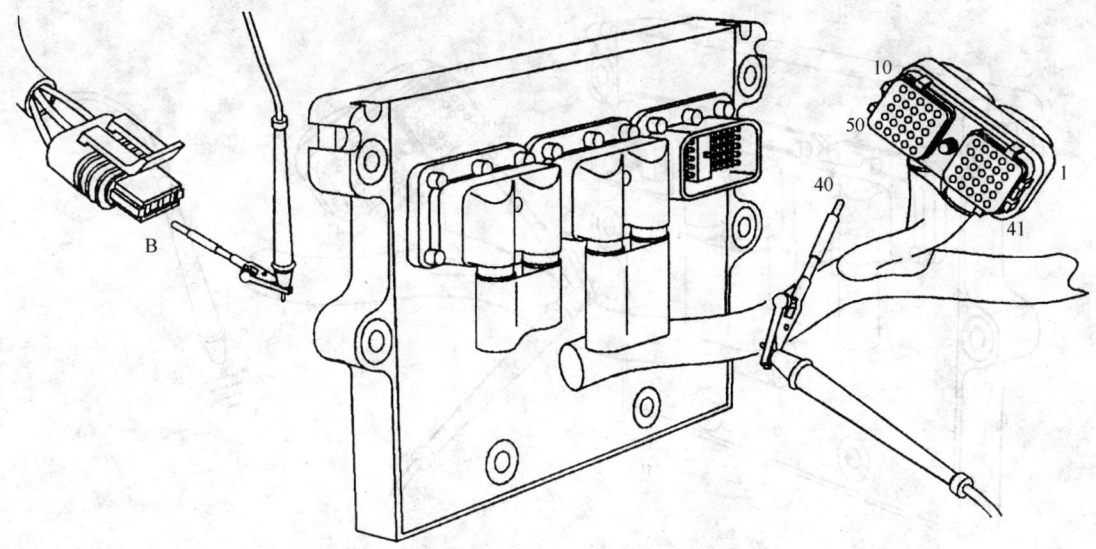

图 10-266　测量触针 40 与触针 B(或 2)之间的电阻

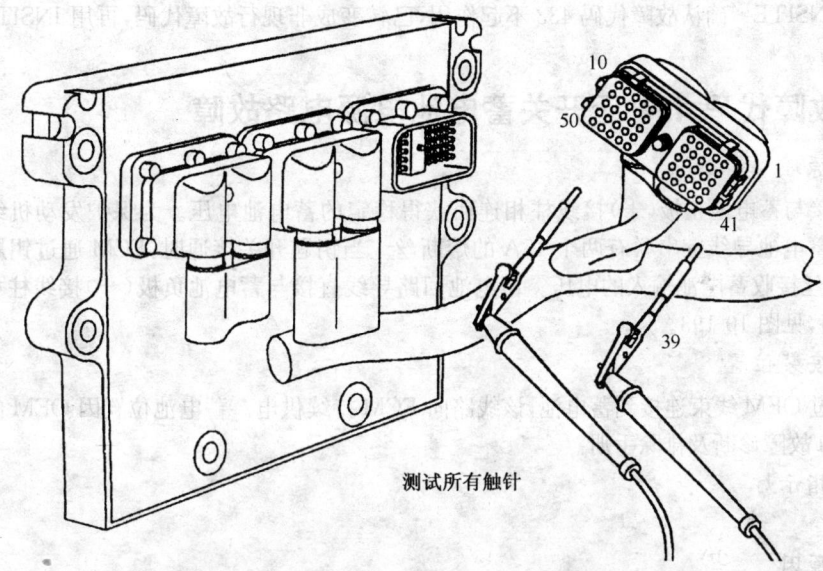

测试所有触针

图 10-267　测量触针 39 与接头中其他所有触针间电阻

(5) 检查大气压力

① 打开钥匙开关。

② 用 INSITE™ 监测大气压力,大气压力为 25.0～30.5inHg(16.93～103.27kPa)为合格;若不合格,更换大气压力传感器。

(6) 检查进气支管压力

① 打开钥匙开关,起动发动机,怠速运转 1min。

② 使用 INSITE™ 检查进气支管压力。如果进气支管压力小于 16.9kPa 为合格;若不合格,更换进气支管压力传感器。

(7) 清除故障代码

① 连接所有部件,打开钥匙开关,起动发动机,怠速运转 1min。

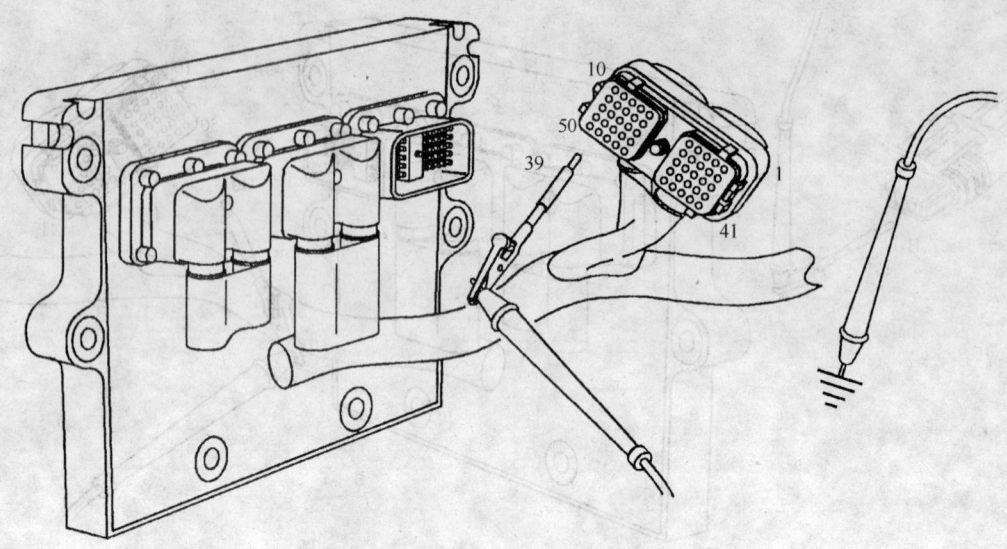

图 10-268 测量触针 39 与机体间电阻

②使用 INSITE™ 确认故障代码 433 不起作用,已转变成非现行故障代码,再用 INSITE™ 清除非现行故障代码。

10.62 故障代码 434-无开关蓄电池电源电路故障

1. 电路原理

ECM 直接与蓄电池正极(+)接线柱相连而获得稳定的蓄电池电压。为保护发动机线束防止过热,在无开关蓄电池导线上串联有两个 15A 的熔断丝。当钥匙开关接通时,ECM 通过钥匙开关以及一个 5A 熔断丝接收蓄电池输入的电压。蓄电池回路导线直接与蓄电池负极(-)接线柱相连。无开关蓄电池电路,见图 10-193。

2. 部件安装位置

ECM 通过 OEM 线束连接到蓄电池,该线路向 ECM 持续供电。蓄电池位置因 OEM 的不同而不同,参考 OEM 故障诊断及排除手册。

3. 故障指示灯

黄色。

4. 故障原因

ECM 的电源电压在短时间内降至 6.2V 以下或者 ECM 不能正常断电,即在钥匙开关断开 30s 后仍然有蓄电池电压。

5. 故障结果

可能不会显著影响发动机性能、发动机熄火或起动困难。故障信息、行驶信息以及维护保养监测数据不准确。

6. 维修提示

检查喷油器抽头螺母并确保其拧紧到适当的扭矩,确认抽头螺母和电磁阀接线柱的螺纹没有损坏;如果 ECM 无开关蓄电池电源由起动机供电,检查起动期间电压是否过低,起动期间电压低可能引起 ECM 电源电压下降到技术规范以下并记录故障代码 434。

7. 维修步骤

(1)检查蓄电池电源电路的电阻

① 使用零件号 3822758-阳端 Deutsch/Amp/Metri-Pack 测试导线。
② 断开钥匙开关，从 ECM 上断开 OEM 线束接头，从蓄电池上断开正极、负极接线柱。
③ 测量 OEM 线束接头触针 7,8,17,18,28 与蓄电池正极（＋）接线柱之间的电阻及触针 29,30,39,40,50 与蓄电池负极（－）接线柱之间的电阻，见图 10-269，电阻小于 10Ω；若不合格，维修或更换 OEM 线束。

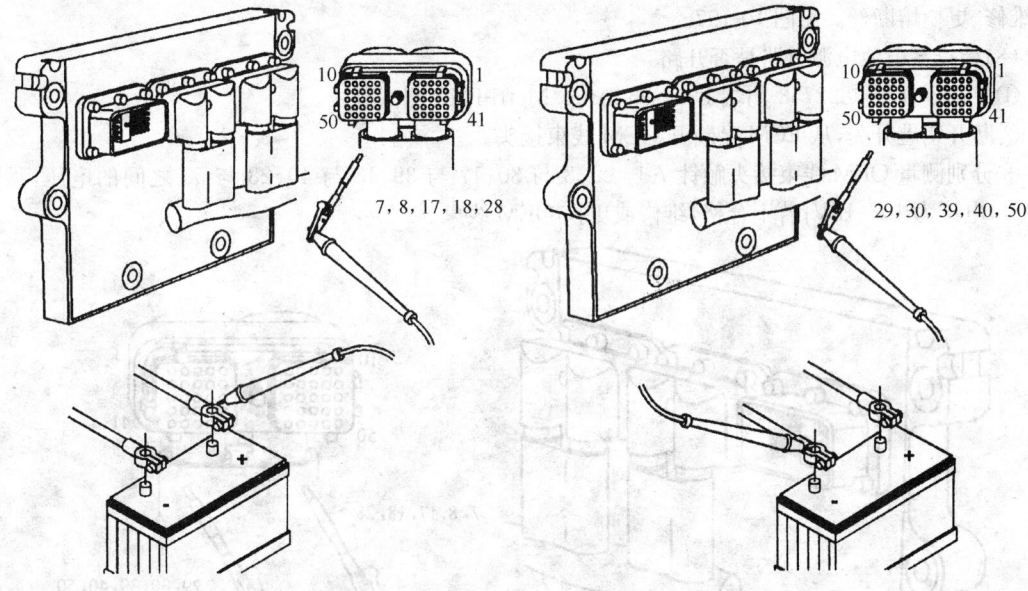

图 10-269　分别测量触针 7,8,17,18,28 与蓄电池正极(＋)间的电阻、触针 29,30,39,40,50 与蓄电池负极(－)间的电阻

(2) 检查蓄电池电压
① 打开钥匙开关。
② 起动发动机，用万用表测量蓄电池电压，正常情况电压为 12V，拖动期间至少 6.2V，见图 10-195。电压若不合格，充电或更换蓄电池。

(3) 检查蓄电池端子连接情况
① 断开钥匙开关。
② 检查蓄电池端子连接情况。接头连接不松动且无腐蚀为合格；若不合格，应紧固接头并清洁端头周围氧化物。见图 10-270。

(4) 检查两个 15A 熔断丝是否安装正确
① 断开钥匙开关。
② 检查两个 15A 熔断丝安装正确为合格；若不合格，应正确安装，见图 10-196。

(5) 检查 15A 熔断丝是否熔断
① 断开钥匙开关。
② 检查两个 15A 熔断丝，未熔断为合格；若不合格，熔断丝已熔断，应找到短路电路，并维修线束，更换熔断丝。见图 10-197。

(6) 检查 5A 熔断丝是否安装正确

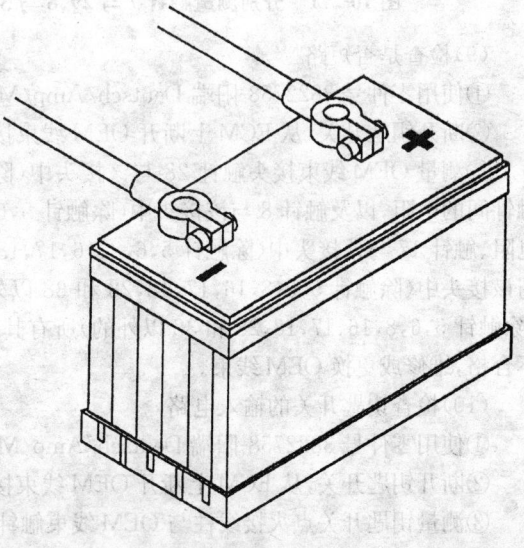

图 10-270　紧固蓄电池接头并清洁端头周围氧化物

①断开钥匙开关。
②检查钥匙开关导线上的5A熔断丝,安装正确为合格;若不合格,正确安装5A熔断丝。
(7)检查5A熔断丝是否熔断
①断开钥匙开关。
②检查钥匙导线上的5A熔断丝是否熔断,熔断丝未熔断为合格;若熔断丝已熔断,找到短路电路,维修、更换熔断丝。见图10-197。
(8)检查蓄电池电源电路是否开路
①使用零件号3822758-阳端Deutsch/Amp/Metri-Pack测试导线。
②断开钥匙开关,从ECM上断开OEM线束接头。
③分别测量OEM线束接头触针7与29、8与30、17与39、18与40、28与50之间的电压,见图10-271,电压为10~15V;若不合格,维修或更换OEM线束。

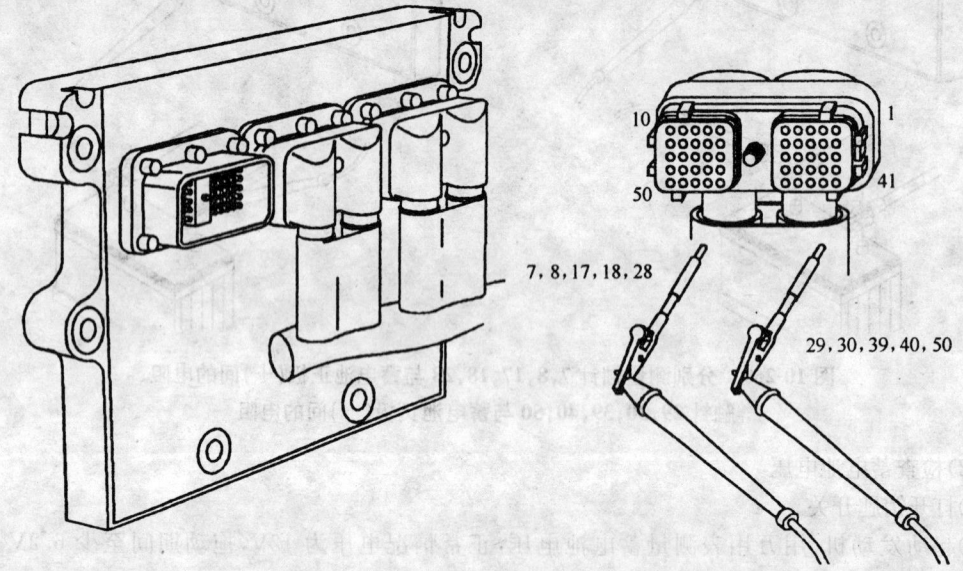

图10-271　分别测量触针7与29、8与30、17与39、18与40、28与50之间的电压

(9)检查是否短路
①使用零件号3822758-阳端Deutsch/Amp/Metri-Pack测试导线。
②断开钥匙开关,从ECM上断开OEM线束接头,从蓄电池上断开正极、负极端子。
③测量OEM线束接头触针28与该接头中(除触针5,6,8,16,17,18,28和38以外的)所有其他触针间的电阻,以及触针8与该接头中(除触针5,6,8,16,17,18,28和38以外的)所有其他触针间的电阻、触针17与该接头中(除触针5,6,8,16,17,18,28和38以外的)所有其他触针间的电阻、触针28与该接头中(除触针5,6,8,16,17,18,28和38以外的)所有其他触针间的电阻,触针38与该接头中(除触针5,6,8,16,17,18,28和38以外的)所有其他触针间的电阻,见图10-272,电阻大于100kΩ;若不合格,维修或更换OEM线束。

(10)检查钥匙开关的输入电路
①使用零件号3822758-阳端Deutsch/Amp/Metri-Pack测试导线。
②断开钥匙开关,从ECM上断开OEM线束接头。
③测量钥匙开关点火接线柱与OEM线束触针38之间的电阻,见图10-273,电阻小于5Ω;若不合格,维修或更换OEM线束。

第10章 M系列柴油机电控系统故障代码诊断与排除　　557

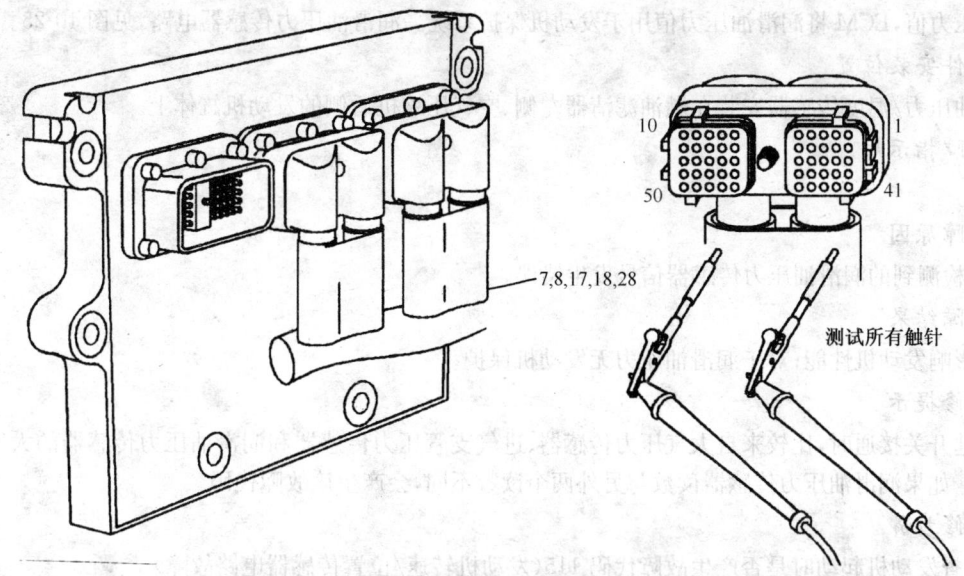

图10-272　分别测量触针7,8,17,18和28与该接头中(除触针5,6,8,16,17,18,28和38以外的)所有其他触针间的电阻

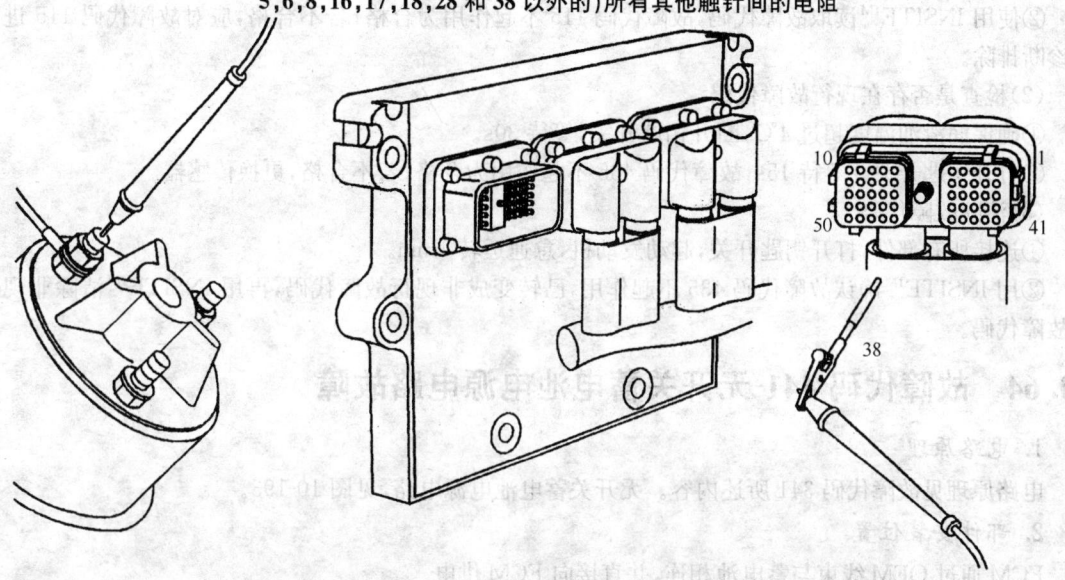

图10-273　测量钥匙开关点火接线柱与触针38之间的电阻

(11)清除故障代码

①连接所有部件,打开钥匙开关,起动发动机,怠速运转1min。

②断开钥匙开关30s再将钥匙开关打开。

③用INSITE™确认故障代码434不起作用,已转变成非现行故障代码,再用INSITE™清除非现行故障代码。

10.63　故障代码435-润滑油压力传感器信号错误

1. 电路原理

ECM通过润滑油压力/温度传感器监测发动机润滑油压力,ECM监测到的信号电压并将其转变成润滑油压力值,ECM将润滑油压力值用于发动机保护系统。润滑油压力传感器电路,见图10-25。

2. 部件安装位置

润滑油压力/温度传感器安装在燃油滤清器左侧、空气压缩机后侧的发动机缸体上。

3. 故障指示灯

黄色。

4. 故障原因

ECM检测到的润滑油压力传感器信号发生错误。

5. 故障结果

不会影响发动机性能;对于润滑油压力无发动机保护。

6. 维修提示

在钥匙开关接通时,比较来自大气压力传感器、进气支管压力传感器和润滑油压力传感器的大气压力读数。如果润滑油压力传感器读数与另外两个读数不同,会产生该故障代码。

7. 维修步骤

(1)检查发动机起动时是否产生故障代码115(发动机转速/位置传感器电路故障)

①打开钥匙开关。

②使用INSITE™读取故障代码,故障代码115不起作用为合格;若不合格,应对故障代码115进行诊断排除。

(2)检查是否存在现行故障代码

①确保润滑油温度超过4℃,断开钥匙开关,等待30s。

②打开钥匙开关并等待15s,故障代码435不起作用为合格;若不合格,更换传感器。

(3)清除故障代码

①连接所有部件,打开钥匙开关,起动发动机,怠速运转1min。

②用INSITE™确认故障代码435不起作用,已转变成非现行故障代码,再用INSITE™清除非现行故障代码。

10.64 故障代码441-无开关蓄电池电源电路故障

1. 电路原理

电路原理见故障代码341所述内容。无开关蓄电池电源电路,见图10-193。

2. 部件安装位置

ECM通过OEM线束与蓄电池相连,并直接向ECM供电。

3. 故障指示灯

黄色。

4. 故障原因

蓄电池电压低于正常工作电压。

5. 故障结果

不会明显影响发动机性能,但可能引起发动机怠速不稳。

6. 维修提示

确保ECM的无开关蓄电池电源直接来自蓄电池而不是起动马达。

7. 维修步骤

(1)检查蓄电池电压

详见"故障代码 341-无开关蓄电池电源电路故障"维修步骤及图 10-195。

(2)检查两根 15A 熔断丝是否安装正确

详见"故障代码 341-无开关蓄电池电源电路故障"维修步骤及图 10-196。

(3)检查 15A 熔断丝是否熔断

详见"故障代码 341-无开关蓄电池电源电路故障"维修步骤及图 10-197。

(4)检查蓄电池电源电路是否开路

详见"故障代码 341-无开关蓄电池电源电路故障"维修步骤及图 10-194。

(5)检查是否短路

详见"故障代码 341-无开关蓄电池电源电路故障"维修步骤及图 10-272。

(6)清除故障代码

①连接所有部件,打开钥匙开关,起动发动机,怠速运转 1min。

②使用 INSITE™ 确认故障代码 441 不起作用,已转变成非现行故障代码,再用 INSITE™ 清除非现行故障代码。

10.65　故障代码 442-无开关蓄电池电源电路故障

1. 电路原理

见故障代码 341 所述内容。无开关蓄电池电源电路,见图 10-193。

2. 部件安装位置

ECM 通过 OEM 线束与蓄电池相连,并直接向 ECM 供电。

3. 故障指示灯

黄色。

4. 故障原因

蓄电池电压高于正常工作电压。

5. 故障结果

对发动机性能没有影响。

6. 维修提示

从蓄电池电源电路上断开所有用电设备,确保所使用的熔断丝(15A)规格正确。

7. 维修步骤

(1)检查蓄电池电压

详见"故障代码 341-无开关蓄电池电源电路故障"维修步骤及图 10-195。

(2)清除故障代码

①连接所有部件,打开钥匙开关,起动发动机,怠速运转 1min。

②用 INSITE™ 确认故障代码 442 不起作用,已转变成非现行故障代码,再用 INSITE™ 清除非现行故障代码。

10.66　故障代码 443-油门电源电路低电压

1. 电路原理

ECM 向油门和远程油门提供 5V 电压,如果油门电源线路损坏,油门将不能正常工作。油门位置传感器电源电路,见图 10-230。

2. 部件安装位置

油门踏板安装在驾驶室内,远程油门的位置,参考 OEM 手册。

3. 故障指示灯

黄色。

4. 故障原因

在与节气门连接的电子控制模块(ECM)电源线路上检测到低电压。

5. 故障结果

发动机只能怠速运转。

6. 维修提示

在5V电源线路上电压偏低的原因是电源线路对地短路、电源导线与回路导线之间短路、油门故障或ECM电源故障。

7. 维修步骤

(1) 检查电源电压

详见"故障代码387"维修步骤。

(2) 检查是否对地短路

① 使用零件号3822758-阳端Deutsch/Amp/Metri-Pack测试导线。

② 断开钥匙开关,从ECM上断开OEM线束接头。

③ 测量OEM接头触针48与机体间电阻,见图10-274,电阻大于100kΩ;若不合格,维修或更换OEM线束。

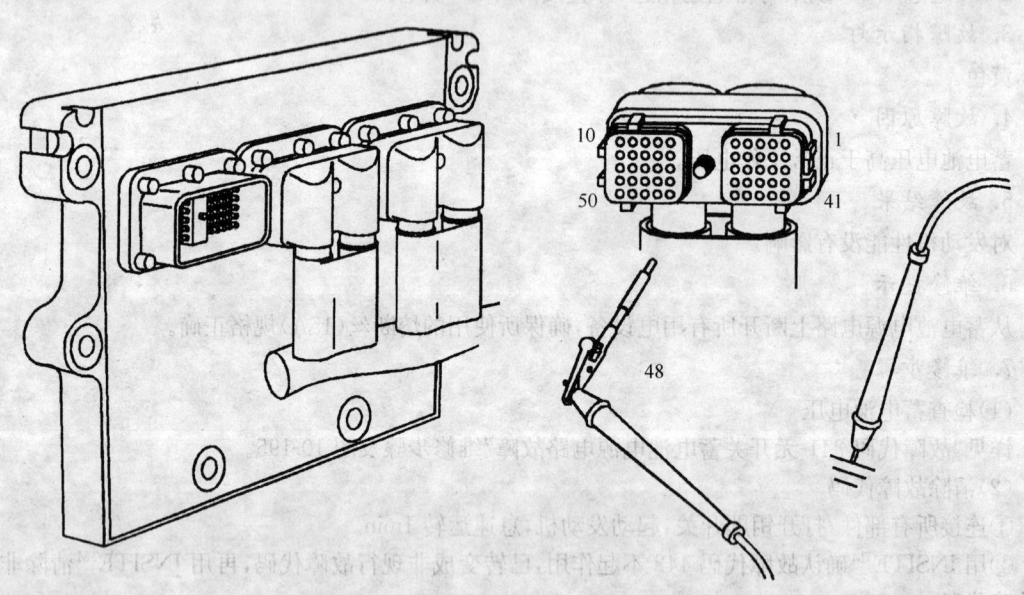

图10-274 测量触针48与机体间电阻

(3) 检查触针与触针之间是否短路

① 使用零件号3822758-阳端Deutsch/Amp/Metri-Pack测试导线。

② 断开钥匙开关,从ECM上断开OEM线束接头。

③ 测量OEM接头触针48与该接头中所有其他触针间电阻,见图10-275,电阻大于100kΩ;若不合格,维修或更换OEM线束。

第 10 章 M 系列柴油机电控系统故障代码诊断与排除

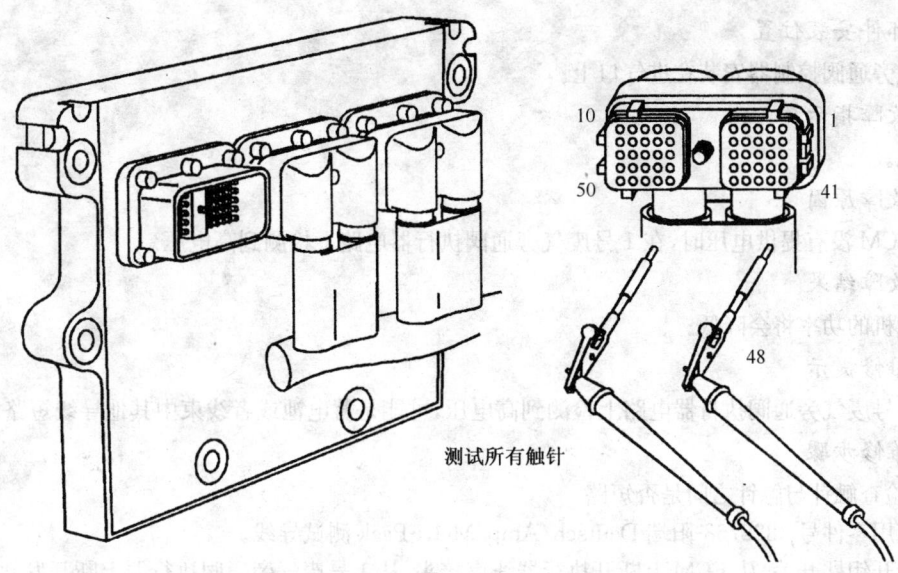

图 10-275 测量触针 48 与该接头中其他触针间电阻

(4) 清除故障代码

①连接所有部件,打开钥匙开关,起动发动机,怠速运转 1min。

②使用 INSITE™ 确认故障代码 443 不起作用,已转变成非现行故障代码,再使用 INSITE™ 清除非现行故障代码。

10.67 故障代码 465-1 号废气旁通阀执行器电路高电压

1. 电路原理

废气旁通阀执行器是 ECM 用来控制发动机增压压力的装置。1 号废气旁通阀执行器电路,如图 10-276 所示。

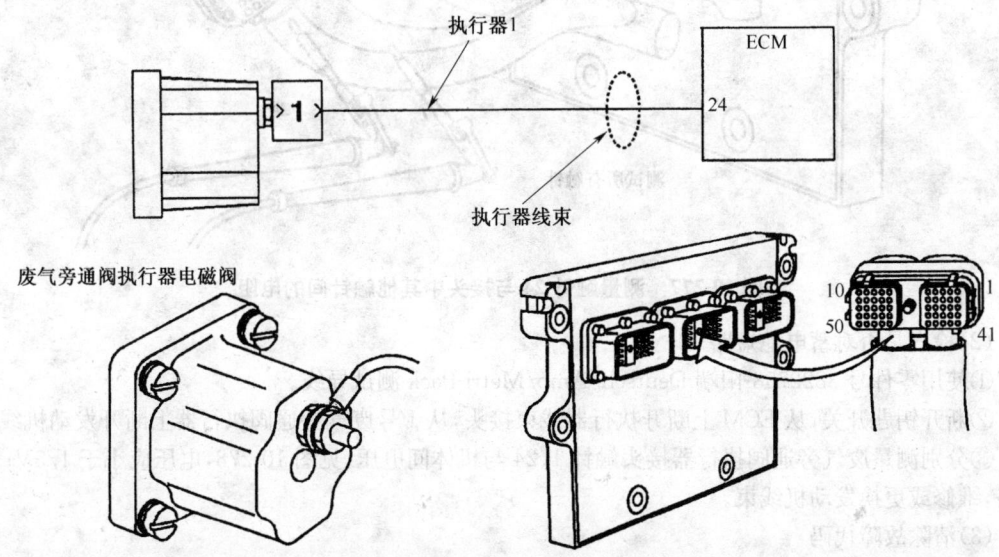

图 10-276 1 号废气旁通阀执行器电路

2. 部件安装位置

废气旁通阀控制器安装在进气口上。

3. 故障指示灯

黄色。

4. 故障原因

当 ECM 没有提供电压时，在 1 号废气旁通阀执行器电路上检测到高电压。

5. 故障结果

发动机的功率将会降低。

6. 维修提示

在 1 号废气旁通阀执行器电路上检测到高电压，可能是蓄电池或者线束中其他导线短路。

7. 维修步骤

(1) 检查触针与触针之间是否短路

① 使用零件号 3822758-阳端 Deutsch/Amp/Metri-Pack 测试导线。

② 断开钥匙开关，从 ECM 上断开执行器线束接头，从 1 号废气旁通阀执行器上断开发动机线束。

③ 测量执行器线束触针 24 与该接头中其他触针间的电阻，见图 10-277，电阻应大于 $100k\Omega$；若不合格，维修或更换发动机线束。

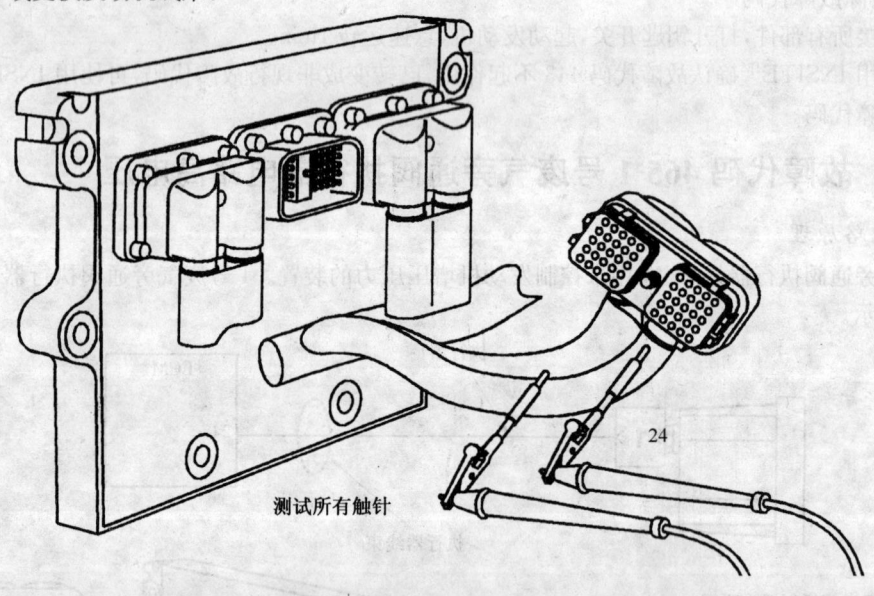

图 10-277　测量触针 24 与接头中其他触针间的电阻

(2) 检查是否对蓄电池短路

① 使用零件号 3822758-阳端 Deutsch/Amp/Metri-Pack 测试导线。

② 断开钥匙开关，从 ECM 上断开执行器线束接头，从 1 号废气旁通阀执行器上断开发动机线束。

③ 分别测量废气旁通阀执行器接头触针 1、24 与机体间电压，见图 10-278，电压应小于 1.5V；若不合格，维修或更换发动机线束。

(3) 清除故障代码

① 连接所有部件，打开钥匙开关，起动发动机，怠速运转 1min。

② 使用 INSITE™ 确认故障代码 465 不起作用，已转变成非现行故障代码，再用 INSITE™ 清除非

现行故障代码。

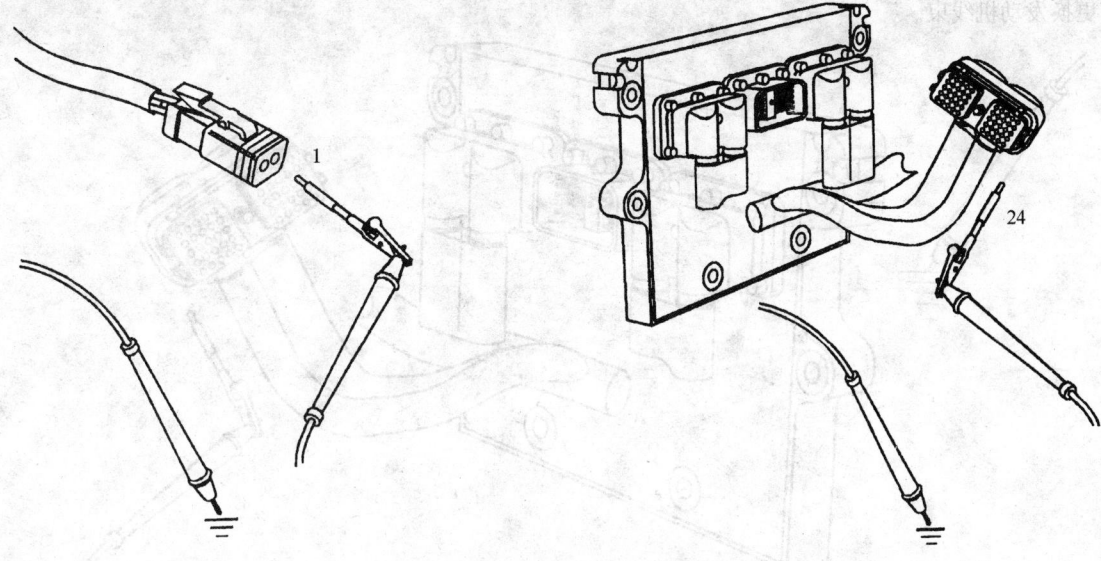

图 10-278　分别测量触针 1、24 与机体间的电压

10.68　故障代码 466-1 号废气旁通阀执行器电路低电压

1. 电路原理

详见"故障代码 465-1 号废气旁通阀执行器电路高电压"所述内容，及电路图 10-276。

2. 部件安装位置

废气旁通阀控制器安装在进气口上。

3. 故障指示灯

黄色。

4. 故障原因

当 1 号废气旁通阀执行器启动时，在其电路上检测到电压小于 6V，表明 ECM 电流消耗过大或 ECM 输出电路故障。

5. 故障结果

发动机的输出功率将会降低。

6. 维修提示

检查发动机至底盘的接地导线，应确保连接牢固，确保连接表面干燥无污物；检查起动机电磁阀正极接线端子不松动或导线绝缘层未被损坏；造成低电压的原因可能是对地短路，与线束中其他导线短路，或电磁阀线圈短路；检查 1 号废气旁通阀执行器电路有无向其他设备供电的外接导线，若有，应拆除。

7. 维修步骤

(1) 检查触针与触针之间是否短路

详见"故障代码 465"维修步骤及电路图 10-277。

(2) 检查是否对地短路

①使用零件号 3822758-阳端 Deutsch/Amp/Metri-Pack 测试导线。

②断开钥匙开关，从 ECM 上断开执行器线束接头，从 1 号废气旁通阀执行器上断开发动机线束。

③测量执行器线束接头触针24与接地间电阻,见图10-279,电阻应大于100kΩ;若不合格,维修或更换发动机线束。

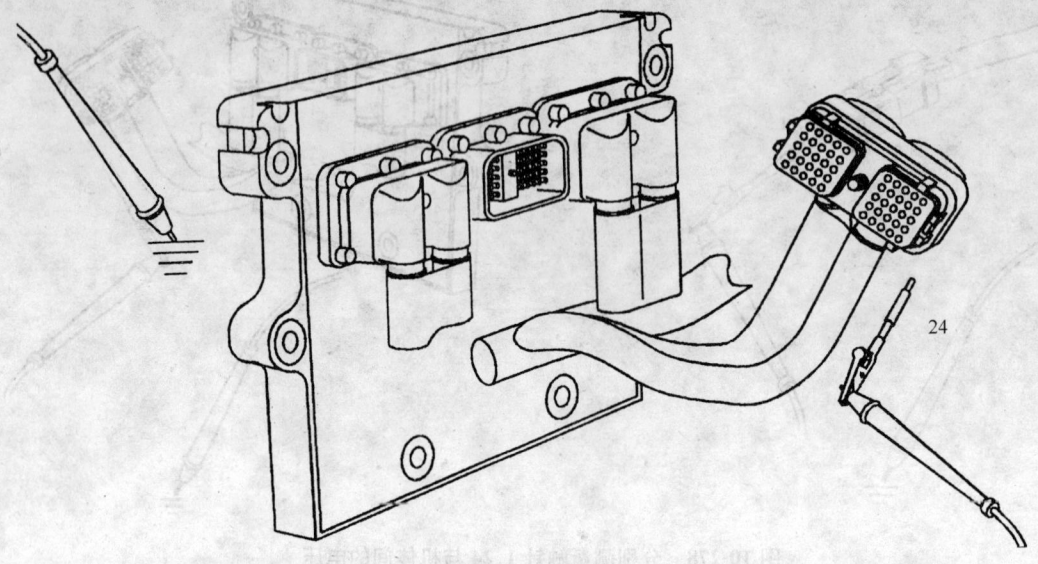

图10-279　测量触针24与接地间电阻

(3)检查是否开路

①使用零件号3822758-阳端Deutsch/Amp/Metri-Pack测试导线。

②断开钥匙开关,从ECM上断开执行器线束接头,从1号废气旁通阀执行器上断开发动机线束。

③测量执行器线束接头触针24与1号废气旁通阀执行器导线之间的电阻,见图10-280,电阻小于10Ω;若不合格,维修或更换发动机线束。

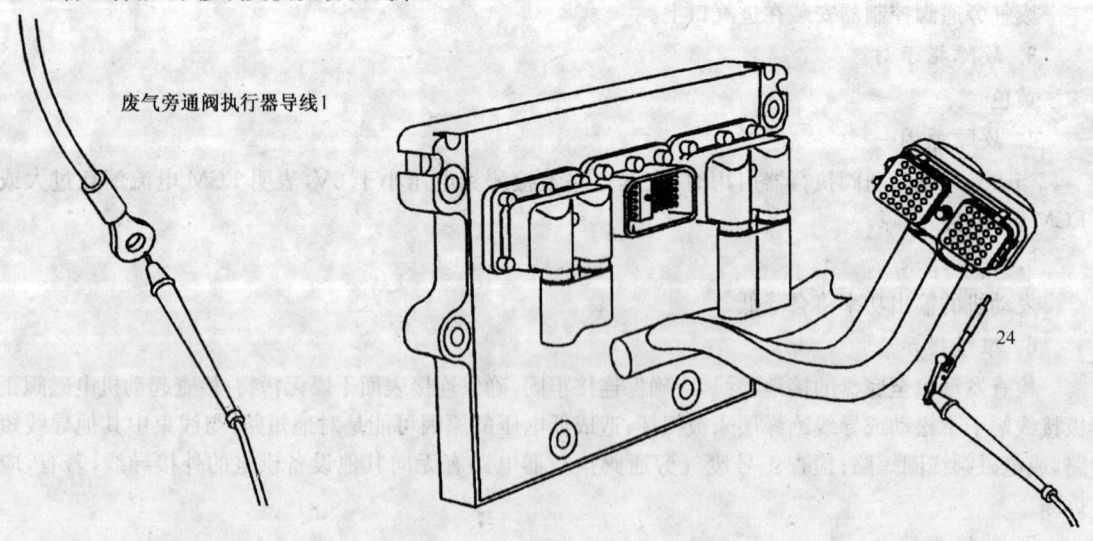

图10-280　测量触针24与1号废气旁通阀执行器导线之间的电阻

(4)检查废气旁通阀执行器电阻

①断开钥匙开关,从发动机线束上断开废气旁通阀执行器。

②测量1号废气旁通阀执行器与机体间的电阻,见图10-281。对于12V电磁阀,电阻应为7~

8Ω;对于 24V 电磁阀,电阻应为 28～32Ω;若不合格,更换执行器电磁阀。

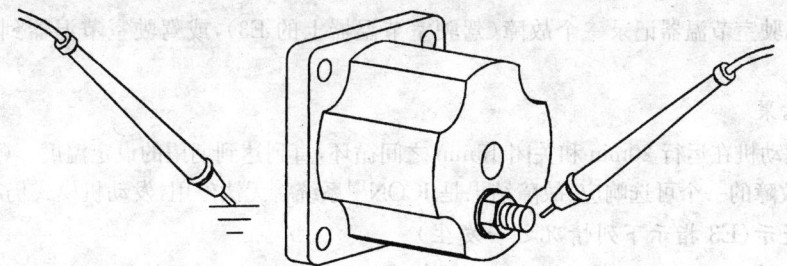

图 10-281 测量废气旁通阀执行器电磁阀与接地间电阻

(5)清除故障代码
①连接所有部件。
②打开钥匙开关,起动发动机,怠速运转 1min。
③用 INSITE™ 确认故障代码 466 不起作用,已转变成非现行故障,再用 INSITE™ 清除非现行故障代码。

10.69 故障代码 469-ICON™ 驾驶室节温器电路故障

1. 电路原理

驾驶室节温器用来控制驾驶室温度,包括加热和制冷,它要求在驾驶室舒适模式下运行。节温器 ECM 通信以指令为维持驾驶室温度何时需要自动起动发动机。同样,节温器与钥匙开关相连以检测点火开关何时打开。ICON™ 驾驶室节温器电路,如图 10-282 所示。

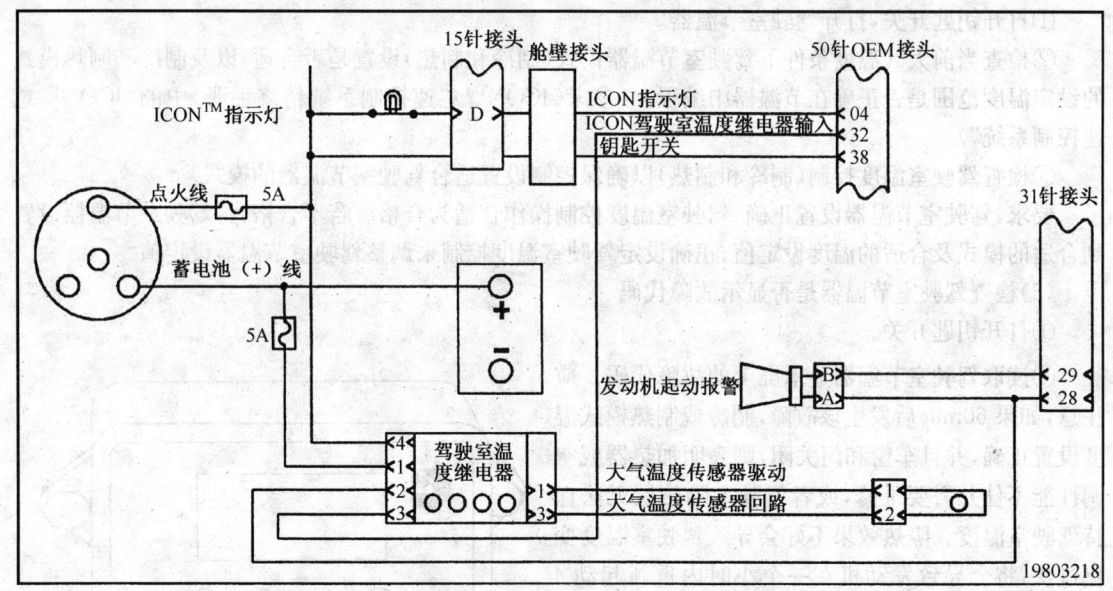

图 10-282 ICON™ 驾驶室节温器电路

2. 部件安装位置

驾驶室节温器安装在双层卧铺区域,在卧铺上部的墙壁上。

3. 故障指示灯

无。

4. 故障原因

ICON™驾驶室节温器记录一个故障（驾驶室节温器上的E3），或驾驶室节温器到ECM的信号丢失。

5. 故障结果

E3将使发动机在运行20min和关闭15min之间循环，直到达到期望的设定温度。（在节温器调节表中这是E3故障的一个可选响应）故障结果是ICON™系统将无法停用，发动机模式仍起作用。

6. 维修提示（E3指示下列情况之一发生）

①发动机运行超过60min，并且没有达到冷却或加热设置温度，并且外部环境温度在-18°~43℃之间（关于节温器可调修整01和02，参见《ICON™系统操作和维护保养手册》中的节温器修整表）。

②驾驶室节温器已经在一小时内发出四次起动发动机的请求，并且环境温度在-18°~43℃之间。E3可以提示节温器的潜在干扰。例如，驾驶员选择了制冷模式却打开加热器或车窗。空调系统将试图将车内温度降低到低于制冷设置温度60min。这时，将记录一个E3故障（故障代码469）。制热模式发生情况相似。一旦节温器显示E3，发动机将进行运转20min然后关闭15min的循环。在干扰模式（运转20min然后关闭15min）运行，如果达到了期望的设定温度，将回到正常驾驶室模式运行。要清除E3，停用ICON™，断开钥匙开关大约30s，然后重新启用ICON™。

应注意，节温器故障E1（驾驶室温度传感器）、E2（外部大气温度传感器）和E3（干扰模式）不会在ICON™指示灯上显示，这些故障仅会在节温器显示屏上显示。INSITE™服务软件将记录现行故障代码469直到其被清除。

7. 维修步骤

(1) 检查驾驶室节温器设置和驾驶室温度控制设置

①打开钥匙开关，打开驾驶室节温器。

②检查当前大气温度条件下驾驶室节温器模式（制冷和制热）设置是否合适，以及制冷和制热模式的设定温度范围是否正确在节温器中编程。（参考《ICON™怠速控制系统精修手册》中的"ICON™怠速控制系统"）

③检查驾驶室温度控制（制冷和制热）以确保控制设置适合驾驶室节温器的模式。

要求，驾驶室节温器设置正确，驾驶室温度控制操作合适为合格。若不合格，将驾驶室节温器设置到合适的模式及合适的温度设定值；正确设定驾驶室温度控制来调整驾驶室节温器设定值。

(2) 检查驾驶室节温器是否显示故障代码

①打开钥匙开关。

②读取驾驶室节温器显示屏上的故障代码。应注意，如果60min后发生该故障，制冷或制热模式温度设置正确，并且车窗和门关闭，则表明加热器或空调性能不佳并需要维修，或者驾驶室隔热层无法保持驾驶室温度。隔热效果不好会导致驾驶室温度变化过快，将会导致发动机在一个小时内重新起动4次。有必要降低极限制热温度修整（修整1）或升高极限制冷温度设定（修整2）。当驾驶室无法保持温度稳定时，调节修整使ICON™系统转到连续运行模式。图10-283为驾驶室节温器显示屏。驾驶室节温器显示屏无现行故障代码显示为合格；若不合格，检查节温器设定温度值，必要时进行调整。

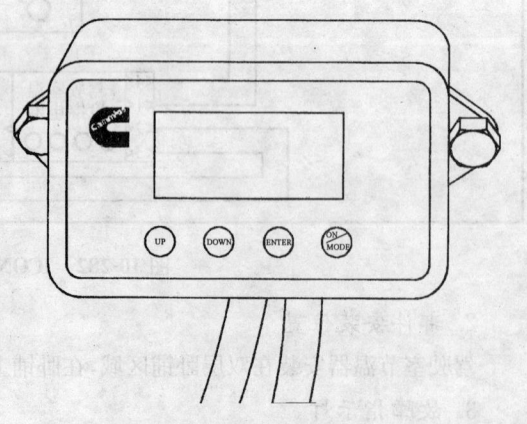

图10-283　驾驶室节温器显示屏

(3)检查大气温度传感器的电阻
①使用零件号 3822917-阴性 Deutsch/Amp/Metri-Pack 测试导线。
②断开钥匙开关,从温度传感器线束上断开大气温度传感器。
③测量大气温度传感器触针 1 与 2 之间的电阻,在 0℃时为 29～36kΩ;25℃时为 9～11kΩ;50℃时为 3～4kΩ;75℃时为 1300～1600Ω;100℃时为 600～750Ω。若不合格,更换大气温度传感器。

(4)检查是否开路
①使用零件号 3822758-阳端 Deutsch/Amp/Metri-Pack 测试导线。
②断开钥匙开关,从温度传感器线束上断开大气温度传感器,从驾驶室节温器上断开温度传感器线束。
③测量温度传感器线束接头触针 1 与驾驶室节温器线束触针之间的电阻,测量温度传感器线束触针 2 与该线束驾驶室节温器触针 3 之间的电阻,电阻应小于 10Ω;若不合格,维修或更换温度传感器线束。

(5)检查是否对地短路
①使用零件号 3822758-阳端 Deutsch/Amp/Metri-Pack 测试导线。
②断开钥匙开关,从温度传感器线束上断开大气温度传感器,从驾驶室节温器上断开温度传感器线束。
③分别测量温度传感器线束接头触针 1、2 与机体间电阻,电阻应大于 100kΩ;若不合格,维修或更换温度传感器线束。

(6)当显示驾驶室节温器故障 E1 时,检查是否开路
①使用零件号 3822758-阳端 Deutsch/Amp/Metri-Pack 测试导线。
②断开钥匙开关,从 OEM 线束上断开驾驶室节温器,从 ECM 上断开 OEM 线束。
③测量 OEM 线束驾驶室节温器触针 3 与 OEM 线束 ECM 触针 32 之间的电阻,电阻小于 10Ω;若不合格,维修或更换 OEM 线束。

(7)检查驾驶室节温器输出信号是否对地短路
①使用零件号 3822917-阴性 Deutsch/Amp/Metri-Pack 测试导线。
②断开钥匙开关,从 OEM 线束上断开驾驶室节温器。
③测量驾驶室节温器线束触针 3 与机体间电阻,见图 10-284,电阻大于 100kΩ;若不合格,维修或更换驾驶室节温器。

(8)检查驾驶室节温器与 ECM 之间的通信
①打开钥匙开关。
②当卧铺节温器正在请求发动机重新起动,或者发动机因驾驶室舒适模式引起

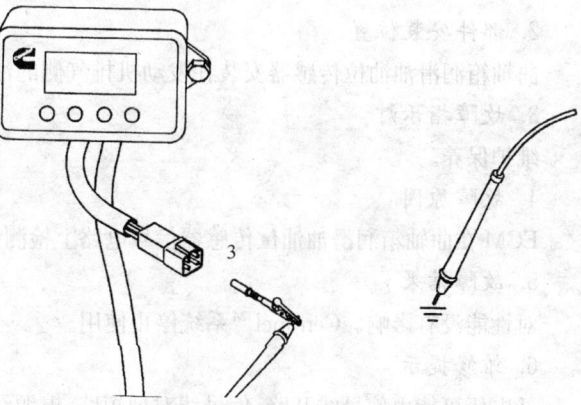

图 10-284 测量触针 3 与机体间电阻

的重新起动而正在运转时,"制热"或"制冷"字样将在节温器显示屏上闪烁,具体内容视节温器模式而定。显示屏闪烁说明节温器检测到驾驶室温度要求发动机重新起动,而且正在向 ECM 发送指令重新起动发动机。驾驶室节温器显示屏,见图 10-283,驾驶室节温器与 ECM 之间的通信已确认为合格;若不合格,更换驾驶室节温器。

(9)清除故障代码
①连接所有部件,打开钥匙开关,起动发动机,急速运转 1min。

②用 INSITE™ 确认故障代码 469 不起作用,已转变成非现行故障代码,再用 INSITE™ 清除非现行故障代码。

10.70 故障代码 472-曲轴箱润滑油油位传感器电路故障

1. 电路原理

曲轴箱润滑油油位传感器将电压信号输入 ECM,ECM 利用其电压信号监测润滑油油位,ECM 在发动机保护系统中使用润滑油油位值。曲轴箱润滑油油位传感器电路,见图 10-285。

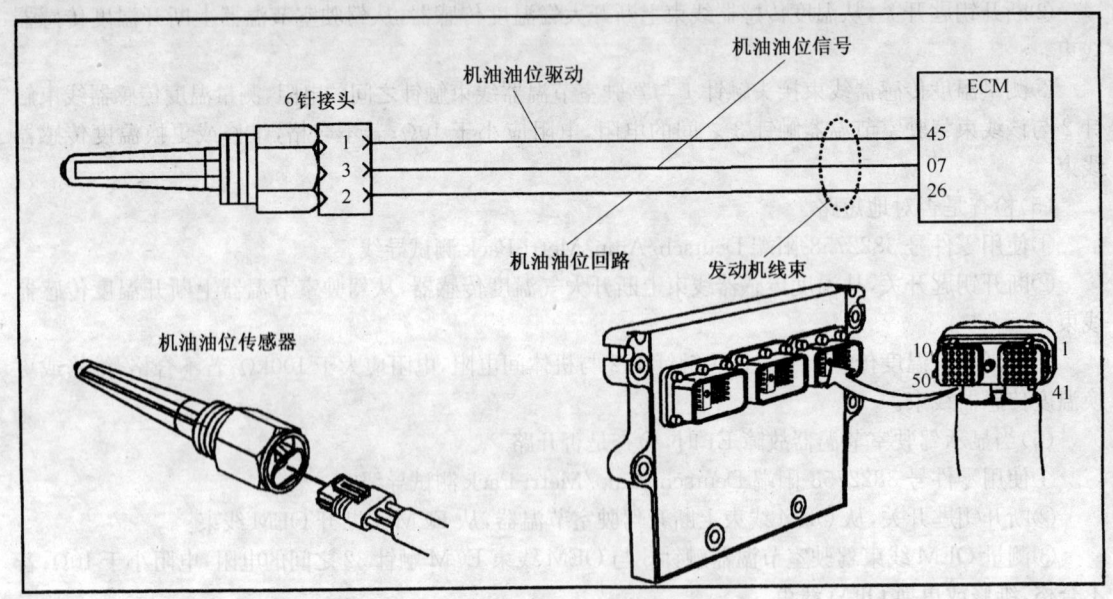

图 10-285 曲轴箱润滑油油位传感器电路

2. 部件安装位置

曲轴箱润滑油油位传感器安装在发动机排气侧的油底壳上。

3. 故障指示灯

维护保养。

4. 故障原因

ECM 在曲轴箱润滑油油位传感器信号电路上检测到低电压或高电压。

5. 故障结果

对性能没有影响。Centinel™ 系统停止使用。

6. 维修提示

低电压可能由信号线开路、信号线对地短路、电源线对地短路、电源线开路或传感器故障等原因造成;高电压可能由信号线与线束中其他导线短路、回路导线开路或传感器故障等原因造成。

7. 维修步骤

(1) 检查润滑油油位传感器的电源电压

①使用零件号 3824775-抽头电缆。

②从 ECM 上断开传感器线束接头,从润滑油油位传感器上断开传感器线束,将抽头电缆安装到传感器和线束接头之间,打开钥匙开关。

③测量抽头电缆触针 A(红色)与触针 B(黑色)之间的电源电压,见图 10-286,电压应为 4.75~5.25V。

第10章 M系列柴油机电控系统故障代码诊断与排除

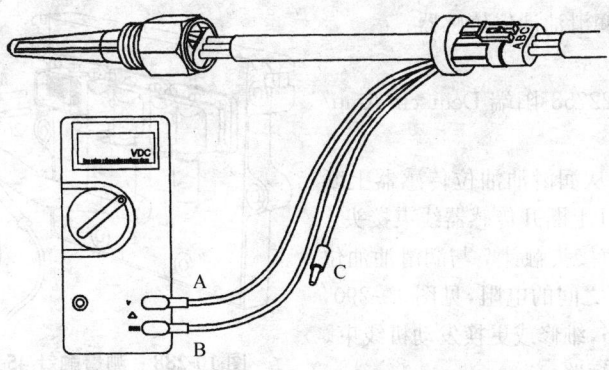

图10-286 测量触针A与触针B之间的电源电压

(2)检查是否开路

①使用零件号3822758-阳端 Deutsch/Amp/Metri-Pack 测试导线。

②从ECM上断开传感器线束接头,打开钥匙开关。

③测量ECM线束触针26与传感器接头触针2(或B)之间的电阻,见图10-287,电阻应小于10Ω;若不合格,不符合技术规范。

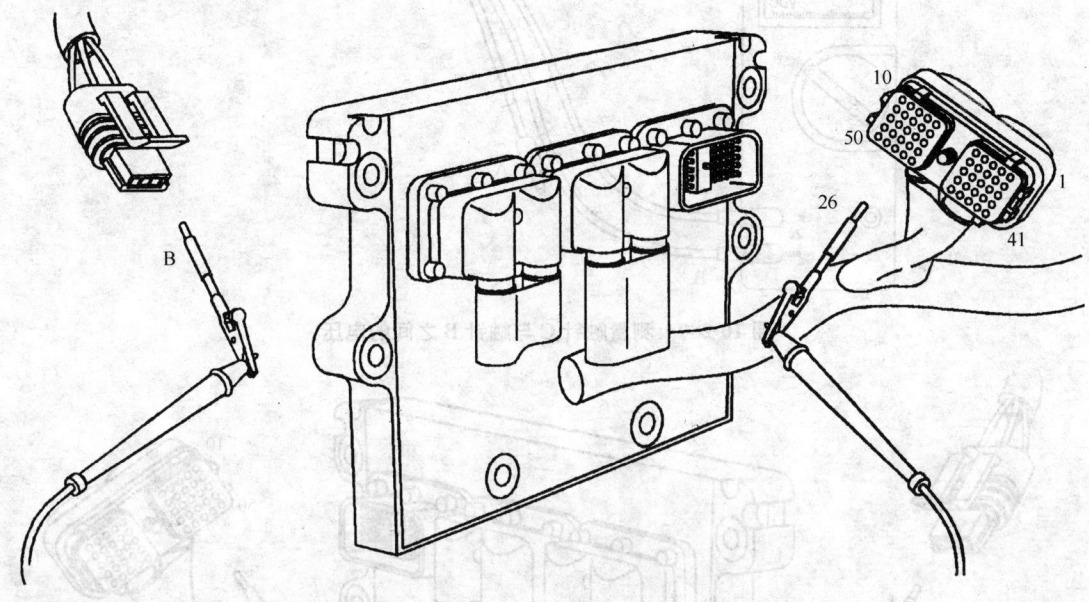

图10-287 测量触针26与触针2(或B)之间的电阻

(3)检查ECM的电压

①使用零件号3822917-阴性 Deutsch/Amp/Metri-Pack 测试导线。

②从ECM上断开传感器线束接头,打开钥匙开关。

③测量ECM传感器触针45与触针46之间的输出电压,见图10-288,电压应在4.75~5.25V;若不合格,更换ECM。

(4)检查润滑油油位传感器的信号电压

①使用零件号3824775-抽头电缆。

②将抽头电缆连接到传感器与发动机线束接头之间,打开钥匙开关。

③测量抽头电缆触针C(黄色)与触针B(黑色)之间的信号电压,见图10-289,电压应为0.4~

4.5V;若不合格,更换润滑油油位传感器。

(5)检查是否开路

①使用零件号 3822758-阳端 Deutsch/Amp/Metri-Pack 测试导线。

②断开钥匙开关,从润滑油油位传感器上断开发动机线束,从 ECM 上断开传感器线束接头。

③测量传感器线束接头触针 7 与润滑油油位传感器接头触针 3(C)之间的电阻,见图 10-290,电阻小于 7Ω;若不合格,维修或更换发动机线束。

(6)检查是否对地短路

①使用零件号 3822758-阳端 Deutsch/Amp/Metri-Pack 测试导线。

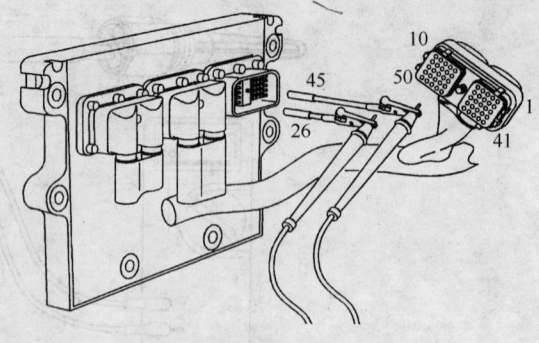

图 10-288 测量触针 45 与 46 之间的电压

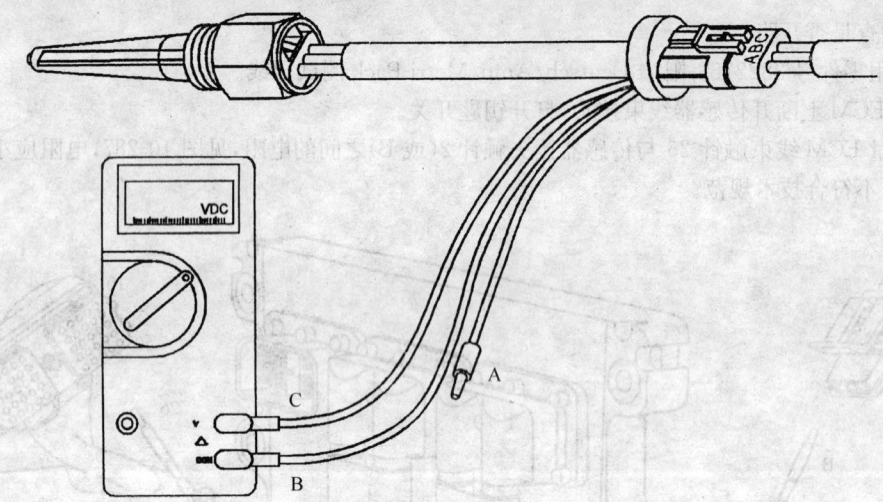

图 10-289 测量触针 C 与触针 B 之间的电压

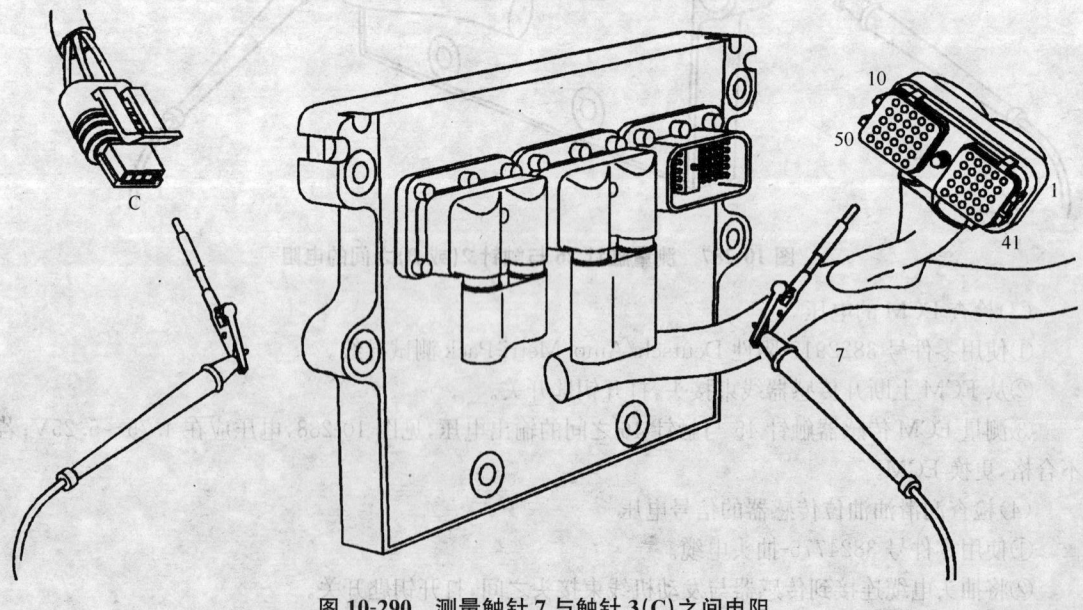

图 10-290 测量触针 7 与触针 3(C)之间电阻

②断开钥匙开关，从润滑油油位传感器上断开发动机线束，从 ECM 上断开传感器线束接头。

③测量传感器线束接头触针 7 与接地间电阻，见图 10-291，电阻大于 100kΩ；若不合格，维修或更换发动机线束。

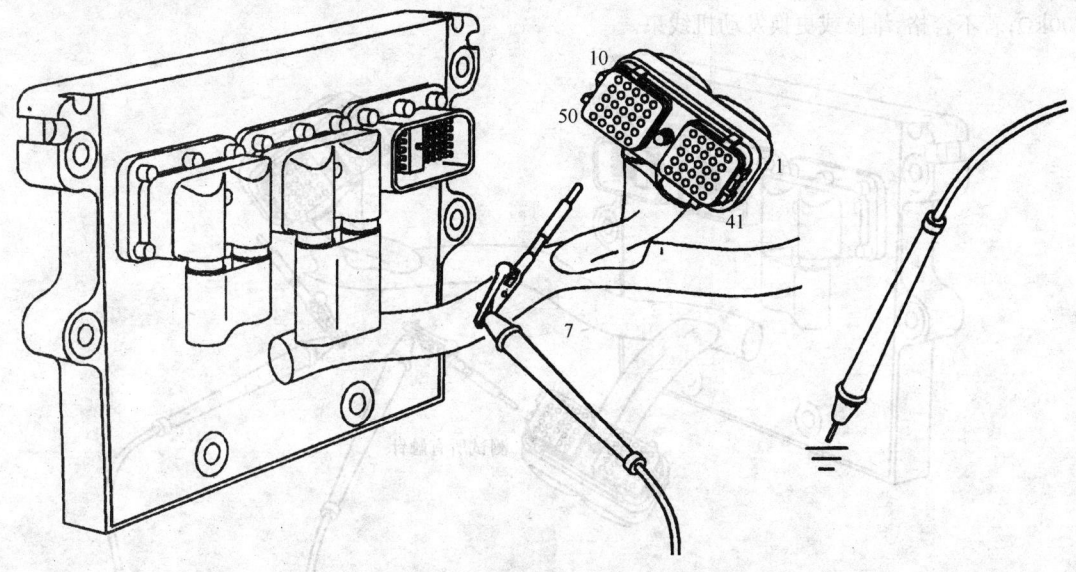

图 10-291　测量触针 7 与接地间电阻

(7) 检查触针与触针之间是否短路

①使用零件号 3822758-阳端 Deutsch/Amp/Metri-Pack 测试导线。

②断开钥匙开关，从 ECM 上断开传感器线束接头，从传感器上断开发动机线束。

③测量传感器接头触针 7 与该接头中其他触针间的电阻，见图 10-292，电阻大于 100kΩ；若不合格，维修或更换发动机线束。

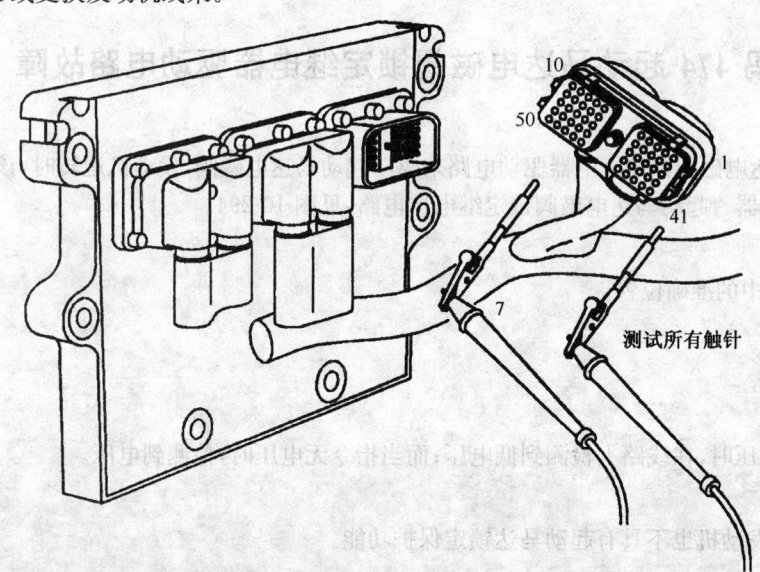

图 10-292　测量触针 7 与该接头中其他触针间的电阻

(8) 检查触针与触针之间是否短路

①使用零件号 3822758-阳端 Deutsch/Amp/Metri-Pack 测试导线。

②断开 ECM 上断开传感器线束接头,从 ECM 断开执行器线束接头,从润滑油油位传感器上断开发动机线束。

③测量传感器线束接头触针 7 与执行器线束接头所有触针间的电阻,见图 10-293,电阻大于 100kΩ;若不合格,维修或更换发动机线束。

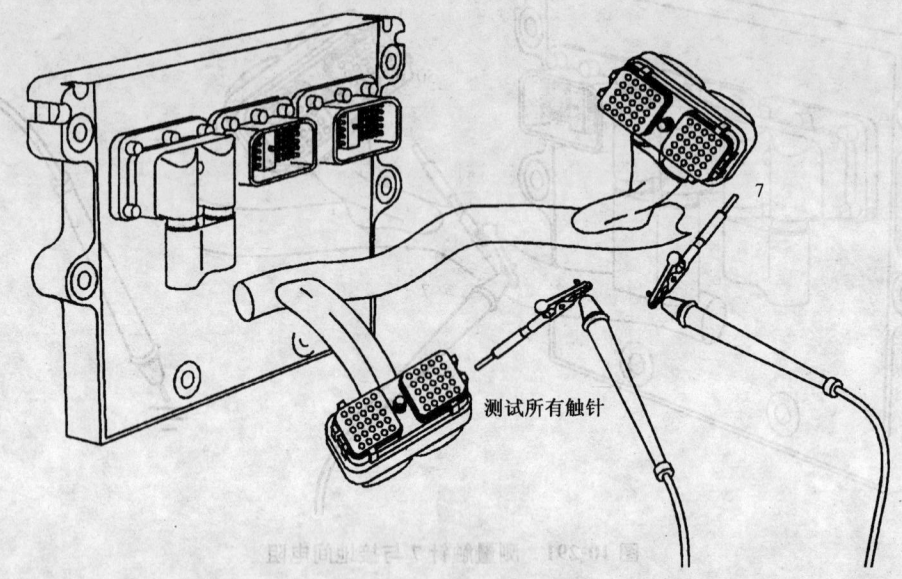

图 10-293 测量触针 7 与执行器线束接头中所有触针间的电阻

(9)清除故障代码

①连接所有部件,打开钥匙开关,起动发动机,怠速运转 1min。

②用 INSITE™ 确认故障代码 472 不起作用,并已转变成非现行故障代码,再用 INSITE™ 清除非现行故障代码。

10.71 故障代码 474-起动马达电磁阀锁定继电器驱动电路故障

1. 电路原理

ECM 通过起动马达电磁阀锁定继电器驱动电路来驱动起动马达电磁阀,发动机运转时,该电磁阀电动隔离起动马达继电器。起动马达电磁阀锁定继电器电路,见图 10-294。

2. 部件安装位置

参考 OEM 示意图中的准确位置。

3. 故障指示灯

黄色。

4. 故障原因

当指令为+12V 电压时,在线路上检测到低电压;而当指令无电压时,检测到电压。

5. 故障结果

发动机不能起动,发动机也不具有起动马达锁定保护功能。

6. 维修步骤

(1)检查起动马达锁定继电器的电阻

①使用零件号 3822758-阳端 Deutsch/Amp/Metri-Pack 测试导线。

②断开钥匙开关,从电磁阀线束接头上断开起动马达锁定继电器。

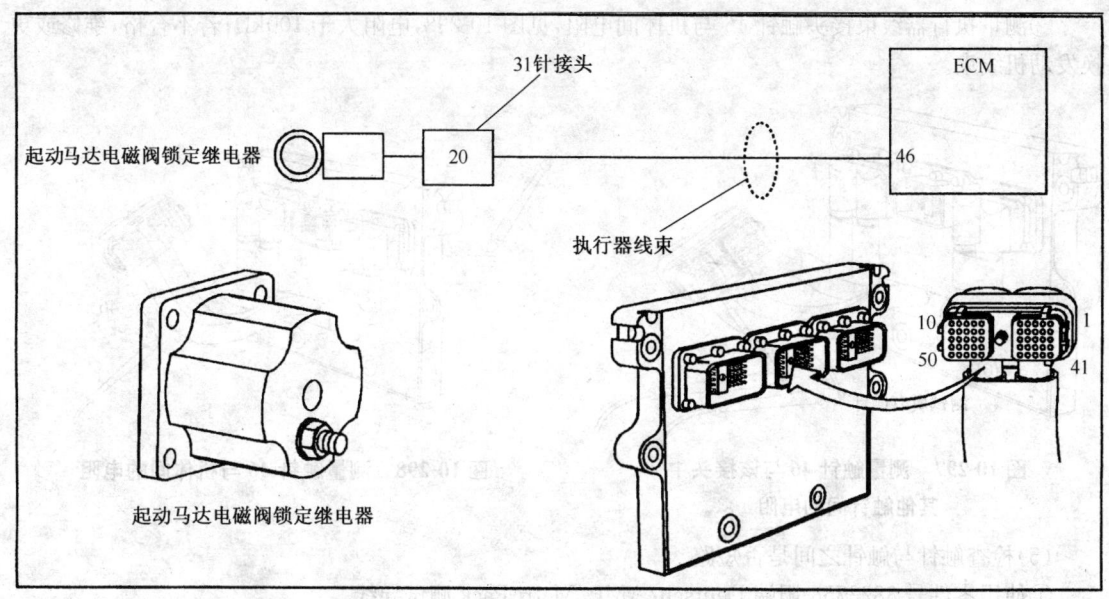

图 10-294　起动马达电磁阀锁定继电器电路

③测量起动马达锁定继电器接头触针 A 与 B 之间的电阻,见图 10-295,电阻值应参考 OEM 技术规范;若不合格,更换起动马达锁定继电器。

(2)检查起动马达锁定继电器是否对地短路

①使用零件号 3822758-阳端 Deutsch/Amp/Metri-Pack 测试导线。

②断开钥匙开关,从电磁阀线束上断开起动马达锁定继电器。

③测量起动马达锁定继电器接头与发动机缸体接地间的电阻,见图 10-296,电阻大于 100kΩ;若不合格,更换起动马达锁定继电器。

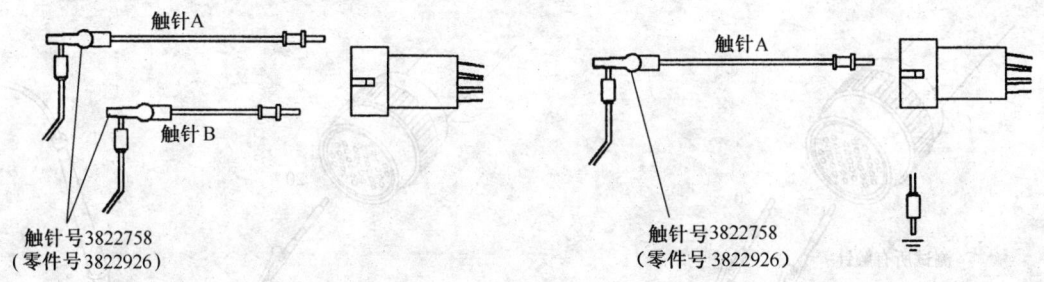

图 10-295　测量起动马达锁定继电器
接头触针 A 与 B 之间的电阻

图 10-296　测量起动马达锁定
继电器接头与接地间的电阻

(3)检查触针与触针之间是否短路

①使用零件号 3822758-阳端 Deutsch/AMP/Metri-Pack 测试导线。

②断开钥匙开关,从引针接头上断开执行器线束,从 ECM 上断开执行器线束接头。

③测量执行器线束接头触针 46 与该接头上其他触针间的电阻,见图 10-297,电阻大于 100kΩ;若不合格,维修或更换发动机线束。

(4)检查是否对地短路

①使用零件号 3822758-阳端 Deutsch/AMP/Metri-Pack 测试导线。

②测量执行器线束接头触针46与机体间电阻,见图10-298,电阻大于100kΩ;若不合格,维修或更换发动机线束。

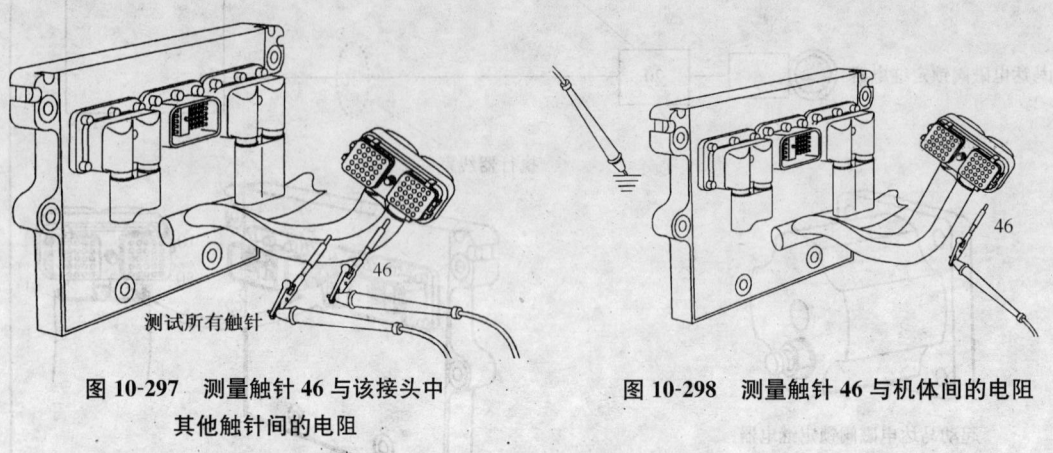

图10-297 测量触针46与该接头中其他触针间的电阻

图10-298 测量触针46与机体间的电阻

(5)检查触针与触针之间是否短路
①使用零件号3822758-阳端Deutsch/AMP/Metri-Pack测试导线。
②断开钥匙开关,从执行器线束的引针接头上断开OEM线束,从起动马达锁定继电器上断开OEM线束。
③测量引针接头OEM线束触针20与该接头中其他触针间的电阻,见图10-299,电阻大于100kΩ;若不合格,维修或更换OEM线束。

(6)检查是否对地短路
①使用零件号3822758-阳端Deutsch/AMP/Metri-Pack测试导线。
②断开钥匙开关,从引针接头上断开OEM线束,从起动马达锁定继电器上断开OEM线束。
③测量引针接头OEM线束的触针20与机体间的电阻,见图10-300,电阻大于100kΩ;若不合格,维修或更换OEM线束。

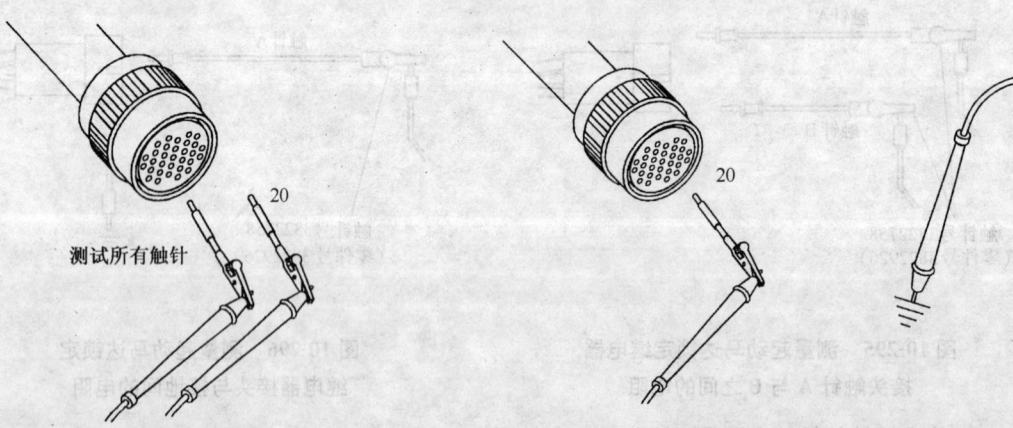

图10-299 测量触针20与该接头中其他触针间的电阻

图10-300 测量触针20与机体间的电阻

(7)清除故障代码
①连接所有部件,打开钥匙开关,起动发动机,怠速运转1min。
②用INSITE™确认故障代码474不起作用,已转变成非现行故障代码,再用INSITE™清除非现行故障代码。

10.72 故障代码 475-电子空气压缩机调整器电路低电压

1. 电路原理

电子空气压缩机调速器是 ECM 用来控制空气压缩机输出的装置。电子空气压缩机调速器电路，见图 10-301。

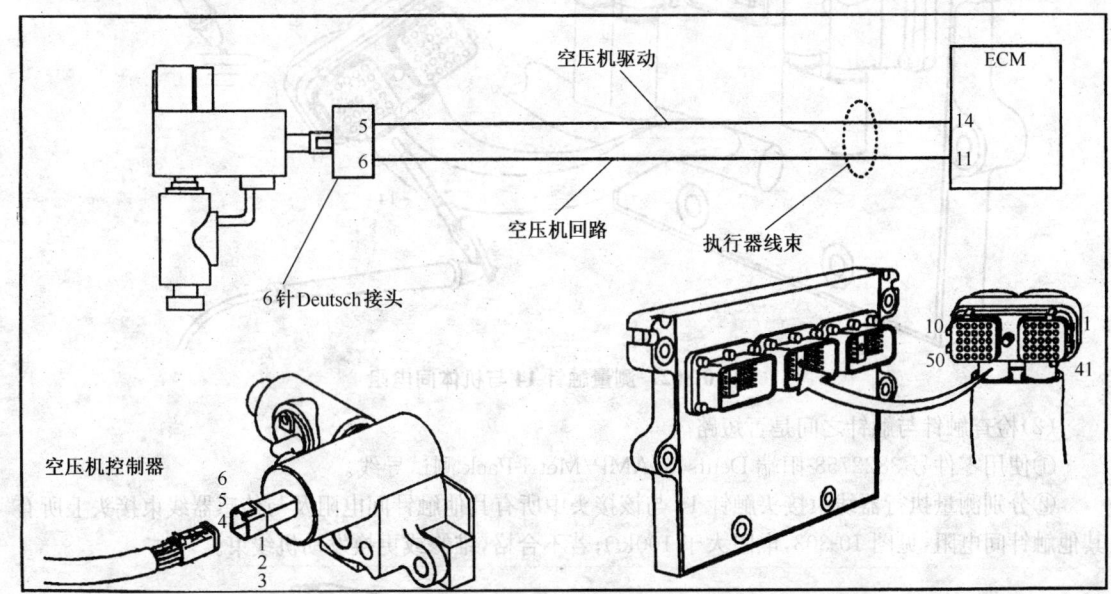

图 10-301 电子空气压缩机调速器电路

2. 部件安装位置

该调速器安装在空气压缩机的顶部。

3. 故障指示灯

黄色。

4. 故障原因

当需要得到高电压时，却在电子空气压缩机调速器电路上检测到低电压。

5. 故障结果

空气压缩机不能关闭。

6. 维修提示

检查发动机缸体到底盘接地线，确认已牢固连接到清洁干燥的导体表面；检查起动马达电磁阀正极端子是否松动或附件导线绝缘皮有无损坏；导致低电压可能由对地短路、与线束中其他导线短路或电磁阀线圈短路；电子空气压缩机调速器上要求有电压才能关闭压缩机，无压缩机开启电压。

7. 维修步骤

(1) 检查是否对地短路

① 使用零件号 3822758-阳端 Deutsch/AMP/Metri-Pack 测试导线。

② 断开钥匙开关，从空压机调速器电磁阀上断开发动机线束，从 ECM 上断开执行器线束接头。

③ 测量执行器线束接头触针 14 与机体间的电阻，见图 10-302，电阻大于 10kΩ；若不合格，维修或更换发动机线束。

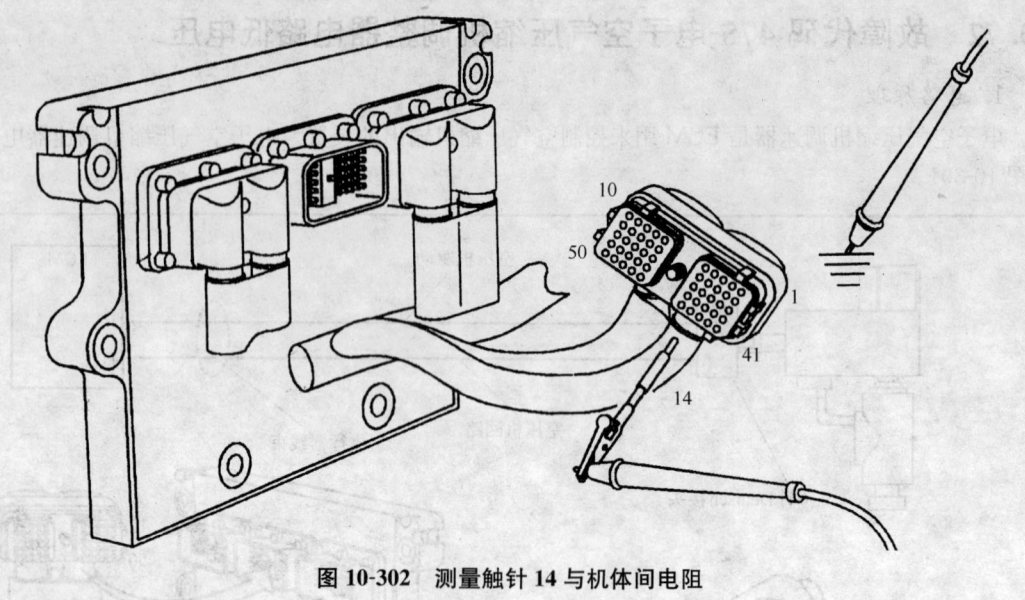

图 10-302 测量触针 14 与机体间电阻

(2)检查触针与触针之间是否短路
①使用零件号 3822758-阳端 Deutsch/AMP/Metri-Pack 测试导线。
②分别测量执行器线束接头触针 14 与该接头中所有其他触针间电阻及与传感器线束接头上所有其他触针间电阻,见图 10-303,电阻大于 100kΩ;若不合格,维修或更换发动机线束。

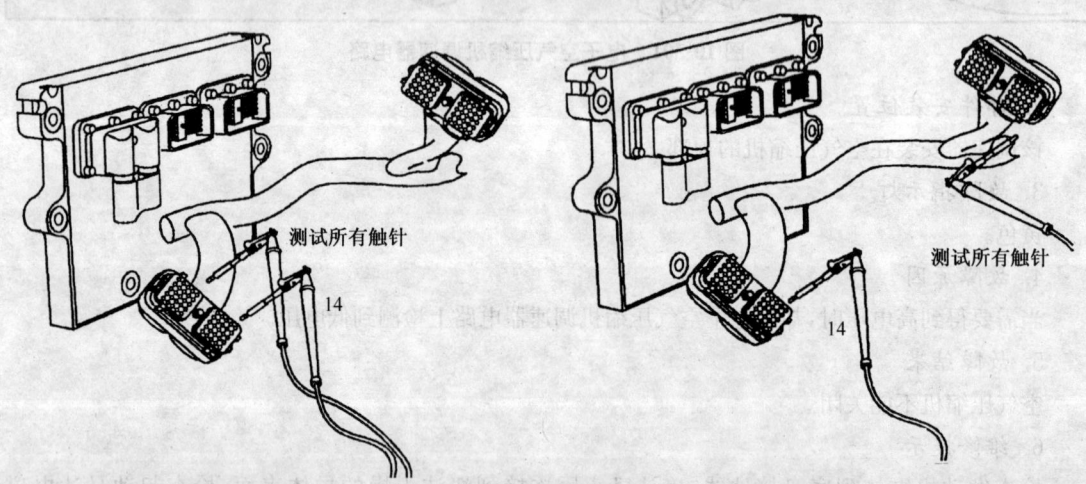

图 10-303 分别测量触针 14 与执行器线束接头所有触针及传感器线束接头所有触针间电阻

(3)检查是否对地短路
①使用零件号 3822758-阳端 Deutsch/AMP/Metri-Pack 测试导线。
②断开钥匙开关,在 6 针空压机调速器电磁阀线束接头上断开发动机线束,从调速器电磁阀上断开发动机线束。
③测量调速器线束接头触针 5 与机体间电阻,见图 10-304,电阻大于 100kΩ;若不合格,维修或更换发动机线束。
(4)检查触针之间是否短路
①使用零件号 3822758-阳端 Deutsch/AMP/Metri-Pack 测试导线。

第10章 M系列柴油机电控系统故障代码诊断与排除　　577

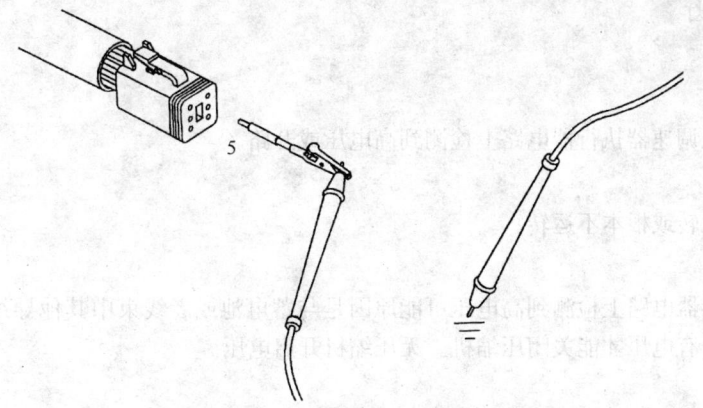

图 10-304　测量触针与机体间电阻

②断开钥匙开关,在6针调速器电磁阀线束接头上断开发动机线束。

③测量调速器接头触针5与该接头中所有其他触针间的电阻,见图10-305,电阻大于100kΩ;若不合格,维修或更换发动机线束。

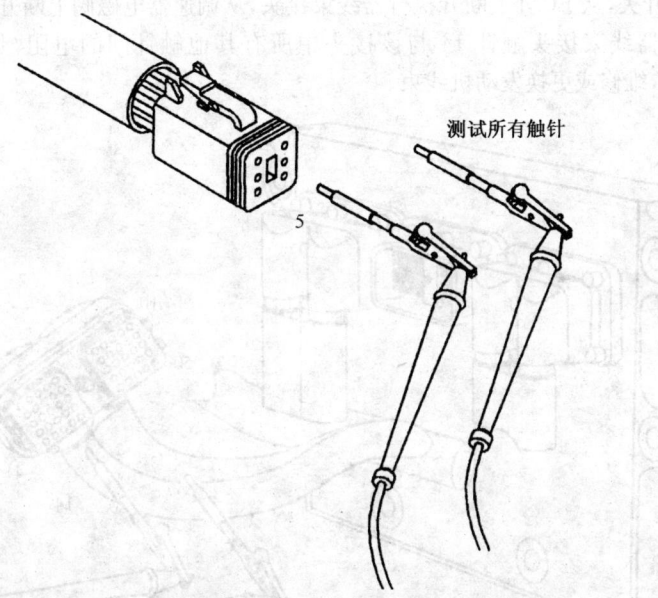

图 10-305　测量触针5与该接头中所有触针间的电阻

(5)清除故障代码

①连接所有部件,打开钥匙开关,起动发动机,怠速运转1min。

②用INSITE™确认故障代码475不起作用,已转变成非现行故障代码,再用INSITE™清除非现行故障代码。

10.73　故障代码476-电子空气压缩机调速器电路高电压

1. 电路原理

见"故障代码475"所述内容及电路图10-301。

2. 部件安装位置

空压机调速器执行器安装在空压机的顶部。

3. 故障指示灯
黄色。

4. 故障原因
在电子空压机调速器执行器电路上检测到高电压或开路。

5. 故障结果
空压机连续运转或根本不运转。

6. 维修提示
在调速器执行器电路上检测到高电压可能原因是与蓄电池或者线束中其他导线短路。在电子空压机调速器上要求有电压才能关闭压缩机。无压缩机开启电压。

7. 维修步骤
(1) 检查是否对地短路
详见"故障代码475"中的维修步骤1)及电路图10-302。
(2) 检查触针与触针之间是否短路
① 使用零件号3822758-阳端 Deutsch/AMP/Metri-Pack 测试导线。
② 断开钥匙开关,从ECM上断开执行器线束接头,从调速器电磁阀上断开发动机线束。
③ 测量执行器线束接头触针14与该接头中所有其他触针间的电阻,见图10-306,电阻大于100kΩ;若不合格,维修或更换发动机线束。

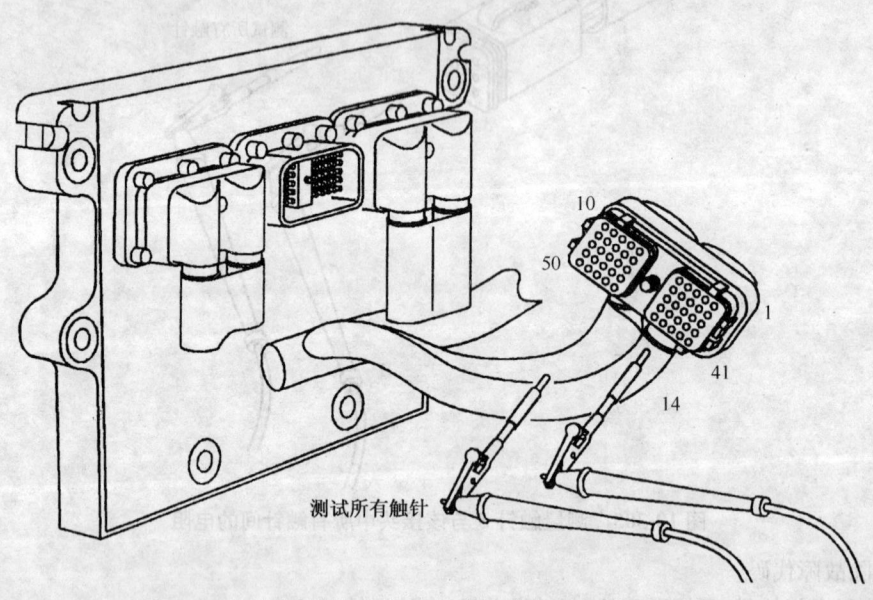

图10-306 测量触针14与执行器接头中所有触针间的电阻

(3) 检查是否对蓄电池短路
① 使用零件号3822758-阳端 Deutsch/AMP/Metri-Pack 测试导线。
② 从ECM上断开执行器线束接头,从调速器电磁阀上断开发动机线束,打开钥匙开关。
③ 测量执行器线束接头触针14与机体间的电压,见图10-307,电压小于1.5V;若不合格,维修或更换发动机线束。

(4) 检查是否开路
① 使用零件号3822758-阳端 Deutsch/AMP/Metri-Pack 测试导线。
② 断开钥匙开关,从ECM上断开执行器线束接头,在6针调速器电磁阀接头处断开发动机线束。

第10章　M系列柴油机电控系统故障代码诊断与排除　　579

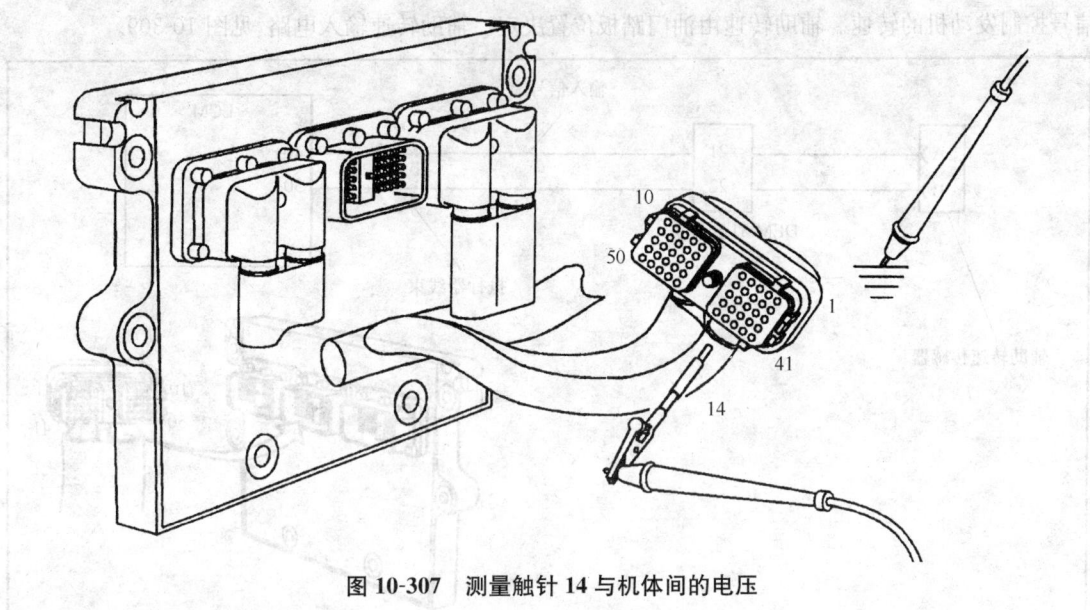

图 10-307　测量触针 14 与机体间的电压

③测量执行器线束接头触针 14 与 6 针接头中的触针 5 之间的电阻,测量执行器线束接头触针 11 与 6 针接头中的触针 6 之间的电阻,见图 10-308,电阻小于 10Ω;若不合格,维修或更换发动机线束。

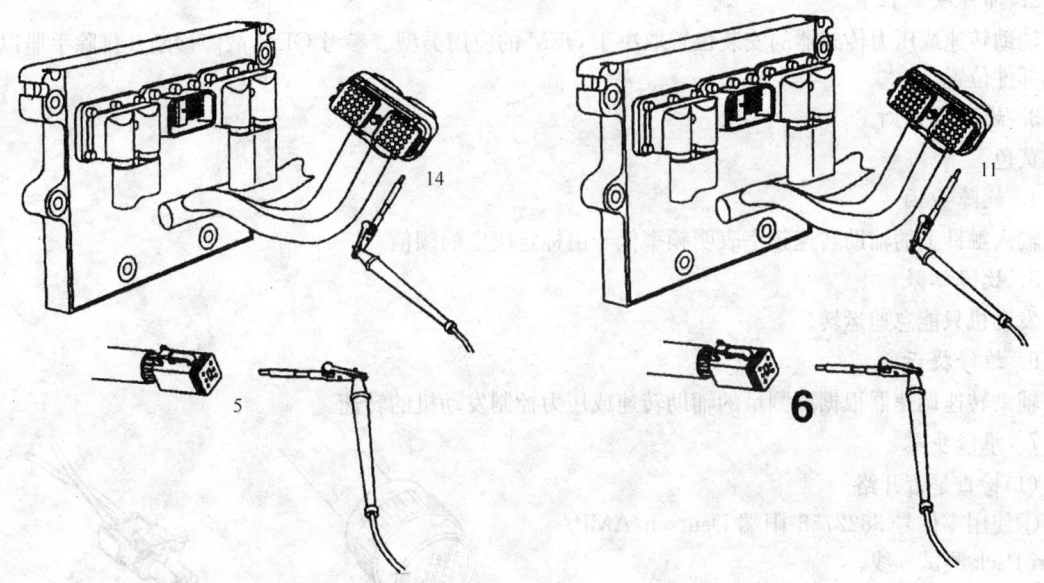

图 10-308　测量触针 14 与 5、11 与 6 之间的电阻

(5)清除故障代码

①连接所有部件,打开钥匙开关,起动发动机,怠速运转 1min。

②用 INSITE™ 确认故障代码 476 不起作用,已转变成非现行故障代码,再用 INSITE™ 清除非现行故障代码。

10.74　故障代码 489(工业)-辅助转速输入错误

1. 电路原理

辅助转速输入是一个来自辅助转速或压力传感器的频率信号,它被输入 ECM。ECM 用辅助转速信号控制发动机的转速。辅助转速由油门踏板位置决定。辅助转速输入电路，见图10-309。

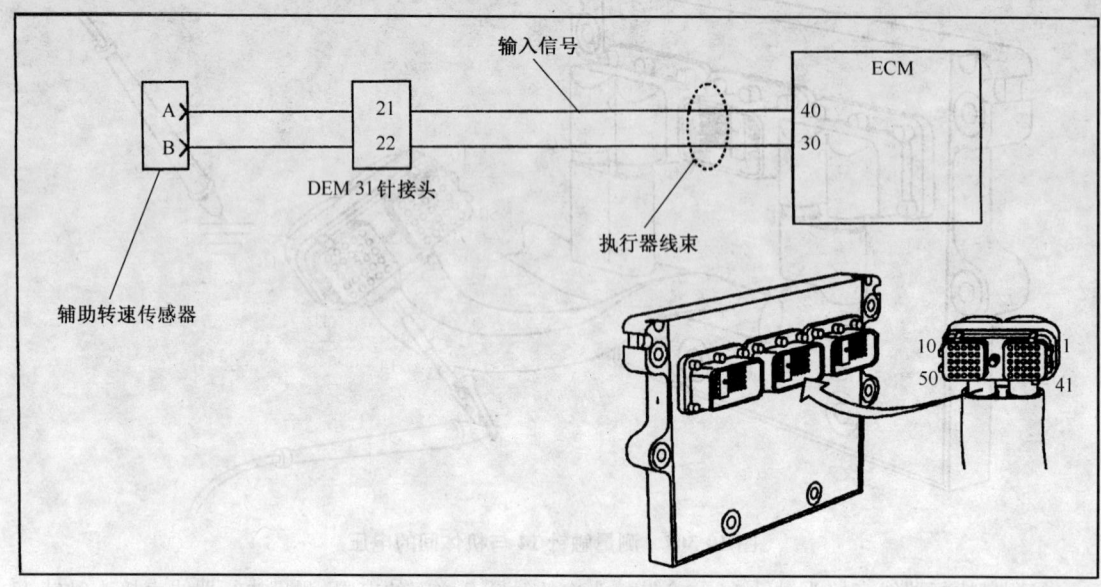

图10-309 辅助转速输入电路

2. 部件安装位置

辅助转速或压力传感器的安装位置取决于OEM的应用类型。参考OEM故障诊断及排除手册以了解部件位置。

3. 故障指示灯

黄色。

4. 故障原因

输入触针上的辅助转速频率表明频率低于由标定决定的阈值。

5. 故障结果

发动机只能怠速运转。

6. 维修提示

辅助转速调速器根据所测量的辅助转速或压力控制发动机的转速。

7. 维修步骤

(1) 检查是否开路

①使用零件号3822758-阳端Deutsch/AMP/Metri-Pack测试导线。

②断开钥匙开关，从执行器引针接头上断开OEM线束，从频率输入信号发送单元上断开OEM线束。

③测量31针OEM线束接头触针21与频率输入信号发送单元上的OEM线束接头触针A（或1）之间的电阻，见图10-310，电阻小于10Ω；若不合格，维修或更换OEM线束。

(2) 检查是否对地短路

①使用零件号3822758-阳端Deutsch/AMP/Metri-Pack测试导线。

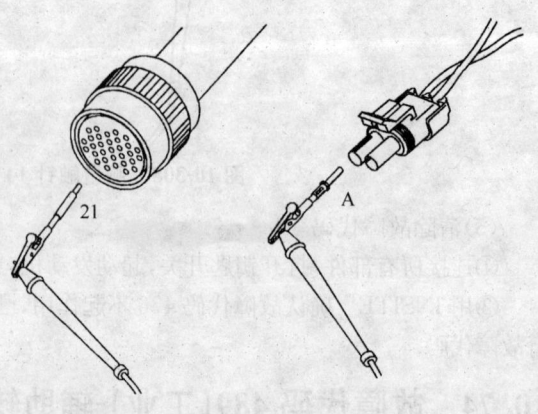

图10-310 测量触针21与触针A（或1）之间的电阻

②断开钥匙开关,从 31 针接头上断开 OEM 线束,从频率输入信号发送单元上断开 OEM 线束。

③测量 31 针线束接头的触针 21 与机体间电阻,见图 10-311,电阻大于 100kΩ;若不合格,维修或更换 OEM 线束。

(3)检查触针与触针之间是否短路

①使用零件号 3822758-阳端 Deutsch/AMP/Metri-Pack 测试导线。

②断开钥匙开关,从 31 针接头上断开 OEM 线束,从频率输入信号发送单元上断开 OEM 线束。

③测量 31 针接头触针 21 与接头中(除触针 22 以外)所有其他触针间的电阻,见图 10-312,电阻大于 100kΩ;若不合格,维修或更换 OEM 线束。

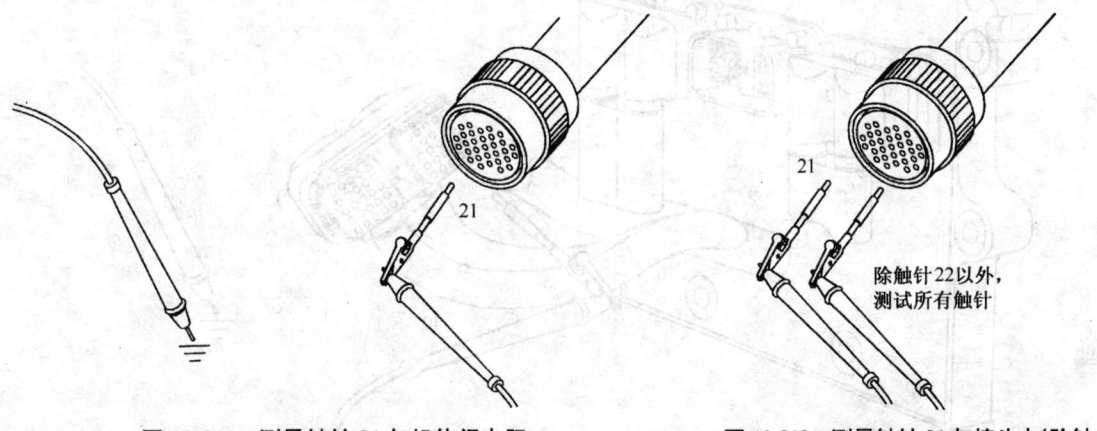

图 10-311　测量触针 21 与机体间电阻

图 10-312　测量触针 21 与接头中(除触针 22 外)所有其他触针间的电阻

(4)检查是否开路

①使用零件号 3822758-阳性 Deutsch/AMP/Metri-Pack 测试导线及零件号 3822917-阴性 Deutsch/AMP/Metri-Pack 测试导线。

②断开钥匙开关,从 31 针接头上断开 OEM 线束,从 ECM 上断开执行器线束接头。

③测量执行器线束接头触针 40 与 31 针执行器线束接头触针 21 之间的电阻,见图 10-313,电阻小于 10Ω;若不合格,维修或更换发动机线束。

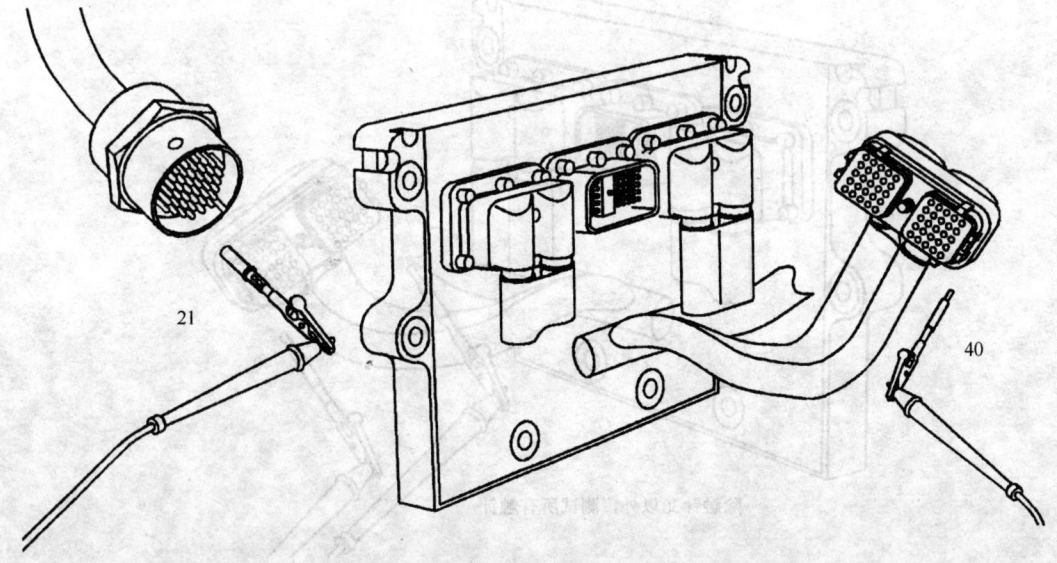

图 10-313　测量触针 40 与触针 21 之间的电阻

(5)检查是否对地短路
①使用零件号3822758-阳端Deutsch/AMP/Metri-Pack测试导线。
②断开钥匙开关,从31针接头上断开OEM线束,从ECM上断开执行器线束接头。
③测量50针执行器线束接头触针40与机体间的电阻,见图10-314,电阻大于100kΩ;若不合格,维修或更换发动机线束。

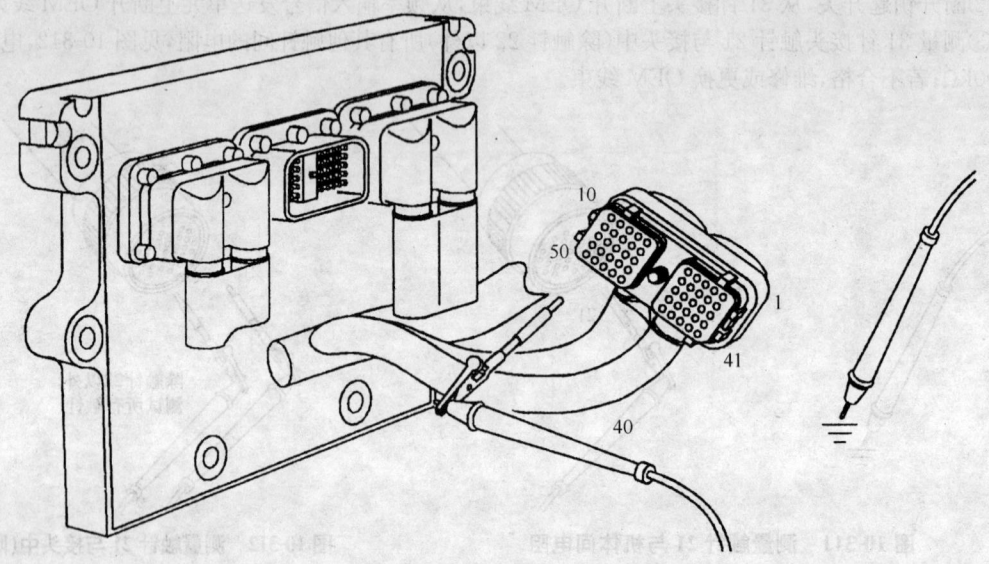

图10-314 测量触针40与机体间电阻

(6)检查触针与触针之间是否短路
①使用零件号3822758-阳端Deutsch/AMP/Metri-Pack测试导线。
②断开钥匙开关,从31针接头上断开OEM线束,从ECM上断开执行器线束接头。
③测量50针接头的触针40与该接头中(除触针30以外)所有其他触针间的电阻,见图10-315,电阻大于100kΩ;若不合格,维修或更换发动机线束。

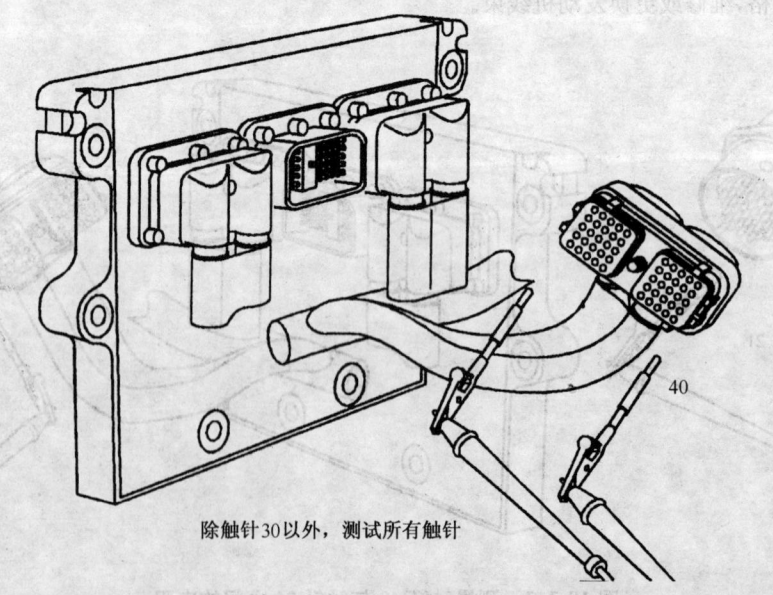

除触针30以外,测试所有触针

图10-315 测量触针40与该接头中(除触针40以外)所有其他触针之间的电阻

(7)清除故障代码

①连接所有部件,打开钥匙开关,起动发动机,怠速运转1min。

②用INSITE™确认故障代码489不起作用,已转变成非现行故障代码,再用INSITE™清除非现行故障代码。

10.75 故障代码491—2号废气旁通阀执行器电路高电压

1. 电路原理

废气旁通阀执行器是ECM用来控制增压压力的装置。2号废气旁通阀执行器电路,见图10-316。

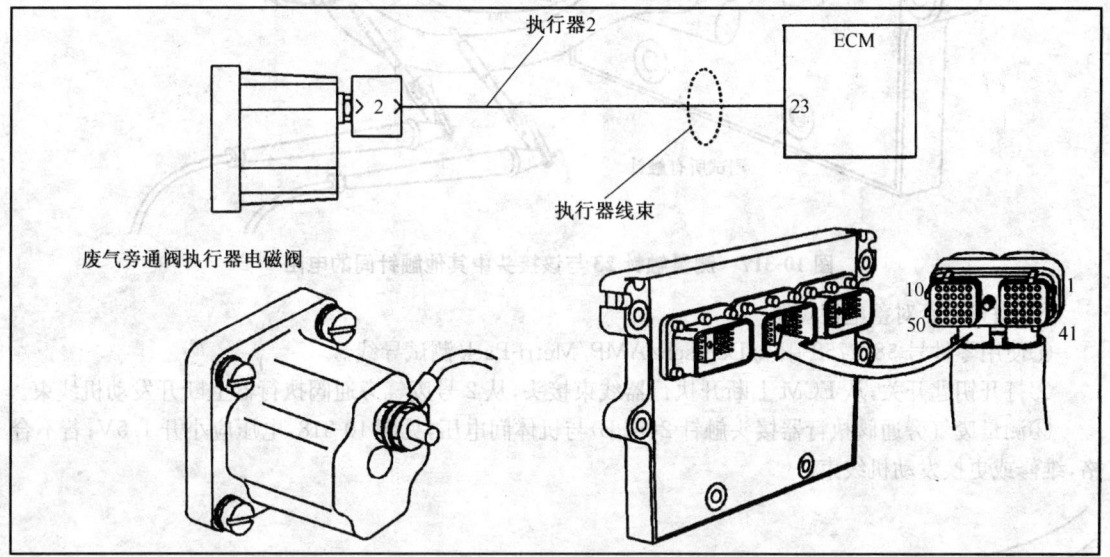

图10-316 2号废气旁通阀执行器电路

2. 部件安装位置

废气旁通阀执行器安装在进气口上,2号执行器是控制器上最靠后的电磁阀。

3. 故障指示灯

黄色。

4. 故障原因

当ECM没有提供电压时,在2号废气旁通阀执行器电路上检测到高电压。

5. 故障结果

发动机的运行功率将下降。

6. 维修提示

高电压可能是因为与蓄电池或者线束中其他导线短路造成。

7. 维修步骤

(1)检查触针与触针之间是否短路

①使用零件号3822758-阳端Deutsch/AMP/Metri-Pack测试导线。

②断开钥匙开关,从ECM上断开执行器线束接头,从2号废气旁通阀执行器上断开发动机线束。

③测量执行器线束接头触针23与该接头中所有其他触针间的电阻,见图10-317,电阻大于100kΩ;若不合格,维修或更换发动机线束。

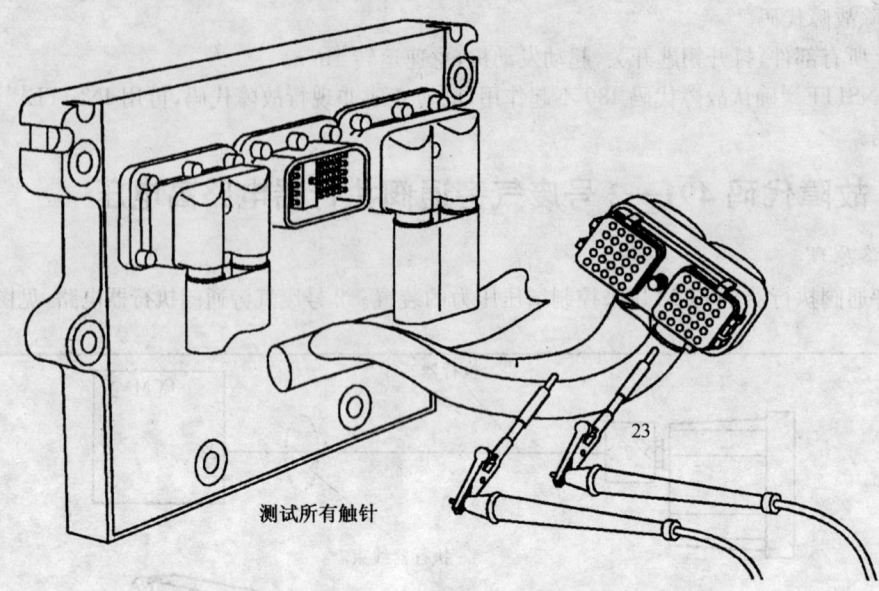

图 10-317 测量触针 23 与该接头中其他触针间的电阻

(2)检查是否对蓄电池短路
①使用零件号 3822758-阳端 Deutsch/AMP/Metri-Pack 测试导线。
②打开钥匙开关,从 ECM 上断开执行器线束接头,从 2 号废气旁通阀执行器上断开发动机线束。
③测量废气旁通阀执行器接头触针 2(或 B)与机体间电压,见图 10-318,电压应小开 1.5V;若不合格,维修或更换发动机线束。

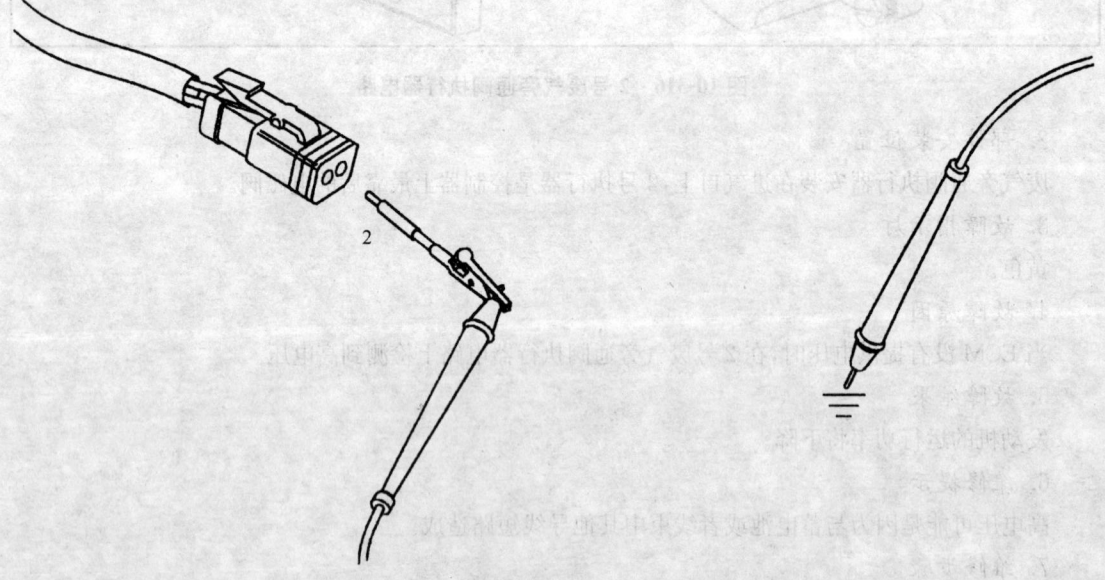

图 10-318 测量触针 2(或 B)与机体间电压

(3)清除故障代码
①连接所有部件,打开钥匙开关,起动发动机,怠速运转 1min。
②用 INSITE™ 确认故障代码 491 不起作用,已转变成非现行故障代码,再用 INSITE™ 清除非现行故障代码。

10.76 故障代码492-2号废气旁通阀执行器电路低电压

1. 电路原理

详见故障代码491及电路图10-316。

2. 部件安装位置

详见故障代码491所述有关内容。

3. 故障指示灯

黄色。

4. 故障原因

当启用2号废气旁通阀执行器时,检测到电路电压小于6V,说明ECM电流消耗过大或ECM输出电路故障。

5. 故障结果

发动机的输出功率将会降低。

6. 维修提示

(1) 检查触针与触针之间是否短路

详见故障代码491维修步骤以及电路图10-317。

(2) 检查是否对地短路

① 使用零件号3822758-阳端Deutsch/AMP/Metri-Pack测试导线。

② 断开钥匙开关,从ECM上断开执行器线束接头,从2号废气旁通阀执行器上断开发动机线束。

③ 测量执行器线束接头触针23与接地间电阻,见图10-319,电阻大于100kΩ;若不合格,维修或更换发动机线束。

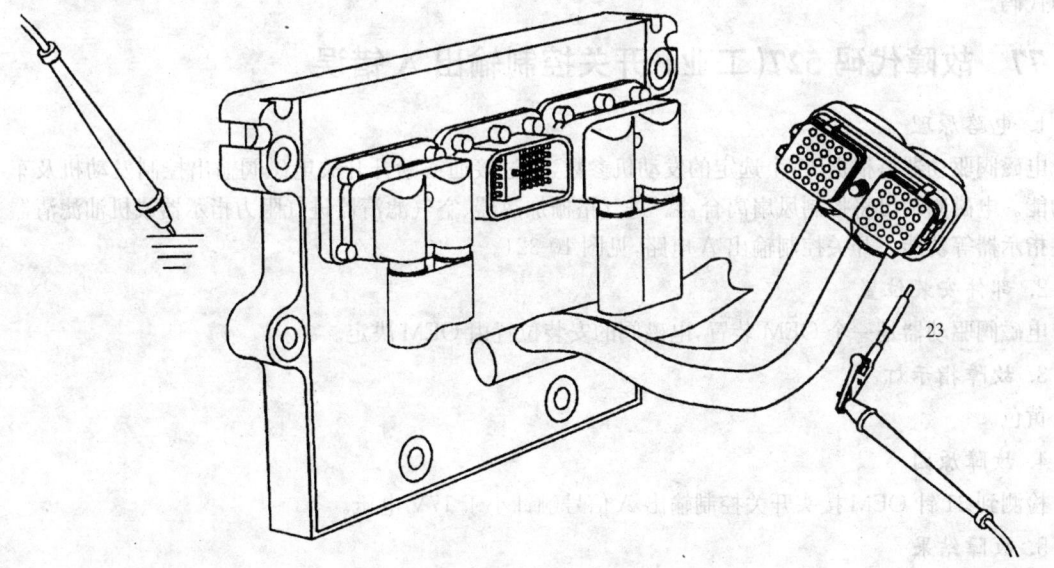

图10-319 测量触针23与接地间电阻

(3) 检查是否开路

① 使用零件号3822758-阳端Deutsch/AMP/Metri-Pack测试导线。

② 断开钥匙开关,从ECM上断开执行器线束接头,从2号废气旁通阀执行器上断开发动机线束。

③ 测量执行器线束接头触针23与2号废气旁通阀执行器导线之间的电阻,见图10-320,电阻小于

10Ω；若不合格，维修或更换发动机线束。

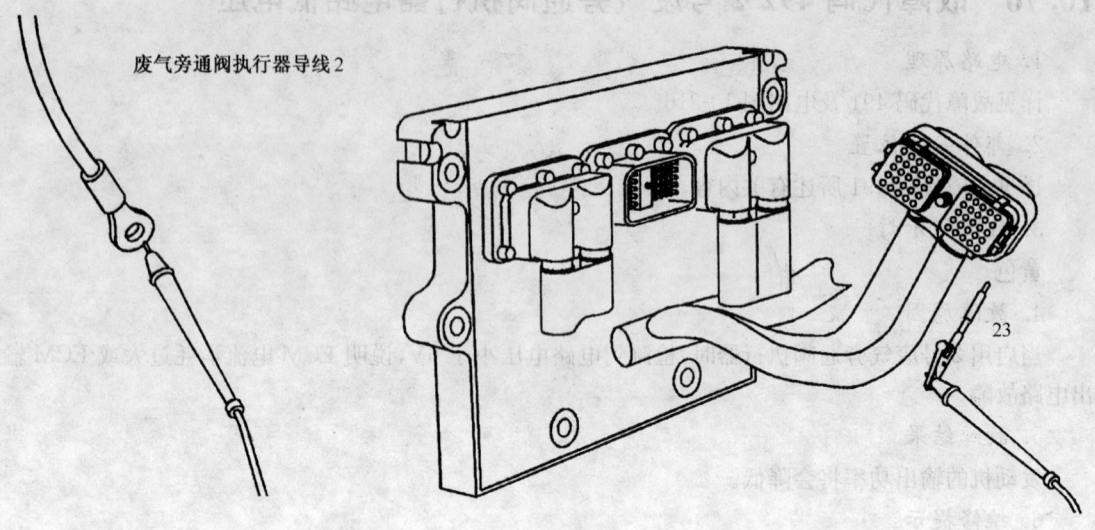

图 10-320　测量触针 23 与 2 号废气旁通阀执行器导线之间的电阻

(4) 检查废气旁通阀执行器的电阻

详见故障代码 466 维修步骤及电路图 10-281。

(5) 清除故障代码

① 连接所有部件，打开钥匙开关，起动发动机，怠速运转 1min。

② INSITE™ 确认故障代码 492 不起作用，已转变成非现行故障代码，再用 INSITE™ 清除非现行故障代码。

10.77　故障代码 527(工业)-开关控制输出 A 错误

1. 电路原理

电磁阀驱动器将根据 11 个选定的发动机参数，通过接通或断开开关电磁阀输出控制发动机及车辆功能。电磁阀输出将控制风扇离合器。进气格栅加热器、空气滤清器进气阻力指示器或机油滤清器压差指示器等功能。开关控制输出 A 电路，见图 10-321。

2. 部件安装位置

电磁阀驱动器是一个 OEM 装置，电磁阀的安装位置由 OEM 决定。

3. 故障指示灯

黄色。

4. 故障原因

检测到 31 针 OEM 接头开关控制输出 A 信号触针小于 17V 电压。

5. 故障结果

ECM 无法进行任何操作。

6. 维修步骤

(1) 检查电磁阀接线柱有无多余导线

① 断开钥匙开关。

② 拆除电磁阀接线柱上的多余导线。无多余导线为合格，见图 10-322。

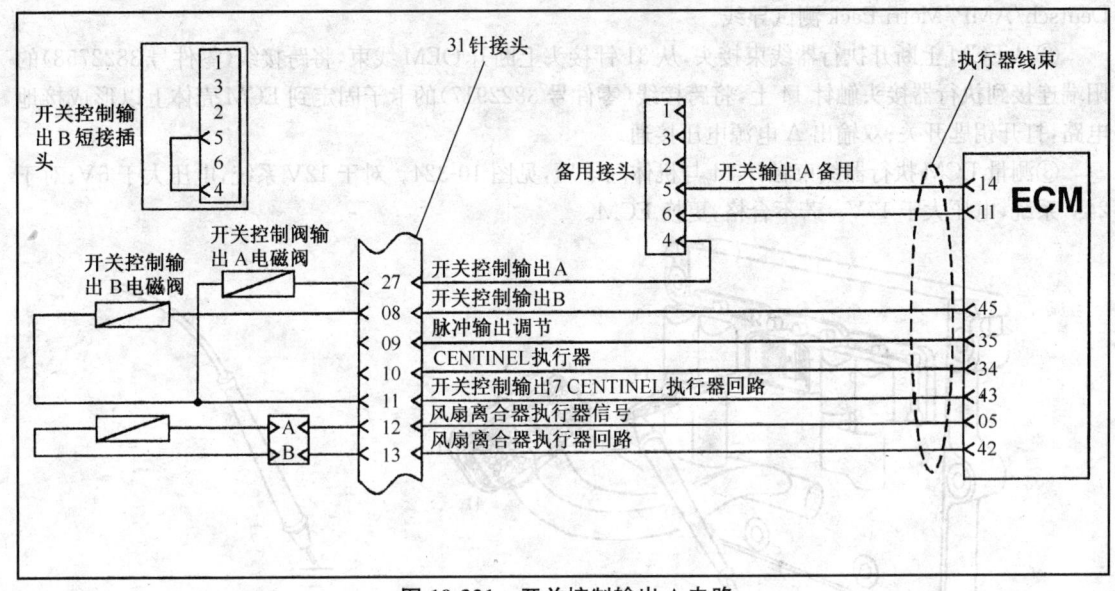

图 10-321 开关控制输出 A 电路

(2)检查电磁阀电阻

①断开钥匙开关,从电磁阀上断开 OEM 线束。

②测量电磁阀与机体间的电阻,见图 10-281。对于 12V 系统,电阻为 7~8Ω;对于 24V 系统,电阻为 28~32Ω。若不合格,更换电磁阀。

(3)检查 OEM 线束是否对地短路

①断开钥匙开关,从执行器线束上断开 OEM 线束,从电磁阀上断开 OEM 线束。

②测量电磁阀电源线与机体间电阻,见图 10-115,电阻大于 100kΩ;若不合格,维修或更换 OEM 线束。

(4)检查触针与触针之间是否短路

①使用零件号 3822758-阳端 Deutsch/AMP/Metri-pack 测试导线。

②断开钥匙开关,从执行器线束上断开 OEM 线束,从电磁阀上断开 OEM 线束。

③测量 31 针接头触针 27 与该接头中所有其他触针间的电阻,见图 10-323,电阻大于 100kΩ;若不合格,维修或更换 OEM 线束。

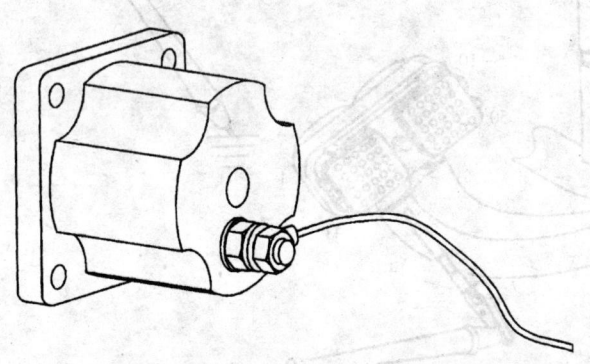

图 10-322 拆除电磁阀接线柱上的多余导线

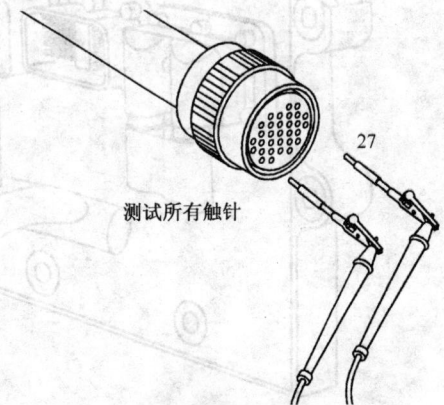

图 10-323 测量触针 27 与该接头中其他触针间的电阻

(5)检查 ECM 的电源电压

①使用零件号 3822758-阴性 Deutsch/AMP/Metri-Pack 测试导线和零件号 3822917-阴性

Deutsch/AMP/Metri-Pack 测试导线。

②从 ECM 上断开执行器线束接头，从 31 针接头上断开 OEM 线束，将跨接线(零件号 3822758)的阳端连接到执行器接头触针 14 上，将跨接线(零件号 3822917)的卡子固定到 ECM 壳体上以形成接地电路，打开钥匙开关、双输出 A 电源电压接通。

③测量 ECM 执行器线束触针 14 与机体间电压，见图 10-324。对于 12V 系统，电压大于 5V；对于 24V 系统，电压大于 17V。若不合格，更换 ECM。

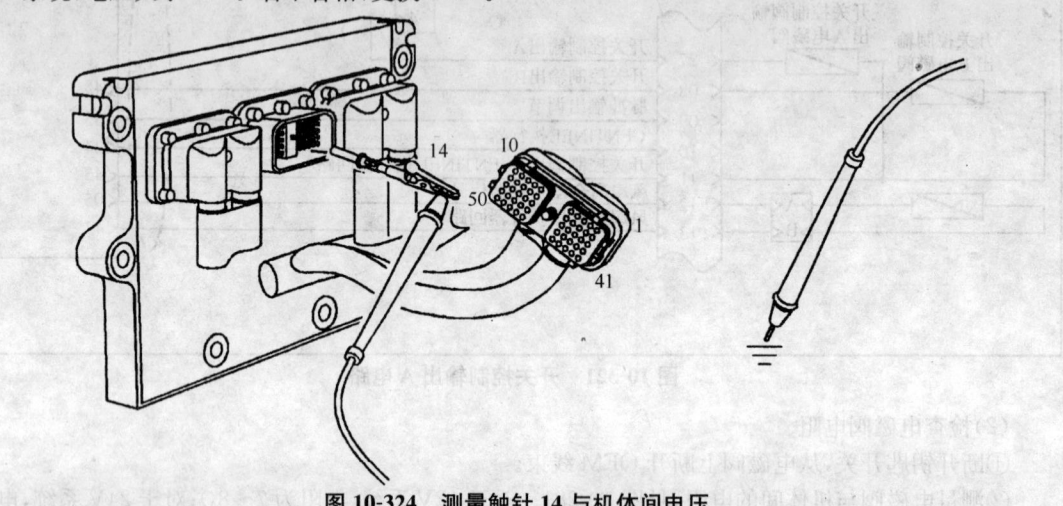

图 10-324　测量触针 14 与机体间电压

(6) 检查电磁阀电源线是否对地短路

①使用零件号 3822758-阳端 Deutsch/AMP/Metri-Pack 测试导线。

②断开钥匙开关，从 ECM 上断开执行器线束接头，从 6 针接头上断开执行器线束。

③测量执行器线束接头触针 14 与机体间的电阻，见图 10-325，电阻大于 100kΩ；若不合格，维修或更换发动机线束。

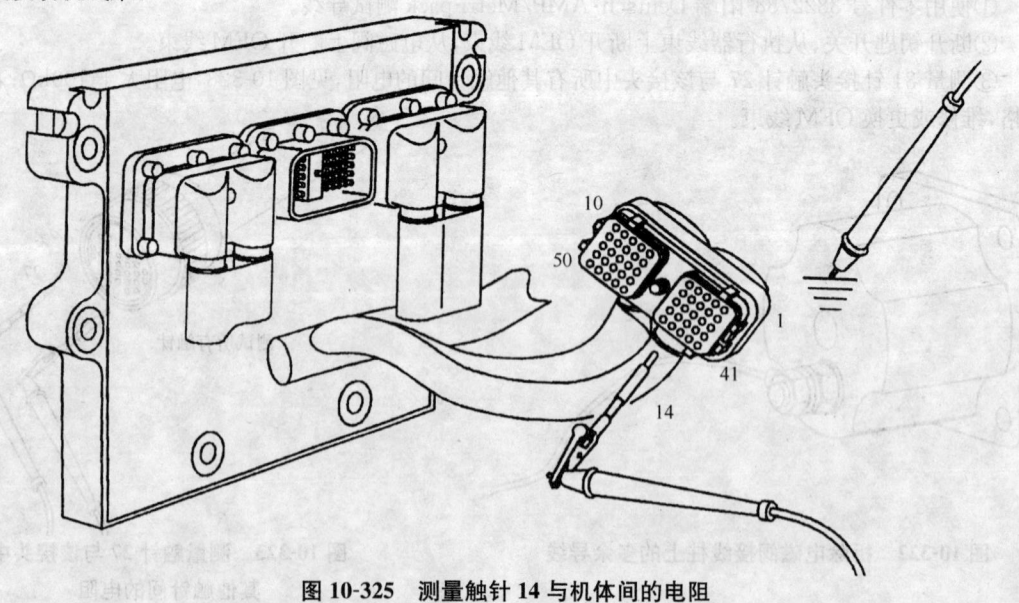

图 10-325　测量触针 14 与机体间的电阻

(7) 检查触针与触针之间是否短路

①使用零件号 3822758-阳端 Deutsch/AMP/Metri-Pack 测试导线。

②断开钥匙开关,从 ECM 上断开执行器线束接头,从 6 针接头上断开执行器线束。

③测量执行器线束接头触针 14 与该接头中所有触针间的电阻,见图 10-326,电阻大于 100kΩ;若不合格,维修或更换发动机线束。

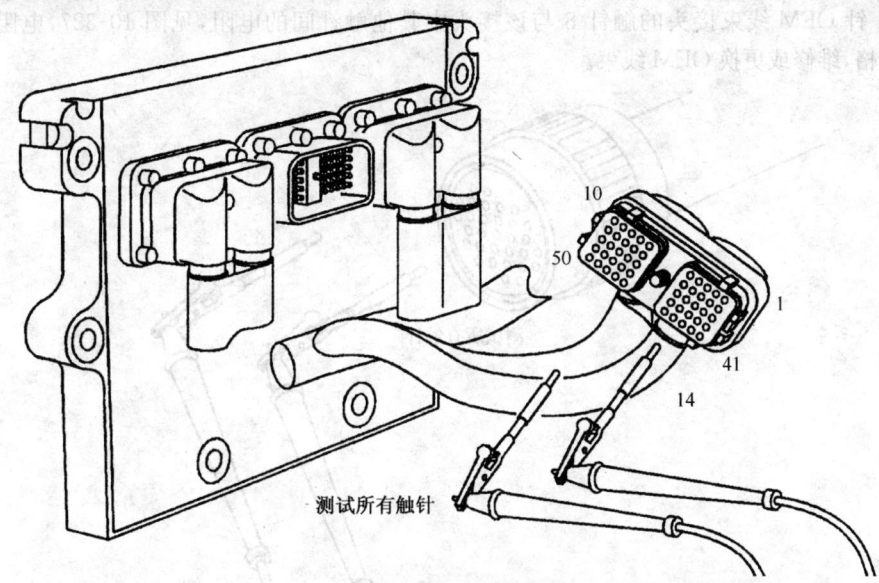

图 10-326　测量触针 14 与该接头中所有触针间的电阻

(8) 清除故障代码

①连接所有部件,打开钥匙开关,起动发动机,怠速运转 1min。

②用 INSITE™ 确认故障代码 527 不起作用,已转变成非现行故障代码,再用 INSITE™ 清除非现行故障代码。

10.78　故障代码 528(工业)-开关控制输出 B 错误

1. 电路原理

详见故障代码 527 及电路图 10-321。

2. 部件安装位置

电磁驱动器是一个 OEM 装置,电磁阀的安装位置由 OEM 决定。

3. 故障指示灯

黄色。

4. 故障原因

在 31 针 OEM 接头开关控制输出 B 信号触针上检测到小于 17V 电压。

5. 故障结果

ECM 无法进行任何操作。

6. 检修步骤

(1) 检查电磁阀接线柱有无多余导线

详见故障代码 527 维修步骤及电路图 10-322。

(2) 检查电磁阀电阻

详见故障代码 527 维修步骤及电路图 10-281。

(3) 检查是否对地短路

详见故障代码 527 维修步骤及电路图 10-119。

(4)检查触针与触针之间是否短路

①使用零件号 3822758-阳端 Deutsch/AMP/Metri-Pack 测试导线。

②断开钥匙开关,从执行器线束上断开 31 针 OEM 线束接头,从电磁阀上断开 OEM 线束。

③测量 31 针 OEM 线束接头的触针 8 与该接头中其他触针间的电阻,见图 10-327,电阻大于 100kΩ;若不合格,维修或更换 OEM 线束。

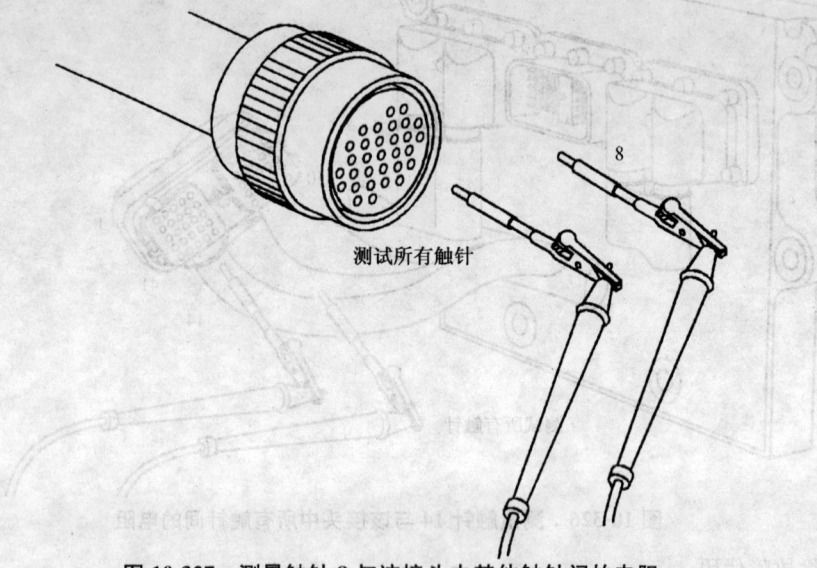

图 10-327　测量触针 8 与该接头中其他触针间的电阻

(5)检查 ECM 的电源电压

①使用零件号 3822758-阳性 Deutsch/AMP/Metri-Pack 测试导线及零件号 3822917-阴性 Deutsch/AMP/Metri-Pack 测试导线。

②从 ECM 上断开执行器线束接头,从 31 针接头上断开 OEM 线束,将跨接线 3322758 的阳头连接到 ECM 执行器接头触针 45 上,将跨接线 3822917 的卡子端固定到 ECM 壳体上以形成接地电路,打开钥匙开关,双输出 B 电源电压接通。

③测量 ECM 执行器触针 45 与机体间电压,见图 10-328,对于 12V 系统,电压大于 5V;对于 24V 系统,电压大于 7V。

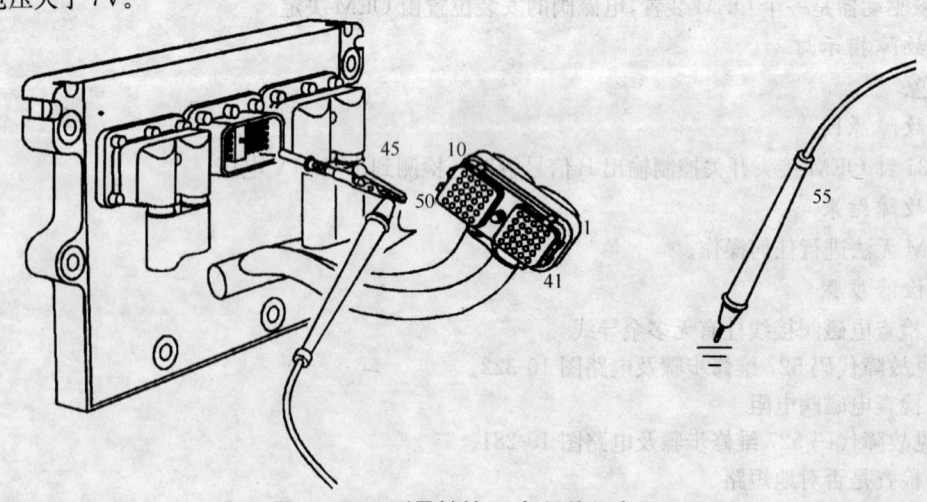

图 10-328　测量触针 45 与机体间电压

(6)检查是否对地短路

①使用零件号3822758-阳端 Deutsch/AMP/Metri-Pack 测试导线。

②断开钥匙开关,从 ECM 上断开执行器线束接头,从31针接头上断开执行器线束。

③测量执行器触针45与机体间电阻,见图10-329,电阻大于100kΩ;若不合格,维修或更换发动机线束。

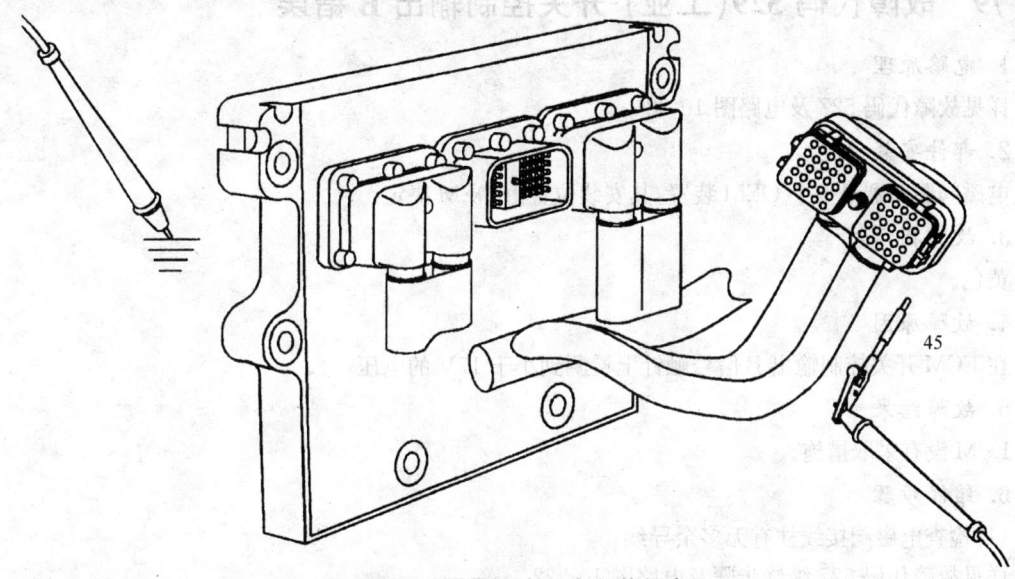

图 10-329　测量触针45与机体间电阻

(7)检查触针与触针之间是否短路

①使用零件号3822758-阳端 Deutsch/AMP/Metri-Pack 测试导线。

②断开钥匙开关,从 ECM 上断开执行器线束接头,从31针接头上断开执行器线束。

③测量执行器接头触针45与该接头中其他触针间电阻,见图10-330,电阻大于100kΩ;若不合格,维修或更换发动机线束。

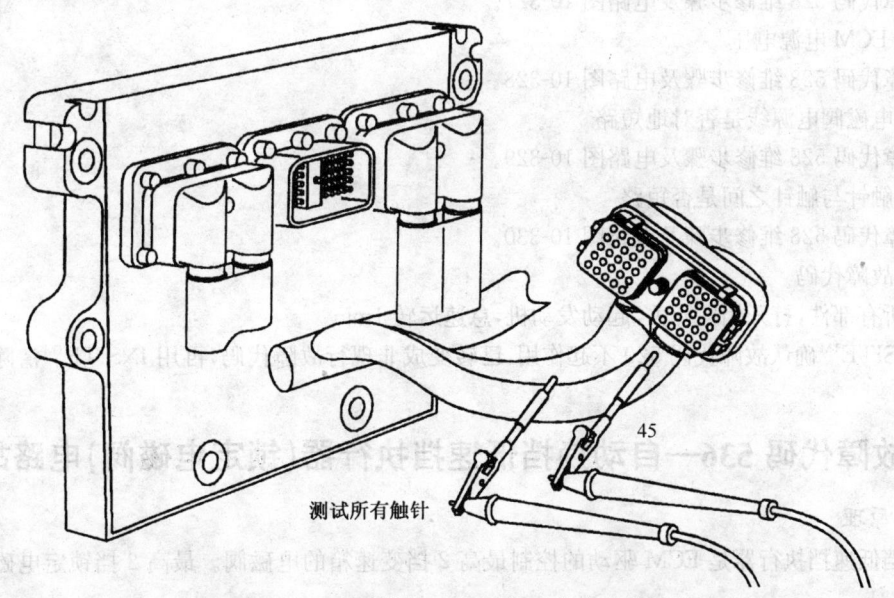

图 10-330　测量触针45与该接头中其他触针间的电阻

(8) 清除故障代码

①连接所有部件,打开钥匙开关,起动发动机,怠速运转 1min。

②用 INSITE™ 确认故障代码 528 不起作用,已转变成非现行故障代码,再用 INSITE™ 清除非现行故障代码。

10.79 故障代码 529(工业)-开关控制输出 B 错误

1. 电路原理

详见故障代码 527 及电路图 10-321。

2. 部件安装位置

电磁阀驱动器是一个 OEM 装置,其安装位置由 OEM 决定。

3. 故障指示灯

黄色。

4. 故障原因

在 ECM 开关控制输出 B 信号触针上检测到小于 17V 的电压。

5. 故障结果

ECM 没有采取措施。

6. 维修步骤

(1) 检查电磁阀接线柱有无多余导线

详见故障代码 527 维修步骤及电路图 10-322。

(2) 检查电磁阀电阻

详见故障代码 527 维修步骤及电路图 10-281。

(3) 检查 OEM 线束是否对地短路

详见故障代码 527 维修步骤及电路图 10-115。

(4) 检查触针与触针之间是否短路

详见故障代码 528 维修步骤及电路图 10-327。

(5) 检查 ECM 电源电压

详见故障代码 528 维修步骤及电路图 10-328。

(6) 检查电磁阀电源线是否对地短路

详见故障代码 528 维修步骤及电路图 10-329。

(7) 检查触针与触针之间是否短路

详见故障代码 528 维修步骤及电路图 10-330。

(8) 清除故障代码

①连接所有部件,打开钥匙开关,起动发动机,怠速运转 1min。

②用 INSITE™ 确认故障代码 529 不起作用,已转变成非现行故障代码,再用 INSITE™ 清除非现行故障代码。

10.80 故障代码 536—自动换挡低速挡执行器(锁定电磁阀)电路故障

1. 电路原理

自动换挡低速挡执行器是 ECM 驱动的控制最高 2 挡变速箱的电磁阀。最高 2 挡锁定电磁阀电路,见图 10-331。

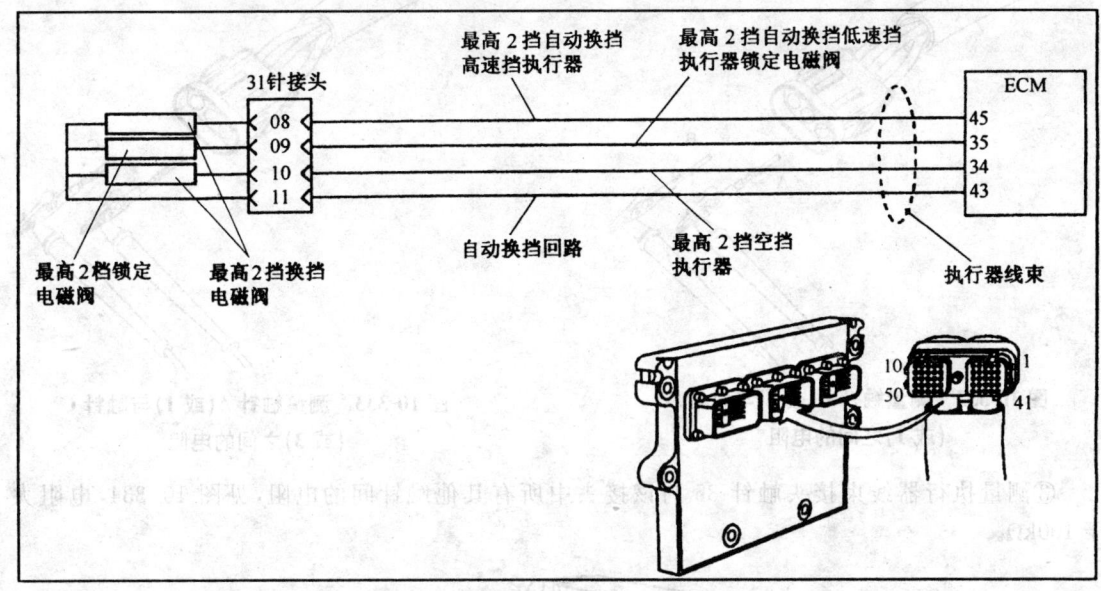

图 10-331 最高 2 挡锁定电磁阀电路

2. 部件安装位置

自动换挡低速挡执行器安装在变速箱的最上部,朝向后部。详细位置参考 OEM 示意图。

3. 故障指示灯

黄色。

4. 故障原因

在指令 12V 电压时,在自动换挡低挡执行器电路上检测到低电压,或者指令无电压时检测到电压。

5. 故障结果

最高 2 挡锁定电磁阀工作不正常、变速箱换挡不正常。

6. 维修步骤

(1) 检查锁定电磁阀的电阻

①使用零件号 3822758-阳端 Deutsch/AMP/Metri-Pack 测试导线。

②断开钥匙开关,从电磁阀线束接头触针上断开锁定电磁阀。

③测量电磁阀接头触针 B(或 2)与触针 A(或 1)之间的电阻,见图 10-332,电阻为 14~34Ω;若不合格,更换锁定电磁阀。

(2) 检查锁定电磁阀的触针之间是否短路

①使用零件号 3822758-阳端 Deutsch/AMP/Metri-Pack 测试导线。

②断开钥匙开关,从执行器线束上断开锁定电磁阀。

③测量锁定电磁阀接头触针 A(或 1)与触针 C(或 3)之间的电阻,见图 10-333,电阻大于 100kΩ;若不合格,更换锁定电磁阀。

(3) 检查触针与触针之间是否短路

①使用零件号 3822758-阳端 Deutsch/AMP/Metri-Pack 测试导线。

②断开钥匙开关,从锁定电磁阀上断开 OEM 线束,以 ECM 上断开执行器线束接头。

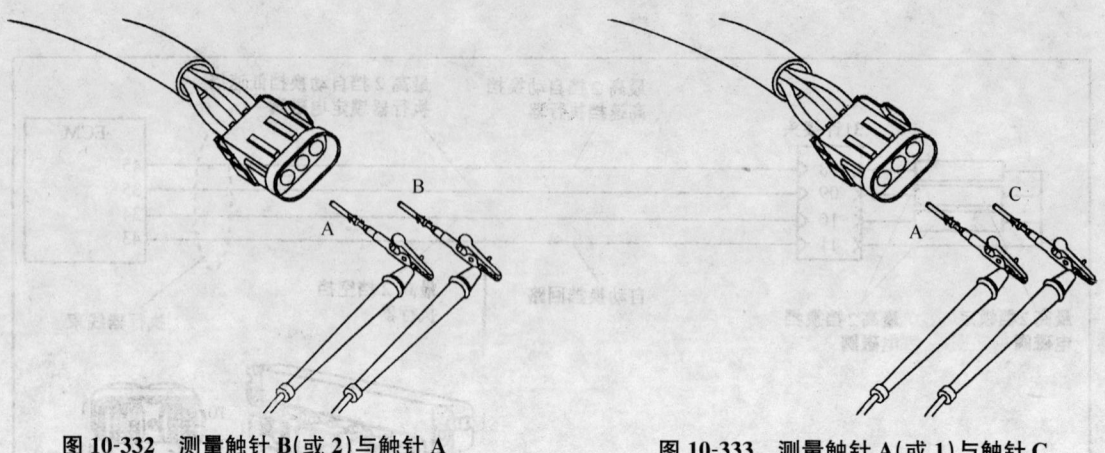

图 10-332　测量触针 B(或 2)与触针 A　　　　图 10-333　测量触针 A(或 1)与触针 C
　　　　　(或 1)之间的电阻　　　　　　　　　　　　　　(或 3)之间的电阻

③测量执行器线束接头触针 35 与该接头中所有其他触针间的电阻,见图 10-334,电阻大于 100kΩ。

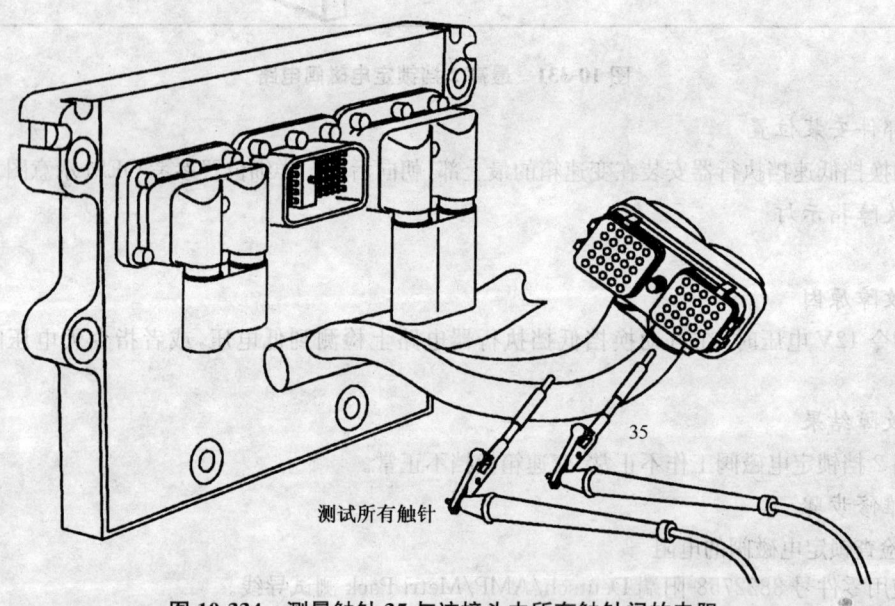

测试所有触针

图 10-334　测量触针 35 与该接头中所有触针间的电阻

(4)检查 OEM 线束是否短路
①使用零件号 3822758-阳端 Deutsch/AMP/Metri-Pack 测试导线。
②断开钥匙开关,从 31 针接头处断开执行器线束,从锁定电磁阀上断开 OEM 线束。
③测量 OEM 线束侧触针 9 与该接头中其他触针间电阻,见图 10-335,电阻大于 100kΩ;若不合格,维修或更换 OEM 线束。
(5)检查是否对地短路
①使用零件号 3822758-阳端 Deutsch/AMP/Metri-Pack 测试导线。
②断开钥匙开关,从锁定电磁阀上断开 OEM 线束,从 ECM 上断开执行器线束接头。
③测量执行器接头触针 35 与机体间电阻,见图 10-336,电阻大于 100kΩ;若不合格,维修或更换发动机线束。

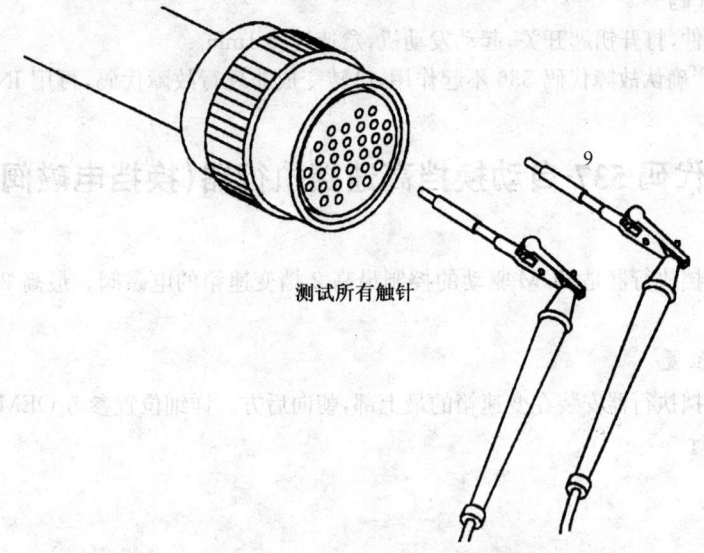

图 10-335　测量触针 9 与该接头中其他触针间的电阻

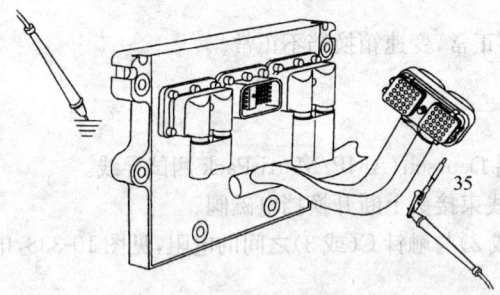

图 10-336　测量触针 35 与机体间电阻

(6) 检查 OEM 线束是否对地短路
① 使用零件号 3822758-阳端 Deutsch/AMP/Metri-Pack 测试导线。
② 断开钥匙开关,从 31 针接头处断开执行器线束,从锁定电磁阀上断开 OEM 线束。
③ 测量 31 针接头触针 9 与机体间的电阻,见图 10-337,电阻大于 100kΩ;若不合格,维修或更换 OEM 线束。

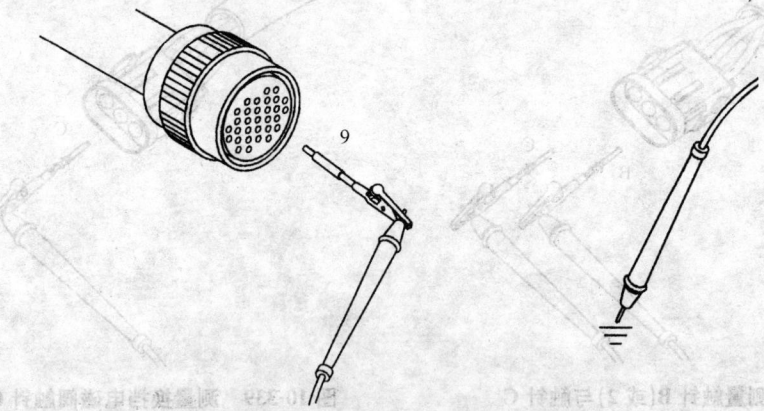

图 10-337　测量触针 9 与机体间的电阻

(7) 清除故障代码

①连接所有部件,打开钥匙开关,起动发动机,怠速运转1min。

②用 INSITE™ 确认故障代码 536 不起作用,已转变成非现行故障代码,再用 INSITE™ 清除非现行故障代码。

10.81 故障代码 537-自动换挡高速挡执行器(换挡电磁阀)电路故障

1. 电路原理

自动换挡高速挡执行器是 ECM 驱动的控制最高 2 挡变速箱的电磁阀。最高 2 挡换挡电磁阀电路,见图 10-339。

2. 部件安装位置

自动换挡高速挡执行器安装在变速箱的最上部,朝向后方。详细位置参考 OEM 示意图。

3. 故障指示灯

黄色。

4. 故障原因

在指令 12V 电压时,在自动换挡高挡执行器电路上检测到低电压,或者指令无电压时检测到电压。

5. 故障结果

最高 2 挡换挡电磁阀工作不正常,变速箱换挡不正常。

6. 维修步骤

(1) 检查锁定电磁阀的电阻

①使用零件号 3822758-阳端 Deutsch/AMP/Metri-Pack 测试导线。

②断开钥匙开关,从电磁阀线束接头上断开换挡电磁阀。

③测量电磁阀接头触针 B(或 2)与触针 C(或 3)之间的电阻,见图 10-338,电阻为 14~34Ω;若不合格,更换换挡电磁阀。

(2) 检查换挡电磁阀是否对地短路

①使用零件号 3822758-阳端 Deutsch/AMP/Metri-Pack 测试导线。

②断开钥匙开关,从电磁阀线束上断开换挡电磁阀。

③测量换挡电磁阀触针 C(或 3)与机体间的电阻,见图 10-339,电阻大于 100kΩ;若不合格,更换换挡电磁阀。

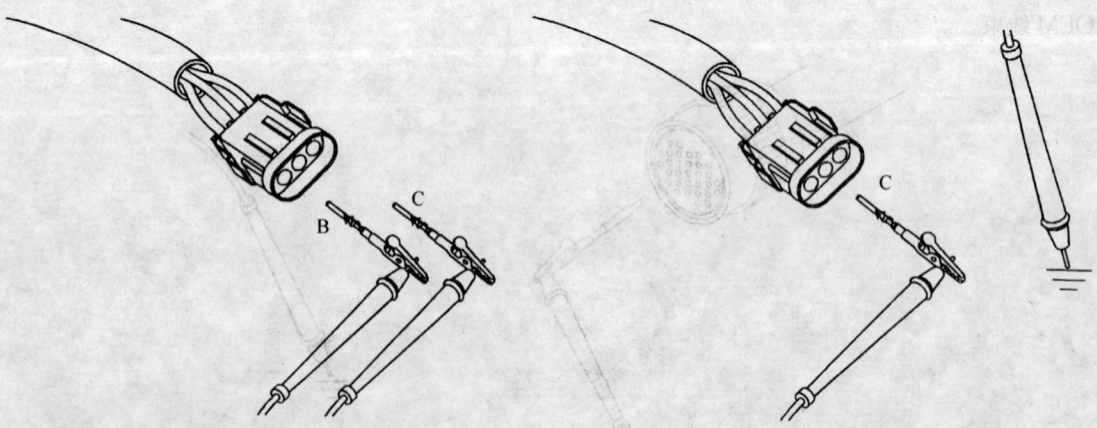

图 10-338 测量触针 B(或 2)与触针 C (或 3)之间的电阻

图 10-339 测量换挡电磁阀触针 C(或 3)与机体间的电阻

(3)检查换挡电磁阀的触针之间是否短路

①使用零件号 3822758-阳端 Deutsch/AMP/Metri-Pack 测试导线。

②断开钥匙开关,从执行器线束上断开换挡电磁阀线束。

③测量换挡电磁阀触针 A(或 1)与触针 C(或 3)之间的电阻,见图 10-333,电阻大于 100kΩ;若不合格,更换换挡电磁阀。

(4)检查触针与触针之间是否短路

详见故障代码 528 维修步骤及电路图 10-330。

(5)检查 OEM 线束是否短路

①使用零件号 3822758-阳端 Deutsch/AMP/Metri-Pack 测试导线。

②断开钥匙开关,从 31 针接头处断开执行器线束,从换挡电磁阀上断开 OEM 线束。

③测量 31 针接头触针 8 与该接头中其他所有触针间的电阻,见图 10-340,电阻大于 100kΩ;若不合格,维修或更换 OEM 线束。

(6)检查是否对地短路

①使用零件号 3822758-阳端 Deutsch/AMP/Metri-Pack 测试导线。

②断开钥匙开关,从换挡电磁阀上断开 OEM 线束,从 ECM 上断开执行器线束接头。

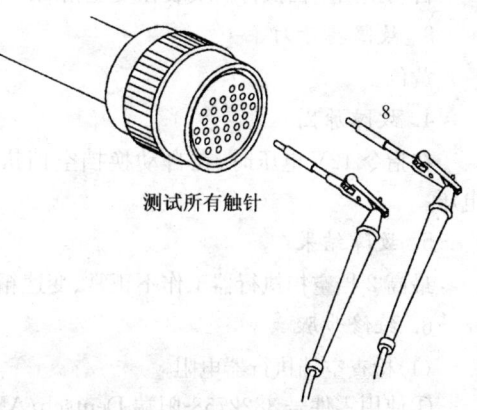

图 10-340 测量触针 8 与该接头中所有触针间的电阻

③测量执行器线束触针 45 与机体间电阻,见图 10-329,电阻大于 100kΩ;若不合格,维修或更换发动机线束。

(7)检查 OEM 线束是否对地短路

①使用零件号 3822758-阳端 Deutsch/AMP/Metri-Pack 测试导线。

②断开钥匙开关,从 31 针接头处断开执行器线束,从换挡电磁阀上断开 OEM 线束。

③测量 31 针接的触针 8 与机体间电阻,见图 10-341,电阻大于 100kΩ;若不合格,维修或更换 OEM 线束。

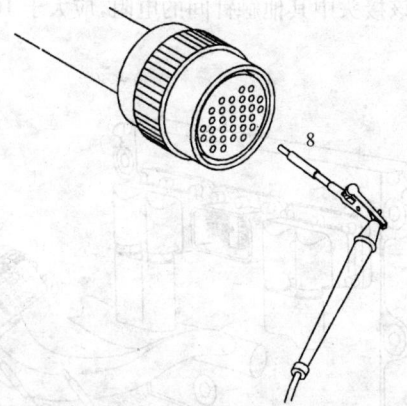 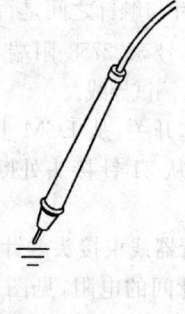

图 10-341 测量触针 8 与机体间电阻

(8)清除故障代码

①连接所有部件,打开钥匙开关,起动发动机,怠速运转 1min。

②用 INSITE™ 确认故障代码 537 不起作用,已转变成非现行故障代码,再用 INSITE™ 清除非现

行故障代码。

10.82 故障代码 538-自动换挡空挡执行器电路故障

1. 电路原理

自动换挡空挡执行器是 ECM 驱动的控制最高 2 挡变速箱的电磁阀。最高 2 挡换挡电磁阀电路，见图 10-331。

2. 部件安装位置

自动换挡空挡执行器安装在变速箱的最上部，朝向后方。详细位置参考 OEM 示意图。

3. 故障指示灯

黄色。

4. 故障原因

在指令 12V 电压时，在自动换挡空挡执行器电路上检测到低电压，或者指令无电压时检测到电压。

5. 故障结果

最高 2 挡空挡执行器工作不正常、变速箱换挡不正常。

6. 维修步骤

(1) 检查空挡执行器电阻

①使用零件号 3822758-阳端 Deutsch/AMP/Metri-Pack 测试导线。

②断开钥匙开关，从电磁阀线束接头触针上断开空挡执行器。

③测量空挡执行器电磁阀的电阻，应为 14~34Ω；若不合格，更换空挡执行器电磁阀。

(2) 检查空挡执行器是否对地短路

①断开钥匙开关，从电磁阀线束上断开空挡执行器。

②测量空挡执行器触针 C(或 3) 与机体间电阻，电阻大于 100kΩ；若不合格，更换挡电磁阀。

(3) 检查空挡执行器的触针之间是否短路

①使用零件号 3822758-阳端 Deutsch/AMP/Metri-Pack 测试导线。

②断开钥匙开关，从执行器线束上断开空挡执行器线束。

③测量空挡执行器电磁阀接头电源触针与该接头中其他触针间的电阻，应大于 100kΩ；若不合格，更换空挡执行器。

(4) 检查触针与触针之间是否短路

①使用零件号 3822758-阳端 Deutsch/AMP/Metri-Pack 测试导线。

②断开钥匙开关，从 ECM 上断开执行器线束接头，从 31 针接头处断开执行器线束。

③测量执行器线束接头触针 34 与该接头中其他触针间的电阻，见图 10-342，电阻大于 100kΩ；若不合格，维修或更换发动机线束。

(5) 检查执行器线束是否对地短路

①使用零件号 3822758-阳端 Deutsch/AMP/Metri-Pack 测试导线。

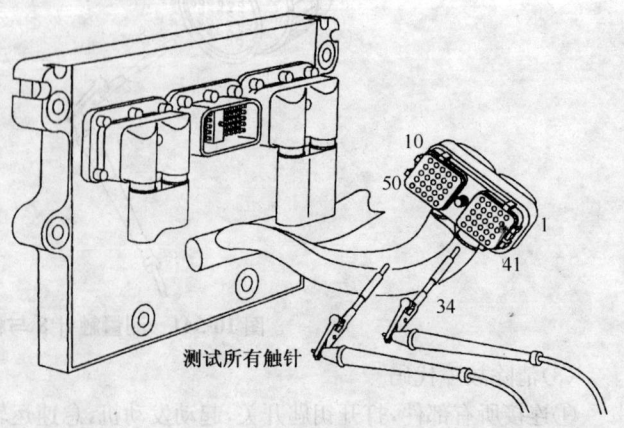

图 10-342 测量触针 34 与该接头中其他触针间的电阻

②断开钥匙开关,从 ECM 上断开执行器线束接头,从 31 针接头处断开执行器线束。
③测量执行器线束触针 34 与机体间电阻,见图 10-343,电阻大于 100kΩ;若不合格,维修或更换发动机线束。

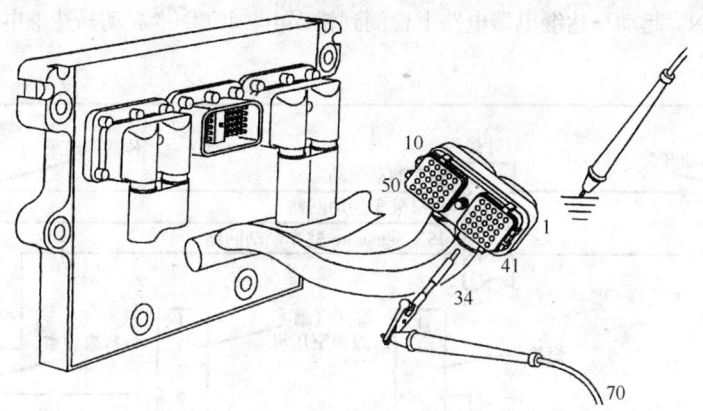

图 10-343　测量触针 34 与机体间电阻

(6)检查触针与触针之间是否短路
①使用零件号 3822758-阳端 Deutsch/AMP/Metri-Pack 测试导线。
②断开钥匙开关,从 31 针接头处断开执行器线束,从换挡电磁阀上断开 OEM 线束。
③测量 31 针接头的触针 10 与该接头中其他触针间的电阻,见图 10-344,电阻大于 100kΩ;若不合格,维修或更换 OEM 线束。

(7)检查是否对地短路
①使用零件号 3822758-阳端 Deutsch/AMP/Metri-Pack 测试导线。
②断开钥匙开关,从 31 针接头处断开执行器线束,从换挡电磁阀上断开 OEM 线束。
③测量 31 针接头触针 10 与机体间电阻,见图 10-345,电阻大于 100kΩ;若不合格,维修或更换 OEM 线束。

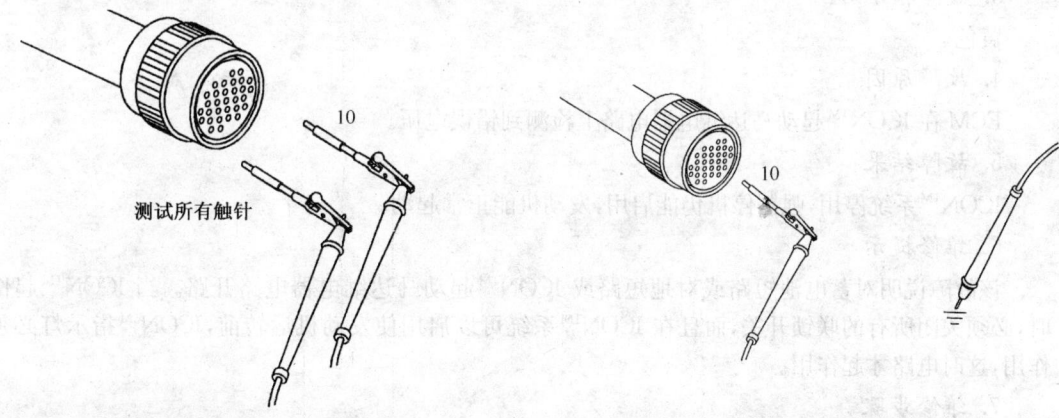

图 10-344　测量触针 10 与该接头中其他触针间的电阻　　图 10-345　测量触针 10 与机体间电阻

(8)清除故障代码
①连接所有部件,打开钥匙开关,起动发动机,怠速运转 1min。
②用 INSITE™ 确认故障代码 538 不起作用,已转变成非现行故障代码,再用 INSITE™ 清除非现行故障代码。

10.83 故障代码 541-ICON™ 起动马达继电器输入电器故障

1. 电路原理

ECM 在 ICON™ 起动马达继电器电路上检测到错误电。ICON™ 起动马达继电器/联锁电路,见图 10-346。

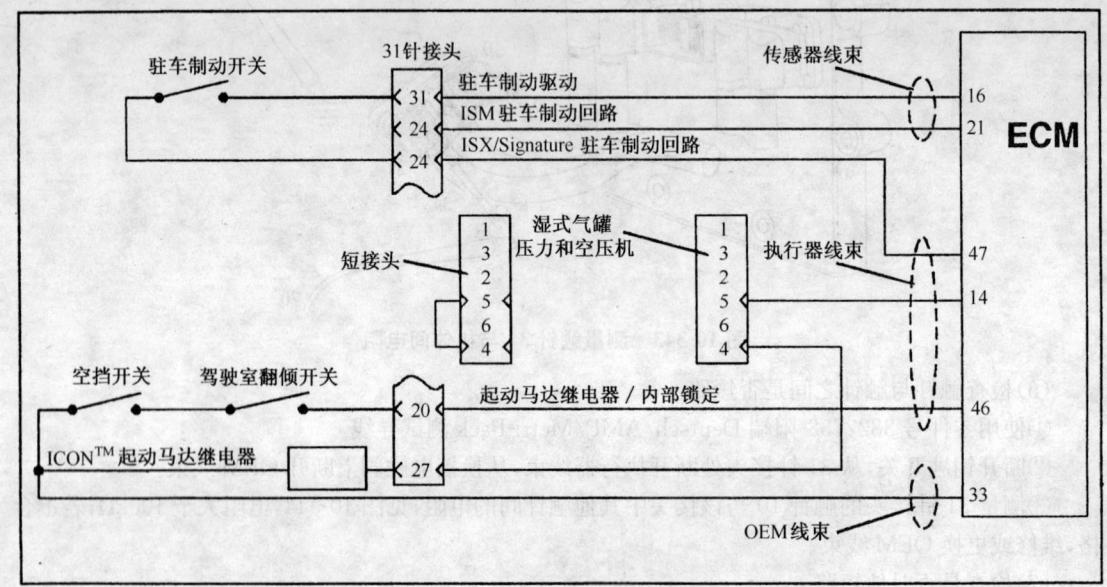

图 10-346 ICON™ 起动马达继电器/联锁电路

2. 部件安装位置

ICON™ 起动马达继电器安装在靠近起动马达继电器的隔热板上。

3. 故障指示灯

黄色。

4. 故障原因

ECM 在 ICON™ 起动马达继电器电路上检测到错误电压。

5. 故障结果

ICON™ 系统停用,强制停机仍能启用,发动机能正常起动。

6. 维修提示

该故障说明对蓄电池短路或对地短路或 ICON™ 起动马达继电器电路开路。当 ICON™ 起作用时,必须关闭所有的联锁开关,而且在 ICON™ 系统可以启用使发动机运转前,ICON™ 指示灯必须起作用,这时电路才起作用。

7. 维修步骤

(1)进行起动马达继电器/联锁测试

①连接 INSITE™ 手提电脑(或称服务软件),打开钥匙开关。

②使用 INSITE™ 进行起动马达继电器及联锁测试。测试结果:起动马达继电器接合起动马达为合格。若不合格,为起动马达来接合。

(2)检查 ICON™ 起动马达继电器线圈的导通性

①断开钥匙开关,从 OEM 线束上断开 ICON™ 起动马达继电器。

②测量起动马达继电器正极（+）触针 85 与负极（-）触针 86 之间的电阻,见图 10-347,电阻大于 6Ω 且小于 100kΩ;若不合格,更换继电器。

(3) 检查触针与触针之间是否短路

①使用零件号 3822758-阳端 Deutsch/AMP/Metri-Pack 测试导线。

②断开钥匙开关,断开 31 针接头,从 ECM 上断开执行器线束,确认 ICON™ 短接插头已连接到 6 针发动机线束接头上,从 ECM 上断开传感器线束。

③分别测量执行器线束触针 14、46 与该接头中其他触针间的电阻,测量传感器线束触针 16 与该接头中其他触针间的电阻,电阻应大于 100kΩ;若不合格,维修或更换发动机线束。

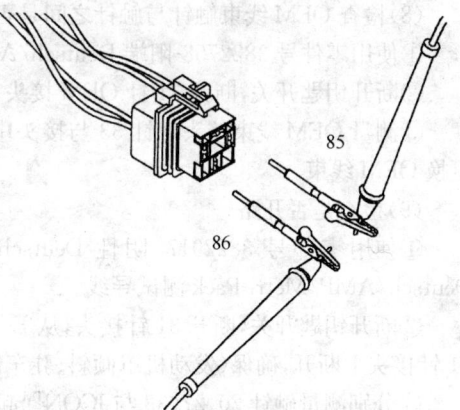

图 10-347　测量触针 85 与触针 86 之间的电阻

对于 ISM 系列发动机,测量传感器线束接头触针 21 与该接头中其他触针间的电阻。

对于 Signature 及 ISX 系列发动机,测量执行器线束触针 47 与该接头中其他触针间的电阻。

(4) 检查是否开路

①使用零件号 3822917-阴性 Deutsch/AMP/Metri-Pack 测试导线及零件号 3822758-阳端 Deutsch/AMP/Metri-Pack 测试导线。

②断开钥匙开关、断开 31 针 OEM 接头,从 ECM 上断开执行器线束,确认 ICON™ 短接插头已连接到 6 针发动机线束接头上,从 ECM 上断开传感器线束。

③分别测量触针与触针之间的电阻,即 20 与 46、27 与 14、31 与 16 之间的电阻,应小于 10Ω;若不合格,维修或更换 OEM 线束。

对于 ISM 系列发动机,测量 31 针接头触针 24 与传感器接头触针 21 之间的电阻。

对于 Signature/ISX 系列发动机,测量 31 针接头触针 24 与执行器线束触针 47 之间的电阻。

(5) 检查 ICON™ 短接插头是否开路

①使用零件号 3822758-阳端 Deutsch/AMP/Metri-Pack 测试导线。

②断开钥匙开关,从 6 针接头上断开 ICON™ 短接插头。

③测量 ICON™ 短接插头触针 4 与 5 之间的电阻,应小于 10Ω;若不合格,更换短接接头。

(6) 检查是否对地短路

①使用零件号 3822758-阳端 Deutsch/AMP/Metri-Pack 测试导线。

②断开钥匙开关,断开 31 针 OEM 接头,从 ECM 上断开执行器接头,确认 ICON™ 短接插头已连接到 6 针发动机线束上,从 ECM 上断开传感器线束。

③分别测量触针 14、46、16 与机体间电阻,应大于 100kΩ;若不合格,维修或更换发动机线束。

对于 ISM 系列发动机,测量触针 21 与机体间电阻。

对于 Signature/ISX 系列发动机,测量触针 47 与机体间电阻。

(7) 检查是否对蓄电池短路

①使用零件号 3822758-阳端 Deutsch/AMP/Metri-Pack 测试导线。

②断开 31 针 OEM 接头,从 ECM 上断开执行器线束接头,将短接插头连接到 OEM 线束上,从 ECM 上断开传感器线束,打开钥匙开关。

③分别测量触针 14、46、16 与机体间电压,小于 1.5V;若不合格,维修或更换发动机线束。

对于 ISM 系列发动机,测量触针 21 与机体间电压。

对于 Signature/ISX 系列发动机,测量触针 47 与机体间电压。

(8)检查 OEM 线束触针与触针之间是否短路

①使用零件号 3822758-阳端 Deutsch/AMP/Metri-Pack 测试导线。

②断开钥匙开关,断开 31 针 OEM 接头,从 ECM 上断开 OEM 线束接头。

③测量 OEM 线束接头触针 33 与接头中所有其他触针间的电阻,大于 100kΩ;若不合格,维修或更换 OEM 线束。

(9)检查是否开路

①使用零件号 3822917-阴性 Deutsch/AMP/Metri-Pack 测试导线和零件号 3822758-阳端 Deutsch/AMP/Metri-Pack 测试导线。

②断开钥匙开关,断开 31 针接头,从 ECM 上断开 OEM 线束接头,将 ICON™ 起动马达继电器从 31 针接头上断开,确保(发动机罩倾斜、驻车制动及空挡)联锁开关关闭。

③分别测量触针 20、27、33 与 ICON™ 起动马达继电器触针之间的电阻,测量触针 31 与 24 之间的电阻,电阻小于 10Ω;若不合格,维修或更换发动机线束或 OEM 线束。

(10)检查是否对蓄电池短路

①使用零件号 3822758-阳端 Deutsch/AMP/Metri-Pack 测试导线。

②断开 31 针接头,断开 OEM 线束接头,从 OEM 线束上断开起动马达锁定继电器,确保所有联锁开关(发动机罩倾斜、驻车制动及空挡)关闭,打开钥匙开关。

③分别测量下列触针与机体间的电压,即 20、27、31、24、33 与机体间电压,应小于 1.5V;若不合格,维修或更换发动机线束或 OEM 线束。

(11)检查是否对地短路

①使用零件号 3822758-阳端 Deutsch/AMP/Metri-Pack 测试导线。

②断开钥匙开关,断开 31 针线束接头,从 ECM 上断开 OEM 线束接头,从 OEM 上断开起动马达锁定继电器,确保所有联锁开关(发动机罩倾斜、驻车制动及空挡)关闭。

③分别测量触针 20、24、31、33 与机体间电阻,大于 100kΩ;若不合格,维修或更换发动机线束或 OEM 线束。

(12)检查空挡位置开关是否对地短路

①使用零件号 3822917-阴性 Deutsch/AMP/Metri-Pack 测试导线。

②断开钥匙开关,从 OEM 线束上断开中间位置开关。

③分别测量空挡位置开关接头触针 A、B 与机体间电阻,见图 10-348,大于 100kΩ;若不合格,更换空挡位置开关。

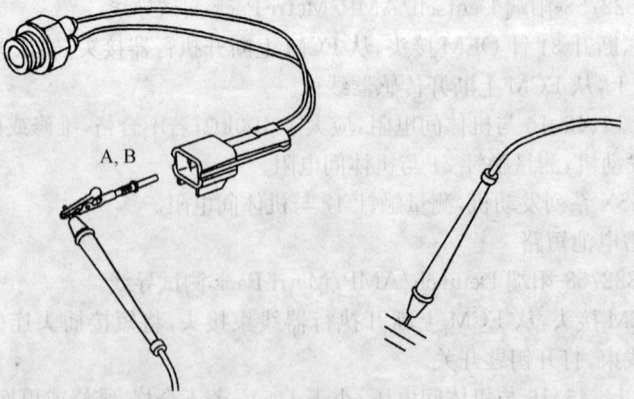

图 10-348　分别测量空挡位置开关触针 A、B 与机体间电阻

(13)检查发动机罩倾斜开关是否对地短路

①使用零件号 3822917-阴性 Deutsch/AMP/Metri-Pack 测试导线。
②断开钥匙开关,从 OEM 线束上断开发动机倾斜开关。
③分别测量发动机罩倾斜开关触针 A(或 1)、B(或 2)与机体间电阻,见图 10-349,电阻大于 100kΩ;若不合格,更换发动机罩倾斜开关。

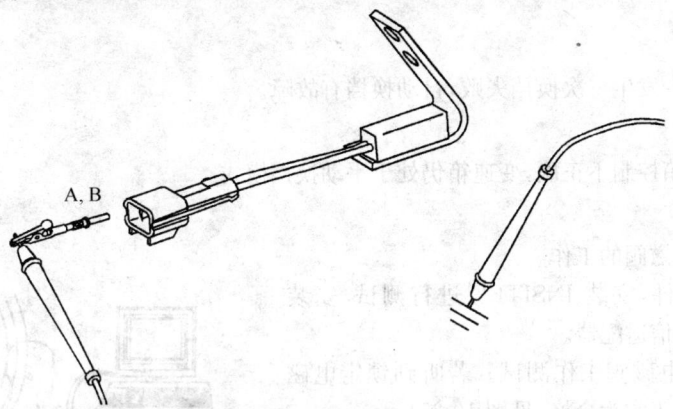

图 10-349　分别测量发动机罩倾斜开关 A、B 与机体间电阻

(14)检查驻车制动开关是否对地短路
①使用零件号 3822917-阴性 Deutsch/AMP/Metri-Pack 测试导线。
②断开钥匙开关,从 OEM 线束上断开驻车制动开关。
③分别测量驻车制动开关接头触针 A(或 1)、B(或 2)与机体间电阻,见图 10-350,电阻大于 100kΩ;若不合格,更换驻车制动开关。

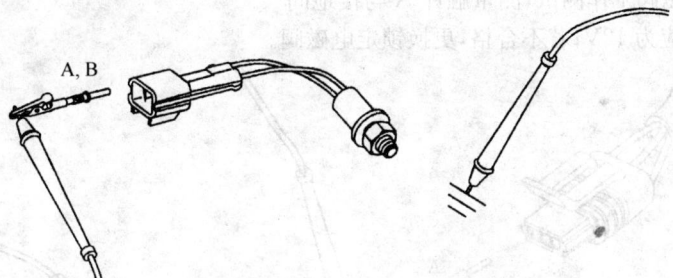

图 10-350　分别测量驻车制动开关接头触针 A、B 与机体间电阻

(15)检查选装 OEM 联锁开关是否对地短路
①使用零件号 3822917-阴性 Deutsch/AMP/Metri-Pack 测试导线。
②从 OEM 线束上断开联锁开关,断开钥匙开关。
③分别测量联锁开关触针 A(或 1)、B(或 2)与机体间电阻,应大于 100kΩ,若不合格,更换 OEM 选装的联锁开关。
(16)清除故障代码
①连接所有部件,打开钥匙开关,起动发动机,怠速运转 1min。
②用 INSITE™ 确认故障代码 541 不起作用,已转变成非现行故障代码,再用 INSITE™ 清除非现行故障代码。

10.84　故障代码 544-最高 2 挡变速箱电路机械系统故障

1. 电路原理

最高 2 挡变速箱电路控制最高 2 挡变速箱最高 2 挡之间的自动换挡。其电路,见图 10-331。

2. 部件安装位置

最高2挡换挡/锁定电磁阀安装在变速箱的上部,靠近后面。参考OEM示意图中的准确位置。

3. 故障指示灯

黄色。

4. 故障原因

自动换挡时至少发生三次换挡失败,自动换挡有故障。

5. 故障结果

最高2挡变速箱控制不正确,变速箱仍处于手动换挡模式。

6. 维修步骤

(1)检查锁定电磁阀的工作

①连接所有部件,安装 INSITE™ 进行测试,安装 INLINE II™ 数据通信适配器。

②进行变速箱电磁阀工作测试。若听到锁定电磁阀卡嗒声,表示工作正常为合格,见图10-351。

(2)检查是否开路

①使用零件号 3822758-阳性 Deutsch/AMP/Metri-Pack 测试导线。

②从锁定电磁阀上断开 OEM 接头,安装 INSITE™ 进行测试,打开钥匙开关。

③进行锁定电磁阀工作测试,测量触针 A 与接地间电压,见图10-352,应为12V;若不合格,更换锁定电磁阀。

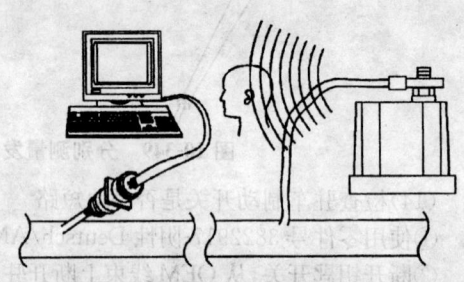

图10-351 进行变速箱锁定电磁阀工作测试

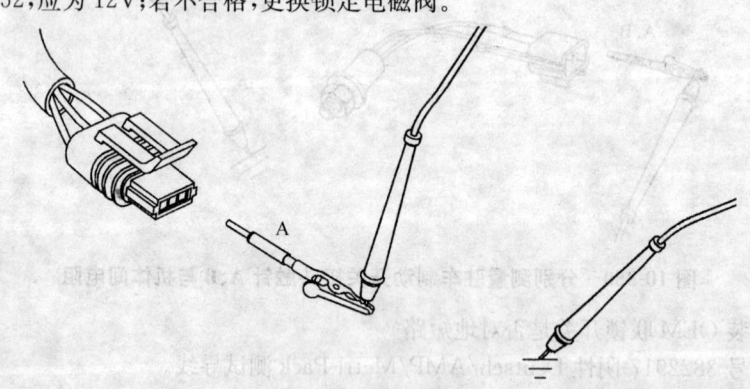

图10-352 测量锁定电磁阀触针 A 与接地间电压

(3)检查执行器线束的电阻

①使用零件号 3822758-阳性 Deutsch/AMP/Metri-Pack 测试导线和零件号 3822917-阴性 Deutsch/AMP/Metri-Pack 测试导线。

②断开钥匙开关,从31针接头处断开执行器线束,从 ECM 上断开 OEM 线束接头,从 ECM 上断开执行器线束接头。

③测量执行器触针45与31针接头触针8之间的电阻,见图10-353,电阻小于10Ω;若不合格,维修或更换发动机线束。

(4)检查 OEM 线束的电阻

①使用零件号 3822758-阳性 Deutsch/AMP/Metri-Pack 测试导线。

第 10 章 M 系列柴油机电控系统故障代码诊断与排除

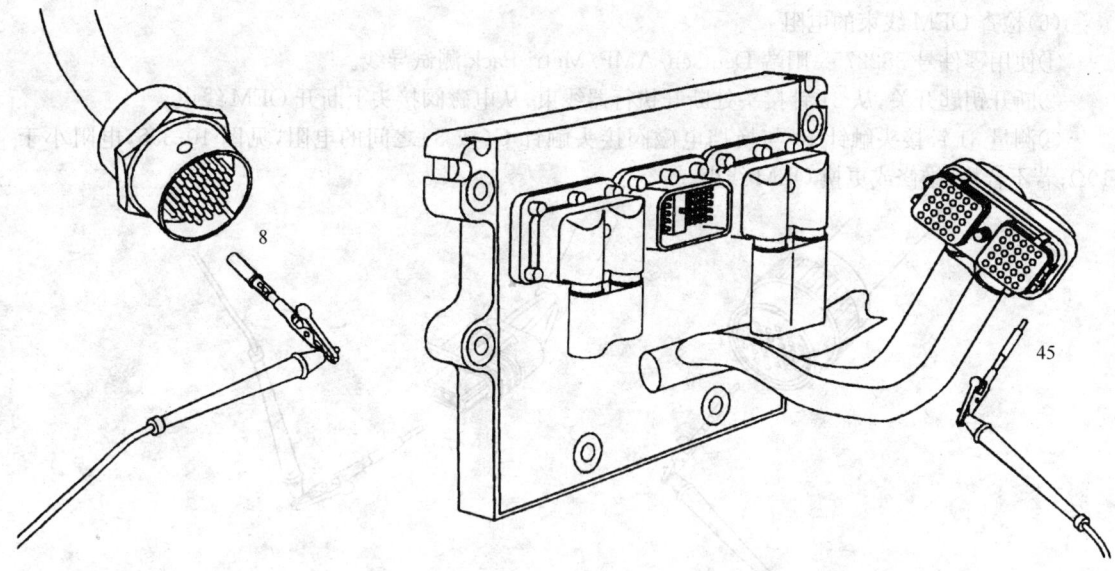

图 10-353 测量触针 45 与 8 之间的电阻

②断开钥匙开关,从 31 针接头处断开执行器线束,从锁定电磁阀上断开发动机线束接头。

③测量 31 针接头触针 8 与锁定电磁阀触针 A(或 1)之间的电阻,应小于 10Ω;若不合格,维修或更换 OEM 线束。

(5)检查执行器线束的电阻

①使用零件号 3822758-阳性 Deutsch/AMP/Metri-Pack 测试导线和零件号 3822917-阴性 Deutsch/AMP/Metri-Pack 测试导线。

②断开钥匙开关,从 31 针接头上断开执行器线束,从 ECM 上断开执行器线束。

③分别测触针 45 与 8、35 与 9、34 与 10、43 与 11 之间的电阻,见图 10-354,电阻小于 10Ω;若不合格,维修或更换发动机线束。

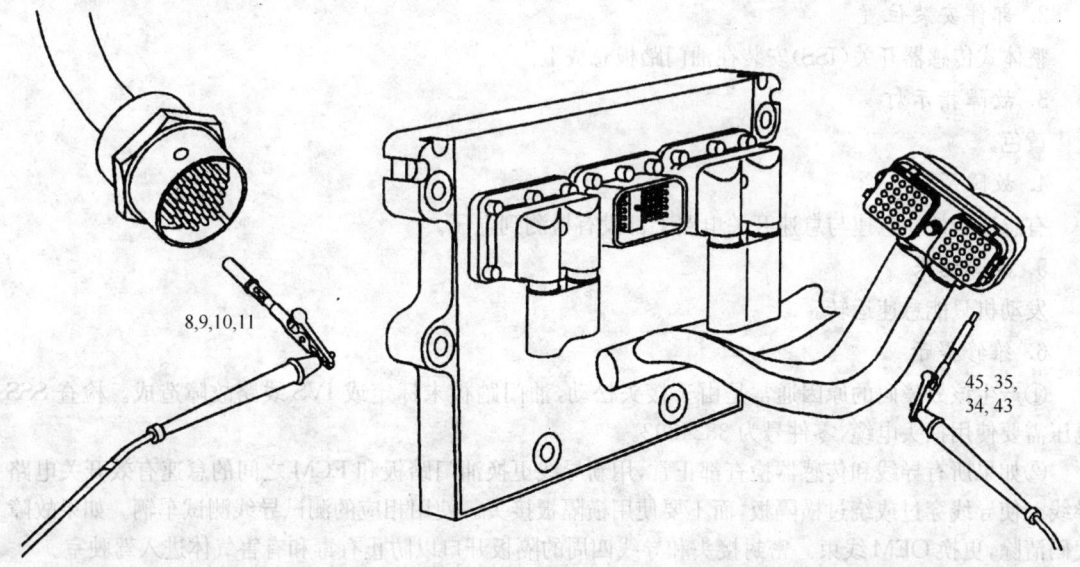

图 10-354 分别测量触针 45 与 8、35 与 9、34 与 10、43 与 11 之间的电阻

(6) 检查 OEM 线束的电阻
① 使用零件号 3822758-阳端 Deutsch/AMP/Metri-Pack 测试导线。
② 断开钥匙开关,从 31 针接头处断开执行器线束,从电磁阀接头上断开 OEM 线束。
③ 测量 31 针接头触针 10 与换挡电磁阀接头触针 C(或 3)之间的电阻,见图 10-355,电阻小于 10Ω;若不合格,维修或更换 OEM 线束。

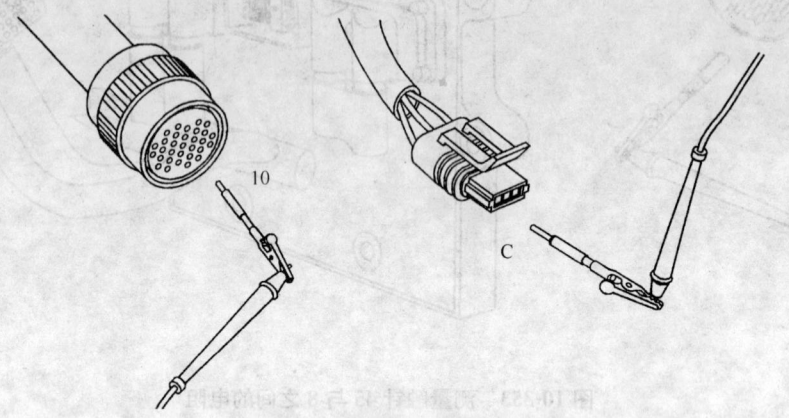

图 10-355　测量触针 10 与电磁阀触针 C(或 3)之间的电阻

(7) 清除故障代码
① 连接所有部件,打开钥匙开关,起动发动机,怠速运转 1min。
② 用 INSITE™ 确认故障代码 544 不起作用,已转变成非现行故障代码,再用 INSITE™ 清除非现行故障代码。

10.85　故障代码 551(ISS)-怠速有效开关电路故障

1. 电路原理
详见故障代码 431(ISS)所述有关内容及电路图 10-256。
2. 部件安装位置
整体式传感器开关(ISS)安装在油门踏板总成上。
3. 故障指示灯
黄色。
4. 故障原因
有怠速有效非怠速与怠速开关电路上都没有检测到电压。
5. 故障结果
发动机只能怠速运转。
6. 维修提示
① 产生该故障码的原因通常是由于接头松动,油门踏板未标定或 IVS 线路故障造成。检查 SSS 电压需要使用抽头电缆,零件号为 3824892。
② 如果所有导线和传感器检查都正常,用新导线更换油门踏板和 ECM 之间的怠速有效开关电路导线。使导线穿过或绕过横隔板,而不要使用横隔板接头。使用相应的测试导线测试车辆。如果故障代码清除,更换 OEM 线束。密封接头和导线四周的隔板开口以防止有毒和有害气体进入驾驶室。
③ 确认三根怠速有效开关电路导线绞在一起。
④ ECM 及油门踏板总成必须互相进行电气标定以获得正确的发动机响应。当最初安装、更换油

门踏板、更换 ECM,将新标定下载到 ECM 中,以及当接通钥匙开关时油门踏板拉线断开后,必须标定 ECM 和油门踏板总成。

⑤钥匙接通时,将油门逐渐踩到底然后释放。踩下然后释放油门踏板,重复三次。此步骤将重新标定 ECM 及油门踏板。

7. 维修步骤

(1)测量非怠速及怠速电阻值

①使用零件 3823995-阳性 Weather-Pack 测试导线和零件号 3824910-阳端 Weather-Pack 测试导线。

②断开钥匙开关,从 ISS 上断开 OEM 线束。

③慢慢踩下油门踏板通过怠速区域直到完全踩下,测量怠速有效开关接头回路导线触针与非怠速信号触针之间的电阻,见图 10-356,电阻小于 125Ω;油门踏板处于释放(怠速)位置时,测量怠速有效开关接头回路导线触针与怠速信号触针之间的电阻,见图 10-356,电阻小于 125Ω。

在怠速与非怠速之间有一个开关过渡状态,该状态的电阻比预期的电阻值高。应注意不要因为这些过渡状态值而报废踏板。在过渡状态,ECM 不记录故障代码。

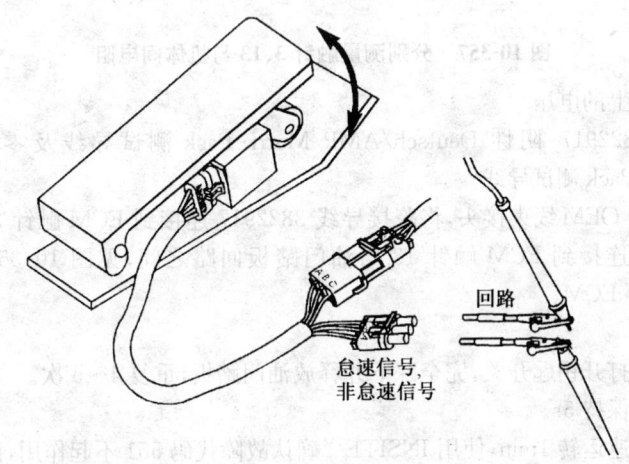

图 10-356　踩下油门踏板时,测量怠速有效开关回路触针与非怠速信号触针电阻;释放油门踏板时,测量怠速有效开关接头回路触针与怠速信号触针之间的电阻

(2)检查触针与触针之间是否短路

①使用零件号 3823995-阳性 Weather-Pack 测试导线和零件号 3824910-阳端 Weather-Pack 测试导线。

②断开钥匙开关,从 ISS 上断开 OEM 线束。

③释放油门踏板,测量非怠速触针与怠速触针之间的电阻;释放油门踏板,测量非怠速触针与回路间的电阻;踩下油门踏板,测量怠速触针与回路间电阻,见图 10-356,电阻大于 100kΩ;若不合格,更换 ISS。

(3)检查触针与触针之间是否短路

详见故障代码 431(1SS)所述维修步骤(7)及电路图 10-262。

(4)检查是否对地短路

①使用零件号 3822758-阳端 Deutsch/AMP/Metri-Pack 测试导线。

②断开钥匙开关,从 ECM 上断开 OEM 线束接头,从 OEM 线束上断开 ISS。

③分别测量 OEM 接头触针 3、13 与机体间电阻,见图 10-357,电阻大于 100kΩ;若不合格,维修或更换 OEM 线束。

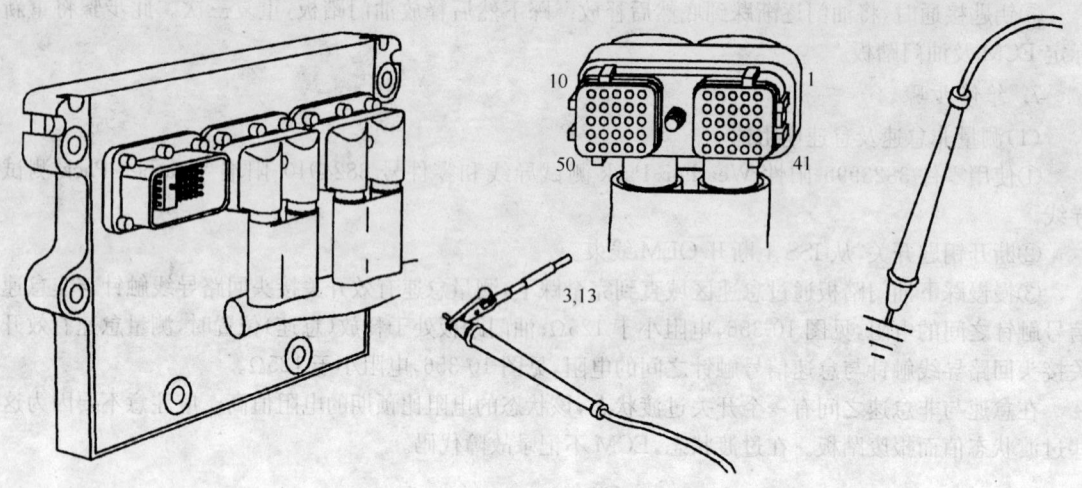

图 10-357　分别测量触针 3、13 与机体间电阻

(5)测量信号触针上的电压

①使用零件号 3822917-阴性 Deutsch/AMP/Metri-Pack 测试导线及零件号 3822758-阳端 Deutsch/AMP/Metri-Pack 测试导线。

②从 ECM 上断开 OEM 线束接头,将跨接导线 3822917 连接到 ECM 触针 3 与油门踏板电源之间,将跨接线 3822917 连接到 ECM 触针 13 与油门踏板回路之间,见图 10-357,电压应为 3.80～5.25V;若不合格,更换 ECM。

(6)清除故障代码

①连接所有部件,打开钥匙开关,完全踩下并释放油门踏板,重复 4～5 次。

②断开钥匙开关,保持 5s。

③起动发动机,怠速运转 1min,使用 INSITE™ 确认故障代码 551 不起作用,已转变成非现行故障代码,再用 INSITE™ 清除非现行故障代码。

10.86　故障代码 551(IVS)-怠速有效开关电路故障

1. 电路原理

详见故障代码 431(ISS)所述内容及电路图 10-256。

2. 部件安装位置

IVS 安装在油门踏板总成上。

3. 故障指示灯

黄色。

4. 故障原因

在怠速有效非怠速与怠速开关电路上都没检测到电压。

5. 故障结果

发动机只能怠速运转。

6. 维修提示

详见故障代码 551(ISS)维修提示有关内容。

7. 维修步骤

(1) 检查触针与触针之间是否短路

① 使用零件号 3822758-阳性 Deutsch/AMP/Metri-Pack 测试导线和零件号 3823995-阳性 Weather-Pack 测试导线及零件号 3824910-阳端 Weather-Pack 测试导线。

② 断开钥匙开关，从 IVS 上断开 OEM 线束。

③ 释放油门踏板，测量非怠速触针与怠速触针间的电阻；释放油门踏板，测量非怠速触针与回路间电阻；踩下油门踏板，测量怠速触针与回路间的电阻，见图 10-356，电阻大于 100kΩ；若不合格，更换 IVS。

(2) 检查触针与触针之间是否短路

① 使用零件号 3822758-阳端 Deutsch/AMP/Metri-Pack 测试导线。

② 断开钥匙开关，从 ECM 上断开 OEM 线束接头，从 IVS 上断开 OEM 线束，将驾驶室开关转到中间或断开位置，设置行车制动，从 OEM 上断开离合器开关，从 ECM 上断开传感器线束接头，断开 AC 压力开关，诊断开关不应处于诊断模式。

③ 分别测量 OEM 线束触针 3、13 与该接头中其他触针间的电阻，见图 10-262，电阻大于 100kΩ；若不合格，维修或更换 OEM 线束。

(3) 检查是否对地短路

详见故障代码 551(ISS)维修步骤及电路图 10-357。

(4) 测量信号触针上的电压

详见故障代码 551(ISS)维修步骤及是路图 10-357。

(5) 清除故障代码

① 连接所有部件，打开钥匙开关，然后完全踩下并释放油门踏板 3 次。

② 断开钥匙开关，保持 5s。

③ 起动发动机，怠速运转 1min，使用 INSITE™ 确认故障代码 551 不起作用，已转变成非现行故障代码，再用 INSITE™ 清除非现行故障代码。

10.87 故障代码 551(SSS)-怠速有效开关电路故障

1. 电路原理

ECM 利用怠速有效开关(IVS)来显示油门踏板是处于释放(怠速)还是踩下(非怠速)状态。开关在制造厂经过调整，以便在怠速到非怠速之间切换时，油门踏板处在正确位置。整体式固态传感器开关(SSS)是一个需要电压以检查电路的活动电子部件。怠速有效开关电路，见图 10-256。

2. 部件安装位置

SSS 安装在油门踏板总成上。

3. 故障指示灯

黄色。

4. 故障原因

在怠速有效非怠速与怠速开关电路上未检测到电压。

5. 故障结果

发动机只能怠速运转。

6. 维修提示

详见故障代码 551(ISS)维修提示有关内容。

7. 维修步骤

(1) 测量怠速电阻值

①使用零件号 3823995-阳性 Weuther-Pack 测试导线和零件号 3824892-抽头电缆。

②断开钥匙开关,将抽头电缆连接到 SSS 上,不要将抽头电缆连接到 OEM 线束上。

③释放油门踏板(怠速)时,测量抽头电缆触针 3(APS 信号)与触针 4(APS 回路)之间的电阻,见图 10-358,电阻值为±20Ω;若不合格,更换 SSS。

注意:电阻值应该与印在 SSS 盖上标的怠速电阻值一致,±20Ω。

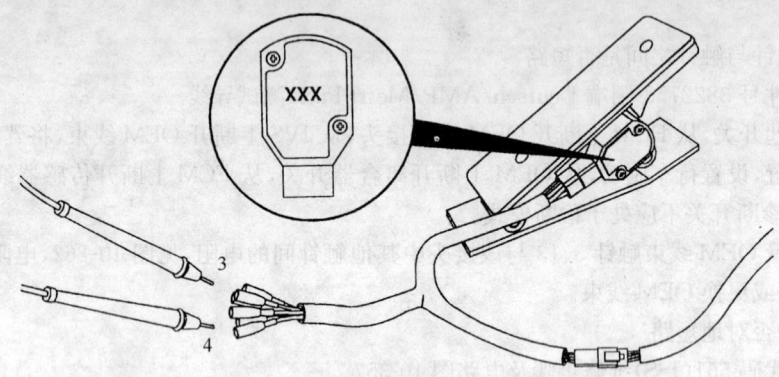

图 10-358 测量触针 3 与 4 之间的电阻

(2) 检查 IVS 信号是否正确

①使用零件号 3823995-阳性 Weuther-Pack 测试导线和零件号 3824892-抽头电缆。

②将抽头电缆连接到 OEM 线束与 SSS 之间,将 OEM 线束连接到 ECM 上,打开钥匙开关。

③踩下并释放油门踏板,测量抽头电缆触针 1(IVS 回路)与触针 2(IVS 非怠速)之间的电压;踩下并释放油门踏板,测量抽头电缆触针 1(IVS 回路)与触针 6(IVS 怠速)之间的电阻,见图 10-359。释放踏板,触针 1 与 2 电阻大于 3.8V,触针 1 与 6 电阻小于 0.8V;踩下踏板,触针 1 与 6 电阻大于 3.8V,触针 1 与 2 电阻小于 0.8V。

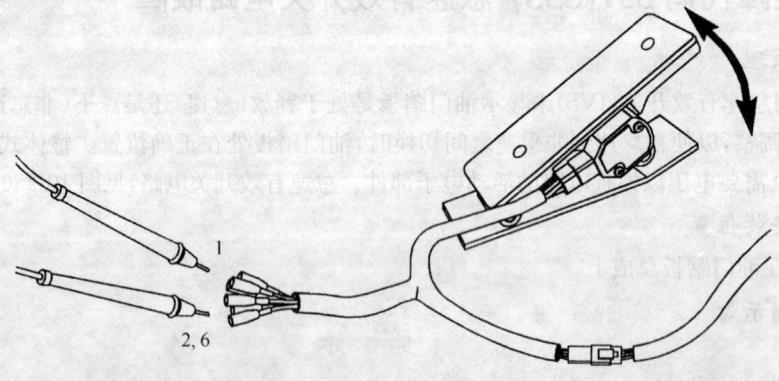

图 10-359 踩下并释放油门踏板,测量触针 1 与 2,触针 1 与 6 之间的电阻

(3) 测量 ECM 的电压

①使用零件号 3822917-阴性 Deutsch/AMP/Metri-Pack 测试导线和零件号 3822758-阳端 Deutsch/AMP/Metri-Pack 测试导线。

②从 ECM 上断开 OEM 线束接头,将跨接线 3822917 连接到 ECM OEM 端口触针 18 与 ECM OEM 线束接头触针 18 之间,将跨接线 3822917 连接到 ECM OEM 端口触针 10 与 ECM OEM 线束接

头触针10之间。

③测量OEM线束触针6与10、9与10之间的电压,见图10-360,电压为3.80～5.25V;若不合格,维修或更换OEM线束。

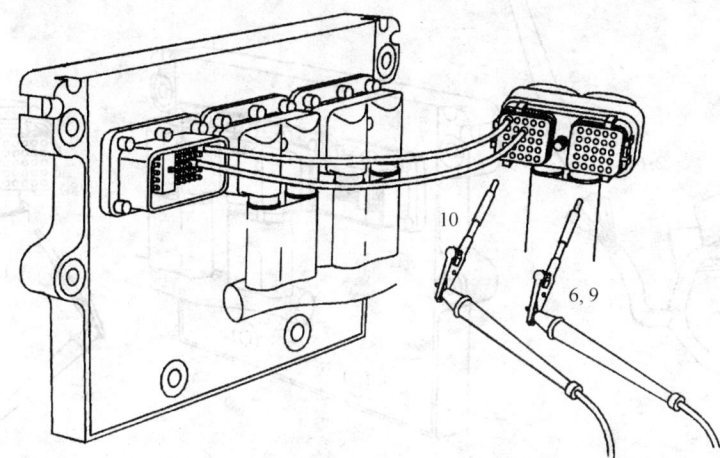

图10-360 测量触针6与10、9与10之间的电压

(4)检查触针与触针之间是否短路

①使用零件号3823995-阳性Weuther-Pack测试导线及零件号3824892抽头电缆。

②断开钥匙开关,将抽头电缆连接到SSS上,不要将抽头电缆连接到OEM线束上,释放油门踏板。

③测量抽头电缆触针2(非怠速)与触针6(IVS怠速)之间的电阻,见图10-361,电阻大于100kΩ;若不合格,更换SSS。

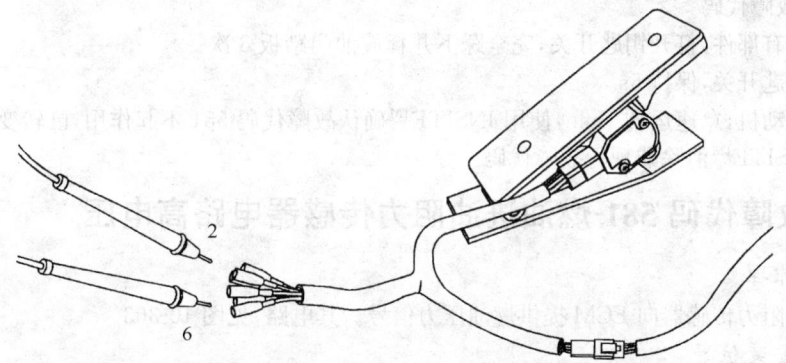

图10-361 测量触针2(非怠速)与触针6(IVS怠速)之间的电阻

(5)检查是否开路

①使用零件号3822758-阳性Deutsch/AMP/Metri-Pack测试导线和零件号3823995-阳性Weuther-Pack测试导线及零件号3824892-抽头电缆。

②断开钥匙开关,从ECM上断开OEM线束接头,以SSS上断开抽头电缆。

③测量ECM OEM线束触针3与抽头电缆触针2(或D)(IVS非怠速)之间的电阻;测量ECM OEM线束触针13与抽头电缆触针6(或E)(IVS怠速)之间的电阻;测量ECM OEM线束触针10与抽头电缆触针1(或F)(IVS回路)之间的电阻,见图10-362,电阻小于10Ω;若不合格,维修或更换OEM线束。

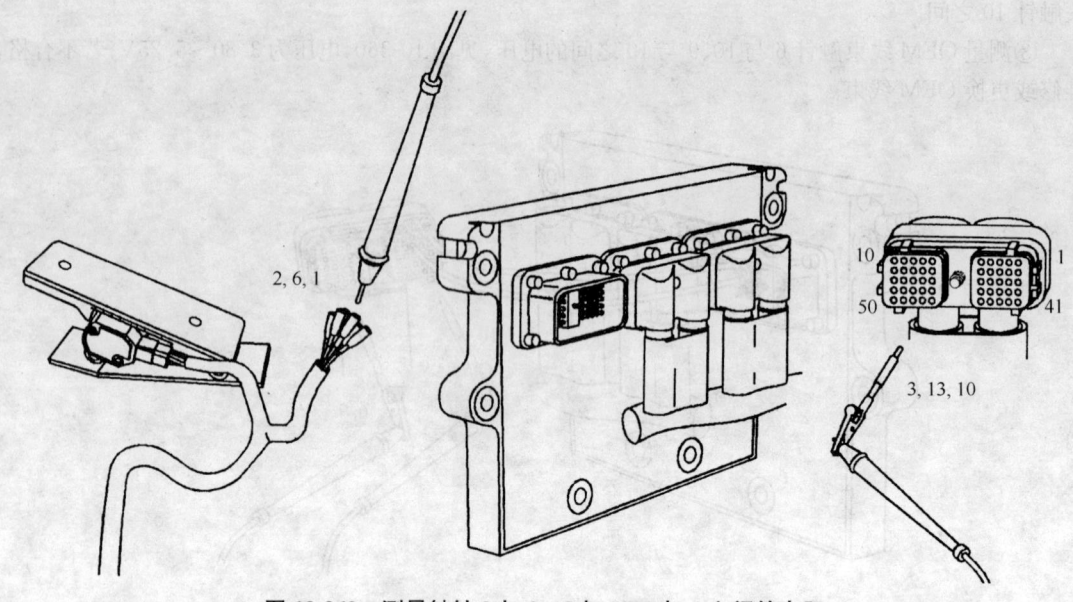

图 10-362　测量触针 3 与 2、13 与 6、10 与 1 之间的电阻

(6)检查触针与触针之间是否短路

详见故障代码 431(ISS)维修步骤及电路图 10-262。

(7)检查是否对地短路

详见故障代码 551(ISS)维修步骤及电路图 10-357。

(8)检查信号触针上的电压

详见故障代码 551(ISS)维修步骤及电路图 10-357。

(9)清除故障代码

①连接所有部件,打开钥匙开关,完全踩下并释放油门踏板 3 次。

②断开钥匙开关,保持 5s。

③起动发动机,怠速运转 1min,使用 INSITE™ 确认故障代码 551 不起作用,已转变成非现行故障代码,再用 INSITE™ 清除非现行故障代码。

10.88　故障代码 581-燃油进油阻力传感器电路高电压

1. 电路原理

燃油进油阻力传感器向 ECM 提供燃油压力信号。其电路,见图 10-363。

2. 部件安装位置

燃油进油阻力传感器安装在燃油滤清器座上。

3. 故障指示灯

黄色。

4. 故障原因

在燃油进油阻力传感器信号触针上检测到高电压。

5. 故障结果

燃油进油阻力监测停用。

6. 维修提示

该故障表明在 ECM 执行器线束接头信号触针 28 上至少 5V 短路。

第10章 M系列柴油机电控系统故障代码诊断与排除

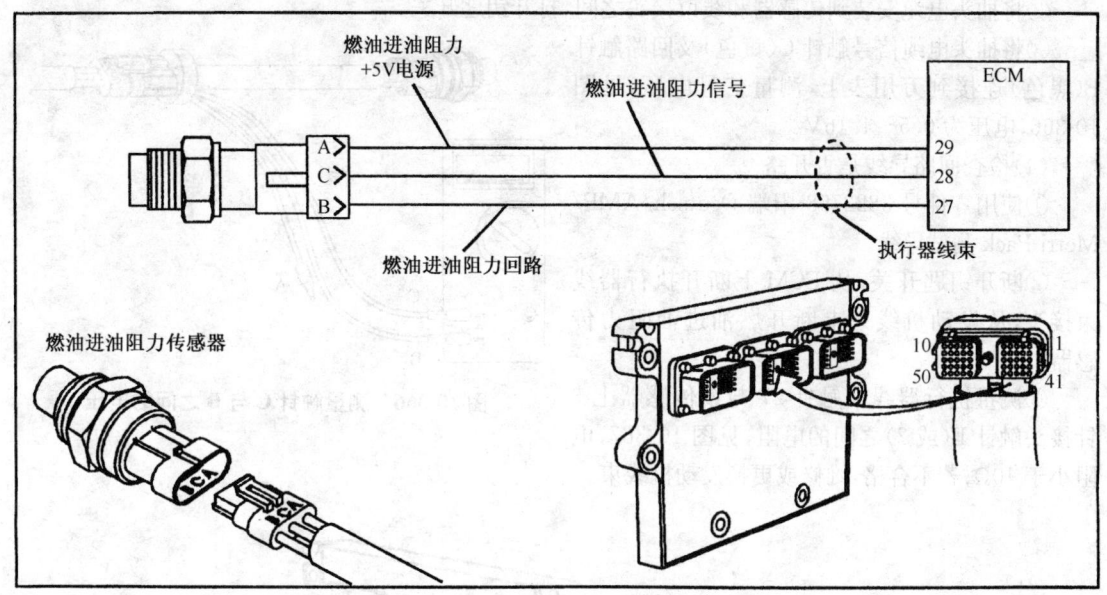

图10-363 燃油进油阻力传感器电路

7. 维修步骤

(1) 检查电源电压

①使用零件号3824775抽头电缆。

②将抽头电缆安装到传感器和线束接头之间,打开钥匙开关。

③将抽头电缆电源触针A(红色)及回路触针B(黑色)连接到万用表上,测量电源电压,见图10-364,电压为4.75~5.25V。

(2) 测量ECM的电压

①使用零件号3822917-阴性Deutsch/AMP/Metri-Pack测试导线。

②从ECM上断开执行器线束接头,将钥匙开关转到接通位置。

③测量执行器端口触针29与27之间的电压,见图10-365,电压为4.75~5.25V;若不合格,更换ECM。

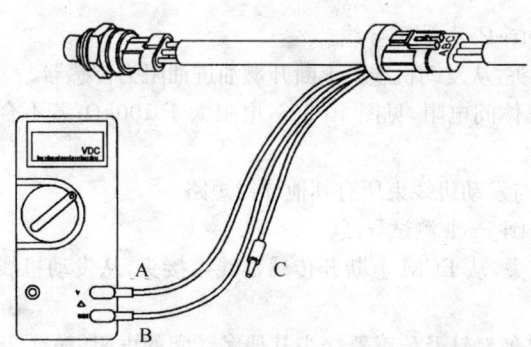

图10-364 测量触针A与B之间的电压

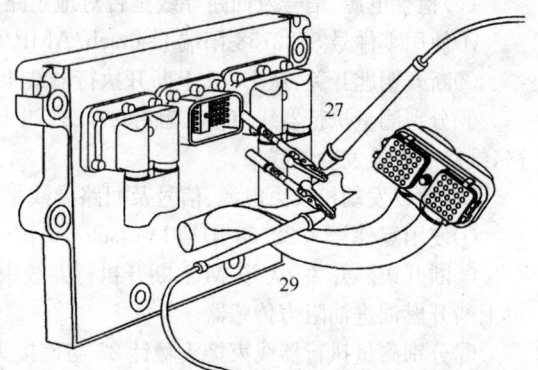

图10-365 测量触针29与27之间的电压

(3) 检查信号电压

①使用零件号3824775-抽头电缆。

②将抽头电缆安装到传感器和线束接头之间,打开钥匙开关。

③将抽头电缆信号触针 C(黄色)及回路触针 B(黑色)连接到万用表上,测量信号电压,见图 10-366,电压为 0.5~4.16V。

(4)检查回路导线是否开路

①使用零件号 3822758-阳端 Deutsch/AMP/Metri-Pack 测试导线。

②断开钥匙开关,从 ECM 上断开执行器线束接头,从发动机线束上断开燃油进油阻力传感器。

③测量执行器线束触针 27 与该传感器上 3 针接头触针 B(或 2)之间的电阻,见图 10-367,电阻小于 10Ω;若不合格,维修或更换发动机线束。

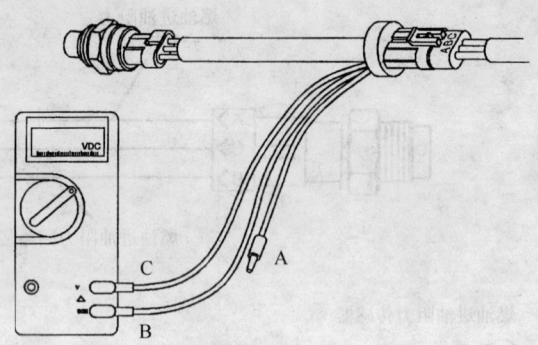

图 10-366　测量触针 C 与 B 之间的电压

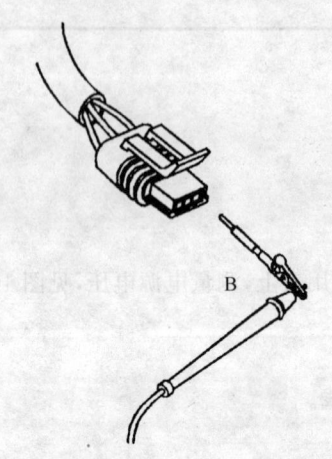
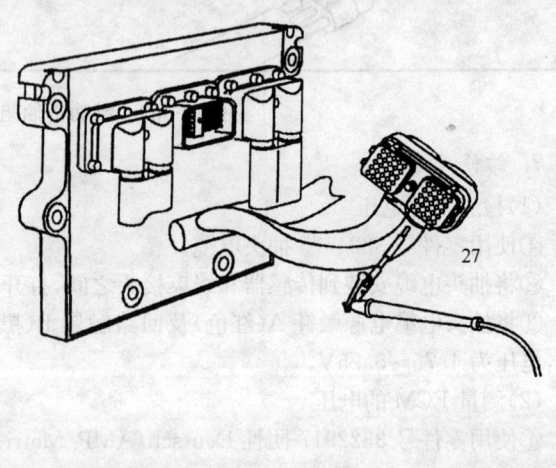

图 10-367　测量触针 27 与触针 B 之间的电阻

(5)检查电源、信号及回路导线是否对地短路

①使用零件号 3822758-阳端 Deutsch/AMP/Metri-Pack 测试导线。

②断开钥匙开关,从 ECM 上断开执行器线束接头,从发动机线束上断开燃油进油阻力传感器。

③分别测量执行器线束接头触针 27,28,29 与机体间电阻,见图 10-368,电阻大于 100kΩ;若不合格,维修或更换发动机线束。

(6)检查发动机线束电源、信号及回路导线是否与发动机线束所有其他导线短路

①使用零件号 3822758-阳端 Deutsch/AMP/Metri-Pack 测试导线。

②断开钥匙开关,从 ECM 上断开执行器线束接头,从 ECM 上断开传感器线束接头,从发动机线束上断开燃油进油阻力传感器。

③分别测量执行器线束接头触针 27 与该接头其他触针及传感器接头其他触针间的电阻、触针 28 与该接头其他触针及传感器接头其他触针间的电阻、触针 29 与该接头其他触针及传感器接头其他触针间的电阻,见图 10-369,电阻大于 100kΩ;若不合格,维修或更换发动机线束。

(7)清除故障代码

①连接所有部件,打开钥匙开关,起动发动机,急速运转 1min。

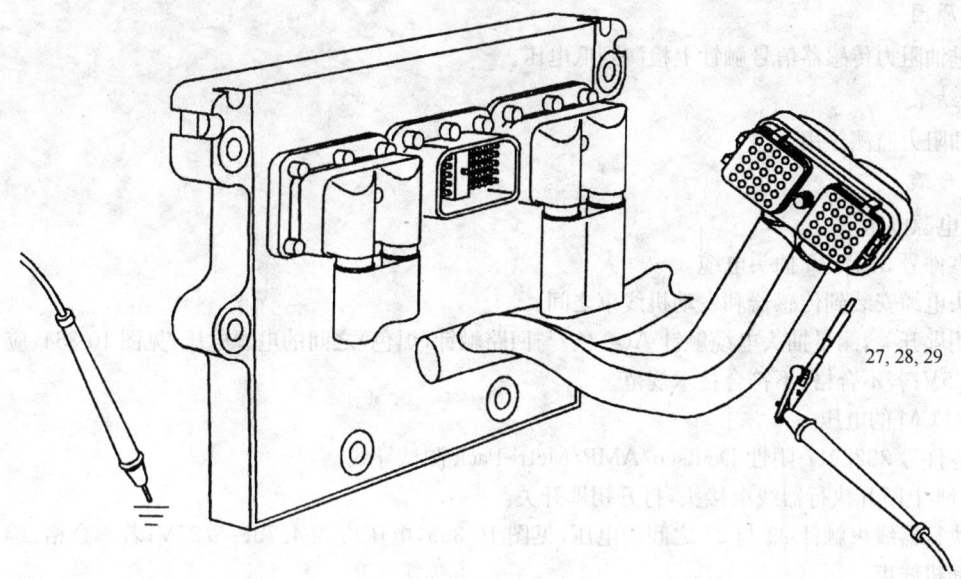

图 10-368　分别测量触针 27,28,29 与机体间电阻

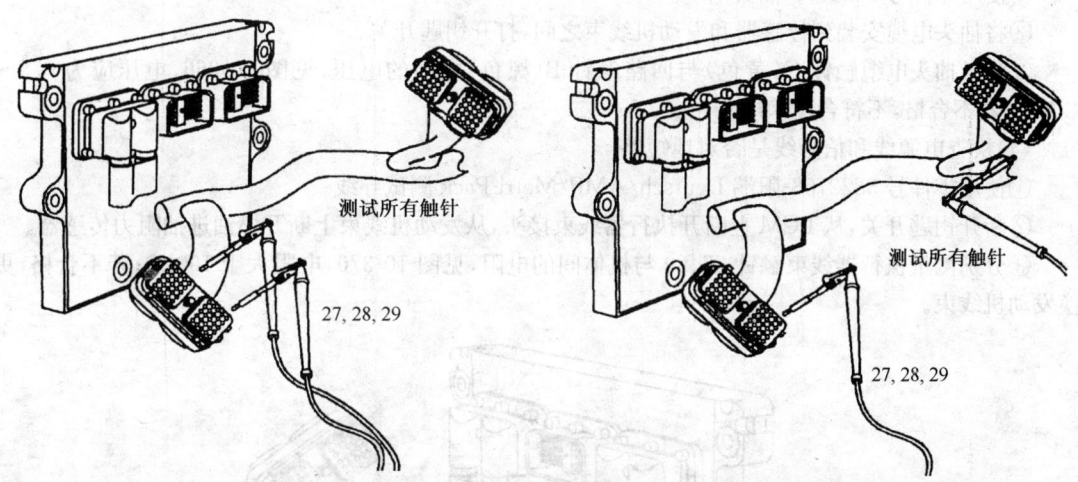

图 10-369　分别测量触针 27,28,29 与该接头所有触针及传感器接头所有触针间的电阻

②用 INSITE™ 确认故障代码 581 不起作用,已转变成非现行故障代码,再用 INSITE™ 清除非现行故障代码。

10.89　故障代码 582-燃油进油阻力传感器电路低电压

1. 电路原理

见故障代码 581 及电路图 6-363。

2. 部件安装位置

燃油进油阻力传感器安装在燃油滤清器座上。

3. 故障指示灯

黄色。

4. 故障原因

在燃油进油阻力传感器信号触针上检测到低电压。

5. 故障结果

燃油进油阻力监测停用。

6. 维修步骤

(1) 检查电源电压

① 使用零件号 3824776 抽头电缆。

② 将抽头电缆安装到传感器和发动机线束之间。

③ 打开钥匙开关,测量抽头电缆触针 A(红色)与回路触针(黑色)之间的电源电压,见图 10-364,应为 4.75~5.25V;若不合格,不符合技术规范。

(2) 测量 ECM 的电压

① 使用零件号 3822917-阴性 Deutsch/AMP/Metri-Pack 测试导线。

② 从 ECM 上断开执行器线束接头,打开钥匙开关。

③ 测量执行器线束触针 29 与 27 之间的电压,见图 10-365,电压应为 4.75~5.25V;若不合格,维修或更换发动机线束。

(3) 测量信号电压

① 使用零件号 3824776-抽头电缆。

② 将抽头电缆安装到传感器和发动机线束之间,打开钥匙开关。

③ 测量抽头电缆触针 C(黄色)与回路触针 B(黑色)之间的电压,见图 10-366,电压应为 0.5~4.16V;若不合格,不符合技术规范。

(4) 检查电源线和信号线是否对地短路

① 使用零件号 3822758-阳端 Deutsch/AMP/Metri-Pack 测试导线。

② 断开钥匙开关,从 ECM 上断开执行器线束接头,从发动机线束上断开燃油进油阻力传感器。

③ 分别测量执行器线束触针 28、29 与机体间的电阻,见图 10-370,电阻大于 100kΩ;若不合格,更换发动机线束。

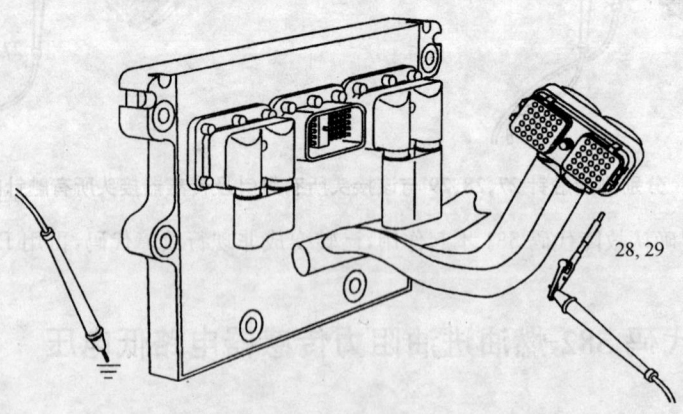

图 10-370 分别测量触针 28、29 与机体间的电阻

(5) 测量电源线,信号线与所有其他触针之间的电阻

① 使用零件号 3822758-阳端 Deutsch/AMP/Metri-Pack 测试导线。

② 断开钥匙开关,从 ECM 上断开执行器线束接头,从发动机线束上断开燃油进油阻力传感器。

③ 分别测量执行器线束触针 28、29 与该接头上所有触针间的电阻,见图 10-371,电阻大于 100kΩ;

若不合格，更换发动机线束。

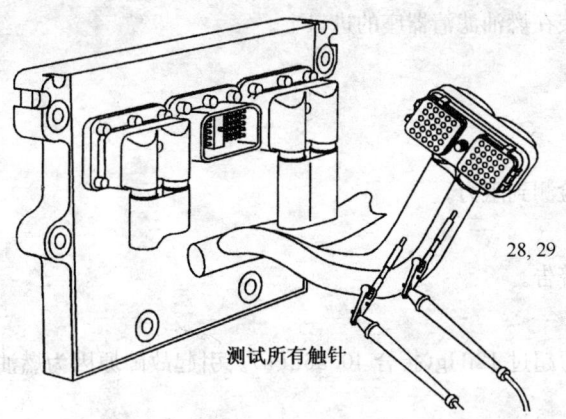

图 10-371 分别测量触针 28、29 与该接头上其他触针间的电阻

(6) 检查是否开路

①使用零件号 3822758-阳端 Deutsch/AMP/Metri-Pack 测试导线。

②断开钥匙开关，从 ECM 上断开执行器线束接头，从发动机线束上断开燃油进油阻力传感器。

③测量执行器线束触针 29 与 3 针接头触针 A(或 1)之间的电阻；测量执行器线束触针 28 与 3 针接头触针 C(或 3)之间的电阻，见图 10-372，电阻小于 10Ω；若不合格，维修或更换发动机线束。

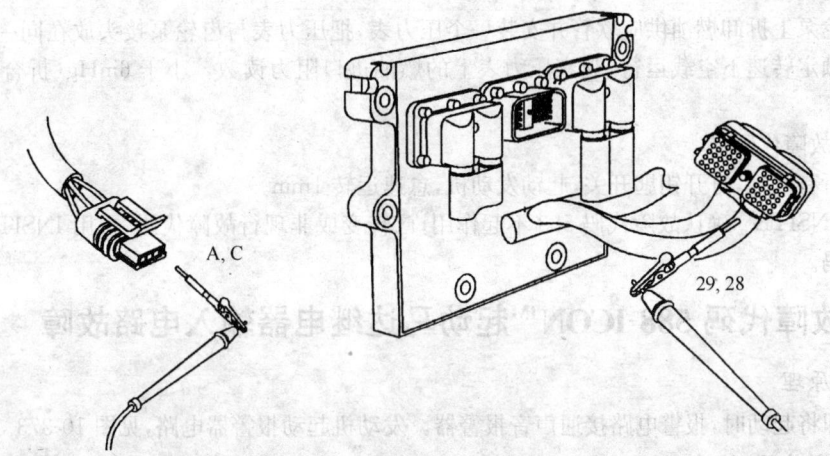

图 10-372 分别测量触针 29 与触针 A(或 1)、触针 28 与触针 C(或 3)之间的电阻

(7) 清除故障代码

①连接所有部件，打开钥匙开关，起动发动机，怠速运转 1min。

②用 INSITE™ 确认故障代码 582 不起作用，已转变成非现行故障代码，再用 INSITE™ 清除非现行故障代码。

10.90 故障代码 583-燃油进油阻力传感器电路故障

1. 电路原理

详见故障代码 581 及电路图 10-363。

2. 部件安装位置

燃油进油阻力传感器安装在燃油滤清器座的进口上。

3. 故障指示灯

黄色。

4. 故障原因

燃油进油阻力传感器已检测到阻力。

5. 故障结果

设置燃油进油阻力监测警告。

6. 维修提示

该故障指示燃油进口阻力超过 12iHg(折合 40.56kPa)。引起故障原因为燃油滤清器堵塞及燃油供油软管塌陷所致。

7. 维修步骤

(1) 测量进油阻力

① 断开钥匙开关。

② 拆卸齿轮泵的燃油供应软管并安装压力表,把压力表与齿轮泵接头放在同一水平上,使发动机在额定转速下空载运行,观察压力表上的燃油进口阻力读数,应小于 12inHg(折合 40.56kPa);若不合格,更换燃油滤清器。

(2) 重新检查燃油进油阻力

① 断开钥匙开关。

② 从齿轮泵上拆卸燃油供应软管并安装一个压力表,把压力表与齿轮泵接头放在同一水平线上,使发动机在额定转速下空载运行,观察压力表上的燃油进口阻力读数。小于 6inHg(折合 20.38kPa)为合格。

(3) 清除故障代码

① 连接所有部件,打开钥匙开关,起动发动机,怠速运转 1min。

② 使用 INSITE™ 确认故障代码 583 不起作用,已转变成非现行故障代码,再用 INSITE™ 清除非现行故障代码。

10.91 故障代码 588-ICON™ 起动马达继电器输入电路故障

1. 电路原理

发动机即将起动时,报警电路接通声音报警器。发动机起动报警器电路,见图 10-373。

2. 部件安装位置

ICON™ 报警器安装在发动机进气侧的车辆防火墙上。

3. 故障指灯

黄色。

4. 故障原因

当 ECM 期待低电压时,在报警器电路上检测到高电压。

5. 故障结果

ICON™ 系统会停用,只能启用强制停机,发动机能正常起动。

6. 维修提示

该故障一般为与蓄电池短路或断路,风扇 2 离合器特性未使用。

第10章 M系列柴油机电控系统故障代码诊断与排除

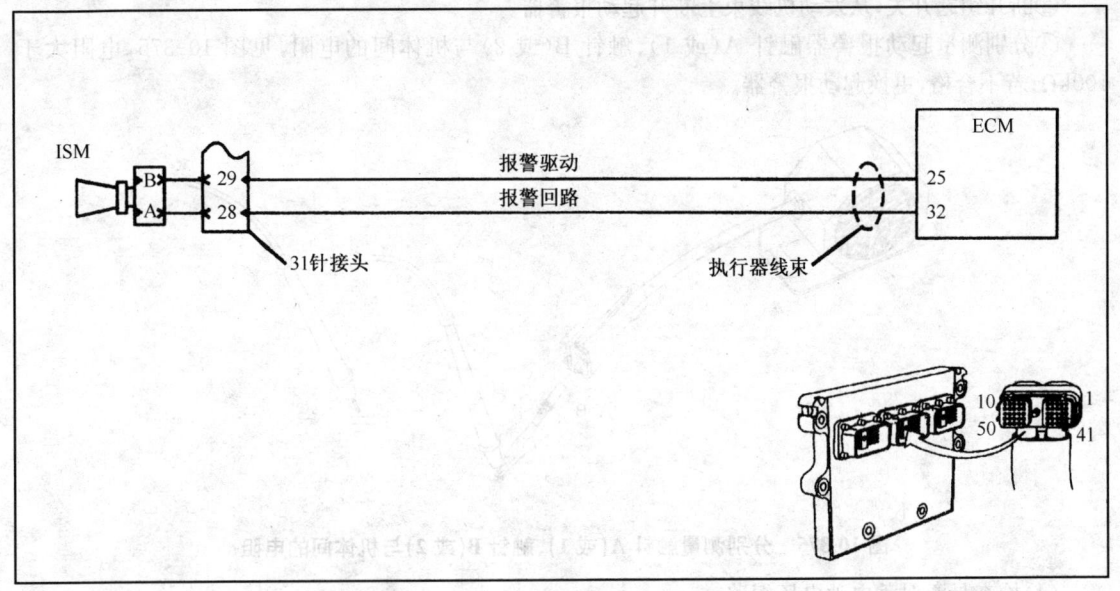

图 10-373 发动机起动报警器电路

7. 维修步骤

(1) 进行 ICON™ 图标报警器测试

①将 INSITE™ 服务软件连接到发动机上，打开钥匙开关。

②用 INSITE™ 进行 ICON™ 报警测试，报警器报警为合格；若不合格，报警器不报警。

(2) 检查报警器触针之间的电阻

①使用零件号 3822917-阴性 Deutseh/AMP/Metri-Pack 测试导线。

②断开钥匙开关，从发动机线束上断开起动报警器。

③测量起动报警器接头触针 A(或 1)与触针 B(或 2)之间的电阻，见图 10-374，电阻为 6~12kΩ；若不合格，更换发动机起动报警器。

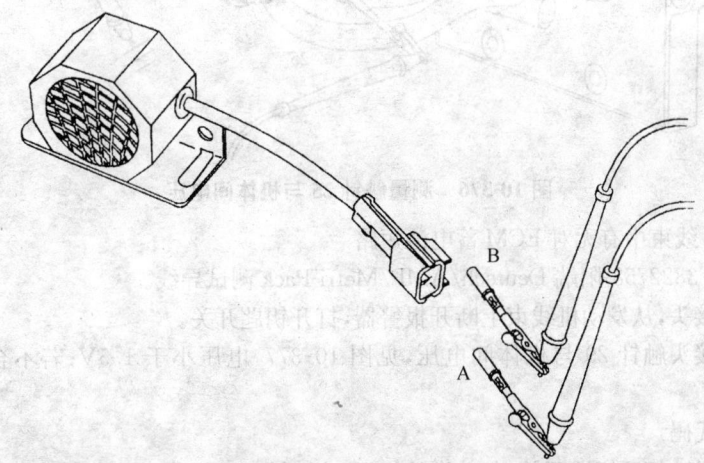

图 10-374 测量触针 A(或 1)与触针 B(或 2)之间的电阻

(3) 检查报警器与发动机机体间的电阻

①使用零件号 3822917-阴性 Deutsch/AMP/Metri-Pack 测试导线。

②断开钥匙开关,从发动机线束上断开起动报警器。
③分别测量起动报警器触针 A(或 1)、触针 B(或 2)与机体间的电阻,见图 10-375,电阻大于 100kΩ;若不合格,更换起动报警器。

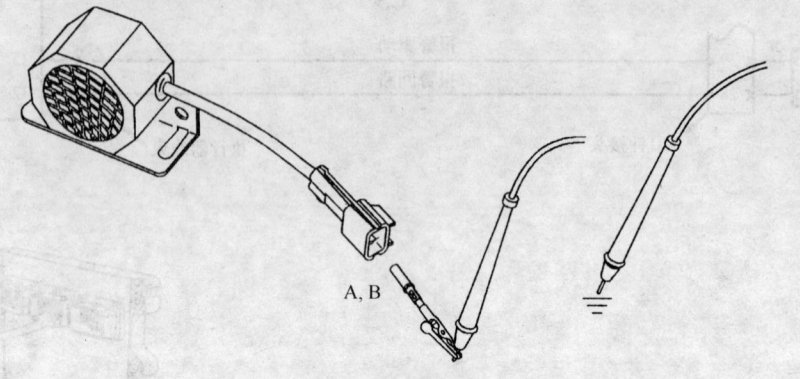

图 10-375　分别测量触针 A(或 1)、触针 B(或 2)与机体间的电阻

(4)检查是否对蓄电池电压短路
①使用零件号 3822758-阳端 Deutsch/AMP/Metri-Pack 测试导线。
②从发动机线束上断开报警器,从 ECM 上断开执行器线束,打开钥匙开关。
③测量执行器线束触针 25 与机体间电压,见图 10-376,电压小于 1.5V;若不合格,维修或更换发动机线束。

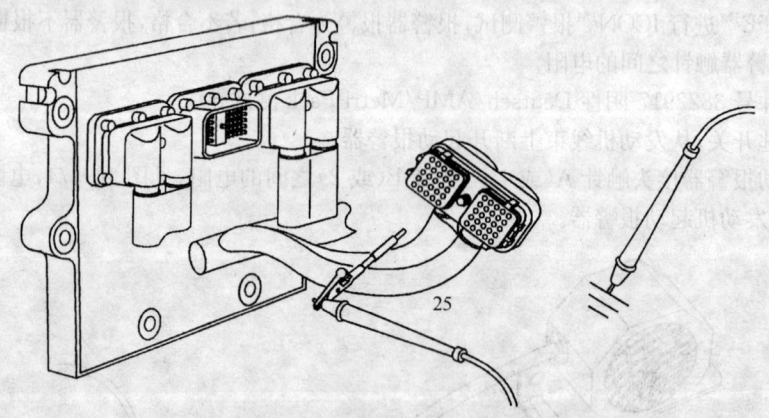

图 10-376　测量触针 25 与机体间电压

(5)检查 OEM 线束中有无对 ECM 蓄电池短路
①使用零件号 3822758-阳端 Deutsch/AMP/Metri-Pack 测试导线。
②断开 31 针接头,从发动机线束上断开报警器,打开钥匙开关。
③测量 31 针接头触针 29 与机体间电压,见图 10-377,电压小于 1.5V;若不合格,维修或更换 OEM 线束。
(6)清除故障代码
①连接所有部件,打开钥匙开关,起动发动机,怠速运转 1min。
②用 INSITE™ 确认故障代码 588 不起作用,已转变成非现行故障代码,再用 INSITE™ 清除非现行故障代码。

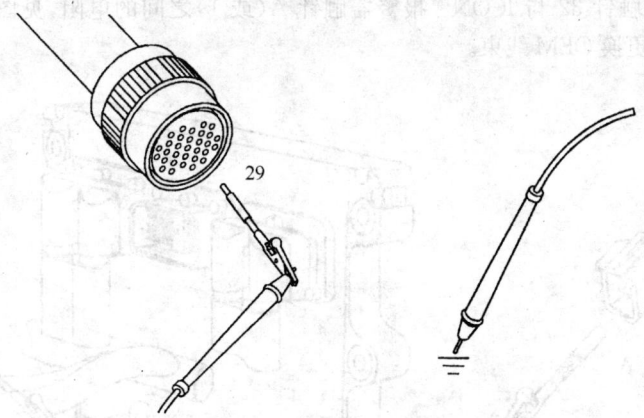

图 10-377 测量触针 29 与机体间电压

10.92 故障代码 589-发动机起动报警器电路故障

1. 电路原理

详见故障代码 588 所述内容及电路图 10-373。

2. 部件安装位置

发动机起动报警器安装在发动机进气侧的防火墙上。

3. 故障指示灯

黄色。

4. 故障原因

当 ECM 期望高电压时,而在起动报警电路上检测到低电压,电压低于 6V。

5. 故障结果

ICON™ 怠速控制系统无效,只能启用强制停机,发动机能正常起动。

6. 维修提示

故障原因一般是由于报警器线圈之间(触针 A 与 B)、或触针 B 与蓄电池电压之间、或触针 A 与 ECM 触针 32 之间开路、或触针 A 或 B、或 ECM 触针 32 对地短路。报警器必须在发动机起动前 145 报警。从 ECM 接头触针 25 向报警器接头触针 B 提供电压信号以驱动报警器。

7. 维修步骤

(1)检查报警器触针之间的电阻

详见故障代码 588 维修步骤及电路图 10-374。

(2)检查报警器与发动机机体间的电阻

详见故障代码 588 维修步骤及电路图 10-375。

(3)检查是否对蓄电池电压短路

详见故障代码 588 维修步骤及电路图 10-376。

(4)检查 OEM 线束中有无对 ECM 蓄电池短路

详见故障代码 588 维修步骤及电路图 10-377。

(5)检查是否开路

①使用零件号 3822758-阳端 Deutsch/AMP/Metri-Pack 测试导线。

②断开钥匙开关,从 OEM 线束上断开 ICON™ 起动报警器,从 ECM 上断开执行器线束接头。

③测量执行器线束触针 32 与 ICON™ 报警器触针 A(或 1)之间的电阻,见图 10-378 电阻小于 10Ω;若不合格,维修或更换 OEM 线束。

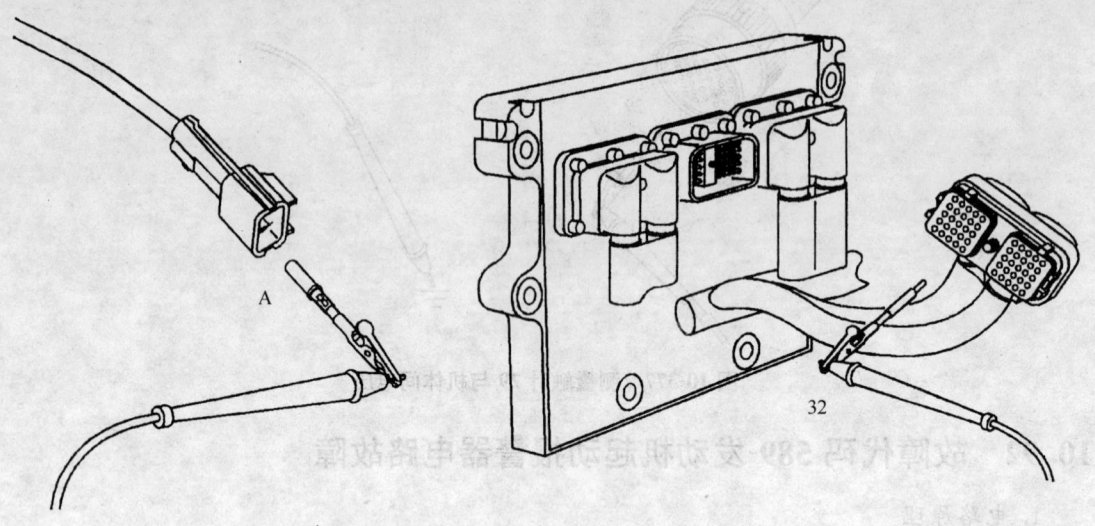

图 10-378　测量触针 32 与触针 A(或 1)之间的电阻

(6)检查报警器接头与 ECM 执行器接头之间是否开路
①使用零件号 3822758-阳端 Deutsch/AMP/Metri-Pack 测试导线。
②断开钥匙开关,从 OEM 线束上断开 ICON™ 起动报警器,从 ECM 上断开执行器线束接头。
③测量执行器触针 25 与报警器接头触针 B(或 2)之间的电阻,见图 10-379,电阻小于 10Ω;若不合格,维修或更换 OEM 线束。

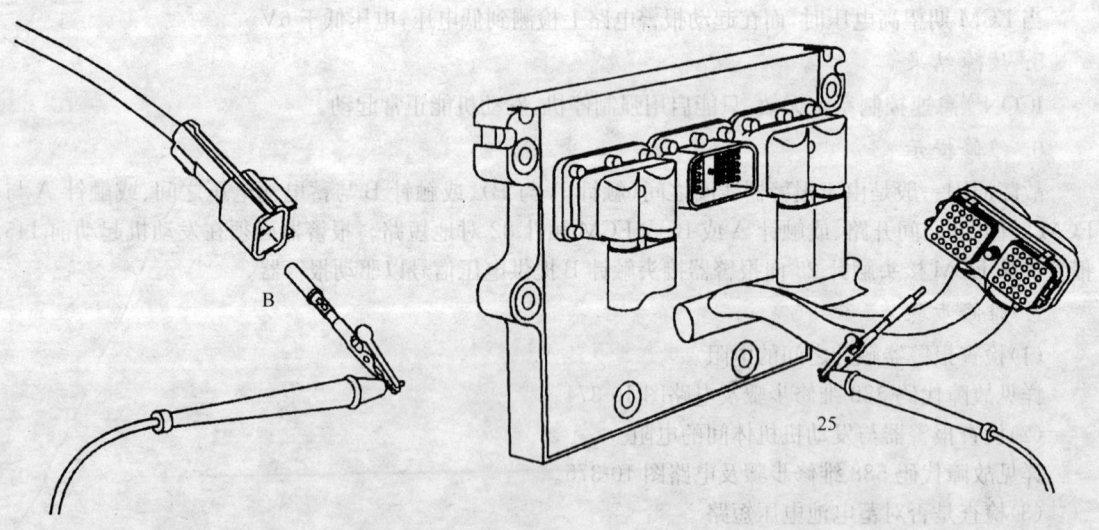

图 10-379　测量触针 25 与触针 B(或 2)之间的电阻

(7)清除故障代码
①连接所有部件,打开钥匙开关,起动发动机,怠速运转 1min。
②用 INSITE™ 确认故障代码 589 不起作用,已转变成非现行故障代码,再用 INSITE™ 清除非现行故障代码。

10.93 故障代码 596-电压监测-高电压

1. 电路原理

ECM 通过 OEM 线束获得无开关蓄电池电压输入。为保护发动机线束防止过热，在 OEM 线束的无开关蓄电池导线上有两个串联 15A 熔丝。蓄电池回路导线直接与蓄电池负极接线栓相连接。电压监测电源电路，见图 10-193。

2. 部件安装位置

ECM 通过 OEM 线束连接到蓄电池，该线路持续向 ECM 供电，蓄电池位置因 OEM 的不同而不同。

3. 故障指示灯

黄色。

4. 故障原因

蓄电池电压监测特性检测到蓄电池电压偏高。

5. 故障结果

直到蓄电池高电压情况正常，黄色灯才亮起。

6. 维修提示

确保 ECM 的无开关蓄电池电源直接来自蓄电池而不是起动马达。造成该故障代码的原因是发电机或调压器故障造成蓄电池充电过度。

7. 维修步骤

(1) 检查蓄电池电压

①断开钥匙开关。

②测量蓄电池正极与负极端子间的电压，至少 12V 为合格。

③起动发动机，测量蓄电池两个端子间电压，至少 6.2V 为合格。

以上检查蓄电池电压，若不合格，应向蓄电池充电或更换蓄电池。

(2) 检查发电机

①断开钥匙开关，使用 OEM 安培表或将安培表安装到发电机与蓄电池之间。

②起动发动机，检查发电机的充电速率即安培数，发电机发电符合 OEM 技术规范为合格；若不合格，维修或更换发电机、调节器或到发电机的 OEM 导线。发电机发电情况检查，见图 10-380。

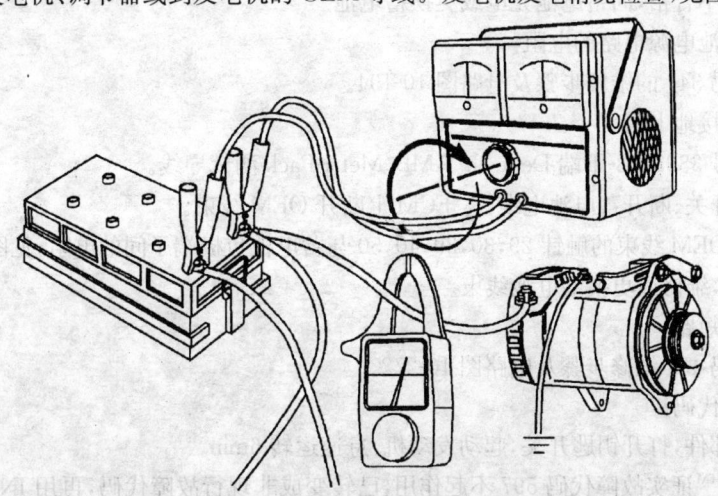

图 10-380　检查发电机发电情况

(3) 清除故障代码

①连接所有部件,打开钥匙开关,起动发动机,怠速运转 6min。

②用 INSITE™ 确认故障代码 596 不起作用,已转变成非现行故障代码,再用 INSITE™ 清除非现行故障代码。

10.94 故障代码 597-电压监测-低电压

1. 电路原理

详见故障代码 341 及电路图 10-193。

2. 部件安装位置

ECM 通过 OEM 线束连接到蓄电池,蓄电池通过该线束持续向 ECM 供电。蓄电池的位置因 OEM 的不同而不同。

3. 故障指示灯

黄色。

4. 故障原因

由于蓄电池电压低,ICON™ 在 7h 内重新起动发动机 3 次。

5. 故障结果

发动机将连续运行,ICON™ 系统将无法停用,附件将不能开启。

6. 维修提示

确保 ECM 的无开关蓄电池电源直接来自蓄电池而不是起动机。导致该故障的原因可能是,发电机或调压器故障致使蓄电池充电不足,车上的大电流装置,如水箱、收放机、外部灯光或其他用电设备用电量过大。

7. 维修步骤

(1) 检查蓄电池的电压

①断开钥匙开关,测量蓄电池正极与负极端子间的电压,正常情况,最少 12V。

②起动发动机,测量蓄电池正极与负极端子间的电压,正常情况,最少 6.2V。

以上情况,若不合格,向蓄电池充电或更换蓄电池。

(2) 检查蓄电池电源电路的电阻

详见故障代码 341 的维修步骤及电路图 10-194。

(3) 检查所有接地电阻

①使用零件号 3822758-阳端 Deutsch/AMP/Metri-Pack 测试导线。

②断开钥匙开关、断开蓄电池电缆,从 ECM 上断开 OEM 线束。

③分别测量 OEM 线束的触针 29,30,39,40,50 与蓄电池负极端子间的电阻,见图 10-381,电阻小于 10Ω;若不合格,维修或更换蓄电池线束。

(4) 检查是否短路

详见故障代码 434 维修步骤及电路图 10-272。

(5) 清除故障代码

①连接所有部件,打开钥匙开关,起动发动机,怠速运转 6min。

②用 INSITE™ 证实故障代码 597 不起作用,已转变成非现行故障代码,再用 INSITE™ 清除非现行故障代码。

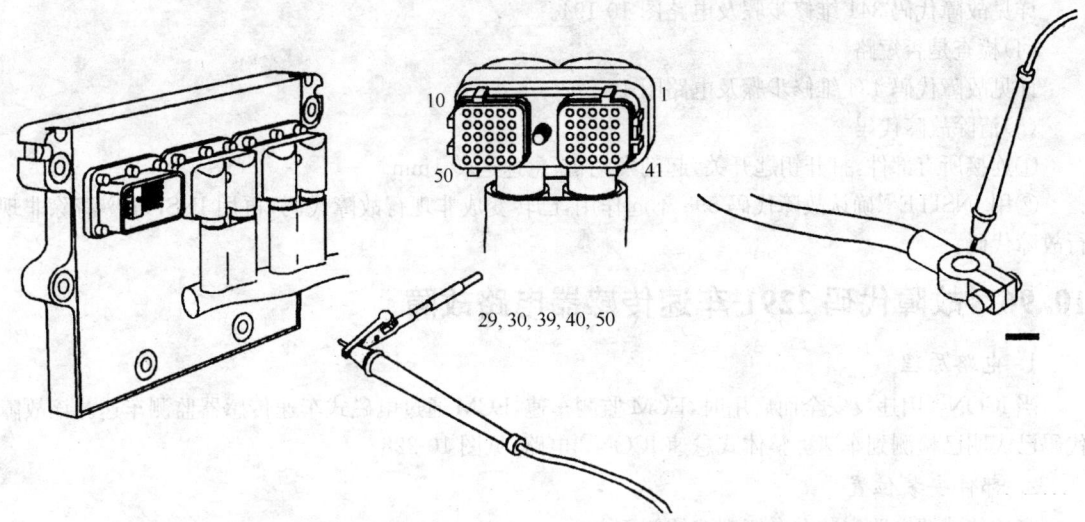

图 10-381　分别测量触针 29,30,39,40,50 与蓄电池负极端子间的电阻

10.95　故障代码 598-电压监测-极低电压

1. 电路原理

详见故障代码 341 及电路图 10-193。

2. 部件安装位置

ECM 通过 OEM 线束连接到蓄电池,蓄电池通过该线束持续向 ECM 供电。蓄电池的位置因 OEM 的不同而不同。

3. 故障指示灯

红色。

4. 故障原因

蓄电池电压监测特性检测到蓄电池电压偏低。

5. 故障结果

如果怠速加速启用,ECM 可以增加怠速转速及停用怠速减小开关。如果 ICON™ 启用(仅限于汽车),发动机将连续运行。

6. 维修提示

确保 ECM 的无开关蓄电池电源直接来自蓄电池而不是起动机。产生该故障代码的原因,可能是发动机或调压器故障而使蓄电池充电不足。

7. 维修步骤

(1)检查蓄电池电压

①断开钥匙开关。

②检查蓄电池正极与负极端子间电压,正常情况应不低于 12V,为合格。

③起动发动机,检查蓄电池的电压,至少不低于 6.2V,为合格。

若不合格,进行蓄电池充电或更换蓄电池。

(2)检查发电机

详见故障代码 596 及电路图 10-380。

(3)检查无开关蓄电池电源电路是否开路

详见故障代码341维修步骤及电路图10-194。
(4)检查是否短路
详见故障代码434维修步骤及电路图10-272。
(5)清除故障代码
①连接所有部件,打开钥匙开关,起动发动机,怠速运转1min。
②用INSITE™确认故障代码598不起作用,已转变成非现行故障代码,再用INSITE™清除非现行故障代码。

10.96 故障代码2291-车速传感器电路故障

1. 电路原理

当ICON™因违反安全而启用时,ECM监测车速,ECM通过电磁式车速传感器监测车速。该故障代码已表明已检测到车速。整体式怠速ICON™电路,见图10-228。

2. 部件安装位置

车速传感器电路安装在车辆变速箱侧面。

3. 故障指示灯

黄色。

4. 故障原因

ICON™启用时,检测到大于0mph的车速。

5. 故障结果

ICON™系统停用,只能启用强制停机。

6. 维修提示

当ICON™启用时,该故障指示车速大于0mph。故障原因,一般是由于传感器线束接地松动或接地故障使车速传感器电路产生噪声造成。

7. 维修步骤

(1)检查发动机和底盘电源及接地连接情况
①断开钥匙开关。
②检查发动机及底盘电源线和接地连接接头有无腐蚀和松动情况,应清洁并紧固接头;若不合格,维修或更换损坏的接头。
(2)检查车速传感器是否对地短路
①使用零件号3823996-阴性Weather-Pack测试导线。
②断开钥匙开关,从OEM线束上断开车速传感器。
③分别测量车速传感器触针A、B与机体间的电阻,见图10-382,电阻大于100kΩ;若不合格,更换车速传感器。
(3)用INSITE™检查车速
①打开钥匙开关,连接所有部件,连接INSITE™服务软件。
②用手动起动发动机,用INSITE™监测车速参数。INSITE™显示0mph为合格,大于0mph为不合格。
(4)清除故障代码2291
①连接所有部件,打开钥匙开关,起动发动机,怠速运转1min。
②用INSITE™确认故障代码2291不起作用,已转变成非现行故障代码,再用INSITE™清除非现行故障代码。

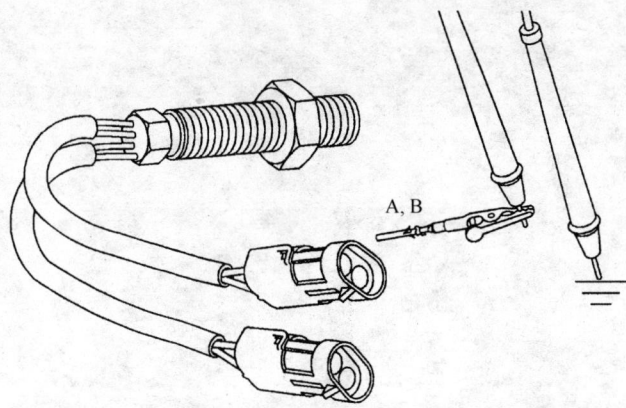

图 10-382 分别测量车速传感器触针 A、B 与机体间的电阻